Veröffentlichungen zum Verfahrensrecht
Band 29

herausgegeben von
Rolf Stürner und Gerhard Walter

Marius Kohler

Die Entwicklung des schwedischen Zivilprozeßrechts

Eine rezeptionshistorische Strukturanalyse der Grundlagen des modernen schwedischen Verfahrensrechts

Mohr Siebeck

Marius Kohler: geboren 1972; 1993–98 Studium der Rechtswissenschaften in Freiburg; 1998 – 2000 Forschungsarbeit und Lehrtätigkeit als Wissenschaftlicher Angestellter am Institut für öffentliches Recht der Universität Freiburg; 2000 – 01 Forschungsaufenthalt an der Universität Uppsala; 2001 Wissenschaftlicher Angestellter am Institut für deutsches und ausländisches Zivilprozeßrecht der Universität Freiburg; 2001 Promotion; seit 2001 Referendariat.

Die Deutsche Bibliothek – CIP-Einheitsaufnahme:

Kohler, Marius:
Die Entwicklung des schwedischen Zivilprozeßrechts : eine rezeptionshistorische Strukturanalyse der Grundlagen des modernen schwedischen Verfahrensrechts / Marius Kohler. – Tübingen : Mohr Siebeck, 2002
(Veröffentlichungen zum Verfahrensrechts ; Bd. 29)
ISBN 3-16-147853-3

Das Buch wurde von Gulde-Druck in Tübingen auf alterungsbeständigem Papier gedruckt. Gebunden von der Buchbinderei Held in Rottenburg nach einem Entwurf von Uli Gleis in Tübingen.

ISSN 0722-7574

parentibus semper adiuvantibus

Vorwort

Die vorliegende Arbeit wurde im Wintersemester 2001/02 von der Rechtswissenschaftlichen Fakultät der Albert-Ludwigs-Universität Freiburg im Breisgau als Dissertation angenommen. Zur Veröffentlichung ist sie auf den Stand April 2002 gebracht.

Mein besonderer und herzlicher Dank gilt meinem verehrten akademischen Lehrer und Doktorvater, Herrn Professor Dr. *Rolf Stürner*, für die Anregung der Untersuchung und deren unermüdliche und warmherzige Betreuung, die mich auch während meines mehr als einjährigen Forschungsaufenthalts in Skandinavien über die Landesgrenzen hinweg begleitet hat.

Von Herzen Dank schulde ich auch Herrn Professor Dr. *Per Henrik Lindblom*, Universität Uppsala, der nicht nur die Mühen des Zweitgutachtens auf sich genommen hat, sondern mir zudem während meiner Forschungen an der dortigen Juristischen Fakultät immer wieder die Gelegenheit zu anregendem Gedankenaustausch über das skandinavische und im besonderen das schwedische Prozeßrecht bot. Die Diskussionen mit ihm hatten auf mein Verständnis der schwedischen Rechtskultur nachhaltigen Einfluß und haben mich veranlaßt, den ursprünglich vorgesehenen Untersuchungsrahmen um ein Kapitel über das Selbstverständnis der schwedischen Justiz im Spannungsverhältnis zwischen nationalem Traditionalismus und europäischer Integration zu erweitern.

Gleichermaßen bedanken möchte ich mich bei Herrn Professor Dr. *Bengt Lindell*, Präfekt der Rechtswissenschaftlichen Fakultät der Universität Uppsala, der an der Untersuchung von Anbeginn reges Interesse gezeigt hat und dem ich neben einer sehr herzlichen Aufnahme an der dortigen Fakultät nicht zuletzt zahlreiche wertvolle Anregungen über die schwedische Prozeßrechtsdogmatik verdanke.

Den Einstieg in die schwedische Rechtsgeschichte und das Quellenstudium haben mir Professor Dr. *Kjell Åke Modéer*, Universität Lund, sowie Professor Dr. *Rolf Nygren* und Professor Dr. *Göran Inger*, beide Universität Uppsala, durch ihre freundliche Unterstützung und ihr für meine Fragen stets offenes Ohr sehr erleichtert. Auch ihnen ein herzlicher Dank!

Dank gebührt schließlich dem Land Baden-Württemberg für die Gewährung eines Graduiertenstipendiums und dem Deutschen Akademischen Austauschdienst für ein großzügiges Forschungsstipendium, ohne das ein Auslandsaufenthalt dieser Dauer an der Universität Uppsala kaum durchführbar gewesen wäre.

Die Drucklegung haben Herr Professor Dr. Per Henrik Lindblom, das Land Baden-Württemberg sowie die Wissenschaftliche Gesellschaft in Freiburg im Breisgau unterstützt. Auch dafür sage ich aufrichtig Dank.

Ich widme die Arbeit meinen Eltern. Ihre immerfort liebevolle Anteilnahme und aufopferungsvolle Unterstützung sind mir ein steter Begleiter gewesen, und in der über viele Familienferien in Schweden gewachsenen Kenntnis von und Liebe zu dem Land der tausend Seen mag wohl der eigentliche Quell für mein Interesse an der schwedischen Rechtskultur zu suchen sein.

Freiburg, im Mai 2002 *Marius Kohler*

Inhaltsverzeichnis

Verzeichnis der verwendeten Abkürzungen XXI

1. Teil

Ziel und methodische Grundlagen der Untersuchung

A. Das Ziel der Arbeit 1
– "Blott barbariet var en gång fosterländskt." – „Nur die Barbarei ist ein wahrhaft ursprüngliches Erbe." 1

B. Methodische Grundlagen der Untersuchung 9
I. Das Problem fehlender terminologischer und methodischer Klarheit in der Rezeptionsforschung 9
II. Methodik und Struktur der Rezeptionsanalyse in der vorliegenden Untersuchung 12
1. Zu Begriff und Gegenstand der Rezeption in der vorliegenden Untersuchung 12
2. Das Problem des Rezeptionsnachweises und seine Behandlung in der Untersuchung 17
3. Der Begriff der Strukturanalyse in der Untersuchung 22
4. Phänomenologie der für die Strukturanalyse relevanten Rezeptionsarten 25
a) Differenzierung nach dem Träger der Rezeption 25
b) Differenzierung nach dem Gegenstand der Rezeption 25
c) Differenzierung nach der Tragweite der Rezeption 25
d) Differenzierung nach dem Ursprung der Rezeption 25
e) Differenzierung nach der Wirkung der Rezeption 26
f) Verzicht auf eine Differenzierung nach den Ursachen der Rezeption 27
5. Die Struktur der Untersuchung 28

2. Teil

Das historische Zivilprozeßrecht

A. Einführung 31

B. Der mittelalterliche Prozeß (13.-15. Jahrhundert) 33
I. Einführung 33
II. Die Gerichtsorganisation 36
1. Die ländliche Gerichtsbarkeit 36
2. Die städtische Gerichtsbarkeit 38
3. Die königliche Gerichtsbarkeit 39
4. Die kirchliche Gerichtsbarkeit 40
III. Das Gerichtsverfahren 41
1. Allgemeine Grundsätze 41
2. Der Ablauf des Verfahrens 42
a) Klageerhebung und Folgen der Parteisäumnis 42
b) Das Beweisverfahren 44

aa) Der Beweis durch Reinigungseid des Beklagten ... 45
bb) Der Beweis durch Zeugen ... 46
cc) Der Beweis durch die „nämnd“ ... 47
c) Urteil, Rechtskraft und Rechtsmittel ... 50

C. Der neuzeitliche Prozeß (16.-18. Jahrhundert) ... 51
I. Einführung ... 51
II. Abriß des europäischen Einflusses auf das neuzeitliche Schweden in Hinblick auf Religion, Wirtschaft, Gesellschaftsordnung, Wissenschaft, Rechtswissenschaft, Rechtsprechung und Gesetzgebung ... 52
1. Der europäische Einfluß auf das neuzeitliche Schweden hinsichtlich Religion, Politik, Wirtschaft, Gesellschaftsordnung und Wissenschaft ... 52
2. Der europäische Einfluß auf das neuzeitliche Schweden hinsichtlich Rechtswissenschaft, Rechtsprechung und Gesetzgebung ... 55
a) Der Einfluß auf die schwedische Rechtswissenschaft des 16. bis 18. Jahrhunderts ... 55
b) Der Einfluß auf die Rechtsprechung ... 63
c) Der Einfluß auf die Gesetzgebung ... 66
III. Die Gestaltung des neuzeitlichen Zivilprozesses (16.-18. Jahrhundert) ... 68
1. Einführung ... 68
2. Die Gerichtsorganisation ... 70
a) Die Gerichtsbarkeit auf dem Land: „häradsrätt“ und „lagmansrätt“ ... 70
b) Die Gerichtsbarkeit in den Städten ... 73
c) Die Organisation der königlichen Gerichtsbarkeit: Die Bildung der Hofgerichte ... 73
3. Das Verfahren ... 75
a) Das Verfahren vor den Untergerichten ... 75
aa) Klageerhebung und Säumnis ... 75
bb) Das Verhältnis von Mündlichkeit und Schriftlichkeit im Verfahren unter Einbeziehung der Grundzüge anwaltlicher Prozeßvertretung während der Neuzeit ... 77
cc) Das Beweisverfahren des neuzeitlichen Prozesses ... 81
α) Die Entwicklung der Legaltheorie ... 81
β) Die Gestaltung der Beweismittel ... 85
(1) Das Geständnis bzw. Anerkenntnis ... 86
(2) Der Zeugenbeweis ... 87
(3) Der Urkundenbeweis ... 89
(4) Der Parteieid ... 89
(a) Der Reinigungseid („värjemålsed“) ... 92
(b) Der Ergänzungseid („fyllnadsed“) ... 94
i(c) Der von den Parteien zugeschobene Eid („bjudna ed“) ... 95
(d) Der Kalumnieneid („vrångoed“) ... 95
b) Das Verfahren in der Rechtsmittelinstanz vor den Hofgerichten und dem Höchsten Gerichtshof ... 96
aa) Einleitung ... 96
bb) Die Gestaltung der Rechtsmittel im neuzeitlichen Prozeß ... 97
α) Die „vad“ ... 98
(1) Statthaftigkeit und Erhebung der „vad“ ... 98
(2) Verfahren vor dem Hofgericht ... 99
β) Die Revision („revisionsansökan“) ... 103
γ) Die Beschwerde („besvär“) ... 105

δ) Die außerordentlichen Rechtsmittel: Wiederaufnahme des Verfahrens und Wiedereinsetzung in den vorigen Stand („återbrytande av dom“ bzw. „återställande av försutten tid“) 107

3. Teil

Das moderne Prozeßrecht

A. Einführung 109

B. Der Prozeß nach dem Nya Rättegångsbalk von 1942 114
I. Der zweifache Strukturwandel des kontinentaleuropäischen Zivilverfahrens im 19. Jahrhundert außerhalb Skandinaviens: Das Spannungsverhältnis zwischen liberalem und sozialem Prozeßmodell 114
1. Der Code de Procédure Civile von 1806 als Wegbereiter des sog. liberalen Prozeßmodells 114
a) Der Einfluß des Liberalismus auf den Prozeß 114
b) Kennzeichen des liberalen Prozessmodells 116
aa) Mündlichkeit und Öffentlichkeit als Leitbilder liberalen Prozeßverständnisses 116
bb) Das Verhältnis von Parteiherrschaft und richterlicher Verfahrensgestaltung 117
cc) Charakteristika des Beweisverfahrens 118
dd) Organisation der Gerichtsverfassung 119
2. Das sog. soziale Prozeßmodell Österreichs und seine Ausstrahlung auf die europäischen Verfahrensordnungen 119
a) Die Friktionen des liberalen Prozesses mit dem wirtschaftlichen und sozialen Wandel in der zweiten Hälfte des 19. Jahrhunderts – die soziale Frage im Prozeß 119
b) Der sog. soziale Prozeß Franz Kleins 122
aa) Mündlichkeit und Öffentlichkeit 124
bb) Das Verhältnis von Parteiherrschaft und richterlicher Gestaltungsmacht 124
cc) Charakteristika des Beweisverfahrens 125
3. Zwischenergebnis 126
II. Der politische, kulturelle, rechts- und prozeßrechtswissenschaftliche Austausch Schwedens mit Frankreich, Deutschland, Österreich und England am Vorabend der Verfahrensreform 127
1. Die politische Beziehung Schwedens zum europäischen Ausland 127
2. Der allgemeinkulturelle Austausch Schwedens mit dem europäischen Ausland im 19. und frühen 20. Jahrhundert 128
3. Die Bedeutung der französischen, englischen und deutschen Sprache in Schweden im 19. und frühen 20. Jahrhundert 129
4. Der rechts- und prozeßrechtswissenschaftliche Austausch Schwedens mit dem europäischen Ausland im 19. und frühen 20. Jahrhundert 130
a) in quantitativer Hinsicht 130
aa) Bedeutung und Umfang schwedischer Studien- und Forschungsreisen in das europäische Ausland am Vorabend der Prozeßreform 130
α) in allgemeiner, die Rechtswissenschaft einschließender Hinsicht 130

β) Forschungsreisen der an der Prozessreform beteiligten Juristen ... 132
bb) Quantitative Bedeutung des ausländischen (Prozeß-)Rechts in schwedischen Periodika und Monographien am Vorabend der Prozeßreform ... 135
b) In qualitativer Hinsicht ... 138
aa) Die schwedische Rechtswissenschaft im 19. Jahrhundert: Von der Gesetzeskunde zur Wissenschaft unter dem Einfluß deutscher Pandektistik ... 139
α) Die Stellung der Jurisprudenz als ordentliches Lehrfach an den schwedischen Universitäten ... 139
β) Die Bedeutung der deutschen Pandektistik für die Heranbildung der schwedischen Rechtswissenschaft ... 141
γ) Der Einfluß des deutschen Methodenwandels in der Rechtswissenschaft gegen Ausgang des 19. und zu Beginn des 20. Jahrhunderts auf die schwedische Privatrechtswissenschaft ... 151
δ) Zusammenfassung ... 156
bb) Die Entwicklung der schwedischen Zivilprozessualistik am Vorabend der Prozeßreform ... 157
α) Der zweifache Methodenwandel der schwedischen Prozessualistik im 19. und der ersten Hälfte des 20. Jahrhunderts ... 157
β) Die Bedeutung der deutschen Prozessualistik für die Entwicklung der schwedischenVerfahrensrechtswissenschaft am Vorabend der Prozeßreform ... 161
(1) Einleitung ... 161
(2) Abriß der Entwicklung der deutschen Prozessualistik am Vorabend der schwedischen Prozeßreform ... 162
(3) Bedeutung und Umfang der Rezeption deutscher Prozeßrechtsdoktrin durch die schwedische Zivilprozessualistik ... 167
(a) *Fredrik Schrevelius*: Erste Ansätze zu einer Rezeption deutscher Systematisierungsbestrebungen und Begrifflichkeiten im Prozeßrecht ... 169
(b) *Ivar Afzelius*: Verfechter der historisch-analytischen Methode der historischen Rechtsschule in Schweden ... 171
(c) *Ernst Kallenberg* und *Ernst Trygger*: Vertreter des schwedischen Konstruktivismus der Jahrhundertwende ... 175
(aa) Die Konstruktion des Prozesses als Rechtsverhältnis in der deutschen und schwedischen Prozessualistik ... 177
(α) Der Prozeß als Rechtsverhältnis in der deutschen Prozessualistik ... 177
(β) Der Prozeß als Rechtsverhältnis in der schwedischen Prozessualistik ... 179

(bb) Die Konstruktion des Rechtsschutzanspruchs in der deutschen und schwedischen Verfahrensrechtswissenschaft ... 182
(α) Der Rechtsschutzanspruch in der deutschen Verfahrensrechtswissenschaft ... 182
(β) Der Rechtsschutzanspruch in der schwedischen Verfahrensrechtswissenschaft ... 185
(cc) Zusammenfassung ... 189
5. Würdigung ... 190
III. Der Weg der schwedischen Prozeßreform unter dem Einfluß von Liberalismus und historischer Rechtsschule ... 191
1. Der Einfluß des Liberalismus auf die schwedischen Reformvorhaben im 19. Jahrhundert ... 191
2. Der Einfluß der historischen Rechtsschule auf die Reformvorhaben ... 195
3. Würdigung ... 199
IV. Das neue Prozeßgesetz von 1942 (Nya Rättegångsbalk) ... 200
1. Die Ziele der Reform und die wesentlichen prozessualen Mittel zu ihrer Verwirklichung ... 200
a) Das Ziel der Verfahrensbeschleunigung ... 201
b) Das Ziel der verbesserten Gewähr materiell richtiger Entscheidungen ... 202
c) Das Bemühen um Wahrung der Kontinuität ... 204
aa) Die Gerichtsverfassung: Der Sieg des Reformkonservatismus über den Einfluß fremden Rechts ... 205
bb) Die Parteivertretung in der Novelle ... 208
cc) Systematik und Sprache der Novelle: Konservatismus versus Rezeption ... 211
α) Die Systematik der Novelle ... 212
β) Die Sprache der Novelle ... 218
2. Der Inhalt der Reform ... 221
a) Der Ablauf des Verfahrens vor den Untergerichten und in der Rechtsmittelinstanz nach der Novelle ... 221
aa) Die Klageerhebung ... 221
bb) Die Vorbereitung der Hauptverhandlung ... 222
cc) Die Durchführung der Hauptverhandlung ... 223
dd) Das Verfahren im Rechtsmittelprozeß ... 223
α) Der Hofgerichtsprozeß im Rechtsmittelverfahren ... 224
β) Der Prozeß vor dem Högsta Domstolen im Rechtsmittelverfahren ... 227
b) Detaillierte Strukturanalyse der Novelle unter Berücksichtigung des Einflusses fremden Rechts ... 229
aa) Die Umsetzung der Konzentration in der Reformnovelle ... 229
α) Die Vorbereitung der Hauptverhandlung ... 229
(1) in der schwedischen Novelle ... 229
(2) im französischen Prozeß ... 232
(3) im englischen Prozeß ... 233
(4) im österreichischen Prozeß ... 236
(5) im deutschen Prozeß ... 241
(6) Vergleich und Rezeption ... 244
β) Maßnahmen richterlicher Prozeßleitung zur Beschleunigung des Verfahrens ... 253

(1) Einleitung ... 253
(2) Rechtsvergleichende Detailanalyse: Der Umfang richterlicher Prozeßleitung zum Zwecke der Verfahrenskonzentration ... 254
(a) in der schwedischen Novelle ... 254
(aa) Der Einfluß des Richters auf den äußeren Gang des Verfahrens ... 254
(bb) Prozeßleitung zur Konzentration der Behauptungen ... 256
(b) im französischen Prozeß ... 258
(aa) Der Einfluß des Richters auf den äußeren Gang des Verfahrens ... 258
(bb) Prozeßleitung zur Konzentration der Behauptungen ... 259
(c) im englischen Prozeß ... 260
(aa) Der Einfluß des Richters auf den äußeren Gang des Verfahrens ... 260
(bb) Prozeßleitung zur Konzentration der Behauptungen ... 261
(d) im österreichischen Prozeß ... 262
(aa) Der Einfluß des Richters auf den äußeren Gang des Verfahrens ... 262
(bb) Prozeßleitung zur Konzentration der Behauptungen ... 263
(e) im deutschen Prozeß ... 264
(aa) Der Einfluß des Richters auf den äußeren Gang des Verfahrens ... 265
(bb) Prozeßleitung zur Konzentration der Behauptungen ... 266
(f) Vergleich und Rezeption ... 267
γ) Die Gestaltung des Versäumnisverfahrens als prozessualem Mittel zur Konzentration des Verfahrens ... 274
(1) Die Regelung des Versäumnisverfahrens in der schwedischen Novelle ... 274
(a) Die Regelung des Versäumnisverfahrens in Schweden nach altem Recht ... 275
(b) Die Regelung des Versäumnisverfahrens in der Novelle ... 278
(c) Zusammenfassung ... 282
(2) Die Regelung des Versäumnisverfahrens im französischen Prozeß ... 282
(a) Voraussetzungen und Folgen der Säumnis wegen Nichterscheinens („défaut faute de comparaître") ... 283
(b) Voraussetzungen und Folgen der Säumnis wegen Nichtverhandelns („défaut faute de conclure") ... 286
(c) Zusammenfassung ... 288
(3) Die Regelung des Versäumnisverfahrens im englischen Prozeß ... 288
(a) Voraussetzungen und Folgen der Parteisäumnis ... 289
(b) Anfechtung des Versäumnisurteils ... 293
(c) Zusammenfassung ... 294

(4) Die Regelung des Versäumnisverfahrens im deutschen Prozeß 295
(a) Voraussetzungen und Folgen der Parteisäumnis 295
(b) Anfechtung des Versäumnisurteils 297
(c) Zusammenfassung 298
(5) Die Regelung des Versäumnisverfahrens im österreichischen Prozeß 298
(a) Voraussetzungen und Folgen des Versäumnisurteils 298
(b) Die Anfechtung des Versäumnisurteils 302
(c) Zusammenfassung 303
(6) Vergleich und Rezeption 304
bb) Die Umsetzung des Ziels verbesserter Gewähr materiell richtiger Entscheidungen 316
α) Das Verhältnis von Mündlichkeit und Schriftlichkeit im Prozeß 316
(1) Mündlichkeit und Schriftlichkeit in der schwedischen Novelle 318
(a) Bedeutung der Mündlichkeit während des Reformprozesses – Zusammenhang mit der Konzentration des Verfahrens und der Prozeßöffentlichkeit 318
(b) Umsetzung der Mündlichkeit in der Novelle 319
(aa) im Untergerichtsverfahren 319
(bb) im Rechtsmittelverfahren 323
(2) Mündlichkeit und Schriftlichkeit im französischen Prozeß 324
(3) Mündlichkeit und Schriftlichkeit im englischen Prozeß 327
(4) Mündlichkeit und Schriftlichkeit im österreichischen Prozeß 330
(5) Mündlichkeit und Schriftlichkeit im deutschen Prozeß 333
(6) Vergleich und Rezeption 337
β) Die Verteilung der Verantwortung für die Sachverhaltsermittlung 345
(1) Die Verantwortung für die Sachverhaltsermittlung in der schwedischen Novelle 347
(a) Der Umfang richterlicher Pflicht zur Mitwirkung an der Sachverhaltsaufklärung in der Novelle 348
(b) Der Umfang der Parteipflichten bei der Sachverhaltsermittlung in der Novelle 353
(c) Zusammenfassung 358
(2) Die Verantwortung für die Sachverhaltsermittlung im französischen Prozeß 359
(a) Der Umfang richterlicher Pflicht zur Mitwirkung an der Sachverhaltsaufklärung 359
(b) Der Umfang der Parteipflichten bei der Sachverhaltsermittlung 361
(c) Zusammenfassung 362
(3) Die Verantwortung für die Sachverhaltsermittlung im englischen Prozeß 362
(a) Der Umfang richterlicher Pflicht zur Mitwirkung an der Sachverhaltsaufklärung 363

(b) Der Umfang der Parteipflichten bei der Sachverhaltsermittlung 364
(c) Zusammenfassung 366
(4) Die Verantwortung für die Sachverhaltsermittlung im österreichischen Prozeß 367
(a) Der Umfang richterlicher Pflicht zur Mitwirkung an der Sachverhaltsaufklärung 368
(b) Der Umfang der Parteipflichten bei der Sachverhaltsermittlung 371
(c) Zusammenfassung 373
(5) Die Verantwortung für die Sachverhaltsermittlung im deutschen Prozeß 374
(a) Die Rechtslage nach der ersten Fassung der ZPO von 1877 374
(aa) Der Umfang richterlicher Pflicht zur Mitwirkung an der Sachverhaltsaufklärung 374
(bb) Der Umfang der Parteipflichten bei der Sachverhaltsermittlung 377
(b) Die Rechtslage nach den Reformen von 1909 bis 1933 378
(aa) Der Umfang richterlicher Pflicht zur Mitwirkung an der Sachverhaltsaufklärung 380
(bb) Der Umfang der Parteipflichten bei der Sachverhaltsermittlung 381
(c) Zusammenfassung 381
(6) Vergleich und Rezeption 382
(7) Würdigung 394
γ) Grundzüge des Beweisrechts 395
(1) Der Grundsatz des freien Beweisverfahrens 396
(a) Entwicklung und Umsetzung des Grundsatzes des freien Beweisverfahrens im schwedischen Prozeß 396
(b) Der Grundsatz des freien Beweisverfahrens im französischen Prozeß 401
(c) Der Grundsatz des freien Beweisverfahrens im englischen Prozeß 402
(d) Der Grundsatz des freien Beweisverfahrens im deutschen Prozeß 405
(e) Der Grundsatz des freien Beweisverfahrens im österreichischen Prozeß 406
(f) Vergleich und Rezeption 406
(2) Die Nutzung des Parteiwissens als Beweismittel 411
(a) Historischer Abriß über die Entwicklung der Parteiaussage als Beweismittel im europäischen Prozeß 411
(b) Die Entwicklung des Instituts der Parteivernehmung im schwedischen Prozeß 413
(c) Die Bedeutung der Parteiaussage als Beweismittel im französischen Prozeß 419
(d) Die Bedeutung der Parteiaussage als Beweismittel im englischen Prozeß 422
(e) Die Bedeutung der Parteiaussage als Beweismittel im österreichischen Prozeß 423

(f) Die Bedeutung der Parteiaussage als Beweismittel im deutschen Prozeß 425
(g) Vergleich und Rezeption 428
3. Gesamtwürdigung der Ergebnisse der Detailanalyse zum Nya Rättegångsbalk...433

C. Die Entwicklung des schwedischen Prozeßrechts nach 1948 440
I. Die Reform der Reform: Veränderungen des Prozeßrechts seit 1948: Ziviljustiz als Spiegel moderner Wohlfahrtsstaatlichkeit 440
1. Die Entwicklung des Zivilverfahrensrechts seit dem Zweiten Weltkrieg in den westlichen Industriestaaten: Prozeßrechtsgestaltung im Dienste des modernen Wohlfahrtsstaates 440
2. Überblick über die wesentlichen Reformen des schwedischen Prozeßrechts und der Gerichtsorganisation seit 1948 445
3. Prozeßreformen im Dienste der Wohlfahrtsstaatlichkeit 448
a) Das schwedische Bagatellverfahren 448
aa) Die Ziele der Reform 448
bb) Grundzüge des Verfahrens in Bagatellsachen 451
α) Charakteristische Unterschiede des Verfahrens in erster Instanz zu dem nach dem Rättegångsbalk 451
β) Unterschiede in der Gestaltung des Rechtsmittelprozesses in Bagatellsachen im Vergleich zum Rättegångsbalk 454
γ) Zusammenfassung 455
cc) Der Einfluß ausländischen Rechts auf die Gestaltung des Bagatellverfahrens 456
α) Die Behandlung von Bagatellstreitigkeiten im norwegischen Recht 456
β) Die Behandlung von Bagatellstreitigkeiten im dänischen Recht 457
γ) Die Behandlung von Bagatellstreitigkeiten im amerikanischen Recht 458
δ) Die Behandlung von Bagatellstreitigkeiten im englischen Recht 462
ε) Vergleich und Rezeption 465
b) Die Reform des Rättegångsbalk von 1987 468
aa) Die Ziele der Reform 468
bb) Der Inhalt der Reform 470
α) Veränderungen des Nya Rättegångsbalk mit dem Ziel der größeren Flexibilität des Verfahrens 470
β) Veränderungen des Nya Rättegångsbalk mit dem Ziel einer Verstärkung der Konzentration der Verhandlung 472
γ) Veränderungen des Nya Rättegångsbalk mit dem Ziel der Verstärkung des richterlichen Einflusses auf die Ermittlung des Prozeßmaterials 472
δ) Die Stellung der Reform zu der Frage richterlicher Vergleichsbemühungen 475
cc) Das Schicksal des Gesetzes über das Verfahren in Bagatellsachen ..477
dd) Die Bedeutung ausländischen Rechts für die Reform des Rättegångsbalk 478
c) Die Reformpläne zur Einführung des Instituts der Gruppenklage 478
aa) Die internationale Bedeutung der Gruppenklage in der „access to justice"-Bewegung 478

bb) Das Interesse Schwedens an der Gruppenklage im Rahmen der Reformpläne um eine Verbesserung des prozessualen Rechtsschutzes benachteiligter Sozialgruppen ... 480
cc) Grundzüge des Reformentwurfs der Expertenkommission zur Einführung der Gruppenklage ... 483
dd) Zur Frage der Rezeption bei der geplanten Einführung der Gruppenklage ... 488
II. Der schwedische Zivilprozeß an der Schnittstelle von Gegenwart und Zukunft: Der Einfluß des europäischen Integrationsprozesses auf das schwedische Prozeßrecht ... 490
1. Die Bedeutung internationalen und supranationalen Rechts für den nationalen Prozeß ... 490
2. Bedeutsame Stufen in der Entwicklung des schwedischen internationalen Prozeßrechts ... 494
3. Der Einfluß der Europäischen Menschenrechtskonvention auf das schwedische Prozeßrecht ... 495
a) Die Relevanz der EMRK für den schwedischen Prozeß ... 495
b) Die Deutung des Begriffs der „zivilen Rechte und Pflichten" in Art. 6 Abs. 1 EMRK und ihre Folgen für die Gestaltung des schwedischen Rechtswegs ... 497
c) Der Umfang des Anspruchs auf eine mündliche Verhandlung nach Art. 6 Abs. 1 EMRK und seine Bedeutung für den schwedischen Prozeß ... 499
d) Das Erfordernis eines unparteiischen Richters nach Art. 6 Abs. 1 EMRK und seine Auswirkungen auf den schwedischen Prozeß ... 503
4. Der Einfluß der schwedischen EU-Mitgliedschaft auf den schwedischen Prozeß ... 506
a) Veränderungen des nationalen schwedischen Zivilverfahrens im Rättegångsbalk als Folge der EU-Mitgliedschaft? ... 508
b) Das Selbstverständnis schwedischer Justiz im Spannungsverhältnis zwischen nationalem Traditionalismus und europäischer Integration ... 512
aa) Der Ausgangspunkt der Problematik ... 512
bb) Stellung, Funktion und Rechtsanwendungsmethodik der schwedischen Gerichte vor dem Beitritt Schwedens zur EU ... 512
cc) Stellung, Funktion und Rechtsanwendungsmethodik der schwedischen Gerichte im Gefolge der europäischen Integration Schwedens ... 524

Ergebnisse der Untersuchung

Die Entwicklung des schwedischen Zivilprozeßrechts im Spannungsfeld von Rezeption, Kontinuität und autochthoner Fortentwicklung 531

Anhang

Übersicht über den Gang schwedischer Gesetzgebung 551

Verzeichnis der verwendeten Quellen und Literatur

A. Quellen ... 555
I. Zum schwedischen Recht ... 555
1. ungedruckte Archivalien ... 555
2. gedruckte Quellen ... 555
a) Gesetze und Verordnungen ... 555
aa) 13. bis 15. Jahrhundert ... 555
bb) 16. bis 18. Jahrhundert ... 555
cc) 19. bis 21. Jahrhundert ... 556
b) Gesetzesmotive, Gesetzentwürfe, Kommissionsberichte und andere im Zusammenhang mit dem Gesetzgebungsverfahren relevante offizielle Stellungnahmen und Äußerungen ... 557
II. Zum römischen und kanonischen Recht ... 559
III. Zum norwegischen Recht ... 559
IV. Zum dänischen Recht ... 559
V. Zum deutschen Recht ... 560
VI. Zum österreichischen Recht ... 560
VII. Zum französischen Recht ... 561
VIII. Zum englischen Recht ... 561
IX. Zum schweizerischen Recht ... 561
X. Zum amerikanischen Recht ... 562
XI. Zum australischen Recht ... 562
XII. Zum kanadischen Recht ... 562
1. Ontario ... 562
2. Quebec ... 562

B. Literatur ... 562
I. Lexika und Nachschlagewerke ... 562
II. Abhandlungen ... 563
III. Aufsatzliteratur ... 583

Sachregister ... 593

Verzeichnis der verwendeten Abkürzungen[1]

AcP	Archiv für die civilistische Praxis
ÄLB	Äldre Lagberedningen
AFDI	Annales de la Faculté de Droit d'Istanbul
CMLR	Common Market Law Reports
CMLRev	Common Market Law Review
DAW	Abhandlungen der Deutschen Akademie der Wissenschaften
dir	direktiv
DJZ	Deutsche Juristenzeitung
DS	departementsserien
ECHR	European Court of Human Rights
ECR	European Court Reports
eig. Erg.	eigene Ergänzung
eig. Erkl.	eigene Erklärung
ELRev	European Law Review
EuGVÜ	EWG-Übereinkommen über die gerichtliche Zuständigkeit und die Vollstreckung gerichtlicher Entscheidungen in Zivil- und Handelssachen
FörvT	Förvaltningsrättslig tidskrift
Gruchot	Gruchots Beiträge zur Erläuterung des Deutschen Rechts
GrünZ	Grünhuts Zeitschrift für das Privat- und öffentliche Recht der Gegenwart
GZ	Österreichische Allgemeine Gerichtszeitung
HRG	Handwörterbuch zur deutschen Rechtsgeschichte
HT	Historisk Tidsskrift
HWP	Historisches Wörterbuch der Philosophie
ICLQ	The International and Comparative Law Quaterly
IRF	Institutet för Rättshistorisk Forskning
iSd	im Sinne des/der
JBl	Juristische Blätter
JJ	Jherings Jahrbücher für die Dogmatik des heutigen römischen und deutschen Privatrechts
JahrböR	Jahrbuch des öffentlichen Rechts der Gegenwart
JT	Juridisk Tidskrift
LMA	Lexikon des Mittelalters
LQuaterlyRev	The Law Quaterly Review

[1] Die folgende Aufstellung erfaßt lediglich die wichtigsten der in der Arbeit verwendeten Abkürzungen; für die Bedeutung der nicht erwähnten sei auf *H. Kirchner*, Abkürzungen für Juristen, 2. Auflage, Berlin 1993, verwiesen.

LugÜ	Luganer Übereinkommen über die gerichtliche Zuständigkeit und die Vollstreckung gerichtlicher Entscheidungen in Zivil- und Handelssachen
MLRev	The Modern Law Review
NFB	Nordisk Familjebok
NJA	Nytt juridiskt arkiv
NLB	Nya Lagberedningen
NLJ	The New Law Journal
NRB	Nya Rättegångsbalk
ÖJZ	Österreichische Juristenzeitung
PK	Processkommissionen
PLB	Processlagberedningen
prom	promemoria
prop	Proposition
RÅ	Regeringsrättens Årsbok
RB	Rättegångsbalk
RheinZ	Rheinische Zeitschrift für Zivil- und Prozeßrecht
RIDA	Revue internationale des droits de l'antiquité
SavZ/Germ	Zeitschrift der Savigny-Stiftung für Rechtsgeschichte – Germanistische Abteilung
SavZ/Kanon	Zeitschrift der Savigny-Stiftung für Rechtsgeschichte – Kanonistische Abteilung
SavZ/Rom	Zeitschrift der Savigny-Stiftung für Rechtsgeschichte – Romanistische Abteilung
SBL	Svenskt Biografiskt Lexikon
ScanStL	Scandinavian Studies in Law
sc.	scilicet
SFS	Svensk Författningssammling
SJT	Svensk Juristtidning
SMK	Svenska Män och Kvinnor
SOU	Statens offentliga utredningar
TfR	Tidsskrift for Retsvidenskap
TSA	Tidskrift för Sveriges Advokatsamfund
TSDF	Tidskrift för Sveriges Domarförbund
ZEuP	Zeitschrift für europäisches Privatrecht
ZGH	Zeitschrift für das Gesammte Handelsrecht
ZZP	Zeitschrift für Zivilprozeß
ZfRV	Zeitschrift für Rechtsvergleichung
ZVerglRw	Zeitschrift für vergleichende Rechtswissenschaft

Es erben sich Gesetz'
und Rechte wie eine
ew'ge Krankheit fort

(J. W. von Goethe, Faust I, Verse 1972 f.)

Erster Teil

Ziel und methodische Grundlagen der Untersuchung

A. Das Ziel der Arbeit

– „Blott barbariet var en gång fosterländskt."[2] *–*
„Nur die Barbarei ist ein wahrhaft ursprüngliches Erbe."

In welchem Umfang diese Behauptung des berühmten schwedischen Skalden *Esaias Tegnér*, mit welcher der Dichter im 19. Jahrhundert die weit verbreitete Suche der europäischen Länder nach angestammtem Nationalerbe als eitel geißelte, auch für die Entwicklung des schwedischen Zivilverfahrensrechts zutrifft, ist Gegenstand der vorliegenden Arbeit. Ihr Ziel ist es mithin offenzulegen, in welchem Ausmaß sich das Zivilprozeßrecht in Schweden unter dem Einfluß fremden Rechts herausgebildet hat.

Nähert man sich der Frage zunächst von der vertrauteren Warte des heimischen Rechts, so scheint die Entwicklung gerade des deutschen Zivilverfahrensrechts ein prägnanter Beleg für die Richtigkeit der eingangs zitierten These zu sein: Seine frühe Rezeption kanonischer Prozeßleitbilder im 14. Jahrhundert,[3] seine gemeinrechtliche Durchdringung über die Eventualmaxime, das Beweisinterlokut und die Maximen der Schriftlichkeit und Geheimheit bis weit in das 19. Jahrhundert hinein,[4] die Prägung im bürgerlich-liberalen Zeitalter durch den napoleonischen Code de Procédure Civile[5] und zu Beginn unseres

---

[2] *E. Tegnér*, in: „Sång den 5 april 1836".

[3] Dazu eingehend *A. Engelmann*, Der Civilprozeß – Geschichte und System, Bd. 2/3, S. 97 ff.; *J. Schwartz*, Vierhundert Jahre deutsche Civilprozeß-Gesetzgebung, S. 23 ff.

[4] Vgl. hierzu *G. Wetzell*, System des ordentlichen Civilprozesses, S. 964 ff. (Eventualprinzip), S. 975 ff. (Beweisinterlokut), S. 520 ff. und S. 890 ff. (Schriftlichkeit); *G. Dahlmanns*, Strukturwandel, S. 16 ff. et passim; *A. Engelmann*, a.a.O., S. 134 ff.

[5] Zusammenfassend *W. Schubert*, Die deutsche Gerichtsverfassung, S. 22 ff. sowie *R. Sprung*, Die Ausgangspositionen österreichischer Zivilprozessualistik und ihr Einfluß auf das deutsche Recht, in: ZZP 92 (1979), S. 4 ff. Kritisch zu der Bedeutung der napoleonischen Verfahrenskodifikation für die deutsche Prozeßgesetzgebung jüngst *E. Koch*, Zum Einfluß des Code de Pro-

Jahrhunderts dann durch die österreichische Verfahrensordnung[6] – all diese Beispiel stützen doch sicher die Vermutung, daß sich die Rechtsordnungen der europäischen Staaten – wenn auch in wechselndem Umfang – im Laufe ihrer Evolution stets gegenseitig beeinflußt haben.

Jedoch kann bei einem über Jahrhunderte territorialer Zersplitterung nach politischer und rechtlicher Einheit strebenden Land wie dem mittelalterlichen und neuzeitlichen Deutschland die Orientierung an fremden Rechtsordnungen wohl auch kaum verwundern. Schon seine zentrale Lage im Herzen Europas läßt einen regen Rechtsaustausch mit seinen Nachbarn fast unvermeidlich erscheinen. Vor allem aber vermochte hier die Rezeption fremder Normen und Verfahrensmodi sowie deren Umformung zu einem reichsweit geltenden gemeinen Recht für jene überregionale deutsche Rechtsordnung zu sorgen, welche die zunehmende Schwächung der kaiserlichen Zentralgewalt durch den Machtkampf mit den Landesherren und Landständen selbst gerade nicht leisten konnte.[7]

Wie aber sieht das Bild in Schweden aus? Hier war das Gemeinwesen fast seine gesamte Entwicklungsgeschichte über durch eine am kontinentaleuropäischen Maßstab gemessen vergleichsweise homogen-demokratische Sozialstruktur geprägt. Die für weite Teile des mittelalterlichen Kontinentaleuropa charakteristische Feudalordnung des Lehnswesens kannte es praktisch ebensowenig wie die Grundherrschaft über leibeigene Bauern.[8] Die Zeit absoluter

---

cédure Civile auf die deutsche Zivilprozeßrechtsreform in: *R. Schulze* (Hrsg.): Französisches Zivilrecht in Europa während des 19. Jahrhunderts, S. 157 ff.

6 Aus jüngerer Zeit dazu *R. Stürner*, Das deutsche Zivilprozeßrecht und seine Ausstrahlung auf andere Rechtsordnungen – von Deutschland aus gesehen, in: W. Habscheid (Hrsg.): Das deutsche Zivilprozeßrecht und seine Ausstrahlung, S. 3 ff. (v.a. S. 20 f.); *W. Jelinek*, Einflüsse des österreichischen Zivilprozeßrechts auf andere Rechtsordnungen, in: ibid., S. 41 ff. (v.a. 54 ff. sowie 67 ff.); *J. Damrau*, Der Einfluß der Ideen Franz Kleins auf den Deutschen Zivilprozeß, in: H. Hofmeister (Hrsg.): Forschungsband Franz Klein – Leben und Wirken, S. 157 ff. sowie *K. Satter*, Das Werk Franz Kleins und sein Einfluß auf die neueren Prozeßgesetze, in: ZZP 60 (1930), S. 271 ff.

7 Hierzu *F. Wieacker*, Privatrechtsgeschichte, S. 97 ff. (100 ff.). Anschaulich kennzeichnete im Jahr 1814 der Heidelberger Rechtsgelehrte *A.J. Thibaut* den zu diesem Zeitpunkt in Deutschland herrschenden Zustand allgemeiner Rechtszersplitterung mit den Worten: „ein endloser Wust einander widerstreitender, vernichtender und scheckiger Bestimmungen, ganz dazu geartet, die Deutschen voneinander zu trennen und den Richtern und Anwälten die gründliche Kenntnis des Rechts unmöglich zu machen" (entnommen *Thibauts* berühmter Streitschrift „Ueber die Nothwendigkeit eines allgemeinen bürgerlichen Rechts für Deutschland", S. 14). Bezeichnenderweise war es den deutschen Kaisern auch in dreihundert Jahren nachhaltiger Bemühung nicht geglückt, ein einziges für das Heilige Römische Reich Deutscher Nation verbindliches Reichsgesetz zu schaffen. Selbst die Reichskammergerichtsordnung von 1495 oder die sog. Peinliche Gerichtsordnung *Karls V.* waren bekanntlich aufgrund gewisser salvatorischer Klauseln nicht für alle Territorien im Reich verbindlich. Vgl. im übrigen zu den vielschichtigen Ursache-Wirkungs-Mechanismen innerhalb der Rezeption des römischen Rechts in Deutschland eingehend *F. Wieacker*, a.a.O., S. 143 ff.

8 Vgl. zur Bedeutung feudaler Strukturen in Schweden *G. Inger*, Svensk Rättshistoria, S. 63 sowie – mit Blick auf Art und Umfang des Lehnswesens – *E. Ingers*, Bonden i svensk historia, Bd. 1, S. 85 ff. Die Bauern stellten in Schweden schon früh eine politisch bedeutsame Ge-

Königsherrschaft war auf wenige Jahrzehnte beschränkt,[9] und selbst während dieser verblieben dem Parlament noch Kompetenzen, u.a. in Budgetfragen.

Zieht man überdies die geographische Lage Schwedens im äußersten Norden Europas hinzu, die das Land in eine ähnliche Isolation vom kontinentalen Festland zwingt, wie sie für Großbritannien kennzeichnend ist, so läßt sich für das schwedische Verfahrensrecht eine eher kontinuierliche und eigenständige Entwicklung vermuten.

Und tatsächlich: Wurde noch im letzten Jahrhundert über die deutsche Prozeßkultur gespottet, sie kenne mehr Verfahrensordnungen, als das Reich Territorien habe,[10] so tritt uns das schwedische Prozeßrecht systematisch in einem formell noch fortgeltenden allgemeinen Reichsgesetz von 1734 entgegen.[11] Straf- und Zivilprozeß sind in ihm überdies nicht etwa in Übereinstimmung mit moderner Gesetzessystematik in separaten Kodifikationen geregelt, sondern erscheinen in einer noch an mittelalterliche Gepflogenheit erinnernden Weise miteinander verschränkt.[12] Und noch heute herrscht selbst vor Schwedens höchstem ordentlichen Gericht – dem Högsta Domstolen – keinerlei Vertretungszwang und sind die Parteien formal nicht einmal gehalten, im Falle gewünschter Vertretung vor Gericht lediglich einen Rechtsanwalt mit der Wahrnehmung ihrer Interessen zu betrauen.[13] Auch konnte sich für die Gerichtsverfassung der schwedische Reichstag erst in den siebziger Jahren im Zuge einer Strukturreform der Gerichtsorganisation zur Aufhebung der Trennung von ländlichen Provinzialgerichten und städtischen Rathausgerichten entschließen

---

sellschaftsschicht dar, die einen eigenen Reichsstand bildete. Dem Schicksal einer umfänglichen Leibeigenschaft, wie sie für die Bauern auf dem Kontinent – und nicht zuletzt in Deutschland – vielfach typisch war, vermochten sie in Schweden zu entgehen. Von zentraler Bedeutung für die starke Stellung der Bauern in der schwedischen Politik zumal der zweiten Hälfte des 19. Jahrhunderts (vgl. dazu auch unten 3. Teil B. III. 1.) war nicht zuletzt die ihnen 1789 eingeräumte Möglichkeit, adligen Besitz zu erwerben, wovon viele Gebrauch machten. Doch schon während des Mittelalters war der Anteil besitzender Bauern im Vergleich zu den übrigen Ländern Europas außerordentlich hoch und betrug etwa noch zu Beginn des 16. Jahrhunderts 45% (bezogen auf die Gesamtzahl der Höfe) in Schweden selbst bzw. 62% unter Einschluß des zum Reich zählenden Finnland (statist. Angaben entnommen *J. Weibull*, Sveriges historia, S. 34). Eingehend zur Stellung der Bauern innerhalb des schwedischen Gemeinwesens im Laufe seiner Entwicklung die ausführliche Darstellung bei *E. Ingers*, Bonden i svensk historia, Bde. 1-2 samt Bd. 3 von *S. Carlsson* (hinsichtlich der Entwicklung des Landbesitzes in bäuerlicher Hand insbes. Bd. 2, S. 387 ff. sowie Bd. 3, S. 191 ff.; hinsichtlich der politischen Rolle des Bauernstandes im 19. Jahrhundert Bd. 3, S. 235 ff.).

[9] Es waren dies die Jahre 1680-1718 unter den Königen *Karl XI.* und *Karl XII.* sowie die kurze Epoche von 1772 bis 1809 unter *Gustav III.*

[10] So *E. Eck*, Die neue deutsche Civilprozeßordnung, S. 6.

[11] Als neuntes Buch des am 13. Dezember 1734 von den vier in Stockholm auf dem Reichstag versammelten Reichsständen angenommenen Reichsgesetzbuchs.

[12] Eingehend zu der Systematik des schwedischen Prozeßrechts 3. Teil B. IV. 1. c) cc) α).

[13] Vgl. dazu im einzelnen unten 3. Teil B. IV. 1. c) bb).

– einer Eigentümlichkeit schwedischer Jurisdiktion, die noch aus der Zeit mittelalterlicher Stadtprivilegien in der Selbstverwaltung herrührte.[14]

Auf der anderen Seite war aber auch Schweden seit dem frühen Mittelalter mit den Geschicken seiner europäischen Nachbarn eng verbunden und empfing nicht zuletzt von Deutschland starke Einflüsse auf wirtschaftlichem, politischem, wissenschaftlichem und kulturellem Gebiet. So stand es über Jahrhunderte unter der beherrschenden Vormachtstellung der den gesamten Ostseehandel dominierenden Hanse. Die Einwanderung aus Deutschland war während dieser Zeit mitunter sehr umfangreich, und die Gründung und Verwaltung zahlreicher schwedischer Küstenstädte erfolgte nach dem Vorbild der deutschen Hansestädte.[15] Die Organisation einer zentralen Reichs- und Finanzverwaltung im Zuge einer mit dem Niedergang der Hanse erstarkenden schwedischen Monarchie ab dem 16. Jahrhundert gründete sich auf die Vorschläge deutscher Berater des Königs.[16] Und an dem Aufbau der schwedischen Metallindustrie im 17. Jahrhundert waren maßgeblich deutsche Handwerker und Techniker beteiligt.[17] Schwedische Studenten zog es in Ermangelung hinreichender Ausbildungsmöglichkeiten in ihrer Heimat seit dem hohen Mittelalter vor allem nach Deutschland, wo die reformierten Universitäten u.a. in Rostock, Greifswald, Wittenberg und Marburg nach dem Sieg der Reformation in Schweden zu den bevorzugten Lehrstätten rechneten.[18] Auch waren eine Reihe schwedischer Könige deutscher Abstammung und wurden die Grundlagen für Schwedens kurze Großmachtzeit in der zweiten Hälfte des 17. Jahrhunderts durch seine Teilnahme am dreißigjährigen Krieg geschaffen, der für das skandinavische Land mit ausgedehnten Territoriumsgewinnen auf deutschem Boden endete. Und schließlich wirkten in Schweden nicht zuletzt die deutschen Geistes- und Kulturbewegungen des Idealismus sowie der Klassik und Romantik in Philosophie und Literatur stilbildend und entfalteten sich zu kraftvollen Rezeptionsquellen, die die schwedische Geisteshaltung im 18. und 19. Jahrhundert maßgeblich mitbestimmten.[19]

Doch auch mit anderen Staaten verbanden Schweden seit dem Mittelalter teils engere, teils gelockerte Beziehungen. Zu nennen sind etwa der intensive Handelskontakt mit den Niederlanden nach dem Niedergang der Hanse wie auch der durch die Gründung der Ostindischen Kolonie im frühen 18. Jahrhundert vermittelte Kontakt Schwedens mit asiatischer und hier vor allem chinesischer Kunst und Kultur. Vor allem aber ist sein nachhaltiges In-

---

[14] Näher hierzu 2. Teil B. II. 1. und 2.

[15] Dazu wie auch zur Beteiligung deutscher Einwanderer an der städtischen Rechtspflege in Schweden während des Mittelalters näher unter 2. Teil B. II. 2. m.w.N. aus der Literatur.

[16] *Konrad von Pyhy* und *Georg Norman*; zu ihnen s. 2. Teil C. II. 1.

[17] Dazu näher *G. Grenholm* (Hrsg.): Den svenska historien, Bd. 3, S. 156 ff. (158 ff.); s. auch *J. Weibull*, Sveriges historia, S. 33 ff. (36).

[18] Vgl. im einzelnen hierzu 2. Teil C. II. 1.

[19] Eingehend dazu 3. Teil B. II. 2.

teresse an England und Frankreich herauszustellen, deren europäische Vorreiterrolle in Fragen der politischen Verfassung des Gemeinwesens im 18. und 19. Jahrhundert in Schweden auf großen Widerhall stieß und zu einer weiten Verbreitung der Schriften *Lockes*, *Montesquieus* und *Rousseaus* führte.[20] Und schließlich dürfen auch die USA nicht vergessen werden, die in der zweiten Hälfte des 19. Jahrhunderts das bevorzugte Ziel einer großen Auswanderungswelle bildeten, in deren Verlauf Hunderttausende verarmter Schweden das Land verließen und ihr Glück in der Fremde suchten.[21] Diese Migrationsbewegung legte den entscheidenden Grund für die seit Ende des zweiten Weltkriegs stetig wachsende Präsenz Amerikas im politischen und wirtschaftlichen Bewußtsein der Schweden wie auch für die enge kulturelle Zusammenarbeit zwischen beiden Ländern.

Inwieweit vermochte sich das schwedische Zivilverfahren in diesem Spannungsverhältnis von geographischer Isolation und ungebrochener politischer wie sozialer Entwicklung einerseits und jenem engen und vielfältigen Kontakt mit den europäischen und außereuropäischen Staaten andererseits noch frei von Fremdeinflüssen zu entwickeln? Und soweit Rezeptionswirkungen festzustellen sind: Wo und in welchem Umfang hat sich die Beeinflussung niedergeschlagen? Fand etwa eine Orientierung an fremden Verfahrenssystemen eher über die Prozessualistik statt, über den fruchtbaren Diskurs schwedischer Prozeßrechtswissenschaftler mit den Gedanken und Ideen ihrer Kollegen im europäischen Ausland? Oder richtete sich das Interesse stärker auf die legislative Ebene und führte dort zu einer Anlehnung an ausländische Verfahrensordnungen? Und betraf eine solche eher die formale, Terminologie und Systematik des fremden Rechts umfassende Seite oder ging sie vielleicht sogar bis zu einer materiellen Rezeption einzelner Strukturen und rechtlicher Institute?

Wenig Hilfestellung vermag in diesen Fragen die bisherige rechtswissenschaftliche Forschung innerhalb wie außerhalb Schwedens zu bieten. Von deutscher Seite hat das lange ausgesprochen schwache Interesse am schwedischen Zivilrecht erst in jüngerer Zeit begonnen, einer allmählich wachsenden Beschäftigung mit der materiellrechtlichen Gestaltung vor allem des Familien- und Eherechts sowie verschiedenen ausgesuchten Problemberei-

---

20 Vgl. dazu näher 3. Teil B. II. 2.

21 Ab Mitte des 19. Jahrhunderts bis in die dreißiger Jahre des 20. Jahrhunderts emigrierten etwa 1,5 Mio. Schweden – gemessen an der Bevölkerungszahl von ca. 3,5 Mio. (1850) bzw. 6 Mio. (1930) eine gewaltige Zahl (statist. Angaben entnommen dem vom Schwedischen Institut herausgegebenen Faltblatt „Tatsachen über Schweden" [TS 106 d Kc]; eine nach Zeitpunkt und Größenordnung detailliertere Aufschlüsselung findet sich bei *L. Orfield*, Growth of Scandinavian Law, S. 227). Vgl. zu Einzelheiten der schwedischen Besiedlung in den USA im übrigen die eingehenden Darstellungen bei S. *Carlsson*/*J. Rosén*, Svensk Historia, Bd. 2, S. 363 ff.; *G. Grenholm* (Hrsg.): Den svenska historien, Bd. 9, S. 35 ff. sowie *A. Åberg*, Vår svenska historia, S. 406 ff.

chen des Schuldrechts in Schweden zu weichen.[22] An näheren Untersuchungen zur Entwicklung des modernen schwedischen Zivilprozesses fehlt es jedoch bis heute sowohl in Deutschland als auch in Schweden; auch der spezifischen Frage nach Art und Umfang seiner Beeinflussung durch ausländisches Recht ist hier wie dort bislang noch nicht nachgegangen worden.[23]

Dies mag damit zusammenhängen, daß in Deutschland immer noch jene Vorstellung von dem unverfälschten Charakter der skandinavischen Rechte als Zeugnis alter germanischer Rechtstradition weit verbreitet zu sein scheint, wie sie sich vor allem im 19. Jahrhundert unter dem Einfluß des historischen Nationalismus herausgebildet hat. Schweden wurde in unserem rechtsgeschichtlichen Verständnis seit jeher als ein Land angesehen, dessen Rechtsordnung noch zum überwiegenden Teil auf altüberkommenem germanischrechtlichen Erbe gebaut sei, aus dem sie sich sodann ohne nennenswerte Brüche kontinuierlich bis in die Gegenwart fortentwickelt habe. Zu einer kontinentaleuropäischen Verhältnissen im Umfang auch nur entfernt vergleichbaren Überlagerung des heimischen Rechts durch ausländische Rechtssysteme sei es infolgedessen nie gekommen. Und insbesondere das römische Recht habe auf das schwedische wie auch die übrigen skandinavischen Rechte nur sehr begrenzt einzuwirken vermocht.[24]

Auch der jüngsten rechtsvergleichenden Literatur liegt diese Auffassung noch im wesentlichen unverändert zugrunde.[25] Dies dürfte auch einer der

---

[22] Vgl. etwa die rechtsvergleichenden Darstellungen bei S. *Grib*, Die gleichgeschlechtliche Partnerschaft im nordischen und deutschen Recht (1996); *C. Bardenheuer*, Das Personensorgerecht für den Vater eines nichtehelichen Kindes (1990); *R. Storbeck*, Die Unterhaltsansprüche der geschiedenen Frau (1983); *U. Blaurock* (Hrsg.): Entwicklungen im Recht der Familie und der außerehelichen Lebensgemeinschaften (1988); *G. Hohloch* (Hrsg.): Recht und Internet – 6. „Deutsch-Schwedisches Juristentreffen" in Lund (2001); *I. Steltmann*, Die Vertragsstrafe in einem europäischen Privatrecht (2000); *P. Mäntysaari*, Mängelhaftung beim Kauf von Gesellschaftsanteilen – eine vergleichende Untersuchung zum deutschen, finnischen und schwedischen Recht (1998); *C. Bloth*, Produkthaftung in Schweden, Norwegen und Dänemark (1993).

[23] *G. Ingers* Arbeit zur Entwicklung des Geständnisses im schwedischen Prozeß („Das Geständnis in der schwedischen Prozeßrechtsgeschichte, Bd. 1: Bis zur Gründung des Svea Hofgerichts 1614" sowie „Erkännandet i svensk processrättshistoria, Del II [1614-1948]") berücksichtigt zwar noch die mit der Reform von 1942 geschaffene Rechtslage des modernen Verfahrens, betrifft jedoch lediglich ein einzelnes Prozeßinstitut und geht im übrigen auch nicht auf die jüngeren Prozeßreformen ein (was mit Blick auf den gewählten Themenbereich nur verständlich ist).

[24] Die gängige Meinung prägnant zusammenfassend *B. Rehfeld* in einer Rezension der Arbeit *S. Jägerskiölds*, Studier rörande receptionen av främmande rätt, in: SavZ/Germ, Bd. 82, S. 316 ff. (316): „Die bruchlose Kontinuität einer Entwicklung aus germanischer Wurzel hat seit je als ein besonderes Kennzeichen des schwedischen wie der übrigen skandinavischen Rechte gegolten." So auch aus der Perspektive des anglo-amerikanischen Rechtskreises *A. Watson*, Legal Transplants, S. 22: „(...) most of the private law of all the modern legal systems of the Western world (and also of some non-Western countries), apart from the Scandinavian, derives more or less directly from either Roman Civil Law or English Common Law."

[25] Vgl. etwa *G. Ring/L. Olsen-Ring*, Einführung in das skandinavische Recht, S. 2 ff.: „Die Ursprünge der Rechtsordnungen Skandinaviens beruhen auf germanischen Rechtstraditionen

entscheidenden Gründe dafür sein, daß man die schwedische Rechtsordnung zusammen mit derjenigen ihrer skandinavischen Nachbarländer üblicherweise zu einem eigenständigen Rechtskreis zusammenzufassen pflegt.[26]

Ganz ohne Zweifel ist diese bei uns gängige Betrachtung des schwedischen bzw. skandinavischen Rechts durch die in Schweden selbst bis weit in das 20. Jahrhundert hinein herrschende Meinung beeinflußt worden, daß ihr Recht Spiegel einer weitgehend unverfälscht gebliebenen germanischen Rechtstradition sei.[27] Stimmen, die in der Literatur etwa um die Wende zum

---

(...). Eine kontinuierliche skandinavische Weiterentwicklung dieser Rechtsprinzipien hat sich bis zum heutigen Tag fortgesetzt. Im Vergleich zum Recht der Staaten Mitteleuropas, besonders zu jenem Deutschlands, wurde der nordische Rechtskreis im Laufe der Zeit nur in begrenztem Maße von fremden Rechtssystemen beeinflußt." S. auch *K. Zweigert/H. Kötz*, Einführung in die Rechtsvergleichung, *S.* 270 ff. (279 f.), die davon sprechen, daß die nordische Rechtswissenschaft der kontinentaleuropäischen Entwicklung lediglich Aufmerksamkeit gezollt und im übrigen die eigenständige Rechtstradition beibehalten habe. Vgl. auch *W. Wagner*, in: ders. (Hrsg.): Das schwedische Reichsgesetzbuch von 1734, S. 3 ff. (7): „(...) gilt doch die skandinavische Entwicklung (...) noch immer als Haupthinweis auf den ursprünglichen Zustand des germanischen Rechts." sowie *F. Wieacker*, Privatrechtsgeschichte, S. 97: „(...) ohne daß doch eine (...) germanische Rechtskultur sich in so imposanter Geschlossenheit erhalten hätte wie in Skandinavien (...)."

[26] Vgl. etwa *M. Rheinstein*, Einführung in die Rechtsvergleichung, S. 79; *K. Zweigert/H. Kötz*, ibid. („Nordischer Rechtskreis"); *G. Carsten*, Europäische Integration und nordische Zusammenarbeit auf dem Gebiet des Zivilrechts, in: ZEuP 1993, S. 335 ff. (338); *H. Coing* (Hrsg.): Handbuch, Bd. 3/4 (Die nordischen Länder); *Å. Malmström*, The System of Legal Systems, in: ScanStL 13, S. 127 ff. (147 f.). Auch nach *P. Arminjon/B. Nolde/M. Wolff*, Traité de droit comparé, Bd. 1, S. 49, bildet das skandinavische Recht eine eigene Familie innerhalb der von ihnen vertretenen Einteilung der juristischen Systeme der Welt in sieben Rechtsfamilien (französisches, deutsches, englisches, russisches, islamisches, hinduistisches und skandinavisches Recht). Innerhalb des gröberen Systemvergleichs zwischen dem Rechtskreis des Common Law und dem des kontinentaleuropäischen Rechts pflegt man jedoch das skandinavische Recht dem letztgenannten zuzuordnen, vgl. etwa *J. Sundberg*, Civil Law, Common Law and the Scandinavians, in: ScanStL 13 (1969), S. 180 ff. (198 ff.) sowie *M. Rheinstein*, a.a.O., S. 78 f. Kritisch allerdings gegenüber dem heutigen Wert einer allgemeinen „Rechtskreislehre" innerhalb der rechtsvergleichenden Forschung jüngst *H. Kötz*, Abschied von der Rechtskreislehre?, in: ZEuP 1998, S. 493 ff. (495 ff.).

[27] Vgl. für das 20. Jahrhundert etwa *H. Munktell*, Det svenska rättsarvet, S. 180 f: „Daß die ausländischen Ideen sowohl in der Rechtsprechung durch den König wie auch in derjenigen der Hofgerichte keine größere Rolle spielten (...)." In dieselbe Richtung weisen auch S. 9 ff. *Munktells* Argumentation bleibt allerdings nicht ganz widerspruchsfrei, wenn er an anderer Stelle (S. 182) etwa davon spricht, daß nicht zu verhindern gewesen sei, „daß ausländisches Recht einen starken Einfluß auf unsere Rechtsentwicklung ausübte". Für weitere Nachweise aus der Literatur s. *S. Jägerskiöld*, Handelsbalkens utländska källor, im Vorwort auf S. III. Als eindrucksvoll prägnantes Beispiel aus der Mitte des 19. Jahrhunderts vgl. ein Zitat *C.J. Lénströms* bei *S. Jägerskiöld*, Studier rörande receptionen, S. 26: „Die römische Gesetzgebung hat weder als kanonische noch als justinianische das schwedische Staatsleben und seine Wissenschaft zu beeinflussen vermocht. Es war deshalb natürlich, daß dasselbe Volk (...) niemals diese (sc. altüberkommene, eig. Erl.) Rechtsschöpfung aufgeben würde, sondern sein Bemühen vor allem auf ihre Erfassung und Weiterbildung richtete."

20. Jahrhundert ernste Zweifel an dieser Auffassung äußerten,[28] vermochten sich in Ermangelung einer detaillierten rechtsvergleichenden Quellenforschung kaum Gehör zu verschaffen. Erst die eingehenderen Untersuchungen durch den Lundenser Rechtshistoriker *Stig Jägerskiöld*[29] in den sechziger Jahren haben den überzeugenden Nachweis erbringen können, daß jedenfalls das römische Recht in Gestalt vor allem des justinianischen wie auch des gemeinen deutschen Rechts deutlich stärkeren Einfluß auf die schwedische Rechtsentwicklung ausgeübt hat, als bis dahin angenommen wurde.

Gleichwohl sind rezeptionsanalytische Untersuchungen zur Entstehung und Weiterentwicklung übergeordneter rechtlicher Strukturen wie auch einzelner Institute des heimischen Rechts in der schwedischen Forschung auch in der Folge überaus spärlich geblieben. Überdies galt ihr Interesse in der Nachfolge *Jägerskiölds* regelmäßig allein dem historischen materiellen Recht.[30] Soweit prozeßrechtliche Darstellungen hingegen überhaupt auf die Frage der Rezeption eingehen, geschieht dies lediglich kursorisch und zudem nur aus rückwärtsgewandter, das historische Verfahren des Mittelalters und der Neuzeit betreffender Sicht.[31] Immerhin kann für die Entwicklung des historischen Prozesses insoweit auf gewisse, der Forschung bereits vorliegende Erkenntnisse zurückgegriffen werden.

Der moderne Zivilprozeß hingegen, der auf einer Reformnovelle aus dem Jahre 1942 beruht, dessen Grundlagen jedoch bis in das frühe 19. Jahrhundert zurückreichen, wurde auch in Schweden selbst bislang noch nicht auf seine

---

[28] S. etwa *A. Winroth*, Svensk civilrätt, Bd. 4 (1903), S. XIII sowie *K.G. Westmann*, De svenska rättskällornas historia, u.a. S. 37, 44 ff.

[29] *S. Jägerskiöld* gelangte zu dieser Erkenntnis durch eine Analyse der Spruchpraxis des Stockholmer Hofgerichts des 17. Jahrhunderts und ihres Einflusses auf zeitgenössische Gesetzgebungsvorhaben. Er zog dabei insbesondere die zuvor unbeachtet gebliebenen geheimen Protokolle der Urteilsberatungen der Hofrichter (sog. Codex rationum) zurate, die eine tiefreichende Prägung der Richter durch das römische Recht offenbarten. Vgl. hierzu im einzelnen dens., Studier rörande receptionen av främmande rätt i Sverige under den yngre landslagens tid (1963) sowie in: Handelsbalkens utländska källor (1963).

[30] Vgl. neben den Arbeiten *Jägerskiölds* aus jüngerer Zeit *E. Sjöholms* Untersuchung des Einflusses vor allem mosaischen und kanonischen Rechts auf die mittelalterlichen schwedischen Gesetze („Sveriges medeltidslagar" [1988]); *J.O. Sundells* Untersuchung des Einflusses deutscher Begriffsjurisprudenz auf die wissenschaftliche Behandlung des materiellen Zivilrechts in Schweden gegen Ende des 19. Jahrhunderts („Tysk påverkan på svensk civilrättsdoktrin 1870-1914" [1987]) sowie *L. Björnes* Arbeit zur Entstehung skandinavischer Rechtssysteme („Nordische Rechtssysteme" [1987]).

[31] Vgl. etwa die Darstellung der Prozeßrechtsgeschichte von *J.E. Almquist*, Processrättens historia (Nachdruck der 3. rev. A. 1977). *V. Uppströms* Arbeit („Den svenska processens historia" [1881]) stammt noch aus der Zeit vor der großen Reform von 1942 und ist daher zwangsläufig auf das historische Verfahren beschränkt. Desgleichen gilt hinsichtlich der Arbeit *V. Sjögrens* („Den svenska processrättens historia" [1919]). *G. Ingers* Darstellung der schwedischen Rechtsgeschichte („Svensk rättshistoria" [4. A. 1997]) ist zwar die aktuellste Arbeit; auf den Prozeß geht sie jedoch nur knapp ein und betrachtet ihn zudem nicht unter dem Blickwinkel der Rezeptionsfrage; s. auch nachfolgende FN.

Ursprünge untersucht.[32] Diese Lücke zu füllen, sieht die vorliegende Arbeit daher als ihr eigentliches Anliegen an. Sie geht dabei von der Grundannahme aus, daß die oben angesprochenen vielfältigen politischen, ökonomischen und kulturellen Kontakte Schwedens mit dem europäischen Festland seit dem Mittelalter auch sein Prozeßrecht beeinflußt haben und hier zu einer bis in die Gegenwart reichenden Übernahme ausländischer Verfahrensstrukturen führten. Es soll daher der Versuch unternommen werden, den Umfang dieser Rezeption zu ermitteln und damit zugleich offenzulegen, in welchen Bereichen andererseits auch von einer Kontinuität bzw. einer eigenständigen Fortentwicklung schwedischer Rechtsformen auszugehen ist.

B. Methodische Grundlagen der Untersuchung

I. Das Problem fehlender terminologischer und methodischer Klarheit in der Rezeptionsforschung

Untersuchungen über Rezeptionsvorgänge im Recht können – zumal in Deutschland – auf eine lange Literaturgeschichte zurückblicken.[33] Angefangen bei *H. Conrings* Analyse der Ursprünge des deutschen Rechts[34] aus der Mitte des 17. Jahrhunderts haben sie das Interesse der Rechtswissenschaft durch die Jahrhunderte hindurch gebunden. Bis in die Gegenwart[35] beschäftigen

32 Die Abhandlung des Uppsaler Rechtshistorikers *G. Inger* zur Entwicklung des prozeßrechtlichen Instituts des Geständnisses im schwedischen Recht seit dem hohen Mittelalter (s.o. S. 6 FN 23) bezieht zwar die dem modernen Verfahren zugrundeliegende Novelle von 1942 mit ein. Auch *Inger* legt jedoch den Schwerpunkt deutlich auf den historischen Prozeß und verzichtet in seiner Arbeit im übrigen infolge ihrer thematischen Beschränkung auf ein einzelnes Prozeßinstitut auf eine Untersuchung der übergeordneten Verfahrensstrukturen.

33 Vgl. etwa nur die bibliographischen Hinweise in *D. Giesen*, Rezeption fremder Rechte, in: HRG Bd. 4 (1990), Spalten 995 ff. (1001 ff.) sowie *D. Schanbacher*, Rezeption, juristische; in: HWP, Bd. 8, Spalten 1004 ff. (1007 f.).

34 De origine iuris Germanici (1643).

35 Betrachtet aus der internationalen Perspektive, läßt sich feststellen, daß das wissenschaftliche Interesse an einer Beschäftigung mit Fragen der Rechtrezeption seit etwa der Mitte des 20. Jahrhunderts deutlich gewachsen ist, nachdem der Problemkreis der Rezeption europäischen Rechts in der Türkei unter *Atatürk* im Mittelpunkt des Kolloquiums des International Committee of Comparative Law in Istanbul 1955 gestanden hatte; zu dem Kolloquium s. *C. Hamson*, The Istanbul Conference of 1955, in: ICLQ 5, 1. Teil (1955), S. 26 ff. Stellvertretend für die Fülle der seitdem erschienen Forschungsliteratur seien insoweit die grundlegenden Studien von *A. Watson*, Legal Transplants[2] (1993), sowie *A. Papachristos*, La Réception des droits privé étrangers comme phénomène de sociologie juridique (1975), genannt. Innerhalb der deutschen Rezeptionsforschung sind in jüngerer Zeit etwa erschienen: *T. Scholl*, Die Rezeption des kontinental-europäischen Privatrechts in Lateinamerika am Beispiel der allgemeinen Vertragslehre in Costa Rica (1999); S. *Haering*, Rezeption weltlichen Rechts im kanonischen Recht (1998); *H. Scholler* (Hrsg.): Die Einwirkung der Rezeption westlichen Rechts auf die sozialen Verhältnisse in der fernöstlichen Rechtskultur (1993); *Z. Kitagawa*, Rezeption

Fragen der Aufnahme und Umwandlung fremden Rechts durch eine Sozialgemeinschaft die verschiedensten juristischen Einzeldisziplinen der Rechtsvergleichung, Rechtssoziologie, Rechtsgeschichte, Rechtsphilosophie oder auch der Methodenlehre. Selbst der zeitgenössische Dogmatiker hat in Anbetracht einer fortschreitenden Veränderung seines nationalen Binnenrechts unter dem Einfluß des europäischen Gemeinschaftsrechts Anlaß, sich mit dem Phänomen der Rezeption näher auseinanderzusetzen.

Trotz oder vielleicht gerade infolge ihres weitgefächerten, interdisziplinären Charakters entbehrt jedoch die Rezeptionsforschung bis auf den heutigen Tag einer hinlänglich gesicherten, als allgemein verbindlich anerkannten Methodik und Terminologie. So herrschen über Gegenstand, Nachweis und Ursachen der Rezeption in der Forschung bis heute eine Vielzahl meist unverbunden nebeneinander stehender Meinungen. Zahlreiche Rezeptionskonzepte wurden an individuellen geschichtlichen Ereignissen entwickelt, außerhalb von deren Grenzen sie keinen oder allenfalls einen eingeschränkten Anspruch auf Gültigkeit erheben können.[36]

Schon der Begriff der Rezeption ist in der juristischen Literatur zwar seit Jahrhunderten geläufig,[37] seine Verwendung allerdings bis heute nicht einheitlich. So begegnet man ihm innerhalb rechtsdogmatischer, rechtsgeschichtlicher oder auch rechtssoziologischer Darstellungen zur Bezeichnung von Phänomenen ganz unterschiedlicher Prägung. Stellenweise wird er gleichermaßen eingesetzt zur Beschreibung von nach Gegenstand, Umfang, historischen Umständen und Ursachen so verschiedenartigen Vorgängen wie der Ausbreitung des kanonischen und römischen Rechts in Europa während des Mittelalters, des durch *Napoleon* veranlaßten Oktroys französischen Rechts in den deutschen Rheinprovinzen, der durch Migration bedingten Übernahme heimischer Rechtsformen in den Kolonien frühamerikanischer

---

und Fortbildung des europäischen Zivilrechts in Japan (1970); *M. Luts*, Rechtsreform in Estland als Rezeptions- und Bildungsaufgabe, in: JZ 98, S. 401 ff.; speziell zu Aspekten der mit zunehmendem Interesse verfolgten Rezeption amerikanischen Rechts durch Kontinentaleuropa auf allen Gebieten des Zivil-, Straf- wie Öffentlichen Rechts schon *R. Stürner*, Die Rezeption U.S.-amerikanischen Rechts in der Bundesrepublik Deutschland, in: Festschrift für K. Rebmann zum 65. Geburtstag, S. 839 ff. wie auch umgekehrt zur Rezeption kontinentaleuropäischer Rechtsideen und rechtlicher Strukturen im anglo-amerikanischen Rechtsraum *M. Reimann* (Hrsg.): The reception of Continental Ideas in the Common Law World (1993). Deutlich auch schon *I. Zajtay*, Die Rezeption fremder Rechte und die Rechtsvergleichung, in: AcP 156 (1957), S. 361 ff. (362): „Das Problem der Rezeption fremder Rechte erfreut sich seit einigen Jahren einer neuen wissenschaftlichen Aktualiät."

36 Vgl. dazu *D. Schanbacher*, a.a.O. (FN 32), Spalte 1004.

37 Er findet sich etwa bereits bei *B. Amerbach* in einem Rechtsgutachten aus dem Jahr 1575 (vgl. *H. Thieme*, Statutarrecht und Rezeption: Ein Basler Fakultätsgutachten für Breslau, in: Festschrift G. Kisch S. 69 ff. (81); bei *H. Conring*, De origine iuris Germanici (1643), Cap. XXXIII oder auch *J. Limnaeus*, Juris publici imperii Romano-Germanici libri IX (4. A. 1699) I. cap. III 5.

Siedlungsgeschichte oder auch der in der Türkei jedenfalls mit zum Zwecke der Europäisierung veranlaßten Annahme schweizerischen Rechts.[38]

Demgegenüber erheben andere Stimmen die Forderung nach einer Einschränkung des Begriffs der Rezeption[39] und wollen ihn etwa allein dem Prozeß der Übernahme römischen Rechts durch Deutschland vorbehalten wissen.[40] Daneben finden sich in der Literatur Überlegungen, die unter Rezeption nur den durch den Rezipienten autonom veranlaßten und insoweit freiwilligen Übernahmeakt verstehen wollen.[41] Wieder andere verlangen das Bewußtsein der Übernahme fremden Rechts als begriffliche Voraussetzung,[42] erwarten die Bedingtheit der Rechtsübernahme durch eine autoritative Macht oder zumindest den Glauben an eine solche[43] oder beschränken die Verwendung des Begriffs der Rezeption auf die gewohnheitsrechtliche Annahme fremden Rechts als subsidiäre Rechtsquelle.[44] Schließlich wird von dem Gebrauch dieses Terminus mitunter sogar gänzlich abgeraten.[45]

Einigkeit dürfte heute lediglich in der sehr allgemeinen Erkenntnis bestehen, daß Rezeptionsvorgänge im Recht keinen in sich harmonisch geschlossenen Vorgang der Übertragung stofflich abgrenzbarer Rechtsmaterie darstellen, der sich mit mathematischer Präzision an den Maßstäben naturwissenschaftlicher Gesetzmäßigkeiten messen ließe.[46] Wie in wohl allen Fällen

---

[38] Zur Bedeutung des ausländischen Drucks auf die politische und rechtliche Umstrukturierung des türkischen Gemeinwesens im Zusammenhang mit der Auflösung des Osmanischen Reiches im Lausanner Friedensvertrag von 1923 neben den eigenen Reformbestrebungen *Atatürks* eingehend *E. Hirsch*, Rezeption als sozialer Prozeß, v.a. S. 29 ff. Auf einen ähnlichen Ursachenhintergrund – Vermeidung der Konsulargerichtsbarkeit durch die Siegermächte – für Japan, Korea und China verweisen *Z. Kitagawa*, Rezeption und Fortbildung, S. 47 ff.; *C. Choi*, On the Reception of Western Law in Korea, in: Korean Journal of Comparative Law 9 (1981) S. 141 ff. (146) und *R. Heuser*, Das chinesische Recht, S. 6.

[39] Vgl. *F. Pringsheim*, Réception, in: RIDA, Bd. 8 (1961), S. 243 ff. (245).

[40] So etwa *H. Mitteis*, Die Rechtsgeschichte und das Problem der historischen Kontinuität, in: DAW, Philosophisch-Historische Klasse 1 (1947) S. 1 ff. (22).

[41] So etwa *F. Wieacker*, Privatrechtsgeschichte, S. 127 sowie unter Abgrenzung von (freiwilliger) Rezeption und (jedenfalls tendenziell erzwungenem) Rechtstransfer *M. Alliot*, Über die Arten des „Rechts-Transfers“, in: W. Fikentscher/H. Franke (Hrsg.): Entstehung und Wandel rechtlicher Traditionen, S. 161 ff. (insbes. S. 171 ff.). Das freiwillige Moment als konstitutives Begriffsmerkmal begreifend innerhalb der schwedischen Forschung auch *K.Å. Modéer*, Historiska rättskällor, S. 20.

[42] *W. Trusen*, Anfänge des gelehrten Rechts in Deutschland, S. 2 ff.; *M. Rheinstein*, Einführung in die Rechtsvergleichung, S. 124 ff. (125 ff.), wohl auch *A. Watson*, Legal Transplants, S. 29 f.

[43] *P. Koschaker*, Europa und das römische Recht, S. 137 f.

[44] *A. Stölzel*, Die Entwicklung der gelehrten Rechtsprechung, S. 2 ff.

[45] So *E. Genzmer*, Einleitung, in: Ius Romanum Medii Aevii, Bd. 1, 1 a-d, S. 119 ff. (143 ff.).

[46] Vgl. *F. Wieacker*, Privatrechtsgeschichte, S. 126, der das Wesen der Rezeption beschreibt als „Summe unzählbarer Handlungen, Ereignisse und innerer Vorgänge: der Rechtsetzungen, Urteilsakte, der Rechtsausbildung, ja der Veränderung der Rechtsüberzeugung von vielen Millionen (...)“. Näher hierzu ders.: Zum heutigen Stand der Rezeptionsforschung, in: Festschrift für J. Klein, S. 181 ff. (196 f.).

einer deutenden Betrachtung kulturgeschichtlicher Entwicklungen, zu denen auch die Entfaltung des Rechts innerhalb einer Sozialgemeinschaft zu zählen ist, sperrt sich die Analyse von rezeptionsbedingten Rechtswandlungen gegen einfach strukturierte Deutungsschemata. Tendenzen, die unter dem Einfluß positivistischer Strömungen des ausgehenden 19. Jahrhunderts das Recht aus seinen vermeintlich „unjuristischen"[47] sozialen Grundlagen lösten und damit auch Rezeptionsvorgänge einseitig zu interpretieren neigten,[48] müssen heute als überholt betrachtet werden.[49]

In Anbetracht der terminologischen und methodischen Meinungsvielfalt innerhalb der Rezeptionsforschung hat die vorliegende Untersuchung sich um hinreichende begriffliche Schärfe des ihr zugrundeliegenden Rezeptionsverständnisses zu bemühen sowie Rechenschaft abzulegen über den eigenen methodischen Ansatz in der Behandlung ihres Gegenstandes. Andernfalls läuft sie Gefahr, je nach Art des hermeneutischen Vorverständnisses ihres Lesers unterschiedliche Erwartungen zu wecken, denen sie gegebenenfalls nicht entsprechen kann oder möchte.

II. Methodik und Struktur der Rezeptionsanalyse in der vorliegenden Untersuchung

1. Zu Begriff und Gegenstand der Rezeption in der vorliegenden Untersuchung

Für die vorliegende Darstellung der Entwicklung des schwedischen Verfahrensrechts soll nicht der Versuch unternommen werden, die in der Forschung herrschende Vielfalt an Begriffsbestimmungen durch den Entwurf eines weiteren, Anspruch auf Allgemeinverbindlichkeit erhebenden Begriffskonzepts zu bändigen. Die Untersuchung geht vielmehr davon aus, daß ein solcher Versuch in Anbetracht der Fülle verschiedenartigster Phänotypen von Transferprozessen zwischen zwei Rechtskulturen weder möglich noch wünschenswert ist. Jede Diskussion um die Entwicklung eines allgemeinverbindlichen Begriffs der Rezeption im Recht läuft letztlich Gefahr, in dem Streit um Begriffe und Begriffsmerkmale die Sache selbst hinter die Form zurücktreten zu lassen. Hinreichend – aber auch notwendig – ist eine eindeutige Verständigung über den Gegenstand der Untersuchung. Seine terminologische Einordnung ist dann

---

[47] Vgl. etwa *B. Windscheid*, Die Aufgaben der Rechtswissenschaft, in: Gesammelte Reden und Abhandlungen, S. 100 ff. (108 f.); näher dazu unter 3. Teil B. II. 4. b) aa) β).

[48] *D. Schanbacher*, a.a.O. (FN 32), Sp. 1006 m.w.N. aus der Literatur.

[49] Grundlegend für die moderne Sicht der Rezeption als eines umfassenden gesellschaftlich-kulturellen Phänomens *H. Coing*, Die Rezeption des römischen Rechts in Frankfurt am Main, S. 7: Rezeption als „geistesgeschichtlicher Prozeß"; *E. Hirsch*, Rezeption als sozialer Prozeß, S. 12: Rezeption als eine „Übertragung und Einpflanzung von rechtlichem Gedankengut, nicht aber von Rechtsnormen" sowie a.a.O.: „Man importiert (...) fremdes Kulturgut"; ähnlich auch *P. Koschaker*, Europa und das römische Recht, S. 145, mit dem Hinweis auf die „in Jahrhunderte langer Auseinandersetzung mit dem heimischen Rechte" erfolgte Rezeption des römischen Rechts.

allenfalls eine Frage von zweitrangiger Bedeutung; ihr sollte nicht losgelöst von dem Gegenstand der jeweiligen Problemstellung nachgegangen werden und nur in dem Maße, in dem es durch Unterschiede in der Sache selbst nahegelegt wird.

Gegenstand dieser Arbeit ist die Frage, in welchem Umfang und in welcher Hinsicht sich Schweden bei der Entwicklung seines Zivilverfahrensrechts an ausländischem Recht orientiert hat. Daher kann der Begriff der Rezeption in diesem Zusammenhang nur in einem denkbar weiten Sinne verstanden werden als die Beachtung, kritische Würdigung und gegebenenfalls Übernahme fremden Rechts durch die schwedische Rechtsgemeinschaft.

Recht meint dabei zwar in erster Linie das legislativ verankerte Kodifikationsrecht auf dem Gebiet des Gerichtsverfahrens. Hinzukommen soll jedoch auch die ausländische Prozeßrechtswissenschaft als denkbare Quelle der Rezeption in Schweden.[50] Der hierzu in der Literatur – nicht selten ohne nähere Begründung – vertretenen Auffassung, wonach Einflüsse seitens der Wissenschaft nicht oder nur eingeschränkt Gegenstand der Rezeption seien,[51] kann nicht gefolgt werden. Es ist nicht nachzuvollziehen, aus welchen Gründen die für die wissenschaftliche Behandlung eines Rechtsgebiets je zeittypischen Methoden, Systementwürfe, Terminologien, Fragestellungen wie auch inhaltlichen Argumentationsmuster aus dem Begriff der Rezeption ausgeschlossen werden müßten. Ganz im Gegenteil dürfte einer Übernahme fremden positiven Gesetzesrechts durch den Rezipienten nicht selten seine nähere Beschäftigung auch mit der Doktrin des betreffenden Ursprungslandes entweder vorausgehen oder nachfolgen, so daß der Versuch einer Beschränkung des Begriffs der Rezeption auf den Fall des Gesetzestransfers willkürlich scheinen muß.

Demgegenüber muß – soll der Umfang der Analyse nicht gesprengt werden – die Rechtsprechungspraxis ausländischer Gerichte auf dem Gebiet des Verfah-

---

[50] S. hierzu auch nachfolgend unter 2.

[51] Vgl. etwa *Z. Kitagawa*, Rezeption und Fortbildung, S. 17: „Die einseitige oder wechselseitige Einwirkung einer fremden Rechtslehre (...) hat mit der Rezeption sicher nichts zu tun." Eine Ausnahme soll nach *Kitagawa*, a.a.O., nur dann gelten, wenn derartige Einwirkungen einer Wissenschaft „in einem bestimmten Zeitraum aus irgendwelchen Gründen in großer Zahl und konzentriert" auftreten. Warum aber der Begriff der Rezeption mit dem Grad des fremdländischen Einflusses zusammenhängen soll – eine Ansicht, der *Kitagawa* auch nicht bezüglich der Rezeption von Gesetzesrecht folgt –, bzw. nach welchen objektivierbaren Maßstäben die für eine Rezeption hinreichende Intensität der Einwirkung dann zu bestimmen ist, wird von ihm nicht weiter ausgeführt. Im übrigen argumentiert *Kitagawa* selbst nicht ganz folgerichtig, wenn er etwa im Rahmen einer Klassifizierung verschiedener Rezeptionsformen a.a.O., S. 21 die Möglichkeit einer theoretischen Rezeption gelten läßt, die er als eine Umgestaltung des heimischen Rechts „von dem Juristen ausschließlich nach einer fremden Rechtswissenschaft" verstehen will. Auch *F. Pringsheim*, Reception, in: RIDA, Bd. 8 (1961), S. 243 ff. sowie *S. Haering*, Rezeption weltlichen Rechts, S. 10, neigen eher dazu, den Einfluß wissenschaftlicher Lehre aus dem Begriff der Rechtsrezeption herauszunehmen. Vgl. etwa *S. Haering*, a.a.O.: „Rezeption von Recht ist nicht bzw. nicht nur Übernahme fremder wissenschaftlicher Methoden (...), sondern Übernahme positiven Rechts."

rensrechts als grundsätzlich ebenfalls möglicher Gegenstand von Rezeptionsprozessen im Rahmen dieser Untersuchung außer Betracht bleiben.[52] Da der Judikativen als Objekt eines Rechtstransfers innerhalb der rezeptionsbedingten Veränderungen einer Rechtsordnung vielfach weniger Gewicht zukommt als der Übernahme fremder legislativer Institute oder der Anlehnung an ausländische wissenschaftliche Systementwürfe,[53] erscheint der Verzicht auf ihre Einbeziehung in die Analyse auch sachlich als legitim.

Als Rezeptionsquellen kommen für die Zeit des hohen Mittelalters bis zur großen Reichskodifikation von 1734 das kanonische, klassisch- bzw. justinianisch-römische sowie das deutsche gemeine Recht in Betracht. Im Mittelpunkt der Arbeit steht hingegen die Heranbildung des modernen Prozeßrechts in der Novelle von 1942; hier werden der Rezeptionsanalyse die für die europäische Prozeßentwicklung im 19. und frühen 20. Jahrhundert maßgeblichen Systeme des deutschen, österreichischen, französischen und englischen Verfahrensrechts zugrundegelegt. Bei der Betrachtung der jüngsten Tendenzen im schwedischen Verfahrensrecht sollen schließlich auch das amerikanische Recht sowie in gewissem Umfang australische und kanadische Verfahrensbestimmungen berücksichtigt werden. Wegen ihrer zunehmenden Bedeutung für die Entwicklung der nationalen Rechtsordnungen wird in die Analyse schließlich auch die Frage nach einem Einfluß des internationalen wie supranationalen Verfahrensrechts auf den schwedischen Prozeß miteinbezogen.

Auf den Prozeß in den übrigen skandinavischen Ländern Norwegen, Dänemark und Finnland nimmt die Arbeit dagegen nur vereinzelt Bezug, um ge-

---

52 Damit nicht zu verwechseln ist die Spruchtätigkeit der Gerichte als die Rezeption vermittelnder Weg. Hierzu und zu ihrer Bedeutung für die Entwicklung des neuzeitlichen Verfahrens in Schweden s. 2. Teil C. II. 2. c).

53 Zu weitgehend jedoch die in der Literatur nicht selten vertretene Behauptung, daß an eine Rezeption in diesem Bereich nicht zu denken sei. Als Beleg wird regelmäßig das angloamerikanische System des case law zitiert, von dem es unvorstellbar sei, „die Tausende von Bänden mit einer noch viel größeren Zahl von Urteilen (...) als Grundlage des neuen Rechts einzuführen“ – so *P. Koschaker*, Europa und das römische Recht, S. 161 f. Im Ergebnis ebenso *F. Ayiter*, Das Rezeptionsproblem im Zeichen der kulturhistorischen Perspektive „Europa und das Römische Recht“ und unter besonderer Berücksichtigung der Rezeption westeuropäischer Gesetzesbücher in der modernen Türkei, Studi in memoria di Paulo Koschaker, Bd. 2, S. 130 ff. (151). Auch hier ist allerdings nicht einzusehen – und im übrigen durch die Rechtswirklichkeit längst widerlegt –, warum leitende Gedanken und Argumentationsmuster in „leading cases“ nicht sollten rezipierbar sein. Mitunter finden sich sogar ausdrückliche Hinweise auf ausländische, in jüngerer Zeit insbes. amerikanische Gerichtsentscheidungen in den Urteilsbegründungen heimischer Gerichte (vgl. etwa auf dem Gebiet des Verfassungsrechts das Zitat der Entscheidung *Roe v. Wade* [410 U.S. 113] des amerikanischen Supreme Court durch das BVerfG in seiner wegweisenden Entscheidung zur Frage der Strafbarkeit der Abtreibung in E 39, 1 ff. (74). Die Rezipierbarkeit von Richterrecht am Beispiel der frühen Siedlungsgeschichte der USA. durch die Übernahme des englischen common law seitens der Tochterkolonien bejahend auch *L. Stoebuck*, Reception of English Common Law in the American Colonies, 10 William and Mary L. Rev. (1968), S. 393 ff. sowie *M. Rheinstein*, Types of Reception, in: AFDI, Bd. 5 (1956), S. 31 ff. (35), der allerdings von „transplantation“ spricht.

wisse Eigenheiten des schwedischen Rechts zu verdeutlichen, nicht aber zur Analyse möglicher Rezeptionsquellen.

Für Finnland liegt der Grund hierfür in seiner geschichtlich überaus engen Anbindung an Schweden, mit dem es seit seiner schrittweisen Eroberung im 12. und 13. Jahrhundert bis zu seiner Abtretung an Rußland im Jahre 1809 eine politische und rechtliche Einheit bildete und dessen Recht es auch nach seiner Eingliederung in das russische Reich als Herzogtum bis weit in das 20. Jahrhundert hinein als maßgebend erachtete.[54] Die für die schwedische Rechtsentwicklung gültigen Aussagen treffen daher auf weite Strecken auch auf diejenige Finnlands zu.

Dänemark und Norwegen hingegen machten zwar eine weitgehend eigenständige Rechtsentwicklung – auch auf dem Gebiet des Prozeßrechts[55] – durch, die ihnen schon einige Jahrzehnte früher als in Schweden ein an moderne Verfahrensgrundsätze angepaßtes Gerichtsverfahren brachte.[56] Allerdings dürften ihre Novellen selbst in nicht unerheblichem Maße von außerskandinavischen Prozeßmodellen – insbesondere der deutschen und österreichischen ZPO – beeinflußt sein,[57] so daß ihre Einbeziehung in die Betrachtung schwedischer Rezeptionsgeschichte der Gewinnung aussagekräftiger Ergebnisse über die Quellen prozeßrechtlicher Normen und Institutionen im schwedischen Recht wenig förderlich wäre.

Es ist nun freilich nicht so, daß sich die im Rahmen dieser Untersuchung zum Vergleich herangezogene französische, deutsche, österreichische und englische Verfahrensrechte ihrerseits völlig autochthon entwickelt hätten und frei von Einflüssen ausländischen Rechts geblieben wären. Die enge Anlehnung der deutschen Reichskodifikation von 1877 etwa an den napoleonischen Prozeß von 1806 wie auch ihre spätere Orientierung am österreichischen Mo-

---

[54] Das alte, der Kodifikation von 1734 zugrundeliegende Verfahrensrecht blieb in Finnland während der gesamten, bis 1918 währenden Zugehörigkeit zum russischen Reich gültig und wurde erst gegen Mitte des 20. Jahrhunderts in einzelnen Reformnovellen der Jahre 1948, 1960 und 1972 novelliert; vgl. *P.O. Ekelöf*, in: R. David et al. (Hrsg.): International Encyclopedia of Comparative Law, Bd. 16 (Civil Procedure), Chapter 6 (Ordinary Proceedings in First Instance), Section 5 (Scandinavian Countries), S. 189 ff. (190).

[55] Zu prägnanten Unterschieden in der Heranbildung des stärker dem kontinentaleuropäischen Verfahren verpflichteten Prozeßrechts in Norwegen und Dänemark gegenüber Schweden-Finnland vgl. *P.O. Ekelöf*, a.a.O., S. 189 f. et passim mit Hinweisen auf die stärkere Ausprägung der Schriftlichkeit in Kombination mit der Anwendung der aus dem gemeinen deutschen Verfahren vertrauten Eventualmaxime in Norwegen und Dänemark sowie auch der dort weit größeren Verbreitung rechtskundiger Anwälte; in die gleiche Richtung auch *L. Orfield*, Growth of Scandinavian Law, S. 199 ff. sowie 284 ff.

[56] Dänemark erhielt im Retsplejelov 1916 ein novelliertes, Straf- wie Zivilprozeß umfassendes Verfahren, während Norwegens Tvistemålslov aus dem Jahr 1915 stammt.

[57] Vgl. dazu *H. Munch-Petersen*, Einfluß der österreichischen Zivilprozeßordnung auf die skandinavischen Gesetzgebungen, in: Festgabe für Franz Klein zu seinem 60. Geburtstage, S. 251 ff. (252 ff.). Eine fundierte Rezeptionsanalyse für den norwegischen und dänischen Zivilprozeß steht allerdings noch aus.

dell von 1895 sind hinlänglich bekannt.[58] Und selbst der üblicherweise als Beispiel für eine sehr eigenständige Entwicklung innerhalb des europäischen Verfahrensrechts angeführte englische Prozeß dürfte jedenfalls hinsichtlich des Verfahrens „in equity" unter einem nicht unerheblichen Einfluß des römisch-kanonischen Verfahrens gestanden haben.[59]

Daß die genannten Verfahrensordnungen gleichwohl im Rahmen dieser Untersuchung isoliert betrachtet und als denkbare Rezeptionsquellen herangezogen werden, hat seine Ursache in dem gleichsam Modellcharakter, der diesen Prozeßrechten trotz ihrer eigenen wechselseitigen historischen Verschränktheit beizumessen ist, und der in diesem Maße auch Vorbildfunktion für andere europäische Verfahrensrechte hat ausüben können.

So läßt sich der französische Prozeß im Code de Procédure Civile von 1806 als Wegbereiter für einen liberalen Gerichtsgang anführen, der in der Auffassung des Verfahrens als einer rein privaten Angelegenheit der Parteien auf der Grundlage von Dispositionsgrundsatz, Verhandlungsmaxime und Parteibetrieb seine Gestaltung in weitestgehendem Umfang in die Hände der Parteien legt und richterliche Kompetenzen auf wenige, die formelle Verfahrensleitung betreffende Befugnisse beschränkt.[60]

In deutlichem und bewußtem Gegensatz hierzu konzipierte dagegen *Franz Klein* die österreichische Prozeßordnung von 1895. Sie wurzelt in der Betonung einer öffentlichen Wohlfahrtsfunktion des Prozesses, die den Verfahrensgang aus seiner einseitigen Bezogenheit auf die Parteien löst und unter nachhaltiger Stärkung richterlicher Kompetenzen und Mitwirkungspflichten als Sozialeinrichtung des Staates für die um ihr Recht streitenden Bürger ausweist.[61]

Das deutsche Prozeßrecht gewinnt dagegen seine Eigenständigkeit, die eine gesonderte Betrachtung im Rahmen der Rezeptionsanalyse rechtfertigt, weniger aus seiner inhaltlichen Ausgestaltung. Insoweit stand es stark unter zunächst französischem und seit den zwanziger Jahren des 20. Jahrhunderts dann maßgeblich österreichischem Einfluß. Sein besonderer Charakter liegt vielmehr in seinem hohen Systematisierungsgrad und der Neigung zur wissenschaftlichen Konstruktion, die aus dem Prozeß als „handwerklicher Regelungstechnik"[62] im Verlauf des 19. Jahrhunderts einen Gegenstand wissenschaftlicher Durchdringung hat werden lassen. Es ist mithin weniger der

[58] Vgl. die Literaturnachweise in den S. 2 f. FN 5 f.

[59] Vgl. dazu näher *R. van Caenegem*, History of European Civil Procedure, in: International Encyclopedia of Comparative Law, Bd. 16, Chapt. 2, S. 32, 43 ff. m.w.N. aus der Literatur; grundlegend zum Einfluß des römischen Rechts in England im übrigen noch immer *P. Vinogradoff*, Roman law in medieval Europe, S. 97 ff.

[60] Zum liberalen Verfahrensmodell näher 3. Teil B. I. 1. b).

[61] Eingehend hierzu 3. Teil B. I. 2. b).

[62] *R. Stürner*, Das deutsche Zivilprozeßrecht und seine Ausstrahlung auf andere Rechtsordnungen – von Deutschland aus gesehen, in: W. Habscheid (Hrsg.): Das deutsche Zivilprozeßrecht und seine Ausstrahlung, S. 3 ff. (11).

materielle Normeninhalt deutschen Prozeßrechts, als vielmehr seine formale Begriffsbildung und Institutionenlehre innerhalb der Prozessualistik, die als Quelle der Rezeption in Schweden in Betracht kommen.

Der englische Prozeß schließlich weckt Interesse wegen seiner im europäischen Vergleich stark eigenständigen Entwicklung. Sie hat bei aller gebotenen Vorsicht hinsichtlich der Annahme rezeptionsloser, autochthoner Entwicklung doch zur Herausbildung sehr eigentümlicher Institute geführt, wie etwa die umfänglichen Parteipflichten bei der Vorbereitung des Hauptverfahrens eindrucksvoll zu belegen vermögen.[63]

2. Das Problem des Rezeptionsnachweises *und seine Behandlung in der Untersuchung*

Eine rezeptionsanalytische Untersuchung verlangt neben einer eindeutigen Bestimmung ihres begrifflichen Inhalts und ihres thematischen Gegenstandes auch eine Vergewisserung der wissenschaftlichen Verläßlichkeit ihrer möglichen Ergebnisse. Dies mag auf den ersten Blick sonderbar erscheinen, da ein in diese Richtung gewandter kartesianischer Zweifel gleichsam die Legitimität rezeptionswissenschaftlicher Forschung überhaupt in Frage stellt und mit ihr zugleich eine mehrere Jahrhunderte alte Literaturgeschichte rezeptionshistorischer Abhandlungen, angefangen bei *Hermann Conrings* Analyse der Ursprünge des deutschen Rechts[64] aus der ersten Hälfte des 17. Jahrhunderts bis hin zu *Ernst E. Hirschs* jüngeren Untersuchungen über die Rezeption schweizerischen Rechts in der Türkei.[65]

Tatsächlich findet sich die Frage nach den Bedingungen der Möglichkeit verläßlicher Aussagen über das Vorliegen von Rezeptionsvorgängen im Recht in der Literatur nur selten in der erforderlichen Klarheit angesprochen.[66] Das

---

[63] Dazu näher 3. Teil B. IV. 2. b) aa) α) (3); bb) β) (3) (b) sowie γ) (2) (d).

[64] Vgl. S. 9 FN 34.

[65] *E. Hirsch*, Rezeption als sozialer Prozeß; ders.: Die Einflüsse und Einwirkungen ausländischen Rechts auf das heutige türkische Recht, in: ZGH 116 (1953/54), S. 201 ff.; vgl. auch dens., Die Rezeption fremden Rechts als sozialer Prozeß, in: Festgabe für F. Bülow zum siebzigsten Geburtstag, S. 121 ff.

[66] Selbst umfangreichere Arbeiten aus der jüngeren Zeit widmen sich innerhalb ihrer Ausführungen zu Methodenfragen der Rezeption diesem Problem nicht; vgl. etwa *Z. Kitagawa*, Rezeption und Fortbildung, S. 13 ff. (25); S. *Haering*, Rezeption weltlichen Rechts, S. 8 ff. oder auch *T. Scholl*, Die Rezeption des kontinental-europäischen Privatrechts in Lateinamerika, der in seiner detaillierten Darstellung überhaupt nicht näher auf begriffliche oder methodische Fragen der Rezeption eingeht. Auch das Standardwerk von *A. Watson*, Legal Transplants, befaßt sich mit diesem grundlegenden Methodenproblem nicht, wenn man von der allgemeinen Warnung *Watsons* absieht, Ähnlichkeiten zwischen zwei Gesetzesbestimmungen nicht bereits als hinreichenden Beleg für eine zwischen den beteiligten Rechtsordnungen wirkende Rezeption zu sehen (a.a.O., S. 21 ff. [25]). Der Problematik am nächsten kommt wohl *A. Papachristos*, La réception des droits privés étrangers comme phénomène de sociologie juridique, S. 40 ff., der durch die Auflistung einer Reihe von Kausalfaktoren politischer, sozialer und kultureller Art, die er für eine Rechtsrezeption als bedeutsam einstuft, zugleich auch mittelbar für die Notwendigkeit ihrer Untersuchung für die Offenle-

mag daran liegen, daß bei dem in der Rechtsgeschichte wohl bekanntesten und am häufigsten erörterten Beispiel einer Rezeption – der Ausbreitung des römischen „ius commune“ und des kirchlichen „ius canonicum“ in Europa seit dem hohen Mittelalter – über das Vorliegen eines „recipere“, also einer kausalen Veränderung der einheimischen Lokal- und Statuarrechte durch das römische und kanonische Recht vielerorts von vornherein kein Zweifel bestand. Ebensowenig kann bei vielen der in der jüngeren Literatur dargestellten Beispiele für Rezeptionsvorgänge im Recht die Kausalität zwischen Empfänger- und Ursprungsstaat in Frage gestellt werden, zu deutlich sind die Vergleichsstücke in Aufbau, Sprache und inhaltlicher Ausgestaltung einzelner Rechtsinstitute. Stellenweise weisen sogar die Gesetzesmotive selbst eindeutig die Absicht der Übernahme des fremden Rechts aus. So darf die Ausrichtung der japanischen ZPO von 1890 an dem deutschen Verfahrensgesetz von 1877 ebenso als gesichert gelten[67] wie die bewußte Orientierung des türkischen Zivilgesetzbuchs von 1926 am schweizerischen ZGB[68] oder auch die der deutschen Prozeßrechtsnovellen von 1924 und 1933 am österreichischen Modell von 1895.[69] Ein näheres Eingehen auf das grundsätzliche Methodenproblem des Nachweises einer Kausalbeziehung erübrigt sich dann typischerweise.

Ist der Fall hingegen nicht so klar gelagert – und das dürfte in Anbetracht einer zunehmenden politischen wie rechtlichen Verklammerung der europäischen Staaten untereinander umso eher gelten, je näher man in der Rechtsentwicklung an die Gegenwart heranrückt[70] –, so stellt sich die Problematik mit umso drängender Nachhaltigkeit. Hat sich eine Prozeßordnung, die nach 1806 zustande kam und ein überwiegend mündliches Verfahren vorsieht, deshalb schon am liberalen Code de Procédure Civile orientiert oder folgte sie nicht vielleicht einer genuin eigenen Fortentwicklung althergebrachter Tradition? Ist die Einrichtung eines Kreuzverhörs bei der Zeugenvernehmung Ausdruck einer Rezeption englischer Verfahrenstradition oder nur pragmatische Folge der nüchternen Überlegung, daß sich der mit der Entscheidung betraute Richter im Interesse größter Konzentration auf den Verfahrensablauf an dem

gung von Rezeptionsvorgängen zu plädieren scheint. Soweit ersichtlich, äußert sich aber auch *Papachristos* nicht ausdrücklich zu diesem Methodenproblem.

67 Hierzu *H. Nakamura*, Einführung in das japanische Zivilprozeßrecht, in: H. Nakamura/B. Huber, Die japanische ZPO in deutscher Sprache, S. 1 ff. (2). Ähnliches gilt hinsichtlich der Einwirkung des deutschen BGB von 1877 auf das japanische Gesetzbuch von 1898, vgl. insoweit *T. Kawai*, Probleme der Rezeption des deutschen Zivilrechts in Japan, in: H. Scholler (Hrsg.): Die Einwirkung der Rezeption westlichen Rechts auf die sozialen Verhältnisse in der fernöstlichen Rechtskultur, S. 63 ff. (64 f.).

68 *E. Hirsch*, Rezeption als sozialer Prozeß, passim; ders.: Die Einflüsse und Einwirkungen ausländischen Rechts auf das heutige türkische Recht, in: ZGH 116 (1953/54), S. 201 ff.

69 S. zu Nachweisen s. S. 2 FN 6.

70 Im Ergebnis ebenso, wenngleich in der Argumentation mit dem Schwerpunkt auf dem interdisziplinären Charakter zeitgenössischer Rezeptionsforschung *R. Stürner*, Die Rezeption U.S.-amerikanischen Rechts in der Bundesrepublik Deutschland, in: Festschrift für K. Rebmann zum 65. Geburtstag, S. 839 ff. (840).

Beweisverfahren nach Möglichkeit nicht beteiligen sollte, dann aber der prozessualen Waffengleichheit wegen auch die Gegenseite einer Partei das Recht haben muß, den Zeugen zu vernehmen? Oder ist etwa die Stärkung richterlicher Mitwirkungs- und Verfahrensgestaltungskompetenzen die Konsequenz der Ausbreitung österreichischer Prozeßauffassung hoder nicht eher naheliegende Folge fehlender anwaltlicher Parteivertretung vor Gericht? Die Aufzählung ließe sich beliebig erweitern.

Und eine weitere Schwierigkeit kommt noch hinzu: Die bereits erwähnte Tendenz zur wechselseitigen Verschränkung der großen Verfahrensmodelle der Gegenwart wie etwa im Falle der deutschen ZPO und dem österreichischen Recht zu Beginn des 20. Jahrhunderts läßt eine Rückführung auf eine spezifische nationale Verfahrensordnung unter Umständen gänzlich unmöglich erscheinen. Hier muß man sich mit dem Hinweis auf die Übernahme einer allgemein verbreiteten, europäischrechtlichen Struktur begnügen.

Will man diesen Schwierigkeiten in der Interpretation rechtlicher Evolutionsprozesse angemessen begegnen, so empfiehlt es sich, wie generell bei der Beurteilung kulturgeschichtlicher Vorgänge auf eine vorschnelle Annahme kausaler Wirkweise zu verzichten. Dies zwingt zu einer über die Grenzen eines bloßen rechtsimmanenten Vergleichs der Rechtsinstitute zweier Verfahrensordnungen hinausgehenden Weiterung des Blicks. Im Rahmen einer Rechtsvergleichung, die ihr Ziel lediglich in der Beschreibung der Charakteristik verschiedener Rechtskreise sieht, mag eine positivistische Sichtweise, die das Recht als eine von ihren vielfältigen sozialen und kulturellen Bedingtheiten in der Rechtsgemeinschaft gelöste Materie begreift, sicherlich hilfreich sein. Für eine dem Wesen der Rezeption als eines vielschichtigen Sozialvorgangs angemessene Behandlung des Rechtstransfers ist sie dagegen denkbar ungeeignet. Spiegelt sie doch für die Deutung der Kulturgeschichte einen ähnlich erreichbaren Grad an Gewißheit vor, wie ihn die empirischen Naturwissenschaften für sich in Anspruch nehmen können. Wo in Wirklichkeit nur eine auf Indizien gegründete, mehr oder weniger schlüssige Vermutung erwartet werden kann, verführt sie so zur Annahme einer vermeintlich zwingenden Logik.

Es erscheint daher notwendig, im Rahmen der rechtsvergleichenden Betrachtung der verschiedenen Verfahrensordnungen auch die äußeren Bezüge der Rechtsentwicklung zu berücksichtigen durch eine Beschreibung der jeweiligen politischen, kulturellen und wissenschaftlichen Beziehungen des eventuellen Rezipienten zum möglichen Ursprungsland. Denn so, wie eine Rechtsordnung in den sozialen, wirtschaftlichen und weltanschaulich-kulturellen Grundlagen der jeweiligen Rechtsgemeinschaft verankert ist und sich nicht losgelöst von diesen entwickeln kann, sind auch Rezeptionsvorgänge in aller Regel Folge einer engeren Beziehung des Rezipienten zum Geberland auf politischer, sozialer, kultureller oder wissenschaftlicher Ebene. Können solche

Kontakte offengelegt werden, dürfte der Schluß von der Ähnlichkeit oder gar Gleichartigkeit rechtlicher Strukturen zweier Verfahrensordnungen auf das Vorliegen einer Rezeption deutlich verläßlicher sein.

Die vorliegende Untersuchung bemüht sich daher auch um eine Darstellung jener (vorgeblich) außerrechtlichen Bezüge Schwedens zu seinen europäischen Nachbarn in der jeweiligen Epoche.

Aber auch innerhalb der eigentlichen rechtlichen Ebene selbst ist die wechselseitige Verschränkung ihrer Teilgebiete der Wissenschaft und Gesetzgebung zu berücksichtigen.[71] Die gerade im Verlauf des 19. sowie des frühen 20. Jahrhunderts bestehende enge Verbundenheit von Doktrin und Gesetzgebung jedoch, die sich in Deutschland[72] wie auch in Schweden[73] in der Orientierung zahlreicher großer Reformen an konkreten Vorschlägen aus den Reihen der Rechtswissenschaftler niederschlug oder sogar bis zur parlamentarischen Betätigung führender Wissenschaftler reichte, macht es notwendig, in die rechtsvergleichende Analyse der Verfahrensordnungen auch die Entwicklung der Prozeßrechtswissenschaft miteinzubeziehen. Kann hier ein enger Aus-

---

[71] Zur Rechtsprechung s. S. 14 FN 53 und zugehörigen Textteil.

[72] Dazu näher *F. Wieacker*, Privatrechtsgeschichte, S. 463 ff.; *P. Koschaker*, Europa und das römische Recht, S. 258; allgemeiner zu der Problematik der Beeinflussung der Legislative durch die Wissenschaft aus historischer Perspektive *A. Schwarz*, Der Einfluß der Professoren auf die Rechtsentwicklung im Laufe der Jahrhunderte, in: ders.: Rechtsgeschichte und Gegenwart, S. 181 ff. (dort [S. 200 f] auch kritisch zu der gängigen Betrachtung des deutschen BGB als eines „Professorenwerks"). Man denke im übrigen auch an die bedeutende Zahl von Professoren in der Nationalversammlung der Frankfurter Paulskirche im Jahre 1848, zu denen u.a. *E.M. Arnd, G. Beseler, F.C. Dahlmann, K.J. Mittermaier, R. Mohl* oder auch *K.T. Welcker* zählten.

[73] Vgl. dazu etwa *K. Å Modéer*, Den stora reformen, in: SJT 1999, S. 400 ff. (403 ff.; etwa S. 407: „Die Juristen, die um die Jahrhundertwende einen steten Anteil an der personellen Zusammensetzung der Kammern des Reichstages gebildet hatten [...]"); *C. Häthén*, Rättsvetenskap och kriminalpolitik, S. 148 ff. et passim (S. 149: „Eine weitere Besonderheit lag darin, daß die Rolle eines Rechtswissenschaftlers häufig kombiniert wurde mit Funktionen innerhalb von Verwaltung oder Gesetzgebung. Der typische Rechtswissenschaftler war auf diese Weise vielerorts tätig ['en mångsysslare']"). An herausragenden Beispielen für die enge Verbundenheit zwischen der schwedischen Rechtswissenschaft und der Legislative im 19. und frühen 20. Jahrhundert können etwa genannt werden: *C.J. Schlyter* (Rechtshistoriker und Mitglied der großen Reformkommission „Äldre Lagberedning" [zu *Schlyter* s. 3. Teil B. II. 4. b) aa) β); zu der Kommission s. S. 109 FN 530]), *I. Afzelius* (Prozessualist und zentrales Mitglied der für die Reform des Prozeßrechts im ausgehenden 19. Jahrhundert eingesetzten Gremien „Nya Lagberedning" und „Förstärkta Lagberdning"; überdies Abgeordneter im Reichstag von 1898-1903 sowie von 1905-1915 [zu *Afzelius* eingehend 3. Teil B. II. 4. a) aa) β); b) aa) β) sowie bb) β) (3) (b)]; zu der Bedeutung dieser Legislativgremien s. S. 109 FN 530), *J. Hellner* und *T. Engströmer* (Prozessualisten und Leiter – *Hellner* – bzw. einflußreiches Mitglied – *Engströmer* – der für die Prozeßreform von 1942 wichtigen sog. „Processkommissionen" [zu beiden s. 3. Teil B. II. 4. a) aa) β); hinsichtlich der Tätigkeit der Prozeßkommission s. S. 109 FN 530]) sowie *J.C.W. Thyrén* (Strafrechtswissenschaftler und dominierende Gestalt in der Reform des schwedischen Strafrechts während des frühen 20. Jahrhunderts (zu *Thyréns* Bedeutung bei der Entwicklung des modernen schwedischen Strafrechts s. etwa *J.E. Almquist*, Svensk juridisk litteraturhistoria, S. 65 f; *C. Häthén*, Rättsvetenskap och kriminalpolitik, S. 167 ff. [176 ff.]).

tausch hinsichtlich Terminologie, Systematik oder gar der materiellen Argumentation und Institutionenlehre zwischen Schweden und dem Ausland aufgezeigt werden, so dient auch dies als ein gewichtiges Indiz für eine rezeptionsbedingte Verwandtschaft auch der Verfahrensordnungen.

Die Arbeit widmet daher einen nicht unerheblichen Teil ihrer Untersuchung einer sowohl quantitativen wie qualitativen Analyse des rechts- und prozeßrechtswissenschaftlichen Austausches Schwedens mit dem Ausland.[74]

Für die rechtsvergleichende Betrachtung der Verfahrensordnungen selbst scheint es angebracht, einen Schwerpunkt zu legen auf die im Zusammenhang mit der jeweiligen Rechtsreform von den schwedischen Kommissionen und gesetzgebenden Körperschaften vorgelegten Motive und Entwurfbegründungen. Sicherlich enthalten sie in vielen Fällen keine eindeutigen Hinweise auf eine bewußte Orientierung der Legislative an fremdem Recht. Doch schon die bloße Berücksichtigung ausländischer Verfahrenslösungen durch die schwedischen Gesetzgebungsorgane wie auch im besonderen die Art und Weise ihrer Erörterung – skeptisch-kritische Würdigung oder eher befürwortende Bewertung – läßt doch vielfach gewichtige Rückschlüsse zu auf die grundsätzliche Bedeutung, die ein ausländisches Prozeßmodell im Bewußtsein der Kommissionsmitglieder besaß.[75]

Von ähnlicher Bedeutung in der Frage des Rezeptionsnachweises dürften Art und Umfang der persönlichen Vertrautheit der Mitglieder der jeweiligen schwedischen Reformkommissionen mit dem ausländischen Verfahrensrecht sein. So wird man ihren privaten Studien- und Forschungsreisen wie auch etwaigen im Auftrag der Regierung unternommenen offiziellen Studien des Gerichtsgangs im Ausland ebenfalls erheblichen Indizwert beimessen müssen für das Vorliegen von Rezeptionswirkungen. Die Arbeit bezieht daher eine Darstellung derartiger Kontakte speziell der für die inhaltliche Gestaltung der Reformarbeiten maßgebenden Kommissionsmitglieder mit ein.[76]

Ob die letztlich von der jeweiligen schwedischen Reform getroffene Lösung dann tatsächlich kausal auf dem fremden Rechtsmodell beruht oder vielleicht doch eher einer in der eigenen Rechtskultur bereits angelegten Entwicklungstendenz entsprang, wird sich zwar mit letzter Sicherheit nie ausmachen lassen. Auf der Grundlage der hier angestrebten Kombination von rechts-

---

[74] 3. Teil B. II. 4. a) (quantitative Analyse) bzw. b) (qualitative Analyse).

[75] Dies gilt umso mehr, als in Schweden Rechtspraxis wie Wissenschaft den Gesetzesmotiven seit alters eine herausragende Bedeutung bei der Klärung von Auslegungsfragen einräumen – nicht selten werden noch heute in Urteilen und dogmatischen Abhandlungen ganze Passagen wörtlich aus den Motiven zitiert – und daher besonderes Gewicht gelegt wird auf deren inhaltlich ebenso umfängliche wie präzise Ausgestaltung. Vgl. dazu auch *J. Lind*, Förarbetena som rättskälla, in: Festskrift till Bertil Bengtsson, S. 301 ff.; *E. Conradi*, Skapande dömande, in: ibid., S. 73 ff. (S. 79: „Schwedische Gerichte nehmen insoweit mit Blick auf ihre Anlehnung an die Gesetzesvorarbeiten weltweit eine Sonderstellung ein."); aus zivilprozessualer Perspektive *B. Lindell*, Civilprocessen, S. 36 sowie 106. Im einzelnen hierzu 3. Teil C. II. 4. a).

[76] S. insbes. 3. Teil B. II. 4. a) β).

vergleichender Analyse und Untersuchung der politischen, kulturellen, rechts- und prozeßrechtswissenschaftlichen Bezüge Schwedens zum Ausland, in deren Rahmen auch die wichtigsten Gesetzgebungsmaterialien sowie die Vertrautheit der Kommissionsmitglieder mit dem ausländischen Verfahrensrecht betrachtet werden, scheinen jedoch am ehesten hinlänglich verläßliche Ergebnisse möglich. Wie in wohl allen Fällen einer Interpretation kulturgeschichtlicher Entwicklungen verbleibt darüber hinaus auch hier ein gewisser Rest an Ungewißheit. Ihn zu beseitigen, kann nicht Ziel der Arbeit sein. Es muß insoweit genügen, den Umfang offenzulegen, in dem die großen europäischen Prozeßmodelle im Laufe der Entwicklung schwedischen Verfahrensrechts in das skandinavische Bewußtsein gelangt sind und damit jedenfalls integrierender Bestandteil des Rechtsfundaments wurden, auf dem das schwedische Prozeßgebäude in seiner je zeittypischen Architektur entstand.

3. Der Begriff der Strukturanalyse in der Untersuchung

Die vorliegende Untersuchung versteht sich methodisch als eine rechtsvergleichende Strukturanalyse. Begriff wie Wahl dieses methodischen Ansatzes verlangen nach einer Erklärung.

Eine Rezeptionsuntersuchung kann sich ihrem Gegenstand methodisch auf zwei grundsätzlich verschiedenen Wegen nähern: Sie kann Art und Umfang des Einflusses ausländischen Rechts innerhalb der untersuchten Rechtsordnung entweder exemplarisch am Beispiel der Entwicklung eines einzelnen Rechtsinstituts bzw. der auf einen gewissen Zeitraum beschränkten Herausbildung des Rechts zu ermitteln suchen. Oder aber sie bemüht sich um eine möglichst weitreichende, das in Rede stehende Rechtsgebiet in zeitlicher wie sachlicher Hinsicht als geschlossene Einheit umfassende Untersuchung. Beide Ansätze haben Vor- wie Nachteile.

Eine Institutionsanalyse vermag infolge ihrer thematischen Einengung in die Tiefe zu gehen und den nicht selten verschlungenen Wegen des historischen Werdegangs einer rechtlichen Figur bis ins einzelne nachzuspüren. Sie erreicht so ein konturenscharfes Bild der regelmäßig vielschichtigen Kausalbeziehungen, die während der Entwicklung des Instituts zwischen der jeweiligen Rechtsordnung und dem für die Rezeptionsfrage zum Vergleich herangezogenen fremden Recht herrschten. Demgegenüber ist ihr Aussagewert für eine Abschätzung des Gesamteinflusses fremden Rechts auf ein Rechtsgebiet typischerweise nur mit großer Vorsicht anzusetzen, da der Modellcharakter eines Instituts innerhalb des Rechtskontexts eine nur schwer meßbare Größe ist. Daß etwa von einer Verfahrensordnung die Einführung einer Gruppenklage in bewußter Anlehnung an das amerikanische Vorbild der Rule 23 der Federal Rules of Civil Procedure erwogen wird, kann noch nicht als Ausdruck einer auch im ganzen von dem amerikanischen Verfahren auf das jeweilige rezipierende Rechtsgebiet ausstrahlenden Rezeptionswirkung gesehen werden. In aller Regel darf einer derartigen Institutsanalyse in der Frage des Rezeptionseinflusses daher keine über ihre Grenzen hinausweisende Bedeutung beigelegt werden.[77]

Entsprechendes gilt hinsichtlich einer Analyse, die sich auf die Darstellung eines gewissen Zeitabschnitts innerhalb des geschichtlichen Werdegangs des Rechtsgebiets bzw. eines bestimmten Instituts konzentriert. Fremdes Recht kann seinen Einfluß auf eine andere Rechtsordnung während eines gewissen, unter Umständen nur sehr kurzen Zeitraums nachhaltig geltend machen, während im übrigen jedoch von ihm keine nennenswerten Rezeptionswirkungen ausgehen müssen. Daher ist der exemplarische Charakter einer Untersuchung mit einem solchen methodischen Ansatz ebenfalls fragwürdig.

Gerade dieser ist auf der anderen Seite der Vorzug einer Strukturanalyse, die sich um die Offenlegung der den einzelnen Instituten und konkreten Rechtsfiguren übergeordneten Strukturzusammenhänge bemüht und deren Herausbildung unter dem Einfluß fremden Rechts durch die Historie hindurch untersucht. Sie vermag durch ihren ebenso zeitlich wie sachlich großflächigen Zugriff den Gesamtcharakter eines Rechtsgebietes im Rahmen des Spannungsverhältnisses von Rezeption, Kontinuität und autochthoner Fortentwicklung eigener Rechtsformen zu beurteilen. Tatsächlich dürfte die Frage nach Art und Umfang des Einflusses fremden Rechts auf ein Rechtsgebiet befriedigend überhaupt nur im Wege einer allgemeinen Strukturanalyse gelöst werden können.

Es verbindet sich jedoch mit einer solchen Analyse eine grundsätzliche Schwierigkeit. Eine Strukturuntersuchung trägt infolge ihres auf das System als solches bezogenen Ansatzes zwangsläufig einen gewissen generalisierenden Charakter. Er setzt das Zusammenspiel von Normen im gesetzlichen Kontext über die konkrete Ausgestaltung einer einzelnen Rechtsbestimmung und muß infolgedessen von Besonderheiten einzelner Rechtsinstitute abstrahieren, soweit sie nicht das strukturelle Gesamtgefüge des Systems in Frage stellen. Gerade dies wirft aber ein Problem auf: Wie mißt man, wann derartig vernachlässigbare Einzelfallbesonderheiten vorliegen, und wie bestimmt man, ob infolgedessen zwei Rechtsordnungen in einer Struktur miteinander übereinstimmen bzw. doch eher verschieden sind? Weiter noch – wie bestimmt man überhaupt diejenigen Strukturen, die das Gesamtgefüge eines Regelungsgebietes ausmachen, und die daher der rechtsvergleichenden Analyse zugrundezulegen sind? Zählen hierzu auf der Ebene des Prozeßrechts nur die sog. Verfahrensgrundsätze? Gehören sie überhaupt dazu bzw. alle in gleichem Maße? Und – in Anbetracht des bekanntlich fehlenden abgeschlossenen Kanons all-

[77] Mögen auch die Fälle eines einmaligen, nur die Ausformung eines Instituts betreffenden Rechtstransfers innerhalb eines Rechtsgebiets selten sein, so daß einer solchen Analyse ein gewisser exemplarischer Wert durchaus zukommen wird, so lassen sich doch auf Art und Umfang der Rezeption im übrigen kaum hinlänglich verläßliche Schlüsse ziehen.

gemeiner Prinzipien[78] – welche sind im übrigen als Verfahrensgrundsätze anzusehen? Ist etwa auch die rechtliche Ausgestaltung des Rechtsmittelverfahrens eine wesentliche Grundstruktur und folglich in die Analyse miteinzubeziehen? Und wenn ja, zählt dann auch die Untersuchung eines sog. Novenrechts innerhalb einer zweiten Tatsacheninstanz hierzu? Die Aufzählung ließe sich beliebig verlängern.

Eine Strukturanalyse kann hier eine gewisse Subjektivität und damit Willkürlichkeit nicht vermeiden. Dies gilt sowohl in der Frage der Auswahl der zu untersuchenden Strukturen als auch hinsichtlich der Bewertung der Ergebnisse eines Rechtsvergleichs. Ziel kann damit von vornherein nur das Bemühen um Plausibilität und Schlüssigkeit der Ergebnisse sein sowie ein Streben nach weitestgehender Objektivität. Letztere läßt sich zumindest in Hinsicht auf die Bestimmung der Strukturen durch eine Orientierung an allgemein anerkannten Grundsätzen erreichen. So pflegt man üblicherweise die im Verlauf des 19. und frühen 20. Jahrhunderts konzipierten kontinentaleuropäischen Verfahrenskodifikationen in sog. liberale bzw. soziale Modelle einzuteilen, je nachdem, ob sie hinsichtlich des Verhältnisses von Parteiherrschaft und richterlicher Verfahrensgestaltung stärker in Anlehnung an den französischen Prozeß von 1806 bzw. das frühdeutsche Verfahren von 1877 einerseits oder an den österreichischen Prozeß von 1895 andererseits ergangen sind.[79] Es liegt nahe, diese Verfahrensweise auch der vorliegenden Untersuchung zugrundezulegen und sich im übrigen hinsichtlich der zu analysierenden Strukturen zumindest auch an denjenigen Fragestellungen zu orientieren, die für die Zuordnung eines Verfahrensgesetzes zu einem dieser beiden Modelle herangezogen werden.[80]

Infolgedessen sollen bei der schwedischen Reform von 1942 die beiden Reformleitlinien der Verfahrenskonzentration und der verbesserten Gewähr materiell richtiger Entscheidungen den Maßstab darstellen, um folgende Fragestellungen zu erörtern: die Gestaltung der Vorbereitung der Hauptverhandlung, die Regelung des Versäumnisverfahrens, der Umfang der richterlichen Aktivität zur Konzentration des Prozesses, das Verhältnis von Mündlichkeit und Schriftlichkeit im Prozeß, die Art der Verteilung der Verantwortung für die Sachverhaltsermittlung zwischen Parteien und Richter sowie Grundzüge des Beweisverfahrens.

---

78 Dazu näher *Stein-Jonas-Leipold*, ZPO[21], vor § 128 B. I sowie ders.: Verfahrensbeschleunigung und Prozeßmaximen, in: Festschrift für H.W. Fasching zum 65. Geburtstag, S. 329 ff. (v.a. 331 ff.).

79 Vgl. nur *R. Wassermann*, Der soziale Zivilprozeß, v.a. S. 27-62 m.w.N. aus der Literatur.

80 Dazu *R. Wassermann*, a.a.O., S. 52 ff. sowie auch der Begründer des sog. sozialen Verfahrensmodells und Schöpfer der öZPO von 1895, *Franz Klein*, in: Pro futuro – Betrachtungen über Probleme der Civilprozeßreform in Österreich, Jbl 1890, Hefte 43-52 und Jbl 1891, Hefte 1-9. Näher zu den Charakteristika des liberalen und des sozialen Verfahrens im übrigen 3. Teil B. I. 1. b) bzw. 2. b).

4. Phänomenologie der für die Strukturanalyse relevanten Rezeptionsarten

Je nach dem an einer Rezeption beteiligten Träger (Subjekt), ihrem Gegenstand (Objekt), Umfang und Ursprung wie auch ihren Ursachen und ihrer Wirkung auf die rezipierende Rechtsordnung lassen sich für die vorliegende Untersuchung verschiedene Formen einer Rechtsübertragung denken.

a) Differenzierung nach dem Träger der Rezeption

Hinsichtlich des eine Rezeption vermittelnden Subjekts kommen grundsätzlich Gesetzgebung, Wissenschaft wie Rechtsprechung in Betracht. Von wenigen, jeweils ausdrücklich angegebenen Ausnahmen abgesehen,[81] werden im Rahmen dieser Analyse aus den genannten Gründen[82] allein das positive Recht sowie die wissenschaftliche Lehre als Träger eines Rechtstransfers in Betracht gezogen.

b) Differenzierung nach dem Gegenstand der Rezeption

Inhalte des Gesetzesrechts, der wissenschaftlichen Doktrin sowie der gerichtlichen Spruchpraxis können zugleich Objekt der Rezeption sein. Es wurde bereits oben (II. 1.) darauf hingewiesen, daß die Rechtsprechung auch insoweit aus der Analyse herausgenommen wird, da ihre Betrachtung den Umfang der Arbeit sprengen würde und sie zudem auch sachlich von Gesetzgebung und Wissenschaft losgelöst werden kann, ohne daß eine Verfälschung der Ergebnisse der Untersuchung zu befürchten wäre.

c) Differenzierung nach der Tragweite der Rezeption

Mit Blick auf die Tragweite der Rezeption besteht die Möglichkeit, daß sämtliche untersuchten Strukturen das Ergebnis einer Übernahme fremden Rechts sind und die Rezeption insofern als eine umfassende angesehen werden muß. In dem Maße jedoch, in dem sich die Ausgestaltung der Strukturen des modernen schwedischen Verfahrensrechts auch als Ausdruck der Kontinuität bzw. des Strebens nach eigenständiger Fortentwicklung überkommener Rechtsformen erweisen sollte, liegt eine lediglich partielle Rezeption vor.

d) Differenzierung nach dem Ursprung der Rezeption

Bezogen auf den Ursprung des rezipierten Rechts kann die Rezeption eine einseitige, aus der Rechtsordnung eines der untersuchten Länder schöpfende sein. Denkbar ist jedoch auch ein selektiv-mehrseitiger Rechtstransfer, der Formen zweier oder mehrerer Verfahrensordnungen miteinander kombiniert.

Schwierige Abgrenzungsprobleme sind insofern für den Fall zu erwarten, daß sich einige der untersuchten Länder strukturell in einer oder mehrfacher

---

[81] Vgl. etwa 2. Teil C. II. 2. c).

[82] S. oben unter 1.

Hinsicht gleichen. So dürfte im Einzelfall kaum zu unterscheiden sein, ob etwa ein Institut ursprünglich österreichischer Herkunft, das im Laufe der schrittweisen Anpassung des deutschen Verfahrens an das österreichische Modell während des frühen 20. Jahrhunderts auch dem deutschen Prozeß inkorporiert wurde, seitens Schweden nun eher dem österreichischen Verfahren entlehnt wurde oder aber dem deutschen. Bei der Beurteilung der Rezeption insofern allein auf das Ursprungsland Österreich abzustellen, könnte den Blick dafür verstellen, daß gegebenenfalls erst der intensive kulturelle und/oder wissenschaftliche Kontakt Schwedens mit Deutschland während der Zeit der Verfahrensreform den entscheidenden Ausschlag gegeben hat. Möglicherweise war auch der Umstand maßgebend, daß sich die betreffende Lösung sowohl in Österreich wie in Deutschland bewährt hatte. Soweit hier nicht mit Hilfe der für die Beurteilung des Rezeptionsnachweises herangezogenen Faktoren[83] eine hinreichend klare Entscheidung möglich ist, muß im Zweifel von einer mehrseitigen Rezeption – im Beispielsfall – deutsch-österreichischen Rechts ausgegangen werden.

Ähnlich liegt der Fall, sollte sich erweisen, daß die zum Vergleich herangezogenen Rechtsordnungen allesamt in einer bestimmten Struktur übereinstimmen und damit zu rechnen ist, daß die der Übernahme zugrundeliegende Triebkraft nicht primär in einem bestimmten Ursprungsland zu suchen ist. Hier ist dann von einer Rezeption gesamteuropäischen Rechts zu sprechen.

e) Differenzierung nach der Wirkung der Rezeption

Hinsichtlich der Wirkung von Rezeptionsvorgängen läßt sich der Fall, bei dem eine Struktur neu der rezipierenden schwedischen Rechtsordnung inkorporiert wird und die Rezeption insofern eine originäre ist, von demjenigen unterscheiden, bei welchem eine bereits in dem heimischen Recht angelegte Entwicklungstendenz durch Rezeption nur verstärkt oder beschleunigt wird. Hier liegt das Problem weniger in der Beurteilung, welche dieser beiden Wirkformen im Einzelfall anzunehmen ist, als vielmehr bei der vorgeschalteten Frage, ob in dem zweiten Fall überhaupt eine Rezeption im Sinne einer kausal für die Ausgestaltung des schwedischen Rechts verantwortlichen Rechtsübertragung vorliegt. Für die Lösung dieses Problems wird nach der oben (II. 2.) angegebenen Methode verfahren.

---

[83] S. oben unter II. 2. Zu berücksichtigen sind daher insbesondere der politische, kulturelle, (rechts-/prozeßrechts-)wissenschaftliche Austausch Schwedens mit dem Ausland, etwaige Forschungsreisen der an der Reform beteiligten Juristen sowie die Gesetzgebungsmaterialien.

f) Verzicht auf eine Differenzierung nach den Ursachen der Rezeption

Als überaus problematisch erweist sich schließlich eine Unterscheidung verschiedener Rezeptionsarten auf der Grundlage der für die Rechtsübertragung maßgebenden Gründe.

Die Geschichte der Darstellung und Analyse von Aufnahme und Verarbeitung überkommenen Kulturguts ist stets auch eine Geschichte ihrer Ursachenforschung gewesen – facettenreich und anschaulich geschrieben, doch zumeist auch geprägt von unsicheren Hypothesen und persönlichen Werturteilen. So muß selbst im Fall des mittlerweile wohl am besten erforschten Beispiels einer Rechtsrezeption – der Ausbreitung des römischen Rechts als „ius commune" im mittelalterlichen und neuzeitlichen Europa – davon ausgegangen werden, daß jeder Versuch einer Rückführung dieses Vogangs auf eine oder wenige Wirkursachen zu kurz greift.[84] Wie bei jedem Prozeß einer kulturgeschichtlichen Entwicklung sind auch im Rahmen von Rechtsrezeptionen die beteiligten Kausalfaktoren in aller Regel zu vielfältig und überdies in einem Netz wechselseitiger Beziehungen zu eng miteinander verflochten, als daß man hoffen dürfte, sie vollständig erfassen und in ihrer konkreten Wirkweise zutreffend beschreiben zu können.[85]

So dürfte es zwar zweifellos richtig und zur Gewinnung eines ersten Eindrucks von der Vielfalt denkbarer Rezeptionsgründe durchaus auch hilfreich sein, im Bemühen um Klassifizierung derartiger Ursachen den geistesgeschichtlichen und gesellschaftlichen Entwicklungsstand einer Sozialgemeinschaft von dem autoritativ-hoheitlichen Akt politischen Reformstrebens zu scheiden und beiden Kausalfaktoren die Intensität kultureller Beziehungen zwischen Rezipient und Ursprungsland an die Seite zu stellen.[86]

Schon das aus dem Blickwinkel deutscher Zivilprozeßgeschichte bekannte Beispiel der rezeptionsbedingten Modifikationen der ZPO von 1877 im frühen 20. Jahrhundert erweist jedoch die generelle Zweifelhaftigkeit derartiger Differenzierungsbestrebungen. So war die verstärkte Ausrichtung der deutschen ZPO an dem österreichischen Prozeßmodell *Franz Klein*s sicher ebensosehr Aus-

---

[84] So darf etwa die frühe Auffassung *E. Ehrlichs*, der die entscheidende Ursache für die Rezeption in einem „Normenhunger" sah (vgl. dazu *M. Rehbinder*, Einführung in die Rechtswissenschaft, § 8), welcher durch das Fehlen einer hinlänglichen Zahl an Konfliktlösungsmodellen im heimischen Recht bedingt gewesen sei, jedenfalls insofern als zu einseitig gelten, als auch Gründe machtpolitischen Kalküls und sozialen Prestiges eine zentrale Rolle gespielt haben dürften; vgl. dazu v.a. *P. Koschaker*, Europa und das römische Recht, S. 137 f, 153; *F. Wieacker*, Privatrechtsgeschichte, S. 143 f; *M. Rehbinder*, Die Rezeption fremden Rechts in soziologischer Sicht, in: Rechtstheorie, Bd. 14 (1983), S. 305 ff. (306 ff.).

[85] Zuzustimmen ist daher *F. Wieacker*, Privatrechtsgeschichte, S. 143, demzufolge – wenngleich spezifisch auf die Rezeption des römischen Rechts bezogen – „die Ursache-Folge-Relation bei so komplexen Verläufen wie der Rezeption (...), in der sich beständig soziale und ideologische Bewußtseinszwänge mit freien Handlungen der Einzelnen verflechten, (...) nicht vollziehbar" ist.

[86] So etwa *R. Stürner*, Das deutsche Zivilprozeßrecht und seine Ausstrahlung auf andere Rechtsordnungen – von Deutschland aus gesehen, in: W. Habscheid (Hrsg.): Das deutsche Zivilprozeßrecht und seine Ausstrahlung, S. 3 ff. (12) ff.

druck einer entsprechenden geistesgeschichtlichen und gesellschaftlichen Entwicklung in Deutschland[87] wie auch ein gezielt politscher Reformakt,[88] der zudem durch die kulturelle Verbundenheit beider Staaten entscheidend unterstützt wurde.

Wie schon für das methodische Problem des Nachweises über das Vorliegen einer Rezeption (II. 2.) empfohlen, dürfte es somit auch hier dem Wesen der Rezeption als eines komplexen Prozesses sozialen Wandels eher gerecht werden, das Bemühen um dezisionistische Sachurteile hinter eine genaue Beschreibung der näheren Hintergründe der Rezeption zurückzustellen. Auch aus diesem Grund legt die Untersuchung einen Schwerpunkt auf die Ermittlung der zwischen Schweden und seinen europäischen Nachbarn im Vorfeld der großen Prozeßreformen jeweils herrschenden Austauschbeziehungen wirtschaftlicher, politischer, kultureller und rechts- bzw. prozeßrechtswissenschaftlicher Art.[89]

5. Die Struktur der Untersuchung

Die Untersuchung gliedert sich in zwei Teile. Deren erster ist der Darstellung des historischen Prozesses in Schweden gewidmet und folgt dessen Entwicklung von den ersten schriftlichen Rechtsaufzeichnungen in den hochmittelalterlichen Landschaftsgesetzen des 13. Jahrhunderts bis zur Kodifikation des neuzeitlichen Verfahrens in der Reform von 1734.

Da der Schwerpunkt der Arbeit aus den eingangs erwähnten Gründen auf der Strukturanalyse des modernen Prozesses liegt, muß im Rahmen des historischen Verfahrens auf eine detaillierte rechtsvergleichende Gegenüberstellung des schwedischen Prozesses mit den Verfahrensordnungen des kanonischen, klassisch-römischen, justinianisch-römischen und des gemeinen deutschen Rechts verzichtet werden. Die Arbeit greift vielmehr insoweit auf die der rechtsgeschichtlichen Forschung bislang vorliegenden Erkenntnisse zurück und legt diese ihrer Darstellung zugrunde.

Sie folgt allerdings auch auf der Ebene des historischen Prozesses dem für die Untersuchung gewählten methodischen Ansatz, der die Rezeption nicht als

---

87 Vgl. dazu etwa *R. Wassermann*, Der soziale Zivilprozeß, S. 49 ff. mit näheren Ausführungen zu dem sich in Deutschland seit Mitte des 19. Jahrhunderts abzeichnenden Wandel von dem liberalen Bild autark-autonomer Bürgergesellschaft zur Vorstellung staatlich verantworteter Sozialgestaltung.

88 Dazu etwa aus dem „Entwurf einer Zivilprozeßordnung“ von 1931, der der zwei Jahre später erfolgten Reform der deutschen ZPO zugrundelag, S. 255 ff.: „(...) hat man doch andererseits weit mehr als früher den Gedanken in den Vordergrund gestellt, daß der Zivilprozeß als staatliche Rechtsschutzeinrichtung dem öffentlichen Recht angehört. Mit dieser Erkenntnis ist es unvereinbar, (...) eine unwirtschaftliche Kräftevergeudung für alle im Prozeß beteiligten Personen herbeizuführen (...). Auf allen Gebieten unseres öffentlichen Lebens hat man inzwischen den Grundsatz des laissez faire, laissez aller längst verlassen und erkannt, daß der Staat berechtigt und verpflichtet ist, soweit das allgemeine Wohl dies erfordert, der freien Betätigung des Einzelegoismus Schranken zu setzen.“

89 Vgl. insoweit 2. Teil C. II. 1.-2. (Neuzeit) sowie 3. Teil B. II. 1.-4. (Moderne).

einen in sich geschlossenen Vorgang des Transfers einer stofflich abgrenzbaren Rechtsmaterie begreift, sondern als Ausdruck wie Folge eines regelmäßig umfassenderen politischen, kulturellen oder auch wissenschaftlichen Kontakts zwischen Rezipienten und Ursprungsland. Daher werden in einem umfangreicheren Kapitel auch für diese frühe Entwicklungsphase der europäische Einfluß auf Schweden in Hinblick auf Religion, Wirtschaft, Gesellschaftsordnung und Wissenschaft einerseits sowie Rechtsprechung, Gesetzgebung und Rechtswissenschaft andererseits analysiert (2. Teil C. II. 1. und 2.).

In ihrem Hauptteil (3. Teil) untersucht die Arbeit anschließend auf der Grundlage einer rechtsvergleichenden Strukturanalyse die dem modernen schwedischen Prozeß zugrundeliegende Reformnovelle von 1942.

Deren bis in die Anfänge des 19. Jahrhunderts zurückreichende lange Verwirklichungsdauer erzwingt für die Offenlegung von Rezeptionsvorgängen während der Entstehung der Novelle eine Darstellung der wesentlichen Entwicklungslinien, die den europäischen Prozeß in dieser Zeit geprägt haben (A.; B. I.).

Es schließt sich eine eingehende Untersuchung des politischen, kulturellen und rechts- wie prozeßrechtswissenschaftlichen Austauschs Schwedens mit dem europäischen Ausland (Deutschland, Österreich, Frankreich, England) am Vorabend seiner Verfahrensreform an (B. II.). Der Schwerpunkt liegt im Rahmen dieser Analyse wegen der engen Verbindung zwischen Prozessualistik und Gesetzgebung auf der Ermittlung des ausländischen Einflusses auf die Entstehung der modernen schwedischen Rechts- und Prozeßrechtswissenschaft im 19. und frühen 20. Jahrhundert (B. II. 4.).

Hierfür greift die Arbeit zu einer quantitativen und qualitativen Analyse. Erstere geht zum einen auf den Umfang schwedischer Studien- und Forschungsreisen in das europäische Ausland am Vorabend der Reformnovelle ein und berücksichtigt dabei auch die Forschungsreisen der an der Prozeßreform maßgeblich beteiligten Juristen. Zum anderen untersucht sie die quantitative Bedeutung des ausländischen (Prozeß-)Rechts in schwedischen Periodika und Monographien des 19. und frühen 20. Jahrhunderts.

Die qualitative Analyse hingegen widmet sich der Frage eines Einflusses vor allem der deutschen Rechtswissenschaft und Prozessualistik auf Schweden und untersucht am Beispiel ausgewählter Werke führender schwedischer Prozessualisten des 19. und frühen 20. Jahrhunderts deren Rezeption deutscher Verfahrenswissenschaft in formal-methodischer, systematischer, terminologischer und inhaltlich-argumentativer Hinsicht.

Die aus einer Gesamtbetrachtung der Ergebnisse dieser Grundlagenuntersuchung für die Frage der Rezeption ausländischen Rechts durch die Novelle von 1942 gezogenen Schlüsse und Hypothesen (B. II. 5.) werden anschließend in zwei Teilschritten anhand des Gangs der Reformdiskussion (B. III.) und des Inhalts der Reformnovelle selbst (B. IV.) auf ihre Verifizierbarkeit überprüft.

Die Novelle wird dabei im Anschluß an eine geraffte Darstellung der Ziele der Reform und der wesentlichen Mittel zu ihrer Verwirklichung (B. IV. 1.) anhand einer rechtsvergleichenden Analyse untersucht. Diese stellt die Art der Umsetzung zentraler Strukturen des neuen schwedischen Verfahrens den entsprechenden Lösungsmodellen im je zeitgenössischen französischen, englischen, deutschen und österreichischen Recht gegenüber (B. IV. 2.). Hinsichtlich der Auswahl dieser Strukturen gelten die obigen Ausführungen zur Methode der Untersuchung (II. 3.).

An die Darstellung der inhaltlichen Ausgestaltung dieser Strukturen im schwedischen Verfahren bzw. dem entsprechenden ausländischen Prozeß schließt sich jeweils eine Erörterung der Rezeptionsfrage an. Diese erfolgt auf der Grundlage eines Vergleichs der verschiedenen Modelle unter Einbeziehung der Gesetzgebungsmaterialien der Novelle sowie der Resultate der Grundlagenuntersuchung von B. II.

Eine Auswertung der Ergebnisse der Strukturanalyse soll anschließend versuchen, die schwedische Novelle in den europäischen Verfahrenskontext einzuordnen und das Verhältnis von Rechtskontinuität, Rezeption und autochthoner Fortentwicklung in der Reform zu würdigen (B. IV. 3.).

An den Hauptteil der Arbeit schließt ein letzter Abschnitt an, der die Entwicklung des modernen schwedischen Prozeßrechts seit Inkrafttreten der Reformnovelle von 1942 untersucht (C). Er gliedert sich mit Blick auf die auch in Schweden für die Rechtsentwicklung zunehmend an Bedeutung gewinnende inter- und supranationale Ebene seinerseits in zwei Abschnitte. Deren erster zielt auf die Analyse der nationalbedingten Veränderungen des schwedischen Verfahrens (I.), während der zweite die Einflüsse des internationalen und des Europarechts auf den schwedischen Prozeß in den Mittelpunkt rückt (II.).

Die Untersuchung der sich außerhalb des inter- und supranationalen Rechts vollziehenden schwedischen Verfahrensreformen erfolgt dabei erneut vor dem Hintergrund einer vergleichenden Darstellung, die wesentliche Züge der europäischen wie außereuropäischen nationalen Prozeßrechtsentwicklung skizziert (I. 1.).

Auf einen Überblick über die wichtigsten Reformen des schwedischen Prozeßrechts unter Einschluß der Gerichtsverfassung seit 1948 (I. 2.) folgt die Detailanalyse dreier exemplarisch herausgegriffener Reformnovellen (I. 3.). Untersucht werden im Hinblick auf die Rezeptionsfrage in diesem Rahmen die Einführung des schwedischen Bagatellverfahrens im Jahre 1974, die Reform der großen Verfahrensnovelle von 1942 im Jahre 1987 sowie die gegenwärtig in Schweden diskutierten Reformpläne zur Einführung des Instituts der Gruppenklage.

Die Arbeit schließt mit einer die Ergebnisse der Analyse des historischen und des modernen Verfahrens zusammenfassenden Würdigung (D.).

Zweiter Teil

Das historische Zivilprozeßrecht

En (...) man, som tvenne böcker bar,
jag tror, det Corpus juris och vår
svenska lagbok var.

(Johan Runius [1713])[90]

A. Einführung

Die Aufgabe des Zivilprozesses, die Feststellung und Verwirklichung der privaten Rechte der Rechtssubjekte in einer Sozialgemeinschaft zu gewährleisten, ist durch die Zeiten hindurch in jeweils wechselnden Formen verwirklicht worden. Wie jedes rechtlich geordnete Gemeinwesen macht auch Schweden hiervon keine Ausnahme. Nach den die Organisation wie das Verfahren kennzeichnenden Eigenheiten läßt sich die Entwicklung seines Zivilprozeßrechts grob in drei Zeitabschnitte einteilen: in den mittelalterlichen Prozeß, der von den ersten schriftlichen Überlieferungen in den sog. Landschaftsgesetzen aus dem 13. Jahrhundert bis gegen Ende des 15. Jahrhunderts reicht; in die Neuzeit, die sich bis zum Beginn der Reformarbeit an der dem geltenden Prozeßrecht zugrundeliegenden Verfahrensnovelle von 1942 im Jahre 1810 erstreckt und in die sich anschließende Moderne, welche das geltende Zivilprozeßrecht umfaßt. Alle drei Phasen sind Ausdruck der zeittypischen Gesellschaftsstruktur und spiegeln in den sie prägenden Prozeßgesetzen die je unterschiedliche Auffassung von der Stellung des Rechtssubjekts in der Gemeinschaft wider.

Im Mittelpunkt des mittelalterlichen Prozesses stehen die (landskapslagar)Landschaftsgesetze der verschiedenen schwedischen Provinzen und ihre Aufnahme und Fortentwicklung in dem reichsweit geltenden Land- und Stadtrecht König *Magnus Erikssons* gegen Mitte des 14. Jahrhunderts[91] bzw. der Revision des Landrechts durch König *Kristoffer* 1442. Die prozeßrechtlichen Bestimmungen der Landschaftsgesetze knüpfen noch an die Zeit einfacher gesellschaftlicher Verhältnisse mit einer vergleichsweise egalitären Sozialstruktur an, in der sich das Recht außerhalb jeder autoritativ-hoheitlichen Setzung auf ge-

---

[90] „Ein (...) Mann, der zweierlei Bücher mit sich trug, welch' waren wohl das Corpus juris und unser schwed'sches Gesetzesbuch."

[91] Zur Problematik der Datierung des Reichsrechts s. näher S. 35 FN 102.

wohnheitsrechtlichem Weg bildete und durch seiner kundige „Recht-Sprecher“ („lagmän„) auf öffentlichen Versammlungsplätzen verkündet wurde („lagsaga„). Es war die Zeit eines stark formalisierten, volkstümlichen Gerichtsgangs, bei dem die auf dem „Ting“ versammelte Gemeinde öffentlich auf den Vorschlag eines oder mehrerer derartiger „lagmän“ das Urteil fällte und dem vom Volk gewählten Vorsitzenden nur die Funktion der Leitung des Verfahrens und der Verkündung des Urteilsspruches zukam.

Mit der Stärkung der Königsgewalt und dem Aufbau einer zentralen Landesverwaltung im 16. und 17. Jahrhundert trat in Schweden eine zunehmende Bürokratisierung des öffentlichen Lebens ein, die auch den Zivilprozeß erfaßte. Die Institutionalisierung staatlicher Gerichte mit einem geregelten Instanzenzug und vom König bestimmten Spruchkörpern wie auch unter dem Einfluß des kanonischen und gemeinrechtlichen deutschen Prozesses sich vollziehende Veränderungen des Verfahrens selbst lösten den Zivilprozeß aus seiner Verankerung im Volk und ließen ihn zum Gegenstand hoheitlicher Rechtspolitik werden. Über verschiedene Einzeldekrete und umfangreichere Verfahrensordnungen maßgeblich aus der Regierungszeit *Gustav II. Adolfs* in der ersten Hälfte des 17. Jahrhunderts fand diese Epoche schließlich ihren dauerhaften Niederschlag in der Kodifikation des gesamten Reichsrechts, einschließlich des Zivilprozesses, im sog. „Sveriges Rikes Lag“ von 1734.

Unter dem Eindruck der sich durch die französische Revolution über ganz Europa verbreitenden Idee eines liberalen Staats- und Gesellschaftsbildes begann sich der schwedische Prozeß schließlich erneut zu wandeln. Nach mehreren vergeblichen Ansätzen im Verlauf des 19. Jahrhunderts vollzog er schließlich nach einer 130 Jahre währenden Reformdiskussion in der Novelle von 1942 die Anpassung an ein modernes, von den Grundsätzen der Mündlichkeit, der Unmittelbarkeit und der freien Beweiswürdigung bestimmtes Verfahren. Spätere Reformen, die im Anschluß an den Zweiten Weltkrieg ergingen und im Zeichen des Aufbaus des schwedischen Wohlfahrtsstaates standen, führten zwar zu erheblichen Modifikationen der Verfahrensordnung von 1942. Sie ließen diese jedoch im grundsätzlichen unberührt und verdienen daher eine Einordnung an der Seite der großen Novelle in der dritten Epoche schwedischer Prozeßrechtsentwicklung: der Epoche des modernen Zivilprozesses.

Die vorliegende Untersuchung hat sich aus den eingangs genannten Gründen als Schwerpunkt die Betrachtung dieser dritten und letzten Phase in der Evolution des Gerichtsgangs gewählt. Da die Reform von 1942 jedoch in mehrfacher Hinsicht an die Strukturen des historischen Prozesses anknüpft,[92] bliebe die Darstellung unvollständig und würde das Verständnis der bestimmenden Grundsätze der Novelle selbst erschwert, ließe man das historische Verfahren unbeachtet. Es soll daher im folgenden ein Überblick über die Entwicklung des schwedischen Zivilprozesses von den Landschaftsgesetzen bis zum Beginn der

---

92 Dazu 3. Teil B. IV. 1. c).

großen Reformdiskussion im Jahre 1810 geboten werden. Entsprechend dem rezeptionshistorischen Ansatz, wie er dem Hauptteil zugrundeliegt, soll seine Zielrichtung dabei eine doppelte sein: Neben einer über die Charakteristika des Gerichtsgangs der jeweiligen Epoche informierenden Darstellung soll zugleich aufgezeigt werden, in welchem Umfang auch der historische Prozeß in Schweden unter den Einfluß des ausländischen Rechts geriet.[93]

B. Der mittelalterliche Prozeß (13.-15. Jahrhundert)

I. Einführung

Mit dem frühen 13. Jahrhundert begann man in ganz Europa, das bis dahin mündlich tradierte Recht schriftlich in Gesetzessammlungen niederzulegen. Bekannt sind aus dem deutschen Rechtskreis *Eike v. Repgows* Sachsenspiegel und die ihm angelehnten Schwaben-, Deutschen- und Frankenspiegel. Beispiele finden sich daneben in zahlreichen anderen Ländern, so etwa in Frankreich,[94] England,[95] Spanien[96] oder auch Dänemark.[97]

Auch in Schweden stammen die ältesten Rechtsaufzeichnungen, die Landschaftsgesetze („landskapslagar"), aus dieser Zeit. Es handelt sich bei ihnen um schriftliche Kodifikationen des bis dahin mündlich durch die rechtskundigen „lagmän„ tradierten Rechts der einzelnen schwedischen Provinzen.[98]

---

93 Die Darstellung stützt sich hier maßgeblich auf die Ergebnisse der bisherigen schwedischen Forschung.

94 Erwähnt seien etwa der „Conseil à un ami" des *Pierre de Fontaine* (1253-1258) aus dem Vermandois, der „Livre de Jostice et de Plet" (um 1260) aus Orléans oder auch die berühmten „Coutumes de Beauvaisis" des *Philippe de Beaumanoir* (um 1280).

95 Etwa das Traktat „De legibus et consuetudibus regni Angliae" (etwa 1190) von *Ranulf de Glanvill.*

96 Z.B. die „Fueros von Aragon" des Bischofs *Vidal de Canellas* (1247).

97 Das sog. „Skånske Lov" (1203/12). Vgl. näher zu den frühen schriftlichen Rechtsaufzeichnungen in Europa *P. Johanek*, Art.: Rechtsbücher, in: LMA, Bd. 7, Spalten 519 ff.; S. *Gagnér*, Ideengeschichte der Gesetzgebung, S. 302 ff.; *K. Kroeschell*, Deutsche Rechtsgeschichte, Bd. 1, S. 246 ff. sowie aus schwedischer Sicht *P. Nyström*, Landskapslagarna, in: T. Forser (Hrsg.): Historieskrivningens dilemma, S. 62 ff. (68 ff.).

98 Die schwedischen Landschaftsgesetze werden in der Forschung üblicherweise in die im allgemeinen älteren „Götagesetze" (Entstehungszeitraum etwa 1280 bis Ende des 13. Jahrhunderts) und die jüngeren „Sveagesetze" (Entstehungszeitraum ungefähr 1300 bis 1330) eingeteilt (vgl. etwa *K.Å. Modéer*, Historiska Rättskällor, S. 46; *G. Hafström*, De svenska rättskällornas historia, S. 36 ff.). Über den Kodifikationszeitpunkt der einzelnen Gesetze herrschen in der rechtshistorischen Forschung allerdings noch immer z.T. weitreichende Meinungsverschiedenheiten; vgl. nur *E. Sjöholm*, Sveriges medeltidslagar, S. 321ff sowie *dies.*, Gesetze als Quellen mittelalterlicher Geschichte, S. 86 ff. (v.a. 94 ff.) jeweils m.w.N. aus der Literatur.

Zu den „Götagesetzen" zählen das „Västgötalag" in einer älteren („Ä") und einer jüngeren („Y") Fassung (zit.: Ä/Y VgL), das „Östgötalag" (zit.: ÖgL), das „Gutalag" (zit.: GL), das „Värmlandslag" (zit.: VL) und das für Småland geltende „Tiohäradslag" (zit.: ThL). Zu den

Wie das Beispiel der königlichen Bekanntmachungsurkunde („stadfästelsebrev") des für die zentrale Provinz Uppland geltenden „Upplandslagen" aus dem Jahre 1296 zeigt, waren die Landschaftsgesetze allerdings nicht nur lediglich Aufzeichnungen deklaratorischen Charakters. Vielmehr kamen sie nicht selten auf den ausdrücklichen Wunsch der schwedischen Bauern zustande, die wegen gewisser Zweideutigkeiten, Regelungslücken oder auch unerwünschter Rechtsfolgen in den alten Bestimmungen über ihren „lagman" beim König um deren Modifikation nachsuchten. Im Bestreben um verbesserte Bestimmungen machten sich die aus Vertretern der einzelnen Stände zusammengesetzten Reformkommissionen dabei auch die Erfahrungen ihrer rechtskundigen Mitglieder mit dem ausländischen, vor allem dem römischen und römisch-kanonischen Recht zunutze.[99] Man hat daher davon auszugehen, daß schon in den frühen Landschaftsgesetzen das alte, vorhistorische Recht mit aus dem römischen und kanonischen Recht rezipierten neuen Regelungen eine enge Verbindung eingegangen ist, deren Umfang sich allerdings im einzelnen wegen fehlender früherer Aufzeichnungen kaum mehr mit hinreichender Verläßlichkeit erschließen läßt.[100]

„Sveagesetzen" rechnet man vor allem das „Upplandslag" (zit.: UL), das „Södermannalag" (zit.: SdL), das „Västmannalag" (zit.: VmL), das „Dalalag" (zit.: DL) sowie das „Hälsingelag" (zit.: HL). Eine geraffte Übersicht über Charakter und Inhalt der schwedischen Landschaftsgesetze findet sich bei *G. Grenholm* (Hrsg.): Den svenska historien, Bd. 1, S. 256 ff.

[99] Von einzelnen Mitgliedern der an der Konzeption der Landschaftsgesetze beteiligten Gremien ist bekannt, daß sie römisches und kanonisches Recht an den beiden damals bekanntesten Universitäten in Bologna und Paris studiert hatten (vgl. hierzu näher *G. Inger*, Upplandslagen 700 år, in: Festskrift till Stig Strömholm, Bd. 1, S. 423 ff. [427 f.]). Gewisse Indizien sprechen stellenweise sogar dafür, daß die Aufnahme derartiger Studien mit den Kodifikationsvorhaben im Heimatland eng zusammenhing und möglicherweise gerade mit Blick auf die bevorstehende Aufgabe der Konzeption der Landschaftsgesetze erfolgte (so die Vermutung *G. Ingers*, a.a.O., S. 427 f). Da an neuen Bestimmungen in die Landschaftsgesetze gerade auch Regelungen des Kirchenrechts eingingen, die Kirche sich jedoch – von gewissen Konzessionen gegenüber dem angestammten Recht abgesehen – auch in Skandinavien nach dem kanonischen Recht richtete, erscheint diese These stichhaltig. Näher zu der Problematik des Einflusses v.a. kanonischen Rechts auf die Landschaftsgesetze S. *Gagnér*, Studien zur Ideengeschichte, S. 364 ff. sowie *H. Munktell*, Mose lag och svensk rättsutveckling, S. 133 ff. Zu weiteren Angaben über die in Schweden etwa seit Mitte des 13. Jahrhunderts genutzte Möglichkeit des Auslandsstudiums vgl. *C. Annerstedt*, Uppsala universitets historia, Bd. 1, S. 5 ff.; *Å. Malmström*, Ur den juridiska fakultetens historia, in: G. Hasselberg (Hrsg.): Juridiska fakulteten vid Uppsala universitet, S. 13 ff. sowie speziell zu den schwedischen Studienaufenthalten an der Universität in Bologna die eingehende Darstellung bei *Å. Sällström*, Bologna och norden intill Avingnonpåvedömets tid, S. 151 ff.

[100] Unter der Herrschaft der historischen Rechtsschule, deren Einfluß auf das schwedische Prozeßrecht noch näher untersucht werden wird (3. Teil B. III. 2.), ging man im 19. Jahrhundert sowohl in Deutschland wie auch in Schweden allgemein davon aus, es habe ursprünglich ein einheitliches germanisches Volksrecht gegeben, dessen Inhalte man im Wege der vergleichenden Analyse der ältesten überlieferten Schriftzeugnisse rekonstruieren könne. Bei dieser Suche nach einem germanischen Urrecht sah man nicht zuletzt in den schwedischen Landschaftsgesetzen wichtige, weil vermeintlich „unzerstörte Rechtsquellen" (*G. Inger*, Upplandslagen, S. 430). Auch wenn dieser Versuch heute wegen der nachweislichen Beeinflussung

Die Landschaftsgesetze faßten den Rechtsstoff in zeitgemäßer Weise in Kapitel („balkar") zusammen, die alle zu einem bestimmten Lebensbereich zählenden Rechtsbestimmungen enthielten, gleich, ob diese von der Warte der modernen Systematik aus gesehen zivilrechtlicher, strafrechtlicher, öffentlich-rechtlicher oder prozessualer Natur waren.[101] Erlassen in einer Zeit, in der die auf politische wie rechtliche Zentralisierung und Vereinheitlichung zielende Königsmacht in Schweden noch zu schwach war, um die Autonomie der einzelnen Provinzen überwinden zu können, wichen die Bestimmungen der Landschaftsgesetze in ihren Regelungsabschnitten in unterschiedlichem Ausmaß voneinander ab.

Erst im Verlauf des 14. und 15. Jahrhunderts gelang es den schwedischen Königen, mit dem Land- und Stadtrecht Magnus Erikssons um etwa 1350[102]

---

schon dieser frühen Rechtszeugnisse durch ausländisches, insbesondere römisch-kanonisches Recht allgemein aufgegeben wurde, scheint andererseits ebensowenig zutreffend die in jüngerer Zeit mitunter vertretene gegenteilige Extremposition, nach der nahezu alles Recht in den Landschaftsgesetzen rezipiertes ausländisches Recht sei (in diese Richtung etwa *E. Sjöholm*, Sveriges medeltidslagar, passim, die in ihrer Studie aus dem Jahr 1988 die Ansicht vertritt, die schwedischen Landschaftsgesetze seien zum allergrößten Teil mosaischen und römischrechtlichen bzw. römisch-kanonischen Ursprungs; vgl. – die Ergebnisse zusammenfassend – S. 236 ff.). Zweifellos ist diesem Ansatz zuzugeben, daß sich über den Rechtszustand aus der Zeit vor Erlaß der Landschaftsgesetze aus Mangel an Rechtsquellen kaum wissenschaftlich verläßliche Aussagen treffen lassen. Daß jedoch die Landschaftsgesetze in einem radikalen Bruch mit dem mündlich überlieferten vorhistorischen Recht gänzlich oder auch nur zum weit überwiegenden Teil neue, aus dem ausländischen Rechtskreis stammende Bestimmungen rezipiert haben sollten, erscheint höchst unwahrscheinlich. So wird diese Auffassung zum einen nicht der Art des Zustandekommens der Gesetze gerecht, an deren Konzeption nicht selten die rechtskundigen „lagmän" der jeweiligen Provinzen beteiligt waren, welche jedoch kaum ein Interesse daran gehabt haben dürften, das ihnen von Berufs wegen vertraute alte Recht aufzugeben. Zum anderen läßt sich diese Ansicht auch nicht in Einklang bringen mit gewissen Formulierungen in den königlichen Bekanntmachungsurkunden der Gesetze selbst, die stellenweise ausdrücklich darauf verweisen, daß man bei der Ausfertigung der Bestimmungen von dem überlieferten Recht ausgegangen sei und nur die veralteten oder aus anderen Gründen unerwünschten Regelungen ausgetauscht habe (vgl. dazu *G. Inger*, Upplandslagen, S. 428, 431). Schließlich dürften auch die traditionell konservativ gesinnten Bauern, auf deren Wunsch die Aufzeichnungen häufig zustandekamen und die an der Konzeption der Gesetze mitbeteiligt waren, einer derart an die Wurzel gehenden Rechtsänderung eher ablehnend gegenübergestanden haben. Ist somit davon auszugehen, daß die Landschaftsgesetze an das alte Recht anknüpften, so bleibt allerdings das unbefriedigende Ergebnis, daß dessen Inhalt zum überwiegenden Teil kaum mehr ermittelt werden kann.

[101] Das Landschaftsgesetz der Provinz Uppland bestand beispielsweise aus acht derartigen „balkar", die die Lebensbereiche Kirche (kyrkobalk), König (konungabalk), Erbschaft (ärvdabalk), Verbrechen (manhelgdsbalk), Grund und Boden (jordabalk), Kauf (köpmålabalk), Dorfgemeinschaft (byalagsbalk) und Gerichtsgang (rättegångsbalk) regelten. Prozessuale Bestimmungen kamen aber nicht etwa nur im letzten Titel vor, sondern verteilten sich entsprechend dem Bemühen des Gesetzes um eine möglichst umfängliche Erfassung der jeweiligen Lebensbereiche auch auf die anderen Abschnitte.

[102] Künftig als MELL (Landrecht) bzw. MESL (Stadtrecht) bezeichnet. Zu der Problematik der Datierung des Stadtrechts und der damit verbundenen Frage nach der Urheberschaft König *Magnus Erikssons* für dieses Gesetz eingehend *K. Kumlien*, Stadslag, statsmakt och tyskar i senmedeltidens Stockholm – några problem, in: R. Nygren (Hrsg.): Rättshistoriska Studier,

und der Revision des Landrechts unter *König Kristoffer*[103] aus dem Jahr 1442 für ihr Reich einheitliche Gesetzesbücher zu erlassen. Hierbei stützten sich die vom König zusammengestellten Gesetzeskommissionen in Systematik wie Inhalt im wesentlichen auf die Bestimmungen der Landschaftsgesetze, unter denen vor allem die der führenden Provinzen Uppland und Östgöta als Quelle dienten.[104] Die Reichsgesetze wurden von den Provinzen jedoch nur zögerlich und in unterschiedlichem Umfang anerkannt und angewandt,[105] und gewisse Lokalrechte blieben in den Provinzen vereinzelt noch lange Zeit gültig.[106]

Wenn sich auch die Rechtslage somit sowohl unter der Geltung der Landschaftsgesetze wie auch nach dem Inkrafttreten des Land- bzw. Stadtrechts in den einzelnen Gegenden Schwedens unterschiedlich gestaltete, so lassen sich doch für das Prozeßrecht hinsichtlich der Struktur der Gerichtsorganisation und des Verfahrens gewisse typische Regelungsinhalte ermitteln. Sie rechtfertigen die Behandlung des mittelalterlichen Prozesses als einen einheitlichen Verfahrenstypus, der sich in seinen wesentlichen Zügen sowohl von dem neuzeitlichen als auch dem modernen Prozeß abhebt. Im nachfolgenden sollen sie näher aufgezeigt werden.

II. Die Gerichtsorganisation

Schon zur Zeit der Landschaftsgesetze existierten in Schweden vier unterschiedliche Jurisdiktionsgewalten. Als gewissermaßen allgemeine ordentliche Gerichtsbarkeit richteten auf dem Land die Bezirks- und Provinzgerichte („häradsrätter“, „lagmansrätter“), in den Städten hingegen in erster Linie der Stadtrat („råd“). Daneben gab es, teils in Konkurrenz zu den ordentlichen Gerichten, teils als Appellationsinstanz, das sich institutionell in unterschiedlichen Formen präsentierende königliche Gericht, zu dem als Sondergerichtsbarkeit noch die Kirche trat.

1. Die ländliche Gerichtsbarkeit

Die schwedischen Provinzen waren von alters her in Provinzen („landsskap“) unterteilt, die sich ihrerseits in Bezirke – „Hundertschaften“ – gliederten, wel-

---

Bd. 14, S. 1 ff. (17 ff.); hinsichtlich des Landrechts s. dagegen *S. Sjöberg*, Studier kring Magnus Erikssons Landslag, in: G. Hafström/K.Å. Modéer (Hrsg.): Rättshistoriska Studier, Bd. 4, S. 13 ff. (15 ff.).

[103] In der Folge unter der Bezeichnung KrLL.

[104] *G. Inger*, Upplandslagen, S. 254.

[105] Vgl. dazu *L.B. Orfield*, The Growth of the Scandinavian Law, S. 255.

[106] König *Karl IX.* legte aus Anlaß der Drucklegung des KrLL im Jahr 1608 in der zugehörigen Bekanntmachungsurkunde („stadfästelsebrev“) sogar fest, daß die Landschaftsgesetze als subsidiäre Rechtsquelle an der Seite des Stadt- und Landrechts weiterhin Anwendung finden sollten, bis das infolge seiner Lückenhaftigkeit als unzureichend empfundene Reichsrecht durch eine novellierte Fassung ersetzt würde. Letzteres war erst 1734 der Fall, so daß die Landschaftsgesetze in der Gerichtspraxis stellenweise bis zum Inkrafttreten des „Sveriges Rikes Lag“ im Jahr 1736 Anwendung fanden.

che bei den im Südwesten siedelnden Goten[107] „härad", bei den in den östlichen und mittleren Landesteilen siedelnden Svear[108] hingegen „hundare„ hießen.[109] Sowohl die Bezirke wie auch die übergeordneten Provinzen verfügten jeweils über öffentliche Versammlungsplätze unter freiem Himmel („ting"),[110] auf denen die Bezirks- bzw. Provinzangehörigen über alle sie betreffenden Angelegenheiten entschieden.[111] Für die Bezirke war dies das „häradsting" bzw. „hundredsting", auf der Ebene der Provinz dagegen das „landsting".

Wie lange auf diesen „Tings" die Gesamtheit der freien Männer ursprünglich selbst unmittelbar die Gerichtsgewalt ausübte, ist ungewiß.[112] Höchstwahrscheinlich nahmen allerdings schon von Anbeginn führende Stammesmitglieder, sei es kraft ihrer besonderen Rechtskunde, sei es kraft ihrer Autorität und ihres Einflusses auf die Stammesgeschicke im übrigen, bei der Leitung und möglicherweise auch der Entscheidung der Verfahren eine führende Rolle ein.[113] Fest steht jedenfalls, daß bereits unter der Geltung der Landschaftsgesetze die Entscheidungsgewalt an einen einzelnen Richter delegiert war, der als „häradshövding" bzw. – auf dem „landsting" – als „lagman" bezeichnet wurde.[114] Zu Anfang noch durch Volkswahl ohne Einflußnahme des Königs unmittelbar aus der Mitte der Gerichtsgemeinde ernannt,[115] war der „häradshövding" bzw. „lagmann" ein rechtskundiges Mitglied der Gemeinde, dessen Aufgabe darin bestand, die Verhandlung zu leiten und an ihrem Ende das Urteil zu

---

[107] Die Goten beherrschten die Provinzen Vätergötland, Östergötland, Värmland, Småland und die beiden Ostseeinseln Öland und Gotland.

[108] Der mit den Goten um die Vorherrschaft kämpfende Stamm der Svear besiedelte die Provinzen Uppland, Södermannland, Westmannland, Helsingland und Nerike.

[109] Hierzu wie zu der Einteilung der schwedischen Landschaften im einzelnen *G. Hafström*, De svenska rättskällornas historia, S. 12 ff.

[110] Den Quellen nach zu urteilen, dürften die Tingversammlungen erst im Verlauf des 15. Jahrhunderts in Räumlichkeiten (eine Art Gemeindehaus – „sockenstuga" –) verlegt worden sein. Eigene Gerichtsgebäude wurden von den Gemeinden überwiegend ab Ende des 17. Jahrhunderts errichtet; vgl. *J.E. Almquist*, Processrättens historia, S. 9.

[111] Das „ting" besaß daher nicht nur judikative Funktion, sondern verfügte gleichermaßen über legislative wie exekutive Kompetenzen.

[112] *W. Uppström*, Den svenska processens historia, S. 5.

[113] So auch *J.E. Almquist*, a.a.O., S. 1.

[114] Unabhängig davon, ob und in welchem Umfang die Gerichtsgemeinde ursprünglich selbst das Urteil fällte, scheint jedenfalls gesichert, daß die auf dem „Ting" versammelten freien Männer auf die Entscheidung Einfluß zu nehmen vermochten, indem sie ihr Mißfallen gegenüber einem vorgeschlagenen Urteilsspruch zum Ausdruck brachten und dadurch eine Abänderung der Entscheidung erreichen konnten. *J.E. Almquist* zufolge (a.a.O., S. 1), der seine Behauptung allerdings nicht näher substantiiert, lassen sich Beispiele hierfür stellenweise noch bis in das 17. Jahrhundert hinein verfolgen.

[115] So jedenfalls im Gotenland. Bei den Svear hatte sich der König schon früh einen größeren Einfluß auf die Rechtsentwicklung zu verschaffen vermocht, der es ihm erlaubte, die Wahl des Richters durch ein von ihm bzw. einem königlichen Abgesandten bestimmtes Gremium von 12 Wahlmännern durchführen zu lassen. Dieses im Upplandslag festgeschriebene Verfahren stellte eine Neuerung in Schweden dar, die in der Forschung als eine mögliche Folge der Rezeption kanonischen Rechts angesehen wird; vgl. *J.E. Almquist*, a.a.O., S. 2.

fällen. Wie im einzelnen noch in der Darstellung des Verfahrens ausgeführt werden wird,[116] war unter der Urteilsfindung jedoch im Unterschied zum modernen Verfahrensrecht noch keine auf die materielle Prüfung des Sachverhalts bezogene eigenständige Entscheidungsgewalt mit freier richterlicher Überzeugungsbildung zu verstehen. Vielmehr hing die Entscheidung über Bestehen bzw. Nichtbestehen des Sachverhalts auf der Grundlage eines engmaschigen Formalismus allein von der Vornahme bestimmter Parteihandlungen ab und hatte der Richter lediglich das Gesetz auf die ihm zwingend vorgegebenen Fakten anzuwenden. Seine Funktion war infolgedessen die eines „Recht-Sprechers" in einem ursprünglichen Sinne.

Hinsichtlich des kompetenziellen Verhältnisses zwischen dem „häradsting" bzw. „hundredting" auf der einen und dem „lagmansting" auf der anderen Seite galt letzteres als Appellationsgericht gegenüber ersterem. Eine feste Instanzenordnung, wie sie sich mit Beginn der Neuzeit auszubilden begann, existierte allerdings zu diesem Zeitpunkt noch nicht, und so herrschte eine vergleichsweise weitgehende Freiheit in der Wahl des Eingangsgerichts.[117]

2. Die städtische Gerichtsbarkeit

Die Entstehung einer eigenen Verwaltung und Jurisdiktion der Städte liegt weitgehend im Dunkeln.[118] Nach dem gegen Ende des 13. bzw. zu Beginn des 14. Jahrhunderts für Stockholm verfaßten, aber auch in anderen Städten angewandten „Bjärkörecht„ kann man davon ausgehen, daß die Gerichtsgewalt zumindest seit dieser Zeit in den Städten von dem Stadtrat („råd") ausgeübt wurde, der zugleich für die Administration der Stadt verantwortlich war.[119]

Wie die gesamte Organisation der Stadtverwaltung war auch der Rat nach dem deutschen Vorbild der Hansestädte eingerichtet, mit denen Schweden seit dem Vordringen deutscher Kaufleute im Ostseeraum ab dem 12. Jahrhundert in regem Handelskontakt stand.[120] Nach dem Visbyer Stadtrecht, das hierüber die ausführlichsten Angaben enthält, hatte der Rat aus 36 von der Bürgerschaft für ein Jahr gewählten Ratsmännern zu bestehen, von denen die eine Hälfte Got-

[116] S. unter III. 2. b) und c).

[117] *W. Uppström*, a.a.O., S. 20. Man darf davon ausgehen, daß insbesondere der Adel sich gerne unmittelbar an das „lagmansting" wandte, wenn nicht sogar direkt an den König.

[118] Ders.: a.a.O., S. 17; s. auch *V. Sjögren*, Den svenska processrättens historia, S. 13.

[119] *J.E. Almquist*, a.a.O., S. 13 f; *W. Uppström*, a.a.O., S. 17.

[120] Zu Entwicklung und Bedeutung des engen Verhältnisses zwischen Schweden und der Hanse s. eingehend *K. Kumlien*, Sverige och hanseaterna, S. 47 ff. et passim sowie *S. Carlsson/J. Rosén*, Svensk Historia, Bd. 1, S. 157 ff. Vgl. zum Einfluß der (vor allem nord-)deutschen Stadtrechte auf ihre schwedischen Pendants auch *G. Hafström*, De svenska rättskällornas historia, S. 53 ff. sowie mit Blick auf das See- und Handelsrecht auch *E. Anners*, Den europeiska rättens historia, Bd. 1, S. 184 („Die [...] schwedischen Städte waren insoweit [sc. hinsichtlich des See- und Handelsrechts; eig. Erkl.] praktisch hanseatischrechtliche Tochterstädte.").

länder, die andere hingegen Deutsche sein sollten.[121] Von ihnen wiederum war jedoch insgesamt nur ein Drittel unter dem Vorsitz eines „Justizbürgermeisters" („justitieborgmästere") für die Gerichtspflege verantwortlich.[122]

Vorläufer eines überwiegend in den größeren Städten im 17. Jahrhunderts eingerichteten sog. „Kammergerichts" („kämnärsrätt„), existierte an der Seite des Rates nach dem Vorbild Visbys in einigen Städten zusätzlich noch ein kleinerer Spruchkörper. Er bestand aus vier Mitgliedern, welche nicht Ratsmänner zu sein brauchten, und war in erster Linie für kleinere Streitsachen zuständig. Im Verhältnis zum „råd" übernahm das „kämnersrätt" die Funktion eines Untergerichts, dessen Entscheidung dem Rat im Rechtsmittelweg zur Überprüfung vorgelegt werden konnte.[123]

3. Die königliche Gerichtsbarkeit

Wie frühe, aus dem 12. Jahrhundert stammende Gerichtsurkunden zu belegen vermögen, existierte in Schweden zumindest seit dieser Zeit neben der ordentlichen Gerichtsbarkeit durch die Land- und Stadtgerichte zugleich eine königliche Rechtspflege.[124] Sie trat in Ermangelung eines geregelten Instanzenzugs zu der erstgenannten überwiegend in Konkurrenz und wurde nicht selten – zumal von den Adeligen – ohne vorherige Klageerhebung vor den ordentlichen Gerichten unmittelbar in Anspruch genommen.[125] Ausgeübt wurde die Recht-

---

[121] *J.E. Almquist*, a.a.O., S. 14; s. auch *V. Sjögren*, Den svenska processrättens historia, S. 5 f. Zu der „Deutschenklausel" und ihrer Bedeutung für das schwedische Stadtrecht näher *K. Kumlien*, Stadslag, statsmakt och tyskar i senmedeltidens Stockholm – några problem, in: R. Nygren (Hrsg.): Rättshistoriska Studier, Bd. 14, S. 1 ff. (13 ff.).

[122] Nach dem auch außerhalb Stockholms angewandten „Bjärkörecht" trat zu den Ratsmitgliedern noch ein Vogt hinzu, der als Repräsentant des Königs an der Spitze der Stadtverwaltung stand und auch an der Ausübung der Gerichtsbarkeit beteiligt war.

Das MESL sah für den Rat grundsätzlich sechs, zur Hälfte schwedische, zur Hälfte deutsche Bürgermeister vor sowie dreißig Ratsmänner, deren eine Hälfte erneut Deutsche zu sein hatten, erlaubte für kleinere Städte allerdings eine geringere Anzahl. Von den Stadträten waren unter der Leitung des königlichen Vogtes zwei Bürgermeister und zwölf Ratsmänner für die Rechtspflege zuständig, während das später eingerichtete sog. „kämnärsrätt" (dazu sogleich im Text) aus drei Richtern bestand, einem vom König und zwei von der Stadt bestimmten.

Noch im 15. Jahrhundert ging man im allgemeinen davon aus, daß die ausdrückliche Regelung der Zahl deutscher Ratsmitglieder und Bürgermeister in den schwedischen Stadtrechten als bewußte Privilegierung der Deutschen gedacht war. Tatsächlich jedoch dürfte man mit diesen Bestimmungen wohl eher eine Eingrenzung des deutschen Einflusses auf die politischen und rechtlichen Geschicke der Städte verfolgt haben, der wegen der von der Hanse ausgehenden wirtschaftlichen und militärischen Macht bedeutend war; vgl. hierzu *J.E. Almquist*, a.a.O., S. 14. Zum Umfang des deutschen Einflusses auf Schweden in wirtschaftlicher, politischer, religiöser und wissenschaftlicher Hinsicht während der Neuzeit s. unter C. II. 1.

[123] *J.E. Almquist*, a.a.O., S. 15 f.

[124] Ders.: a.a.O., S. 19 f.

[125] Anders in Uppland, wo das Upplandslag von 1296 das Königsgericht unter dem Einfluß des römischen Rechts (hierzu *G. Inger*, Upplandslagen, S. 433) als Appellationsinstanz einrichtete und im übrigen erstmals bestimmte, daß alle Gerichtsmacht vom König ausgehe. Diese Auffassung hatte die praktische Konsequenz, daß der König bei der Ausübung der

sprechung vom König im wesentlichen auf zweierlei Wegen: im königlichen Rat unter Mitwirkung der Reichsräte sowie auf einem speziellen „Königsting" vor Ort in den Provinzen (sog. „rättareting" bzw. „räfsteting"). Ersterer war die aus den Vornehmsten des Reiches gebildete höchste Regierungs- und Verwaltungsbehörde, die neben politischen, legislativen und administrativen Funktionen in Umsetzung der Eigenschaft des Königs als „Quell aller Gerichtsbarkeit" auch das Amt eines obersten Richters ausübte.[126] Demgegenüber verstand sich das „räfsteting" als eine Art fahrendes königliches Gericht, bei dem ein königlicher Beamter – den Gerichtsurkunden nach jedoch nicht selten auch der König persönlich – in regelmäßigen Zeitabständen durch das Reich zog und über die ihm vorgelegten Streitsachen entschied. Dabei konnte er auch von Mitgliedern der jeweiligen Landgemeinde unterstützt werden.[127]

4. Die kirchliche Gerichtsbarkeit

Es wurde bereits erwähnt, daß schon die Landschaftsgesetze Spuren einer Beeinflussung des heimischen schwedischen Rechts durch ausländisches, in erster Linie römisch-kanonisches Recht aufweisen. Wesentlichen Anteil an dieser Rezeption besaß die katholische Kirche, die bald nach ihrer festen Etablierung in Schweden im Verlauf des 12. Jahrhunderts[128] ihren Anspruch auf eine eigene Gerichtspflege durchzusetzen verstand, diese jedoch der Tradition folgend gemäß römisch-kanonischem Recht ausübte („ecclesia vivit lege Romana"). Durch allmähliche Ausweitung ihrer judikativen Zuständigkeit, die erst im Gefolge der Reformation unter *Gustav Wasa* wieder eingegrenzt wurde, und

---

Rechtspflege als an das geschriebene Recht nicht gebunden angesehen wurde und infolgedessen außerhalb des ansonsten geltenden starren Verfahrensformalismus [dazu im Text unter III. 2. b)] wesentlich freier nach Billigkeitsgesichtspunkten entscheiden konnte. Diese für Schweden neue Sicht wurde in den jüngeren Landschaftsgesetzen (SdL und VmL) ausdrücklich festgeschrieben, wo man dem König die Befugnis einräumte, ohne Bindung an die Beweisregeln die Wahrheit auf die ihm am passendsten erscheinende Weise zu erforschen; näher dazu *J.E. Almquist*, a.a.O., S. 20 f.

[126] In der sog. Unionszeit (1389-1521), in der Schweden, Finnland, Dänemark und Norwegen unter einem Einheitskönig vereint waren, welcher häufig von Dänemark aus regierte, übte der Rat die königliche Gerichtsbarkeit überwiegend ohne Mitwirkung des Königs aus. Vgl. zur sog. Kalmarer Union eingehend *G. Grenholm* (Hrsg.): Den svenska historien, Bd. 2, S. 102 ff. sowie S. *Carlsson/J. Rosén*, Svensk Historia, Bd. 1, S. 194 ff. m.w.N. aus der Literatur.

[127] Zu Einzelheiten der in den Landschaftsgesetzen und dem Land- und Stadtrecht unterschiedlichen Bestimmungen vgl. *W. Uppström*, a.a.O., S. 13 ff.

[128] Zum, soweit ersichtlich, ersten Mal traten die Schweden mit dem Christentum während der Wikingerzeit in Kontakt, als der von Kaiser *Ludwig dem Frommen* entsandte Mönch *Ansgar* in der ersten Hälfte des 9. Jahrhunderts sich um eine Missionierung des Nordens bemühte. Ab 1120 ist für die schwedische Kirche eine feste Organisation nachgewiesen mit Bischofsinvestituren in mehreren Städten. 1164 schließlich wurde durch päpstliche Bulle in Uppsala ein Erzbistum eingerichtet. Näher zur Entwicklung der Kirche in Schweden S. *Carlsson/J. Rosén*, Svensk Historia, Bd. 1, S. 133 ff.; *G. Grenholm* (Hrsg.): Den svenska historien, Bd. 1, S. 200 ff.

über ihren zunehmenden Zugriff auf weltliche Streitsachen[129] konnte sie einen bedeutenden Einfluß auf die Gestaltung auch der staatlichen Rechtspflege nehmen. Er machte sich vor allem in verfahrensrechtlicher Hinsicht bemerkbar, wo er zu Beginn der Neuzeit einen markanten Niederschlag in dem Grundsatz der Beweispflicht des Klägers und dem Gedanken der materiellen Wahrheitserforschung fand.[130]

Ausgeübt wurde die kirchliche Gerichtsbarkeit während des Mittelalters teils vom Domkapitel unter der Leitung des Bischofs, teils auch auf einem eigenen Bischofs- oder Probstting in den Landgemeinden.

III. Das Gerichtsverfahren

1. Allgemeine Grundsätze

Unter Zugrundelegung der in der modernen Prozeßdoktrin gängigen Charakterisierung eines Prozeßtyps anhand von Maximen muß das mittelalterliche schwedische Gerichtsverfahren als ein von den Grundsätzen der Mündlichkeit, Öffentlichkeit und der Dispositions- und Verhandlungsmaxime geprägter Prozeß beschrieben werden.

Allein das von den Parteien auf dem „Ting" gesprochene Wort bildete im mittelalterlichen Prozeß nach den Landschaftsgesetzen und dem Land- bzw. Stadtrecht die Grundlage des Urteils. Dessen anfänglich noch seltene, im Verlauf des 14. und 15. Jahrhunderts dann mit wachsender Regelmäßigkeit geübte urkundliche Niederlegung in „Urteilsbriefen" („domsbrev„) war lange Zeit der einzige Ausdruck an Verfahrensschriftlichkeit.[131] Erst im Verlauf des 17. Jahrhunderts fand die Schriftlichkeit unter dem Einfluß der Rezeption des deutschen gemeinen Rechts Eingang in das Verfahren vor allem der höheren Instanzen.[132]

Daß die Verfahren öffentlich abgewickelt wurden, folgt für die Gerichte auf dem Land schon aus der Natur der frei zugänglichen Tingplätze. Doch auch die Rathausprozesse in den Städten fanden nach allem, was man weiß, in Anwesenheit der Allgemeinheit statt.[133] Für die Tingverfahren schrieben sowohl einzelne Landschaftsgesetze wie auch das Landrecht sogar ausdrücklich die An-

---

[129] Eine Auflistung der einzelnen Kompetenzbereiche findet sich bei *J.E. Almquist*, a.a.O., S. 28 f. Hierzu aus der deutschen Perspektive auch *A. Engelmann*, Civilprozeß, Bd. 2/3, S. 34 sowie *E. Jacobi*, Der Prozeß im Decretum Gratiani und bei den ältesten Dekretisten, in: SavZ/Kanon 1913, S. 223 ff. (233 ff.).

[130] Dazu näher unter C. III. 3. a) cc) α).

[131] Frühe Zeugnisse überlieferter Gerichtsurkunden stammen aus dem beginnenden 15., möglicherweise auch vom Ende des 14. Jahrhunderts; vgl. hierzu *J.E. Almquist*, Våra äldsta häradstingsprotokoll, in: SJT 1946, S. 114 ff. Eingehend zur Geschichte der Urteilsbriefe und der Entwicklung der Protokollierung im Prozeß *G. Bergholtz*, Ratio et Auctoritas, S. 69 ff.

[132] S. eingehend unter C. III. 3. a) bb).

[133] *W. Uppström*, a.a.O., S. 25 m.w.N. Demgegenüber wurden die Prozesse in den Domkapiteln wie auch im königlichen Reichsrat unter Ausschluß der Öffentlichkeit geführt.

wesenheit einer bestimmten Anzahl freier Männer aus der Gerichtsgemeinde zwingend vor, andernfalls das Verfahren nicht beginnen konnte.[134]

Hinsichtlich des Grundsatzes der Dispositions- und Verhandlungsmaxime ist zu bemerken, daß bis in das hohe Mittelalter Zivil- wie Strafverfahren unter im wesentlichen gleichen Verfahrensformen ohne öffentliche Anklage- oder Ermittlungstätigkeit allein im Parteibetrieb durchgeführt wurden. Von gegeneinander abgegrenzten Zivil- bzw. Strafprozessen konnte zu diesem Zeitpunkt mithin noch nicht gesprochen werden. Erst mit Aufkommen und Ausbreitung der kirchlichen Inquisition als amtswegiger Verfolgung von nach kanonischem Recht zu ahndenden Rechtsbrüchen im Verlauf des 13. Jahrhunderts begann sich eine Art – modern gewendet – Offizial- und Inquisitionsmaxime für eine Reihe von Rechtsbrüchen auch in den weltlichen Verfahren vor den ordentlichen Gerichten zu verbreiten.[135] Anzeichen hierfür lassen sich in den Land- und Stadtrechten nachweisen.[136]

Wie für vergleichsweise einfach organisierte Sozialgemeinschaften typisch, kennzeichnete den mittelalterlichen Prozeß im übrigen ein starker Hang zum Formalismus, der Parteien wie Richter zur strikten Befolgung der an Ermessensspielraum armen Verhaltensvorgaben zwang. Ziel des Prozesses war aus der Sicht des Klägers nicht die Herbeiführung der richterlichen Überzeugung von der Wahrheit der behaupteten Umstände, sondern die bloße Erfüllung der ihm je nach Prozeßgegenstand für eine Vielzahl unterschiedlicher Verfahrensarten als Bedingung für ein obsiegendes Urteil vorgegebenen Maßnahmen. Dementsprechend beschränkte sich die Tätigkeit des Richters auf die Nachprüfung, in welchem Umfang eben diesen Vorschriften Genüge getan war.[137]

2. Der Ablauf des Verfahrens

a) Klageerhebung und Folgen der Parteisäumnis,

Eine förmliche Benachrichtigung des Beklagten von der gegen ihn erhobenen Klage verbunden mit der Aufforderung, vor Gericht zu erscheinen und zu den Vorwürfen Stellung zu nehmen, kannte der schwedische Prozeß anfänglich nicht.[138] Eine derartige sog. „stämning„ wurde erst zu Beginn des

---

[134] Vgl. § 1 des Rättegångsbalk im DL (*Å. Holmbäck/E. Wessén*, Sveriges Landskapslagar, Bd. 2, S. 101 ff.): „Sind gekommen Richter, Kläger und Beklagter samt zwölf Männer zugleich, da ist das Ting ein rechtes“ („Äro komna domare, kärande och svarande samt tolv män därjämte; det är lagligt ting“); hierzu wie zu den entsprechenden Bestimmungen in den Landrechten, die den Umfang der Pflichtanwesenheit auf 24 Männer erhöhten, s. *J.E. Almquist*, a.a.O., S. 32.

[135] Dazu näher *W. Uppström*, a.a.O., S. 29 f; *G. Inger*, Svensk Rättshistoria, S. 54.

[136] *W. Uppström*, a.a.O., S. 30.

[137] S. näher unter 2. b) und c).

[138] *J.E. Almquist*, a.a.O., S. 37, vermutet den Grund darin, daß von der Gerichtsgemeinde ursprünglich ohnehin erwartet wurde, daß sie vollzählig zu den „Tings“ erschien, und

14. Jahrhunderts eingeführt, war ausnahmslos mündlich und kam bis zur Vereinheitlichung der Prozeßregeln in den Land- und Stadtrechten je nach Provinz in wechselnden Formen vor. So hatte sie in Östergötland etwa im Haus des Beklagten in Anwesenheit von zwei Zeugen zu erfolgen, während sie nach dem västgötländischen Recht in seiner jüngeren Fassung weiterhin öffentlich auf dem „Ting" stattfand.[139]

Auch die für das Ausbleiben des Beklagten von der Verhandlung vorgesehenen Säumnisfolgen sowie der Zeitpunkt ihres Eintretens unterschieden sich in den Provinzen ganz beträchtlich voneinander. Während einzelne Landschaftsgesetze an die Säumnis die Folge der Friedlosigkeit knüpften, sofern der Beklagte auch nach wiederholter, zumeist dreimaliger „stämning" nicht erschien,[140] sahen andere eine gestufte Abfolge der Konsequenzen mit beginnender Bußzahlung und erst später eintretender Friedlosigkeit vor.[141] Möglich war stellenweise auch eine Verurteilung des Beklagten in der Sache mit anschließender Vollstreckung in Form privater Pfandnahme.[142]

In den reichsweit geltenden Land- und Stadtrechten setzte sich die „stämning" in Form einer nicht länger von dem Kläger selbst, sondern von dem Richter bzw. einer anderen hierzu ausgewählten offiziellen Person durchgeführten Ladung durch.[143] Die Friedlosigkeit verschwand als Säumnisfolge und wurde ersetzt durch die generelle Möglichkeit der Verurteilung des Säumigen in seiner Abwesenheit teils ohne,[144] teils nach[145] für den Kläger günstiger Beweisaufnahme.

---

sich daher eine gesonderte Ladung erübrigte. Zumindest soweit schwere Rechtsbrüche in Rede standen, scheint man bei Ausbleiben des Beklagten stellenweise auch eine gewissermaßen öffentliche Ladung ausgesprochen zu haben in Form einer Bekanntmachung der vorgeworfenen Tat auf dem „Ting" samt der Aufforderung an den Beklagten, bei Gefahr der Privatrache des Klägers auf dem nächsten „Ting" zu erscheinen.

139 *J.E. Almquist*, a.a.O.; zum ÖgL vgl. Rättegångsbalk Kap. XXI bei *Å. Holmbäck/E. Wessén*, Sveriges Landskapslagar, Bd. 1, S. 185; zum YVgL *dies.*, Bd. 1, S. LXI.

140 So etwa das jüngere Västgötalag; dazu *J.E. Almquist*, a.a.O., S. 37 sowie *Å. Holmbäck/E. Wessén*, Sveriges Landskapslagar, Bd. 5, S. LX m.w.N.

141 Ein Beispiel hierfür ist das Östgötalag; vgl. *J.E. Almquist*, a.a.O., S. 37 f. samt *Å. Holmbäck/E. Wessén*, a.a.O., Bd. 1, S. 186 zu ÖgL – Rättegångsbalk Kap. XXIII und XXVI.

142 So Bestimmungen des jüngeren Västgötalag samt solcher im Upplandslag und anderen Landschaftsgesetzen der Svear, *J.E. Almquist*, a.a.O., S. 37 f. Dazu auch *Å. Holmbäck/E. Wessén*, a.a.O., Bd. 5, S. 60 zu VgL sowie Bd. 1, S. 196 f. zu UL – Rättegångsbalk Kap. II und III.

143 Nur nach dem MELL (Rättegångsbalk Kap. IX; *Å. Holmbäck/E. Wessén*, MELL, S. 162) oblag die Vornahme der „stämning" noch dem Kläger zusammen mit zwei von ihm bestimmten Gemeindemitgliedern als Zeugen. Für nähere Einzelheiten vgl. *J.E. Almquist*, a.a.O., S. 38.

144 So allem Anschein nach im MELL; *J.E. Almquist*, a.a.O., S. 38. Vgl. auch *Å. Holmbäck/E. Wessén*, MELL, Rättgångsbalk Kap. IX, S. 162.

145 So in KrLL und den Stadtrechten; *J.E. Almquist*, a.a.O., S. 38. Vgl. auch *Å. Holmbäck/E. Wessén*, MELL, S. 177 Anm. 30.

b) Das Beweisverfahren

Mit zu den charakteristischsten Eigenarten des mittelalterlichen Gerichtsgangs in Schweden zählt die Art seines Beweisverfahrens. Es war in besonderem Maße von dem starken Formalismus geprägt, der den Prozeß im ganzen auszeichnete. Beweismittel, Beweisthema und die Person des Beweisführers waren in den Landschaftsgesetzen und den Land- und Stadtrechten jeweils eingehend geregelt, und zwar getrennt für verschiedene Prozeßtypen je nach Verfahrensgegenstand.[146]

Soweit der Beklagte die gegen ihn seitens des Klägers erhobene Forderung anerkannte (sog. „erkännande"),[147] erübrigte sich wie im modernen Recht ein Beweis.[148] Andernfalls folgte auf das Bestreiten durch den Beklagten das Beweisverfahren, das unter weitgehendem[149] Verzicht auf eine materielle Prüfung der in Rede stehenden Rechtsverhältnisse allein auf die Feststellung einer gewissermaßen formellen Wahrheit zielte im Sinne der Erfüllung der vom Gesetz für den Klageerfolg aufgestellten objektiven Voraussetzungen.[150] Was von dem Richter dem Urteil als wahr zugrunde zu legen war, bestimmte sich somit unmittelbar nach der Vornahme bzw. Verweigerung der vorgegebenen Beweishandlungen der Parteien, etwa dem Ablegen des Eides.

Der Beweis war einseitig, schloß den Gegenbeweis in der Regel[151] aus und fiel grundsätzlich dem Beklagten zu.[152] Diesem oblag es damit von vornherein, sich von dem gegen ihn erhobenen Vorwurf zu reinigen. Das Gesetz stellte ihm hierfür drei verschiedene Beweismittel zu Verfügung,

146 Die Prozeßgesetze unterschieden insbesondere zwischen Klagen wegen Geldforderungen („skuldfordringsmål") und solchen wegen sachenrechtlichen Streitigkeiten betreffend Mobilien („lösegendom") bzw. Immobilien („fastighet").

147 Die terminologische Trennung zwischen dem auf den Prozeßanspruch bezogenen Anerkenntnis („medgivande") und dem Geständnis einzelner Tatsachen [„erkännande" in der modernen Doktrin; vgl. zu beiden Begriffen auch unter C. III. 3. a) cc) β) (1)] war im mittelalterlichen Verfahren noch nicht üblich. Sie war im übrigen auch nicht geboten, da sich, wie noch auszuführen ist, der Beweis als Rechtsbeweis von vornherein auf den gesamten Anspruch richtete und nicht leglich auf die tatsächlichen Voraussetzungen der geltend gemachten Rechtsfolge.

148 *W. Uppström*, a.a.O., S. 31 m.w.N. Zu näheren Einzelheiten über das Institut des Geständnisses und seine geschichtliche Entwicklung im schwedischen Prozeß vgl. die eingehende Studie *G. Ingers*, Das Geständnis, passim (betr. die Zeit bis 1614) sowie von *dems.*, Erkännandet, passim (betr. die Zeit ab 1614).

149 Zur Ausnahme des „nämnd"-Verfahrens s. nachfolgend unter cc).

150 Vgl. *P.O. Ekelöf*, Processuella grundbegrepp, S. 163 f; *G. Inger*, Geständnis, S. 49.

151 Gewisse Fälle, in denen die Landschaftsgesetze einen Gegenbeweis gestatteten, finden sich bei *W. Uppström*, a.a.O., S. 40 unter FN 2 und 3 aufgeführt.

152 Historisch könnte der Ausgangspunkt dieser für den mittelalterlichen Prozeß typischen Beweislastregel in dem vermutlich ursprünglich weit verbreiteten Glauben an die Unbezweifelbarkeit des Wortes eines freien Mannes zu sehen sein, der für die Richtigkeit seiner Behauptung keinen Beweis sollte antreten müssen (so auch *J. Planck*, Lehre vom Beweisurtheil, S. 38); wissenschaftlich verläßliche Belege, die diese Überlegung stützen könnten, scheint es allerdings – soweit ersichtlich – hierfür nicht zu geben.

über deren Anwendung der Richter in einem eigenständigen Beweisurteil in Abhängigkeit von dem Verfahrensgegenstand entschied. In Betracht kamen der Beweis durch eigenen Eid, gegebenenfalls verstärkt durch Eidhelfer, derjenige durch Zeugen sowie der Eid mit Hilfe der sog. „nämnd“.[153]

aa) Der Beweis durch Reinigungseid des Beklagten

Der in den älteren Landschaftsgesetzen überwiegend für die Mehrzahl der Verfahrensarten vorgesehene Beweis war der Eid in Gestalt des sog. Reinigungseides des Beklagten („värjemålsed“ oder auch „dulsmåled“).[154] Durch ihn versicherte der Beklagte die Unbegründetheit des klägerischen Begehrens unter eidlicher Bekräftigung und befreite sich dadurch mit unmittelbar verfahrensbeendender Wirkung von dem in der Klage enthaltenen Vorwurf. Die Beweisführung war insoweit für den Beklagten noch weniger eine Last als ein Vorzug, der ihm umso eher als solcher erscheinen mußte, je weniger er die religiöse Vorstellung der mit einem Meineid verbundenen Selbstverfluchung oder Seelenverpfändung zu teilen geneigt war.[155] Üblicherweise war der Eid durch eine Reihe von Eidhelfern („edgärdmän“) – in der Regel zwölf an der Zahl –[156] zu verstärken. Diese hatten ihrerseits eidlich zu versichern, daß der Beklagte

---

[153] Die in altgermanischen Prozessen und damit aller Wahrscheinlichkeit nach auch im vorhistorischen schwedischen Verfahren üblichen religiös-magischen Beweismittel der Ordale wie etwa der Zweikampf oder auch die Barprobe (hierzu näher aus gesamteuropäischer Sicht *R. v. Caenegem*, Legal History, S. 71 ff. [75 ff.] m.w.N. zu Art und Häufigkeit der Gottesurteile im Mittelalter auf der Grundlage des infolge seines Detailreichtums außerordentlich aufschlußreichen ungarischen Registers „Regestrum Varadiense“ von Nagyvárad) sollen hier nicht näher behandelt werden, da sie in den Landschaftsgesetzen bereits großenteils nicht mehr vertreten sind (s. allerdings zur Barprobe nach dem Visbyer Stadtrecht, der, soweit ersichtlich, einzigen mittelalterlichen schwedischen Rechtsquelle, die diese Form des Beweisgangs noch erwähnt, *G. Hedberg*, Bårprövningen i Sverige, in: G. Hafström/K.Å. Modéer (Hrsg.): Rättshistoriska Studier, Bd. 3, S. 158 ff. [161 ff.]; hinsichtlich des Zweikampfes s. *L. Carlsson*, ‘Handsken är kastad’ – tvekamp och rättssymbolik, in: IRF (Hrsg.): Rättshistoriska Studier, Bd. 2, S. 151 ff. [152]). Kritisch zu den Ordalen und der Frage nach ihrer Aussagekraft für die Rekonstruktion charakteristischer Eigenarten des altgermanischen Prozesses *E. Sjöholm*, Sveriges medeltidslagar, S. 52 ff., die darauf verweist, daß die üblicherweise als typische Kennzeichen des germanischen Verfahrensgangs angesehenen Institute der Ordale und des Eids auch von der Kirche angewandt wurden.

[154] S. näher die vergleichende Analyse der einzelnen Landschafts- und Stadtgesetze bei *G. Inger*, Geständnis, S. 50, wonach etwa in dem Äldre Västgötalag wie auch in dem Visbyer Stadtrecht der Eidprozeß die dominierende Rolle spielte. Allgemein zur Bedeutung des Reinigungseides im frühmittelalterlichen Prozeß aus gesamteuropäischer Perspektive (allerdings ohne nähere Hinweise auf die Rechtslage in den skandinavischen Ländern) *R. v. Caenegem*, Legal History, S. 71 ff. (77).

[155] Gewisse Textstellen der älteren Landschaftsgesetze scheinen eine derartige Deutung der Beweislast als ein Beweisrecht selbst nahezulegen, vgl. *W. Uppström*, a.a.O., S. 39; vom Blickwinkel des deutschen Rechts aus s. hierzu auch *L. v. Bar*, Recht und Beweis, S. 14 sowie *J. Planck*, Das Deutsche Gerichtsverfahren, Bd. 2, S. 15.

[156] Möglich war allerdings in Abhängigkeit von der Bedeutung der Streitsache auch eine geringere Anzahl – drei oder sechs – oder eine größere, die dann zumeist als ein Vielfaches von zwölf auftrat und bis zu 156 Personen (13 × 12) reichte, vgl. *J.E. Almquist*, a.a.O., S. 42.

„rein und nicht mein" („rent och ej ment") geschworen habe. Aufgrund ihrer fehlenden Verpflichtung zur vorherigen Erkundung des wirklichen Sachverhalts wird man sie allerdings eher als Leumundzeugen denn als Beweismittel im modernen Sinne anzusehen haben.[157]

bb) Der Beweis durch Zeugen

Der Zeugenbeweis entwickelte sich im schwedischen Recht aller Wahrscheinlichkeit nach aus einer beweisrechtlichen Regel, nach der notorische Taten von dem Beklagten nicht mehr im Wege des Reinigungseides erfolgreich bestritten werden konnten.[158] Als in diesem Sinne notorisch galten insbesondere Taten, deren Begehung seitens des Beklagten durch Dritte bezeugt wurde. Durch die Behauptung eines „notorium" und seine Bestätigung durch eine hinlängliche Anzahl[159] unbefangener[160] Zeugen vermochte der Kläger somit in den vom Gesetz eröffneten Fällen[161] den Beklagten von dem Beweis auszuschließen und seinerseits das Beweisführungsrecht zu erlangen.

Unter dem Eindruck der Unzulänglichkeit des Eidhelferprozesses wie auch des Einflusses des kanonischen Prozesses, in dem der Zeugenbeweis eine herausragende Rolle spielte,[162] wurde der Zeugenbeweis im schwedischen Prozeß allmählich ausgebaut, wie ein Vergleich der älteren Landschaftsgesetze mit den jüngeren sowie den Stadt- und Landrechten ergibt.[163] Dabei erhielt auch der Beklagte die Möglichkeit, sich den Zeugenbeweis zunutze zu machen.

Die Zeugen hatten ihre Aussage zu beeiden. Gleich dem Reinigungseid des Beklagten richtete sich ihr Zeugnis nicht auf einzelne, dem Prozeßan-

[157] Zum Schutz gegen einen allzu laxen Umgang mit der Wahrheit stellten die Gesetze im Laufe der Zeit allmählich verschärfte Befangenheitsvorschriften („jäv") für die als Eidhelfer in Betracht kommenden Personen auf und suchten hierdurch dem Verfahren zumindest den Ansatz eines materiellen Beweises zu vermitteln, vgl. *J.E. Almquist*, a.a.O., S. 48. Gleichwohl war man sich des nach wie vor bestehenden Risikos eines Falscheides wohl bewußt, wie ein Brief von Papst *Honorius III.* an den Erzbischof in Lund im Jahre 1218 beweist, in dem der Papst die mit dem Eidhelferprozeß verbundene Gefahr des Meineinds als eine „pestis contraria omni iuri" bezeichnet (*Å. Holmbäck/E. Wessén*, Sveriges Landskapslagar, Bd. 1, S. XXVII).

[158] Dazu näher *G. Inger*, Geständnis, S. 56 ff.

[159] In der Regel zwei oder mehr, *W. Uppström*, a.a.O., S. 44.

[160] Als „jävig" vom Zeugnisrecht ausgeschlossen waren insbesondere Unfreie, Frauen, Friedlose, Unmündige, Nichtseßhafte und nicht dem Gerichtssprengel angehörende Personen. Unter dem Einfluß des kanonischen Rechts wurden die Befangenheitsvorschriften allmählich ausgedehnt und erfaßten u.a. auch des Meineids Überführte, Mitangeklagte, unter Bann Gesetzte wie auch mit dem Beweisführer nahe Verwandte (Vater, Sohn und Bruder); *J.E. Almquist*, S. 43.

[161] Ursprünglich betraf die „notorium-Regel" überwiegend Straftaten, vgl. *G. Inger*, Geständnis, S. 56 f.

[162] Eingehend *A. Engelmann*, Civilprozeßverfahren nach der kanonistischen Lehre, in: AcP 15 (1891), S. 177 ff. (257 ff.) sowie ders.: Der Civilprozeß – Geschichte und System, Bd. 2/3, S. 73 ff. (75 ff.)

[163] Detaillierte Angaben dazu finden sich bei *W. Uppström*, a.a.O., S. 44 ff.

spruch zugrunde liegende tatsächliche Umstände, sondern erstreckte sich auf die Begründetheit des rechtlichen Anspruchs selbst.[164] Nicht selten sahen die gesetzlichen Bestimmungen zum Zwecke der Verstärkung des Beweiswertes eines Zeugnisses auch eine Kombination von Zeugenaussage und Eidhelferverfahren vor.[165]

cc) Der Beweis durch die „nämnd"

Eine der bemerkenswertesten Einrichtungen des schwedischen Verfahrens stellt die Institution der sog. „nämnd" dar. Schon im ältesten Landschaftsrecht – dem Äldre Västgötalag von 1220 – erwähnt,[166] blieb sie dem schwedischen Prozeß bis in die Gegenwart erhalten, machte allerdings gleich diesem eine Reihe von – z.T. wesentlichen – Veränderungen durch.

Zur Zeit der Landschaftsgesetze war ihre Funktion die eines Beweismittels, das in Gestalt einer gewissen Anzahl von Gemeindemitgliedern – in der Regel zwölf[167] – aufgrund richterlicher Anordnung in den vom Gesetz dafür vorgesehenen Fällen (sog. „nämndsmål")[168] zur Anwendung kam. Kennzeichnend in erster Linie für das Verfahren auf dem Land vor den „häradsrätter" und „lagmansrätter", kam die „nämnd" auch auf den kirchlichen und königlichen „Tings" vor und wird überdies in den Stadtrechten erwähnt.[169] Ihre Aufgabe bestand darin, durch Offenlegung des tatsächlichen Sachverhalts im ganzen oder bezüglich einzelner, ihn betreffender Fragen (etwa hinsichtlich des Eintritts eines Schadens) zu entscheiden, welche der beiden Parteien mit ihren Behauptungen in tatsächlicher Hinsicht im Recht war.[170] Entsprechend war sie – anders als im Falle der Eidhelfer und Zeugen, die jeweils nur zugunsten derjenigen Partei aussagen durften, die sie benannt hatte – in ihrer Entscheidung zugunsten einer Partei nicht gebunden. Ihrem Charakter nach stellte die „nämnd" somit ein unmittelbar auf die Ermittlung der Wahrheit gerichtetes, materielles Beweismittel dar, das sich eben darin von den beiden

---

164 *J.E. Almquist*, a.a.O., S. 43.

165 Beispiele hierzu bei *W. Uppström*, ibid.

166 Vgl. dazu m.w.N. *Å. Holmbäck/E. Wessén*, Sveriges Landskapslagar, Bd. 5, S. XLVI ff. (LIV ff.).

167 *J.E. Almquist*, a.a.O., S. 43; *W. Uppström*, a.a.O., S. 54.

168 Vorzugsweise bei schwereren Straftaten sowie in Erbschafts- und Immobilienstreitigkeiten; vgl. im einzelnen *W. Uppström*, a.a.O., S. 59 f.

169 Ungenau insoweit *U. Jacobsson*, nämndemannens domarroll, in: Festskrift till P.O. Bolding, S. 235 ff. (236), die den Eindruck entstehen läßt, die „nämnd" sei nur auf dem Land vorgekommen. Zu näheren Nachweisen über die Verbreitung der „nämnd" aus den Gesetzesquellen vgl. *W. Uppström*, a.a.O., S. 54 und 56.

170 Zur Schwierigkeit der präzisen Beschreibung des Funktionsbereichs der „nämnd" und dem Problem der Anwendbarkeit der aus der modernen Doktrin geläufigen terminologischen Unterscheidung von Sach- und Rechtsfragen auf die Institution der „nämnd" s. unten S. 49 FN 183.

anderen Beweismitteln, den Eidhelfern und Zeugen, scharf abhob.[171] In dem auf diese Weise schon in den mittelalterlichen Prozeß inkorporierten Ansatz einer materiellen Wahrheitsprüfung liegt zugleich die entscheidende Bedeutung der „nämnd" für die spätere Entwicklung des Beweisverfahrens.[172]

Über Herkunft und Ursachen der Entstehung der „nämnd" herrscht in der Forschung weiterhin große Unsicherheit.[173] Überwiegend sieht man in ihr eine Reaktion auf die mit dem Eidhelferprozeß verbundenen Risiken von Fehlurteilen und Beweisschwierigkeiten und die Folge eines gegen Ausgang des Mittelalters zunehmend verstärkten Strebens nach objektiver Rechtsgewißheit.[174] Die diesem sich in Schweden allmählich vollziehenden Wandel in der Rechtsauffassung von einem formellen zu einem stärker materiellen Beweisverfahren seinerseits zugrunde liegenden Gründe sind ebenfalls schwer zu ermitteln.[175] Sie dürften jedoch, vielschichtig wie sie sicherlich sind, mit an Sicherheit grenzender Wahrscheinlichkeit auch mit dem Einfluß des kanonischen Rechts sowie der wachsenden Macht der königlichen Rechtsspflege zusammenhängen, die beide stärker dem Grundsatz der materiellen Wahrheitsermittlung

[171] Die terminologische Unterscheidung zwischen formellen und materiellen Beweismitteln ist sowohl in der deutschen wie der schwedischen Beweisrechtsdoktrin nicht einheitlich. Vorliegend soll in Anlehnung an *E. Kallenberg*, Svensk Civilprocessrätt, Bd. 2, Abteilung 5, S. 960 f, unter einem formellen Beweismittel ein solches verstanden werden, daß nicht den Zweck verfolgt, den Richter von der Wahrheit einer bestimmten Tatsache zu überzeugen, sondern dem kraft Gesetzes eine von vornherein feststehende Wirkung zukommt. Daran gemessen muß die Art der Sachverhaltsermittlung mit Hilfe einer „nämnd" als materieller Beweis zumindest in einem weiter verstandenen Sinne gewertet werden, auch wenn die „nämnd" streng genommen mit Blick auf die bindende Wirkung ihrer Aussage für die richterliche Entscheidung ebenfalls ein formelles Beweismittel darstellt.

[172] So die einhellige Ansicht der Forschung, vgl. nur *J.E. Almquist*, a.a.O., S. 43; *G. Inger*, Svensk Rättshistoria, S. 53; ders.: Geständnis, S. 53 ff.; *K.G. Westman*, Häradsnämnd och Häradsrätt, S. 4, 23.

[173] Näher zu diesem Problemkreis *K.G. Westman*, Den svenska nämnden, S. 187 ff. et passim. Zur Herausbildung des verstärkt materiellen Beweisverfahrens in der Neuzeit s. unter C. III. 3. a) cc).

[174] Vgl. *I. Afzelius*, Om parts ed, S. 60; *J.J. Nordström*, Bidrag till den svenska samhällsförfattningens historia, S. 779 f; aus der jüngeren Zeit *B. Lindell*, Sakfrågor och rättsfrågor, S. 71 f. Beweisschwierigkeiten konnten insbesondere in den – seltenen – Fällen auftreten, in denen Eid gegen Eid stand; vgl. hierzu näher *I. Afzelius*, Om parts ed, S. 59, insbes. FN 2. Zu dem gegen Ende des Mittelalters zunehmenden Streben des schwedischen Prozesses nach objektiver Rechtsgewißheit, das unter dem Einfluß des kanonischen Rechts seinerseits schließlich in der formalistischen Legaltheorie mündete, s. unter C. III. 3. a) cc) α).

[175] *B. Lindell*, ibid., vermutet eine Ursache in den zu jener Zeit schon beginnenden sozialen Umwälzungen, die schließlich im 16. und 17. Jahrhundert zu der Umwandlung der alten, weitgehend einheitlichen Stammesgesellschaft in ein modernes Staatswesen mit komplexer hoheitlicher Administration durch königliche Beamte geführt haben. Die mit diesem Prozeß verbundene Objektivierung und Rationalisierung des gesamten öffentlichen Lebens habe ihre Prägung auch in der Rechtsauffassung hinterlassen und zu dem Streben nach vermehrter Sachverhaltsermittlung geführt.

verpflichtet waren.[176] Fest steht jedenfalls, daß die stetige Bedeutungszunahme, die die „nämnd" als Beweismittel im schwedischen Prozeß erfuhr, zu Lasten der Anwendung des Eidhelferverfahrens ging, das immer seltener zur Anwendung kam, bis es 1695 endgültig abgeschafft wurde.[177] Daß hierin nur eine zeitliche Koinzidenz zu sehen sein sollte und nicht zugleich auch ein Ausdruck einer kausalen wechselseitigen Beeinflussung, scheint umso unwahrscheinlicher, als die „nämnd" nicht für eine neue Prozeßart eingeführt wurde, sondern die bislang über die Eidhelfer entschiedenen Verfahren sukzessive zu übernehmen begann.[178]

Ursprünglich wurde die „nämnd" für jedes Verfahren, in dem sie zur Anwendung kam, vom Richter neu eingesetzt.[179] Er entschied dabei zugleich über ihre Zusammensetzung, zunächst möglicherweise[180] noch ohne Mitwirkung der Parteien, zur Zeit der späteren Landschaftsgesetze dagegen schon überwiegend im Einverständnis mit ihnen, bis das Recht zur Bestimmung der Mitglieder schließlich zu je gleichen Teilen ganz auf die Parteien überging.[181]

Die „nämnd" übte ihr Stimmrecht anfänglich nicht kollektiv aus, vielmehr war die Mehrheit ihrer ggf. mit Eid bekräftigten Aussagen ausschlaggebend.[182] Ihr Urteil band den Richter in seiner anschließenden Entscheidung, in der er nur noch die vom Gesetz vorgesehene Rechtsfolge auf den ihm durch die „nämnd" vorgegebenen Sachverhalt anzuwenden hatte, so daß im Verhältnis zu ihm die „nämnd" in dieser Epoche des schwedischen Prozesses am ehesten als eine Art Beweisjury bezeichnet werden kann.[183]

---

176 So auch *J.E. Almquist*, a.a.O., S. 43. Zu dem verstärkt nach materieller Wahrheitsfindung strebenden kanonischen Prozeß prägnant *J. Schwartz*, Vierhundert Jahre deutscher Civilprozeßgesetzgebung, S. 20: „(…) die Scheu (sc. des kanonischen Verfahrens, eig. Erkl.), durch menschliches (…) Urtheil die objective Gerechtigkeit zu gefährden, dem Unrechte zum Siege zu verhelfen. Ein solches Ergebnis, sei es auch nur in vereinzelten Fällen, erschien als die größte, um jeden Preis zu vermeidende Gefahr." sowie ders.: S. 100: „Der ordentliche romanisch-canonische Proceß entwickelt mit schonungsloser Konsequenz den einen Gedanken der materiellen Gerechtigkeit (…)."

177 Durch Königliche Verordnung vom 30. Oktober; vgl. hierzu *W. Uppström*, a.a.O., S. 136.

178 *H. Hjärne*, Om den fornsvenska nämnden, S. 37. Vgl. auch zu dem Verhältnis von Eidhelfern und „nämnd" *J.J. Nordström*, Bidrag, a.a.O., S. 780 f.

179 *H. Hjärne*, Om den fornsvenska nämnden, S. 16.

180 Die diesbezüglichen Bestimmungen in den älteren Landschaftsgesetzen scheinen nicht ganz eindeutig zu sein, vgl. *W. Uppström*, a.a.O., S. 55. *J.E. Almquist*, a.a.O., S. 43, steht der Annahme eines Parteieinflusses auf die Zusammensetzung der „nämnd" zu Beginn der hier fraglichen Zeit eher ablehnend gegenüber. Unter Betonung der Bindung des Richters an die Entscheidung der Parteien demgegenüber *J.J. Nordström*, Bidrag till den svenska samhällsförfattningens historia, S. 791 ff.

181 *J.E. Almquist*, a.a.O., S. 43; *V. Sjögren*, Den svenska processrättens historia, S. 7 f.

182 *W. Uppström*, a.a.O., S. 54.

183 Fällt die Trennung zwischen Sach- und Rechtsfragen schon in der modernen Prozeßdoktrin außerordentlich schwer (vgl. für das schwedische Recht die eingehende Studie von *B. Lindell*, Sakfrågor och rättsfrågor, passim), so muß für den historischen Prozeß vollends davon ausgegangen werden, daß es keine auch nur nennenswert exakte Grenzziehung in der Funktionsverteilung zwischen Richter und „nämnd" gab. So auch *K.G. Westman*, Härads-

c) Urteil, Rechtskraft und Rechtsmittel

Wie aus dem Angeführten hervorgeht, war die richterliche Entscheidung im mittelalterlichen Verfahren nicht von einer Prüfung der vorgelegten Beweise auf ihre Glaubwürdigkeit und Überzeugungskraft abhängig. Die Bedeutung der Beweise für den Ausgang des Rechtsstreits folgte vielmehr mit den Richter bindender Wirkung unmittelbar aus dem Gesetz. Das Urteil war von dem Richter bei Gefahr einer Bußzahlung grundsätzlich unverzüglich bekanntzugeben, allerdings räumten ihm die Gesetze stellenweise eine Bedenkzeit von bis zu drei Tingtagen ein.[184]

Daß den Entscheidungen eine (formelle) Rechtskraft im modernen Sinne der Unanfechtbarkeit nach Ausschöpfen des Instanzenzuges zugekommen wäre, läßt sich weder den Landschaftsgesetzen noch den Land- und Stadtrechten entnehmen. Vielmehr sind aus der Praxis Fälle bekannt, in denen vom König als der höchsten Instanz ergangene Urteile später von ihm selbst oder seinem Nachfolger wieder aufgehoben oder abgeändert wurden.[185] Auch fehlte – von gewissen Ansätzen in den späteren Landschaftsgesetzen und den Stadt- und Landrechten abgesehen, die sich nicht durchgesetzt zu haben scheinen –,[186] eine einheitlich geregelte und anerkannte Instanzordnung, auf deren Grundlage eine Bestimmung über die Rechtskraft hätte gedeihen können. Wie bereits erwähnt, bestand rechtlich kein Hindernis, die Klage unmittelbar beim König anhängig zu machen, auch wenn dies faktisch nur für die Vornehmen des Reiches in Betracht gekommen sein mag.

Zur Zeit der Landschaftsgesetze existierte lediglich ein einziges ordentliches Rechtsmittel, die sog. „vad“. Im Unterschied zu dem entscheidungsbezogenen, versachlichten Begriff des Rechtsmittels in der modernen Doktrin trug die „vad“ ursprünglich[187] den Charakter eines persönlichen Angriffsmit-

---

nämnd, S. 15; *G.E. Fahlcrantz*, Vår nämnd, S. 15 f; *N. Edling*, Sakfrågan och rättsfrågan vid 1600-talets rättsskipning på upplandsbygden, in: SJT 1928, S. 162 ff. in einer Rezension der Arbeit von *K.G. Westman*. In der Tendenz auch *J.J. Nordström*, Bidrag till den svenska samhällsförfattningens historia, S. 836 f, der gleichwohl an der Dichotomie Sachfragen – Rechtsfragen in der Aufgabenteilung zwischen „nämnd“ und Gericht festhält.

Andererseits war eine solche Funktionsabgrenzung wegen der enumerativen, auf die verschiedenen Prozeßtypen bezogenen Beschreibung der Aufgaben der „nämnd“ in den alten Gesetzen aus der damaligen Perspektive auch nicht erforderlich. Das Problem stellt sich erst bei dem Versuch, nachträglich auf der Grundlage der alten Bestimmungen über den Einsatz der „nämnd“ zu einer theoretischen Abgrenzung der Aufgabenbereiche von Richter und „nämnd“ zu gelangen. Vgl. hierzu auch *B. Lindell*, Sakfrågor och rättsfrågor, S. 62 ff. (v.a. 70 ff.).

[184] Ders.: a.a.O., 63.

[185] Dazu *J.E. Almquist*, a.a.O., S. 51.

[186] Ibid.

[187] Dies galt noch unter der Herrschaft der Stadt- und Landrechte; vgl. zu näheren Nachweisen *W. Uppström*, a.a.O., S. 70.

tels gegen den Richter, der damit zum Gegner des Rechtsmittelführers wurde und sein Urteil vor der höheren Instanz zu verteidigen hatte.[188]

Wurde „vad" eingelegt, wozu nach den Landschaftsgesetzen offenbar auch der Richter hinsichtlich des von ihm selbst gefällten Urteils befugt war,[189] hatten Rechtsmittelkläger und -beklagter eine gewisse Summe[190] zu hinterlegen, die der obsiegenden Partei zufiel, ursprünglich zur Gänze, später unter Beteiligung auch des Königs. Präzise Bestimmungen über eine Rechtsmittelfrist lassen sich den Landschaftsgesetzen nicht entnehmen; im allgemeinen scheinen sie allerdings vorauszusetzen, daß die „vad" unmittelbar nach der Verkündung des Urteils noch auf demselben „Ting" eingelegt wurde, während die Stadt- und Landrechte stellenweise eine Frist von acht Tagen seit Erlaß der Entscheidung einräumten.[191]

Wie sich aus Bestimmungen über eine erneute Ableistung von Eiden im Rechtsmittelverfahren ergibt, war Prüfungsgegenstand des Rechtsmittels nicht allein die korrekte Anwendung des Rechts durch den Richter, sondern umfaßte die „vad" auch die Feststellung des Sachverhalts.[192] Hinsichtlich des Verfahrens selbst enthalten die mittelalterlichen Gesetze keine näheren Angaben. Man kann jedoch davon ausgehen, daß der Ablauf des Prozesses im wesentlichen demjenigen der Eingangsinstanz entsprach.[193]

C. Der neuzeitliche Prozeß (16.-18. Jahrhundert)

I. Einführung

Die neuzeitliche Epoche vom Beginn des 16. bis zum Ende des 18. Jahrhunderts brachte für Schweden auf allen Gebieten des ökonomischen, politischen, religiösen und sozialen Lebens gewaltige Veränderungen. Sie zogen sich von der Befreiung der schwedischen Wirtschaft aus der Vorherrschaft der Hanse über die Durchführung der Reformation und Begründung der evangelischen Staatskirche hin zu dem Aufbau einer zentral vom König ge-

---

[188] *W. Uppström*, a.a.O., S. 68 f; *J.E. Almquist*, a.a.O., S. 52. Möglich war im Rahmen der „nämnd"-Verfahren allerdings auch eine unmittelbar gegen die Entscheidung der „nämnd" gerichtete „vad"; vgl. *W. Uppström*, ibid. und S. 71 f.

[189] *W. Uppström*, a.a.O., S. 69. In den Landrechten und dem jüngeren Stadtrecht hingegen findet sich eine derartige Bestimmung nicht mehr; dazu ders.: a.a.O., S. 70.

[190] Die dem Rechtsmittel seinen Namen gab, vgl. dens., a.a.O., S. 67.

[191] *W. Uppström*, a.a.O., S. 70.

[192] Ders.: a.a.O., S. 71. Dies liegt auch in Anbetracht der Statthaftigkeit einer Anfechtung der „nämnd"-Entscheidung nahe, wenngleich – wie gezeigt – eine trennscharfe Funktionsabgrenzung zwischen „nämnd" und Richter im Sinne von hier Sachfragen, da Rechtsfragen nicht möglich ist.

[193] *W. Uppström*, a.a.O., S. 71.

lenkten Reichsverwaltung und kulminierten schließlich in der Teilnahme Schwedens an dem dreißigjährigen Krieg.[194]

Bei all der Mannigfaltigkeit ihrer Erscheinungen ist das für diesen Zeitraum wohl charakteristischste Kennzeichen allerdings in einem diesen Umbrüchen zugrundeliegenden gemeinsamen Phänomen zu sehen: in der Aufgabe der vergleichsweise selbstbezüglichen, nach innen gerichteten Haltung Schwedens während des Mittelalters[195] und der verstärkten Hinwendung zu seinen europäischen Nachbarn.[196] Dabei entwickelte sich zwischen dem skandinavischen Land und dem Kontinent ein facettenreiches Austauschverhältnis, das nach Art und Umfang am Beispiel ausgesuchter Leitlinien in der Entwicklung des neuzeitlichen Schwedens im folgenden skizziert werden soll (II.).

Die engen und vielfältigen Kontakte, die Schweden in diesem Zeitraum mit Europa verbanden, schufen die Grundlage für die starken Impulse, die das skandinavische Land auch auf rechtlichem Gebiet vom Kontinent her empfing. Es verwundert daher nicht, daß in dieser Zeit des allgemeinen politischen, wirtschaftlichen und kulturellen Austauschs Schwedens mit dem Ausland auch die Entwicklung seines Zivilverfahrens unter dem starken Einfluß fremden Rechts stand, überwiegend des kanonischen und des gemeinen deutschen Prozesses. Deren Auswirkungen auf den schwedischen Prozeß herauszuarbeiten und dabei zugleich eine Darstellung der Grundzüge des neuzeitlichen schwedischen Zivilprozesses zu bieten, soll im Mittelpunkt des sich anschließenden Untersuchungsabschnitts stehen (III.).

II. Abriß des europäischen Einflusses auf das neuzeitliche Schweden in Hinblick auf Religion, Wirtschaft, Gesellschaftsordnung, Wissenschaft, Rechtswissenschaft, Rechtsprechung und Gesetzgebung

1. Der europäische Einfluß auf das neuzeitliche Schweden hinsichtlich Religion, Politik, Wirtschaft, Gesellschaftsordnung und Wissenschaft

In religiöser Hinsicht fand mit der Lehre *Luthers* die Reformation schon im frühen 16. Jahrhundert den Weg nach Schweden. 1526 erschien *Olaus Petris* schwedische Übersetzung des Neuen Testaments, und man ging zeitgleich

---

194 S. zu den Grundzügen der neuzeitlichen schwedischen Geschichte näher den nachfolgenden Abriß unter II. mit den dort angegebenen Literaturhinweisen.

195 Daß Schweden auch zur Zeit des Mittelalters nicht etwa in Isolation vom europäischen Kontinent verharrte, sondern über die wirtschaftlichen Beziehungen zur Hanse, die kirchliche Verbindung mit Rom wie auch die wissenschaftliche Ausbildung der Schweden an den Universitäten in Paris und Bologna in stetem Kontakt mit seinen europäischen Nachbarn stand, geht bereits aus dem oben unter B. Ausgeführten hervor. Gleichwohl bleibt der Unterschied in der Intensität des Austauschs Schwedens mit dem Ausland im Vergleich zur Neuzeit markant.

196 Prägnant S. *Lindroth*: „Schweden entdeckte Europa, und Europa entdeckte uns", in: Svensk lärdom – och europeisk, in: S. Palme et al., Om Sverige som stormakt i Europa, S. 95 ff. (96).

dazu über, die Messe in Stockholm in schwedischer Sprache zu halten. Die Macht der apostolischen Kirche wurde im Anschluß an den Reichstag zu Västerås 1527 gebrochen, ihre Güter nahezu vollständig eingezogen und sie selbst nach lutherischem Vorbild in eine Staatskirche unter dem weltlichen Primat des Königs umgewandelt.[197]

Innenpolitisch führte die etwa gleichzeitig erreichte Befreiung Schwedens aus der dänischen Vorherrschaft in der Kalmarer Union der skandinavischen Länder[198] unter *Gustav Wasa* zum Ausbau einer starken Königsherrschaft. Sie schuf mit der Abschaffung der Königswahlen und der Umwandlung der Regentschaft in eine Erbmonarchie im Jahr 1544 die Voraussetzungen für eine Entmachtung der autonomen schwedischen Provinzen und die Entstehung eines zentral gelenkten Einheitsstaates. Die Einführung einer straffen Verwaltung der Reichsfinanzen nach deutschem Vorbild, die Organisation einer zentralen Administration durch verbeamtete Staatsdiener und die Umstrukturierung des Heerwesens samt der Gründung einer umfangreichen Kriegsindustrie bereiteten den finanziellen, administrativen und militärischen Boden, von dem aus Schweden sich im 17. Jahrhundert auch außenpolitisch Gehör verschaffen und in den dreißigjährigen Krieg eingreifen konnte. An seinem Ende stand es mit ausgedehnten Territoriumsgewinnen u.a. in Deutschland und Dänemark als europäische Großmacht dar, die bis zu Beginn des 18. Jahrhunderts die uneingeschränkte Vormachtstellung im gesamten Ostseeraum innehatte.[199] Wechselnde Bündnisse v.a. mit Frankreich, England und den Niederlanden bestimmten seit dem dreißigjährigen Krieg das außenpolitische Bild Schwedens im 17. und 18. Jahrhundert und trugen wesentlich zu der wachsenden Verzahnung des Landes mit den Geschicken Europas bei.

Gegen Anfang des 16. Jahrhunderts aus der Abhängigkeit von der drückenden Übermacht der Hanse befreit, gelang Schweden auch wirtschaftlich eine verstärkte Hinwendung zum Ausland. Nunmehr in der Lage, frei und uneingeschränkt Handel treiben zu können, wurden in großer Zahl entlang der Küste neue Außenhandelsstädte angelegt und Handelskompanien gegründet. Mit

---

[197] Eingehend hierzu S. *Carlsson/J. Rosén*, Svensk Historia, Bd. 1, S. 310 ff. sowie *M. Gerhardt/W. Hubatsch*, Deutschland und Skandinavien, S. 113 ff. (158 ff.).

[198] Siehe dazu oben S. 40 FN 126.

[199] Schwedens politische und militärische Vormachtstellung im Ostseeraum während des 17. und beginnenden 18. Jahrhunderts schlug sich auch in einer Vorbildfunktion nieder, die die schwedische Rechtsordnung jedenfalls in Teilbereichen auf Rechtsreformen im Ausland auszuüben vermochte. Vgl. etwa zu den bewußt in Rezeption schwedischen Rechts und schwedischer Staatsverwaltung vollzogenen Reformen *Peters des Großen* in Rußland die eingehende Darstellung bei *C. Peterson*, Peter the Great's Administrativ and Judicial Reforms, passim (die Ergebnisse der Untersuchung zusammenfassend S. 410 ff.) oder auch zu der Rezeption des schwedischen Seerechts von 1667 durch andere europäische Länder *E. Selvig*, Begrenset rederansvar – studie i kildene til den svenske sjöloven av 1667, in: K.Å. Modéer (Hrsg.): 1667 års sjölag i ett 300-årigt perspektiv, S. 186 ff. (188, 205).

der Aufnahme enger Handelsbeziehungen mit den Niederlanden[200] und der gleichzeitigen Gründung der schwedischen Metallindustrie unter Zuhilfenahme v.a. deutscher Handwerker im 17. Jahrhundert[201] legte Schweden sodann den Grund für den raschen ökonomischen Aufschwung, der nach anfänglichen Fehlschlägen in der zweiten Hälfte des 18. Jahrhunderts erfolgte.

Auch in sozialer Hinsicht schlug sich der zunehmende Kontakt mit dem europäischen Ausland nieder. Hatte der Klerus im Mittelalter noch den ersten Stand des Reiches gebildet, so sank sein Einfluß erheblich im Gefolge der Reformation. Aufgrund der mit ihr verbundenen Übernahme des kirchlichen Grundbesitzes seitens der Krone um seinen finanziellen Wohlstand gebracht, war ihm nur mehr eine bescheidene Rolle auf der Gemeindeebene beschieden. Nicht länger vermochte er seine ehemals enge Verbindung mit dem weltlichen Adel zu halten, sondern war gezwungen, sich fortan aus dem Bauernstand zu rekrutieren. Auch der Adel selbst machte im Verlauf des 16., überwiegend jedoch im darauffolgenden Jahrhundert eine erhebliche Veränderung durch. Angeregt durch die Ideen seiner aus Deutschland stammenden Ratgeber *Conrad von Pyhy* und *Georg Norman*[202] begann *Gustav Wasa* mit dem Aufbau einer zentralen Bürokratie,[203] in dessen Verlauf sich der gutsbesitzende Adel durch seinen Einsatz in der staatlichen Verwaltung allmählich in einen Beamtenadel umzuwandeln begann. Sein zahlenmäßiger Umfang nahm im 17. Jahrhundert durch regelmäßige Neuadelungen im Zuge der Schaffung neuer Ämter und Behörden deutlich zu, und zu Beginn des 18. Jahrhunderts hatte die neue soziale Schicht des Dienstadels den alten Besitzadel zu einer unbedeutenden Größe werden lassen.[204]

Den wohl nachhaltigsten Einfluß vermochte das europäische Ausland in der fraglichen Zeit aber auf dem Gebiet der Wissenschaft und der universitären Bildung auszuüben. Nachdem die erste schwedische Universität erst 1477 in Uppsala gegründet worden war, diese ihren Unterricht allerdings infolge der Reformationswirren schon Anfang des 16. Jahrhunderts wieder einstellen mußte und erst 1593 erneut aufnehmen konnte,[205] waren die akade-

---

200 Eingehend hierzu wie auch zu der Bedeutung der Indienstnahme holländischer Kaufleute für die zentrale schwedische Finanzverwaltung die Darstellung bei *G. Grenholm* (Hrsg.): Den svenska historien, Bd. 3, S. 173 ff.

201 Dazu näher *G. Grenholm* (Hrsg.): Den svenska historien, Bd. 3, S. 156 ff. (158 ff.).

202 Zu ihnen und ihrer Bedeutung für die gustavianische Reichsverwaltung s. *I. Salvenius*, Georg Norman – en biografisk studie, passim; S. *Lundkvist*, Furstens personliga regemente – Gustav Vasa, Konrad von Pyhy och den svenska riksstyrelse 1538-1543, in: Svenskt Biografiskt Lexikon (Hrsg.): Individ och historia – studier tillägnade H. Gillingstam, S. 209 ff. sowie S. *Carlsson/J. Rosén*, Svensk Historia, Bd. 1, S. 327 ff.

203 Dazu eingehend *N. Edén*, Om centralregeringens organisation under den äldre Vasatiden (1523-1594), passim (zu *Pyhy* und *Norman S.* 36 ff.) sowie *G. Grenholm* (Hrsg.): Den svenska historien, Bd. 3, S. 100 ff.

204 Im Jahr 1700 war bereits nur noch jeder dritte Adelige Grundbesitzer; vgl. *J. Weibull*, Sveriges Historia, S. 38.

205 Die juristische Fakultät wurde sogar erst 1620 wieder neu ins Leben gerufen.

mischen Ausbildungsmöglichkeiten in Schweden bis weit in die Neuzeit hinein überaus dürftig. Es wurde bereits darauf hingewiesen, daß schwedische Studenten schon zu Beginn des 13. Jahrhunderts in das Ausland gereist waren, um dort v.a. in Paris und Bologna die zeittypischen Studien in den „artes liberales", der „sacra theologia" und dem „ius canonicum" zu betreiben. Mit der Öffnung Schwedens zu Europa hin im Zuge des dreißigjährigen Krieges wurde die Zahl der Auslandsstudenten immer größer und trat zugleich eine stärkere Streuung in der Wahl des Studienlandes auf. Frankreich, Italien und die Niederlande waren beliebte Ziele, vor allem aber Deutschland übte auf die schwedischen Studenten eine starke Anziehungskraft aus.[206] Rostock, Greifswald, Wittenberg, Marburg, Leipzig, Jena und Gießen zählten als Anhänger der Reformation zu den von den Schweden bevorzugten Universitäten.[207] Seit dem verstärkten Aufbau der Bürokratie im 17. Jahrhundert wurde es unter den nach einem höheren Staatsamt strebenden schwedischen Aspiranten eine weitverbreitete Übung, die für den Staatsdienst erforderliche theoretische Grundlage durch zum Teil mehrjährige Studien im Ausland zu legen:[208]

> „Der Horizont lag frei und offen. Unsere Universitätsmänner – und beinahe alle reisten sie oder waren gereist – erlebten mit allen Sinnen ein buntes Europa, in dem verschiedene Staaten, Religionen und Kulturen sich bekriegten und versöhnten, gaben und nahmen in ständiger Wechselwirkung."[209]

2. Der europäische Einfluß auf das neuzeitliche Schweden hinsichtlich Rechtswissenschaft, Rechtsprechung und Gesetzgebung

a) Der Einfluß auf die schwedische Rechtswissenschaft des 16. bis 18. Jahrhunderts

Die schwedische Rechtswissenschaft[210] samt der juristischen Ausbildung stand von Anbeginn unter dem nachhaltigen Einfluß des kanonischen und römischen Rechts. Zurückzuführen ist dies maßgeblich auf die Tätigkeit deutscher Rechtsgelehrter an den schwedischen Universitäten sowie die regelmäßige, meist mehrere Jahre umfassende Ausbildung der schwedischen Professoren im Ausland, insbesondere in Deutschland. Die große Bedeu-

---

[206] Demgegenüber spielte England im Rahmen der schwedischen Auslandsstudien in der Neuzeit nur eine vergleichsweise unbedeutende Rolle; s. näher *B. Steckzén*, Svenska resenärer i England under 1700-talet, in: ders.: Svenskt och Brittiskt, S. 171 ff. (173) sowie ders.: De sensk-brittiska relationerna i fågelperspektiv, in: a.a.O., S. 11 ff.

[207] *J. Sundberg*, Från Eddan till Ekelöf, S. 79.

[208] Wer an einem Doktorgrad interessiert war, sah sich sogar gezwungen, diesen an einer ausländischen Universität zu erwerben; vgl. näher S. *Lindroth*, Svensk lärdom – och europeisk, in: S. Palme et al., Om Sverige som stormakt i Europa, S. 95 ff. (S. 97 f.).

[209] Ders.: a.a.O., S. 104.

[210] Zu der Problematik um den Begriff der Rechtswissenschaft, der streng genommen erst auf die Ausbildung der akademischen Forschung und Lehre im 19. Jahrhundert paßt und hier nur in einem weiten Sinne als Inbegriff des universitären Tätigkeitsfeldes schlechthin verwendet werden soll, vgl. unten 3. Teil II. 4. b) aa) β).

tung, die das kanonische, justinianisch-römische wie auch das deutsche gemeine Recht[211] für den akademischen Unterricht und die zeitgenössische Rechtsliteratur besaßen, läßt sich für den weit überwiegenden Teil der Epoche vom beginnenden 16. bis zum Ausgang des 18. Jahrhunderts nachweisen und wird heute auch im allgemeinen nicht mehr bestritten.[212]

Als 1477 in Uppsala die erste, nur drei Fakultäten[213] umfassende Universität gegründet wurde, galt das Interesse des einzigen Lehrstuhls der juristischen Fakultät ausschließlich dem kanonischen Recht; Studien im heimischen schwedischen Recht wurden nicht betrieben.[214] Dies entsprach der primären Funktion der auf die nachdrückliche Bitte insbesondere der schwedischen Kirche zustandegekommenen Universität als Ausbildungsstätte für den Klerus.

Mit dem reformationsbedingten Niedergang der katholischen Kirche schwand zugleich der Bedarf an ausgebildeten Kanonisten, und der universitäre Unterricht schlief infolgedessen bis zum Beginn des 17. Jahrhunderts ein, als unter der Regentschaft *Gustav II. Adolfs* für den Aufbau einer zentralen Reichsbürokratie Beamte mit fundierter Rechtsbildung benötigt wurden. Gleichwohl zeugt auch das 16. Jahrhundert von der Rezeption des römischen und kanonischen Rechts in Schweden. Sie läßt sich vor allem an der Person des Reformators *Olaus Petri*[215] festmachen, der neben der bereits

---

211 Es wird in der schwedischen Literatur überwiegend als deutsch-römisches Recht bezeichnet.

212 Vgl. aus der jüngeren Forschung etwa die Studien von *Å. Malmström* über die Entwicklung der juristischen Fakultät in Uppsala in: Juridiska fakulteten i Uppsala, Bd. 1, v.a. S. 83 ff.; Bd. 2, v.a. S. 68 ff.); *L. Björne*, Nordische Rechtssysteme, S. 20 ff.; *K.Å. Modéer*, Historiska rättskällor, S. 62 f. wie auch speziell zum Einfluß des römischen Rechts auf Gerichtspraxis und Gesetzgebung im Bereich des schwedischen Handelsrechts *S. Jägerskiöld*, Roman influence on Swedish case law in the 17th century, in: ScandStL 1967, S. 177 ff. sowie ders.: Handelsbalkens utländska källor, passim.

213 Es waren dies – in der zeitgenössischen Bezeichnung – die „facultas theologica“, die „facultas iuridica“ und eine „facultas artium“, welche auf den Unterricht in den klassischen „artes liberales“ zielte; näher hierzu *Å. Malmström*, Juridiska fakulteten, Bd. 1, S. 80.

214 *Å. Malmström*, a.a.O., S. 87 ff. In der päpstlichen Stiftungsbulle *Sixtus IV.* vom 27. 2. 1477 wird zwar von einer Unterweisung „in Canonico et Civili juribus“ gesprochen, jedoch muß man auf der Grundlage der Quellen zu der schwedischen Universitätsgeschichte davon ausgehen, daß das (weltliche) römische Recht in Uppsala anfangs nicht gelehrt wurde; vgl. *Å. Malmström*, a.a.O., S. 87 ff. Hierfür spricht, daß für einen akademischen Unterricht im römischen Recht weder aus der Sicht der heimischen Ting- und Stadtgerichte ein Bedarf bestand noch aus derjenigen des Königs, der zu diesem Zeitpunkt noch nicht auf eine größere Zahl juristisch gebildeter Staatsdiener für die Reichsverwaltung angewiesen war.

215 *O. Petri* (ca. 1490-1552) hatte selbst in Leipzig und Wittenberg studiert, ehe er sich in Stockholm als Stadtsekretär und Pfarrer niederließ. Zu seiner Person näher *G. Inger*, Olaus Petri i rättshistoriens ljus, in: C. Hallencreutz/S.-O. Lindberg (Hrsg.): Olaus Petri – den mångsidige svenske reformatorn, S. 169 ff. sowie *J.E. Almquist, S.* 19 f, 81 ff. Eine traurige Ironie der Rezeptionsgeschichte des römischen Rechts im neuzeitlichen Schweden wollte es, daß *Petri* als Fürsprecher der Geltung „kaiserlichen Rechts“ in Schweden dessen Wirkungen selbst zu spüren bekommen sollte. In einem aufsehenerregenden Prozeß, der gegen ihn sowie den Reformator *Laurentius Andreae* geführt wurde wegen Mitwisserschaft um ein gegen den König gerichtetes Mordkomplott, sprach ihn das eigens hierfür eingesetzte

erwähnten Übertragung des Neuen Testaments in die schwedische Sprache durch die Veröffentlichung sog. Richterregeln auch juristisch tätig war.[216] Konzipiert als ein praktischer Leitfaden für den Richter, enthält das Werk eine Reihe juristischer Ratschläge und Sinnsprüche und entstand dabei unter dem nachweislich bedeutenden Einfluß des ausländischen Rechts.[217]

Bei Wiedereröffnung der juristischen Fakultät im Jahr 1620 richtete man in Uppsala zwei Lehrstühle ein, von denen der eine nach dem Vorbild des europäischen Auslandes der Unterweisung im römischen Recht galt,[218] der andere hingegen dem heimischen schwedischen Recht gewidmet war. Auch der Unterricht im schwedischen Recht verstand sich jedoch mehr als eine Art vergleichendes Rechtsstudium, bei dem die heimischen Gesetze in Beziehung zum römischen und kanonischen Recht gesetzt und unter Berücksichtigung von deren Grundsätzen ausgelegt werden sollten.[219] Überdies vergab man infolge des Mangels an hinreichend qualifizierten eigenen Lehrkräften anfänglich beide Lehrstühle an deutsche Juristen,[220] und erst 1625 erhielt die Fakultät ihren ersten Rechtsprofessor schwedischer Abstammung.[221] Sowohl er wie auch die weit überwiegende Mehrzahl seiner Nachfolger hatten dabei zuvor im Ausland, regelmäßig in Deutschland, studiert und dort den Doktorgrad erworben.[222]

Sondertribunal 1540 für schuldig. Das Bemerkenswerte an dem Urteil war dabei der Umstand, daß nach schwedischem Recht keine Strafbarkeit eines bloßen „conscius" angenommen werden konnte, der *Petri* lediglich war, die Richter vielmehr hierfür auf das justininanische und das gemeine deutsche Recht zurückgreifen mußten; vgl. dazu im einzelnen *J.E. Almquist*, Dödsdomen över Olavus Petri den 2. januari 1540, in: ders.: Svensk Juridisk Litteraturhistoria, S. 88 ff. (101 f.). Dessen Anwendung erfolgte in dem Verfahren auf Betreiben *Konrad von Pyhys*, des deutschstämmigen Kanzlers *Gustav Wasas*, der in dem Gremium den Vorsitz führte. Bezeichnenderweise erhob jedoch *Petri*, der – rechtskundig, wie er war – zweifellos um das Fehlen eines entsprechenden Straftatbestandes im heimischen Recht gewußt haben dürfte, hiergegen keine Einwände.

216 Diese Richterregeln wurden ediert durch *J.E. Almquist*, Domareregler från den yngre landslagens tid, und finden sich in deutscher Übertragung bei *G. Schmidt*, Die Richterregeln des Olavus Petri, S. 39 ff. Alter Tradition folgend werden sie noch heute in jeder Ausgabe der jährlich neu erscheinenden offiziellen Gesetzessammlung des Schwedischen Reichsrechts („Sverige Rikes Lag") mit abgedruckt (vgl. etwa Sverige Rikes Lag 2001, S. LXXXV).

217 Dazu im einzelnen *G. Schmidt*, Richterregeln, S. 30 ff., 63 ff. et passim.

218 Nach den Vorlesungsverzeichnissen zu urteilen, dürfte der Schwerpunkt auf den Institutionen des Justinianischen Corpus Civilis gelegen, der Unterricht dabei jedoch zugleich einen systematischen Überblick über das gesamte römische Privatrecht umfaßt haben; *Å. Malmström*, Juridiska fakulteten, Bd. 2, S. 28.

219 Ibid.

220 Es waren dies *Johannes Hincius* und *Justinianus Heiner*.

221 Zum „professor juris Svecani cum collatione juris civilis" wurde *Benedictus Crusius* (ca. 1590-1633) ernannt. *Crusius* hatte in Deutschland (Rostock, Helmstädt, Greifswald, Marburg, Gießen – dort Promotion) studiert. Zu ihm näher *J.E. Almquist*, Svensk Juridisk Litteraturhistoria, S. 20.

222 *Å. Malmström*, Juridiska fakulteten II, S. 31 f. und 38 f. (speziell zu *Crusius*).

Nahezu identisch stellt sich die Situation bei den beiden im 17. Jahrhundert gegründeten Universitäten in Turku/Åbo[223] (1640) und Lund[224] (1666) dar. Die juristische Fakultät in Turku übernahm die Uppsaler Statuten. Lund richtete neben einem Lehrstuhl für das römische Recht und einem für das schwedische Privatrecht bald nach der Aufnahme des Lehrbetriebs noch einen dritten ein, der für den Unterricht im Naturrecht bestimmt war und von dem führenden deutschen Naturrechtler *Samuel Pufendorf* besetzt wurde.[225]

Mit dem aus Holstein stammenden *Johannes Loccenius* übte erneut ein deutscher – und in Deutschland und Holland ausgebildeter[226] – Jurist entscheidenden Einfluß auf die Entwicklung der schwedischen Rechtslehre im Verlauf des 17. Jahrhunderts aus. Stellenweise allein für den juristischen Unterricht verantwortlich,[227] vermittelte *Loccenius* den Schweden durch seine Vorlesungen und umfangreichen Publikationen eine eingehende Kenntnis des justinianisch-römischen Rechts wie auch seiner Fortentwicklung im deutschen gemeinen Recht. Mit dem heimischen schwedischen Recht zeigte er sich hingegen nicht zuletzt infolge sprachlicher Schwierigkeiten beim Verständnis der in altschwedischer Sprache abgefaßten Gesetzen nach allgemeiner Einschätzung nicht vollumfänglich vertraut.[228] Dennoch zählte *Loccenius* schon zu Lebzeiten zu den meistgeschätzen Rechtsgelehrten seiner Zeit und wird auch aus heutiger Sicht als die maßgebliche Person für die Rezeption des römischen Rechts im Schweden des 17. Jahrhunderts gewürdigt.[229]

---

223 Turku rechnete seit der Eroberung Finnlands durch Schweden im hohen Mittelalter zum schwedischen Reichsgebiet.

224 Zu der Gründung der Lundenser Universität vgl. die übersichtliche Darstellung bei *C. Fehrman/H. Westling*, Lärdomens Lund, S. 17 ff.

225 *L. Björne*, Nordische Rechtssysteme, S. 18. Nach *Pufendorfs* Ausscheiden (1676) wurde der Lehrstuhl nicht mehr besetzt. Näher zu *Pufendorfs* Wirken in Schweden *B. Lindberg*, Naturrätten, S. 50 ff.; *K.Å. Modéer*, Samuel von Pufendorf, in: ders. (Hrsg.): Samuel von Pufendorf 1632-1982, S. IX ff. sowie ders.: Några gestalter, S. 8 ff. Zur Organisation der juristischen Fakultät in Lund nach ihrer Gründung s. näher *J. Rosén*, Lunds universitets historia, Bd. 1, S. 172 ff.

226 *Loccenius* (1598-1677) studierte v.a. in Leiden, wo er auch seine Promotion ablegte, und in Rostock. Nach Uppsala wurde er 1625 berufen, hielt dort zunächst Vorlesungen in Geschichte, Rhetorik und Politik und übernahm dann später (1634) den Lehrstuhl für römisches Recht. Zu seiner Person vgl. *J.E. Almquist*, Svensk Juridisk Litteraturhistoria, S. 22 ff. und 111 ff.; SMK, Bd. 5, S. 66 sowie *L. Björne*, Patrioter och Institutionalister, S. 26 ff.

227 *J.E. Almquist*, a.a.O., S. 24.

228 *L. Björne*, Nordische Rechtssysteme, S. 21 f. m.w.N. Zu einem Beispiel einer fehlerhaften Gleichsetzung eines schwedischen Rechtsinstituts mit einem justinianischen vgl. *J.E. Almquist*, Svensk Juridisk Litteraturhistoria, S. 111 ff. (116).

229 Vgl. nur *Å. Malmström*, Juridiska fakulteten II, S. 50 ff., 106 ff. und 191 (zuammenfassende Darstellung der Bedeutung seiner Person für die Entwicklung der schwedischen Rechtswissenschaft); *J.E. Almquist*, a.a.O., S. 111 ff. (116 f.). Als konkretes Beispiel für *Loccenius*' Einfluß auf die Rezeption des römischen Rechts in Schweden wird üblicherweise auf das Servitutsinstitut verwiesen, das durch ihn Eingang in die schwedische Doktrin und Rechtsprechung gefunden hat; vgl. hierzu *J.E. Almquist*, a.a.O., S. 116. Eine detaillierte Untersuchung der durch *Loccenius* vermittelten Rezeption römischer und gemeinrechtlicher Termini und Rechtsfiguren im schwedischen Recht liegt allerdings bislang noch nicht vor.

Von Bedeutung für die Rezeption des römischen Rechts war neben *Loccenius* insbesondere noch sein Zeitgenosse *Claes Rålamb*.[230] Dessen überaus populäres Werk über praktisch bedeutsame Rechtsfragen[231] aus dem ausgehenden 17. Jahrhundert war infolge seiner Abfassung in schwedischer Sprache vor allem bei den Gerichten nachgefragt.[232] Das Literaturverzeichnis seiner Abhandlung läßt erkennen, daß *Rålamb* mit der gesamten bedeutenderen europäischen Rechtsliteratur seiner Zeit vertraut war und für sein Werk neben Vertretern des sog. „mos italicus" und des sog. „mos gallicus" etwa auch auf die Gedanken und Erkenntnisse der zu seiner Zeit bekanntesten europäischen Rechtsgelehrten *T. Hobbes*, *H. Grotius* und *J. Bodin* zurückgriff.[233] In seinem Vorwort weist *Rålamb* sogar selbst darauf hin, daß er seiner Darstellung in großem Umfang fremdes, insbesondere römisches Recht zugrundegelegt habe, fügt in zeittypischer Manier allerdings hinzu, daß „das Wort Gottes und das Gesetz Schwedens als Grund und Maß bei der Lösung aller Probleme" gedient hätten.[234]

Hinsichtlich des Umfangs der Rezeption des justinianisch-römischen und des deutschen gemeinen Rechts in der akademischen Lehre und Literatur ist festzustellen, daß in Schweden keine vollumfängliche, das einheimische Recht verdrängende Übernahme des römischen Rechts stattfand wie sie etwa Deutschland mit der sog. formalen Rezeption in der Reichskammergerichtsordnung von 1495 gesehen hatte. Einer solchen dürfte in Schweden nicht zuletzt der im alten Landrecht enthaltene[235] und seitdem weiter tradierte[236] Königseid entgegengewirkt haben, der den König verpflichtete darauf zu sehen, daß kein ausländisches Recht in das Reich eingeführt werde. Auch wenn sich der Eid, wie gesehen, längst nicht erfolgreich hat umsetzen lassen, so konnte doch erreicht werden, daß an den Universitäten gegen Ende der Neuzeit wieder zunehmend die Verbindung zum heimischen Recht gesucht wurde. So hatte die Unterweisung im römischen Recht vor allem ab dem späten 17. Jahrhundert immer auch die Beziehung zu den einheimischen Gesetzen – den Landschaftsgesetzen und den Stadt- und Landrechten – herzustellen, die sie auslegen und im Falle ihrer Lückenhaftigkeit ergänzen helfen sollte.[237]

---

230 *C. Rålamb* (1622-1698) verbrachte in zeittypischer Weise ebenfalls mehrere Jahre im Ausland – darunter Deutschland –, wurde Mitglied des Reichsrats, Oberstatthalter in Stockholm und schließlich Präsident des Göta Hofgerichts. Zu ihm näher SMK, Bd. 6, S. 448 f; *J.E. Almquist*, a.a.O., S. 26 und 150 ff. sowie *L. Björne*, Patrioter och Institutionalister, S. 35 ff.

231 *C. Rålamb*, Observationes Juris Practicae (1674).

232 Die erste Auflage des Werks war bereits nach einigen Jahren vergriffen, so daß 1679 eine zweite Ausgabe erfolgen mußte; vgl. *J.E. Almquist*, a.a.O., S. 152.

233 Vgl. dazu *L. Björne*, Nordische Rechtssysteme, S. 24.

234 *C. Rålamb*, Observationes Juris Practicae, Företal.

235 MELL konungabalk kap. 5 § 7; *Å. Holmbäck/E. Wessén*, MELL, S. 5.

236 Dazu näher *J.E. Almquist*, Svensk Juridisk Literaturhistoria, S. 117 sowie *M. Jänterä-Jareborg*, Svensk domstol och utländsk rätt, S. 93 f.

237 Vgl. etwa die 1655 von König *Karl X. Gustav* für die Universität Uppsala erlassenen Richtlinien („constitutiones"), wonach „secundus (sc. professor, eig. Erg.) institutiones juris civilis romani, *legibus patriae accomodatus* (...)" zu lehren habe (eig. Hervorh.), zitiert

Die zahlreichen Zweideutigkeiten und unklaren Bestimmungen des heimischen Rechts und nicht zuletzt seine altersbedingte Lückenhaftigkeit führten jedoch im Verbund mit der zunächst am römischen und erst in zweiter Linie am schwedischen Recht geschulten Ausbildung der Professoren dazu, daß der Einfluß des römischen Rechts doch sehr bedeutend war.[238] Angefangen bei der Systematik, über die Terminologie bis hin zu allgemeinen Rechtsgrundsätzen und konkreten einzelnen Rechtsinstituten zogen Literatur wie Lehre Form und Stoff ihrer Darstellung immer wieder aus dem römischen Recht.[239]

---

nach *Å. Malmström*, Juridiska fakulteten II, S. 72, FN 9. Unter „legibus patriae accomodatus“ war insoweit zu verstehen, daß das römische Recht seine Funktion als eine subsidiäre Rechtsquelle bei der Auslegung und Ergänzung des heimischen Rechts zu erfüllen hatte. *Å. Malmström*, a.a.O., S. 87, spricht etwas unscharf von dem „schwedischen Rechtswesen mit seinem Bedarf an Ideezuschuß von dem deutsch-römischen Recht, dem Naturrecht usw.“

[238] Als beispielhaft für die Behandlung des Verhältnisses zwischen schwedischem und ausländischem Recht können die Ausführungen von *J. Loccenius* in den Prolegomena seines Lehrbuchs über schwedisches Privatrecht („Synopsis juris ad leges Sueticas accomodata“ [1648]) gesehen werden. *Loccenius* legt hier in der Form eines praktischen Leitfadens für die schwedischen Studenten dar, wie das Recht zu studieren sei. Beginnen solle man mit dem mosaischen Recht, welches die höchste Weisheit spiegele. Im Anschluß hieran hätten die griechischen, römischen und deutschen Gesetze zu folgen – unter Umständen auch noch das Recht „anderer zivilisierter Völker“ –, die alle mit dem schwedischen Recht zu vergleichen seien. Erst dadurch sei der rechte Ausgangspunkt für die Interpretation des heimischen Rechts gewonnen. Mit dem Königseid des Landrechts (s.o.) glaubte *Loccenius* durch seine Empfehlungen nicht in Konflikt zu geraten, riet jedoch, bei der Anwendung des schwedischen Rechts nicht ohne Not justinianische Bestimmungen zitieren. *J.E. Almquist*, Svensk Juridisk Litteraturhistoria, S. 117 f, führt ein Beispiel dafür an, daß *Loccenius* selbst anläßlich der ihm übertragenen Begutachtung eines Rechtsfalles in Anwesenheit der Königin *Kristina* diese um die Erlaubnis bat, bei der Lösung auf justinianische Rechtsnormen zurückgreifen zu dürfen.

[239] Dazu auch *K.G. Westman*, De svenska rättskällornas historia, S. 44 ff. Selbst für den Rechtswissenschaftler und Praktiker *Johan Stiernhöök* (1596-1675) – dem dritten bedeutenden Juristen des 17. Jahrhunderts neben *Loccenius* und *Rålamb* –, der lange Zeit in der Forschung als Vorkämpfer für das heimische Recht und dezidierter Gegner des römischen Rechts angesehen wurde, konnte in jüngerer Zeit gezeigt werden, daß er sich bei der Interpretation des schwedischen Rechts typischerweise zumindest um eine Übereinstimmung mit dem justinianischen Recht bemühte; vgl. hierzu *S. Jägerskiöld*, Johan Stiernhöök och den romerska rätten, in: G. Hafström/K.Å. Modéer (Hrsg.): Rättshistoriska studier, Bd. 4, S. 117 ff.; dens., Studier rörande receptionen av främmande rätt, S. 93 ff. sowie *P. Letto-Vanamo*, Johan Stiernhöök – en europeisk eller en svensk jurist?, in: K.Å. Modéer (Hrsg.): Johan Olofsson Stiernhöök – biografi och studier, S. 57 ff. (61 ff.). Zu Person und Wirken *Stiernhööks* ausführlich *J.E. Almquist*, Johan Stiernhöök, vår förste rättshistoriker, in: IRF (Hrsg.): Rättshistoriska Studier, Bd. 2, S. 162 ff.; ders.: Svensk Juridisk Litteraturhistoria, S. 22, 121 ff., 134 ff. sowie die Darstellungen in dem *Stiernhöök* gewidmeten Band 20 der Reihe „Rättshistoriska Studier“. Hinsichtlich des quantitativen Einflusses des römischen Rechts auf das neuzeitliche Schweden vgl. auch die instruktive Analyse des Buchbestandes in den Bibliotheken zahlreicher bedeutender schwedischer Juristen des 17. und frühen 18. Jahrhunderts bei *S. Jägerskiöld*, Utländsk juridisk litteratur, S. 31 ff. Sie vermittelt einen nachdrücklichen Eindruck von dem bedeutenden Umfang der Präsenz europäischer und nicht zuletzt deutscher Rechtsliteratur in Schweden.

Nicht zuletzt um Widersprüche mit dem erwähnten Königseid zu vermeiden, wurde diese Rezeption methodisch gemeinhin mit einer im 17. Jahrhundert beginnenden Vorliebe für das Naturrecht verbrämt, das unter dem Einfluß *Samuel Pufendorfs*[240] an den schwedischen Universitäten ab der zweiten Hälfte des 17. Jahrhunderts weite Verbreitung fand.[241] Vorgeblich frei von ausländischen Einflüssen und mit der ihm zugewiesenen Eigenschaft eines überpositiven und überzeitlichen, allen Menschen gleichermaßen zukommenden Rechts, stand das Naturrecht in Schweden nicht als eine fremde, von außen auf die heimische Rechtsordnung einwirkende Rechtsquelle dar. Widerspruchsfrei ließ es sich in dieser Form als der eigentliche Ursprung des schwedischen Rechts darstellen.[242]

Tatsächlich erwies es sich jedoch in wesentlichen Teilen nur als eine von veralteten Bestimmungen und Rechtsformen gereinigte und in systematisch neue Form gegossene Lehre des römischen Rechts,[243] das über die Brücke der naturrechtlichen Argumentation so weiterhin Eingang in die schwedische Rechtslehre fand.[244]

---

240 *Pufendorf*, der über viele Jahre in Lund den Lehrstuhl für Naturrecht innehatte, gab dort auch sein grundlegendes Werk „De jure naturae et gentium libri VIII" heraus. Zu *Pufendorfs* Einfluß auf die schwedische Rechtslehre vgl. näher *S. Jägerskiöld*, Erik Lindeman-Lindschöld, Teil I, in: Karolinska förbundets årsbok 1983, S. 119 ff. (145 f.); *B. Lindberg*, Naturrätten, S. 50 ff.; *M. Weibull/E. Tegnér*, Lunds universitets historia, Bd. 2, S. 207 ff.; 213 ff.

241 Näher *Å. Malmström*, Juridiska fakulteten, Bd. 2, S. 68 ff.; *B. Lindberg*, Naturrätten, S. 72 ff.

242 So erlegten die erwähnten (S. 59 FN 237) Richtlinien *Karls X. Gustav* aus dem Jahr 1655 beiden Rechtsprofessoren an der Uppsaler Universität auf, sowohl bei der Darstellung des schwedischen Rechts als auch bei der Unterweisung im römischen Recht sich um die Offenlegung des „rechtlichen Kerns" („adyta") der Gesetze und Bestimmungen zu bemühen, der im Naturrecht zu suchen sei. Vgl. näher *Å. Malmström*, Juridiska fakulteten, Bd. 2, S. 68 ff. (v.a. 71 ff.); *B. Lindberg*, Naturrätten i Uppsala, S. 169 ff. (171 ff.) sowie dens., The doctrine of natural law in the 17 th century Sweden, in: K.Å. Modéer (Hrsg.): Samuel von Pufendorf 1632-1982, S. 71 ff. Zur vergleichbaren Situation in Lund s. *J. Rosén*, Lunds universitets historia, Bd. 1, S. 172. Zu den Gründen für die Ausbreitung des Naturrechtsgedankens in Schweden s. auch *H. Ylikangas*, Kampen mellan naturrätt och romersk rätt i Sverige, in: G. Inger (Hrsg.): Den svenska juridikens uppblomstring, S. 145 ff.

243 Vgl. schon aus einem Brief *Pufendorfs* an *Chr. Thomasius* aus dem Jahr 1688: „Was MhH (mein hochverehrter Herr) wieder meine gedanken de separando juri naturali a politico in libris juris Romani objiciret, dass hernach nicht rechtschaffen viel übrig bleiben würde, quod in formam artis ridigi possit, ist eben was ich intendire, nehmlich den juris legistis zu weisen, dass sie nicht ursach haben die disciplinam juris naturalis anzufeinden, weil die pandecten, wenn man davon separirte, was eigentlich ad jus naturale gehört, gar eine schlechte sache seyn würden", zitiert nach *T. Nielsen*, Studier over aeldre dansk Formueretspraksis, S. 24). Vgl. zum Verhältnis von römischem Recht und Naturrecht auch *E. Anners*, Den europeiska rättens historia, Bd. 2, S. 73; s. aber auch *S. Jägerskiöld*, Rätt och rättskipning i 1600-talets Sverige, in: G. Inger (Hrsg.): Den svenska juridikens uppblomstring, S. 217 ff. (237 ff.) mit einer Aufschlüsselung auch der Unterschiede zwischen beiden Rechtsquellen.

244 Vgl. dazu näher *B. Lindberg*, Naturrätten, S. 172 ff. sowie *O. Fenger* in einer Rezension der Untersuchung *S. Jägerskiölds* („Studier rörande receptionen av främmande rätt") in: TfR 1965, S. 189 ff. (197). Methodisch rechtfertigen ließ sich die Rezeption des römi-

Das vielleicht nachdrücklichste Beispiel für die Rezeption des Naturrechtsmodells und seine Verwendung als methodisches Hilfsmittel für die Übernahme römischrechtlicher Grundsätze in die schwedische Rechtswissenschaft findet sich in der Person *David Nehrmans*. Er zählte zu den beherrschenden Forschergestalten des 18. Jahrhunderts[245] und vermochte nicht zuletzt dadurch großen Einfluß auszuüben, daß er über mehr als dreißig Jahre praktisch allein für den Rechtsunterricht an der Lundenser Fakultät verantwortlich war.[246] Seine Lehre wie auch seine zahlreichen Abhandlungen über das schwedische Zivil-, Straf- und Prozeßrecht standen unter dem nachweislichen Einfluß vor allem des deutschen Naturrechtlers *Christian Thomasius*, mit dessen Lehren sich *Nehrman* während eines mehrjährigen Aufenthalts in Deutschland intensiv auseinandergesetzt hatte.[247] Neben der Betonung der praktischen Funktion der Rechtswissenschaft und der damit verbundenen gezielten Verwendung der heimischen Sprache anstelle des zeittypischen Lateins[248] übernahm *Nehrman* von *Thomasius* insbesondere dessen (formale) Abneigung gegen das römische Recht.[249] Gleich seinem deutschen Kollegen schrieb er diesem einen destruktiven, die Studenten am richtigen Verständnis des heimischen Rechts hindernden Einfluß zu[250] und unternahm in seinen

---

schen Rechts durch Rückgriff auf die ihrerseits dem Corpus Iuris Civilis entlehnte Idee des „ius gentium"-Charakters des römischen Rechts als einer für alle Nationen verbindlichen Rechtsquelle. Das schwedische Recht, so wurde argumentiert, könne infolgedessen das römische Recht als Ausfluß des „ius gentium" zumindest subsidiär anwenden, ohne sich dadurch in unzulässiger Weise „verfremden" zu lassen; dazu näher *S. Jägerskiöld*, Roman influence on Swedish Case Law in the 17th century, in: ScandStL 1967, S. 177 ff. (203); *B. Lindberg*, a.a.O., S. 172 f.

245 Vgl. näher zu Person und Wirken *David Nehrmans*, geadelt *Ehrenstråle*, (1695-1769) die Darstellung in SBL, Bd. 7, S. 385 ff.; SMK, Bd. 2, S. 328 f; *K.Å. Modéer*, Några gestalter, S. 12 ff.; *J.E. Almquist*, Svensk Juridisk Litteraturhistoria, S. 30 ff., 177 ff.

246 *J.E. Almquist*, a.a.O., S. 177. Zur Tätigkeit *Nehrmans* an der juristischen Fakultät in Lund s. näher *G. Johannesson*, Lunds universitets historia, Bd. 2, S. 253 ff.

247 *Nehrman* hielt sich von 1714 bis 1717 in Deutschland auf, wo er Vorlesungen in Rostock, Jena und vor allem Halle besuchte. Vgl. zum Einfluß von *Thomasius* auf *Nehrmans* Lehre näher *G. Johannesson*, ibid.

248 Vgl. nur *Nehrman* selbst im – unpaginierten – Vorwort seines Werks „Inledning Til Then Swenska Iurisprudentiam Civilem" (1729): „Ich könnte viele Gründe anführen, weshalb ich diese Abhandlung auf Schwedisch geschrieben habe; allein, der Leser wird sich wohl mit einem begnügen: daß ich nicht diejenigen, die kein Latein sprechen, an der Lektüre des Buches hindern wollte."

249 Vgl. *L. Björne*, Nordische Rechtssysteme, S. 27; zu *Thomasius'* dezidiert ablehnender Haltung gegenüber dem römischen (wie auch kanonischen) Recht s. nur *W. Nörr*, Naturrecht und Zivilprozeß, S. 12 f.

250 So erklärte *Nehrman* (in: ders.: Inledning Til Then Swenska Iurisprudentiam Civilem, Cap. I § 44 f.): „(...) daß derjenige, der, ehe er einigermaßen das schwedische Gesetz versteht, das römische Recht oder nur die Institutionen oder ein Kompendium der Institutionen in der Absicht liest, sich damit einen reinen und richtigen Grund in der Rechtskunde zu verschaffen, sehr eitel arbeitet, unrichtige Begriffe von vielerlei Sachen gewinnt und dann mehr Schwierigkeiten bekommt bei der Ausdeutung und Anwendung des schwedischen Gesetzes auf die anstehenden Fälle als jemand, der nie vom römischen Recht gehört

Werken den ausdrücklichen Versuch, ohne fremdes Recht auszukommen.[251] Da ihm dies schon infolge der Lückenhaftigkeit des alten schwedischen Rechts vor dessen Reform 1734[252] ebensowenig gelingen konnte wie seinen Vorgängern, erklärte er die von ihm herangezogenen Bestimmungen des römischen Rechts kurzerhand zu Regeln des allgemeingültigen und damit auch dem schwedischen Recht zugrunde liegenden Naturrechts.[253] Auf diese Weise glaubte er, einen prinzipiellen Widerspruch zu seiner ablehnenden Haltung gegenüber der Rezeption fremden Rechts vermeiden zu können.

Neben *Nehrman* lassen sich für die Zeit des 18. Jahrhunderts noch weitere Juristen anführen, die – teils als Rechtswissenschaftler, teils als schreibende Praktiker – in ihren Werken unter dem Deckmantel des Naturrechts römisches Recht behandelten und es auf diesem Weg in das schwedische Recht überführten.[254]

b) Der Einfluß auf die Rechtsprechung

Der Einfluß des ausländischen, in erster Linie römischen Rechts während des 16. bis 18. Jahrhunderts beschränkte sich in Schweden nicht allein auf die Rechtswissenschaft, sondern erfaßte auch die Praxis an den Gerichten und die legislative Arbeit an der Reform des alten Stadt- und Landrechts.

Die schwedische Rechtsprechung kam mit dem römischen Recht überwiegend ab dem frühen 17. Jahrhundert in Kontakt, nachdem unter *Gustav II. Adolf* im Bemühen um eine verbesserte Gerichtsverfassung 1614 in Stockholm das Svea Hofgericht („Svea Hovrätt") als das (zunächst) höchste ordentliche Gericht gegründet worden war.[255] Dieses war in seiner Funktion als Obergericht, das gerade zu dem Zweck eingerichtet worden war, die königliche Rechtsprechung als die oberste Judikativinstanz zu ersetzen, stellenweise auch für die Rechtspflege in den vom deutschen Reich an Schwe-

---

hat (...). Warum sollte man dann aber die schwedische Rechtskunde bei dem römischen Recht beginnen lassen, die beide keine größere Ähnlichkeit miteinander aufweisen als die hebräische Sprache mit der lateinischen oder die evangelische Lehre mit der des Papstes."

[251] So etwa *ders.* im Vorwort seines Werkes „Inledning Til Then Swenska Jurisprudentiam Civilem": „Vor allem habe ich mich bemüht, ohne Vermengung mit fremdländischen Gesetzen und Meinungen deutlich zu zeigen, was das schwedische Recht besagt."

[252] S. dazu auch nachfolgend unter c).

[253] *L. Björne*, Nordische Rechtssysteme, S. 28. Bezeichnend *Nehrmans* Äußerungen im unmittelbaren Anschluß an das obige (vorstehende FN) Zitat: „Verfahren bin ich dabei folgendermaßen: daß ich zuerst das Gesetz der Natur, wie es alle kennen, zu Grunde gelegt habe (...)."

[254] Zu erwähnen sind insofern insbesondere die Professoren *Olof Rabenius* (1730-1772) und *Matthias Calonius* (1738-1817) sowie der Praktiker *Johan Funck* (1703-1773). Zu ihnen im einzelnen näher SMK, Bd. 6, S. 198 f. (*Rabenius*); *A. Wrede*, Matthias Calonius, passim; *J.E. Almquist*, Svensk Juridisk Litteraturhistoria, S. 33 (*Funck*), S. 35 (*Rabenius*), S. 37 (*Calonius*) sowie *L. Björne*, Patrioter och Institutionalister, S. 115 ff. (*Rabenius*), 131 ff. (*Calonius*).

[255] Näher zu Entstehung und Funktion der schwedischen Hofgerichte unter III. 2. c).

den gefallenen Städten und Territorien zuständig.[256] Soweit diese entsprechend der ihnen von dem schwedischen König eingeräumten Privilegien bzw. nach den Vertragsbestimmungen des Westfälischen Friedens weiterhin nach „kaiserlichem Recht", d.h. dem deutschen gemeinen Recht, leben durften,[257] war dieses von dem Hofgericht zu berücksichtigen und seiner Urteilsfindung zugrunde zu legen. Mit dem römischen Recht zunächst noch wenig vertraut, begehrte das Gericht in der Folge denn auch ausdrücklich die Aufnahme von Juristen in seine Spruchkörper, „die von Kaiserrecht und Prozeß gute Kenntnis haben."[258] Es überrascht daher nicht, daß eine große Anzahl der Richter, die am Svea Hofgericht während des 17. Jahrhunderts Dienst taten, in Deutschland oder auch den Niederlanden ausgebildete und promovierte Juristen waren bzw. vor ihrer Berufung an das Gericht als Professoren an den schwedischen Universitäten römisches Recht unterrichtet hatten.[259]

---

256 Den Anfang machte die baltische Stadt Reval (Tallinn), die sich 1561 freiwillig unter die schwedische Vorherrschaft stellte. Vor allem jedoch im Verlauf des 30jährigen Krieges gelangen der schwedischen Krone ausgedehnte Territoriumsgewinne im deutschen Reichsgebiet (Pommern, Wismar, Bremen-Verden). Näher zu den damit verbundenen Justizfragen der Ausübung schwedischer Gerichtshoheit auf deutschem Boden s. die ausführliche Analyse bei *K.Å. Modéer*, Gerichtsbarkeiten der schwedischen Krone im deutschen Reichsterritorium, passim.

257 Vgl. dazu näher *A. Meurling*, Svensk domstolsförfattning i Livland, u.a. S. 233 ff.; *S. Jägerskiöld*, Studier rörande receptionen, S. 30 ff. sowie *K.Å. Modéer*, Gerichtsbarkeiten der schwedischen Krone, S. 14 ff. et passim. Nach den Bestimmungen des Westfälischen Friedens verblieb Pommern unter der Reichshoheit des deutschen Kaisers und trat der schwedische König lediglich in die Rechte des pommerschen Landesfürsten, so daß für das Territorium weiterhin das gemeine deutsche Reichsrecht Gültigkeit besaß. Größeren Einfluß vermochte das schwedische Recht allerdings in Pommern über die schwedischen Kriegsgerichte auszuüben, die regelmäßig nach schwedischem Kriegsrecht richteten; dazu näher *K.Å. Modéer*, „Schwedisches Kriegsgericht in Stralsund" – några anteckningar i anledning av ett arkivfynd, in: Hafström/Modéer (Hrsg.): Åke Holmbäck på 80-årsdagen, S. 223 ff.

258 „Därför begäres att HKM:t ville sådane personer uti Rätten förordne som om kejsarlag och process god kunskap have (...)"; entnommen: *S. Petrén*, Hovrättens uppbyggnad 1614-1654, in: Petrén/Jägerskiöld, Svea Hovrätt – Studier till 350-årsminnet, S. 3 ff. (68).

259 Zu nennen sind – neben zahlreichen anderen – etwa die als Hofrichter in dieser Zeit tätigen Juristen *Nils Bielke* (Studium u.a. in Rostock und Siena), *Johan Skytte* (Marburg), *Olof Stråle* (Greifswald, Rostock, Wittenberg), *Ericus Olai Balingstradius* (Greifswald), *Gabriel Gustafsson Oxenstierna* (Rostock, Wittenberg, Jena), *Per Brahe* (Gießen, Marburg, Straßburg, Bologna, Padua), *Karl Kristersson Horn* (Leiden), *Uddo Ödla* (Leiden) sowie *Benedictus Olai Crusius* (Rostock, Helmstädt, Greifswald, Gießen [Promotion], Marburg).

Von *Crusius* ist bekannt, daß er ausdrücklich aufgrund seiner Ausbildung in Deutschland und der damit verbundenen Kenntnis des römischen Rechts 1626 an das Svea Hofgericht berufen wurde. So wird in dem entsprechenden königlichen Schreiben (*S. Petrén*, Hovrättens uppbyggnad, a.a.O., S. 69) seine Ernennung zum Hofrichter damit begründet, daß „hier an diesem Königlichen Gericht einige livländische Rechtsstreitigkeiten aufgrund rechtmäßiger Appellation anhängig sind, die (...) im wesentlichen secundum jus civile abgeurteilt und verbeschieden werden müssen." Von *Crusius'* Zeit am Gericht ist im übrigen eine ebenso amüsante wie aufschlußreiche Begebenheit überliefert, die von dem Vertrauen der streitenden Parteien in die römischrechtliche Kompetenz der Hofrichter zeugt. So wandte sich in einem Wechselrechtsstreit, in dem der damals bekannte holländische Finanzier *Abraham Cabiljau* – beteiligt u.a. an der Gründung Göteborgs (vgl. zu ihm *G. Grenholm* [Hrsg.], Den svenska historien,

Doch auch in den heimischen Rechtsfällen wandte das Stockholmer Hofgericht, wie jüngere Untersuchungen zu zeigen vermochten, in allmählich wachsendem Maße römisches Recht an.[260] In Anlehnung an den alten Königseid[261] unter Verwendung lediglich schwedischer Terminologie zustande gekommen,[262] verraten die Entscheidungen des Gerichts ihrer Form nach zwar keine Beeinflussung durch fremdes Recht. In den Urteilsberatungen im Vorfeld der Beschlußfassung, die für das gesamte 17. Jahrhundert in überwiegend wortgetreuer Wiedergabe erhalten geblieben sind, fühlten sich die Richter hingegen frei, ihre Überlegungen in lateinischer Sprache und unter regelmäßigem Zitieren ausländischer Literatur und Gesetze zu führen. Eine nähere Analyse dieser Protokolle offenbart eine umfangreiche Rezeption vor allem des justinianisch-römischen und des deutschen gemeinen Rechts, aber auch Spuren des niederländisch-römischen Rechts lassen sich erkennen.[263]

Rezipiert wurde aus diesen Quellen auch von der Rechtsprechung in erster Linie in den Fällen, in denen das heimische Recht lückenhaft war und keine Lösung bot.[264] Königin *Kristina* forderte 1650 sogar ausdrücklich in ihrem für die königliche Rechtsprechung zuständigen Rat dazu auf, subsidiär „auf das jus romanum zu schauen."[265]

Bd. 3, S. 174 f.) – Partei war, dessen anwesender Sohn an den schwedischen Anwalt der Gegenseite mit den Worten: „I förstår die saken nicht, der Doctor Crusius förstår väl die saken" (entnommen: *S. Petrén*, ibid. S. 69).

Näher zu der Besetzung des Svea Hofgerichts im 17. Jahrhundert mit eingehenden Nachweisen zu dem römischrechtlichen Ausbildungshintergrund der dort tätigen Richter *S. Petrén*, Hovrättens uppbyggnad, a.a.O., S. 58 ff.; *S. Jägerskiöld*, Roman influence on Swedish Case Law in the 17th century, in: ScandStL 1967, S. 177 ff. (208); ders.: Studier rörande receptionen, S. 46 ff. sowie ders.: Hovrätten under den karolinska tiden och till 1734 års lag, in: Petrén/ Jägerskiöld, Svea Hofrätt – Studier till 350-årsminnet, S. 179 ff. (v.a. 183 ff.).

260 Vgl. v.a. *S. Jägerskiöld*, Roman influence, in: a.a.O., S. 177 ff. sowie dens., Johan Stiernhöök och den romerska rätten, in: Rättshistoriska Studier, Bd. 4, S. 117 ff.

261 S. unter S. 59 FN 236.

262 *S. Jägerskiöld*, Roman influence, in: a.a.O., S. 178.

263 Ders.: a.a.O., S. 179. Im Verhältnis dieser Rechtsquellen zueinander läßt sich feststellen, daß das deutsche gemeine Recht bzw. das niederländisch-römische Recht dem älteren justinianischen vorgezogen wurden. Letzteres kam jedoch immer dann zur Anwendung, wenn weder das einheimische schwedische Recht noch das deutsche gemeine bzw. niederländisch-römische Recht weiterhalfen; hierzu näher ders.: a.a.O. Der Einfluß des niederländisch-römischen Rechts ist zweifellos eine unmittelbare Folge der Studienaufenthalte der Hofrichter bzw. der Verfasser der von den Richtern bei der Urteilsberatung regelmäßig mit herangezogenen schwedischen Rechtsliteratur in Leiden und Franeker. Beide Universitätsstädte waren im 16. und 17. Jahrhundert beliebte Ausbilungsstätten für schwedische Juristen; vgl. *J. Sundberg*, Från Eddan till Ekelöf, S. 79.

264 *S. Jägerskiöld*, Roman influences, in: a.a.O., S. 205; ders.: Studier rörande receptionen, S. 90 ff.

265 Svenska Riksrådets Protokoll, Bd. 14, S. 190. Auch der Präsident des Svea Hovrätt, *Johan Gyllenstierna*, äußerte wenige Jahre später diese Ansicht, vgl. *S. Jägerskiöld*, Roman influences, in: a.a.O., S. 205.

Aber auch soweit schwedische Regelungen existierten, wandten die Richter nicht selten römisches Recht an und behaupteten dann kurzerhand seine Übereinstimmung mit den heimischen Bestimmungen. Dies geschah selbst dort, wo die römischrechtlichen Normen dem schwedischen Recht zuwiderliefen.[266]

Mit Blick auf den Rezeptionsumfang läßt sich feststellen, daß römisches Recht wie schon in der Doktrin, so auch in der Spruchpraxis der Gerichte nicht nur in formaler, die Terminologie[267] und Systematik[268] umfassender Hinsicht zur Anwendung kam, vielmehr auch materiell hinsichtlich allgemeiner Rechtsgrundsätze und -prinzipien[269] sowie konkreter Bestimmungen und Institute.[270] Zudem griffen die Richter bei ihren Urteilsberatungen vielfach auf die Werke ausländischer wie einheimischer Rechtswissenschaftler zurück, die – wie gezeigt – in hohem Maß von dem römischen Recht geprägt waren und auf diese Weise die Rezeption des ausländischen Rechts durch die schwedische Rechtsprechung mittelbar unterstützten.[271]

c) Der Einfluß auf die Gesetzgebung

„Der Einfluß der Richtermacht auf die Schaffung des objektiven Rechts ist (...) in unserem Land nie so groß gewesen wie während des 17. Jahrhunderts",[272] heißt es in der schwedischen rechtshistorischen Literatur mit Blick auf das Verhältnis zwischen judikativer und legislativer Gewalt im neuzeitlichen Schweden.

---

266 Zu zahlreichen Beispielen hierfür s. *S. Jägerskiöld*, a.a.O., S. 205 f.

267 Beispiele wie etwa die Rechtstermini *traditio brevi manu / longa manu, pactum, conventio, cessio juris, solutio, compensatio, evictio* etc. finden sich bei *Jägerskiöld*, a.a.O., S. 202.

268 *S. Jägerskiöld*, ibid. führt etwa die von den Hofrichtern aufgegriffene Unterscheidung der Verträge in *pacta nuda* und *pacta vestita* an.

269 Etwa die Grundsätze des „*pacta sunt servanda*", „*hominis provisio tollit provisionem legis*", „*nemo plus juris transferre potest quam ipse habet*". Überwiegend scheint man am Gericht diese Prinzipien dem 17. Titel des 50. Buchs der Digesten entnommen zu haben; s. näher dens., a.a.O., S. 203. Vgl. zu weiteren Beispielen dens., Studier rörande receptionen, S. 128 ff.

270 Im einzelnen dazu mit Beispielen u.a. aus der justinianischen und der gemeinrechtlichen bona fides-Lehre und der Irrtumsdogmatik *S. Jägerskiöld*, a.a.O., S. 179 ff. sowie ders.: Studier rörande receptionen, S. 143 ff. Ausführlich auch *ders.* zur Rezeption des culpa-Instituts aus dem römischen Recht im 17. und 18. Jahrhundert in: Om culpa-ansvaret under 1600- och 1700-talen – några anteckningar om svensk rättspraxis och doktrin, in: K.Å. Modéer (Hrsg.): Rättshistoriska studier tillägnade G. Hasselberg, S. 145 ff. (152 ff.).

271 Von den einheimischen Wissenschaftlern wurden in hohem Umfang *J. Loccenius* und *C. Rålamb* zitiert. Ebenso *H. Grotius* und S. *Pufendorf*, von denen zumindest letzterer aufgrund seiner jahrelangen Tätigkeit an der juristischen Fakultät in Lund zu den schwedischen Rechtsgelehrten gezählt werden kann, während *Grotius* zwar als Diplomat in schwedischen Diensten stand, seine Werke jedoch bereits vorher veröffentlicht hatte (zu *Grotius'* Beziehungen zu Schweden s. näher *K.Å. Modéer*, Hugo Grotius and Lund, S. 11 ff.). An ausländischen Juristen, die durch ihre Werke auf die Rechtspflege des Svea Hofgerichts einen Einfluß hatten, nennt *S. Jägerskiöld*, a.a.O., S. 207 u.a. *Carpzov, Berlichius, Brunnemann, Gail, Damhouders, Baldus, Faber, Scaliger* und *Mynsinger*.

272 *G. Olin*, Några blad ur det svenska straffsystemets historia, in: Minnesskrift till 1734 års lag, Bd. 2, S. 807 ff. (807).

Als man unter dem Eindruck der überalteten gesetzlichen Bestimmungen in den Landschaftsgesetzen und den Stadt- und Landrechten im frühen 17. Jahrhundert damit begann, Reformkommissionen zur Novellierung des gesamten geltenden Rechts einzusetzen,[273] boten sich die Normen des überkommenen Rechts kaum als Anknüpfungspunkte bei der Suche nach verbesserten Regelungen an. Sie waren infolge der gesellschaftlichen, politischen und nicht zuletzt auch wirtschaftlichen Fortentwicklung des Gemeinwesens auf weite Strecken lückenhaft geworden oder standen mit dem gewandelten Rechtsbewußtsein der Bevölkerung nicht länger in Übereinstimmung. Demgegenüber bot die Judikatur der Obergerichte eine reichhaltige Fundgrube an Lösungen derjenigen Rechtsfälle, denen auch eine Novellierung des Rechts Rechnung zu tragen hatte. Es lag daher nahe, daß die Sachverständigenkommissionen, die mit der Ausarbeitung der Gesetzentwürfe betraut wurden, sich eng an die Spruchpraxis der Gerichte anlehnten, unter denen das Svea Hofgericht traditionell die leitende Stellung einnahm. Dies mußte umso mehr gelten, als eine große Anzahl der Mitglieder des bedeutendsten Gremiums – der 1686 eingesetzten sog. Großen Reformkommission („stora lagkommissionen") – selbst Richter am Svea Hofgericht waren.[274]

Tatsächlich lassen sich in einer Vielzahl von Fällen Bestimmungen der schließlich 1734 vom Reichstag angenommenen großen Novelle „Sveriges Rikes Lag" auf konkrete Gerichtsentscheidungen zurückführen, die von den Reformgremien übernommen worden waren.[275] Da sich die Judikatur jedoch ihrerseits, wie dargelegt, unter dem nachhaltigen Einfluß des römischen Rechts entwickelt hatte, hinterließ dieses auf diesem Weg auch in der Gesetzgebung deutliche Spuren. Dies ist für die Bestimmungen des Handelsrechts in der Kodifikation von 1734 eingehend belegt worden.[276]

Doch auch auf der Ebene des Prozeßrechts läßt sich eine umfängliche Rezeption des römisch-kanonischen bzw. des deutschen gemeinen Rechts feststellen, die sowohl die Gerichtsorganisation als auch die Regelung des Verfahrens umfaßte. Sie soll im folgenden im Rahmen der Darstellung des neuzeitlichen schwedischen Zivilprozesses offengelegt werden.

---

[273] *G. Inger*, Svensk rättshistoria, S. 72 ff.

[274] *G. Bendz*, Om hovrätterna från deras uppkomst till 1734 års lag, in: Minnesskrift tillägnad 1734 års lag, Bd. 2, S. 138 ff. (950 ff.); *S. Jägerskiöld*, Roman influence, a.a.O., S. 209; ders.: Studier rörande receptionen, S. 452 mit einer näheren Bezeichnung der an der Reform beteiligten Hofrichter.

[275] Dazu ders.: a.a.O., S. 208 sowie *K.Å. Modéer*, Historiska rättskällor, S. 107.

[276] Vgl. *S. Jägerskiöld*, Handelsbalkens utländska källor, passim, vgl. etwa S. 451 ff.

III. Die Gestaltung des neuzeitlichen Zivilprozesses (16.-18. Jahrhundert)

1. Einführung

Die mit dem Regierungsantritt *Gustav I. Wasa* 1523 beginnende und mit der Konstituierung der ersten großen Reformkommission zur Gestaltung des geltenden Prozeßgesetzes 1810 endende Epoche war für die Entwicklung des schwedischen Zivilprozeßrechts von großer Bedeutung. Eine Fülle von Vorschriften, die je nach Verteilung der politischen Einflußsphären teils auf Veranlassung des Königs, teils stärker auf Betreiben der Reichsstände erlassen wurden, prägen diesen Zeitraum von nahezu dreihundert Jahren. Die wenigsten von ihnen betrafen den Prozeß im ganzen, überwiegend wurden einzelne Fragen des Verfahrens oder der Organisation herausgriffen und gesondert behandelt. Im Zusammenwirken mit sich im Laufe der Zeit ändernden Gepflogenheiten der Gerichtspraxis führten sie zu einer langsamen, aber stetigen Veränderung des mittelalterlichen Prozesses mit seinen kennzeichnenden Merkmalen der Mündlichkeit, Öffentlichkeit und Verhandlungsmaxime und seinen spezifischen Beweismitteln der „nämnd" und der Eidhelfer. Am Ende der Entwicklung präsentierte sich zu Beginn des 19. Jahrhunderts ein Prozeß, der sich sowohl auf der Ebene der Gerichtsverfassung als auch hinsichtlich des Verfahrens deutlich von der Epoche des Mittelalters abhob.

Eine feste Instanzordnung mit neu geschaffenen Hofgerichten als Appellationsinstanz und einem Höchsten Gerichtshof als oberstem Rechtspflegeorgan waren an die Stelle der ungewissen und von vielfältigen Überschneidungen bestimmten Abgrenzung der einzelnen Jurisdiktionsbereiche in den Städten und auf dem Land sowie des Königs und der Kirche getreten. Der das alte Verfahren beherrschende Eidhelferprozeß war verschwunden und hatte einem Beweisverfahren Platz gemacht, das von der legalen Theorie ausging und in dem Zeugen und Urkunden nunmehr die wichtigsten Beweismittel darstellten. Die „nämnd" – ursprünglich ein Beweismittel der Parteien und infolgedessen organisatorisch außerhalb des Gerichts stehend – war als Spruchkörper mit Schöffenfunktion an die Seite des Richters getreten und beteiligte sich gleichberechtigt an der Entscheidung der tatsächlichen wie rechtlichen Fragen des Prozesses. Mündlichkeit und Öffentlichkeit schließlich waren vor den Obergerichten durch ein weitestgehend schriftliches und geheimes Verfahren ersetzt worden, und auch an den Untergerichten hatte die Schriftlichkeit vor allem in den Städten in immer stärkerem Maße Einzug gehalten.

All diese Veränderungen hatten sich kontinuierlich herausgebildet und waren nicht etwa im Wege einer einmaligen Legislativreform uno actu verordnet worden. Dies trifft auch und gerade auf die im Mittelpunkt der legislativen Maßnahmen jener Epoche stehende Kodifikation des Schwedischen Reichsrechts („Sveriges Rikes Lag") von 1734 zu, die in ihrem neunten Buch die Regelung des Prozeßrechts enthält. Sie ist auf weite Strecken weniger eine konstitutive Neugestaltung des Rechts als vielmehr eine um Vereinheitlichung und schriftliche Niederlegung bemühte Fixierung der durch die vorangegangenen Vorschriften und die Gerichtspraxis bereits entwickelten Verfahrensgrundsätze. Hierin unterscheidet sich der historische Prozeß in nicht unbedeutendem Maße von dem modernen Verfahren, das in der Reformnovelle von 1942 in mehrfacher Hinsicht mit den überkommenen Grundsätzen bricht.[277]

Diese Kontinuität in der Entwicklung des neuzeitlichen Prozeßrechts rechtfertigt die für die nachfolgende Darstellung gewählte Form der einheitlichen Erfassung des Zeitraums vom 16. bis 18. Jahrhundert, die darauf verzichtet, einzelne Gesetze und Verordnungen herauszugreifen und gesondert abzuhandeln. Vielmehr soll versucht werden, auf der Grundlage von vier der wichtigsten Prozeßrechtsverordnungen und Gesetze dieser Zeit eine zusammenfassende Schilderung der Prozeßentwicklung zu geben. Bei diesen Bestimmungen handelt es sich um die „Rättegångsordinantia“ von 1614,[278] die zur Gründung des ersten Hofgerichts führte, den „Rättegångsprocess“ von 1615[279] und die „Rättegångsförordning“ von 1695,[280] die beide für den neuzeitlichen Prozeß grundlegende Verfahrensregelungen enthalten, sowie das bereits erwähnte neunte Buch der großen Kodifikation des „Sveriges Rikes Lag“ von 1734,[281] mit dem die Entwicklung des Verfahrens dieser Epoche im wesentlichen abgeschlossen ist.

Die Kontinuität in den Veränderungen des mittelalterlichen Gerichtsgangs schließt allerdings nicht zugleich deren Simultaneität oder Uniformität auf der Ebene der alten schwedischen Landschaften ein. Wenn sich auch die Lösung von dem mittelalterlichen Prozeß stetig und ohne große Brüche vollzog, so geschah dies doch in den verschiedenen Landstrichen Schwedens

---

[277] Daß auch die Reform von 1942 traditionelle Züge aufweist, wird unter 3. Teil B. IV. 1. c) näher ausgeführt. Der hier wie auch im folgenden zur Bezeichnung des schwedischen Gesetzbuchs von 1734 verwendete Begriff der Kodifikation impliziert keine Stellungnahme des Autors zu der überaus problematischen Frage nach der abschließenden Einordnung des Reichsrechts von 1734 im Spannungsverhältnis zwischen deklaratorisch-konservativer Rechtskompilation und konstitutiv-progressiver Kodifikation. Die Antwort hierauf setzt eine vertiefte Auseinandersetzung mit der im Schweden des 17. und 18. Jahrhunderts herrschenden Auffassung vom Begriff des Gesetzes und der Funktion der Gesetzgebung im politischen Entscheidungsprozeß voraus, die im Rahmen dieser Arbeit nicht geleistet werden kann; erste Überlegungen hierzu bei *C. Peterson*, Das schwedische Gesetzbuch von 1734: Ein Gesetzbuch mittelalterlicher Tradition oder reformerische Aufklärungskodifikation?, in: H. Mohnhaupt (Hrsg.): Revolution, Reform, Restauration, S. 91 ff. m.w.N. aus der Literatur. Soweit im folgenden der Begriff der Kodifikation verwendet wird, versteht er sich daher allein im weiten Sinne als synoyme Bezeichung für ein Gesetzbuch.

[278] Nachfolgend zitiert als RO – [Regelungsziffer] (abgedruckt bei *J. Schmedemann*, Stadgar, S. 133 ff.).

[279] Nachfolgend zitiert als RP – [Regelungsziffer] (abgedruckt bei *J. Schmedemann*, Stadgar, S. 143 ff.).

[280] Nachfolgend zitiert als RF – [Artikel] (abgedruckt bei *J. Schmedemann*, Stadgar, S. 1414 ff.).

[281] Nachfolgend zitiert als RB – [Kapitel:Paragraph].

weder gleichzeitig noch in gleichem Umfang – trotz der seit dem Beginn der Epoche zu erkennenden deutlichen Zentralisierung des gesamten öffentlichen Lebens einschließlich der Rechtsetzung infolge der Stärkung der Königsmacht. Insbesondere verlief die Entwicklung auf dem Land an den eher der konservativen Grundhaltung der bäuerlichen Landbevölkerung verpflichteten „häradsrätter" langsamer und gemäßigter als in den Städten, wo Rechtsetzung und Gerichtsgang von Anfang an stärker unter ausländischem Einfluß gestanden haben.[282]

Ein wesentlicher Grund für diese Variationsbreite ist in dem zeittypischen, kasuistischen Stil der Gesetze[283] zu sehen und der dadurch mitbedingten erheblichen Lückenhaftigkeit selbst der umfangreicheren Prozeßordnungen. Sie ließen lange Zeit klare Regeln etwa hinsichtlich der Prozeßvertretung, des Schriftwechsels, der Zustellung, der Fristen, der Säumnis, der Beweismittel oder auch der Urteilsrechtskraft vermissen und boten dem Richter daher einen nicht unerheblichen Spielraum in der Gestaltung des Verfahrens. So vermochten in dieser Epoche „starke Richterpersönlichkeiten" das Verfahren zu prägen und dienten gesetzliche Bestimmungen nicht selten lediglich dazu, eine mancherorts bereits eingefahrene Praxis nachträglich zu kodifizieren. Richterliche Prozeßformung und Rechtssetzung reichten sich in der Enwicklung des Verfahrens auf diese Weise die Hand und waren beide gleichermaßen an der Ausbildung des neuzeitlichen Prozesses beteiligt.

2. Die Gerichtsorganisation

a) Die Gerichtsbarkeit auf dem Land: „häradsrätt" und „lagmansrätt"

„Häradsrätt" und „Lagmansrätt" – die beiden Instanzgerichte auf dem Land – erfahren in der fraglichen Zeit vor allem zwei Veränderungen: ihre zunehmende Einbeziehung in die königliche Verwaltung und Personalpolitik sowie den allmählichen Wandel der „nämnd" von einem Beweismittel zu einem in das Gericht inkorporierten Spruchkörper mit wachsenden Entscheidungskompetenzen.

Im Zuge der im 16. Jahrhundert einsetzenden Zentralisierungsbestrebungen im Reich begann sich der Einfluß des Königs auch auf die Besetzung der Richterposten zu erstrecken, die bis dahin im Wege der Volkswahl durch die bäuerliche Landbevölkerung vergeben worden waren. Schon unter *Gustav Wasa* wurde es üblich, das Amt des Richters sowohl an den „häradsrätter" als auch den lagmansrätter mit Adeligen und hohen Staatsbeamten ungeachtet ihrer zumeist fehlenden juristischen Qualifikation zu besetzen. Diese betrachteten den Richterposten vielfach nur als eine zu ihren bereits zahlrei-

---

[282] S. hierzu schon oben unter B. II. 2 (Ausländer als Mitglieder der städtischen Spruchkörper).

[283] Siehe zum Formenvergleich zwischen dem Gesetz von 1734 und der Novelle von 1942 die Analyse unter 3. Teil B. IV. 1. c) cc) α).

chen Staatsämtern hinzukommende Einkommensquelle, vermochten sich um die Ausübung der Rechtspflege selbst jedoch infolge mangelnder Kompetenz und aufgrund anderweitiger beruflicher Verpflichtungen regelmäßig nicht zu kümmern. Sie betrauten daher einen Vertreter („vikarie“) mit der eigentlichen Rechtsprechung, wählten diesen aber nicht selten erneut unter wenig rechtskundigen Personen aus.[284] Häufig war ein und derselbe Ersatzrichter dabei sowohl für die Rechtspflege an dem „häradsrätt“ als auch in der zweiten Instanz des „lagmansrätt“ zuständig[285] und vereinte somit Eingangs- und Berufungsgericht in Personalunion.

Vor dem Hintergrund dieses Vikariatsystems mit rechtlich wenig gebildeten Richtern, das den neuzeitlichen Prozeß lange beherrschte, erfuhr die „nämnd“ einen allmählichen Funktionswandel. Sie begann, ihre ursprüngliche Stellung als ein in nur bestimmten Prozessen eingesetztes, außerhalb des Gerichts stehendes Beweismittel besonderer Art aufzugeben, und sich als als ein permanenter Teil des Spruchkörpers an der Seite des Richters zu etablieren. Dabei übernahm sie zugleich die richterlichen Kompetenzen in dem Maße, in dem seine mangelnde Qualifikation den Richter an der Ausübung seines Amtes hinderte. Zunehmend traf die „nämnd“ daher selbst die Entscheidungen im Prozeß, teils noch im Zusammenwirken mit dem Richter, teilweise aber auch ohne ihn bzw. mehrheitlich gegen seine Ansicht.[286]

Wann genau und in welchem konkreten Umfang innerhalb der einzelnen Gerichte diese Veränderungen stattfanden, läßt sich nicht mehr mit Sicherheit ausmachen. Fest steht, daß sie in den einzelnen Landesteilen mit unterschiedlicher Geschwindigkeit eintraten. Gesetzliche Bestimmungen und Gerichtsbücher aus der Mitte des 16. Jahrhunderts deuten darauf hin, daß der Funktionswandel der „nämnd“ zu dieser Zeit bereits in mehreren Landstrichen eingetreten war;[287] reichsweit dürfte er allerdings erst im Verlauf des 17. Jahrhunderts vollzogen gewesen sein.[288]

---

284 *W. Uppström*, Den svenska processens historia, S. 80.

285 *A. Engelmann/R. Millar*, History of continental civil procedure, S. 834.

286 *W. Uppström*, a.a.O., S. 85 mit Hinweisen auf unterschiedliche Meinungen in der zeitgenössischen Doktrin. Die Entwicklung am „lagmansrätt“ vollzog diejenige am „häradsrätt“ mit einer gewissen Verzögerung nach, da das Vikariatsystem am „lagmansrätt“ im 16. Jahrhundert noch vergleichsweise schwach ausgeprägt war und erst im Verlauf des 17. Jahrhunderts vorherrschend wurde; dazu näher *J.E. Almquist*, a.a.O., S. 11. Wenig sinnvoll erscheint es, den allmählichen Funktionswandel der „nämnd“ während der Neuzeit begrifflich an dem Maßstab des modernen Verständnisses des Laienrichtertums zu bewerten und eine Zuordnung zu den beiden Institutionen des Schöffen- bzw. des Geschworenengerichts zu versuchen. Mag insoweit auch wegen der zunehmenden Entscheidungsgewalt der „nämnd“ unabhängig von einer Kategorisierung der ihr vorgelegten Frage als Tat- oder Rechtsproblem am ehesten eine gewisse Ähnlichkeit mit den Schöffen naheliegen, so würde eine derartige Gleichsetzung doch der typischerweise schwachen Stellung des schwedischen Richters auf dem Land während dieser Entwicklung nicht genügend Rechnung tragen.

287 Näher hierzu mit Belegen *W. Uppström*, a.a.O., S. 86; s. auch S. 72 FN 290.

288 *J.E. Almquist*, Processrättens historia, S. 5.

Terminologisch trat diese Verschiebung im Kompetenzverhältnis durch eine bemerkenswerte Änderung auch der Personenbezeichnungen nach außen. Während noch nach dem Landrecht der Stellvertreter des dem „häradsrätt“ vorstehenden „Häradshäuptlings“ („häradshövding“) als „Häradsrichter“ („häradsdomare“) bezeichnet wurde, ging dieser Titel im Verlauf des 16. Jahrhunderts auf den vorsitzenden Sprecher der „nämnd“ über, während der stellvertretende Richter die Bezeichnung „lagläsare„ („Rechtsleser“) erhielt.[289] Hierin spiegelt sich der Bedeutungszuwachs der „nämnd“ wider, im Verhältnis zu der der „vikarie“ zunehmend nur noch die Aufgabe hatte, die leseunkundigen Mitglieder der „nämnd“ über den Inhalt des Gesetzbuchs zu informieren.[290]

Die mit den Gepflogenheiten des Vikariatsystems naheliegenderweise verbundenen Gefahren für die Qualität der Rechtsprechung waren zwar wiederholt Gegenstand reformatorischer Überlegungen.[291] Doch erst gegen Ende des 17. Jahrhunderts setzte sich die Regel durch, daß sowohl der „härads“- als auch der „lagmans“-Richter ihr Amt grundsätzlich persönlich auszuüben hatten, in dem betreffenden Gerichtssprengel ihren Wohnsitz nehmen mußten und neben ihrem Richteramt beruflich keine weitere Beschäftigung ausüben durften.[292] Gleichzeitig übten die zu diesem Zeitpunkt bereits gegründeten und mit ausgebildeten Berufsrichtern besetzten Hofgerichte[293] auf die Auswahl der Richter und ihrer Stellvertreter an den Untergerichten zunehmend Einfluß aus[294] und erreichten so den wieder verstärkten Einsatz von rechtskundigen Juristen in den Unterinstanzen. Parallel dazu ging der Einfluß der „nämnd“ auf die Urteilsfindung erneut zurück, blieb aber bei der Funktion einer „Mit-Richter“-Rolle an der Seite des „häradshövdings“ bzw. „lagmans“ bestehen.[295] Den Schlußstein dieser Entwicklung bildete die Kodifikation von 1734, nach der sich die „nämnd“ mit ihrer Entscheidung nur

---

[289] Gängig waren auch die Titel „underhäradshövding“ („Unterhäradshäuptling“) bzw. „lagförare“ („Gesetz[buch]führer“).

[290] *J.E. Almquist*, a.a.O., S. 4 f, weist zudem auf den Umstand hin, daß in den zeitgenössischen Gerichtsbüchern die Namen der „nämnd“-Mitglieder regelmäßig einzeln aufgeführt wurden, während derjenige des „lagläsare“ typischerweise fehlte. Zu dem Institut des schwedischen „lagläsare“ eingehend *S. Petrén*, Lagläsarna – ett bidrag till det svenska domstolsväsendets historia, in: IRF (Hrsg.): Rättshistoriska Studier, Bd. 1, S. 1 ff.

[291] Vgl. näher *A. Engelmann/R. Millar*, History of continental civil procedure, S. 835.

[292] Durch königliche Verordnung *Karls XI.* vom 29. 11. 1680.

[293] Näher dazu nachfolgend unter c).

[294] Vgl. *J.E. Almquist*, a.a.O., S. 7; *K.Å. Modéer*, Historiska rättskällor, S. 122. Entsprechend einer Verordnung vom 20. 2. 1678 mußte der „vikarie“ vom Hofgericht gebilligt werden, was in der Praxis dazu führte, daß als stellvertretender Richter nur ausgewählt wurde, wer am Hofgericht zuvor als Askultant eine gründliche Schulung durchgemacht und dabei die erforderlichen Rechtskenntnisse erworben hatte. Hinsichtlich der Person des Hauptrichters verschafften sich die Hofgerichte das Recht, drei aus ihrer Sicht geeignete Kandidaten vorzuschlagen, von denen dann einer ernannt wurde.

[295] Unter Berücksichtigung des auf S. 71 in FN 286 Ausgeführten läßt sich hier nun von einer deutlich schöffenähnlichen Funktion der „nämnd“ sprechen.

im Falle der Einstimmigkeit ihrer (mindestens sieben, höchstens zwölf) Mitglieder gegen das richterliche Votum durchsetzen konnte.[296]

b) Die Gerichtsbarkeit in den Städten

Die beiden städtischen Instanzen, das „kämnersrätt" und das „rådhusrätt", erfuhren im Verlauf des 16. bis gegen Ende des 18. Jahrhunderts keine durchgreifenden Veränderungen. Zu bemerken ist lediglich, daß die Teilnahme des königlichen Vogtes an der Rechtspflege allmählich wich, während der König etwa gleichzeitig auch in den Städten dazu überging, die Bürgermeister und Ratsmänner selbst zu ernennen bzw. die Wirksamkeit ihrer Ernennung von seiner Billigung abhängig zu machen.[297] Zahlreiche Beschwerden der auf ihre Selbstverwaltung pochenden Städte führten schließlich zu Beginn des 18. Jahrhunderts zu der Regelung, wonach die Bürgermeister vom König aus einer von der Stadt vorgeschlagenen Gruppe von Anwärtern berufen wurden.[298]

c) Die Organisation der königlichen Gerichtsbarkeit: Die Bildung der Hofgerichte

Die entscheidende, auch für die Gestaltung des Verfahrens bedeutsame Veränderung der Gerichtsorganisation des neuzeitlichen Prozesses fand auf der Ebene der königlichen Gerichtsbarkeit statt. Hier hatte sich gegen Ende des Mittelalters das Fehlen einer einheitlichen höchsten Instanz eines Königsgerichts nachteilig bemerkbar gemacht und zu Unregelmäßigkeiten und Überschneidungen in den gesetzlichen Bestimmungen über das reisende Königsting und die königliche Rechtsprechung im Reichsrat geführt.[299] Auf Initiative des bereits erwähnten deutschstämmigen Kanzlers *Konrad von Pyhy* richtete sich das Bestreben *Gustav Wasas* und seiner Nachfolger daher auf die Errichtung eines einzigen, homogenen Spruchkörpers, der letztinstanzlich im Namen des Königs richten sollte.[300] Nach mehreren erfolglosen Versuchen, an deren Anfang die Konstituierung eines sog. Regimentsrates („regementsråd") unter Vorsitz *v. Pyhys* mit einer Anzahl schwedischer und deutscher Richter als Beisitzenden stand,[301] gelang *Gustav II. Adolf* 1614 schließlich die Errichtung eines „königlichen Hofgerichts" („den konungsliga hovrätten")[302] in Stockholm. Bewußt in Anlehnung an die deutsche Gerichtsverfassung geschaf-

---

296 RB 23:2.

297 *A. Engelmann/R. Millar*, a.a.O., S. 838 f. Mitte des 17. Jahrhunderts standen den meisten Städten infolgedessen vom König bestimmte Bürgermeister vor.

298 Verordnung vom 16. 10. 1723.

299 Näher dazu *W. Uppström*, a.a.O., S. 95 f.

300 *G. Inger*, Svensk rättshistoria, S. 111. Im einzelnen dazu S. *Lundkvist*, Furstens personliga regemente – Gustav Vasa, Konrad von Pyhy och den svenska riksstyrelsen 1538-1543, in: Svenskt Biografiskt Lexikon (Hrsg.): Individ och historia – studier tillägnade H. Gillingstam, S. 209 ff.

301 Ibid.

302 Künftig auch als „Svea Hovrätt" bezeichnet.

fen,[303] sollte es gemäß der ihm zugrundeliegenden Verordnung[304] als höchstes Gericht fungieren, während gleichzeitig vorgesehene Unterhofgerichte in den für die Königssöhne geschaffenen schwedischen Herzogtümern ihm nachgeordnet waren. Einzig das Begnadigungsrecht im Falle von Todesurteilen behielt sich der König persönlich vor.

Schon im darauffolgenden Jahr wurde das Hofgericht jedoch faktisch in eine Mittelinstanz umgewandelt, indem die Prozeßordnung von 1615 den Parteien das Recht einräumte, sich bei Unzufriedenheit mit der hofrichterlichen Entscheidung an den König zu wenden und so in den Genuß eines „beneficium revisionis" zu gelangen. Zwar bestand kein Anspruch auf die Annahme der „Revision", die einzig in das freie Ermessen des Königs gestellt war, so daß das Hofgericht die formal letzte ordentliche Instanz blieb. Gleichwohl zwang die Praxis regelmäßiger Revisionsentscheidungen durch den König das Hofgericht de facto in die Rolle einer Berufungsinstanz. Nachdem der König auf diese Weise erneut die Letztentscheidungsgewalt erhalten hatte, folgten wenige Jahre nach der Errichtung des Stockholmer Hofgerichts weitere Hofgerichtsgründungen in Åbo/Turku (1623), Dorpat (1630) und Jönköping (1635) nach.[305]

Mit der Errichtung der Hofgerichte kam zugleich erstmalig eine feste Instanzordnung zustande. Sie sah als Untergerichte auf dem Land das „häradsrätt" und – ihm übergeordnet – das „lagmansrätt" bzw. in den Städten das – soweit vorhanden – „kämnärsrätt" und das „rådhusrätt" vor sowie als für Stadt und Land gleichermaßen zuständige mittlere Instanz die Hofgerichte. Von ihnen aus bestand schließlich noch die dargestellte Möglichkeit der Revisionsbeschwerde an den König. Der Prozeß konnte sich infolgedessen seit dem 17. Jahrhundert durch vier Instanzen ziehen.

Ausgeübt wurde die königliche Gerichtsbarkeit anfänglich erneut im Rat. Gegen Ende des 17. Jahrhunderts beschränkte sich ihre Wahrnehmung hingegen auf einen Teil desselben, der sich unter der Bezeichnung „Justizrevision" („justitierevision„) organisatorisch von dem Rat löste und zur Vorbereitung der von ihm teils mit, teils ohne den König zu entscheidenden Fälle eine sog. „Niedere Justizrevision" („nedre justitierevisionen") mit einem hauptverantwortlichen Revisionssekretär („revisionssekreterare") erhielt.

Nachdem es dem Reichstag im Verlauf des frühen 18. Jahrhunderts nach dem Tod *Karls XII.* gelungen war, die politische Vormachtstellung im Staat

---

303 Vgl. hierzu S. *Wildte*, Förhandlingsformens utveckling i hovrätterna, in: Minnesskrift tillägnad 1734 års lag, Bd. 2, S. 1141 ff. (1142 f.); *J.E. Almquist*, a.a.O., S. 16; s. auch *G. Inger*, a.a.O., S. 111 f.

304 Es handelt sich um die sog. Rättegångsordinantia vom 16. 2. 1614; s. oben S. 69 FN 278.

305 Für die deutschen Provinzen, die im Verlauf des 30jährigen Krieges an Schweden fielen, wurden ein Hofgericht in Greifswald und ein sog. Tribunal in Wismar errichtet; zu dieser Entwicklung im einzelnen *K.Å. Modéer*, Gerichtsbarkeiten, S. 100 ff. et passim.

zu erringen,[306] nutzte er diese während der folgenden gut fünfzig Jahre unter anderem dazu, nachhaltigen Einfluß auch auf die judikative Gewalt zu nehmen. Hierzu übernahm er in gewissem Maße die zuvor dem Rat und der Justizrevision vorbehaltene Aufgabe des höchsten Richters und räumte in steigendem Umfang den streitenden Parteien die Möglichkeit ein, bei Fehlurteilen um parlamentarische Überprüfung nachzusuchen.[307] Anfänglich nur in Ausnahmefällen und unter einer Reihe sich selbst auferlegter und eng begrenzter Bedingungen statthaft, kam das parlamentarische Revisionsrecht im Reichstag allmählich immer häufiger zur Anwendung, bis schließlich kaum mehr ein Hinderungsgrund bestand, eine Streitsache parlamentarisch zur Entscheidung zu bringen.

Erst mit dem Staatsstreich *Gustav III.* im Jahr 1772 wurde die alte Ordnung der königlichen Rechtspflege in der Justizrevision wieder hergestellt und die Einflußnahme des Reichstags auf die Judikative beendet.

Wenige Jahre später trat 1789 die zweite bedeutsame Veränderung in der Organisation der königlichen Rechtsprechung ein. Nach den vergeblichen Bemühungen seiner Vorgänger gelang *Gustav III.* schließlich die Errichtung eines Höchsten Königlichen Gerichts („Konungens Högsta Domstolen", kurz „Högsta Domstolen„). Mit acht vom König ernannten Berufsrichtern (sog. „justitieråd") besetzt, trat der Högsta Domstolen an die Stelle der Justizrevision des Rates; einzig die der Entscheidungsvorbereitung dienende Niedere Justizrevision blieb erhalten. Dem König selbst waren in dem Högsta Domstolen zwei Stimmen eingeräumt sowie die ausschlaggebende Entscheidungsgewalt für den Fall der paria vota. Die anfänglich noch weitgehend von der Gunst des Königs abhängige Stellung der Richter am Högsta Domstolen festigte sich am Ende der hier in Rede stehenden Epoche durch die Verfassung von 1809, die den Richtern weitgehende persönliche wie sachliche Unabhängigkeit garantierte.[308]

3. Das Verfahren

a) Das Verfahren vor den Untergerichten

aa) Klageerhebung und Säumnis

Gleich dem mittelalterlichen Verfahren begann der neuzeitliche Prozeß mit der „stämning„ als der an den Beklagten gerichteten Mitteilung des Klägerbegehrens verbunden mit der Aufforderung, zu einem vorgegebenen Termin vor Ge-

---

306 Die Zeit von 1719 (Tod *Karls XII.* am 30. 11. 1718) bis 1772 (Staatsstreich *Gustav III.* am 19.8.1772, mit dem er sich die Alleinherrschaft sicherte) wird denn auch in der schwedischen Geschichtswissenschaft gemeinhin als die „Freiheitszeit" bezeichnet.

307 Näher dazu *G. Inger*, Svensk Rättshistoria, S. 154 f; *K.Å. Modéer*, Historiska rättskällor, S. 145.

308 Vgl. *J.E. Almquist*, Processrättens historia, S. 26.

richt zu erscheinen. Ursprünglich in mündlicher Form gehalten, entwickelte sich die „stämning“ im Laufe des 17. Jahrhunderts zu einer schriftlichen Klageerhebung mit zunehmend detaillierterem Inhalt hinsichtlich der Person des Klägers und seines Prozeßanspruchs. Nach anfänglicher Wahlfreiheit des Klägers bei der Form der „stämning“ bestimmte die Prozeßordnung von 1695, daß deren schriftliche Ausfertigung die Regel sein solle und die mündliche Form nur mehr vor dem städtischen „kämnersrätt“ sowie in Bagatellangelegenheiten vor dem „häradsrätt“ statthaft sei.[309] Das Prozeßgesetz von 1734 sah ganz ähnlich die Schriftform als Regel vor, erlaubte jedoch generell die mündliche Klageerhebung bei unbedeutenden Streitsachen.[310] Die Ausfertigung der schriftlichen „stämning“ oblag dem Richter, wohingegen ihre Zustellung durch den Kläger zu besorgen war, der hierzu zwei Zeugen zum Nachweis ihrer ordnungsgemäßen Durchführung hinzuzuziehen hatte.[311]

Ausgehend von der für das Svea Hofgericht in der Verfahrensordnung von 1615 enthaltenen Bestimmung, daß im Gegensatz zum alten Recht bereits die erste „stämning“ bindend sei und bei Nichtbefolgung nicht wiederholt werde, breitete sich diese Regelung allmählich auch auf die Untergerichte aus.[312] Blieb der Beklagte ohne hinreichende Entschuldigung der Verhandlung fern, erblickte man hierin eine Leugnung der Berechtigung des Klägerbegehrens und entschied den Prozeß auf der Grundlage der vom Kläger daraufhin trotz Abwesenheit des Beklagten vorzubringenden Beweise.[313] War hingegen der Kläger säumig, führte dies stellenweise zum Ruhen des Verfahrens, dessen Weiterführung an die Erstattung der dem Beklagten entstandenen Kosten geknüpft war,[314] stellenweise aber auch zur endgültigen Klageabweisung, sofern nicht der Nachweis entschuldigten Fernbleibens innerhalb vorgegebener Frist gelang.[315] Die Säumnis beider Parteien zog dahingegen im allgemeinen lediglich Geldbußen nach sich.[316]

---

309 RF Art. 1.

310 RB 11:1 f.

311 RB 11:4; 7.

312 *W. Uppström*, Den svenska processens historia, S. 109 m.w.N. zum Gang der Entwicklung.

313 *J.E. Almquist*, Processrättens historia, S. 38. So jedenfalls nach der in dieser Frage ausführlichsten Regelung im Seerechtsgesetz (Sjölagen) von 1667 (Skipmåla-Balk, 4. Regelungsziffer; abgedruckt bei *J. Schmedemann*, Stadgar, S. 533 f.). Andere Verfahrensbestimmungen waren weniger detailliert und wiesen den Richter vielfach nur pauschal an, „nach den Umständen“ zu handeln, gleich ob der Beklagte bereits bei dem ersten Gerichtstermin säumig war oder erst zu einem späteren Zeitpunkt; dazu *W. Uppström*, a.a.O., S. 109.

314 So etwa nach dem Seerechtsgesetz von 1667, Skipmåla-Balk, Regelungsziffer 4 § 1 (abgedruckt bei *J. Schmedemann*, a.a.O., S. 534).

315 RF Ziff. 2.

316 Dazu näher *W. Uppström*, a.a.O., S. 110. Ausführlicher zu den Säumnisfolgen nach dem Gesetz von 1734 unter Berücksichtigung auch der Parteisäumnis zu einem späteren Verhandlungstermin unter 3. Teil B. IV. 2. b) aa) γ) (1) (a).

bb) Das Verhältnis von Mündlichkeit und Schriftlichkeit im Verfahren unter Einbeziehung der Grundzüge anwaltlicher Prozeßvertretung während der Neuzeit

α) Eine der entscheidenden Veränderungen, die das Prozeßrecht im Laufe des 16. bis 18. Jahrhunderts erfuhr, betrifft die äußere Form der Verhandlung. Der mittelalterliche Prozeß war durchweg mündlich. Zwar kamen eine Protokollierung des wesentlichen Gangs der Verhandlung wie auch eine schriftliche Abfassung des Urteils in der Gerichtspraxis etwa mit dem ausgehenden 14. Jahrhundert auf.[317] Es fehlte aber – mit einer interessanten Ausnahme[318] – weiterhin lange Zeit an einer gesetzlichen Regelung über die Statthaftigkeit schriftlicher Äußerungen der Parteien.

Der Wandel zu einer deutlichen Verstärkung der Schriftlichkeit trat im Laufe des 17. Jahrhunderts unter dem Einfluß des deutschen gemeinen Prozesses ein und ging dabei maßgeblich von den schwedischen Hofgerichten aus. Diese waren nicht nur organisatorisch in Anlehnung an die deutsche Gerichtsverfassung konzipiert worden und wandten – wie gezeigt – in großem Umfang materielles justinianisch-römisches bzw. deutsches gemeines Recht an. Bedingt durch die dargestellte enge persönliche Verbindung der Richter zu Deutschland, standen die Hofgerichte vielmehr auch hinsichtlich des Verfahrens unter einer nachhaltigen Rezeptionswirkung des deutschen Rechts und führten den Prozeß in Anlehnung an die deutschen Reichskammergerichtsordnungen[319] in zunehmendem Maße schriftlich.[320]

Gegründet auch zu dem Zweck, durch ihre Spruchtätigkeit Fehler und Unregelmäßigkeiten in der Rechtsprechung der Untergerichte aufzudecken und auf eine Vereinheitlichung der Rechtspflege hinzuwirken, übten die

---

317 Vgl. oben unter B. III. 1.

318 1540 richtete *Gustav I. Wasa* im Streben nach einer verbesserten Organisation der königlichen Gerichtsbarkeit auf Anraten seines deutschstämmigen Kanzlers *Konrad v. Pyhy* in der Provinz Västergötland nach dem Vorbild der deutschen Provinzverwaltung einen sog. Regimentsrat (regementsråd) ein [dazu schon oben unter 2. c) m.w.N.]. In bewußter Übereinstimmung mit der deutschen Reichskammergerichtsordnung von 1507 sollte dabei das Verfahren vor diesem höchsten Provinzgericht nahezu ausschließlich schriftlich geführt werden (näher hierzu *W. Uppström*, a.a.O., S. 97). Es gibt allerdings keine Anhaltspunkte dafür, daß die diesbezüglichen Bestimmungen der Verfahrensordnung in nennenswertem Umfang eingehalten worden wären.

319 Zu dem Verfahren vor dem Reichskammergericht und der – im Laufe der Zeit zunehmenden – Bedeutung der Schriftlichkeit in dem gemeinen Prozeß s. *J. Schwartz*, Vierhundert Jahre deutscher Civilprozeßgesetzgebung, S. 72 ff. (Gerichtsordnung v. 1495), insbes. S. 74: „Die Wormser Ordnung (...) thut einen wesentlichen Schritt vorwärts zur Anbahnung des schriftlichen Vefahrens (...)“, S. 77 ff. (Reichsabschied v. 1507), S. 81 ff. (Gerichtsordnung v. 1521), S. 87 ff. (Gerichtsordnung v. 1555), insbes. S. 104 ff. (104: „[...] Überspannung der Schriftlichkeit [...]“).

320 Vgl. dazu auch *J.E. Almquist*, a.a.O., S. 33; *S. Jägerskiöld*, Hovrätten unden den karolinska tiden och till 1734 års lag, in: Petrén/Jägerskiöld, Svea Hovrätt – Studier till 350-årsminnet, S. 121 ff. (285 ff. [v.a. 285, 288 ff.]). Näher dazu unter b) bb) α) (2).

Hofgerichte von Anbeginn eine nachhaltige Aufsicht über die „härads"- und „lagmansrätter" auf dem Land sowie die „kämners"- und „rådhusrätter" in den Städten aus.[321] Daß im Zusammenhang hiermit an den Untergerichten die Schriftlichkeit zunahm, ist wesentlich auf zwei Gründe zurückzuführen.

Personell führte die bereits beschriebene Einflußnahme der Hofgerichte auf die Besetzung der Richterposten an den Untergerichten dazu, daß sich zugleich die an den Hofgerichten gängige Neigung zur verstärkten Nutzung der Schrift auf die Untergerichte ausweitete.[322]

Ausschlaggebend wurde jedoch die Verpflichtung der Untergerichte, zur besseren Überprüfung durch die Hofgerichte ausführliche Verhandlungsprotokolle anzufertigen und diese auch unabhängig von einer durch die Parteien eingelegten Berufung in regelmäßigen Abständen der höheren Instanz vorzulegen.[323] Auf diese Weise wandelte sich der ursprünglich rein mündliche Untergerichtsprozeß im Laufe des 17. Jahrhunderts in ein mündlich-protokollarisches Verfahren um. Bei diesem stand zwar weiterhin die mündliche Verhandlung der Parteien vor dem Gericht im Vordergrund. Jedoch führte die umfangreiche schriftliche Fixierung des Prozeßstoffs zu einer deutlichen Verzögerung des Verfahrens und hierdurch bedingten häufigen Vertagungen. Damit verbunden war die weitere Folge, daß der richterlichen Entscheidung in wachsendem Maße nicht mehr der mündliche Vortrag zugrunde gelegt wurde, sondern der Inhalt des Protokolls. Dies ging zwar nicht so weit, daß vor den schwedischen Untergerichten gleich dem deutschen gemeinen Prozeß[324] einzig der Akteninhalt als der für das Urteil maßgebende Prozeßstoff angesehen wurde. Eine Folge auch in Schweden war jedoch die zunehmende Neigung der Untergerichte, zur Erleichterung ihrer Protokollierungspflicht die Eingabe schriftlicher Äußerungen der Parteien anstelle einer ausschließlich mündlichen Verhandlung zuzulassen. Besonders empfänglich zeigten sich dabei die städtischen Gerichte des „rådhusrätt" und des „kämnersrätt", insbesondere in Stockholm, wo der leichteste Zugang zu schreibkundigen Sachwaltern bestand. Stellenweise verpflichteten gar Verordnungen für das Verfahren an

---

[321] Dazu näher *G. Bendz*, Om hovrätterna från deras uppkomst till 1734 års lag, in: Minnesskrift tillägnad 1734 års lag, S. 938 ff. (947 ff.).

[322] Zum schriftlichen Charakter des Hofgerichtsverfahrens näher unter b) bb) α) (2).

[323] So richtete etwa das Svea Hofgericht mit Schreiben vom 13.6.1715 (dazu *W. Uppström*, a.a.O., S. 123 f.) an die Untergerichte die Aufforderung, in allen zivil- wie strafrechtlichen Prozessen Rede und Gegenrede der Parteien, insbesondere mündliche Vergleiche und Geständnisse, wie auch die Erklärungen der Zeugen noch während der Verhandlung sorgfältig zu protokollieren und das Notierte in direktem Anschluß hieran den Parteien zur Billigung bzw. Berichtigung oder Ergänzung vorzutragen. Zuständig für die Ausübung der Kontrolle über die Gesetzmäßigkeit der Spruchtätigkeit der Untergerichte war der sog. „Advokatfiskal", ein am Hofgericht angestellter königlicher Beamter.

[324] Hier galt das gemeinrechtliche Prinzip: „Quod non est in actis, non est in mundo"; vgl. dazu *A. Engelmann*, Der Civilprozeß – Geschichte und System, Bd. 2/3, S. 134 f. sowie *G. Wetzell*, System des ordentlichen Civilprocesses, S. 520 ff. und 890 ff.

den städtischen Gerichten ab der zweiten Hälfte des 17. Jahrhunderts die Parteien zu einem anfänglichen Schriftwechsel in Gestalt von Klageschrift, Klageerwiderung, Klägerreplik und Beklagtenkonklusion,[325] während entsprechende Vorschriften für die Gerichte auf dem Land nicht ersichtlich sind.[326] Allgemein läßt sich hinsichtlich des Umfangs der Schriftlichkeit an den Untergerichten feststellen, daß bei aller Unterschiedlichkeit einzelner Verfahrensnormen wie auch ihrer Anwendung durch die Gerichte jedenfalls darin Übereinstimmung bestand, daß den Parteien das Recht auf eine mündliche Anhörung während des gesamten Zeitraums des 16. bis 18. Jahrhunderts nicht genommen wurde. So gestattete etwa die Rättegångsförordning von 1695 den Schriftwechsel, begrenzte ihn jedoch auf zwei Schriftsätze pro Partei und sah im übrigen die Möglichkeit zur mündlichen Verhandlung vor.[327] Die Kodifikation von 1734 wies sogar die mündliche Form für das Verfahren an den „häradsrätter", „lagmannsrätter" und „kämnersrätter" als die Regel aus, erlaubte jedoch eine Abweichung, soweit es „das Gewicht und die Weitläufigkeit der Sache" verlangten.[328] Die Zahl der statthaften Schriftsätze wurde im übrigen auf grundsätzlich einen je Partei begrenzt.

β) Entscheidend dazu beigetragen, daß der Untergerichtsprozeß sich in Schweden nie in dem Maße von der Mündlichkeit gelöst hat, wie es etwa in Deutschland der Fall war, hat der Umstand, daß das Anwaltwesen in Schweden im Gegensatz zu vielen anderen europäischen Staaten bis weit in das 20. Jahrhundert hinein eine nur unbedeutende Rolle an den Untergerichten spielte und im übrigen der Analphabetismus noch in der Neuzeit eine weit verbreitete Erscheinung war.[329] Zumal auf dem Land, wo noch zu Beginn des 19. Jahrhunderts mehr als 90% der Bevölkerung lebten,[330] war der Zugang zu juristisch ausgebildeten Anwälten wie auch zu lese- und schreibkundigen Sachwaltern im allgemeinen überaus schlecht. Überdies machten von der Möglichkeit gewillkürter Prozeßvertretung, die schon die jüngeren Landschaftsgesetze des 13. Jahrhunderts wie auch die Stadt- und Landrechte aus dem 14. und 15. Jahrhundert den Parteien einräumten,[331] regelmäßig nur die

---

[325] So etwa Verordnungen des Stockholmer Rates vom 12. 7. 1654 und des 10. 5. 1661; Nachweise bei *W. Uppström*, a.a.O., S. 116.

[326] Vgl. auch *J.E. Almquist*, a.a.O., S. 33 f.

[327] RF Ziff. 4.

[328] RB 14:1. Näher dazu *T. Engströmer*, Några anmärkningar om processen enligt 1734 års lag, in: Festskrift tillägnad M. von Würtemberg, S. 156 ff.

[329] Selbst große Teile des Adels zählten im Mittelalter und zu Beginn der Neuzeit noch zu den Analphabeten. Zur bedeutenden Rolle der Anwaltschaft vor dem deutschen Reichskammergericht und der herausragenden Bedeutung insbesondere des Prokurators s. *A. Weißler*, Geschichte der Rechtsanwaltschaft, S. 121 ff.

[330] *J. Weibull*, Sveriges Historia, S. 83 f. Eingehend zu der schwedischen Bevölkerungsentwicklung und dem Prozeß der Urbanisierung im 19. und 20. Jahrhundert S. *Carlsson/J. Rosén*, Svensk Historia, Bd. 2, S. 360 ff.

[331] Vgl. *W. Uppström*, a.a.O., S. 28 m.w.N. für die einzelnen Landschaftsrechte.

Angehörigen der oberen Stände des Adels und des Klerus Gebrauch, während die Bauern typischerweise persönlich vor Gericht erschienen.[332]

Verantwortlich hierfür wie auch für die dadurch mitbedingte spärliche Verbreitung der Anwälte im neuzeitlichen Schweden war eine dezidiert kritische Einstellung weiter Teile der Bevölkerung einschließlich der Richter gegenüber Anwälten, von denen es hieß, sie würden lediglich die Prozessierlust schüren und für Weitschweifigkeiten in den Verfahren sorgen.[333] Es verwundert daher kaum, daß Anwälte weithin als Rabulisten verschrieen waren[334] und Diskussionen über eine von ihnen ausgehende Gefährdung der Rechtspflege das 16. und 17. Jahrhundert bestimmten. 1643 erhielt eine Kommission gar den offiziellen Auftrag zu ermitteln, inwieweit an juristisch gebildeten Prozeßvertretern überhaupt ein Bedarf bestehe.[335] Die Verfahrensordnung von 1615 gestattete für den Prozeß vor den Hofgerichten zwar ausdrücklich die Vertretung durch Anwälte,[336] sah sich aber in den Motiven bezeichnenderweise zu einer ausführlichen Begründung dieser Regelung veranlaßt, da „es selten hier im Reich erlaubt war, Advokaten und Prokuratoren[337] einzusetzen, sondern jeder

---

332 *J.E. Almquist*, a.a.O., S. 34.

333 Ders.: a.a.O., S. 35.

334 So etwa *D. Nehrman*, Inledning Til Then Swenska Processum civilem, S. 166. Auch in Deutschland besaßen allerdings die Advokaten und Prokuratoren keineswegs eine unangefochtene Stellung. So sahen sie sich insbesondere in Preußen während des 18. Jahrhunderts unter *Friedrich Wilhelm I.* und *Friedrich dem Großen* einer gezielten Verfolgung durch den König ausgesetzt und mußten unter der Geltung des „Corpus Juris Fridericianum“ von 1781 und seinem Nachfolger, der „Allgemeinen Gerichtsordnung“ von 1793, kurzfristig sogar die Abschaffung der freien Advokatur und die Einführung sog. staatlicher Assistenzräte und Justizkommissare erfahren; hierzu im einzelnen *A. Weißler*, Geschichte der Rechtsanwaltschaft, S. 296 ff. (v.a. S. 347 ff.). Dort (S. 191 ff.) auch zu der schon im Verlauf des 13. Jahrhunderts aufkommenden Verbreitung von Schriften in Deutschland, die den Anwälten praktische Verhaltensanweisen gaben, wie sie vor Gericht ein für ihren Mandanten günstiges Urteil erstreiten könnten, und in diesem Rahmen etwa den Beklagtenvertreter nicht selten dazu aufforderten, den Richter durch Schmeicheleien zum Einschlafen zu bringen wie auch sonst den Fortgang des Verfahrens nach Kräften zu hemmen. Trotz des nicht zuletzt durch die Verbreitung dieser Schriften geschürten Rufs der Anwälte, eine „wahre Pest in der Justiz“ zu sein (so der preußische Justizminister *Cocceji* über die Prokuratoren, zit. nach *A. Weißler*, a.a.O., S. 331), vermochte die deutsche Anwaltschaft jedoch ihre vergleichsweise starke Stellung die Neuzeit hindurch zu behaupten.

335 Ibid.

336 RP Ziff. 15.

337 Die berufliche Trennung zwischen Advokaten, die für die außergerichtlichen Verfahrensschritte, insbesondere die Abfassung der Schriftsätze, zuständig waren, und Prokuratoren, die als Prozeßvertreter in der Verhandlung auftraten, wurde in Schweden ebenfalls unter Rezeption des gemeinen Rechts eingeführt, vgl. *K.Å. Modéer*, Skånska advokater, S. 2; *J.E. Almquist*, a.a.O., S. 35; *G. Inger*, Svensk Rättshistoria, S. 118. Das gemeine Recht hatte sich insoweit seinerseits an den kanonischen Prozeß angelehnt; hierzu wie auch allgemein zu der Entwicklung der beruflichen Spaltung in Advokaten und Prokuratoren im (historischen) deutschen Recht die eingehende Untersuchung *A. Weißlers*, Geschichte der Rechtsanwaltschaft, S. 110 ff.

seine Sache vor Gericht, so gut er eben konnte, dargestellt hat."[338] Entsprechend ihrer Funktion, über die Gewährleistung einer ordnungsgemäßen Rechtspflege zu wachen, erhielten die Hofgerichte 1694 schließlich die Aufgabe, Kompetenz und Eignung der Anwälte zu prüfen und darauf zu sehen, daß als Parteivertreter vor Gericht nur zugelassen werde, wer nach Ausbildung und Persönlichkeit die hinreichende Gewähr gewissenhafter Prozeßführung bot.[339]

In der Praxis wurden derartig restriktive Vorschriften zwar bei weitem nicht konsequent eingehalten, und insbesondere blieb es den Parteien unbenommen, ihre Interessen vor Gericht auch weiterhin von einer Person ihres Vertrauens wahrnehmen zu lassen, die über keine nennenswerte juristische Bildung verfügte. Die Abneigung gegenüber den beruflichen Prozeßvertretern bestand hingegen fort und führte auch in der Kodifikation von 1734 dazu, daß weder für eine der Instanzen eine Pflicht zur anwaltlichen Vertretung normiert wurde noch die Verfahrensordnung den Anwälten auch nur ein Monopol auf die Prozeßvertretung einräumte.[340] Desungeachtet wurde an den Hofgerichten und dem Höchsten Gerichtshof die anwaltliche Vertretung die Regel. Auch war an den städtischen Untergerichten die Neigung zu ihrer Inanspruchnahme im allgemeinen deutlich größer als auf dem Land, was die stärkere Verbreitung der Schriftlichkeit an den städtischen Gerichten im Gegensatz zu den „häradsrätter" und den „lagmansrätter" zu erklären vermag.

cc) Das Beweisverfahren des neuzeitlichen Prozesses

α) Die Entwicklung der Legaltheorie

Unter dem Einfluß des römisch-kanonischen und des deutschen gemeinen Prozesses wandelte sich in Schweden auch das mittelalterliche Beweisverfahren und erfuhr durch die Rezeption der sog. legalen Theorie erhebliche Veränderungen.

Diese stellt ein besonders stark formalisiertes Beweisverfahren dar, in dem Statthaftigkeit und Wert einzelner Beweismittel unter Ausschluß einer freien Beweisführung und -würdigung in detaillierten gesetzlichen Bestimmungen über Beweisuntauglichkeit sowie volle, halbe und ggf. weitere Bruchteils-Beweise geregelt sind.

Ausgehend von einem verstärkten Streben nach materieller Wahrheit im Gegensatz zu dem allein um die formale Erfüllung äußerer Beweishandlungen bemühten alten Verfahren, hatte sich die Legaltheorie im 13. Jahrhun-

---

338 So die Formulierung in RP Ziff. 15. Die Darstellung ist in der Sache zweifellos überzeichnet, da – wie gezeigt – die Prozeßvertretung schon früh erlaubt war, wenn auch die Parteien von ihr lediglich in geringem Umfang Gebrauch machten. Sie spiegelt allerdings gerade in dem derart zugespitzten Gesetzeswortlaut die den Anwälten entgegengebrachte allgemeine Ablehnung wider.

339 Vgl. dazu die Königl. VO vom 20.3.1694; abgedruckt bei *J. Schmedemann*, Stadgar, S. 1367 f.

340 Zu der entsprechenden Regelung in der Novelle von 1942 s. 3. Teil B. IV. 1. c) bb).

dert zunächst im kanonischen Recht entwickelt.[341] Unter dem Einfluß der mittelalterlichen Scholastik mit ihrem starken Hang zur rationalistischen Argumentation wie auch zum Zweck der Eindämmung richterlicher Willkür nahm sie allmählich ihren typischen Charakter eines rigiden Formalismus an. Mit der Ausbreitung der katholischen Kirche gelangte sie von Italien aus dann in die übrigen europäischen Staaten und begann dort schließlich in unterschiedlichem Umfang auch den weltlichen Prozeß zu prägen.[342]

Auch Schweden kam über die geistliche Gerichtsbarkeit und die bereits beschriebene enge Beziehung zu dem gemeinen deutschen Recht in Kontakt mit der Legaltheorie und begann diese etwa ab dem 15. Jahrhundert durch Wissenschaft, Praxis und Gesetzgebung zu rezipieren. Die Entwicklung war auch hier eine kontinuierliche, die sich bis in das 18. Jahrhundert hinzog und nicht zuletzt deshalb ohne große Brüche an das mittelalterliche Verfahren anknüpfen konnte, weil dieses – wie dargestellt – mit Ausnahme des „nämnd"-Beweises selbst schon stark formale Züge trug. Im Verlauf dieser Rezeption verschob sich im schwedischen Prozeß die Beweislast von dem Beklagten auf den Kläger, der Eidhelfer trat in den Hintergrund und machte den Zeugen und Urkunden als vorrangigen Beweismitteln Platz, und die Beweisführung wie auch die Würdigung der vorgelegten Beweise wurden in zunehmend detaillierteren Bestimmungen über Statthaftigkeit und Wert des Beweises gesetzlich erfaßt. Den Abschluß dieser Entwicklung stellt die Kodifikation von 1734 dar, in der die legale Theorie erstmals in vollem Umfang gesetzlich festgeschrieben wurde.[343]

Von entscheidendem Einfluß auf die Verbreitung des gesetzlichen Beweisverfahrens in Schweden wurden die bereits erwähnten Richterregeln des Reformators *Olaus Petri* aus dem 16. Jahrhundert,[344] die das erste umfangreichere Beispiel für die beginnende Rezeption der Legaltheorie darstellen, sieht man von gewissen Ansätzen[345] im jüngeren Landrecht König *Kristoffers* aus der Mitte des 15. Jahrhunderts ab.

Petri stellt in diesem Werk in den beweisrechtlichen Regeln[346] den Zeugenbeweis als das primäre Beweismittel dar,[347] strebt nach einer Eingrenzung des für das alte Verfahren typischen Reinigungseides,[348] erörtert Voraussetzungen

---

341 Vgl. zum Gang der Entwicklung im einzelnen *W. Endemann*, Beweislehre, S. 23 ff.; *H. Briegleb*, Theorie der summarischen Processe, S. 15 ff.

342 Hierzu auch *R. van Caenegem*, History of European Civil Procedure, in: International Enzyclopedia of Comparative Law, Bd. 16, Chap. 2, S. 16 ff. (19 f.) m.w.N.

343 RB Kapitel 17; näher dazu nachfolgend. Vgl. zur Rezeption der Legaltheorie in Schweden auch *G. Inger*, Studier rörande den svenska processrättens utveckling under 1600-talet, in: ders. (Hrsg.): Den svenska juridikens uppblomstring, S. 303 ff. (v.a. 308 ff.).

344 S. oben S. 56 FN 215.

345 Dazu näher *G. Schmidt*, Richterregeln, S. 249 f.

346 Es sind dies die Regeln 16 sowie 27 bis 38.

347 Vgl. die Rechtsregeln 29 ff.; dazu näher *G. Schmidt*, a.a.O., S. 248.

348 Dazu ausführlich ders.: a.a.O., S. 254 ff.

des vollen und halben Beweises[349] und erweist sich nicht zuletzt durch die in dieser Klarheit bis dahin in Schweden unbekannte Betonung der klägerischen Beweispflicht[350] als Verfechter charakteristischer Merkmale des legalen Beweisverfahrens. Dieses findet sich in den Richterregeln allerdings noch nicht vollständig ausgeprägt, vielmehr knüpft *Petri* auch noch auf weite Strecken an den mittelalterlichen Prozeß an, wie er den Stadt- und Landrechten zu entnehmen ist. So geht er insgesamt etwa auf den Zeugenbeweis nur verhältnismäßig kurz ein und verficht hier insbesondere noch nicht die für die Legaltheorie kennzeichnende Auffassung, daß das übereinstimmende Zeugnis zweier unbescholtener Männer hinlänglichen, d.h. vollen Beweis erbringe. Vielmehr hält er insoweit an der überkommenen Ansicht fest, nach der sich die Zahl der erforderlichen Zeugen variabel nach der Bedeutung der Streitsache richtet.[351]

Gleichwohl stellen die Richterregeln einen bedeutenden Schritt auf dem Weg zur Anerkennung der Legaltheorie in Schweden dar und haben in dieser Richtung auch nachweislich auf das schwedische Rechtsleben nachhaltigen Einfluß ausgeübt. So wurden sie, obgleich niemals zum Gesetz erhoben, in zahlreichen Gerichtsentscheidungen v.a. der Hofgerichte regelmäßig zitiert.[352] Auch wiesen die führenden Kommentare des 18. Jahrhunderts zum Stadt- und Landrecht in großem Umfang auf sie hin und legten sie der Auslegung der gesetzlichen Bestimmungen zugrunde.[353] Und schließlich lassen sich deutliche Spuren der Richterregeln in den Abhandlungen vor allem des 18. Jahrhunderts nachweisen,[354] so wie sich die Rechtswissenschaft seit dem 17. Jahrhundert in-

---

349 Ders.: a.a.O., S. 249 ff.

350 Vgl. die Rechtsregel Nr. 29: „Wo der Ankläger keinen Grund, Beweis oder Anhaltspunkt für seine Klage hat, da ist des Beklagten 'Nein' so gut wie des Anklägers 'Ja' und darf er nicht zum Eid gezwungen werden. Aber wo der Ankläger irgendeinen Beweis oder Anhaltspunkt oder auch einen Zeugen mit sich hat, da ist sein 'Ja' besser als des Beklagten 'Nein', und da bringt er ihn zum Eid. Wo dem nicht so ist, geschieht dem Beklagten Unrecht, wenn er zum Eid gezwungen wird. Denn er muß nicht sofort einen Eid leisten, wenn ihm etwas angeschuldigt oder vorgeworfen wird, es sein denn, daß der Ankläger halben Beweis für sich hat; damit zwingt er ihn (d.i. den Beklagten) zum Eid (…)." – Übersetzung nach *G. Schmidt*, a.a.O., S. 45. Zu ersten Ansätzen einer Verlagerung der Beweislast vom Beklagten auf den Kläger im Landrecht König *Kristoffers* s. *G. Schmidt*, a.a.O., S. 233 ff. Zur Geltung und Bedeutung des über das klassisch-römische und justinianische Beweisrecht in den kanonischen Prozeß (s. etwa *Baldus*, Commentaria in Codicem, ad C. 4, 1, 3 Nr. 1) eingegangenen Prinzips „actore non probante absolvitur reus" s. näher *W. Endemann*, Civilprozeßverfahren nach der kanonistischen Lehre, in: ZZP 15 (1891), S. 177 ff. (S. 252 ff.) sowie ders.: Beweislehre, S. 19 ff. (22).

351 Dazu näher *G. Schmidt*, a.a.O., S. 249 ff.

352 Näher hierzu *H. Munktell*, Domarreglerna i praxis före 1734 års lag, in: SJT 1939, S. 516 ff.; *B. Wedberg*, Gustav Cronhielm och domarreglerna, in: SJT 1942, S. 632 ff.; *G. Schmidt*, a.a.O., S. 314 ff.

353 Zu nennen sind insbesondere die Kommentare *Petter Abrahamssons* (Swerikes Rijkes Lands-Lag [1926]) sowie *Israel Arnells* (Swerikes Stadz-Lagh [1730]).

354 Eingehend *G. Schmidt*, a.a.O., S. 319 ff. unter Hervorhebung des Einflusses der Richterregeln vor allem auf *D. Nehrman*.

folge ihres besonders engen Kontakts zum römischen und deutschen gemeinen Recht auch im übrigen zunehmend der Legaltheorie öffnete.[355]

Auch die Gesetzgebungsarbeiten der um die Mitte des 17. Jahrhunderts begonnenen Reform des Prozeßrechts[356] spiegeln das große Interesse der Kommissionen an der Legaltheorie im allgemeinen und den beweisrechtlichen Bestimmungen der *Petrischen* Richterregeln im besonderen wider. Mehrfach nehmen die Entwürfe Bezug insbesondere auf den neuartigen Grundsatz der klägerischen Beweislast und empfehlen seine legislative Verankerung.[357] Prozessuale Vorschriften in Spezialgesetzen gegen Ende des 17. Jahrhunderts haben diese Regelung dann bereits übernommen[358] und auf diese Weise den Weg bereitet für die endgültige Rezeption der Legaltheorie durch die Gesetzgebung in der Kodifikation von 1734.[359]

Diese markiert durch zahlreiche Bestimmungen den Abschluß der Entwicklung von dem mittelalterlichen Beweisverfahren zur neuzeitlichen Legaltheorie:[360] Dem Kläger obliegt die Beweislast für die Begründetheit seines

---

355 Näher dazu *G. Inger*, Erkännandet, S. 54 ff. mit Hinweisen auf die Arbeiten von *J. Loccenius, C. Rålamb, C. Kloot* und *J. Reftelius*.

356 S. dazu oben unter II. 2. c). Zu einem knappen Überblick über die Geschichte der Reformarbeiten im Vorfeld der Kodifikation von 1734 vgl. *G. Inger*, Svensk Rättshistoria, S. 72 ff. Der Gesetzentwurf, der 1643 von der sog. zweiten Kommission („andra lagberedningen") abgegeben wurde, steht etwa mit seiner hierarchischen Gliederung der Beweismittel (Geständnis/Anerkenntnis [Kap. 12 §§ 1-4], Urkunden [Kap. 13 §§ 1-9] sowie zwei oder drei übereinstimmende Zeugen als je voller Beweis, ein Zeuge dagegen als halber Beweis [Kap. 14 § 26]) bereits deutlich unter dem Einfluß der legalen Theorie (Nachweise zu dem Entwurf bei *C.J. Wahlberg*, Åtgärder, S. 109 ff.; vgl. auch *G. Inger*, Erkännandet, S. 53).

357 Vgl. näher *G. Schmidt*, a.a.O., S. 310 f. sowie *A. Dereborg*, Från legal bevisteori till fri bevisprövning, S. 17 f.

358 Es handelt sich um die Kriegsartikel von 1683 und die Seeartikel von 1685. Dazu *H. Munktell*, Domarreglerna i praxis före 1734 års lag, in: SJT 1939, S. 516 ff. (516 Anm. 4), *J. Schmedeman*, Stadgar, S. 833 ff. (Kriegsartikel; v.a. Art. 4 [S. 834]), 959 ff. (Seeartikel; v.a. Art. 4 [S. 960]).

359 Zu dem dabei nachweisbaren Einfluß der Richterregeln auf die Reform von 1734 s. *B. Wedberg*, Gustav Cronhielm och domarreglerna, in: SJT 1942, S. 632 ff. (634); *Å. Holmbäck*, Våra domarregler, in: Festskrift tillägnad A. Hägerström, S. 265 ff. (266, dort m.w.N.). Zur Entwicklung der klägerischen Beweislast in der Doktrin s. im übrigen *K. Olivecrona*, Bevisskyldigheten, S. 51 ff.

360 In der Literatur finden sich Stimmen, die unter Hinweis auf gewisse Freiheiten, die dem Richter nach dem Gesetz von 1734 in der Beweiswürdigung verblieben sind (dazu näher *G. Inger*, Erkännandet, S. 67), bestreiten, daß der Kodifikation eine streng durchgeführte Legaltheorie zugrunde liege (so etwa *Å. Hassler*, Svensk civilprocessrätt, S. 346; *E. Kallenberg*, Svensk Civilprocessrätt, Buch II, Abteilung 4, S. 632 f; *J. Lindblad*, Läran om bevisning, S. 36 f. [„keine legale Beweistheorie im eigentlichen Sinn"]; *A. Stening*, Bevisvärde, S. 25 ff. Vgl. demgegenüber *I. Afzelius*, Grunddragen, S. 86 sowie dens., Om parts ed, S. 121; *E. Trygger*, Om skriftliga bevis, S. 67 sowie *A. Wrede*, Zivilprozeßrecht, S. 207, 211). Dazu ist zu bemerken, daß die Legaltheorie in der Reform von 1734 zweifellos nicht in einer radikalen Weise festgeschrieben wurde. So war dem Richter etwa bei der Auferlegung des Reinigungseides nach der Bestimmung in RB 17:30 (s. S. 85 FN 362) die Beurteilung darüber aufgegeben, wann die von der Regelung vorausgesetzte Situation eines „offenbaren und auf wahrscheinlichen Gründen ruhenden Gerüchts" bzw. „anderer bindender

Anspruchs, dem Beklagten die für die Richtigkeit seiner Einwendungen.[361] Der Reinigungseid des Beklagten ist nur in Ausnahmefällen zuzulassen[362] und der Zeugen- wie Urkundenbeweis grundsätzlich primär. Zwei Zeugen stellen bei übereinstimmendem und unabhängig voneinander abgelegtem Zeugnis unabhängig von der Qualität des Prozeßgegenstandes generell einen vollen Beweis dar, ein Zeuge hingegen lediglich einen halben,[363] und eine Reihe von Zeugnisausschlußgründen regeln eingehend die für Gültigkeit einer Zeugenaussage als Beweismittel erforderlichen Zeugenqualifikationen.[364]

Im einzelnen stellen sich die Beweismittel im neuzeitlichen Prozeß nach der Verfahrensordnung von 1734 wie folgt dar:

β) Die Gestaltung der Beweismittel

Vier Beweismittel spielten in dem neuzeitlichen schwedischen Prozeß die entscheidende Rolle: das Geständnis bzw. Anerkenntnis, der Zeuge, der schriftliche Beweis und der Parteieid. Der Beweis durch Augenschein war vergleichsweise unbedeutend und erfuhr im übrigen noch in dem Verfahrensgesetz von 1734 keine Regelung.[365] Entsprechendes gilt hinsichtlich des Sachverständigen, dessen Anerkennung und Anwendung als eigenständiges Beweismittel sich in erwähnenswertem Umfang erst im Verlauf des 19. Jahrhunderts auf der Grundlage einer analogen Heranziehung der für Zeugen und Richter geltenden Bestimmungen durchsetzten.[366]

Umstände und Indizien" vorlag. Auch besaß der Richter in der Würdigung des Beweiswerts von Urkunden nach der Kodifikation vergleichsweise weitgehende Freiheit (vgl. RB 17:1; dazu näher *A. Wrede*, Zivilprozeßrecht, S. 222 ff.). Hierbei handelt es sich jedoch um Ausnahmen, die die überwiegende Prägung des Beweisverfahrens durch die Legaltheorie im grundsätzlichen nicht in Frage zu stellen vermögen. Allenfalls ließe sich von einer „modifizierten Legaltheorie" (so etwa *G. Inger*, Erkännandet, S. 67) sprechen. Hierauf kann jedoch im Rahmen des hier nur angestrebten Überblicks über die Entwicklung des historischen Verfahrens nicht weiter eingegangen werden.

361 RB 17:33.

362 RB 17:30: „Wo offenbar und ein auf wahrscheinlichen Gründen ruhendes Gerücht oder andere bindende Umstände und Indizien gegen den Beklagten sprechen, da mag auch der Richter den Reinigungseid auferlegen. Es darf aber dies nicht geschehen, außer im Notfall und falls die Wahrheit nicht anders ermittelt werden kann (...)."

363 RB 17:29.

364 RB 17:7; 10. Näher dazu nachfolgend.

365 Demgegenüber enhielt das 14. Kapitel des 3. Buches („Jordabalk" – Grundstücksrecht) der Kodifikation Bestimmungen über eine spezifische Art des Augenscheins, den sog. Bodenaugenschein („jordasyn"), bei dem im Rahmen eines eigenen Augenscheinsprozesses Streitfragen, die das Grundeigentum betrafen, von einem spezifischen Augenscheinsgericht („synerätt") durch Einnahme des Augenscheins entschieden wurden (dazu näher *A. Wrede*, Zivilprozeßrecht, S. 219 ff.).

366 Dazu eingehend *H. Edelstam*, Sakkunnigbeviset, S. 35 ff. Vgl. auch *J.E. Almquist*, Processrättens historia, S. 50 und *A. Wrede*, a.a.O., S. 246 ff.

(1) Das Geständnis bzw. Anerkenntnis[367]

In dem das (frühe) mittelalterliche Verfahren beherrschenden Eideshelferprozeß hatte das Geständnis des Beklagten nur eine eingeschränkte Rolle gespielt.[368] Erst mit der Ausbreitung des inquisitorischen Verfahrens über die kirchliche Gerichtsbarkeit ab dem 13. Jahrhundert und seinem Eindringen auch in den weltlichen Prozeß des Königsgerichts und der „nämnd" gewann es an Bedeutung. Im Verlauf der Rezeption der Legaltheorie schließlich, die die Beweismittel nach ihrem Wert systematisch gliederte und hierarchisch anordnete, rückte das Geständnis als die einfachste Möglichkeit, zu dem gewünschten vollen Beweis zu gelangen, in den Mittelpunkt der Beweislehre:[369] „Eine zugestandene Sache ist so gut wie eine bezeugte" („Känd sak är så god som vittnad"), heißt es bei *Olaus Petri*[370] und in dem Verfahrensgesetz von 1734,[371] das diese Regel wortgleich übernahm.

In dieser Gleichstellung des Geständnisses mit dem Zeugenbeweis wird deutlich, daß nach der Auffassung des Gesetzes das Geständnis ein eigenes Beweismittel darstellte.[372] In der Wissenschaft waren gleichwohl die Meinungen hinsichtlich der Rechtsnatur des Instituts geteilt und wurde mitunter auch die in der modernen Doktrin herrschende[373] Ansicht vertreten, nach der das Geständnis selbst kein Beweismittel im eigentlichen Sinne sei, vielmehr als Ausfluß der Dispositionsfreiheit die Beweiserhebung über den Gegenstand des Geständnisses überflüssig mache.[374]

---

367 Die der modernen Doktrin und Gesetzgebung vertraute Unterscheidung zwischen Geständnis einzelner Tatsachen und Anerkenntnis des Prozeßanspruchs kam im schwedischen Recht erst vergleichsweise spät auf (vgl. *E. Kallenberg*, Svensk Civilprocessrätt, Buch II, Abteilung 5, S. 986 sowie oben S. 44 FN 147) und findet sich auch in der Kodifikation von 1734 noch nicht. Vielmehr bezieht der schwedische Rechtsterminus „erkännande" der Sache nach sowohl das Geständnis wie das Anerkenntnis mit ein (vgl. dazu auch *G. Inger*, Geständnis, S. 61). Daher wird auch der nachfolgenden Darstellung ein einheitlicher Begriff zugrunde gelegt, wozu derjenige des Geständnisses dienen soll. Dieser Begriff ist infolgedessen in einem weitem Sinne als Einräumen von Tatsachen oder Rechtsansprüchen zu verstehen.

368 Näher dazu *G. Inger*, Geständnis, S. 55 ff. (v.a. 58 ff.).

369 Dies gilt in besonderem Maße für den Strafprozeß, in dem unter dem Einfluß der kanonischen Lehre nicht selten versucht wurde, mittels Folter ein Geständnis des Angeklagten zu erpressen und so die aus der Legaltheorie folgenden Schwierigkeiten auszugleichen, die mit der Erreichung der für die Verurteilung erforderlichen „probatio plena" verbunden waren.

370 Rechtsregel Nr. 16:17.

371 RB 17:36.

372 So auch *G. Inger*, Erkännandet, S. 83.

373 Vgl. nur *B. Lindell*, Civilprocessen, S. 425 f.

374 In diese Richtung etwa *D. Nehrman*, Inledning Til Then Swenska Processum civilem, S. 258 (vgl. allerdings auch S. 260: „Das Gesetz sieht das eigene Geständnis als einen kräftigen Beweis an."). *Nehrman* weist allerdings selbst auf die Bedeutungslosigkeit des Streits hin, der keine praktische Konsequenzen habe (a.a.O., S. 257). Näher zu dem Streit *S. Larsson*, Studier rörande partshandlingar, S. 11 ff. (19 ff.).

Dem Wesen der Legaltheorie entsprechend, stellte das Gesetz gewisse Voraussetzungen für die Gültigkeit des Geständnisses auf.[375] Um den Wert eines vollen Beweises zu erreichen, mußte die betreffende Partei das „gesetzliche Alter“ („laga ålder“) erreicht haben, d.h. 15 Jahre alt sein,[376] bei „gesundem Verstand“ sein („ej vanvettig“) und das Geständnis freiwillig und unmißverständlich vor dem Gericht selbst[377] ablegen. Hinsichtlich des Rechts, Gestandenes zu widerrufen, enthielt die Verfahrensordnung keine Regelung. Die Doktrin war insoweit gespalten, ließ im allgemeinen jedoch die Rücknahme bei von der Partei selbst nachgewiesener Unwahrheit sowie ggf. bei irrtümlicher Abgabe des Geständnisses zu.[378]

(2) Der Zeugenbeweis

Auch der Zeugenbeweis löste sich im Zuge der Rezeption der Legaltheorie aus seiner untergeordneten Stellung, die er ursprünglich unter der Geltung des Eidhelferprozesses besessen hatte, und wuchs zu dem wichtigsten Beweismittel im neuzeitlichen Prozeß heran. Zugleich wandelte er sich von einem regelmäßig einseitigen, formellen Beweismittel mit der Funktion der eidlichen Bekräftigung eines vorgegebenen Beweisthemas zu einem beiden Parteien offenstehenden, materiellen Beweismittel mit der Funktion der ungebundenen Schilderung von Gegenständen eigener Wahrnehmung.

Die Legaltheorie brachte es allerdings infolge ihres Strebens nach detaillierter gesetzlicher Festlegung der Zulässigkeit und des Wertes der einzelnen Beweise mit sich, daß die von den Landschaftsrechten und dem Stadt- und Landrecht bekannten Zeugnisausschlußgründe im Laufe des 16. und 17. Jahrhunderts erheblich ausgeweitet wurden.[379] Ausgeschlossen von dem Recht, Zeugnis abzulegen, waren schließlich nach der Kodifikation von 1734 all diejenigen Personen, die an dem Ausgang des Verfahrens ein persönliches Interesse besaßen sowie diejenigen, die zu einer der Parteien in einem solchen verwandtschaftlichen Verhältnis oder einer sonst persönlichen Vertrauensbeziehung standen, daß ihre hypothetische Mitwirkung an dem Verfahren als Richter wegen Befangenheit unzulässig gewesen wäre.[380] Desweiteren existierten noch eine Reihe von Zeugnishinderungsgründen als Folge beruf-

---

375 Ibid.

376 Arg. e RB 17:7 betreffend Zeugen.

377 In der zeitgenössischen Doktrin war auch das außergerichtliche Geständnis („confessio extraiudicialis“) als voller Beweis anerkannt, sofern es freiwillig vor zwei zeugnisfähigen Zeugen abgegeben wurde (dazu *G. Inger*, Erkännandet, S. 94).

378 Näher *G. Inger*, Erkännandet, S. 118; *A. Wrede*, Zivilprozeßrecht, S. 232.

379 Dazu im einzelnen *J.E. Almquist*, a.a.O., S. 46 f. Zu der außerordentlichen Vielfalt allein an Einwendungsmöglichkeiten gegenüber einem Zeugen, die das kanonische Verfahren kannte (*Durantis* kommt etwa in seinem „Speculum juris“ auf 96 Nummern), s. nur *W. Endemann*, Civilprocessverfahren nach der kanonistischen Lehre, in: ZZP 15 (1891), S. 177 ff. (257 ff.) sowie ders.: Beweislehre, S. 191 ff.

380 RB 17:7, 10.

licher Verschwiegenheitspflichten.[381] Das Vorliegen von Zeugnisausschlußgründen war von dem Richter von Amts wegen zu beachten.[382]

Die aus der Sicht der Legaltheorie entscheidende Bestimmung für die Würdigung der Zeugenaussage nahm die Verfahrensordnung mit der Zwei-Zeugen-Regelung an, nach der die übereinstimmende Aussage zweier zur Zeugnislegung zugelassener Zeugen vollen Beweis für die Richtigkeit der behaupteten Tatsache darstellte.[383] Sofern auch der Gegenseite der grundsätzlich statthafte Gegenbeweis[384] als „voller" gelang, obsiegte die Partei mit der größeren Anzahl bzw. – unter Durchbrechung der Legaltheorie – den glaubwürdigeren Zeugen.[385] Bei zahlenmäßiger Ausgeglichenheit wie gleich verteilter Glaubwürdigkeit galt der Beweis des Klägers als gescheitert und wurde die Klage abgewiesen.[386]

Die Aussage eines einzelnen Zeugen galt lediglich als halber Beweis, der, soweit er nicht durch weitere Beweise ergänzt werden konnte, dazu führte, daß der Gegenpartei zur Entkräftung der aus dem alten Recht übernommene Reinigungseid aufgegeben wurde.[387] Wurde dieser geleistet, war der Beweis mißlungen; bei seiner Verweigerung hingegen erstarkte der halbe Beweis zum vollen.[388]

Der Zeuge war vor seiner Befragung zu vereidigen,[389] die Befragung selbst wurde durch den Richter in Anwesenheit beider Parteien durchgeführt,[390] nach deren Beendigung den Parteien das Recht zustand, durch den Richter dem Zeugen weitere Fragen vorlegen zu lassen.[391] Schriftliche Zeugenaussagen besaßen regelmäßig keinen Beweiswert, solange sie nicht vor Gericht mündlich mit Eid bekräftigt wurden.[392] Über die Aussage selbst war noch während der Befragung oder unmittelbar im Anschluß an sie ein – nicht notwendig wortgetreues – Protokoll aufzunehmen, dessen Inhalt anschließend dem Zeugen zur Genehmigung vorgelesen wurde.[393]

---

381 Vgl. *A. Wrede*, a.a.O., S. 241.

382 Ibid.

383 RB 17:29. Zur Geltung der Zwei-Zeugen-Regel im kanonischen Prozeß s. etwa *Durantis*, Speculum iudiciale, Lib. II, Partic. 2 – de iuramenti delatione – Nr. 2: „Nam cum duo testes faciant plenam probationem (...)." Vgl. auch *Azo*, Summa aurea, ad C. 4, 1, 3 Nr. 4: „Plena est autem probatio per duo testes, ergo semiplena per unum (...)."

384 Anders noch das alte Recht, s. oben unter B. III. 2. b).

385 RB 17:20.

386 Ibid. S. auch *J.E. Almquist*, a.a.O., S. 47; *A. Wrede*, a.a.O., S. 245 f; *N. Gärde*, Rättegångsbalken, in: Minnesskrift ägnad 1734 års lag, S. 369 ff. (397).

387 RB 17:29.

388 Näher nachfolgend unter (4) (a).

389 RB 17:16.

390 RB 17:20.

391 RB 17:21.

392 RB 17:26.

393 RB 17:28.

(3) Der Urkundenbeweis

Der Beweis durch Urkunden („skriftligt bevis"), dem nach altem Recht ähnlich dem Zeugenbeweis noch kein nennenswertes Gewicht beigemessen worden war, gewann im Gefolge der Rezeption der Legaltheorie ebenfalls an Bedeutung und entwickelte sich allmählich in der Praxis an der Seite des Zeugenbeweises zu einem primären Beweismittel. Gesetzlich erfuhr er jedoch eine nur schwach konturierte Regelung, und noch die Kodifikation von 1734 begnügte sich mit zwei Bestimmungen, die die Beweiskraft von Urkunden betrafen.

Danach oblag es in Ausnahme von den Grundsätzen der Legaltheorie regelmäßig dem Richter, die „Beschaffenheit und Richtigkeit wie auch die Beweiskraft" einer Urkunde selbst zu prüfen und in freier Würdigung zu entscheiden, „welche Wirkung sie auf die Sache hat."[394] Anderes galt nach der Verfahrensordnung lediglich für eine spezifische Art von Urkunden, die Handelsbücher der Kaufleute. Ihnen maß das Gesetz Beweiskraft hinsichtlich der Richtigkeit ihres Inhalts bei, sofern sie ordnungsmäßig geführt waren, der Gegenseite im Prozeß nicht der Nachweis ihrer Unrichtigkeit oder Unvollständigkeit gelang und der Kaufmann bzw. derjenige, der die Bücher geführt hatte, ihre Richtigkeit beeidete.[395]

Weitere Regelungen über den schriftlichen Beweis enthielt das Gesetz nicht, sieht man von der außerhalb des Beweisrechts normierten allgemeinen Pflicht einer Partei ab, bei Vorlage von Abschriften einer Urkunde auf Verlangen des Gerichts oder der Gegenpartei auch die Urschrift vorzulegen.[396]

(4) Der Parteieid

In dem Maße, in dem das mittelalterliche Beweisverfahren unter dem Einfluß des kanonischen und des deutschen gemeinen Rechts seinen Charakter änderte und anstelle der formalen, allein im Vollzug bestimmter Parteihandlungen liegenden Rechtsgewißheit nach einer verstärkt materiellen Wahrheitsermittlung zu streben begann, wandelte sich auch die Bedeutung des Parteieides. Als in Wirkung und Bedeutung rein formales Beweismittel, das keinerlei sachliche Aufklärung über das in Frage stehende Beweisthema bietet, mußte er zwangläufig seine ursprüngliche Funktion als Hauptbeweismittel des (frühen) mittelalterlichen Prozesses verlieren und hinter die materiellen Beweise durch Zeugen und Urkunden zurücktreten. Wie dargestellt[397] setzte diese Veränderung bereits gegen Ende des Mittelalters ein und vollzog sich parallel zum kontinuierlichen Ausbau des Beweisinstitutes der „nämnd", mit dem erstmals ein

394 RB 17:1.

395 RB 17:2.

396 RB 14:4. Zur Problematik der Editionspflicht aus der Sicht der neuzeitlichen Doktrin im Vergleich zu der Novelle von 1942 vgl. 3. Teil B. IV. 2. b) bb) β) (1) (b).

397 S. oben α).

verstärkt materieller Zug in das Beweisverfahren Eingang gefunden hatte. Als im 16. und 17. Jahrhundert das kanonische und deutsche gemeine Recht nachhaltigen Einfluß auf das schwedische Rechtsleben gewannen und dort zu der allmählichen Rezeption der Legaltheorie im Prozeß führten, hatte dies auch und vor allem Auswirkungen auf die Gestaltung des Parteieides.

Sowohl das kanonische wie das hierauf aufbauende deutsche Recht kannten den Parteieid, ließen ihn jedoch zur Vermeidung einer Entwürdigung seiner religiösen Bedeutung wie auch als Folge seiner lediglich formalen Natur nur als subsidiäres Beweismittel zur Anwendung gelangen.[398] Er kam im übrigen in Anknüpfung an das klassische römische[399] und das nachklassisch-justinianische Recht[400] in verschiedenen Arten vor, die in die beiden Hauptgruppen des von den Parteien einander zugeschobenen Eides und des richterlicherseits auferlegten Eides zerfielen. Letzterer wiederum gliederte sich in eine Reihe unterschiedlicher Eidesformen, unter denen der dem Beweislastträger auferlegte sog. Ergänzungseid sowie der sog. Reinigungseid des Beweislastgegners herausragten. Beide kamen jeweils unter der Geltung der Legaltheorie im Falle eines nur teilweise geglückten, zumeist halben Beweises in Betracht und dienten je nach der Person des Eidespflichtigen entweder der Vervollständigung und damit „Ergänzung" des Beweises oder aber seiner Entkräftung („Reinigung"). Während im kanonischen Recht der richterliche Eid in den Vordergrund trat,[401] gewann in Deutschland unter dem Einfluß des sächsischen Rechts vor allem der zugeschobene Eid an Bedeutung und wurde schließlich in der Form des dem Beweislastgegners zugeschobenen, angenommenen oder ggf. zurückgeschobenen Eides ein beherrschendes Institut im gemeinrechtlichen und reichsrechtlichen Beweisrecht.[402]

Diese Systematik des Parteieides im kanonischen und gemeinen Recht einschließlich der ihm dort zuerkannten Funktion eines lediglich subsidiären Beweismittels stieß sowohl in der schwedischen Prozessualistik[403] als auch bei

---

398 S. dazu *G. Wetzell*, System des ordentlichen Civilprozesses, S. 276 ff. für das gemeine deutsche Reichsrecht sowie *W. Endemann*, Civilprocessverfahren nach der kanonistischen Lehre, in: ZZP 15 (1891), S. 177 ff. (282) für den kanonischen Prozeß. Übersichtlich zur Entwicklung des Eidinstituts in Deutschland *A. Münks*, Vom Parteieid zur Parteivernehmung, S. 62 ff.

399 Hierzu näher *M. Kaser*, Das römische Zivilprozeßrecht, S. 266 ff. (Formularverfahren „in iure"), S. 366 (Formularverfahren „apud iudicem").

400 Vgl. insbes. den Digestentitel D. 12, 2 (de iure iurando sive voluntario, sive necessario, sive iudiciali). In gedrängter Form hierzu ders.: a.a.O., S. 600; s. auch die Nachweise unter S. 95 FN 432.

401 Vgl. nur *W. Endemann*, Beweislehre, S. 453 ff. (463 f.): „(...) bei der Mehrzahl der Schriftsteller (sc. unter den Kanonisten, eig. Erkl.) [war] der Schiedseid geradezu verschwunden (...)."

402 Eingehend dazu *G. Wetzell*, a.a.O., S. 281 ff. sowie *K. Hellwig*, System des Deutschen Zivilprozeßrechts, Teil I, S. 718 ff. (723 ff.).

403 Hierzu ausführlich *I. Afzelius*, Om parts ed, S. 84 f. mit Hinweisen auf Arbeiten von *J. Loccenius*, *C. Kloot* und *C. Rålamb*.

den mit der Verfahrensreform befaßten Gremien des 17. Jahrhunderts in Schweden auf großen Widerhall. Insbesondere der 1643 vorgelegte Reformentwurf zeugt mit seiner bewußten Übernahme der Eidesinstitute des richterlichen Ergänzungseides („fyllnadsed“) sowie des zugeschobenen Eides („bjudna ed“) an der Seite des vom alten Recht bereits bekannten Reinigungseids („värjemålsed“) von der starken Rezeptionswirkung, die von dem kanonischen und gemeinen Recht auf Schweden zu dieser Zeit ausging.[404]

Zugleich änderte sich unter dem Einfluß des kanonischen Rechts die Einstellung zu dem mit dem alten Prozeß verbundenen Institut der Eidhelfer,[405] die durch ihre eidliche Bekräftigung, der Beklagte habe „rein und nicht mein“ geschworen, dessen Reinigungseid üblicherweise unterstützen mußten. In der Erkenntnis, daß diese Eidhelfer infolge ihrer regelmäßig mangelnden Kenntnis von den tatsächlichen Hintergründen des Rechtsstreits leicht in die Gefahr gerieten, einen Meineid zu leisten, hatte sich bereits *Olaus Petri* in seinen Richterregeln für eine Einschränkung ihrer Anwendung im Prozeß ausgesprochen.[406] Im übrigen hatte er dafür plädiert, daß die Eidhelfer, anstelle einen Eid auf die Wahrheit der Aussage des Beklagten zu leisten (sog. „iuramentum veritatis“), lediglich ihre Überzeugung von der Wahrheit der Aussage eidlich versichern sollten (sog. „iuramentum credulitatis“).[407] Auf diese Weise würde ihr Eid im Falle eines falschen Reinigungseides des Beklagten nicht automatisch dessen Charakter als Meineid teilen. Diese – soweit ersichtlich – hier erstmals aufgestellte Forderung wurde 1653 legislativ umgesetzt.[408] In ihrer Wirkung schätzte man die damit verbundene Schwächung des Eidhelferinstituts jedoch allgemein als noch zu gering ein und schuf 1695 schließlich den Eidhelfer konsequenterweise ganz ab.[409]

Die Kodifikation von 1734 nahm hinsichtlich des Parteieides eine zwischen dem überkommenen Recht und dem von der Doktrin und den Reformkommissionen rezipierten kanonischen und gemeinen Recht vermittelnde Stellung

---

[404] Der Entwurf lehnte sich sogar terminologisch an die im kanonischen und gemeinen Recht gebräuchlichen lateinischen Termini des „iuramentum suppletorium“ (Ergänzungseid, „fyllnadsed“); „iuramentum purgatorium“ (Reinigungseid, „värjemålsed“) und „iuramentum voluntarium“ (zugeschobener Eid / „bjudna ed“) an (vgl. näher hierzu *I. Afzelius*, Om parts ed, S. 76 ff., insbes. 81).

[405] Vgl. schon oben S. 46 FN 157 zu dem Brief Papst *Honorius III.* an den Erzbischof in Lund aus dem Jahr 1218, in dem der Papst den Eidhelferprozeß als eine „pestis contraria omni iuri“ bezeichnete.

[406] Vgl. Rechtsregel 32, abgedruckt bei *G. Schmidt*, Richterregeln, S. 46: „Und der Richter soll auf keine Weise zu hastig sein, einem zu gestatten, vorzutreten und zu schwören (...).“ In seiner Kritik an dem Institut der Eideshelfer blieb *Petri* nicht allein. Auch die Reformkommissionen des 17. Jahrhunderts standen dem Eideshelfer überwiegend ablehnend gegenüber; s. *I. Afzelius*, a.a.O., S. 79; *J.E. Almquist*, Processrättens historia, S. 48.

[407] Rechtsregel 34; abgedruckt bei *G. Schmidt*, a.a.O., S. 47.

[408] Durch eine Verordnung Königin *Kristinas*; vgl. *I. Afzelius*, a.a.O., S. 83.

[409] *J.E. Almquist*, a.a.O., S. 48. Möglicherweise wurde hierdurch lediglich eine bereits bestehende Praxis gesetzlich festgeschrieben; dazu *I. Afzelius*, a.a.O., S. 83, FN 2 m.w.N.

ein, die jedoch insgesamt deutlich den Einfluß des ausländischen Rechts erkennen läßt. So erklärte auch sie den Parteieid ausdrücklich zu einem subsidiären Beweismittel, das nur angewandt werden dürfe, wenn sich „die Wahrheit nicht anders ermitteln läßt."[410] Desweiteren unterschied sie zwischen dem seitens einer Partei der Gegenseite zugeschobenen („bjudna ed")[411] und dem richterlicherseits auferlegten Eid und unterteilte letzteren wiederum in den Reinigungseid („värjemålsed")[412] des Beweislastgegners und den Ergänzungseid („fyllnadsed")[413] des Beweislastträgers.

In deutlicher Anknüpfung an den mittelalterlichen Prozeß erschien der Reinigungseid in der Verfahrensordnung jedoch weiterhin als die Hauptform des Parteieides, während der zugeschobene Eid und der Ergänzungseid aus noch zu erläuternden Gründen keine nennenswerte Bedeutung hatten.

(a) Der Reinigungseid („värjemålsed")

Mittels des Reinigungseides hatte die nicht beweisbelastete Partei[414] eine von dem beweisführenden Gegner behauptete Tatsache eidlich zu bestreiten. Im Gegensatz zum alten Recht setzte die Auferlegung des Eides allerdings einen zuvor von der beweispflichtigen Partei erbrachten unvollständigen Beweis voraus.[415] Dieser mußte in der Regel die Stärke eines halben Beweises („probatio semiplena") zu haben und kam infolgedessen etwa – eine typische Anwendungssituation – bei der Bestätigung der klägerischen Behauptung durch lediglich einen Zeugen in Betracht.[416] Für den im Gesetz vorgesehenen anderen Hauptanwendungsfall des Reinigungseides,[417] bei dem starke

---

410 RB 17:30.

411 RB 17:34.

412 RB 17:30.

413 Ärvdabalk (Erbrechtsbuch) 5:1; RB 17:35; 17:2.

414 *I. Afzelius*, Om parts ed, S. 98 ff., erörtert die Frage, in welchem Umfang die Kodifikation von 1734 in Anlehnung an die zeitgenössische Praxis hinsichtlich des Reinigungseides noch von dem alten Grundsatz ausging, daß für die Auferlegung des Eides allein die Stellung der Partei als Beklagter ausschlaggebend sei, nicht aber die Verteilung der Beweislast. Da sich der Parteieid wie auch das Beweisverfahren im übrigen ursprünglich auf den Prozeßanspruch im ganzen bezogen und noch nicht auf konkrete Tatsachen, konnte nach der alten Rechtslage der Reinigungseid nie dem Kläger zufallen. In dem Maße jedoch, in dem das Beweisverfahren unter den Einfluß des kanonischen und gemeinen Rechts geriet und eine echte Verteilung der Beweislast zwischen Kläger (hinsichtlich der Begründung des Anspruchs) und Beklagtem (hinsichtlich der Einwendungen) entstand, konnte auch der Kläger in die Situation kommen, sich gegenüber dem durch den Beklagten geführten Beweis „reinigen" zu müssen. *Afzelius* hält für möglich, daß das Gesetz noch den alten Standpunkt vertrat (S. 106 f.), läßt die Frage im Ergebnis jedoch offen, da jedenfalls die auf den Erlaß der Verfahrensordnung folgende Entwicklung des Beweisrechts für die Verteilung der Beweislast als dem für die Auferlegung des Reinigungseides ausschlaggebenden Gesichtspunkt spreche (S. 108 ff.). Der Darstellung wird daher diese Auffassung zugrunde gelegt.

415 RB 17:29 f.

416 Dies ist der in RB 17:29 angesprochene Fall.

417 RB 17:30.

Indizien („bindende Umstände") für die Begründetheit der Behauptung des Beweisführers sprechen mußten, läßt sich ein bestimmtes Beweismaß hingegen nicht angeben.

Die Wirkung des Eides war gleich dem alten Recht eine rein formale und lag in der unmittelbaren Entscheidung der betreffenden Beweisfrage. Verweigerte der Beweislastgegner den Eid und erkannte hierdurch mit seinem Schweigen gleichsam die Richtigkeit der Feststellung an („tyst erkännande"), erstarkte der Beweis zum vollen; bei Leistung des Eides hingegen blieb das Ergebnis des unvollständigen Beweises bestehen, und der Beweislastträger hatte den sich daraus im Einzelfall ergebenden Beweisnachteil zu tragen. Die Möglichkeit einer Entkräftung des abgelegten Eides durch einen Gegeneid bestand nicht: „Eid soll nicht gegen Eid gehen", heißt es dazu in Übereinstimmung mit dem alten Recht schon bei *Olaus Petri*,[418] und diese Regel wurde von der Verfahrensordnung von 1734 aufrechtgehalten.

Gegenstand des Eides, dessen Thema vom Richter vor der Auferlegung sorgfältig zu formulieren war, wurden mit der allmählichen Wandelung des Beweischarakters von einem Rechts- zu einem Tatsachenbeweis zunehmend tatsächliche Feststellungen, wenngleich in der Praxis von dem Eidespflichtigen nicht selten auch rechtliche Würdigungen verlangt wurden.[419] Letzteres geschah als Folge des Festhaltens an alten Gepflogenheiten, mangelnder Sorgfalt bei der Formulierung des Eidesthemas wie auch nicht zuletzt wegen der Schwierigkeit trennscharfer Abgrenzung von Tatsachen- und Rechtsfragen.

Während im mittelalterlichen Prozeß der Eid in einem bedingten Endurteil der Partei auferlegt wurde, erfolgte seine Anordnung im neuzeitlichen Verfahren zunehmend[420] nur mehr in einem richterlichen Beschluß,[421] der jedoch gleich dem ursprünglichen Beweisurteil gesondert angefochten werden konnte.[422]

---

418 Rechtsregel Nr. 30; abgedruckt bei *G. Schmidt*, Rechtsregeln, S. 46.

419 So bezog sich der Eidgang etwa häufig auf die Frage nach dem Vorliegen eines Vertrags („avtal"), eines Kaufs („köp"), einer Leihe („lån") oder auch dem Handeln als Vertreter („ombud"). Vgl. näher *I. Afzelius*, a.a.O., S. 137, FN 1, der zudem darauf hinweist, daß infolge unpräziser Formulierung des Eidesthemas der Eidespflichtige häufig auch schwer zu treffende tatsächliche Festellungen zu beeiden hatte.

420 Zu einzelnen Entwicklungsstadien vgl. *W. Uppström*, Den svenska processens historia, S. 134.

421 Auch dies hängt mit der Wandelung des Beweischarakters von einem Rechts- zu einem Tatsachenbeweis zusammen, da ein Eid, der – wie im frühen mittelalterlichen Prozeß – auf das Bestreiten des klägerischen Anspruchs selbst gerichtet ist, bereits den Ausgang des Verfahrens bestimmt und somit in einem durch seine Leistung bzw. Verweigerung bedingten Endurteil auferlegt werden kann. Bezieht er sich hingegen allein auf einzelne Tatsachen, so ist das Beweisverfahren regelmäßig stärker zergliedert und genügt der Nachweis einer tatsächlichen Behauptung vielfach noch nicht für die Festlegung des Entscheidungsinhalts.

422 *J.E. Almquist*, Processrättens historia, S. 48; *W. Uppström*, Den svenska processens historia, S. 135.

(b) Der Ergänzungseid („fyllnadsed")

Hatte den Reinigungseid der Gegner des Beweisführers zu leisten, so wurde der Ergänzungseid dem Beweisführer selbst auferlegt, diente also im Gegensatz zu dem Reinigungseid der unmittelbaren Bekräftigung einer von dem Eidespflichtigen zuvor selbst aufgestellten tatsächlichen Behauptung. Die Wirkung des Eides knüpfte sich folglich positiv an seine Leistung und nicht an seine Verweigerung, diente jedoch wie im Falle des Reinigungseides dazu, einen noch nicht hinlänglich erbrachten Beweis auf das von der Legaltheorie geforderte Beweismaß zu heben.

Während die Reformkommissionen des 17. Jahrhunderts wie auch Teile der schwedischen Doktrin unter dem Einfluß des kanonischen und gemeinen Rechts für eine weitgehend parallele Anwendung dieses Eides an der Seite des Reinigungseides eintraten,[423] entschied sich die Verfahrensordnung von 1734 für seine sehr restriktive Anwendung. Dies geschah offenbar vor dem Hintergrund des altüberkommenen und auch in den Richterregeln *Olaus Petris* enthaltenen Grundsatzes, daß man „mit Eid sich nur verteidigen darf, nicht klagen" („med ed kan man svara, och ej kära").[424] Statthaft war der Ergänzungseid daher lediglich in wenigen, von dem Gesetz ausdrücklich genannten Spezialfällen.

Einer der wichtigsten Fälle war der aus dem römischen Recht stammende[425] sog. Schätzungseid („värderingsed"),[426] mit dem in Schadensersatzprozessen bei Fehlen anderweitiger Erkenntnisquellen der geschädigte Kläger die Höhe seines Schadens beweisen konnte, soweit der Eintritt des Schadens und die Verantwortlichkeit des Gegners hierfür zuvor beweiskräftig dargetan waren.

Ein weiteres, in der Praxis bedeutsames Anwendungsbeispiel bezog sich auf die Handelsbücher eines Kaufmanns.[427] Die von ihnen nach dem Gesetz in Rezeption des ausländischen Rechts[428] ausgehende positive Beweiskraft für die Richtigkeit des Inhalts hing unter anderem ab von der Leistung des Ergänzungseides durch den Kaufmann bzw. denjenigen, der das Buch geführt hatte.[429]

---

423 Vgl. *I. Afzelius*, a.a.O., S. 79 ff. (Kommissionen) und 91 ff. (Doktrin).

424 Bei *Petri* hat sich dieses Prinzip in dem anschaulichen Bild niedergeschlagen, daß mit Eid „sich niemand soll Pfennige zuschwören können"; vgl. Rechtsregel Nr. 30 (abgedruckt bei *G. Schmidt*, a.a.O., S. 46).

425 Näher dazu *M. Kaser*, Das römische Zivilprozeßrecht, S. 339 f. sowie aus schwedischer Sicht *I. Afzelius*, a.a.O., S. 118.

426 Vgl. u.a. RB 17:35.

427 RB 17:2.

428 Das Institut der Beweiskraft von Handelsbüchern, ursprünglich in Italien aufgekommen, wurde in das schwedische Recht erst im Verlauf des 18. Jahrhunderts eingeführt; noch die Land- und Stadtrechte kannten es nicht. Vgl. hierzu im ganzen *I. Afzelius*, Om parts ed, S. 114.

429 Hieraus folgt, daß der Eid nur in den Fällen der Identität von Beweisführer und Kaufmann bzw. Buchführer im Prozeß die Funktion eines Ergänzungseides übernahm.

(c) Der von den Parteien zugeschobene Eid („bjudna ed")

Während der Reinigungseid wie auch der Ergänzungseid richterliche Eide darstellten, gestattete die Verfahrensordnung von 1734 den Parteien auch, in den Fällen, in denen sie über den Gegenstand des Prozesses frei verfügen konnten, beweisbedürftige Fragen durch einen selbst vereinbarten Eid zu klären.[430] Entsprechend dem allgemeinen Charakter des Parteieides im neuzeitlichen Verfahren als einem subsidiären Beweismittel kam allerdings auch der zugeschobene Eid nur insoweit in Betracht, als andere Beweisquellen nicht mehr zu Gebote standen.[431]

Anders als im römischen Recht und dem hierauf aufbauenden deutschen gemeinen Recht,[432] die – wie beschrieben – für diese Eidesform in Schweden als Rezeptionsquellen dienten, war mit dem Angebot des Eides durch eine Partei allerdings keinerlei Rechtszwang für den Gegner verbunden. Er konnte das Angebot vielmehr ohne Beweisnachteil ablehnen, wenn er nicht bereit war, den Eid zu leisten, oder ihn dem Anbietenden seinerseits zur Ablegung unverbindlich zurückschieben. Konsequenterweise war für das Recht der Eideszuschiebung die Verteilung der Beweislast ohne Bedeutung[433] und kam eine Beweiswirkung dem zugeschobenen Eid im schwedischen Prozeß nur dann zu, wenn er von dem Gegner zur Leistung angenommen wurde.

Wegen der mangelnden Zwangswirkung der Eideszuschiebung wie auch des fehlenden Rechts des Anbietenden, im Falle der Eidesverweigerung durch den Gegner selbst den Eid leisten zu dürfen, waren derlei Eideszuschiebungen in der Praxis insgesamt selten und spielte diese Form des Eides mithin in dem neuzeitlichen Verfahren keine nennenswerte Rolle.

(d) Der Kalumnieneid („vrångoed")

Von den übrigen nach der Verfahrensordnung vorgesehen Parteieiden, auf die im Rahmen der hier gebotenen überblicksartigen Darstellung des historischen Prozesses nicht näher eingegangen werden kann,[434] erscheint nur der sog. Kalumnieneid („vrångoed") noch der Erwähnung wert. Er wurde in Rezeption des kanonischen „iuramentum calumniae" bzw. „malitiae"[435] durch die Verfahrensord-

---

[430] RB 17:34.

[431] Dies folgte zwar nicht unmittelbar aus dem Wortlaut des Gesetzes, ergab sich jedoch aus einer Zusammenschau der Eidesbestimmungen; vgl. *I. Afzelius*, a.a.O., S. 163.

[432] Zu dem Institut des zugeschobenen Eides im klassisch-römischen bzw. justinianischen Recht einerseits und dem gemeinen Prozeß andererseits vgl. eingehend *M. v. Bethmann-Hollweg*, Der römische Civilprozeß, Bd. 2, § 107 (Formularprozeß) sowie Bd. 3, § 155 III. (Kognitionsprozeß); *G. Wetzell*, System des ordentlichen Civilprozesses, S. 281 ff. (gemeines Recht); aus schwedischer Sicht auf das römische Verfahren s. *I. Afzelius*, a.a.O., S. 16 ff. (römisches Recht); 37 ff. (gemeines Recht).

[433] *A. Wrede*, Zivilprozeßrecht, S. 238.

[434] Näher dazu *I. Afzelius*, a.a.O., S. 161 f.

[435] Hierzu etwa *Tankred*, ordo iudiciarius, P. 3, tit. 2, § 5. Zum Kalumnieneid im kanonischen Prozeß allgemein *W. Endemann*, Civilprozeßverfahren nach der kanonistischen

nung von 1615[436] in das schwedische Recht eingeführt und diente dazu, eine Partei auf Anweisung des Richters ihre lauteren Prozeßabsichten bezeugen zu lassen. Dies geschah durch die eidliche Versicherung, das Verfahren „nicht aus Bosheit zu betreiben" und ebensowenig „wissentlich die Unwahrheit zu sagen oder eine List zu gebrauchen oder zu versuchen, Zeit zu schinden, die Sache zu verdrehen oder etwas zu verheimlichen".[437] Dieser Eid kam jedoch selten zur Anwendung, wurde im 19. Jahrhundert auf das Verfahren vor dem Hofgericht beschränkt[438] kam danach nahezu vollständig außer Gebrauch.

b) Das Verfahren in der Rechtsmittelinstanz vor den Hofgerichten und dem Höchsten Gerichtshof

aa) Einleitung

Erst mit der Einrichtung der Hofgerichte im Verlauf des 17. Jahrhunderts wurden die Voraussetzungen für ein geordnetes Instanzverfahren geschaffen und Bestimmungen erlassen, die auf die Gewährleistung einer materiellen wie formellen Rechtskraft gerichtlicher Entscheidungen zielten.[439] Durch die kontrollierende Aufsichtstätigkeit, welche die Hofgerichte von Anbeginn über die Untergerichte ausübten, vermochte sich die neue Instanzordnung in der Praxis vergleichsweise schnell durchzusetzen und wurden in der Folge solche den Rechtsfrieden gefährdenden Vorkommnisse wie die spätere Abänderung von Urteilen durch die erlassende Instanz selbst[440] alsbald seltene Ausnahmeerscheinungen.

Zeigte sich der nachhaltige Einfluß, den das justinianische, kanonische und deutsche gemeine Recht in Schweden auf den neuzeitlichen Prozeß des 16. bis 18. Jahrhunderts auszuüben vermochten, schon im Verfahren vor den Untergerichten, so tritt er bei der Betrachtung der Rechtsmittelinstanzen mit besonderer Deutlichkeit hervor. Die Schriftlichkeit, die sich im Untergerichtsverfahren zumindest auf dem Land nur in abgemilderter Form Geltung verschafft hatte und das Recht der Parteien auf eine mündliche Verhandlung nicht hatte verdrängen können, entwickelte sich vor den Hofgerichten und

---

Lehre, in: ZZP 15 (1891), S. 177 ff. (233 ff.), ders.: Beweislehre, S. 459 ff. sowie *W. Sellert*, Art. „Kalumnieneid", in: HRG, Bd. 2, Sp. 566 ff., dort auch zur Herkunft des Kalumnieneides aus dem römischen Formularprozeß und dem justinianischen Recht.

[436] S. S. 69 FN 279.

[437] Vgl. RB 14:9.

[438] Durch Verordnung vom 18. 4. 1849.

[439] Vgl. RB 25:1: „Wird keine 'vad' in der vorgeschriebenen Weise eingelegt, soll das Urteil (...) bestehenbleiben." Vgl. auch RB 28:1: „Wer aufs neue seine Sache vor Gericht bringt, wo bereits ein Urteil oder eine Entscheidung besteht, die Rechtskraft ('laga kraft') gewonnen hat (...): Der zahle zur Strafe (...)." Ähnlich RB 31:1: „Keiner bis auf den König habe die Gewalt, ein Urteil wieder zu ändern, das Rechtskraft gewonnen hat, oder eine Frist wieder laufen zu lassen, die verstrichen ist."

[440] Dazu schon unter B. III. 2. c).

dem 1789 errichteten Höchsten Gerichtshof zur vorherrschenden Verfahrensform. Das alte Rechtsmittel der „vad" begann seinen Charakter zu verändern, neue Rechtsbehelfe traten hinzu, und schon die Einrichtung der Rechtsmittelgerichte selbst verrät – wie gesehen – die von der deutschen Gerichtsverfassung ausgegangene Rezeptionswirkung.

Daß sich der ausländische Einfluß gerade auf der Rechtsmittelebene niedergeschlagen hat, kann dabei kaum überraschen: Zu eng waren zum einen die Verbindungen zwischen den Hofgerichten bzw. der Justizrevision als Vorläufer des Höchsten Gerichtshofs und der zeitgenössischen Doktrin an den Universitäten in Uppsala und Lund, die ihrerseits – wie geschildert – Form und Inhalt ihrer Forschung zu großen Teilen aus dem kanonischen, justinianisch-römischen und dem deutschen gemeinen Recht bezog. Und zu sehr fehlte zum anderen den Rechtsmittelgerichten als vom König willkürlich geschaffenen Spruchkörpern ganz anders als im Falle der ländlichen „häradsrätter" bzw. „lagmansrätter" die Verankerung im Boden volkstümlicher Rechtstradition. Praktisch alle der rezeptionsbedingten Veränderungen, die der mittelalterliche Prozeß vor den Untergerichten im Laufe der Neuzeit erfuhr, hängen denn auch zumindest mittelbar mit der Tätigkeit v.a. der Hofgerichte zusammen, auf deren kontrollierend-lenkende Einflußnahme sie zurückzuführen sind.

Dies rechtfertigt eine zumindest skizzenhafte Darstellung des neuzeitlichen Rechtsmittelprozesses, dessen Grundzüge nachfolgend insoweit geschildert werden sollen, als sie sich von denen des Untergerichtsprozesses abhoben. Dabei wird wegen der erwähnten Bedeutung für den Untergerichtsprozeß auf das Verfahren vor den Hofgerichten bzw. dem Höchsten Gerichtshof abgestellt. Auf den Rechtsmittelprozeß vor dem „lagmansrätt" auf dem Land bzw. dem „rådhusrätt" in den Städten, der in seinen wesentlichen Zügen ohnehin dem erstinstanzlichen Verfahren folgte, soll hingegen nicht weiter eingegangen werden.

bb) Die Gestaltung der Rechtsmittel im neuzeitlichen Prozeß

Der mittelalterliche Prozeß kannte, wie beschrieben,[441] mit der „vad" nur ein einziges ordentliches Rechtsmittel. Im 17. Jahrhundert traten im Gefolge der Veränderungen in der Gerichtsverfassung weitere Rechtsbehelfe an seine Seite. Unter ihnen waren die wichtigsten die Revision („revision") und die Beschwerde („besvär") als ordentliche Rechtsbehelfe sowie die Verfahrenswiederaufnahme und die Wiedereinsetzung bei Fristversäumung („återbrytande av dom" bzw. „återställande av försutten tid") als außerordentliche.

---

[441] S. oben unter B. III. 2. c).

α) Die „vad“

(1) Statthaftigkeit und Erhebung der „vad“

Noch unter der Geltung des allgemeinen Stadt- und Landrechts hatte die „vad“ den altertümlichen Charakter eines persönlichen Angriffsmittels gegen den Richter bzw. die „nämnd“ getragen.[442] Im Zuge einer „Versachlichung“ ihres Wesens wandelte sie sich jedoch allmählich unter dem Einfluß des gemeinen Rechts[443] und nahm mit der Errichtung des Svea Hofgerichts im Jahr 1614 die Funktion eines gewöhnlichen Rechtsmittels an, mit dem die Parteien den Streit in die nächst höhere Instanz tragen konnten.[444] Sie blieb insoweit auch im neuzeitlichen Prozeß das primäre ordentliche Rechtsmittel für die Anfechtung der erstinstanzlichen Endurteile,[445] wurde aber mit der Einrichtung der Hofgerichte zugleich der statthafte Rechtsbehelf gegen die Rechtsmittelentscheidungen der zweiten Instanz der „lagmansrätter“ auf dem Land bzw. der „rådhusrätter“ in der Stadt.[446]

Zulässig war sie gegen alle erstinstanzlichen Endurteile des „häradsrätts“ auf dem Land und des „kämnersrätt“ in der Stadt ungeachtet des Streitwerts,[447] hatte für die Anfechtung der Rechtsmittelentscheidung des „lagmansrätt“ bzw. „rådhusrätt“ beim Hofgericht jedoch einen gewissen Mindeststreitwert zur Voraussetzung.[448]

Für ihre Erhebung mußte der Rechtsmittelführer zweierlei Handlungen vornehmen: die Einlegung der „vad“ bei dem iudex a quo und ihre „Verfolgung“ („fullföljande“) in der nächst höheren Instanz.

Die Einlegung vollzog sich durch eine fristgerechte, formlose, zumeist mündliche Anzeige der Absicht des Rechtsmittelführers, das Urteil anzufechten, samt Zahlung einer geringen Gebühr („vadpenning“), die unabhängig von dem Ausgang des Rechtsmittelstreits an das Gericht fiel.[449] Insbesondere war die Partei nicht verpflichtet, bei dieser Anzeige bereits anzugeben, in welcher Hinsicht sie das Urteil anzufechten gedachte. Über die ordnungsgemäße Einlegung der „vad“ wurde dem Rechtsmittelführer sodann eine Bescheinigung ausgestellt und ein Termin festgesetzt, zu dem bei-

---

442 Ibid.

443 *J.E. Almquist*, Processrättens historia, S. 52.

444 Im mittelalterlichen Verfahren hatte – wie unter B. III. 2. c) dargestellt – auch dem Richter die Möglichkeit offengestanden, etwa die Entscheidung der „nämnd“ anzufechten.

445 Vgl. RB 25:1: „Ist man nicht zufrieden mit Urteil oder der Entscheidung, die das ‘häradsrätt’ in der Hauptsache (...) gefällt hat, da mag man mit der ‘vad’ hiergegen vorgehen (...).“ Für die städtische Gerichtsbarkeit vgl. die entsprechende Vorschrift in 25:11.

446 RB 25:7 (lagmansrätt); 25:15 (rådhusrätt).

447 Eine Ausnahme galt insoweit gem. RB 25:11 lediglich für Stockholm, wo für die „vad“ gegen eine Entscheidung des „kämnersrätt“ das Erreichen eines Mindeststreitwerts festgesetzt war.

448 RB 25:7 (lagmansrätt); 25:16 (rådhusrätt).

449 RB 25:19.

de Parteien vor dem Rechtsmittelgericht zu erscheinen hatten. Eine Ladung des Beklagten erfolgte ebensowenig wie eine besondere Bekanntmachung der Rechtsmitteleinlegung an ihn. Vielmehr hatte er sich selbst zu erkundigen, inwieweit innerhalb der Frist die „vad" eingelegt worden sei.[450]

Die „Verfolgung" der „vad" bestand in der Einreichung einer schriftlichen Begründung des Rechtsmittels durch den Kläger vor dem Rechtsmittelgericht zu dem vom Untergericht festgesetzten Termin samt ihrer Entgegennahme durch den Beklagten.[451] Die Begründung hatte insbesondere auch den Umfang offenzulegen, in dem der Kläger eine Überprüfung des angefochtenen Urteils begehrte, da nur insoweit eine Kontrolle durch das Rechtsmittelgericht stattfand.[452]

(2) Verfahren vor dem Hofgericht

Gestaltete sich der „vad-Prozeß" im Mittelalter noch im wesentlichen nach den gleichen Grundsätzen wie das erstinstanzliche Verfahren und wurde infolgedessen mündlich geführt, so wandelte er sich unter dem Einfluß des gemeinen deutschen Kameralprozesses[453] im Laufe der Neuzeit zu einem in wachsendem Maße durch die Schrift geprägten Verfahren. Infolge der Vorbildfunktion des Hofgerichtsprozesses für die Untergerichte breitete sich die Schriftlichkeit sodann auch auf die unteren Instanzen aus, die in dem bereits beschriebenen Umfang die Verfahrensweise der Hofgerichte zu kopieren begannen.

Die entscheidende Weichenstellung trat bereits 1614 mit der Gründung des ersten Hofgerichts in Stockholm ein. Von Anbeginn wurde in der Verfahrensordnung hinsichtlich seiner Prozesse bestimmt, daß die Verfahren durch einen Schriftwechsel zwischen den Parteien eingeleitet werden sollten.[454] In dessen Verlauf hatte der Beklagte die von ihm entgegengenommene Rechtsmittelbegründung des Klägers (sog. „inlaga" bzw. „libellus") innerhalb vorgegebener Frist zu erwidern (sog. „svar" bzw. „exception"), woraufhin regelmäßig noch eine Replik des Klägers („replica") sowie die Duplik des Beklagten („duplica") folgten, ehe der Prozeßstoff von dem Hofgericht zur Behandlung angenommen wurde. Die Zahl der Schriftsätze war jedoch anfänglich nicht gesetzlich festgelegt, sondern hing von dem Ermessen des Gerichts ab.[455] Die von

---

450 RB 25:1 (häradsrätt); 25:7 (lagmansrätt); 25:11 (kämnersrätt); 25:15 (rådhusrätt).

451 Ibid.

452 *A. Wrede*, Zivilprozeßrecht, S. 276.

453 Im einzelnen hierzu *G. Wetzell*, System des ordentlichen Civilprozesses, S. 895 ff.; *J. Schwartz*, Vierhundert Jahre deutscher Civilprozeßgesetzgebung, S. 72 ff.; s. auch oben unter S. 78 FN 324.

454 Vgl. RP Ziff. 12, 13, 25.

455 *J.E. Almquist*, a.a.O., S. 53 f. Im Jahr 1656 wurde bestimmt, daß grundsätzlich nicht mehr als zwei Schriftsätze je Partei gewechselt werden durften; vgl. *S. Jägerskiöld*, Hovrätten unden den karolinska tiden och till 1734 års lag, in: Petrén/Jägerskiöld, Svea Hovrätt – Studier till 350-årsminnet, S. 121 ff. (288). Die Verfahrensordnung von 1734 legte die Zahl der Schriftsätze auf je einen pro Partei fest (arg. e RB 27:9). Beide Parteien hatten jedoch

den Parteien jeweils eingereichten Schriftsätze dürften ursprünglich noch mündlich vorgetragen worden sein, wurden bald jedoch aus Gründen der Zeitersparnis lediglich zu den Akten genommen.[456]

Im Anschluß hieran erhielt ein durch geheime Wahl bestimmtes Mitglied des Gerichts[457] die Aufgabe, auf der Grundlage der eingereichten Schriftsätze der Parteien und des angefochtenen Urteils einen schriftlichen Bericht zu verfassen (sog. „relatio"), in dem die entscheidenden Streitpunkte samt der wesentlichen Argumente der Parteien zusammengefaßt werden sollten.[458] Die Relation wurde den Parteien zur Stellungnahme zugestellt, eigenmächtige Änderungen an der Schrift waren allerdings nicht gestattet.[459] Der Referent hatte sodann den Fall ausgehend von der Relation in geheimer Sitzung den übrigen Mitgliedern des Gerichts vorzutragen und einen Urteilsentwurf auszuarbeiten.[460]

1615 wurde in der Verfahrensordnung noch vorausgesetzt, daß das Verfahren vor der Urteilsberatung um eine mündliche Verhandlung ergänzt werden konnte, sei es, weil der Referent für die Erstellung der Relation noch weitere Auskünfte benötigte, sei es, daß die anderen Mitglieder des Spruchkörpers noch Fragen an die Parteien hatten.[461] Auch hob man Ende des 17. Jahrhunderts sogar noch einmal ausdrücklich das Recht der Parteien hervor, auf Antrag eine mündliche Konferenz anberaumen zu lassen, hinsichtlich deren Zeitpunkt festgelegt wurde, daß sie nicht erst im Anschluß an den Vortrag des Referenten stattfinden dürfe.[462] Die von den Hofgerichtsverfahren erhaltenen Protokolle lassen zudem erkennen, daß anfänglich von diesen Konferenzen auch regelmäßig Gebrauch gemacht wurde und die Hofrichter, noch geprägt von dem Wahrheitsstreben des kanonischen Prozesses,[463] in ihrem Rahmen eine sehr aktive Rolle spielten.[464]

Schon wenige Jahre später jedoch begann sich die Auffassung durchzusetzen, daß derartige mündliche Verhandlungen mit den Parteien lediglich geeignet seien, die Verfahren unnötig in die Länge zu ziehen, und sie nicht selten mehr Verwirrung stifteten, als für weitere Aufklärung sorgten.[465] Statt dessen

---

die Möglichkeit, im Laufe der mündlichen Verhandlung noch jeweils eine Schrift einzureichen; *A. Wrede*, Zivilprozeßrecht, S. 279.

[456] *S. Jägerskiöld*, a.a.O., S. 289.

[457] Nach der Prozeßordnung von 1615 (Ziff. 30) sollten es noch zwei Referenten sein.

[458] Vgl. RB 22:1 f.

[459] *S. Jägerskiöld*, a.a.O., S. 299. So auch RB 22:2, wo für unbefugte Veränderungen eine Strafzahlung festgeschrieben wurde.

[460] *S. Jägerskiöld*, a.a.O., S. 299 f.

[461] Vgl. RP Ziff. 12, 13, 25.

[462] Durch Verordnung vom 28. 5. 1688.

[463] S. hierzu schon die Angaben oben S. 49 FN 176.

[464] *S. Jägerskiöld*, a.a.O., S. 290 f, weist darauf hin, daß die Richter in einem weiten Umfang in diesen Konferenzen die Initiative ergriffen hätten und durch Fragen und Hinweise um eine umfängliche Aufklärung des Sachverhalts bemüht gewesen seien.

[465] *S. Jägerskiöld*, a.a.O., S. 306 f.

griff man verstärkt auf das schrifliche Verfahren zurück, in dem die Hofrichter in Übereinstimmung mit weiten Teilen der zeitgenössischen Doktrin eine größere Verläßlichkeit für die vollständige und wahrheitsgemäße Aufklärung des Rechtsstreits sahen.[466] Begünstigt wurde der allmähliche Umschwung zu einer immer stärker vordringenden Schriftlichkeit dabei durch den Umstand, daß sich die Parteien im Hofgerichtsverfahren in der überwiegenden Mehrzahl der Fälle eines Anwalts bedienten, die Anwälte ihrerseits jedoch aus Gründen der Ökonomie typischerweise das Schriftverfahren vorzogen.[467] Daß auf diese Weise die Konzentration des Prozesses in Wirklichkeit geschmälert wurde, da sich die Verfahren infolge ausufernden Schriftsatzwechsels, detaillierter Protokollierung,[468] immer stärker zurücktretender Prozeßleitung[469] und immer häufiger anberaumter Vertagungen[470] erheblich in die Länge zu ziehen begannen,[471] wurde überwiegend[472] nur in der Symptomatik, nicht aber in seiner Ursächlichkeit erkannt. Vielmehr kritisierte man noch 1734 anläßlich der kurz vor ihrem Abschluß stehenden Verhandlungen über die neue Verfahrensordnung die mündlichen Konferenzen, die das Svea Hofgericht in den Jahren zuvor durchgeführt hatte, und verlangte ihre drastische Eingrenzung, da „durch die zahlreichen und überflüssigen Konferenzen Gelegenheit geboten [werde] zur Verzögerung der Verfahren.“[473]

Das Verfahrensgesetz von 1734 bestimmte zwar eine Begrenzung der Schriftsätze auf einen pro Partei,[474] konnte sich hiermit allerdings in der Praxis nicht durchsetzen. Diese ließ vielmehr im weiteren Verlauf des 18. Jahrhunderts den Hofgerichtsprozeß zu einem nahezu auschließlichen Schriftverfah-

---

466 Der führende Rechtswissenschafter der ersten Hälfte des 18. Jahrhunderts, *David Nehrman* [zu ihm schon oben unter II. 2. a)], erklärte ausdrücklich die Anwendung der Schriftform im Prozeß als „am bequemsten für den Richter und sicherer für die Wahrheitsermittlung“ (zitiert nach *N. Gärde*, Rättegångsbalken, in: Minnesskrift ägnad 1734 års lag, S. 369 ff. [387]).

467 Hierzu *A. Wrede*, Zivilprozeßrecht, S. 278.

468 Dazu näher *S. Jägerskiöld*, a.a.O., S. 300 ff.

469 Auf diesen Umstand und seine Verbindung mit der zurücktretenden Mündlichkeit im Verfahren vor den Hofgerichten weist *N. Gärde*, Rättegångsbalken, in: Minnesskrift ägnad 1734 års lag, S. 369 ff. (391), hin.

470 Ders.: a.a.O., S. 387.

471 1773 wurde etwa dem Göta Hofgericht anläßlich einer Kontrolle durch den König zur Last gelegt, daß seine Verfahren sich über viele Jahre hinzögen, in einem Fall sogar seit 31 Jahren; *N. Gärde*, Rättegångsbalken, a.a.O., S. 391.

472 Einer derer, die sich während der Vorarbeiten zu der Kodifikation von 1734 dezidiert, wenngleich erfolglos, für eine Rückkehr zu der alten Mündlichkeit einsetzten, war der Häradshövding in der Provinz Uppland, *Petter Abrahamsson* (1668-1741); zu ihm näher *J.E. Almquist*, Svensk Juridisk Litteraturhistoria, S. 28 f.). Er verlangte, daß das Verfahren bis hinauf zu den Hofgerichten mündlich geführt werden solle, „wie es noch vor dem häradsrätt geschieht,“ vgl. *W. Sjögren*, Förarbetena till Sveriges Rikes Lag, Bd. 8, S. 289 ff. (217).

473 Zitiert nach prop 1931 Nr. 80, S. 13.

474 Arg. e RB 27:9.

ren werden, in dem den Parteien nicht länger mehr das Recht auf eine mündliche Verhandlung zustand.[475]

Hinsichtlich des Prüfungsumfangs des „vad“-Verfahrens galt, daß das Hofgericht an die durch die Parteianträge gezogenen Grenzen gebunden war. Infolgedessen durfte es den Parteien weder mehr zusprechen, als sie beantragt hatten, noch war die sog. „reformatio in peius“ statthaft.[476] Die Parteien selbst waren an ihre ursprünglich gestellten Ansprüche gebunden, besaßen jedoch das Recht, zur Untermauerung ihrer Anträge neue Angriffs- und Verteidigungsmittel zu benutzen sowie neue Beweise vorzulegen.[477] Soweit eine neue Beweisaufnahme erforderlich wurde, nahm das Hofgericht diese mit Ausnahme des Urkundenbeweises jedoch für gewöhnlich nicht selbst vor, sondern ordnete ihre Durchführung vor einem erstinstanzlichen Gericht an.[478]

Was schließlich das Beweisverfahren betrifft und seine allmähliche Umformung unter der Geltung der Legaltheorie, so gilt auch hier, daß die wesentlichen seiner bereits dargestellten Veränderungen den Untergerichten erst durch die Spruchpraxis der Hofgerichte vermittelt wurden. Die bestehenden gesetzlichen Bestimmungen des alten Rechts erschienen den Hofrichtern vielfach als lückenhaft oder entsprachen nicht mehr ihren Rechtsvorstellungen, die sich während ihrer juristischen Ausbildung im Ausland bzw. durch ihren steten Kontakt mit der vom justinianischen, kanonischen und deutschen gemeinen Recht geprägten schwedischen Rechtswissenschaft herausgebildet hatten. So legten sie ihren Entscheidungen zunehmend Grundsätze des kanonischen und gemeinen Beweisrechts zugrunde und inkorporierten auf die Weise allmählich die Legaltheorie in das schwedische Recht.[479] Zur Stütze ihrer Auffassung beriefen sich die Hofrichter nicht selten auf die *Petrischen* Richterregeln bzw. die Arbeiten der zeitgenössischen Rechtswissenschaftler[480] und sahen sich immer wieder gezwungen, jene Richter der Unterinstanzen zur Rechenschaft zu ziehen, die sich in ihrer Entscheidung nicht von den neuen Beweisgrundsätzen hatten leiten lassen.[481]

Die Urteile der Hofgerichte, die den Parteien zu einem festgesetzten Termin durch Verlesen verkündet wurden, zeichneten sich bis gegen Ende des

---

475 *A. Wrede*, Zivilprozeßrecht, S. 279. S. auch *N. Gärde*, a.a.O., S. 390 f.

476 *A. Wrede*, a.a.O., S. 276.

477 Ders.: a.a.O., S. 277.

478 Ders.: a.a.O., S. 279.

479 Zu Beispielen aus dem Bereich des Zeugenbeweises („Was zwei oder drei Zeugen bezeugt haben, da vermag Widerspruch nichts mehr auszurichten“; „Ein Zeuge allein ist noch kein voller Beweis, vielmehr hat der Ankläger nur einen solchen, daß der Beklagte Eid ablegen muß“) wie auch des Parteieides vgl. *S. Jägerskiöld*, Hovrätten under den karolinska tiden och till 1734 års lag, S. 292 f.

480 Beispiele für Verweise der Hofgerichte auf *Petri*, *Rålamb*, *Loccenius* und *Kloot* [zu ihnen und ihrer Bedeutung für die Rezeption des ausländischen Rechts in Schweden schon oben unter II. 2. a)] finden sich bei *dems.*, a.a.O.

481 *S. Jägerskiöld*, a.a.O., S. 292 f. m.w.N. aus der Praxis des Svea Hofgerichts.

17. Jahrhunderts dadurch aus, daß ihnen eine Begründung des Tenors in aller Regel fehlte.[482] Dies zwang die Parteien häufig dazu, das Gericht um nähere Erläuterung der Entscheidung anzugehen[483] oder zur fundierteren Erwägung eines weiteren Rechtsmittels einen Auszug aus den im sog. „Codex rationum“[484] schriftlich festgehaltenen Urteilsberatungen zu erbitten – eine Bitte, der nicht immer stattgegeben wurde, da die Beratungen auch zum Schutze der Autorität des Gerichts grundsätzlich geheim gehalten werden sollten.

Erst 1682 begann das Svea Hofgericht, seine Urteile näher zu begründen, womit es einer Anweisung des Königs nachkam, der in dem Fehlen der Entscheidungsgründe eine Ursache für zahlreiche der ihm zur letztinstanzlichen Überprüfung eines Urteils unterbreiteten Rechtsmittelanträge sah.[485]

β) Die Revision („revisionsansökan“)

Die Revision war das ordentliche Rechtsmittel, mit dem die Endurteile des Hofgerichts angefochten wurden. Als 1614 das Svea Hofgericht gegründet wurde, geschah dies in der Erwartung, hiermit eine höchtsrichterliche Instanz geschaffen zu haben, die im Namen des Königs und anstelle der bis dahin im Reichsrat (unter anderem) ausgeübten königlichen Gerichtsbarkeit letztverbindlich entscheiden sollte. Wie beschrieben, räumte jedoch schon die im darauffolgenden Jahr erlassene neue Verfahrensordnung den Parteien die Möglichkeit ein, sich bei Unzufriedenheit mit der hofrichterlichen Entscheidung in einer untertänigen Bittschrift, der „revisionsansökan“, unmittelbar an den König zu wenden (sog. „beneficium revisionis“).[486] Das Vorbild hierfür entnahm man dem im deutschen gemeinen Prozeß verankerten Revisionsinstitut.[487]

Im Unterschied zur „vad“ nicht als gesetzlich verankertes Recht ausgestaltet, besaß die Revision zu Anfang noch nicht den Charakter eines ordentlichen Rechtsmittels, vielmehr war ihre Annahme einzig von dem freien Ermessen des Königs abhängig. Ausdrücklich wurde in einer Verordnung betreffend die Revision über Justizangelegenheiten aus dem Jahr 1662[488] darauf hingewiesen, daß die Revision „keine neue Instanz“ sei, vielmehr lediglich ein „examen actorum prioris instantiae“ zur kontrollierenden Begutachtung der – eigentlich –

---

482 Ders.: a.a.O., S. 307 f.

483 Ders.: a.a.O., S. 308.

484 Zu seiner Bedeutung bei der Ermittlung des Einflusses ausländischen Rechts auf die Entscheidungsfindung der Hofrichter s. S. 32 FN 29.

485 So die KBr vom 27. 7. 1682 (zitiert nach *S. Jägerskiöld*, Hovrätten under den karolinska tiden och till 1734 års lag, S. 308).

486 RP Ziff. 35.

487 *K.Å. Modéer*, Hovrätten över Skåne och Blekinge, S. 10 m.w.N. aus der Literatur. Zum Institut der Revision im deutschen gemeinen (Reichs-)Recht s. *G. Wetzell*, System des ordentlichen Civilprozesses, S. 773 ff.

488 Sog. Revisionsplakat vom 28. 6. 1662 (abgedruckt bei *J. Schmedemann*, Stadgar, S. 321 ff.); Ziff. 7.

höchstrichterlichen Entscheidung. Dementsprechend war es anders als bei der „vad" den Parteien zunächst auch nicht gestattet, neue Gründe geltend zu machen oder neue Beweismittel vorzubringen, sondern hatte das königliche „examen" einzig auf der Grundlage des auch dem Hofgericht vorgelegenen Prozeßmaterials stattzufinden.[489] Bereits wenige Jahre später erfuhr diese Regel jedoch aufgrund königlicher Resolution[490] eine Ausnahme hinsichtlich derjenigen Umstände, die erst nach der hofgerichtlichen Entscheidung den Parteien zur Kenntnis gekommen waren. Auch diese Bestimmung, die noch in dem Verfahrensgesetz von 1734 enthalten war,[491] wurde jedoch nicht streng eingehalten,[492] und so entwickelte sich die Revision in der Praxis allmählich zu einem der „vad" auch im Prüfungsumfang vergleichbaren Rechtsbehelf. Gefördert wurde dies zusätzlich dadurch, daß das königliche „examen" eine Trennung zwischen Tatsachenfragen und Rechtsfragen von Anbeginn nicht kannte, sondern das Hofgerichtsurteil in seiner Gänze einer Überprüfung unterzog.[493]

Statthaft war die Revision gegen alle Endurteile des Hofgerichts ungeachtet des Streitwerts der Sache.[494]

Hinsichtlich des Verfahrens sah die Verfahrensordnung von 1734 ähnliche Regelungen vor wie für die „vad". So bestimmte sie, daß der Revisionsführer das Hofgericht innerhalb einer vorgegebenen Frist schriftlich von seiner Absicht, gegen die Entscheidung Revision einzulegen, zu benachrichtigen hatte.[495] Gleichzeitig mußte er eine – erhebliche – Gebühr an das Gericht entrichten, die bei Unterliegen in der Revision an das Hofgericht fiel, im Falle des Obsiegens jedoch zurückgezahlt wurde.[496]

Entsprechend dem „vad"-Prozeß fand eine förmliche Ladung des Beklagten vor den König[497] nicht statt,[498] vielmehr sollten sich beide Parteien zu

---

489 *J.E. Almquist*, Processrättens historia, S. 55; *W. Uppström*, Den svenska processens historia, S. 104.

490 Resolution vom 22. 10. 1670, Ziff. 3 (*J. Schmedemann*, Kongl. Stadgar, S. 604 f.).

491 RB 30:11.

492 Näher hierzu *A. Wrede*, Zivilprozeßrecht, S. 287.

493 *W. Uppström*, a.a.O., S. 104. Eine nur eingeschränkte Begutachtung wäre auch dem Ansehen des Königs als Hüter der Rechtspflege nicht gerecht geworden. Vgl. zu der Ähnlichkeit zwischen „vad" und Revision auch *A. Wrede*, Zivilprozeßrecht, S. 283.

494 Die Einführung einer Streitwertbegrenzung wurde zwar im königlichen Reichsrat, der bis zur Errichtung des Höchsten Gerichtshofs 1789 für die Revisionsklagen zuständig war [s. oben unter 2. c)], schon im 17. Jahrhundert mehrfach diskutiert (vgl. näher hierzu *S. Jägerskiöld*, Hovrätten under den karolinska tiden och till 1734 års lag, S. 310 f.), konnte sich jedoch nicht durchsetzen. Erst 1915 (prop 1915 Nr. 4) wurde eine entsprechende Regel eingeführt.

495 RB 30:1.

496 RB 30:17.

497 Zur geschichtlichen Entwicklung der Organisation der Revisionsgerichtsbarkeit (Reichsrat – Justizrevision – Höchster Gerichtshof) s. unter 2. c). Aus Gründen der Einfachheit wird im nachfolgenden lediglich von dem König gesprochen.

498 Durch königliche Verordnung vom 1. 9. 1685 wurde der bis dahin übliche Brauch der Ladung aufgehoben.

dem vom Hofgericht nach gesetzlicher Bestimmung[499] festgelegten Termin beim König einstellen. Dort hatte der Revisionskläger seinen ebenfalls schriftlich zu erstellenden Revisionsantrag samt der Begründung (sog. „deductio“) einzureichen zusammen mit den auf seine Kosten von dem Hofgericht angefertigten Abschriften des Urteils, der Akten und des Protokolls aus dem Hofgerichtsverfahren.[500] Der Revisionsbeklagte war seinerseits gehalten, die Deduktion des Klägers in einer sog. „Kontradeduktion“ schriftlich zu erwidern, womit der Schriftsatzwechsel grundsätzlich beendet war.[501]

Der Revisionssekretär[502] hatte sodann die Aufgabe, gleich der hofgerichtlichen Relation auf der Grundlage der eingereichten Unterlagen einen schriftlichen Bericht über den Kern des Rechtsstreits und die hierzu in Deduktion und Kontradeduktion vertretenen Auffassungen der Beteiligten anzufertigen und die Entscheidung vorzubereiten.[503] Die Parteien besaßen insoweit die Möglichkeit, gegen den ihnen zur Stellungnahme vorgelegten Bericht des Sekretärs sog. „Erinnerungen“ vorzubringen, und konnten auch im übrigen bei Bedarf zu einem mündlichen Verhör vorgeladen werden.[504] Mündliche Anhörungen spielten allerdings in der Praxis des Revisionsgerichts eine noch geringere Rolle als vor den Hofgerichten, und der Revisionsprozeß nahm bald den Charakter eines reinen Schriftverfahrens an, in dessen Rahmen die Parteien nur mehr schriftlich durch ihre Anwälte mit dem Gericht verkehrten.[505]

γ) Die Beschwerde („besvär“)

Als von „vad“ und Revision terminologisch abgegrenzter Rechtsbegriff zur Bezeichnung eines eigenständigen Rechtsbehelfs erscheint die Beschwerde zuerst in dem Verfahrensgesetz von 1734.[506] Hiernach diente sie auf zivilprozessualem Gebiet in der Gestalt der gewöhnlichen Beschwerde zur Anfechtung von Entscheidungen, die sich nicht auf die Streitsache, sondern das prozessuale Verfahren selbst bezogen,[507] sowie in der Form der Nichtigkeitsbeschwerde („nullitetsbesvär“) zur Geltendmachung der Unwirksamkeit eines Urteils.[508]

Historisch hat sich die Beschwerde aus der schon im Mittelalter den Parteien offenstehenden Möglichkeit entwickelt, einen Richter wegen Versäum-

---

499 RB 30:9.

500 RB 30:10.

501 Ibid.

502 Zu ihm schon unter 2. c).

503 RB 30:13.

504 Vgl. hierzu *W. Uppström*, Den svenska processens historia, S. 155. Die Verfahrensordnung von 1734 enthält hierzu keine Angaben.

505 *A. Wrede*, a.a.O., S. 287.

506 Zuvor wurde der Terminus „besvär“ auch zur Kennzeichnung der „vad“ oder Revision verwendet.

507 Vgl. RB 16:1 f. und 27:8.

508 RB 25:21.

nissen oder sonst fehlerhaften Vorgehens im Prozeß beim König anzuzeigen.[509] Mit der Übernahme der Entscheidung über diesen Sonderrechtsbehelf durch das Svea Hofgericht nach seiner Gründung 1614 wurde die Beschwerde unter Rezeption der gemeinrechtlichen Grundsätze über die Nichtigkeitsbeschwerde zu den genannten zwei Unterarten ausgebaut.[510]

Das Beschwerdeverfahren unterschied sich von dem „vad"- bzw. dem Revisionsprozeß von Anbeginn durch seinen stärker summarischen Charakter. Zuständig für die Entscheidung über die Beschwerde war stets das Hofgericht, ungeachtet, ob die angefochtene Entscheidung von dem „häradsrätt"/„kämnersrätt" stammte oder dem „lagmansrätt"/"rådhusrätt".[511] Eine mündliche Verhandlung mit den Parteien war grundsätzlich nicht vorgesehen,[512] vielmehr sollte die Entscheidung rasch[513] erfolgen auf der Grundlage der vom Beschwerdeführer eingereichten Begründungschrift und einer auf Wunsch des Prozeßgegners vorgelegten, aber nicht erforderlichen schriftlichen Stellungnahme.[514] Möglich war im Gegensatz zu dem „vad"- bzw. dem Revisionsverfahren auch die Einholung der Stellungnahme des Unterrichters, der die angefochtene Entscheidung erlassen hatte.[515]

Die Nichtigkeitsbeschwerde kam bei schweren Verstößen des Richters gegen Verfahrensbestimmungen (sog. „domvilla„) in Betracht, die abschließend im Gesetz aufgeführt waren. Hierzu zählten etwa die Fälle eines Urteilserlasses durch ein nicht spruchfähiges Gericht, eines Urteils über einen anderen als den Prozeßgegenstand oder auch einer Entscheidung unter Verstoß gegen die materielle Rechtskraft eines Urteils.[516]

Die Erhebung der Beschwerde war fristgebunden[517] mit der Konsequenz, daß das Urteil trotz Vorliegens eines derart schwerwiegenden Verfahrensfehlers bei Verfristung des Rechtsbehelfs wirksam blieb.

Der Anwendungsbereich der gewöhnlichen Beschwerde, das Verfahren betreffende Entscheidungen des Gerichts isoliert anfechten zu können, war noch im 17. Jahrhundert kaum begrenzt,[518] wurde aber durch die Verfah-

---

509 *J.E. Almquist*, Processrättens historia, S. 54.

510 Ibid. sowie *T. Cars*, Om resning i rättegång, S. 51.

511 RB 16:1; 25:21. Wenn die angefochtene Entscheidung eine hofgerichtliche war, fungierte der König als Beschwerdegericht. Das Verfahren stimmte insoweit mit dem Beschwerdeprozeß vor dem Hofgericht im wesentlichen überein.

512 Dazu, daß auch in dem Beschwerdeprozeß ursprünglich die Parteien mitunter mündlich gehört wurden, s. *J.E. Almquist*, a.a.O., S. 54.

513 Vgl. RB 16:2 „(...) urteile das Hofgericht hierüber ohne Verzug."

514 RB 16:2. Näher hierzu *A. Wrede*, a.a.O., S. 297.

515 RB 16:2.

516 Zu weiteren Fällen vgl. RB 25:21.

517 RB 25:21 iVm 25:5 bzw. für den Sonderfall der Verurteilung eines nicht Geladenen bzw. 25:22 für den Fall eines durch das Urteil für einen nicht angehörten Dritten entstandenen Nachteils.

518 Vgl. *A. Wrede*, a.a.O., S. 291.

rensordnung von 1734 erheblich eingeschränkt.[519] Statt dessen führte man die noch heute gültige Regel ein, daß derartige Entscheidungen regelmäßig nur in Verbindung mit dem Urteil in der Hauptsache angefochten werden dürfen, so daß die Beschwerde insoweit in dem Rechtsmittel der „vad" bzw. der Revision aufging.[520]

δ) Die außerordentlichen Rechtsmittel: Wiederaufnahme des Verfahrens und Wiedereinsetzung in den vorigen Stand („återbrytande av dom" bzw. „återställande av försutten tid")

Erneut unter dem Einfluß des deutschen gemeinen Prozesses entwickelte sich im Laufe des 17. Jahrhunderts der außerordentliche Rechtsbehelf der „restitutio in integrum".[521] Seine Funktion lag zunächst vorwiegend in der Restitution einer verstrichenen prozessualen Frist; im Laufe der Zeit wurde das Institut dann allerdings zunehmend auch zum Zwecke der Ermöglichung der Wiederaufnahme eines rechtskräftig abgeschlossenen Verfahrens eingesetzt.[522] Mit dem Prozeßgesetz von 1734 waren schließlich eine deutliche Trennung beider Angriffsziele und ihre Regelung als unterschiedliche Rechtsbehelfe („återbrytande av dom" [Verfahrenswiederaufnahme] bzw. „återställande av försutten tid" [Wiedereinsetzung]) erreicht.[523]

Aus Gründen der Rechtssicherheit trugen beide Rechtsbehelfe von Anfang an den Charakter eines Ausnahmeinstituts, über dessen Gewährung infolgedessen einzig der König nach freiem Ermessen zu entscheiden hatte.[524] Die Einlegung der Rechtsbehelfe war grundsätzlich an keine Frist gebunden[525] und hatte jeweils durch Einreichung einer mit Gründen versehenen Bittschrift beim König zu erfolgen. Der Gegner wurde grundsätzlich vor der Entscheidung angehört.[526]

Eine Wiederaufnahme des Verfahrens kam in Betracht, sofern der Bittsteller „neue Gründe" („nya skäl") vorbrachte, die zum Zeitpunkt der Entscheidung noch nicht vorlagen bzw. von ihm etwa infolge fehlender Kenntnis nicht geltend gemacht werden konnten.[527] Zu verstehen waren hierunter tatsächliche

---

519 Einer der wichtigsten Fälle betraf die Zuständigkeit des Gerichts: RB 16:1.

520 Dazu näher *A. Wrede*, a.a.O., S. 291.

521 *J.E. Almquist*, Processrättens historia, S. 55 f. Eingehend zur historischen Entwicklung der außerordentlichen Rechtsmittel im schwedischen Prozeß *T. Cars*, Om resning i rättegångsmål, S. 48 ff. (hinsichtlich des Zeitraums bis 1734) und S. 58 ff. (ab 1734).

522 Vgl. *G. Inger*, Svensk Rättshistoria, S. 158.

523 Vgl. RB 31:1 ff.

524 Vgl. RB 31:1: „Nicht habe jemand Gewalt außer dem König, ein Verfahren wiederaufzunehmen, das rechtskräftig abgeschlossen ist, oder eine verstrichene Frist wieder laufen zu machen."

525 Der Zeitpunkt der Geltendmachung konnte jedoch bei der Ermessensentscheidung über die Gewährung der Restitution eine Rolle spielen.

526 So RB 31:2 f.

527 *A. Wrede*, a.a.O., S. 302. Das Gesetz selbst (RB 31:3) gibt keine näheren Hinweise, wann derartige „nya skäl" vorlagen.

Umstände wie inbesondere das Auffinden neuer Beweismittel, deren Berücksichtigung zu einer anderen Entscheidung geführt hätte. Sowohl hinsichtlich der Frage der „Neuheit“ der Gründe als auch ihrer Wirkung auf das abgeschlossene Verfahren erfolgte in der Regel nur eine summarische, sich mit einem gewissen Wahrscheinlichkeitsgrad begnügende Prüfung.[528]

Die Wiedereinsetzung hatte demgegenüber zur Voraussetzung, daß die prozessuale Verfristung durch den Bittsteller sich auf eine entschuldigte Säumnis zurückführen ließ,[529] hinsichtlich deren die Verfahrensordnung keine weiteren Angaben machte, vielmehr die Entscheidung über die Anerkennung eines Hindernisses als Entschuldigungsgrund in das Ermessen des Königs stellte.

528 Ders.: a.a.O., S. 303.

529 RB 31:1: „besondere Ursachen und Gründe“ („synnerlig orsak och skäl“).

Dritter Teil

Das moderne Prozeßrecht

A. Einführung

Schwedens geltendes Prozeßrecht fußt auf der Gesetzesnovelle von 1942, die zu einer grundlegenden Änderung des Verfahrens führte, indem sie mit dem überkommenen Grundsatz des legalen Beweisverfahrens brach und eine Umgestaltung des Prozesses nach den Zielen der freien Beweisführung wie -würdigung, der Mündlichkeit, Unmittelbarkeit und Konzentration vornahm.

Wesentliches äußeres Kennzeichen dieser Reform ist die überaus lange Dauer ihrer Verwirklichung. Die Novelle markiert den Schlußpunkt einer mehr als hundert Jahre währenden Reformdiskussion, die mit der Einsetzung einer Kommission zur Erarbeitung eines Reformvorschlags schon 1810 begann,[530]

---

530 Auf königliche Order hin wurde 1810 eine Kommission, das sog. lagkommitté, eingesetzt, die den Auftrag zu einer umfassenden Revision des alten Gesetzbuchs von 1734 einschließlich des Verfahrensrechts erhielt. Das Komitee legte 1826 einen Entwurf eines Allgemeinen Zivilgesetzes („Förslag till Allmän Civillag") vor, dem sechs Jahre später ein Pendant zum Strafrecht („Förslag till Allmän Kriminallag") folgte. Revidierte Vorschläge erschienen 1838 und 1839. Sämtliche Entwürfe enthielten verfahrensrechtliche Bestimmungen.

1845 wurde das Komitee durch ein neues Gremium, die sog. Äldre Lagberedning, abgelöst, das 1848 einen eigenen Entwurf eines Prozeßgesetzes präsentierte. Die beiden Vorschläge des lagkommitté und der Äldre Lagberedning führten nur zu marginalen Veränderungen im Gerichtswesen (s. nachfolgende FN).

Als die Frage einer umfassenden Reform des Prozeßrechts 1880 erneut aufgenommen wurde, setzte man wiederum eine spezielle Expertenkommission, die sog. Nya Lagberedning, ein und vertraute ihr die Aufgabe der Ausarbeitung eines neuen Gesetzesvorschlags an. Er erschien 1884. Doch weder er noch das drei Jahre später vorgelegte Gutachten der zu seiner Überarbeitung gegründeten Kommission „Förstärkta Lagberedning" führten zu der gewünschten Reform.

Erst als 1911 die Arbeit an der Verfahrensnovellierung von einem hierfür eingesetzten Sachverständigengremium, der sog. processkommission, wiederaufgenommen wurde, mündete dieser gewissermaßen dritte Anlauf in einem Erfolg. Der von der Prozeßkommission 1926 vorgestellte allgemeine Prinzipien-Entwurf wurde nach seiner Kontrolle durch den Gesetzgebungsrat („lagrådet", zu Funktion und Zusammensetzung dieser für Schweden typischen Kontrollinstitution im Gesetzgebungsverfahren s. Anhang I der Arbeit sowie im einzelnen *G. Petrén*, Lagrådets verksamhet, in: R. Lavin (Hrsg.): Om lagrådsgranskning, S. 55 ff. sowie *B. Bengtsson*, Lagrådets makt över lagstiftningen, ibid. S. 62 ff.; zur geschichtlichen Entwicklung des Gesetzgebungsrat vgl. *K.Å. Modéer*, Granskning eller prövning?, S. 13 ff.) von der Regierung dem Reichstag vorgelegt, von diesem 1931 in seinen

aber erst mit dem 1.1.1948 – dem Tag des Inkrafttretens der Novelle – endete. Mit Ausnahme gewisser Veränderungen in der Gerichtsorganisation gegen Mitte des 19. Jahrhunderts[531] galt das Prozeßgesetz von 1734 somit mehr als zweihundert Jahre.

Eine Untersuchung der Frage, in welchem Umfang das moderne schwedische Prozeßrecht in seiner Entwicklung auch Strukturen anderer europäischer Verfahrensordnungen berücksichtigt hat, muß sich daher infolge der langen Dauer der Reform die wesentlichen Entwicklungslinien vergegenwärtigen, die in diesem Zeitraum die Geschichte des europäischen Zivilprozeßrechts bestimmt haben und die insoweit als Quellen für eine Rezeption in Schweden in Betracht kommen.

Diese Zeitspanne ist für die Entwicklung des europäischen Prozeßrechts sowohl auf dem Gebiet der Gesetzgebung wie auch dem der Prozessualistik von herausragender Bedeutung.

In der Prozeßgesetzgebung umfaßt der Zeitraum zwei grundlegende Strukturänderungen: Die erste erfolgte 1806 ausgehend von Frankreich mit der Einführung des napoleonischen Code de Procédure Civile,[532] der als Wegbereiter für das sog. liberale Prozeßmodell gilt[533] und Pate stand bei vielen der Verfahrensreformen in den europäischen Staaten im 19. Jahrhundert, unter ihnen auch die deutsche ZPO in ihrer ersten Fassung von 1877.[534]

Der zweite einschneidende Strukturwandel erfolgte 1895 in Gestalt der österreichischen Prozeßnovelle.[535] Sie hat großen und nachhaltigen Einfluß auf die Entwicklung des sog. sozialen Verfahrenstypus hat ausüben können, der sich überwiegend mit dem Beginn des 20. Jahrhunderts in Europa auszubreiten begann und in unterschiedlichem Umfang zu einer schrittweisen Ablösung oder doch Modifikation liberaler Verfahrensgrundsätze führte. Die deutschen Verfahrensnovellen von 1909, 1924 und 1933 stellen hierfür ein instruktives Beispiel dar.[536]

Mit Blick auf die Prozeßrechtswissenschaft kann das 19. Jahrhundert gar als die Geburtsstunde moderner Zivilprozessualistik in Europa bezeichnet werden, die den Prozeß von einer bis dahin eher praktisch ausgerichteten

---

wesentlichen Zügen gebilligt und diente der daraufhin 1932 eingerichteten „processlagberedning" als Grundlage für die endgültige Konzeption des Reformgesetzes. Diese wurde 1938 fertiggestellt und führte nach der erneuten Durchsicht seitens des Gesetzgebungsrates zu ihrer nahezu unveränderten Annahme als Parlamentsgesetz durch den Reichstag 1942.

[531] S. 3. Teil B. III. 1.

[532] Zitierweise im folgenden: CPC.

[533] Zu der gleichwohl bestehenden inhaltlichen Anknüpfung des CPC an das alte Recht in der Ordonnance von 1667 s. *G.J. Dahlmanns*, in: H. Coing, Handbuch, Bd. 3/2, S. 2539 ff.

[534] S. die Angaben unter S. 1 FN 5.

[535] Zivilprozeßordnung vom 1. August 1895.

[536] Vgl. auch die Angaben unter S. 2 FN 6.

Lehr- und Handbuchdisziplin zu einem Gegenstand rechtswissenschaftlicher Forschung werden ließ.

Auf diesem Weg hat vor allem die deutsche Verfahrenswissenschaft eine die eigenen Landesgrenzen überschreitende, maßstabsetzende Rolle gespielt. Nicht zuletzt als Folge ihrer Vorliebe für Systematisierung und wissenschaftliche Konstruktion hat sie für viele Staaten in Europa eine Vorbildfunktion übernommen,[537] die dort stellenweise – wie in Japan oder Griechenland – zu einer bis heute anhaltenden regen Auseinandersetzung mit den Ideen und Vorstellungen deutscher Prozessualistik geführt hat.

Vor dem Hintergrund der dieser Untersuchung zugrundeliegenden Problemstellung erheben sich daher zwei Fragen.

Zum einen ist zu prüfen, wie die Verfahrensnovelle von 1942 in das Spannungsverhältnis zwischen liberalem und sozialem Prozeßmodell im europäischen Kontext der Reformgesetzgebung des 19. und frühen 20. Jahrhunderts einzuordnen ist und in welchem Maße insofern das französische, deutsche und österreichische Verfahrensrecht auf die schwedische Reform haben Einfluß nehmen können.

Mit in die Analyse einbezogen werden soll auch der englische Prozeß. Als Vertreter des Common Law-Systems steht er zwar außerhalb der Familie des kontinentalen Civil Law, zu der – wie bereits festgestellt[538] – im weiteren Sinne auch das skandinavische Recht zu zählen ist. Dies schließt jedoch die Möglichkeit von Rezeptionswirkungen zwischen den beiden Rechtskreisen nicht aus, wie das schon im 19. Jahrhundert nachhaltige und bis in die Gegenwart andauernde Interesse des kontinentaleuropäischen Rechtsraums an den charakteristischen Prozeßinstituten des englischen Rechts beweist.[539] Zieht man überdies die politische Annäherung Schwedens an England im 19. Jahrhundert in Betracht,[540] so läßt sich für die Entwicklung des modernen schwedischen Verfahrensrechts vermuten, daß sie zumindest in gewissem Umfang auch in den Einflußbereich des englischen Prozesses geriet. Dessen grundlegende Strukturen[541] müssen daher im Rahmen der Analyse ebenfalls Berücksichtigung finden.

---

[537] Vgl. *R. Stürner*, Das deutsche Zivilprozeßrecht und seine Ausstrahlung auf andere Rechtsordnungen – von Deutschland aus gesehen, in: W. Habscheid (Hrsg.): Das deutsche Zivilprozeßrecht und seine Ausstrahlung, S. 3 ff. (10 ff.).

[538] S. oben S. 7 FN 26.

[539] Vgl. hierzu auch die Analyse unter B. IV. 2. b) bb) γ) zum Institut der zeugeneidlichen Parteivernehmung sowie für das 20. Jahrhundert die Darstellung unter C. I. 1. und 3. zur Entwicklung des europäischen und amerikanischen Zivilverfahrensrechts unter dem Leitgedanken moderner Wohlfahrtsstaatlichkeit.

[540] S. B. II. 1; vgl. für das Verhältnis zwischen Schweden und England am Vorabend der schwedischen Verfahrensreform auch ebd. unter 3. zur Bedeutung der englischen Sprache im schwedischen Schulunterricht des 19. und frühen 20. Jahrhunderts.

[541] Zu Begriff und Bedeutung der Verfahrensstruktur innerhalb der Untersuchung vgl. oben 1. Teil B. II. 3.

Zum anderen stellt sich die Frage, ob und gegebenenfalls inwieweit die deutsche Prozessualistik auch bei der Entwicklung der schwedischen Prozeßrechtswissenschaft unterstützend hat mitwirken können. Dieser Frage näher nachzugehen, lohnt sich trotz der gewählten schwerpunktmäßigen Betrachtung der Legislativentwicklung im Prozeßrecht. Wie bereits im ersten Teil der Untersuchung ausgeführt wurde und innerhalb des zweiten Teils bei der Darstellung der Entwicklung des historischen Rechts näher belegt werden konnte, ist ein enger rechtswissenschaftlicher Austausch zwischen zwei Ländern im allgemeinen zugleich ein überzeugender Indikator für Rezeptionsvorgänge auf der legislativen Ebene. Dies muß umso mehr im Falle Schwedens gelten, wo sich zahlreiche Rechtswissenschaftler im Verlauf des 19. und frühen 20. Jahrhunderts zugleich parlamentarisch betätigten und hierdurch einen unmittelbaren Einfluß auf die Gestaltung der Legislativvorhaben nehmen konnten.[542]

Die Untersuchung gliedert sich damit zweckmäßigerweise in zwei Abschnitte: Deren erster und zugleich der Hauptabschnitt (B.) gilt der Darstellung der Entwicklung der schwedischen Reform von 1942 (Nya Rättegångsbalk), während die wesentlichen Veränderungen des modernen schwedischen Prozeßrechts seit Inkrafttreten des Nya Rättegångsbalk 1948 bis in die Gegenwart[543] hiervon getrennt behandelt werden (C.). Die sich dabei empfehlende Trennung zwischen national bedingten Prozeßmodifikationen einerseits und durch inter- bzw. supranationale Vorgaben veranlaßte Veränderungen andererseits schlägt sich in der Aufgliederung der Analyse in zwei eigenständige Unterabschnitte (C. I. und C. II.) nieder.

In den Hauptabschnitt und seine Untersuchung der Reform von 1942 inkorporiert wird entsprechend den methodischen Vorgaben im ersten Teil der Arbeit ein Grundlagenabschnitt, der Schwedens politische, kulturelle sowie rechts- und prozeßrechtswissenschaftliche Beziehung zum europäischen Ausland am Vorabend der Reform untersucht (B. II.). Er legt wegen der engen Verbindungen zwischen Rechtswissenschaft und Gesetzgebung im Schweden des 19. und frühen 20. Jahrhunderts einen besonderen Schwerpunkt auf eine sowohl quantitative wie qualitative Analyse des Einflusses deutscher Prozessualistik auf die Entwicklung der modernen schwedischen Verfahrenswissenschaft gelegt (B. II. 4.). Die Ergebnisse des Grundlagenabschnitts können sodann im Rahmen der Analyse der schwedischen Prozeßreform bei der Beurteilung der Rezeptionsfrage unterstützend herangezogen werden (B. III. und IV.).

Für diese Strukturanalyse des Hauptabschnitts und die sie abschließende Einordnung der schwedischen Novelle in das Spannungsverhältnis von liberalem und sozialem Prozeß ist zunächst eine inhaltliche Charakterisierung dieser beiden Verfahrenstypen erforderlich (B. I.), sollen die Bezeichnungen

[542] Dazu schon 1. Teil B. II. 2.
[543] Stand: August 2001.

liberal und sozial nicht als begriffliches Passpartout mit nahezu beliebigem Inhalt ohne praktischen Erkenntniswert bleiben. Dadurch werden zugleich die prozessualen Problemkreise an die Hand gegeben, auf die hin anschließend die schwedische Reform zu untersuchen ist.

Soweit nicht anders vermerkt, werden für diese Detailanalyse das französische, deutsche, österreichische und englische Verfahrensrecht jeweils in derjenigen Fassung herangezogen, in der sie dem mit der Ausarbeitung der endgültigen Fassung der Reformnovelle beauftragten schwedischen Fachgremium („processlagberedningen") bei der Aufnahme seiner Tätigkeit 1932 vorlagen.[544] In Ermangelung anderslautender Hinweise in den schwedischen Gesetzgebungsmaterialien muß davon ausgegangen werden, daß spätere Reformen dieser Verfahrensordnungen auf die schwedische Novelle keinen Einfluß mehr ausüben konnten und daher für diese Untersuchung außer Betracht zu bleiben haben. Dies gilt namentlich für die durch das Décret-loi vom 30. 10. 1935[545] erfolgte Teilreform des französischen Prozesses, die in Entsprechung zum österreichischen und deutschen Verfahren zu einer deutlichen Stärkung der Richtermacht unter gleichzeitiger Beschränkung der bis dahin kaum begrenzten Rechte der Parteien führte.[546]

Von den umfangreichen schwedischen Gesetzgebungsmaterialien, die in den verschiedenen Gremien seit 1811 zustandegekommen sind, werden für die Untersuchung hauptsächlich die für die Reformnovelle maßgebenden Gesetzentwürfe und Motive der letzten drei großen Reformgremien herangezogen. Es sind dies der Entwurf der sog. Nya Lagberedning von 1884[547] zusammen mit dem Anschlußgutachten der sog. Förstärkta Lagberedning von 1887,[548] die Berichte der Prozeßkommission von 1926[549] sowie der

---

[544] Das sind: Für *Frankreich* der seit 1806 im wesentlichen bis 1935 unverändert gebliebende Code de Procédure Civile einschließlich der beweisrechtlichen Vorschriften des Code Civil in Buch III, 3. Titel, 6. Kapitel, für *Deutschland* die ZPO von 1877 in der durch die Novellen v.a. von 1909, 1924 und 1933 geänderten Fassung, für *Österreich* die ZPO von 1895, die – von gewissen, im Rahmen der folgenden Strukturuntersuchung unbedeutenden Modifikationen abgesehen (vgl. dazu *N. Schoibl*, Die Entwicklung des österreichischen Zivilverfahrensrechts, S. 61 ff.) – bis 1933 ebenfalls unverändert blieb, und für *England* die Rules of the Supreme Court iVm der Annual Practice of the Supreme Court (1933).

[545] In Kraft getreten am 1. 12. 1935. Abgedruckt findet sich der Text dieser Verordnung unter dem Titel „Décret modifiant divers ariticles du Code de Procédure Civile" in dem „Journal Officiel de la Republique Française" (1935), S. 11458 ff.

[546] Dazu *P. Hébraud*, La réforme de la procédure – Le décret-loi du 30 octobre 1935, in: Revue critique N.S. 56 (1936), S. 37 ff.; *G. Dahlmanns*, Abschnitt: Frankreich, in: H. Coing (Hrsg.): Handbuch der Quellen, Bd. 3/2, S. 2489 ff. (2557) m.w.N.

[547] Nya Lagberedningens betänkande angående rättegångsväsendets ombildning, Teil II (Om rättegången i tvistemål): Entwurf („förslag") – zitiert: NLB [Kapitel]: [§]; Motive („allmän motivering"; „speciell motivering") – zitiert: NLB [Seite].

[548] Förstärkta Lagberedningens betänkande angående huvudgrunderna för en ny rättegångsordning – zitiert: FLB [Seite].

[549] Processkommissionens betänkande angående rättegångsväsendets ombildning, Bde. I-III, in: SOU 1926 Nr. 31-33 – zitiert: PK [Band] [Seite].

Entwurf der Processlagberedning von 1938 in Verbindung mit seinen Motiven.[550] Von Bedeutung für die Analyse – zumal hinsichtlich des Einflusses der liberalen Bewegung auf die schwedische Reformdiskussion des 19. Jahrhunderts – sind zudem die früheren Entwürfe des sog. Lagkommittés von 1826 (Zivilprozeß) bzw. 1832 (Strafprozeß)[551] sowie der sog. Äldre Lagberedning von 1849.[552]

B. Der Prozeß nach dem Nya Rättegångsbalk von 1942

I. Der zweifache Strukturwandel des kontinentaleuropäischen Zivilverfahrens im 19. Jahrhundert außerhalb Skandinaviens: Das Spannungsverhältnis zwischen liberalem und sozialem Prozeßmodell

1. Der Code de Procédure Civile von 1806 als Wegbereiter des sog. liberalen Prozeßmodells

a) Der Einfluß des Liberalismus auf den Prozeß

„Nichts ist so entscheidend für den Stil eines Rechtszeitalters wie die Auffassung vom Menschen, an der es sich orientiert", hatte Gustav Radbruch in seiner 1927 veröffentlichten Heidelberger Antrittsvorlesung erklärt.[553] Die Stichhaltigkeit dieser These stellt gerade die Geschichte des europäischen Zivilprozesses eindrucksvoll unter Beweis:

Als mit die wichtigsten Garanten eines rechtsstaatlich zu verfassenden Gemeinwesens blieben auch die Gerichtsverfassung und der Prozeß von der politischen Bewegung des Liberalismus im 19. Jahrhundert nicht unbeachtet. Von dem aufstrebenden Bürgertum wurden beide vielmehr zum bevorzugten Gegenstand justizpolitischer Reformüberlegungen erhoben. Nach Jahrhunderten nahezu unangefochtener Schlüsselstellung, die der auf römischrechtlicher Tradition bauende mittelalterliche und neuzeitliche Prozeß in der kontinentaleuropäischen Rechtskultur innegehabt hatte, wurden die ihn kennzeichnenden Wesensmerkmale der Schriftlichkeit und Mittelbarkeit des Verfahrens, seine Geheimheit und sein Festhalten an gesetzlichen Beweisregeln als unzeitgemäße Auswüchse mittelalterlich-scholastischer Denkweise gerügt. In Abkehr von der „Honoratioren- und Gelehrtenrechtspflege der Schöppenstühle und

---

[550] Processlagberedningens förslag till rättegångsbalk, in: SOU 1938 Nr. 43 f, Bd. I (Entwurf) – zitiert: PLB [Kapitel]: [§]; Bd. II (Motive) – zitiert: PLB [Seite].

[551] LagCommiteen, Förslag till Allmän Civillag; LagCommiteen, Förslag till Allmän Criminallag.

[552] Lagberedningen (Äldre), Förslag till Rättegångsbalk. Soweit die Untersuchung auf zusätzliche Materialien eingeht, wird dies entsprechend angegeben.

[553] *G. Radbruch*, Der Mensch im Recht, in: ders.: Gesamtausgabe, Bd. 2, S. 467 ff. (467).

Spruchfakultäten“[554] forderte die liberale Bewegung eine grundlegende Umgestaltung des Gerichtsverfahrens und der Justizorganisation nach dem Modell der freien, eigenverantwortlichen und selbstregulativen Gesellschaft.[555]

Erstmals umgesetzt – wenn auch nicht in letzter Konsequenz – wurde diese Forderung 1806 durch den französischen Code de Procédure Civile, in dessen Einflußbereich dann nachfolgend viele Prozeßordnungen des 19. Jahrhunderts gerieten. Zu erwähnen sind die Verfahrensnovellen in Griechenland,[556] Rumänien,[557] Italien[558] und nicht zuletzt die deutsche ZPO in ihrer ersten Fassung von 1877.[559]

Zwar vollzog sich die Umgestaltung des Gerichtsverfahrens in den einzelnen Staaten längst nicht in dem konsequenten Gleichklang, den die Aufzählung vermuten lassen mag. Sowohl in inhaltlicher wie auch zeitlicher Hinsicht erfolgte die Anpassung des Verfahrens und der gerichtlichen Organisation an die neuen Leitbilder des politischen Liberalismus ganz unterschiedlich. Frankreich selbst brach etwa in dem CPC von 1806 nicht völlig mit dem überkommenen Verfahren, sondern knüpfte bewußt auch an die Ordonnance von 1667 an.[560] Der rumänische Entwurf von 1865 wiederum war noch stark vom Genfer „Loi sur la Procédure Civile“ aus dem Jahre 1819 geprägt, das seinerseits noch deutlich gemeinrechtliche Züge aufwies. Und selbst in Deutschland wurden im Verlauf des 19. Jahrhunderts im Zuge der vielfältigen Reformüberlegungen in den einzelnen Ländern wie auch auf der Ebene des Norddeutschen Bundes und zu Beginn des zweiten Kaiserreichs mitunter Forderungen nach einer Fortführung etwa des gemeinrechtlichen Beweisinterlokuts laut.[561]

---

[554] *F. Wieacker*, Privatrechtsgeschichte, S. 464.

[555] Eingehend zu prägnanten Wesenszügen des liberalen Menschen- und Gesellschaftsbilds in den europäischen Staaten im 19. Jahrhundert sowie den innerhalb Europas im einzelnen durchaus unterschiedlich gestalteten Konzeptionen liberal-politischer Herrschaftsordnung die Beiträge in *D. Langewiesche* (Hrsg.): Liberalismus im 19. Jahrhundert, insbes. S. 11 ff. (Deutschland und Österreich), 211 ff. (Großbritannien), 279 ff. (Frankreich), 367 ff. (Italien), 440 ff. (Spanien), 455 ff. (Südost- und Osteuropa).

[556] Hierzu *K. Beys*, Die Ausstrahlung des deutschen zivilprozessualen Denkens auf das griechische Recht der Privatrechtsstreitigkeiten, in: W. Habscheid (Hrsg.): Das deutsche Zivilprozeßrecht und seine Ausstrahlung, S. 300 ff. (303).

[557] Vgl. *J. Németh*, Das deutsche Zivilprozeßrecht und seine Ausstrahlung auf die Rechtsordnungen der osteuropäischen Länder, in: W. Habscheid (Hrsg.): a.a.O., S. 254 ff. (277 ff.).

[558] Ausführlich zur Entwicklung des italienischen Verfahrensrechts im 19. Jahrhundert *F. Ranieri*, Abschnitt: Italien, in: H. Coing (Hrsg.): Handbuch der Quellen, Bd. 3/2, S. 2331 ff. sowie speziell zu einzelnen Aspekten des Erkenntnisverfahrens *A. Piekenbrock*, Der italienische Zivilprozeß im europäischen Umfeld, S. 105 ff.

[559] Hierzu auch *R. Sprung*, Die Ausgangspositionen österreichischer Zivilprozessualistik und ihr Einfluß auf das deutsche Recht, in: ZZP 92 (1979), S. 4 ff. (5 ff.). Näher zu dem Einfluß des französischen Prozesses in Europa s. *R. van Caenegem*, History of European Civil Procedure, International Encyclopedia of Comparative Law, Bd. 16, Chapt. 2, S. 91 f.

[560] Hierzu und zu den inhaltlichen Übereinstimmungen des Prozesses von 1806 mit dem alten Recht s. *G. Dahlmanns*, in: H. Coing, Handbuch, Bd. 3/2, S. 2539 ff.

[561] Vgl. dazu *G. Dahlmanns*, Strukturwandel, S. 42 f.

Auf dem Gebiet des Prozeßrechts nicht weniger als andernorts trägt mithin der Versuch einer Typisierung eine gewisse Unschärfe in sich. Er erscheint aber doch dadurch als gerechtfertigt, daß sich gewisse allgemeine Grundtendenzen der erwähnten reformierten Verfahrensordnungen feststellen lassen, die es nahelegen, von einem eigenen Prozeßmodell – dem liberalen Verfahren – zu sprechen. Sie sollen daher nachfolgend kurz dargestellt werden.[562]

b) Kennzeichen des liberalen Prozessmodells

aa) Mündlichkeit und Öffentlichkeit als Leitbilder liberalen Prozeßverständnisses

Zentrale Bedeutung maß die liberale Bewegung der Forderung nach weitgehender Mündlichkeit und Öffentlichkeit des Verfahrens bei. Dies geschah weniger aus pragmatischen Gründen, um auf diese Weise die mit dem überkommenen geheimen Kameralprozeß des gemeinen Rechts verbundenen Nachteile zu überwinden, der durch sein extrem schrifliches Verfahren v.a. vor den Obergerichten zu einer erheblichen Verzögerung des Prozesses beigetragen hatte. Entscheidendes Motiv war vielmehr sowohl für den französischen Code de Procédure Civile wie auch für die ihm stark angelehnte Hannoversche Prozeßordnung von 1850 sowie später die ZPO von 1877 der den Maximen immanente politische Symbolgehalt. Mündlichkeit und Öffentlichkeit standen als sinnbildhafter Ausdruck für den nach politischer Mitwirkung an der staatlichen Willensbildung strebenden „citoyen“, der in der von ihm bekämpften geheimen Kabinettsjustiz die Gefahr unkontrollierbarer obrigkeitlicher Unterjochung erblickte.[563]

---

[562] Die folgende Darstellung betrifft charakteristische Grundzüge vor allem der kontinentaleuropäischen Entwicklung. Das damalige englische Verfahren, das mit seiner passiven Richterstellung und den weitreichenden Pflichten der Parteien untereinander vor allem auf der Ebene des Beweisrechts eine eigenartige Zwitterstellung einnahm zwischen dem sog. liberalen Modell auf der einen und dem *Klein*'schen sog. sozialen Verfahrenstypus auf der anderen Seite (aA insoweit *K. Polyzogopoulos*, Parteianhörung und Parteivernehmung, S. 24: „Der englische Prozeß (...) ist stark von liberalistischen Ideen geprägt“, der jedoch bei seiner Wertung die für das englische Recht typischen Parteipflichten nicht berücksichtigt), wird in die nachfolgende Typologie nicht miteinbezogen. Seine bestimmenden Wesenszüge werden erst im Rahmen der Detailuntersuchung unter Teil B. IV. eingehend behandelt.

[563] So galt die mit der Mündlichkeit im 19. Jahrhundert regelmäßig auf das engste verknüpfte (Publikums-) Öffentlichkeit als „ein und dasselbe mit der Freiheit, Gerechtigkeit und Gesundheit des Staats, sie erst macht den Staat zu einem Gemeinwesen des ganzen Volkes, welches die Gerchtigkeit, die gleichheilige rechtliche Würde und das Gesamtwohl (...) zum Grundgesetze und Endzwecke hat“ (*T. Welcker*, Art. Öffentlichkeit, in: C. v. Rotteck/T. Welcker (Hrsg.): Das Staatslexikon, Bd. 10, S. 747. Ganz ähnlich wies auch *A. Feuerbach* in seinen „Betrachtungen über die Öffentlichkeit und Mündlichkeit der Gerchtigkeitspflege“ beiden Verfahrensprinzipien eine überragende Bedeutung bei der angestrebten Reformierung des gemeinen Prozesses zu. Zur Tragweite der Forderung nach Mündlichkeit und Öffentlichkeit der liberalen Bewegung im 19. Jahrhundert aus gesamteuropäischer Perspektive vgl. *M. Cappelletti*, Procédure órale et procédure écrite, v.a. S. 39 ff. Zur

Dies erklärt zum einen die Aufnahme beider Maximen in den Verfassungstext der Paulskirchenkonstitution[564] sowie viele der zahllosen Pamphlete und Deklarationen der liberalen deutschen Märzbewegung 1848,[565] die ohne diesen stark ideologischen impetus unverständlich erscheinen mußte.

Zum anderen liegt hierin auch der entscheidende Grund für die Radikalität, mit der zumal in Deutschland der Grundsatz der Mündlichkeit in der ZPO von 1877 verwirklicht wurde und die sich schon bald nach Inkrafttreten der Reform als eines der Haupthindernisse für ein rasches und konzentriertes Verfahren erwies.[566]

bb) Das Verhältnis von Parteiherrschaft und richterlicher Verfahrensgestaltung

Die Frage nach der Gewichtung des Einflusses von Richter und Partei auf den Gang des Verfahrens ist für den Charakter des Prozesses und damit die inhaltliche Gestaltung jeder Verfahrensreform ausschlaggebend. Hatten die Prozeßnovellen des aufgeklärten preußischen Wohlfahrtsstaates im 18. Jahrhundert die Verantwortung für die Aufklärung und Feststellung des Sachverhalts noch dem Richter zugewiesen,[567] läuft diese Kompetenzaufteilung dem liberalen Modell zuwider. In Übereinstimmung mit dessen Vorstellung vom Bürger als einem autarken Rechtssubjekt, das seine rechtlichen Angelegenheiten umso besser regeln kann, je geringer der Einfluß staatlicher Hoheitsgewalt ist, drängten der französische Prozeß von 1806 wie auch in seinem Gefolge die deutsche ZPO von 1877 die richterliche Aktivität hinter eine weitgehende Herrschaft der Parteien über den Ablauf des Verfahrens zurück. So oblag es nach beiden Verfahrensordnungen den Parteien, die Zustellungen und Ladungen zu besorgen sowie im Prozeß die für das Urteil maßgeblichen Tatsachen beizubringen.[568] Ein Recht oder gar eine Pflicht des Richters zur eigenmächtigen Erforschung des Sachverhalts ähnlich dem vom Untersuchungsprinzip geprägten Strafverfahren lehnte der liberale Prozeß ab.

Stoßrichtung der liberalen Bewegung gegen richterliche Willkür s. nur *H. de Boor*, Auflokkerung des Zivilprozesses, S. 21 ff.

564 Als § 178 der Frankfurter Reichsverfassung („Das Gerichtsverfahren soll öffentlich und mündlich sein"), abgedruckt bei *E. Huber*, a.a.O., S. 375 ff. (394).

565 Vgl. etwa die sog. Dresdner Forderungen vom 7. März 1848, abgedruckt bei *K. Obermann* (Hrsg.): Flugblätter der Revolution 1848/49, S. 49 f. oder auch den sog. Siebzehner-Entwurf vom 26. 4. 1848, wiedergegeben bei *E. Huber* (Hrsg.): Dokumente zur deutschen Verfassungsgeschichte, Bd. 1, S. 358. Die Forderung nach einem mündlichen und öffentlichen Gerichtsverfahren fand sich auch in den §§ 45, 48 und 50 der von der Nationalversammlung am 27. 12. 1948 separat verabschiedeten Grundrechte (RBl. 1848 S. 49, 57), die von den meisten deutschen Klein- und Mittelstaaten anerkannt wurden.

566 Vgl. *T. Sonnen*, Das neue Zivilprozeßrecht, S. 6, wonach das Verfahren der ZPO „überhaupt nicht durchführbar" gewesen sei. Zu der längst nicht so radikalen Umsetzung der Mündlichkeit in Frankreich s. im einzelnen die Analyse unter 3. Teil B. IV. 2. b) bb) α) (2).

567 Vgl. *R. Wassermann*, Der soziale Zivilprozeß, S. 33 f.

568 Näher hierzu unter 3. Teil B. IV. 2. b) aa) α) (2) [Frankreich] und (5) [Deutschland].

Die Feststellung der Wahrheit sei in einem Rechtsstreit über private, von den Parteien frei verfügbare Rechte keine öffentliche Aufgabe.[569] So entstand in der liberalen Theorie das Bild eines formalisierten Prozeßkampfes unter bloßer richterlicher Aufsicht,[570] in dem sich nach der Vorstellung ihrer Schöpfer analog dem Modell des liberalen Wirtschaftsmarktes von selbst die im Recht befindliche Partei durchsetzen würde.

cc) Charakteristika des Beweisverfahrens

Es erscheint schwierig, auf der Ebene des Beweisverfahrens typische liberale Wesenszüge zu benennen, zu unterschiedlich sind die diesbezüglichen Regelungen in den liberalen Verfahrensordnungen des 19. Jahrhunderts ausgefallen.[571]

Der Grund hierfür dürfte darin zu sehen sein, daß die besondere politisch-ideologische Zielrichtung des Liberalismus gegen obrigkeitliche Fremdbestimmung und mangelnde Transparenz geheimer Kabinettsjustiz, die zu den Forderungen nach Mündlichkeit, Öffentlichkeit und Parteiherrschaft geführt hatte, beim Beweisverfahren versagen muß. Ob freie Würdigung der Beweise oder gesetzlich vorgegebene, ob freie Parteivernehmung oder Parteieid, persönliche Beweisunmittelbarkeit oder Beweisaufnahme vor nicht zum Entscheidungsorgan gehörenden Richtern – die liberale Theorie vermag hier kaum Anworten zu geben.

---

569 Beispielhaft insoweit *A. Wach*, Der Entwurf einer deutschen Civilprozeßordnung, in: Kritische Vierteljahresschrift für Gesetzgebung und Rechtswissenschaft, Bd. XIV (1872), S. 329 ff. (365): „So eliminiert im Zivilprozeß die privatrechtliche Natur der Streitsache (...) den Prozeßzweck der objektiven Feststellung des wahren Sachverhalts." Vgl. auch noch *A. Nikisch*, Zivilprozeßrecht, S. 196, der *Wach* im wesentlichen beipflichtet („nicht zu beanstanden").

570 Vgl. nur *J. Goldschmidt*, Prozeß als Rechtslage, S. V, nach dessen Auffassung für den einzelnen wie für das Volk im Krieg „alles Recht [war] und daher auch sein Recht am Ende nichts als ein Inbegriff von Möglichkeiten und Lasten im Kampfe um das, was als Recht gelten wird (...)." Aus der Retrospektive *D. Brüggemann*, Judex statutor und judex investigator, S. 41: Der Richter in der Rolle eines „rezeptiven Zuschauers".

571 Vgl. hierzu näher die Strukturanalyse unter IV. 2. b) bb) γ). S. auch *M. Cappelletti/B. Garth*, Policies, Trends and Ideas in Civil Procedure, in: R. David et al. (Hrsg.): International Encyclopedia of Comparative Law, Bd. 16, Chapt. 1, S. 33 ff. (The decline of formalism in the rules of evidence). Daß sich gleichwohl mit der Einführung des Prinzips der freien Beweiswürdigung in den beiden großen liberalen Verfahrensordnungen in Frankreich 1806 und Deutschland 1877 ein einheitlicher Grundzug durchsetzte [dazu eingehend unter IV. 2. b) bb) γ)], ist keine Widerlegung dieser These, sondern dient im Gegenteil eher ihrer Bestätigung. Denn vor dem Hintergrund des deutlich gegen eine Stärkung der Richtermacht agierenden Liberalismus muß die Durchsetzung der freien Würdigung der vorgelegten Beweise durch den Richter unverständlich scheinen. So ist der Grund für diesen Gleichklang in den liberalen Prozeßordnungen wohl eher in dem Wunsch der Reformkräfte nach zumindest teilweiser Überwindung des überkommenen Beweissystems zu sehen, das als untrennbarer Bestandteil des zu reformierenden geheimen, schriftlichen Prozesses im gemeinen Recht empfunden wurde.

Bei aller individuellen Verschiedenheit in der Ausgestaltung des Beweisverfahrens ist jedoch eine Typik des liberalen Prozesses deutlich zu erkennen: Auf der Basis seiner Überzeugung von der selbstregulierenden Kraft des Verfahrens zwischen vorgestellt gleichen Parteien mußte die Idee einer Inpflichtnahme einer Partei zur Unterstützung der beweispflichtigen Gegenseite bei Beweisschwierigkeiten ausscheiden. So wie eine richterliche Kompetenz oder gar Verpflichtung zur amtswegigen Ermittlung des Sachverhalts im Interesse der Garantie materiell richtiger Urteile für die liberale Theorie nicht in Betracht kam, sollte auch nicht eine Partei der Gegenseite mit zum Sieg verhelfen müssen. Entsprechend zurückhaltend sind die diesbezüglichen Bestimmungen in der Frage der prozessualen Mitverantwortung einer Partei für die gegnerische Beweisführung im französischen CPC wie auch in der deutschen ZPO in der ersten Fassung von 1877 ausgefallen.[572]

dd) Organisation der Gerichtsverfassung

Nicht zuletzt auf der Ebene der gerichtsverfassungsrechtlichen Struktur der Spruchkörper, ihrer personellen Besetzung wie auch der Organisation des Instanzenzuges hat der politische Liberalismus Spuren hinterlassen. So führte das liberale Postulat der Gleichheit aller vor dem Gesetz vielfach zu der Forderung nach der Abschaffung einer großen Zahl zumeist noch aus dem Mittelalter stammender Spezialgerichte und Sonderspruchkörper.[573] Ausdruck des liberalen Rufs nach größerer Transparenz und besserer Kontrolle der Staatsmacht war aus deutscher Perspektive etwa auch die im Vorfeld der Reichsjustizgesetze leidenschaftlich geführte Diskussion um die Einführung von Geschworenen bzw. Schöffen in den Spruchkörper.[574]

2. Das sog. soziale Prozeßmodell Österreichs und seine Ausstrahlung auf die europäischen Verfahrensordnungen

a) Die Friktionen des liberalen Prozesses mit dem wirtschaftlichen und sozialen Wandel in der zweiten Hälfte des 19. Jahrhunderts – die soziale Frage im Prozeß

Den Prozeß als Wettkampf zwischen vermeintlich gleichstarken Gegnern nehmend, abstrahierte das liberale Modell allerdings stark von den sozialfaktischen Gegebenheiten, denen sich die Parteien im Verfahren ausgesetzt

---

[572] Dazu eingehend 3. Teil B. IV. 2. b) bb) β) (2) (b) [Frankreich] und (5) (a) (bb) [Deutschland].

[573] Hierzu *F. Wieacker*, Privatrechtsgeschichte der Neuzeit, S. 464 f; *E. Holthöfer*, Ein deutscher Weg, S. 7 ff. (mit Schwerpunkt auf der Entwicklung in Württemberg). Für Schweden s. näher 3. Teil B. III. 1.

[574] Hierzu *E. Kern*, Geschichte des Gerichtsverfassungsrechts, S. 86 ff. m.w.N.; *W.* Schubert, Die deutsche Gerichtsverfassung – Entstehung und Quellen, S. 205 ff. sowie die übersichtliche Darstellung bei *I. Ebert*, Schwur- oder Schöffengerichte? in: Jura 1996, S. 242 ff. m.w.N.

sahen. Das mit der Formung der Arbeiterklasse in der Industriegesellschaft des ausgehenden 19. Jahrhunderts in zunehmendem Umfang auftretende gesellschaftliche Ungleichgewicht in der Verteilung der Güter wurde von der liberalen Theorie nicht wahrgenommen, paßte nicht in die politische Doktrin des aufstrebenden Besitzbürgertums. Dieses hatte sich mit dem liberalen Prozeß ein Verfahren geschaffen, in dem für die angestrebte ungehinderte Entfaltung der Parteikräfte jeder Gedanke staatlicher Eingriffe in den Prozeß durch den Richter von außen ebenso ein Hemmnis bilden mußte wie eine Verpflichtung der Parteien untereinander zu wechselseitiger Unterstützung bei der Prozeßführung.

Mit den einschneidenden Veränderungen der wirtschaftlichen und gesellschaftlichen Grundlagen des liberalen Nachtwächterstaates gegen Ende des 19. Jahrhunderts wurde die soziale Ungleichheit hingegen zum drängenden Problem auch und gerade im Gerichtverfahren. Die Aussicht auf drückende Prozeßkosten und hohe Anwaltshonorare ließ viele der wirtschaftlich schlechter Gestellten von der Aufnahme eines Gerichtsverfahrens zurückschrecken; im Prozeß selbst erwies sich dann zumeist die Geltung eines kaum beschränkten Verhandlungsgrundsatzes für die rechtsunkundige, anwaltlich nicht oder ungenügend vertretene Partei eher als Fluch denn als Segen.[575] Einer der ersten, der hierauf aufmerksam machte und eine Anpassung des Zivilprozesses an die faktischen Unterschiede der Gesellschaftsschichten einforderte, war der Österreicher *Anton Menger*. In seiner 1890 erschienenen Streitschrift „Das bürgerliche Recht und die besitzlosen Volksklassen" wies er auf die Gefährdung des Gerechtigkeitswertes des liberalen Gerichtsverfahrens durch den Wandel in den gesellschaftlichen Machtverhältnissen hin und kritisierte die Entwicklung des liberalen Verfahrens als einen Prozeß zunehmender Entfremdung des Rechts von seinen sozialen Grundlagen: „Wir haben die Gebiete der Zivilrechtspflege so vervollkommnet, daß sie schließlich der ungeheuren Mehrheit der Nation unerreichbar geworden ist,"[576] erklärte er und plädierte für eine erhebliche Einschränkung der Parteiherrschaft über den Prozeß zugunsten einer verstärkten Inpflichtnahme des Richters. Diese habe eine allgemeine Rechtsbelehrung der rechtsunkundigen Partei sowie weitergehenden Beistand bis hin zur richterlichen Vertretung der anwaltlich nicht oder nur ungenügend unterstützten Seite zu umfassen.[577]

---

[575] Vgl. dazu die Angaben unter S. 441 FN 2222.

[576] *A. Menger*, a.a.O. S. 31.

[577] *A. Menger*, a.a.O., S. 35. Näher hierzu *P. Trepte*, Umfang und Grenzen eines sozialen Zivilprozesses, S. 38 f. Zur Rechts- und Gesellschaftskonzeption *Mengers* eingehend *H. Hörner*, Anton Menger – Recht und Sozialismus, S. 13 ff.; *E. Müller*, Anton Mengers Rechts- und Gesellschaftssystem, v.a. S. 15 ff. sowie *K. Kästner*, Anton Menger – Leben und Werk, v.a. S. 47 ff.

Bahnbrechend[578] für die rechtspolitische Umsetzung dieser Idee wirkte allerdings erst der österreichische Justizpolitiker *Franz Klein*. Auf den Ideen seines geistigen Mentors *Menger* aufbauend[579] und in Anknüpfung an erste legislative Versuche zur Teilreform des liberalen Prozesses in Österreich,[580] entwarf er in der 1890/91 erschienenen Aufsatzreihe „Pro futuro"[581] das Bild eines grundlegend modifizierten Prozesses. Dessen Ziel lag in der bewußten Abkehr von den unerwünschten Auswüchsen liberaler Prozeßdoktrin und in einer weitreichenden Umgestaltung des Verfahrens als eines „Glieds sozialer Hilfe".[582] *Kleins* detaillierte Ausführungen gingen wenig später in einen von ihm nahezu allein[583] ausgearbeiteten Reformentwurf ein, der anschließend mit geringfügigen Änderungen 1895 als neue österreichische Verfahrensordnung Gesetz wurde.

Diese zählt zu den Prozeßnovellen, die im europäischen Ausland mit die größte Beachtung fanden und deren Grundgedanken sich nachweislich in zahlreichen Verfahrensreformen und Reformvorhaben im 20. Jahrhundert niedergeschlagen haben. Zu nennen sind insbesondere das Reformgesetz in Liechtenstein aus dem Jahr 1912, die ungarische Reform von 1911,[584] der italienische Reformentwurf von 1919,[585] die Novellierungsbemühungen in Griechenland seit dem frühen 20. Jahrhundert bis zur neuen ZPO von 1960[586]

---

578 *M. Stampfer*, Die Zivilprozeßordnung von 1898 vor dem Hintergrund zeitgenössischer sozialer Rechtsgestaltung, in: P. Lewisch/W. Rechberger (Hrsg.): 100 Jahre ZPO, S. 69 ff., weist zu Recht auf die Qualität der öZP als ein „Produkt der Zeit- und Geistesströmungen" hin; er spricht insoweit allerdings keine Neuigkeit aus und vermag hiermit insbesondere nicht das Verdienst zu schmälern, welches *Klein* für sich als Schöpfer der öZPO dafür in Anspruch nehmen kann, daß er gewissermaßen jene „Zeit- und Geistesströmungen" in der Verfahrensordnug manifeste Gestalt hat annehmen lassen.

579 Dazu *D. Leipold*, Zivilprozeßrecht und Ideologie – am Beispiel der Verhandlungsmaxime, in: JZ 1982 S. 441 ff. (444). Vgl. auch *F. Kleins* Ausführungen in: Zeit und Geistesströmungen im Prozeß, S. 14 ff.

580 Zu nennen ist insbesondere das unter dem österreichischen Justizminister *J. Glaser* 1873 zustandegekommene Gesetz für Bagatellstreitigkeiten; vgl. hierzu wie auch zu den Reformen im übrigen näher *N. Schoibl*, Die Entwicklung des österreichischen Zivilverfahrensrechts, S. 33 ff. (v.a. S. 41 ff.).

581 JBl 1890, Heft 43-52 und JBl 1891, Heft 1-9.

582 *F. Klein*, Zeit- und Geistesströmungen, S. 25

583 *F. Klein*, in: F. Klein/F. Engel, Zivilprozeß, S. 47.

584 Fußend auf einem Entwurf von *Sándor Plósz*, einem Verfechter *Klein*'scher Ideen, ist sie wegen des Ausbruchs des 1. Weltkrieges allerdings erst später – und auch dann nur in abgewandelter Form – in Kraft getreten und 1952 durch eine sozialistisch geprägte Novelle ersetzt worden. S. zur Orientierung Ungarns am *Klein*'schen Modell näher *J. Németh*, Das deutsche Zivilprozeßrecht und seine Ausstrahlung auf die Rechtsordnungen der osteuropäischen Länder, in: W. Habscheid (Hrsg.): a.a.O., S. 254 ff. sowie *A. Schmidt*, Die neue Zivilprozeßordnung für Ungarn, in: ZZP 41 (1911), S. 539 ff.

585 Dazu *B. König*, Die österreichische Zivilprozeßordnung und das Königreich Italien, in: JBl 1981, S. 585 ff. sowie *N. Trocker*, Der Einfluß des deutschen Zivilprozeßrechts auf die italienische Verfahrenskodifikation, in: W. Habscheid (Hrsg.): a.a.O., S. 139 ff. (142 ff.).

586 *J. Simantiras*, Franz Klein und die Zivilprozeßreform in Griechenland, in: Festschrift für Franz Klein, S. 261 ff.

wie auch die Berner ZPO aus dem Jahr 1918 einschließlich anderer kantonaler Prozeßordnungen der Schweiz.[587] Hierzu ist allerdings nicht zuletzt auch Deutschland zu rechnen, wo mit der Amtsgerichtsnovelle von 1909 die Reform des liberalen Modells von 1877 eingeleitet, mit der sog. Emminger Verordnung von 1924 fortgesetzt und mit der 1933 durchgeführten weitreichenden Verfahrensreform zum vorläufigen Abschluß gebracht wurde.[588]

Im folgenden gilt es, die charakteristischen Elemente des von *Klein* entworfenen sog. Sozialmodells zu skizzieren und hierbei aufzuzeigen, inwieweit sie sich von den Grundlinien des liberalen Verfahrens abhoben.

b) Der sog. soziale Prozeß Franz Kleins

Der Begriff des Sozialen kann im Zusammenhang mit dem Gerichtsverfahren eine zweifache Bedeutung erlangen: So läßt er sich einerseits in einem individualistischen, allein auf die Parteien bezogenen Sinne verstehen; man kann ihm auf der anderen Seite aber auch eine stärker die „societas" betreffende und damit auf die Rechtsgemeinschaft ausgerichtete Sinnfärbung geben.

In ersterem Fall meint das Bild eines sozialen Verfahrens in erster Linie die Beseitigung oder Minderung von Rechtsschutzbarrieren für eine Partei, die sich als eine Gefahr für die von ihr angestrebte Erlangung einer materiell richtigen Entscheidung erweisen (man könnte dies die Binnenwirkung des Begriffes nennen). Als Beispiele derartiger „Binnenschwächen" einer Partei sind etwa ihre u.U. unzureichenden finanziellen Mittel zur Prozeßführung zu nennen, ihre aus fehlender oder ungenügender anwaltlicher Vertretung resultierende Rechts- und Verfahrensunkenntnis oder etwa auch eventuelle Beweisführungsschwierigkeiten als Folge von im Besitz der gegnerischen Partei befindlichen Beweismitteln.

Das letztgenannte Begriffsverständnis zugrundegelegt, steht hingegen vor allem die für die Volkswirtschaft nachteilige Wirkung eines langen, zu wenig auf Konzentration bedachten Gerichtsverfahrens auf die Rechtsgemeinschaft im Vordergrund (hier ließe sich von der Außenwirkung des Begriffs „sozial" sprechen). Sie in besonderem wurde von den Kritikern des liberalen Modells als eine regelmäßige Folge zu starker Parteiherrschaft im liberalen Verfahren gerügt.[589]

---

587 *M. Guldener*, Über die Herkunft des schweizerischen Zivilprozeßrechts, S. 43 f.

588 Hierzu näher *R. Stürner*, Das deutsche Zivilprozeßrecht und seine Ausstrahlung auf andere Rechtsordnungen – von Deutschland aus gesehen, in: W. Habscheid (Hrsg.): a.a.O., S. 3 ff. (20 ff.); *W. Jelinek*, Einflüsse des österreichischen Zivilprozeßrechts auf andere Rechtsordnungen, in: ibid., S. 41 ff. (v.a. 56 ff., 67 ff., 83); *J. Damrau*, Die Entwicklung einzelner Prozeßmaximen, v.a. S. 179 ff. sowie ders.: Der Einfluß der Ideen Franz Kleins auf den Deutschen Zivilprozeß, in: Forschungsband Franz Klein – Leben und Wirken, S. 157 ff.

589 Vgl. nur aus zeitgenössischer Perspektive die dezidiert ablehnende Haltung *O. Bährs*, Der deutsche Civilprozeß in praktischer Bethätigung, in: JJ, Bd. 23 (1885) S. 339 ff., gegenüber dem „Vertagungsunwesen" unter der Herrschaft der alten ZPO von 1877 sowie in

Der charakteristische Wesenszug der *Klein*'schen Reform bestand darin, daß sie beiden Seiten des Begriffes Rechnung trug und daher gleichsam in einem doppelten Sinne sozial genannt werden muß.

Bewußt auf die Verwirklichung der Ideen *Anton Mengers* bedacht, setzte *Klein* einerseits einen deutlichen Schwerpunkt auf die Garantie eines effektiven Rechtswegs gerade auch für die rechtlich benachteiligte Partei:

> „Für den des Rechtes unkundigen Unbemittelten, der keinen Rechtsfreund bestellen kann, ist die Parteimacht überhaupt und auch die Herrschaft über den Prozeßstoff Anweisung einer Waffe, die, weil er sie nicht zu handhaben weiß, leichter ihn selbst verletzt, als daß sie in seiner Hand erfolgreich wider den Gegner wirken würde."

Es müsse daher bei der Prozeßgestaltung dafür Sorge getragen werden, „daß der verhandelnden Partei ihre geringe Gesetzeskenntnis oder Gewandtheit nicht zum Nachtheile gereiche."[590]

Andererseits aber erkannte er den Prozeß als einen Fall allgemeiner „sozialer Not",[591] der infolge unzulänglicher Prozeßkonzentration Kapital und Arbeitskraft binde und dadurch Folgen nicht nur für die an einem Verfahren unmittelbar Beteiligten nach sich ziehe, sondern zugleich auch die Gesellschaft im ganzen treffe. Dies ließ den Prozeß aus *Kleins* Sicht zu einer öffentlichen Angelegenheit werden, der der Staat nicht teilnahmslos gegenüberstehen dürfe. Er müsse vielmehr erkennen,

> „daß der Prozeß eine unentbehrliche staatliche Wohlfahrtseinrichtung ist, daß *alle einzelnen und die Gesamtheit* daran interessiert sind, wie der Rechtsgenuß (...) mit Erfolg verteidigt und behauptet werden könne" [eig. Hervorh.].[592]

Dies führte *Klein* vor allem zu der Forderung, daß ein Prozeß, der einmal von den Parteien in Gang gesetzt wurde, so rasch als mit dem Ziel effektiven Rechtsschutzes vereinbar – u.U. auch gegen den Willen der Parteien[593] – durchzuführen sei.

---

der Rückschau die zusammenfassende Darstellung *R. Sprungs*, Die Ausgangspositionen österreichischer Zivilprozessualistik und ihr Einfluß auf das deutsche Recht, in: ZZP 92 (1979), S. 4 ff. (6 f.) und *D. Dannreuther*, Der Zivilprozeß als Gegenstand der Rechtspolitik, S. 121 ff. (insbes. S. 129 ff.). Zu weitgehend wäre es allerdings, die ökonomischen Implikationen in *Kleins* Argumentation mit den modernen Methodenansätzen zu einer ökonomischen Analyse des Verfahrensrechts auf eine Stufe zu stellen; in diese Richtung aber offenbar jüngst *R. Fucik*, Die Rolle des Richters in der ZPO – Eine ökonomische Analyse, in: P. Lewisch/W. Rechberger (Hrsg.): 100 Jahre ZPO, S. 191 ff.

Neben den volkswirtschaftlich unerwünschten Folgen eines zu wenig auf Konzentration bedachten Verfahrens stellt sich die Langwierigkeit von Prozessen auch aus der Individualsicht der Parteien als ein Hindernis auf dem Weg zu effektivem und kostengünstigem Rechtsschutz dar. Von den Theoretikern des sog. sozialen Prozeßmodells wurde sie jedoch überwiegend als ein gesamtgesellschaftliches Problem erörtert; die Darstellung orientiert sich daher hieran.

590 *F. Klein*, Pro futuro, in: JBl 1891, S. 519 ff. (522).

591 *F. Klein*, Zeit- und Geistesstömungen, S. 14; so auch *W. Kisch*, Die soziale Bedeutung des Zivilprozesses, in: Judicium 1928/29, S. 1 ff. (5: Prozeß als „soziale Tatsache").

592 Ders.: a.a.O., S. 25.

593 Dazu nachfolgend unter bb).

Auf die inhaltliche Gestaltung der Grundzüge des liberalen Prozesses hatte das *Klein*'sche Modell im wesentlichen folgende Auswirkungen:

aa) Mündlichkeit und Öffentlichkeit

Die Geltung der Grundsätze der Mündlichkeit und Öffentlichkeit des Verfahrens wurde von *Klein* im Grundsatz nicht in Frage gestellt. Allerdings wandte er sich strikt gegen den Absolutheitsanspruch, den die liberale Theorie der Verwirklichung der Mündlichkeit zumal im deutschen Prozeß zugewiesen hatte.[594] Ein Zivilverfahren, das sich zur Aufgabe gesetzt hat, effektiven Rechtsschutz für den einzelnen zu gewährleisten und zugleich die mit dem Prozeß für die Gemeinschaft verbundenen Nachteile zu minimieren, müsse sich – so erkannte *Klein* – vom starren Maximendenken lossagen und in erster Linie zweckmäßig und praktikabel ausgestaltet sein.[595] Ein Grundübel des liberalen Modells liege gerade in der formalen Rigidität, mit der es seine wesentlichen Strukturbestimmungen Mündlichkeit und Verhandlungsmaxime ausgestaltet habe. Verfahrensgrundsätze dürften aber nie zum Selbstzweck werden, sondern müßten aus Gründen der Zweckmäßigkeit je soweit eingeschränkt werden, wie es der Erreichung des Verfahrenszwecks dienlich ist.[596]

Die österreichische Reform verzichtete konsequenterweise auf eine ähnlich rigorose Durchführung der Mündlichkeit im Prozeß, wie sie die deutsche ZPO von 1877 kannte, und stärkte im Gegenzug die Bedeutung schriftlicher Elemente im Verfahren.[597]

bb) Das Verhältnis von Parteiherrschaft und richterlicher Gestaltungsmacht

Von entscheidender Bedeutung für die Umsetzung seines Verfahrensmodells war für *Klein* die deutliche Stärkung des richterlichen Einflusses sowohl auf den äußeren Rahmen des Prozesses als auch auf die Ermittlung der Urteilsgrundlagen. Die durch die liberale Theorie dem Richter aufgezwungene Passivität habe zu einer „Schlaffheit und Energielosigkeit"[598] geführt, die das gesamte Justizsystem lähme und sowohl das Interesse der rechtsunkundigen, auf Hilfe angewiesenen Partei verfehle als auch einer volkswirtschaftlich unverantwortbaren Verzögerung des Rechtsstreits Vorschub leiste. Der Richter sei

---

594 S. hierzu im einzelnen unter IV. 2. b) bb) α) (5).

595 „So streitet man eigentlich – wie zwischen religiösen Sektierern – um ein Dogma; bei Maßregeln zum Schutze wirtschaftlicher oder sozialer Interessen, also bei spezifischen Zweckeinrichtungen wohl ein gänzlich verfehlter Standpunkt", *F. Klein*, Zeit- und Geistesströmungen, S. 18.

596 Die konsequente Umsetzung dieser Grunderkenntnis *Kleins* im neuen Prozeß nahm *F. Vierhaus* zum Anlaß, Österreich den „freiesten Zivilprozeß" zuzusprechen (in: *Franz Klein* zum 24. April 1914, JZ 1914, S. 551).

597 Eingehend hierzu 3. Teil B. IV. 2. b) bb) α) (4).

598 *F. Klein*, Pro futuro, S. 20; s. auch dens., Vorlesungen, S. 65: „Quietismus der frühen Proceßpolitik".

daher aus seiner „götzenhaften leblosen Ruhe und Gleichgültigkeit“[599] zu befreien und im Dienste größtmöglicher Beschleunigung auf der einen wie Unterstützung der rechtlich benachteiligten Partei auf der anderen Seite aktiv an dem Verfahren zu beteiligen.

Die österreichische Reform wies infolgedessen der richterlichen Prozeßleitungs- und Aufklärungspflicht eine Schlüsselfunktion für die Umsetzung der doppelt sozialen Idee zu. So sollte der Hilfestellung für die benachteiligte Partei neben einer erheblichen Verstärkung des Schutzsystems des Armenrechts[600] maßgeblich die Einführung einer richterlichen Hinweis- und Aufklärungspflicht (sog. Manduktionspflicht) gegenüber der unvertretenen und rechtsunkundigen Partei dienen.[601]

Ganz ähnlich nahm die Reform den Richter zur Förderung der aus *Kleins* Sicht vor allem volkswirtschaftlich erforderlichen Straffung und Beschleunigung des Verfahrens durch eine Reihe von Bestimmungen in die Pflicht. Sie betrafen u.a. die Einführung des amtswegigen Ladungs- und Zustellungsbetriebs,[602] die Einheit der mündlichen Verhandlung, die grundsätzlich in einem Termin durchzuführen war,[603] die Überantwortung der Bestimmung der Fristen einzig an das Gericht[604] zusammen mit dem analogen Verbot parteilich vereinbarter Fristverlängerung oder Vertagung,[605] die richterliche Kompetenz zur Trennung eines oder der Verbindung mehrerer Prozesse[606] sowie das richterliche Zurückweisungsrecht bzgl. Tatsachenbehauptungen und Beweisanträgen bei Verschleppungsabsicht oder Unerheblichkeit[607] in Verbindung mit der Möglichkeit, Prozeßverzögerungen durch Kostenfolgen zu ahnden.[608]

cc) Charakteristika des Beweisverfahrens

Auch auf der Ebene des Beweisverfahrens führte die *Klein*'sche Reform zu einer anderen Schwerpunktsetzung, als sie das liberale Modell kennt. Steht dort der Gedanke der formellen Wahrheit im Vordergrund und wird auf eine Verstärkung der auf die Feststellung des wirklichen Sachverhalts gerichteten Prozeßmittel (richterliche Aufklärungsrechte bzw. Mitwirkungspflichten der Parteien) verzichtet, so war der österreichischen Reform die Förderung der materiellen Wahrheit ein besonderes Anliegen: „Der Prozeß ist ein Mittel zur Feststellung der materiellen Wahrheit und muß es bleiben, sonst fehlt dem

---

599 *F. Klein*, Zeit- und Geistesströmungen, S. 18.

600 Dazu *N. Schoibl*, Die Entwicklung des österreichischen Zivilprozeßrechts, S. 67 ff. m.w.N. aus der Literatur.

601 Vgl. öZPO §§ 182; 432; 435.

602 § 87.

603 §§ 193 II; 180 III.

604 §§ 181 II; 279.

605 §§ 128; 134.

606 §§ 187 f.

607 §§ 275 II; 278 II; 309; 332 II; 368 III.

608 §§ 44; 48 f.

Prozesse die soziale Berechtigung."[609] Sozial war dabei nach *Klein* maßgeblich im individuellen Sinne des Parteischutzes zu verstehen, da die um die Durchsetzung ihres Rechts streitende Partei einen Anspruch darauf haben müsse, zu einem richtigen, d.h. mit der Sachlage übereinstimmenden Urteil zu gelangen und vor einer Übervorteilung des Gegners geschützt zu werden: „Aufgabe des Richters ist es daher, nach Wahrheit zu forschen, Wahrheit zu verkünden, da ein wahres, richtiges Bild der Tatsachen die Hauptbedingung eines gerechten Spruches ist."[610]

Die Reform wies daher dem Richter verstärkt Möglichkeiten amtswegiger Beweiserhebung zu[611] und führte zudem für die Parteien die Wahrheitspflicht ein.[612]

3. Zwischenergebnis

In Grundverständnis wie Wahl der prozessualen Mittel unterscheiden sich das liberale und das soziale Verfahrensmodell als die beiden Grundtypen des kontinentaleuropäischen Zivilprozesses im 19. und frühen 20. Jahrhundert erheblich voneinander:

Hier die Überzeugung von der selbstregulierenden Kraft des Prozesses unter gleichzeitiger Abstraktion von der sozialen Realität; dort die Forderung nach Berücksichtigung sozial-faktischer Ungleichheiten der Parteien wie auch der volkswirtschaftlich nachteiligen Implikationen eines jeden Gerichtsverfahrens.

Hier eine gewisse Tendenz zum Prinzipienpuritanismus, unwesentlich eingeschränkter Parteiherrschaft sowohl nach außen im Verhältnis zur staatlichen Hoheitsgewalt (Richter) als auch einwärts gewendet im Verhältnis der Parteien untereinander sowie die Neigung zu überwiegend formeller Wahrheitssuche; dort pragmatische Flexibilität in der Ausgestaltung der Verfahrensgrundsätze, starke Richtermacht mit – jedenfalls ansatzweiser – Anerkennung zwischenparteilicher Pflichten sowie das verstärkte Streben nach materieller Wahrheit.

Damit stellt sich die Frage, in welchem Umfang diese Entwicklung des europäischen Verfahrensrechts in das Bewußtsein auch des schwedischen Reformgesetzgebers gedrungen ist und auf die Entstehung der Reform von 1942 hat Einfluß nehmen können.

Da das Ausmaß einer auf politischer, kultureller wie auch rechts- und prozeßrechtswissenschaftlicher Ebene bestehenden Verbindung Schwedens mit Frankreich, Deutschland, Österreich und England wie ausgeführt ein wichti-

---

[609] *F. Klein*, in: Österreichisches Zentralblatt 1899, S. 438; zit. nach *L. Levin*, Richterliche Prozeßleitung und Sitzungspolizei, S. 33.

[610] *F. Klein*, Zeit- und Geistesströmungen, S. 8.

[611] §§ 182 I; 183 öZPO.

[612] § 178 öZPO.

ges Indiz für bzw. gegen eine solche Beeinflussung darstellt, ist im folgenden ein Analyse der Beziehungen Schwedens zu diesen Ländern in der relevanten Zeit des 19. und frühen 20. Jahrhunderts vorzunehmen. In Verbindung mit der sich hieran anschließenden Analyse des Inhalts der schwedischen Reform (III. und IV.) scheinen auf diese Weise am ehesten objektiv nachvollziehbare Ergebnisse möglich.

II. Der politische, kulturelle, rechts- und prozeßrechtswissenschaftliche Austausch Schwedens mit Frankreich, Deutschland, Österreich und England am Vorabend der Verfahrensreform

1. Die politische Beziehung Schwedens zum europäischen Ausland

Die für das 18. Jahrhundert bestimmende politische Anlehnung Schwedens an Frankreich blieb auch bis weit in das 19. Jahrhundert hinein deutlich spürbar. Lediglich während der Jahre *napoleonischer* Oppression war Schwedens Außenpolitik von einer starken Reserviertheit gegenüber dem Korsen geprägt. So schloß sich Schweden nach vorsichtiger Annäherung an England 1805 der Dritten Koalition gegen *Napoleon* an, bemühte sich aber nach der Niederlage Österreichs und Preußens bei Jena und Auerstedt im weiterschwelenden Kampf zwischen Frankreich und England um Neutralität. Die Wahl des französischen Marschalls *Jean Baptiste Bernadotte* zum Thronfolger *Karls XIII.* im Jahre 1810 sollte das traditionell gute Einvernehmen mit Frankreich wiederherstellen helfen.[613]

In gleichem Umfang war die Einstellung Schwedens gegenüber Deutschland – und hier vor allem Preußen – das 19. Jahrhundert hindurch weithin zurückhaltend bis dezidiert ablehnend.[614] Einen Höhepunkt erreichte die schwedische Opposition gegen Deutschland während des deutsch-französischen Krieges 1870/71.

Unmittelbar danach näherte sich Schweden jedoch unter seinem für *Bismarcks* imperialen Herrschaftsstil aufgeschlossenen neuen König *Oskar II.* Deutschland stark an[615] und hielt den neuen Kurs mit einer auch handels- und wirtschaftspolitisch starken Anbindung an das wilhelminische Kaiserreich bis weit in das 20. Jahrhundert hinein.[616]

---

[613] Dessen unerwartet rußlandfreundliche Politik führte allerdings zum endgültigen Bruch mit *Napoleon*, zur Annexion Schwedisch-Pommerns durch französische Truppen 1812 und zur hierdurch provozierten Teilnahme der Schweden an der Leipziger Völkerschlacht im darauffolgenden Jahr.

[614] Näher hierzu S. *Carlsson/J. Rosén*, Svensk Historia, Bd. 2, S. 348 ff. (350).

[615] In der schwedischen Geschichte wird üblicherweise die Thronbesteigung des deutschlandorientierten *Oskar II.* als Beginn einer sog. „Bekehrung zum Germanismus" angesehen, vgl. nur *S. Carlsson/J. Rosén*, a.a.O., S. 350.

[616] S. dazu *M. Gerhardt/W. Hubatsch*, Deutschland und Skandinavien, S. 399 f. mit detaillierten statistischen Angaben zur Entwicklung der Wirtschaftsbeziehungen zwischen dem Deutschen Reich und Schweden gegen Ende des 19. und zu Beginn des 20. Jahrhunderts.

2. Der allgemeinkulturelle Austausch Schwedens mit dem europäischen Ausland im 19. und frühen 20. Jahrhundert

> „Es lag ein Schimmer über Gustavs Tagen,
> Phantastisch, eitel, fremd – nicht seis verhehlt -
> Doch Sonne war darin, und wie wir klagen,
> wo ständen wir wohl, wenn sie uns gefehlt (...).“[617]

So hatte noch 1836 der schwedische Dichter und Dramatiker *Esaias Tegnér* anläßlich des fünfzigjährigen Jubiläums der Schwedischen Akademie die deutlich französische Prägung der gustavianischen Epoche unter *Gustav III.*[618] im Schweden des ausgehenden 18. Jahrhunderts besungen. Alles atmete da noch den Geist französischer Aufklärung und musisch-literarischer „Frankophilie“: Beim Thronwechsel 1771 selbst noch auf einer Bildungsreise in Paris, erwies sich der neue schwedische König in seiner starken Beeinflussung durch die französische Kultur alsbald als eifriger Fürsprecher des Studiums französischer Literatur, Kunst, Architektur und Wissenschaft. Mit den Werken eines *Montesquieu*, *Voltaire* oder auch *Rousseau* war man in den wohlhabenden Kreisen der Bürger und Kaufleute gut vertraut und hielt sich auch auf die Ausstattung der Wohnung im Stile französischen Interieurs viel zu gute.[619]

Doch schon zu Beginn des 19. Jahrhunderts wandelte sich das Bild unter dem Einfluß wachsender Antagonismen in dem außenpolitischen Verhältnis Schwedens zu *Napoleon*, und es kam – mit einer gewissen Einschränkung um die Mitte des Jahrhunderts infolge der deutschen Agitation gegen Dänemark[620] – zu einer das ganze Jahrhundert bis zu den Weltkriegen währenden wirkmächtigen Prägung durch die deutsche Kultur. Die Strömung des Idealismus von *Kant* zu *Fichte*, *Hegel* und *Schelling* – den Schweden vor allem durch das Wirken der Philosophen *Benjamin Höijer* und *Per Daniel Amadeus Atterbom* vermittelt[621] – und die sich hieraus entwickelnde Bewegung der deutschen Ro-

---

617 Übersetzung durch *Gottlieb Mohnike*, entnommen *J. Weibull*, Schwedische Geschichte, S. 71.

618 Zu Person und Wirken *Gustav III.* (1772-1809) s. näher die detailreiche Biographie des Königs bei *S. Carlsson/J. Rosén*, Den svenska historien, Bd. 10 sowie *B. Hennings*, Gustav III, je passim.

619 Vgl. *S. Carlsson/J. Rosén*, Svensk Historia, Bd. 2, S. 14 f. Ausführlich zum Einfluß französischer Kunst hinsichtlich Architektur, Malerei und Skulptur auf Schweden im 18. Jahrhundert *H. Cornell*, Den svenska konstens historia, Bd. 1, S. 178 ff., 226 ff., 254 ff. Vgl. auch *Cornells* Fazit in Bd. 2, S. 18: „Während des gesamten 18. Jahrhunderts waren Schwedens künstlerischen Verbindungen zu Frankreich so bedeutungsvoll, daß man von einem französischen Jahrhundert in unserer Kultur sprechen könnte.“

620 Dazu ausführlich *M. Gerhardt/W. Hubatsch*, Deutschland und Skandinavien, S. 337 ff.

621 *Höijer* (1767-1812), der selbst zahlreiche Reisen nach Deutschland unternommen hatte, stand in persönlichem Kontakt mit den deutschen Philosophenkreisen, während *Atterbom* (1790-1855) durch seinen regen Austausch v.a. mit *Schelling* maßgeblich an der Rezeption von dessen Ideen in Schweden beteiligt war (s. näher hierzu *M. Gerhardt/W. Hubatsch*, a.a.O., S. 308 ff. [312 ff.] sowie *N. Runeby*, in: Schweden-Deutschland, Begegnungen und Impulse, S. 62 ff. [69f]). Vgl. zu näheren Informationen über die Person und das Werk *Höijers* und *Atterboms* auch SMK, Bd. 3, S. 610 f. (*Höijer*) bzw. Bd. 1, S. 154 ff. (*Atterbom*).

mantik bestimmten nachhaltig die schwedische Geisteshaltung. Die Werke *E.T.A. Hoffmanns*, *Herders*, *Schlegels*, der Geschwister *Brentano* oder auch der *Brüder Grimm* waren sämtlich in Schweden bekannt und erfreuten sich großer Beliebtheit.[622] In Verbindung mit den nationalen, teils auch nationalrevolutionären Einigungsbestrebungen in Deutschland im 19. Jahrhundert, die in Schweden vor allem unter den Studenten in Lund auf großen Zusspruch stießen,[623] hatten sie maßgeblichen Anteil an der Entstehung des schwedischen Patriotismus in der zweiten Hälfte des 19. Jahrhunderts und der zeitgleich heranwachsenden Bewegung des Skandinavismus, die beide noch heute als bestimmende Wesenszüge schwedischer Mentalität gelten.[624]

Für die rechtliche und nicht zuletzt die prozeßrechtliche Entwicklung Schwedens wurde die romantische Bewegung in Deutschland aber vor allem in der Form der sog. historischen Rechtsschule bestimmend, wie sie unter *Savigny* und seinem Schüler *Puchta* ihre prägende Gestalt erhalten hatte. Hierauf wird bei der Darstellung der Entstehungsgeschichte der Reform von 1942 (s. unten III.) noch zurückzukommen sein.

3. Die Bedeutung der französischen, englischen und deutschen Sprache in Schweden im 19. und frühen 20. Jahrhundert

Für die Rezeption fremden Rechts sicher keine condicio sine qua non, aber zweifellos eine wichtige Voraussetzung für die vertiefte Beschäftigung mit ausländischen Rechtsystemen ist die Beherrschung der fremden Sprache.

Als gegen Mitte des 19. Jahrhunderts an den öffentlichen Schulen in Schweden die bis dahin nur stiefmütterlich gepflegte Unterweisung in Fremdsprachen ausgebaut wurde, wies man Französisch neben Deutsch einen anfänglich noch in etwa gleichen Rang zu, während Englisch bemer-

---

622 S. dazu *M. Gerhardt/W. Hubatsch*, a.a.O., S. 308 ff. (310 ff.). Dort auch zu den persönlichen Beziehungen der Vertreter der deutschen Romantik zu Skandinavien.

623 *N. Runeby*, in: Schweden-Deutschland, a.a.O., S. 71 f.

624 Zur Bewegung des Skandinavismus näher *M. Gerhardt/W. Hubatsch*, Deutschland und Skandinavien, S. 329 ff. sowie S. *Carlsson/J. Rosén*, Svensk Historia, Bd. 2, S. 311 ff. m.w.N. aus der Literatur. Auf der rechtlichen und politischen Ebene spiegelt sich der fortbestehende Einfluß der skandinavischen Bewegung insbesondere in der Institution des Nordischen Juristentages (erstmals 1872 zusammengetreten), dem aus Parlamentariern der skandinavischen Ländern konstiuierten Nordischen Rat (zuständig für die politische Zusammenarbeit der Länder), dem 1971 gegründeten Nordischen Ministerrat wie auch dem allgemeinen Kooperationsabkommen von 1962 (sog. Helsinki-Abkommen), auf dessen Grundlage eine möglichst weitgehende Zusammenarbeit der skandinavischen Länder auf dem Gebiet der Gesetzgebung angestrebt wird.

Der Austausch mit der deutschen Kultur war dabei keineswegs nur ein einseitiger, vielmehr bezog die deutsche Romantik mit der Wiederentdeckung von Volksdichtung, Mythologie und Geschichte ihre Gegenstände zumeist aus der altnordischen Mythologie und Literatur. *Goethes* intensive Beschäftigung mit *Esaias Tegnérs* Frithiofs saga wie auch *Richard Wagners* musikdramatische Vertonung nordischer Göttersagen mögen hier stellvertretend genannt sein.

kenswerter Weise nicht im Lehrplan erschien.[625] Wenig später – mit einem Reichstagsbeschluß von 1873 – wurde Deutsch als Lehrfach erheblich aufgewertet, um dann zu Beginn des 20. Jahrhunderts in einer Verordnung des Bildungsministeriums – diesmal unter gleichzeitiger Stärkung auch des Englischen – einen noch weitergehenden Ausbau zu erfahren.[626] Diese dominierende Stellung hat die deutsche Sprache in Schweden bis zum Ende des zweiten Weltkrieges behalten. Nicht zuletzt auf dem Gebiet der Rechtswissenschaft spiegelt sie sich in einer deutlichen Bevorzugung des Deutschen im Falle von fremdsprachigen Veröffentlichungen schwedischer Juristen[627] bzw. der Verwendung von in deutscher Sprache gehaltenen Werken über ausländisches Recht wider.[628]

4. Der rechts- und prozeßrechtswissenschaftliche Austausch Schwedens mit dem europäischen Ausland im 19. und frühen 20. Jahrhundert

a) in quantitativer Hinsicht

aa) Bedeutung und Umfang schwedischer Studien- und Forschungsreisen in das europäische Ausland am Vorabend der Prozeßreform

α) in allgemeiner, die Rechtswissenschaft einschließender Hinsicht

Eine für die Rechtsrezeption ähnlich gewichtige Bedeutung wie der Beherrschung der jeweiligen Sprache des möglichen Spenderlandes kommt den Studien- und Forschungsreisen zu, die Jurastudenten bzw. Rechtswissenschaftler und Praktiker in das Ausland unternehmen. Treten derartige Forschungsreisen mit einer gewissen Regelmäßigkeit auf, so daß sie für die in Frage stehende Epoche als charakteristisch gelten können, müssen sie bei der Bewertung von strukturellen Ähnlichkeiten der beteiligten Rechtssysteme als wichtiges Indiz für das Vorliegen eines Rezeptionsvorgangs angesehen werden.

Dies gilt auf der Ebene der Gesetzgebung sicher in besonderem Maße für die an einer Rechtsreform unmittelbar beteiligten Fachleute [s. unten β)], ist aber auf diese nicht beschränkt. So vermitteln sich die von Studenten, Wissenschaftlern und Rechtspraktikern während ihrer Auslandsaufenthalte ge-

---

625 *F. Lindberg*, Den svenska utrikens politikens historia, Bd. 3/4, S. 129 ff. (130); eingehend zur Entwicklung des schwedischen Schulunterrichts in englischer Sprache *I. Bratt*, Engelskundervisningens framväxt i Sverige, S. 123 ff. sowie ders.: Engelskundervisningens villkor, S. 78 ff.

626 *F. Lindberg*, a.a.O., S. 132: „Deutsch ist die gelehrte Sprache per préférence (...)"; so auch *G. Andolf*, Sverige och utlandet, S. 11 sowie *I. Bratt*, Engelskundervisningens villkor, S. 80.

627 Vgl. etwa stellvertretend *M. Fehr*, Beiträge zur Lehre vom römischen Pfandrecht in der klassischen Zeit (1910); *C.A. Reuterskiöld*, Über Rechtsauslegung (1899).

628 Vgl. etwa die von *E. Trygger*, Om skriftliga bevis, mehrfach zitierte Abhandlung *Zachariäs*, Handbuch des französischen Civilrechts (z.B. S. 103 [FN 1], 122 [FN 2]). S. im übrigen hierzu auch nachfolgend unter 4. a).

wonnenen Erkenntnisse, Erfahrungen und Eindrücke dem Gemeinwesen durch ihre (ggf. spätere) berufliche Tätigkeit auch losgelöst von einer direkten Beteiligung an Legislativakten und prägen auf diese Weise den rechtskulturellen Geist der Zeit, auf dem eine Legislativreform stets mit aufbaut.

Derartige Studien- und Forschungsaufenthalte im Ausland sind für Schweden vor allem ab der zweiten Hälfte des 19. Jahrhunderts dokumentiert. Hiernach unternahmen schwedische Studenten und Wissenschaftler nahezu aller Fachbereiche,[629] die Rechtswissenschaft eingenommen, überwiegend ab den siebziger Jahren des 19. Jahrhunderts zahreiche Forschungsreisen in das europäische Ausland, um sich dort vor Ort weiterzubilden und über den Stand wissenschaftlicher Forschung zu informieren.

Als exemplarisch zu nehmende statistische Untersuchungen über die verhältnismäßige Verteilung der Zielländer im Falle von Reisestipendien für Lehrer an öffentlichen Schulen über den Zeitraum 1890-1914 belegen, daß hierbei Deutschland für mehr als doppelt so viele Studienreisende das Ziel bildete verglichen mit England, während nur etwa 12-15% dieser Auslandaufenthalte auf Frankreich entfielen.[630]

Bermerkenswert erscheint bei diesem Ländervergleich vor allem, daß der Erhebung zufolge die Mehrzahl der England- und Frankreichreisenden überwiegend der Erlernung der jeweiligen Fremdsprache wegen die Reise unternahm, wohingegen Deutschland vor allem um seiner wissenschaftlichen Bildungs- und Forschungsmöglichkeiten willen Ansehen genoß.[631]

Statistiken hinsichtlich der Forschungsaufenthalte schwedischer Universitätsdozenten im Ausland zu Beginn unseres Jahrhunderts legen ein ganz ähnliches Zeugnis von der Bevorzugung Deutschlands als Zielland ab: Von 1900-1904 entfielen im Jahresdurchschnitt 17,4 Reisen auf Deutschland, 6,2 auf Frankreich und nur 3 auf England. Für den Zeitraum 1910-1914 fällt das Ergebnis sogar noch markanter aus: 22,5 im Gegensatz zu 6,4 bzw. 5,2 – gerechnet erneut in der Verteilung Deutschland, Frankreich und England jeweils im Jahresmittel.[632]

Eine Aufschlüsselung nach Fachbereichen liegt – soweit ersichtlich – für den fraglichen Zeitraum zwar nicht vor, so daß detaillierte Größenverhältnisse für den Bereich der Rechtswissenschaft nicht angegeben werden kön-

---

629 So zählten etwa zu den nach Deutschland reisenden Vertretern anderer Fachbereiche als der Rechtswissenschaft vor allem Mediziner, Naturwissenschaftler, Ingenieure, Theologen und Militärs; vgl. *F. Lindberg*, Den svenska utrikens politikens historia, Bd. 3/4, S. 134 ff.

630 *F. Lindberg*, a.a.O., S. 134; entsprechende Angaben zu Österreich konnten nicht ermittelt werden. Aufschlußreich sind auch die statistischen Angaben *G. Andolfs*, Sverige och utlandet, S. 26, zur Frage nach der Verteilung der schwedischen Touristik (Bezugsjahr: 1930). Sie erweisen Deutschland als das für schwedische Touristenreisen begehrteste Zielland mit deutlichem Abstand selbst vor dem skandinavischen Nachbarn Norwegen (35326 Reisende [Deutschland] gegenüber 30637 [Norwegen]).

631 *F. Lindberg*, ibid.

632 Ders.: a.a.O., *S.* 134 f.

nen. Fest steht jedoch, daß die Praxis der Vergabe von Reisestipendien an Dozenten und Professoren wie auch an die besten Absolventen eines Fachbereichs die Rechtswissenschaft mit einschloß.[633]

Diese Reisen dauerten im Bereich der Rechtswissenschaft für gewöhnlich ein halbes Jahr und führten die Juristen innerhalb Deutschlands wegen ihres Rufs als bedeutende Stätten der Forschung und Lehre vor allem nach Leipzig, Berlin, Göttingen, Dresden, Heidelberg und München, in Österreich nach Wien und Innsbruck und in Frankreich und England nahezu ausschließlich – soweit ersichtlich – nach Paris bzw. London.

Anhand von Briefen und Tagebuchaufzeichnungen in den Nachlässen zahlreicher bedeutender schwedischer Juristen des fraglichen Zeitraums läßt sich feststellen, daß auch unter den Rechtswissenschaftlern der deutschsprachige Kulturraum als Ziel eigener Auslandsreisen eindeutig gegenüber dem französischen und englischen bevorzugt wurde.[634] Überdies ist zu erkennen, daß zwischen den schwedischen Wissenschaftlern und ihren deutschen Kollegen zumeist noch lange über die Reise hinaus ein persönlicher Kontakt aufrechterhalten wurde,[635] der sich auf beiden Seiten zugleich in einem wissenschaftlich fruchtbaren Gedankenaustausch niederschlug.[636]

Auf die Bedeutung dieses besonders intensiven Kontakts gerade zwischen schwedischen und deutschen Rechtswissenschaftlern für die Entwicklung der schwedischen Prozessualistik wird noch zurückzukommen sein.[637]

β) Forschungsreisen der an der Prozessreform beteiligten Juristen

Auf der Grundlage erhaltener Reiseberichte wie auch biographischer Sekundärquellen,[638] die für die vorliegende Arbeit ausgewertet wurden, läßt sich feststellen, daß derartige Forschungsreisen etwa seit der Mitte des 19. Jahrhunderts auch bei den an der Prozeßreform unmittelbar beteiligten Juristen üblich waren.

Sie wurden zumeist in offiziellem Auftrag im Rahmen des Prozeßvorhabens unternommen mit dem Ziel, einen möglichst authentischen Eindruck von der Praxis des fremden Gerichtsverfahrens zu gewinnen, von dessen Kenntnis sich die Reformgremien Inspiration für die eigene Arbeit erhofften. Die Reisen

---

633 *J.O. Sundell*, Tysk påverkan, S. 22 f.

634 Vgl. die Darstellung der Biographien von *Johan Hagströmer*, *Ivar Afzelius*, *Alfred Winroth*, *Ernst Trygger*, *Hjalmar Hammarsköld*, *Tore Almén*, *Vilhelm Lundstedt* und *Östen Undén*, in: J.O. Sundell, passim.

635 Inbesondere zu *Afzelius* nachfolgend unter β) sowie b) aa) β).

636 S. näher nachfolgend unter b) aa) β) zu der wechselseitigen Kommentierung der Schriften des Kollegen in den Publikationsorganen der heimischen Fachpresse wie auch zu der Veröffentlichung eigener Beiträge in den Fachzeitschriften des Gastlandes.

637 Unter bb).

638 Gemeint sind Beiträge in den Enzyklopädien „Svenskt Biografiskt Lexikon", „Svenska Män och Kvinnor" und „Nordisk Familjebok" sowie Festschriften und Würdigungen in Zeitschriften aus Anlaß des Geburtstages oder Todes des Geehrten.

führten die Fachleute nach Deutschland, Österreich, England und – seltener – auch nach Frankreich. Der weitaus größere Abschnitt der Reisen entfiel dabei in deutlicher Entsprechung zu der oben angegebenen statistischen Verteilung erneut auf den deutschsprachigen Raum, während Frankreich und England – nach dem knappen Umfang ihrer Behandlung in den Reiseberichten zu urteilen – kaum mehr als wenige Wochen besucht wurden.[639]

Wegen ihres nachhaltigen Einflusses auf die Reformdiskussion, die sie als Leiter bzw. Mitglieder der jeweiligen Gesetzeskommission entscheidend mitzubestimmen vermochten, sind vor allem[640] die Prozessualisten und/oder Rechtspraktiker *Ivar Afzelius*,[641] *Johannes Hellner*,[642] *Karl Schlyter*,[643] *Henrik Almstrand*[644] und *Thore Engströmer*[645] zu nennen.

Afzelius, der schon in den Jahren 1874/75 Studienreisen nach Göttingen und Leipzig unternommen hatte, wo er Vorlesungen bei *Jhering* und *Windscheid* hörte und letzteren persönlich kennen und schätzen lernte,[646] erhielt 1880 den offiziellen Auftrag, in Vorbereitung der Prozeßreform eine vergleichende Zusammenstellung der wichtigsten zeitgenössischen Verfahrensord-

---

639 Vergleiche die Berichte von *Christian Naumann*, *Gustaf K. Hamilton*, *Alfred O. Winroth* und *Johan C.W. Thyrén*, in: K.Å. Modéer (Hrsg.): Den historiska skolan och Lund.

640 Die Aufzählung beschränkt sich auf diejenigen fünf Juristen, die aufgrund ihrer einflußreichen Stellung in den mit der Reform betrauten Fachgremien den nachhaltigsten Einfluß auf die Gestaltung der Novelle ausüben konnten.

641 *I. Afzelius* (1848-1921) wurde 1880 zum sog. Beistand („Biträde") der Nya Lagberedning (s. S. 109 FN 530) bestimmt, deren Mitglied er dann 1886 wurde. *Afzelius* gehörte auch der auf die Nya Lagberedning folgenden Kommission der Förstärkta Lagberedning an. Zu näheren Angaben über seine Person und sein Wirken s. *J.E. Almquist*, Svensk juridisk litteraturhistoria, S. 58 ff.; SBL, Bd. 1, S. 242 ff.; SMK, Bd. 1, S. 27.

642 *J. Hellner* (1866-1947) war von 1912 bis 1917 Leiter der Prozeßkommission („processkommission", s. S. 109 FN 530); zu seiner Person s. im einzelnen *K. Schlyter*, Johannes Hellner 80 år, in: SJT 1946, S. 287 f. sowie SBL, Bd. 18, S. 579 ff.

643 *K. Schlyter* (1879-1959) wirkte als ordentliches Mitglied der Prozeßkommission von 1919 bis 1925, nachdem er zuvor bereits seit 1911 *J. Hellner* als Sekretär zugeordnet war. 1932 wurde er unter der sozialdemokratischen Regierung *P.A. Hanssons* Justizminister. Überdies war er Mitglied eines die Processlagberedning (s. S. 109 FN 530) beratenden Sachverständigengremiums („rådgivande nämnd") und als Vorsitzender des Sonderausschusses im Reichstag für die Annahme der Prozeßrechtsnovelle auch parlamentarisch maßgeblich mitverantwortlich; vgl. *T. Engströmer*, Karl Schlyter 70 år, in: Festskrift tillägnad f.d. presidenten, föutvarande statsrådet juris doktor Karl Schlyter, S. 7 ff. (9 f.). Zu *Schlyters* Person und Wirken s. auch die unlängst erschienene umfassende Biographie von *J.O. Sundell*, Karl Schlyter, S. 20 ff.

644 *H. Almstrand* (gest. 1925) war ordentliches Mitglied der Prozeßkommission von 1919 bis 1925, zuvor bereits seit 1912 *J. Hellner* zur Unterstützung beigeordnet.

645 *T. Engströmer* (1878-1957) wurde 1914 ebenfalls in die Prozeßkommission zur Unterstützung *J. Hellners* berufen und wirkte seit ihrer Umwandlung in ein kollegiales Gremium im Jahr 1919 dann als ordentliches Mitglied der Kommission bis zu ihrer Auflösung 1926 sowie auch als Vorsitzender des an die Kommission anschließenden, 1932 eingesetzten letzten Fachgremiums („lagberedning") bis zu dessen Auflösung 1944. Vgl. zu *Engströmer* näher *N. Gärde*, Thore Engströmer 70 år, in: SJT 1948, S. 161 ff.

646 Eingehend zu *Afzelius* und seiner engen Verbindung zur deutschen Rechts- und Prozeßrechtswissenschaft nachfolgend unter 3. Teil B. II. 4. b) aa) β) sowie bb) β) (3) (b).

nungen zu besorgen. Er bereiste zu diesem Zweck Deutschland, Österreich und Frankreich.[647] Seine ausführliche und detailreiche Darstellung des Gerichtsverfahrens in diesen Ländern[648] bildete anschließend zusammen mit einer schon 1881 von dem Prozessualisten *Axel Örbom* vorgelegten vergleichenden Untersuchung zu den Grundzügen des Gerichtsverfahrens in Deutschland, Österreich, England und Frankreich[649] die Grundlage für die weitere Behandlung des Reformvorhabens in dem Fachgremium.[650]

Hellner bereiste in den Jahren 1912 bis 1914 in seiner offiziellen Funktion als Vorsitzender der Prozeßkommission, die Ende 1911 nach dem Scheitern der Tätigkeit des vorangegangenen Fachgremiums neu eingesetzten worden war, ebenfalls Frankreich, Deutschland und Österreich.[651] Nachweislich traf er dabei in Österreich, das zu diesem Zeitpunkt bereits sein neues Prozeßgesetz besaß, auch *Franz Klein* zu einem Gespräch über das schwedische Reformvorhaben und die Leitlinien des neuen österreichischen Prozesses.[652]

Schlyter unternahm als Mitglied der Prozeßkommission in den Jahren 1912 bis zu seinem Ausscheiden 1925 zwei Forschungsreisen nach Frankreich (1912/13 und 1921), eine nach England (1924), eine nach Deutschland (1913) und zwei nach Österreich (1913 und 1914).[653]

Almstrand hielt sich in seiner offiziellen Funktion als Kommissionsmitglied nicht in Frankreich auf, besuchte jedoch zweimal England (1912 und 1913), zweimal auch Deutschland (1913 und 1923) und ebensooft Österreich (1913 und 1914).[654]

Engströmer schließlich, der Mitglied der Prozeßkommission von 1919 an wie auch Leiter des letzten Fachgremiums („lagberedning") bis zu seiner Auflösung 1944 war, unternahm insgesamt sieben Forschungsreisen in das europäische Ausland, von denen eine auf Frankreich entfiel (1922), zwei auf England (1919 und 1921), drei auf Deutschland (1915, 1922 und 1925) und

[647] Auf eine Einbeziehung auch des englischen Verfahrens verzichtete Afzelius nach eigenen Angaben (a.a.O., S. IV) bewußt, da sein Verständnis auch die nähere Untersuchung der für das common law eigentümlichen Rechtsinstitute erforderte hätte, damit aber der (wohl zeitliche) Rahmen seines Auftrags gesprengt worden wäre. Dahingegen schildert er auch die Grundzüge des Gerichtsverfahrens in Norwegen und Dänemark.

[648] *I. Afzelius*, Grunddragen af rättegångsförfarandet i tvistemål (1882).

[649] Als „Promemoria" veröffentlicht in: Nya Lagberedningens betänkande angående rättegångsväsendets ombildning (1884). Die Darstellung schließt auch Hinweise auf die Rechtslage in Dänemark und Norwegen ein.

[650] Es handelte sich dabei um die Nya Lagberedning; zur Abfolge der Reformgremien s. oben S. 109 FN 530.

[651] Vergleiche die Ehrung „Johannes Hellner 80 år" in: SJT 1946, S. 387 sowie *K. Schlyter*, Processreformen, in: SJT 1927, S. 1 ff. (S. 2, FN 6).

[652] *J. Hellner*, Domstolsorganisationen och rättegången i tvistemål i första instans, in: SJT 1916, S. 5 ff. (5).

[653] Vgl. *K. Schlyter*, Processreformen, a.a.O.

[654] Ibid.

eine auf Österreich (1915).[655] Seine eingehende Kenntnis des ausländischen Prozeßrechts, die er sich auf diese Weise verschafft hatte, wurde von den übrigen Mitarbeitern an der Reformarbeit als „einzigartig" bezeichnet und soll die Gesetzgebungsarbeit „in hohem Grad erleichtert" haben.[656]

Insgesamt[657] unternahmen die Mitglieder der Prozeßkommission in dem Zeitraum ihres Bestehens von 1912 bis 1926 vier Forschungsreisen nach Frankreich und sechs nach England, während zehn sie nach Deutschland führten und sieben nach Österreich.[658]

bb) Quantitative Bedeutung des ausländischen (Prozeß-)Rechts in schwedischen Periodika und Monographien am Vorabend der Prozeßreform

Einen zentralen Platz im Rahmen der hier angestellten quantitativen Analyse nehmen neben den Auslandsaufenthalten schwedischer Wissenschaftler auch die schwedischen Fachzeitschriften und monographischen Publikationen in dem fraglichen Zeitraum des 19. und frühen 20. Jahrhunderts ein. Umfang und Verteilung der Beiträge über ausländisches Recht in den Periodika – mögen die Aufsätze von schwedischen oder ausländischen Autoren stammen – bzw. der in Bezug genommenen ausländischen Literatur in den monographischen Abhandlungen sind ein wichtiges Indiz für die Stärke des europäischen rechts- und prozeßrechtswissenschaftlichen Einflusses auf Schweden am Vorabend der Prozeßreform.

Eine Auswertung der zentralen Rechtszeitschrift Svensk Juristtidning[659] auf die Zahl von Beiträgen über ausländisches Recht in der Zeit von 1916 – dem Jahr der ersten Ausgabe der Zeitschrift – bis zur Verabschiedung der Prozeßnovelle 1942 bestätigt den Eindruck des großen Interesses Schwedens an der Rechtsentwicklung im europäischen Ausland, namentlich dem deutschsprachigen Raum.

---

655 Ibid.

656 *N. Gärde*, Thore Engströmer 70 år, in: SJT 1948, S. 161 ff. (163).

657 Unter Berücksichtigung von Forschungsreisen auch anderer Mitglieder der Kommission, auf die wegen ihres geringeren Einflusses allerdings hier nicht näher eingegangen wird.

658 Neben den hier interessierenden Ländern Frankreich, England, Deutschland und Österreich wurden auch die skandinavischen Nachbarstaaten Dänemark und Norwegen besucht sowie je einmal Schottland und die Schweiz (vgl. *K. Schlyter*, a.a.O., S. 2 ff.).

659 Schwedens zweite große Rechtszeitschrift – „*Juridisk Tidsskrift*" – erschien mit ihrer ersten Ausgabe erst 1989/90 und mußte daher für die Auswertung ausscheiden. Entsprechendes gilt für die gesamtnordische Zeitschrift „*Scandinavian Studies in Law*", deren erster Jahrgang 1957 herauskam. Die 1935/36 gegründete Zeitschrift des Anwaltsvereins – „*Tidsskrift för Sveriges Advokatsamfund*" – enthielt für den relevanten Zeitraum keine erwähnenswerten Beiträge über ausländisches Recht. Als unergiebig erwies sich ebenfalls die Zeitschrift „*Nytt Juridiskt Arkiv*", die zwar in erster Linie der Publikation der höchstrichterlichen Rechtsprechung sowie der Legislativakte einschließlich wichtiger Gesetzesmaterialien dient, in ihrer zweiten, seit 1876 erscheinenden Abteilung jedoch anfänglich auch einige Aufsätze zu Rechtsfragen enthielt. Von ihnen widmeten sich allerdings – soweit ersichtlich – nur 2 Beiträge dem deutschen bzw. französischen Recht.

So befassen sich in diesem Zeitraum von 27 Jahren insgesamt 68 umfangreichere Beiträge mit ausgesuchten Fragen des deutschen, österreichischen, französischen und englischen Rechts. Hinzu kommt eine Vielzahl meist sehr knapp gehaltener Referate über Gesetzesänderungen, wissenschaftliche Publikationen oder auch – seltener – Gerichtsentscheidungen in den genannten Ländern.

Von diesen 68 Ausätzen entfallen allein 31 (= 46%) auf Fragen des deutschen Rechts, 18 (= 26%) betreffen Österreich, 8 (= 12%) England und 10 (= 15%)[660] das französische Recht. Ähnlich sieht das Verhältnis für die Beiträge auf dem Gebiet des Zivilprozeßrechts aus: Sie umfassen insgesamt 24 (= 35%) der 68 Aufsätze – ein deutliches Zeichen der Priorität, die man in der Zeit des „letzten Anlaufs" zur Verfahrensreform prozessualen Fragen einräumte – und verteilen sich auf den deutschen, österreichischen, französischen und englischen Prozeß im Verhältnis 8 : 10 : 2 : 4. Nahezu alle (6 : 10 : 2 : 4) wurden darüber hinaus in der Zeit bis 1932 veröffentlicht, als die Fachkommission „Lagberedning" mit der Ausarbeitung des konkreten Gesetzentwurfs betraut wurde, der dann in seinen wesentlichen Zügen unverändert 1942 als Nya Rättegångsbalk verabschiedet werden konnte.

Ähnlich deutlich fällt das Ergebnis der Auswertung der in Norwegen herausgegebenen gesamtskandinavischen Zeitschrift „Tidsskrift for Retsvidenskab" aus, die vor Erscheinen der „Svensk Juristtidning" das primäre Publikationsorgan der schwedischen Rechtswissenschaftler darstellte. Sie enthält innerhalb des Zeitraums von 1888 – dem ersten Jahrgang der Zeitschrift – bis zur Verabschiedung der Prozeßreform 1942 insgesamt 14 Aufsätze über ausgewählte Fragen des Rechts bzw. der Gesetzgebung in Deutschland, Frankreich und England, die sich auf diese Länder im Verhältnis 8 : 1 : 5 verteilen. Nimmt man jedoch den Bereich der Rezensionen ausländischer Rechtsliteratur hinzu, so erweist sich die unterschiedliche Verteilung des schwedischen Interesses am ausländischen Recht in besonders markanter Weise: In dem genannten Zeitraum wurden insgesamt 86 teils knappe, teils ausführlichere Rezensionen veröffentlicht. Von ihnen entfallen allein 57 Aufsätze (=66%) auf deutsche bzw. österreichische Werke, 15 (= 17%) auf französische und 14 (= 16%)[661] auf englische Abhandlungen.

Zwar läßt der gegenüber der kontinentaleuropäischen Rechtswissenschaft erheblich geringere Stellenwert, der monographischen Abhandlungen im englischen Recht noch im frühen 20. Jahrhundert zukam,[662] kaum einen verläßlichen Schluß zu von der Zahl der Rezensionen auf die Ausrichtung des schwedischen Interesses zwischen dem französischen bzw. dem englischen Recht am

660 Die Rundung auf ganze Prozentzahlen ist dafür verantwortlich, daß die Summe von 100% nicht ganz erreicht wird.

661 Vgl. vorstehende FN.

662 S. auch unten S. 168 FN 791.

Vorabend der Prozeßreform. Berücksichtigt man jedoch, daß sämtliche Rezensionen, die englische Werke zum Gegenstand haben, im frühen 20. Jahrhundert (von 1911 ab) erschienen sind, während etwa die Hälfte der auf französische Abhandlungen bezogenen Aufsätze (7) noch aus der Zeit von 1888 bis 1910 stammen, so läßt sich hierin zumindest ein Indiz sehen für ein in der Tendenz zugunsten Englands abnehmendes Interesse Schwedens am französischen Recht. Einen eindeutigen Beweis kann man dem Ergebnis der Auswertung demgegenüber für die Vormachtstellung des deutsch-österreichischen Rechtsraums im schwedischen Rechtsbewußtsein entnehmen.

Einen überzeugenden Eindruck von der im Verlauf des 19. Jahrhunderts zunehmenden Aufmerksamkeit, die die schwedische Rechtswissenschaft ihrer deutschen Nachbardisziplin widmete, vermittelt auch eine quantitative Analyse der Häufigkeit in Bezug genommener ausländischer Werke in schwedischen Rechtsmonographien.

Um insoweit ein einigermaßen zuverlässiges Bild von der quantitativen Bedeutung des ausländischen Rechts in schwedischen Abhandlungen am Vorabend der Prozeßreform zu erhalten, wurden aus dem Gebiet des Prozeßrechts drei Werke ausgewählt, die in der Entwicklung der schwedischen Prozessualistik jeweils einen charakteristischen Abschnitt repräsentieren und daher auch der qualitativen Analyse zugrunde gelegt wurden.[663] Es handelt sich um das Lehrbuch des Zivilprozesses von *Fredrik Schrevelius*[664] (1853), mit dem die moderne prozeßrechtswissenschaftliche Literatur in Schweden im 19. Jahrhundert ihren Anfang nahm,[665] die Abhandlung über den Parteieid von *Ivar Afzelius*[666] (1879) sowie die Studie von *Ernst Trygger* über den schriftlichen Beweis[667] (1921).

Schrevelius[668] nimmt in seinem Werk noch weit überwiegend schwedische Literatur in Bezug. 602 mal (= 77% aller Zitate) verweist er auf heimische Ab-

---

663 Dazu wie auch zu den Kennzeichen der charakteristischen Abschnitte in der Rechtsentwicklung unten unter b) bb).

664 *F. Schrevelius*, Lärobok i civilprocessen.

665 So auch die zeitgenössische Einschätzung; vgl. etwa *Kn. Olivecrona* in der Rezension des Werkes, in: Juridiska föreningens tidsskrift X-XII (1855-56), 12. Heft (1856), S. 92 ff. (93).

666 *I. Afzelius*, Om parts ed.

667 *E. Trygger*, Om skriftliga bevis. Das Werk von *Ernst Kallenberg*, Svensk Civilprocessrätt (1917-1939), auf das in der qualitativen Analyse unter II. 4. b) bb) β) (3) (c) ebenfalls eingegangen wird, konnte aufgrund seines enzyklopädischen Umfangs von annähernd dreitausend Seiten im Rahmen der quantitativen Untersuchung nicht berücksichtigt werden.

668 Der Auswertung nicht zugrundegelegt wurden die Abschnitte über die Einzelzwangsvollstreckung und den Konkurs sowie hinsichtlich des summarischen Prozesses (a.a.O., S. 386 ff.). Da *Schrevelius* auf die Verwendung von Fußnoten verzichtet und sämtliche zitierte Literatur in den Text eingefügt hat, muß wegen des Umfangs von 385 ausgewerteten Seiten mit einer gewissen Fehlerquote in den angegebenen absoluten Zahlengrößen gerechnet werden. Sie läßt jedoch die hier maßgeblich interessierenden relativen Verteilungverhältnisse zwischen schwedischem, deutsch-österreichischem, englischem und französischem Recht praktisch unberührt.

handlungen, nur 55 mal (= 7%) auf deutsch-österreichische, keinmal auf französische bzw. englische und 127 mal (= 16%) auf Arbeiten zu anderen Rechtsordnungen, zu denen – soweit ersichtlich – ausschließlich diejenigen der skandinavischen Nachbarländer zählen.

Afzelius hingegen zitiert bereits häufiger deutsche bzw. österreichische als schwedische Arbeiten. 67 mal (= 49% aller Zitate) verweist er auf deutsch-österreichische, 53 mal (= 39%) auf schwedische, 5 mal (= 4%) auf französische und 4 mal (= 3%) auf englische Werke. Auf andere Rechtsordnungen – maßgeblich das norwegische und dänische Recht – entfallen lediglich 7 Zitate (= 5%).

In der Relation nahezu identisch fällt das Ergebnis bei *Trygger* aus. 86 Hinweisen (= 39%) auf schwedische Abhandlungen stehen 111 Verweise (= 50%) auf das deutsche bzw. österreichische Recht gegenüber, hingegen nur 8 auf das französische Recht (= 4%), drei auf das englische (= 1%) und 12 (= 5%) auf sonstige Rechtsordnungen.[669]

b) In qualitativer Hinsicht

Bedeutung und Umfang ausländischen Einflusses auf die Entwicklung der schwedischen Zivilrechtswissenschaft und Zivilprozessualistik am Vorabend der Prozessreform im 19. und frühen 20. Jahrhundert

---

Hinsichtlich der Zählweise wurden im übrigen bei *Schrevelius* wie auch den anderen Autoren folgende Maßstäbe angewandt: Hinweise des Autors auf Gesetze, Gesetzesquellen und Gesetzesmaterialien wurden nicht berücksichtigt (bei *Schrevelius* auch nicht die von ihm eingangs der einzelnen Kapitel sowie in einem eigenständigen Abschnitt „Quellen, Literatur und Hilfsmittel des schwedischen Zivilprozesses", a.a.O., S. 25 ff., angegebene Literatur). Die Zuordnung zu den einzelnen Ländern richtete sich ansonsten nach dem sachlichen Gegenstand der Abhandlung, nicht der Sprache. Studien über ausländisches Recht wurden somit auch dann zu den ausländischen Werken gerechnet, wenn sie in schwedischer Sprache abgefaßt waren. Dies gilt auch hinsichtlich des finnischen Rechts (etwa *A. Wrede*, Finlands gällande civilprocessrätt), welches infolge der bis 1809 währenden Verbindung Finnlands mit Schweden mit dessen Rechtsordnung eng verwandt ist. Österreichische Werke wurden im Rahmen dieser quantitativen Betrachtung hingegen mit den deutschen Abhandlungen zu einer Quellenordnung zusammengefaßt, da sich die Zugehörigkeit einiger Abhandlungen zu einer der beiden Rechtsordnungen wegen Verschollenheit des Werks nicht immer eindeutig ermitteln ließ. Wiederholte Verweise auf dieselbe Abhandlung wurden, soweit sie in getrennten Fußnoten erschienen, ebenfalls mehrfach gezählt.

[669] Infolge der Rundung auf ganze Prozentzahlen ergibt die Summe nicht 100%.

aa) Die schwedische Rechtswissenschaft im 19. Jahrhundert: Von der Gesetzeskunde zur Wissenschaft unter dem Einfluß deutscher Pandektistik, dort unter *Nutzung des Parteiwissens*

α) Die Stellung der Jurisprudenz als ordentliches Lehrfach an den schwedischen Universitäten

„(...) die juristische Bildung befindet sich in unserem Land auf so niedrigem Niveau, daß man sie nicht mit derjenigen in den meisten anderen Ländern vergleichen kann“[670] – so lautet lakonisch die zeitgenössische Feststellung eines schwedischen Rechtswissenschaftlers über den Zustand seiner Zunft im Schweden des 19. Jahrhunderts. Forschung und Lehre als die Grundvoraussetzung wissenschaftlicher Weiterentwicklung eines jeden Fachgebietes fristeten in den Rechtswissenschaften in Schweden bis weit in das 19. Jahrhundert hinein ein stiefmütterliches Dasein. Die juristischen Fakultäten der beiden einzigen Universitäten des Landes in Uppsala und Lund[671] verfügten bis in die 40er Jahre über lediglich zwei Lehrstühle, von denen der zweite gar wegen der erhofften größeren Nutzanwendung jeweils stärker nach nationalökonomischen und finanzwissenschaftlichen Schwerpunkten ausgerichtet war.[672] Die Unter-

---

670 Das Zitat stammt von dem Rechtswissenschaftler *Fredrik Schrevelius*, wiedergegeben bei *K. Gierow*, Lunds Universitets historia, Bd. 3, S. 235. Ganz ähnlich auch das vernichtende Urteil *C.J. Schlyters* über den Stand rechtswissenschaftlicher Lehre in Schweden zu Beginn des 19. Jahrhunderts (in: Kurze Übersicht über den gegenwärtigen Zustand der Gesetzgebung in Schweden, in: Mittermaier/Zachariae (Hrsg.): Kritische Zeitschrift für Rechtswissenschaft und Gesetzgebung des Auslandes, Bd. 1 [1829] S. 423 ff.): „Das juristische Studium, man mag die Literatur oder den mündlichen Unterricht auf den Universitäten betrachten, ist bei uns in einem beklagenswerthen Zustande. Das einzige von Werth, was die juristische Literatur der späteren Zeit (...) aufweisen kann, ist dasjenige, was für das Sammeln von Rechtsquellen geschehen ist (...). Aus dem Angeführten ist nun leicht zu ersehen, daß unsere wissenschaftliche Rechtsliteratur gleich Null ist, und, was noch schlimmer ist, es dürfte bei Betrachtung des Zustandes der Universitäten eine Verbesserung in dieser Hinsicht so bald nicht zu erwarten seyn. Was Upsala betrifft (...) [hat die Universität] im gegenwärtigen Jahrhundert (...) J. Holmbergson als Docens und Adjunct besessen; nachdem er aber 1811 als Professor nach Lund gekommen, scheint auf der Universität Upsala der letzte Funke wissenschaftlichen Geistes in der Rechtskunde erloschen zu sein.“ Vgl. auch *Kn. Oliverona*, Om den juridiska undervisningen vid universitetet, S. 14, zu einer gleichlautenden Zustandsbeschreibung an den schwedischen Universitäten.

671 Die zunächst noch vorhandenen Universitäten in Åbo/Turku und Greifswald gingen mit dem Verlust Finnlands 1809 bzw. Schwedisch-Pommerns 1814 den Schweden verloren.

672 In Uppsala waren die beiden juristischen Lehrstühle ursprünglich den Bereichen des schwedischen Rechts („ius patrium“) und des römischen Rechts („ius romanum“) zugeteilt [s. oben 2. Teil C. II. 2. a)], ehe 1739 die Umwandlung des zweiten Lehrstuhls in eine Professur „iurisprudentiae oeconomiae et commerciorum“ stattfand. In Lund wurde überhaupt erst 1833 ein zweiter juristischer Lehrstuhl eingerichtet, der eine Professur in Wirtschafts- und Kameralrechtskunde umfaßte (*K. Gierow*, Lunds universitets historia, Bd. 3, S. 226; *M. Weibull/E. Tegnér*, Lunds universitets historia, Bd. 2, S. 106 ff. [109]; zur vorherigen wie nachfolgenden Entwicklung der Organisation der juristischen Fakultät in Lund s. die eingehende Darstellung bei *J. Rosén*, Lunds universitets historia, Bd. 1, S. 172 ff. iVm *J. Weibull*, Lunds universitets historia, Bd. 4, S. 246 ff.).

weisung in den klassischen juristischen Bereichen des Zivil-, Straf- und Prozeßrechts wie auch des römischen und Teilen des öffentlichen Rechts einschließlich der allgemeinbildenden Disziplin der sog. juristischen Enzyklopädie ruhte infolgedessen auf den Schultern eines einzigen Professors. Auch wenn dieser mitunter von Adjunktprofessoren oder Dozenten in der Lehre unterstützt wurde, reichte dies doch keineswegs aus, um eine auch nur im Ansatz befriedigende Qualität des Rechtsunterrichts sicherzustellen. In Lund mußte zeitweilig sogar ein Kollege der philosophischen Fakultät in den juristischen Lehrbetrieb aushilfsweise einbezogen werden, um den Unterricht überhaupt aufrechterhalten zu können. Es liegt auf der Hand, daß sowohl die geringe Zahl an Rechtswissenschaftlern an den Universitäten wie auch deren umfangreiche Lehrverpflichtungen für eine nennenswerte wissenschaftliche Forschung kaum Raum boten.[673] Die Metapher der „Verfallsperiode“ entwickelte sich vielmehr zum gängigen Terminus für die<Bezeichnung dieser Phase akademischer Forschung und Lehre im Schweden des frühen 19. Jahrhunderts.[674]

Erst die auf einen Reichstagsbeschluß von 1840/41 folgende Aufstockung der Zahl der juristischen Lehrstühle an beiden Universitäten auf vier schuf verbesserte organisatorische Voraussetzungen für eine verstärkte Spezialisierung und eine damit einhergehende allmähliche Vertiefung der wissenschaflichen Beschäftigung mit den einzelnen Rechtsgebieten.[675] Infolge mangelnden wissenschaftlichen Nachwuchses konnten jedoch noch bis gegen Mitte des 19. Jahrhunderts nicht immer alle Lehrstühle besetzt werden,[676] worin das nach wie vor nur verhaltene Interesse an einer differenzierten Heranbildung der schwedischen Rechtswissenschaft zum Ausdruck kam.

Die starke Zunahme der Studentenzahlen wie auch die von seiten der juristischen Fakultät in Uppsala vermehrt erhobene nachdrückliche Forderung

---

673 Es ist bezeichnend, daß etwa von dem Rechtswissenschaftler *Johan Holmbergson*, der annähernd dreißig Jahre lang (1811-1838) den juristischen Lehrstuhl in Lund innehatte und allgemein hohes Ansehen genoß (*K. Gierow*, a.a.O., S. 224; *M. Weibull/E. Tegnér*, a.a.O., S. 121 f.), lediglich ein dünnes Heft gesammelter Schriften überliefert ist, das posthum von einem seiner Schüler herausgegeben wurde und überdies zur Hälfte aus Kollegmitschriften des Herausgebers selbst bestehen soll (so nach Aussage von *Holmbergsons* Schüler *C.J. Schlyter*; vgl. *J.E. Almquist*, Svensk juridisk litteraturhistoria, S. 44; s. auch *K. Gierow*, a.a.O., S. 224 ff.).

674 Vgl. *K.Å. Modéer*, Historiska rättskällor, S. 207.

675 In Uppsala wies man dabei dem ersten Lehrstuhl schwedisches Zivilrecht, römisches Recht und juristische Enzyklopädie zu, Strafrecht, Prozeßrecht und Rechtsgeschichte dem zweiten und Staatsrecht, Kirchenrecht, Völkerrecht und Kriegsrecht dem dritten, während die vierte Professur die Gebiete der Nationalökonomie und des Gewerbe- und Finanzrechts umfaßte. In Lund verteilten sich die Lehrstühle auf eine Professur in Zivilrecht mit Bezügen zu römischem Recht und Gesetzgebungstheorie, eine im Strafrecht und Staatsrecht, eine weitere in Verwaltungsrecht samt Nationalökonomie sowie eine in heimischer Rechtsgeschichte.

676 So blieb in Lund etwa die Professur in Strafrecht und Staatsrecht seit ihrer Einrichtung bis in die fünfziger Jahre unbesetzt, und erst auf eine organisatorische Änderung der Zuständigkeitsverteilung der Lehrstühle hin fand sich 1852 mit *Christian Naumann* eine Besetzung für den nunmehr dem Staats- und Prozeßrecht gewidmeten zweiten Lehrstuhl.

nach einer Aufteilung der einheitlichen Professur für Strafrecht, Prozeßrecht und Rechtsgeschichte auf drei Lehrstühle führten gegen Ende der zweiten Jahrhunderthälfte schließlich zu einem weiteren Ausbau der Fakultäten[677] sowie 1907 zur Einrichtung einer neuen juristischen Fakultät an der 1878 gegründeten Hochschule in Stockholm.[678]

Die hiermit verbundene Fachspezialisierung einzelner Rechtsgebiete und die gleichzeitige Entlastung der Lehrstuhlinhaber von den drückenden Vorlesungsverpflichtungen der früheren Jahre bildeten den Grundstein für eine in der Folge rasch zunehmende Verdichtung der rechtswissenschaftlichen Forschungstätigkeit. War die Zahl juristischer Veröffentlichungen zu Beginn des 19. Jahrhunderts noch recht gering, so erfuhr sie gegen Ende des Jahrhunderts eine außerordentliche Steigerung, die das wachsende Interesse an wissenschaftlichen Fragestellungen auf allen Gebieten des Rechts spiegelt.[679]

β) Die Bedeutung der deutschen Pandektistik für die Heranbildung der schwedischen Rechtswissenschaft

(1) In diesen strukturellen Veränderungen des Universitätswesens im Verlauf des 19. Jahrhunderts kommt zugleich ein grundlegender Wandel zum Ausdruck, den die schwedische Rechtswissenschaft gegen Ende des letzten Jahrhunderts vollzogen hat: der Übergang von einer stark am praktischen Nutzen für die Gesellschaft ausgerichteten, schlichten Gesetzeskunde, die den Juristen eher als Staatsdiener („Rechtsingenieur") denn als Wissenschaftler ins Visier nahm, hin zu einer systematisch-dogmatisch arbeitenden Rechtswissenschaft.

Dieser methodisch-dogmatische Umbruch in Schweden am Vorabend der Prozeßreform drückt sich terminologisch in einem allmählichen Übergang von dem seit dem 17. Jahrhundert[680] gängigen Begriff „lagfarenhet" – „Gesetzeskunde" hin zu „rättsvetenskap" – „Rechtswissenschaft" aus.

Noch zu Beginn des 19. Jahrhunderts griff die Rechtsliteratur üblicherweise auf die Bezeichnung „Rechtskunde" bzw. „Gesetzeskunde" zur Charakterisierung ihres Gegenstandes zurück, wenngleich sie diesen mitunter

---

677 Im Jahr 1900 verfügte die juristische Fakultät in Uppsala über insgesamt acht Professuren und vier Dozentenstellen, die sich auf die Gebiete Zivilrecht, spezielles Privatrecht, Nationalökonomie/Finanzrecht, Prozeßrecht, Rechtsgeschichte, Staatsrecht/Verwaltungsrecht/Völkerrecht, Strafrecht sowie römisches Recht/juristische Enzyklopädie/internationales Privatrecht verteilten.

678 Dazu eingehend *Å. Hassler*, Om fakultetens tillkomst och verksamhet, in: Juridiska fakulteten i Stockholm (Hrsg.): Minnesskrift vid juridiska fakultetens femtioårsjubileum 1957, S. 281 ff.

679 Vgl. nur die umfänglichen bibliographischen Angaben bei *N. Regner*, Svensk Juridisk Litteratur (1865-1956), passim.

680 Vgl. etwa *Claudius Cloot*, Den lagfarenhets spegel (1676).

auch mit dem Begriff der „vetenskap" – „Wissenschaft" verband.[681] Der Begriff der Rechtswissenschaft hingegen setzte sich in der universitären Lehre wie auch der Literatur nur langsam durch.[682] Verwendeten zahlreiche Wissenschaftler beide Begriffe noch bis weit in das 19. Jahrhunderts hinein vielfach parallel,[683] so dominierte erst ab den späten 60er und frühen 70er Jahren die neue Nomenklatur.[684]

Dieser terminologische Wandel vollzog sich im schwedischen Recht parallel zu einer substantiellen Veränderung in der Behandlung des Rechts, die man verallgemeinernd als einen Vorgang zunehmender Verwissenschaftlichung des Rechts bezeichnen kann. Er schlug sich nieder in einem starken Bemühen der universitären Lehre und Forschung um eine systematisch-stringente Erfassung und Anordnung der Rechtssätze auf der Grundlage präzise voneinander abgegrenzter Begriffe und Lehrsätze.

Die Vorlesungen wie auch die ohnehin bis gegen Mitte des 19. Jahrhunderts nur spärlichen Lehrbücher hatten sich in ihrer Gliederung zwar zunächst noch fast ausnahmslos an der wenig systematischen Einteilung der Kodifikation von 1734 orientiert, deren Paragraphen zumeist lediglich einzeln durchkommentiert wurden.[685] Etwa ab der zweiten Hälfte des 19. Jahrhunderts jedoch zeugen die Lehrwerke und Vorlesungsskripte mit ihrer

---

681 So etwa die von *Samuel Bring* 1817 verfaßte zivilrechtliche Darstellung „Grunderna till Svenska Civil-Lagfarenheten uti Systematisk ordning", in der der Autor die Rechtslehre als „die Wissenschaft über die positiven Gesetze eines Staates" (S. 37) definierte.

682 Einer der ersten Wissenschaftler, die von „rättsvetenskap" sprachen, dürfte wohl *Carl Olof Delldén* in einem Aufsatz aus dem Jahr 1831 (Juridiskt Arkiv, Bd. 2, Heft 1, S. 19) gewesen sein, vgl. *J.O. Sundell*, Tysk påverkan, S. 77.

683 So etwa *Fredrik Schrevelius*, Lärobok i Sveriges allmänna nu gällande Civilrätt, Bd. 1, S. 6; *Knut Olivecrona*, Om den juridiska undervisningen vid Universitetet i Uppsala, passim.

684 Vgl. etwa *Ivar Afzelius*, Om föreläsningarna vid universiteten i Tyskland, rättens och rättsvetenskapens därvarande ståndpunkt samt de juridiska studierna därstedes, in: Naumanns Tidskrift 1877, S. 720 ff.; *Ernst Victor Nordling*, Om Romerska Rättens, Juridiska Encyklopediens och Rättshistoriens betydelse för rättsstudiet, in: Naumanns Tidskrift, 1876, S. 699 ff.

685 Noch *Jacob Edvard Boethius* entschied sich in den zwanziger Jahren des 19. Jahrhunderts nach reiflichem Nachdenken für die altüberkommene exegetisch-erläuternde Methode bei der Strukturierung seiner Vorlesungen, die ihm wegen ihrer engen Anlehnung an das Gesetz anschaulicher und zweckmäßiger schien (vgl. hierzu näher *J.O. Sundell*, Tysk påverkan, S. 86).

Demgegenüber begründete *Knut Olivecrona* seinen Wechsel von der klassischen Unterrichtsweise zu der neuen systematisch-dogmatischen Lehrmethode zu Beginn der zweiten Jahrhunderthälfte in einer für die neue Anschauung beispielhaften Weise: „Die dogmatische Lehrmethode, die nicht den Gebrauch der kommentatorischen ausschließt, sehe ich als die einzig richtige an. Durch die Verwendung der erstgenannten kann zweifellos eine klare Kenntnis der leitenden Prinzipien, auf denen das Zivilrecht aufbaut, am besten vermittelt werden. Nur mit ihrer Hilfe kann dem Studenten der Begriff vom Zivilrecht als einer Wissenschaft beigebracht werden, nur durch sie kann er lernen, den Zusammenhang zu erkenen zwischen den verschiedenen Teilen der Rechtskunde als Teilen eines organischen Ganzen" (*Kn. Olivecrona*, Om den juridiska undervisningen, S. 21).

durchgehend systematischen Gliederung[686] von diesem Beginn der Verwissenschaftlichung des Rechts:

„Rechtskunde bzw. die bloße Kenntnis von den in einem gewissen Staat geltenden Gesetzen und Verordnungen ist nicht dasselbe wie Rechtswissenschaft im objektiven Sinne (jurisprudentia). Die positive Rechtswissenschaft meint eine auf historischer Basis gegründete, mit Hilfe der Rechtsphilosophie entwickelte, vollständige und systematisch geordnete Darstellung des Inhalts vom positiven Recht.“[687]

So hob der Zivilrechtswissenschaftler *Knut Olivecrona* gegen Mitte des Jahrhunderts vor seinen Studenten das neue Ziel wissenschaftlicher Durchdringung des Rechtsstoffes hervor.

(2) Dieser Paradigmenwechsel von einer auf die bloße Kenntnis des Inhalts des positiven Rechts gerichteten, schlichten Gesetzeskunde zu einer systematisch-konstruktiven Wissenschaft vollzog sich in Schweden nachweislich unter starkem Einfluß durch die in Deutschland zu dieser Zeit vorherrschende rechtswissenschaftliche Strömung der historischen Rechtsschule und ihre Doktrin der Pandektistik.

(a) Eine Verschmelzung von *G. Hugos* Rechtsquellenlehre[688] und romantischen Volks- und Organismusideen in Anlehnung an *Herder* und *Schelling*, hatte

---

686 Als Beispiel mag das Werk von *Fredrik Schrevelius* über den Zivilprozeß (Lärobok i Sveriges allmänna nu gällande civil-process) aus dem Jahr 1853 dienen: In Anwendung der neuen systematischen Methode folgt die Darstellung dem Grundsatz vom Allgemeinen zum Besonderen sowohl in der Grobgliederung der Teile und Kapitel wie auch auf der Unterebene der einzelnen Abschnitte innerhalb der Kapitel.

Die Kapitelüberschriften lauten in der Übersetzung: *Einleitung*: 1. Kapitel: Über den Prozeß und das Prozeßrecht im allgemeinen – 2. Kapitel: Quellen, Literatur und Hilfsmittel des schwedischen Zivilprozesses – *Erster Teil*: *Ordentlicher Zivilprozeß*: 1. Kapitel: Jurisdiktion und Organisation der schwedischen Gerichte – 2. Kapitel: Zuständigkeit der Gerichte – 3. Kapitel: Aufgaben der Gerichte im allgemeinen – 4. Kapitel: Rechtsmittel gegen Maßnahmen und Beschlüsse der Gerichte – 5. Kapitel: Die Parteien und ihre Prozeßhandlungen im allgemeinen – 6. Kapitel: Prozeßbevollmächtigte, Vertreter und andere Sachwalter – 7. Kapitel: Der Prozeß in der ersten Instanz – 8. Kapitel: Der Prozeß in der zweiten Instanz – 9. Kapitel: Der Prozeß vor dem Höchsten Gerichtshof – *Zweiter Teil*: *Der Außerordentliche Zivilprozeß* 1. Kapitel: Über den außerordentlichen Zivilprozeß im allgemeinen – 2. Kapitel: Der Vollstreckungsprozeß – 3. Kapitel: Der Konkursprozeß – 4. Kapitel: Verschiedene andere Arten des summarischen Prozesses.

Innerhalb der einzelnen Kapitel bietet *Schrevelius* in der Regel eine allgemeine Übersicht über den Gegenstand der Darstellung, um anschließend das von ihm näher betrachtete Prozeßinstitut (etwa die Klageerhebung) zunächst begrifflich zu bestimmen, es sodann phänomenologisch in seine verschiedenen Erscheinungsformen im Prozeß zu gliedern (öffentliche Klageerhebung – subsidiäre Klageerhebung – Widerklage – verschiedene andere Arten der Klageerhebung) und schließlich seinen sachlichen Inhalt und seine Bedeutung für den Prozeß zu untersuchen.

687 *Kn. Olivecrona*, Föreläsningar i civilrätt 1850, 1852; B 187 m 14 Nr. 2; Knut Olivcronas samling UUB.

688 Dazu im einzelnen *E.J. Trojan*, Über J. Möser, J.G. Herder und G. Hugo zur Grundlegung der historischen Rechtsschule; S. 9 ff. (v.a. S. 76 ff.); *R. Gmür*, Savigny und die Entwicklung der Rechtswissenschaft, S. 20 ff. sowie *A. Buschmann*, Ursprung und Grundlagen der geschichtlichen Rechtswissenschaft; S. 17 ff.

sich die Rechtsschule in Deutschland vor allem durch das Wirken *Savignys*[689] verbreitet und mit ihrer Grundidee der „organischen" Entwicklung des Rechts durch „innere, stillwirkende Kräfte" aus dem Volk selbst heraus – dem „Volksgeist" – zu einem Aufschwung der rechtshistorischen Forschung geführt.

Methodisch durch *Hugo* und *Savigny* unter Rückgriff auf die naturrechtlichen Systembildungen v.a. *Christan Wolffs* schon grundgelegt,[690] widmete sich die historische Rechtsschule in ihrem romanistischen Zweig dann im Verlauf des späteren 19. Jahrhunderts unter *Savignys* Schülern *Puchta* und *Windscheid* in erster Linie dem Aufbau einer systematisch-konstruktiv operierenden Rechtswissenschaft. Deren allmähliche Vernachlässigung des historischen Moments in der juristischen Argumentation zugunsten zunehmend formalisierter Begriffsdeduktionen führte in ihrem Höhepunkt gegen Ende des Jahrhunderts in Deutschland schließlich zu einem extremen rechtswissenschaftlichen Positivismus. Von seinen Kritikern als Begriffsjurisprudenz verurteilt,[691] glaubte dieser seine Rechtssätze allein aus einem geschlossenen System hierarchisch geordneter Begriffe und Lehrsätze ableiten zu können, ohne dabei auf ethische, soziale oder volkswirtschaftliche Erwägungen zurückgreifen zu dürfen, die er als unjuristisch verwarf.[692]

(b) *Savigny*, *Puchta* und *Windscheid* wie auch der junge *Jhering*, der sich in seinen frühen Schriften noch zu dem Programm der historischen Schule bekannte,[693] waren den schwedischen Rechtswissenschaftlern nicht nur aufgrund ihrer persönlichen Kontaktaufnahme mit den deutschen Kollegen

---

[689] Wegweisend wurden insoweit das als Streitschrift gegen *J. Thibaut* gerichtete Werk „Vom Beruf unserer Zeit für Gesetzgebung und Rechtswissenschaft" aus dem Jahre 1814 (in: *J. Stern*, Thibaut und Savigny, S. 95 ff.) sowie der erste Band seines „System des heutigen Römischen Rechts" (1840-48), in denen *Savigny* seine Gedanken zur Entstehung des Rechts und der Rolle der Juristen in der Gesellschaft näher ausführte. Vgl. zu den Grundgedanken *Savignys* aus der Fülle an Literatur die Darstellung bei *R. Gmür*, Savigny und die Entwicklung der Rechtswissenschaft, S. 12 ff.; *F. Wieacker*, Privatrechtsgeschichte, S. 381 ff. sowie *G. Gudian*, Die deutsche Rechtswissenschaft im 19. und 20. Jahrhundert, in: K.Å. Modéer (Hrsg.): Rättshistoriska Studier, Bd. 7, S. 223 ff.

[690] Zu der Bedeutung von *Hugos* zivilrechtlichem Systementwurf für die historische Rechtsschule s. *R. Stintzing/E. Landsberg*, Geschichte der deutschen Rechtswissenschaft, Bd. 3/2 (Text), S. 1 ff.; *L. Björne*, Deutsche Rechtssysteme, 35 ff., 179 ff. Zur Rolle *Savignys* bei der Entwicklung des Pandektensystems vgl. *A. Schwarz*, Zur Entstehung des modernen Pandektensystems, in: SZ Rom. Abt. 42 (1921) S. 578 ff.; *H. Kiefner*, Der Einfluß Kants auf Theorie und Praxis des Zivilrechts im 19. Jahrhundert, in: J. Blühdorn/J. Ritter (Hrsg.): Philosophie und Rechtswissenschaft, S. 3 ff. Zum Systembegriff *Savignys* instruktiv *W. Wilhelm*, Savignys überpositive Systematik, in: J. Blühdorn/J. Ritter (Hrsg.): a.a.O., S. 123 ff.

[691] Vgl. insbesondere *R. Jhering*, Scherz und Ernst, S. 249 wie auch dens. in: Der Geist des römischen Rechts, Bd. 3/1, S. 311 ff.

[692] So etwa *B. Windscheid*, Die Aufgaben der Rechtswissenschaft, in: Gesammelte Reden und Abhandlungen, S. 100 ff. (108 f.).

[693] So etwa noch in den ersten beiden Teilen seines Werks „Der Geist des römischen Rechts". Zu der vielbesprochenen „Bekehrung" *Jherings* s. nur *F. Wieacker*, Rudolf von Jhering, S. 17 ff. sowie *B. Klemann*, Jherings Wandlung, in: H. Mohnhaupt (Hrsg.): Rechtsgeschichte, S. 130 ff.

während ihrer Studien- und Forschungsaufenthalte in Deutschland gut vertraut.[694] Vielmehr genossen sie gerade auch infolge ihrer wissenschaftlichen Lehrmeinung und Theorienbildung in Schweden hohes Ansehen. So griffen die führenden schwedischen Rechtswissenschaftler das Programm der historischen Rechtsschule bereitwillig auf und machten es in ihren Schriften und Vorlesungen vor allem in der zweiten Hälfte des 19. Jahrhunderts in Schweden bekannt. Sie handelten dabei maßgeblich in dem Bewußtsein des unausgereiften Zustandes ihrer auf die bloße Gesetzeskommentierung beschränkten eigenen Rechtswissenschaft und der fehlenden Methodik für eine zweckmäßige Behandlung von Rechtsproblemen, deren Lösung das lückenhafte, veraltete Gesetzbuch von 1734 nicht länger erwarten ließ.

Die Rezeption der *Savignyschen* Rechtstheorie und ihrer Idee von der Entstehung des Rechts auf gewohnheitsrechtlichem Weg und seiner späteren Weiterbildung durch die Juristen im Verlauf der kulturell fortschreitenden Entwicklung der Gesellschaft vollzog sich in Schweden maßgeblich durch das Wirken *Carl Johan Schlyters.*[695] Seine rechtshistorischen Schriften verraten in ihrem Argumentationsduktus wie auch der Wortwahl ihre gedankliche Herkunft aus der Ideenwelt der historischen Rechtsschule, auf die sie sich stellenweise sogar ausdrücklich berufen.[696] Deren Betonung der Bedeutung rechtshistorischer Forschung für die zutreffende Erfassung des geltenden Rechts führte *Schlyter* zu der intensiven Beschäftigung mit den alten Landschaftsgesetzen Schwedens und ihrer anschließenden Edition in einem enzyklopädischen Werk.[697] In seinem Gefolge stieg binnen weniger Jahre die Rechtsgeschichte in Schweden zu einer eigenständigen und zentralen rechtswissenschaftlichen Disziplin auf, bei der zahlreiche schwedische Zivilrechtler des 19. Jahrhunderts ihren wissenschaftlichen Werdegang begannen.[698]

---

694 Vgl. hierzu schon oben unter a) aa) β) zu *Afzelius*.

695 Zu Person und Werk *Schlyters* (1795-1888) s. *J.E. Almquist*, Svensk juridisk litteraturhistoria, S. 46 und 244 ff.; *T. Wisén*, Minnesteckning över, passim; *K.Å. Modéer*, Carl Johan Schlyter i ett rättshistoriskt perspektiv, in: ders.; Land skall med lag byggas, Bd. 1, S. 7 ff. sowie SMK, Bd. 6, S. 555 f.

696 Beispielhaft zu nennen ist etwa der Aufsatz „Anmärkningar angående det forna förhållandet emellan domare och nämnd", in: *C.J. Schlyter*, Juridiska avhandlingar, Bd. 1, S. 209 ff. mit Hinweisen auf *Savigny* auf S. 218 ff. Vgl. zu gedanklichen Anlehnungen an *Savigny* auch *Schlyters* Werk „Om laghistoriens studium" (1835), passim (etwa S. 26 f, 29). Das Verhältnis *Schlyters* zu *Savigny* kritisch betrachtend, ohne jedoch seine starke Beeinflussung durch die historische Rechtsschule im grundsätzlichen in Zweifel zu ziehen, *L. Björne*, Brytingstiden, 237 f, 243 („Wahrheit, die einige Modifikationen verlangt").

697 *C.J. Schlyter/H. S. Collin*, Samling af Sveriges gamla lagar, Bde. 1-13 (1827-1877). *Collin*, der bereits 1833 starb, wirkte lediglich an den ersten beiden Bänden mit, so daß das eigentliche Verdienst an der Edition *Schlyter* gebührt.

698 Vgl. insoweit *J.E. Almquist*, Svensk juridisk litteraturhistoria, S. 15: „Aber man sah es auf der anderen Seite als selbstverständlich an, daß ein künftiger Lehrer im geltenden Recht sich zuvor eine gründliche rechtshistorische Ausbildung verschaffen sollte." Sowie wenig später: „(...) und man betrachtete es sogar als günstig, daß ein Professor in spe in einem der rein rechtswissenschaftlichen Gebieten zuvor Gelegenheit hatte, in Rechtsge-

Es muß als charakteristischer Wesenszug der schwedischen Rechtswissenschaft dieser Epoche gewertet werden, daß sich im Gefolge der Rezeption der historischen Rechtsschule auch zahlreiche dogmatische Forschungsarbeiten um eine rechtshistorische Grundlegung ihres Gegenstandes bemühten, ja davon ausgingen, daß sich der Inhalt des geltenden Rechts nur vor dem Hintergrund einer Detailuntersuchung seiner geschichtlichen Entwicklung erschließen lasse.[699]

(c) Weit wichtiger noch als die Ausbildung des rechtsgeschichtlichen Forschungszweiges wurde für die Entwicklung der schwedischen Rechtswissenschaft in dieser Zeit aber die mit der historischen Rechtsschule zugleich rezipierte wissenschaftliche Methodik der systematischen Gliederung des Rechtsstoffes und seiner begrifflichen Durchformung. Ihre Grundsätze waren von der Pandektistik v.a. *Puchtas* und *Windscheids* in Deutschland anhand der Analyse des römischrechtlich geprägten gemeinen Rechts weiterentwickelt und als für die rechtswissenschaftliche Arbeitsweise allgemein verbindlich erklärt worden.

In dieser am römischen Recht geschulten deutschen Methodik erblickten die schwedischen Rechtswissenschaftler das von ihnen für die Durchdringung des eigenen Rechts benötigte formale Rüstzeug und übernahmen daher überwiegend ab der Mitte des 19. Jahrhunderts System- und Begriffsbildung der Deutschen. Zeitgleich bauten sie konsequent auch die universitäre Unterweisung im römischen Recht deutlich aus, dessen genaue Kenntnis sie unter Berufung auf die deutsche Pandektistik als unentbehrlich ansahen für die wissenschaftlich adäquate Behandlung ihrer eigenen Rechtsprobleme.[700]

In der Folge wurde das römische Recht, das als akademisches Lehrfach im Anschluß an seine überragende Stellung im 16. und 17. Jahrhundert seit Beginn des 18. und bis in die zweite Hälfte des 19. Jahrhunderts hinein an den beiden Universitäten in Uppsala und Lund nur mehr eine völlig untergeordnete

---

schichte zu unterrichten." Zu nennen sind beispielhaft die Rechtwissenschaftler *Knut Olivecrona* (1817-1905), *Ernst Victor Nordling* (1832-1898), *Alfred Winroth* (1852-1914), *Ernst Trygger* (1857-1943), *Wilhelm Sjögren* (1866-1929) und *Carl Björling* (1870-1934). Zu ihnen *J.E. Almquist*, Svensk juridisk litteraturhistoria, S. 52 f. (Olivecrona); 55 ff. (Nordling); 60 ff. (Winroth), 62 f. (Trygger), 66 ff. (Sjögren) sowie 68 f. (Björling) sowie *K.Å. Modéer*, Några gestalter, S. 33 (Winroth) und 55 ff. (Björling).

[699] Stellvertretend für viele mag hier das in Schweden allgemein als Wegbereiter der „neuen Wissenschaftlichkeit" betrachtete frühe Werk von *Ivar Afzelius*, Om parts ed såsom processuelt institut, aus dem Jahr 1879 stehen. Es nähert sich seinem Gegenstand – dem Institut des Parteieides – über eine umfangreiche, die Hälfte der gesamten Darstellung umfassende Analyse des römischen, altgermanischen und mittelalterlichen schwedischen Rechts, ehe es schließlich auf die zeitgenössische Rechtslage eingeht.

[700] Vgl. etwa das oben S. 137 FN 666 zitierte grundlegende Werk von *I. Afzelius* über den Parteieid, das auch eine eingehende Darstellung der Bedeutung dieses Prozeßinstituts im römischen Formularprozeß enthält (S. 13 ff.).

Rolle gespielt hatte,[701] 1867 zum Pflichtfach in der universitären Ausbildung.[702] Zahlreiche Äußerungen führender Rechtswissenschaftler aus dieser Zeit betonen die theoretische Bedeutung des römischen Rechts und seiner Durchformung in der deutschen Pandektenlehre für die schwedische Rechtswissenschaft. So solle sich der schwedische Jurist durch das Studium der Pandektistik und ihrer streng begrifflich-logischen Systematik „in der Schule der römischen Meister an juristische Abstraktion gewöhnen und lernen, wie eine juristische Aufgabe zu behandeln sei," begründete *Ivar Afzelius* sein nachhaltiges Eintreten für die intensive Lektüre von *Windscheids* Pandektenlehrbuch. Denn dort, fährt er fort, „sehen wir ungefähr dieselben Probleme, die unser tägliches Leben unserem Recht stellt, (...) und wir können daraus ableiten, wie sie nach Auffassung *unseres* Rechts gelöst werden sollten."[703]

(d) *Afzelius* selbst wurde nach seiner Rückkehr von der Studienreise nach Leipzig und Göttingen 1874/75, wo er Vorlesungen bei *Windscheid* und *Jhering* hörte und – wie geschildert – ersteren auch persönlich kennenlernte, ein erklärter Verfechter des systematisch-begrifflichen Konstruktivismus der Pandektistik.[704] Seine 1877 veröffentlichte Promotionsarbeit „Über die Forderungszession nach geltendem schwedischem Recht" erweist, wie die neuere

---

[701] Vgl. den oben unter S. 139 FN 672 wiedergegebenen Hinweis auf die 1739 erfolgte Umwandlung des ursprünglich dem „ius romanum" gewidmeten zweiten Lehrstuhls an der juristischen Fakultät in Uppsala in eine volkswirtschaftliche Professur.

[702] Diese Vorzugsstellung behielt es bis 1904; vgl. hierzu auch *K.Å. Modéer*, Jherings Rechtsdenken als Herausforderung für die skandinavische Jurisprudenz, in: C. Peterson (Hrsg.): Rättshistoriska Studier, Bd. 19, S. 91 ff. (114).

[703] So *Afzelius* in: Naumann (Hrsg.): Tidskrift för lagstiftning, 1879 S. 677. Ähnlich dezidiert trat auch *Ernst Victor Nordling*, der 1867 den Lehrstuhl für Römisches Recht, Enzyklopädie und Rechtsgeschichte in Uppsala übernahm und über dreißig Jahre den akademischen Unterricht bestimmte, in seiner Antrittsvorlesung für das Studium des römischen Rechts ein; vgl. dens., Om romerska rättens, juridiska encyklopediens och rättshistoriens betydelse för rättsstudiet, in: Naumann (Hrsg.): Tidskrift för lagstiftning, 1867 S. 699. Ebenso *Carl Olof Delldén*, Studie-Plan för den svenske Juristen, in: Juridiskt Arkiv II, Bd. 1, S. 19 sowie *Fredrik Schrevelius*, Lärobok i Sveriges allmänna nu gällande Civilrätt, Bd. 1, S. 200. Der Zivilrechtler *Knut Olivecrona*, der sich gegen Ende der fünfziger Jahre des 19. Jahrhunderts für die Einrichtung eines eigenen Lehrstuhls für Römisches Recht einsetzte, ging sogar so weit zu fordern, daß sich in Ermangelung hinlänglich qualifizierter einheimischer Wissenschaftler, die für die Professur hätten in Frage kommen können, ein etwaiger Aspirant an einer deutschen Universität ausbilden lassen sollte, vgl. *J.O. Sundell*, Tysk påverkan, S. 35 m.w.N.

[704] In einer Rezension der fünften Auflage von *Windscheids* Abhandlung über das Pandektenrecht bezeichnete *Afzelius* das Werk als das „goldene Buch der deutschen Juristen"; vgl. dens. in: *Naumann* (Hrsg.): Tidskrift, a.a.O., S. 676. Nachdrückliches Zeugnis legt von *Afzelius'* enger Verbindung zum römischen Recht und der deutschen Rechtswissenschaft auch ein Brief von ihm an seinen norwegischen Freund und Kollegen *Francis Hagerup* ab, in dem er erklärt: „Ich habe dem römischen Recht und Windscheid meine juristische Bildung zu danken." (zit. nach *J.Å. Modéer*, „Käre Francis!" – „Kjære Ivar!" – Några ord om brevväxlingen mellan Ivar Afzelius och Francis Hagerup, in: Rättsvetenskapen och lagstiftning i Norden – Festskrift tillägnad Erich Anners, S. 127 ff. [139]).

Forschung ergab,[705] eine starke Beeinflussung durch die Pandektistik und dabei insbesondere die Lehre *Windscheids*.

Frühe Belege für eine Rezeption der konstruktiven Methode der historischen Rechtsschule in Schweden lassen sich bis zu Beginn des 19. Jahrhunderts zurückverfolgen. So übernahm etwa *Ebbe Samuel Bring* in einem Werk über die Zivilrechtskunde aus dem Jahr 1817 in der Gliederung der Darstellung ausweislich seiner eigenen Angaben im Vorwort das System *Hugos*, dessen Schriften er auch an anderen Stellen der Abhandlung immer wieder in Bezug nimmt.[706]

In seinen Vorlesungen scheint sich auch *Jacob Boethius* in den frühen zwanziger Jahren an den Werken *Hugos* und *Savignys* orientiert zu haben, über die er lobend äußerte, sie hätten „durch ihre tiefsinnigen Ansichten ein neues Licht auf Wesen und Umfang dieser Wissenschaft (sc. der Rechtswissenschaft, eig. Erkl.) geworfen“ und deren Grundsätzen er daher in seiner Darstellung folgen wolle.[707]

Unter nachweislich starkem Einfluß v.a. der Rechtslehre *Savignys* und *Puchtas* hat – nach anfänglichem Zögern – insbesondere auch der Zivilrechtler *Knut Olivecrona*[708] in Uppsala gestanden. Seine erhalten gebliebenen Vorlesungsmitschriften aus den frühen fünfziger Jahren des 19. Jahrhunderts lassen über die methodische Ebene hinaus eine auch sachlich sehr weitreichende Abhängigkeit seiner Darstellung des Sachen- und Schuldrechts von *Savignys* „System des heutigen Römischen Rechts“ und dessen Abhandlung über „Das Recht des Besitzes“ einerseits sowie *Puchtas* „Vorlesungen über das heutige Römische Recht“ andererseits erkennen. Wie J.O. Sundell zeigen konnte,[709] entlehnte *Olivecrona* von seinen deutschen Kollegen nicht nur deren

---

705 Vgl. insbes. *J.O. Sundell*, Tysk påverkan, S. 141 ff.

706 Vgl. etwa *E.S. Bring*, Grunderna till Swenska Civil-Lagfarenheten uti Systematisk Ordning, Del 1, S. 53, 70, 142.

707 *J. Boethius*, Prima Lineae Jurisprudentiae Suecanae Offentliga föreläsningar 1823, privat Ht. 1831, B 176 b, S. 5 f; Jacob Boethius Samling, Universitetsbibliothek Uppsala. Näher zu *Boethius* und seinem Verhältnis zur Rechtslehre Savignys s. *J.O. Sundell*, Tysk påverkan, S. 81 f.

708 Er wurde 1851 Nachfolger von *J. Boethius* auf dessen Lehrstuhl für schwedisches Zivilrecht, römisches Recht und juristische Enzyklopädie und erwarb sich maßgeblich durch seine 1866 erschienene und bald darauf ins Französische übersetzte Abhandlung über die Todesstrafe („Om dödsstraffet“) auch international hohes Ansehen. Zu seiner Person s. schon oben S. 145 FN 698. Aller Wahrscheinlichkeit nach wurde *Olivecrona* in seiner Hinwendung zur deutschen Rechtswissenschaft auch durch die oben erwähnte Schrift *Brinks* beeinflußt, über die er in einer seiner Vorlesungen gegen Mitte des 19. Jahrhunderts äußerte, daß ihr Versuch, „das schwedische Zivilrecht in Formen zu pressen, die eigentlich für das römische Recht bestimmt sind“, wegen ihrer Betrachtung des Rechtsstoffs aus einer neuen Perspektive sehr verdienstvoll sei, vgl. *Kn. Olivecrona*, Föreläsningar över den Svenska Civil-Rätten, 2^{dra} Huvudavdelningen, FörmögenhetsRätten 1. SakRätten, Höstterminen 1855, Vårterminen 1856 / 1865; B 187 m 9 nr. 3 (nicht paginiert; letzte Seite vor Beginn von nr. 4), Knut Olivecronas samling, Universitetsbibliothek Uppsala.

709 *J.O. Sundell*, Tysk påverkan, S. 82 ff.

Methode der systematischen Gliederung des Rechtsstoffes und der deduktiven Begriffsableitung. Vielmehr folgte er ihnen auch inhaltlich in ihren rechtstheoretischen Gedanken zum Charakter des Gesetzes als bloßer Verkörperung des Volksgeistes[710] und ihren dogmatischen Ausführungen etwa zur Abgrenzung von Sachenrecht und Schuldrecht,[711] der Rechtsnatur der Obligation[712] oder auch dem Wesen des Besitzes.[713] Auf weite Strecken übernahm *Olivecrona* sogar die Begrifflichkeiten *Savignys* und *Puchtas*, die er wörtlich ins Schwedische übertrug,[714] und griff in seiner Darstellung überdies vielfach auf dieselben Beispiele zurück wie jene in ihren Abhandlungen.[715]

Muß *Olivecrona* auch als ein besonders markantes Beispiel für die Rezeption des Programms der historischen Rechtsschule und ihrer Doktrin der Pandektistik gesehen werden, so war er allerdings längst nicht der einzige Wissenschaftler, der in Schweden am Vorabend der großen Prozeßreform von der deutschen Rechtswissenschaft in den Bann gezogen wurde. Faßt man die Ergebnisse der jüngsten Forschung auf diesem Gebiet[716] zusammen, so ergibt sich für den weit überwiegenden Teil der bedeutenden schwedischen Zivilrechtswissenschaftler ab der zweiten Hälfte des 19. Jahrhunderts bei allen Unterschieden in ihrem persönlichen Bildungsweg doch ein vergleichsweise einheitliches Bild.

(e) So hielten sich die rechtswissenschaftlich interessierten, erfolgreichen Absolventen des schwedischen juris kandidat-Examens mit Hilfe eines staatlichen Stipendiums zumeist zwischen einem halben und einem Jahr in Deutschland auf. Dort besuchten sie die Vorlesungen an den führenden rechtswissenschaftlichen Fakultäten, verschafften sich einen Überblick über Inhalt, Methodik und Literatur der deutschen Rechtswissenschaft und sammelten nicht selten bereits Material für eine Dissertation.[717] Dabei entwickelten sich aus dem persönlichen Kontakt zwischen den schwedischen Wissenschaftsadepten und deut-

---

710 Ders.: a.a.O., S. 83 f.

711 Ders.: a.a.O., S. 82 f.

712 Ders.: a.a.O., S. 84 f.

713 Ders.: a.a.O., S. 84.

714 Das vielleicht eindrucksvollste Beispiel hierfür ist die Entlehnung des *Savignyschen* Begriffs vom Volksgeist durch *Olivecrona* als „national-andan", *Kn. Olivecrona*, Föreläsningar i civilrätt 1850-52, B 187 m 14 nr. 2 (zweite der nicht paginierten Seiten), Knut Olivecronas samling, Universitetsbibliothek Uppsala.

715 Vgl. *J.O. Sundell*, a.a.O., S. 84 f. *Olivecrona* verweist in seinen Vorlesungsaufzeichnungen auch durchgehend auf *Savignys* und *Puchtas Werke* (vgl. etwa seine Föreläsningar över den Svenska Civil-Rätten, 2[dra] Huvudavdelningen, FörmögenhetsRätten 1. SakRätten, Hösttermin 1855, Vårtermin 1856/65; B 187 m 9 nr. 3, wo sich *Olivecrona* am Rand der nicht paginierten Seiten mehrfach auf *Savignys* „System des römischen Rechts" bezieht sowie auf *Puchtas* „Cursus der Institutionen" verweist).

716 Insbes. *J.O. Sundell*, Tysk påverkan, passim; *L. Björne*, Nordische Rechtssysteme, S. 54 f.

717 Sie besitzt in Schweden bis heute den akademischen Stellenwert der deutschen Habilitation.

schen Rechtswissenschaftlern häufig Bekanntschaften, die über den vorübergehenden wissenschaftlichen Austausch anläßlich des Forschungsaufenthaltes des schwedischen Gasts hinaus in langjährige Freundschaftsbeziehungen mündeten.[718] Mitunter schlug sich die Bekanntschaft auch in der wechselseitigen Rezension der wissenschaftlichen Werke des anderen in den heimischen Fachzeitschriften nieder sowie in der Publikation von Beiträgen in der Fachpresse des jeweiligen Heimatlandes des Kollegen.[719]

Die anschließend nach der Rückkehr nach Schweden verfaßten Dissertationen wie auch der Großteil der späterhin veröffentlichten Abhandlungen griffen zumeist ein gemeinrechtliches Rechtsinstitut auf, das sie methodisch und begrifflich unter Rückgriff auf das formal-konstruktive System der Pandektistik behandelten und sachlich in eingehender Auseinandersetzung mit den hierzu in Deutschland vertretenen Theorien und Ansichten durchdrangen.[720] Nicht selten wurden dabei in Ermangelung heimischer Rechtsnormen gemeinrechtliche Rechtsgrundsätze oder Vorschriften deutscher Zivilgesetze übernommen[721] oder sogar deutsche Begrifflichkeiten teils übersetzt, teils aber auch unmittelbar als deutsche Fachtermini entlehnt.[722] Schwedische Literatur und Gesetzestexte fanden demgegenüber häufig nur sehr spärlich Eingang in die

---

[718] So sind etwa freundschaftliche Beziehungen zwischen *Ivar Afzelius* und *Max Pappenheim* sowie *Adolf Wach* überliefert, und mit dem von ihm wissenschaftlich besonders geschätzten *Windscheid* stand *Afzelius* eine Zeitlang auch in brieflichem Kontakt. Persönlich bekannt wurde er überdies während seines Besuchs in Leipzig mit *Karl Binding, Emil Friedberg, Wilhelm Reuling* und *Otto Stobbe* (vgl. näher *J.O. Sundell*, Tysk påverkan, S. 117 ff.). Der Zivilrechtler *Hjalmar Hammarskjöld* (1862-1953), dessen Leben und wissenschaftliche Leistung *J.O. Sundell*, a.a.O., S. 198 ff., ebenfalls analysiert, wurde nach *Sundells* Erkenntnis während seines Aufenthalts in Freiburg i. Br. im März 1885 ein guter Freund des Rechtshistorikers *Karl von Amira*, pflegte zudem aber auch eine gute Beziehung zu dem Straßburger *Paul Laband*, auf dessen Empfehlung er nicht zuletzt seine Dissertation über den Frachtvertrag („Om fraktavtalet") schrieb (*J.O. Sundell*, a.a.O., S 202). Von dem nacheinander in Lund, Uppsala und Stockholm tätigen Zivilrechtler *Alfred Winroth* (1852-1914) ist schließlich eine persönliche Bekanntschaft mit *Konrad Maurer* in München überliefert (*J.O. Sundell*, a.a.O., S. 165).

[719] So wirkten beispielsweise *H.S. Collin* und *C.J. Schlyter* seit Ende der zwanziger Jahre des 19. Jahrhunderts an der von *K.J. Mittermaier* und *K.S. Zachariae* herausgegebenen „Kritische[n] Zeitschrift für Rechtswissenschaft und Gesetzgebung des Auslandes" mit, während *I. Afzelius* etwa in dem „Centralblatt für Rechtswissenschaft" veröffentlichte. Hinsichtlich der Rezensionen schwedischer Werke durch deutsche Rechtswissenschaftler vgl. etwa die Besprechung der Dissertation *Johan Hagströmers* (1845-1910) über Aktiengesellschaften („Om aktiebolag") durch *Reuling*, in: ZGH 21 (1876), S. 346 wie auch die Würdigung der Arbeiten *Winroths* durch *F. Neubecker*, Das schwedische Recht und seine Literatur, in: ZVerglRw 22 (1909), S. 60 ff.

[720] Vgl. im einzelnen hierzu die von *J.O. Sundell*, Tysk påverkan, untersuchten Abhandlungen von *I. Afzelius, A. Winroth, J. Hagströmer, E. Trygger, Hjalmar Hammarskjöld, Tore Almén, V. Lundstedt* und *Ö. Undén*.

[721] Vgl. dens., a.a.O., S. 213 ff. mit einzelnen Beispielen zu *Hammarskjöld* bzw. S. 235 ff. hinsichtlich *Alméns*.

[722] *Ders.* zu *Undén* a.a.O., S. 292 f. („lohnmessender Zeitabschnitt"; „aussschließlicher Verbandsverkehr"; „anfängliche/nachträgliche Genehmigung"; „zweigliedriges Rechtsgeschäft"; „Weigerungsrecht"; „Tarifgemeinschaft").

Werke,[723] dies freilich weniger als Ausdruck ihrer Geringachtung denn als zwangsläufige Folge ihres unzulänglichen Inhalts für die Problemstellungen der Abhandlungen.[724]

(f) Zusammenfassend läßt sich somit festhalten, daß die von der historischen Rechtsschule und ihre Doktrin der Pandektistik auf die schwedische Rechtswissenschaft ausgegangene Rezeptionswirkung nicht allein auf der formalen Ebene der systematisch-konstruktiven Methode verblieben ist.[725] Die Übernahme pandektistischer Argumentationsform verband sich vielmehr untrennbar mit der materiellen Rezeption deutscher Theorien und Institute. Der Wandel von schlichter analytisch-deskriptiver „lagfarenhet" zu synthetisch-dogmatischer „rättsvetenskap", der in Schweden im Verlauf des 19. Jahrhunderts stattfand, vollzog sich somit unter diesem wechselseitigen Einfluß von Form und Inhalt deutscher Rechtswissenschaft.

γ) Der Einfluß des deutschen Methodenwandels in der Rechtswissenschaft gegen Ausgang des 19. und zu Beginn des 20. Jahrhunderts auf die schwedische Privatrechtswissenschaft

Dieser Wandel in der Heranbildung moderner schwedischer Rechtswissenschaft am Ende des 19. Jahrhunderts unter dem Einfluß deutscher Zivilrechtsdoktrin war zweifellos markant. Doch führte die Anlehnung an die deutsche Pandektistik im allgemeinen nicht zu einer völlig gedankenlosen Transskription fremder Ideen ins Schwedische. Die Arbeiten setzten sich regelmäßig kritisch mit den dargestellten gemeinrechtlichen Theorien auseinander und zeig-

---

723 So zeigt beispielsweise die quantitative Analyse der Dissertation *V. Lundstedts* über den Vertrag zugunsten Dritter („Avtal angående prestation till tredje man") aus dem Jahr 1908/9 durch *J.O. Sundell*, a.a.O., S. 253 f, daß von den im Literaturverzeichnis aufgeführten 61 Werken 55 deutsche Arbeiten sind und nur drei schwedische. Der Fußnotenapparat weist weitere 45 Quellenangaben aus, 39 von ihnen erneut deutschen Ursprungs; insgesamt beziehen sich nach der Analyse von den 482 Fußnoten 414 auf deutsche Abhandlungen. Hinsichtlich der vom Autor verwandten Gesetze zeigt *Sundells* Analyse, daß *Lundstedt* achtzehnmal die Digesten in Bezug nimmt, dreißigmal das BGB und achtmal deutsche Fallsammlungen und auch die Vorarbeiten des BGB mit den Motiven und Protokollen verwendet hat. Hingegen zitiert er nur 3 mal schwedische Normen und behandelt weder schwedische Rechtsfälle noch verarbeitet er Vorarbeiten zu schwedischen Gesetzen.

724 Daher dürften die mitunter in der Begutachtung einer Dissertation durch ein Mitglied der Fakultät geäußerten Klagen über die starke deutschrechtliche Prägung der Abhandlung – so etwa im Falle der zitierten Untersuchung *Lundstedts* über den Vertrag zugunsten Dritter, vgl. *J.O. Sundell*, a.a.O., S. 253 – (dazu sogleich im Text) weniger als ein ernstlich gemeinter Vorwurf gegenüber dem Doktoranden zu verstehen gewesen sein, sondern wohl eher als allgemeine Kritik über das niedrige Niveau des heimischen Rechts.

725 Zu einseitig ist daher die Darstellung *L. Björnes*, Nordische Rechtssysteme, S. 57 ff. wie auch *K.Å. Modéers*, Jherings Rechtsdenken als Herausforderung für die skandinavische Jurisprudenz, in: Rättshistoriska Studier, Bd. 19 (1993), S. 91 ff. (99), die zu sehr die Übernahme der konstruktiven Methode hervorheben und damit den Blick auf die faktische Gemengelage von theoretischer wie materieller Rezeption in der schwedischen Rechtswissenschaft des 19. Jahrhunderts verstellen.

ten ein Bemühen ihres Autors um gedankliche Eigenständigkeit.[726] Auch war es das Ziel der Abhandlungen, den Inhalt des schwedischen Rechts zu dem behandelten Rechtsproblem zu ermitteln und nicht etwa, die wissenschaftliche Diskussion in Deutschland weiterzuführen.[727] Soweit in dem engen Rahmen der spärlichen schwedischen Rechtsnormen und überkommenen Lehrmeinungen überhaupt möglich, waren daher die rezipierten deutschen Begriffe und Institutionen an die nationalen Eigenheiten des schwedischen Rechts anzupassen und auf diese Weise offene Widersprüche mit der eigenen Rechtstradition zu vermeiden. So erscheint es kaum verwunderlich, daß in den Dissertationsgutachten der Fakultät, die vielfach gerade von jenen Wegbereitern der „neuen Wissenschaftlichkeit“ an den schwedischen Universitäten verfaßt wurden, mitunter die Verwendung zu „deutschrechtlich“ geprägter Institutionen und Begrifflichkeiten gerügt wurde.[728]

Wenig erstaunlich muß vor diesem Hintergrund auch wirken, daß die metaphysischen Höhen, zu denen sich die deutsche Begriffsjurisprudenz mit ihrem Postulat der produktiven, rechtsschöpfenden Funktion deduktiver Begriffspyramiden schließlich verstieg,[729] in dieser extremen Zuspitzung von den

---

726 Allerdings kam es auch insoweit häufig vor, daß die zur Widerlegung einer zitierten gemeinrechtlichen Theorie ins Feld geführten Argumente ihrerseits von deutschrechtlichen Quellen beeinflußt waren, was jedoch angesichts des damals reichen Fundus an argumentativ vielfältigen und dogmatisch komplexen Theoriediskussionen in der gemeinrechtlichen Literatur auch kaum verwunderlich ist.

727 Bezeichnenderweise tragen viele monographischen Arbeiten aus dieser Zeit des späten 19. Jahrhunderts den Titelzusatz „enligt svensk rätt“ – „nach schwedischem Recht“ etwa: *E.V. Nordling*, Om preskription enligt svensk allmän förmögensrätt (Die Verjährung nach schwedischem allgemeinem Vermögensrecht [1877]); *I. Afzelius*, Om cession av fordringar enligt svensk rätt (Die Forderungszession [1877]); *A. Winroth*, Om tjänstehjonsförhållandet enligt svensk rätt (Das Dienstverhältnis [1878]); *F. Agardh*, Om borgen företrädevis enligt svensk allmän civilrätt (Der Bürge [1878]); *M. Martin*, Om ackord i Konkurs enligt svensk rätt (Der Vergleich im Konkurs [1880]); *J. Ask*, Om kreditavtal enligt svensk civilrätt (Der Kreditvertrag [1882]); *N. Alexandersson*, Bidrag till läran om penningsanvisning enligt svensk rätt (Die Geldanweisung [1904]).

728 So hielt *A. Winroth* etwa einem Doktoranden vor, seine Arbeit über die Lehre von der Geldanweisung nach schwedischem Recht orientiere sich mit Begriffen wie „abstrakter Vertrag“, „ungerechtfertigte Bereicherung“ oder auch „negatives Vertragsinteresse“ zu sehr am gemeinen Recht und untersuche zu wenig die Eignung dieser Termini für das schwedische Recht (vgl. *J.O. Sundell*, a.a.O., S. 357).

729 Ausgangspunkt dieser äußersten Zuspitzung des synthetisch-konstruktiven Ansatzes der historischen Rechtsschule war die von *Savignys* Schüler *Puchta* entwickelte Lehre von der Genealogie der Rechtsbegriffe, die die Rechtswissenschaft „in ihrem systematischen Zusammenhang, als einander bedingende und voneinander abstammende zu erkennen [habe], um die Genealogie der einzelnen bis zu ihrem Princip hinauf verfolgen, und eben so von den Principien bis zu ihren äussersten Sprossen herabsteigen zu können“ (vgl. dens., Cursus der Institutionen, Bd. 1, S. 22). Durch die Anordnung aller Begriffe zu einer solchen „Begriffspyramide“ aufsteigender Abstraktion glaubte *Puchta* ein lückenloses System des Rechts verwirklichen zu können, in dem für jeden gesellschaftlichen Rechtskonflikt bereits die rechtliche Lösung immanent enthalten sei. Diese müsse nur noch auf dem bloß theoretischen Weg logischer Deduktion aus den Begriffen abgeleitet werden, welche hier-

schwedischen Rechtswissenschaftlern gemieden wurden. Die methodenkritische Bemerkung *Francis Hagerups*, eines norwegischen Rechtswissenschaftlers und grundsätzlichen Verfechters der konstruktiven Methode der historischen Rechtschule in Norwegen, im Jahre 1888, wonach die deutsche Methodik darin einem Irrtum unterliege zu glauben, daß „den Begriffsdeduktionen rechtserzeugende Kraft“ zukomme, und dies letztlich „nur der Irrtum des Naturrechts in Neuauflage“ sei,[730] trifft vielmehr auch auf die schwedische Haltung zu. Das Streben der in einem extremen Formalismus erstarrten deutschen Rechtswissenschaft des späten 19. Jahrhunderts nach einem umfassenden und in sich geschlossenen autonomen Rechtssystem wurde – soweit ersichtlich – in Schweden nicht Gegenstand der Rezeption.[731]

Verantwortlich war hierfür aller Wahrscheinlichkeit nach zum eine grundsätzliche Abneigung der Schweden gegenüber jeder Form übersteigerten Theoretisierens, das sich mit der nüchtern-pragmatischen Mentalität einer bis ins 20. Jahrhundert hinein überwiegend agrarwirtschaftlich geprägten Gesellschaft schlecht vertragen hätte. Maßgeblich dürfte allerdings hierzu auch die Rezeption einer gegen Ende des 19. Jahrhunderts in Deutschland selbst aufkommenden Gegenbewegung zu dem Methodenrigorismus der Begriffsjurisprudenz beigetragen haben.

Ihren Ausgangspunkt bei *Jhering* nehmend,[732] von *Ph. Heck* rechtstheoretisch in der sog. Interessenjurisprudenz weiterentwickelt[733] und in engem Zu-

---

durch zu einer Art „schöpferischer Rechtsquelle“ würden. Eine vom Rechtsanwender bei der Norminterpretation zu beachtende empirische Grundlegung der Rechtsregeln in sozialen, polititschen oder auch wirtschaftlichen Zwecken lehnte *Puchta* daher in der Konsequenz ebenso kategorisch ab wie die Behauptung einer sittlich-ethischen Bedingtheit des Rechts. Vgl. hierzu näher *F. Wieacker*, Privatrechtsgeschichte, S. 399 ff.

730 *F. Hagerup*, in: TfR 1888, S. 1 ff. (33).

731 Vgl. auch die Feststellung *H.H. Vogels*, Deutsche Begriffsjurisprudenz und Kodifikationssprache aus schwedischer Sicht, in: C. Peterson (Hrsg.): Rättshistoriska Studier, Bd. 19, S. 217 ff. (217): „Die Begriffsjurisprudenz hat bei vielen Schweden einen schlechten Ruf“ sowie S. 235: „Distanzierungen von der systematischen Konstruktionstechnik des Bürgerlichen Gesetzbuchs findet man schon bei skandinavischen Rechtswissenschaftlern der Jahrhundertwende (...)“ m.w.N. aus der Literatur.

732 Zunächst in seinen „Vertrauliche[n] Briefe[n] über die heutige Jurisprudenz“ – veröffentlicht anonym in den Jahren 1861-1866 in der Preussischen Gerichtszeitung; später (1884) unter seinem eigenen Namen und dem Titel „Scherz und Ernst in der Jurisprudenz“ neu herausgegeben –, in denen *Jhering* die Begriffsjuristen ob ihrer übersteigerten Deduktionsneigung mit beißendem Spott überzog. Berühmt geworden ist seine Metapher des juristischen Begriffshimmels, mit der *Jhering* durchaus auch in kritischer Selbstreflexion zu seiner eigenen Anschauung früherer Jahre (s.o.) auf Distanz ging: „Da Du Romanist bist, so kommst Du in den juristischen Begriffshimmel. In ihm findest Du alle die juristischen Begriffe, mit denen Du Dich auf Erden so viel beschäftigt hast, wieder. Aber nicht in ihrer unvollkommenen Gestalt, in ihrer Verunstaltung, die sie auf Erden durch die Gesetzgeber und Praktiker erfahren haben, sondern in ihrer vollendeten, fleckenlosen Reinheit und idealen Schönheit. Hier werden die juristischen Theoretiker belohnt für die Dienste, die sie denselben auf Erden geleistet haben, hier erblicken sie dieselben, welche sie dort nur in verschleierter Gestalt sahen, in voller Klarheit, sie erschauen sie von Angesicht zu Angesicht und verkehren mit ihnen wie mit ihresgleichen. Die Fragen, für die sie sich im Dies-

sammenhang mit der etwa gleichzeitig begründeten freien Rechtsschule[734] schließlich zur heute sog. Wertungsjurisprudenz vollendet, war hier der übersteigerte Begriffsformalismus allmählich einem Rechtsrealismus sozialempirischer Grundlegung gewichen.[735] Dieser erkannte die vielfältige Bedingtheit des Rechts durch die zuvor als „außerrechtlich" diskreditierte Sozialrealität an und betrachtete die Normen konsequenterweise als das Ergebnis einer legislativen Dezision zugunsten bestimmter gesellschaftlicher, politischer oder auch wirtschaftlicher Interessen. Methodisch bedeutete dies für die deutsche Rechtswissenschaft eine Schwerpunktverlagerung von dem einwärts gerichteten System der Begriffsjurisprudenz mit seiner starken Verhaftung an der lexikalischen Rechtsauslegung hin zu einer auf die Offenlegung eben jener Interessen und Zwecke gerichteten Methode teleologischer Norminterpretation.

In Schweden[736] wurde dieser Prozeß der Rückbesinnung auf die sozialfaktischen Grundlagen des Rechts mit Interesse verfolgt und der Gedanke der Hinwendung zu einer stärker pragmatisch geprägten Methodik in das eigene Rechtsdenken übernommen. Wenn auch die Einzelheiten dieses Rezeptionsvorgangs bislang noch nicht näher erforscht sind, lassen sich doch gewisse Leitlinien aufzeigen.

So kann man erkennen, daß die Anlehnung an den deutschen Rechtskonstruktivismus als zweckmäßiger Methode der Rechtsfindung in Schweden im

---

seits vergebens nach einer Lösung umgesehen haben, hier werden sie ihnen von den Begriffen selber beantwortet. Hier gibt es keine civilistischen Rätsel mehr, (...) die dem Jünger der Wissenschaft in seinem Erdenwallen so viel zu schaffen machen, hier sind sie alle gelöst." (*Jhering*, Scherz und Ernst, S. 249 f.). Näher ausgeführt hat *Jhering* seine Auffassung von der praktischen Funktion des Rechts und seiner Eigenart als rechtlich geschütztem Interesse dann vor allem in der Abhandlung „Der Zweck im Recht" (1877-83).

733 Vgl. die grundlegenden Werke „Das Problem der Rechtsgewinnung" (1912); „Gesetzesauslegung und Interessenjurisprudenz" (1914) sowie „Begriffsbildung und Interessenjurisprudenz" (1932). Zu Begriff und Bedeutung der Interessenjurisprudenz und ihrer Abgrenzung zur sog. Begriffsjurisprudenz s. eingehend *H. Stoll*, Begriff und Konstruktion in der Lehre der Interessenjurisprudenz, S. 157 ff. et passim sowie mit Schwerpunkt auf der historischen Herausbildung dieser Methodendoktrin *J. Edelmann*, Die Entwicklung der Interessenjurisprudenz, S. 26 ff. und 53 ff.

734 Begründet durch *E. Ehrlich* („Freie Rechtsfindung und freie Rechtswissenschaft" [1903]); *E. Fuchs* („Die Gemeinschädlichkeit der konstruktiven Jurisprudenz" [1909]) und *H. Kantorowicz* alias *Gnaeus Flavius* („Der Kampf um die Rechtswissenschaft" [1903]). Näher zu der Freirechtsbewegung *W. Krawietz*, Art. Freirechtslehre, in: J. Ritter (Hrsg.): Historisches Wörterbuch der Philosophie, Bd. 2, Sp. 1098 ff.; *R. Lautmann*, Freie Rechtsfindung und Methodik der Rechtsanwendung sowie *K. Riebschläger*, Die Freirechtsbewegung, je passim.

735 In diesem Zusammenhang muß auch die sich an der Seite des geschilderten Methodenwandels vollziehende Entstehung der neuen Fachrichtung der Rechtssoziologie erwähnt werden, an deren Entwicklung die Gründer der freien Rechtsschule selbst maßgeblichen Anteil hatten. Näher dazu *M. Rehbinder*, Die Begründung der Rechtssoziologie durch Eugen Ehrlich, S. 87 ff. et passim.

736 Wie auch bei seinen skandinavischen Nachbarn; vgl. (mit Schwerpunkt auf Dänemark) S. *Joergensen*, Grundzüge der Entwicklung der skandinavischen Rechtswissenschaft, in: JZ 1970 S. 529 ff.

frühen 20. Jahrhundert einer erneut stärker empirisch-deskriptiven Betrachtung gewichen ist und dabei maßgeblich durch den Rechtsrealismus der sog. Uppsaler Schule beeinflußt war. Diese hatte unter ihren Gründern *A. Hägerström*[737] und *V. Lundstedt*[738] gegen die schwedische Rechtswissenschaft den Vorwurf ideologiegespeister Realitätsferne erhoben und eine stärkere Berücksichtigung der Anforderungen des praktischen Lebens gefordert. So solle an die Stelle der Konstruktion der Gedanke des „Gemeinnutzes" bei der Auslegung und Anwendung des Rechts treten.[739]

Wenn *Lundstedt* auch selbst eine Beeinflussung seiner Ansichten durch ausländische Gedanken bestritten hat,[740] so steht doch fest, daß er die Schriften *Jherings* gut kannte und allem Anschein nach auch mit den Arbeiten des amerikanischen Rechtsrealisten *R. Pound* vertraut war.[741] Seiner Behauptung dürfte daher mit Vorsicht zu begegnen sein.[742]

Fest steht des weiteren, daß die in Deutschland durch *Jhering* in die Diskussion eingeführten Begriffe „Zweck" bzw. „Funktion" in Verbindung mit der Auslegung und Anwendung von Rechtsnormen auch in der schwedischen Rechtswissenschaft seit der Jahrhundertwende verstärkt aufgetreten sind und hier zur Ausbildung einer der deutschen verwandten teleologischen Methodenlehre geführt haben. Sie nimmt heute in der schwedischen Normausle-

---

737 *A. Hägerström* (1868-1939); detaillierte Angaben zu seiner Person und sein Werk in SMK, Bd. 3, S. 568 ff.

738 *V. Lundstedt* (1882-1955); zu ihm s. SMK, Bd. 5, S. 138 f. sowie *K. Olivecrona*, Vilhelm Lundstedt 70 år, in: SJT 1952, S. 497 ff.

739 Vgl. etwa die Ausführungen *V. Lundstedts* zu den Gründen für die Rechtsverbindlichkeit von Willenserklärungen in: Die Unwissenschaftlichkeit der Rechtswissenschaft, Bd. 2, S. 150 ff., wo er auf S. 154 darlegt: „Ob das Versprechen Rechtswirkung haben soll, auch wenn sich nachweisen läßt, daß der Versprechende seinen Inhalt nicht gewollt hat, ist eine Frage, für deren Beantwortung vernünftigerweise nichts anderes maßgebend sein kann als eine Erwägung, was in dieser Beziehung dem allgemeinen Güteraustausch und Verkehrsinteresse am dienlichsten ist." Vgl. zu *Lundstedt* und *Hägerström* auch *K. Olivecrona*, Grundtankarna hos Hägerström och Lundstedt, passim; *I. Hedenius*, Om den rättsfilosofiska domstolsrealismen, in: S. Strömholm (Hrsg.): Uppsalaskolan och efteråt, S. 41 ff.; *M. Helin*, Den skandinaviska realismen och rättighetsbegreppet – några anmärkningar, in: ibid. S. 71 ff. sowie *H.-H. Vogel*, Der skandinavische Rechtsrealismus, S. 15 ff. et passim.

740 Vgl. etwa dens., Die Unwissenschaftlichkeit der Rechtswissenschaft, Bd. 1, S. 24: „Doch dürfe ich für mich in Anspruch nehmen, daß meine Auffassung von Recht und Gesellschaft in *keinem Stück verwandt sei mit irgendeiner Rechtstheorie, die jemals in der Welt der Wissenschaft irgendwie allgemein bekannt geworden*" (Hervorh. vom Autor).

741 S. *Lundstedts* eigenen Hinweis auf *Pound* ibid. S. 26; dazu auch S. *Joergensen*, Die Bedeutung Jherings für die neuere skandinavische Rechtslehre, in: F. Wieacker/C. Wollschläger, Jherings Erbe, S. 116 ff. (121); ders.: Grundzüge der Entwicklung der skandinavischen Rechtswissenschaft, in: JZ 1970 S. 529 ff. (533).

742 So wohl auch S. *Joergensen*, Grundzüge der Entwicklung, a.a.O., S. 533 sowie – unter Berufung auf *Joergensen* – *K.Å. Modéer*, Jherings Rechtsdenken als Herausforderung für die skandinavische Jurisprudenz, in: Rättshistoriska Studier, Bd. 19 (1993), S. 91 ff. (97 und 113).

gung einen festen Platz ein.[743] In welchem Umfang insoweit die Rezeption der deutschen Doktrin neben dem sich in Schweden nach der Jahrhundertwende in Gesellschaft wie Politik verstärkt ausbreitenden Sozialgedanken mitgewirkt hat, läßt sich im einzelnen zwar kaum mehr nachvollziehen. Man wird jedoch davon ausgehen können, daß der Rezeption hierbei jedenfalls als unterstützendem Faktor eine gewichtige Rolle eingeräumt werden muß. So stieß etwa *Jherings* programmatische Schrift „Der Kampf ums Recht", in der die sozial-realen Bezüge des Rechts der übersteigerten Begriffsjurisprudenz pointiert gegenübergestellt wurden, schon kurz nach ihrem Erscheinen in Deutschland auch in Schweden auf großen Widerhall und wurde dort zweimal ins Schwedische übersetzt.[744] Auch wiesen die schwedischen Rechtswissenschaftler auf *Jherings* Urheberschaft für die Übernahme des Zweckgedankens durch die schwedische Rechtswissenschaft schon zu Beginn des Jahrhunderts selbst hin.[745] Und stellenweise fand sogar die extreme Richtung der freien Rechtsschule Anhänger,[746] wenn sie sich auch in Schweden – wie in Deutschland – infolge ihres radikalen Ansatzes letztlich nicht durchzusetzen vermochte. Es kann daher davon ausgegangen werden, daß auch die um die Jahrhundertwende aufkommende verstärkt pragmatische Ausrichtung der schwedischen Rechtswissenschaft für ihre Entwicklung wesentliche Impulse durch die deutsche Doktrin erhielt.

δ) Zusammenfassung

Insgesamt läßt sich daher festhalten, daß die schwedische Rechtswissenschaft in ihrem Selbstverständnis am Vorabend der Prozeßreform einem doppelten Wandel unterlag. Er führte sie unter dem Einfluß deutscher Methodenlehre von einer zunächst empirisch orientierten praktischen Rechtsge-

---

[743] Die Entwicklung der teleologischen Norminterpretation verbindet sich in Schweden maßgeblich mit der Person des Prozessualisten *Per Olof Ekelöf*; vgl. *B. Lindell*, Civilprocessen, S. 99 ff. m.w.N. Näher zu der teleologischen Methode im Prozeßrecht *L. Heuman/P. Westberg*, Argumentationsformer inom processrätten, S. 7 ff. Siehe zu der Entwicklung der schwedischen Methodik der Gesetzesauslegung im Verlauf des 20. Jahrhunderts im übrigen auch C. II. 4. a).

[744] Zunächst 1879 durch *I. Afzelius*, anschließend 1941 durch den Praktiker *A. Cervin*. Während die Übersetzung durch *Afzelius*, der als Verfechter der Pandektenlehre *Windscheid* näher stand und zum späten *Jhering* auf Distanz ging, als stark fehlerhafte und unengagierte Übertragung gelten muß (vgl. *K.Å. Modéer*, a.a.O., S. 100 f.), trat *Cervin* nachhaltig für den sozialen impetus *Jherings* in dessen Schrift ein (vgl. aus dem Tagebuch *Cervins* nach *U. Stridsbeck*, Andreas Cervin – Jurist och människa, S. 13 ff.).

[745] So insbesondere *Ö. Undén* (1886-1973) nach *K.Å. Modéer*, a.a.O., S. 97. *Undén*, der auch ein engagierter Sozialdemokrat war, setzte sich selbst in Anlehnung an *Jhering* bewußt von einer begriffsjuristischen Methode ab, „in der logische Deduktionen aus einem zuvor ungehörig in Begriffe hineingeschmuggelten Inhalt an die Stelle der Auslegung positiven Rechts treten", *Ö. Undén*, Kollektivavtalet, S. 32.

[746] So insbesondere *W. Sjögren*, Domaremakt och rättsutveckling, in: TfR 1916, S. 325 ff. Vgl. zu ihm auch K.Å. Modéer, a.a.O., S. 110.

lehrtheit noch zu Beginn des 19. Jahrhunderts über eine stark theoretisch ausgerichtete systematisch-dogmatische Wissenschaft in der zweiten Hälfte des Jahrhunderts hin zu einer erneut stärkeren Berücksichtigung sozialpragmatischer Aspekte nach der Jahrhundertwende. Allerdings bedeutete der Methodenwandel zu Beginn des 20. Jahrhunderts mit seiner Schwerpunktverlagerung auf sozal-faktische Gegebenheiten nicht etwa eine völlige Loslösung von der vorangegangenen begrifflich-konstruktiven Epoche. Vielmehr vollzog er sich innerhalb des von ihr vorgegebenen Rahmens. So baute die Rechtswissenschaft des frühen 20. Jahrhunderts auf dem Rechtsstoff in der Form auf, die dieser im Wege seiner systematischen Gliederung und seiner präzisen begrifflichen Durchformung durch die Vertreter der historischen Rechtsschule in Schweden zuvor erhalten hatte.

Die Entwicklung der schwedischen Rechtswissenschaft am Vorabend der Prozeßreform läßt sich daher am ehesten mit dem *Hegelschen* Bild des dialektischen Dreischritts vergleichen, bei dem das frühe 20. Jahrhundert aus der These der praktischen Rechtsgelehrtheit der ersten Hälfte und der dezidiert gegenläufigen Antithese der konstruktiven Epoche der zweiten Hälfte des 19. Jahrhunderts die vereinigende Synthese aus den Vorzügen beider Betrachtungsweisen zog.

bb) Die Entwicklung der schwedischen Zivilprozessualistik am Vorabend der Prozeßreform

α) Der zweifache Methodenwandel der schwedischen Prozessualistik im 19. und der ersten Hälfte des 20. Jahrhunderts

Die Heranbildung der schwedischen Prozessualistik vollzog sich in deutlicher Parallele zu derjenigen der allgemeinen Zivilrechtswissenschaft. So dauerte es auch auf dem Gebiet des Verfahrensrechts bis etwa Mitte des vergangenen Jahrhunderts, ehe sich die Prozessualistik als eigenständige wissenschaftliche Disziplin in Schweden etablieren konnte. Zivilprozessuale Abhandlungen – sowohl über den Prozeß im ganzen als auch hinsichtlich einzelner Verfahrensfragen – waren zuvor überaus rar, und es gab nur wenige, veraltete Werke, welche überhaupt nennenswerten Einfluß auf Lehre wie Praxis besaßen.[747] Ähnlich der oben beschriebenen Situation der Privatrechtswissenschaft hatte man auch auf der Ebene des Verfahrensrechts noch bis weit in das 19. Jahrhundert hinein die deskriptiv-darstellende Methode einer systematisch-analytischen Durchdringung des Prozeßrechts auf der Grundlage präzise voneinander abgegrenzter Begrifflichkeiten vorgezogen. Die wissenschaftliche Behandlung des Prozesses erschöpfte sich auf diese

---

[747] Hierzu zählte insbes. *David Nehrmans* Abhandlung „Inledning til then swenska Processum civilem" (1751). Ähnlich auch die Einschätzung der wissenschaftlichen Lage bei *K. Olivecrona* in: Juridiska föreningens tidskrift X-XII (1855-56); 12. Heft (1856) S. 92 f.

Weise in der Beschreibung seiner einzelnen Phasen und verzichtete auf eine systematisch fundierte Grundlegung des Rechststoffes. Niedergeschlagen hat sich dies auch in der Terminologie der Werktitel, die bezeichnenderweise noch bis gegen Ende des 19. Jahrhunderts regelmäßig den einfachen Begriff des Prozesses verwandten, nicht aber den des Prozeßrechts oder gar der Prozeßrechtswissenschaft.[748]

Die bereits angesprochene mehr als dürftige Personalausstattung an den rechtswissenschaftlichen Fakultäten der Universitäten in Uppsala und Lund, die erst Anfang der vierziger Jahre des 19. Jahrhunderts eigenständige Lehrstühle für Prozeßrecht, Strafrecht und Rechtsgeschichte erhielten, vermag für sich allein diese Entwicklung wohl noch nicht hinlänglich zu erklären. Entscheidend dürfte vielmehr die allgemeine Geringachtung des Prozesses als Gegenstand wissenschaftlicher Forschung sein, in dem die gängige Auffassung lediglich einen nicht weiter interessanten Annex zum materiellen Privatrecht erblickte, ein bloßes administratives Regelwerk, dessen akademisch vertiefte Behandlung nicht weiter lohnend schien. Dies erklärt auch, daß die wenigen, unbedeutenden Abhandlungen – von Dissertationen abgesehen – ihren Adressatenkreis in erster Linie unter den Rechtspraktikern fanden oder sich sogar erklärtermaßen an Nicht-Juristen wandten.[749]

Der Wandel in der Behandlung des Prozeßrechts von einer eher praktisch ausgerichteten Lehr- und Handbuchdisziplin hin zum Gegenstand vertiefter wissenschaftlicher Forschung vollzog sich erst im letzten Quartal des 19. Jahrhunderts. Betrachtet allein aus der quantitativen Perspektive, schlug er sich in einer markanten Zunahme der Zahl prozeßrechtlicher Abhandlungen nieder, die sich in erheblich stärkerem Maß als zuvor auch der monographischen Untersuchung verfahrensrechtlicher Institute und Einzelfragen widmeten.[750] Bevorzugtes Forschungsfeld wurde dabei das Beweisrecht, dessen Behandlung in den Problembereichen der Beweismittel und der Verteilung der Beweislast maßgeblich zum Durchbruch des Verfahrensrechts als Wissenschaft beitrug.[751] Qualitativ hingegen war der Wandel in Entsprechung zu

---

[748] So etwa noch *F. Schrevelius*, Lärobok i Sveriges allmänna nu gällande civilprocess (1853); *H.J. Backman*, Handbok uti tviste-, utsöknings- och rättegångsmål (1883); *O.J. Hultgren*, Om rättegångssättet i tvistmål (1873); *C.O. Delldén*, Rättegångssättet i Sverige (1842); *G. Broomé*, Allmänna civilprocessen enligt svensk gällande rätt (1882). Vgl. demgegenüber etwa den Titel des Standardwerks aus dem frühen 20. Jahrhundert von *E. Kallenberg*, Svensk Civilprocessrätt (1917-1939).

[749] So etwa noch das 1844 erschienene Werk von *C.O. Delldén*, Rättegångssättet i Sverige; vgl. *Kn. Olivecrona*, in: Juridiska föreningens tidskrift X-XII (1855-56); 12. Heft (1856) S. 92 ff. (S. 93).

[750] Vgl. die bibliographischen Angaben bei *N. Regner*, Svensk Juridisk Litteratur 1865-1956, S. 356 ff.

[751] Pionierarbeit auf diesem Weg leisteten die Arbeiten von *I. Afzelius*, *E. Trygger* und *V. Nordling*. Ersterer verfaßte 1879 eine Darstellung über den Parteieid als prozessuales Institut (Om parts ed såsom processuellt institut) und *Trygger* 1887 über den schriftlichen Beweis (Om skriftliga bevis såsom civilprocessuellt institut), während sich *Nordling* in sei-

der Entwicklung der Privatrechtswissenschaft mit einem Methodenwechsel von der deskriptiv-aufzählenden Darstellungsweise zu der systematisch-konstruktiven Methode verbunden.

Diese bemühte sich, in Abkehr von der bloßen Beschreibung des Rechtsschutzverfahrens in seinen einzelnen Prozeßabschnitten zu einer Offenlegung der tragenden Prinzipien des als geschlossenes Rechtsgefüge verstandenen Prozesses zu gelangen. Ziel wurde, durch das Anlegen der systematisch-begrifflichen Methode zu dem „Wesen" („väsen") des Prozesses[752] vorzustoßen, um dann von diesem aus wiederum den rechtlichen Gehalt und die „innere Beschaffenheit" („innre beskaffenhet")[753] seiner einzelnen Institute erfassen zu können. Hatte man zuvor den Prozeß nur mehr als einen Staatsverwaltungsvorgang betrachtet, der in eine Reihe isoliert nebeneinander stehender Einzelakte durch Parteien und Gericht zerfiel – zusammengehalten nicht durch eine innere, sachliche Einheit, sondern allein durch ihre zeitliche Aufeinanderfolge und ihre äußere Zusammenfassung durch das Gesetz –, so sah man in ihm nun ein als rechtlich zu qualifizierendes Gefüge untereinander verbundener Pflichten und Rechte der Prozeßbeteiligten. Der Prozeß erschien als ein Rechtsverhältnis mit einem immanenten Systemgehalt, den es durch die richtige „Konstruktion" („konstruktion")[754] verfahrensrechtlicher Institute und Rechtsbegriffe von seiten der Prozessualisten aufzudecken galt. Das Bemühen um begriffliche Präzision und eine systematische Gliederung des Rechtsstoffs diente der konstruktiven Methode somit weniger zur Gewährleistung der Übersichtlichkeit der Darstellung und der Verständlichkeit ihrer Argumentation denn als notwendiges Mittel zur Analyse der prozessualen Strukturen.

Voraus ging der begrifflich-konstruktiven Phase analog zur Privatrechtswissenschaft auch in der Prozessualistik eine zunächst noch stärker historisch-analytisch ausgerichtete Methode, die die leitenden Grundsätze prozeßrechtlicher Institute weniger durch eine begriffliche Deduktion aus einem umfassenden Prozeßrechtssystem zu ermitteln suchte als im Wege der Offenlegung ihres rechtsgeschichtlichen Werdegangs. Ganz im Geiste der historischen Rechtsschule und dem von ihr postulierten Gedanken der kontinuierlichen Rechtsentwicklung bürgerte sich eine historische Grundlegung der Thematik der Monographien ein. In ihrem Rahmen wurde das betreffende Prozeßinstitut in

---

ner 1886 erschienenen Arbeit mit Beweislastproblemen befaßte (Förhandlingen om rätt i förmögenhetsrättsliga saker och bevisbördans fördelning mellan stridande parter).

[752] Vgl. die Titelüberschrift des § 1 im Kapitel 1 der ersten Abteilung des ersten Bandes in *E. Kallenbergs* Monumentalwerk über den schwedischen Zivilprozeß („Svensk Civilprocessrätt", 1917-1926): „Allmän bestämning af civilprocessens väsen och ändamål" (Allgemeine Bestimmung des Wesens und Ziels des Zivilprozesses).

[753] Zu dieser Terminologie s. beispielhaft *I. Afzelius*, Om parts ed såsom processuellt institut, S. 37.

[754] Der Gedanke der „Konstruktion" war – wenn der Begriff selbst auch nicht immer verwandt wurde (so aber etwa bei *E. Kallenberg*, Svensk Civilprocessrätt, Bd. 1, Abt. 5, S. 1131) – methodisch leitend auch innerhalb der schwedischen Prozeßrechtswissenschaft.

seiner geschichtlichen Entwicklung im römischen und germanischen Rechtsgang über den kanonischen Prozeß und das mittelalterliche schwedische Recht bis zum geltenden Prozeßgesetz von 1734 verfolgt. Nur auf diese Weise, so glaubte man, würde sich die Bedeutung und rechtliche Tragweite der entsprechenden Normen im geltenden Recht zutreffend erfassen lassen.[755]

Zu ihrer Vollendung gelangte die konstruktive Epoche über die Vermittlung durch die historisch-analytische Methode in dem enzyklopädischen Werk von *Ernst Kallenberg* über das schwedische Zivilprozeßrecht[756] aus den zwanziger und dreißiger Jahren dieses Jahrhunderts, das in wesentlichen Teilen nahezu zeitgleich mit dem Beginn der letzten und entscheidenden Phase der Prozeßrefom vorlag.[757] In seinem Streben, das gesamte schwedische Zivilprozeßrecht systematisch einzig aus dem Begriff des Rechtsverhältnis herzuleiten und, von diesem absteigend, die einzelnen Institute und Strukturen des Verfahrens von der Klageerhebung bis zum Rechtsmittelprozeß zu erfassen, zog *Kallenberg* die wissenschaftliche Summe aus der etwa ein halbes Jahrhundert währenden Epoche der begrifflich-konstruktiven Prozeßrechtswissenschaft. Auf sein Werk wird im Folgenden unter dem Gesichtspunkt der Rezeptionswirkung der deutschen Prozessualistik noch zurückzukommen sein.[758]

Gegen Ende des hier relevanten Zeitraums bis zum Inkrafttreten der Prozeßreform 1948 zeichnete sich in der schwedischen Verfahrensrechtswissenschaft ein erneuter Methodenwechsel ab. Er ging in deutlicher Entsprechung zu der oben beschriebenen Hinwendung der Privatrechtswissenschaft zu den sozial-faktischen Grundlagen des Rechts ebenfalls von einem pragmatischeren Ansatz aus und suchte den Prozeß in seinen über den individuellen Rechtsstreit hinausgehenden gesellschaftlichen Bezügen zu erfassen. Während die konstruktive Epoche in nach innen gewandter Sicht durch ihre theoretisch-begriffliche Analyse des Prozesses als eines Rechtsverhältnisses in dem Urteil nur eine verbindliche Entscheidung über das Rechtsschutzbegehren der Parteien erblickt hatte, richtete sich das Interesse nun auf die Funktion der Verfahrensregeln als Mittel zur Beeinflussung des gesellschaftlichen Rechts- und Moralbewußtseins. Die ältere Vorstellung von dem reaktiv wirkenden, durch das Prozeßrecht gewährten materiellen Rechtsschutz wurde überlagert von der Idee der prospektiv-psychologisch wirksamen Verhaltenssteuerung durch die Verfahrensnormen in der Bevölkerung, die im Bewußtsein der prozessualen Folgen etwaiger Rechtsbrüche zu rechtskonformem Handeln angehalten werde. Begriff und Methode der teleologischen

---

755 Näher dazu unter β) (3) (b).

756 *E. Kallenberg*, Svensk Civilprocessrätt, Bde. I und II.

757 Bis 1927 waren sämtliche fünf Teilbände des ersten und vier der sieben Teilbände des zweiten Bandes erschienen. Der letzte Teilband kam 1939 heraus und damit ebenfalls noch vor der Verabschiedung der Prozeßrefom im Jahr 1942.

758 S. unter β) (3) (c).

Auslegung fanden vor diesem Hintergrund in der Person des Prozessualisten *Per Olof Ekelöf*[759] in unmittelbarem Anschluß an die Verabschiedung der schwedischen Verfahrensreform gegen Ende der ersten Hälfte des 20. Jahrhunderts Eingang in die schwedische Prozessualistik.[760]

β) Die Bedeutung der deutschen Prozessualistik für die Entwicklung der schwedischen Verfahrensrechtswissenschaft am Vorabend der Prozeßreform

(1) Einleitung

Wie schon die schwedische Privatrechtswissenschaft im allgemeinen stand die Entwicklung der Prozessualistik in Schweden im besonderen unter dem nachhaltigen Einfluß der deutschen Rechtswissenschaft. Ihre Sonderung von der Zivilrechtslehre und Etablierung als eigenständige Disziplin innerhalb des akademischen Unterrichts, ihre Entwicklung von einer deskriptiv arbeitenden, auf die Rechtspraxis zielenden Darstellung des Verfahrensgangs zu einer systematisch-konstruktiven Prozeßtheorie, ja Wahl und Behandlung grundlegender Begriffe und Problemstellungen lassen sich unmittelbar auf eine Rezeption von Systematik, Methode, Terminologie und Argumentationsgang der deutschen Prozessualistik des 19. und frühen 20. Jahrhunderts zurückführen. Zwar fehlt es – soweit ersichtlich – innerhalb wie außerhalb von Schweden bis heute an einer fundierten dogmengeschichtlichen Untersuchung des deutschen Einflusses auf die Entwicklung der schwedischen Prozessualistik.[761] Auch kann die vorliegende Arbeit mit ihrem Schwerpunkt auf der Analyse des legislativen Prozeßrechts eine solche nicht leisten. Daß der Einfluß der deutschen

---

[759] Auf seine Theorie der teleologischen Norminterpretation und ihre Verbindung zu der ebenfalls mit seiner Person verknüpften Lehre von der psychologisch vermittelten Verhaltenssteuerung durch das Prozeßrecht kann hier nicht näher eingegangen werden, da *Ekelöfs* Wirken in die Zeit nach der Prozeßreform fällt. Daß jedoch auch er sich in seinen Ansichten und insbesondere hinsichtlich seiner teleologischen Methode von der deutschen Rechtswissenschaft hat beeinflussen lassen, kann als gesichert gelten. So äußert *Ekelöf* etwa selbst in seiner Abhandlung über das schwedische Prozeßrecht (Rättegångsbalk I, S. 69 ff.) mit Blick auf die von ihm postulierte teleologische Norminterpretation, daß er die entscheidende Inspiration zu ihr einem Aufsatz *Philip Hecks* verdanke, des Wegbereiters der Interessenjurisprudenz und teleologischen Methode in Deutschland. Allgemein zu Person und Wirken *Ekelöfs* der Nachruf von *P.H. Lindblom*, Per Olof Ekelöf in memoriam, SJT 1990, S. 668 ff. S. aber auch unten C. II. 4. b) bb) zur vergleichsweise geringen Bedeutung der objektiv-teleologischen Methode innerhalb der schwedischen Rechtsprechung der zweiten Hälfte des 20. Jahrhunderts.

[760] Zu jüngeren Entwicklungen in der Betrachtung des Prozeßzwecks vgl. *B. Lindell*, Civilprocessen, S. 79 ff.; eine instruktive Zusammenstellung der verschiedenen Auffassungen von der Funktion des Prozesses seit Beginn der konstruktiven Epoche in der zweiten Hälfte des 19. Jahrhunderts bis in die Gegenwart findet sich bei *T. Andersson*, Rättsskyddsprincipen – EG-rätt och nationell sanktions- och processrätt ur ett svenskt civilprocessuellt perspektiv, S. 201 ff. Vgl. auch *P.H. Lindblom*, Processens funktioner – en resa i gränslandet, in: Festskrift till S. Strömholm (1997), S. 593 ff.

[761] *K. Olivecrona* bietet in seinem Werk „Rätt och Dom" zwar einen von ihm sog. „doktringeschichtlichen Überblick" (S. 343 ff.), geht dabei jedoch auf den Einfluß der deutschen Rechtswissenschaft auf die schwedische Prozessualistik nur marginal ein.

Verfahrensrechtswissenschaft auf die Heranbildung ihrer schwedischen Nachbardisziplin groß war, ist jedoch andererseits in Schweden im Grundsatz bekannt und kann heute nicht mehr ernstlich in Zweifel gezogen werden.[762] Die nachfolgende Darstellung darf diese These als dem Grunde nach gesicherte Erkenntnis übernehmen. Sie kann sich in der Folge daher darauf konzentrieren, Gegenstand und Umfang der Rezeption an exemplarisch herausgegriffenen Werken schwedischer Prozessualisten im einzelnen zu ermitteln. Hierfür wird eine Skizzierung der Entwicklung der deutschen Prozessualistik am Vorabend der schwedischen Verfahrensreform vorausgeschickt.

(2) Abriß der Entwicklung der deutschen Prozessualistik am Vorabend der schwedischen Prozeßreform

Die Entwicklung der Prozessualistik hatte sich auch in Deutschland nur langsam vollzogen. Noch bis gegen Mitte des 19. Jahrhunderts stand diese in dem Ruf, ganz im Geiste *Nettelbladts*[763] mehr eine „Kunst (zu sein), Akten anzufertigen und mit ihnen geschickt umzugehen“, als Anspruch auf den Rang einer wissenschaftlichen Disziplin erheben zu dürfen. Die Methode in der Behandlung des Prozeßrechts war wie in Schweden eine großenteils unkritisch-deskriptive, der es nicht um die begrifflich trennscharfe, analytisch-konstruktive Herausarbeitung eines Systems zusammengehöriger und wechselseitig aufeinander bezogener Prozeßrechtssätze und -institute ging, sondern lediglich um die aufzählende Darstellung der einzelnen Verfahrensabschnitte in ihrer zeitlichen Abfolge.[764] Gleich Schweden findet sich auch in

---

[762] Vgl. *K. Olivecrona*, a.a.O., S. 343: „Die schwedische prozeßrechtliche Literatur, die seit dem letzten Quartal des 19. Jahrhunderts herausgekommen ist, stand unter starker Abhängigkeit von der deutschen.“ S. auch *P.O. Ekelöf*, Processuella grundbegrepp, S. 218: „Aber z.B. im Norden, wo die Rechtswissenschaft (*aus dem Kontext ergibt sich, daß Ekelöf hiermit speziell die Prozessualistik meint*, eig. Anm.) unter starkem deutschen Einfluß stand, zeigte man großes Interesse für die deutsche Diskussion (...).“ Tatsächlich wäre jedes andere Ergebnis – zumal vor dem Hintergrund des bedeutenden Umfangs deutschen Einflusses innerhalb der schwedischen Privatrechtswissenschaft, wie er in jüngster Zeit in einigen schwedischen Arbeiten nachgewiesen werden konnte (s.o. S. 8 FN 30) – kaum verständlich, bedenkt man, daß die schwedischen Prozeßrechtswissenschaftler bis weit in das 20. Jahrhundert hinein regelmäßig auch als Zivilrechtler tätig waren. *P.O. Ekelöf* dürfte einer der ersten Wissenschaftler gewesen sein, der sich in seiner Forschung überwiegend dem Verfahrensrecht gewidmet hat.

[763] Ders.: Abhandlung von der practischen Rechtsgelahrtheit (1764), § 8; dazu eingehend *K. Nörr*, Naturrecht und Zivilprozeß, S. 18 ff.

[764] Die Klage *O. Bülows*, Die neue Prozeßrechtswissenschaft und das System des Civilprozeßrechts, in: ZZP 27 (1900), S. 201 ff. (202), charakterisiert anschaulich diese Epoche „praktischer Rechtsgelehrtheit“ in Deutschland: „Noch bis in die letzte Zeit des gemeinen Prozeßrechts hinein hatte man das Prozeßinstitut beharrlich in einer Weise behandelt, die davon, daß es ein durchaus von *Rechts*gedanken erfülltes Gebilde ist, gar wenig verspüren ließ. Abgesehen von manchem vereinzeltem, überdies meistentheils bloß der Privatrechtstheorie unkritisch entlehntem rechtsbegrifflichem Beiwerke wurde der Prozeß wie ein, allerdings besonders genau und streng geregelter Staatsverwaltungsvorgang, die Prozeßordnung wie eine *Geschäfts*ordnung aufgefaßt und dargestellt (...). Man beschrieb, wie das ge-

Deutschland ein eindrucksvoller terminologischer Beleg für die geringe wissenschaftliche Aufmerksamkeit, die man dem Prozeß zuteil werden ließ, in dem gängigen Verzicht der zivilprozessualen Lehr- und Handbücher auf die Verknüpfung von „Zivilprozeß" in ihrem Titel mit dem Suffix „-recht".[765]

Den Grundstein für den Wandel von der Verfahrensbeschreibung zur Enwicklung eines theoretisch durchgeformten Prozeßrechtssystems legte auch hier die historische Rechtsschule. Entsprechend der *Savignyschen* Leitgedanken begann man, auch innerhalb des (gemeinen) Prozeßrechts bei der Herleitung seiner Grundsätze aus den historischen Quellen des römisch-kanonischen Verfahrens nach einem stärker systematisch-begrifflichen Ansatz zu streben. Ziel war dabei, in Übereinstimmung mit der von *Savigny* formulierten Aufgabe der Rechtswissenschaft an den Rechtsstoff eine historisch-systematische Methode anzulegen, ihn durch historische Betrachtung von allem Obsoleten zu reinigen und ihn sodann auf seine „leitenden Grundsätze" zurückzuführen und schließlich deren inneren Zusammenhang offenzulegen.

Mit die ersten, die diese rechtstheoretischen Forderungen auf das Prozeßrecht übertrugen, waren *Moritz August von Bethmann-Hollweg* und sein Schüler *Hans Karl Briegleb*; ersterer maßgeblich durch die enzyklopädische Darstellung des gemeinen Zivilprozeßrechts in seinem geschichtlichen Werdegang,[766] letzterer durch die detaillierte Analyse des rechtlichen Inhalts eines konkreten zeitgenössischen Rechtsinstituts auf der Grundlage seiner historischen Entwicklung.[767] Können beide auch noch nicht für sich das Verdienst

---

richtliche Rechtsschutzverfahren beschaffen ist, man erzählte, wie der Prozeß vor sich geht, man setzte auseinander, was dabei der Kläger, der Beklagte, das Gericht zu thun haben. An den *Rechtsgehalt* und das *Rechtsgefüge* des Prozeßganzen und der zu ihm zusammenwirkenden Partei- und Gerichtshandlungen wurde überhaupt nicht oder doch nur ganz von ferne und sehr undeutlich gedacht. Statt die zentralen Prozeßrechtsbegriffe zu ergründen und herauszustellen, begnügte man sich damit, der Beschreibung des Prozeßvorgangs durch Hervorhebung mancher für dessen Gestaltung hauptsächlich maßgebenden rechtspolitischen Tendenzen, der sogenannten Prozeßmaximen oder -prinzipien, einen losen Zusammenhalt und den trügerischen Anschein eines sicheren wissenschaftlichen Untergrunds zu verschaffen." (Hervorhebungen vom Autor).

765 Vgl. etwa die Abhandlungen von *N.T. von Gönner*, Handbuch des deutschen gemeinen Prozesses (1804); *L.H. von Almendingen*, Metaphisik des Civilprozesses (1806) oder auch das Standardwerk über den gemeinen Prozeß von *G.W. Wetzell*, System des ordentlichen Civilprozesses [(1865) so auch noch der Titel der 3. Auflage von 1878].

766 Ders.: Der Civilproceß des Gemeinen Rechts in geschichtlicher Entwicklung, 6 Bände (1864-74). Zu seiner Person und der Bedeutung der historischen Rechtsschule für seine Rechtsanschauungen s. näher *R. Stintzing/E. Landsberg,* Geschichte der deutschen Rechtswissenschaft, Bd. 3/2, S. 295 ff., 471 ff. Vgl. auch *M. v. Bethmann-Hollwegs* eigene Schilderung seines Verhältnisses zu *Savigny*, in: Familien-Nachricht, 1. Teil, S. 376. Als ein instruktives zeitgenössisches Zeugnis für die allgemeine Bedeutung der historischen Methode innerhalb des Prozeßrechts vgl. die Darstellung *J.W. Plancks*, Über die historische Methode auf dem Gebiete des deutschen Civilprozeßrechts (1889).

767 Ders.: Über exekutorische Urkunden und Exekutivprozeß (1839). Eingehend zu *Briegleb* und seinem Werk *R. Stintzing/E. Landsberg*, Geschichte der deutschen Rechtswissenschaft, Bd. 3/2, S. 562 ff.

in Anspruch nehmen, das Verfahrensrecht auf die Ebene eines umfassenden Prozeßrechtssystems gehoben zu haben, so haben sie gleichwohl durch ihre mit minutiöser Gründlichkeit durchgeführte Rekonstruktion des geltenden Rechts aus seinen historischen Quellen der nachfolgenden konstruktiv-begrifflichen Methode den Weg geebnet.[768]

Dieser verhalf in Deutschland in der zweiten Hälfte des 19. Jahrhunderts maßgeblich die Arbeit *Oskar Bülows* über die Prozeßeinreden[769] zum Durchbruch.[770] Durch die Herausarbeitung des Begriffs des Rechtsverhältnisses als dem – vom Autor so postulierten – zentralen Prozeßinstitut sowie der Forderung nach einer systematischen Ausrichtung des gesamten Prozeßrechts an diesem Leitbegriff[771] wurde *Bülow* nicht nur zum Wegbereiter einer auf begriffliche Analyse und logische Interpretation zielenden Behandlung des Prozeßrechts unter weitgehendem Ausschluß rechtspolitischer und soziologischer Erwägungen. Sein Werk führte zudem über die Entwicklung der Lehre von den Prozeßvoraussetzungen zu der endgültigen Sonderung des formellen Verfahrensrechts von dem materiellen Privatrecht und begründete auf diese Weise die rechtliche Sonderstellung, die die Prozessualistik seitdem als eigenständige Disziplin in der Rechtswissenschaft einnimmt.[772]

---

[768] Neben ihren methodischen Verdiensten trugen *v. Bethmann-Hollweg* und *Briegleb* durch ihre historischen Forschungen und die Rückführung der Grundsätze des geltenden gemeinen Prozesses auf das klassisch-römische und mittelalterlich-kanonische Verfahren vor allem auch zu dem hohen Stellenwert des römischen Rechts bei, den dieses auch auf dem Gebiet des Verfahrensrechts in Deutschland bis zu der Kodifikation der ZPO 1877 in der wissenschaftlichen Lehre besaß.

[769] *O. Bülow*, Die Lehre von den Prozeßeinreden und die Prozeßvoraussetzungen (1868).

[770] Vgl. hierzu die – wenngleich knappe – Übersicht über die Entwicklung der deutschen Prozessualistik bei *W. Sauer*, Allgemeine Prozeßrechtslehre, S. 48 ff. *O. Bülow* selbst zeigte sich allerdings immer auch für die praktische Seite der Jurisprudenz aufgeschlossen (vgl. etwa sein Werk „Gesetz und Richteramt" [1885]) und wird daher in der Literatur mitunter auch als Vorkämpfer der auf den Konstruktivismus folgenden Epoche einer stärker den sozial-praktischen Rechtsbezügen verhafteten Prozessualistik in Anspruch genommen; so etwa *E. Döhring*, Rechtspflege, S. 359, 363.

[771] Vgl. etwa dens., Die neue Prozeßrechtswissenschaft und das System des Civilprozeßrechts, in: ZZP 27 (1900), S. 201 ff. (222 f.): „Als der leitende, das Ganze des Prozeßrechts vollständig umfassende Grundbegriff kann nur ein solcher gelten, in welchem sich der Rechtsinhalt des Prozesses am *objektiven* Rechtsstandpunkte darstellt, nicht bloss so, wie er von seiten des einen oder des anderen Prozeßsubjekts erscheint. Diese Eigenschaft kommt aber in vollem Maße dem Begriffe des *Prozeßrechtsverhältnisses* zu. In ihm gelangt der Inbegriff der gesammten prozessualischen Rechtsbeziehungen, die zwischen den Prozeßsubjekten, den beiden Parteien und dem Gerichte durch die Prozeßeinleitung entstehen, *einheitlich, objektiv* (...) zur zusammenfassenden Ausprägung. (...) dieser Begriff ein zur Beherrschung des gesammten Prozeßrechtsstoffes geeigneter ist (...) [Hervorh. vom Autor].

[772] Vgl. etwa die Formulierung *J. Goldschmidts*, Der Prozeß als Rechtslage, S. 146: „Oskar Bülow hat der beschreibenden Prozeßkunde ein Ende gemacht." In die gleiche Richtung auch *P. Gilles*, Zum Bedeutungszuwachs und Funktionswandel des Prozeßrechts, in: JuS 1981, S. 402 ff. (403), der von der „Emanzipation des (öffentlichen) Zivilprozeßrechts aus dem 'Prozeßprivatrecht' oder 'Privatprozeßrecht' des überkommenen Aktionensystems" spricht. So im übrigen auch schon die zeitgenössische, etwa von *J. Kohler*, Der sogenannte Rechtsanspruch,

In den Werken vor allem[773] von *Adolf Wach,*[774] *Julius Wilhelm Planck,*[775] *Friedrich Stein,*[776] *Richard Schmidt,*[777] *Konrad Hellwig*[778] und *James Goldschmidt*[779] wurde die systematisch-konstruktive Methode sodann verfeinert und der Entwicklung einer Vielzahl neu begründeter prozessualer Konstruktionen und Theoriebildungen zugrundegelegt. Auf die scharfe Trennung von den Termini des materiellen Rechts bedacht, entwickelte sich um die prozessualen Schöpfungen des Prozeßrechtsverhältnisses, des Rechtsschutzanspruchs, der Streitgegenstandslehre oder auch des Instituts der Urteilsrechtskraft in der deutschen Prozeßliteratur der Jahrhundertwende eine vielschichtige Diskussion. Ihre Begrifflichkeiten und systematischen Entfaltungen werden zwar aus heutiger Sicht gerne als „hypertroph" bezeichnet und als Ausdruck „übersteigerter Theoretisierungen" und „überwuchernder Dogmatisierungen" in dieser konstruktiven Epoche der deutschen Prozessualistik gesehen.[780] Sie haben allerdings auf der anderen Seite auch zu bleibenden Betrachtungsweisen im geltenden Prozeßrecht geführt.[781]

Nachdem *Jhering* durch seine Lehre von dem Zweck als Schöpfer des Rechts[782] schon gegen Ende des 19. Jahrhunderts die theoretische Grundlegung für die soziologische Rechtswissenschaft des 20. Jahrhunderts geschaffen und dem Recht ganz allgemein durch die Betonung der praktischen

---

in: ZZP 33 (1904), S. 211 ff. (218), verwendete Metapher von der Emanzipation des Prozeßrechts „aus den Fesseln des Zivilrechts". Vgl. auch *H.F. Gaul,* Zur Frage nach dem Zweck des Zivilprozesses, in: AcP 168 (1968), S. 29 ff. sowie *W. Simshäuser*, Zur Entwicklung des Verhältnisses, v.a. S. 39 ff.

773 Nicht hierzu gezählt wird *G.W. Wetzell*, System des ordentlichen Civilprozesses (1871-78), da seine Darstellung dem gemeinen Prozeßrecht gilt und er daher zeitlich noch der älteren Epoche der deutschen Prozessualistik zuzurechnen ist. Ein Schüler *Puchtas*, erweist er sich im Anlegen einer streng begrifflich-systematischen Methode (vgl. seine grundlegenden Ausführungen auf S. 35 ff.) allerdings bereits als ein Vertreter der neuen konstruktiven Schule.

774 Grundlegend seine nur im ersten Band erschienene Abhandlung „Handbuch des deutschen Zivilprozeßrechts" (1885) sowie seine „Vorträge zur Reichs-Civilprozeßordnung" (1879).

775 Ders.: Lehrbuch des Deutschen Civilprozeßrechts (1887-1896).

776 Ders.: Grundriß des Zivilprozeßrechts und des Konkursrechts (1921). Maßgeblich auch sein Kommentar „Die Civilprozeßordnung des Deutschen Reiches" (ab 1900, in Fortführung der von *L. Gaupp* besorgten ersten drei Auflagen des Werks).

777 Ders.: Lehrbuch des Deutschen Civilprozeßrechts (1898).

778 Ders.: Lehrbuch des Deutschen Civilprozeßrechts (1903-1909) sowie sein „System des Deutschen Civilprozeßrechts" (1912-1919).

779 Ders.: Der Prozeß als Rechtslage (1925).

780 So etwa *P. Gilles*, Zum Bedeutungszuwachs und Funktionswandel des Prozeßrechts, in: JuS 1981, S. 402 ff. (403).

781 Das ist auch *H. Puttfarken*, Gegenwartsprobleme der deutschen Zivilprozeßrechtswissenschaft, in: JuS 1977, S. 493 ff. entgegenzuhalten, der mit der begriffsjuristischen Schule lediglich „Denkweisen, welche die Wirklichkeit, die Interessen, die Probleme verfehlen" assoziiert sowie „Scheinprobleme, Scheinargumente, Scheinbegründungen" (S. 497). Zu dem dauerhaften Wert einer richtig verstandenen Begrifflichkeitsmethode im Recht vgl. nur *W. Fikentscher*, Methoden des Rechts in vergleichender Darstellung, Bd. 3, S. 98 f. m.w.N. sowie *F. Bydlinski*, Juristische Methodenlehre und Rechtsbegriff, S. 109 ff. (111 ff.).

782 S. auch oben S. 148 FN 708.

Brauchbarkeit als rechtlichem (sic!) Maßstab für die Richtigkeit einer Lösung einen neuen Weg gewiesen hatte, machte sich auch in der Prozessualistik ein Umdenken bemerkbar. Hatten rechtspolitische, ethische, ökonomische oder auch soziologische Erwägungen unter der Herrschaft des Konstruktivismus in der Erörterung prozessualer Probleme noch keine Rolle gespielt, ja ausdrücklich als verpönt gegolten,[783] so begann sich diese Grundhaltung in Anlehnung an das Heraufkommen der Interessen- und Wertjurisprudenz nach der Jahrhundertwende zu ändern.[784] In zunehmender Distanzierung von der ursprünglich streng liberalen Prozeßtheorie und ihrer eingeengten Sichtweise auf das Verfahren als Instrument zur Durchsetzung der privaten Rechte des Einzelnen breitete sich der soziale Gedanke auch im Prozeßrecht aus. Unter Hervorhebung der Gemeinschaftsverpflichtung des Rechts wurde die Funktion des Prozesses zunehmend weniger in dem subjektiven Rechtsschutz des einzelnen Rechtsbürgers gesehen als in seinem Rechtssicherheit und Rechtsstabilität gewährleistenden objektiven Beitrag zur Durchsetzung der Rechtsordnung.[785] Eine allgemeine Neigung zur Erörterung des Zweckgedankens und der Anwendung teleologischer Gedankenführung machte sich in der wissenschaftlichen Literatur zum Verfahrensrecht bemerkbar,[786] der rechts-

---

[783] So hatte der oben erwähnte Prozessualist *F. Stein* etwa in seinem Vorwort zur ersten Auflage des Grundrisses des Zivilprozeßrechts (S. XIV) den Prozeß als „das technische Recht in seiner allerschärfsten Ausprägung, von wechselnden Zweckmäßigkeiten beherrscht, der Ewigkeitswerte bar," bezeichnet. In dieselbe Richtung auch schon *B. Windscheid*, Die Aufgaben der Rechtswissenschaft, in: Gesammelte Reden und Abhandlungen, S. 101

[784] *E. Döhring*, Rechtspflege, S. 367 weist zutreffend darauf hin, daß die Interessenjurisprudenz zwar ihrem methodischen Ansatz nach auch individualistische Tendenzen zur Geltung zu bringen geeignet war, in ihrer historischen Wirkung jedoch an der Seite der insgesamt stärkeren Ausrichtung von Politik, Wirtschaft und Recht auf die Allgemeinheit nach dem ersten Weltkrieg vor allem den sozialen Ideen zum Durchbruch im Recht verholfen hat.

[785] Vgl. *H.O. de Boor*, Der Begriff der actio im deutschen und italienischen Prozeßrecht, in: Festschrift für G. Boehmer, S. 99 ff. (104): „(...) daß wir den Prozeß nicht mehr als Einzelerscheinung, vom Standpunkt der Parteien her sehen, sondern mindestens ebenso sehr [in seiner] sozialen Bedeutung als Gesamterscheinung, [in] seiner Funktion, die objektive Rechtsordnung zur Geltung zu bringen."

[786] Beispielhaft etwa *Heglers* Versuch, auf dem Zweckgedanken aufbauend ein am „durchlaufenden Gedanken des Rechtsschutzes als Zweck des Prozeßrechts orientiertes" teleologisches System zu entwickeln (ders.: Zum Aufbau der Systematik des Zivilprozeßrechts, in: Festgabe für Heck, Rümelin und Schmidt [1931] S. 216 ff. [242]). Vgl. auch *A. Schönke,* Rechtsschutzbedürfnis, S. 12: „Es muß von dem Zweck des Prozeßinstituts ausgegangen werden, und dann müssen die einzelnen Teile, Bestimmungen und Institutionen zu dem Zweck in funktionelle Abhängigkeit gesetzt werden." Heute ist die teleologische Methode im Prozeßrecht allgemein anerkannt, vgl. nur *Rosenberg/Schwab/Gottwald*, Zivilprozeßrecht[15], S. 32; früher schon (1966) *B. Rimmelspacher*, Zur Prüfung von Amts wegen im Zivilprozeß, S. 10: „Die teleologische Betrachtungsweise (sc. innerhalb des Zivilprozeßrechts; eig. Erkl.) bedarf heute keiner besonderen Rechtfertigung mehr." Daß diese Tendenz zur verstärkten Betonung des Zweckgedankens im Prozeß über die Wissenschaft hinaus auch die Rechtspolitik erfaßte, belegt ein Vergleich der Motive zur ZPO von 1877 mit der amtlichen Erläuterung zum Entwurf einer Zivilprozeßordnung von 1931. Enthalten die Motive praktisch keinerlei Ausführungen

politische Gesichtspunkt wurde zu einer wichtigen Richtschnur bei der Interpretation der Gesetzesbestimmungen,[787] und soziologische Einsichten hatten nach den Vorstellungen der aufkommenden Freirechtsschule die flexibel zu gestaltende Rechtsanwendung durch den Richter im Prozeß zu bestimmen. Die „praktische Jurisprudenz"[788] und mit ihr der Gedanke der selbständigen Bedeutung des Prozeßrechts für die Verwirklichung von Gerechtigkeitswerten in der Gesellschaft rückte in den Vordergrund.[789]

Trotz wachsender Abneigung gegenüber logischen Begriffsdeduktionen erhielt sich wie innerhalb der Privatrechtswissenschaft auch in der deutschen Prozessualistik gleichwohl ein allgemeines Streben nach Systematisierung des Rechtsstoffes und präziser Begrifflichkeit. Die Öffnung der Wissenschaft gegenüber den sozialen, politischen und zunehmend auch ökonomischen Grundlagen des Rechts im Verlauf des 20. Jahrhunderts führte daher nicht zu einem radikalen Methodenwandel in der Prozessualistik. Vielmehr nahm sie lediglich dem Streben nach begrifflich-logischer Folgerichtigkeit einer rechtlichen Argumentation seinen zwingenden Ausschließlichkeitscharakter, den es zuvor – jedenfalls tendenziell[790] – besessen hatte, und ersetzte ihn durch den Gedanken des interessengerechten Ergebnisses.

(3) Bedeutung und Umfang der Rezeption deutscher Prozeßrechtsdoktrin durch die schwedische Zivilprozessualistik

Schon der erste Vergleich der vorstehend skizzierten Entwicklung der Prozessualistik in Schweden mit der in Deutschland legt eine zeitlich wie sachlich weitestgehende Parallelität zwischen beiden Ländern offen. In einem jeweils doppelten Methodenwandel vollzog sich die Entwicklung der Wissenschaft von einer zunächst empirisch-deskriptiven Verfahrenskunde noch in der ersten Hälfte des 19. Jahrhunderts über eine systematisch-konstruktive Epoche um die Jahrhundertwende hin zu einer verstärkt teleologisch-soziologischen, die Stellung des Prozesses in der Rechtsgemeinschaft betonenden Betrachtungsweise gegen Ende der ersten Hälfte des 20. Jahrhunderts.

Daß dieser wissenschaftsevolutive Gleichklang nicht etwa die zwangsläufige Folge einer allgemeinen rechtskulturellen Entwicklung „zunehmender Verwissenschaftlichung" des Rechts war, den die europäische Prozeßrechtswissenschaft etwa allenthalben ohne nennenswerte Rezeptionswirkungen au-

---

zur Funktion des Prozesses (vgl. *Hahn/Stegemann,* Materialien, S. 113 ff.), so nimmt dagegen die Erläuterung des Gesetzentwurfs von 1931 hierzu ausführlich Stellung (S. 255 ff.).

787 *E. Döhring,* Rechtspflege, S. 361.

788 Ders.: a.a.O., S. 363.

789 Exemplarisch hierfür *W. Henckel,* Vom Gerechtigkeitswert verfahrensrechtlicher Normen, passim.

790 Vgl. beispielhaft nur *A. Wachs* Formulierungen bei der Deduktion des Rechtsschutzanspruchs (in: Der Rechtsschutzanspruch, ZZP 32 [1904], S. 1 ff.): „logische Terminologie" (S. 5); „Logik des Prozesses" (S. 10); „logisch unentbehrliche Voraussetzung" (S. 15); „muß logisch unabweisbar gedacht werden" (S. 25).

tonom vollzogen hätte, zeigt schon der Vergleich mit dem Stand der Verfahrenswissenschaft in England und Frankreich in der fraglichen Zeit. In England sucht man am Vorabend der schwedischen Prozeßreform eine der konstruktiven Phase der deutschen bzw. schwedischen Prozessualistik entsprechende wissenschaftliche Prozeßtheorie vergebens. Die – ohnehin nur spärliche – Literatur ist generell „aus der Praxis für die Praxis"[791] verfaßt und verzichtet auf den Entwurf eines zusammenhängenden Systems prozeßrechtlicher Leitsätze wie überhaupt auf prinzipielle Ausführungen über allgemeine Maximen oder Grundgedanken des Prozesses. Nun mag man hierin noch ein naheliegendes Resultat eines auf Präjudizien bauenden case law-Rechtskreises sehen und folglich England im Verhältnis zur kontinentalen Rechtsfamilie für kein legitimes Vergleichsbeispiel halten. Aber auch die Entwicklung der französischen Prozeßrechtswissenschaft[792] mit ihrer das 19. Jahrhundert beherrschenden exegetischen Methode der école de l'exégèse und dem von den französischen Wissenschaftlern noch gegen Ende des ersten Drittels des 20. Jahrhunderts selbst[793] empfundenen „dogmatisch-konstruktiven Rückstand gegenüber der deutschen (...) Prozeßlehre"[794] belegt, daß jene konstruktive Epoche in Deutschland keine wissenschaftshistorische Notwendigkeit des 19. und frühen 20. Jahrhunderts darstellt. Daß die parallelen Entwicklungslinien zwischen Deutschland und Schweden vielmehr eine unmittelbare Folge der Rezeption deutscher Wissenschaftsdoktrin im Norden ist, erscheint als naheliegender Schluß.

Zur Gewißheit verdichtet sich die Vermutung jedoch bei einem konkreten Detailvergleich der prozeßrechtswissenschaftlichen Literatur beider Länder in dem fraglichen Zeitraum mit Blick auf Systematik, Methodik, Begrifflichkeit und Themenwahl bzw. Argumentationsgang. Um den Rahmen der Arbeit nicht zu sprengen, greift die nachfolgende Darstellung jeweils ein Werk führender schwedischer Prozessualisten des 19. und frühen 20. Jahrhunderts heraus und versucht, an ihm den schrittweisen Rezeptionsvorgang nachzuvollziehen.

---

[791] So *E.J. Cohn*, Zur Wahrheitspflicht und Aufklärungspflicht der Parteien im deutschen und englischen Zivilprozeßrecht, in: Festschrift für Fritz von Hippel zum 70. Geburtstag, S. 41 ff. (49).

[792] Vgl. hierzu die knappe, aber instruktive Darstellung bei *P. Endres,* Die französische Prozeßrechtslehre, passim.

[793] Vgl. insbesondere *Henry Vizioz*' durchweg kritisch gehaltene Analyse der französischen Verfahrenslehre aus dem Jahr 1927, in: Observations sur l'étude de la procédure civile, in: Etudes de Procédure, S. 3 ff.

[794] *P. Endres,* Die französische Prozeßrechslehre, S. 81.

(a) Fredrik Schrevelius*: Erste Ansätze zu einer Rezeption deutscher Systematisierungsbestrebungen und Begrifflichkeiten im Prozeßrecht*

Die – soweit ersichtlich – erste Darstellung des schwedischen Zivilprozeßrechts, die in dem fraglichen Zeitraum des 19. bis frühen 20. Jahrhunderts erschien und damit als Belegquelle für eine Rezeption deutscher Prozessualistik in Betracht kommt, ist eine von *F. Schrevelius* 1853 erschienene Abhandlung.[795] Sie ist unter dem Blickwinkel der Rezeption insofern von besonderem Interesse, als sie aus der Zeit des Übergangs der schwedischen Prozeßrechtswissenschaft von empirisch-deskriptiver Verfahrenskunde zu systematisch-konstruktiver Prozeßtheorie stammt.

Eine Reihe von Umstände erweisen den Autor denn auch einerseits noch als Vertreter der alten deskriptiven Epoche. So geht *Schrevelius*, der sein Werk bezeichnenderweise in Anlehnung an die alte Gepflogenheit noch als Lehrbuch des Zivilprozesses unter Verzicht auf die Anfügung des Suffixes „-recht" betitelt hat, im Vorwort selbst davon aus, daß der Zivilprozeß mit dem materiellen Zivilrecht in engstem Zusammenhang stehe und nicht von ihm getrennt werden könne.[796] Infolgedessen will er seine Darstellung auch nur als „Anhang" zu seinem zuvor herausgebrachten Lehrbuch des Zivilrechts verstanden wissen.[797] Auch steht er dem von der historischen Schule ausgehenden und für die nach ihm folgenden Prozessualisten selbstverständlichen Gedanken einer Betrachtung auch des römischen bzw. kanonischen Rechts als Rechtsquelle des geltenden Rechts erklärtermaßen fern. Dezidiert lehnt der Autor eine nähere Untersuchung beider Prozeßkreise in seinem Werk ab, da sie „mit Blick auf den Zivilprozeß von wenig oder keinem Gewicht" seien – so bzgl. des klassischen römischen Verfahrens – bzw. „nicht von sonderlich großem Gewicht" – so hinsichtlich des kanonischen Prozesses.[798] Und schließlich strebt *Schrevelius* in seiner Darstellung auch noch nicht nach der Entwicklung eines zusammenhängenden Systems der einzelnen prozeßrechtlichen Institute und Rechtssätze und sucht nicht nach allgemeinen, das Verfahren leitenden Grundsätzen, um von ihnen aus Rückschlüsse auf den Inhalt konkreter einzelner Bestimmungen ziehen zu können.[799]

---

795 *F. Schrevelius*, Lärobok i Sveriges allmänna nu gällande Civil-Process (Lehrbuch des allgemeinen geltendenen schwedischen Zivilprozesses). Zu *F. Schrevelius* (1799-1865) s. näher *J.E. Almquist*, Svensk litteratur historia, S. 49 ff. sowie SMK, Bd. 6, S. 573 f.

796 „Auch wenn man nicht das Wort 'Zivilrecht' in einem so weitgestreckten Sinn verstehen will, daß es auch den Zivilprozeß mitumfaßt, so ist nichts desto weniger sicher, daß letzterer mit ersterem in so engem Zusammenhang steht, daß sie nicht voneinander ganz und gar getrennt werden können noch sollen."

797 Ibid.

798 A.a.O., S. 26.

799 Die Ausführungen im dritten Kapitel des ersten Teils (S. 80 ff.) zu „Allgemeine Grundsätze", unter denen *Schrevelius* die Verhandlungs- und Untersuchungsmaxime versteht, sind mit etwa zwei Seiten überaus knapp gehalten und tragen für die nachfolgende Darstellung keine weitere Bedeutung. Man vergleiche demgegenüber hiermit etwa *Kallen-*

Andererseits legt der Autor seiner Abhandlung eine Gliederung zugrunde, die sich von der Einteilung des Prozeßgesetzes von 1734 deutlich abhebt und um eine stärker systematisch ausgerichtete, vom Allgemeinen zum Besonderen schreitende Strukturierung bemüht.[800]

Daß dies für die Mitte des 19. Jahrhunderts noch keine Selbstverständlichkeit war, belegt die nachdrückliche Kritik, mit der ein Zeitgenosse von *Schrevelius* dessen Werk in einer Rezension begegnet.[801] So hätte sich der Autor nach Ansicht des Rezensenten in der Gliederung seiner Darstellung besser „von der Natur der Sache, wie man es auch in dem Gesetz von 1734 wiederfindet," leiten lassen,[802] statt von der „natürlichen Ordnung"[803] der behandelten Gegenstände, wie sie im Prozeß auftritt, abzuweichen. Es verwirre den Leser lediglich und rufe bei ihm den Eindruck eines „tumultuarischen"[804] Charakters des schwedischen Prozesses hervor, wenn etwa die Parteieinreden noch vor der Darstellung der Klageerhebung abgehandelt würden. Es sei ersichtlich, daß sich der Autor in der Systematik an den deutschen Gepflogenheiten bei der Behandlung des gemeinen Rechts orientiert und hierbei vor allem *von Lindes* Werk[805] zugrundegelegt habe. Die deutsche Systematik passe aber nicht auf das schwedische Recht.[806]

Geht man dem für die Frage eines Rezeptionseinflusses der deutschen Prozessualistik interessanten Hinweis des Rezensenten auf *von Lindes* Lehrbuch des gemeinen Prozesses näher nach, so stellt man fest, daß die beiden Werke in ihrem Aufbau tatsächlich große Ähnlichkeit aufweisen, wenn man aus *von Lindes* Darstellung die spezifisch deutschrechtlichen Prozeßteile[807] herausnimmt.[808] Auch verweist *Schrevelius* selbst an mehreren Stellen inner-

---

bergs Abhandlung „Svensk Civilprocessrätt," die den Verfahrensgrundsätzen eine vom Umfang her fast monographische Untersuchung (Bd. 2, Abt. 1) mit insgesamt 168 Seiten widmet [eingehend zu diesem Werk unter (c)].

800 Siehe die Darstellung der Gliederung seiner Abhandlung oben S. 143 FN 686.

801 *Kn. Olivecrona*, in: Juridiska föreningens tidskrift X-XII (1855-56), 12. Heft (1856) S. 92 ff. Interessanterweise ging *Olivecrona*, wie oben [b) aa) β)] gezeigt, selbst schließlich von der exegetisch-deskriptiven zur systematisch-konstruktiven Methode über. Allem Anschein nach fällt die Rezension also noch in die Zeit vor seiner „Bekehrung".

802 A.a.O.., S. 97.

803 Ibid.

804 Ibid.

805 Gemeint ist das 1831 erschienene Werk von *J.T.B. von Linde*, Lehrbuch des deutschen gemeinen Zivilprozesses.

806 A.a.O.., S. 95.

807 Etwa das summarische Verfahren oder auch die im schwedischen Prozeß nicht vertretene Eventualmaxime.

808 Seltsamerweise handelt *Schrevelius* aber im Gegensatz zu *von Linde* etwa die Rechtsmittel vor der Darstellung des Verfahrens vor den Untergerichten und in den Rechtsmittelinstanzen ab. Diese wohl auffälligste Abweichung erklärt sich möglicherweise aus einem überzogenen, weil von der Sache selbst kaum mehr gerechtfertigten Streben nach einer systematischen Trennung zwischen allgemeineren, dem Rechtsmittelverfahren selbst vorgegebe-

halb seines Werks auf das Lehrbuch seines deutschen Kollegen,[809] das er vorzugsweise bei der Bestimmung von Begrifflichkeiten[810] als Autorität heranzieht. Eine Orientierung an dessen Lehrbuch in systematischer wie begrifflicher Hinsicht kann daher mit hinlänglicher Sicherheit angenommen werden.

Insgesamt bewegt sich *Schrevelius* jedoch noch weit enfernt von der konstruktiven Methode, wie sie um die Jahrhundertwende in Schweden herrschend wird. Seine Anlehnung an die deutsche Prozessualistik[811] beschränkt sich vielmehr auf die Rezeption ihrer Systematik und – ansatzweise – gewisser Begrifflichkeiten. Im übrigen hingegen bleibt sie ihr mit Blick auf die Methode der historisch-analytischen Quellenforschung im römischen Recht wie auch inhaltlich hinsichtlich ihrer konkreten Problemstellungen und ihres Argumentationsgangs fern. Auch hat *Schrevelius* keinen ähnlich intensiven Kontakt zu der deutschen Rechts- und Prozeßrechtswissenschaft gehabt, wie er für seine Nachfolger typisch wurde, und sich – soweit ersichtlich – etwa auch nicht eine Zeitlang an einer deutschen Universität aufgehalten. So ist nicht verwunderlich, daß die mit Abstand am häufigsten von *Schrevelius* in seinem Werk als Beleg herangezogenen Fundstellen schwedische Quellen sind.[812]

Es erscheint daher gerechtfertigt, in *Schrevelius* einen noch stark von der alten Epoche geprägten Vertreter der schwedischen Umbruchzeit an der Schwelle zu einer modernen Prozeßrechtswissenschaft zu sehen.

(b) Ivar Afzelius*: Verfechter der historisch-analytischen Methode der historischen Rechtsschule in Schweden*

Hatte sich der Einfluß der deutschen historischen Rechtsschule auf *Schrevelius* noch im wesentlichen auf die äußere Übernahme ihres Strebens nach systematischer Strukturierung des Rechtsstoffes beschränkt, so stellt der Zivilrechtswissenschaftler und Prozessualist *Ivar Afzelius*[813] einen der ersten und zugleich entschiedendsten Vertreter auch ihrer inneren Methode der historischen Rekonstruktion des Rechts in Schweden dar.

---

nen Grundsätzen (etwa Begriff der einzelnen Rechtsmittel und Voraussetzungen ihrer Statthaftigkeit) einerseits und dem Ablauf des Verfahrens auf der anderen Seite.

[809] Vgl. beispielsweise S. 82, 98, 161 ff., 172, 198, 207, 265, 277.

[810] Etwa bei dem Begriff der Parteien (S. 161 ff.), der Definition der Sachlegitimation (S. 172), den Ausführungen zu den Arten der Parteisäumnis (S. 207), dem Begriff des Beweismittels (S. 265) oder auch dem der Parteifähigkeit (S. 277).

[811] Sie war zu diesem Zeitpunkt zugegebenermaßen zumindest innerhalb des Verfahrensrechts auch noch nicht ausgereift [vgl. oben unter bb) β) (2)].

[812] In den seinen Kapiteln jeweils vorangestellten Literaturangaben zitiert *Schrevelius* – soweit ersichtlich – stets schwedische Werke. Die Hinweise auf *von Lindes* Lehrbuch erfolgen gleichsam en passent innerhalb der Darstellung.

[813] Zu Person und Werk *Ivar Afzelius'* (1848-1921) s. die oben (S. 133 FN 641) wiedergegebenen Angaben.

Wie bereits in der Darstellung der Entwicklung der schwedischen Rechtswissenschaft im allgemeinen ausgeführt,[814] wurde *Afzelius* unter dem Eindruck seiner Forschungsreise nach Deutschland 1874/75, wo er Vorlesungen bei den führenden Vertretern der historischen Schule, *Jhering* und *Windscheid*, hörte, zu einem Wegbereiter für die Übernahme deren systematisch-begrifflicher Methodendoktrin in Schweden. Zugleich erwies er sich als ein Vorkämpfer für die erhebliche Ausweitung der römischrechtlichen Forschungen an den schwedischen Universitäten im letzten Quartal des 19. Jahrhunderts.[815] Auf den nachweislich großen Einfluß, den die Arbeiten zumal *Windscheids* wie auch des (jungen) *Jhering* in methodischer wie gedanklicher Hinsicht nach den Ergebnissen der jüngeren Forschung auf *Afzelius'* zivilrechtliche Studien ausübten, wurde ebenfalls bereits hingewiesen.[816]

Auch als Zivilprozessualist stand *Afzelius* in spürbarer Abhängigkeit von der deutschen Verfahrensrechtswissenschaft. Seine 1879 – und damit im Anschluß an die Deutschlandreise – erschiene Abhandlung über den Parteieid[817] kann als eine der frühesten schwedischen Arbeiten gelten, die ihren thematischen Gegenstand unter dem Einfluß der historischen Rechtsschule historisch-analytisch behandelt und dabei zugleich einen rechtsvergleichenden Ansatz vertritt.

In deutlicher Abgrenzung zu *Schrevelius* kritischer Haltung gegenüber der historischen Rechtsforschung als Quelle für die Feststellung auch des geltenden Rechts folgt *Afzelius* in seiner Darstellung der Rechtstheorie der historischen Schule. In einer umfänglichen Analyse, die die Hälfte der gesamten Abhandlung umfaßt,[818] untersucht er die Entwicklung des Parteieids im klassischen römischen und altgermanischen Prozeß, dem mittelalterlichen kanonischen Verfahren und dem schwedischen Prozeß von den Landschaftsgesetzen bis zur Kodifikation von 1734. Dies geschieht nicht um eines bloßen rechtsgeschichtlichen Dienstes an der Vergangenheit willen, sondern unter ausdrücklichem Hinweis auf die Notwendigkeit des historischen Ansatzes für die zutreffende Erfassung dieses Beweismittels im Gegenwartsrecht:

> „Auch hier (sc. im einheimischen Recht, eig. Erkl.) müssen wir (das Institut) von seiner Entstehung an verfolgen. Wollen wir verstehen, was es ist, müssen wir wissen, was es war. Denn auch wenn seine gegenwärtige Gestalt wesentlich von der verschieden ist, in der es ursprünglich in Erscheinung trat, ist es doch nur Schritt für Schritt zu dem gewachsen, was es ist, und es hat trotz Entwicklung und Veränderung von seiner Wurzel Züge beibehalten, die nicht ohne dessen Betrachtung erklärt und verstanden werden können (…).“[819]

---

[814] Vgl. unter b) aa) β).
[815] S. auch oben S. 147 FN 703.
[816] Unter b) aa) β).
[817] Ders.: Om parts ed såsom processuellt institut.
[818] 87 von 174 Seiten.
[819] A.a.O.., S. 52.

Auf der Grundlage dieser Methode erklärt *Afzelius* den bloßen Wortlaut des Gesetzes als Beurteilungsgrundlage für unzureichend, auch wenn er in dem betreffenden Fall bereits geeignet sein mag, eine Auffassung zu stützen, und greift statt dessen auf das historische Argument als „sicherere Stütze für die Richtigkeit" einer Ansicht zurück:

„Wir könnten uns zwar darauf beschränken, den Gesetzeswortlaut anzuführen, der unzweifelhaft eine andere Auffassung auszuschließen scheint. Aber da eine Wortlautdeutung im allgemeinen nicht für sich allein eine verläßliche Entscheidung bietet in der Frage, was das Gesetz wirklich aussagt, und da überdies, wie wir gesehen haben, der Wortlaut hier auf andere Weise gedeutet wurde und gedeutet werden kann, müssen wir eine andere und sicherere Stütze für die Richtigkeit unserer Auffassung suchen.

Eine solche Stütze finden wir in der historischen Entwicklung des Eidinstituts, welche in dem Gesetz von 1734 ihren Höhepunkt erreichte."[820]

Ein weiterer Beleg für seine Beeinflussung durch die historische Rechtsschule findet sich in den rechtsvergleichenden Ausführungen, die *Afzelius* in die historische Grundlegung der Arbeit integriert und in denen er der Bedeutung des Parteieides im französischen, englischen, norwegischen, dänischen, österreichischen und dem (gemeinen) deutschen Recht nachgeht.[821] Für die alte Epoche der dem Gesetzeswortlaut des heimischen Rechts verhafteten deskriptiven Methode noch ganz untypisch, folgt *Afzelius* hierin dem von *Savigny*[822] und *Jhering*[823] betonten Gedanken der Rechtsvölkergemeinschaft und der grundsätzlichen Gleichwertigkeit aller Rechtssysteme und nutzt ihn am Ende seiner Studie für die Entwicklung einiger rechtspolitischer Überlegungen.[824]

Der für die Weiterführung der historischen Schule in Schweden um die Jahrhundertwende charakteristische Versuch, das Prozeßrecht zu einem geschlossenen System zusammenzufassen und die Bedeutung einzelner Verfahrensvorschriften und -institute sodann aus allgemeinen Grundsätzen und Figuren abzuleiten,[825] ist *Afzelius* in seinem Werk zwar noch fremd. Argumentationstopoi wie „Konstruktion",[826] „Rangordnung der prozessualen Grundsät-

---

820 A.a.O.., S. 94. Vgl. auch S. 106: „Aber es hat dieses Rechtsverständnis eine tiefere Wurzel als den Buchstaben des Gesetzes; es hat einen historischen Grund."

821 A.a.O.., S. 41-51.

822 Vor allem in dem achten Band seines „System des heutigen Römischen Rechts", der die Grundlegung des modernen internationalen Privatrechts enthält. Vgl. hierzu *G. Kleinheyer/J. Schröder,* Deutsche und Europäische Juristen, Abschnitt Savigny, S. 352 ff. (357) mit eingehenden Nachweisen aus der Literatur.

823 Über die Bedeutung *Jherings* für die Entwickung rechtsvergleichender Studien s. *K.Å. Modéer*, in: Jherings Rechtsdenken als Herausforderung für die skandinavische Jurisprudenz, Rättshistoriska Studier, Bd. 19 (1993), S. 91 ff. (109) m.w.N. aus der Literatur. Dort auch zu *Afzelius'* eigener positiver Stellungnahme zu *Jherings* Rolle innerhalb der deutschen Rechtsvergleichung.

824 S. 167 ff. *Afzelius* befürwortet hier eine Ersetzung des Parteieides durch die Einführung der Parteivernehmung nach österreichischem Vorbild.

825 Dazu nachfolgend unter (c).

826 S. *Kallenberg*, Svensk Civilprocessrätt, Bd. 1, Abteilung 5, S. 1131.

ze",[827] „Wesen des Prozesses"[828] oder auch der Gedanke der logischen Notwendigkeit der Begriffsbildung innerhalb des Rechts als eines „wissenschaftlichen Systems",[829] wie sie für die spätere Literatur typisch werden, finden sich in seiner Abhandlung noch nicht.

Erste Ansätze zu dieser sog. konstruktiven Methode finden sich allerdings auch schon bei *Afzelius*. So folgt er im zweiten Teil seiner Arbeit,[830] der sich dem Parteieid nach dem geltenden Recht widmet, einem streng systematischen Aufbau[831] und bemüht sich unter Hinweis auf die stellenweise zu unpräzise zeitgenössische Terminologie um eine schärfere Konturierung der einzelnen rechtlichen Begriffe.[832] Auch deutet seine Unterscheidung von der „äußeren Seite" („yttre sida") eines Prozeßinstituts gegenüber seiner „inneren Beschaffenheit" („inre beskaffenhet")[833] auf den Beginn einer Neigung zur vom Gesetz losgelösten Konstruktion „tieferer Rechtsstrukturen" hin, auch wenn diese bei *Afzelius* noch weniger begrifflich-deduktiv als historisch-evolutiv erfolgt.

Die in der Literatur mitunter vertretene Auffassung, die Abhandlung sei von dem deutschen Prozessualisten *Adolf Wach* beeinflußt,[834] erscheint vor diesem Hintergrund als nicht haltbar.

Fest steht zwar, daß *Afzelius* mit *Wach* in den Jahren 1882 bis 1919 in brieflichem Kontakt stand,[835] als wahrscheinlich darf überdies gelten, daß er *Wach* während seines zweiten Besuchs in Leipzig 1880 auch persönlich kennengelernt hat. Immerhin war *Afzelius* zu diesem Zeitpunkt auch in deutschen Juristenkreisen bereits eine bekannte und geachtete Persönlichkeit[836] und als neues Mitglied des Rechtsausschusses für die Zivilprozeßreform bewußt 1880 nach Deutschland und Frankreich gereist, um einen authentischen Eindruck von dem dort praktizierten Gerichtsverfahren wie auch der universitären Prozeßrechtslehre zu gewinnen. Daß er dabei mit *Wach* einen

---

[827] Vgl. dens., Bd. 2, Abteilung 1, S. 2.

[828] Ders.: Bd. 1, Abteilung 1, S. 1 (Titelüberschrift).

[829] Ders.: Bd. 1, Abteilung 5, S. 1135.

[830] S. 88 ff.

[831] Kapitel 8: Der Parteieid nach geltendem Recht – A. Der vom Gericht auferlegte Eid – *Seine Hauptformen und Grundsätze für die Anwendung der einen bzw. anderen Form* – Die Regeln für die Behandlung des Instituts: 1. Bedingungen für die Anwendung des Eids – a) mit Blick auf den Grad des vorgebrachten Beweises – b) mit Blick auf die Beschaffenheit des Prozesses – c) mit Blick auf die persönlichen Eigenschaften des Eidesleistenden – 2. Das Eidesthema – 3. Der Eidesbeschluß und seine prozessuelle Bedeutung – 4. Die Wirkung der Eidesleistung oder ihrer Verweigerung – *Besondere Arten des Parteieids* – B. Der angebotene Eid

[832] So etwa a.a.O., S. 98 f. hinsichtlich der von ihm eingeführten Unterscheidung zwischen Beweisführungspflicht (bevisningsskyldighet) und Beweispflicht (bevisskyldighet).

[833] A.a.O.., S. 37.

[834] So etwa apodiktisch ohne nähere Begründung *N. Regner*, in: H. Coing (Hrsg.): Handbuch, Bd. 3/4, S. 357.

[835] *J.O. Sundell*, Tysk påverkan, S. 134.

[836] Dazu oben unter b) aa) β).

zu diesem Zeitpunkt bereits ausgewiesenen Experten im Verfahrensrecht traf, dürfte somit als überaus wahrscheinlich gelten können, wenngleich es nicht völlig gesichert ist.

Afzelius' Abhandlung über den Parteieid ist jedoch schon 1879 und damit vor dieser zweiten Deutschlandreise entstanden. Auch steht sie methodisch, wie gesehen, dem Konstruktivismus noch recht fern und nimmt bezeichnenderweise überhaupt nur ein einziges Mal auf *Wach* Bezug[837] und auch dabei nur als Nachweis für eine rechtspolitische Diskussion in Deutschland, die ohne nennenswerte Bedeutung für den Gegenstand der Studie ist. Schließlich spricht gegen eine Beeinflussung durch *Wach* auch der Umstand, daß *Afzelius* in den abschließenden rechtspolitischen Überlegungen seiner Abhandlung für die Abschaffung des Parteieides und seine Ersetzung durch das Institut der Parteivernehmung nach österreichischem Muster plädiert,[838] gerade *Wach* jedoch ein erklärter Gegner der Parteivernehmung war.[839]

Faßt man *Afzelius'* Bedeutung für die Entwicklung der schwedischen Prozessualistik unter dem Gesichtspunkt der Rezeption deutscher Wissenschaftsdoktrin zusammen, so dürfte sie in erster Linie in der konsequenten Weiterführung der unter *Schrevelius* begonnenen Bestrebungen um Systematisierung des Rechtsstoffs und Präzision in der Begrifflichkeit zu sehen sein wie auch in seiner Übernahme der historischen und rechtsvergleichenden Methode in das Prozeßrecht. Als Verfechter eines begrifflichen Konstruktivismus im Prozeßrecht nach deutschem Vorbild läßt sich *Afzelius* hingegen nicht bezeichen, wenn auch – wie gesehen – gewisse Ansätze in seiner Darstellung deren bereits beginnende Rezeption durch die schwedische Prozessualistik anzudeuten scheinen.[840]

(c) Ernst Kallenberg *und* Ernst Trygger*: Vertreter des schwedischen Konstruktivismus der Jahrhundertwende*

Wird man in *Afzelius* nur mehr einen Wegbereiter für die Rezeption der konstruktiven Methode der deutschen Prozeßrechtswissenschaft seit *Bülow* sehen können, so haben *E. Kallenberg* und *E. Trygger* dieser in ihren Schriften

---

[837] A.a.O., S. 46 in der Fußnote 2.

[838] S. 167 ff.

[839] Vgl. nur dens., Vorträge, S. 162 ff., etwa S. 177: „(...) ungesunden Forderung einer eidlichen Vernehmung der Partei in eigener Sache."

[840] Daher scheint mir *K. Olivecrona,* Rätt och Dom, S. 351, der im Zusammenhang mit der Lehre von der Konstruktion des Prozesses als Rechtsverhältnis *Afzelius* in einem Atemzug mit *Trygger* und *Kallenberg* nennt, einem Mißverständnis erlegen zu sein, zumindest aber ein solches beim Leser hervorzurufen. Es trifft zwar zu, daß *Afzelius* in der später [unter IV. 2. b)] noch eingehend zu behandelnden Schrift „Grunddragen af rättegångsförfarandet i tvistemål" (1882) vom Prozeß als einem Rechtsverhältnis spricht (S. 11 und 46). Er nutzt diese Bezeichnung jedoch in erster Linie aus terminologischen Gründen und zieht aus ihr nicht die systematisch-konstruktiven Folgerungen, wie sie für für seinen Nachfolger *Trygger,* vor allem aber *Kallenberg* maßgebend wurden (dazu sogleich).

einen festen Platz in der schwedischen Prozessualistik verschafft. Ihre Studien zum Verfahrensrecht gehen weit über *Schrevelius'* bloßes Streben nach allgemeiner systematischer Strukturierung des noch als Anhang zum materiellen Recht betrachteten Verfahrensrechts hinaus und lassen auch *Afzelius'* noch stark dem Grundgedanken der historischen Schule verpflichteten historisch-analytischen Ansatz hinter sich. In gründlicher Auseinandersetzung mit den Arbeiten der deutschen Konstruktivisten *Bülow, Wach, Hellwig, Degenkolb, Schmidt* u.a. übernehmen sie deren Versuch, das Prozeßrecht als ein geschlossenes, gleichwertig neben dem materiellen Zivilrecht stehendes Rechtssystem zu konstruieren und erreichen so seine endgültige Sonderung von dem Zivilrecht und seine Anerkennung als eigenständige Rechtsdisziplin. Schon der wissenschaftliche Apparat in *Kallenbergs* enzyklopädischer Monographie über das schwedische Zivilprozeßrecht[841] und *Tryggers* Abhandlung über das Beweisrecht[842] mit ihrer Fülle an Verweisen auf deutsche Literatur[843] offenbaren das große Interesse, das die schwedische Prozeßrechtswissenschaft ihrer deutschen Nachbardisziplin um die Jahrhundertwende entgegenbrachte.

Dieses beschränkte sich allerdings nicht nur auf eine bloß formale, um Vollständigkeit bemühte Aufzählung von führenden Werken des deutschen Verfahrensrechts. Alle für die deutsche Prozessualistik des ausgehenden 19. und frühen 20. Jahrhunderts kennzeichnenden Fragestellungen – von der Erörterung der Eigenschaft des Prozesses als einem Rechtsverhältnis über die von *Wach* angeregte Diskussion um Begriff und Bedeutung des Rechtsschutzanspruchs bis hin zu den Theoriebildungen um die Streitgegenstands-, Partei- und Rechtskraftlehren – spiegeln sich bei *Kallenberg* und *Trygger* in ähnlicher Breite und Tiefe wie in den Werken der deutschen Kollegen. Die von diesen geprägten zentralen Begrifflichkeiten wurden unter zumeist wörtlicher Übertragung ins Schwedische der eigenen Darstellung inkorporiert. Und in der kritischen Auseinandersetzung mit den Theorien und Lehrsätzen der deutschen Kollegen finden sich vielfach die gleichen Argumente und Gedanken, wie sie auch in der deutschen Literatur von den Vertretern abweichender Ansicht gegen die jeweilige Meinung ins Feld geführt wurden.

Einen hinlänglichen Eindruck von der Tiefe der Beeinflussung der schwedischen Prozessualistik durch Deutschland vermittelt eine nähere Betrach-

---

841 S. oben S. 160 FN 756.

842 Ders.: Om skriftliga bevis såsom civilprocessuellt institut.

843 Eine quantitative Analyse von *Tryggers* Studie ergab allein für das erste Kapitel (34 Seiten) 46 Verweise auf deutsche Literatur (einschließlich zweier österreichischer Arbeiten) gegenüber lediglich 25 in Bezug genommenen schwedischen Werken und 3 dänisch/norwegischen. Ganz ähnlich gestaltet sich das zahlenmäßige Verhältnis in *Kallenbergs* Monographie, die mit seitenlangen Ausführungen zum Meinungsstand in der deutschen Wissenschaft mitunter den Eindruck hervorruft, mehr ein Beitrag zur deutschen Prozessualistik als zur schwedischen zu sein (vgl. etwa die fünfte Abteilung im ersten Buch S. 1097 ff. mit den Ausführungen zum Prozeßrechtsverhältnis und den Prozeßvoraussetzungen).

tung der Rezeption jener zwei Prozeßfiguren deutscher Verfahrenswissenschaft, die für diese Phase der Konstruktion in Deutschland eine überragende Rolle gespielt haben: das Institut des Prozeßrechtsverhältnisses und das des Rechtsschutzanspruchs.

(aa) Die Konstruktion des Prozesses als Rechtsverhältnis in der deutschen und schwedischen Prozessualistik

(α) Der Prozeß als Rechtsverhältnis in der deutschen Prozessualistik

Die konstruktive Methode war in der deutschen wie der schwedischen Prozessualistik eng mit der Betrachtung des Prozesses als einem Rechtsverhältnis mit wechselseitigen Rechten und Pflichten zwischen den Beteiligten verbunden.

Sie geht auf *O. Bülow* zurück,[844] der in Übernahme dieses ursprünglich auf das Privatrecht beschränkten Rechtsbegriffes die Gesamtheit der prozessualen Beziehungen während der fortschreitenden Entwicklung des Verfahrens als einheitliches, vom materiellen Recht getrenntes öffentlich-rechtliches Verhältnis charakterisierte.[845] Die Funktion dieser Betrachtungsweise, die in der Wissenschaft auf nahezu einhellige Zustimmung gestoßen ist[846] und auch heute noch grundsätzlich Anerkennung genießt,[847] war dabei für ihn nicht nur eine deskriptiv-terminologische, etwa im Sinne einer vereinheitlichenden Bezeichnung der den Verfahrensbeteiligten zukommenden Rechte und Pflichten ohne weitere Bedeutung für das Prozeßrecht. Vielmehr wählte *Bülow* den Begriff als den systematisch-konstruktiven Grundstein, auf dem nach seiner Vorstellung ein einheitliches, „zur Beherrschung des gesammten Prozeßrechtsstoffes (geeignetes)“ Rechtssystem zu entwickeln sei.[848] Dieses

---

[844] Zwar findet sich die Bezeichnung des Verfahrens als ein Rechtsverhältnis schon bei *M. v. Bethmann-Hollweg* (Der Civilprozeß des gemeinen Rechts, Bd. 1, S. 22, 103), worauf auch *Bülow* hinweist. Allerdings spielt der Begriff bei ersterem nicht die systematisch-konstruktive Rolle wie im Falle *Bülows*, der ihn zum Ausgangspunkt des gesamten Prozeßsystems nimmt. Es erscheint daher gerechtfertigt, *Bülow* als den Urheber der *Theorie* des Prozeßrechtsverhältnisses anzusehen.

[845] Grundlegend in seiner Abhandlung über die Prozeßeinreden und Prozeßvoraussetzungen (oben S. 164 FN 769), S. 1 ff.

[846] *A. Wach*, Handbuch, Bd. 1, § 4; *G. Hellwig*, Lehrbuch, Bd. 2, S. 1 ff. und 12 ff.; *R. Schmidt*, Lehrbuch², S. 22 ff. und 622 ff.; *J.W. Planck*, Lehrbuch, Bd. 1, S. 202 ff.; *J. Kohler*, Der Prozeß als Rechtsverhältnis, passim; *J. Weismann*, Lehrbuch, Bd. 1, S. 10 f. und 385 f. Dezidiert gegen die herrschende Meinung dagegen *J. Goldschmidt* („Der Prozeß als Rechtslage“), der den Begriff des Rechtsverhältnisses, dessen Bestehen im Verfahren er leugnete, durch den der Rechtslage ersetzen wollte. Zwar vermochte sich *Goldschmidt* mit seiner Kritik an der Definition des Verfahrens als Rechtsverhältnis nicht durchzusetzen, jedoch hat seine Meinung, der Prozeß bestehe aus einer Reihe sukkzessiv aufeinanderfolgender Rechtslagen, allgemein Anerkennug gefunden und dient auch der heutigen Doktrin noch zur Kennzeichnung des sich trotz gleichbleibenden Grundverhältnisses ständig wandelnden Prozeßbildes; vgl. etwa *Rosenberg/Schwab/ Gottwald*, Zivilprozeßrecht¹⁵, § 2 II. 3.

[847] Für alle *Rosenberg/Schwab/Gottwald*, a.a.O., § 2.

zeßrechtsstoffes (geeignetes)" Rechtssystem zu entwickeln sei.[848] Dieses hatte nach seiner Vorstellung aus zwei Hauptteilen zu bestehen, von denen der erste alle Voraussetzungen für das Zustandekommen des Rechtsverhältnisses unter dem von *Bülow* neu geprägten Begriff der Prozeßvoraussetzungen[849] zu umfassen habe. In dem zweiten Abschnitt sei dann auf den Inhalt und die Entwicklung des Rechtsverhältnisses einzugehen.[850]

In diesem Ziel, die Vielfalt der einzelnen Institute und Verfahrensrechtssätze im Vorgang aufsteigender Abstraktion unter der Einheit eines leitenden Oberbegriffs zusammenzufassen und darin zugleich das „Wesen" des Verfahrens zur Abbildung zu bringen, um aus ihm sodann absteigend den gesamten Prozeßstoff systematisch abzuleiten, lag die eigentliche Aufgabe der konstruktiven Methode und zugleich die Leistung *Bülows*.[851] Die Konstruktion suchte auf diese Weise aus der Sicht ihrer Vertreter das „Innere des Rechtsverhältnisses"[852] und den konkreten Inhalt der diesem Verhältnis entspringenden Rechte und Pflichten der Beteiligten zu ermitteln.

Wer dabei als Beteiligter des Prozeßrechtsverhältnisses zu gelten habe und zwischen wem folglich Rechte und Pflichten anzunehmen seien, war zwar in der deutschen Doktrin Gegenstand nachhaltiger Diskussion, in der die unterschiedlichsten Auffassungen vertreten wurden.[853] Davon unbeein-

---

848 Vgl. *O. Bülow*, Die neue Prozeßrechtswissenschaft und das System des Civilprozeßrechts, in: ZZP 27 (1900), S. 201 ff. (223). Ähnlich deutlich auf S. 255: „Diese Erwägungen (...) werden es, glaube ich, rechtfertigen, wenn ich gegenüber den bisherigen Methoden der Prozeßrechtssystematisierung ein auf den zentralen, einheitlichen Gedanken des *Prozeßrechtsverhältnisses* gegründetes Prozeßrechtssystem befürworte. Dieser Gedanke erscheint mir allein geeignet, dem gesammten Aufbau des Prozeßrechtsganzen zum Grundpfeiler zu dienen. Durch ihn erhalten sämmtliche Bestandtheile des Prozeßrechts, die Prozeßvoraussetzungen nicht minder wie die auf das 'Verfahren' bezüglichen Prozeßrechtsbestimmungen ihren festen einheitlichen Stützpunkt und eine harmonische, sehr leicht und klar übersichtliche Gliederung."

849 Ders.: Prozeßeinreden, S. 5 ff. Bülow sprach sich mit dieser Terminologie zugleich gegen die Weiterführung der in der gemeinrechtlichen Literatur gängigen Bezeichnung der Prozeßeinreden aus; a.a.O., S. 10 ff.

850 Der konkrete, hieraus für *Bülow* folgende Aufbau des Prozeßrechtssystems findet sich in dem zitierten Aufsatz (S. 178 FN 848) S. 257 ff.

851 So auch übereinstimmend die zeitgenössischen Stimmen, die in der Herausarbeitung des Begriffs des Prozeßrechtsverhältnisses den Beginn der „Epoche der modernen Prozeßrechtswissenschaft, nämlich die Fähigkeit, die Gedanken des Prozeßrechts erschöpfend zu begreifen und unter einheitliche Gesichtspunkte zu ordnen," sahen; vgl. *R. Schmidt*, Lehrbuch, S. 27. Vgl. auch *T. Süss*, Ist die Klageerhebung eine Prozeßvoraussetzung? in: ZZP 54 (1929), S. 12 ff. (13): „Die Tragweite dieser Auffassung ist groß; denn jetzt erst war es möglich, die Begründung des Prozesses wie die eines anderen Rechtsverhältnisses vom systematischen Gesichtspunkte aus zu beurteilen, Entstehungstatbestand und Voraussetzungen dieses Rechtsverhältnisses sowie die Bedingungen seiner Fortentwicklung zu bestimmen, Inhalt, Personen und Ziel des Rechtsverhältnisses einheitlich zu betrachten und zu regeln."

852 Beispielhaft *J. Kohler*, Der Prozeß als Rechtsverhältnis, Motto (S. II): „Wir construieren nicht, um zu construieren, sondern um das Innere der Rechtsverhältnisse zu erforschen. Die Constructionen sind die Schächte, welche in die Tiefe führen."

853 *O. Bülow* selbst nahm ein von ihm sog. dreiseitiges Rechtsverhältnis zwischen Gericht und Parteien an (ZZP 27 [1900], S. 201 ff. [233]), innerhalb dessen allerdings allein

flußt blieb jedoch die grundsätzliche Anerkennung, die dem Institut des Rechtsverhältnisses als Grundlage des Prozeßsystems gezollt wurde.

(β) Der Prozeß als Rechtsverhältnis in der schwedischen Prozessualistik

Begriff und Bedeutung des Prozeßrechtsverhältnisses wurden von *Trygger* und *Kallenberg* im frühen 20. Jahrhundert in die schwedische Doktrin übernommen. Vor allem letzterer setzte sich eingehend mit dem Begriff auseinander, dem er in seiner Abhandlung über das Zivilprozeßrecht ein umfangreiches Kapitel[854] widmete.

Unter ausdrücklichem Hinweis auf *Bülow*[855] legt er darin dessen Gedankengänge zur Qualifikation des Prozesses als einem Rechtsverhältnis dar und setzt sich selbst die Aufgabe, die Anwendbarkeit dieses Instituts auch im schwedischen Recht zu untersuchen.[856] Dabei geht er streng begrifflich-systematisch vor, definiert das Rechtsverhältnis als ein wesentlich zwischen Personen bestehendes Verhältnis wechselseitiger Rechtsbindung und analysiert konsequent zur Ermittlung des Vorliegens eines solchen Verhältnisses anschließend die Verteilung der Rechte und Pflichten zwischen Gericht und Parteien sowie zwischen den Parteien untereinander.[857] Insoweit greift *Kallenberg* auf die zeitgenössische Diskussion in der deutschen Doktrin zurück und prüft Bedeutung und Überzeugungskraft der darin vorgetragenen Argumente.[858] Bei dieser Wertung verbleibt er allerdings auf weite Strecken auf dem – zweifellos schon umfangreichen – Stand der deutschen Erörterung, deren Gesichtspunkte er sich bei der Befürwortung oder Ablehnung der einzelnen Ansichten zunutze macht, ohne sich in nennenswertem Umfang um argumentative Eigenständigkeit zu

---

dem Gericht gewisse Rechtspflichten oblägen, während die Parteien im Verhältnis zum Gericht wie auch untereinander nur im eigenen Interesse „gebunden" seien (a.a.O., S. 231 f. [unrichtig daher *G. Lüke*, Betrachtungen zum Prozeßrechtsverhältnis, in: ZZP 108 (1995), S. 427 ff. (428 f.), der *Bülow* einen späteren Meinungswandel unterstellt, indem er den Begriff der „Gebundenheit" in dessen Abhandlung „Die Lehre von den Prozeßeinreden", S. 2, irrtümlich im Sinne einer Rechtspflicht deutet.]. Demgegenüber nahmen *K. Hellwig*, System, 1. Teil § 138 II und *G.W. Planck*, Lehrbuch, Bd. 1, S. 202 ff. auch Rechtspflichten der Parteien gegenüber dem Gericht an. Weitergehend noch offenbar *A. Wach*, Handbuch, Bd. 1, § 4 V, der auch eine Rechtsbindung zwischen den Parteien selbst befürwortet zu haben und folglich von einem wahrhaft dreiseitigen Rechtsverhältnis ausgegangen zu sein scheint (so auch die Deutung *Wachs* durch *Hellwig*, System, Bd. 1, S. 397).

Wieder anders *J. Kohler*, Der Prozeß als Rechtsverhältnis, passim, der ein Prozeßrechtsverhältnis allein zwischen den Parteien anerkannte, nicht aber im Verhältnis zum Gericht, das infolge seiner Autorität nicht Beteiligter an dem Parteienkampf sein könne.

854 *E. Kallenberg*, Svensk Civilprocessrätt, Buch I Abteilung 5, S. 1096-1136.

855 A.a.O.., S. 1096.

856 A.a.O.., S. 1007.

857 A.a.O.., S. 1099 ff.

858 Ibid. *Kallenberg* verweist dabei auf die entsprechenden Arbeiten von *A. Wach*, *K. Hellwig*, *H. Degenkolb* und *J. Kohler*.

bemühen.[859] Gleichsam en passent führt er überdies den von *Bülow* geprägten Begriff der Prozeßvoraussetzungen ein,[860] den er unter wörtlicher Übersetzung („processförutsättningar“) seiner Erörterung zugrundelegt.[861]

Kallenberg plädiert schließlich in Übereinstimmung mit *Bülow* für die Bestimmung des Prozesses als ein einheitliches, sich schrittweise entwikkelndes Rechtsverhältnis.[862] Abweichend von dessen Theorie, aber gleich *Hellwig*[863] erkennt er insoweit Pflichten nicht nur einseitig seitens des Gerichts gegenüber den Parteien an, sondern auch umgekehrt auf Seiten der Parteien im Verhältnis zum Gericht[864] und bestimmt das Rechtsverhältnis folglich als ein zweitseitiges.[865]

Die Rezeption der deutschen Doktrin zum Prozeßrechtsverhältnis beschränkt sich bei *Kallenberg* nicht auf die bloße terminologische Übernahme dieser Figur in das schwedische Recht, die er im übrigen in Entsprechung zur deutschen konstruktiven Schule selbst mehrfach als eine prozessuale Konstruktion bezeichnet.[866] Vielmehr folgt er auch darin der konstruktiven Methode, daß er den „systembildenden Wert“ („systembildande värde“) der Konstruktion des Prozeßrechtsverhältnisses untersucht und ihre Fähigkeit zur Offenlegung konkreter prozessualer Probleme („klargöra de processuella

---

[859] Vgl. etwa die Ausführungen zu der Frage nach der Begrenzung des Rechtsverhältnisses auf die Entscheidung in der Hauptsache (so *O. Bülow*, in: ZZP 27 [1900], 201 ff. [236]) oder seine Erstreckung auch auf die Prüfung der formellen Sachurteilsvoraussetzungen (die von *Bülow* konsequenterweise als Prozeßvoraussetzungen bezeichnet wurden, ibid.), S. 1103. Hier erweist sich die auf den ersten Blick eigenständige Sicht *Kallenbergs*, wonach das Rechtsverhältnis bereits mit der Klageerhebung zustandekomme und die Unterscheidung zwischen der Prüfung der Sachurteilsvoraussetzungen und derjenigen der Hauptsache nur noch für den Inhalt des Verhältnisses von Bedeutung sei, letztlich als Übernahme der Argumentation *K. Hellwigs,* Klagrecht und Klagmöglichkeit, § 8. Ähnlich a.a.O., S. 1104, wo *Kallenberg* die von *J. Kohler,* Der Prozeß als Rechtsverhältnis, S. 39, gegen die Annahme einer Unterwerfungspflicht des Beklagten unter den Prozeß ins Feld geführten Argumente mit einem ausdrücklichen Hinweis auf *Wachs* Gegengründe abweist. Allerdings versucht *Kallenberg,* bei der Erörterung der einzelnen Ansichten auch die Verbindung mit dem schwedischen Recht herzustellen, dessen Aussagen über die Rolle des Gerichts und der Parteien – soweit überhaupt vorhanden – für ihn bei der Würdigung der Theorien ebenfalls eine Rolle spielen (vgl. etwa a.a.O., S. 1101).

[860] A.a.O.., S. 1103. *Kallenberg* verweist dabei nicht auf die Urheberschaft *Bülows.*

[861] In Abweichung von *Bülow* (vgl. ZZP 27 [1900], S. 201 ff. [236]) sieht *Kallenberg* in den Prozeßvoraussetzungen allerdings nur die formellen Bedingungen für die Sachentscheidung, nicht aber zugleich auch die Voraussetzungen für das Zustandekommen des Prozessrechtsverhältnisses, s.o. S. 174 FN 835.

[862] A.a.O.., S. 1126, 1130.

[863] Ders.: System, Bd. 1, S. 398 ff. (400).

[864] Als solche Verpflichtungen nimmt *Kallenberg* eine Unterwerfungspflicht der Partei-en unter die Entscheidungsgewalt des Gerichts an wie auch einzelne konkretere Handlungspflichten (Erscheinungspflicht, Editionspflichten), vgl. S. 1107 ff.

[865] A.a.O.., S. 1126. Die anschließende Untersuchung der Frage, inwieweit auch Pflichten der Parteien im Verhältnis zueinander anzuerkennen seien und das Prozeßrechtsverhältnis dadurch zu einem dreiseitigen werde, führt zu einem negativen Ergebnis, vgl. a.a.O., S. 1127 f.

[866] So unter anderem a.a.O., S. 1107, 1128, 1131.

problemen").[867] Gleich *Bülow,* auf dessen Ausführungen er sich ausdrücklich bezieht,[868] gelangt er dabei zu dem Ergebnis, daß dem Begriff des Prozeßrechtsverhältnisses eine „zentrale Stellung" zukomme, da man allein auf ihm „ein System bauen kann, das begründete Ansprüche auf Ordnung und Übersichtlichkeit erfüllt (...)." Daher habe er sich auch bei der Gliederung seiner Abhandlung „von Gesichtspunkten leiten lassen, für welche der in Frage stehende Begriff bestimmend war."[869]

Sachliche Bedeutung wies *Kallenberg* der Lehre von dem Prozeßrechtsverhältnis unter anderem für die Lösung der Problematik des Parteiwechsels zu, deren Verständnis bei der Annahme eines von dem personalen Wechsel unberührt bleibenden und damit übergangsfähigen Rechtsverhältnisses erleichtert werde.[870]

Gleich seinen deutschen Kollegen sah *Kallenberg* sein Ziel in der Errichtung eines den strengen Gesetzen der Logik[871] verpflichteten Systems des Prozeßrechts, das nach dem Institut des Rechtsverhältnisses als einem Begriff „von streng rechtlicher Qualität" ausgerichtet werden müsse. Anders sei die „gewisse Notwendigkeit, die ein Rechtssystem ebensowenig wie ein anderes wissenschaftliches System vermeiden darf", nicht zu verwirklichen.[872]

Auch *Trygger,* der als Nachfolger von *Afzelius* auf dessen Lehrstuhl in Uppsala berufen wurde, hat sich *Bülows* Theorie von dem Prozeß als einem Rechtsverhältnis angeschlossen und sie seiner Darstellung des Beweisrechts zugrundegelegt.[873] Dabei folgte er seinem deutschen Kollgegen auch in der Annahme, daß das Prozeßrechtsverhältnis erst mit dem Vorliegen sämtlicher Prozeßvoraussetzungen entstehe,[874] nahm aber im Gegensatz zu ihm und in

867 A.a.O.., S. 1131 ff.

868 A.a.O.., S. 1134 ff., FN 58.

869 Für alle drei Zitate a.a.O., S. 1133 f.

870 A.a.O.., S. 1136, FN 58.

871 So erschien *Kallenberg* die Anordnung der Lehre von den Prozeßsubjekten Gericht und Parteien an den Anfang seines Systems als eine aus dem Begriff des Rechtsverhältnisses folgende „selbstverständliche Sache"; vgl. a.a.O., S. 1135, FN 58.

872 A.a.O.., S. 1134 ff., FN 58. In seiner Anordnung des Systems weicht *Kallenberg* allerdings von *Bülows* Vorschlag (ZZP 27 [1900], 227 ff.) „aus hauptsächlich pädagogischen Gründen" ab.

873 Ders.: Om skriftliga bevis, S. 24 f, FN 2: „(...) daß es auf keine Bedenken stößt, (...) die im Prozeß vorkommenden einfachen Prozeßverhältnisse zu einem einzigen, dem *Prozeßrechtsverhältnis*, zusammenzufassen" (Hervorh. vom Autor). Siehe auch dens. in: Kommentar till lag om ändring i vissa delar af rättegångsbalken, Kap. 16 (S. 35 ff.): „Der Prozeß selbst kann als ein Rechtsverhältnis betrachtet werden."

874 A.a.O.., S. 24 f: „(...) hat das Gericht jedoch, sei es ex officio oder aufgrund einer Einrede des Beklagten, zu prüfen, inwieweit es eine Entscheidung in der Sache zwischen den Parteien zu treffen hat, d.h. inwieweit ein Prozeßrechtsverhältnis zwischen dem Gericht und den Parteien wirklich zustande gekommen ist."

Übereinstimmung mit *Wach*[875] ein auch von wechselseitigen Pflichten der Parteien untereinander geprägtes Rechtsverhältnis an.

(bb) Die Konstruktion des Rechtsschutzanspruchs in der deutschen und schwedischen Verfahrensrechtswissenschaft

(α) Der Rechtsschutzanspruch in der deutschen Verfahrensrechtswissenschaft

Neben der Darstellung des Prozesses als Rechtsverhältnis war es vor allem die Diskussion um Begriff und Bedeutung des Rechtsschutzanspruchs, die in der deutschen Prozessualistik im Mittelpunkt der konstruktiven Epoche und ihres Strebens nach Wesensschau und Zweckbestimmung des Prozesses stand. Führte erstere eher zu einer Trennung des Verfahrensrechts vom materiellen Privatrecht, so läßt sich mit einer gewissen Zuspitzung über letztere sagen, daß sie in der Tendenz wieder auf eine stärkere Zusammenführung der beiden Rechtsbereiche gerichtet war.[876] Sie ist in erster Linie mit dem Namen *A. Wachs*[877] verbunden, dessen Überlegungen zum Zweck des Gerichtsverfahrens die prozeßrechtliche Doktrin des ausgehenden 19. und frühen 20. Jahrhunderts beherrschten, und die ihren Niederschlag auch in der jüngeren Literatur gefunden haben.[878]

Wach griff den kurz zuvor von *P. Laband*[879] geäußerten Gedanken von der Verpflichtung des Staates auf, dem Bürger als Ausgleich für das grundsätzliche Verbot der Selbsthilfe bei der Verwirklichung seiner materiellen Rechte durch die Gewährleistung hoheitlicher Rechtspflege behilflich zu sein. Hieraus folgerte er ein gegen den Staat gerichtetes subjektives Recht des Einzelnen auf Rechtsschutz und faßte dessen Gewährung als die entscheidende Funktion des Prozesses.[880] Den von ihm geprägten Begriff des Rechtsschutzanspruchs

---

[875] Da *Trygger* sich in unmittelbarem Zusammenhang mit der Frage nach zwischen den Parteien bestehenden prozessualen Pflichten auf *Wach* beruft (a.a.O., S. 24 f, FN 2) und die dabei zitierte Fundstelle gerade auch *Wachs* Auffassung hinsichtlich des dreiseitigen Prozeßrechtsverhältnisses enthält, darf davon ausgegangen werden, daß auch diese Übereinstimmung auf eine bewußte Rezeption *Wach*'scher Gedanken zurückgeht.

[876] Vgl. nur *A. Wach,* Der Rechtsschutzanspruch, in: ZZP 32 (1904), 1 ff., der den engen Zusammenhang des Rechtsschutzanspruchs mit dem materiellen Zivilrecht hervorhebt.

[877] Grundlegend in: Der Feststellungsanspruch, Festgabe der Leipziger Juristenfakultät für B. Windscheid, S. 73 ff. sowie ders.: in: Handbuch, S. 4 ff.

[878] Vgl. etwa *A. Blomeyer*, Der Rechtsschutzanspruch im Zivilprozeß, in: Festschrift für E. Bötticher zum 70. Geburtstag, S. 61 ff.; *K.H. Schwab*, Zur Wiederbelebung des Rechtsschutzanspruchs, in: ZZP 81 (1968), S. 412 ff.; *J. Farkas*, Bemerkungen zur Lehre vom Rechtspflegeanspruch, in: Festschrift für W.H. Habscheid zum 65. Geburtstag, S. 83 ff.

[879] Vgl. dazu *P. Laband*, Das Staatsrecht des deutschen Reiches, Bd. 3, S. 21 ff.

[880] *A. Wach*, Handbuch, Bd. 1, S. 4 ff. Ausdrücklich grenzt er sich dabei von der gemeinrechtlichen Zweckbestimmung des Prozesses ab, die in Anknüpfung an den *Celsinischen* Aktionenbegriff der Digesten – Dig. 44, 7, 51: nihil aliud es actio quam ius, quod sibi debeatur, iudicio persequendi – die Sicht des Klägers in den Vordergrund gerückt hatte und damit aus seiner Sicht zu subjektiv geprägt war (vgl. etwa *G. Wetzell*, System des ordentli-

verstand er dabei als einen vorprozessualen konkreten Anspruch des Klägers gegen den Staat auf den seiner materiellen Rechtslage entsprechenden günstigen Rechtsschutz. Gegliedert in einen Urteilsanspruch auf ein stattgebendes Leistungs-, Feststellungs- oder Gestaltungsurteil, einen Vollstreckungsanspruch auf Durchsetzung des Anspruchs im Wege der Zwangsvollstrekkung und einen Sicherungsanspruch auf vorläufige Sicherung der Anspruchserfüllung, hatte dieser neben dem Vorliegen eines materiellrechtlichen Tatbestandes vor allem die Existenz eines Rechtsschutzbedürfnisses des Klägers zur Voraussetzung.[881] Hierin wie auch in der Ausrichtung des Anspruchs gegen den Staat unterschied sich der Rechsschutzanspruch nach *Wach* von dem materiellen Anspruch des Privatrechts, mit dem er andererseits über seine eigene Bedingtheit von dessen Vorliegen eng verbunden war. Das Charakteristische der *Wach*'schen Konstruktion bestand mithin darin, daß sie dem Kläger nicht allein ein gleichsam abstraktes Recht auf Verbescheidung seiner Klage in einem ordnungsgemäßen, fairen Verfahren einräumte,[882] sondern weitergehend noch einen konkreten Anspruch auf Erlaß eines günstigen Sachurteils bei Erfüllung der genannten Voraussetzungen.

Dieser Theorie schlossen sich zahlreiche führende Prozessualisten im frühen 20. Jahrhundert an[883] und legten sie unter z.T. präzisierendem,[884] teilweise auch *Wach* modifizierendem[885] Ausbau als zweiten Grundpfeiler neben der

chen Zivilprozesses, S. 36: „Der Civilprozeß als Lehre von der gerichtlichen Geltendmachung verletzter Privatrechte (...)" oder *N. Gönner*, Handbuch, S. 120: „Endzweck allen gerichtlichen Verfahrens ist der Schutz des Seinen."). Dagegen sieht *A. Wach* in seiner Auffassung von der Funktion des Verfahrens als Bewährung der Privatrechtsordnung durch Gewährung von Rechtsschutz eine objektive Zweckbestimmung, auf der allein „der Aufbau der Prozeßwissenschaft (...) zu erfolgen" habe (a.a.O., S. 5).

881 A.a.O.., S. 21.

882 So noch S. *Plósz,* Über das Klagerecht; *H. Degenkolb*, Einlassungszwang und Urteilsnorm, jeweils passim.

883 So etwa *J. Goldschmidt,* Der Prozeß als Rechtslage, S. 170, 260 (den Begriff allerdings materiellrechtlich deutend); *K. Hellwig,* System, S. 291 ff.; *F. Stein*, Urkunden- und Wechselprozeß, S. 47 ff.; *R. Schmidt*, Lehrbuch des deutschen Zivilprozeßrechts², S. 16 ff. Eingehend zur Entwicklung der Lehre vom Rechtsschutzanspruch *G. Schüler,* Der Urteilsanspruch, S. 12 ff. m.w.N.

884 Siehe vor allem *K. Hellwig*, System, S. 291 ff. und 776 ff. sowie ders.: Klagrecht und Klagmöglichkeit, passim. *Hellwig* greift insbesondere den durch die Theorie vom Rechtsschutzanspruch zur Diskussion nahegelegten Umstand auf, daß in der Praxis nicht selten ein – unvermeidbarer – Widerspruch zwischen der allein aufgrund des Prozeßmaterials ergehenden Entscheidung und der außerprozessualen Rechtslage besteht. Während *Wach* diese Diskrepanz noch unter Hinweis auf die pandektenrechtliche Fiktion „res iudicata pro veritate habetur" als rechtlich nicht existent abtat (in: Der Rechtsschutzanspruch, in: ZZP 32 [1904], S. 1 ff. [25]), erkannte *Hellwig* den Widerstreit grundsätzlich an, ging jedoch davon aus, daß die materielle Rechtslage durch das rechtskräftige (Leistungs-/Feststellungs-)Urteil nicht berührt werde (vgl. dens., System, S. 776 ff.).

885 *Hellwig* etwa zufolge (in: System, S. 295 f.) richtet sich der Rechtsschutzanspruch allein gegen den Staat, nicht auch gegen den Beklagten, wie es *Wach* (in: Handbuch S. 19, FN 16) vertreten hatte. *L. Grosse*, Der Rechtsschutzanspruch des Beklagten, in: ZZP 36

Konstruktion des Prozesses als Rechtsverhältnis ihrem Prozeßrechtssystem zugrunde. Wenn ihr auch von den eigenen Anhängern selbst schon früh ein praktischer Wert für das Verständnis konkreter prozessualer Probleme – etwa der Bestimmung des Streitgegenstandes – abgesprochen wurde,[886] maß man ihr doch als konstruktivem Behelf eine hohe „theoretische"[887] Bedeutung bei.

Sogar eine solche sprachen ihr die Gegner des Rechtsschutzanspruchs ab, unter denen vor allem *Bülow*[888] und *Kohler*[889] herausragten. Sie führten gegen *Wach* und seine Anhänger unter Hinweis auf die das Verfahren bestimmende Dispositions- und Verhandlungsmaxime ins Feld, daß ein Anspruch des Klägers oder des Beklagten auf ein ihm günstiges Urteil erst am Ende des Prozesses entsprechend der dann bestehenden Sach- und Beweislage entstehen könne. Diese weiche jedoch nicht selten von der wirklichen, außerprozessualen Rechtslage ab, ohne daß hierin zwingend ein Verstoß des Richters gegen seine Pflichten gesehen werden dürfe. Von einem auf Rechtsverwirklichung gerichteten vorprozessualen Parteianspruch könne daher keine Rede sein. Rechtsschutz sei zwar das Ziel des Verfahrens,[890] jedoch treffe den Richter insoweit allein die Pflicht, dem Begehren einer Partei ungeachtet der möglicherweise widersprechenden Wirklichkeit ausschließlich nach seiner Überzeugung von dessen Begründetheit auf der Grundlage des vorgelegten Prozeßstoffs stattzugeben.[891] Anzuerkennen sei daher allenfalls ein abstraktes Klagerecht, das

(1907), S. 110 ff., anerkannte parallel zu dem Rechtsschutzanspruch des Klägers nach *Wachs* Konzeption auch einen solchen des Beklagten, der sich in einem Recht auf klageabweisendes Sachurteil niederschlage, wenn bei Vorliegen der Zulässigkeitsvoraussetzungen die Bedingungen des klägerischen Rechtschutzverlangens nicht erfüllt sind. Vgl. hierzu auch *Hellwig*, Klagerecht und Klagemöglichkeit, S. 47 ff.

[886] So etwa *F. Stein*, Kommentar zur ZPO (14.A.), III. a.E. vor § 253.

[887] Dazu ders.: Grundriß, S. 13. *Wach* selbst sprach von der „Unentbehrlichkeit des Begriffs für das Verständnis des Zivilprozesses und seines Zusammenhanges mit Zivil- und Staatsrecht" (in: Der Rechtsschutzanspruch, ZZP 32 [1904], S. 1).

[888] Vgl. dens., Die neue Prozeßrechtswissenschaft und das System des Civilprozeßrechts, in: ZZP 27 (1900), S. 201 ff. (212 ff.).

[889] Vgl. insbes. dens., Der sogenannte Rechtsschutzanspruch, in: ZZP 33 (1904), S. 211 ff.

[890] Vgl. etwa *O. Bülow*, a.a.O., S. 219: „Rechtsschutzpflicht des Gerichts". Anders als *Wach* sprach *Bülow* jedoch dem Richter eine gewisse schöpferisch-gestaltende, in der durch das Urteil erreichten Herstellung konkreter Rechtsgewißheit liegende Rechtsschutzaufgabe zu, während ersterer die Feststellung des bereits objektiv bestehenden Rechts betonte (vgl. hierzu auch die zusammenfassende Darstellung bei *Wach* selbst, in: Der Rechtsschutzanspruch, ZZP 32 [1904], S. 1 ff.).

[891] Vgl. *J. Kohler*, a.a.O., S. 214 f: „Von Rechtsverwirklichungsanspruch konnte man nur zu einer Zeit sprechen, als man noch auf die Unfehlbarkeit staatlicher Urteile vertraute, zu einer Zeit, als man noch annahm, daß die Göttlichkeit in den Prozeß einwirkte und Recht und Unrecht unzweifelhaft zutage brächte. (...) auch wenn gar kein Recht des Klägers besteht, darf der Richter nicht sagen: 'Ich nehme zwar ein Recht des Klägers an, verweigere aber das der Klage günstige Urteil.' Auch hier wäre es eine Pflichtwidrigkeit, wenn der Richter mit seiner Überzeugung nicht soweit fortführe, daß er von der Annahme eines zvilistischen Rechtes zum

Kläger wie Beklagtem gleichermaßen lediglich ein Recht gegen den Staat auf Durchführung eines ordnungsgemäßen Verfahrens gewähre, von dem Inhalt der späteren Entscheidung aber völlig losgelöst sei.[892]

Getragen überdies von der Überzeugung, daß die Annahme eines Rechtsschutzanspruchs auf eine richtige Entscheidung in Übereinstimmung mit dem materiellen Recht auch wegen seiner fehlenden Erzwingbarkeit wenig sinnvoll scheine,[893] vermochte sich die Auffassung seiner Gegner letztlich durchzusetzen.[894] Ihr Postulat eines lediglich abstrakten Klagerechts ging in der Annahme eines auch heute noch allgemein anerkannten Justizgewährleistungsanspruchs der Parteien auf,[895] demgegenüber in den sechziger Jahren vereinzelt für eine Wiederbelebung des Rechtsschutzanspruchs erhobene Stimmen[896] ohne Durchschlagskraft blieben.

(β) Der Rechtsschutzanspruch in der schwedischen Verfahrensrechtswissenschaft

Die Diskussion in der deutschen Prozessualistik um die Konstruktion eines Rechtsschutzanspruchs fand in Schweden zu Beginn des 20. Jahrhunderts Eingang in die verfahrensrechtliche Literatur. Auch hier war es in erster Linie das Verdienst *Kallenbergs* und *Tryggers*, die Begriff, Fragestellung und Argumentationsgang von ihren deutschen Kollegen übernahmen und dadurch eine umfassende Rezeption dieses Bereichs deutscher Prozeßdoktrin ermöglichten. Bezeichnenderweise charakterisiert die zeitgenössische schwedische Prozess-

---

Urteile fortschritte. Nicht das vorhandene Recht, sondern die richterliche Überzeugung von dem vorhandenen Rechte ist das das Urteil Bestimmende."

892 So schon *H. Degenkolb,* Einlassungszwang und Urteilsnorm, passim; *J. Kohler*, a.a.O., S. 218 ff. *O. Bülow*, a.a.O., S. 219 spricht von einer „neutralen Verhandlungs-, Prüfungs- und Entscheidungspflicht" des Gerichts gegenüber beiden Parteien.

893 Zu entscheiden hätten über den Anspruch, wie *Rosenberg/Schwab/Gottwald*, Zivilprozeßrecht[15], § 3 II. 2. zutreffend ausführen, eben die Gerichte, die selbst Gegner des Rechtsschutzanspruchs wären. Die Identität von Anspruchsverpflichtung und Entscheidungsgewalt hebt jedoch die Erzwingbarkeit des Anspruchs und damit ein wesentliches Kriterium des Rechts auf.

894 Vgl. nur *L. Rosenberg,* Lehrbuch des deutschen Zivilprozeßrechts[4], § 90 m.w.N.

895 Siehe statt vieler *Rosenberg/Schwab/Gottwald*, Zivilprozeßrecht[15], § 3 I. Erstmals – soweit ersichtlich – sprach sich *Rosenberg*, Lehrbuch des deutschen Zivilprozeßrechts[1], § 82 III. 2. (S. 227) für die Anerkennung eines Justizgewährleistungsanspruchs aus. Erhalten hat sich allerdings von der *Wach*'schen Lehre das Institut des Rechtsschutzbedürfnisses als eine allgemeine Sachurteilsvoraussetzung. Eine Ironie der Geschichte wollte es, daß dieses von seinem Urheber ursprünglich gerade zur Begrenzung des Rechtsschutzanspruchs gedacht war.

896 So etwa *A. Blomeyer*, Zivilprozeßrecht, S. 4 ff.; ders.: Der Rechtsschutzanspruch im Zivilprozeß, in: Festschrift für E. Bötticher (1969), S. 61 ff.; *Pohle* in *Stein/Jonas/Pohle*, Kommentar zur ZPO[19], Einl. E I 3; *W. Habscheid* in einer Rezension der 19. Auflage des ZPO-Kommentars von *Stein-Jonas-Pohle*, in: FamRZ 1964, S. 479 sowie in einer Rezension des Kommentars von *Fasching* zur öZPO, FamRZ 1967, S. 61 f. (61) und spezifisch für die Gestaltungsklagen auch *P. Schlosser,* Gestaltungsklagen und Gestaltungsurteile, S. 347 ff.

rechtswissenschaft jene konstruktive Phase am Vorabend der Verfahrensreform im Rückblick mitunter selbst als Epoche der „Rechtsschutzschule".[897]

Wie in Deutschland, so wurde auch in Schweden die Auseinandersetzung weniger um die Anerkennung des Begriffs Rechtsschutz als dem vorrangigen Ziel des Prozesses geführt als vielmehr um das rechte Verständnis seines Inhalts und seiner rechtlichen Qualifikation als Parteianspruch.

Kallenberg orientierte sich in seiner Abhandlung über das Zivilprozeßrecht bei der Erörterung der Begriffe Rechtsschutz und Rechtsschutzanspruch sowohl an *Wach* und dessen Anhängern wie auch an *Bülow* und dessen Kritik an der *Wach*'schen Konstruktion eines Rechtsschutzanspruchs. So geht er unter ausdrücklichem Hinweis auf u.a. *Wach* und *Hellwig* davon aus, daß die Funktion des Prozesses in der Gewährung von Rechtsschutz („rättsskydd") bestehe:

> „Der Zivilprozeß im engeren Sinne ist das gesetzlich reglementierte Verfahren, in und vermittels welchem das Gericht als Organ des Staates in einem vorliegenden Fall privatrechtlicher Natur die Aufgabe hat festzustellen, was mit dem objektiven Recht übereinstimmt, und daher Rechtsschutz zu bieten."[898]

Gleich *Wach* (bzw. *Laband*, s.o.) leitet *Kallenberg* diese Funktion aus dem staatlicherseits aufgestellten Verbot der Selbsthilfe ab, zu dessen Kompensation dem Rechtsbürger Hilfe bei der Verwirklichung seiner privaten Rechte zu leisten sei.[899] Deutlich schimmert seine Anlehnung an *Wach*[900] auch insoweit durch, als er mit den gleichen Argumenten und hierbei insbesondere dem Verweis auf die Möglichkeit der Feststellungsklage den Begriff des Rechtsschutzes dezidiert von der überkommenen Auffassung[901] abgrenzt, wonach der Prozeß stets eine Rechtsverletzung zur Voraussetzung hatte:

---

897 So etwa *T. Andersson*, Rättsskyddsprincipen, S. 207 ff. Vgl. auch *B. Lindell*, Partsautonomins gränser, S. 83; ders.: Civilprocessen, S. 86 f; *P.O. Ekelöf*, Rättegång I, S. 14; *P.H. Lindblom*, Processens funktioner – en resa i gränslandet, in: Festskrift till S. Strömholm (1997), S. 593 ff. (608 f.).

898 *Kallenberg*, Svensk Civilprocessrätt, Buch I Abteilung 1 S. 7 f. Der Verweis auf *Wach* und *Hellwig* erfolgt auf S. 8 in FN 9. Siehe auch a.a.O., S. 11: „Das Ziel des Prozesses ist (…) die Gewährung von Rechtsschutz."

899 Ders.: a.a.O., Abteilung 5 S. 862: „Zu diesem Resultat scheint man mir natürlicherweise zu kommen, wenn man davon ausgeht, daß es dem Einzelnen verboten ist, sich durch Selbsthilfe Schutz für sein Recht zu verschaffen; als Gegenleistung muß der Staat, dessen vornehmste Aufgabe ja die Aufrechterhaltung der Rechtsordnung ist, dem Einzelnen, der ein Bedürfnis für Rechtsschutz hat, ein wirkliches Recht gegen den Staat darauf einräumen, sich in der gesetzlich vorgeschriebenen Ordnung an dessen Rechtsprechungsorgan zu wenden und in einem eingeleiteten Prozeß ein Urteil über sein Begehren zu erhalten."

900 Vgl. insb. dens., Festellungsanspruch (FN 876), S. 22: „Vollends unmöglich und unbegreiflich ist die Theorie von der Immanenz des Klagrechts im subjektiven Privatrecht, wenn Klagrechte unabhängig von subjektiven, durch sie zu schützenden Privatrechten bestehen. Daß sie bestehen, kann angesichts der negativen Feststellungsklage heute von niemand mehr bestritten werden." Zum wissenschaftlichen Verdienst *Wachs*, in der genannten Schrift erstmalig den Versuch zu einer Eingliederung der Feststellungsklage in das zivilprozessuale System unternommen zu haben, sowie zu dessen Folgen für die Rechtsschutzlehre s. näher *H. Kadel*, Geschichte und Dogmengeschichte der Feststellungsklage, S. 58 ff.

901 So noch *F. Schrevelius*, Lärobok i Sveriges allmänna nu gällande civilprocess, S.13.

„Die Klage des Klägers braucht nicht notwendigerweise die Behauptung eines Rechts zu beinhalten; sie kann auch die Behauptung der Freiheit von einer Verpflichtung umfassen (...). Man ist sich nunmehr ziemlich allgemein einig darüber, daß es in vollster Übereinstimmung mit der Aufgabe des Prozeßinstituts (sc. dem Rechtsschutz, eig. Erkl.) steht, einen Prozeß auch in solchen Fällen zuzulassen, wo es keinerlei Anlaß für eine Reaktion auf eine Rechtsstreitigkeit gibt, sondern es nur darum geht festzustellen, wie es sich in einer bestimmten rechtlichen Hinsicht verhält. Soll das Prozeßinstitut seine Funktion voll erfüllen, darf ein Prozeß nicht nur dann eingeleitet werden können, wenn jemand glaubt, daß ein anderer die Grenzen seiner Machtsphäre wirklich übertreten habe, sondern unter gewissen Voraussetzungen schon in dem Fall, da Ungewißheit herrscht hinsichtlich der Grenzen der Machtsphäre einer Person im Verhältnis zu einer anderen. Eine Klarstellung dieser Grenzen kann unbestreitbar notwendig sein zum Schutz für die eigene rechtliche Handlungsfreiheit des Individuums und gegen einen Übergriff durch die andere Seite. Die ausschließliche Aufgabe des Prozesses kann folglich nicht allein eine Reaktion auf eine Rechtskränkung sein."[902]

Kallenberg rezipiert von *Wach* auch dessen Figur des Rechtsschutzinteresses bzw. Rechtsschutzbedürfnisses, die er unter wörtlicher Übersetzung („intresse af rättsskydd" bzw. „behof af rättsskydd")[903] übernimmt und als Sachurteilsvoraussetzung seiner Systematik zugrundelegt.[904]

Hingegen wendet sich *Kallenberg* mit aller Entschiedenheit gegen die Anerkennung eines Rechtsschutzanspruchs im Sinne des von *Wach* postulierten außerprozessualen Rechts des Klägers auf ein ihm günstiges Urteil bei Erfüllung der materiellen Tatbestandsvoraussetzungen und – u.a. – Vorliegen des Rechtsschutzbedürfnisses. Ausführlich erörtert er den zeitgenössischen Stand der hierüber in Deutschland zwischen *Wach* und *Bülow* geführten Auseinandersetzung,[905] analysiert deren Argumente und entscheidet sich schließlich für die *Bülowsche* Position eines abstrakten, vom konkreten Urteilsinhalt losgelösten Rechts auf ein ordnungsgemäßes, faires Verfahren und eine Verbescheidung des Begehrens:

„Man hat erklärt, daß (das Klagerecht) ein Recht sei, eine Klage zu erheben und in dem anhängig gemachten Prozeß ein Urteil über diese Klage zu erhalten, ein Urteil, das unter entsprechenden prozessuellen Bedingungen eine Entscheidung der Sache selbst umfaßt (...). Was den Inhalt dieser Entscheidung angeht, so muß nachdrücklich darauf hingewiesen werden, daß das *Klagerecht (...) auf nichts anderes geht als darauf, daß das Gericht den Prozeß sorgfältig führt und nach bestem Wissen und Gewissen (...) auf der Grundlage des vorgelegten Prozeßmaterials das Urteil fällt.* Demgegenüber beinhaltet das Klagerecht keinesfalls ein Recht des Klägers auf ein Urteil, das die Sache entsprechend seinem Begehren entscheidet und in Übereinstimmung mit dem materiellen Recht, welches er wirklich besitzt. *Ein derartiges Recht auf ein günstiges Urteil kann (...) nicht an ausschließlich außerprozessuale Bedingungen geknüpft werden.* Ein für den Kläger günstiges Urteil ist abhängig von der Sachverhaltsermittlung und der Beweiserhebung im Prozeß, und selbst für den Fall, daß das Prozeßmaterial, rein objektiv gesehen, für den Kläger

---

902 *E. Kallenberg,* a.a.O., S. 11 f.

903 A.a.O.., Abteilung 4 S. 871.

904 Ibid. S. 870 ff.; 911; 944: „Gemeinsame Voraussetzung für alle Klagen ist (...) ein Rechtsschutzbedarf."

905 A.a.O.., S. 864 ff.

streiten sollte, läßt sich die Annahme eines solchen Rechts wie das in Frage stehende nicht halten. Denn hieraus würde folgen, daß das Gericht (und mittelbar der Staat, als dessen Organ das Gericht fungiert), wo es unrichtig urteilt, sich einer Pflichtverletzung schuldig macht, auch wenn es nach bestem Wissen und Gewissen urteilt. Aber dieser Schluß scheint unhaltbar. Mehr als Gerechtigkeit in dem vorab genannten Sinne kann der Einzelne, der sich an den Staat mit dem Begehren um Schutz für sein privates Recht wendet, nicht verlangen: eine Pflicht zur Gewährleistung einer objektiv gesehen unfehlbaren Rechtsprechung kann der Staat sich nicht auferlegt haben."[906]

Der Vergleich dieses Zitats mit *Bülows* Ausführungen über den Inhalt des Rechtsschutzbegehrens[907] erweist ganz eindeutig die weitgehende Abhängigkeit der Argumentation *Kallenbergs* von der Begrifflichkeit wie auch dem Gedankengang seines deutschen Kollegen. Restzweifel an der Herkunft seiner Argumente zerstreut *Kallenberg* schließlich auch selbst durch den Hinweis darauf, daß er sich *Bülows* zutreffender Kritik an *Wach* hinsichtlich der Annahme eines Rechtsschutzanspruchs anschließe.[908]

Demgegenüber rezipiert *Trygger* auch die *Wach*'sche Theorie des außerprozessualen Rechtsschutzanspruchs, in dem er eine unentbehrliche Konstruktion für den Prozeß zu erkennen glaubt, die dessen „verschiedene Stadien und Arten zusammenhält."[909] Ausdrücklich erklärt er, daß er *Wachs* Auffassung teile und hebt lobend dessen „Klarheit" in der Darstellung hervor.[910] Und ohne sich auch nur um den Ansatz einer eigenständigen Erörterung zu bemühen, zitiert er ganze Passagen aus dessen Handbuch, die er anschließend ohne nähere Auseinandersetzung mit ihnen seiner Darstellung zugrundelegt:

„(...) so kann man nicht umhin, *Wachs* Ansicht beizutreten, nach welcher der Kläger in einem (...) Prozeß (...) einen Anspruch auf *Rechtsschutz, gerichtet gegen den Staat und den Gegner*, geltend macht. Wir können uns nicht das Vergnügen versagen, *Wachs* eigene Worte in dieser Sache anzuführen, die an Klarheit nichts zu wünschen übrig lassen (...)."[911]

Trygger übernimmt von *Wach* auch dessen systematische Einteilung des Rechtsschutzanspruchs in Abhängigkeit von dem Mittel für dessen Befriedigung nach Urteil, Vollstreckung, Konkurs und einstweiliger Sicherung[912] und folgt ihm schließlich auch in der theoretischen Ableitung der Rechtsschutzpflicht des Staates aus dessen Gewaltmonopol.[913]

---

906 Ibid. S. 864 f. Die Hervorhebungen durch Kursivdruck sind eigene.

907 Vor allem in: Die neue Prozeßrechtswissenschaft und das System des Civilprozeßrechts, ZZP 27 (1900), S. 201 ff. (212 ff.).

908 A.a.O.., S. 866, FN17: „(...) kann ich für mein Teil nicht anders, als dem Verfasser (sc. *O. Bülow*, eig. Erkl.) Recht darin zu geben (...)."

909 *E. Trygger*, Om skriftliga bevis, S. 22.

910 Ibid.

911 A.a.O.., S. 21 f; die Hervorhebung im Kursivdruck stammt von dem Autor selbst. Es folgt sodann ein Zitat der begrifflichen Bestimmung des Rechtsschutzanspruchs durch *A. Wach*, die seiner Darstellung im Handbuch des deutschen Zivilprozeßrechts, Bd. 1, S. 19, entnommen ist.

912 Ibid.

913 A.a.O.., S. 23 unter ausdrücklichem Verweis auf *Wach* in FN 1.

(cc) Zusammenfassung

Bereits die im Rahmen dieser Untersuchung lediglich exemplarisch mögliche Darstellung zweier prozessualer Grundfiguren in den Werken von zwei der führenden schwedischen Prozessualisten im frühen 20. Jahrhundert läßt erkennen, welch großer Einfluß von der deutschen Prozessualistik am Vorabend der Verfahrensreform auf ihre skandinavische Nachbardisziplin ausgegangen ist.[914] Beide Wissenschaftler – *Kallenberg* und *Trygger* – operieren in ihrer Darstellung allenthalben mit dem Begriffsvokabular der konstruktiven deutschen Schule. Formulierungen wie „Begriffsdeduktion“,[915] „theoretische Konstruktion“,[916] „theoretisch verteidigbar“,[917] „systembildende Bedeutung des Begriffs“[918] wie auch der Vergleich mit der lückenlosen Beweisführung innerhalb der (Natur-)Wissenschaften[919] erscheinen in ihrer Argumentation häufig und belegen, daß sich die von der deutschen Prozessualistik ausgehende Rezeptionswirkung sowohl auf die methodische wie auch die terminologische Seite der konstruktiven Schule erstreckt hat. Die Darstellung hat überdies erbracht, daß *Kallenberg* und *Trygger* ihren deutschen Kollegen auch in der Wahl der Fragestellungen gefolgt sind und sich zudem schließlich auf weite Strecken in ihrer Erörterung auch deren Argumentation angeschlossen haben. Dabei kam es vor, wie das Beispiel *Tryggers* belegt, daß Zitate aus den Werken der deutschen Prozessualistik nicht nur als unterstützender Beleg für die eigenen Ausführungen dienten, sondern sogar ganz an

---

[914] Die von der deutschen Verfahrensrechtswissenschaft auf Schweden ausstrahlende Rezeptionswirkung hat sich allerdings längst nicht nur in den Werken dieser beiden herausragenden schwedischen Rechtswissenschaftler niedergeschlagen, sondern läßt sich in zahlreichen schwedischen Arbeiten des frühen 20. Jahrhunderts nachweisen (man vgl. etwa das Werk von *O. Granfelt*, Den materiella processledningen [1910], der sich im ersten Kapitel seiner Abhandlung über die richterliche Prozeßleitung ausführlich mit der ganzen Spannbreite der deutschen Prozessualistik zu den Begriffen des Prozeßrechtsverhältnisses und des Rechtsschutzes auseinandersetzt und dabei auf weite Strecken unmittelbar aus deutschen Werken zitiert). Hier nur am Rande bemerkt, da im Rahmen dieser Untersuchung nicht weiter ausführbar, sei schließlich, daß auch die zeitgenössische schwedische Prozeßdoktrin an den Entwicklungen innerhalb der deutschen Nachbardisziplin weiterhin ersichtlich Interesse zeigt, mag dieses auch in seinem Umfang nicht ganz an die hier in Rede stehende Epoche des ausgehenden 19. und frühen 20. Jahrhunderts heranreichen. Vgl. etwa aus jüngster Zeit die Abhandlung *E. Lehrbergs* über die notwendige Streitgenossenschaft („Processgemenskap i dispositiva tvistemål där saken är sådan att endast en dom kan ges“ [2000]) mit einer ausführlichen Darstellung der deutschen Lehre (S. 36 ff.). Vgl. aber beispielsweise auch die bereits mehrfach zitierte Abhandlung *B. Lindells* über das Zivilprozeßrecht („Civilprocessrätten“ [1998]), in der neben wissenschaftstheoretischen und rechtsmethodischen deutschen Untersuchungen auch zwölf unmittelbar auf das Prozeßrecht bezogene deutsche Arbeiten zitiert werden.

[915] *E. Trygger*, a.a.O., S. 3.

[916] A.a.O.., S. 13. S. auch schon *E. Kallenberg*, ibid.

[917] *E. Kallenberg,* a.a.O., *S.* 1131.

[918] Ibid.

[919] Ibid.

deren Stelle traten. Umfangreicher kann die Rezeption innerhalb eines Wissenschaftszweiges kaum mehr gedacht werden.

5. *Würdigung*

Schweden stand mit dem europäischen Ausland in der Zeit der Gesetzgebungsarbeiten an der Reform des schwedischen Prozeßrechts im 19. und frühen 20. Jahrhundert politisch, kulturell und rechts- bzw. prozeßrechtswissenschaftlich in einem engen Austauschverhältnis. Dabei ist zu beobachten, daß der Einfluß Frankreichs auf allen drei Gebieten, maßgeblich aber denen der Kultur und der Rechtswissenschaft, im Verlauf des 19. Jahrhunderts kontinuierlich abnimmt, während der Englands, vor allem aber der Deutschlands in gleichem Maße an Stärke gewinnt.

Auf der Ebene des Prozeßrechts dokumentieren diese enge Anbindung an das europäische Ausland in quantitativer Hinsicht einerseits die ausgedehnten Forschungsreisen, die Wissenschaftler und Praktiker allgemein wie auch die an der Prozeßreform beteiligten Fachleute im besonderen seit der zweiten Hälfte des 19. Jahrhunderts in alle genannten Länder führten. Dort wurden die Eigentümlichkeiten des jeweiligen Gerichtsverfahrens gezielt und eingehend studiert und den mit der Reform betrauten Gremien anschließend zugänglich gemacht. Niedergeschlagen hat sich das enge Verhältnis zum Ausland andererseits aber auch in den zahlreichen Veröffentlichungen über ausländisches Prozeßrecht in den schwedischen Rechtszeitschriften und den häufigen Verweisen auf ausländische Literatur in den verfahrensrechtlichen Abhandlungen.

Sowohl in der Häufigkeit und Dauer des jeweiligen Auslandsaufenthalts wie auch der zahlenmäßigen Verteilung der Veröffentlichungen über das Prozeßrecht der Länder Frankreich, England, Deutschland und Österreich zeigt sich dabei auch hier eine deutliche Bevorzugung des deutschsprachigen Raums gegenüber Frankreich und England.

Vor allem die qualitative Analyse hat jedoch erweisen können, welch beherrschenden Einfluß Deutschland auf der Ebene der Rechts- und Prozeßrechtswissenschaft auf Schweden am Vorabend der Prozeßreform auszuüben vermochte. Sie belegt am Beispiel der Detailuntersuchung von vier ausgewählten Abhandlungen führender Prozeßrechtswissenschaftler die weitgehende Abhängigkeit der schwedischen Verfahrenswissenschaft von der Methodik, Terminologie, den Fragestellungen und der Argumentation der deutschen Prozessualistik.

Eine Schlußfolgerung und drei Hypothesen ergeben sich hieraus für die nachfolgende Untersuchung des Einflusses ausländischen Rechts auf die schwedische Prozeßreform:

Zum einen darf schon jetzt als gesichert gelten, daß die den französischen, deutschen, österreichischen und englischen Prozeß prägenden Wesenszüge den Schweden bereits zu einem frühen Stadium ihrer Verfahrensreform gut vertraut waren und bei der Arbeit der Fachkommissionen an der Ausgestaltung des eigenen Prozesses zumindest Berücksichtigung fanden. In diesem weiten Sinne kann bereits hier von einer Rezeption fremden rechtlichen Gedankenguts durch Schweden gesprochen werden (s. Einl. B. II. 1.).

Zum zweiten läßt die starke Orientierung am deutschsprachigen Raum gerade auf dem Gebiet der Rechts- und Prozeßrechtswissenschaft erwarten, daß, soweit ein Einfluß fremden Rechts in der Reformnovelle auszumachen ist, dieser eher dem deutschen bzw. österreichischen Prozeß zuzuordnen ist als dem französischen und englischen.

Berücksichtigt man insoweit, daß der deutsche Prozeß in der ZPO von 1877 zwar zunächst noch stark vom liberalen Modell geprägt war,[920] sich in der für die schwedische Reform entscheidenden Zeit des frühen 20. Jahrhunderts jedoch durch die Novellen von 1909, 1924 und 1933 deutlich dem österreichischen sozialen Prozeß anschloß,[921] so steht zu erwarten, daß eine eventuelle Beeinflussung der Novelle von 1942 eher durch das soziale Prozeßmodell stattgefunden hat (dazu unter IV.). Diese Hypothese findet eine zusätzliche Stütze in dem Umstand, daß das österreichische Prozeßrecht, wie gesehen, seinerseits von den schwedischen Kommissionen eingehend studiert wurde.

Demgegenüber ist für die das 19. Jahrhundert beherrschende Reformdiskussion in Schweden zu erwarten, daß sie wegen des auf dem Kontinent zu diesem Zeitpunkt vorherrschenden liberalen Modells Zeichen einer Beeinflussung von seiner Seite aufweist. Zugleich dürften sich im Verlauf der Reformbemühungen infolge des wachsenden Interesses am deutschen Rechtsraum jedoch auch Anzeichen für eine Rezeption der in Deutschland zu dieser Zeit vorherrschenden Bewegung der historischen Rechtsschule niedergeschlagen haben (dazu nachfolgend III.).

III. Der Weg der schwedischen Prozeßreform unter dem Einfluß von Liberalismus und historischer Rechtsschule

1. Der Einfluß des Liberalismus auf die schwedischen Reformvorhaben im 19. Jahrhundert

Es wurde bereits betont,[922] daß der wohl auffälligste Charakterzug der Entwicklung des schwedischen Prozeßrechts im 19. Jahrhundert der des Stillstands und der relativen Erfolglosigkeit der Refombemühungen ist. Weder die Arbeit des 1811 eingesetzten Komitees für die umfassende Revision des Zivilrechts einschließlich des Prozesses noch die Versuche der 1845 konsti-

---

[920] S. die Nachweise unter S. 1 FN 5.

[921] Siehe oben S. 2 FN 6

[922] S. oben 3. Teil A.

tuierten sog. Äldre Lagberedning bzw. die der sog. Nya Lagberedning in den Jahren 1875 bis 1884 waren letztlich erfolgreich.[923]

Die prozessualen Änderungen, die im Laufe des 19. Jahrhunderts zustandekamen, hatten für den Zivilprozeß nur marginale Bedeutung. Zu nennen sind insoweit das 1823 für die Bauern eingeführte Recht, die Laienrichter der „häradsrätter“ künftig selbst durch Wahl zu bestimmen,[924] das 1872 auf alle kommunalen Stimmberechtigten ausgeweitet wurde,[925] die Aufhebung der „kämnersrätter“ in den Städten und der „lagmansrätter“ auf dem Land 1849[926] sowie die Abschaffung einiger Spezialgerichte gegen Mitte des Jahrhunderts wie etwa des „riddarsynerätts“ 1849 oder des „bergstingsrätts“ 1851.[927] Im übrigen blieben Gerichtsverfassung wie Verfahren praktisch unverändert.[928]

Dies erscheint auf den ersten Blick verwunderlich, da in Schweden zu Beginn des 19. Jahrhunderts allgemein ein starker Reformeifer herrschte, der sich in seiner Intensität wie auch seiner Zielsetzung deutlich aus der liberalen Ideenwelt der französischen Revolution speiste. So wurden schon 1809 in unmittelbarem Zusammenhang mit der neu eingeführten Staatsform der konstitutionellen Monarchie Forderungen erhoben nach einer radikalen Reform des Vier-Stände-Reichstages zugunsten eines vom Volk gewählten Repräsentationsorgans, nach größerer Religions- und Pressefreiheit, nach der Säkularisierung des Eherechts, der Einführung des gleichen Erbrechts für Sohn und Tochter wie auch der Reform des Strafrechts durch u.a. die Beseitigung des inquisitorischen Prinzips zugunsten des akkusatorischen sowie die Aufhebung aller entehrenden Körperstrafen.[929]

Die Reformwünsche bezogen auch den Zivilprozeß ein und richteten sich hier ganz im Sinne der liberalen Maxime von der Gleichheit aller vor dem Gesetz vor allem auf eine radikale Umgestaltung der Gerichtsorganisation. So sollten insbesondere die Sondergerichte beseitigt werden, die seit der Mitte des 17. Jahrhunderts in Umsetzung der mittelalterlichen Ständegesellschaft konstituiert worden waren und die ihre Jurisdiktion nach dem sozialen Status der Parteien wie auch der Art des Klagegegenstandes ausrichteten.[930]

---

923 Dies trifft auch auf die zahlreichen anderen Reformvorschläge zu, die auf den Gebieten des Familien-, Erb-, Boden-, Handels- und Strafrechts seit dem frühen 19. Jahrhundert vorgelegt wurden.

924 K.F. vom 18. Dezember 1823.

925 K.F. vom 19. Juli 1872.

926 K.F. vom 18. April 1849.

927 *J.E. Almquist*, Processrättens historia, S. 30.

928 Siehe für die unbedeutenderen Modifikationen die Aufzählung in: *A. Engelmann/R. Millar*, History of Continental Civil Procedure, S. 864 ff.

929 Näher dazu *G. Inger*, Svensk Rättshistoria, S. 175 ff.

930 Vgl. etwa LagCommiteens Förslag till Allmän Civillag – motiver –, S. 254 ff. (S. 255: „Alle sind gleich vor dem Gesetz [...]. Das Gericht, das gut ist für einen, ist gut für alle.“); Förslag till Allmän Criminallag – motiver – S. 87 ff. sowie Äldre Lagberedningens Förslag till Rättegångsbalk – nya motiver –, S. 2: „(...) keine Frage, die ihrer Natur nach einer gerichtlichen Prüfung unterliegt, darf anderswo als an den allgemeinen Gerichten anhängig gemacht oder

Ausdruck liberaler Vorstellungen war auch das Streben nach einer Bündelung aller ordentlichen Rechtsstreitigkeiten (Zivil- wie Strafprozesse) und ihrer ausschließlichen Zuweisung zu den ordentlichen Gerichten unter gleichzeitiger Aufhebung der judikativen Tätigkeit der Verwaltungsbehörden in diesem Bereich, das den Vorschlägen des Lagkommittés wie auch der Äldre Lagberedning zugrundelag.[931] Dem Konzept der Gewaltenteilung folgend, sollte hierdurch eine klare Grenzziehung zwischen der Exekutiven und der Judikativen ermöglicht werden.

Auch die auf die Umgestaltung des Verfahrens selbst gerichteten Reformideen spiegeln deutlich den Einfluß des liberalen Verfahrensmodells wider.

So erhoben die schwedischen Reformgremien des Lagkommittés und der Äldre Lagberedning die Mündlichkeit und Öffentlichkeit des Gerichtsgangs als die beiden primären Forderungen der liberalen Bewegung ebenfalls zu einem zentralen Gegenstand ihrer Beratungen. Zwei Mitglieder des Lagkommittés und die Äldre Lagberedning traten insoweit mit Nachdruck für eine erhebliche Reduktion der Protokollierungspflicht[932] wie auch die Einführung einer obligatorischen mündlichen Schlußverhandlung in der Rechtsmittelinstanz ein.[933] Ebenso sollte die (Partei- und Allgemein-)Öffentlichkeit nach dem Willen sowohl des Lagkommittés wie auch der Äldre Lagberedning im Verfahren vor den Untergerichten und in der Rechtsmittelinstanz eine nachhaltige Stärkung erfahren.[934]

Auch hinsichtlich des freien Beweisverfahrens, das wegen der mit ihm verbundenen Ausweitung richterlicher Kompetenzen und Verfahrenskontrolle gegenüber der überkommenen Legaltheorie wie dargestellt noch am wenigsten als schlüssige Folge liberaler Verfahrensdoktrin angesehen werden kann, lassen die Reformvorschläge in der Tendenz eine neue Weichenstellung erkennen. Zwar sprachen sie sich nicht für die Abschaffung des überkommenen Le-

---

weiter verfolgt werden." Dazu auch *G. Inger*, Svensk Rättshistoria, S. 176; *N. Gärde*, Rättegångsbalken, in: Minnesskrift ägnad 1734 års lag, Bd. 1, S. 369 ff. (373).

931 Die Reformpläne zusammenfassend prop 1931 Nr. 80, S. 24. Vgl. demgegenüber für die Entwicklung des Selbstverständnisses schwedischer Justiz in der Epoche des sozialdemokratischen „Volksheim-Modells" nach dem zweiten Weltkrieg die Analyse unter C. II. 4. b) bb).

932 Zu dem Zusammenhang zwischen Mündlichkeit und Protokollierung siehe im einzelnen IV. 2. b) bb) α) (1).

933 Vgl. prop 1931 Nr. 80, S. 24 f. Die beiden Mitglieder konnten sich zwar mit ihrem Vorschlag nicht in vollem Umfang gegen die stärker konservativ ausgerichtete Mehrheit durchsetzen, jedoch sah der schließlich verabschiedete Vorschlag des Lagkommittés immerhin die fakultative mündliche Schlußverhandlung auf Verlangen einer Partei bzw. nach dem Ermessen des Richters vor; vgl. Förslag till Allmän Civillag, Kap. 14 § 1; dazu die Motive auf S. 289.

934 LagCommiteens Förslag till Allmän Civillag, Kap. 7 § 3 („Der Prozeß soll öffentlich stattfinden.") sowie motiver S. 266. Der Vorschlag des Lagkommittés ging insoweit über den der Äldre Lagberedning hinaus, welcher auf der Rechtsmittelebene die Öffentlichkeit auf die Fälle des Partei- und Zeugenverhörs beschränken wollte, vgl. Äldre Lagberedningens Förslag till Rättegångsbalk, Kap. 7 § 4 sowie die Motive (Nya motiver) auf S. 7 f.

galverfahrens aus, nahmen diesem jedoch durch die Aufhebung einer Reihe von Zeugnisausschlußgründen einen Teil seiner früheren rigiden Strenge.[935]

Bemerkenswert erscheint auch, daß die für das liberale Modell kennzeichnende Auffassung von dem Verfahren als frei von sittlichen und weitgehend auch rechtlichen Pflichten zu führendem „Prozeßkrieg" zwischen den Parteien, in dem selbst die Lüge ein erlaubtes, jedenfalls aber rechtlich indifferentes Mittel sei,[936] in Schweden auf Interesse stieß. So wurde trotz des ausdrücklich im fortgeltenden Prozeßgesetz von 1734 festgeschriebenen Verbots der Prozeßlüge[937] im 19. Jahrhundert die Ansicht vertreten, daß unter gewissen Umständen – maßgeblich in Fällen der Beweisnot – Kläger wie Beklagter lügen dürften.[938]

Und nicht zuletzt hinsichtlich der Stellung des Richters und des Umfangs seiner Mitverantwortung für die Ermittlung des relevanten Sachverhalts zeugen die frühen Reformvorschläge von dem Einfluß der liberalen Theorie. So folgten sie deutlich der zeittypischen Läufte der den Richter nur als passiv-reaktiven Schiedsrichter begreifenden Auffassung, wenn sie unter Hinweis auf die entsprechende Gepflogenheit in allen „zivilisierten Ländern, mit Ausnahme Preußens" ausdrücklich forderten, das Gericht habe allein „Gesetz und Recht anzuwenden" und sich im übrigen „von jedem Eingreifen in die Verhandlungen der Parteien zurückzuhalten."[939]

Schließlich sah der Vorschlag der Äldre Lagberedning in Anlehnung an das französische Institut des Friedensrichters – Ausdruck des liberalen Strebens nach weitestgehendem Rückzug des Staates aus den privaten Rechtsstreitig-

---

935 Vgl. im einzelnen LagCommiteens Förslag till Allmän Civillag, Kap. 23 § 1 (Zeugen) sowie motiver, S. 307 f; dazu mit Zitaten aus dem Entwurf auch unter IV. 2. b) bb) γ) (1) (a); Äldre Lagberedningens Förslag till Allmän Civillag, Kap. 23 § 1 (Zeugen); nya motiver S. 35 f. Zusammenfassend prop 1931 Nr. 80, S. 25. S. auch *G. Inger*, Erkännandet, S. 233, der ebenfalls den Einfluß des liberalen französischen Modells auf die Arbeit der frühen Reformgremien betont.

936 Dazu näher unter IV. 2. b) bb) β) (5) (a) (bb).

937 RB 14:8.

938 Dazu *P.O. Ekelöf/R. Boman*, Rättegång IV, S. 202; siehe auch *A. Hemming-Sjöberg*, Vortrag: Advocatens sanningsplikt, in: Advokatsamfundets förhandlingar 1922, S. 21 ff. (25): „Es dürfte nicht bestritten werden können, daß man (...) allzu sehr im Bestreiten die 'prima regula iuris' sieht (...). Noch dürfte der allgemeinen Auffassung über Advokaten entsprechen, was ein deutscher Jurist in einer Abhandlung aus den sechziger Jahren des 19. Jahrhunderts hinsichtlich der damaligen deutschen Anwälte äußert: 'Die Anwälte bestreiten bekanntlich alles und zwar nicht etwa auf Veranlassung der Partei' und 'Was die Partei nicht gewagt hätte, das findet er ganz unbedenklich.'."

939 LagCommiteens Förslag till Allmän Criminallag – motiver – S. 99. S. auch zu der im frühen 19. Jahrhundert vordringenden Forderung nach weitestgehender Richterpassivität S. *Wildte*, Förhandlingsformens utveckling i hovrätterna, in: Minnesskrift ägnad 1734 års lag, Bd. 2, S. 1141 ff. (1151). Näher hierzu und zu dem sich im Verlauf der späteren Reformdiskussion vollziehenden Wandel in der Verteilung der Verantwortung für die Sachverhaltsermittlung zwischen Gericht und Parteien unter IV. 2. b) bb) β) (1).

keiten – die Einrichtung kommunaler Vergleichsinstitutionen vor zur Unterstützung der Parteien beim Versuch außergerichtlicher Streitschlichtung.[940]

Ziel der Reformvorschläge war somit insgesamt eine grundlegende Umgestaltung der Kodifikation von 1734 im Geiste des Liberalismus auf der Ebene sowohl der Gerichtsorganisation als auch des Verfahrens.

Sicherlich bewußt berief man daher 1811 in das mit der Ausarbeitung der einzelnen Vorschläge betraute Komitee Mitglieder, die überwiegend gemäßigt bis radikal liberal gesinnt waren.[941] Nicht vergessen werden darf schließlich auch, daß Schweden mit *Jean Baptiste Bernadotte* kurz zuvor einen ehemaligen Feldmarschall *Napoleons* zum König gekürt hatte, der zunächst noch stark vom liberalen Reformeifer erfüllt war und den Reformvorhaben daher wohlwollend gegenüberstand.[942]

2. Der Einfluß der historischen Rechtsschule auf die Reformvorhaben

Gleichwohl blieb den Novellierungsbestrebungen lange der Erfolg versagt;[943] teilweise – wie im Straf- und Prozeßrecht – ließen sich die Vorschläge in der vom Komitee vorgelegten Fassung überhaupt nicht umsetzen.

Neben materiellen Interessen einzelner, um ihre wohlerworbenen Rechte fürchtender Gruppen[944] ist der Grund hierfür vor allem in dem starken Einfluß der in Deutschland zu dieser Zeit vorherrschenden rechtstheoretischen Bewegung der historischen Rechtsschule zu suchen.[945]

---

940 Äldre Lagberedningens Förslag till Allmän Civillag, Kap. 31; motiver S. 47 f. Demgegenüber hatte das Lagkommitté die Konstituierung besonderer Vergleichseinrichtungen noch nicht für erforderlich gehalten.

941 Zu nennen sind insoweit der Vorsitzende des Komitees *F. Gyllenborg*, der zugleich Justizminister und Vorsitzender des 1789 neu eingerichteten Höchsten Gerichtshofs war, *I. Blom*, *G. Poppius*, *O. Zenius* sowie der sich durch seine Ausstrahlungskraft bald als der eigentliche Leiter des Gremiums etablierende *J.G. Richert* (s. zu letzterem und seiner nachhaltigen Prägung durch das französische Recht und die liberale Bewegung *G. Inger*, Erkännandet, S. 232 sowie die eingehende Biographie von *K. Warburg*, Johan Gabriel Richert. Hans lefnad och uttalanden, passim). Bezeichnenderweise verließ der eher konservativ eingestellte *M. Rosenblad* später das Gremium.

942 *S. Jägerskiöld*, Den historiska skolan i Sverige, in: K.Å. Modéer (Hrsg.): Den historiska skolan och Lund, S. 53 ff. (66).

943 Einführung des gleichen Ehe- und Erbrechts für Mann und Frau 1845, der Religionsfreiheit 1860, des Freihandels 1865, des Zwei-Kammer-Reichstags 1866 sowie Gleichstellung des Mündigkeitsalters der Frau mit dem des Mannes (21 Jahre) 1884. Auch die Abschaffung einzelner Sondergerichte wie des „riddarsynerätts“ oder auch des „bergstingsrätts“ erfolgte erst um die Jahrhundertmitte im Wege der Einzelgesetzgebung.

944 Vor allem auf dem Gebiet des Erbrechts mit der hier angestrebten Gleichstellung von Sohn und Tochter.

945 Höchst wahrscheinlich, wenngleich schwer erweisbar, hat auch die Verbreitung der dezidiert revolutionsfeindlich gehaltenen Schrift *E. Burkes* „Reflections on the French revolution“ von 1790 zu einer Stärkung der konservativen Kräfte geführt. Bezeichnenderweise ist das Werk in Schweden vor allem in einer deutschen Übersetzung bekannt geworden; s. hierzu S. *Jägersköld*, a.a.O., S. 54.

Diese hatte sich – wie dargelegt -[946] in Deutschland vor allem durch das Wirken *Savignys* verbreitet, um unter seinen Schülern *Puchta* und *Windscheid* zum Ausgangspunkt der im späteren 19. Jahrhundert in Deutschland vorherrschenden begriffsjuristischen Rechtsmethode zu werden.

Aus ihrer Grundidee, nach der das Recht nicht durch staatliche Willkür, sondern „durch innere, stillwirkende Kräfte" entsteht und sich „organisch" wie „Sprache, Sitte, Verfassung" aus dem Volk selbst heraus enwickelt, hatte *Savigny* die konkrete rechtspolitische Folgerung gezogen, daß legislative Rechtsreformen erst dann gerechtfertigt seien, wenn die Rechtswissenschaft den gesamten historisch gewachsenen Rechtsstoff bereits durchdrungen und ihn für den Gesetzgeber zur anschließenden – lediglich deklaratorischen – Fixierung aufbereitet habe. Neuartige, mit dem überkommenen Rechtsverständnis brechende Reformen lehnte *Savigny* hingegen strikt ab.

Diese Gedanken fanden schon zu Beginn des 19. Jahrhunderts nach Schweden und führten vor allem über ihre Verfechter an den Universitäten zu einer machtvollen Oppositionsbewegung, die den Reformvorhaben ablehnend gegenüberstand und für eine weitestgehend unveränderte Beibehaltung des überkommenen Rechtszustandes von 1734 eintrat. Deutlich lassen sich *Savignys* Ideen in einzelnen Vorträgen und Schriften von Rechtswissenschaftlern schon ab den frühen zwanziger Jahren nachweisen, teilweise sogar unter ausdrücklicher Berufung auf ihn und das Konzept der historischen Schule.

So veröffentlichte der Uppsalaer Jurist *C.O. Delldén* etwa 1825 in Reaktion auf die Arbeit des Reformkomitees einen Artikel,[947] in dem er unter Hinweis auf *Savigny*[948] die Pläne des Komitees als Bruch mit der historischen Kontinuität der eigenen Rechtskultur kritisiert. Die Zeit sei aber noch nicht „reif für ein neues Gesetz". Dessen Voraussetzungen – so fährt er unter Aufgreifen des Organismusgedankens der historischen Schule fort – seien erst in der „Blüte" einer Nation gegeben kurz vor dem Zeitpunkt ihres alterungsbedingten Niedergangs.

Die gleichen Gedanken finden sich in den Schriften *E. G. Geijers,*[949] *E. J. Sparres*[950] und *C. J. Schlyters,*[951] die ebenfalls alle unter Hinweis auf die histo-

---

946 S. oben II. 4. b) aa) β).

947 „Om vårt fäderneslands lagstiftining i anledning af det nya lagförslaget", in: Svea – Tidsskrift för vetenskap och konst, 8. Heft, 1825, S. 6 ff.

948 Ders.: a.a.O. S. 32.

949 „Feodalism och republikanism", in: Samlade Skrifter, Bd. 2, S. 429 ff. Hinweise auf *Savigny* finden sich v.a. auf S. 464 ff. In „Nytt ett och annat" (1823) zitiert er den dritten Band von *Savignys* Geschichte des römischen Rechts im Mittelalter, der erst im Jahr zuvor herausgekommen war („Tilläggningar" – S. 229 f.).

950 Dazu *S. Jägerskiöld*, Den historiska skolan, a.a.O., S. 73 f.

951 Zu erwähnen sind v.a. die Aufsätze „Anmärkningar angående det forna förhållandet emellan domare och nämnd", in: Juridiska avhandlingar, Bd. 1, S. 209 ff. mit Hinweisen auf *Savigny* auf den S. 218 ff. sowie die kommmentierende Übersicht über den Stand der schwedischen Rechtsreformen („Entwürfe neuer Civil- und Strafgesetzbücher für Schweden; nebst

rische Schule mit Nachdruck gegen die Reform plädierten. Insbesondere *Schlyter* erwies sich als erklärter Anhänger *Savignys*. Gleich diesem sah er in dem Gewohnheitsrecht den Ursprung des Rechts und die Quelle aller Gesetzgebung und folgte *Savigny* auch in dessen Sicht von den Juristen und der Rechtswissenschaft als den für die Weiterentwicklung des Gewohnheitsrechts im Verlauf des „rechtskulturellen Austiegs" einer Nation zuständigen Organen.[952] Konsequent betrieb er die Rechtswissenschaft gleich seinem deutschen Vorbild als geschichtliche Wissenschaft und wurde durch seine Arbeiten über Schwedens mittelalterliche Gesetze[953] in Schweden zum Wegbereiter der Rechtsgeschichte als eigenständiger Disziplin im 19. Jahrhundert.

War schon die Inangriffnahme einer neuen Kodifikation für die Vertreter der historischen Schule in Schweden ein inakzeptabler Bruch mit der „organischen Entwicklung der Rechtskultur", so mußte ihre inhaltliche Ausrichtung an den Ideen des französischen Liberalismus, deren „Brauchbarkeit für Schweden man (...) Grund habe zu bezweifeln",[954] vollends unhaltbar erscheinen.

Deutlich tritt bei den Plänen zur Reform des Zivilprozesses die ablehnende Haltung der *Savigny*-Anhänger gegen die Übernahme fremdländischen Rechts in der heftigen Opposition gegen die beabsichtigte Umstrukturierung der Gerichtsorganisation hervor. Diese sah getreu den Zielen des Liberalismus im Rahmen der Beseitigung aller Sondergerichte auch die Abschaffung der Jurisdiktionsgewalt der Universitäten vor. Schon 1817 war dem zu diesem Zeitpunkt noch stark vom liberalen Reformeifer erfüllten König von liberaler Seite der Vorschlag unterbreitet worden, die akademische Jurisdiktion aufzuheben. Er wurde von dem daraufhin von der Regierung eingerichteten Komitee, dessen Mitglieder erklärte Anhänger der liberalen Bewegung waren,[955] erwartungsgemäß gestützt.[956]

In Reaktion hierauf veröffentlichte das Konsistorium der Universität Uppsala 1823 eine Stellungnahme, die unter maßgeblicher Beteiligung des bereits erwähnten *Savigny*-Anhängers *Geijer* zustandekam und unter Aufgreifen der Gedanken der historischen Schule dezidiert gegen die liberalen

---

einigen literarischen Notizen"), in: Mittermayer/Zachariä (Hrsg.): Kritische Zeitschrift für Rechtswissenschaft und Gesetzgebung des Auslandes, Bd. 5 (1833), S. 182 ff. mit kritischen Bemerkungen über die Orientierung an der Gesetzgebung fremder Länder, anstatt „in den Geist unseres eigenen älteren Gesetzsystems eingedrungen zu sein" (S. 197).

952 Vgl. insbes. dens., in: Om laghistoriens studium, S. 6, 23, 28 f. Zu *Schlyter* und der historischen Schule s. auch *M. Sandström*, Die Herrschaft der Rechtswissenschaft, S. 162 ff.

953 S. oben S. 145 FN 697.

954 *E.G. Geijer*, Om lagkommitténs förslag till allmän civillag, in: Samlade Skrifter, Bd. 3, S. 531ff (533).

955 Unter ihnen befand sich nicht zuletzt *J.G. Richert*, der schon Mitglied des 1811 eingesetzten Komitees zur Revision des gesamten Zivilrechts gewesen war und daher nun gewissermaßen in eigener Sache zu urteilen hatte.

956 *S. Jägerskiöld*, Den historiska skolan, S. 61.

Pläne und für die Beibehaltung der Sondergerichte einschließlich der akademischen Jurisdiktion eintrat.[957]

Ausschlaggebend für das Schicksal der Reformarbeit des Komitees wurde schließlich die ablehnende Stellungnahme des Höchsten Gerichtshofs,[958] dessen Mitglieder nach mehreren personellen Veränderungen nunmehr in der Mehrheit konservativ gesinnt waren, teilweise unter starker Prägung der historischen Schule.[959] In seinem ausführlichen Gutachten erklärte der Gerichtshof die Reformvorhaben insgesamt für zu radikal und mit der schwedischen Rechtstradition unvereinbar. Im besonderen rügte er die deutliche Orientierung des Komitees an den liberalen Ideen des französischen Rechts als zu unmotiviert und die eigene Rechtstradition außer acht lassend.[960]

Damit war zugleich auch der Weg gewiesen, den die weiteren Bemühungen um eine Reform des Zivilprozesses im Verlauf des 19. Jahrhunderts (s.o.) nehmen sollten. Von den bereits erwähnten unbedeutenden Änderungen abge-

---

[957] S. dazu *S. Jägerskiöld*, a.a.O., S. 61 f; *K.Å. Modéer*, Theorie und Praxis. Geschichte als rechtspolitisches Argument. Ein Beitrag zur Verwissenschaftlichung der Rechtsanwendung, in: C. Peterson (Hrsg.): History and European Private Law – Development of Common Methods and Principles, S. 103 ff. (114 f.) sowie die – allerdings schwer zugängliche – Examensarbeit des Lundenser Juristen *J. Larsson*, Universitetens domsmakt – debatten kring den akademiska jurisdiktionen 1817-1852 (Lund 1994). Der Streit schwelte eine geraume Zeit mit heftigen Attacken auf beiden Seiten wider den Gegner weiter. Auf Seiten der Liberalen polemisierte insbesondere *J.G. Richert* (s. S. 195 FN 941) gegen die historische Rechtsschule mit seiner Auffassung, daß „die Gesetze sich dann aus Sitten, Natur und Denkart eines Volkes entwickeln, wenn dieses durch seine eigene Beteiligung an der Gesetzgebung mit der Zeit geht, um sie (sc. die Gesetze, eig. Erkl.) zu ordnen, zu verbessern und zu ergänzen." (aus: „Ett och annat om korporationer", S. 52 f.). Mit den 1853 verabschiedeten neuen Universitätsstatuten hörte die akademische Gerichtsbarkeit an den schwedischen Universitäten schließlich auf.

[958] Högste Domstolen, Protocoll, vid Granskningen af Förslaget till Allmän Civil-Lag, 1836.

[959] Erklärte Verfechter der historischen Schule waren vor allem die Justizräte S. *Themptander* und *N.W. Stråle*, die 1825 bzw. 1826 an den Gerichtshof berufen wurden. Zu Person und Wirken *Themptanders* s. näher *B. Wedberg*, Konungens Högsta Domstolen 1809-1844, S. 466 ff.; zu *Stråle* ibid. S. 477 ff.

[960] So äußerte etwa S. *Themptander* diesbezüglich in seinem Votum (Protocoll, S. 231 ff. [242]): „Derjenige, der den Auftrag erhält, einen Gesetzentwurf auszuarbeiten, befindet sich in etwa der gleichen Situation wie der Verfasser einer Sprachlehre. Was dieser schreibt, erhält wohl Namen und Regeln (...), aber in den inhaltlichen Bestimmungen dieser Regeln ist der Verfasser den durch den allgemeinen Sprachgebrauch bereits bedingten Vorgaben unterworfen. Er muß alle die Eigenarten und Anomalien respektieren, die dieser mit sich führt. Vollends versagen aber müßte er wohl, wollte er versuchen, die einheimische Sprache so gut wie vollständig zu verdrängen und an ihrer statt eine andere einzuführen. Derjenige, der dazu bestimmt ist, einen neuen Gesetzentwurf zu erarbeiten, (...) muß sich jeden Versuchs enthalten, als eigenständiger Verfasser aufzutreten. Es obliegt ihm lediglich, (...) gewissenhaft zusammenzutragen, was er als die herrschende Auffassung der Allgemeinheit erfaßt. Überschreitet er diese Grenze, so setzt er sich der beinahe unwiderstehlichen Versuchung aus, sich teils in theoretische Sätze zu vertiefen, die keine Erfahrung zuvor anerkannt hat, (...) teils auch ausländische Gesetzgebung zu übernehmen, die gut sein mag für die Länder, denen sie zugehört, aber untauglich ist für dasjenige, für welches er schreibt."

sehen, führte keiner der zahlreichen Anläufe zu einer grundlegenden Umgestaltung des Verfahrens nach der Kodifikation von 1734. Auch partielle, nur einzelne Aspekte des Prozesses betreffende Reformvorschläge scheiterten regelmäßig an den starken konservativen Gegenbestrebungen. So lehnte noch 1893 der Reichstag einen von der Nya Lagberedning ausgearbeiteten isolierten Gesetzentwurf zur Einführung der freien Beweisführung mehrheitlich ab.[961] Später erneut unternommene Versuche teilten dies Schicksal.[962]

Stellenweise wurde sogar den wenigen prozessualen Änderungen, die im Verlauf des 19. Jahrhunderts erfolgt waren (s.o.), durch nachfolgende gegenläufige Rechtsakte ihre Wirkung wieder genommen. So errichtete man etwa ab der zweiten Hälfte des 19. Jahrhunderts erneut vermehrt Sonderspruchkörper[963] und unterlief damit ihre im liberalen Geist anfänglich erfolgte zahlenmäßige Beschränkung um die Jahrhundertmitte.

3. Würdigung

Der sich in Schweden allmählich vollziehende Wechsel von einer politisch, kulturell und (fremd-)sprachlich merklichen Orientierung an Frankreich im 18. und frühen 19. Jahrhundert hin zu einer sich verstärkenden Ausrichtung am deutschsprachigen Kulturraum hat sich auch auf der Ebene des Zivilprozesses niedergeschlagen.

So fanden die Reformbemühungen, die mit dem Ziel der Umgestaltung der Gerichtsorganisation nach den liberalen Grundsätzen der Gewaltenteilung und der Gleichheit aller vor dem Gesetz sowie der Reformierung des Verfahrens durch eine Verstärkung von Mündlichkeit und Öffentlichkeit deutlich unter französischem Einfluß standen, zunächst noch die Unterstützung einer starken liberalen Bewegung. Mit der Rezeption der historischen Rechtsschule in Schweden ab den frühen zwanziger Jahren des 19. Jahrhunderts trafen sie hingegen auf eine immer wirkmächtiger werdende Opposition konservativer Kräfte.

Unter Aufgreifen von *Savignys* Vorstellung von der Rechtsentwicklung als einem ungebrochenen, organischen Vorgang kultureller Evolution aus den historisch bedingten Eigentümlichkeiten der Rechtsgemeinschaft setzten sich diese Gegenkräfte gegen die beabsichtigten Reformen sowohl als solche als auch gegen deren gegenständliche Orientierung am ausländischen Recht nachhaltig und erfolgreich zur Wehr.

---

[961] Dazu *T. Engströmer*, En episod i rättegångsreformens historia, in: SJT 1941, 142 ff. (145).

[962] Ders.: a.a.O., S. 142 ff.

[963] „Ägodelningsrätter" [„Grundstücksteilungsgerichte"] (1866); „ägoskillnadsrätter" [„Grundstückstrennungsgerichte"] (1873); „konsulardomare" und „konsularrätter" [„Konsulargerichte"] (1909); „försäkringsrådet" [„Versicherungsrat"] (1916), „vattendomstolar" [„Wassergerichte"] (1918) und „arbetsdomstolen" [„Arbeitsgericht"] (1928).

Es wäre sicher unzutreffend, wollte man in diesem Rezeptionsvorgang die originäre Ursache für den Rechstkonservatismus sehen, wie er in der Behandlung der Reformpläne im 19. Jahrhundert so deutlich zum Ausdruck kommt. Schon der stark konservative Charakter der Kodifikation von 1734 hat gezeigt, daß in dem auf möglichst weitgehende Beibehaltung überkommener Rechtsformen gerichteten Bestreben offenbar ein typischer Grundzug schwedischer Rechtsmentalität gesehen werden muß. Gleichwohl dürfte man in Anbetracht des starken liberalen Reformeifers, der in Schweden gerade zu Beginn des 19. Jahrhunderts herrschte, wie auch des starken Einflusses des *napoleonischen* Code de Procédure Civile in den übrigen europäischen Ländern davon ausgehen können, daß ohne die Rezeption *Savignys* die schwedischen Reformvorhaben in größerem Umfang verwirklicht worden wären. Der historischen Rechtsschule ist daher für die Entwicklung des modernen Prozeßrechts ein gewichtiger Einfluß zuzuschreiben.

IV. Das neue Prozeßgesetz von 1942 (Nya Rättegångsbalk)

Nach dem Stillstand der Reformen im 19. Jahrhundert wurde mit der Konstituierung einer Prozeßkommission 1911 für die Aufstellung der Grundzüge einer Verfahrensnovelle und der Einsetzung einer Lagberedning 1932 für die Ausarbeitung eines konkreten Gesetzentwurfs ein neuer Anfang in den Reformbemühungen gemacht. Er führte mit der im wesentlichen unveränderten Annahme des Vorschlags der Lagberedning durch den Reichstag 1942 schließlich zum Erfolg.

Im folgenden gilt es, unter der übergeordneten Fragestellung des Einflusses fremden Rechts auf die schwedische Prozeßrechtsentwicklung Ziele, Inhalt und Charakter der Reformnovelle darzustellen. Dabei soll der Inhalt der Reform durch die übersichtsartige Darstellung des Verfahrensablaufs nach der Novelle [2.a)] an der Seite der sich anschließenden rechtsvergleichenden Detailanalyse zentraler Problemkreise der Reform [2.b)] offengelegt werden. Auf der Grundlage dieser Analyse wird abschließend versucht, mit der Einordnung der Novelle in das Spannungsverhältnis zwischen liberalem und sozialem Prozeß (3.) den Charakter der schwedischen Reform zu bestimmen.

1. Die Ziele der Reform und die wesentlichen prozessualen Mittel zu ihrer Verwirklichung

Die Reformnovelle von 1942 verfolgte ein doppeltes Ziel. Zum einen suchte sie die nachhaltige Beschleunigung der Prozesse zu erreichen, die durch herkömmlicherweise zahlreiche Vertagungen stark in die Länge gezogenen waren [a)].[964] Zum zweiten strebte sie nach einer deutlichen Verbesserung des Rechtsschutzes auf der Grundlage eines verstärkten Bemühens um mate-

---

[964] Vgl. näher *T. Engströmer*, Sammanfattning, S. 9 f.

rielle Urteilsrichtigkeit [b)].[965] Die mit beiden Zielen verbundene Umgestaltung des Verfahrens sollte jedoch zugleich nicht über das erforderliche Maß hinausgehen, sondern soweit möglich an die überkommenen Strukturen des alten Prozesses von 1734 anknüpfen [c)].

a) Das Ziel der Verfahrensbeschleunigung

Daß eine allzu langsame Justiz jedes Bemühen um eine effektive Konfliktlösung konterkariert und damit dem Rechtsfrieden abträglich ist, ist als Erkenntnis so alt wie die Geschichte der Rechtspflege selbst.[966] Der stete Kampf gegen die Langsamkeit der Justiz zählt denn auch zu den prägenden Phänomenen in der Geschichte des europäischen Gerichtsverfahrens.[967] Diese sieht maßgeblich in der Zeit der Festigung starker monarchischer Zentralgewalt in den absolutistisch regierten Staaten des 17. und 18. Jahrhunderts den Versuch der Regenten, diesem Grundübel auf dem Weg königlicher Erlasse und Verordnungen abzuhelfen.[968]

---

[965] Ibid.

[966] Anschaulich die Feststellung *Louis Lauers*, des damaligen Direktors des Projektes „effective justice" der Columbia University, in einer Rede vor dem Judicial Committee des New Yorker Senats im Jahr 1964: „Remember that delay in the Courts has a history that reaches past Shakespeare to Hammurabi and, no doubt, past him to his ancient ancestors", zitiert nach *J. Jacob*, Accelerating the process of law, in: M. Storme/H. Casman (Hrsg.): Towards a justice with a human face, S. 303 ff. (307 FN 2).

[967] Zu einem frühen Beispiel aus dem Mittelalter s. *R. van Caenegem*, History of European Procedure, International Encyclopedia of Comparative Law, Bd. 16, Chapt. 2, S. 20. Besonders markant war die Schwerfälligkeit des gemeinen Prozesses. Von den Verhältnissen etwa vor dem deutschen Reichskammergericht, das *Feuerbach* mit dem Olymp verglich, da auch dort „die Unsterblichen" wohnten (in: Betrachtungen über die Öffentlichkeit und Mündlichkeit, Bd. 2, S. 177), zeugt nicht zuletzt die Beschreibung *Goethes* (Dichtung und Wahrheit, 3. Teil, Buch 12): „Ein ungeheurer Wust von Akten lag aufgeschwollen und wuchs jährlich, da die siebzehn Assessoren nicht einmal imstande waren, das Laufende wegzuarbeiten. Zwanzigtausend Prozesse hatten sich aufgehäuft, jährlich konnten sechzig abgetan werden, und das Doppelte kam hinzu." Plastisch auch *A. Troller*, Grundlagen des zivilprozessualen Formalismus, S. 86: „Die Prozesse lebten länger als die Menschen und wurden von Generation zu Generation vererbt." Vor diesem Hintergrund lassen sich die (zumindest Appell-)Funktion der spezifischen Beschwerde wegen Justizverweigerung im gemeinen Recht (sog. „querela denegatae vel protractae justitiae") ermessen und die Bedeutung von Äußerungen zeitgenössischer Historiographen, die lobend hervorhoben, wenn territoriale Gerichte einmal nicht von den Reichsgerichten wegen saumseliger Justiz getadelt wurden; vgl. hierzu näher *E. Döhring*, Geschichte der deutschen Rechtspflege, S. 28.

[968] Vgl. etwa aus der Historie des deutschen Prozeßrechts die preußischen Reformbestrebungen unter *Friedrich dem Gr.* und *Friedrich Wilhelm II.*, die im ersten Buch des Corpus Juris Fridericianum (1781) bzw. seiner Neufassung in der Allgemeinen Gerichtsordnung für die Preußischen Staaten (1793) das überkommene Verfahren unter Ausschaltung der Parteianwälte unter den Primat der gerichtlichen Instruktion und amtswegigen Aufklärung stellten (s. etwa AGO Einl. §§ 4 ff., 34); dazu näher *F. Bomsdorf*, Prozeßmaximen und Rechtswirklichkeit, S. 65 ff. (75 ff.); *R. van Caenegem*, a.a.O., S. 92 f. sowie *K. Nörr*, Naturrecht und Zivilprozeß, S. 24 ff.

Auch Schweden stellt insofern keine Ausnahme dar. Hier hatte das Vertagungsunwesen[969] einer Verschleppung der Prozesse Vorschub geleistet, der gegenüber die lediglich vereinzelten Maßnahmen wie eine Verordnung durch *Karl XI.* aus dem Jahr 1695[970] nur marginale Besserung versprachen, das Problem im Kern aber unberührt ließen.

Dieses sah man vor allem in dem Fehlen einer gründlichen Vorbereitung der Hauptverhandlung wie auch in der richterlichen Zurückhaltung gegenüber Möglichkeiten zur Straffung des Verfahrens.[971] So wurden grundsätzlich unter der Herrschaft des alten Prozesses weder vorbereitende Schriftsätze gewechselt noch gab es eine frühe erste Zusammenkunft der Parteien vor dem Richter zur besseren Strukturierung des Verfahrens. Auch besaß das dem gemeinen Prozeß geläufige Eventualprinzip mit seiner gewissen Konzentrationswirkung gegenüber Parteivorbringen in Schweden keine Geltung, und die spärlichen Möglichkeiten des Richters, verspätetes Parteivorbringen zu präkludieren, wurden kaum genutzt.[972]

Auf der Grundlage des Gutachtens der Prozeßkommission von 1926 und des Gesetzentwurfs der Lagberedning von 1938 sieht die Novelle daher zur Konzentration des Verfahrens vor allem die Aufteilung des Prozesses in ein separates Stadium der Vorbereitung der Hauptverhandlung neben der Hauptverhandlung selbst[973] vor sowie eine nachhaltige Stärkung des richterlichen Einflusses auf den Verfahrensablauf.[974] Hierauf ist im einzelnen noch zurückzukommen.[975]

b) Das Ziel der verbesserten Gewähr materiell richtiger Entscheidungen

Neben dem Fehlen hinlänglicher Verfahrenskonzentration sah man die Rechtspflege zugleich durch eine zu geringe Gewährleistung materiell richtiger Entscheidungen gefährdet. Im Mittelpunkt der Kritik stand insoweit die Geltung des legalen Beweisverfahrens,[976] das mit seiner erheblichen Eingrenzung zulässiger Beweismittel wie auch ihrer dem Richter gesetzlich vorgegebenen Würdigung die angestrebte Übereinstimmung von materiellem und formellem Recht unterlief. Diese zu erreichen und damit sowohl dem Rechtsschutzbegehren der Parteien Rechnung zu tragen wie auch dem öffentlichen

---

969 Dazu schon oben unter S. 101 FN 470.

970 „Stadga och Förordning innehållandes några mål til widlyftighetens afkortande och lindring uti Rättgånger för the Stridige Parter / både wid Öfwer- och Under-Rätterne," abgedruckt bei *J. Schmedmann*, Kongl. Stadgar, S. 1414 ff.

971 *T. Engströmer*, Sammanfattning, S. 9; PLB S. 22 f.

972 *W. Uppström*, Der Zivilprozeß und die Gerichtsverfassung Schwedens, in: Zeitschrift für vergleichende Rechtswissenschaft, Bd. 10 (1892), S. 321 ff. (331).

973 PK III S. 42 ff. (v.a. 48 ff.); PLB 42:6 ff. sowie PLB S. 24 ff. ; 430 ff.

974 PK III S. 5 ff.; PLB S. 22 f.

975 S. unter 2. b) aa) α) (1) bzw. β) (2) (a).

976 S. oben 2. Teil C. III. 3. a) cc) α).

Interesse an einem funktionstüchtigen Prozeß als Mittel zur Durchsetzung der materiellen Rechtsordnung, war jedoch erklärtes Ziel der Reform.[977]

Als das entscheidende Mittel im Bemühen, einer Verfälschung der tatsächlichen Grundlagen des Urteils soweit möglich vorzubeugen, erschien den Reformkräften konsequenterweise die Einführung des freien Beweisverfahrens.[978]

Wirksam hingegen ließ es sich aus ihrer Sicht nur in Verbindung mit einer erheblichen Ausweitung der Mündlichkeit wie Unmittelbarkeit im Prozeß umsetzen.[979] So mußte die dem Richter unter Aufhebung der gesetzlichen Beweisregeln im Interesse einer wirklichkeitsnäheren Erfassung des Sachverhalts eingeräumte Beurteilungsfreiheit solange Stückwerk bleiben, wie weiterhin die Praxis bestand, überwiegend auf der Grundlage allein des Protokollinhalts zu urteilen oder auch die Zusammensetzung des Spruchkörpers im Verlauf des Verfahrens mehrfach zu ändern. Beides waren Kennzeichen des alten schwedischen Rechts.

Das protokollarische Verfahren hatte dazu geführt, daß die mündlichen Äußerungen der Parteien und Zeugen ihre Bedeutung als eine primäre Quelle der Entscheidungsfindung weitgehend verloren und statt dessen nur noch in ihrer protokollierten Form in das Urteil eingingen. Das Protokoll selbst wurde überdies für gewöhnlich erst am Ende der Sitzung anhand schriftlicher Aufzeichnungen des Richters (oder eines zur Ausbildung bei ihm beschäftigten Juristen) angefertigt,[980] was zu einer nicht unerheblichen Schmälerung des unmittelbaren Eindrucks von der Verhandlung führte. Das Verfahren in der zweiten und dritten Instanz schließlich erfolgte fast ausnahmslos schriftlich.[981]

Die ungenügende Unmittelbarkeit des Verfahrens wiederum zeigte sich vor allem in häufigen personellen Wechseln zumal in der unteren Instanz auf dem Land.[982] Sie hatte dazu geführt, daß das Urteil des Richters sich nicht allein auf seinen eigenen authentischen Eindruck von der Verhandlung gründete, sondern mitunter sogar von einem Richter gefällt wurde, der zuvor an der Verhandlung zu keinem Zeitpunkt beteiligt gewesen war. Dies minderte verständlicherweise gleichfalls die Chancen einer mit der wirklichen Sachlage übereinstimmenden Entscheidung.

---

977 *T. Engströmer*, Sammanfattning, S. 9 ff. Im einzelnen hierzu in der Detailanalyse unter 2. b) bb).

978 PK II S. 24 ff. sowie III S. 22; PLB 35:1 sowie PLB S. 22; 38 ff.; 377 ff. Eingehend unter 2. b) bb) γ) (1) (a).

979 PK II S. 15 ff. sowie III S. 18 ff.; PLB S. 22. Den engen Zusammenhang von freiem Beweisverfahren und Mündlichkeit im Prozeß betont auch *T. Engströmer*, Muntlighet och fri bevisprövning i rättegången, in: SJT 1928, 19 ff.

980 *W. Uppström*, a.a.O., S. 332.

981 Ders.: a.a.O., S. 331.

982 S. hierzu schon oben unter 2. Teil C. III. 2. Vgl. im übrigen *A. Örbom*, Promemoria, S. 77; *J. Hellner*, Domstolsorganisationen och rättegången i tvistemål i första instans, SJT 1916, S. 5 ff. (7).

Die Reformnovelle sieht daher die Abschaffung des Protokolls als ausreichender Urteilsgrundlage in Verbindung mit einer erheblichen Ausweitung der Mündlichkeit in allen Instanzen vor sowie eine Stärkung der Unmittelbarkeit im Prozeß.[983] Auch darauf wird noch näher eingegangen.[984]

Zusammenfassend erscheinen somit das Bemühen um Verfahrenskonzentration und um die verbesserte Gewähr materieller Richtigkeit des Urteils als die prägenden Leitlinien der Novelle; die gründliche Vorbereitung der Hauptverhandlung und die Beseitigung des legalen Beweisverfahrens unter gleichzeitiger Stärkung richterlicher Kompetenzen wie auch der Unmittelbarkeit und Mündlichkeit im Prozeß dagegen als die wesentlichen prozessualen Mittel zur ihrerVerwirklichung.

c) Das Bemühen um Wahrung der Kontinuität

Als der an der Reform des Prozesses als Justizminister und Vorsitzende der Lagberedning beteiligte Justizrat a.D. *N. Gärde*[985] 1934 aus Anlaß des 200jährigen Jubiläums des Prozeßgesetzes feststellte, daß die Schweden ihrer Rechtspflege allgemein großes Vertrauen entgegenbrächten und gerade auch die Volkstümlichkeit des Verfahrens nach dem Rättegångsbalk schätzten mit der Schlichtheit seiner Sprache und der überwiegend leichten Faßbarkeit seiner Bestimmungen,[986] brachte er hiermit zugleich ein weiteres Grundanliegen der Prozeßreform zum Ausdruck: Bei aller Notwendigkeit

---

[983] Näher dazu PK I S. 165 ff.; PLB 17:2; 42:9; 43:5; 50:15 iVm 43:5; 55:16 iVm 43:5 sowie PBL S. 22, 44 ff. Dagegen sprach sich *E. Kallenberg* auf der Grundlage einer ausführlichen Abwägung der Vor- und Nachteile des alten protokollarischen Systems in SJT 1927, S. 172 ff. für die Beibehaltung der überkommenen Praxis aus.

Zwar meint die Unmittelbarkeit in einem weiten, über die personelle Komponente hinausgehenden sachlichen Sinne gerade auch die Mündlichkeit von Verhandlung und Beweisaufnahme, da ein im Wege der Würdigung von Schriftsätzen oder dem Verfahrensprotokoll gewonnener Eindruck des Richters von dem Inbegriff einer Verhandlung regelmäßig nur ein vermittelter ist. Üblicherweise wird allerdings der Verfahrensgrundsatz der Unmittelbarkeit von dem der Mündlichkeit getrennt und allein in dem o.g. engeren Sinne verstanden (vgl. etwa *Rosenberg/Schwab/Gottwald*, Zivilprozeßrecht[15], § 83 I). In dieser Bedeutung wurde er – überwiegend – auch den Arbeiten an der Prozeßreform zugrundegelegt (s. etwa PK III S. 22). Dieser Begrifflichkeit folgt daher auch die vorliegende Untersuchung. Gleichwohl bleibt der untrennbare Funktionszusammenhang der Unmittelbarkeit mit der Mündlichkeit zumal auf dem Gebiet der Beweisaufnahme bestehen (so auch ausdrücklich *P.O. Ekelöf/H. Edelstam/R. Boman*, Rättegång V, S. 14). Die schwedischen Kommissionsberichte verwenden ihrerseits beide Grundsätze des öfteren als Synonyme.

[984] Unter 2. b) bb) α) (1).

[985] Zu der Rolle *N. Gärdes* beim Zustandekommen der Verfahrensrolle vgl. den instruktiven Aufsatz *K.Å. Modéers*, Den stora reformen, in: SJT 1999, S. 400 ff. (413 ff.). *Modéer* weist hier darauf hin, daß *N. Gärde* als Justizminister den reformfeindlichen Widerstand der konservativen Kräfte dadurch zu brechen vermochte, daß er die zentralen prozessualen Reformmittel der Stärkung von Mündlichkeit und Öffentlichkeit als altüberkommene Grundsätze des schwedischen Verfahrens darstellte.

[986] *N. Gärde*, Rättegångsbalken, in: Minnesskrift ägnad 1734 års lag, Bd. 1, S. 369 ff. (403).

einer grundlegenden Novellierung des Verfahrens sollte doch nicht völlig mit dem Gedankengut des „Sveriges Rikes Lag" von 1734 und den überkommenen Rechtstraditionen Schwedens gebrochen werden. Vielmehr galt es, ganz im Geiste der historischen Rechtsschule soweit möglich auf dem historisch Gewordenen aufzubauen und dieses in einer organischen Fortentwicklung den Erfordernissen einer modernen Rechtspflege anzupassen – genoß doch die Kodifikation von 1734 nach Aussage des Prozessualisten *A. Wrede* den Ruf eines „kostbaren Schatzes".[987]

Konservative Züge als Folge dieses Strebens nach Ausgleich zwischen alter Rechtsüberlieferung und gewandelter Rechtsanschauung haben sich in der Novelle vor allem auf drei Ebenen niedergeschlagen: der Gerichtsverfassung, der Parteivertretung sowie der Systematik und Sprache des neuen Gesetzes.

aa) Die Gerichtsverfassung: Der Sieg des Reformkonservatismus über den Einfluß fremden Rechts

Wurde die Reformdiskussion zu Beginn des 19. Jahrhunderts unter dem Einfluß liberalen Reformeifers noch maßgeblich von Überlegungen einer Umstrukturierung der Gerichtsverfassung bestimmt (s.o.), so gingen die vom Reichstag 1931 der Lagberedning für die Ausarbeitung des neuen Gesetzes vorgegebenen Leitbestimmungen von einer im wesentlichen unveränderten Beibehaltung der alten Gerichtsorganisation aus.[988] Die wenigen Änderungen, die die Novelle in dieser Hinsicht vorsieht, sind vergleichsweise unbedeutend und gehen kaum über das durch die Reform des Verfahrens selbst bedingte Maß hinaus.[989]

So behält die Novelle insbesondere die alte Zweiteilung der Untergerichte in die städtischen „råhusrätter" sowie die ländlichen „häradsrätter" bei, deren Zusammensetzung ebenfalls im wesentlichen gleich bleibt.[990] Auch auf der Ebene der zweiten und dritten Instanz nimmt die Reform – sieht man von der Einrichtung zweier weiterer Hofgerichte ab[991] – keine erwähnenswerten Veränderungen vor.[992]

Erwähnung verdient in diesem Zusammenhang allerdings mit Blick auf den Einfluß des ausländischen Rechts, daß der als Vorsitzender der Prozeßkommission an den Reformarbeiten wesentlich beteiligte ehem. Justizrat *J.*

---

[987] Zit. nach *G. Simson*, Das Zivil- und Strafprozeßgesetz Schwedens, S. 6.

[988] PLB S. 7; S. auch *P.O. Ekelöf*, Kompendium, S. 3.

[989] Vgl. hierzu dens., a.a.O., S. 3 ff.

[990] Eine der wenigen Änderungen betraf die Einführung einer „nämnd" bei den „rådhusrätter" in gewissen Strafsachen (NRB 1:11).

[991] Eines für den südlicheren Teil Nordschwedens mit Sitz zunächst in Härnösand, später Sundsvall, und eines für Westschweden in Göteborg.

[992] Erst 1969 konnte sich Schweden dazu entschließen, im Zuge einer umfassenden Neuordnung der Gerichtsorganisation die überkommene Trennung in Stadt- und Landgerichte zugunsten einer einheitlichen Eingangsinstanz (sog. „tingsrätter") mit Wirkung von 1971 an aufzuheben (SFS 1969:244).

Hellner[993] schon 1915 in unmittelbarem Anschluß an seine offiziellen Forschungsreisen nach Frankreich, Deutschland und Österreich[994] in einem Reformentwurf nachdrücklich für eine Umorganisation der Untergerichte in Anlehnung an vor allem die deutsche und österreichische Gerichtsverfassung eingetreten war.[995]

Sein Vorschlag zielte auf die Aufhebung der gerichtsverfassungsrechtlichen Dichotomie von städtischer und ländlicher Gerichtsbarkeit zugunsten der Schaffung zweier unterschiedlicher, für Stadt und Land aber gleichermaßen zuständiger Eingangsgerichte („häradsrätt"/„rådstuvurätt" – „lagmansrätt"). Deren Zuständigkeit sollte sich nach *Hellners* Vorstellung teils streitwertunabhängig nach der Art des Streitgegenstandes richten,[996] teils aber auch in Abhängigkeit vom Streitwert verteilt sein.[997]

Hinsichtlich der Besetzung der Spruchkörper sah *Hellner* für das „häradsrätt" einen Berufsrichter zusammen mit einer „nämnd" vor, für das „lagmansrätt" hingegen ein Richterkollegium mit bzw. ohne „nämnd".[998]

Daß er sich bei diesem Vorschlag maßgeblich an der deutschen und österreichischen Gerichtsorganisation mit ihrer Trennung in Amts- und Landgerichte bzw. Bezirksgerichte und sog. Gerichtshöfe erster Instanz[999] als Vorbild

---

993 Zu seiner Person siehe bereits oben S. 133 FN 642.

994 Hierzu oben unter II. 4. a) aa) β).

995 Vgl. *J. Hellner*, Domstolsorganisationen och rättegången i tvistemål i första instans – några grundlinier för en reform, in: SJT 1916, 5 ff. *Hellner* war dabei nicht der einzige, der die Vorzüge der deutschen und österreichischen Gerichtsorganisation im Vergleich zur schwedischen rühmte. In seiner ausführlichen Berichterstattung über eine mit öffentlichen Mitteln geförderte Forschungsreise nach Österreich im Jahr 1922 sprach sich auch der schwedische Richter am „häradsrätt" *N. Edling* für eine weitgehende Übernahme der österreichischen Gerichtsverfassung aus (in: SJT 1923, S. 153 ff.).

996 Ehe- und Testamentssachen wies *Hellner* etwa ausschließlich dem „häradsrätt" vor, Handels-, Industrie- oder auch Wassersachen dagegen dem „lagmansrätt"; vgl. *K. Schlyter*, Processreformen – historik/domstolsorganisation, in: SJT 1927, S. 1 ff. (8).

997 Insoweit gibt der *Hellnersche* Entwurf dem Kläger in Abweichung vom deutschen und österreichischen und in erklärter Anlehnung an das englische Recht ein Wahlrecht zwischen beiden Eingangsgerichten bei vermögensrechtlichen Streitigkeiten ab einem gewissen Wert; s. *J. Hellner*, Domstolsorganisationen och rättegången i tvistemål, in: SJT 1916, S. 5 ff. (14). Dies rechtfertigt der Entwurf im wesentlichen mit den Beschwerlichkeiten, die für die Parteien mit einem Zwang verbunden wären, das meist weiter entfernt liegende „lagmansrätt" aufsuchen zu müssen.

998 Eine „nämnd" sollte in den dem „lagmansrätt" zwingend zugewiesenen Sonderstreitigkeiten vertreten sein, nicht dagegen in den übrigen Fällen, in denen dem Kläger ein Wahlrecht hinsichtlich der Eingangsinstanz eingeräumt war. Diese Differenzierung begründete *Hellner* mit dem Hinweis darauf, daß die Existenz einer „nämnd" auch am (fakultativ zuständigen) „lagmansrätt" die Unterschiede zum „häradsrätt" zu stark einebnen und das Wahlrecht des Klägers damit aushöhlen würde.

999 Unter dieser Bezeichnung wurden in Österreich die kollegialen Landes- und Kreisgerichte zusammengefaßt; s. hierzu näher *H. Sperl*, Lehrbuch der Bürgerlichen Rechtspflege, Bd. 1, S. 39 f.

orientierte, geht eindeutig aus *Hellners* Aussagen hervor.[1000] Hinsichtlich des dem Kläger eingeräumten Wahlrechts zwischen den beiden Eingangsinstanzen für vermögensrechtliche Streitigkeiten ab einem gewissen Wert suchte er hingegen nach eigenem Bekunden das Vorbild im englischen Recht.[1001]

Stärkeres Gewicht, als ihr in Deutschland und Österreich zukam, legte *Hellner* in seinem Entwurf allerdings auf die Bedeutung der Laienrichter, die nicht nur wie in jenen Ländern an den Handels- und Arbeitsstreitigkeiten beteiligt sein sollten, sondern grundsätzlich an jedem Untergerichtsprozeß.[1002] Dabei ließ er sich maßgeblich von der traditionsreichen Rolle der schwedischen „nämnd" leiten, die er als derart fest im allgemeinen Bewußtsein des Volkes verankerte Institution erkannte, daß ihm eine Minderung ihres Einflusses schwerlich durchsetzbar schien.[1003]

Gleichwohl läßt der Entwurf auch hinsichtlich der Laienrichter eine gewisse Beeinflussung durch das deutsche und österreichische Recht erkennen. So fordert er für die Sonderstreitigkeiten – u.a. die Handelssachen – im Unterschied zum schwedischen Recht, aber in Übereinstimmung mit der deutschen und österreichischen Rechtslage eine besondere Sachkenntnis der Laien, durch die sie den Richter in der angemessenen Würdigung des Rechtsstreits unterstützen sollten.[1004]

Im Gegensatz zu seinen im Entwurf ebenfalls enthaltenen Leitlinien für die Reform des Verfahrens,[1005] die in ihren wesentlichen Zügen auch von dem neuen Prozeßgesetz übernommen wurden,[1006] vermochte sich *Hellner* mit seinem Vorschlag einer geänderten Gerichtsverfassung in der Novelle

---

[1000] *J. Hellner*, a.a.O., S. 11: „Es ist von großem Interesse festzustellen, daß diese Fragen – (...) die Bedeutung des Richterkollegiums an den Untergerichten – (...) lebhaft in zwei Ländern auf dem Kontinent erörtert wurden, (...) nämlich Deutschland und Österreich." Wenig später zieht *Hellner* nach der Darstellung der Vorzüge der Regelung in den beiden Ländern den Schluß: „Es scheint daher nicht anders möglich, als dem (...) im Ausland (aus dem Kontext ergibt sich, daß damit Deutschland und Österreich gemeint sind, eig. Erkl.) gegebenen Beispiel zu folgen und unterschiedliche Typen von Gerichten für unterschiedliche Rechtsstreitigkeiten einzurichten, so daß nicht die Eigenschaft des Gerichtsbezirks als ländlicher oder städtischer ausschlaggebend ist für die gerichtliche Zuständigkeit, sondern Art und Beschaffenheit des Streits"; a.a.O., S. 12.

K. Schlyters Hinweis in: ders.: Processreformen – historik/domstolsorganisationen, a.a.O., S. 16, wonach der Vorschlag der Prozeßkommission hinsichtlich der Gerichtsorganisation kaum ausländischen Vorbildern gefolgt sei, widerspricht dem insofern nicht, als die Kommission in ihrem abschließenden Gutachten wie geschildert vom Entwurf ihres ersten Vorsitzenden *Hellner* hinsichtlich der Gerichtsverfassung erheblich abwich.

[1001] *J. Hellner*, a.a.O., S. 14. Zur zeitgenössischen englischen Gerichtsverfassung vgl. *W. Odgers*, Odgers on the Common Law, Bd. 2, S. 334 f. (County Courts) und S. 355 ff. (Superior Civil Courts).

[1002] Ders.: a.a.O., S. 13 ff.

[1003] Ders.: a.a.O., S. 12.

[1004] Ders.: a.a.O., S. 14.

[1005] Ders.: a.a.O., S. 15 ff.

[1006] Dazu näher unter 2.

von 1942 zwar nicht gegen den Widerstand der konservativen Kräfte durchzusetzen.[1007] Zu einer zumindest teilweisen Verwirklichung gelangten seine Ideen jedoch in den auf die Reform folgenden Gesetzesänderungen späterer Jahre, die zunächst 1971 zu der Aufhebung der Stadt-Land-Dichotomie durch die Bildung einheitlicher Untergerichte führten, in den sechziger und siebziger Jahren dann zur vermehrten Einrichtung von Spezialgerichten und gerichtsähnlichen Institutionen unter Beteiligung fachkompetenter Laienrichter.[1008]

So ist die Gerichtsverfassung in der Novelle von 1942 einerseits deutlich Ausdruck der reformkonservativen Grundhaltung der Schweden, spiegelt jedoch als Gegenstand der Reformüberlegungen im *Hellnerschen* Vorschlag zugleich auch deutlich den Einfluß des deutschen, österreichischen und in geringerem Umfang auch des englischen Rechts auf die schwedische Reformdiskussion wider.

bb) Die Parteivertretung in der Novelle

Ein Verfahren, das im Interesse der Konzentration und größtmöglichen Gewähr materiell richtiger Entscheidung auf den Grundsätzen der Mündlichkeit und der eingehenden Vorbereitung der Hauptverhandlung aufbaut, stellt erhöhte Anforderungen auch an die Mitwirkung der Parteien. In dem Maße aber, in dem der Erfolg im Prozeß von dem zielstrebigen, jedoch zugleich umsichtigen und besonnenen Agieren vor Gericht abhängt, wächst wiederum die Bedeutung rechtskundiger Parteivertreter. Ohne sie läßt sich das Ziel der Verfahrensstraffung bei ungeschmälertem, ja verbessertem Schutz der Parteiinteressen kaum erreichen, will man nicht unter Aufhebung der Parteiverantwortung als tradiertem Grundpfeiler des Zivilverfahrens für die völlige richterliche Inquisition im Prozeß plädieren.[1009]

1007 Schon *Hellners* Nachfolger im Kommissionsvorsitz *H. Falk* plädierte gegen die Einführung zweier unterschiedlicher Eingangsgerichte und sprach sich statt dessen für die Konstituierung einer einheitlichen Erstinstanz („tingsrätt") aus. Hatte auch er aber noch die Aufhebung der Differenzierung in der gerichtlichen Zuständigkeit nach Stadt und Land gefordert, so unterstützte die Kommission unter ihrem letzten Vorsitzenden *H. Westring* erneut die Aufrechterhaltung gewisser Unterschiede zwischen städtischer und ländlicher Region in der Zusammensetzung der Spruchkörper. Ausschlaggebend für das Schicksal der Gerichtorganisation in der Novelle von 1942 wurde die Behandlung des Kommissionsentwurfs im Reichstag 1931, der sich für die Fortführung der alten Gerichtsverfassung aussprach (siehe PLB S. 7).

1008 Dazu unter C. I. 2.

1009 Für sie bietet die Geschichte des deutschen Zivilverfahrens in der preußischen Allgemeinen Gerichtsordnung von 1793 mit der Einführung der richterlichen Instruktion unter gleichzeitiger Beseitigung der freien Anwaltschaft ein prägnantes Beispiel (s. dazu oben S. 201 FN 968). Bezeichnenderweise hat sich die Novelle jedoch kaum vierzig Jahre halten können.

Dies war der Prozeßkommission und der Lagberedning wie auch den übrigen mit der Reform betrauten Fachgremien[1010] wohl bewußt, wie die Gesetzgebungsmaterialien offenlegen.[1011] Auch wußte man um die Nachteile, die mit dem gerade in älterer Zeit häufigen Zugriff der Parteien auf rechtlich ungenügend ausgebildete Sachwalter für den Verfahrensablauf verbunden waren,[1012] zumal die Gerichte von ihrer Befugnis, die Wahrnehmung der Parteivertretung durch unzulänglich kompetente Sachwalter zu unterbinden, nur selten Gebrauch machten.[1013]

Um so bemerkenswerter ist, daß die Novelle von 1942 für die Parteien weder einen Anwaltszwang vor einer der drei Instanzen vorschreibt noch gar den Anwälten eine Monopolstellung vor anderen, rechtlich nicht notwendigerweise gebildeten Sachwaltern hinsichtlich der Wahrnehmung der Parteiinteressen einräumt.[1014] Es bleibt den Parteien vielmehr weiterhin unbenommen, nach eigenem Gutdünken das Verfahren auch vor dem Högsta Domstolen entweder selbst zu führen oder aber einen Sachwalter[1015] zu beauftragen, der lediglich das Vertrauen des Gerichts als hinsichtlich Rechtschaffenheit, Einsicht und früherer Tätigkeit geeigneter Prozeßbevollmächtigter genießen muß.[1016] Diese Bestimmung ist auch heute noch in Kraft.

An Neuerungen gegenüber dem alten Recht sieht die Novelle lediglich die Umwandlung der 1887 von den Anwälten gegründeten privaten Vereinigung des „advokatsamfund" in eine öffentlich-rechtliche Berufskörperschaft vor und macht für die Aufnahme in diese Körperschaft das erfolgreiche Durchlaufen einer näher zu bestimmenden juristischen Ausbildung zur Voraussetzung.[1017] Auch reglementiert sie im einzelnen berufliche Sorgfalts- und Verschwiegenheitspflichten der Mitglieder und unterstellt diese insoweit der Disziplingewalt der Körperschaft.[1018] Im Gegenzug räumt die Reform den Mitgliedern der Vereinigung das alleinige Recht auf das Führen der Be-

---

1010 Siehe S. 109 FN 530.

1011 PK I S. 208 ff.; PLB S. 19; proposition 1931 Nr. 80 S. 102.

1012 Vgl. schon *A. Örbom*, Promemoria, S. 75 und PK I S. 208.

1013 PK I a.a.O.

1014 Vgl. 12:1 und 12:2.

1015 Das Gesetz nennt ihn „rättegångsombud".

1016 12:2 Abs. 1. Es ist bezeichnend, daß das Gesetz als erste und damit wesentliche Voraussetzung für die Anerkennung als geeigneter Prozeßvertreter die moralische Integrität nennt und erst in zweiter Linie die Sachkompetenz. Letztere setzt im übrigen gerade nicht eine juristische Ausbildung des Prozeßvertreters voraus oder auch nur eine auf die Behandlung rechtlicher Probleme gerichtete berufliche Tätigkeit (vgl. *P. Fitger*, Rättegångsbalken, Bd. 1, 12:2 S. 5 sowie *L. Heuman*, Straff- och Processrätt, Abschn. 1.5.). Der Begriff der Einsicht meint vielmehr vor allem auch Kenntnisse in den dem Streit zugrundeliegenden sachlichen Verhältnissen, während derjenige der früheren Tätigkeit im weiten Sinne alle durch praktische Tätigkeit gewonnene Erfahrung umfaßt, die in dem Prozeß von Bedeutung sein kann; vgl. *P. Fitger*, a.a.O. Zu denken ist insofern etwa an einen Sachwalter, der selbst als Partei in früheren Verfahren Prozeßerfahrung hat sammeln können.

1017 8:1 ff.

1018 8:4 ff.

zeichnung „Anwalt“ ein und geht im übrigen davon aus, daß eine nähere Prüfung des Gerichts ob ihrer Tauglichkeit als Prozeßvertreter für das jeweilige Verfahren grundsätzlich entfallen könne.[1019]

Aus dem Gutachten der Prozeßkommission geht deutlich hervor, daß die Einführung des öffentlich-rechtlichen Rechtsstatus für die Anwaltschaft bewußt in Anlehnung an die im europäischen Ausland[1020] geltenden Regelungen erfolgte.[1021] Dort – so die Ergebnisse der Kommissionsrecherche – habe sich die Einführung der öffentlich-rechtlichen Korporation bewährt und zu einer Verbesserung der Qualität der Rechtsprechung wie auch allgemein der Rechtsmoral in der Bevölkerung geführt.[1022] Ihre Übernahme in das schwedische Recht sei daher zu empfehlen.[1023]

Demgegenüber konnten sich die Gremien nicht dazu entschließen, dem ausländischen Recht auch insoweit zu folgen, als es eine Parteipflicht zur anwaltlichen Prozeßvertretung vorsah.[1024] Ohne vertiefte Auseinandersetzung mit den Vorzügen wie auch gegebenenfalls Nachteilen einer derartigen Regelung verweisen sie in ihren Berichten allesamt darauf, daß das Recht der Partei, ihre Klage selbst zu führen, als Ausdruck alter Tradition im schwedischen Rechtsbewußtsein stark verwurzelt sei.[1025]

Die Möglichkeit eines Anwaltsmonopols wurde hingegen von der Prozeßkommission eingehend erörtert und mit Blick auf „erhöhte Anforderungen“, die an die Prozeßführung vor den höheren Instanzen zu stellen seien, für die Hofgerichte und den Högsta Domstolen befürwortet.[1026] Der Hinweis auf die Üblichkeit einer derartigen privilegierten Stellung der Anwälte als

1019 PLB S. 22.

1020 Die Kommission bezieht sich in ihren Ausführungen auf die Rechtslage in Frankreich, England, Deutschland, Dänemark und Norwegen. In Finnland hingegen fehlte es ebenso wie in Schweden an einer Reglementierung der Organisation des Anwaltstandes.

1021 PK I S. 209.

1022 Ibid.

1023 „Soweit es bei uns die (sc. berufsmäßige, eig. Erg.) Organisation der Prozeßvertreter (...) betrifft, kann diese nicht anders erfolgen als dadurch, daß man im wesentlichen den Anweisungen folgt, die das ausländische Recht auf diesem Gebiet gibt. Die Grundlinien sind in allen Ländern dieselben (...)“; s. a.a.O.

1024 Eine solche enthielt von den in Frage stehenden Verfahrensordnungen umfänglich nur das deutsche Recht für alle Verfahren vor dem Landgericht und höheren Instanzen, während die französische Verfahrensordnung eine Verpflichtung zur Hinzuziehung eines „avouée“ zur Klagevorbereitung vorsah. Das englische wie auch norwegische Recht schließlich kannten einen Anwaltszwang nur mit Blick auf die von einem Anwalt zu leistende Unterschrift unter gewisse, bei höheren Instanzen eingereichte Schriftsätze.

1025 PK I S. 209 f; proposition 1931, Nr. 80, S. 101 f. Die Lagberedning ging entsprechend ihrer vom Reichstag vorgegebenen Leitlinien auf den Anwaltszwang nicht einmal mehr ein, vgl. PLB S. 19. Eine gewisse Rolle könnte bei der Ablehnung eines Anwaltszwangs auch ein noch immer nicht ganz überkommenes Mißtrauen in der Bevölkerung gegenüber den juristischen „Rabulisten“ (s. oben S. 80 FN 334) gespielt haben; vgl. etwa *T. Engströmer*, Några aktuella frågor, S. 13: „In weiten Kreisen der Laienrichter ist das Mißtrauen gegenüber den Anwälten noch immer (d.h. 1942; eig. Erkl.) sehr stark.“

1026 PK I S. 210.

ausschließliche Prozeßvertreter in den ausländischen Verfahrensordnungen, der in dem Gutachten der Kommission in unmittelbarem Zusammenhang mit diesem Vorschlag erfolgt,[1027] läßt erkennen, daß dieser Regelungsentwurf ebenfalls unter dem starken Einluß des ausländischen Rechts stand.

Dagegen stellte sich die Lagberedning auf der Grundlage der ablehnenden Haltung des Reichstags zu dieser Lösung sowie eigener statistischer Erhebungen über die Häufigkeit der Inanspruchnahme rechtlich ungebildeter Prozeßvertreter durch die Parteien[1028] auf den Standpunkt, daß der Zugang zu Anwälten zumal auf dem Land noch zu schlecht sei, als daß man den Parteien ihre zwangsweise Hinzuziehung zumuten könne. Im übrigen sei von einer solchen Regelung auch eine nicht unbedeutende Steigerung der Prozeßkosten zu erwarten.[1029]

Die Novelle von 1942 schließt sich dieser Ansicht an und beläßt es somit mit Ausnahme der Einführung des öffentlich-rechtlichen Status der Anwaltsvereinigung bei dem alten Rechtszustand.

Trotz Überwiegens des traditionellen Charakters der Reform auf dem Gebiet der Prozeßvertretung lassen sich jedoch wie gezeigt in dem Gang der Reformdiskussion wie auch mit Blick auf die erwähnte körperschaftliche Umstrukturierung Einflüsse auch des ausländischen Rechts nachweisen. Allerdings treten sie in diesem Fall nicht in ihrer nationalen, an eine einzelne Verfahrensordnung gebundenen Fassung hervor, sondern nur als Ausdruck gesamteuropäischen Rechts.

cc) Systematik und Sprache der Novelle: Konservatismus versus Rezeption

Traditionelle Züge trägt die Reformnovelle auch in formeller Hinsicht mit Blick auf ihren Aufbau und ihre Sprache. In beiderlei Hinsicht lassen sich jedoch erneut auch Fremdwirkungen des ausländischen und hier vor allem des deutsch-österreichischen Rechts feststellen.

[1027] PK I S. 209.

[1028] PLB S. 19 f. Demnach lag die Häufigkeit des durch einen rechtskundigen Sachwalter vertretenen Klägers auf dem Land beim „häradsrätt“ 1913 bei 29,4%, um bis 1921 auf 32,8% und bis 1936 auf 57,7% zu steigen. Die Hinzuziehung eines Rechtskundigen war demgegenüber in den Städten beim „rådhusrätt“ wegen des leichteren Zugang zu den Anwälten mit 54,3%, 65% und 80,3% zum jeweils entsprechenden Zeitpunkt signifikant höher. Auf der Seite des Beklagten lagen die Zahlen mit 16,3%, 15,2 (!)% und 25,1% auf dem Land bzw. 20,3%, 24,2% und 31,2% in der Stadt demgegenüber deutlich niedriger.

Insgesamt verdeutlicht die Erhebung, daß die Parteien sowohl auf dem Land wie auch in der Stadt noch unmittelbar vor dem Inkrafttreten der Novelle in erheblichem Umfang auf juristisch nicht weiter ausgebildete Prozeßvertreter zurückgriffen. Dies gilt für die Klägerseite ebenso wie – hier allerdings in besonderem Maße – für den Beklagten.

[1029] PLB S. 21.

α) Die Systematik der Novelle

Die modernen, kontinentaleuropäischen[1030] Zivilverfahrensgesetze zeichnen sich im allgemeinen durch die Ausgliederung des Strafprozesses unter gleichzeitigem Bemühen um möglichst weitreichende Regelung aller mit dem Erkenntnisverfahren zusammenhängender Fragen aus, nicht selten einschließlich etwaiger Sonderverfahren wie etwa dem Verfahren in Familiensachen, dem Urkunden-/Wechselverfahren oder auch dem Mahnverfahren. Mitunter erfassen sie auch Bestimmungen der Urteilsexekution[1031] oder beziehen sogar das schiedsgerichtliche Verfahren mit ein.[1032]

Gleiches trifft auf die schwedische Novelle nicht zu. In deutlicher und zweifellos beabsichtigter Anlehnung an den Rättegångsbalk von 1734 verzichtet sie erneut auf die gesonderte Kodifikation des Strafverfahrens und vermag den hierdurch bedingten Eindruck einer gewissen Unübersichtlichkeit nur teilweise dadurch zu mildern, daß sie die strafprozessualen Sonderregelungen jeweils unter einem eigenen Gliederungspunkt zusammenfaßt.[1033]

Sämtliche Spezialverfahren wie der summarische Prozeß – etwa in Gestalt des Mahnverfahrens –, der Prozeß in Kindschafts- und Ehesachen, das schiedsgerichtliche Verfahren, das gesamte Vollstreckungsrecht[1034] und sogar die mit dem allgemeinen Erkenntnisverfahren so eng zusammenhängenden Bestimmungen über die Prozeßkostenhilfe – das alte Armenrecht – finden sich außerhalb des Nya Rättegångsbalk in Sondergesetzen geregelt.[1035]

Der Grund hierfür ist nicht etwa darin zu sehen, daß diese Problemkreise erst im Anschluß an die Prozeßnovelle normiert und dabei der Einfachheit

---

[1030] England verfügt über keine geschlossene einheitliche Kodifikation des Prozeßrechts (vgl. insoweit *J. Jolowicz*, Fundamental guarantees in civil litigation: England, in: M. Cappelletti/D. Tallon (Hrsg.): Fundamental guarantees, S. 121 ff. [127: „(...) the Rules of the Supreme Court [are] the the closest approximation to a code of civil procedure kown to English law“].

[1031] So etwa die deutsche ZPO schon in ihrer Fassung von 1877 im achten Buch, der französische Code de Procédure Civile im fünften Buch des ersten Teils (Nouveau Code: fünfter Titel des ersten Buchs), der Codice di Procedura Civile in seinem dritten Buch wie auch der zum 8.1.2001 in Kraft getretene neue spanische Ley de Enjuiciamiento Civil in seinem dritten Buch.

[1032] Vgl. das zehnte Buch der deutschen ZPO, den vierten Abschnitt des sechsten Teils der öZPO, das dritte Buch des zweiten Teils des Code de Procédure Civile oder auch den achten Titel des vierten Buchs des italienischen Codice di Procedura Civile.

[1033] Vgl. Kapitel 19-31und 45-48.

[1034] Wenn man von den Maßnahmen zur Sicherung der Zwangsvollstreckung (u.a. Arrest und Veräußerungsverbot) absieht, die im 15. Kapitel geregelt sind.

[1035] Für das schwedische Pendant zum Mahnverfahren („betalningsföreläggande“) vgl. das Gesetz „Lag om betalningsföreläggandet och handräckning“ (1990:746); zu Kindschaftssachen den „Föräldrabalken“ (1949:381) mit über das Gesetz verstreuten Bestimmungen zum Verfahren (etwa Kap. 3; Kap. 6 §§ 16 ff.; Kap. 20); zu Ehesachen s. den „Äktenskapsbalk“ (1987:230) in Kap. 14 ff.; zum schiedsgerichtlichen Verfahren das „Lag om skiljeförfarande“ (1999:116); zur Prozeßkostenhilfe das „Rättshjälpslag“ (1996:1619) und zum Exekutionsprozeß den „Utsökningsbalk“ (1981:774).

halber in Einzelgesetzen erfaßt worden wären. Vielmehr bestanden bereits umfängliche Sonderbestimmungen auf diesen Gebieten, deren historisch überkommene Niederlegung in Spezialgesetzen man aus Rücksicht auf die Tradition beibehalten wollte. Den mit dem Verzicht auf eine systematisch durchgeformte, vereinheitlichende Zusammenfassung und Integrierung dieser Bestimmungen in das neue Prozeßgesetz verbundenen Verlust an Übersichtlichkeit nahm man dafür in Kauf.

Der Vergleich der Prozeßnovelle mit dem alten Gesetz von 1734 hinsichtlich des inneren Aufbaus offenbart auf der anderen Seite allerdings zugleich auch wesentliche Neuerungen, die ein deutliches Streben der Reform nach verbesserter Systematik in Anlehnung an moderne Regelungstechnik erkennen lassen.

Eingeteilt in sieben größere Abschnitte („avdelningar") und neunundfünfzig Kapitel, folgt die Novelle in erheblich stärkerem Maße als zuvor der modernen gesetzestechnischen Praxis des „Vor-die-Klammer-Ziehens": Das Gesetz beginnt mit allgemeinen Vorschriften über die Gerichtsverfassung einschließlich solcher über das Gerichtsprotokoll und die Organisation der Anwaltschaft. Es folgen im zweiten Abschnitt Regelungen, die das Erkenntnisverfahren im allgemeinen betreffen, wie insbesondere Bestimmungen über die Parteien, ihre Prozeßvertreter, verschiedene Klagearten, die Beteiligung Dritter am Rechtsstreit, das Abstimmungsverfahren, die Entscheidungsarten, die Kosten des Verfahrens sowie Fristen und Prozeßhindernisse. Hieran schließt sich ein eigenständiger Abschnitt über das Beweisverfahren an,[1036] der seinerseits – schon nach der Kapitelüberschrift – in vorgezogene Bestimmungen allgemeiner Art zerfällt, gefolgt von der Regelung der einzelnen Beweismittel. Die Abschnitte vier bis sieben gelten schließlich dem Verfahren in erster Instanz, dem Rechtsmittelprozeß vor dem Hofgericht bzw. dem Höchsten Gericht sowie den außerordentlichen Rechtsmitteln.

Der Unterschied zur Struktur der alten Kodifikation von 1734 mit ihrem kasuistischen Charakter und ihrer deutlich gröberen Gliederung,[1037] ihrem Verzicht auf eine Zusammenfassung der strafprozessualen Vorschriften in eigenständigen Kapiteln wie auch mit ihrer vom Standpunkt moderner Gesetzgebungstechnik mitunter unvertraut wirkenden Aufspaltung und Anordnung sachlich zusammengehöriger Regelungsbereiche[1038] ist signifikant.

[1036] Hier beweist die schwedische Systematik sogar größere Konsequenz als die deutsche und österreichische ZPO, die die Regelungen des Beweisverfahrens in den Abschnitt über das Verfahren in erster Instanz einbezogen haben, obgleich sie grundsätzlich auch den Rechtsmittelprozeß betreffen.

[1037] Systematische Untergliederung nur nach Kapiteln; vgl. hierzu im übrigen *S. Jägerskiöld*, Kring tillkomsten av 1734 års lag, in: SJT 1984, S. 681 ff. (687) sowie *K.Å. Modéer*, Historiska rättskällor, S. 109.

[1038] So behandelte der Rättegångsbalk von 1734 die Parteisäumnis (12. Kapitel) losgelöst von der Richtersäumnis (9. Kapitel) sowie dem Verfahren im übrigen (14. Kapitel) und

Vergleicht man den Aufbau der schwedischen Novelle mit der wegen ihrer Übersichtlichkeit und Stringenz allgemein gerühmten deutschen bzw. österreichischen ZPO[1039] einerseits und dem erheblich weniger systematisch durchgeformten Code de Procédure Civile bzw. den englischen Rules of the Supreme Court auf der anderen Seite, so werden deutliche Parallelen zu dem deutsch-österreichischen Systemmodell erkennbar.

Sie betreffen nicht allein die erwähnte Methode der Ausgliederung und vorgezogenen Abhandlung der allgemeinen Verfahrensbestimmungen, sondern zeigen sich auch in der Wahl und teilweise sogar Reihenfolge und Benennung der einzelnen Gliederungspunkte innerhalb der größeren Abschnitte. So entsprechen etwa die Titel des zweiten und dritten Abschnitts des ersten Buchs der deutschen ZPO (Parteien bzw. Verfahren) bzw. die ihnen nachgebildeten Normen des ersten und zweiten Abschnitts des ersten Buchs der öZPO auf weite Strecken in ihrem Regelungsgegenstand und teilweise auch in ihrer Abfolge bzw. Bezeichnung den Kapiteln 11-18 bzw. 32 f des zweiten Teils der schwedischen Novelle.[1040] Diese Ähnlichkeiten erscheinen umso auffälliger, als noch die alten Gesetzentwürfe von 1826 und 1884 in ihrem Aufbau weitgehend auf die Möglichkeit der vorgezogenen Regelung allgemeiner Verfahrensbestimmungen verzichtet haben und trotz eines gewissen Bemühens um eine stringentere Systematik gleichwohl noch deutlich an die alte Kodifikation von 1734 angelehnt blieben.

Der französische Code de Procédure Civile hob sich demgegenüber von der schwedischen Novelle wie im besonderen von dem deutschen und österreichischen Prozeßgesetz durch einen labyrinthisch anmutenden, schwer nachvollziehbaren Aufbau deutlich ab. Ein formal ausgegliederter allgemeiner Teil zu den allen Verfahrensabschnitten gemeinsamen Institutionen fehlte ihm ebenso wie Vorschriften allgemeiner Art zu der Partei- und Prozeßfähigkeit, der gesetzlichen Vertretung, der Beteiligung Dritter am Verfahren, der Klagerücknahme, dem Ruhen bzw. der Unterbrechung des Verfahrens oder auch der gerichtlichen Zuständigkeit. Wesentliche Bestimmungen des Beweisrechts – so die Regelung des Geständnisses, des Eids, des Urkundenbeweises oder auch der Zulässigkeit des Zeugenbeweises – fanden sich schließlich ausgelagert im

---

regelte außerhalb der gerichtsorganisatorischen Fragen (Kapitel 1-10) im 13. Kapitel isoliert die Richterbefangenheit.

[1039] Die öZPO von 1895 ist in ihrem Aufbau weitgehend ein (bewußtes) Spiegelbild der deutschen ZPO.

[1040] Diese betreffen folgende Regelungsbereiche [Zitierweise: Überschrift (*Regelungsgegenstand*)]: Partei und Stellvertreter (*Parteifähigkeit und Folgen ihres Fehlens*); Prozeßbevollmächtigung; Klagegegenstand und Klageerhebung (*Klagearten, Klageänderung, Form der Klageerhebung, Klagerücknahme*); Verbindung von Verfahren und Beteiligung Dritter am Rechtsstreit (*Klagenhäufung, Streitgenossenschaft, Intervention*); Arrest u.a. (*Arrest, Veräußerungsverbot*); Abstimmung (*Verfahren bei Abstimmungen des Gerichts*); Urteil und Beschluß; Prozeßkosten; Fristen und gesetzliche Hinderungsgründe; Schriftsätze und Zustellungen.

Code Civil und unterstrichen hierdurch den Eindruck fehlender systematischer Durchformung, den das Verfahrensgesetz insgesamt hervorrief.[1041]

Der Vergleich der schwedischen Novelle mit dem deutschen, österreichischen und französischen Prozeßgesetz hinsichtlich des formalen Aufbaus zeigt somit deutliche Ähnlichkeiten der Reform mit der deutsch-österreichischen Verfahrensordnung und ebenso signifikante Unterschiede zum französischen Recht.

Berücksichtigt man die intensive Auseinandersetzung der Reformgremien mit den deutschen und österreichischen Prozeßgesetzen und bezieht dabei den Umstand mit ein, daß sich die Novelle in ihrem vergleichsweise konzisen Aufbau kaum auf einheimische Vorbilder stützen konnte, so wird man davon ausgehen müssen, daß die deutsche und österreichische Verfahrensordnung hinsichtlich ihres Aufbaus der schwedischen Reformnovelle als Vorbild gedient haben.[1042]

Die strukturellen Parallelen zwischen der Novelle und dem deutschen bzw. österreichischen Verfahrensgesetz beschränken sich allerdings nicht allein auf diese gleichsam außensystematische Ebene, welche die Gliederung und die Bezeichnung der einzelnen Regelungskomplexe betrifft. Sie reichen vielmehr deutlich tiefer und beziehen auch die sozusagen innere Systematik der drei Prozeßordnungen mit ein.

So zeichnet sie alle im Gegensatz zum französischen CPC wie auch dem englischen Verfahrensrecht eine im einzelnen zwar unterschiedlich konsequente, im grundsätzlichen jedoch markante Trennung zwischen den formalen Zulässigkeitsvoraussetzungen einerseits und der materiellen Begründetheit des Klägeranspruchs andererseits aus.

Historisch auf *Bülows* Lehre von dem Prozeßrechtsverhältnis[1043] aufbauend und den von ihm hieraus gezogen Folgerungen zu den Prozeßvoraussetzungen als den formalen Bedingungen für das Zustandekommen eines solchen Rechtsverhältnisses, hatten sich die deutsche ZPO und in ihrem Gefol-

---

[1041] Es verwundert daher nicht, daß sich die kritischen Stimmen, die sich in Frankreich schon früh, wenngleich lange erfolglos gegen den CPC erhoben, auch gegen die mangelnde Struktur des Gesetzes richteten (vgl. näher hierzu *A. Chauveau*/*A. Glandaz*, Formulaire général, Bd. 1, S. XI-XIV).

[1042] *Å. Hassler*, Några ord om rättegångsbalkens systematik och terminologi, in: SJT 1940, S. 151ff (152), betont demgegenüber die traditionsbedingte Eigenständigkeit der Novelle in ihrer sytematischen Struktur. Er belegt allerdings seine Ansicht lediglich mit dem Hinweis auf die Verbindung zivilprozessualer mit strafverfahrensrechtlichen Bestimmungen in der Reform und ihren Verzicht auf die Einbeziehung auch der Sonderverfahren, ohne auf den Aufbau der Novelle im übrigen und dessen Ähnlichkeiten mit dem deutsch-österreichischen System einzugehen. Seiner Schlußfolgerung, die schwedische Reform unterscheide sich hinsichtlich ihres Aufbaus stark von den ausländischen Gepflogenheiten, kann daher nicht uneingeschränkt gefolgt werden.

[1043] S. oben unter II. 4. b) bb) β) (3) (c) (aa) (α).

ge auch die öZPO dafür entschieden, Zulässigkeit und Begründetheit einer Klage scharf voneinander zu scheiden.

So sahen sie die Prozeßvoraussetzungen als Bedingungen der Zulässigkeit des gesamten Prozesses und nahmen sie als Voraussetzungen für ein Urteil in der Sache selbst, das grundsätzlich nicht ergehen durfte, soweit eine Prozeßvoraussetzung fehlte.[1044] Dementsprechend war Zweifeln hinsichtlich des Vorliegens von Prozeßvoraussetzungen so früh wie möglich nachzugehen[1045] und bestand insoweit die Möglichkeit ihrer Prüfung in einer abgesonderten Verhandlung.[1046] Im österreichischen Recht wurde die Klage überdies wegen Fehlens von Prozeßvoraussetzungen nicht durch Urteil abgewiesen, das meritorischen Entscheidungen vorbehalten war, sondern in Gestalt eines Beschlusses.[1047] Und schließlich erfolgte die Beachtung der Zulässigkeitsvoraussetzungen prinzipiell von Amts wegen[1048] und unterlagen jene regelmäßig nur stark eingeschränkt der parteilichen Verfügungsbefugnis.[1049]

Auch dem novellierten schwedischen Verfahren liegt diese strikte Trennung zwischen den formellen Prozeßvoraussetzungen („processförutsättningar") bzw. Prozeßhindernissen („processhinder"/"processhindrande invändningar") einerseits und den materiellen Sacheinwendungen („materiella rättsfakta") andererseits zugrunde. So darf auch nach der Novelle ein Sachurteil nur bei Vorliegen aller Prozeßvoraussetzungen ergehen und sind entsprechende Zweifel, soweit möglich, schon zu Beginn des Prozesses noch während der Vorbereitung der Hauptverhandlung und ehe sich das Gericht auf die Sachprüfung einläßt, auszuräumen.[1050] Konsequenterweise besteht im Gegensatz zum materiellen Rechtsverhältnis, dessen Prüfung der Hauptverhandlung vorbehalten bleiben muß, kein Hindernis zur Entscheidung von Zulässigkeitsfragen in der Vorbereitung[1051] und darf insoweit auch Beweis erhoben werden.[1052] Gleich dem deutschen und österreichischen Recht entschied sich die Novelle auch da-

---

[1044] Dies gilt auch heute noch; vgl. *Rosenberg/Schwab/Gottwald*, Zivilprozeßrecht[15], § 96 I. 2. für das deutsche Recht einerseits und *H. Fasching*, Lehrbuch des österreichischen Zivilprozeßrechts, S. 380 ff. andererseits.

[1045] Vgl. § 274 I ZPO: „Prozeßhindernde Einreden sind gleichzeitig und vor der Verhandlung des Beklagten zur Hauptsache vorzubringen"; dazu *A. Baumbach*, Zivilprozeßordnung[10], § 274 D. 3). Für das österreichische Recht s. §§ 239 II, III; 240 I (Anmeldung von Zulässigkeitshindernissen durch die Parteien in der ersten Tagsatzung und teilweise bereits Prüfung durch das Gericht); 252 II öZPO (Beweisaufnahme im vorbereitenden Verfahren bzgl. Zulässigkeit der Klage).

[1046] Für das deutsche Recht s. § 275 I ZPO; für das österreichische Recht vgl. § 260 I, III öZPO.

[1047] Vgl. § 261 öZPO; dazu auch nachfolgend unter β).

[1048] Eingehend hierzu *L. Rosenberg*, Lehrbuch des Deutschen Zivilprozeßrechts[4], § 89. Für das österreichische Recht s. die Bestimmung in § 240 III öZPO.

[1049] Näher *L. Rosenberg*, ibid.; *H. Sperl*, Lehrbuch der bürgerlichen Rechtspflege, Bd. 1, S. 327 ff.

[1050] 34:1 Abs. 1.

[1051] 42:4 Abs. 2 und 42:16 sowie *N. Gärde*, NRB vor 42:1 und 42:16.

[1052] Vgl. dens., NRB 42:16.

für, dem Gericht die Beachtung der Prozeßvoraussetzungen grundsätzlich von Amts wegen aufzugeben[1053] und räumte überdies die Möglichkeit einer abgetrennten Verhandlung über Zulässigkeitsfragen der Klage ein.[1054] Für den Fall, daß trotz Fehlens einer von Amts wegen zu berücksichtigenden Prozeßvoraussetzung ein Urteil in der Sache ergangen sein sollte, wird dem hierdurch in seiner Rechtsstellung Berührten das Recht auf Aufhebung des Urteils selbst bei eingetretener Rechtskraft gewährt.[1055] Überdies sieht die Novelle gleich dem österreichischen Recht für die Entscheidung über Zulässigkeitsfragen und die Abweisung einer Klage als unzulässig die spezielle Entscheidungsart des Beschlusses vor.[1056] Und selbst für die Ebene der Parteisäumnis zieht die schwedische Reform aus der Trennung von Sachurteilsvoraussetzungen und Begründetheit einer Klage Konsequenzen, indem sie dem Gericht die Möglichkeit eröffnet, bei Ausbleiben einer oder beider Parteien von einer gesonderten Verhandlung über Prozeßvoraussetzungen gleichwohl die jeweilige Zulässigkeitsfrage durchzuentscheiden.[1057]

Es fragt sich, inwieweit auch dieser weitreichende innersystematische Gleichklang zwischen der schwedischen Novelle und der deutschen bzw. österreichischen Verfahrensordnung die Folge einer bewußten Rezeption durch die schwedischen Reformkommissionen ist oder nicht eher Ausdruck einer zufälligen Korrelation innerhalb der drei Rechtsordnungen.

In Anbetracht der bereits dargestellten engen Orientierung der schwedischen Prozeßdoktrin an der deutschen Verfahrenswissenschaft am Vorabend der Prozeßreform im allgemeinen und an der *Bülowschen* Lehre von dem Prozeßrechtsverhältnis im besonderen liegt die Vermutung einer Rezeption nahe. Tatsächlich läßt sich nachweisen, daß eine derart strikte Trennung zwischen formellem und materiellem Recht und die hierauf aufbauende Zweiteilung in formelle Prozeßeinreden und materielle Sacheinwendungen, wie sie dem Nya Rättegångsbalk zugrundeliegt, sowohl der schwedischen Doktrin des 18. und frühen 19. Jahrhunderts als auch den Reformversuchen in der ersten Hälfte des 19. Jahrhunderts noch weitgehend fremd waren.[1058] Erst nachdem *Bülows* Auffassung von der Notwendigkeit einer scharfen systematischen Trennung zwischen Zulässigkeit und Begründetheit einer Klage gegen Ende des 19. und zu Beginn des 20. Jahrhunderts Eingang gefunden hatte in die schwedische

---

[1053] 34:1 Abs. 2.

[1054] 42:13; vgl. auch 42:20 Abs. 1.

[1055] 59:1 Abs. 1 Nr. 1.

[1056] 17:1 Abs. 2.

[1057] 44:7. Für die Folgen der Parteisäumnis s. im einzelnen nachfolgend unter 2. b) aa) γ) (1).

[1058] Vgl. hierzu eingehend *P.H. Lindblom*, Processhinder, S. 73 ff. mit Hinweisen auf die Behandlung von Parteieinreden im Prozeß bei den schwedischen Prozessualisten *D. Nehrman*, *C.O. Delldén* und *F. Schrevelius* [zu ihnen vgl. bereits 2. Teil C. II. 2. a) bzw. 3. Teil B. II. 4. b) aa) β)] sowie in den Reformentwürfen von 1826 (Lagkommitté) und 1849 (Äldre Lagberedning).

Doktrin,[1059] begannen sich auch die schwedischen Reformkommissionen der neuen Sicht zu öffnen.

Erste Ansätze hierzu lassen sich bereits den Motiven der Nya Lagberedning zu ihrem 1884 vorgelegten Reformentwurf entnehmen, in denen die Kommission in Ansätzen eine systematische Unterscheidung von formellen und materiellen Parteieinwendungen im Prozeß befürwortete.[1060]

Der eigentliche Durchbruch erfolgte jedoch erst mit den Entwürfen der Prozeßkommission (1926) und der Lagberedning (1938). Sie übernahmen in terminologischer Hinsicht die über die Doktrin vermittelten *Bülowschen* Begrifflichkeiten (Prozeßhindernis–„processhinder"; Prozeßvoraussetzungen–„processförutsättningar")[1061] und gaben auch in der Sache jene unterschiedlichen Regelungen für die Behandlung von Zulässigkeit und Begründetheit der Klage vor, die dann von der Novelle übernommen wurden.

So zeigt sich insgesamt hinsichtlich der Systematik des Nya Rättegångsbalk teilweise ein Anknüpfen an überkommene Gepflogenheiten in der Strukturierung des Verfahrensrechts, teilweise aber auch eine deutliche Orientierung an der modernen Gesetzessystematik des deutschen und österreichischen Rechts.

β) Die Sprache der Novelle

In seine scharfe Kritik an der starken Ausrichtung der deutschen Prozeßkodifikation von 1877 an den politisch-ideologischen Leitlinien des Liberalismus schloß *Otto von Gierke* auch die Sprache des Gesetzes mit ein, die er als zu formalistisch und zu wenig volkstümlich und gemeinverständlich bezeichnete.[1062]

Die nachfolgenden Reformen von 1909, 1924 und 1933, die zu einer deutlichen inhaltlichen Schwerpunktverlagerung der ZPO vom liberalen zum sozialen Prozeßmodell führten, ließen die sprachliche Seite unberücksichtigt. Die deutsche Verfahrensordnung hat dadurch bis heute ihren vergleichsweise hohen technisch-formalisierten Abstraktionsgrad behalten, der sie in ihrer Bevorzugung begrifflicher Schärfe gegenüber der Anschaulichkeit des Ausdrucks deutlich als Schöpfung der begriffsjuristischen Rechtsmethodik des 19. Jahrhunderts erweist.

Demgegenüber zeichnet sich die schwedische Novelle ganz ähnlich ihrem Vorgänger von 1734 durch einen bemerkenswert schlichten Stil aus. Er ist geprägt von zumeist knappen, konzentrierten Sätzen in einer übersichtlichen

---

1059 Vor allem über *E. Trygger*, *E. Kallenberg* und *A. Wrede*. Zu ersteren beiden s. schon II. 4. b) bb) β) (3) (c) sowie *P.H. Lindblom*, a.a.O., S. 86 ff.; zu *Wrede* s. *P.H. Lindblom*, a.a.O., S. 84 ff.

1060 Vgl. NLB S. 200 ff. Näher hierzu *P.H. Lindblom*, a.a.O., S. 79 ff.

1061 Vgl. etwa PK II S. 134 f; PK III S. 66 ff. und PLB S. 374 ff.

1062 *O. von Gierke* in einer Rezension des Werks von *J. Schwartz* „Vierhundert Jahre deutsche Civilprozeß-Gesetzgebung, in: ZZP 24, S. 445 ff. (458).

syntaktischen Struktur[1063] und einer überwiegend einfachen, mitunter antiquiert wirkenden Wortwahl. Auf die Übernahme von Fachtermini wurde regelmäßig aus Gründen der Verständlichkeit auch dann verzichtet, wenn sie in der wissenschaftlichen Diskussion geläufig waren.[1064] Legaldefinitionen kommen – soweit ersichtlich – in der Novelle nicht vor. Mit dem sich hierin im ganzen spiegelnden gesetzgeberischen Bemühen um Gemeinverständlichkeit der Reformbestimmungen sollte einer der wesentlichen Vorzüge des alten Rechts bewahrt werden und der Eindruck der Volksnähe des Gesetzes erhalten bleiben.[1065]

Gleichwohl lassen sich auch auf der Ebene der Rechtsterminologie gewisse Anzeichen einer Beeinflussung der Novelle durch fremdes Recht – vorwiegend erneut des deutschen und österreichischen – feststellen. Zwei Beispiele sollen dies verdeutlichen.

So dürfte etwa zum einen die durch die Reform für das schwedische Recht erstmals eingeführte terminologisch konsequente Zweiteilung der gerichtlichen Entscheidungsarten in Urteile und Beschlüsse im 16. Kapitel unter Aufgabe der alten Bezeichnung „utslag" in der Terminologie des österreichischen Rechts[1066] ihr Vorbild haben.[1067]

1063 Man vergleiche beispielsweise die schwedischen Bestimmungen über die Intervention im Prozeß in Kap. 14 §§ 4 und 9 ff. in Wortwahl (die Novelle vermeidet insbesondere die begriffliche Unterscheidung von Haupt-/Nebenintervention und Streitverkündung), Länge und Struktur der einzelnen Rechtssätze mit den entsprechenden Regeln in §§ 64 ff. ZPO. Stellenweise hat das Bemühen der Reformgremien um eine möglichst volksnahe, verständliche Gesetzessprache unter Vermeidung von Fachbegriffen fast schon komisch zu nennende Züge angenommen: So lautete etwa die ursprüngliche, bis 1981 geltende Fassung der Bestimmung in 15:5 über Maßnahmen im einstweiligen Rechtsschutz: „Beschlüsse über Maßnahmen der in diesem Kapitel beschriebenen Art werden von dem Gericht erlassen, wo der Rechtsstreit *ist* (eig. Hervorh.)." Offensichtlich sollte hier der Terminus „anhängig" vermieden werden [so auch die Vermutung *Å. Hasslers*, Några ord om rättegångsbalkens systematik och terminologie, in: SJT 1940, S. 151 (154, FN 1)].

1064 So nimmt etwa die Novelle Regeln über Teil- und Zwischenurteil auf (17:4 f.), vermeidet aber deren Fachbezeichnung und spricht statt dessen in beiden Fällen von „besonderem Urteil" („särskild dom"). Demgegenüber verwenden die Gesetzesmaterialien die Fachtermini („deldom" / „mellandom"; vgl. PLB S. 214 ff.).

1065 Nicht zuletzt die Titelbezeichnung des Prozeßgesetzes als Rättegångsbalk wurde aus dem alten Recht übernommen.

1066 Vgl. §§ 390, 425 öZPO.

1067 Dafür spricht neben der begrifflichen Übereinstimmung vor allem die auch vom schwedischen Recht für die Abgrenzung beider Entscheidungsarten gewählte Anknüpfung an den Entscheidungsinhalt, welche die Form des Urteils gleich dem österreichischen Recht und im Gegensatz zur deutschen ZPO grundsätzlich den Entscheidungen in der Hauptsache selbst vorbehält, in den übrigen Fällen hingegen den Beschluß vorsieht. Die schwedische wie die österreichische Verfahrensordnung kennen infolgedessen kein Prozeßurteil, sondern bestimmen für die Abweisung einer Klage als unzulässig die Form des Beschlusses. Vgl. PLB S. 212; *P. Fitger*, Rättegångsbalken, Bd. 1, 17:4; für das österreichische Recht s. *H. Sperl*, Lehrbuch der bürgerlichen Rechtspflege, *S.* 329, 476 f; aus der unveränderten Perspektive der zeitgenössischen Doktrin vgl. *H. Fasching*, Zivilprozeßrecht, Rdnr. 1377. Für das deutsche Recht, das keine derart strikte Dichotomie kannte (und nach wie vor nicht

Zum anderen ist die Aufnahme der Begriffe der Feststellungsklage („fastställelsetalan")[1068] neben dem bereits bekannten der Leistungsklage („fullgörelsetalan") sowie derjenige der Rechtskraft („rättskraft")[1069] in die Novelle zu nennen. Zwar waren diese Termini schon der schwedischen Prozeßrechtswissenschaft geläufig.[1070] Struktur und Wortlaut der zugehörigen Bestimmungen in der Novelle weisen allerdings so deutliche Ähnlichkeit mit den entsprechenden Normen im deutschen bzw. österreichischen Recht auf,[1071] daß

---

kennt, s. *Rosenberg/Schwab/Gottwald*, Zivilprozeßrecht[15], S. 304 ff.), vgl. *L. Rosenberg*, Lehrbuch des Deutschen Zivilprozeßrechts[4], § 54 III. 2. f.

1068 13:1 f.

1069 Vgl. 17:11. Die Kodifikation von 1734 verwendete noch die altschwedische Bezeichnung „laga kraft", vgl. 28:1 und 31:1;3. Interessanterweise findet sich dieser Begriff auch noch in der Novelle, und zwar in Kapitel 58 f. über die außerordentlichen Rechtsmittel. Dies dürfte damit zusammenhängen, daß die beiden letztgenannten Kapitel wesentlich stärker an das alte Recht angelehnt sind als das 17. Kapitel, welches mit seinen Bestimmungen über die verschiedenen Urteils- und Beschlußarten sowie die Reichweite und Bedeutung der Rechtskraft keine Entsprechung in der Kodifikation von 1734 hat und in der Terminologie daher fremdem Einfluß leichter zugänglich war.

1070 Vgl. hierzu *E. Kallenberg*, Svensk Civilprocessrätt, Bd. 1, S. 893 ff. (zur Feststellungsklage) sowie Bd. 2, S. 1229 ff. (zur Rechtskraft). Die Feststellungsklage war in Schweden nur für wenige vereinzelte Fälle in Spezialgesetzen außerhalb des alten Rättegångsbalk normiert, erstmals wohl in einer kaufrechtlichen Bestimmung einer Verordnung aus dem Jahr 1798 (zu ihr vgl. *A. Wrede*, Zivilprozeßrecht, S. 114, FN 1).

1071 Hinsichtlich der Festellungsklage: 13:2 Abs. 1 der Novelle lautet: „Die Klage auf Feststellung, inwieweit ein gewisses Rechtsverhältnis besteht oder nicht, darf zur Prüfung angenommen werden, wenn Unsicherheit herrscht über das Rechtsverhältnis und diese zum Nachteil des Klägers gereicht."

Vgl. daneben § 256 ZPO (heute: § 256 Abs. 1): „Auf Feststellung des Bestehens oder Nichtbestehens eines Rechtsverhältnisses, auf Anerkennung einer Urkunde oder auf Feststellung ihrer Unechtheit kann Klage erhoben werden, wenn der Kläger ein rechtliches Interesse daran hat, daß das Rechtsverhältnis oder die Echtheit oder Unechtheit der Urkunde durch richterliche Entscheidung alsbald festgestellt werde."

§ 228 öZPO war nahezu die Kopie des § 256 ZPO. Der Code de Procédure Civile wie auch das englische Verfahrensrecht enthielten hingegen keine entsprechenden Bestimmungen.

Die ursprünglich von der Prozeßkommission vorgeschlagene Formulierung war sogar noch stärker dem Wortlaut des deutsch-österreichischen Rechts angelehnt (vgl. PLB S. 182). Auch stützt das Gutachten der Prozeßkommission den hier vertretenen Schluß auf eine Rezeption mit dem Hinweis, die vorschlagene Regelung stimme mit „dem ausländischen Recht, soweit es eine Bestimmung hierüber enthält," überein (PK III S. 39).

Hinsichtlich der Rechtskraft: 17:11 Abs. 1 der Novelle lautet: „Das Urteil besitzt nach Ablauf der Frist für die Rechtsmitteleinlegung Rechtskraft, soweit hierdurch über die Sache entschieden worden ist, deretwegen die Klage erhoben wurde."

Abs. 2: „Ein Urteil besitzt auch Rechtskraft, soweit es eine Entscheidung über eine zur Aufrechnung gestellte Forderung enthält (...)."

Vgl. damit § 322 ZPO Abs. 1: „Urteile sind der Rechtskraft nur insoweit fähig, als über den durch die Klage oder durch die Widerklage erhobenen Anspruch entschieden ist."

Abs. 2: „Hat der Beklagte die Aufrechnung einer Gegenforderung geltend gemacht, so ist die Entscheidung, daß die Gegenforderung nicht besteht, bis zur Höhe des Betrages, für welchen die Aufrechnung geltend gemacht worden ist, der Rechtskraft fähig."

§ 411 Abs. 1 öZPO: „Durch ein Rechtsmittel nicht mehr anfechtbare Urteile sind der Rechtskraft insoweit teilhaft, als in dem Urteil über einen durch Klage oder Widerklage geltend ge-

der Schluß auf eine zumindest unterstützende Beeinflussung ihrer Regelung im Gesetz durch das deutsche bzw. österreichische Recht gerechtfertigt erscheint.

Das bereits beobachtete Spannungsverhältnis zwischen dem Bemühen um Beibehaltung zivilprozessualer Tradition bei gleichzeitigem Streben nach Berücksichtigung der Ideen moderner europäischer Verfahrensgesetzgebung prägt mithin auch Aufbau und Sprache der schwedischen Prozeßnovelle. Der überwiegend konservativen Zügen verhafteten äußeren Form des Gesetzes stehen systematische und terminologische Neuerungen gegenüber, die sich aller Wahrscheinlichkeit nach auf eine Rezeption des deutsch-österreichischen Rechts zurückführen lassen.

2. Der Inhalt der Reform

a) Der Ablauf des Verfahrens vor den Untergerichten und in der Rechtsmittelinstanz nach der Novelle

aa) Die Klageerhebung

Während nach altem Recht die Klageerhebung sowohl mündlich wie schriftlich erfolgen konnte, sieht die Reformnovelle nunmehr das grundsätzlich schriftliche Ersuchen des Klägers beim zuständigen Prozeßgericht um die Ladung des Beklagten („stämningsansökan“) vor.[1072] Der Gerichtsstand richtet sich dabei prinzipiell nach dem Wohnsitz des Beklagten.[1073] Mit dem Eingang des Antrags bei Gericht gilt die Klage als erhoben.[1074]

Der Antrag wird vom Gericht einer Eingangsprüfung auf seine Vollständigkeit unterzogen; bei Bedarf ist der Kläger zur Ergänzung seiner Angaben aufzufordern.[1075] Konnte der Ladungsantrag nach altem Recht noch so unbestimmt sein, daß der Beklagte eine nur sehr vage Vorstellung zu gewinnen vermochte von dem Prozeßbegehren seines Gegners und den tatsächlichen

---

machten Anspruch oder über ein im Laufe des Prozesses streitig gewordenes Rechtsverhältnis oder Recht entschieden ist (...). Die Entscheidung über den Bestand oder Nichtbestand einer vom Beklagten zur Kompensation geltend gemachten Gegenforderung ist der Rechtskraft nur bis zur Höhe des Betrages teilhaft, mit welchem aufgerechnet werden soll (...).“

Das französische Recht enthielt in Art. 1351 des Code Civil eine Regelung der Rechtskraft von Urteilen, die sich allerdings in Formulierung wie Inhalt deutlich von der deutschen und österreichischen abhob. Zum englischen Recht, das die Rechtskraft eines Urteils in der Praxis im Rahmen der sog. „estoppel“-Lehre innerhalb des Beweisrechts entwickelte, vgl. *Halsbury Laws of England*[3], Bd. 15, chapt. „estoppel“ (subsect. „res judicata“); *E. Cohn*, Die materielle Rechtskraft im englischen Recht, in: Festschrift für H.K. Nipperdey zum 70. Geburtstag, Bd. 1, S. 875 ff. sowie im unmittelbaren Vergleich mit der deutschen Rechtskraftlehre *U. Ritter*, Die Bestimmung der objektiven Rechtskraftgrenzen in rechtsvergleichender Sicht, in: ZZP 87 (1974), S. 138 ff.

[1072] 42:1.

[1073] 10:1.

[1074] 13:4 Abs. 3.

[1075] 13:3.

Gründen, die dem geltend gemachten Anspruch zugrundelagen, so stellt die Novelle erheblich strengere Anforderungen an seinen Inhalt. Neben den Angaben zur Person des Klägers und des eventuellen Prozeßvertreters hat er viererlei zu enthalten:[1076] ein bestimmtes Begehren („bestämt yrkande"),[1077] eine Offenlegung der tatsächlichen Umstände, die den Grund für die Klage bilden („redogörelse för dem omständigheter som åberopas till grund för yrkandet"),[1078] die Angabe der Beweismittel und des jeweiligen Beweisthemas sowie alle verfügbaren schriftlichen Beweisstücke.[1079]

bb) Die Vorbereitung der Hauptverhandlung

Entspricht der Ladungsantrag den gesetzlichen Erfordernissen, fertigt das Gericht eine Prozeßladung an den Beklagten aus mit der Aufforderung, auf die Klage binnen gesetzter Frist zu erwidern,[1080] und stellt ihm diese grundsätzlich von Amts wegen[1081] zusammen mit dem Klägerantrag zu. Damit beginnt die Vorbereitung des Verfahrens,[1082] die als eine der maßgebenden Neuerungen der Reform den Prozeß scharf in zwei Stadien teilt.[1083]

Ihr Ziel besteht in der Ermöglichung einer konzentrierten Hauptverhandlung durch die Trennung des Streitigen vom Unstreitigen sowie durch eine bereits zu diesem frühen Verfahrensstadium vergleichsweise weitgehende Offenlegung der Standpunkte der Parteien einschließlich ihrer Angriffs- und Verteidigungsmittel.[1084]

Zu diesem Zweck sieht die Novelle für die Vorbereitung die mündliche Form in Gestalt einer frühen ersten Zusammenkunft der Parteien vor einem Einzelrichter[1085] als Regelform vor,[1086] die allerdings nach Wahl des Gerichts mit Rücksicht auf die Parteien und die Art des Streitgegenstandes durch

---

1076 42:2.

1077 Dazu im einzelnen *B. Lindell*, Civilprocessen, S. 252 f.

1078 1987 wurde die Bestimmung um das Attribut „ausführlich" („utförlig") ergänzt; dazu *B. Lindell*, Civilprocessen, S. 253. Zu dem zentralen Terminus des „åberopa" im schwedischen Prozeß, mit dem die Novelle in Umsetzung des Verhandlungsgrundsatzes den Vorgang der ausdrücklichen Tatsachenbehauptung durch eine Partei (so wohl auch die passendste Übersetzung aus Sicht der deutschen Doktrin; s. zum Begriff der Tatsachenbehauptung *Rosenberg/Schwab/Gottwald*, Zivilprozeßrecht[15], S. 427) zum Zwecke der Beibringung der tatsächlichen Urteilsgrundlagen meint, eingehend *R. Boman*, Om åberopande och åberopsbörda i dispositive tvistemål, S. 11 et passim sowie *P. Bolding*, Går det att bevisa, S. 15 ff.

1079 Zur rechtsvergleichenden Analyse vgl. unten b) aa) α).

1080 42:14 Abs. 1 iVm 32:1.

1081 33:4.

1082 42:6 Abs. 1.

1083 Wegen der noch folgenden eingehenden Darstellung des Vorbereitungsverfahrens nach der schwedischen Novelle in der detaillierten Strukturanalyse [b) aa) α) (1)] wird hier nur auf die Grundzüge eingegangen.

1084 Im einzelnen s. hierzu unter b) aa) α) (1).

1085 1:4; 11.

1086 42:9 S. 1; zur gegenwärtigen Rechtslage s. unter C. I. 3. b).

Schriftsatzwechsel[1087] oder eine flexible Kombination von mündlichen und schriftlichen Elementen[1088] ersetzt werden darf.

Die Vorbereitung endet mit der gerichtlichen Anberaumung eines Termins für die Hauptverhandlung.[1089]

cc) Die Durchführung der Hauptverhandlung

Die Hauptverhandlung findet unter strikter Beachtung der Verfahrensgrundsätze der Mündlichkeit und Unmittelbarkeit statt[1090] und besteht nach der Novelle im wesentlichen aus vier Abschnitten.

Kläger und Beklager stellen zu Beginn ihre Anträge, der Beklagte hat dabei insbesondere anzugeben, in welchem Umfang er das Klägerbegehren anerkennt bzw. bestreitet.[1091]

Es folgt die ausführliche Darlegung des den Anträgen zugrundeliegenden Sachverhalts, zunächst durch den Kläger, anschließend den Beklagten.[1092]

Hieran schließen die Beweisaufnahme und zuletzt deren Würdigung in den Plädoyers durch die Parteien an.[1093]

Vertagungen über einen Zeitraum von mehr als zwei Wochen führen zur Eröffnung einer neuen Hauptverhandlung und infolgedessen regelmäßig auch zu einer Wiederholung aller während der ersten Hauptverhandlung vollzogener Prozeßhandlungen; fällt die Vertagung kürzer aus, darf die Hauptverhandlung fortgesetzt werden.[1094]

Spätestens am nächsten Wochentag, nach Möglichkeit jedoch bereits unmittelbar nach den Plädoyers hat die Urteilsberatung zu erfolgen und das Urteil – soweit möglich – noch am selben Tag verkündet zu werden.[1095]

dd) Das Verfahren im Rechtsmittelprozeß

Erhebliche Veränderungen hat die Novelle auch für den Prozeß in den Rechtsmittelinstanzen bewirkt. Sie fußen dabei maßgeblich in der Umsetzung der für das Untergerichtsverfahren geltenden Grundsätze der Konzentration, Mündlichkeit und Unmittelbarkeit auch auf der Rechtsmittelebene. Von besonderer Bedeutung ist insofern die Beseitigung des zuvor fast ausschließlich schriftlichen Verfahrenscharakters vor dem Hofgericht und dem Höchsten Gerichtshof zugunsten einer verstärkten Durchführung der Mündlichkeit.

1087 42:14.

1088 42:12 Abs. 3; 42:14 Abs. 2 S. 2.

1089 42:20 Abs. 1 S.1. Zu der Möglichkeit eines sog. vereinfachten Verfahrens s. nachfolgend unter b) aa) α) (1).

1090 Siehe hierzu im einzelnen unter b) bb) α) (1).

1091 43:7 Abs. 1 S. 1.

1092 43:7 Abs. 1 S. 2.

1093 43:8 f.

1094 43:11 Abs. 2; 43:13.

1095 17:9 Abs. 2.

α) Der Hofgerichtsprozeß im Rechtsmittelverfahren[1096]

Die Novelle behält die beiden Rechtsmittel Berufung („vad“) und Beschwerde („besvär“) bei. Sie werden hinsichtlich ihrer Statthaftigkeit von der Reform nach dem Inhalt der angefochtenen Entscheidung voneinander geschieden. Die Berufung ist danach das statthafte Rechtsmittel gegen die als Sachentscheidung ergehenden Urteile des Untergerichts,[1097] während die Verfahrensfragen entscheidenden Beschlüsse im Rahmen ihrer Anfechtbarkeit mit der Beschwerde angegriffen werden.[1098]

Der wesentliche verfahrensmäßige Unterschied zwischen diesen beiden Rechtsmitteln besteht in der Beibehaltung des schriftlichen Verfahrens für die Beschwerde mit Rücksicht auf den typischerweise formellrechtlichen Charakter des Beschlußinhalts. Dessen Überprüfung im Rechtsmittelprozeß, so die übereinstimmende Meinung der Reformgremien,[1099] setze im allgemeinen keine mündliche Verhandlung voraus, sondern erlaube eine Entscheidung nach Lage der Akten. Für den Fall, daß ein mündliches Verhör der Parteien oder Dritter dem Gericht gleichwohl als erforderlich erscheinen sollte, räumt die Novelle allerdings diese Möglichkeit ein.[1100]

Das Berufungsverfahren wird wie bislang durch die mündliche oder schriftliche Anmeldung der Berufung sowie die anschließende Einreichung eines begründenden Berufungsschriftsatzes eingeleitet. Beides hat aber – im Unterschied zum alten Recht – beim Untergericht zu erfolgen, das die Statthaftigkeit der Berufung, die Ordnungsmäßigkeit ihrer Anmeldung sowie die Fristwahrung hinsichtlich der Berufungsbegründung überprüft[1101] und letztere dem Hofgericht übersendet.[1102] Entfallen ist die Verpflichtung des Berufungsklägers zur Entrichtung einer besonderen Berufungsgebühr („vadepennig“). Die Frist für die Begründung der Berufung wurde hingegen verschärft.[1103] Als weitere Neuerung nimmt die Reform das Institut der Anschlußberufung auf.[1104]

Die Novelle führt auch für die Berufung ein vorbereitendes Verfahren ein, gestaltet dieses allerdings im Gegensatz zum Untergerichtsprozeß überwiegend schriftlich. Es besteht in erster Linie aus dem Berufungsschriftsatz des Klägers und der schriftlichen Erwiderung des Beklagten.[1105] Soweit aus Sicht des Hof-

---

1096 Zum Verfahren vor dem Hofgericht als erster Instanz – etwa bei Dienstvergehen von Richtern der Untergerichte (vgl. 2:2) – siehe die Vorschriften im 53. Kapitel. Gem. 53:1 ist der Prozeß im wesentlichen nach den gleichen Grundsätzen gestaltet wie das Untergerichtsverfahren.

1097 49:1 Abs. 1.

1098 49:2 Abs. 1.

1099 PK III S. 109; PLB S. 57.

1100 52:10 S.1.

1101 50:1 Abs. 1; 50:3 iVm 50:1 f.

1102 50:5.

1103 Gem. 50:1 binnen drei Wochen nach Urteilsfällung.

1104 50:2.

1105 50:4; 8 f.

gerichts erforderlich, können allerdings weiterer Schriftsatzwechsel angeordnet und Verhöre mit den Parteien oder Dritten durchgeführt werden.[1106]

Sollte die Berufung vom Gegner anerkannt worden oder aus Sicht des Hofgerichts offensichtlich unbegründet sein, einen geringfügigen Streitwert aufweisen oder lediglich die Auslegung von Rechtsvorschriften betreffen, ist eine Hauptverhandlung nach der Novelle teils ohne, teils mit Zustimmung der Parteien entbehrlich.[1107] Andernfalls findet im Anschluß an die Vorbereitung die Hauptverhandlung statt.

Diese ist im wesentlichen nach den gleichen Grundzügen angeordnet wie im Verfahren erster Instanz und besteht damit in scharfem Gegensatz zum alten Recht aus einer mündlichen und öffentlichen Verhandlung, in der die Parteien vor dem Richterkolleg[1108] ihre Klagebegehren unter ausführlicher Stellungnahme zu den jeweiligen Erklärungen ihres Gegenübers selbst vortragen und näher ausführen. Der nach altem Recht übliche Referentenvortrag eines Mitglieds des Spruchkörpers ist nach der Konzeption der Novelle daher grundsätzlich entbehrlich.[1109]

Sind Mündlichkeit und Konzentration somit auch in der Berufung wesentliche Prozeßmaximen, gilt gleiches für die Unmittelbarkeit nur in eingeschränktem Umfang.

Zwar hat das während der Vorbereitung vorgelegte Prozeßmaterial auch in der Berufung für die Entscheidung im Hauptverfahren – von wenigen Ausnahmen abgesehen – außer Betracht zu bleiben.[1110] Auch ist der Hofgerichtsprozeß nach der Novelle als grundsätzlich vollwertiges neues Verfahren angeordnet, in der das erstinstanzliche Verfahren in rechtlicher wie tatsächlicher Hinsicht überprüft wird. Das Vorbringen neuer Umstände und Beweise ist daher zugelassen und nur für den Fall ausgeschlossen, daß es bereits im Verfahren vor dem Untergericht möglich war, jedoch zu „unangemessenen Zwecken" oder aus grober Fahrlässigkeit unterlassen wurde.[1111]

Andererseits wäre jedoch eine Wiederholung der vor dem Untergericht erhobenen mündlichen Beweise mit Zeitverlust und erheblichen Kosten für die Par-

---

[1106] 50:10 Abs. 2; 50:12.

[1107] 50:21.

[1108] Gem. 2:4 Abs. 1 besteht der Spruchkörper am Hofgericht aus mindestens vier Berufsrichtern.

[1109] Möglich und angebracht ist allerdings, daß die Mitglieder des Spruchkörpers bei komplizierten Fällen vor der Hauptverhandlung durch einen Referentenvortrag ins Bild gesetzt werden (vgl. *P.O. Ekelöf*, Kompendium, S. 121).

[1110] Vgl. dazu 50:16 Abs. 3: Ausführungen der Parteien während der Vorbereitung dürfen grundsätzlich nur dann aus dem Protokoll bzw. etwaigen Schriftsätzen vorgelesen werden, wenn eine Partei in ihrer Aussage während der Hauptverhandlung von ihrem früheren Vortrag abweicht oder sich zu äußern weigert.

[1111] 50:25 Abs. 3. Unter dem Terminus „unangemessener Zweck" („otillbörligt syfte") ist maßgeblich die Absicht einer Partei, den Prozeß zu verzögern oder den Gegner zu übervorteilen, zu verstehen (*N. Gärde*, NRB 50:25).

teien wie die Allgemeinheit verbunden; Nachteile, denen gegenüber die mit der Unmittelbarkeit der Beweisaufnahme verbundenen Vorzüge aus Sicht der Reformgremien[1112] weniger stark ins Gewicht fallen. Die Novelle geht daher im Grundsatz davon aus, daß das Beweisverfahren vor dem Hofgericht im wesentlichen durch Verlesen der entsprechenden Passagen des Protokolls der ersten Instanz erfolgt.[1113] Soweit es das Gericht jedoch für angebracht hält oder die Parteien dies wünschen und die Unmittelbarkeit der Beweisaufnahme für das Beweisverfahren nicht unerheblich ist, müssen vor dem Hofgericht die mündliche Beweisaufnahme und die Inaugenscheinnahme wiederholt werden.[1114]

Die damit verbundene Verlagerung des Schwerpunkts der Beweiserhebung auf die erste Instanz bringt es mit sich, daß das Hofgericht nach der Novelle an die Würdigung einer Zeugen-, Sachverständigen- und Parteivernehmung sowie einer Inaugenscheinnahme im Prinzip wegen der vor dem Untergericht gewährleisteten größeren Beweisunmittelbarkeit gebunden ist.[1115] Stützt das Hofgericht sein Urteil auf die Überzeugungskraft dieser Beweise, will dabei aber von dem Ergebnis der Beweiswürdigung der Eingangsinstanz abweichen, so muß es konsequenterweise die Beweiserhebung zuvor grundsätzlich wiederholen.[1116]

Wie im erstinstanzlichen Prozeß haben die Parteien im Anschluß an das Beweisverfahren Gelegenheit, ihre Ansicht im Plädoyer dem Gericht vorzutragen.[1117]

Vom Gesetz abschließend aufgeführte Fehler besonders schwerwiegender Art[1118] hat das Hofgericht von Amts wegen zu beachten.[1119] Sie führen zur Aufhebung des erstinstanzlichen Urteils unter Zurückverweisung an das Untergericht. Ähnlich schwerwiegende Fehler anderer Art[1120] können ebenfalls unabhängig von einem entsprechenden Parteibegehren zur amtswegigen Aufhebung und Rückverweisung führen, wenn ihre Beseitigung im Hofgerichtsprozeß nicht möglich ist.[1121]

1112 Prop 1931 Nr. 80, S. 41, 62, 117; PLB S. 52.

1113 35:13 Abs. 3.

1114 35:13 Abs. 2 S.1.

1115 Vgl. 50:23.

1116 Ibid.

1117 50:18.

1118 In der Terminologie der Novelle unter Aufgreifen einer alten Bezeichnung „domvilla" genannt: 59:1 Zi. 1-5 (Beispiele für derart schwerwiegende Fehler sind etwa die Fälle, in denen ein Urteil trotz Vorliegens bestimmter Prozeßhindernisse ergangen ist bzw. da als Folge von Unklarheit oder Unvollständigkeit des Urteils sein Entscheidungsinhalt nicht ermittelt werden kann).

1119 50:26 iVm 59:1.

1120 Von der Novelle als „grovt rättegångsfel" bezeichnet: 50:26 Abs. 2.

1121 Ibid.

β) Der Prozeß vor dem Högsta Domstolen im Rechtsmittelverfahren[1122]

Das Verfahren vor dem Högsta Domstolen als Rechtsmittelinstanz entspricht auf weite Strecken demjenigen vor dem Hofgericht. Die nachfolgende Darstellung kann sich daher auf eine gedrängte Übersicht unter Betonung der wesentlichen Unterschiede zum Hofgerichtsprozeß beschränken.

Wie schon nach altem Recht unterscheidet die Novelle zwischen der sog. Revision und der Beschwerde als den zwei statthaften ordentlichen Rechtsmitteln vor dem Högsta Domstolen. Entsprechend der Differenzierung im Hofgerichtsprozeß richtet sich die Revision gegen die Urteile der zweiten Instanz, während deren Beschlüsse im Rahmen ihrer Anfechtbarkeit mit dem Rechtsmittel der Beschwerde angegangen werden.[1123] In ähnlicher Parallele sieht die Novelle auch für das Revisionsverfahren die mündliche Hauptverhandlung als Regelform vor, für die Entscheidung über die Beschwerde hingegen das schriftliche Verfahren.[1124]

Im Unterschied zum Verfahren zweiter Instanz sowie im Gegensatz zur alten Rechtslage[1125] hängt die Entscheidung über das weitere Rechtsmittel allerdings von dessen Zulassung durch den Högsta Domstolen ab.[1126] Im Interesse der Entlastung des Gerichts wie auch der verstärkten Beschränkung auf seine wesentliche Aufgabe als Garant der Rechtseinheit wird diese vom Gerichtshof grundsätzlich nur in drei Fallgattungen erteilt. Hierzu rechnen in erster Linie die Fälle besonderer Bedeutung einer Revisionsentscheidung für entweder die einheitliche Rechtsanwendung und Gesetzesauslegung (sog. Präzedenzdispens) oder die rechtsmittelführende Partei (sog. Interessendispenz). Darüber hinaus kommt nach der Novelle eine Zulassung nur bei Vorliegen eines Mindeststreitwerts[1127] in Kombination mit zu erwartender Abänderung der Hofgerichtsentscheidung als Folge einer summarischen Prüfung der Erfolgsaussichten des Rechtsmittels in Betracht (sog. Änderungsdispens).[1128]

Die Entscheidung über die Zulassung des Rechtsmittels erfolgt grundsätzlich im Anschluß an das vorbereitende Verfahren,[1129] das die Novelle für die dritte Instanz ebenso vorsieht wie für die beiden vorangegangenen. Entsprechend dem Hofgerichtsprozeß in der Revision besteht es im wesentlichen aus dem begründenden Schriftsatz des Revisionsklägers und der

---

1122 Das Verfahren vor dem Högsta Domstolen als erster Instanz – etwa bei Dienstvergehen von Hofrichtern (vgl. 3:3) – entspricht gem. 57:1 dem vor dem Hofgericht in erster Instanz (s.o. S. 224 FN 1096).

1123 54:1 Abs. 1; 54:2-8.

1124 55:15 Abs. 1 iVm 50:16-18; 56:1 ff.

1125 S. 2. Teil C. III. 3. b) bb) β); *A. Wrede*, Zivilprozeßrecht, S. 284.

1126 54:9.

1127 54:12 Abs. 1. Eine derartige Streitwertbegrenzung sah auch schon das alte Recht vor, vgl. S. 104 FN 494.

1128 54:10 Abs. 1.

1129 55:11.

schriftlichen Erwiderung des Revisionsbeklagten,[1130] kann ggf. allerdings um weitere Schriftsätze und/oder Verhöre ergänzt werden.[1131]

Im Unterschied zum Verfahren zweiter Instanz und in Übereinstimmung mit der alten Rechtslage ist der Rechtsmittelführer vor dem Högsta Domstolen zur Zahlung einer Rechtsmittelgebühr verpflichtet sowie zur Leistung einer Sicherheit für seine etwaige spätere Kostenerstattungspflicht als Verfahrensunterlegener.[1132]

Die Novelle behält im übrigen für die Revision ihren alten Charakter als umfassende Überprüfung der Hofgerichtsentscheidung in sachlicher wie rechtlicher Hinsicht zwar formal bei.[1133] Zugleich schränkt sie jedoch den Prüfungsumfang des Högsta Domstolen durch eine Reihe restriktiver Bestimmungen über die Erhebung neuer Beweise sowie die Bindung des Gerichtshofs an die Beweiswürdigung des Untergerichts und des Hofgerichts erheblich ein. So räumt die Reform in Verschärfung der entsprechenden Parallelvorschrift für das Berufungsverfahren einer Partei die Geltendmachung neuer Umstände und Beweise nur für den Fall ein, da sie glaubhaft macht, daß ihr gleiches zu einem früheren Zeitpunkt nicht möglich war oder sonst triftige Gründe für die Unterlassung vorlagen.[1134]

Zudem erfolgt die Beweiserhebung unter grundsätzlichem[1135] Verzicht auf eine Wiederholung der Beweisaufnahme vor dem Untergericht und – ggf. – dem Hofgericht allein durch Verlesung des hierüber aufgenommenen Protokolls der unteren Instanzen.[1136] Deren Würdigung ist für das Höchste Gericht im Grundsatz bindend.[1137]

Das Urteil ergeht im Anschluß an die Parteiplädoyers, die dem dergestalt eingeschränkten Beweisverfahren nachfolgen.

1130 55:8 Abs. 1; 55:10 Abs.1.

1131 55:10 Abs. 2; 55:15 Abs. 1 iVm 50:12.

1132 54:17.

1133 Anders noch der Vorschlag der Prozeßkommission, PK III S. 128, der auf eine Beschränkung der Prüfungskompetenz des Högsta Domstolen auf lediglich Rechtsfehler zielte. Vor allem wegen der dadurch hervorgerufenen schwierigen Fragen der Abgrenzung von Rechts- und Tatsachenfehlern konnte sich die Kommission hiermit allerdings nicht durchsetzen (vgl. PLB S. 58 f.).

1134 55:13. Die Verschärfung gegenüber 50:25 besteht vor allem in der anderen Verteilung der Beweislast, die im Revisionsverfahren hinsichtlich des Vorliegens triftiger Gründe für die späte Geltendmachung neuer Umstände der sich hierauf berufenden Partei obliegt (s. dazu *N. Gärde*, NRB 55:13).

1135 Die erneute unmittelbare Erhebung alter Beweise ist vor dem Högsta Domstolen an das Vorliegen „besonderer Gründe“ gem. 35:13 Abs. 2 S. 2 gebunden und damit noch stärker eingeschränkt als im Berufungsverfahren.

1136 35:13 Abs. 3.

1137 55:14.

b) Detaillierte Strukturanalyse der Novelle unter Berücksichtigung des Einflusses fremden Rechts

Zur Bestimmung des Einflusses der vier großen europäischen Verfahrensordnungen auf den Charakter der schwedischen Reform von 1942 vor dem Hintergrund des Spannungsverhältnisses zwischen liberaler und sozialer Prozeßdoktrin soll im folgenden untersucht werden, wie die Novelle ihre beiden Hauptziele der Konzentration des Verfahrens und der verbesserten Gewähr materiell richtiger Entscheidungen im Vergleich zum englischen, französischen, deutschen und österreichischen Prozeß des frühen 20. Jahrhunderts[1138] im einzelnen umsetzt. Dabei werden die Problemkreise der Vorbereitung der Hauptverhandlung, des Säumnisverfahrens, der richterlichen Verfahrensleitung, der Parteipflichten, des Verhältnisses von Mündlichkeit und Schriftlichkeit sowie der Grundzüge des Beweisverfahrens analysiert.

aa) Die Umsetzung der Konzentration in der Reformnovelle

Die Beschleunigung des Verfahrens bildet neben der verbesserten Gewähr materiell richtiger Urteile das entscheidende Ziel der Novelle. Es zu erreichen, sucht die Reform im wesentlichen auf dreifachem Weg: über die Einrichtung der gründlichen Vorbereitung der Hauptverhandlung, die nachhaltige Stärkung der richterlichen Verfahrensleitung und die Umgestaltung des Versäumnisverfahrens. Die nachfolgende Darstellung zielt daher auf die rechtsvergleichende Analyse dieser drei Problemkreise.

α) Die Vorbereitung der Hauptverhandlung

(1) in der schwedischen Novelle

Die Vorbereitung der Hauptverhandlung stellt in der schwedischen Novelle das primäre prozessuale Mittel zur Ermöglichung einer konzentrierten Verhandlung dar, deren Erledigung die Reform in einem Haupttermin ohne Unterbrechung anstrebt.[1139] Sie ist obligatorisch und steht daher nicht zur Disposition der Parteien.

Von der Hauptverhandlung grundsätzlich strikt geschieden, liegt ihre Aufgabe in der Trennung des Streitigen von dem Unbestrittenen, der Klarstellung der gegenseitigen Standpunkte der Parteien, der umfänglichen Ermittlung der geplanten beiderseitigen Beweisführung hinsichtlich Gegenstand und Mittel und dem Ausloten etwaiger Vergleichsmöglichkeiten. Sie dient damit allein der Vorstrukturierung des Haupttermins, nicht aber seiner – und sei es nur teilweisen – Durchführung. Die Reformgremien legten besonderes Gewicht auf die Feststellung, daß während der Vorbereitung eine Behandlung der Sachfrage selbst grundsätzlich ausgeschlossen sein müsse,

---

[1138] Vgl. S. 113 FN 544.

[1139] 42:6 Abs. 2.

da andernfalls eine Schwerpunktverlagerung vom Haupttermin auf die Vorbereitung zu befürchten sei, die deren Zweck untergraben würde.[1140]

Infolgedessen bleibt insbesondere die gesamte Beweisaufnahme der Hauptverhandlung vorbehalten.[1141] Ausnahmen läßt die Novelle hiervon nur für den Fall zu, daß die Beweisaufnahme im Haupttermin nicht oder nur unter unzumutbaren Schwierigkeiten möglich wäre.[1142]

Aus dem gleichen Grund muß sich das Urteil nach der Novelle allein auf den Prozeßstoff gründen, der in der Hauptverhandlung vorgelegt wurde. Während der Vorbereitung präsentiertes Verfahrensmaterial, das für die Entscheidung von Bedeutung ist – Parteianträge, Einwendungen, Geständnisse, Ausführungen in tatsächlicher oder rechtlicher Hinsicht, soweit sie überhaupt erfolgt sein sollten – muß daher im Haupttermin grundsätzlich erneut vorgelegt werden, soll es im Urteil Berücksichtigung finden.[1143]

Demgegenüber erstrebt die Novelle schon während der Vorbereitung die abschließende Klärung der formellen Fragen der Sachurteilsvoraussetzungen. Zu diesem Zweck gestattet sie bereits in diesem frühen Stadium des Verfahrens den Erlaß eines klageabweisenden Beschlusses wegen Vorliegens eines Prozeßhindernisses sowie die Erhebung ausschließlich auf die Klärung dieser formellen Fragen bezogener Beweise.[1144]

Auch der Erlaß eines Versäumnisurteils,[1145] eines Verzichturteils[1146] oder auch eines Anerkenntnisurteils[1147] – ggf. als Teilurteil[1148] – sowie der Abschluß eines Vergleichs[1149] sind während der Vorbereitung zugelassen.

Auf diese Weise kann sich die Hauptverhandlung auf die eigentlichen materiellen Kernfragen des Streits beschränken, deren Klärung – hauptsächlich im Wege des Beweisverfahrens – in gestraffter Form und somit effektiver möglich wird.

1140 PK III S. 51; LR S. 14; prop 1931 Nr. 80, S. 69, 99; PLB S. 25; 431 f.

1141 35:8 S.1.

1142 Vgl. 42:19 Abs. 2; 36:19; 37:4; 38:6; 39:2; 40:11.

1143 Vgl. *N. Gärde*, NRB S. 620 zu 43:7. Anderes gilt nur für den Fall des sog. vereinfachten Verfahrens (dazu sogleich im Text), bei dem die Hauptverhandlung unmittelbar im Anschluß an die Vorbereitung stattfindet. Aus dem Gesagten folgt allerdings nicht, daß das während der Vorbereitung vorgelegte Material für die Hauptverhandlung gänzlich ohne Bedeutung ist. Sollte etwa eine Partei in ihrer Darstellung im Haupttermin von ihrer Aussage in der Vorbereitung abweichen, erlaubt die Novelle die Verlesung des Protokolls der Vorbereitung (43:7 Abs. 2).

1144 42:16; s. *N. Gärde*, NRB 42:16. Soweit für die Klärung der formellen Probleme hingegen umfängliche Prüfungen erforderlich werden, räumt die Novelle in 42:20 Abs. 1 S. 2 die Möglichkeit einer gesonderten Hauptverhandlung ein. Die Vorbereitung kann dann bis zum Abschluß dieser Verhandlung ausgesetzt werden.

1145 42:18. Dazu im einzelnen unter γ) (1).

1146 42:18.

1147 Ibid.

1148 Vgl. 17:4.

1149 S. zum zulässigen Umfang richterlicher Bemühung um eine Herbeiführung eines Prozeßvergleichs unten β) (2) (a) (bb).

Die Vorbereitung ist prinzipiell mündlich vor einem Einzelrichter zu führen, kann aber, soweit es nach Art und Umfang des Rechtsstreits angebracht erscheint, auch schriftlich oder gemischt mündlich-schriftlich stattfinden.[1150]

Eingeleitet wird sie mit der Klageerwiderung des Beklagten, die entsprechend dem Ladungsantrag des Klägers sehr ausführlich gehalten ist. Sie hat alle prozeßhindernden Einreden zu enthalten, die Angabe, in welchem Umfang der Beklagte den Klägerantrag anerkennen oder – unter Darlegung der Gründe – bestreiten möchte, eine Stellungnahme zu den Darlegungen des Klägers nebst einer substantiierten Angabe der Umstände, die er selbst geltend zu machen beabsichtigt, unter gleichzeitiger Beifügung etwaiger Beweisurkunden.[1151]

Soweit hiernach noch erforderlich, haben die Parteien während der Vorbereitung alle übrigen Umstände anzugeben, die sie geltend machen wollen, zu den Angaben des Gegners Stellung zu nehmen sowie Gegenstand wie Mittel etwaiger weiterer Beweise zu nennen.[1152] Unterläßt es eine Partei, während der Vorbereitung ihre Beweismittel zu benennen, so ist sie in der Folge zwar nicht ipso iure an deren Verwendung in der Hauptverhandlung gehindert. Unabhängig vom Ausgang des Rechtsstreits kann sie allerdings zur Übernahme der durch die Verzögerung entstandenen Kosten verpflichtet werden, wenn sie insoweit der Vorwurf der Fahrlässigkeit trifft.[1153] Sollte sie hingegen die frühzeitige Auskunft unterlassen haben in der Absicht, den Gegner zu übervorteilen oder das Verfahren zu verzögern, darf ihr späteres Vorbringen unberücksichtigt bleiben.[1154]

Geleitet von dem Ziel, mit Hilfe der Vorbereitung eine effektive Konzentration des Verfahrens zu erreichen, sie aber nicht etwa zum Selbstzweck werden zu lassen, sieht die Novelle für die Fälle einfach gelagerter, unkomplizierter Prozesse die Möglichkeit eines sog. vereinfachten Verfahrens vor.[1155] Kommt es zur Anwendung,[1156] wird die Hauptverhandlung in unmittelbarem Anschluß an die Vorbereitung abgehalten mit der doppelten Konsequenz, daß zum einen

---

[1150] 42:12 Abs. 3; 42:14 Abs. 1 S. 2 und Abs. 2 S. 2. Eine derart gemischte Vorbereitung kann nach der Vorstellung der Reformgremien insbesondere in der Einreichung einer schriftlichen Klageerwiderung des Beklagten bei Gericht und der anschließenden mündlichen Zusammenkunft vor dem Einzelrichter bestehen (vgl. *N. Gärde*, NRB 42:9). Diese Möglichkeit bietet sich umso mehr an, als der Beklagte gem. 42:11 seine Klageerwiderung im Falle einer ersten Zusammenkunft vor Gericht ohnehin schriftlich einreichen darf. Zum Umfang der Mündlichkeit in der Vorbereitung siehe auch unten unter bb) α) (1).

[1151] 42:7.

[1152] 42:8 Abs. 1. Vgl. zu dem Umfang der Parteipflichten bzgl. der Angabe der Beweismittel in der Vorbereitung auch unten bb) β) (1) (b).

[1153] 18:6.

[1154] 43:10.

[1155] 42:20 Abs. 2.

[1156] Gem. 42:20 Abs. 2 darf das Gericht außerhalb des erwähnten Hauptanwendungsfalls einfach gelagerter Rechtsstreitigkeiten von dem vereinfachten Verfahren nicht gegen den Willen der Parteien Gebrauch machen.

die Verfahrenszuständigkeit des Einzelrichters als Spruchkörper bestehen bleibt und zum anderen das während der Vorbereitung vorgelegte Prozeßmaterial ipso iure als Prozeßmaterial auch der Hauptverhandlung gilt und damit dem Urteil zugrundegelegt werden darf.[1157]

Gründliche Aufbereitung des Prozeßstoffs unter frühzeitiger Beteiligung des Gerichts in typischerweise mündlicher Form und unter prinzipieller Trennung von der auf die Sachentscheidung selbst zielenden Hauptverhandlung sind demgemäß die Charakteristika der schwedischen Vorbereitung nach der Prozeßnovelle.

(2) im französischen Prozeß[1158]

Auch der französische Code de Procédure Civile kannte ein Vorverfahren. Dieses unterschied sich in seinem Ablauf allerdings erheblich von dem schwedischen Modell.

Die Erhebung erstinstanzlicher Hauptklagen war grundsätzlich von einem zuvor erfolglos durchgeführten Sühneversuch vor dem Friedensrichter abhängig.[1159] Dieser suchte die Parteien zu einem Vergleich zu bewegen, verfügte im übrigen jedoch über keine nennenswerten Kompetenzen. Selbst eine Aufforderung der Parteien zur Stellungnahme über das gegnerische Vorbringen war ihm untersagt.[1160]

Auch die Gestaltung des Vorverfahrens im engeren Sinne im Anschluß an den vergeblichen Sühneversuch wich stark von der schwedischen Lösung ab. Dies betrifft vor allem die äußere Form des Verfahrens, die im Gegensatz zum schwedischen Modell durch Schriftlichkeit und weitestgehenden Parteibetrieb gekennzeichnet war.

Ganz Ausdruck des liberalen Prozeßmodells, wirkte das Gericht an der Vorbereitung grundsätzlich nicht mit, sondern überließ das gesamte Verfahren der Sammlung und Aufbereitung des Prozeßstoffs für die mündliche Hauptverhandlung in der sog. Audienz („audience“) den Parteien und ihren anwaltlichen Vertretern, den „avouées“.[1161] Diese ermittelten im außergerichtlichen

---

[1157] 17:2 Abs. 2.

[1158] Die Rede ist von dem gewöhnlichen Verfahren in nicht-summarischen Sachen. Die sog. summarischen Sachen wurden in einem einfacheren Verfahren abgehandelt. Vgl. zu Gegenstand und Ablauf des summarischen Verfahrens die Art. 404 ff. im CPC. Soweit nachfolgend nicht anders vermerkt, sind die Artikelangaben zum französischen Verfahrensrecht jeweils dem CPC entnommen.

[1159] Art. 48. Dazu näher *R. Morel*, Traité élémentaire de procédure civile, S. 254 ff. und 473 f. sowie *Z. v. Lingenthal*, Handbuch des Französischen Civilrechts, Bd. 4, S. 507. Zu Ausnahmen von der Verpflichtung zu einem vorgängigen Sühneversuch s. näher *Claessens/ Errerra*, in: F. Leske/W. Loewenfeld (Hrsg.): Internationale Rechtsverfolgung, Bd. 1, S. 194.

[1160] *G. Dahlmanns*, in: H. Coing (Hrsg.): Handbuch, Bd. 3/2, S. 2545.

[1161] Anders das Verfahren vor dem sog. „juge de la mise en état“, das im Anschluß an das Institut des „juge chargé de suivre la procédure“ von 1935 und die Erprobung des „juge de la mise en état“ in den Gerichtssprengeln einiger Appellhöfe im Jahr 1965 schließlich 1971

Schriftsatzverkehr den Streitgegenstand, die Standpunkte der Parteien und ihre Anträge und veranlaßten schließlich die Ladung zur Hauptverhandlung.

Die Vorbereitung wurde eingeleitet durch eine Klageschrift („exploit d'ajournement"), die für gewöhnlich von einem außerhalb des Gerichts stehenden „officier ministériel" – dem sog. „huissier"[1162] – mit oder ohne Unterstützung durch den „avouée" des Klägers entworfen und dem Beklagten zugestellt wurde. Sie enthielt neben dem Klageantrag eine im Vergleich zum schwedischen Recht wesentlich stärker geraffte Darstellung der Gründe und verpflichtete den Beklagten zur Bestellung eines Anwalts.[1163] Dieser fertigte die Klagebeantwortung aus, auf die der Kläger seinerseits mit einer Replik erwidern konnte.

Einreden der Parteien hinsichtlich der Zulässigkeitsvoraussetzungen der Klage waren in gesetzlich vorgegebener Reihenfolge vorzutragen und mußten noch vor der Hauptverhandlung in eigenständigen Prozessen abgehandelt werden.[1164]

Es schloß sich hieran die durch eine Partei[1165] erwirkte Ladung des Gegners zur Hauptverhandlung unter gleichzeitiger Eintragung des Streits in die sog. Audienzrolle des Gerichts an. Mit der – erneut außergerichtlich unter Zuhilfenahme des „huissier" durchgeführten – Zustellung der Schlußanträge („conclusions"), die den Streitgegenstand skizzierten, wie er sich zum Zeitpunkt des abgeschlossenen Vorverfahrens den Parteien darstellte,[1166] endete das Vorverfahren.

(3) im englischen Prozeß[1167]

Das ordentliche Verfahren vor dem High Court wurde regelmäßig durch den „writ of summons" eingeleitet.[1168] Seiner Funktion nach eine Prozeßladung, beinhaltete er die an den Beklagten gerichtete Aufforderung des Klägers, innerhalb einer gewissen Frist[1169] nach der Zustellung die Einlassung auf den

---

für ganz Frankreich eingeführt wurde; vgl. zu den Zuständigkeiten des Richters in der Vorbereitung nunmehr Nouveau Code de Procédure Civile Art. 763 ff.

1162 Zur Person des „huissier" im französischen Prozeß eingehend *E. Glasson*, Précis théorique et pratique, Bd. 1, S. 107 ff.

1163 Ders.: a.a.O., S. 275.

1164 Vgl. die Art. 166 ff., insbes. 168 ff.; hierzu im einzelnen ders.: a.a.O., S. 468 ff., v.a. S. 479 ff.

1165 Im Wortlaut des Gesetzes in Art. 80 „die fleißigste", d.h. eifrigste („la partie la plus diligente").

1166 *E. Glasson*, a.a.O., S. 295 f.

1167 Die Darstellung zum englischen Recht bezieht sich – auch im folgenden –, soweit nicht anders vermerkt ist, auf das ordentliche Verfahren vor dem High Court of Justice, wie es sich aus den „Rules of the Supreme Court" (zitiert: RSC-Order-rule) in der 1932 gültigen Fassung iVm der Spruchpraxis des High Court ergibt, wie sie in der „Annual Practice of the Supreme Court" (1932) niedergelegt war.

1168 RSC O. II r. 1.

1169 Gem. RSC App. A Form No. 1 waren es 8 Tage.

Streit (sog. „appearance“) zu erklären durch Eintragung bei Gericht.[1170] Mit Ausnahme einer kurzen Bezeichnung des geltend gemachten Anspruchs auf seiner Rückseite („indorsement of claim“)[1171] enthielt der „writ“ regelmäßig keine weiteren Angaben über den Grund des klägerischen Begehrens. Seine Zustellung an den Beklagten bzw. dessen Anwalt erfolgte auf Veranlassung des Klägers ohne Einschaltung des Gerichts.[1172]

Im Anschluß an die schriftliche Anzeige der Verteidigungsbereitschaft („memorandum of appearance“)[1173] seitens des Beklagten, die ihrerseits keine weiteren Angaben zur Sache enthielt, folgte der Hauptabschnitt des Vorverfahrens. Er bestand in dem wechselseitigen Austausch von Schriftsätzen („pleadings“),[1174] die durch substantiierte Ausführungen zu dem jeweiligen Begehren der Gegenseite das Streitige vom Unstreitigen schieden und den relevanten Prozeßstoff präzisierten und festlegten.[1175]

Die Entscheidungsgewalt über die Durchführung der schriftlichen Verfahrensvorbereitung wie auch über die Zahl der in ihrem Rahmen zu entwerfenden „pleadings“ lag allerdings nicht bei den Parteien, sondern war nach den Prozeßregeln einem Vorverfahrensrichter (sog. „Master“) übertragen.[1176] Dieser traf seine Entscheidung in einem eigenen Vortermin (sog. „summons for directions“), zu dem der Kläger den Beklagten binnen vierzehn Tagen seit dessen Streiteinlassung zu laden hatte.[1177]

Der Vortermin stellte eine mündliche Verhandlung („hearing“) vor dem „Master“ dar, in der dieser neben der Gestaltung des „pleading“-Verfahrens auch über die Statthaftigkeit und Begründetheit einer Reihe weiterer, für den englischen Prozeß typischer Parteianträge befand. Hierzu zählte insbesondere die Entscheidung darüber, in welchem Umfang eine Partei berechtigt war,

---

1170 RSC O. II r. 1.

1171 Je nach Prozeßart war zwischen dem regelmäßigen sog. „general indorsement“ im Verfahren und dem sog. „special indorsement“ in den wenigen, vom Gesetz zugelassenen Fällen zu unterscheiden. Letzteres enthielt genauere Angaben über Klageantrag und Klagegrund und ersetzte die förmliche Klagebegründung durch den Kläger im Anschluß an die Einlassung des Beklagten auf den Streit; näher dazu *W. Odgers*, Odgers on the Common Law, Bd. 2, S. 534 ff. Die Darstellung geht im folgenden von dem Regelfall des „general indorsement“ aus.

1172 *W. Odgers*, Odgers on the Common Law, Bd. 2, S. 522 f; *J. Bunge*, Zivilprozeßrecht, S. 81. Dies galt jedenfalls für den Regelfall der persönlichen Zustellung. Mißlang allerdings die persönliche Zustellung, ordnete das Gericht auf Antrag des Klägers eine ersatzweise („substituted“) Zustellung an.

1173 RSC O. XII r. 8 (1).

1174 RSC O. XIX.

1175 Vgl. insoweit *W. Odgers*, Odgers on the Common Law, Bd. 2, S. 546: „The function (...) of pleadings is to ascertain with precision the matters on which the parties differ and the points on which they agree. Each party must give his opponent a clear and definite outline of his case (...). Both parties thus learn before the case comes into court what are the real points to be discussed and decided at the trial.“

1176 RSC O. XXX r. 1.

1177 RSC O. XXX r. 8.

von der Gegenseite nähere Auskünfte über den Streitgegenstand zu verlangen[1178] oder die Herausgabe von für die eigene Beweisführung benötigten Urkunden erwirken.[1179]

Regelmäßig ordnete der „Master" im Bemühen um eine Begrenzung des Schriftsatzwechsels nur die Klagebegründung („statement of claim"), ihre Beantwortung durch den Beklagten („defence") sowie die klägerische Replik („reply") hierauf an.[1180] Weitere „pleadings" waren zwar möglich, aber unüblich.[1181]

Die Schriftsätze selbst wurden allein zwischen den Parteien gewechselt, ohne daß der Richter sich aus eigenem Antrieb von ihrem Inhalt Kenntnis verschafft hätte.[1182] Kennzeichnend für den Inhalt der „pleadings" war, daß sie keinerlei Angaben über Beweismittel enthalten durften,[1183] hingegen – in gedrängter Form[1184] – sämtliche rechtlich relevanten Tatsachen („material facts")[1185] aufführen mußten, auf die sich die Partei später in der Hauptverhandlung zu berufen gedachte. Bei der Verhandlung vor Gericht waren die Parteien insoweit an die in ihren Schriftsätzen aufgestellten Behauptungen nach Inhalt und Umfang gebunden. Die Änderung einer tatsächlichen Behauptung in der mündlichen Verhandlung war nur ausnahmsweise zulässig.[1186] Folge dieser strengen Bindung des mündlichen Parteivortrags an die Schriftsätze war die den Parteien eingeräumte Möglichkeit der nachträglichen inhaltli-

---

1178 Sog. „interrogatories"; vgl. RSC O. XXXI r. 1-11. Näher dazu unten unter bb) β) (3) (b).

1179 Sog. „discovery of documents"; vgl. RSC O. XXXI r. 12-29. S. hierzu bb) β) (3) (b).

1180 *W. Odgers*, Odgers on the Common Law, Bd. 2, S. 545. Im Zuge einer 1933 durchgeführten Änderung der "Rules of the Supreme Court" wurde der Austausch von "statement of claim", "defence" und "reply" gesetzlich in den Verfahrensregeln festgeschrieben und die "summons for directions" erst im Anschluß an den Schriftsatzwechsel vorgesehen; vgl. RSC O. XXX r. 1 n.F.: „Within seven days from the time when the pleadings shall be deemed to be closed, the plaintiff shall take out a summons for directions (...)."

1181 Ibid.; so auch *E. Cohn*, a.a.O., S. 327.

1182 Ders.: a.a.O., S. 546. Der Inhalt der „pleadings" wurde dem Richter jedoch in dem Fall bekannt, da eine Partei bei ihm die – ggf. teilweise – Streichung eines Schriftsatzes wegen irrelevanter oder schikanöser Ausführungen beantragte; vgl. RSC O. XXV r. 4.

1183 RSC O. XIX r. 4: „Every pleading shall contain (...), but not the evidence by which [the material facts] are to be proved."

1184 Prägnant *E. Cohn*, Die Lehre vom Schriftsatz nach englischem Recht, in: ZZP 73 (1960), S. 324 ff. (324 f.): „Die Kunst liegt (...) nicht in der Länge, sondern in der Kürze: je weniger man dem Gegner vorher zu verraten braucht, desto besser." sowie S. 327: „Diese (...) Schriftsätze sind regelmäßig von außerordentlicher Kürze." Vgl. insoweit aber auch unten bb) β) (3) (b) zu den weitreichenden Auskunftspflichten der Parteien in Gestalt der „interrogatories" und „discovery of documents", vor deren Hintergrund der konzis-knappe Charakter der englischen „pleadings" relativiert werden muß.

1185 Vgl. Annual Practice of the Supreme Court (1927), S. 326: „Every fact is material which is essential to the plaintiff's cause of action or to the defendant's defence – which they must prove or fail." Eingehend hierzu *W. Odgers*, Odgers on the Common Law, Bd. 2, S. 547 ff.

1186 *W. Peters*, Das englische bürgerliche Streitverfahren, S.10.

chen Abänderung ihres schriftsätzlichen Vortrags, die teils ohne, teils mit Zustimmung des Gerichts erfolgen konnte.[1187]

Charakteristisch war des weiteren der Umfang der Geständnisfiktion bei nicht von der Gegenseite bestrittenen Tatsachen. So galt mit Ausnahme der behaupteten Ansprüche auf Schadenersatz[1188] jede tatsächliche Angabe in einem Schriftsatz als zugestanden, die nicht ausdrücklich oder konkludent im folgenden Schriftsatz geleugnet wurde.[1189]

Schriftsätze, denen eine hinreichende Substantiierung fehlte, waren auf Begehren einer Partei („summons for particulars") mit Zustimmung des „Master" um Einzelangaben – etwa über einen Klage- oder Verteidigungsgrund – zu ergänzen.[1190]

Mit dem Austausch der klägerischen Replik waren die „pleadings" in der Regel abgeschlossen. Der Kläger hatte daraufhin innerhalb von sechs Wochen den Beklagten über Ort[1191] und Zeitpunkt der Gerichtsverhandlung zu informieren (sog. „notice of trial")[1192] und die Eintragung der Streitsache in die Liste der anhängigen Verfahren bei Gericht (sog. „entry for trial") zu bewirken.[1193]

(4) im österreichischen Prozeß[1194]

Daß eine effektive Konzentration des Verfahrens sowohl im Gemeininteresse einer kostensparenden Verwendung öffentlicher Mittel ein erstrebenswertes Ziel darstellt als auch dem Wunsch der regelmäßig auf eine möglichst rasche Entscheidung drängenden Parteien entspricht, ist eine alte Erkenntnis.

Ihre konsequente Umsetzung bei der Ausgestaltung gerade der Vorbereitung der mündlichen Verhandlung durch eine verstärkte Einschaltung des Gerichts und unter Ausnutzen der mit einer mündlichen Vorklärung des Rechts-

---

1187 *W. Peters*, a.a.O.; s. auch *W. Odgers*, Odgers on the Common Law, Bd. 2, S. 612 und *E. Jenks* (Hrsg.): Stephen's commentaries on the Laws of England, Bd. 3, S. 549; zu der Form der gerichtlichen Verfügung s. *H. Seton*, Forms of Judgments, Bd. 1, S. 44 ff. Die Genehmigung wurde grundsätzlich nur erteilt, wenn der Antragsteller in gutem Glauben handelte und sein Gegner nicht durch die Zulassung der Änderung einen Schaden erlitt, der nicht durch Kostenersatz oder anderweitig ausgeglichen werden konnte; hierzu näher *E. Schuster*, Bürgerliche Rechtspflege, S. 105. *E. Cohn*, a.a.O., S. 326 f, weist darauf hin, daß die Versagung einer nachträglichen Abänderung in der englischen Gerichtspraxis auch bei bedeutenden Rechtsstreitigkeiten keine Seltenheit war.

1188 Sie waren ipso iure als bestritten anzusehen, RSC O. XXI r. 4.

1189 RSC O. XIX r. 13; vgl. aber auch die Einschränkung in O. XXVII r. 13.

1190 RSC O. XIX r. 7 (a).

1191 Er war von dem „Master" in der „summons for directions" bereits festgelegt worden; vgl. *W. Odgers*, Odgers on the Common Law, Bd. 2, S. 567.

1192 RSC O. XXXVI r. 11.

1193 RSC O. XXXVI r. 21 (b).

1194 Soweit nicht anders angegeben, beziehen sich die Ausführungen zum österreichischen Recht stets auf das Verfahren vor den Gerichtshöfen erster Instanz. Die für den Prozeß vor den Bezirksgerichten geltenden Besonderheiten (vgl. öZPO §§ 431-460) bleiben im folgenden daher grundsätzlich unberücksichtigt. §§ ohne nähere Angaben sind solche der öZPO.

streits verbundenen Vorzüge findet sich demgegenüber im modernen europäischen Verfahrensrecht erstmals in der österreichischen Reform von 1895.

Der französische Prozeß ließ wie geschildert die Vorbereitung lediglich durch den anwaltlichen Schriftsatzverkehr stattfinden und machte die Anberaumung der Hauptverhandlung allein vom Parteiwillen abhängig. Das englische Recht bezog zwar den Richter über das „hearing of the summons for directions" in die Vorbereitung etwas stärker ein, beließ aber deren Schwergewicht ebenfalls bei dem schriftlichen Verkehr der Parteien untereinander und deren Entscheidung über den Zeitpunkt des Haupttermins. Und auch dem deutschen Verfahren,[1195] das ursprünglich unter dem starken Einfluß des französischen Prozesses stand, war bis zu der Inkorporierung des *Klein*'schen Modells ein Bemühen um die Nutzung der Vorbereitung als prozessuales Mittel effektiver Verfahrensstraffung nicht zu entnehmen.

Die österreichische Reform von 1895 hingegen schlug durch die Unterordnung schon der Vorbereitung des Haupttermins unter die lenkende Kontrolle des Gerichts und durch eine Kombination von Mündlichkeit und Schriftlichkeit in ihrer äußeren Form einen neuen Weg ein.

Er trat bereits bei der Einleitung des Verfahrens in der inhaltlichen Gestaltung der Klageschrift zutage. Diese hatte nicht nur das klägerische Begehren und die ihm zugrundeliegenden Tatsachen in ihren wesentlichen Zügen anzugeben sowie detailliert die Beweismittel zu bezeichnen, deren der Kläger sich in der Hauptverhandlung zu bedienen beabsichtigte.[1196] Vielmehr war dem Kläger bereits in der Klageschrift die Beantragung einer Reihe von prozeßleitenden Maßnahmen des Richters zur Beschaffung des Verhandlungs- und Beweismaterials gestattet. Hierzu zählte die Prozeßordnung etwa die gegenüber dem Beklagten zu treffende Anordnung, gewisse vom Kläger präzis bezeichnete Urkunden und Augenscheinsgegenstände zur Verhandlung mitzubringen, oder auch die Ladung in der Klageschrift genannter Zeugen.[1197] Auf diese Weise suchte die *Klein*'sche Reform die Zeit bis zum Beginn der Verhandlung durch die Unterstützung richterlicher Verfahrensvorbereitung von seiten des Klägers wirkungsvoll auszunutzen.

Im Anschluß an die Klageerhebung und noch vor der Erwiderung der Klage durch den Beklagten sah die öZPO obligatorisch[1198] eine erste mündliche Verhandlung vor einem Einzelrichter des zuständigen Gerichts vor (sog. erste Tagsatzung).[1199] Sie war nicht zu einer Verhandlung über den Prozeßgegenstand bestimmt, vielmehr besaß sie in erster Linie vorbereiten-

---

1195 Näher dazu nachfolgend (5).

1196 § 226 I.

1197 Im einzelnen vgl. § 229.

1198 Vor den den deutschen Amtsgerichten vergleichbaren Bezirksgerichten stand die Anberaumung einer abgesonderten ersten Tagsatzung zur Vorbereitung im Ermessen des Gerichts (§ 440 I).

1199 § 230 I.

de Funktion, sollte daneben in gewissem Umfang aber auch zu einer frühen Erledigung der Klage führen.

So diente sie einerseits dazu, in den Fällen eines materiell fehlenden Streits zwischen den Parteien bei Anerkenntnis, Verzicht und Vergleich sowie im Falle der Säumnis einer Partei ein rasches Urteil zu ermöglichen und damit das zeit- und kostenaufwendigere Hauptverfahren den eigentlichen Streitfällen vorzubehalten.[1200]

Zum zweiten trug sie zur Vorstrukturierung des Prozesses bei durch die Konstatierung der eventuell vorhandenen rein prozessualen Vorfragen. Insbesondere die Einreden der Unzulässigkeit des Rechtswegs, der Unzuständigkeit des Gericht, der Prozeßunfähigkeit einer Partei, der Litispendens der Streitsache sowie die eines bereits ergangenen rechtskräftigen Urteils in gleicher Sache waren schon in der ersten Tagsatzung geltend zu machen bei Gefahr andernfalls uU möglichen Verlusts des Rügerechts.[1201] Die Entscheidung über die Einreden oblag nur teilweise[1202] dem für die erste Tagsatzung zuständigen Einzelrichter; im Regelfall hatte hingegen ein Beschluß des Senats zu ergehen, der seinerseits zu diesem Zweck eine abgesonderte Verhandlung anberaumen konnte.[1203]

Soweit nach den Ergebnissen der ersten Tagsatzung die Durchführung eines Prozesses notwendig schien, wurde dem Beklagten vom Einzelrichter die schriftliche Klageerwiderung aufgegeben,[1204] in der ebenfalls das Gericht um die Ergreifung zusätzlicher vorbereitender Maßnahmen ersucht werden durfte.[1205]

Der weitere Verlauf des Verfahrens hing von der Entscheidung des zuständigen Senats ab. Ordnete dieser nicht ein sog. vorbereitendes Verfahren an,[1206] wurde im Anschluß an die erste Tagsatzung vom Einzelrichter der Termin zur mündlichen Hauptverhandlung bestimmt,[1207] bis zu der die Parteien in Beibehaltung des überkommenen schriftsätzlichen Modells die ihnen erforderlich erscheinenden weiteren Aufklärungen weitgehend eigenständig im Schriftsatzverkehr unter Aufsicht des Gerichts betrieben.

In dem für die österreichische Reform charakteristischen Bemühen um größtmögliche Konzentration des Verfahrens sah die Prozeßordnung jedoch für gewisse Fälle vor dem Haupttermin noch die Durchführung einer weiteren vorbereitenden Tagsatzung vor (sog. vorbereitendes Verfahren).[1208] Abgese-

[1200] § 239 II 2.

[1201] Vgl. §§ 239 II 1, III 1; 240.

[1202] Von den genannten Einreden lediglich die behauptete Prozeßunfähigkeit einer Partei, vgl. im übrigen § 239 III.

[1203] § 260 I.

[1204] § 243.

[1205] § 243 III iVm § 229.

[1206] Gegebenenfalls auf Antrag einer der Parteien: §§ 243 III, 244 I, 246 I.

[1207] § 244.

[1208] §§ 245-256.

hen von den weniger bedeutsamen Anwendungsfällen der Beweisaufnahme außerhalb der Hauptverhandlung[1209] und komplizierter Rechnungsstreitigkeiten[1210] sollte sie in all denjenigen Fällen zum Tragen kommen, die nach Umfang und Komplexität eine weitere Vorklärung in mündlicher Verhandlung im Interesse der Vereinfachung und Beschleunigung des Haupttermins als wünschenswert erscheinen ließen.[1211]

Nähere Anhaltspunkte für die Entscheidung des Senats zwischen diesen beiden Alternativen der Anberaumung des Hauttermins mit weitergehendem Schriftsatzverkehr und zweiter vorbereitender Tagsatzung gab das Gesetz zwar nicht. Berücksichtigt man jedoch die Ausführlichkeit der Regelung des vorbereitenden Verfahrens[1212] und die diesbezüglichen Vorstellungen ihres Schöpfers *F. Klein*,[1213] so darf davon ausgegangen werden, daß die zweite vorbereitende Tagsatzung als die regelmäßige Verfahrensform vorgesehen war für den Fall, daß Klage, erste Tagsatzung und Klageerwiderung als Vorbereitung der Hauptverhandlung nicht ausreichen sollten.[1214]

Aufgabe des mit der Durchführung des vorbereitenden Verfahrens betrauten Einzelrichters war es, die Ansprüche und Gegenansprüche der Parteien mit dem ihnen zugrundeliegenden Sachverhalt festzustellen, wie er sich aus dem Vortrag der Parteien ergab[1215] sowie alle Angriffs- und Verteidigungsmittel der Parteien umfassend offenlegen zu lassen. Die Parteien mußten insoweit alle ihnen bekannten Ansprüche, Behauptungen und Einreden vortragen, andernfalls sie von deren Geltendmachung zu einem späteren Zeitpunkt ausgeschlossen waren.[1216]

[1209] Zur Sicherung der Beweise oder Vermeidung einer unverhältnismäßigen Erschwerung bzw. Verzögerung im Falle ihrer Erhebung im Hapttermin, § 245 Nr. 3.

[1210] Vgl. hierzu § 245 Nr. 1.

[1211] § 245 Nr. 2.

[1212] Sie umfaßte zwölf Normen, während die des Schriftsatzverfahrens sich auf eine einzige beschränkte (§ 258).

[1213] Er sah in dieser Institution eine „organische Prozeßeinrichtung", die nicht nur „zur Überwindung mehr oder minder ausnahmsweiser Prozeßsituationen" dienen solle; ders.: Die österreichischen Civilprozeß-Gesetzentwürfe, in: ZZP 19 (1894), S. 1 ff. (55). Vgl. auch dens., Vorlesungen, S. 98 ff.

[1214] Zu diesem Ergebnis gelangt auch *O. Bähr*, Die neuen österreichischen Civilprozeß-Gesetzentwürfe, in: Zeitschrift für Deutschen Zivilprozeß, Bd. 9 (1894), S. 79 ff. (86); vgl. daneben auch *H. Sperl*, Lehrbuch der Bürgerlichen Rechtspflege, Bd. 1, S. 538 f. Eine von *Klein* selbst in seinem Lehrbuch „Der Zivilprozeß Österreichs", S. 214, wiedergegebene Statistik über die Häufigkeit der Anwendung des vorbereitenden Verfahrens in österreichischen Oberlandesgerichtssprengeln in den Jahren 1900 und 1910 offenbart zwar dessen geringe Bedeutung in der Praxis: Mit Ausnahme des Sprengels Bukowina (7,21% bzw. 10,14%) kam es im Durchschnitt nur etwa bei zwischen 0,5 und 3% aller Gerichtsverfahren zur Anwendung. Allerdings ist zu bedenken, daß diese Erhebung nicht zwingend den Schluß auf die Bevorzugung des schriftlichen Verfahrens gegenüber der mündlichen Tagsatzung erlaubt, sondern auch Ausdruck der häufig schon hinlänglichen Vorbereitung durch Klage, erster Tagsatzung und Klageerwiderung sein kann.

[1215] §§ 250; 251; 253.

[1216] § 236 II.

Desweiteren hatte der Richter auch die Beweisaufnahme der Hauptverhandlung bestmöglich vorzubereiten. Zu diesem Zweck galt es, alle Beweismittel, soweit sie den Parteien bereits bekannt waren, einschließlich etwaiger Beweiseinreden zu ermitteln, und hatte der Richter durch geeignete Maßnahmen[1217] auch im übrigen dafür Sorge zu tragen, daß die Beweisaufnahme im Haupttermin ohne vermeidbare Verzögerungen vonstatten gehen konnte. Insbesondere erlaubte ihm die Verfahrensordnung die vorgezogene Durchführung der Beweiserhebung in den Fällen, in denen sie zur Sicherung der Beweise oder zur Vermeidung unverhältnismäßiger Erschwerungen oder zeitlicher Verzögerungen in der Hauptverhandlung geboten erschien.[1218] Außerhalb dieses engen Rahmens hatte die Beweisaufnahme auch die Ermittlung des Sachverhalts zu umfassen, der den in der ersten Tagsatzung als strittig angemeldeten prozessualen Verfahrensvoraussetzungen zugrundelag, soweit der Senat hierüber nicht eine abgesonderte Verhandlung angeordnet hatte.[1219] Im übrigen blieb die Beweiserhebung jedoch dem Haupttermin vorbehalten.

Ein letztes Charakteristikum der österreichischen Reform betrifft schließlich das Verhältnis von Vorbereitung und Hauptverhandlung und insoweit die Art der Einführung des während der Vorbereitung ermittelten Prozeßmaterials im Haupttermin. Das Gesetz ging davon aus, daß unter Durchbrechung der Unmittelbarkeit die Ergebnisse des Vorverfahrens – insbesondere etwaige mündliche Beweisaufnahmen – dem Senat aufgrund des Gerichtsprotokolls von einem Senatsmitglied mitzuteilen seien, etwa im Wege der Verlesung der hierüber aufgenommenen Protokolle.[1220] Eine wiederholte Beweiserhebung in der Hauptverhandlung war hingegen nicht vorgesehen, um den mit der Vorbereitung angestrebten Konzentrationszweck nicht zu unterlaufen.

Zusammenfassend sind als die prägenden Merkmale österreichischer Verfahrensvorbereitung im frühen 20. Jahrhundert festzuhalten:

- die starke Zurückdrängung der schriftsätzlichen Vorbereitung zugunsten der zeitigen Zusammenkunft der Parteien vor einem Einzelrichter in der obligaten ersten Tagsatzung mit ihrem auf nur wenige Fragen der Vorbereitung ausgerichteten Ermittlungszweck und dem in das richterliche Ermessen gestellten sog. vorbereitenden Verfahren zur weiteren Vorklärung und Aufbereitung des Streitstoffes sowie
- die damit eng verbundene erhebliche Ausweitung der richterlichen Verantwortung für die Gewährleistung eines straffen und zügigen Vorverfahrens.

[1217] In Betracht kamen Verfügungen gegenüber den Parteien, relevante Beweismittel für den Haupttermin bereit zu halten, oder auch die amtswegige Beschaffung von Auskünften, Urkunden u.ä.

[1218] §§ 250 III; 251 iVm 250 III; 253. Insoweit war mit Ausnahme der eidlichen Parteivernehmung jede Form der Beweiserhebung statthaft; arg. e contrario § 249 II.

[1219] § 252 II.

[1220] § 262.

(5) im deutschen Prozeß[1221]

Das deutsche Verfahren nach der ZPO stand in seiner ursprünglichen Fassung von 1877 unter dem nachhaltigen Einfluß des französischen Prozesses, wovon nicht zuletzt das Stadium der Vorbereitung Zeugnis ablegt. Es sah gleich dem französischen Modell lediglich einen Schriftsatzwechsel zwischen den Parteivertretern unter weitgehendem Ausschluß richterlicher Beteiligung vor.[1222] Diese ging lediglich insoweit über das nach dem Code de Procédure Civile vorgesehene Minimalmaß hinaus, als in der frühen Gesetzesfassung von 1877 bestimmt war, daß die Schriftsätze im Anschluß an ihren Austausch zwischen den Parteien dem Gericht übermittelt werden mußten, das auf diese Weise zu dem Rechtsstreit zumindest eine gewisse Nähe behielt.[1223] Es kam allerdings des öfteren vor, daß nicht einmal diese gewahrt wurde, da die Anwälte nicht selten die Schriftsätze bei Gericht nicht oder nur teilweise einreichten.[1224]

Unter dem nachweislichen Einfluß der österreichischen Reform von 1895 führten die deutschen Novellen von 1909[1225] für den Amtsgerichtsprozeß[1226] und 1924[1227] für das Verfahren vor den Landgerichten[1228] dann den Grundsatz der Konzentration als Prozeßmaxime ein und richteten danach auch die Gestaltung der Terminsvorbereitung aus.

Diese wurde von der Novelle 1924 vorwiegend in die Hände des neu eingerichteten Instituts des Einzelrichters gelegt.[1229] Seine Bestellung durch den Vorsitzenden war allerdings nicht obligatorisch, sondern hing allein von dessen nicht anfechtbarer freier Ermessensentscheidung ab.[1230] Diese hatte sich danach auszurichten, inwieweit nach Art und Umfang des Rechtsstreits eine Vorbereitung durch den Einzelrichter erforderlich und zur Entlastung der Kammer wünschenswert erschien. Von dem Gesetz wurde die Vorbereitung jedoch erkennbar als Regelform vorgesehen.[1231]

1221 Entsprechend der Darstellung des österreichischen Rechts gilt auch für das deutsche Verfahren, daß sich die Angaben in Ermangelung anderslautender Hinweise stets auf den Prozeß vor den Kollegialgerichten beziehen und die Sonderbestimmungen für das Verfahren vor den Amtsgerichten somit grundsätzlich unberücksichtigt bleiben. §§ ohne näher Angaben sind solche der ZPO.

1222 Vgl. hingegen § 458 a.F. für das amtsgerichtliche Verfahren.

1223 § 124 a.F.

1224 *O. Bähr*, Die neuen österreichischen Civilprozeß-Gesetzentwürfe, in: Zeitschrift für Deutschen Zivilprozeß, Bd. 9 (1894), S. 79 ff. (84).

1225 Novelle vom 1. 6. 1909 (sog. Amtsgerichtsnovelle).

1226 In § 501 a.F.; dazu *J. Damrau*, Die Entwicklung einzelner Prozeßmaximen, S. 235 ff.

1227 Verordnung über das Verfahren in bürgerlichen Rechtsstreitigkeiten vom 13.2.1924.

1228 In § 272 b; hierzu *J. Damrau*, a.a.O., S. 314.

1229 §§ 348 ff.

1230 § 348, 2. Dazu kritisch *H. Gerland*, Englische Rechtsprobleme und die deutsche Zivilprozeßreform, S. 10 ff.

1231 § 348; vgl. den Wortlaut der Bestimmung: „Zur Vorbereitung (...) ist (...) vor dem Einzelrichter zu verhandeln (...). Es kann jedoch (...) hiervon abgesehen werden (...)."

Das Verfahren vor dem Einzelrichter war im wesentlichen mündlich[1232] und trug mit seiner charakteristischen Koppelung von vorbereitenden und streitbeendenden Kompetenzen des Richters Züge des über die sog. Vereinfachungsnovelle 1976 in die ZPO inkorporierten Modells des „frühen ersten Termins".[1233] Es stellte einen integrierenden Bestandteil der einheitlichen Verhandlung vor dem erkennenden Prozeßgericht dar und hatte daher die gleiche Bedeutung und dieselben Rechtsfolgen wie die Verhandlung vor der Kammer.[1234] Durch Parteiverhalten während der Vorbereitung eingetretene bindende Prozeßlagen[1235] wirkten somit fort und galten auch für den späteren Kammertermin.[1236]

Die Aufgabe des Einzelrichters bestand im wesenlichen in der obligaten Vornahme eines Vergleichsversuchs am Anfang des Termins,[1237] der gründlichen Vorbereitung der (Haupt-)Verhandlung im Falle des Scheiterns der Vergleichsbemühungen und in signifikantem Umfang auch in der Streitbeendigung und -entscheidung.[1238]

Zu Erreichung dieser Zwecke sah die Novelle von 1924 neben der Pflicht zur erschöpfenden Erörterung des Sach- und Streitverhältnisses zwischen Gericht und Parteien[1239] die frühzeitige richterliche Entscheidung über die prozeßhindernden Einreden,[1240] die Klagerücknahme, den Verzicht und ein eventuelles Anerkenntnis[1241] sowie den Erlaß eines Versäumnisurteils[1242] vor. In

---

[1232] Die Bestimmungen in §§ 348 ff. waren hinsichtlich des Umfangs der Mündlichkeit in der Vorbereitung nicht eindeutig abgefaßt; unklar bleiben auch die erläuternden Ausführungen in *L. Rosenberg*, Lehrbuch des Deutschen Zivilprozeßrechts[4], S. 331 ff. sowie in *A. Baumbach*, ZPO[10], Übersicht §§ 348 ff. sowie zu § 348. Unter Berücksichtigung des auf die effektive Vorbereitung des Haupttermins zielenden Zwecks der §§ 348 ff. wird man allerdings davon auszugehen haben, daß sich der Einzelrichter in dem ersten Termin auch für eine Fortsetzung des schriftsätzlichen Parteiverkehrs entscheiden konnte, wenn er sich von ihm die stärkere Konzentration versprach; so auch *T. Sonnen*, Das neue Zivilprozeßrecht, S. 117 f.

[1233] Vgl. § 275 ZPO (geltende Fassung). Den Anstoß zur Novellierung des deutschen Vorverfahrens in den siebziger Jahren gaben die Vorschläge *F. Baurs*, Wege zu einer Konzentration der mündlichen Verhandlung, S. 13 ff.

[1234] *L. Rosenberg*, a.a.O., S. 482; *T. Sonnen*, Das neue Zivilprozeßrecht, S. 109.

[1235] Insbesondere durch die Einlassung des Beklagten zur Hauptsache (vgl. §§ 39; 269; 271 I; 274 III; 288).

[1236] *L. Rosenberg*, a.a.O., S. 483.

[1237] Das starke Streben nach einer gütlichen Einigung der Parteien, wie es die Novelle von 1924 schon dem Einzelrichter als Pflicht auferlegte, kam in besonderem Maße in der Gestaltung des amtsgerichtlichen Verfahrens zum Tragen. Für dieses bestimmte die Reform von 1924 in den §§ 495 a ff. die Einführung eines von der Streitverhandlung separierten Zwangsgüteverfahrens, das mit Ausnahme weniger sog. befreiter Sachen jedem Urteilsverfahren am Amtsgericht vorauszugehen hatte; dazu näher *T. Sonnen*, Das neue Zivilprozeßrecht, S. 131 ff.

[1238] § 349. Dazu im einzelnen *T. Sonnen*, a.a.O., S. 105 ff.

[1239] § 349 I 2.

[1240] Mit Ausnahme der Einreden des Schiedsvertrages und der Unzulässigkeit des Rechtswegs, vgl. § 349 I 3 Nr. 2 iVm § 274 II.

[1241] § 349 I 3 Nr. 3.

weitem Umfang gestattete sie auch eine Beweisaufnahme durch den Einzelrichter[1243] und gewährte ihm schließlich im Falle des Parteieinverständnisses bei Streitigkeiten über vermögensrechtliche Ansprüche sogar die alleinige Entscheidungsgewalt anstelle des Kollegiums.[1244]

Die Vorbereitung durch den Einzelrichter endete mit der amtswegigen Anberaumung des Haupttermins von seiten des Vorsitzenden, wenn die Sache zur Verhandlung vor der Kammer hinreichend vorstrukturiert schien und noch keine streitbeendende Entscheidung ergangen war.[1245]

Auch in den Fällen, in denen aufgrund Beschlusses durch den Vorsitzenden ein Verfahren vor dem Einzelrichter nicht angeordnet wurde,[1246] fand eine Vorbereitung der Hauptverhandlung statt. Diese bestand nach altem Muster aus dem Schriftsatzwechsel zwischen den Parteien, der allerdings durch die Novelle von 1924 unter die weitgehende Kontrolle des Gerichts gestellt wurde.[1247] Durch zweckdienliche Maßnahmen verschiedener und weitgehend frei vom Gericht[1248] zu bestimmender Art wie etwa Hinweisen auf formelle oder sachliche Mängel in den Schriftsätzen, die Aufforderung zur Aufklärung unklarer Punkte und der rechtzeitigen Bereitstellung der Beweise wie auch durch eine in eingeschränktem Umfang zugelassene Beweiserhebung[1249] war gleich dem Verfahren vor dem Einzelrichter eine gestraffte und zügige Hauptverhandlung anzustreben. Im Unterschied zu jenem trug allerdings das schriftsätzliche Vorverfahren stärker vorbereitende Züge und weniger den streitentscheidenden Charakter, wie er das Verfahren vor dem Einzelrichter prägte.

Als die markanten Wesenszüge des deutschen Prozesses im frühen 20. Jahrhundert stellen sich somit die gezielte Verwendung des Instituts der Terminsvorbereitung als prozessuales Mittel der Konzentration des Verfahrens sowie ihre Gestaltung als (auch) mündliche Vorverhandlung vor einem mit weitreichenden Kompetenzen ausgestatteten Einzelrichter dar.

[1242] § 349 I 3 Nr. 4. Dazu im einzelnen unter γ) (4).

[1243] Vgl. § 349 II a.F. (1924); § 272 b II, III. Durch die Novelle von 1933 wurde diese Kompetenz des Einzelrichters zum Schutze der Beweisunmittelbarkeit allerdings auf die Fälle beschränkt, in denen eine angemessene Würdigung der schon während der Vorbereitung erhobenen Beweise durch das Prozeßgericht auch ohne dessen unmittelbaren Eindruck vom Verlauf der Beweisaufnahme möglich erschien (§ 349 II 2 2. HS).

[1244] § 349 III.

[1245] § 349 II 3.

[1246] Dazu oben S. 238 FN 1206.

[1247] Gem. § 272 b.

[1248] Die Zuständigkeit für die Anordnung der vorbereitenden Maßnahmen lag gem. § 272 b I beim Vorsitzenden oder einem von ihm bestimmten Mitglied des Prozeßgerichts und nicht bei dem Kollegium.

[1249] Vgl. § 272 b II, III.

(6) Vergleich und Rezeption

(a) Die Unterschiede des französischen Modells der Vorbereitung zum schwedischen Prozeß sind derart deutlich, daß sich Erwägungen über eine Rezeption des französischen Rechts erübrigen. Die Gestaltung der Vorbereitung nach (damaligem) französischem Recht war deutlich erkennbar weit weniger Ausdruck und Folge gesetzgeberischen Bemühens um Konzentration des Verfahrens als vielmehr Spiegel der politischen Doktrin liberal-unumschränkter Parteiverantwortung.

Gleichwohl darf man davon ausgehen, daß das französische Modell die schwedischen Reformgremien mitbeeinflußt hat. Dies geschah jedoch in negativer Weise insofern, als der Ausschluß der Mitwirkung des Gerichts in diesem frühen Verfahrensstadium mit Blick auf das Ziel effektiver Konzentration von ihnen dezidiert kritisch beurteilt wurde.[1250] So lehnte die Prozeßkommission eine Übernahme in das schwedische Recht ausdrücklich ab.[1251]

(b) Vergleicht man die Gestaltung des englischen Vorverfahrens mit der schwedischen Regelung, so werden ebenfalls überwiegend Unterschiede deutlich. Sie betreffen in erster Linie die äußere Form der Vorbereitung, die nach dem englischen Modell in der Gestalt der „pleadings" stark schriftlichen Charakter trug, der bis zu der dargestellten Bindung der Parteien in der Hauptverhandlung an das schriftsätzlich Vorgebrachte reichte. Demgegenüber prägt in der schwedischen Novelle die mündliche Verhandlung vor dem Vorverfahrensrichter die Vorbereitung, die – mag sie auch nach Wahl des Richters unter Berücksichtigung der Art des Streitgegenstandes gegen ein schriftliches oder gemischt schrift-mündliches Verfahren ausgewechselt werden können – nach der Grundintention der Reform jedenfalls die Regelform darstellen soll.[1252]

Ebenfalls fremd hinsichtlich der Form der Vorbereitung ist der schwedischen Novelle die Art der Verfahrenseinleitung im englischen Recht mit der Trennung der Prozeßladung von der im Anschluß an die Einlassung folgenden Klagebegründung. Soweit ersichtlich, wurde eine derartige Lösung zu keinem Zeitpunkt von einem der schwedischen Reformgremien in Erwägung gezogen.

Auch in Bezug auf die inhaltlichen Anforderungen an die Gestaltung der Schriftsätze im englischen Recht bzw. die Auskunftspflichten der Parteien in der schwedischen Novelle werden Unterschiede deutlich. So findet sich eine dem englischen Verbot von Angaben über Beweismittel in den Schriftsätzen entsprechende Vorschrift im schwedischen Recht nicht. Vielmehr sind dort, wie gezeigt, die Parteien im Gegenteil verpflichtet, schon in der Klageschrift bzw. ihrer Erwiderung durch den Beklagten jene schriftlichen Beweismittel

---

[1250] PK III S. 48.

[1251] Ibd.: „(...) kann gesagt werden, daß eine Vorbereitung außerhalb gerichtlicher Leitung sich für uns fremd darstellen würde."

[1252] Vgl. 42:9 S.1.

zu nennen und vorzulegen, die für den Prozeß von unmittelbarer Bedeutung sind. Nähere Ausführungen über die von ihnen im übrigen beabsichtigte Beweisführung obliegen ihnen dann – wie bereits geschildert – im weiteren Verlauf der Vorbereitung, während im englischen Recht der Grundsatz galt, daß keine Partei den Beweis für ihre Behauptungen im voraus aufzudecken verpflichtet sei.[1253]

Schließlich fällt auch die strenge Wirkung der Geständnisfiktion auf, die das englische Recht im Gegensatz zum schwedischen auszeichnete und welche die Parteien verpflichtete, jedenfalls konkludent die tatsächlichen Behauptungen ihres Gegenübers im nachfolgenden Schriftsatz in Abrede zu stellen, sollten diese nicht ipso iure als von ihnen zugestanden gelten. Dagegen betonen die schwedischen Gesetzesmotive die Zurückhaltung, die der Richter gegenüber der Würdigung des bloßen Versäumnisses einer Partei, sich über eine von der Gegenseite aufgestellte Tatsachenbehauptung zu äußern, als Geständnis zu üben habe, und heben die Bedeutung der freien Beweiswürdigung hervor.[1254]

Legt der direkte Vergleich mit dem schwedischen Modell den überwiegend unterschiedlichen Charakter der englischen Lösung offen, so wird bei ihrer Gegenüberstellung mit dem französischen Recht jedoch auch eine wichtige Ähnlichkeit deutlich. Sie liegt in der erheblich einflußreicheren Rolle, die das englische Recht im Unterschied zum Code de Procédure Civile, aber in zumindest tendenzieller Übereinstimmung mit der schwedischen Reform dem Vorverfahrensrichter während der Vorbereitung zuwies. Er war von Anbeginn der Klageerhebung an dem Verfahren mit nicht unerheblichen Kompetenzen beteiligt, sei es hinsichtlich der Entscheidung über die Ausweitung des Schriftsatzverkehrs, die Verpflichtung der Parteien zur Ergänzung der Schriftsätze im Wege der „summons for particulars" bzw. die Möglichkeit ihrer nachträglichen inhaltlichen Abänderung oder auch über die Zulässigkeit der Beibringung eidlicher Versicherungen und die Pflicht zur Offenlegung schriftlicher Dokumente im Rahmen des Vortermins. Insoweit erweist sich der englische Richter als stärker in die Prozeßvorbereitung einbezogen als sein französischer Kollege. Dies vermag jedoch nicht darüber hinwegzutäuschen, daß die richterliche Tätigkeit nach dem englischen Recht zu Beginn des 20. Jahrhunderts gleichwohl eine insgesamt eher passivrezeptive war, die sich im wesentlichen auf die rechtliche Würdigung der Parteibegehren während der Vorbereitung beschränkte.

Demgegenüber nimmt die schwedische Novelle – wie bereits beschrieben wurde, aber im einzelnen noch näher auszuführen sein wird[1255] – den Richter

---

[1253] Dies traf auch auf den Fall der schriftlichen Parteivernehmung mittels sog. „interrogatories" zu; vgl. *W. Odgers*, Odgers on the Common Law, Bd. 2, S. 577 ff. (578 f.). Näher zu den „interrogatories" im übrigen unter bb) β) (3) (b).

[1254] Vgl. hierzu PLB S. 380; s. auch *N. Gärde*, NRB 35:3 und 35:4.

[1255] Unter β) (2) (a).

deutlich stärker in die Pflicht und erlegt ihm auf, die Vorbereitung im Interesse größtmöglicher Konzentration aktiv mitzugestalten. Schon die Form der Vorbereitung als – regelmäßig – mündliche Vorverhandlung mit den Parteien weist ihm eine wesentlich stärker herausgehobene Stellung im Rahmen dieses frühen Verfahrensstadiums zu, als sie dem englischen „Master" während des Schriftsatzwechsels zwischen den Parteien oblag. Ihren konkreten Niederschlag hat die Inpflichtnahme des Richters in der schwedischen Novelle zum einen in der richterlichen Aufgabe gefunden, durch geeignete Maßnahmen dafür Sorge zu tragen, daß in der Hauptverhandlung die erforderlichen Beweise direkt erhoben werden können.[1256] Daneben kommt sie aber auch zum Ausdruck in der Entscheidung über die Möglichkeit einer vereinfachten Hauptverhandlung in unmittelbarem Anschluß an die Vorbereitung sowie in der offiziellen Anberaumung eines Termins für die Hauptverhandlung.

Bei abschließender Würdigung des englischen Vorverfahrens unter dem Blickwinkel einer möglichen Rezeption durch die schwedische Prozeßreform muß daher davon ausgegangen werden, daß eine Übernahme rechtlicher Formen und Institute aus dem englischen Recht in die schwedische Novelle hinsichtlich der Vorbereitung der Hauptverhandlung nicht stattgefunden hat. Sieht man von dem – noch zu erörternden[1257] – Institut der „discovery of documents" ab, dem die Prozeßkommission in ihrem Gutachten größere Aufmerksamkeit gewidmet hat, so sucht man auch in den Gesetzesmaterialien zu der Novelle vergebens nach einer vertieften Auseinandersetzung mit dem englischen Modell der Vorbereitung.

Der Grund für die Zurückhaltung der schwedischen Reformbeteiligten gegenüber der englischen Lösung kann kaum in einer allgemeinen Ablehnung des englischen Verfahrens seitens der Gremien vermutet werden oder in einer mangelnden Vertrautheit mit seinen Grundstrukturen. Wie in der quantitativen Analyse der prozeßrechtswissen-schaftlichen Beziehungen Schwedens zu Europa gesehen,[1258] zeigten sich die Reformkommissionen wie auch die Wissenschaft selbst dem englischen Prozeß gegenüber im Grundsatz durchaus aufgeschlossen und muß auch die gründliche Kenntnis seiner Institute und Rechtsformen bei ihnen als erwiesen gelten. Die ausschlaggebende Ursache dürfte man vielmehr in dem überwiegend schriftlichen Charakter der englischen Verhandlungsvorbereitung in Verbindung mit der trotz seiner Beteiligung am Verfahren noch insgesamt schwachen Stellung des Richters zu suchen haben.

(c) Der Vergleich des österreichischen Modells der Vorbereitung mit dem schwedischen Vorverfahren offenbart hingegen die Übereinstimmung beider

---

[1256] Etwa durch die Ladung von Zeugen, die Einholung von Sachverständigengutachten oder auch vermittels der an die Parteien gerichteten Aufforderung, bestimmte Schriftstücke oder Augenscheinsobjekte für die Hauptverhandlung bereit zu halten. Nach englischem Recht oblagen diese Maßnahmen allesamt den Parteien selbst.

[1257] S. unter bb) β) (3) (b).

[1258] Unter II. 4. a) aa) β) bzw. bb).

in ihrer Grundauffassung von Ziel wie Mittel der Vorbereitung sowie eine Reihe bis in Einzelheiten der Verfahrensausgestaltung reichende Parallelen.
(aa) So zeichnen sich beide Modelle durch die dezidierte Betonung der Verfahrensbeschleunigung als dem strukturbestimmenden Maßstab des Vorverfahrens aus. Übereinstimmend und hierin in markantem Gegensatz v.a. zum französischen Prozeß führen sie dabei die frühe mündliche Verhandlung vor einem Einzelrichter als die wesentliche Institution der Vorbereitung ein. Zugleich machen sie den Richter in Abgrenzung zu seinem stärker reaktiv-passiv ausgerichteten englischen und französischen Kollegen zu einer zentralen Kontrollinstanz des gesamten Vorverfahrens, die mit weitreichenden Kompetenzen ausgestattet ist und den Verfahrensverlauf prospektiv-aktiv gestaltet.

Beide Verfahrensordnungen – faßt man die österreichische erste Tagsatzung mit dem sog. vorbereitenden Verfahren zusammen – beschränken die Funktion der Vorbereitung auf die Ermöglichung der frühzeitigen Streitbeendigung durch Vergleich, Anerkenntnis, Verzicht und Versäumnisurteil, die Ausscheidung der rein prozessualen Fragen der Sachurteilsvoraussetzungen und die Ermittlung der gegenseitigen Standpunkte der Parteien einschließlich der von ihnen geplanten Beweisführung. Die auf die Entscheidung in der Sache selbst gerichtete Beweiserhebung hingegen behalten beide als das Rückgrat jeden Prozesses der Hauptverhandlung vor. Übereinstimmend auch insoweit nehmen sie hiervon allein die Fälle der Beweissicherung und der zur Vermeidung unbilliger Härten in der Hauptverhandlung erforderlichen Beweiserhebung im Vortermin aus.

Ebenfalls beide nutzen schließlich bereits die frühen Parteierklärungen in der Klageschrift und ihrer Erwiderung zur Verbesserung der Konzentration und verlangen substantiierte Angaben zum Klagegrund wie auch den Beweismitteln.

Verglichen mit diesen Gemeinsamkeiten in der Gestaltung der Vorbereitung fallen die Unterschiede nicht erheblich ins Gewicht. Sie betreffen in erster Linie die der schwedischen Novelle fremde Aufteilung des österreichischen Vorverfahrens in die obligate erste Tagsatzung mit ihrem stärker beschränkten Vorbereitungszweck und das weitergefaßte sog. vorbereitende Verfahren der zweiten Tagsatzung, deren Anberaumung in das richterliche Ermessen gestellt war. Hier scheint das schwedische Recht mit der obligaten umfänglichen Vorbereitung jeder Streitsache in der Umsetzung der Verfahrenskonzentration noch konsequenter zu sein, zumal der mit der Aufteilung in Vorbereitung und Haupttermin verbundenen Gefahr der Verzögerung bei einfach gelagerten Prozessen im schwedischen Recht durch die Möglichkeit des vereinfachten Verfahrens vorgebeugt wird.

Demgegenüber spielt das Ziel der Beschleunigung des Verfahrens in der schwedischen Novelle hinsichtlich der Einführung des Prozeßmaterials aus der Vorbereitung in die Hauptverhandlung eine vergleichsweise geringere

Rolle als im österreichischen Recht. Statt dessen trägt die Reform dem Bestreben nach größtmöglicher Unmittelbarkeit im Prozeß stärker Rechnung. Dies zeigt sich vor allem bei der Verwertung der Ergebnisse einer etwaigen Beweiserhebung in der Vorbereitung. Nach schwedischem Recht soll eine solche frühe Beweiserhebung im Haupttermin grundsätzlich wiederholt werden, soweit der Eindruck der Unmittelbarkeit für die Verwertung von Bedeutung ist und die Hindernisse, die zu der vorzeitigen Beweiserhebung außerhalb der Hauptverhandlung geführt haben, in der Zwischenzeit fortgefallen sind.[1259] Das österreichische Recht sah dagegen die Verwertung der Protokolle aus der Vorbereitung unter Verzicht auf eine Wiederholung der Beweiserhebung vor.[1260] Die Trennung zwischen Vorverfahren und Haupttermin ist insofern in der schwedischen Novelle noch schärfer ausgefallen als im österreichischen Prozeß.

Weitere Unterschiede zwischen den beiden Verfahrensordnungen hinsichtlich der Vorbereitung sind marginaler Natur und sollen daher hier nicht weiter verfolgt werden.

(bb) Unter Berücksichtigung der dargestellten Ergebnisse muß die Beurteilung der Frage, ob die Gestaltung des Vorverfahrens im schwedischen Recht in bewußter Anlehnung an das österreichische Modell erfolgt ist, von folgenden Tatsachen ausgehen:

1. Die Übereinstimmungen zwischen dem schwedischen und dem österreichischen Prozeß beziehen sich nicht allein auf unbedeutende Randfragen, sondern betreffen die grundsätzliche Auffassung hinsichtlich Ziel und Mittel der Vorbereitung, die gerade im Hinblick auf die frühzeitige und nachhaltige Beteiligung des Gerichts zu den geschilderten weitgehenden Parallelen in der Ausgestaltung des Vorverfahrens geführt hat.
2. Die Reformgremien haben sich überdies sehr eingehend mit dem *Klein*'schen Prozeßmodell im Vorfeld der Novelle auseinandergesetzt, und das Gutachten der Prozeßkommission offenbart, daß an der österreichischen Lösung im Gegensatz zum französischen Recht im wesentlichen nur ihre vergleichsweise begrenzte Ausnutzung der ersten Tagsatzung für eine Vorstrukturierung auch der Sache selbst kritisiert wurde.[1261]
3. Die älteren, vor der österreichischen Reform vorgelegten schwedischen Gesetzentwürfe kannten ein derartiges vorbereitendes mündliches Verfahren vor dem Einzelrichter noch nicht, und selbst die Möglichkeit schriftsätzlicher Vorstrukturierung des Prozesses war nur in Ausnahmefällen vorgesehen.[1262]

1259 35:13 Abs. 1.

1260 § 287.

1261 PK III S. 45 f.

1262 Vgl. nur den jüngsten Vorschlag von 1884 in Kapitel 4, § 3 [Abs. 2: „Eine solche Anordnung (sc. eines Schriftsatzwechsels, eig. Erkl.) darf nur ergehen, wenn (…)].

Demgegenüber sahen nahezu sämtliche mit der Reform betrauten Gremien zu Beginn des frühen 20. Jahrhunderts in Schweden die Einführung eines vorbereitenden Verfahrens im Interesse verbesserter Konzentration als notwending an und betonten zugleich die Bedeutung einer frühen Zusammenkunft vor dem Richter.[1263]

4. Schließlich ist zu bedenken, daß diese neueren Reformvorschläge, die sich schließlich in der Novelle durchsetzen konnten, nicht unerheblich auch durch die durchweg positiven Erfahrungen bestimmt gewesen sein dürften, die man zuvor in den zwanziger Jahren unter dem Motto „Reform ohne Gesetzesänderung" an zahlreichen schwedischen Untergerichten mit der Einführung einer derartigen, von der Hauptverhandlung gesonderten mündlichen Vorbereitung gemacht hat. Diese Reformbewegung ging aber wiederum auf die Inititative des damaligen Häradsrichters und einflußreichen Reformbeteiligten[1264] *K. Schlyter* zurück,[1265] der, wie gesehen,[1266] mit dem österreichischen Verfahren gut vertraut war.

In welchem Umfang sich *Schlyter* bei der Umsetzung seiner progressiven Prozeßideen von dem österreichischen Modell hat beeinflussen lassen, läßt sich zwar nicht mit letzter Sicherheit beantworten. Fest steht allerdings, daß er, der sich während der Arbeit an der Reform seinerseits mehrmals in Österreich zu offiziellen Forschungsreisen aufgehalten hatte,[1267] mit *Franz Kleins* Verfahrensmodell nicht nur eingehend vertraut war, sondern vor dem österreichischen Justizpolitiker zugleich einen großen Respekt empfand.[1268] Fest

---

1263 Zusammenfassend prop 1931 Nr. 80, S. 69 f.

1264 Zu Person und Rolle *K. Schlyters* hinsichtlich der Reform s. schon S. 133 FN 643 sowie *J.O. Sundell*, Karl Schlyter, S. 58 ff.

1265 Dazu eingehend aus dessen eigener Sicht die Darstellung „Askims domsagas tingsordning" in: SJT 1925, S. 27 ff. S. auch *G. Bomgren*, Processreformen utan lagändring, in: SJT 1937, S. 666 ff. Aufschlußreich ist auch das durchweg positive Fazit des schwedischen Justizombudsmannes – einer staatlichen Aufsichtsperson über das Justizwesen –, der auf seiner Inspektionsreise einen unmittelbaren Eindruck von *Schlyters* Modell einer eingehend vorbereiteten Verfahrensverhandlung erhielt; vgl. Justitieombudsmannens ämbetsberättelse 1925, S. 280 ff. (289 f.): „Daß eine Tingsordnung wie die, die im Askimer Gerichtssprengel zur Anwendung kommt, geeignet sein dürfte, das Verfahren auf ein höheres Niveau zu heben gegenüber dem üblichen, schien mir unzweifelhaft (...). Durch die gründliche Vorbereitung der Verfahren kann der Richter in Kenntnis dessen, worum es im Prozeß wirklich geht, und mit Wissen, was das Gesetz diesbezüglich zu sagen hat, schon im Vorfeld der Verhandlung bei der Hauptverhandlung eine starke Prozeßleitung ausüben zum Zwecke der endgültigen, vollständigen Klarstellung als der stets notwendigen Voraussetzung eines richtigen Urteils."

1266 Vgl. unter II. 4. a) aa) β).

1267 1913, 1914 und 1927. Dazu *J.O. Sundell*, Karl Schlyter, S. 58 ff. (59, 62) sowie *G. Bomgren*, Processreformen utan lagändring, in: SJT 1937, S. 666 ff.

1268 So schrieb er 1913: „Der von Franz Klein geschaffene neue österreichische Zivilprozeß (von 1895) genießt zu Recht Weltruhm für die geniale Weise, auf die der Gesetzgeber unter Wahrung der Billigkeit der Rechtsprechung und ohne Gefährdung seiner Güte eine nahezu unglaubliche Geschwindigkeit in der Urteilsgewinnung zu erreichen vermocht hat"; zit. nach: *J.O. Sundell*, Karl Schlyter, S. 59.

steht des weiteren, daß *Schlyter* bei seinen Aufenthalten in Wien enge, persönliche Verbindungen zu bedeutenden und *Klein* selbst stellenweise nahestehenden österreichischen Juristen knüpfte, die in bleibende Freundschaftsbeziehungen mündeten.[1269] Und schließlich ist zu berücksichtigen, daß *Schlyter* sein Modell einer mündlichen, von starker Prozeßleitung geprägten Vorbereitung in seiner Funktion als Richter in seinem eigenen Gerichtsbezirk[1270] unmittelbar im Anschluß an seine frühen Auslandsaufenthalte in Wien einführte. Daß jene „Reformbewegung ohne Gesetzesänderung" sich völlig autochthon und außerhalb des österreichischen Einflusses vollzog, muß foglich als überaus unwahrscheinlich gelten.

Insgesamt darf somit vor diesem Hintergrund die Schlußfolgerung aufgestellt werden, daß die deutlichen Übereinstimmungen zwischen dem österreichischen Recht und der schwedischen Novelle hinsichtlich der Verfahrensvorbereitung letztlich auf eine als originär zu bezeichnende Rezeption des österreichischen Modells zurückzuführen sind. Ob diese im Ergebnis stärker auf dem unmittelbaren Einfluß des österreichischen Verfahrens selbst beruht oder eher auf der Vermittlung des *Klein*'schen Entwurfs über die späteren deutschen Reformen von 1909 und 1924 (dazu nachfolgend), ist insoweit ohne Belang und kann daher dahinstehen.[1271]

(d) Vergleicht man schließlich das deutsche Modell der Vorbereitung mit der schwedischen Lösung, so werden Gemeinsamkeiten wie Unterschiede deutlich.

Die Parallelen betreffen im wesentlichen die auf den Einfluß des österreichischen Rechts zurückzuführenden Änderungen in der Vorbereitung des deutschen Verfahrens im frühen 20. Jahrhundert.

1269 Überliefert sind langjährige freundschaftliche Kontakte *Schlyters* etwa zu *Friedrich von Engel* sowie *Carl Coulon*, die sich in einer reichhaltigen Korrespondenz niedergeschlagen haben; vgl. näher *J.O. Sundell*, ibid. Über *Engel*, der nach *Kleins* Tod als sein enger Freund dessen Werk über den österreichischischen Zivilprozeß („Der Zivilprozeß Österreichs" [1927]) herausgab, schrieb *Schlyter* aus Anlaß von dessen eigenem Tod 1941, daß die Mitglieder der schwedischen Prozeßkommission aus den Jahren vor dem ersten Weltkrieg ihm zu großem Dank verpflichtet seien dafür, daß er sie mit dem *Klein*'schen Verfahrensmodell eng vertraut gemacht habe; *K. Schlyter*, Friedrich von Engel, in: SJT 1942, S. 187. In einem Kondolenzbrief an *Engels* Witwe erklärte *Schlyter* gar, daß er „niemals im Auslande einen besseren Freund als Friedrich von Engel gehabt" habe; zit. nach: *J.O. Sundell*, ibid. *Sundell* weist a.a.O. auch auf einen in *Schlyters* Archiv enthaltenen Rohentwurf eines Briefs an den österreichischen Außenminister aus dem Jahr 1950 hin, aus dem offenbar hervorgeht, daß *Schlyter* auch mit dem für *Kleins* Verfahrensmodell seinerseits grundlegenden Werk *Anton Mengers* („Das Bürgerliche Recht und die besitzlosen Volksklassen") vertraut war (hinsichtlich der Bedeutung *Mengers* für *Klein* s. schon oben unter I. 2.).

1270 Es handelt sich dabei um den Bezirk Askim, über den *Schlyter* als „häradshövding" eingesetzt war.

1271 Mangels aussagekräftiger Hinweise in den Gesetzgebungsmaterialien wie auch – soweit ersichtlich – den anderen im Zusammenhang mit der Reform erfolgten zeitgenössischen Darstellungen und überlieferten Aussagen wird sich diese Frage abschließend wohl auch kaum klären lassen.

Hierzu ist zum einen die gesetzgeberische Grundauffassung zu rechnen, daß für eine effektive Beschleunigung des Prozesses die sorgfältige Vorbereitung des Haupttermins von ausschlaggebender Bedeutung ist. Sowohl die schwedischen Gesetzesmaterialien[1272] wie auch diejenigen der deutschen Novelle von 1924[1273] heben übereinstimmend die zentrale Rolle der Vorbereitung als prozessuales Mittel der Verfahrenskonzentration hervor.

Zum anderen zeigen sich die Gemeinsamkeiten in der frühzeitigen und aktiven Beteiligung des Gerichts an der Vorbereitung, dem beide Verfahrensordnungen durch eine Reihe von Maßnahmen teils stärker vorbereitender, teils eher auf eine frühe Entscheidung gerichteter Art die Hauptverantwortung für die wirksame Gewährleistung der Konzentration zuweisen.

Doch lassen sich auch bedeutendere Unterschiede zwischen dem deutschen und dem schwedischen Recht ausmachen. So war zum einen das Verfahren vor dem Einzelrichter nach deutschem Recht zwar als Regelform normiert, jedoch nicht obligatorisch wie in der schwedischen Novelle. Da die Vorbereitung nach schwedischem Recht wiederum regelmäßig in Form einer mündlichen Verhandlung stattzufinden hat, läßt sich feststellen, daß das Element des Mündlichen in der schwedischen Terminsvorbereitung insgesamt eine stärkere Bedeutung hat als in der ZPO, deren ursprünglich starke Anlehnung an das französische Modell des vorbereitenden Schriftsatzverkehrs hier noch durchscheint.

Zum anderen liegt ein wichtiger Unterschied in der Reichweite der vom Gericht in der Vorbereitung zu treffenden Maßnahmen. Die schwedische Novelle erstrebt hier mit Ausnahme einer frühen gerichtlichen Entscheidung in den unstreitigen Fällen eines Klageverzichts, Anerkenntnisses oder Parteivergleichs nur die Vorbereitung der Hauptverhandlung, verzichtet bewußt auf eine Verhandlung in der Sache selbst und behält daher insbesondere die Beweisaufnahme dem Haupttermin vor.[1274]

Demgegenüber gestattete das deutsche Verfahren während dieses Stadiums eine weiterreichende Sachaufklärung mit der Möglichkeit richterlicher Beweiserhebung bis hin zur vorgezogenen Streitentscheidung. Zwar führte die Novelle von 1933, wie gesehen, wieder zu einer gewissen Begrenzung der Zulässigkeit von Beweiserhebungen außerhalb der Hauptverhandlung, ließ diese im Grundsatz indes unberührt. Insgesamt läßt die Zuweisung der weitgehenden Kompetenzen an den Einzelrichter in der Novelle von 1924 erkennen, daß ihr neben der Gewährleistung einer effektiven Vorbereitung auch ein gewisses Streben nach Ersetzung der Kollegialspruchkörper durch den Einzelrichter zugrundelag, das der schwedischen Novelle noch fremd ist.

1272 PK III S. 42; lagrådet 1928 S. 14 f; prop 1931 Nr. 80, S. 97 ff.; PLB S. 24 ff.; 430 ff.

1273 Vgl. *J. Goldschmidt*, Die neue ZPO, S. 6 f.

1274 Ausgenommen die bereits erwähnten Fälle erzwungener Beweiserhebung außerhalb der Hauptverhandlung.

So ergibt sich abschließend hinsichtlich einer Rezeption deutschen Rechts bei der Gestaltung des schwedischen Vorverfahrens, daß eine solche mit Blick auf die Einführung der frühen mündlichen Vorverhandlung und der grundsätzlichen Ausweitung des richterlichen Einflusses auf den Gang der Vorbereitung durchaus in Frage kommt.

Da beide Wesenszüge erst über das österreichische Recht Eingang in den deutschen Prozeß gefunden haben, muß die eigentliche Rezeptionsquelle zwar bei ersterem gesucht werden. Möglich und auch wahrscheinlich ist allerdings, daß die Rezeption dieser Form der Verfahrensvorbereitung aus dem österreichischen Recht in Schweden durch den Umstand begünstigt oder sogar angeregt wurde, daß auch das deutsche Verfahren in der Zwischenzeit sich das Ziel der Indienstnahme der Vorbereitung für die Gewähr größtmöglicher Konzentration zu eigen gemacht hatte. Bedenkt man die besondere Nähe Schwedens zu Deutschland in politischer, kultureller wie vor allem auch in rechts- und prozeßrechtswissenschaftlicher Hinsicht und berücksichtigt weiter die besondere Aufmerksamkeit, die die schwedischen Reformgremien im Verlauf der Novellierung des Verfahrens dem deutschen Verfahren gewidmet haben, so erscheint der Schluß auf eine zumindest unterstützende Rezeptionswirkung seitens des deutschen Prozeßrechts naheliegend. Eine weitergehende Festlegung ist allerdings, soweit ersichtlich, mangels Hinweisen in den Gesetzgebungsmaterialien wie auch in Sekundärdarstellungen nicht möglich. Unter Berücksichtigung der Ausführungen zu den methodischen Grundlagen der Untersuchung[1275] wird daher von einer zweiseitigen deutsch-österreichischen Rezeption auszugehen sein.

Eine über die Parallelen zum österreichischen Recht hinausgehende Beeinflussung der schwedischen Novelle durch die deutsche Verfahrensvorbereitung darf hingegen ausgeschlossen werden. Insoweit lassen sich keine nennenswerten Übereinstimmungen zwischen beiden Verfahrensordnungen feststellen, vielmehr schlug der Nya Rättegångsbalk mit der scharfen Trennung von Hauptverhandlung und Vorbereitung gegenüber dem deutschen Modell einen eher eigenen Weg ein.

(7) Zusammenfassung

Die Detailanalyse hat hinsichtlich des vorbereitenden Verfahrens erbracht, daß eine Rezeption französischen und englischen Rechts durch die schwedische Novelle auszuschließen ist, während der Einfluß des *Klein*'schen Modells entweder unmittelbar oder in der Vermittlung über die deutschen Reformnovellen von 1909 und 1924 sehr wahrscheinlich ist.

Diese als originär zu bezeichnende Rezeption hat sich in erster Linie in der Unterordnung der Vorbereitung unter die aktive, das Vorverfahren ge-

---

[1275] 1. Teil B. II. 4.

staltende Leitung des Einzelrichters sowie in der Einführung der frühen Zusammenkunft der Parteien vor Gericht niedergeschlagen.

Die schwedische Novelle gelangt jedoch insgesamt zu einer Lösung, die durch die Ausgestaltung der Vorbereitung als obligates, einheitliches und von der Hauptverhandlung grundsätzlich strikt geschiedenes Vorverfahren mit der Möglichkeit eines sog. vereinfachten Haupttermins im unmittelbaren Anschluß an die Vorbereitung auch deutlich eigenständigen Charakter trägt.

Eine mehrseitige Rezeption deutsch-österreichischen Rechts und die eigene Fortentwicklung der rezipierten Formen verbinden sich in dem schwedischen Modell der Vorbereitung so zu einer pragmatischen Lösung, die gleichweit entfernt liegt von einer blinden Anlehnung an fremdes Recht wie dem unnachgiebigen Festhalten an überkommenen Rechtstraditionen.

β) Maßnahmen richterlicher Prozeßleitung zur Beschleunigung des Verfahrens

(1) Einleitung

Gesetzgeberischem Bemühen um die Gewährleistung effektiver Verfahrenskonzentration bleibt ohne eine Stärkung der richterlichen Kompetenzen zur aktiven (Mit-)Gestaltung des Prozesses dauerhaft die nachhaltige Wirkung versagt. Davon legt die Geschichte des europäischen Verfahrensrechts beredtes Zeugnis ab.

Schon die sog. „Clementina Saepe“ – ein päpstliches Dekret *Clemens V.* aus dem Jahr 1306 – suchte die Prozesse durch eine deutliche Erweiterung des richterlichen Einflusses auf den Verfahrensgang zu beschleunigen, indem sie u.a. ein Zurückweisungsrecht bei dilatorischen Parteieinreden sowie die Möglichkeit des Urteilserlasses trotz ausstehender förmlicher Verzichtserklärung der Parteien auf weitere Ausführungen im Prozeß (sog. „conclusio“) einräumte.[1276]

Die preußische AGO von 1793 stellt mit der Einführung des Untersuchungsprinzips und der Abschaffung der für die überlange Prozeßdauer als mitverantwortlich angesehenen Parteianwälte ein bekanntes weiteres, wenngleich kurzlebiges Beispiel dar.[1277]

Von den hier behandelten modernen Prozeßordnungen des 19. und frühen 20. Jahrhunderts wurde diese Erkenntnis in aller Konsequenz zuerst in der österreichischen Reform von 1895 umgesetzt.[1278] Das französische Recht und

---

1276 Zum Text der „Clementina“ s. *E. Friedberg*, Corpus Iuris Canonici, Bd. 2 (Decretalium Collectiones), S. 1200; zur Bedeutung des Dekrets für die Entwicklung des Prozeßrechts s. *A. Engelmann/R. Millar*, A history of continental civil procedure, S. 494 ff. sowie *H. Briegleb*, Einleitung in die Theorie der summarischen Processe, S. 34 ff.

1277 S. S. 201 FN 968.

1278 *F. Klein* knüpfte in der öZPO insoweit an die Regelung des sog. Bagatellverfahrens von 1873 an, vgl. hierzu *N. Schoibl*, Entwicklung, S. 43.

– unter seinem Einfluß – das frühe deutsche Verfahren von 1877 huldigten demgegenüber einer weitreichenden Parteiherrschaft, die der wünschenswerten Verfahrensbeschleunigung kaum Rechnung tragen konnte. Auch der englische Prozeß blieb durch die im wesentlichen beobachtende Stellung des Richters hinter dem *Klein*'schen Modell deutlich zurück (im einzelnen dazu nachfolgend).[1279]

Demgegenüber heben die schwedischen Gesetzgebungsarbeiten einvernehmlich die besondere Rolle des Richters zur Durchsetzung wirksamer Verfahrenskonzentration hervor.[1280] Zeigt sie sich, wie geschildert, in Gestalt aktiver Leitung in markanter Weise bereits im Rahmen der Vorbereitung des Haupttermins, so ist im folgenden zu untersuchen, in welchem Umfang die richterliche Prozeßleitung nach der Novelle auch im übrigen den Gang des Verfahrens zum Zweck seiner Konzentration bestimmt. Zugleich soll dabei erneut offengelegt werden, inwieweit die Reform in ihren Bestimmungen hierüber fremdem und dabei v.a. österreichischem Rechtseinfluß gefolgt ist.

Es bietet sich für die Analyse an, die richterliche Prozeßleitung zum Zweck der Konzentration des äußeren Gangs des Verfahrens (formelle Prozeßleitung) [(aa)] von derjenigen zwecks Konzentration der Parteibehauptungen (materielle Prozeßleitung) [(bb)] zu trennen und gesondert zu untersuchen.

(2) Rechtsvergleichende Detailanalyse: Der Umfang richterlicher Prozeßleitung zum Zwecke der Verfahrenskonzentration

(a) in der schwedischen Novelle

(aa) Der Einfluß des Richters auf den äußeren Gang des Verfahrens

Die Novelle legt die Kontrolle über den äußeren Ablauf des Prozesses, den sog. Prozeßbetrieb, nahezu ausschließlich in die Hände des Gerichts.

Die Anberaumung von Terminen und die Bestimmung der Fristen,[1281] die Ausfertigung der Ladungen[1282] und die Zustellungen an die Prozeßbeteiligten[1283] – nach der Novelle nunmehr im Inland durch die Post üblich[1284] – erfolgen allesamt grundsätzlich[1285] von Amts wegen. Einer Parteivereinbarung über die

---

1279 Zu einer deutlichen Stärkung des richterlichen Einflusses auf den Verfahrensablauf führten hingegen die 1999 in Kraft getretenen neuen „Civil Procedure Rules“; dazu im Überblick *P. Sobich*, Die Civil Procedure Rules 1999 – Zivilprozeßrecht in England, in: JZ 1999, S. 775 ff.

1280 PK 8 ff.; prop 1931 Nr. 80, S. 97 ff.; PLB S. 22 ff.

1281 Vgl. 32:1-4; 42:12, 13, 20 Abs. 1.

1282 42:12 Abs. 2, 14 Abs. 2, 21 hinsichtlich der Vorbereitung; 43:11 Abs. 3 betr. die Hauptverhandlung sowie 36:7 Abs. 1 bzgl. der Zeugen.

1283 33:4 Abs. 1 S. 1. Nach altem Recht (vgl. etwa 11:4 a.F.) herrschte bei den Zustellungen Parteibetrieb.

1284 32:5.

1285 33:4 Abs. 1 S. 3 macht eine Ausnahme für Versäumnisurteile, deren Zustellung regelmäßig nur auf Antrag der Partei durch das Gericht erfolgen soll; S. 2 erlaubt die Über-

Verlängerung von Fristen, die Aufhebung von Terminen oder auch das Ruhen des Verfahrens kommt keine konstitutive, die richterliche Kontrollmacht beschränkende Wirkung zu. Die Entscheidung hierüber ist vielmehr allein in das Ermessen des Richters gestellt, der dieses pflichtgemäß nach dem gesetzlich verankerten Grundsatz hin auszuüben hat, wonach Vorbereitung und Hauptverhandlung nach Möglichkeit in einem Termin ohne Unterbrechung zu Ende geführt werden sollen.[1286] Vertagungen, Fristverlängerungen, Terminsverschiebungen wie auch das Ruhen des Verfahrens sind daher auf das erforderliche Maß zu beschränken.[1287]

Desweiteren obliegt dem Gericht nach der Novelle die zur Verfahrensbeschleunigung ebenfalls bedeutsame Aufgabe der angemessenen Gliederung des Streitstoffes. Zu diesem Zweck gestattet die Reform die Verbindung wie Trennung von Prozessen[1288] sowie die zweckmäßige Beschränkung der Verhandlung in der Vorbereitung[1289] oder dem Haupttermin[1290] auf einzelne Fragen. Letzterem dienen die dem Richter eingeräumte Möglichkeit eines abgesonderten Verfahrens mit eigener Vorbereitung und Hauptverhandlung für die Behandlung v.a. prozessualer Fragen[1291] sowie die Befugnis zu einer separaten Entscheidung in Gestalt eines Teil- und Zwischenurteils.[1292]

Während die Terminsbestimmung und die Festlegung der Fristen einschließlich der Ausfertigung der Ladungen schon nach altem Recht dem Gericht oblagen,[1293] wurden die übrigen Bestimmungen neu in die Novelle übernommen. Insbesondere inkorporierte die Reform in 43:4[1294] eine im al-

---

tragung der Zustellung auf die Partei auf ihren Antrag hin, soweit aus Sicht des Gerichts damit keine Ungelegenheiten verbunden sind. In letzterem Fall wird jedoch der Partei eine Frist gesetzt, innerhalb deren die Zustellung bei Gefahr der Klagehinfälligkeit erfolgt sein muß (32:2), so daß das Gericht auf diese Weise die zur Konzentration erforderliche Kontrolle über den weiteren Verfahrensverlauf behält.

1286 42:12 Abs. 1 S. 1; 43:11 Abs. 1 S. 1.

1287 Vgl. die Regelung der Fristbestimmung in Kap. 32 sowie 42:12 Abs. 1 S. 3; 43:11 Abs. 1 S. 2.

1288 14:6.

1289 42:8 Abs. 2.

1290 43:4 S. 1 2. HS.

1291 42:13, 20 Abs. 1.

1292 17:4 f.

1293 Für die Terminsbestimmung vgl. etwa 11:1 a.F. sowie *A. Wrede*, Zivilprozeßrecht, S. 164; bzgl. der Fristen a.a.O., S. 165 sowie 16:6 a.F.; hinsichtlich der Ausfertigung der Ladungen s. 11:1 und 17:3 RB a.F. Es muß jedoch betont werden, daß die Praxis von der hierdurch dem Richter an die Hand gegebenen Möglichkeit der Verfahrensbeschleunigung nicht nennenswert Gebrauch machte, vielmehr Vertagungen in großem Umfang praktisch jeden Prozeß bestimmten; dazu oben S. 101 FN 470 sowie *W. Uppström*, Der Zivilprozeß und die Gerichtsverfassung Schwedens, nebst Bemerkungen für Finnland, in: Zeitschrift für vergleichende Rechtswissenschaft, Bd. 10 (1892), S. 321 ff. (331).

1294 Die Norm lautet in der Übertragung: „Das Gericht hat darauf zu achten, daß bei der Verhandlung Ordnung und Klarheit herrschen, und darf anordnen, daß einzelne Fragen oder Teile des Verfahrens gesondert zu behandeln sind. Das Gericht hat ferner darauf zu achten, daß eine erschöpfende Behandlung der Sache erfolgt und nichts Unerhebliches in

ten Gesetz noch fehlende allgemeine Vorschrift über die prozeßleitende Funktion des Richters, die diesem die umfassende Aufgabe zuweist, durch geeignete Maßnahmen für die ebenso rasche wie erschöpfende Erledigung der Sache zu sorgen.

(bb) Prozeßleitung zur Konzentration der Behauptungen

Die Novelle beschränkt sich nicht auf die Weiterung richterlicher Verfahrensherrschaft über den äußeren Verlauf der Verhandlung, sondern sucht im Wege der Stärkung der Prozeßleitung zugleich die Konzentration der Parteibehauptungen zu verwirklichen.

Dazu weist die Reform dem Richter im wesentlichen drei Mittel zu: die Pflicht zu Hinweisen, Fragen und Aufforderungen an die Parteien, die Befugnis zur Zurückweisung verspäteten Vorbringens und die Möglichkeit, das Institut der Kostenverteilung als Sanktionsmittel bei schuldhaft verursachten Prozeßverzögerungen einzusetzen.

Da Verfahrensverzögerungen auf jeder Stufe des Prozesses möglich sind, setzt die Novelle früh an und erlegt dem Richter auf, noch vor der ersten Parteizusammenkunft auf die Beseitigung von Mängeln in der Klageschrift bei deren Unvollständigkeit oder Unverständlichkeit hinzuwirken.[1295] Während der Vorbereitung und der Hauptverhandlung hat er sodann durch Hinweise, Fragen und Aufforderungen an die Parteien die möglichst frühzeitige, umfassende und von irrelevantem Vorbringen entkleidete Vorlage all ihrer Angriffs- und Verteidigungsmittel einschließlich der Beweismittel zu erreichen.[1296]

Wenngleich nicht im Gesetzestext im einzelnen ausgeführt, war es zweifellos auch schon nach dem alten Recht die Pflicht des Gerichts gewesen, unnötigen Verzögerungen vorzubeugen und hatte der Richter auch die Befugnis besessen, durch Fragen und Hinweise dies Ziel zu erreichen.[1297] Bedingt durch das Vordringen der Schriftlichkeit und der zumal im Verlauf des 19. Jahrhunderts häufig anzutreffenden Neigung zu richterlicher Zurückhaltung zur Stärkung des Verhandlungsgrundsatzes,[1298] hatte sich die Praxis allerdings anders entwickelt und zählte eine aktive Bemühung des Richters um Verfahrensbeschleunigung am Vorabend der Reform nicht zu den Wesenszügen des schwedischen Prozesses.

---

die Verhandlung miteinbezogen wird. Durch Fragen und Hinweise soll das Gericht Zweideutigkeiten oder Unvollständigkeiten im Vorbringen zu beseitigen suchen."

[1295] 42:3. Zu den gesetzlichen Anforderungen an den Inhalt der Klageschrift s. oben unter α) (1).

[1296] Hinsichtlich der Vorbereitung 42:11 S. 3 für die mündliche und 42:15 für die schriftliche Vorbereitung; bzgl. der Hauptverhandlung der bereits (S. 255 FN 1290) erwähnte 43:4, v.a. S. 2 f.

[1297] Vgl. PK III S. 10.

[1298] A.a.O. S. 11.

Die Kommissionsberichte lassen keinen Zweifel daran, daß der Richter als Folge der Einführung der erwähnten Vorschriften in die Novelle daher künftig wesentlich nachhaltiger von seiner Aufgabe, einen auch raschen Verlauf der Verhandlung zu gewährleisten, Gebrauch machen müsse.[1299] In der Stärkung des richterlichen Einflusses auf den Prozeßverlauf sieht die Novelle neben der Einrichtung des vorbereitenden Verfahrens das entscheidende Mittel für eine effektive Konzentration.[1300]

Von besonderer Bedeutung ist in Ergänzung zu dem allgemeinen richterlichen Hinweis- und Fragerecht insofern die Befugnis des Gerichts, nach pflichtgemäßem Ermessen Parteivorbringen einschließlich Beweismitteln zurückzuweisen, soweit es in der Absicht der Verzögerung des Rechtsstreits oder der Übervorteilung des Gegners zurückgehalten wurde.[1301] Zwar soll der Richter von dieser Möglichkeit ausweislich der Motive verständlicherweise nur mit großer Vorsicht Gebrauch machen, um die Parteien nicht an der Vorlage von für den Ausgang des Streits wesentlichem Prozeßmaterial zu hindern. Andererseits heben die Reformmaterialien jedoch mit Nachdruck hervor, daß die Ausübung der Präklusionsbefugnis nicht an das Vorliegen völliger Gewißheit über die verwerfliche Absicht der saumseligen Partei gebunden sei.[1302]

Ähnlich, wenngleich in der Ausgestaltung von Normvoraussetzung wie Rechtsfolge noch strenger, ist das Recht der Parteien zum Vorbringen neuer Umstände und Beweismittel in der Berufungsinstanz begrenzt. Soweit diese bereits im Untergerichtsprozeß bekannt waren und hätten vorgetragen werden können, dies aber aus Verzögerungs- oder Übervorteilungsabsicht oder auch nur infolge grober Fahrlässigkeit unterblieb, hat das Hofgericht sie nicht zur Kenntnis zu nehmen.[1303] Ein Ermessensspielraum ist insoweit nicht gegeben.

Neu aufgenommen wurde in die Novelle schließlich die bis dahin unbekannte[1304] Kostenregel, wonach der Richter eine Partei, die durch ihr Prozeßverhalten, insbesondere als Folge eigener Saumseligkeit, fahrlässig Mehrkosten ihres Gegners verursacht hat, verpflichten kann, diese auch unabhängig vom Ausgang des Prozesses im übrigen zu übernehmen.[1305] Auch diese Bestimmung ist in erster Linie als Mittel zur Beschleunigung des Verfahrens gedacht, wie die Gesetzesmaterialien offenlegen.[1306]

Der Möglichkeit, daneben das Institut des Prozeßvergleichs in den Dienst der Verfahrensbeschleunigung zu stellen durch eine Verpflichtung des Rich-

---

1299 A.a.O. S. 11 ff.

1300 PK III S. 13; PLB S. 22 f.

1301 43:10. Dazu aus der Perspektive der modernen Doktrin eingehend *B. Lindell*, Processuell Preklusion, v.a. S. 26 ff., 109 ff. sowie zur Rechtsterminologie S. 223 ff.

1302 PLB S. 449.

1303 50:25 Abs. 3.

1304 PK III S. 212.

1305 18:6.

1306 PK III S. 212; PLB S. 235.

ters, auf eine frühe einvernehmliche Klärung des Rechtsstreits zwischen den Parteien hinzuwirken, begegnete die Novelle demgegenüber interessanterweise mit Zurückhaltung. So war zwar der Abschluß eines Vergleichs schon während der Vorbereitung der Hautpverhandlung möglich[1307] und hatte der Richter auch das Interesse der Parteien an einer gütlichen Einigung frühzeitig auszuloten. Die Reform verzichtete jedoch bewußt darauf, den Richter unabhängig von Art und Umfang des Rechtsstreits zu generellen Vergleichsbemühungen zu verpflichten.[1308] Auf diese Weise suchte sie der Gefahr andernfalls drohender Vergleichsurteile gegenzusteuern, die sich in einen inhaltlichen Widerspruch zu der materiellen Rechtsordnung setzen.[1309]

(b) im französischen Prozeß

(aa) Der Einfluß des Richters auf den äußeren Gang des Verfahrens

In Umsetzung des liberalen Modells legte der französische Prozeß die Herrschaft über den Prozeßbetrieb weitgehend in die Hände der Parteien, während der Einfluß des Richters in gleichem Maße zurücktrat.

Zustellungen und Ladungen, Frist- und Terminsbestimmungen fielen daher überwiegend in den Zuständigkeitsbereich der Parteien,[1310] die damit zugleich die praktisch unbegrenzte und regelmäßig genutzte Möglichkeit besaßen, nach Belieben den Prozeß vertagen oder das Verfahren einverständlich ruhen zu lassen.[1311] Durch die bei ihren außergerichtlichen Prozeßvertretern, den „avouées", liegende, gerichtlich weitgehend unbeeinflußte Durchführung der Vorbereitung der Hauptverhandlung hatten sie es in ihrer Macht, den Haupttermin zu einem ihnen genehmen Zeitpunkt beginnnen zu lassen, und konnten durch ihren Einfluß auf die Anberaumung von Vertagungen und die Anordnung des Ruhens des Verfahrens auch die Dauer des Prozesses in erheblichem Umfang mitbestimmen. Einem konzentrierten Verfahren stand dieser Parteibetrieb deutlich entgegen.

[1307] Vgl. hierzu bereits unter α) (1).

[1308] S. 42:17: (...) wenn dies (sc. ein Vergleich; eig. Erkl.) angebracht erscheint (...)."

[1309] Hierzu näher *N. Gärde*, NRB 42:17 m.w.N. Zu weiteren Prozeßmitteln, mit denen die Novelle auf ihr zweites Anliegen zielte – die verbesserte Gewähr mit dem materiellen Recht übereinstimmender Urteile –, s. eingehend unter bb) α)-γ).

[1310] *M. Ferid/H. Sonnenberger*, Das französische Zivilrecht, Bd. 1/1, S. 71, sprechen aus der Retrospektive des Nouveau Code de Procédure Civile on dem „fast ausschließliche[n] Grundsatz des Parteibetriebs". Vgl. speziell zu den Frist- und Terminsanberaumungen auch *E. Glasson*, Précis théorique et pratique, Bd. 1, S. 18 ff.

[1311] Hierzu näher *Y. Chartier*, Die neuere Entwicklung des Zivilprozeßrechts in Frankreich, in: ZZP 91 (1978), S. 286 ff. (299); *W. Habscheid*, Der Code de procédure civile und das deutsche Zivilprozeßrecht, in: Festschrift für G. Beitzke, S. 1051 ff. (1052); *R. Wassermann*, Der soziale Zivilprozeß, S. 38 sowie aus schwedischer Sicht *I. Afzelius*, Grunddragen, S. 33 f.

(bb) Prozeßleitung zur Konzentration der Behauptungen

Die Betonung der Parteiherrschaft zu Lasten richterlichen Einflusses auf den Gang des Verfahrens, wie sie dem äußeren Rahmen des französischen Prozesses zugrundelag, setzte sich mit gewissen Abstrichen auf der inhaltlichen Seite des Parteivorbringens fort. Eine gezielte Inpflichtnahme des Richters zur Gewährleistung eines konzentrierten Verfahrens war dem CPC fremd. Er baute weitgehend auf der liberalen Konzeption auf, die in dem Richter mehr den Diener als den Herrn des Verfahrens sah.[1312] Bezeichnenderweise enthielt die Kodifikation unter ihren 1042 Normen keine einzige, die dem Gericht ähnlich der schwedischen Novelle das Streben nach Konzentration auferlegte. Auch sucht man ausdrückliche Vorschriften über ein allgemeines, in den Dienst der Beschleunigung gestelltes Frage- und Hinweisrecht des Richters ebenso vergeblich wie Bestimmungen über die Zurückweisung verspäteten Parteivortrags.

Andererseits war die Befugnis des Richters zu Fragen und Hinweisen an die Parteien zum Zwecke der raschen Präsentation des relevanten Prozeßstoffes trotz fehlender gesetzlicher Verankerung durchaus anerkannt.[1313] Auch besaß der Richter nach allgemeiner Auffassung sogar das Recht, neues Parteivorbringen schon bei Gefahr erheblicher Verzögerung des Verfahrens zu unterbinden ungeachtet etwaiger Schuld der Parteien an der späten Geltendmachung.[1314] Diese Kompetenzen verbanden sich in dem französischen Prozeß jedoch nicht zu einem allgemeinen Wesenszug desselben. Sie verblieben vielmehr eher auf dem Rang theoretischer Möglichkeiten ohne nennenswerte praktische Durchschlagskraft und haben zu einer erwähnenswerten Konzentration des Verfahrens nicht führen können.[1315]

Mangelnde Konzentration der Parteibehauptungen zeichnete auch das Berufungsverfahren nach dem Code aus, das zu einer neuen Verhandlung der Sache führte ohne Beschränkung der Parteien auf die schon abgehandelten Umstände und Beweismittel und mitunter sogar unter Zulassung neuer Anträge.[1316]

1312 Vgl. *A. Tissier*: „[Le juge] qui assiste à la procédure mais ne la dirige pas (...)", in: Revue trimestrielle de droit civil, Bd. 5 (1906), S. 625 ff. (651); vgl. auch *E. Glasson*, Précis théorique et pratique, Bd. 1, S. 6: „Ce rôle (sc. des Richters, eig. Erkl.) est (...), en général, purement passif."

1313 Vgl. *E. Zink*, Über die Ermittlung des Sachverhaltes, Bd. 1, S. 372 ff.

1314 Hierzu aus schwedischer Sicht *I. Afzelius*, Grunddragen, S. 37; PK III S. 9.

1315 Umgekehrt waren vor allem die für den französischen Prozeß charakteristischen sog. Inzidentverfahren („procédure incidentelle") für eine regelmäßig erhebliche zeitliche Ausdehnung der Prozesse verantwortlich. Bei diesen handelte es sich um aus dem Hauptprozeß ausgegliederte eingenständige Gerichtsverfahren über prozeßhindernde Einreden (vgl. Art. 166 ff.), die Authentizität von Urkunden (Art. 193 ff. sowie 214 ff.) oder auch die Zeugen- (Art. 252 ff.) und Parteivernehmung (Art. 324 ff.). Zu den Inzidentverfahren eingehend – auch unter Berücksichtigung ihrer historische Entwicklung – *E. Glasson*, a.a.O., S. 468 ff. sowie oben unter α) (2). Zu der mangelnden Konzentration des (alten) französischen Verfahrens aus der Retrospektive auch *W. Habscheid*, Der neue Code de Procédure civile und das deutsche Zivilprozeßrecht, in: Festschrift für G. Beitzke, S. 1051 ff. (1057 ff.).

1316 Im einzelnen hierzu *E. Glasson*, Précis de procédure civile, Bd. 1, S. 36 ff. (37 ff.).

So spiegelte die französische Kodifikation mit ihrer insgesamt recht schwachen Stellung des Richters deutlich die Auffassung liberaler Prozeßdoktrin wider, der die Durchsetzung eines raschen, konzentrierten Verfahrens nicht das primäre Anliegen war.

(c) im englischen Prozeß

(aa) Der Einfluß des Richters auf den äußeren Gang des Verfahrens

Dem englischen Prozeß des frühen 20. Jahrhunderts war der Gedanke einer nachhaltigen Einflußnahme des Richters auf den Gang der Verhandlung zum Zwecke ihrer Beschleunigung zwar ebenfalls eher fremd, und es zog sich die Idee von der „Reinhaltung des Richteramtes“[1317] durch den gesamten Prozeß von dem Schriftsatzwechsel in der Terminsvorbereitung (s.o.) über das Kreuzverhör in der Beweiserhebung bis zu den Parteiplädoyers gegen Ende der Hauptverhandlung.[1318]

Gleichwohl trat die Passivität des Richters im englischen Verfahren nicht gar so markant hervor wie im französischen Code de Procédure Civile. Dies zeigt sich insbesondere in der Regelung der Kontrolle über den äußeren Gang des Prozesses. Sie verteilte sich in England zwischen den Parteien und dem Gericht in einer Weise, daß man am ehesten von einem modifizierten Parteibetrieb sprechen kann.

So bestimmten sich etwa die Fristen für den Schriftsatzwechsel während der Vorbereitung entweder nach den prozeßordnenden Verfügungen des „Master“ („order for directions“, s.o.) oder richteten sich in Ermangelung einer näheren Festlegung nach den detaillierten gesetzlichen Regelungen.[1319] Eine freie Verfügungsmacht der Parteien indes bestand insoweit nicht.

Demgegenüber erfolgte die Zustellung der Klagebegründung, Klagebeantwortung und Replik durch die Parteien[1320] und lag auch die Ladung zu der vorbereitenden Zusammenkunft vor dem Richter („summons for directions“, s.o.) sowie – mittelbar – die Festlegung des Termins für die Hauptverhandlung durch die Eintragung des Streits in die Gerichtsrolle in ihrer Hand.[1321] Allesamt waren diese Maßnahmen jedoch an die seitens des Richters oder in der gesetzlichen Normierung vorgegebenen Fristen gebunden, so daß der Rechts-

---

[1317] Zu diesem Bild s. *D. Bruggemann*, Judex statutor und judex investigator, S. 41.

[1318] S. dazu auch die rechtsvergleichende Darstellung bei *M. Cappelletti/J. Jolowicz*, Public interest parties and the active role of the judge, S. 155 ff. (182 ff.). Deutlich anders die novellierten „Civil Procedure Rules“ aus dem Jahr 1999; dazu die frühe Beurteilung durch *P. Sobich*, Die Civil Procedure Rules 1999 – Zivilprozeßrecht in England, in: JZ 1999, S. 775 ff.

[1319] Näher hierzu *E. Jenks* (Hrsg.): Stephen's commentaries on the Laws of England, Bd. 3, S. 581 ff.

[1320] *E. Schuster*, Rechtspflege, S. 94, 98, 102.

[1321] *W. Odgers*, Odgers on the Common Law, Bd. 2, S. 567 f; *A. Curti*, Englands Zivilprozeß, S. 50, 68.

streit, einmal durch den Kläger in Gang gesetzt, in seinem zeitlichen Fortgang weitgehend unbeeinflußt von den Parteien verlief.

(bb) Prozeßleitung zur Konzentration der Behauptungen

Eine gewisse Indienstnahme des Richters zur Beschleunigung des Verfahrens ließ sich im englischen Prozeß bei aller grundsätzlichen Zurückhaltung des Gerichts auch hinsichtlich der Konzentration der Parteibehauptungen erkennen.

So hatte der über die Vorbereitung wachende „Master" auf die zahlenmäßige Beschränkung der Schriftsätze zu achten, deren über den gesetzlich vorgegebenen Rahmen von „statement of claim", „defence" und „reply" hinausgehender Austausch zwischen den Parteien, wie gesehen, grundsätzlich von seiner Bewilligung abhing.[1322]

Durch die bereits erwähnte Bindung der Parteien in der Hauptverhandlung an ihren schriftsätzlichen Vortrag während der Vorbereitung fand faktisch ebenfalls eine Konzentration statt, über deren Lockerung allein der Richter durch die Gestattung der nachträglichen Abänderung der Schriftsätze verfügen konnte.[1323]

In jeder Prozeßlage besaß der Richter überdies das Recht, die Streichung derjenigen Stellen in den Schriftsätzen zu verfügen, die aus seiner Sicht zu einer unnötigen Verzögerung der Verhandlung führen würden.[1324]

In der Berufungsverhandlung war die Geltendmachung neuer Beweismittel von der Genehmigung des Gerichts abhängig[1325] und durften die Parteien insoweit grundsätzlich nicht auf die Zulassung von Beweisen hoffen, deren Vorlage sie infolge von Unachtsamkeit in der ersten Instanz versäumt hatten.[1326]

Schließlich stand dem englischen Richter auch das Instrument der Kostensanktion zur Verfügung, mit dem er bei durch eine Partei verschuldeten Verfahrensverzögerungen dieser die dadurch bedingten prozessualen Mehrkosten aufgeben und hierdurch mittelbar ebenfalls die Konzentration der Parteibehauptungen unterstützen konnte.[1327]

Hinsichtlich der Rolle des Richters bei der Durchsetzung eines beschleunigten Verfahrens im englischen Prozeß zu Beginn des 20. Jahrhunderts ergibt sich somit insgesamt ein eigenes, vom französischen Modell verschiedenes Bild, das seinen bestimmenden Charakter aus einer vermittelnden Stellung zwischen unwesentlich beschränkter Parteienherrschaft auf der ei-

---

1322 S. oben unter α) (3). Dazu auch *E. Jenks* (Hrsg.): Stephen's commentaries on the Laws of England, Bd. 3, S. 533 f.

1323 Dazu auch oben α) (3).

1324 RSC O. XIX, r. 27.

1325 *W. Peters*, a.a.O., S. 37; vgl. auch *W. Odgers*, Odgers on the Common Law, Bd. 2, S. 701 f.

1326 *W. Odgers*, a.a.O., S. 698: „(...) such evidence will not be received, if it could have been given in the Court below had due diligence been observed."

1327 Näher hierzu *E. Jenks* (Hrsg.): Stephen's commentaries on the Laws of England, Bd. 3, S. 569 f; *E. Schuster*, a.a.O., S. 106 und 205 (für die Berufung).

nen und gezielter Unterordnung des Verfahrens unter die richterliche Prozeßleitung auf der anderen Seite bezieht.

(d) im österreichischen Prozeß

Es ist bereits erwähnt worden, daß das Klein'sche Sozialmodell als erste Prozeßordnung unter den modernen europäischen Verfahrensgesetzen in der Konzentration der Streiterledigung nicht nur ein seit alters angestrebtes, aber kaum je erreichtes Ziel erblickte, sondern dieses in Abkehr von der liberalen Prozeßdoktrin des „laissez faire" auch praktisch umsetzte durch eine erhebliche Ausweitung der richterlichen Kontroll- und Lenkungsfunktion. Es ist insoweit für die öZPO von 1895 kennzeichnend, daß sie den Grundsatz der richterlichen Prozeßleitung nicht lediglich als ungeschrieben hinter dem Verfahren stehende, stillschweigend von den Prozeßbeteiligten mitzuberücksichtigende Maxime behandelte, vielmehr der Ausgestaltung seiner konkreten Bedeutung innerhalb des Prozesses einen eigenen Abschnitt im Gesetz widmete.[1328] Zeugnis von der erheblichen Weiterung richterlicher Einflußnahme auf den Gang des Verfahrens legen im besonderen die Gestaltung des Prozeßbetriebs und die über die Institution der Vorbereitung hinausreichenden Maßnahmen zur Konzentration der Parteibehauptungen ab.

(aa) Der Einfluß des Richters auf den äußeren Gang des Verfahrens

Nach der Klein'schen Novelle lag der Prozeßbetrieb nahezu ausschließlich in der Hand des Gerichts. Die Bestimmung der Fristen und die Anberaumung von Tagsatzungen wie auch deren Vertagung und Verlegung erfolgten im Amtsbetrieb.[1329] Eine Fristverlängerung oder Terminsverschiebung allein durch Übereinkunft der Parteien war nicht statthaft. Unterstützend trat hinzu, daß die gesetzlich geregelten Fristen durchweg kurz gehalten waren und sich die Bestimmung von Fristen durch den Richter nicht selten ebenfalls innerhalb eines bewußt zum Zwecke der Verfahrensbeschleunigung von der Prozeßordnung vorgegebenen engen Zeitrahmens zu bewegen hatte.[1330] Auch die Absetzung, Verlegung oder Erstreckung von Tagsatzungen war dem Richter nur bei einer Reihe abschließend aufgeführter, restriktiver Fallgestaltungen gestattet.[1331]

Vor dem Hintergrund des Strebens nach Konzentration nicht ganz konsequent durchgeführt erscheinen dagegen die Bestimmungen über das Ruhen des Verfahrens. So genügte für seinen Eintritt die einverständliche Erklärung der Parteien.[1332] Allerdings verband sich mit dieser Regelung zugleich we-

---

[1328] §§ 180-192.

[1329] §§ 123, 128 f. (Fristbestimmung); 130 I 2 (Anberaumung von Tagsatzungen).

[1330] Vgl. *F. Klein/F. Engel*, Zivilprozeß, S. 245

[1331] S. im einzelnen § 134, insbes. dessen Nr. 1: „(...) wenn sich dem rechtzeitigen Erscheinen einer oder beider Parteien oder der Aufnahme oder Fortsetzung der Verhandlung (...) ein (...) unübersteigliches oder doch ein sehr erhebliches Hindernis entgegenstellt (...)."

[1332] § 168.

gen der zwingenden Folge eines mindestens drei Monate währenden Prozeßstillstands ein gewisser Abschreckungscharakter, der eine vorschnelle Anwendung des Instituts zur Erreichung kurzfristiger Verfahrenspausen zu verhindern suchte.[1333]

Ebenfalls Amtsbetrieb galt für die Zustellungen[1334] und Ladungen,[1335] dies allerdings in bloßer Fortführung der altösterreichischen Regelung in der josephinischen Prozeßordnung von 1781.[1336] Neu aufgenommen wurde allerdings bezüglich der Zustellungsart die Übermittlung durch die Post als künftige Regelform, während die überkommene Zustellung mit Hilfe von Gerichtsdienern oder unter Vermittlung des Gemeindevorstehers nur mehr hilfsweise zur Anwendung kommen sollte.[1337]

Schließlich führte die öZPO auch zu einer Erweiterung der gerichtlichen Möglichkeiten, den Prozeßstoff so übersichtlich zu gliedern, daß das Ziel seiner Behandlung in einem konzentrierten Verfahren besser erreichbar schien. Praktisch am bedeutsamsten war insoweit das dem Richter eingeräumte Recht, die einstweilige Beschränkung der Verhandlung auf einzelne Streitpunkte auch in dem Fall der hinsichtlich fehlender Sachurteilsvoraussetzungen erhobenen Rügen anzuordnen.[1338]

(bb) Prozeßleitung zur Konzentration der Behauptungen

Die österreichische Verfahrensordnung wies dem Gericht auch die Aufgabe zu, für die Konzentration der Parteibehauptungen Sorge zu tragen und unnötige Weitläufigkeiten im Prozeß zu unterbinden.[1339] Dies hatte in erster Linie durch die Ausübung des richterlichen Frage- und Hinweisrechts zu geschehen, durch die Zurückweisung verspäteten Vorbringens sowie durch die Nutzung der Verteilung der Prozeßkosten als Sanktionsmittel.

In Ausübung seines Frage- und Hinweisrechts oblag es dem Richter, im Interesse der Beschleunigung auf die möglichst rasche Vorlage des gesamten erheblichen Prozeßstoffes durch die Parteien hinzuwirken sowie auf die frühzeitige Aufklärung von Unstimmigkeiten in ihrem Vortrag.[1340] Formmängel in den Schriftsätzen, die den ungestörten Ablauf des Verfahrens zu

---

1333 *F. Klein*/*F. Engel*, a.a.O., S. 258.

1334 § 87.

1335 §§ 131, 329 (Zeugenladung), 375 II (Ladung der Partei zur Vernehmung), 481 (Ladungen in der Rechtsmittelinstanz).

1336 Vgl. § 395 (Zustellung) bzw. § 19 (Ladung) der österreichischen Allgemeinen Gerichtsordnung Kaiser *Franz Josephs*.

1337 Hierzu *F. Klein*, in: Die österreichischen Civilprozeß-Gesetzentwürfe, in: ZZP 19 (1894), S. 1 ff. (36 f.).

1338 § 189 II.

1339 § 180 III.

1340 Vgl. § 182.

beeinträchtigen drohten, waren den Parteien von Amts wegen zur Beseitigung anzuzeigen.[1341]

Das der deutschen ZPO in ihrer ersten Fassung von 1877 geläufige Recht des Richters, nachträglich vorgebrachte Verteidigungsmittel des Beklagten im Falle eines entsprechenden Klägerantrags auszuschließen,[1342] weitete das Klein'sche Modell auf die Befugnis aus, alle Arten tatsächlicher Behauptungen und Beweismittel ungeachtet eines Parteibegehrens amtswegig zurückzuweisen, wenn ihre späte Geltendmachung in Verschleppungsabsicht erfolgte und ihre Berücksichtigung den Prozeß erheblich verzögern würde.[1343] Entsprechend war dem Gericht unerheblich erscheinendes Parteivorbringen zurückzuweisen.[1344] Für die Berufungsverhandlung galt gar der Grundsatz eines umfassenden Ausschlusses neuer Ansprüche, Einreden, Gegeneinreden und Beweisangebote.[1345]

Schließlich normierte die österreichische Verfahrensordnung die allgemeine Prozeßkostenbestimmung, nach der eine Partei zur Tragung der durch ihre schuldhafte Prozeßverzögerung dem Gegner entstandenen Mehrkosten verpflichtet werden konnte.[1346] Weitergehend noch hatte der Richter die Möglichkeit, einer schuldhaft saumseligen Partei unabhängig vom Ausgang des Rechtsstreits sogar die Prozeßkosten ganz oder anteilig aufzugeben.[1347]

Die genannten Bestimmungen dokumentieren die bevorzugte Rolle, die das österreichische Prozeßrecht zu Beginn des 20. Jahrhunderts dem Gericht für die Gewährleistung eines konzentrierten Streitverfahrens zuwies. Sie spiegeln hierin zugleich die deutliche Abkehr, die das soziale Modell Kleins von der liberalen Theorie möglichst weitgehender Beschränkung richterlicher Einflußnahme auf das Verfahren vollzog.

(e) im deutschen Prozeß

Die ZPO von 1877 war in bewußter Anlehnung an das französische Verfahren gestaltet worden, dessen liberale Grundhaltung hinsichtlich des Umfangs richterlicher Prozeßleitung sie übernommen hatte. Dementsprechend lag der Prozeßbetrieb überwiegend bei den Parteien, die in weitem Umfang sclbst für die Zustellungen und Ladungen zu sorgen hatten,[1348] weitestgehend frei über

---

[1341] § 84.

[1342] § 252 in der bis 1924 geltenden Fassung.

[1343] § 179 I.

[1344] § 275.

[1345] § 482 I, dazu eingehend *H. Sperl*, Lehrbuch der Bürgerlichen Rechtspflege, Bd. 1, S. 616 ff.

[1346] § 48; betrifft vor allem die Fälle schuldhaft verspäteter (aber zugelassener, vgl. § 179 I) tatsächlicher Anführungen und Beweisangebote; näher hierzu *G. Neumann*, Kommentar zu den Zivilprozeßgesetzen, Bd. 1, S. 548 ff. sowie *H. Fasching*, Kommentar zu den Zivilprozeßgesetzen, Bd. 2, S. 366 f.

[1347] § 44, vgl. *G. Neumann*, a.a.O., S. 539 ff.

[1348] Eine Pauschalregelung der Zustellungspflichtigkeit enthielt die ZPO von 1877 nicht, sondern erfaßte die in Betracht kommenden Fälle jeweils einzeln. Dabei überwog jedoch

die Aufhebung und Verlegung von Terminen entschieden[1349] wie auch das Ruhen des Verfahrens einverständlich vereinbaren konnten.[1350]

Dies hatte mit zu einer durch regelmäßige Vertagungen bedingten Prozeßverschleppung geführt, der das Gericht keine nachhaltigen Maßnahmen entgegenzusetzen hatte. Ein in das Verfahrensgesetz inkorporierter allgemeiner Grundsatz der Konzentration durch richterliche Kontrolle über den Prozeß existierte nicht. Zwar kannte die ZPO den Grundsatz der richterlichen Prozeßleitung,[1351] bezog diesen allerdings in Verfolgung der liberalen Vorstellung von der „Reinhaltung des Richteramtes" in erster Linie auf die formale, die Aufrechterhaltung eines geordneten Verfahrens garantierende „Wächterrolle" des Richters. So verfügte das Gericht etwa über ein Zurückweisungsrecht bei verspätetem Parteivorbringen nur im Falle verspätet vorgebrachter Verteidigungsmittel des Beklagten und auch dann nur auf Antrag des Klägers.[1352]

Der Paradigmenwechsel hin zu einer erheblichen Ausweitung der richterlichen Kompetenzen zum Zwecke der Verfahrensbeschleunigung erfolgte durch die Novellen von 1909 und 1924, die beide unter bewußter Übernahme der Grundgedanken des Klein'schen Modells eine Reihe zentraler Vorschriften über Richtermacht und Konzentration der öZPO entlehnten und in das deutsche Prozeßgesetz einfügten.[1353]

(aa) Der Einfluß des Richters auf den äußeren Gang des Verfahrens

Die Novelle von 1909 schränkte den Parteibetrieb ein, indem sie für Zustellungen und Ladungen in Verfahren vor den Amtsgerichten den Amtsbetrieb einführte.[1354] Diese Regelung wurde zwar erst 1943[1355] auf die Landgerichtsprozesse ausgeweitet, doch sah bereits der Reformentwurf von 1931 den Amtsbetrieb auch vor den Landgerichten vor.[1356]

---

die parteilicherseits zu besorgende Zustellung bei weitem. Vgl. etwa §§ 67, 70, 123, 214, 227, 230, 243 II, 244, 288 I. Zu Beispielen amtswegiger Zustellung s. *J. Damrau*, Die Entwicklung einzelner Prozeßmaximen, S. 17. Hinsichtlich der Ladung enthielt die ZPO in ihrer ersten Fassung die generelle Bestimmung, daß eine Parteiladung in all denjenigen Fällen erforderlich war, in denen auch die Terminsbestimmung durch die Parteien erfolgen mußte (vgl. § 191). Aber auch für zahlreiche Fälle der amtswegig bestimmten Termine wies die ZPO die Ladung den Parteien zu (vgl. etwa §§ 300, 302, 310, 452). Dazu näher *J. Damrau*, a.a.O., S. 13 ff.

1349 S. § 205. Vgl. zur Terminierung nach der ZPO in ihrer ersten Fassung im einzelnen dens., a.a.O., S. 6 ff.

1350 § 228.

1351 § 127.

1352 Vgl. § 252.

1353 Zu den wesentlichen Änderungen der ZPO durch die Novellen von 1909 bzw. 1924 im Überblick s. Stein/Jonas-*Schumann*, Kommentar zur Zivilprozeßordnung[20], Einl. Rdnr. 115 (Amtsgerichtsnovelle) bzw. 123 f. (Novelle von 1924). Ausführlich zum Gang der Entwicklung *J. Damrau*, Die Entwicklung einzelner Prozeßmaximen, S. 179 ff. sowie S. 286 ff.

1354 §§ 496-498.

1355 Durch die 4. Vereinf. VO vom 12. 9. 1943.

1356 Vgl. im einzelnen §§ 134 ff. (Zustellungen [§ 134: „Die Zustellungen erfolgen, soweit nicht anders vorgeschrieben ist, von Amts wegen."]) und §§ 172 ff. (Frist- und Ter-

Die Reform von 1924 stellte ausdrücklich das Ziel auf, den Rechtsstreit „tunlichst“ in einer einzigen ununterbrochenen Verhandlung zu erledigen,[1357] und schränkte hierzu die Parteiherrschaft noch weitergehend ein. Terminsaufhebungen und -verlegungen sowie Vertagungen konnten danach künftig nicht mehr mit das Gericht bindender Wirkung von den Parteien frei vereinbart werden. Sie waren vielmehr ausschließlich vom Gericht auf Antrag oder von Amts wegen zu beschließen und konnten nur mehr aus wichtigen Gründen angeordnet werden.[1358] Auch das Ruhen des Verfahrens wurde von einer entsprechenden Anordnung des Gerichts abhängig gemacht, die sich an der Zweckmäßigkeit der damit verbundenen Verfahrensverzögerung zu orientieren hatte.[1359]

(bb) Prozeßleitung zur Konzentration der Behauptungen

Von für die Beschleunigung noch größerer Bedeutung war allerdings die erhebliche Ausweitung der richterlichen Prozeßleitung über den äußeren Rahmen des Verfahrens hinaus auf den Bereich auch der Parteibehauptungen.

So führte die Novelle von 1909 die Befugnis für das Gericht ein, schon vor der mündlichen Verhandlung Vorbereitungsbeweise zu erheben[1360] und machte dem Richter die Erörterung des Sach- und Streitstandes zur Pflicht,[1361] Vorschriften, die 1924 auf das landgerichtliche Verfahren ausgeweitet wurden.[1362]

Dasselbe Reformgesetz von 1924 räumte dem Gericht ein umfassendes Zurückweisungsrecht ein für alle in Verschleppungsabsicht oder aus grober Nachlässigkeit verspätet vorgebrachte Angriffs-, Verteidigungs- und Beweismittel.[1363] Zudem eröffnete es die Möglichkeit, den Parteien Präklusionsfristen für die Erklärung über vom Gericht für aufklärungsbedürftig gehaltene Streitpunkte zu setzen[1364] und weitete diese Befugnis auf Beweismittel aus.[1365]

Auch führte die Novelle das Institut des Verfahrens vor dem Einzelrichter ein,[1366] das bereits im Rahmen der Terminsvorbereitung behandelt wurde,[1367] und machte die partielle Prozeßkostenbelastung derjenigen Partei zur Pflicht,

---

minsbestimmung sowie Ladung [§ 173: „(...) hat die Geschäftsstelle die Ladung der Parteien zu veranlassen.“]); dazu jeweils die gesetzlichen Motive auf S. 278 f. und S. 300 f. Zu den Regelungen des Entwurfs hinsichtlich der Frage der Zustellung s. näher *A. Baumbach*, Der Entwurf einer ZPO, Teil II, in: DJZ 1931, 1473 ff.

1357 §§ 272 b I; 349 II.

1358 Dazu *J. Goldschmidt*, Die neue ZPO, S. 4 m.w.N.

1359 § 251 I.

1360 § 501.

1361 § 502.

1362 Als §§ 272 b und 139 unter Aufhebung der §§ 501 f. und Umwandlung der „Kann-Vorschrift“ des § 501 in die „Muß-Vorschrift“ des § 272 b.

1363 §§ 279, 283 II.

1364 § 279 a.

1365 § 283.

1366 §§ 348-350.

1367 S. oben unter α) (5).

die durch verschuldete Verspätung ihres Vorbringens die Erledigung des Rechtsstreits verzögert hatte.[1368]

Für die Berufung wurde schließlich das bis dahin geltende weite Novenrecht auf das in der Unterinstanz schuldlos nicht Vorgebrachte eingeschränkt.[1369]

Sämtliche der genannten Bestimmungen, die – jedenfalls mittelbar[1370] – zu einer Stärkung der richterlichen Verfahrensleitung im Dienste der Konzentration führten, hatten ihre Entsprechung in den zugehörigen österreichischen Normen, die von den beiden deutschen Reformnovellen 1909 und 1924 bewußt in weitgehender, teilweise sogar bis in einzelne Formulierungen hineinreichender Übereinstimmung rezipiert wurden.

Der deutsche Zivilprozeß zeichnete sich mithin in der für die schwedische Reform maßgebenden Zeit zu Beginn des 20. Jahrhunderts durch eine krasse Abwendung von der liberalen Doktrin umfassender Parteiherrschaft aus zugunsten einer durch den österreichischen Prozeß vermittelten starken Richtermacht im Dienste der Konzentration.

(f) Vergleich und Rezeption

(aa) Der Vergleich der schwedischen Novelle mit dem französischen Recht legt hinsichtlich der Bedeutung der Konzentration als Strukturmerkmal des Verfahrens und der Rolle des Richters bei ihrer Verwirklichung erhebliche Unterschiede offen. Der weitgehende Parteibetrieb, die fehlenden Vorschriften über Möglichkeiten zur Konzentration der Parteibehauptungen und die diesbezüglichen Rechte und Pflichten des Gerichts wie auch das insgesamt in erheblich geringerem Umfang vorhandene Bemühen der französischen Verfahrensordnung um eine effektive Prozeßbeschleunigung erweisen die schwedische Reform mit ihrer primären Zielsetzung nachhaltiger Konzentration als schon in ihrem Grundansatz deutlich verschieden. Es darf daher der Schluß gezogen werden, daß eine Rezeption französischen Rechts bei dieser Verfahrensstruktur auszuschließen ist.

(bb) Das englische Verfahren näherte sich dem schwedischen durch sein deutlicheres Streben nach einer raschen Streiterledigung eher an. Der eingeschränkte Parteibetrieb mit seiner Festlegung von Fristen durch den Richter bzw. die Prozeßregeln bei einhergehendem Verbot eigenmächtiger Fristenverlängerung durch die Parteien läßt ebenso wie das Recht des „Master" zur Streichung unerheblicher, zur Verfahrensverzögerung führender Stellen in den Schriftsätzen eine gewisse Nähe zum schwedischen Modell erahnen.

[1368] §§ 278 II, 283 II.

[1369] § 529.

[1370] Durch die Verantwortung des Gerichts für die Prüfung der tatbestandlichen Voraussetzungen jener Normen, die die Prozeßherrschaft der Parteien einschränkten wie etwa im Falle der Kürzung des Novenrechts.

Es überwiegen jedoch die Unterschiede. Das Bild von der Aufgabe des englischen Richters war trotz seiner Kompetenzen zur Unterstützung der Verfahrensbeschleunigung von dem Streben nach weitgehender Zurückhaltung, nach „Reinhaltung des Richteramtes", geprägt. So versuchte der englische Prozeß, soweit er sich um Konzentration bemühte, dieses Ziel weniger durch eine aktive Einbeziehung des Richters in den Prozeß zu erreichen als vielmehr auf dem Weg der Normierung gesetzlicher Pflichten der Parteien, wie die detaillierte Regelung der Fristbestimmungen zeigt. Dies trat besonders während der Vorbereitung in Erscheinung, die – wie dargestellt – trotz ihrer Unterordnung unter richterliche Kontrolle maßgeblich als Schriftsatzverkehr zwischen den Parteien stattfand und schon deshalb für eine aktive Mitwirkung des Richters weniger Raum bot als ein mündlicher Termin.

Auch war der Amtsbetrieb gegenüber dem Nya Rättegångsbalk stark eingeschränkt und umfaßte im Gegensatz zum schwedischen Recht insbesondere nicht die Zustellungen und Ladungen.

Den schwedischen Gesetzgebungsmaterialien lassen sich schließlich ebenfalls keine Anzeichen dafür entnehmen, daß das englische Recht insoweit von den Reformgremien in Schweden für die Ausgestaltung der Novelle in Erwägung gezogen worden wäre.[1371]

In abschließender Würdigung muß daher festgehalten werden, daß auch für eine Rezeption englischen Rechts keine überzeugenden Anhaltspunkte vorhanden sind.

(cc/dd) Im Vergleich mit dem österreichischen und dem diesem nachgebildeten deutschen Recht hingegen zeigen sich deutliche Parallelen. Sie betreffen zum einen die allen drei Verfahrensordnungen gemeinsame Betonung der Konzentration als für die Gestaltung des Prozesses wichtigem, im Gesetz jeweils selbst unmittelbar verankerten Grundsatz. Sie spiegeln sich aber auch in einer weitreichenden Übereinstimmung bei dem Ausbau richterlicher Kontrolle über sowohl den äußeren Gang der Verhandlung als auch die Parteivorträge als dem zur Verwirklichung der Konzentration entscheidenden Prozeßmittel.

Die Beseitigung des noch bestehenden Parteibetriebs durch Unterordnung auch der Zustellungen unter den Amtsweg, die Einführung der Präklusion für verspätetes Parteivorbringen, die Einschränkung des Novenrechts in der Rechtsmittelinstanz, die Normierung einer umfassenden Hinweispflicht des Richters zur frühzeitigen Behebung von Verfahrenshemmnissen wie auch der Einsatz der Prozeßkostenentscheidung als Sanktionsmittel für schuldhaft herbeigeführte Verzögerungen im Prozeß als die wichtigsten Neuerungen der

[1371] Die Prozeßkommission erwähnt etwa bei der Darstellung des anzustrebenden Verhältnisses von Richtermacht und Parteiherrschaft das englische Recht im Gegensatz zum französischen, deutschen und österreichischen fast gar nicht; PK III S. 5 ff. Ein – knapper – Hinweis auf den englischen Prozeß fällt erst auf S. 9 bei der Darstellung der gerichtlichen Befugnis zum Ausschluß neuen Parteivorbringens.

Reform in dieser Hinsicht waren allesamt zugleich auch die entscheidenden Charakteristika des österreichischen bzw. deutschen Rechts.

Stellenweise reichen die Übereinstimmungen bis in Details wie etwa hinsichtlich der Art der Zustellung im Inland, für die die schwedische Novelle gleich dem österreichischen Gesetz den Postweg einführt. Erwähnenswert ist auch die Möglichkeit einer abgesonderten Verhandlung über Fragen der Sachurteilsvoraussetzungen bzw. die Einführung des Zwischenurteils im Rahmen der umfänglichen Bestimmungsmacht des Gerichts über die Gliederung des Streitstoffes.

Die Regelung der Zurückweisung verspäteten Parteivortrags durch das Gericht ist in der schwedischen Novelle ebenso wie im österreichischen und deutschen Recht als Ermessensnorm ausgestaltet und an das Vorliegen von Parteiverschulden geknüpft. Alle drei Verfahrensordnungen stellen dabei primär auf die Verschleppungsabsicht der saumseligen Partei ab und lassen aus Gründen der Beschleunigung eine gesonderte Anfechtung des Zurückweisungsbeschlusses nicht zu.[1372]

Die Unterschiede zwischen der schwedischen Novelle und dem österreichischen bzw. deutschen Verfahren fallen demgegenüber gering aus. Sie betreffen überdies regelmäßig Fälle, in denen auch das österreichische und deutsche Verfahren nicht parallel laufen, und sind dann vielfach so gelagert, daß das schwedische Recht mit einer der beiden Lösungen im wesentlichen übereinstimmt.

So ist mit Blick auf die Abweichungen des schwedischen Modells vom österreichischen Verfahren vor allem der völlige Ausschluß neuen Parteivorbringens in der österreichischen Berufungsinstanz gegenüber der Beschränkung des Ausschlusses auf schuldhaft nicht Vorgebrachtes in der schwedischen Novelle zu nennen. Hier stimmt jedoch die schwedische Bestimmung mit der entsprechenden deutschen[1373] sehr weitgehend überein.[1374]

Umgekehrt geht das deutsche Recht über die Novelle von 1924 vor allem durch die ausgeweitete Möglichkeit der amtswegigen Beweiserhebung vor der Hauptverhandlung zum Zwecke der Beschleunigung über die schwedische Reform hinaus, die insofern mit dem zurückhaltenderen österreichischen Gesetz gleichläuft.

(ee) Angesichts dieser weitreichenden Ähnlichkeiten zwischen dem schwedischen Recht und dem österreichischen bzw. deutschen Verfahren sowohl in der Grundeinstellung der Verfahrensordnungen zur Konzentration als hin-

---

1372 Für das schwedische Recht 49:8; für das österreichische § 186 II; für das deutsche vgl. *A. Baumbach*, ZPO[10], § 279 3).

1373 § 529 II.

1374 Sowohl die deutsche wie die schwedische Norm (50:25) machen das Vorliegen von Verschleppungsabsicht oder grober Fahrlässigkeit (auch in dieser Reihenfolge!) zur Voraussetzung der Präklusion und regeln überdies beide den Sonderfall der Aufrechnungserklärung durch den Beklagten in der Berufungsinstanz.

sichtlich der Ausgestaltung der richterlichen Kompetenzen im einzelnen liegt der Schluß auf eine Rezeption durch die schwedische Novelle nahe.

Für sie spricht neben den aufgezeigten Parallelen im Recht zum einen die bereits dargestellte enge politische, wirtschaftliche, kulturelle und v.a. auch rechts- und prozeßrechtswissenschaftliche Verbindung Schwedens mit dem deutschsprachigen Raum am Vorabend der Prozeßreform. Dafür spricht im besonderen aber auch die große Aufmerksamkeit, welche gerade die an der Reform unmittelbar beteiligten Gremien dem deutschen und österreichischen Verfahren durch gezielte Forschungsreisen in beide Länder im frühen 20. Jahrhundert gewidmet haben.

Die schwedischen Gesetzesmaterialien, von denen wegen seiner Neigung zu rechtsvergleichenden Betrachtungen vor allem das Gutachten der Prozeßkommission von Bedeutung ist,[1375] vermögen keinen sicheren Aufschluß in dieser Frage zu geben, da sie einer ausdrücklichen Stellungnahme zu den Vorzügen und Nachteilen des deutschen und österreichischen Modells entbehren. Gleichwohl lassen eine Reihe von Indizien erkennen, daß die Reformgremien dem österreichisch-deutschen Konzentrationsmodell sehr aufgeschlossen gegenübergestanden haben.

So hebt das Gutachten der Prozeßkommission die nachteilhaften Erfahrungen hervor, die die deutsche ZPO in ihrer ersten Fassung von 1877 in ihrer Anlehnung an das französische Recht mit dem weitgehenden Parteibetrieb gemacht hat[1376] und betont im gleichen Zusammenhang die „bahnbrechende“ Bedeutung der österreichischen Reform für die Gewährleistung eines rascheren und gerechteren Verfahrens.[1377]

Insbesondere im Zusammenhang mit der Erörterung der Problematik der Art der Zustellung weist die Kommission mit Nachdruck auf die mit der Parteizustellung nach dem französischen und älteren deutschen Recht verbundenen Nachteile der Langsamkeit und Kostspieligkeit hin. Sie unterstreicht im Gegenzug das in Deutschland zur gleichen Zeit (zwanziger Jahre) zu beobachtende Bemühen um die Verstärkung des Amtsbetriebs wie auch die durchweg positiven Erfahrungen, die man in Österreich seit Inkrafttreten der Reform 1898 mit der umfassenden Offizialzustellung gemacht hatte.[1378]

Bei der Behandlung des Problems der Präklusion verspäteten Parteivortrags geht die Kommission wiederum näher auf die deutsche und österreichische Lösung ein[1379] und streift dabei auch kurz deren beider Einsatz der Prozeßkostenbestimmung als Sanktionsmittel für Verfahrensverzögerungen.[1380] Wie

1375 PK III S. 1 ff., v.a. 5 ff.
1376 PK III S. 8 f.
1377 PK III S. 7.
1378 PK I S. 226 ff. (231).
1379 PK III S. 9. Auch die englische und französische Lösung werden erwähnt.
1380 Ibid.

festgestellt, stimmt die Novelle mit dem deutsch-österreichischen Recht auch hier weitgehend überein.

Bei den Überlegungen über die Einführung des Zwischenurteils als unterstützendes Mittel der Vereinfachung und Beschleunigung des Verfahrens schließlich weist die Kommission erneut auf das deutsche und österreichische Recht hin, die beide das Institut inkorporiert hatten, wenngleich sie sich – anders als die Lagberedning[1381] – im Ergebnis noch gegen die Übernahme ausspricht.[1382]

Einen weiteren Hinweis auf die Bedeutung des deutschen und österreichischen Rechts für die schwedische Reform, dem für die Rezeptionsfrage zumindest Indizcharakter zukommt, enthält das Gutachten der Prozeßkommission in seinem ersten, auf die Erörterung der Grundzüge der Reform gerichteten Teil.[1383] Im Zusammenhang mit der nachhaltigen Kritik an der erheblichen Langsamkeit des zeitgenössischen schwedischen Verfahrens und seiner zu geringen Gewähr materieller Richtigkeit der Entscheidungen als den beiden Kernproblemen der Reform führt das Gutachten aus, daß eine effektive Verbesserung des Verfahrens nicht allein durch Modifikationen innerhalb des geltenden Modells zu erreichen sei. Erforderlich sei vielmehr, daß „man die Wege einschlägt, denen die Reformarbeit in den übrigen Kulturländern in diesem Bereich gefolgt ist."[1384] Daher sei in der Reform neben einer Stärkung der Mündlichkeit und Unmittelbarkeit vor allem auf eine nachhaltige Konzentration des Verfahrens zu achten.[1385]

Wie dargestellt kommen als Vorbild für einen derart auf Beschleunigung abstellenden Prozeß aber in erster Linie das österreichische und – in seiner Folge – das jüngere deutsche Verfahren in Betracht. Man darf daher davon ausgehen, daß die Kommission mit ihrer Äußerung somit in erster Linie auch auf diese beiden Prozeßordnungen zielte und deren Bestimmungen folglich hinsichtlich der Umsetzung der Konzentration als zumindest im Grundsatz rezeptionsfähig ansah.

Auf der anderen Seite ist zu berücksichtigen, daß infolge des in Schweden seit alters fehlenden Anwaltsmonopols und Vertretungsszwanges und der damit zusammenhängenden späten Entwicklung eines rechtskundigen Anwaltstandes das Gericht nie in die völlige Passivität gesunken ist, wie sie leicht Folge der Überbetonung der Verhandlungsmaxime wird. Wie dargestellt, hatte sich etwa in Schweden zu keinem Zeitpunkt der volle Parteibetrieb durchsetzen können. Auch waren die Gerichte stets als verpflichtet angesehen worden, zumal den anwaltlich nicht vertretenen Parteien in der Führung des

---

[1381] PLB S. 216 ff.

[1382] Es wurde bereits erwähnt (S. 255 FN 1292), daß die Novelle letztlich doch das Zwischenurteil eingeführt hat.

[1383] PK I S. 26 ff.

[1384] A.a.O., S. 28.

[1385] Ibid.

Prozesses beizustehen sowie auch sonst durch Fragen und Hinweise auf die Verdeutlichung und Vervollständigung des Parteivortrags hinzuwirken.[1386]

Freilich war diese Sicht – wie bereits dargestellt – im Laufe der Zeit mit dem Vordringen der Schriftlichkeit insbesondere in der Rechtsmittelinstanz und vor den städtischen Untergerichten hinter eine immer laxere Handhabung der richterlichen Prozeßleitung zurückgetreten.

Fremd war dem schwedischen Zivilprozeß der Gedanke einer starken Stellung des Richters mit bestimmendem Einfluß auf den Gang des Verfahrens aber jedenfalls nicht, so daß von einer originären Rezeption im Sinne der Übernahme einer neuartigen, bislang fremden Rechtsstruktur sicher nicht gesprochen werden kann. Das ist allerdings bei derart grundlegenden Strukturlinien wie dem Verhältnis von Richtermacht und Parteiherrschaft auch nicht anders zu erwarten. Hier liegen die alternativen Lösungsmodelle zu offen, als daß sie nicht alle einmal während des Wachsens einer Rechtskultur von den verantwortlichen Reformkräften aus eigenem Antrieb gesetzlich umgesetzt oder jedenfalls in Erwägung gezogen worden wären.[1387]

So hatte sich auch in Schweden die Idee einer deutlichen Verstärkung der Richtermacht zur Beschleunigung des Prozesses schon deutlich vor der Verabschiedung des Klein'schen Sozialmodells 1895 großen Zuspruchs erfreut.

In seiner im Auftrag der Nya Lagberedning 1882 vorgelegten rechtsvergleichenden Darstellung des ausländischen Verfahrensrechts kritisiert Afzelius den in der liberalen Doktrin des französischen Rechts verankerten Grundsatz der „Reinhaltung des Richteramtes" als Ursache für unnötige Verzögerungen im Fortgang des Prozesses.[1388] Er betont die Aufgabe des Gerichts, dafür Sorge zu tragen, daß seine Zeit nicht über Gebühr in Anspruch genommen wird und hebt in diesem Zusammenhang den Vorzug der deutschen Lösung hervor, die dem Gericht zumindest die Terminbestimmung für die erstmalige Behandlung der Streitsache zuweist, wenn auch die Parteien die Verlegung des Termins in ihrer Hand haben.[1389] Zudem weist er auf die Notwendigkeit hin, im Rahmen eines überwiegend mündlich gestalteten Verfahrens, wie es den Reformgremien vorschwebte, besonderes Gewicht auf die effektive Konzentration des Prozesses zu legen. Allerdings plädierte er insoweit noch nicht unmittelbar für eine Verstärkung der richterlichen Verfahrensleitung.[1390]

Demgegenüber betont die Nya Lagberedning in ihrer Entwurfsbegründung zu einem neuen Prozeßgesetz 1884 die bevorzugte Rolle, die dem Ge-

---

1386 Vgl. hierzu PK III S. 10; *A. Örbom*, Promemoria, S. 74.

1387 Man denke etwa im Zusammenhang mit dem Einfluß des Richters auf den Prozeß innerhalb unserer eigenen Prozeßrechtsgeschichte nur an die bereits mehrfach angesprochene preußische Allgemeine Gerichtsordnung von 1793, die das Zivilverfahren weitgehend unter die Inquisitionsmaxime stellte.

1388 *I. Afzelius*, Grunddragen, S. 33 f.

1389 Ders.: a.a.O., S. 34 f.

1390 Ders.: a.a.O., S. 128 f.

richt bei der Verwirklichung der Konzentration zuzukommen habe, und übt zugleich nachhaltig Kritik an der gängigen liberalen Auffassung, nach der ein besonderes öffentliches Interesse an einem beschleunigten Zivilverfahren grundsätzlich nicht bestand. Vielmehr seien Parteien wie Gericht im Gegenteil gerade im Interesse der Allgemeinheit verpflichtet, den einmal in Gang gesetzten Rechtsstreit so zügig wie möglich zu beenden.[1391]

Es ist bemerkenswert, daß diese Auffassung zu einer Zeit geäußert wurde, in der die liberale Doktrin des französischen und frühen deutschen Rechts noch vorherrschte und noch sechs Jahre vergehen sollten bis zur Veröffentlichung der programmatischen Aufsatzreihe „pro futuro", in der F. Klein seine Ideen über einen sozialen Zivilprozeß erstmals der Öffentlichkeit vorstellte und damit jenen Paradigmenwechsel in der Prozeßtheorie einleitete.[1392]

In Umsetzung dieser fortschrittlichen Auffassung wurde in dem von der Nya Lagberedning vorgelegten Reformentwurf der richterlichen Prozeßleitung ein eigenes Kapitel gewidmet.[1393] Seine Bestimmungen verpflichteten das Gericht, auf die Vermeidung jeder unnötigen Verzögerung hinzuwirken,[1394] durch Fragen und Erinnerungen gegenüber den Parteien frühzeitig Hindernissen für einen ungestörten und zügigen Fortgang des Verfahrens entgegenzutreten,[1395] das Streitige vom Unstreitigen zu trennen, Prozeßirrelevantes herauszufiltern, einen Vergleich, soweit möglich, herbeizuführen[1396] sowie eine sinnvolle Gliederung des Streitstoffes zu verfügen.[1397]

In abschließender Würdigung dieser Ergebnisse für die Frage nach einer Rezeption des österreichisch-deutschen Modells einer starken Richterstellung als für die Verfahrensbeschleunigung primärem Prozeßmittel gilt es daher, sowohl den deutlichen inhaltlichen Parallelen zwischen der schwedischen Novelle und dem österreichischen und deutschen Recht Rechnung zu tragen als auch dem Umstand der frühzeitigen Neigung der Reformgremien zu einer grundsätzlichen Verstärkung des richterlichen Einflusses auf den Prozeß.

Die plausibelste Lösung scheint die zu sein, daß das österreichisch-deutsche Modell aufgrund seiner bereits mehrere Jahre währenden Bewährung

---

[1391] NLB S. 220.

[1392] *Kleins* Vorstellungen fanden sich zwar, wie erwähnt, in ihren Grundzügen bereits in dem vom damaligen österreichischen Justizminister *J. Glaser* initiierten Gesetz über Bagatellsachen von 1873 wie auch in der Zivilprozeßnovelle von 1874 angelegt, so daß *Klein* weniger als der Schöpfer der sog. sozialen Idee im Verfahrensrecht denn als ihr Vollender gelten muß. Die hier interessierende Rezeptionswirkung österreichischen Rechts dürfte allerdings in Anbetracht der, wie gesehen, offenbar recht zögerlichen Kenntnisnahme Schwedens von dem österreichischen Bagatellverfahren erst von *Kleins* großer Prozeßreform 1895 ausgegangen sein.

[1393] NLB 5. Kapitel §§ 1-17. Das Kapitel ist damit zugleich eines der umfangreichsten des ganzen Entwurfs.

[1394] A.a.O.., § 12.

[1395] A.a.O.., § 3.

[1396] Ibid.

[1397] A.a.O.., §§ 10, 11.

in der Praxis die schwedischen Reformgremien von der grundsätzlichen Richtigkeit ihres schon gegen Ende des 19. Jahrhunderts eingeschlagenen Reformwegs überzeugte und hiermit den endgültigen Ausschlag für die Durchsetzung der Reformnovelle gab. Daher wird man insoweit von einer unterstützenden Rezeptionswirkung seitens des österreichisch-deutschen Rechts sprechen müssen, welche die Herausbildung einer im schwedischen Recht bereits angelegten Entwicklungstendenz begünstigte.

Hinsichtlich der Ausgestaltung der richterlichen Verfahrensleitung im einzelnen weisen hingegen die schwedische Novelle einerseits und das österreichische und deutsche Recht andererseits so weitgehende Übereinstimmungen auf, daß hier von einer Rezeption auszugehen ist, die über die Wirkung einer bloßen Bekräftigung einer dem schwedischen Recht schon immanenten Entwicklungstendenz hinausreicht. Hierfür spricht auch der Umstand, daß der Entwurf der Nya Lagberedning von 1884 in der Umsetzung des Gedankens richterlicher Verfahrensleitung noch deutlich hinter dem Konkretisierungsgrad der Novelle von 1942 zurückbleibt. Letztere bot folglich insoweit hinreichend „Einbruchstellen" für das österreichische und deutsche Recht. Auf der Grundlage der Ausführungen zu den methodischen Grundlagen der Untersuchung ist diese Rezeption als eine originäre und mehrseitige zu klassifizieren.

γ) Die Gestaltung des Versäumnisverfahrens als prozessualem Mittel zur Konzentration des Verfahrens[1398]

(1) Die Regelung des Versäumnisverfahrens in der schwedischen Novelle

> „Diese (sc. die geltende, eig. Erkl.) Anordnung (sc. des Versäumnisverfahrens, eig. Erkl.) leidet offenkundig an erheblichen Mängeln. Sie bietet eine weitreichende Möglichkeit, die Behandlung des Rechtsstreits Stück für Stück zu verzögern, und stellt sich reichlich hilflos gegenüber einem Beklagten, der sich hartnäckig weigert, seinen Beitrag zu der Durchführung des Prozesses zu leisten, sobald er fürchten muß, damit dem Gegner in die Hände zu spielen. In beiderlei Hinsicht widerstreitet diese Ordnung wichtigen Motiven des vorliegenden Vorschlags einer Verfahrensordnung. Es ist daher unumgänglich, eine Regelung der Folgen der Parteisäumnis in Übereinstimmung mit den allgemeinen Zielen dieser Verfahrensordnung zu treffen unter gleichzeitiger verständiger Berücksichtigung der Parteiinteressen."

Mit diesen Vorgaben leitete die Prozeßkommission 1926 in ihrem Gutachten[1399] ihren Vorschlag eines in seinen wesentlichen Teilen gegenüber dem alten Recht modifizierten Versäumnisverfahrens ein.

Die überkommene Regelung der Folgen einer Parteisäumnis hatte sich als unzulänglich und dem Bestreben nach einer effektiven Beschleunigung des Verfahrens abträglich erwiesen. Das Zitat belegt, daß ihre Umgestaltung ein

[1398] Die nachfolgende Darstellung beschränkt sich auf die rechtsvergleichende Untersuchung der Grundzüge des Verfahrens der Parteisäumnis in den ordentlichen Prozessen von den Gerichten erster Instanz.

[1399] PK III S. 80.

zentrales Anliegen der Prozeßreform war, von dessen zweckmäßiger Lösung aus der Sicht der Reformbeteiligten auch das Gelingen der gesamten Verfahrensnovellierung abhing.[1400] Es ist daher in der Folge zu untersuchen, in welchem Maße die Novelle bei diesem prozessualen Institut zu Neuerungen griff und inwieweit sie sich dabei an den Modellen der großen europäischen Verfahrensordnungen orientierte.

(a) Die Regelung des Versäumnisverfahrens in Schweden nach altem Recht

Das bis zum Inkrafttreten der Novelle 1948 geltende Recht der Parteisäumnis war formal noch von der mittelalterlichen Vorstellung geprägt, daß das unentschuldigte Fernbleiben der Partei Ausdruck mangelnden Respekts vor der Würde des Gerichts sei. Es sah daher die Zahlung einer Geldstrafe der säumigen Partei an das Gericht vor,[1401] die ursprünglich ohne Rücksicht auf die weiteren Folgen der Säumnis verhängt wurde, später hingegen nur mehr für den Fall galt, daß die Verhandlung infolge der Säumnis ausgesetzt werden mußte.[1402]

Säumnis lag vor bei Ausbleiben einer Partei von der Verhandlung ohne anerkannten Hinderungsgrund trotz ordnungsgemäßer Ladung. Als Hinderungsgründe (sog. „laga förfall“) kamen nach dem Gesetz eine Reihe naheliegender tatsächlicher (etwa Krankheit, Gefängnis) wie rechtlicher Umstände (etwa Ladung vor ein anderes Gericht) in Betracht; im übrigen oblag die Entscheidung über die Anerkennung des Grundes dem Richter nach eigenem Ermessen.[1403]

Bei Vorliegen eines gesetzlichen Hinderungsgrundes war das Verfahren auf einen anderen Termin anzusetzen,[1404] die säumige Partei hatte jedoch den Enschuldigungsgrund zuvor dem Gericht gegenüber glaubhaft zu machen bzw. machen zu lassen.[1405]

Die Folgen der Säumnis richteten sich danach, ob die Säumnis in der Person des Klägers, des Beklagten oder bei beiden Parteien vorlag.

Erschienen beide Parteien nicht, wurde das Verfahren eingestellt und die Wirkung der Rechtshängigkeit aufgehoben.[1406] Der Rechtsstreit konnte damit jederzeit erneut anhängig gemacht werden.

Bei unentschuldigtem Ausbleiben des Klägers von der ersten Zusammenkunft vor Gericht („första ting“) hatte dieser dem Beklagten auf dessen Antrag die Prozeßkosten zu erstatten.[1407] Ein klageabweisendes Urteil erhielt

---

[1400] Vgl. dazu auch die Formulierung von *J. Kohler* in der Einleitung zu seiner Abhandlung „Prozeßrechtliche Forschungen“, S. 1, wonach das Versäumnisverfahren „der Prüfstein (ist) für den Charakter des Prozesses und für die grundsätzlichen Prinzipien, welche denselben beherrschen.“

[1401] Sveriges Rikes Lag (1734) RB – nachfolgend nur RB – 12:2.

[1402] *A. Wrede*, Zivilprozeßrecht, S. 199; hierzu auch *T. Engströmer*, Civilprocessrätt, S. 43.

[1403] RB 12:1.

[1404] RB 12:1.

[1405] *A. Wrede*, a.a.O.

[1406] *P.O. Ekelöf*, Kompendium, S. 97; *T. Engströmer*, ibid.

[1407] RB 12:2.

der Beklagte hingegen grundsätzlich nicht, vielmehr konnte der Kläger das zunächst eingestellte Verfahren durch rechtzeitige Ladung des Beklagten zum nächsten „Ting" (auf dem Land) bzw. innerhalb eines Monats (in der Stadt) erneut eröffnen. Nur bei Verfristung wurde der Beklagte nach der Formulierung des Gesetzes „von der Klage befreit".[1408]

Demgegenüber herrschte über die Folgen einer Klägersäumnis bei einem späteren Termin in Ermangelung gesetzlicher Bestimmungen keine einhellige Meinung. In der Praxis war die Durchentscheidung der Sache unabhängig von der Abwesenheit des Klägers ebenso üblich wie die Einstellung des Verfahrens mit der Möglichkeit der Wiedereröffnung durch den Kläger innerhalb vorgegebener Frist.[1409]

War hingegen der Beklagte beim ersten „Ting" säumig, sollte der Rechtsstreit grundsätzlich durchentschieden werden, „soweit die Wahrheit ermittelt werden" konnte.[1410] Infolgedessen hatte der Kläger seine Sache einschließlich seiner Beweise so vorzutragen, als ob der Beklagte erschienen wäre und den Klageanspruch bestritten hätte. Bei hinlänglichem Beweis erhielt er sodann ein obsiegendes Urteil, welches seiner Voraussetzung nach dem kontradiktorischen Endurteil ähnelte, allerdings von dem Beklagten durch den Sonderrechtsbehelf der sog. „Wiedergewinnung" angefochten werden konnte (s. unten). In der Praxis vermochte sich ein derartiges „Versäumnisurteil" allerdings nur in klar und einfach gelagerten Fällen durchzusetzen.[1411] In der Mehrzahl der Streitigkeiten wurde hingegen das Verfahren lediglich unter Verurteilung des Beklagten zu einer Geldstrafe vertagt.[1412]

Erschien der Beklagte zwar, verhandelte aber zur Sache nicht, konnte er verurteilt werden, soweit dem Kläger der Beweis gelang. Allerdings galt das stattgebende Urteil in diesem Fall nicht als Versäumnisurteil, so daß der für ein solches vorgesehene Rechtsbehelf der „Wiedergewinnung" entfiel.[1413]

Bei Ausbleiben des Beklagten von einem späteren „Ting" konnte – bei entsprechender Beweiserbringung durch den Kläger – ein Versäumnisurteil gegen ihn ergehen, soweit er bei der Ladung auf diese Möglichkeit bereits hingewiesen worden war.[1414] Möglich war aber auch in diesem Fall die Vertagung des Verfahrens.[1415]

Eine Gesetzesänderung aus dem Jahr 1914[1416] erlaubte bei Klagen auf Zahlung einer Geldsumme, die nicht den Charakter von Schadensersatzleistun-

---

[1408] Ibid.
[1409] Vgl. hierzu näher *A. Wrede*, a.a.O., S. 205.
[1410] RB 12:3.
[1411] *P.O. Ekelöf*, Kompendium, S. 97.
[1412] *A. Wrede*, Zivilprozeßrecht, S. 201.
[1413] *A. Wrede*, a.a.O., S. 202.
[1414] *P.O. Ekelöf*, a.a.O.
[1415] *A. Wrede*, a.a.O., S. 205.
[1416] Gesetz vom 24. 7. 1914.

gen besaß, eine Verurteilung des säumigen Beklagten auch unabhängig von einer vorherigen Beweisführung seitens des Klägers. Voraussetzung hierfür war allerdings, daß Grund und Entstehungszeitpunkt der Forderung deutlich in der Ladung angegeben waren oder sich aus beigefügten Urkunden ergaben.[1417] Damit wurde erstmals eine Entscheidungsform eingeführt, die infolge ihres Verzichts auf die Beweisführung des Klägers als Voraussetzung eines stattgebenden Urteils dem modernen Versäumnisurteil nahekam.

Gegen ein Versäumnisurteil standen dem Verurteilten zwei Rechtsbehelfe zur Verfügung: Das gegen kontradiktorische Endurteile allgemein übliche Rechtsmittel der „vad"[1418] sowie der spezifische Rechtsbehelf der „Wiedergewinnung" („återvinning").[1419] Letzterer war im Verhältnis zu ersterem insoweit subsidiär, als seine Einlegung die Verfristung der „vad" voraussetzte.[1420]

Die „återvinning" entsprach in ihrer Struktur im wesentlichen dem vom französischen und deutschen Recht her vertrauten Einspruchsmodell und führte somit bei fristgerechter[1421] Einlegung ungeachtet etwaigen Verschuldens seitens des Säumigen an der Säumnis unmittelbar zur Zurückversetzung des Prozesses in die Lage, in der er sich bei Eintritt der Säumnis befand.[1422] Erschien der ursprünglich Säumige und nunmehrige Rechtsbehelfsführer auch in dem zur Verhandlung über die „Wiedergewinnung" angesetzten Termin nicht, erwuchs das Versäumnisurteil gegen ihn in Rechtskraft. Blieb hingegen sein Gegner unentschuldigt fern, konnte der Prozeß zwar als Verfahren in Abwesenheit des Beklagten durchgeführt werden, allerdings stand dem „återvinnings"-Beklagten und ursprünglichen Kläger im Falle seiner Verurteilung selbst kein Recht auf „Wiedergewinnung" zu. Statthafter Rechtsbehelf war einzig die „vad".[1423]

Die Konsequenz dieser Anordung nach altem Recht war die, daß außerhalb des Anwendungsbereichs des 1914 normierten Sonderfalls von einem Versäumnisverfahren im Sinne eines zur Streitentscheidung durch Urteil führenden gekürzten Verfahrens regelmäßig nur in Bagatellstreitigkeiten gesprochen werden konnte. Und selbst hier glich die Regelung infolge der Verpflichtung des Erschienenen zur Beweisführung weit eher dem kontradiktorischen Verfahren als einem modernen[1424] Säumnisprozeß.

1417 12:3 Abs. 1 S. 2 n.F.; dazu *T. Engströmer*, Civilprocessrätt, S. 44 f. sowie *A. Wrede*, Zivilprozeßrecht, S. 201.

1418 Vgl. hierzu schon oben unter 2. Teil B. III. 2. c) sowie C. III. 3. b) bb) α).

1419 12:3.

1420 Ibid.

1421 Die Frist betrug drei Monate; vgl. *A. Wrede*, a.a.O., S. 203.

1422 Ibid.

1423 Ibid.

1424 Vgl. insoweit aber auch nachfolgend (2) zu den Resten des Eremodizialverfahrens im französischen Recht sowie – deutlicher noch – den italienischen Prozeß, der bei Säumnis des Beklagten den Kläger nicht von seiner Beweislast entbindet; näher dazu S. *Satta/C.*

In der Mehrzahl der Fälle beherrschten hingegen Vertagungen die Praxis, die auch durch das Sanktionsmittel der Strafzahlungen – in den Jahren vor der Reform ohnehin immer seltener geworden[1425] – die Parteien nicht wirkungsvoll zur Wahrnehmung der Gerichtstermine zu bewegen vermochte. Zudem herrschten angesichts gesetzlich nicht vorhandener oder allgemein als unbillig empfundener Regelungen Zweifel über die zweckmäßige Behandlung einer Reihe von Säumnisfällen (etwa die Klägersäumnis bei späteren Terminen, s. oben). Regelungsbedürftig erschienen schließlich nicht zuletzt auch die Bestimmungen über die statthaften Rechtsbehelfe gegen Versäumnisurteile, da die zusätzliche Möglichkeit der Einlegung des ordentlichen Rechtsmittels der „vad" neben der „återvinning" zunehmend als systemfremd empfunden wurde.[1426]

(b) Die Regelung des Versäumnisverfahrens in der Novelle

Die Novelle scheidet in der Gestaltung des Versäumnisverfahrens scharf zwischen dispositiven und indispositiven Prozessen[1427] und läßt ein Versäumnisurteil allein in den Fällen dispositiver Rechtsstreitigkeiten zu.[1428] Im übrigen regelt sie die Voraussetzungen wie Folgen der Säumnis für beide Parteien im wesentlichen gleich, trennt allerdings die Situation beidseitiger Säumnis von derjenigen des Ausbleibens einer Partei.

In Anknüpfung an die alte Begrifflichkeit liegt der Novelle das Verständnis von Säumnis als dem unentschuldigten Fernbleiben von Gericht trotz ordnungsmäßer Ladung unter Androhung des Versäumnisurteils zugrunde. Soweit sich erweisen sollte, daß ein gesetzlicher Entschuldigungsgrund[1429] in der Person der ausgebliebenen Partei vorliegt, was vom Gericht von Amts wegen zu beachten ist,[1430] darf somit ein Versäumnisurteil nicht ergehen.[1431] Als

---

Punzi, Diritto Processuale Civile, S. 416 ff. (417: „La contumacia non implica alcuna valutazione sfavorevole alla parte.").

1425 Vgl. die Einschätzung der PLB S. 453.

1426 Vgl. die Ausführungen der Prozeßkommission hierzu in PK III S. 81 f.

1427 Unter einem dispositiven Verfahren wird nach der Novelle ein Rechtsstreit verstanden, über dessen sachlichen Gegenstand die Parteien nach materiellem Recht frei verfügen können, während im Falle eines sog. indispositiven Verfahrens das öffentliche Interesse eine stärkere Beschränkung der Verfügungsfreiheit der Parteien über die Streitsache mit einer entsprechenden Ausweitung der richterlichen Aufklärungspflichten bedingt (vgl. *N. Gärde*, NRB S. 569 f.). Die Verteilung der Klagen auf diese beiden Kategorien im schwedischen Recht entspricht weitestgehend der in der deutschen Prozeßrechtsliteratur unter dem Gesichtpunkt der Einschränkung des Dispositionsgrundsatzes üblichen Gliederung der Klagen. So zählt auch die schwedische Novelle insbesondere eine Reihe von Ehe-, Familien- und Kindschaftssachen zu den indispositiven Verfahren mit stärker zurückgenommenem Verhandlungsgrundsatz; näher *B. Lindell*, Civilprocessen, S. 25.

1428 44:2 f.

1429 Eine Legaldefinition enthält die Novelle in 32:8.

1430 32:6; vgl. zur Auslegung der Bestimmung *N. Gärde*, NRB 32:6.

1431 32:6.

Fernbleiben im Sinne der Säumnis wird das Ausbleiben der Partei bei gleichzeitiger Anwesenheit ihres Prozeßbevollmächtigten nicht gerechnet.[1432]

Die Novelle beschränkte die Anwendung des Versäumnisurteils in ihrer ursprünglichen Fassung noch auf die mündlichen Prozeßabschnitte der Vorbereitung und der Hauptverhandlung, sah hingegen für das – seltene[1433] – Verfahren der schriftsätzlichen Vorbereitung nur die Möglichkeit der Ladung zu einer mündlich fortzusetzenden Verhandlung vor.[1434] Durch Gesetz vom 18.6.1987[1435] wurde dann auch das Schriftverfahren den Sanktionsregelungen der Versäumnis unterstellt.[1436]

Im Falle der Säumnis beider Parteien ist das Verfahren einzustellen.[1437] Diese Bestimmung ist Ausdruck des Dispositionsrechts der Parteien über den Streitgegenstand, das dem Gericht den Anlaß nimmt, durch andere Prozeßfolgen als die Einstellung auf das im Nichterscheinen manifestierte Desinteresse der Parteien an der Prozeßführung zu reagieren. Dies erklärt die Regelung, wonach das Fernbleiben der Parteien von einer abgesonderten Verhandlung über die ihrem Verfügungsrecht entzogenen Prozeßvoraussetzungen das Gericht nicht daran hindert, die Frage durchzuentscheiden.[1438]

Bei Säumnis einer Partei ergeht auf Antrag der erschienenen gegen den Säumigen ein Versäumnisurteil.[1439] Dieses folgt in seinem Inhalt dem Ergebnis einer summarischen Prüfung des Prozeßstoffes, wie er sich dem Gericht zum Zeitpunkt des Eintritts der Säumnis darstellt.

Das bedeutet für den Fall der Klägersäumnis, daß ein Versäumnisurteil gegen ihn nur ergeht, soweit die Klage zulässig erhoben wurde, der Beklagte den Klageanspruch nicht anerkannt hat, und im übrigen die Klage nicht offenbar begründet ist.[1440] Das Vorliegen letzteren Falles ist nach den Motiven der Lagberedning restriktiv zu beurteilen und grundsätzlich nur bei Säumnis des Klägers in einem späten Stadium des Verfahrens zu erwarten, wenn auf der Grundlage zwischenzeitlich erhobener Beweise und anderweitig vorgebrachten Prozeßmaterials an der Begründetheit des klägerischen Anspruchs keine Zweifel bestehen.[1441] Hier kollidiert das Reformziel der Konzentration mit dem gleichzeitigen Bestreben nach weitestgehender Gewährleistung materiell richtiger Entscheidungen in einer Weise, die aus Sicht der Reformkommissionen eine Sanktion des säumigen Klägers bei klar zu Tage tretender Begründetheit seines

---

[1432] *N. Gärde*, NRB, Einführung vor Kapitel 44.

[1433] S. oben unter α) (1).

[1434] 42:14 Abs. 2.

[1435] Gesetz (1987:747); NJA II 1987, S. 172 ff.

[1436] Vgl. 44:7a.

[1437] 44:1.

[1438] Vgl. 44:7.

[1439] 44:2 Abs. 1 hinsichtlich der Vorbereitung; 44:4 Abs. 1 iVm 44:2 Abs. 1 mit Blick auf die Hauptverhandlung.

[1440] 44:8 Abs. 1.

[1441] PLB S. 465; *N. Gärde*, NRB 44:8.

Begehrens nicht mehr zu rechtfertigen vermag.[1442] Soweit hiernach von einer offenbaren Begründetheit des klägerischen Begehrens auszugehen ist, ergeht wie im Falle des Anerkenntnisses durch den Beklagten gegen diesen ein klagestattgebendes Urteil, das zwar seiner Form nach als Versäumnisurteil zu bezeichnen ist,[1443] jedoch gleich dem kontradiktorischen Sachurteil nur mit dem gewöhnlichen Rechtsmittel der „vad" angefochten werden kann.[1444]

Beantragt der erschienene Beklagte kein Versäumnisurteil, wird das Verfahren eingestellt.[1445]

Bei Säumnis des Beklagten hat der Grundsatz der summarischen Prüfung zur Konsequenz, daß der Kläger ein Versäumnisurteil erhält auf der Grundlage all derjenigen von ihm im Verlauf des Prozesses vorgebrachten Umstände, die dem Beklagten selbst bekannt geworden sind.[1446]

Eine Säumnis bereits bei dem ersten Termin zur mündlichen Vorbereitung der Hauptverhandlung führt folglich dazu, daß die Klageschrift der Prüfung zugrundegelegt werden muß. Soweit sich hieraus die Unschlüssigkeit der Klage ergibt, ist letztere durch Sachurteil abzuweisen.[1447] Dieses ist zwar ebenfalls als Versäumnisurteil zu bezeichnen,[1448] gilt hinsichtlich des statthaften Rechtsbehelfs jedoch als gewöhnliches, kontradiktorisches Endurteil, das der unterlegene Kläger durch „vad" anzufechten hat.[1449]

Ein Versäumnisurteil infolge des Ausbleibens des Beklagten zu einem späteren Zeitpunkt berücksichtigt hingegen auch die dem Beklagten im bisherigen Verlauf des Rechtsstreits von Klägerseite bekannt gewordenen Umstände, einschließlich einer etwaigen Beweisaufnahme.[1450] Die früheren Äu-

---

[1442] Vgl. hierzu näher *P.O. Ekelöf/H. Edelstam/R. Boman*, Rättegång V, S. 220.

[1443] 44:8 Abs. 3.

[1444] Vgl. *N. Gärde*, NRB 44:9.

[1445] 44:2 Abs. 1 S. 2 für die Vorbereitung; 44:4 Abs. 1 iVm 44:2 Abs. 1 S. 2 für die Hauptverhandlung.

[1446] 44:8 Abs. 2 S. 1.

[1447] 44:8 Abs. 2 S. 2; dazu *P. Fitger*, Rättegångsbalken, Bd. 3, 44:8 S. 24 f. Ist die Klage bereits unzulässig erhoben worden, wird sie unabhängig von der Säumnis einer Partei durch Beschluß abgewiesen, vgl. *P. Fitger*, Rättegångsbalk, Bd. 3, 44:8 S. 25. S. auch *N. Gärde*, NRB vor 44:1 S. 632 („Das Gericht hat unabhängig von der Säumnis einer Partei zu untersuchen, ob die Prozeßvoraussetzungen vorliegen.") sowie die Bestimmung in 42:7, nach der das Gericht auch bei Ausbleiben einer oder beider Parteien von einer für die Erörterung der Prozeßvoraussetzungen anberaumten Sonderverhandlung die Entscheidungsbefugnis behält.

[1448] 44:8 Abs. 3.

[1449] E 44:9 Abs. 1 S. 1; *N. Gärde*, NRB 44:8 sowie 49:1.

[1450] Die Rechtslage kann daher eine ganz andere sein, als wenn der Entscheidung unabhängig von dem Zeitpunkt der Beklagtensäumnis stets nur die Klageschrift zugrundegelegt würde. Umstände, die an dem vom Beklagten versäumten Termin offengelegt werden, dürfen nach der Novelle zugunsten des Säumigen in die Entscheidung einfließen (etwa eine Klageeinschränkung oder Anerkennung einer vom Beklagten zuvor zur Aufrechnung gestellten Gegenforderung), s. *N. Gärde*, NRB 44:8.

ßerungen des Beklagten sind demgegenüber grundsätzlich ohne Belang.[1451] Als Regelentscheidung geht die Novelle für diesen Säumnisfall von einem Versäumnisurteil zugunsten des Klägers aus und gewährt in umgekehrter Entsprechung zu dem Fall der Klägersäumnis ein klageabweisendes Sachurteil nur in dem Fall, da die Klage auf der Grundlage der summarischen Prüfung als offenbar unbegründet anzusehen ist.[1452]

Grundsätzlich sieht der Nya Rättegångsbalk somit in der Säumnis einer Partei kein Hindernis für eine Entscheidung und vermeidet auf diese Weise der Konzentration des Verfahrens abträgliche Vertagungen. Für den Fall jedoch, daß der Beklagte von dem ersten Termin der mündlichen Vorbereitung der Hauptverhandlung fernbleibt und damit in der Regel noch keinerlei sachdienliche Hindernisse von seiner Seite erfolgt sind, gewährt sie dem Kläger neben der Möglichkeit des Versäumnisurteils alternativ das Recht, die Anberaumung eines neuen Vorbereitungstermins zu beantragen.[1453] Soweit der Beklagte allerdings auch dann säumig bleibt, sieht die Novelle nur mehr das Versäumnisurteil vor.[1454]

Eine letzte bemerkenswerte Neuerung betrifft die Säumnis der Parteien bei einer vertagten Hauptverhandlung. Hier kann die Situation auftreten, daß der entscheidungsrelevante Prozeßstoff bereits fast zur Gänze vorliegt und mit seiner Vervollständigung im nächsten Termin auch für den Fall zu rechnen ist, daß eine Partei säumig sein sollte. In dieser Lage muß die alleinige Möglichkeit eines Versäumnisurteils gegen die ausgebliebene Partei jedenfalls dann wenig zweckmäßig scheinen, wenn das Verfahren mit Hilfe der anwesenden zu Ende geführt werden kann. Daher erlaubt die Novelle für diesen Fall die besondere Form der bei der Vertagung auszusprechenden Parteiladung zum nächsten Termin unter der doppelten Androhung eines Versäumnisurteils und einer Sachentscheidung.[1455] Auf Antrag der erschienenen Partei kann daraufhin bei Säumnis des Gegners im Folgetermin der Prozeß durchentschieden werden.[1456]

Als statthaften Rechtsbehelf gegen ein Versäumnisurteil räumt die Novelle der säumigen Partei in Anknüpfung an die alte Rechtslage die sog. „Wieder-

---

1451 *P.O. Ekelöf*, Kompendium, S. 98; s. auch den Wortlaut des 44:8 Abs. 2 ([Das Versäumnisurteil] „gründet sich auf den Vortrag des Klägers [...]").

1452 44:8 Abs. 2 S. 2. Das klageabweisende Sachurteil ergeht zwar in der Form eines Versäumnisurteils gem. 44:8 Abs. 3, wird aber hinsichtlich des Rechtsbehelfs als kontradiktorisches Endurteil behandelt, das mit dem gewöhnlichen Rechtsmittel der „vad" anzufechten ist (vgl. *N. Gärde*, NRB 44:9 sowie *dens*, a.a.O., 49:1). Näher zu dem Problemkreis der offenkundigen Unbegründetheit die Stellungnahme des „Lagrådet" in NJA II 1943, S. 561; *P. Fitger*, Rättegångsbalken, Bd. 4, 44:8, S. 24 f. sowie *P.O. Ekelöf*, Rättgång, Bd. 5, S. 220 f. („seltenes Vorkommnis").

1453 44:2 Abs. 2 S. 1.

1454 44:2 Abs. 2.

1455 43:11 Abs. 3 S. 2 2. HS.

1456 44:4 Abs. 2 S. 1.

gewinnung" („återvinning") ein, mit der der Prozeß bei fristgerechter Einlegung des Behelfs[1457] unabhängig von einem etwaigen Verschulden des Säumigen in die Lage vor Eintritt der Säumnis zurückversetzt wird.[1458] Die daneben nach altem Recht bestehende Alternativmöglichkeit der Anfechtung des Urteils mittels des gewöhnlichen Rechtsmittels der „vad" ist hingegen fortgefallen.[1459]

Eine wiederholte Säumnis einer Partei in dem auf die „Wiedergewinnung" angesetzten Verhandlungstermin nimmt das Recht einer weiteren „Wiedergewinnung" gegen das daraufhin ergehende zweite Versäumnisurteil.[1460]

(c) Zusammenfassung

Die Regelung des Versäumnisverfahrens in der schwedischen Novelle zusammenfassend, läßt sich als ihr Charakteristikum das Bemühen der Refom um die Verbindung von Konzentration des Verfahrens und Vermeidung extremer Brüche mit dem Ziel der verbesserten Gewähr materiell richtiger Urteile festhalten.

Ausdruck des Strebens nach Konzentration ist die Beseitigung der im alten Recht umfänglich vorgesehenen Vertagungen zugunsten des Versäumnisurteils gegen die nicht erschienene Partei bzw. – bei Verzicht auf einen entsprechenden Antrag seitens des Anwesenden – der Einstellung des Verfahrens.

Demgegenüber spiegelt sich die Berücksichtigung auch des Reformziels der Förderung materiell richtiger Entscheidungen in der Klageabweisung durch Sachurteil in den Fällen mangelnder Schlüssigkeit und offenkundiger Unbegründetheit der Klage, in der Gewährung eines stattgebenden Sachurteils zugunsten des säumigen Klägers bei offenkundiger Begründetheit der Klage sowie in der Möglichkeit eines Durchentscheidens des Streits bei fortgesetzter Hauptverhandlung trotz Säumigkeit einer Partei wider.

(2) Die Regelung des Versäumnisverfahrens im französischen Prozeß

Wie zahlreiche weitere prozessuale Institute[1461] war auch das Versäumnisverfahren im Code de Procédure Civile nur ansatzweise geregelt. Seine nähere Ausgestaltung hatte es vielmehr zu wesentlichen Teilen aus der Praxis bezogen.

Das französische Säumnisrecht kannte am Vorabend der schwedischen Reform zu Beginn des 20. Jahrhunderts zwei Formen der Säumnis, die sich stärker in ihren Voraussetzungen als in ihren Rechtsfolgen voneinander abhoben: die Säumnis wegen Nichterscheinens („défaut faute de comparaître") sowie diejenige wegen Unterlassens von Sachanträgen („défaut faute de conclure").

1457 Gem. 44:9 Abs. 1 S. 1 ein Monat seit Zustellung des Urteils.

1458 44:10 Abs. 1.

1459 S. insoweit auch S. 280 FN 1448 und S. 281 FN 1451.

1460 44:10 Abs. 2.

1461 Vgl. oben unter 1. c) cc) α).

(a) Voraussetzungen und Folgen der Säumnis wegen Nichterscheinens („défaut faute de comparaître")

Vor den französischen Gerichten erster Instanz („tribunaux de première instance") herrschte mit Ausnahme der Handelsstreitigkeiten[1462] Anwaltszwang.[1463] Der Beklagte war infolgedessen gehalten, auf die „assignation" der Ladung[1464] einen Rechtsanwalt („avoué") zu bestellen.[1465] Mit dem förmlichen Vollzug der Bestellung und der Benachrichtigung des klägerischen Anwalts hiervon war der Beklagte dann bereits seiner Erscheinungspflicht nachgekommen und galt aus der Sicht des CPC als im Prozeß „anwesend"[1466] unabhängig davon, ob er oder sein Anwalt im Verhandlungstermin dann auch tatsächlich erschien oder nicht. Selbst in dem Fall, da der Anwalt in dem Termin erklärten sollte, er trete für den Beklagten nicht auf, betrachtete man diesen als im Sinne der Verfahrensordnung anwesend und kam eine Säumnis „de comparaître" für den weiteren Verlauf des Prozesses in dieser Instanz nicht mehr in Betracht.[1467]

Nach der gesetzlichen Regelung hatte die Bestellung des „avoué" zur Vermeidung der Säumnisfolgen innerhalb der Einlassungsfrist („délai d'ajournement")[1468] zu erfolgen.[1469] In der Praxis legte man jedoch diese Bestimmung extensiv aus und erkannte auf eine Säumnis wegen Nichterscheinens erst für den Fall, daß ein Anwalt für den Beklagten auch nach Eröffnung der Verhandlung durch Aufruf der Rechtssache seitens des Gerichtswachtmeisters

---

1462 Vgl. Art. 414: „La procédure devant le tribunal de commerce se fait sans le ministère d'avoué."

1463 S. unter 1. c) bb).

1464 S. oben α) (2) zu dem für das französische Recht charakteristischen System der geteilten Ladung mit der zur Bestellung eines Anwalts verpflichtenden „assignation" einerseits und dem die eigentliche Ladung zur mündlichen Verhandlung beinhaltenden „avenir". Der in der Literatur mitunter zu findende Begriff der „doppelten Ladung" (vg. etwa *M. Scherer*, Die Verschiedenheiten des deutschen und französischen Prozesses, in: Juristische Zeitschrift für das Reichsland Elsaß-Lothringen, Bd. 4 (1879), S. 414 ff. (422); *W. Haeger*, Der französische Zivilprozeß, S. 105) ist mißverständlich, da die „assignation" keine Ladung darstellte. Der Terminus wird daher hier nicht verwendet.

1465 Art. 75.

1466 *E. Garsonnet/C. Cézar-Bru*, Traité théorique et pratique, Bd. 2, Nr. 207: „(...) constituer avoué, c'est comparaître (...)".

1467 Anders nur, wenn die Bestellung des „avoué" von dem Beklagten widerrufen worden war; vgl. *Dalloz*, Répertoire pratique, Art.: Jugement par défaut, Nr. 63 ff. Hintergrund jener auf den ersten Blick schwer verständlichen Regelung dürfte die Auffassung des Gesetzgebers gewesen sein, die Säumnis wegen Nichterscheinens sei auf die tatsächliche oder jedenfalls anzunehmende Unkenntnis der geladenen Partei von dem gegen sie anhängigen Verfahren zurückzuführen; vgl. dazu *H. Steuerwald*, Versäumnisverfahren, S. 8. Das erklärt, daß mit der Bestellung des Anwalts diese Form der Parteisäumnis nicht mehr möglich war, da sich in ihr die Kenntnis des Beklagten von dem Prozeß manifestierte.

1468 Gem. Art. 72 binnen acht Tagen.

1469 Art. 75.

nicht erschien.[1470] Stellenweise gestattete man die Nachholung der Anwaltsbestellung sogar noch bis zum Schluß der Verhandlung.[1471]

Infolge der Gleichsetzung der Erscheinungspflicht einer Partei mit der Verpflichtung zur Anwaltsbestellung, schied eine vergleichbare Säumnis „de comparaître" auf Seiten des Klägers von vornherein aus, da er bereits zur wirksamen Erhebung der Klage eines Anwalts bedurfte.[1472]

Lag ein Fall der Beklagtensäumnis wegen Nichterscheinens vor, war für den Erlaß eines Versäumnisurteils ein hierauf gerichteter Antrag des klägerischen Anwalts erforderlich. Ursprünglich nach dem Gesetz dem Gegner durch Schriftsatz zuzustellen und zudem auf der Geschäftsstelle des Gerichts niederzulegen,[1473] hatte die Praxis hiervon allmählich Abstand genommen und einen mündlichen Antrag in der Verhandlung ausreichen lassen.[1474] Auf ihn hin stellte das Gericht vorerst lediglich die Säumnis des Beklagten förmlich fest („donner défaut"). Nur wenn der Streit aus der Sicht des Gerichts zugleich auch in der Sache entscheidungsreif war,[1475] erließ es zusammen mit der Säumniserklärung auch das Versäumnisurteil („jugement par défaut"), andernfalls wurde das Verfahren in Abwesenheit des Beklagen fortgesetzt.

Als Folge der von der Praxis dem Beklagten eingeräumten Möglichkeit einer Nachholung der Anwaltsbestellung herrschte die Gepflogenheit, die Säumnis entweder unter Vorbehalt des nachträglichen Erscheinens im Verlauf der Sitzung („sauf l'audience") auszusprechen[1476] oder die zunächst erfolgte Säumniserklärung späterhin niederzuschlagen, wenn sich der Anwalt vor Verhandlungsschluß noch einstellte („rabattre du défaut").[1477]

Weitere Voraussetzung für den Erlaß des beantragten Versäumnisurteils gegen den Beklagten war nach der Gesetzesfassung, daß sich die klägerischen Sachanträge („conclusions") als „gerecht und wohl erwiesen" darstellten („se

1470 Vgl. *E. Garsonnet/C. Cézar-Bru*, a.a.O., Bd. 6, Nr. 215.

1471 *Dalloz*, Répertoire pratique, Art.: Jugement par défaut, Nr. 59 f. mN aus der Spruchpraxis. Gem. Art. 76 war das Recht, einen Anwalt erst in der Sitzung nach Aufruf der Sache zu bestellen, eigentlich nur dem in gekürzter Frist geladenen Beklagten eingeräumt. Das einen „défaut faute de comparaître" ausschließende Recht der nachträglichen Bestellung eines Anwalts steht dem Beklagten im übrigen auch unter der Geltung des Nouveau Code de Procédure zu, vgl. nur *H. Solus/R. Perrot*, Droit judiciaire privé, Bd. 3, Nr. 315 (FN 3) sowie Nr. 183.

1472 Art. 61. Eine klägerische Säumnis wegen Nichterscheinens war nur für den Fall möglich, daß das Verfahren bei nach Klageerhebung eintretender Postulationsunfähigkeit des Anwalts unterbrochen wurde und der Kläger auf die Ladung zur Fortsetzung des Verfahrens durch den Beklagten keinen neuen Anwalt bestellte, *E. Garsonnet/C. Cézar-Bru*, a.a.O., Nr. 251.

1473 Gem. Dekret v. 30. 3. 1808; Art. 62.

1474 *E. Garsonnet/C. Cézar-Bru*, a.a.O., Nr. 221.

1475 Dazu sogleich.

1476 Dies., a.a.O., Bd. 2, Nr. 213. Die Säumniserklärung wurde dann bei rechtzeitiger Bestellung des Anwalts hinfällig.

1477 Letztere Gerichtsübung hatte sich im Anschluß an die dem CPC zugrundeliegende Ordonnance von 1667 (Tit. 14 Art. 5) herausgebildet, vgl. *E. Garsonnet/C. Cézar-Bru*, ibid.

trouvent justes et bien vérifiées").[1478] Hierin kam die für das französische Säumnisrecht charakteristische Vorliebe für das vom justininanisch-römischen Prozeß her überlieferte sog. Eremodizialmodell zum Ausdruck, bei dem das Gericht der Beklagtensäumigkeit nicht die Wirkung eines Geständnisses oder gar Anerkenntnisses beimißt, sondern das Verfahren mit der erschienenen Partei einseitig weiterführt.[1479] Der Kläger hatte demnach nach der Vorstellung des Code de Procédure Civile grundsätzlich die Begründetheit seines Anspruchs zur Überzeugung des Gerichts zu beweisen.[1480] In der Praxis waren allerdings die Anforderungen an diesen Nachweis allmählich[1481] so weit gelockert worden, daß am Vorabend der schwedischen Reform gegen Ende des 19. Jahrhunderts eine Versagung des beantragten Versäumnisurteils nur mehr für den Fall in Betracht kam, daß die Klage unschlüssig erhoben worden war bzw. sich die faktischen Ausführungen des Klägers in seinen „conclusions" aus der Sicht des Gerichts als unglaubwürdig darstellten.[1482]

Das wider den Beklagten gerichtete Versäumnisurteil „par défaut faute de comparaître" konnte von diesem innerhalb einer vom Gesetz großzügig bemessenen Frist bis zum Beginn der Vollstreckung mit dem Sonderrechtsbehelf des Einspruchs („opposition") angefochten werden.[1483] Als das wohl bemerkenswerteste und für die Entwicklung nicht zuletzt des deutschen Säumnisrechts[1484] folgenreichste Charakteristikum des französischen Versäumnisverfahrens führte die „opposition" bei fristgerechter Einlegung unmittelbar zur Rückversetzung des Verfahrens in das bei Säumniseintritt vorliegende Verfahrensstadium. Einer näheren Erläuterung seiner Säumnis durch den Beklagten

---

[1478] Art. 150. In der Sache unverändert auch noch der Nouveau Code de Procédure Civile in Art. 472 II. Vgl. dagegen Art. 130 der Genfer Prozeßordnung (1819): „(...) le demandeur obtiendra ses conclusions."

[1479] Vgl. zum „eremodicium" im römischen Prozeß der Nachklassik *M. Kaser*, Das römische Zivilprozeßrecht, S. 612 f. m.w.N. Zur historischen Entwicklung des Eremodizialverfahrens in Frankreich s. die detaillierte Darstellung bei *H. Mitteis*, Studien zur Geschichte des Versäumnisurteils, besonders im französischen Recht, in: SavZ/Germ 42 (1921), S. 137 ff. (v.a. S. 206 ff.).

[1480] Nicht durchzusetzen vermochte sich die – maßgeblich innerhalb der älteren Prozeßrechtsdoktrin vertretene – Auffassung, die Säumnis des Beklagten trotz des vergleichsweise deutlichen Gesetzeswortlauts als „stillschweigendes Geständnis" („aveu tacite") zu deuten; vgl. etwa *E. Pigeau*, La procédure civile, Bd. 1, S. 473.

[1481] Die Entwicklung setzte bereits mit der Ordonnance von 1667 ein, die in Titel V, Art. 3, ebenfalls das Erfordernis der „vérification" kannte; vgl. näher *H. Mitteis*, a.a.O., S. 238.

[1482] Vgl. hierzu *E. Glasson/A. Tissier/R. Morel*, Traité théorique et pratique, Bd. 3, S. 200; *R. Godard*, Des jugements par défaut, S. 46 wie auch *H. Mitteis*, a.a.O., S. 228: „(...) so wurde praktisch ein dem § 331 der ZPO analoger Rechtszustand erreicht." Aus schwedischer Sicht s. *I. Afzelius*, Grunddragen, S. 70.

[1483] Art. 158. Zur Entwicklung der „opposition" im französischen Recht s. *E. Glasson,* Les sources de la procédure civile française, in: Nouvelle revue historique de droit française et étranger, Bd. 5 (1881), S. 437 ff. (501 ff.).

[1484] Vgl. nur §§ 157 ff., 373 der Hannoverschen Prozeßordnung (1850), Art. 309 ff. der Bayerischen Prozeßordnung (1869), Art. 273 ff. der Württembergischen Prozeßordnung (1868), §§ 330 ff. der ZPO (1877) sowie hierzu *Hahn/Stegemann*, Motive, S. 294.

bedurfte es insoweit nicht; insbesondere war das Einspruchsrecht nicht nur auf die Fälle unverschuldeter Säumnis beschränkt, sondern bestand auch bei nachweislich absichtlichem Fernbleiben des Beklagten.[1485]

Der Code de Procédure Civile räumte dem Säumigen neben dem Spezialrechtsbehelf des Einspruchs überdies das Recht der Berufung gegen das Versäumnisurteil ein.[1486] Diese konnte allerdings erst eingelegt werden, soweit der Einspruch – etwa infolge Verfristung – nicht zulässig war.[1487] Von Bedeutung war diese zusätzliche Rechtsschutzmöglichkeit für den Säumigen auch im Falle einer wiederholten Säumnis in dem auf den zulässig eingelegten Einspruch neu angesetzten Termin. Während ein zweiter Einspruch in dieser Situation kraft Gesetztes ausgeschlossen war,[1488] kam eine Berufung uneingeschränkt in Betracht.[1489]

(b) Voraussetzungen und Folgen der Säumnis wegen Nichtverhandelns („défaut faute de conclure")

War der Beklagte im oben genannten Sinne des Gesetzes „erschienen", bestand im weiteren Verlauf des Verfahrens auf Seiten sowohl des Beklagten als auch des Klägers die Möglichkeit einer Säumnis wegen Unterlassens der Sachanträge in der „audience" („défaut faute de conclure").

Dieser Säumnisfall war zum einen gegeben, soweit es der Anwalt einer Partei in dem zur Verlesung der begründeten Sachanträge („conclusions motivées") bestimmten Verhandlungstermin unterließ, nach Aufruf der Sache seinen Sachantrag zu verlesen und ihn nebst seiner Begründung dem Urkundsbeamten zu überreichen.[1490]

Er konnte überdies eintreten, wenn es die Anwälte im Rahmen der Vorbereitung unterlassen hatten, sich die Sachanträge außergerichtlich im Vorfeld des mündlichen Termins fristwahrend[1491] zuzustellen. In diesem Fall hatte das Gericht nach überwiegend vertretener Auffassung die Möglichkeit, die nicht rechtzeitig zugestellten Anträge als ungültig anzusehen, und galt die jeweilige Partei daraufhin ebenfalls als säumig.[1492]

1485 *H. Steuerwald*, Versäumnisverfahren, S. 98.

1486 Arg. ex Art. 443 und 455.

1487 Art. 455.

1488 Art. 165.

1489 Eine dem § 513 II ZPO vergleichbare Bestimmung galt in Frankreich nicht; vgl. *H. Steuerwald*, Versäumnisverfahren, S. 124.

1490 *Chaveau/Glandaz*, Formulaire général, Bd. 1, Nr. 225 Anm. 1. Hinsichtlich der Begründung stellte die Praxis keine nennenswerten Anforderungen, sondern ließ jede Erklärung genügen, aus der sich ergab, daß die betreffende Partei das Vorbringen des Gegners kannte und den Rechtsstreit durchzuführen beabsichtigte; vgl. *Dalloz*, Répertoire pratique, Art.: Jugement par défaut, Nr. 12.

1491 Die Frist betrug nach einem Dekret vom 30. 3. 1808 drei Tage.

1492 Vgl. nur *E. Garsonnet/C. Cézar-Bru*, Traité théorique et pratique, Bd. 2, Nr. 217.

Nach Verlesung und Aushändigung der begründeten Anträge hingegen galt der Rechtsstreit als kontradiktorisch („la cause est en état") und kam ein Versäumnisurteil in der Folge wegen Nichtplädierens nicht mehr in Betracht.[1493] Ein „défaut de plaider" existierte nach dem CPC nicht, vielmehr wurde der Streit ab diesem Zeitpunkt durchentschieden.[1494]

Im Falle der Säumnis des Beklagten wegen Nichtverhandelns setzte der CPC für ein Versäumnisurteil ebenfalls eine „vérification" des Klagebegehrens voraus.[1495] Abweichend vom Gesetzeswortlaut konnte der Kläger jedoch aufgrund ständiger Gerichtspraxis auf seinen Antrag in Entsprechung zum „défaut faut de comparaître" ein Versäumnisurteil erwirken, soweit er die Klage nicht unschlüssig erhoben hatte bzw. die faktischen Ausführungen in den „conclusions motivées" aus der Sicht des Gericht nicht gänzlich unglaubwürdig erschienen.[1496]

Angefochten werden konnte das daraufhin ergehende Urteil seitens des Beklagten analog der Säumnis wegen Nichterscheinens durch den spezifischen Rechtsbehelf der „opposition", für deren Einlegung das Gesetz allerdings eine erheblich kürzere Frist vorsah als im Falle eines „défaut faute de comparaître".[1497] Daneben besaß der Säumige allerdings erneut die Möglicheit des ordentlichen Rechtsbehelfs der Berufung, soweit der Einspruch verfristet war.[1498]

Die Rechtsfolgen der Klägersäumnis dagegen waren umstritten, da der CPC keinen Aufschluß darüber gab, ob in diesem Fall eine materielle Sachprüfung stattzufinden habe oder etwa die Klage infolge der Säumnis als vom Kläger zurückgenommen gelten müsse.[1499] Eine einheitliche Linie läßt sich insofern innerhalb der Doktrin wie auch der Rechtsprechung für das frühe 20. Jahrhundert kaum auszumachen;[1500] stellenweise wurde gar vertreten, der Beklagte habe ein Wahlrecht zwischen beiden Alternativen.[1501]

[1493] Arg. ex Art. 343.

[1494] Vgl. *E. Glasson/A. Tissier/R. Morel*, Traité théorique et pratique, Bd. 3, S. 218 („ [...] il n'y a plus, dans notre procédure, de défaut faute de plaider.").

[1495] Art. 150.

[1496] S. oben zur Handhabung des Art. 150 („se trouvent justes et bien vérifiées") durch die Praxis.

[1497] Gem. Art. 157 betrug die Frist acht Tage, gerechnet vom Tag der Zustellung des Urteils an den Anwalt.

[1498] Art. 455.

[1499] Hierzu näher *E. Glasson/A. Tissier/R. Morel*, Traité théorique et pratique, Bd. 3, S. 222 ff.; *R. Godard*, Des jugements par défaut, S. 136 ff.

[1500] Nach *M. Scherer*, Die Verschiedenheiten des deutschen und französischen Prozesses, in: Juristische Zeitschrift für das Reichsland Elsaß-Lothringen, Bd. 4 (1879), S.414 ff. (424), scheint die Praxis tendenziell stärker für die Sachentscheidung eingetreten zu sein; dagegen jedoch *H. Steuerwald*, Versäumnisverfahren, S. 73.

[1501] So etwa *E. Glasson/A. Tissier/R. Morel*, Traité théorique et pratique, Bd. 3, S. 222 ff.; vgl. auch *Dalloz*, Répertoire pratique, Art.: Jugement par défaut, Nr. 190 m.w.N. aus der Gerichtspraxis. An diese Möglichkeit knüpfte auch – zumindest im Ansatz – die am 1.12.1935 in Kraft getretene Verfahrensnovelle an (Art. 154 I CPC n.F.: bedingte Wahlmöglichkeit des *Gerichts*; hierzu *H. Steuerwald*, Versäumnisverfahren, S. 18).

Waren beide Parteien säumig, stand es im Ermessen des Gerichts, gegen den Kläger wegen mangelnder Weiterverfolgung der Klage ohne weitere Prüfung ein Versäumnisurteil zu erlassen oder aber die Streitsache von der Prozeßliste zu nehmen.[1502] In letzterem Fall ruhte das Verfahren, bis eine Partei die Rechtssache erneut auf die Liste setzen ließ.

(c) Zusammenfassung

Das französische Recht zeichnete sich somit am Vorabend der schwedischen Verfahrensreform in der Gestaltung seines Versäumnisverfahrens im wesentlichen durch drei Charakteristika aus.

Deren eines ist in der generellen Beschränkung des Anwendungsbereichs eines Versäumnisurteils auf den Zeitpunkt vor Stellung der begründeten Sachanträge zugunsten einer kontradiktorischen Streitentscheidung in allen übrigen Fällen der Parteisäumnis zu sehen.

Das zweite betrifft dagegen die Entscheidungsgrundlagen der Versäumnisentscheidung gegenüber dem Beklagten und spiegelt sich in der allmählichen Distanzierung der Gerichtspraxis von dem Eremodizialverfahren zugunsten einer bloßen Schlüssigkeitsprüfung des Klägerbegehrens wider.

Ein letztes herausragendes Strukturmerkmal des französischen Versäumnisrechts zu Beginn des 20. Jahrhunderts wird man schließlich in der Gestaltung des speziellen Rechtsbehelfs der „opposition“ wider Versäumnisentscheidungen zu sehen haben,[1503] die unabhängig von einem Verschulden der Säumnis und ohne weiteren Begründungszwang das Verfahren unmittelbar in das Stadium vor Eintritt der Säumnis zurückversetzte.

(3) Die Regelung des Versäumnisverfahrens im englischen Prozeß

Im Gegensatz zum französischen Recht waren Voraussetzungen wie Folgen der Parteisäumnis in England in den Verfahrensregeln des Supreme Court sehr eingehend geregelt. Diese wiesen das englische Versäumnisverfahren als ein sich in vielfacher Hinsicht von den kontinentaleuropäischen Lösungen abhebendes Modell eigener Art aus. So bildete den Hauptanwendungsbereich des streitbeendenden Versäumnisurteils nicht die Versäumung eines Termins zur mündlichen Verhandlung (sog. Totalsäumnis), vielmehr beruhten die Versäumnisentscheidungen im englischen Verfahren zum weit überwiegenden Teil auf der Nichtvornahme einzelner Prozeßhandlungen. Dementsprechend unterschied das englische Recht eine Vielzahl einzelner Fallgestaltungen, die sich je nach der einzelnen Säumnisform, dem Zeitpunkt der Säumnis innerhalb

---

[1502] *E. Garsonnet/C. Cézar-Bru*, a.a.O., Bd. 6, Nr. 254; *H. Steuerwald*, Versäumnisverfahren, S. 19.

[1503] Die „opposition“ besteht – wenngleich in deutlich eingeschränkterer Form – auch unter der Geltung des Nouveau Code de Procédure Civile gem. Art. 571 fort (vgl. aber auch Art. 476).

des Verfahrens und der Rechtsnatur des klägerischen Prozeßanspruchs voneinander abhoben.

Unter ihnen ragten im wesentlichen[1504] drei Fallgruppen heraus: die Säumnis wegen Nichteinlassung („default of appearance") – (aa) –, die Säumnis wegen Nichteinreichung einer Klagebegründungs- oder Klagebeantwortungsschrift („default of pleading or defence") – (bb) – sowie die Säumnis wegen Ausbleibens oder Nichtverhandelns in dem Haupttermin („default at trial") – (cc).

(a) Voraussetzungen und Folgen der Parteisäumnis

(aa) Die Säumnis wegen Nichteinlassung konnte nur den Beklagten treffen. Sie lag vor, soweit dieser es unterließ, innerhalb der vorgegebenen Frist persönlich oder durch seinen Anwalt auf die Klageschrift („writ of summons") die Einlassungserklärung („enter of appearance") bei Gericht einzureichen.[1505] Dem gleichzuachten war die Abgabe einer vom Gericht auf Antrag des Klägers wegen Verstoßes gegen die vorgeschriebenen Formen für nichtig erklärten Einlassung.[1506]

Der Beklagte besaß jedoch die Möglichkeit, die Versäumung durch Nachreichen einer ordnungsgemäßen Einlassung auch nach Ablauf der Einlassungsfrist zu heilen, soweit in der Zwischenzeit noch kein Urteil ergangen war.[1507] Es lag dann keine Säumnis wegen Nichteinlassung vor; allerdings kam je nach dem Zeitpunkt der Nachholung unter Umständen eine Säumnis „in default of defence" in Betracht, da die nachträgliche Einlassung die für den Schriftsatzwechsel bestimmten Fristen grundsätzlich unberührt ließ, soweit nicht der „Master" eine Fristverlängerung gewährte.[1508]

Die Folgen der Säumnis wegen Nichteinlassung waren vor allem in Abhängigkeit von der Art des geltend gemachten Prozeßanspruchs verschieden gestaltet. In Betracht kamen grundsätzlich ein Versäumnisendurteil („final judgment in default of appearance") sowie ein Versäumniszwischenurteil („interlocutory judgment"); unter Umständen war jedoch auch keinerlei Versäumnisentscheidung möglich, sondern wurde das Verfahren einfach fortgesetzt. Entschied sich der Kläger, gegen den Beklagten das Versäumnisverfahren zu betreiben, wozu er nicht verpflichtet war, hatte er in jedem Fall dem Gericht gegenüber zuvor durch eidesstattliche Versicherung Nachweis über die ordnungsgemäß erfolgte Zustellung der Klageschrift zu erbringen.[1509]

1504 Nicht weiter verfolgt werden sollen hier insbesondere die verschiedenen Sanktionen, welche die Weigerung einer Partei, ihren Aufklärungspflichten im Rahmen v.a. der „discovery" und der „interrogatories" zu genügen, als „contempt of Court" nach sich ziehen konnten; vgl. RSC O. XXIV r. 16 (1) und (2) sowie O. XXVI r. 6; s. auch hierzu *W. Odgers*, Odgers on the Common Law, Bd. 2, S. 581 f.

1505 *E. Jenks* (Hrsg.): Stephen's commentaries, Bd. 3, S. 531.

1506 Vgl. für die strengen Formvorschriften RSC O. XII r. 8, 8a und 9.

1507 RSC O. XII r. 22.

1508 Ibid.

1509 RSC O. XIII r. 2.

In allen Fällen, in denen sein Klageanspruch auf Zahlung einer hinlänglich bestimmten Geldsumme („a liquidated demand“) lautete, konnte der Kläger ein Versäumnisendurteil erwirken.[1510] Keine Rolle spielte insoweit, ob der Anspruch in der Klageladung allgemein oder spezifiziert („general/special indorsement“)[1511] angegeben war. Auch für den Fall einer auf Herausgabe einer unbeweglichen Sache gerichteten Klage („recovery of land“)[1512] sowie Klagen auf Rechnungslegung („application for an account“)[1513] bestand die Möglichkeit eines streitbeendenen Versäumnisurteils.

Ein Versäumniszwischenurteil dagegen konnte der Kläger vor allem bei Klagen beantragen, die auf Schadensersatz in Geld („pecuniary damages“) gerichtet waren.[1514] Charakteristisch für diese Entscheidungsform war, daß sie lediglich hinsichtlich des Grundes seines Anspruchs zu einer endgültigen Entscheidung führte, nicht jedoch mit Blick auf dessen Höhe.[1515]

In der überwiegenden Mehrzahl der anderen Fälle kam keine Versäumnisentscheidung in Betracht, vielmehr wurde das Verfahren so fortgesetzt, als hätte sich der Beklagte eingelassen.[1516] Der Kläger war infolgedessen gehalten, dem Beklagten eine Klagebegründung zukommen zu lassen, wenn – wie üblich[1517] – die Ladung nicht bereits eine hinreichende Anspruchsbegründung enthalten hatte.

Soweit der Kläger wegen Nichteinlassung des Beklagten ein Versäumnisurteil erwirken konnte, erging dieses grundsätzlich[1518] ohne rechtliche Prüfung der Klage auf ihre Schlüssigkeit durch das Gericht allein auf Antrag des Klägers.[1519] Das „judgment in default of appearance“ kam mithin der Wirkung eines Anerkenntnisses seitens des säumigen Beklagten gleich.

(bb) Während die Säumnis bei der Einlassung nur auf der Seite des Beklagten in Betracht kam, konnte der Fall einer Säumnis während des Schriftsatzwechsels („default of pleading or defence“) bei beiden Parteien eintreten.

1510 RSC O. XIII r. 3.

1511 Hierzu oben unter α) (3).

1512 Dazu RSC O. XXX r. 8. Unter den Anwendungsbereich dieser Vorschrift fielen insbesondere Räumungsklagen eines Vermieters bzw. Verpächters sowie Vindikationsklagen des Eigentümers auf Herausgabe des Grundstücks.

1513 Vgl. RSC O. XV r. 1. Hierzu näher *A. Wilshere*, The outlines of procedure, S. 38.

1514 RSC O. XIII r. 5.

1515 Näher dazu *E. Jenks* (Hrsg.): Stephen's commentaries, Bd. 3, S. 531.

1516 RSC O. XIII r. 12.

1517 Vgl. oben unter α) (3).

1518 Zu einer Ausnahme bei Darlehensklagen und Klagen auf Sicherung einer Darlehensforderung („actions by a moneylender“) vgl. RSC O. XIII r. 3 (2).

1519 Die Verfahrensregeln sprechen in der maßgebenden Order XIII jeweils nur von „plaintiff may enter final judgment“. Eine nähere rechtliche Prüfung durch das Gericht mußte im übrigen auch schon deshalb ausscheiden, weil die zur Einlassung verpflichtende Ladung regelmäßig in der Bezeichnung des Klageanspruchs nicht näher substantiiert war [s. α) (3)].

Auf Seiten des Klägers war von einer Säumnis auszugehen, soweit er nicht dem Gegner eine vollständige und ordnungsgemäß gestaltete Klagebegründung innerhalb der vorgeschriebenen Frist hatte zugehen lassen.[1520] Ähnlich der Rechtslage bei fehlender Einlassungserklärung des Beklagten war es dem Kläger allerdings gestattet, auch nach Verfristung bis zum Erlaß einer Entscheidung die erforderliche Prozeßhandlung durch Nachreichung der Begründung nachzuholen.[1521]

In Entsprechung zur Klägerseite führte bei dem Beklagten die Unterlassung seiner Klageerwiderung zur Säumnis.[1522] Die gleiche Wirkung hatte es, wenn die Erwiderung durch das Gericht für ungültig erklärt wurde als Folge grundloser Weigerung des Beklagten, ihm gerichtlicherseits vorgelegte Fragen zu beantworten oder auf Aufforderung des Gerichts bestimmte Urkunden vorzulegen.[1523] Gleich dem Kläger stand auch dem Beklagten die Möglichkeit der Heilung der auf Verfristung hin eintretenden Säumnis durch Nachreichung der Klageerwiderung bis zum Erlaß eines Versäumnisurteils offen.

Keine Versäumnisentscheidung zog dagegen die Unterlassung der klägerischen Replik nach sich. Ihrer Funktion nach lediglich auf ein Bestreiten der Ausführungen des Beklagten gerichtet, regelmäßig dagegen nicht mehr auf eine weitere sachliche Konkretisierung des Streitgegenstandes, kam der Replik im Rahmen des Schriftsatzwechsels keine grundsätzliche Bedeutung mehr zu.[1524] Ihr Ausbleiben hatte konsequenterweise allein zur Folge, daß der Schriftwechsel als geschlossen galt und alle in der Klageerwiderung vorgebrachten Tatsachen als von Seiten des Klägers bestritten anzusehen waren.[1525]

Wie im Falle der „default of appearance" erging die Entscheidung des Gerichts auch bei einer Säumnis im Rahmen des Schriftwechsels in der Regel ohne weitere rechtliche Prüfung des Falles. Dies ist insoweit bemerkenswert, als dem Gericht im Gegensatz zum „generally indorsed writ" in diesem späteren Verfahrensstadium mit dem „statement of claim" bzw. der „defence" immerhin für eine nähere Prüfung in Betracht kommende Entscheidungsgrundlagen an die Hand gegeben waren.

Die Säumnis des Beklagten „in defence" hatte somit zur Folge, daß das Begehren des Klägers unabhängig von der Schlüssigkeit oder Begründetheit seines Vorbringens als gerechtfertigt angesehen und ihm auf seinen Antrag hin regelmäßig zugesprochen wurde.[1526]

1520 Vgl. RSC O. XXVII r. 1.

1521 Dazu Annual Practice of the Supreme Court (1933), S. 447, Nr. 290 („When once delivered, though out of time, a statement of claim cannot be ignored.").

1522 Vgl. RSC O. XXVII r. 2; 4 ff.

1523 *H. Steuerwald*, Versäumnisverfahren, S. 40 m.w.N. aus der englischen Gerichtspraxis.

1524 Vgl. die aufschlußreiche Formulierung in RSC O. XXIII r. 1: „Where the plaintiff desires to deliver a reply (…)."

1525 RSC O. XXVII r. 13. Hierzu näher *J. Brodie-Innes*, Comparative Principles, S. 465.

1526 Vgl. aber erneut die Einschränkung für Klagen im Zusammenhang mit Darlehen (oben S. 290 FN 1517) in RSC O. XXVII r. 2 S. 2.

War hingegen der Kläger „in service of statement of claim“ säumig, konnte der Beklagte die Abweisung der Klage wegen mangelnden Betreibens („for want of prosecution“) beantragen („apply to dismiss the action“).[1527] Dem stattzugeben, war der Richter allerdings nicht verpflichtet, vielmehr durfte er auch eine anderweitige Verfügung treffen.[1528] Insbesondere besaß er die Möglichkeit – und entsprach es allgemeiner Gerichtsübung –, dem säumigen Kläger vor der Abweisung der Klage noch einmal Gelegenheit zur Nachholung der Klagebegründung zu geben.[1529]

Seiner Wirkung nach mußte das dann auf Verstreichenlassen auch dieser Möglichkeit zugunsten des Beklagten ergehende Urteil nach wohl überwiegend vertretener Ansicht als lediglich prozeßabweisende Versäumnisentscheidung angesehen werden, die die Rechtshängigkeit der Klage aufhob und den Beklagten klaglos stellte, ihn wegen fehlenden Klageverbrauchs jedoch nicht an der erneuten Erhebung der Klage hinderte.[1530]

(cc) Grundlegend anders gestalteten sich dahingegen die Folgen einer Säumnis in der Hauptverhandlung durch Nichterscheinen oder Nichtverhandeln der Parteien.

War der Beklagte säumig, zog dies keine Geständnis- oder Anerkenntnisfiktion nach sich, vielmehr hatte der Kläger sein Vorbringen gemäß dem Eremodizialmodell in vollem Umfang im Rahmen der ihm obliegenden Beweislast zu beweisen.[1531] Die Verhandlung wurde mithin fortgeführt, als wäre der Beklagte erschienen.

Die Säumnis des Klägers hingegen führte auf den Antrag des Beklagten zu einem klageabweisenden Urteil ohne weitere gerichtliche Prüfung der Klageschrift oder der von dem Beklagten in der Erwiderung vorgetragenen Umstände.[1532] Im Gegensatz zum Fall des „default of service of statement of claim“ kam diese Versäumnisentscheidung allerdings in ihrer Wirkung einem auf der Grundlage einer Begründetheitsprüfung ergangenen kontradiktorischen Urteil („dismissal on the merits“) in dem Umfang gleich, als sie unter Klageverbrauch zur Abweisung der Klage in der Sache führte.[1533] Nur soweit zugleich eine Widerklage gegen den Kläger anhängig war, mußte der Beklagte im Rah-

---

1527 RSC O. XXVII r. 1.

1528 Vgl. ibid.: „(...) as the Court or Judge shall think just.“

1529 Hierzu näher *G. Bretten*, Dismissal for want of prosecution, in: NLJ 1971, S. 587 f. (587) unter Hinweis darauf, daß bis gegen Ende der sechziger Jahre die übliche Reaktion allein in der Belastung des Klägers mit Kostennachteilen bestanden habe.

1530 Dazu *J. Brodie-Innes*, Comparative Principles, S. 586. Dem entspricht auch die Formulierung der Verfahrensregeln in Order XXVII (r. 1) und XXXVI (r. 12), die den Grund der Klageabweisung in ihrer mangelnden Betreibung durch den Kläger („for want of prosecution“) sehen, offensichtlich nicht aber in einer darin zum Ausdruck gebrachten Überzeugung des Klägers von der sachlichen Unbegründetheit seines Begehrens.

1531 RSC O. XXXVI r. 31.

1532 RSC O. XXXVI r. 32.

1533 Vgl. Annual Practice of the Supreme Court (1933), S. 632, Nr. 456.

men der ihm obliegenden Beweislast den Widerklageanspruch beweisen, wollte er auch insoweit ein Urteil zu seinen Gunsten erreichen.[1534]

(b) Anfechtung des Versäumnisurteils

Auch der englische Prozeß kannte einen Sonderrechtsbehelf zur Anfechtung eines Versäumnisurteils. Er war auf die Aufhebung („set aside") der Versäumnisentscheidung aufgrund gerichtlicher Verfügung gerichtet, besaß weder Suspensiv- noch Devolutiveffekt und führte auf die Verfügung hin zu der Rückversetzung des Verfahrens in das Stadium vor Eintritt der Säumnis.

Charakteristisches Kennzeichen dieses Rechtsbehelfs war, daß er prinzipiell nur in den Fällen unverschuldeter Säumnis in Betracht kam und zudem die Aufhebung des Urteils, von wenigen Ausnahmen abgesehen,[1535] in das Ermessen des Richters gestellt war.[1536] Der Rechtsbehelf stand sowohl Kläger wie Beklagtem gegen jedes Versäumnisurteil zu und war mit Ausnahme des Falls einer Säumnis in der Hauptverhandlung[1537] an keine gesetzlich bestimmte Frist gebunden.[1538]

Für den Erfolg des Rechtsbehelfs hatte der Säumige eine eidesstattliche Versicherung beizubringen („affidavit"). Ihr mußte sich im Falle der Rüge des ordnungswidrigen Zustandekommens des Urteils („irregularity"),[1539] das dem Rechtsbehelfsführer wie dargestellt einen Anspruch auf Aufhebung der Versäumnisentscheidung gab, der beanstandete Gesetzesverstoß entnehmen lassen. In den Fällen eines ordnungsgemäß („regularly") erlassenen Urteils, dessen Aufhebung allein im Ermessen des Gerichts stand, hatte die Versicherung dagegen die sachliche Berechtigung für die Anfechtung des Urteils („affidavit of merits") zu enthalten, da eine Beseitigung der Entscheidung nur bei voraussichtlicher Begründetheit der Klage bzw. – aus der Sicht des Beklagten – der

---

1534 RSC O. XXXVI r. 32.

1535 Einen Anspruch auf Aufhebung des Versäumnisurteils („entitled ex debito iustitiae to have it set aside") stand einer Partei zu, soweit das Urteil rechtswidrig („irregularly") ergangen war, etwa, weil es vom Kläger zu früh oder gegen einen prozeßunfähigen Beklagten erstritten worden war oder auch – regelmäßig am bedeutsamsten –, soweit das Urteil auf eine höhere Summe als die vom Beklagten geschuldete lautete; vgl. hierzu näher *H. Steuerwald*, Versäumnisverfahren, S. 112 ff.; *J. Brodie-Innes*, Comparative Principles, S. 465; *E. Jenks* (Hrsg.): Stephen's commentaries, Bd. 3, S. 532.

1536 Vgl. die entsprechenden Formulierungen in RSC O. XIII r. 10 („[...] shall be lawful for the Court or a Judge to set aside [...]"); XXVII r. 15 („[...] may be set aside by the Court or a Judge [...]") und XXXVI r. 33 („[...] may be set aside by the Court or a Judge upon such terms as may seem fit [...].").

1537 Gem. RSC O. XXXVI r. 33 mußte der Antrag auf Aufhebung des Urteils binnen sechs Tagen seit Schluß der Hauptverhandlung gestellt werden. Die Frist konnte jedoch gem. O. LXIV r. 7 vom Gericht frei verlängert werden.

1538 Freilich konnte sich ein grundlos langes Zuwarten durch die Partei auf die richterliche Ermessensentscheidung über die Gewährung der Wiedereinsetzung auswirken.

1539 S. oben S. 293 FN 1534.

Klageerwiderung in Betracht kam.[1540] Fiel dem Rechtsbehelfsführer hinsichtlich der Säumnis erhebliches Verschulden zur Last, schied allerdings eine Aufhebung des Versäumnisurteils nach ständiger Rechtsprechung regelmäßig von vornherein aus.[1541]

Der Fall einer wiederholten Säumnis in dem auf die Anordnung einer neuen Verhandlung bei Zulässigkeit der Urteilsanfechtung folgenden Termin war in England gesetzlich nicht geregelt. Nach den eng begrenzten Voraussetzungen des Rechtsbehelfs gegen eine Versäumnisentscheidung zu urteilen, dürfte dessen abermalige Einlegung nur unter außergewöhnlichen Umständen statthaft gewesen sein.[1542]

Gegen ein Versäumnisurteil mit dem ordentlichen Rechtsmittel der Berufung („appeal") vorzugehen, war nach den Verfahrensregeln zwar nicht ausgeschlossen, wurde jedoch in der Praxis des Court of Appeal nur überaus selten gestattet.[1543] Die Berufung war daher mehr ein theoretisch denn ein praktisch relevanter Rechtsbehelf.

(c) Zusammenfassung

Faßt man die Eigenarten des englischen Versäumnisrechts, wie es sich am Vorabend der schwedischen Reform darstellte, zusammen, so ist als sein wohl hervorstechendster Wesenszug die Fülle an unterschiedlichen Fallgestaltungen hervorzuheben, die aus dem weit gefaßten Verständnis des Begriffs des „default" folgte. Sie macht es schwer, in der Regelung der Parteisäumnis einheitliche Grundlinien zu erkennen. Gleichwohl dürften zwei Umstände besondere Betonung verdienen.

Bemerkenswert ist zu einem für die der Hauptverhandlung vorgelagerten Fälle der Säumnis die sowohl dem Kläger wie auch dem Beklagten eingeräumte Möglichkeit, die Folgen der Säumnis durch Nachholung der unterbliebenen Parteihandlung zu heilen, solange noch kein Versäumnisurteil ergangen war. Beachtlich ist zum anderen die für die Säumnis im Haupttermin getreu dem Eremodizialmodell fortbestehende Verpflichtung des Klägers[1544] zur vollen Beweisführung über den geltend gemachten Prozeßanspruch. Beiden Regelungsprinzipien ist eine gewisse Neigung des englischen Prozesses zu entnehmen, das Verfahren trotz Säumnis fortzuführen und zu einer durch materielle Prüfung bedingten Entscheidung in der Sache selbst zu gelangen. Dieser Wer-

---

[1540] Annual Practice of the Supreme Court (1933), S. 464, Nr. 304: „(...) affidavit stating facts showing a substantial ground of defence (...)."

[1541] Annual Practice of the Supreme Court (1933), S. 465, Nr. 304.

[1542] So auch *H. Steuerwald*, Versäumnisverfahren, S. 116.

[1543] „A party against whom judgment has been given in default should not appeal, but should apply to the Judge, who heard the case, to set the judgment aside and re-hear it"; Yearly Practice of the Supreme Court (1933), S. 1189. Soweit ersichtlich, stammt der letzte Fall, in dem der Court of Appeals die Berufung gegen ein Versäumnisurteil zugelassen hat, aus dem Jahr 1891 (Armour v. Bate; 2 Q.B. 323).

[1544] Sowie im Rahmen der Widerklage auch der Beklagte; s. oben im Text (a) (cc).

tung fügt sich auch die in das richterliche Ermessen gestellte Möglichkeit eines Verzichts auf eine Versäumnisentscheidung bei Säumnis des Klägers „in service of statement of claim" ein sowie – im Falle des Urteilserlasses – die lediglich auf die Beseitigung der Rechtshängigkeit des Anspruchs beschränkte Wirkung der Versäumnisentscheidung, die eine erneute Klageerhebung nicht ausschloß.

(4) Die Regelung des Versäumnisverfahrens im deutschen Prozeß

(a) Voraussetzungen und Folgen der Parteisäumnis

Nach deutschem Recht[1545] galt eine Partei als säumig, wenn sie[1546] trotz ordnungsgemäßer Ladung zu einer obligatorischen mündlichen Verhandlung bis zum Schluß des Termins nicht erschien oder nicht verhandelte.[1547] Damit konnte jeder Termin zu einer obligatorischen mündlichen Verhandlung die Grundlage eines Versäumnisverfahrens sein, das sich somit nicht allein auf den ersten beschränkte.[1548]

In den Folgen der Versäumnis behandelte die ZPO beide Parteien im wesentlichen gleich. Jede Partei konnte daher bei Säumnis ihres Gegners ein Versäumnisurteil beantragen, soweit nicht das Gericht von Amts wegen eine Vertagung der Verhandlung anordnete, weil die Säumnis auf einem unabwendbaren Zufall beruhte.[1549]

Die gesetzlich vorgesehenen Gründe für eine obligatorische Zurückweisung des Antrags durch das Gericht waren eng begrenzt und erfaßten insbesondere den Fall der fehlenden ordnungsgemäßen Ladung der nicht erschienenen Partei.[1550]

1545 Wenn nachfolgend von dem „deutschen Recht" die Rede ist, beziehen sich die Ausführungen, soweit nicht anders angegeben, auf die novellierte Fassung der ZPO von 1933.

1546 In dem hier maßgebenden Verfahren vor den Landgerichten, in denen gem. § 78 ZPO Anwaltszwang bestand, war für die Beurteilung der Säumigkeit auf den Anwalt abzustellen. Sein Ausbleiben bzw. Nichtverhandeln führte damit unabhängig von der Anwesenheit bzw. Verhandlungsbereitschaft seines Mandanten zu dessen Säumigkeit.

1547 Vgl. § 333. Hiervon zu unterscheiden ist die Versäumung einer einzelnen Prozeßhandlung, die nicht zu einem Versäumnisurteil führte, sondern nur zur Folge hatte, daß die jeweilige Partei von der Vornahme dieser Handlung ausgeschlossen war (Grundregel: § 230) und die versäumnisbedingten Mehrkosten tragen mußte (insbes. §§ 95, 97 II). Unter Umständen – d.h. soweit die Prozeßhandlung für die Fortsetzung des Prozesses von der Verfahrensordnung als notwendig erachtet wurde – wurde eine für den Säumigen ungünstige Prozeßhandlung vom Gesetz fingiert (vgl. etwa die Geständnisfiktion gem. §§ 138 III, 439 III).

1548 § 332. Voraussetzung war allerdings, daß das Verfahren noch nicht zum Stillstand gekommen war, vgl. dazu *L. Rosenberg*, Lehrbuch des Deutschen Zivilprozeßrechts[1], S. 314.

1549 § 337. Eine Vertagung kam nach dieser Vorschrift auch dann in Betracht, wenn das Gericht die vom Vorsitzenden bestimmte Einlassungs- oder Ladungsfrist als zu kurz bemessen ansah. Zu dem seltenen Fall einer Vertagung auf Antrag einer Partei s. § 227 III.

1550 Vgl. im einzelnen § 335 I.

Die Säumnis des Klägers wurde von der ZPO als Klageverzicht gewertet[1551] mit der Konsequenz, daß die Klage auf Antrag des Beklagten durch Versäumnisurteil in der Sache abzuweisen war.[1552] Voraussetzung hierfür war allein das Vorliegen einer zulässig erhobenen Klage.[1553]

Die Säumnis des Beklagten wurde dagegen als ein (stillschweigendes) Geständnis der vom Kläger vorgetragenen und dem Beklagten mitgeteilten Tatsachen aufgefaßt, so daß gegen den Säumigen antragsgemäß ein Versäumnisurteil erging, soweit die klägerischen Behauptungen den – zulässig geltend gemachten – Klageantrag trugen.[1554]

Da das deutsche Modell für den Erlaß eines Versäumnisurteils nicht danach unterschied, in welchem Verfahrensstadium die Säumnis auftrat, war die Folge dieses einseitigen Abstellens auf die Perspektive des jeweils Erschienenen, daß das Urteil im Widerspruch zu den bis dahin vorliegenden Prozeßergebnissen ergehen konnte. So blieben im Falle einer Säumnis zu einem späteren Verhandlungzeitpunkt alle in den vorausgegangen Terminen vorgetragenen Behauptungen und Einreden der säumigen Partei einschließlich der Ergebnisse etwaiger Beweisaufnahmen unberücksichtigt. Ebensowenig hinderten etwaige frühere Geständnisse der anwesenden Partei oder eventuelle Verzichts- oder Anerkenntniserklärungen von ihrer Seite den Erlaß eines Versäumnisurteils.[1555] Die hierin zum Ausdruck kommende gesetzliche Vernachlässigung der materiellen Rechtslage zugunsten einer stets einheitlichen formalen Entscheidung wurde nach einem Teil der Lehre gar dahingehend ausgelegt, daß selbst bewußt unwahre Behauptungen des Klägers auch nach Einführung der Wahrheitspflicht[1556] ohne weiteres als vom säumigen Beklagten stillschweigend zugestanden anzusehen seien.[1557]

Eine Milderung dieser Rigorosität brachte erst die Novelle von 1924 durch die Einführung des Instituts der sog. Entscheidung nach Aktenlage mit sich.[1558] Dieses sah als Alternative zu dem Versäumnisurteil die Möglichkeit eines kon-

1551 Vgl. die Motive in *Hahn/Stegemann*, Materialien, S. 293 („Präjudiz des Verzichts auf den Anspruch").

1552 § 330.

1553 Andernfalls war die Klage regelmäßig durch kontradiktorisches Prozeßurteil als unzulässig abzuweisen. Näher zu den insoweit aber zu unterscheidenden Fällen der verzichtbaren und der unverzichtbaren Sachurteils-voraussetzungen und ihrer unterschiedlichen Bedeutung für die Behandlung des Antrags auf Erlaß eines Versäumnisurteils vgl. *A. Baumbach*, ZPO[10], § 330 3).

1554 § 331. Bei mangelnder Schlüssigkeit der Klage erging ein kontradiktorisches Urteil, das die Klage als unbegründet abwies.

1555 Gebunden blieb das Gericht allerdings an seine zwischenzeitlich erlassenen Urteile, mithin insbesondere etwaige Zwischen- oder Vorbehaltsurteile.

1556 Durch die Novelle von 1933 als § 138 in die ZPO inkorporiert. Näher hierzu nachfolgend unter bb) β) (5) (b) (bb).

1557 So etwa *L. Rosenberg*, Lehrbuch des Deutschen Zivilprozeßrechts[4], § 106 V. 1. a).

1558 § 251a und § 331a. Im einzelnen hierzu *H. de Boor*, Entscheidung nach Lage der Akten, S. 14 ff. et passim.

traditorischen Sachurteils vor, das auf der Grundlage der Ergebnisse der bisherigen mündlichen Verhandlung, aber auch der nicht vorgetragenen Parteischriftsätze sowie der Protokolle etwaiger kommissarischer Beweisaufnahmen zur Beendigung des Prozesses führte.[1559] Der Anwendungsbereich dieses Instituts umfaßte dabei sowohl den Fall der beiderseitigen Parteisäumnis als auch denjenigen der Säumnis einer Partei. Waren beide Parteien säumig, so stand es dem Gericht frei, eine Entscheidung nach Lage der Akten zu fällen. Es konnte jedoch von Amts wegen auch einen neuen Termin ansetzen oder aber das Ruhen des Verfahrens anordnen.[1560] Bei Säumnis einer Partei hatte das Gericht demgegenüber einem Antrag der erschienenen Partei auf Entscheidung nach Lage der Akten zu entsprechen, soweit nur der Sachverhalt hierfür hinreichend geklärt schien.[1561]

(b) Anfechtung des Versäumnisurteils

War die Folge der Parteisäumnis ein Versäumnisurteil, konnte dieses mit dem aus dem französischen Prozeß rezipierten Rechtsbehelf des Einspruchs[1562] durch die säumige Partei innerhalb vorgegebener Frist[1563] ohne weiteren Begründungszwang angefochten werden. Das Verfahren wurde daraufhin im Falle der Zulässigkeit des Einspruchs kraft Gesetzes[1564] in die Lage vor Eintritt der Säumnis zurückversetzt. Ein weiterer Einspruch gegen ein zweites Versäumnisurteil stand der wiederholt säumigen Partei nicht zu.[1565]

Das ordentliche Rechtsmittel der Berufung stand dem Säumigen im Gegensatz zum Code de Procédure[1566] nur insoweit zur Verfügung, als es der Überprüfung diente, ob ein Fall der Säumnis tatsächlich vorgelegen hatte.[1567]

1559 Daher war (und ist nach wie vor) die Bezeichnung des Instituts „nach Lage der Akten“ mißverständlich und insoweit unglücklich gewählt, als zur Entscheidungsgrundlage gerade auch der Inhalt mündlicher Verhandlungen heranzuziehen war. Treffender wäre die Bezeichnung „nach Lage des Verfahrens“.

1560 § 251a.

1561 § 331a.

1562 § 338 I. Das nach Lage der Akten ergangene Urteil war hingegen als kontradiktorisches Urteil nur mit den ordentlichen Rechtsmitteln der Berufung bzw. Revision, nicht aber mit dem Einspruch anfechtbar.

1563 Gem. § 339 zwei Wochen von der Zustellung des Urteils an.

1564 § 342.

1565 § 345. Danach war Voraussetzung eines – technisch – zweiten Versäumnisurteils iSd Norm, daß der ursprünglich Säumige auch im neuen Termin säumig war und es zwischen den beiden versäumten Terminen zu keiner neuen Verhandlung zur Hauptsache gekommen war. Andernfalls besaß ein neues Versäumnisurteil technisch die Funktion eines ersten und konnte somit durch Einspruch angefochten werden.

1566 Hingegen in – bewußter (*Hahn/Stegemann*, Materialien, S. 350) – Anlehnung an die Genfer Prozeßordnung von 1819, die in Art. 306 die Berufung gegen ein „jugement par défaut“ nicht mehr zuließ.

1567 § 513.

(c) Zusammenfassung

Das deutsche Recht verzichtete somit in seiner bis 1924 geltenden Gestaltung des Versäumnisverfahrens auf die Berücksichtigung des gesamten zum Zeitpunkt der Säumnis vorliegenden Prozeßstoffs. Es offenbarte hierin seine Einstellung, das Institut des Versäumnisurteils in erster Linie als prozessuales Konzentrationsmittel zur Erzielung einer raschen Entscheidung zu nutzen, bei dem Gesichtspunkte der materiellen Richtigkeit des Urteils in den Hintergrund zu treten hatten. Da jedoch die uneingeschränkte und insbesondere nicht an die Bedingung schuldloser Säumnis geknüpfte Möglichkeit der Urteilsanfechtung mit Hilfe des Einspruchs der säumigen Partei zum Vorteil gereichte und sie zur taktischen „Flucht in die Säumnis" veranlassen konnte,[1568] vermochte auch das Ziel der Prozeßbeschleunigung durch die ursprüngliche Regelung der ZPO nur in geschmälerter Form gefördert zu werden. Die Novelle von 1924 führte dagegen mit der Möglichkeit der Entscheidung nach Aktenlage zu einer stärkeren Hinwendung der ZPO zum Streben nach verbesserter Entscheidungsrichtigkeit auch im Versäumnisverfahren.

(5) Die Regelung des Versäumnisverfahrens im österreichischen Prozeß

(a) Voraussetzungen und Folgen des Versäumnisurteils

Das Klein'sche Modell bezog in sein Bemühen um verstärkte Gewährleistung materiell richtiger Entscheidungen auch die Gestaltung des Versäumnisverfahrens ein und gelangte auf diese Weise zu einer von der deutschen Lösung stellenweise deutlich abweichenden Regelung.

Ein Versäumnisurteil gewährte die öZPO grundsätzlich nur in zwei Fällen. Hierzu zählte sie die Versäumung der ersten Tagsatzung[1569] (aa) sowie diejenige der Klagebeantwortungsfrist (bb).[1570] Die Versäumung einer der mündlichen Streitverhandlung dienenden Tagsatzung führte demgegenüber zu einer kontradiktorischen Entscheidung auf der Grundlage des bis dahin vorliegenden beiderseitigen Parteivortrags.[1571] Eine beiderseitige Parteisäumnis schließlich zog grundsätzlich nur das Ruhen des Verfahrens[1572] nach sich mit der Konsequenz, daß der Prozeß nicht vor Ablauf von drei Monaten wieder aufgenommen werden konnte.[1573]

[1568] Vgl. hierzu auch den „Bericht der Kommission zur Vorbereitung einer Reform der Zivilgerichtsbarkeit" aus dem Jahr 1961, insbes. S. 260, im Zusammenhang mit Überlegungen zur Zulassung der Wiedereinsetzung und der Berufung als Rechtsbehelfe gegen das Versäumnisurteil sowie *K. Lehmann*, Berufung gegen das technisch zweite Versäumnisurteil, S. 22 ff.

[1569] § 396. Zu Begriff und Funktion der ersten Tagsatzung α) (4).

[1570] § 398 I 1.

[1571] § 399 I, innerhalb der Doktrin infolge der gesetzessystematischen Eingliederung dieses Säumnisfalles in den gemeinsamen Titel „Urteil in Versäumnisfällen" allerdings als sog. „unechtes Versäumnisurteil" bezeichnet, vgl. etwa *H. Fasching*, Zivilprozeßrecht, Rdnr. 1395 sowie dens., Kommentar zu den Zivilprozeßgesetzen, Bd. 3, Vor §§ 396 ff. (S. 613).

[1572] § 170 S. 1.

[1573] § 168 S. 3.

(aa) Das österreichische Recht behandelte Kläger wie Beklagten im Falle der Säumnis in der ersten Tagsatzung gleich. Das Ausbleiben bzw. Nichtverhandeln einer Partei[1574] führte hier auf Antrag des erschienenen Gegners zu einem Versäumnisurteil, bei dem das jeweilige tatsächliche Vorbringen des Erschienenen als wahr unterstellt wurde, soweit es nicht durch bereits vorliegende Beweise widerlegt wurde.[1575] Im Gegensatz zum deutschen Recht unterschied das österreichische Recht für die Qualifikation als Versäumnisurteil dabei nicht danach, ob die Entscheidung zugunsten oder zu Lasten der säumigen Partei ausfiel, vielmehr galt als Versäumnisurteil im technischen Sinne jedes Urteil, das auf der Grundlage des von einer Partei präsentierten und infolge Säumnis der Gegenseite für wahr gehaltenen Prozeßstoffs erging.[1576]

War die Klage zulässig erhoben,[1577] wurde bei Säumnis des Beklagten in der ersten Tagsatzung auf Antrag des Klägers ein stattgebendes Veräumnisurteil erlassen, soweit das Klagevorbringen hinreichend schlüssig war. Fehlte die Schlüssigkeit oder war der Vortrag durch die Beweise widerlegt,[1578] mußte

---

1574 In Entsprechung zur deutschen Rechtslage bestand vor den Gerichtshöfen erster Instanz – dem gerichtsorganisatorischen Pendant der deutschen Landgerichte – zwar gem. § 27 Anwaltszwang und war infolgedessen für den Begriff der Säumnis auf die Person des Anwalts abzustellen (vgl. § 133 III). Der Anwaltszwang erfaßte allerdings ausweislich der Regelung in § 239 iVm § 27 II nicht die erste Tagsatzung.

1575 § 396. Insoweit kamen etwa die Protokolle einer zur Beweissicherung vor Beginn der ersten Tagsatzung durchgeführten Beweisaufnahme (vgl. §§ 384 ff.) sowie der Klage in Urschrift oder beglaubigter Abschrift beigelegte Urkunden in Betracht. Dagegen durften die von der säumigen Partei einem Schriftsatz beigefügten Urkunden gem. § 397 I nicht berücksichtigt werden. Da Urkunden der Klage aber regelmäßig nur in gewöhnlicher, nicht aber beglaubigter Abschrift beigelegt wurden und der Anwendungsbereich des Beweissicherungsverfahrens überdies schmal war, kam der Bestimmung des § 396 praktisch keine große Bedeutung zu. Die von der öZPO aufgestellten Ausnahmebestimmungen über die obligatorische Zurückweisung des Antrags auf Versäumnisurteil (§ 402 I) deckten sich im übrigen mit den entsprechenden deutschen Regelungen; s. oben (4).

Umstritten war und ist weiterhin, ob § 396 als Ausdruck einer gesetzgeberischen Entscheidung zugunsten des Geständnismodells angesehen werden muß; dafür sprachen sich u.a. *H. Schima*, Versäumnis, S. 178 und *R. Holzhammer*, Österreichisches Zivilprozeßrecht, S. 279, aus; dagegen insbesondere *H. Fasching*, Zivilprozeßrecht, Rdnr. 1397 („[...] keine ‘Wahrfiktion’, sondern nimmt dem Vorbringenden nur die Beweisbedürftigkeit [...].“) sowie in: Kommentar zu den Zivilprozeßgesetzen, Bd. 3, S. 613 („Die Versäumniswirkung als eine rein prozessuale Präklusionswirkung [...] enthält [...] keine Geständnisfiktion“).

1576 *H. Fasching*, ibid.; *H. Steuerwald*, a.a.O., S. 87 f; *M. Sommerfeld*, Grundzüge des reichsdeutschen und österreichischen Versäumnisverfahrens, S. 21.

1577 Bei fehlender Zulässigkeit wurde die Klage durch Beschluß zurückgewiesen, vgl. § 402 I Nr. 3.

1578 Die aus dem vorliegenden Beweismaterial folgende bloße Möglichkeit fehlender Richtigkeit des Klagevortrags vermochte insoweit nach ganz überwiegender Auffassung noch nicht ein stattgebendes Versäumnisurteil zu verhindern. Es galt vielmehr, daß nur solche Tatsachen, „deren Existenz logisch zwingend die Klagsbehauptung widerlegt“ (*H. Fasching*, Kommentar, Bd. 3, S. 621) oder die kraft zwingenden Rechts (vgl. §§ 268 f: Bindung an rechtskräftiges Strafurteil bzw. gerichtsnotorische Tatsachen) berücksichtigt werden mußten, zu einer gegen den Antragsteller gerichteten Versäumnisentscheidung führen konnten; näher hierzu *H. Fasching*, ibid.; *H. Steuerwald*, Versäumnisverfahren, S. 86 f; *H. Sperl*,

hingegen ein klageabweisendes Versäumnisurteil gegen den anwesenden Kläger getroffen werden.[1579] Allerdings besaß der Kläger – ein Charakteristikum des österreichischen Säumnismodells – die Möglichkeit, auch noch im Verlauf der ersten Tagsatzung weitere Tatsachen vorzutragen, die seinen bisherigen Vortrag ergänzen oder richtigstellen konnten, soweit sie nicht zu einer Änderung des Streitgegenstands führten.[1580] Einer zuvor unschlüssigen Klage konnte auf diese Weise in Abwesenheit des Beklagten zur Schlüssigkeit verholfen werden,[1581] so daß ein gegen den Kläger gerichtetes Versäumnisurteil mehr von theoretischem Interesse als von praktischer Relevanz war.

Im Falle der Klägersäumigkeit erging auf Antrag des Beklagten ein klageabweisendes Versäumnisurteil, soweit das Vorbringen des Beklagten die Abweisung rechtfertigte. Nach dem Wortlaut der Bestimmung in der Verfahrensordnung[1582] war der Beklagte eigentlich gehalten, sich nicht allein auf ein Bestreiten des Klagevortrags zu beschränken, sondern zur Entkräftung des Klägervorbringens wie auch etwaiger der Klage beigelegter Beweisstücke selbst substantiierte Gegentatsachen anzuführen und damit den Grund zu legen für eine sachliche Prüfung durch das Gericht. Die Praxis begnügte sich allerdings insoweit regelmäßig mit der bloßen Bestreitung seitens des Beklagten.[1583]

Wegen der auf den Antrag auf Erlaß einer Versäumnisentscheidung hin stattfindenden Sachprüfung konnte ein echtes technisches Versäumnisurteil ähnlich dem Fall der Beklagtensäumnis auch gegen den Erschienenen ergehen, soweit dieser das Klagebegehren anerkannte oder dessen Bestreitung unterließ.[1584]

(bb) Der zweite nach der Verfahrensordnung in Betracht kommende Versäumungstatbestand lag in der Unterlassung einer fristgerechten Klagebeantwortung durch den Beklagten[1585] und betraf somit einen Fall der Fristver-

---

Lehrbuch der Bürgerlichen Rechtspflege, Bd. 1, S. 491. Dieser Bestimmung kam daher keine nennenswerte praktische Relevanz zu.

1579 § 396: „(...) so ist (...) über das Klagebegehren durch Versäumnisurteil zu erkennen." Anderer Ansicht allerdings *W. Rechberger*, Das Unschlüssigkeitsurteil im Versäumnisfall, in: JBl 1974, S. 562 ff., der dafür plädiert, das bei fehlender Klageschlüssigkeit im Falle der Beklagtensäumnis ergehende Urteil als ein „unechtes Versäumnisurteil" zu betrachten und infolgedessen nach § 399 als kontradiktorisches Sachurteil zu behandeln.

1580 *H. Sperl*, ibd.; *H. Fasching*, a.a.O., S. 619; *H. Steuerwald*, a.a.O., S. 89; *G. Neumann*, Kommentar, Bd. 2, S. 1133.

1581 Kritisch hierzu *H. Fasching*, ibid.: „Es liegt nahe, daß die erschienene Partei die sich bietende widerspruchslose Prozeßsituation ausnützen und Tatsachen behaupten könnte, die ihr günstig sind, aber keine Deckung in den wirklichen Ereignissen finden."

1582 § 396: „(...) das auf den Gegenstand des Rechtsstreits bezügliche tatsächliche Vorbringen der erschienenen Partei (...)."

1583 *H. Fasching*, ibid. m.w.N. aus der Spruchpraxis.

1584 *H. Steuerwald*, a.a.O., S. 88; *H. Fasching*, Zivilprozeßrecht, Rdnr. 1400.

1585 Demgegenüber zog eine zwar eingereichte, inhaltlich aber völlig unsubstantiierte Klageerwiderung (vgl. hinsichtlich der Anforderungen § 145 II) keine Versäumnisentscheidung nach sich, sondern konnte – an der Seite der richterlichen Aufforderung zur Ergänzung der Klagebeantwortung gem. § 84 III – allein Kostennachteile als Folge schuldhaft verspäteten Vorbringens gem. §§ 44 II, 48 I auslösen.

säumung.[1586] Anders als im englischen Recht[1587] kam eine Heilung der Säumnis durch die Nachholung dieser Prozeßhandlung auch bei Einverständnis des Klägers nicht in Betracht, vielmehr war eine verspätet vorgelegte Klagebegründung von Amts wegen zurückzuweisen.[1588]

Der weitere Verlauf des Verfahrens hing davon ab, ob der Beklagte in der ersten Tagsatzung von der Möglichkeit der Prozeßeinrede[1589] Gebrauch gemacht und das Gericht daraufhin eine abgesonderte Verhandlung[1590] über die geltend gemachten Zulässigkeitsrügen angeordnet hatte.[1591]

Hatte der Beklagte keine Prozeßeinrede geltend gemacht, erging antragsgemäß das Versäumnisurteil gegen den Beklagten, soweit nicht das Gericht infolge eines unterdessen zu Tage getretenen und von Amts wegen zu beachtenden Prozeßhindernisses die Klage wie auch den klägerischen Urteilsantrag durch Beschluß zurückweisen mußte. Der Kläger konnte allerdings anstelle des Antrags auf Erlaß der Versäumnisentscheidung auch eine mündliche Verhandlung anberaumen lassen,[1592] was sich für den Fall empfahl, da sein bisheriges klägerisches Vorbringen noch ergänzungsbedürftig war. Soweit der Beklagte zu dieser Verhandlung erschien, war er als Folge seiner vorherigen Säumnis kraft Gesetzes mit jedem Vortrag zur Sache selbst präkludiert[1593] und mußte sich auf bloße Rechtsausführungen beschränken.[1594]

War hingegen bereits eine abgesonderte Verhandlung über die Zulässigkeitsrügen angeordnet worden, konnte der Kläger zwar mit Verfristung der Klageerwiderung den Antrag auf Erlaß des Versäumnisurteils stellen; stattge-

---

1586 § 398 I.

1587 Vgl. oben (3).

1588 *G. Neumann*, Kommentar, Bd. 2, S. 943, 1140; *H. Steuerwald*, Versäumnisverfahren, S. 86. Anders die wohl überwiegende Meinung der heutigen Doktrin, die sich für eine Berücksichtigung der bis zur Beantragung des Versäumnisurteils eingebrachten Klageerwiderung ausspricht; vgl. *R. Kralik*, Verspätete Klagebeantwortungen, in: ÖJZ 1950, S. 129 f; *R. Holzhammer*, Österreichisches Zivilprozeßrecht, S. 280; *H. Fasching*, a.a.O., Rdnr. 1403; dagegen aber noch immer *G. Petschek/F. Stagel*, Der österreichische Zivilprozeß, S. 345 wie auch die st. Rspr. (etwa OHG 1973 in: JBl 1974, S. 581; OHG 1990 in: JBl 1991, S. 194).

1589 Gem. § 239 II; vgl. oben unter α) (4).

1590 Vgl. § 260 I; dazu oben unter α) (4).

1591 Der Grund für diese Verknüpfung des Fortgangs des Säumnisverfahrens mit dem Verhalten des Beklagten in der ersten Tagsatzung ist darin zu sehen, daß die Entscheidung über den Erlaß des beantragten Versäumnisurteils gem. § 398 I ohne mündliche Verhandlung erging, nach Durchführung der ersten Tagsatzung und vor Einreichung der Klageerwiderung jedoch gem. § 261 I über Einreden iSd § 239 nur nach mündlicher Verhandlung entschieden werden durfte. Da zugleich ein Versäumnisurteil wie im Falle der Säumnis in der ersten Tagsatzung gem. § 396 nur bei Vorliegen der Prozeßvoraussetzungen gefällt werden konnte, mußte vor Erlaß der Versäumnisentscheidung eine Verhandlung über die gerügten Prozeßeinreden sichergestellt werden. Dadurch ergaben sich die im folgenden dargestellten drei Möglichkeiten.

1592 Hierzu näher *H. Steuerwald*, Versäumnisverfahren, S. 60.

1593 § 398 II a.E.

1594 Hierzu *H. Schima*, Versäumnis, S. 195.

geben werden durfte diesem jedoch erst im Anschluß an die Verhandlung, die überdies die mangelnde Berechtigung der Prozeßeinreden erweisen mußte.[1595]

Hatte schließlich das Gericht trotz Zulässigkeitsrügen seitens des Beklagten noch keine Verhandlung hierüber angeordnet, konnte der Kläger vorerst nur deren Anberaumung beantragen, um im Falle der Verwerfung der Einreden in der Verhandlung dann das stattgebende Versäumnisurteil zu erwirken.[1596]

(cc) War die Klageerwiderung fristgerecht eingereicht, konnte eine in der Folge eintretende Parteisäumnis unabhängig von dem Stadium der Verhandlung nicht mehr zu einem echten Versäumnisurteil führen, sondern mußte der Streit durch kontradiktorisches Urteil auf der Grundlage des bereits vorliegenden Prozeßstoffs entschieden werden.[1597] Ähnlich dem deutschen Institut der Entscheidung nach Aktenlage hatte dies zur Konsequenz, daß auch die früheren Ausführungen der säumigen Partei sowie die Ergebnisse vorangegangener Beweisaufnahme in die Entscheidung eingingen. Anders als im Falle der Entscheidung nach Aktenlage hatte das Gericht jedoch auch neues tatsächliches Vorbringen der erschienenen Partei zu berücksichtigen, soweit es nur dem Gegner vor der von ihm versäumten Tagsatzung durch vorbereitenden Schriftsatz rechtzeitig mitgeteilt worden war.[1598]

(b) Die Anfechtung des Versäumnisurteils

Charakteristische Merkmale wies das österreichische Säumnisrecht auch mit Blick auf die Regelung der Anfechtung eines (echten) Versäumnisurteils auf. So kannte Österreich zur Zeit des frühen 20. Jahrhunderts kein Einspruchssystem nach französischem bzw. deutschem Vorbild.[1599] Zur Beseitigung eines Versäumnisurteils sah die Verfahrensordnung vielmehr den Sonderrechtsbehelf der Wiedereinsetzung in den vorigen Stand[1600] vor (aa), räumte parallel hierzu allerdings zugleich die Möglichkeit des ordentlichen Rechtsmittels der Berufung ein (bb). Von den beiden Instituten wandte sich die Berufung gegen

---

1595 § 398 II 1. Blieb der Kläger dieser abgesonderten Verhandlung fern, bestand sein Recht zur Beantragung einer Versäumnisentscheidung gleichwohl fort; vgl. näher *H. Fasching*, Kommentar, Bd. 3, S. 630. Soweit beide Parteien der Verhandlung fortblieben, ruhte das Verfahren mit dem aus § 170 folgenden Mindestzeitraum von drei Monaten.

1596 § 398 II 2, 3. Der Kläger konnte auch den Antrag auf Anberaumung der Verhandlung mit einem bedingten Antrag auf Versäumnisentscheidung verknüpfen. Blieb der Kläger von der auf seinen Antrag anberaumten Verhandlung fort, zog dies gem. § 398 IV 1 das Ruhen des Verfahrens nach sich.

1597 § 399; vgl. hierzu *H. Schima*, Versäumnis, S. 199. Daß dieser Säumnisfall gesetzessystematisch innerhalb des Abschnitts über Versäumnisurteile geregelt ist, hat folglich keine Entsprechung auf der Seite der Qualifikation der Entscheidung.

1598 So ausdrücklich § 399, 2.

1599 Erst 1979 wurde im Rahmen des sog. Konsumentenschutzgesetzes (BGBl. S. 140) der dem Einspruch ähnliche Rechtsbehelf des Widerspruchs eingeführt (s. §§ 397a, 398, 442a geltende ZPO [statt Rückversetzung erfolgt Fortsetzung des Verfahrens]); vgl. zu seinen Voraussetzungen wie Rechtsfolgen im einzelnen *H. Fasching*, Zivilprozeßrecht, Rdnr. 589 ff.

1600 § 146.

die materielle Unrichtigkeit der Säumnisentscheidung oder die Gesetzwidrigkeit des ihr zugrundeliegenden Verfahrens, während die Wiedereinsetzung in erster Linie auf die Rechtfertigung der Säumnis zielte.
(aa) Die Wiedereinsetzung war statthaft gegenüber jedem echten Versäumnisurteil.[1601] Unerheblich war mithin, ob sich das Urteil gegen den Säumigen oder gegen die erschienene Partei wandte, soweit es nur auf der Grundlage des Vortrags einer Partei ergangen war, der infolge der Säumnis des Gegners als wahr unterstellt wurde. Ihrer Wirkung nach versetzte der form-[1602] und fristgerecht[1603] eingelegte Rechtsbehelf den Rechtsstreit in das Verfahrensstadium zurück, in dem sich der Prozeß bei Säumniseintritt befand.[1604] In deutlichem Gegensatz zu dem französischen Einspruchsmodell hatte ein hierauf gerichtetes Begehren jedoch ausweislich der gesetzlichen Bestimmung nur Erfolg, soweit die Säumnis auf unvorhersehbaren oder unabwendbaren Ereignissen beruhte und daher der Partei nicht zuzurechnen war. Insoweit galt ein überaus restriktiver Beurteilungsmaßstab.[1605]
(bb) Neben der Wiedereinsetzung stand dem Säumigen wahlweise das gewöhnliche Rechtsmittel der Berufung zur Verfügung.[1606] Da die Berufung jedoch nach österreichischem Recht keine Tatsacheninstanz darstellte, vielmehr das Versäumnisurteil nur auf der Grundlage des der Vorinstanz bereits vorgelegenen Tatsachenstoffes überprüfte,[1607] vermochte dieser zusätzliche Rechtsbehelf der säumigen Partei nur in dem Fall einer rechtsfehlerhaften Versäumnisentscheidung zu helfen.

(c) Zusammenfassung

Versucht man, zusammenfassend die charakteristischen Strukturen des österreichischen Säumnisrechts herauszustellen, wie es sich am Vorabend der schwedischen Reform zu Beginn des 20. Jahrhunderts präsentierte, so wird man vor allem dreierlei festhalten müssen:

Hinsichtlich des Anwendungsbereichs eines echten Versäumnisurteils tritt vor allem dessen Beschränkung auf die frühen Säumnisfälle der ersten Tagsat-

---

[1601] Sie kam im übrigen nicht nur gegenüber Versäumnisurteilen in Betracht, sondern erfaßte daneben die Fälle unverschuldeter Versäumung einzelner, befristeter Prozeßhandlungen, vgl. § 146 I.

[1602] Vgl. § 148 I: Einlegung des Antrags bei dem Gericht, bei dem die versäumte Prozeßhandlung vorgenommen werden mußte.

[1603] § 148 II: Beantragung der Wiedereinsetzung binnen vierzehn Tagen seit Wegfall des geltend gemachten Hindernisses.

[1604] § 150 I.

[1605] Hierzu eingehend *H. Horten*, Österreichische Zivilprozeßordnung, Bd. 1, Rdnr. 1292 ff. sowie *H. Fasching*, Kommentar, Bd. 2, S. 725 ff.

[1606] §§ 461 ff.

[1607] Vgl. § 482 I: „Tatumstände und Beweise, die nach dem Inhalt des Urteils und den sonstigen Prozeßakten in 1. Instanz nicht vorgekommen sind, dürfen von der Partei im Berufungsverfahren nicht zur Dartuung oder Widerlegung der geltend gemachten Berufungsgründe vorgebracht werden.“

zung bzw. der Klageerwiderung hervor. Als strukturbestimmende Leitlinie auch des Säumnismodells spiegelt sich hierin das gesetzgeberische Streben nach materieller Entscheidungsrichtigkeit wider, das ab dem Zeitpunkt sachlicher Erörterung des Streitgegenstands auf die einseitige Verwertung des Tatsachenvortrags des Erschienenen verzichtet und statt dessen auf die Ergebnisse der zwischen beiden Parteien geführten Verhandlung zugreift.

Wesentlich für das österreichische Modell war zum zweiten, daß hinsichtlich der Tatsachengrundlage der Versäumnisentscheidung zugunsten der erschienenen Partei ihr Vortrag als wahr unterstellt und sie hierdurch von der Notwendigkeit eines Beweises ihres Begehrens entbunden wurde. Weitergehend noch war die anwesende Partei nicht auf das bis zum Säumnisfall präsentierte Vorbringen beschränkt, sondern hatte es in der Hand, auch nach Säumniseintritt die Entscheidungsgrundlagen dadurch zu ihren Gunsten zu beeinflussen, daß sie ihren Vortrag im Verlauf der ersten Tagsatzung trotz Abwesenheit des Gegners bis an die Grenze der Klageänderung ergänzen oder richtigstellen durfte.

Bemerkenswert erscheint schließlich auch die sehr restriktive Gestaltung der Aufhebung echter Versäumnisurteile. Hier hatte sich das österreichische Verfahren gegen das anfechtungsfreundliche französische Einspruchssystem und für das Institut der nur unter engen Voraussetzungen gewährten Wiedereinsetzung entschieden. Die damit verbundene erhebliche Beschränkung der Urteilsanfechtbarkeit wurde auch durch die wahlweise gestattete Berufung wegen deren Charakter als bloßer Urteilskontrolle kaum nennenswert gemildert.

(6) Vergleich und Rezeption

(a) Vergleicht man die Gestaltung des Versäumnisverfahrens im frühen 20. Jahrhundert in den untersuchten europäischen Verfahrensordnungen mit der schwedischen Regelung in der Novelle, so ist der zunächst beherrschende Eindruck der einer großen Variationsbreite unterschiedlicher Einzellösungen.

Dies betrifft zum einen bereits den grundsätzlichen Anwendungsbereich des Versäumnisurteils, das in einigen Rechtsordnungen in jedem Stadium des Prozesses in Betracht kam (so in Schweden und Deutschland), während es von anderen Verfahrensordnungen zumindest in der Gestalt der einem Sonderrechtsbehelf unterliegenden Streitentscheidung auf den Zeitpunkt früher Säumnis beschränkt wurde (Frankreich, England, Österreich).

Dies gilt daneben aber auch für die Regelung der Urteilsgrundlagen der Versäumnisentscheidung. Hier reichen die Unterschiede von der Möglichkeit des gänzlichen Verzichts auch auf eine nur summarische Prüfung des bei Säumnis vorliegenden Prozeßstoffs und der unmittelbaren Gewährung eines antragsgemäßen Urteils (so etwa im englischen Recht) über eine eingeschränkte, insbesondere die Schlüssigkeit der Klage umfassende Kontrolle (so mit einer Reihe unterschiedlicher Abstufungen im wesentlichen im schwedischen, deutschen und österreichischen Recht) hin zur Verpflichtung des Erschienenen zur Fortsetzung des Prozesses einschließlich der Beweisführung (so zumindest der Gesetzesfassung nach im französischen Recht).

Ein deutliches Spannungsverhältnis besteht zudem auf der Rechtsfolgenseite der Säumnis insoweit, als die Fällung eines Versäumnisurteils mitunter in das Ermessen des Richters gestellt war (so stellenweise in England), während die übrigen Verfahrensordnungen auf den entsprechenden Parteiantrag hin eine gebundene Entscheidung des Richters vorsahen.

Schließlich offenbart der Vergleich auch in der Gestaltung der Anfechtung eines Versäumnisurteils eine Reihe bedeutender Unterschiede. Hier stehen zum einen dem anfechtungsfreundlichen Einspruchssystem Frankreichs, Deutschlands und Schwedens die auf die Fälle unverschuldeter Säumnis beschränkte österreichische Verfahrensordnung und die vom richterlichen Ermessen abhängige englische Regelung gegenüber. Zum anderen differieren die untersuchten Länder aber auch hinsichtlich der zusätzlichen Möglichkeit einer Urteilsanfechtung mit Hilfe der ordentlichen Rechtsmittel, die in einigen Ländern zugelassen war (Frankreich, England, Österreich mit allerdings je unterschiedlicher Regelung des zeitlichen und sachlichen Verhältnisses zwischen den Rechtsbehelfen), während sie von den übrigen abgelehnt wurde.

Legt man jedoch an die hier in Frage stehenden Säumnismodelle einen etwas abstrakteren Beurteilungsmaßstab an,[1608] so lassen sich gewisse übergeordnete Strukturlinien erkennen, die den beteiligten Verfahrensordnungen gleichermaßen zu eigen sind. Dies gilt umso mehr, wenn man sich bei dem Vergleich der europäischen Säumnissysteme den Zustand des schwedischen Säumnisrechts noch zu Beginn des 20. Jahrhunderts vergegenwärtigt. Wie gesehen,[1609] spielte das Versäumnisurteil in der schwedischen Praxis zu diesem Zeitpunkt noch immer eine völlig untergeordnete Rolle, häufige und lange Vertagungen stellten die bei weitem dominierende Säumnisfolge dar,

---

[1608] Die Adäquanz eines solchen methodischen Ansatzes mag man vor dem Hintergrund der zum Teil weitreichenden Unterschiede in der konkreten Ausgestaltung des Säumnisrechts der untersuchten Verfahrensordnungen insoweit mit einer gewissen Berechtigung in Zweifel ziehen können, als ein mit zu wenig Bedacht gewählter hoher Abstraktionsgrad leicht Gleichförmigkeit in der Struktur vorspiegelt, wo bei wertender Betrachtung die Verschiedenheit in deren Ausgestaltung überwiegt. Die Beurteilung einer von den europäischen Prozeßordnungen auf Schweden ausgestrahlten Rezeptionswirkung verlangt jedoch nach einer gewissen Weiterung des Blickfeldes, wenn nicht umgekehrt die Mannigfaltigkeit in den konkreten Einzelregelungen den Blick für möglicherweise rezipierte Grundstrukturen verstellen soll. Tatsächlich läßt sich zeigen, daß die schwedischen Reformgremien im Verlauf ihrer Beratungen selbst von einer gewissen Ähnlichkeit der großen europäischen Säumnismodelle ausgingen; vgl. etwa PK III S. 181: „Wie aus der Untersuchung der ausländischen Gesetzgebung hervorgeht, ist diese Frage (sc. die zweckmäßige Anordnung der Versäumnisfolgen, eig. Erkl.), soweit sie den Beginn des Prozesses betrifft, bevor noch die Parteien sich beidseitig geäußert haben und der Prozeßstoff vorgetragen wurde, nach im wesentlichen übereinstimmenden Gründen gelöst worden (...)."

[1609] S. oben (1) (aa).

und dem Rättegångsbalk lag gar formal noch immer die altüberkommene Kontumazialauffassung zugrunde, die in der Parteisäumnis allein eine Verletzung der Gerichtsautorität erblickte und die Zahlung einer Geldstrafe an das Gericht sühnehalber vorsah.[1610] Zu dieser alten Konzeption ging der Nya Rättegångsbalk dezidiert auf Distanz und näherte sich insoweit zugleich den europäischen Verfahrensordnungen.
(aa) Trat die Säumnis in einem frühen Stadium des Verfahrens auf – etwa während der mündlichen Vorbereitungsverhandlung im österreichischen, deutschen und schwedischen Recht oder beim „défaut faute de conclure“ im französischen Prozeß sowie im Verlauf der schriftlichen Terminsvorbereitung im englischen Recht –, so sahen alle Verfahrensordnungen die Möglichkeit eines Versäumnisurteils vor.

Dieses faßten sie gleichermaßen in Abgrenzung von einem gewöhnlichen kontradiktorischen Urteil als eine eigene Form richterlicher Entscheidung auf, die auf der Grundlage einer allenfalls summarischen Prüfung des von dem Erschienenen präsentierten Prozeßstoffs erging.

Dementsprechend ließen das deutsche, österreichische und schwedische Recht es für den praktisch bedeutsamsten Fall der Beklagtensäumnis genügen, wenn die – zulässig erhobene – Klage schlüssig war, und verlangten von dem Kläger nicht noch weitergehend die Glaubhaftmachung oder gar den Beweis seiner zur Klagebegründung vorgetragenen tatsächlichen Behauptungen. Auch das französische Recht hatte sich insofern, wie die Analyse zeigt, zum Zeitpunkt der schwedischen Reform in der Praxis von seiner ursprünglichen Forderung der „conclusions justes et bien vérifiée“ gelöst und sich mit einer weitgehend nur auf Schlüssigkeitskontrolle zielenden Prüfung des Klageantrags begnügt. Das englische Modell schließlich ging insoweit durch seinen Verzicht auch auf eine solche Kontrolle gar noch über die kontinentaleuropäischen Lösungen hinaus.

In der Behandlung der Klägersäumnis variierten die Verfahrensordnungen etwas stärker dadurch, daß der englische Prozeß im Gegensatz zum deut-

---

[1610] Eine gewisse terminologisch fortbestehende Verbindung mit der alten Rechtslage spiegelt sich in dem noch heute zur Bezeichnung des Versäumnisurteils gebräuchlichen Begriff des „tredskodom“ wider, der sich von „tredska“ – „Aufsässigkeit“, „Widerborstigkeit“ ableitet.

Es wäre zwar unzutreffend zu glauben, daß sich die modernen europäischen Prozeßrechte von der historisch alten und jedenfalls bis auf den römischen Kognitionsprozeß der Nachklassik (vgl. näher *A. Steinwenter*, Studien zum römischen Versäumnisverfahren, S. 92 ff.) zurückführbaren Bewertung der Parteisäumnis als Mißachtung der Gerichtsobrigkeit zur Gänze gelöst hätten; gerade das englische Recht (s. oben S. 288 FN 1503) zeigt etwa mit dem Institut des „contempt of Court“ sehr plastisch, daß die Behandlung der Parteisäumnis als Verletzung zumindest auch einer dem Gericht gegenüber obliegenden Prozeßförderungspflicht der säumigen Partei auch dem modernen Recht nicht völlig fremd ist. In der deutlichen Ausprägung, wie dieser Gedanke noch die Säumnisregelung in der alten schwedischen Verfahrensordnung als allgemeines Strukturprinzip durchzieht, findet man ihn jedoch zeitgleich in den europäischen Prozeßgesetzen nicht mehr.

schen, österreichischen und schwedischen Prozeßgesetz anstelle einer gegen den Kläger gerichteten Sachentscheidung nur die Klageabweisung ohne Klageverbrauch zuließ. Auch im französischen Recht, das in Rechtsprechung wie Doktrin in dieser Frage gespalten war, wurde diese Säumnisfolge, wie gesehen, stellenweise vertreten.

Im Gegensatz hierzu sahen das deutsche, österreichische und schwedische Recht jeweils eine Abweisung der Klage als in der Sache unbegründet vor. Die zwischen den drei Verfahrensordnungen insoweit noch bestehenden Unterschiede fallen dagegen kaum ins Gewicht. Während das deutsche Recht ohne weitere rechtliche Prüfung auf Versäumnisurteil zugunsten des Beklagten erkannte, verlangten die schwedischen und die österreichischen Bestimmungen noch eine summarische Würdigung des Prozeßstoffs. Diese konnte zwar grundsätzlich auch zu einem Urteil zugunsten des säumigen Klägers und gegen den Beklagten führen. Faktisch war diese Möglichkeit jedoch auf Extremfälle beschränkt, da die von der schwedischen Regelung verlangte „Offenkundigkeit" der Klagebegründetheit in diesem frühen Prozeßstadium praktisch nie vorlag und nach österreichischem Recht der Beklagte trotz Abwesenheit des Klägers dessen Begehren durch Gegentatsachen entkräften durfte, die ipso iure für wahr zu erachten waren.[1611] Zumindest das deutsche, österreichische und schwedische Modell glichen sich mithin auf weiten Strecken auch in den Folgen der Klägersäumnis.

Schließlich behandelten alle Verfahrensmodelle das Versäumnisurteil hinsichtlich seiner Anfechtbarkeit insoweit identisch, als sie zum Ausgleich des Verzichts auf eine kontradiktorische Streitentscheidung einen spezifischen Rechtsbehelf gewährten, der im Falle seiner Zulässigkeit zur Zurückversetzung des Verfahrens in das Stadium vor Eintritt der Säumnis führte. Allerdings unterschieden sich die Regelungen untereinander in der Frage der Zulässigkeitsvoraussetzungen dieses Rechtsbehelfs insoweit, als das schwedische, französische und deutsche Recht als Anhänger des Einspruchsmodells außerhalb der form- und fristgerechten Einlegung keine weiteren Bedingungen normierten, während der österreichische Prozeß mit dem Institut der Wiedereinsetzung überdies mangelndes Verschulden des Säumigen verlangte und das englische Recht weitergehend noch die Entscheidung über die Gewährung des Rechtsbehelfs in das Ermessen des Gerichts stellte.

Zusammenfassend läßt sich für die Fälle früher Säumnis somit die Feststellung treffen, daß die schwedische Novelle in der Ausgestaltung ihrer Regelung eine weitgehende Ähnlichkeit vor allem mit dem deutschen und – mit gewissen Einschränkungen v.a. hinsichtlich der Urteilsanfechtung – auch dem österreichischen Verfahren aufweist. Demgegenüber erweist der Vergleich für den

---

1611 Wie gesehen, begnügte sich die Gerichtspraxis sogar mit dem bloßen Bestreiten der Klägerforderung.

französischen und englischen Prozeß die überwiegende Verschiedenartigkeit beider Modelle gegenüber dem Nya Rättegångsbalk.
(bb) In der Regelung der Parteisäumnis ab dem Beginn der streitigen Verhandlung lassen sich die europäischen Verfahrensmodelle im wesentlichen in zwei Gruppen diametral entgegengesetzter Lösungen gliedern.

Das französische, englische und österreichische Recht schlossen ab diesem Zeitpunkt, den sie freilich nicht identisch festlegten,[1612] den Erlaß eines Versäumnisurteils aus und ließen die Verhandlung in ein kontradiktorisches Sachurteil münden. Dabei endete im österreichischen Prozeß das Verfahren auf Antrag des Erschienenen mit dem Säumniseintritt, und der Streit wurde auf der Grundlage des bis dahin vorliegenden Prozeßstoffs einschließlich der vom Anwesenden neu präsentierten und zuvor dem Säumigen schriftsätzlich mitgeteilten Tatsachen entschieden. Demgegenüber führten das englische und französische Recht den Prozeß im Falle der Beklagtensäumnis in Abwesenheit des Säumigen fort und ließen den erschienenen Kläger daher im Rahmen seiner Beweislast für seine Behauptungen noch Beweis antreten, dessen Ergebnis in die Entscheidung ebenso einfloß wie das von dem Säumigen zuvor vorgelegte Prozeßmaterial.

Für eine grundsätzlich andere Lösung hatten sich dagegen das deutsche Recht und die schwedische Novelle entschieden. Sie räumten die Möglichkeit eines Versäumnisurteils auch nach Eröffnung der Hauptverhandlung ein und ließen für die Urteilsgrundlage den von dem Säumigen bis dahin vorgelegten Prozeßstoff einschließlich etwaiger Beweisaufnahmen grundsätzlich unberücksichtigt. Der Erlaß eines stattgebenden Versäumnisurteils hing nach beiden Verfahrensordnungen im wesentlichen nur insoweit von einer vorherigen gerichtlichen Prüfung ab, als die Sachurteilsvoraussetzungen und – im Falle der Beklagtensäumnis – die Schlüssigkeit der Klage zweifelhaft waren.

Allerdings zeigt der Vergleich, daß das deutsche Modell und die schwedische Novelle in der Umsetzung dieser Grundvorstellung und der mit ihr verknüpften Ausblendung der Gesichtspunkte materieller Urteilsrichtigkeit unterschiedlich konsequent waren. So eröffnete das deutsche Recht durch die Einführung des Instituts der Entscheidung nach Aktenlage durch die Novelle von 1924 der erschienenen Partei sowie ggf. dem Gericht als Alternative zu dem Versäumnisurteil auch die Möglichkeit eines kontradiktorischen Urteils und näherte sich dadurch deutlich den anderen europäischen Säumnismodellen. Demgegenüber sieht der Nya Rättegångsbalk eine so weitgehende Abwendung von dem Versäumnisurteil als der prinzipiellen Reaktion auf eine Parteisäumnis nicht vor. Lediglich für die Fälle der evidenten Unbegründetheit

[1612] Nach dem französischen Recht war auf den Zeitpunkt der Verlesung und Einreichung der „conclusions motivées“ bei Gericht nach Eröffnung der Hauptverhandlung abzustellen, während im englischen und österreichischen Prozeß schon das Fernbleiben von der Hauptverhandlung zu einem kontradiktorischen Urteil führte.

der Klage bei Säumnis des Beklagten bzw. der evidenten Klagebegründetheit bei Säumnis des Klägers sowie der Situation einer kurz vor ihrem Ende vertagten Hauptverhandlung gewährt die Novelle der erschienenen Partei das Recht auf ein kontradiktorisches Urteil. Diese Konstellationen sind von der Reform ersichtlich als seltene Ausnahmen gedacht, die an die Bedeutung des deutschen Instituts der Entscheidung nach Aktenlage nicht heranzureichen vermögen. Im Vergleich zu seinen europäischen Nachbarn hatte sich das schwedische Recht somit für den konsequentesten Einsatz des Versäumnisurteils als Mittel der Verfahrenskonzentration entschieden.
(b) Die Frage nach einer Rezeption fremden Rechts in der Regelung der Parteisäumnis durch die Novelle hat bei diesen Ergebnissen anzusetzen. Damit kommt als Folge der vergleichsweise weitgehenden Übereinstimmung der Reform mit der deutschen und überwiegend auch der österreichischen Verfahrensordnung in der Behandlung der Säumnis bis zur streitigen Hauptverhandlung eine Rezeption dieser Rechte in Betracht (aa). Demgegenüber weist die Regelung der Folgen späterer Säumnis in ihrer Grundstruktur durch die Zulassung eines Versäumnisurteils deutlichere Ähnlichkeit allein mit dem deutschen Recht auf, das infolgedessen als Rezeptionsquelle gedient haben kann (bb).
(aa) Überwiegende Gründe sprechen dafür, daß die konsequente Ausrichtung des schwedischen Säumnisrechts nach dem Institut des Versäumnisurteils für den Fall der frühen Säumnis eine Folge jedenfalls auch der Orientierung an dem deutschen und österreichischen Modell war.

Wichtig für diese Schlußfolgerung ist dabei zunächst der Umstand, daß das Modell der schwedischen Novelle einen klaren Bruch darstellt mit der überkommenen Auffassung von der Funktion der gesetzlichen Bestimmungen über die Folgen der Parteisäumnis. Hatte der alte Rättegångsbalk in dem unentschuldigten Fernbleiben einer Partei noch eine Verletzung des dem Gericht gegenüber geschuldeten Respekts erblickt und infolgedessen Strafzahlungen gegen den Säumigen verhängt, fußt die Novelle in der Überzeugung, daß sich das Versäumnisrecht in erster Linie an dem übergeordneten Reformziel eines konzentrierten Prozesses zu orientieren habe. Deutlich kommt diese geänderte Einstellung zu dem Zweck des Versäumnisverfahrens in dem Gutachten schon der Nya Lagberedning zum Ausdruck:

> „Nach der Auffassung der Beredning ruht das ganze gegenwärtige Versäumnisverfahren auf einem falschen Grund. Es stimmt nicht mit dem Begriff des Zivilprozesses überein, daß die Säumnis einer Partei ausschließlich als ein Ungehorsam oder eine Aufsässigkeit gegenüber dem Gebot des Gerichts angesehen wird.“[1613]

Allerdings hob der Entwurf der Nya Lagberedning aus diesem gewandelten Grundverständnis heraus lediglich die Bestimmungen über die Strafzahlungen auf und beschränkte die Möglichkeit der Vertagung als Säumnisfolge auf sel-

---

1613 NLB – speciell motivering – S. 192 f.; vgl. Auch PK III S. 80.

tene Ausnahmen.[1614] Im übrigen hielt er jedoch an der Grundregel fest, daß der Prozeß kontradiktorisch durchentschieden werden müsse.[1615] Erst die Prozeßkommission und mit ihr die Novelle brachen endgültig mit der alten Rechtsauffassung, indem sie den Gedanken einer unmittelbaren Verurteilung des Säumigen zur bestimmenden Leitlinie in der Reform erhoben. Das Institut des Versäumnisurteils als einer grundsätzlich nur auf die Prüfung der Zulässigkeit und (im Falle der Beklagtensäumnis) Schlüssigkeit der Klage beschränkten Entscheidung,[1616] stellt damit im schwedischen Recht eine Neuerung dar, die sich – sieht man von dem Sonderrechtsbehelf der „återvinning" ab[1617] – nicht auf seit alters überkommene Prozeßformen zurückführen läßt.

Hieraus kann zwar unmittelbar noch kein positiver Schluß auf das Vorliegen einer Rezeptionswirkung seitens des deutschen und österreichischen Rechts gezogen werden. Wenn jedoch eine Gesetzesnovelle im unmittelbaren Anschluß an gezielte Studien der Reformkommissionen im ausländischen Verfahrensrecht zu einer mit diesem weitgehend übereinstimmenden Regelung findet, ohne insoweit an eigene Vorbilder in ihrer rechtshistorischen Vergangenheit anknüpfen zu können, spricht eine starke Vermutung dafür, daß die neuen Regelungen eine Folge der Rezeption des fremden Rechts sind. Dieser Schluß muß für Schweden in diesem Fall umso näher liegen, als die Aufgabe des alten Säumnismodells im frühen 20. Jahrhundert zu einem Zeitpunkt geschah, zu dem das Interesse der Reformbeteiligten, wie bereits festgestellt,[1618] insbesondere an der deutschen und österreichischen Lösung prozessualer Fragestellungen besonders groß war und zu dem überdies feststand, daß deren Regelungen sich bereits überwiegend hatten bewähren können.

Tatsächlich deuten Äußerungen der Prozeßkommission selbst darauf hin, daß diese sich bei ihrem Entwurf eines novellierten Versäumnisverfahrens gerade auch an dem deutschen und österreichischen Modell orientiert hat. So

---

[1614] Die maßgebende Grundregel in NLB II:10 lautet: „Zur Anhörung der unentschuldigt ferngebliebenen Partei darf das Verfahren nicht vertagt werden, sofern dies nicht im Prozeßgesetz aufgrund einer Spezialregel gestattet wird." Die wichtigste Ausnahme einer zugelassenen Vertagung betraf den Fall eines entschuldigten Fernbleibens von der Verhandlung, vgl. II:6.

[1615] Vgl. II:9: „Das unentschuldigte Fernbleiben einer Partei beinhaltet grundsätzlich kein Anerkenntnis des vom Gegner in der Sache erhobenen Anspruchs (...)." Dementsprechend stellt II:13 Abs. 1 die Grundregel auf: „Verlangt die anwesende Partei die Aufnahme der Beweise oder sonst die Fortsetzung des Verfahrens oder eine Entscheidung nach Lage des Prozesses, stellt die unentschuldigte Abwesenheit der Gegenseite grundsätzlich kein Hindernis hierfür dar." Konsequenterweise sah die Nya Lagberedning für die Anfechtung des auf diese Weise zustandegekommenen Urteils auch nur das gewöhnliche Rechtsmittel der „vad" vor, vgl. dazu NLB – speciell motivering – S. 199.

[1616] Wenn man die erwähnten Extremsituationen der offenkundigen Begründetheit der Klage bei Klägersäumnis bzw. ihrer offenkundigen Unbegründetheit bei Säumnis des Beklagten unberücksichtigt läßt.

[1617] Dazu schon oben (1) (a).

[1618] Vgl. II. 4. a) und b).

zieht die Kommission im Anschluß an eine Darstellung bestimmender Grundzüge des französischen, deutschen und österreichischen Versäumnisverfahrens[1619] das Fazit:[1620]

> „Wie aus der Untersuchung der ausländischen Gesetzgebung hervorgeht, ist diese Frage (sc. die zweckmäßige Anordnung der Versäumnisfolgen, eig. Erkl.), soweit sie den Beginn des Prozesses betrifft, bevor noch die Parteien sich beidseitig geäußert haben und der Prozeßstoff vorgetragen wurde, nach im wesentlichen übereinstimmenden Gesichtspunkten gelöst worden, wenn auch gewisse Unterschiede vorliegen. Der Grundgedanke besteht darin, daß die Entscheidung nicht auf einer Prüfung von Seiten des Gerichts beruht, was in dem Prozeß als bewiesen gelten kann, sondern daß sie das Ergebnis einer gleichsam summarischen Prägung ist (...).“

Zweifellos hat sich die Prozeßkommission bei ihrer Wahl auch von dem Umstand leiten lassen, daß wenige Jahre zuvor bereits für einen Spezialtyp von Prozessen[1621] das Versäumnisurteil als Folge einer nur summarischen Begründetheitsprüfung für den Fall der Beklagtensäumnis im ersten Termin eingeführt worden war und allem Anschein nach in der Praxis weithin Anklang gefunden hatte.[1622] So erwähnt sie ausdrücklich die guten Erfahrungen, die man in Schweden mit der gesetzlichen Neuerung gemacht hatte, als ein Motiv, das sie in der Absicht der umfänglichen Einführung des Versäumnisurteils bestärkt habe.[1623]

Allerdings lassen die Vorarbeiten zu jener Reform[1624] erkennen, daß diese selbst schon unter dem Einfluß der im europäischen Ausland bereits üblichen Gepflogenheit eines frühen Versäumnisurteils gegen den Beklagten zustandegekommen war und nicht etwa als Ausdruck originär schwedischer Rechtsanschauung gelten kann.

So hatten der Justizombudsmann[1625] und ihm folgend der Gesetzgebungsausschuß des schwedischen Reichstages schon 1900 gefordert, daß eine entsprechende Regelung des Versäumnisverfahrens in „Übereinstimmung damit, was in anderen Rechtssystemen gilt“,[1626] eingeführt werden solle. Damit könne eine an vereinzelten schwedischen Gerichten ohnehin schon übliche Praxis legalisiert werden, die bis dahin allgemein als gesetzeswidrig an-

---

[1619] Auch die Lösungen der jungen norwegischen und dänischen Prozeßordnungen sowie der finnischen Gesetzentwürfe wurden von der Prozeßkommission untersucht. Wie oben unter 1. Teil B. II. 1. dargestellt, können diese jedoch für die Beurteilung der Rezeptionsfrage kaum Anhaltspunkte bieten.

[1620] PK III S. 81.

[1621] Gemeint ist die bereits oben S. 276 FN 1415 erwähnte, 1914 eingeführte Gesetzesänderung des alten Rättegångsbalk in 12:3 für Ansprüche auf Geldzahlungen, die nicht den Charakter von Schadensersatz besaßen.

[1622] Vgl. dazu die Ausführungen der Prozeßkommission in PK III S. 80.

[1623] PK III S. 82.

[1624] Vgl. insbes. NJA II 1900 Nr. 11 Ziff. 24, S. 41 ff.; NJA II 1912 Nr. 8 Ziff. 52, S. 441 ff. und NJA II 1914 Nr. 12 Ziff. 38, S. 500 ff.

[1625] Vgl. zu seiner Person S. 249 FN 1265.

[1626] NJA II 1900 Nr. 11 Ziff. 24, S. 43.

zusehen sei,[1627] deren Zweckmäßigkeit jedoch durch die „Erfahrung (...) auch in anderen Ländern" bestätigt werde.[1628]

Bezeichnenderweise scheiterte das Reformvorhaben zunächst noch an der ablehnenden Stellungnahme des mit seiner Prüfung beauftragten Gesetzgebungsrates,[1629] der darin einen Bruch mit den überkommenen Prinzipien des schwedischen Verfahrens erblickte.[1630] Daß die Gesetzesänderung 1914 gleichwohl zustandekam, war maßgeblich ihrem vielfach begrenzten Anwendungsbereich[1631] zuzuschreiben, auf dessen Ausweitung „nach modernem ausländischen Muster"[1632] noch bewußt verzichtet wurde.

Die Teilreform des Versäumnisverfahrens aus dem Jahr 1914 kann somit nicht als Argument gegen die Annahme einer Rezeption des deutschen und österreichischen Rechts in der Novelle von 1942 ins Feld geführt werden. Vielmehr wird man im Gegenteil ihre eigene Ausrichtung nach dem vom Ausland übernommenen Prinzip einer frühen Säumnisentscheidung eher als unterstützenden Beleg nehmen müssen für einen Einfluß ausländischen Rechts auch in der späteren Novelle.

Damit erscheint insgesamt der Schluß berechtigt, daß die Gestaltung des Versäumnisverfahrens in der schwedischen Novelle für den Fall der frühen Säumnis der Parteien vor Beginn der streitigen Verhandlung durch die originäre Rezeption maßgeblich deutschen und österreichischen Rechts mitbedingt ist. Nicht mehr ermitteln läßt sich insoweit, in welchem Umfang die eigentliche Quelle der Rezeption dabei eher im deutschen oder im österreichischen Prozeß zu suchen ist. Zwar weist, wie gesehen, die schwedische Lösung mit dem deutschen Modell die größere Übereinstimmung auf, doch muß man wegen der immerhin weitgehenden Ähnlichkeit der Novelle auch mit der österreichischen Regelung sowie angesichts der bereits festgestellten[1633] großen Attraktivität des österreichischen Prozesses für die schwedischen Reformgremien einen Einfluß auch von seiner Seite für überaus wahrscheinlich halten. Entsprechend den Ausführungen zu den methodischen Grundlagen der Untersuchung,[1634] ist infolgedessen von einer mehrseitigen Rezeption deutsch-österreichischen Rechts auszugehen.

(bb) In der Behandlung der Säumnis ab dem Zeitpunkt der streitigen Verhandlung hat sich die Novelle entgegen dem englischen, französischen und österreichischen Prozeß dem Grundsatz nach dafür entschieden, das Ver-

---

[1627] NJA II 1912 Nr. 8 Ziff. 52, S. 443.

[1628] NJA II 1914 Nr. 12 Ziff. 38, S. 501.

[1629] Zu seiner Funktion innerhalb des schwedischen Legislativverfahrens s. Anhang I.

[1630] A.a.O.., S. 502, 507.

[1631] So umfaßte die Reform nur den Fall der Säumnis des *Beklagten* beim *ersten* Termin in einer *Geldforderungssache*, die *nicht* den Charakter einer *Schadensersatzforderung* besaß [s. oben (1) (a)].

[1632] NJA II 1912 Nr. 8 Ziff. 52, S. 444.

[1633] S. insoweit α) (6); β) (2) (f) sowie unter II. 4. a).

[1634] 1. Teil B. II. 4. d).

säumnisurteil weiterhin unterschiedslos zur Anwendung gelangen zu lassen und nicht wie jene Verfahrensordnungen den Streit mit einem kontradiktorischen Endurteil abzuschließen. Sie gleicht hierin dem deutschen Modell, unterscheidet sich von diesem jedoch, wie festgestellt, in einer wesentlichen Hinsicht durch das Fehlen einer Entscheidung nach Lage der Akten als Regeloption der erschienenen Partei bzw. ggf. auch des Gerichts. Das schließt allerdings grundsätzlich nicht aus, daß sich die Reform an dem in seiner Grundstruktur gleichen deutschen Modell orientiert hat, zumal das Institut der Entscheidung nach Aktenlage erst 1924 eingeführt wurde und damit etwa zum Zeitpunkt der Aufnahme der Reformtätigkeit der Prozeßkommission 1911 noch nicht vorlag.

Näheren Aufschluß in der Frage vermag auch hier eine Untersuchung der Gesetzgebungsmaterialien zu bieten. Sie lassen Anhaltspunkte dafür erkennen, daß man in Schweden zwar noch zur Zeit der Nya Lagberedning gegen Ende des 19. Jahrhunderts zu der deutschen Lösung eines in jedem Verfahrensstadium zulässigen Versäumnisurteils deutlich auf Distanz ging, daß jedoch die für die Novelle maßgebliche Prozeßkommission aus dem frühen 20. Jahrhundert diese Abneigung nicht mehr teilte.

So bezog *Afzelius*[1635] in seinem offiziellen Gutachten für die Nya Lagberedning noch eine nachhaltig kritische Stellung zu dem deutschen Säumnismodell. Maßgeblich kritisierte er das deutsche Recht für seine Bestimmung, den zum Zeitpunkt des Säumniseintritts vorliegenden Prozeßstoff grundsätzlich unberücksichtigt zu lassen, und verfocht demgegenüber die Lösung der französischen und österreichischen Regelung:[1636]

> „Man kann aber nicht abstreiten, daß man durch die Verfahrensweise, die das *französische Recht* kennt, eine ziellose Anwendung des Kontumazialverfahrens vermeidet, ebenso wie es an und für sich mit *keinem größeren Mangel* behaftet ist (...). Das *deutsche Recht* geht in scheinbarer Konsequenz noch weiter (...) und zieht daraus den Schluß, daß, wenn eine Partei nicht bei einer späteren Gelegenheit verhandelt, man ihren vorangegangenen Ausführungen keinerlei Bedeutung beimessen kann (...). Eine solche Konsequenz ist allerdings *keineswegs notwendig*; es ist möglich, daß der Richter den Eindruck der vorangegangenen Verhandlung in voller Frische bewahrt, und es wäre infolgedessen *unangebracht*, ihn dazu zu zwingen, ihn unberücksichtigt zu lassen. *An die Stelle der richtigen Regel*, daß die Parteien sich bei einer Vertagung der Verhandlung bereit halten müssen, ihre früheren Ausführungen zu wiederholen, setzt das deutsche Recht die unbedingte Vorschrift, daß alles zuvor Vorgebrachte nicht beachtet werden dürfe, auch wenn es keineswegs vergessen ist. Die *Ungeeignetheit des deutschen Systems* fällt deutlich in die Augen, wo es den Richter zwingt, ein Geständnis unbeachtet zu lassen, das im Protokoll festgehalten ist, oder den Inhalt eines Zwischenurteils, das er selbst zuvor erlassen hat. Daß der solcherart Verurteilte den leichten Ausweg hat, gegen das Urteil „Einspruch" einzulegen, mildert sicherlich die Härte eines solchen Verfahrens, beseitigt aber keineswegs seine *Verfehltheit*. Der *österreichische Vorschlag* hat in dieser Hinsicht einen anderen Standpunkt einge-

---

1635 *A. Örbom* hingegen hat sich in seinem Gutachten mit dem Versäumnisverfahren nicht weiter auseinandergesetzt, vgl. dens., Promemoria, S. 88.

1636 *I. Afzelius*, Grunddragen, S. 149 ff. Die Hervorhebungen sind eigene.

nommen (...). Wenn auch dieser Standpunkt nicht voll mit den Forderungen der Mündlichkeit übereinstimmt, ist er doch unzweifelhaft *praktisch tauglich* (...)."

Die oben dargestellte Entscheidung der Nya Lagberedning in ihrem Entwurf zugunsten der Fortführung des Prozesses in Abwesenheit des Säumigen dürfte mit an Sicherheit grenzender Wahrscheinlichkeit durch dieses Urteil von *Afzelius* mitbestimmt gewesen sein.[1637]

Im Gegensatz zur Nya Lagberedning sprach sich die Prozeßkommission hingegen für eine im wesentlichen dem deutschen Modell entsprechende Gestaltung des Versäumnisverfahrens aus. Zwar sucht man in ihren Motiven eine ausdrücklich befürwortende Stellungnahme zu der deutschen Lösung vergeblich. Eine etwas versteckte Äußerung des Reformgremiums in seinem Gutachten bietet aber doch einen wichtigen Hinweis auf die grundsätzlich[1638] zustimmende Haltung der Kommission gegenüber der Regelung in der ZPO. So erläutert sie die Vorzüge der deutschen Versäumnisregelung unter Hinweis darauf, daß sie selbst

„(...) ebenfalls eine Reihe ausländischer Gesetze veranlaßt haben, auch bezüglich der Parteisäumnis zu einem späteren Zeitpunkt im Verfahren ein Versäumnisverfahren der erstgenannten Art (sc. mit Versäumnisurteil anstelle der Fortführung der Verhandlung, eig. Erkl.) anzuwenden. Entscheidendes Gewicht hat dabei den Bedenken, früheres Vorbringen der säumigen Partei bei dem Versäumnisurteil außer acht zu lassen, nicht beigemessen werden können. Da ein Urteil, das hierauf Rücksicht nimmt, ohnehin keine materiell zufriedenstellende Prüfung des Sachverhalts gewährleisten könnte, hat man den Vorzug einer mehr summarischen Lösung geglaubt einräumen zu müssen, gegen die ein besonderes Rechtsmittel für die Weiterführung des Verfahrens in derselben Instanz zur Verfügung steht."

Offensichtlich hat sich die Kommission mithin in ihrer Entscheidung an jenen gleichgearteten Bestimmungen in „ausländischen Gesetzen" orientiert. Schlüsselt man diesen reichlich vage gehaltenen Hinweis auf die „ausländischen Gesetzen" näher auf und geht dabei von denjenigen Prozeßordnungen aus, denen die Prozeßkommission im Verlauf ihrer Reformtätigkeit vermehrt Aufmerksamkeit geschenkt hat, so entpuppt sich, daß damit lediglich zwei Verfahrenssysteme in Betracht kommen: das deutsche und das norwegische. Alle anderen[1639] Prozeßordnungen hatten das Versäumnisverfahren deutlich anders angeordnet und können mit diesem Hinweis daher nicht gemeint sein. Da nun aber der moderne norwegische Prozeß, wie dargestellt,[1640] selbst al-

---

1637 Zur Bedeutung des Gutachtens von *Afzelius* für die Reformarbeit der Nya Lagberedning s. oben II. 4. a) aa) β) sowie S. 339 FN 1775 samt zugehörigem Text.

1638 Mit Ausnahme des Instituts der Entscheidung nach Lage der Akten, das die Kommission als „wenig zufriedenstellend" (PK III S. 83) bewertet, da es mit dem Säumnissystem der ZPO im übrigen kaum harmoniere.

1639 Zum englischen, französischen und österreichischen Recht s. oben; die finnischen Reformvorschläge (s. PK III S. 77 f.) und das dänische Recht (eingehend *H. Munch-Petersen*, Zivilprozeß, S. 118 ff.) sahen ebenfalls vom deutschen Modell deutlich abweichende Bestimmungen vor. Zur näheren Gestaltung der norwegischen Lösung vgl. PK III S. 76.

1640 Dazu oben unter 1. Teil B. II. 1.

ler Wahrscheinlichkeit nach in nicht unerheblichem Umfang von dem deutschen wie auch dem österreichischen Recht beeinflußt ist,[1641] wird man die für die schwedische Kommission entscheidende Rezeptionsquelle letztlich bei dem deutschen Modell zu suchen haben. Dafür spricht, daß auch die Prozeßkommission selbst bei der Darstellung der Grundzüge des norwegischen Versäumnisrechts ausdrücklich dessen weitgehende Übereinstimmung mit der deutschen Lösung anführt,[1642] der sie hiermit offenbar einen gewissen Vorbildcharakter für die Gestaltung des Säumnisrechts zuweist. In Verbindung sowohl mit der in der Untersuchung bereits nachgewiesenen starken Orientierung Schwedens an der deutschen Prozeßrechtswissenschaft im frühen 20. Jahrhundert[1643] wie auch dem Umstand, daß sich das deutsche Säumnismodell zumindest aus der Sicht der Prozeßkommission in der Praxis schon über eine längere Zeit bewährt hatte,[1644] lassen es diese Indizien insgesamt überaus wahrscheinlich erscheinen, daß von dem deutschen Modell eine deutliche Rezeptionswirkung auf Schweden ausgegangen ist. Es muß daher der Schluß gezogen werden, daß sich die Kommission in der Ausgestaltung des Verfahrens in den Fällen der Parteisäumnis während der Hauptverhandlung an dem deutschen Recht orientiert hat.

(c) Faßt man die Ergebnisse zu der Untersuchung der Rezeptionsfrage zusammen, so ist davon auszugehen, daß sich das Versäumnismodell der schwedischen Novelle in der Frage früher Parteisäumnis bis zur Eröffnung der Hauptverhandlung unter der originären, mehrseitigen Rezeption deutsch-österreichischen Rechts herausgebildet hat. In der Behandlung der Fälle im Verlauf der Hauptverhandlung auftretender Säumnis hat sich das schwedische Recht überwiegend an das deutsche Recht angelehnt. In dem Verzicht auf eine Übernahme des deutschen Instituts der Entscheidung nach Aktenlage zugunsten einer Beschränkung des kontradiktorischen Sachurteils auf die Fälle der evidenten Unbegründetheit der Klage bei Säumnis des Beklagten bzw. der

---

[1641] Vgl. dazu insbes. die Angabe unter S. 15 FN 57.

[1642] Vgl. PK III S. 76.

[1643] S. unter II. 4. a) (in quantitativer Hinsicht) und b) (in qualitativer Hinsicht).

[1644] Dem Gutachten der Prozeßkommission lassen sich zumindest keine gegenteiligen Angaben entnehmen, während das Gremium im übrigen nicht gezögert hat, auf die aus seiner Sicht bestehenden Nachteile einzelner Regelungen des ausländischen Verfahrensrechts hinzuweisen [vgl. etwa oben unter α) (6) zur Kritik der Kommission an der französischen Lösung sowie S. 314 FN 1637 zur Distanzierung der Kommission von dem deutschen Institut der Entscheidung nach Aktenlage]. Tatsächlich sah sich jedoch die Gestaltung des Säumnisrechts in Deutschland selbst von Anfang an harscher Kritik ausgesetzt, die sich gegen die uneingeschränkte Anwendung des Versäumungsurteils ohne Berücksichtigung des jeweils vorliegenden Prozeßstoffs auch während der späteren Stadien des Prozesses richtete; s. etwa *R. v. Kräwel*, Erfahrungen im jetzigen deutschen Civilprozesse, in: ZZP 3 (1881), S. 445 ff. (471 ff.), *H. Sperl*, Ist die Vorschrift des § 296 der Civilproceßordnung für das Deutsche Reich gerechtfertigt? Gutachten zum Deutschen Juristentag, in: DJT, Bd. 24/I (1897), S. 188 ff. sowie *E. Neukamp*, Wie ist den hauptsächlichsten Klagen des Volkes über den Zivilprozeß abzuhelfen? in: DJZ 1913, Sp. 1004 ff. (1008).

evidenten Klagebegründetheit bei Säumnis des Klägers sowie der Situation einer kurz vor ihrem Ende vertagten Hauptverhandlung hat es hingegen auch einen deutlich eigenen Weg eingeschlagen.

bb) Die Umsetzung des Ziels verbesserter Gewähr materiell richtiger Entscheidungen

Nächst seiner Langsamkeit empfanden die Reformgremien als zweiten Kernmangel des geltenden Verfahrensrechts den Umstand, daß die Gerichte häufig nur auf der Grundlage wenig zuverlässigen Prozeßmaterials und ungenügender Sachverhaltsermittlung urteilten. Sie sahen dadurch sowohl das individuelle Rechtsschutzinteresse der Parteien gefährdet als auch das auf die bestmögliche Umsetzung des materiellen Rechts gerichtete Allgemeininteresse.[1645]

Die Kritik entzündete sich an drei Wesenszügen des alten Rechts: seinem sog. mündlich-protokollarischen Charakter [α)], der als nachteilhaft empfundenen Verteilung der Verantwortung für die Beibringung des Tatsachenstoffes im Prozeß [β)] und dem legalen Beweissystem [γ)].

Die nachfolgende Darstellung versucht offenzulegen, in welchem Umfang die Novelle in diesen Bereichen zu Neuerungen greift. Es wird dabei erneut der Versuch unternommen, auf der Grundlage des Rechtsvergleichs mit dem europäischen Prozeßrecht, wie es sich zu dem für eine mögliche Rechtsrezeption maßgebenden Zeitpunkt des frühen 20. Jahrhunderts darstellte, zu einer Aussage über den Umfang rezipierter Rechtsformen durch die schwedischen Reformgremien zu gelangen.

α) Das Verhältnis von Mündlichkeit und Schriftlichkeit im Prozeß

Der Begriff der Mündlichkeit ist mehrdeutig. Man kann ihn allein auf die äußere Form der Prozeßverhandlung beziehen und demgemäß von einem mündlichen bzw. schriftlichen Prozeß sprechen, je nachdem das Parteivorbringen in mündlicher Rede und Gegenrede präsentiert wird bzw. Gegenstand der bei Gericht eingereichten Schriftsätze ist.[1646]

Mit Aufkommen der liberalen Bürgerbewegung im 19. Jahrhundert erhielt der Begriff hingegen eine noch weitergehende, auf den Urteilsinhalt zielende Bedeutung. Hiernach versteht sich der mündliche Prozeß als eine Verfahrensform, bei der allein der Inbegriff der mündlichen Verhandlung der Entscheidung zugrundegelegt werden darf und nicht der Inhalt eines etwaigen Gerichtsprotokolls. Die Einreichung, Verlesung oder auch Inbezugnahme von Schriftstücken durch die Parteien im Verfahren schließt dieses Begriffsver-

---

[1645] Vgl. PK I S. 17 ff. (v.a. 20 ff.) und PK III S. 5 f.

[1646] Vgl. zu diesem Verständnis *I. Afzelius*, Grunddragen, S. 113 ff., v.a. S. 116 ff.

ständnis freilich nicht aus. Es kann als das in der Prozeßtheorie der westlichen Industrieländer heute allgemein herrschende bezeichnet werden.[1647]

Zum Ausgangspunkt der auf eine erhebliche Verstärkung der Mündlichkeit im Verfahren zielenden liberalen Prozeßtheorie wurde im Verlauf des 19. Jahrhunderts der französische Code de Procédure Civile. Durch die Gewährleistung einer mündlichen Verhandlung vor dem erkennenden Gericht als zumindest möglicher Urteilsgrundlage hat er den Weg zu der modernen, heute herrschenden Begrifflichkeit geebnet.

Trotz Gleichklangs in der Grundauffassung stellt man bei einer Analyse der großen europäischen Verfahrensordnungen fest, daß zu dem hier in Frage stehenden Zeitpunkt des frühen 20. Jahrhunderts der Grundsatz der Mündlichkeit in ihnen eine im einzelnen durchaus unterschiedliche Ausgestaltung erfahren hat. Ihr geht die folgende rechtsvergleichende Darstellung unter dem Gesichtspunkt der Frage nach einer Rezeption in der schwedischen Novelle näher nach.[1648]

[1647] Vgl. nur *M. Cappelletti/B. Garth*, Policies, Trends and Ideas in Civil Procedure, in: R. David et al. (Hrsg.): International Encyclopedia of Comparative Law, Bd. 16, Chapt. 1, S. 5 ff. sowie speziell aus deutscher Sicht *Rosenberg/Schwab/Gottwald*, Zivilprozeßrecht[15], § 80 II.

[1648] Eng verknüpft mit dem Begriff der Mündlichkeit ist in der modernen Prozeßdoktrin einschließlich der schwedischen der der Unmittelbarkeit des Verfahrens. Zwar sind Unmittelbarkeit und Mündlichkeit nicht zwingend in einem Prozeß miteinander verbunden (siehe dazu *Rosenberg/Schwab/Gottwald*, a.a.O., § 83 I.). So kann etwa auch der schriftliche Aktenprozeß nach dem gemeinen Recht insoweit als unmittelbar bezeichnet werden, als der für das Urteil entscheidungserhebliche Akteninhalt ohne Zwischenschaltung einer Drittinstanz direkt von dem jeweiligen Spruchkörper ausgewertet wurde. Und umgekehrt gilt, daß sich die mündliche Stoffeinbringung auch als mittelbare denken läßt, etwa im Falle einer Verhandlung vor einem kommissarischen Richter, der den Spruchkörper über das Verhandlungsergebnis nicht mittels eines Protokolls, sondern im Wege eines mündlichen Referats informiert (der von *Rosenberg/Schwab/Gottwald*, a.a.O., als Beispiel mittelbarer Mündlichkeit angegebene Fall der Erklärung eines mündlichen Geständnisses zu Protokoll eines beauftragten Richters könnte demgegenüber auch als ein Exempel für die Schriftlichkeit gedeutet werden, da Urteilsgrundlage in diesem Fall das Protokoll ist).

Versteht man jedoch den Begriff der Unmittelbarkeit vernünftigerweise nicht allein in diesem strikt formalen Sinne des unmittelbaren Verkehrs zwischen Parteien und (mit der Entscheidung betrautem) Richter, sondern gibt ihm darüber hinaus eine materielle, auf weitestgehende Vermeidung einer Verfälschung des Prozeßstoffes zielende Begriffsrichtung, so geht die Unmittelbarkeit zumal auf der Ebene des Beweisverfahrens bei Zeugen- und Parteivernehmungen mit der Mündlichkeit regelmäßig Hand in Hand (vgl. *Å. Hassler*, Svensk Civilprocessrätt, S. 219: „Das Mündlichkeits- und Unmittelbarkeitsprinzip hängen eng miteinander zusammen."). Bei den Beratungen der schwedischen Reform wurden beide Begriffe auch zumeist in demselben Zusammenhang verwendet (vgl. etwa PK II S. 15 ff., v.a. 21; vorher schon *I. Afzelius*, Grunddragen, S. 118 ff.). In den deutschen Territorien verstand man die Begriffe der Mündlichkeit und Unmittelbarkeit wie auch den der Öffentlichkeit im Verlauf der Reformbestrebungen im 19. Jahrhundert sogar vielfach als Synonyme (dazu *G. Dahlmanns*, Strukturwandel, S. 27 f, insbes. FN 78).

Wegen der gen. Abgrenzungsschwierigkeiten bemüht sich auch die folgende Analyse nicht um eine Trennung der Darstellung in einen der Mündlichkeit und einen der Unmittel-

(1) Mündlichkeit und Schriftlichkeit in der schwedischen Novelle

(a) Bedeutung der Mündlichkeit während des Reformprozesses – Zusammenhang mit der Konzentration des Verfahrens und der Prozeßöffentlichkeit

Gemessen an dem modernen Begriffsverständnis war der schwedische Prozeß bis zum Inkrafttreten der Novelle ein schriftlicher, da ungeachtet der vor den Untergerichten noch praktizierten mündlichen Verhandlung[1649] regelmäßig der Inhalt des gerichtlichen Protokolls die wesentliche Grundlage der späteren Entscheidung bildete.[1650]

Im frühen Stadium der Reformarbeiten – dem 19. Jahrhundert – wurde dieser Grundzug des Prozeßverfahrens unter dem Einfluß der liberalen Bewegung zwar nachhaltig in Frage gestellt und eine deutliche Verstärkung der Mündlichkeit im Prozeß gefordert.[1651] Sowohl die Vorschläge des Lagkommittés und der Äldre Lagberedning als auch das Gutachten der Nya Lagberedning hielten jedoch bei unterschiedlicher Gewichtung einzelner mündlicher Elemente im Prozeß im Ergebnis noch an dem protokollarischen System fest.[1652]

Mit Beginn der für die Novelle entscheidenden Phase im frühen 20. Jahrhundert – der Tätigkeit der Prozeßkommission und der Prozeßlagberedning – änderte sich das Bild. Mit allem Nachdruck hob die Prozeßkommission in ihrem Gutachten die Unzulänglichkeit des Protokolls als maßgebender Urteilsgrundlage hervor und wies auf die Schwierigkeit der schriftlichen Fixierung all dessen hin, was im Verlauf des Verfahrens an Entscheidungsrelevantem festgestellt werde. Auch die größte hierauf verwandte Genauigkeit könne – zumal bei der mündlichen Beweiserhebung – nicht die Bedeutung der unmittelbaren Wahrnehmung ersetzen.[1653]

Verschärfend trat aus der Sicht der Reformgremien der Umstand hinzu, daß das Protokoll für gewöhnlich nicht während der Verhandlung aufgenommen wurde, vielmehr erst geraume Zeit später auf der Grundlage knapper Notizen, die sich der Richter zur Gedächtnisstütze gemacht hatte. Auch oblag die Ausfertigung des Protokolls selbst nicht selten einer mit dem Verfahren ihrerseits nicht weiter vertrauten Hilfskraft des Richters, etwa einem zur Ausbildung bei ihm beschäftigten Juristen.[1654]

---

barkeit gewidmeten Teil, sondern erörtert Fragen v.a. der Beweisunmittelbarkeit unter dem übergeordneten Gesichtspunkt der Mündlichkeit.

1649 Vgl. 2. Teil C. III. 3. a) bb).

1650 Ibid.

1651 S. oben unter III. 1.

1652 Prop 1931 Nr. 80, S. 23 ff. (24, 25, 28). Vgl. auch *E. Kallenberg*, Processlagberedningens förslag till rättegångsbalk, SJT 1940, S. 1 ff. (1).

1653 Zusammenfassend *T. Engströmer*, Sammanfattning, S. 11.

1654 Dazu näher 2. Teil C. III. 2. a) sowie *W. Uppström*, Zivilprozeß, S. 332.

Daß die damit verbundenen Unzulänglichkeiten bei der Würdigung des Prozeßstoffes eine erhebliche Gefahr unrichtiger Entscheidungen mit sich führten, liegt auf der Hand. Es war daher das erklärte Ziel der Reformarbeit, die Mündlichkeit im Prozeß in erster Linie zur verbesserten Gewähr materiell richtiger Entscheidungen durchzusetzen.[1655]

Daneben sahen die Prozeßkommission und die Lagberedning in der Beseitigung des schriftlich-protokollarischen Systems auch eine Möglichkeit, die Erzielung eines konzentrierten Verfahrens, das zweite Hauptanliegen der Reform, zu unterstützen. Sie gingen dabei davon aus, daß ein mündliches Verfahren schon der erhöhten Anforderungen wegen, die es an die Aufmerksamkeit und das Erinnerungsvermögen des Richters stellt, nach größtmöglicher Beschleunigung strebe. Insbesondere veranlasse es den Richter, nachhaltig von seiner Prozeßleitung Gebrauch zu machen, um durch Fragen und Hinweise auf die frühzeitige Beseitigung von Mißverständnissen, die Ergänzung der Parteiausführungen oder auch auf die Herausnahme von Prozeßirrelevantem aus dem Verfahren hinzuwirken und so Vertagungen vorzubeugen.[1656]

Einen dritten Vorzug mündlichen Prozessierens erblickten die Reformgremien schließlich in der Ermöglichung eines (publikums-)öffentlichen Verfahrens. Seine Gewährleistung in allen Instanzen war ihnen seit dem frühen 19. Jahrhundert ebenfalls ein Anliegen.[1657] Es ließ sich jedoch mit dem protokollarischen System nur schwer in Einklang bringen und bestand auch in Schweden – zumal in den Rechtsmittelinstanzen – unter der Geltung der Schriftlichkeit nicht oder nur in erheblich eingeschränktem Umfang.[1658]

(b) Umsetzung der Mündlichkeit in der Novelle

Vor diesem Wertungshintergrund und unter dem Eindruck der nachteiligen eigenen Erfahrungen mit dem alten protokollarischen System entschieden sich die Reformgremien in der Novelle für eine sehr weitgehende Ausrichtung des gesamten Verfahrens einschließlich der Rechtsmittelinstanzen am Leitbild der Mündlichkeit.

(aa) im Untergerichtsverfahren

Sowohl die Vorbereitung der Hauptverhandlung als auch der Haupttermin selbst haben nach den ausdrücklichen Bestimmungen der Novelle mündlich

---

1655 PK III S. 18 iVm PK II S. 15 ff., v.a. 20.

1656 PLB S. 446; vgl. auch *E. Kallenberg*, Om grunderna för en processreform, in: SJT 1927, 172 ff. (175).

1657 Sowohl das Lagkommitté als auch die Äldre Lagberedning und die Nya Lagberedning sprachen sich in ihren Gutachten für eine deutliche Stärkung der Öffentlichkeit im Prozeß aus, vgl. zusammenfassend prop 1931 Nr. 80, S. 23 ff. (25, 28).

1658 S. oben 2. Teil C. III. 1. sowie *W. Uppström*, Zivilprozeß, S. 331.

stattzufinden.[1659] Dies hat Konsequenzen sowohl für die Bedeutung, die nach der Reform nunmehr dem Gerichtsprotokoll zukommt [(α)], als auch hinsichtlich der Rolle, die die Novelle schriftlichen Aufzeichnungen im Prozeß im übrigen einräumt [(β)].

(α) Mit der umfänglichen Einführung der Mündlichkeit im Verfahren ist zum einen die Abschaffung des protokollarischen Systems in dem Sinne verbunden, daß künftig grundsätzlich allein das mündlich Vorgetragene die Entscheidungsgrundlage bilden darf.[1660] Das Protokoll bleibt zwar als prozessuale Einrichtung bestehen, erhält aber mit dem Fortfall der alten Ordnung eine prinzipiell andere Funktion.

Nach der Novelle dient es nur mehr in erster Linie dem Nachweis der Einhaltung aller wesentlichen Förmlichkeiten im Verfahren und ist zu diesem Zweck auch mit besonderer Beweiskraft ausgestattet.[1661] Den eigentlichen Inhalt der Verhandlung selbst spiegelt es dagegen in gegenüber dem früheren Umfang erheblich eingeschränktem Maß wider.

Von der Vorbereitungsverhandlung hat das Protokoll lediglich die Anträge und Einwendungen der Parteien samt etwaiger Änderungen und Anerkenntnisse wiederzugeben sowie eine knappe Darstellung des sachlichen Streithintergrunds unter Angabe der von den Parteien für die Hauptverhandlung ins Auge gefaßten Beweise mit Beweisthema und Beweismittel.[1662] Soweit die diesbezüglichen Angaben bereits in schriftlicher Form vorliegen (etwa Klage- oder Klageerwiderungsschrift), genügt ein Verweis hierauf. Weitere Ausführungen sollen nur in dem Umfang aufgenommen werden, in dem sie für die Anordnung der Hauptverhandlung von Bedeutung sind.[1663]

Das über die Hauptverhandlung zu erstellende Protokoll hat ganz ähnlich die Anträge der Parteien, ihre Einwendungen, Geständnisse und Anerkenntnisse sowie etwaige Änderungen des Streitgegenstandes zu enthalten.[1664] Verzichtet wird hingegen auf die Darstellung der den Anträgen und Einwendungen zugrundeliegenden sachlichen Umstände. Hinsichtlich des Beweisverfahrens orientieren sich die Bestimmungen der Novelle an dem Grundgedanken, daß eine Protokollierung der Ergebnisse einer (v.a. mündlichen) Beweiserhebung zweckmäßigerweise in dem Umfang zu erfolgen hat, in dem diese für eine

---

[1659] 42:9 S. 1: „Die Vorbereitung hat mündlich zu sein"; 43:5 S. 1: „Die Hauptverhandlung hat mündlich zu sein".

[1660] Vgl. *P.O. Ekelöf*, Kompendium S. 94.

[1661] Hierfür sehen die §§ 3 ff. in Kap. 6 die zu erwartenden Angaben hinsichtlich der Zeit und des Ortes der Verhandlung, der Mitglieder des Spruchkörpers, der Parteien und ihren Vertretern, der Begründung für einen Öffentlichkeitsausschluß wie auch der Charakterisierung der Streitsache vor.

[1662] 6:4.

[1663] 6:4 Abs. 1 Nr. 4. Hierunter fallen in erster Linie Fragen des äußeren Gangs der Verhandlung wie etwa die Aufteilung oder Zusammenführung des Streitstoffes oder auch die Gestaltung des Beweisverfahrens.

[1664] Hierzu im einzelnen 6:5 f.

Überprüfung in der Rechtsmittelinstanz von Bedeutung sind. Daher sind die Aussagen von Zeugen und Sachverständigen wie auch die Ergebnisse einer förmlichen Parteivernehmung unter Versicherung der Wahrheit[1665] und einer Augenscheinseinnahme im Untergerichtsverfahren in ihren wesentlichen Grundzügen im Protokoll festzuhalten.[1666] Für das Berufungsverfahren vor den Hofgerichten gilt diese Regel nur in dem Umfang, in dem die Ergebnisse für eine Rechtsmittelverhandlung vor dem Höchsten Gerichtshof nach Einschätzung des Hofgerichts von Relevanz sein dürften,[1667] während das Protokoll des Höchsten Gerichtshofs seinerseits konsequenterweise von diesen Angaben gänzlich freigestellt ist.[1668]

Weitere, über den beschriebenen Umfang hinausgehende Ausführungen sind in das Protokoll grundsätzlich nicht aufzunehmen.[1669]

Im Gegensatz zum alten Rechtsstand sieht die Novelle die Aufstellung des Protokolls schon während der Verhandlung durch einen hierzu bestellten Protokollführer vor, so daß mit dem Schluß der Verhandlung regelmäßig auch das Protokoll seine endgültige Fassung erlangt hat.[1670]

Als nennenswerte Neuerung räumt die Novelle schließlich dem Gericht die Befugnis ein, in den Fällen, in denen eine wörtliche Wiedergabe mündlicher Beweisaussagen von Bedeutung erscheint, nach eigenem Ermessen an die Stelle der Protokollierung die stenographische oder elektronische Aufzeichnung der mündlichen Beweisaufnahme zu setzen.[1671]

(β) Die strenge Durchführung der Mündlichkeit in der Novelle zeigt sich neben den Bestimmungen über Bedeutung und Inhalt des Protokolls im besonderen an der Rolle, die schriftliche Aufzeichnungen im übrigen im Untergerichtsprozeß spielen.

Sowohl für die Vorbereitung als auch die Hauptverhandlung sieht die Novelle ein grundsätzliches Verbot der Einreichung oder Verlesung von Schriftsätzen oder sonstiger schriftlicher Äußerungen vor, schriftliche Beweisstücke ausgenommen.[1672] Diese Regelung erscheint für die Vorbereitung nur insofern gelockert, als die Klageschrift nebst anderen Ausführungen, die nach dem Ge-

---

1665 Dazu im einzelnen nachfolgend unter γ) (2) (b).

1666 6:6 Abs. 1.

1667 Als Beispiele fehlender Erforderlichkeit der Protokollierung nennt die PLB insbesondere den Fall der letztinstanzlichen Zuständigkeit des Hofgerichts sowie denjenigen einer nur auf der Grundlage der besonderen rechtlichen Bedeutung der Streitsache in Betracht kommenden künftigen Revision, PLB S. 142.

1668 6:6 Abs. 2.

1669 Dies gilt in besonderem Maße für die rechtlichen Ausführungen der Parteien, hinsichtlich deren die Novelle in 6:7 ein ausdrückliches Protokollierungsverbot aufstellt.

1670 6:8 Abs. 1.

1671 6:9 Abs. 1.

1672 42:11 S. 1; 43:5 S. 2.

setz ausnahmsweise schriftlich erfolgen dürfen,[1673] zum Zweck der präzisen Wiedergabe ihres Inhalts verlesen werden können und sich auch der Beklagte bei der ersten Zusammenkunft vor dem Einzelrichter auf eine von ihm eingereichte schriftliche Klageerwiderung berufen darf.[1674] Für die Hauptverhandlung hingegen gilt – von schriftlichen Beweismitteln abgesehen – die Regel lediglich mit der Ausnahme, daß eine Verlesung der Anträge erfolgen darf.[1675]

Speziell mit Blick auf die Zeugenvernehmung konkretisiert die Novelle diesen Grundsatz durch das Verbot einer Verlesung oder auch nur Inbezugnahme einer schriftlichen Zeugenaussage.[1676] Die Vernehmung hat vielmehr grundsätzlich mündlich vor dem erkennenden Gericht zu erfolgen. Hier berührt sich der Grundsatz der Mündlichkeit mit dem der Unmittelbarkeit, mit dessen Ausformung als Forderung nach der Berücksichtigung der sachlich jeweils unmittelbarsten Beweisaussage er im Beweisrecht austauschbar ist.[1677]

Hinsichtlich des während der Vorbereitung ermittelten Prozeßstoffs, der – wie bereits dargestellt – nicht ipso iure auch solcher der Hauptverhandlung ist,[1678] ist ebenfalls eine Verlesung entsprechender Passagen des Protokolls grundsätzlich nicht gestattet.[1679]

Von wenigen, durch praktische Zwänge bedingten Ausnahmen abgesehen, hat der gesamte für die Streitentscheidung relevante Prozeßstoff nach der Novelle somit in mündlicher Form dem Spruchkörper vorgelegt zu werden. Es ist für die Einstellung der Reform zur Bedeutung der Mündlichkeit insofern bezeichnend, daß sich bei den Beratungen in den Reformgremien nicht einmal der Vorschlag hat durchsetzen können, einer anwaltlich nicht vertretenen Partei die Möglichkeit einzuräumen, sich der Einfachheit halber auf eine von ihr zuvor aufgestellte schriftliche Erklärung zu berufen.[1680] Die Reformgremien sahen hier die Schwierigkeit sicherzustellen, daß eine derartige Darstellung auch tatsächlich von der Partei herrühre und nicht von einem Dritten, der vor Gericht nicht als Vertreter zugelassen würde.[1681]

1673 Etwa die Klageänderung (13:4 Abs. 2 S. 1) oder auch Schriftsätze, sofern sich das Gericht zunächst für eine schriftliche Vorbereitung entschieden haben sollte und erst in deren Verlauf zu einem mündlichen Verfahren übergewechselt hat.

1674 42:11 S. 2.

1675 43:5 S. 2.

1676 36:16. Eine Ausnahme gestattet die Norm nur für den Fall des Vorhalts einer früher abgegebenen schriftlichen Äußerung, wenn der Zeuge von dieser Aussage abweicht oder erklärt, sich nicht äußern zu können oder zu wollen. In enger Beziehung zu dieser Bestimmung untersagt 35:14, eine schriftliche Erklärung, die von einem Dritten in Ansehung eines bereits eingeleiteten oder bevorstehenden Prozesses außerhalb des Gerichts aufgenommen wurde, bei Gericht als Beweis einzuführen, sofern nicht eine besondere richterliche Zulassung erfolgt.

1677 S. dazu oben S. 204 FN 983.

1678 Wenn man von dem Sonderfall des sog. vereinfachten Verfahrens absieht, s. oben unter aa) α) (1).

1679 43:7 Abs. 3. Wiederum gilt eine Ausnahme für den Fall des Vorhalts (s.o. S. 322 FN 1675).

1680 Zu diesem vom Reichstag aufgebrachten Vorschlag s. PLB S. 446.

1681 Ibid.

(bb) im Rechtsmittelverfahren

Die konsequente Ausrichtung des Verfahrens am Grundsatz der Mündlichkeit zeigt sich in der Novelle auch im Rechtsmittelprozeß. Wie vor den Untergerichten gilt auch im Verfahren vor dem Hofgericht und dem Höchsten Gerichtshof, daß die Hauptverhandlung mündlich stattzufinden hat, die Entscheidung sich allein auf den Inbegriff der mündlichen Verhandlung gründen darf und die Eingabe wie Verlesung von Schriftstücken grundsätzlich untersagt ist.[1682] Die Reform nimmt damit Abschied von dem alten Verfahren, das in der Rechtsmittelinstanz noch wesentlich stärker von der Schriftlichkeit geprägt war als vor den Untergerichten.[1683]

Gleichwohl ist die Umsetzung der Mündlichkeit vor den höheren Instanzen bei weitem nicht mit derselben Konsequenz durchgeführt wie im Untergerichtsprozeß. Es ist dies in der Novelle eine Folge des Umstandes, daß das Rechtsmittelverfahren nicht im gleichen Umfang den Charakter eines eigenständigen Verfahrens besitzt wie der Prozeß in der ersten Instanz, sondern v.a. auf eine Überprüfung von dessen Entscheidung zielt. Dies hat sich bereits im Rahmen der Untersuchung der Konzentrationsmittel der Reform gezeigt, die für die Rechtsmittelinstanz eine schärfere Präklusion späten Vorbringens vorsehen als für den Prozeß vor den Untergerichten.[1684] Es spiegelt sich aber auch in dem jeweiligen Verhältnis von Mündlichkeit und Schriftlichkeit zwischen den verschiedenen Instanzen.

So sieht die Novelle für die Vorbereitung der Hauptverhandlung vor dem Hofgericht wie auch dem Höchsten Gerichtshof ein überwiegend schriftliches Verfahren vor,[1685] bestehend aus Rechtsmittelbegründung, Erwiderung und nach Bedarf weiteren Schriftsätzen.

In der Hauptverhandlung ist das Urteil der unteren Instanz in seinen angefochtenen Teilen zu verlesen,[1686] und auch hinsichtlich des Beweisverfahrens geht die Novelle davon aus, daß in vielen Fällen eine ausreichende Überprüfung der angefochtenen Entscheidung allein auf der Grundlage des zugehörigen Protokolls erfolgen könne, dessen jeweilige Passagen dann ebenfalls zu verlesen sind.[1687]

Zum Schutz der mit der mündlichen Beweisaufnahme in der ersten Instanz verbundenen größeren Verfahrensunmittelbarkeit und damit auch höheren Verläßlichkeit der Beweiswürdigung sieht die Reform in diesem Zusammenhang vor, daß die Glaubwürdigkeit der mündlichen Aussagen vor der Unterinstanz grundsätzlich nicht in Zweifel gezogen werden darf, ohne

---

1682 50:15 iVm 43:5; 55:15 iVm 50:15 iVm 43:5.

1683 Hierzu oben unter 2. Teil C. III. 3. a) bb) sowie b).

1684 S. oben unter aa) β) (2) (a) (bb).

1685 50:1 Abs. 2, 50:8, 10; 55:1, 8, 10; vgl. auch schon unter a) bb).

1686 50:16 Abs. 1 S. 1; 55:15 iVm 50:16 Abs. 1 S. 1.

1687 35:13 Abs. 2, 3.

daß zuvor eine erneute Aufnahme des Beweises vor dem Rechtsmittelgericht stattgefunden hat.[1688] Damit erreicht die Novelle mittelbar zugleich eine Stärkung der Mündlichkeit im Beweisverfahren.

Den gleichen Effekt sucht die Reform durch jene bereits erwähnte Regelung zu erzielen, nach der im Berufungsverfahren eine wiederholte Beweisaufnahme regelmäßig dann stattfinden soll, wenn die Parteien dies wünschen und die Erhebung für das Verfahren nicht unerheblich erscheint.[1689] Auch diese Bestimmung trägt zur Stärkung der beweisunmittelbaren Mündlichkeit bei.

(2) Mündlichkeit und Schriftlichkeit im französischen Prozeß

Als sich die liberale Bewegung des 19. Jahrhunderts in ihrem umfassenden Reformstreben auch dem Gerichtsverfahren zuwandte, dessen in mehr oder weniger starker Ausprägung überkommenen schriftlichen und geheimen Charakter sie durch die Einführung eines mündlich-öffentlichen Verfahrens zu ersetzen suchte, fand sie ihr Vorbild im französischen Prozeß. Dort waren die Mündlichkeit und Öffentlichkeit des Rechtsgangs nie so konsequent beseitigt worden, wie es etwa für das deutsche Verfahren mit seiner extremen Schriftlichkeit und geheimen Kabinettsjustiz kennzeichnend war. So sah etwa schon die unter Ludwig XIV. ergangene ordonnance civile von 1667 eine mündliche Verhandlung („audience“) als Teil des Erkenntnisverfahrens vor.[1690]

Der Code de Procédure Civile, der sich in vielfacher Hinsicht an der ordonnance orientierte,[1691] erweiterte zwar die Mündlichkeit und Öffentlichkeit des Verfahrens, führte sie aber keineswegs mit dogmatischer Rigorosität durch. Insbesondere verzichtete er darauf, sie zu einem den gesamten Prozeß überragenden Verfahrensprinzip zu erheben, wie es wenig später in zahlreichen deutschen Territorien und schließlich auch in der ersten Fassung der ZPO geschah.[1692] In der Regelung des Verhältnisses von Mündlichkeit und Schriftlichkeit ging der Code vielmehr von der pragmatischen Erkenntnis aus, daß die Form der Behandlung des Prozeßstoffs keinen Wert an sich darstellt, sondern stets in ihrer wechselseitigen Beziehung zu anderen Verfahrensstrukturen – etwa der Gerichtsverfassung oder auch dem Verhältnis von Richtermacht und Parteiherrschaft – zu sehen sei. Er maß daher der Schrift im Prozeß eine wesentliche Bedeutung bei und mischte mündliche mit schriftlichen Elementen in einer

---

[1688] 50:23; 55:14. S. schon unter a) dd) α).

[1689] 35:13 Abs. 2.

[1690] Zum Verfahren nach der ordonnance civile s. im einzelnen *G. Dahlmanns*, in: H. Coing (Hrsg.): Handbuch, Bd. 3/2, S. 2500 ff.

[1691] Dazu näher *K.J.A. Mittermaier*, Der gemeine deutsche bürgerliche Prozeß, S. 27. Hierzu auch *G. Dahlmanns*, a.a.O., S. 2542; 2548 ff.

[1692] Dazu im einzelnen nachfolgend unter (5).

Weise, die ihm mitunter sogar das Urteil des Gleichgewichts von Mündlichkeit und Schriftlichkeit eingetragen hat.[1693]

Bereits das Vorverfahren war – wie dargestellt – als umfänglicher Schriftsatzwechsel zwischen den Parteianwälten ausgestaltet, an dem sich das Gericht zu keinem Zeitpunkt durch eine mündliche Vorverhandlung zur Sichtung und Vorklärung des Streitstoffes beteiligte.[1694]

Die Hauptverhandlung selbst gestaltete sich in Anlehnung an die ordonnance dann zwar als mündliche Verhandlung zwischen den Parteien („audience"), in der diese ohne Bindung an ihre Schriftsätze ihre Anträge stellten und die Streitsache dem Richter darlegten, dem sie bis dahin unbekannt geblieben war.[1695]

Ein wichtiges Kennzeichen des französischen Prozesses war jedoch, daß sich der Richter bei der Urteilsfindung nicht allein auf den mündlichen Vortrag der Parteien stützen mußte, vielmehr in erheblichem Umfang auch Schriftstücke wie Akten, in Bezug genommene Schriftsätze oder über Beweisaufnahmen erstellte Protokolle zu berücksichtigen hatte. Sah sich etwa der Richter im Anschluß an die Parteiplädoyers nicht hinreichend instruiert, ordnete er eine „délibéré" oder eine „instruction par écrit" an.[1696]

In ersterem Fall hatten die Parteien ihren gesamten Schriftwechsel samt der Beweisstücke dem Gericht vorzulegen, das daraufhin sein Urteil entweder unmittelbar auf dieser schriftlichen Grundlage nach Beratung und Abstimmung fällte (sog. „délibéré sans rapport")[1697] oder aber einem Richter einen Vortrag in der mündlichen Verhandlung über den offengelegten Schriftwechsel auftrug (sog. „délibéré avec rapport"),[1698] an dem sich die Entscheidung dann ausrichtete.

Im Fall einer „instruction par écrit" wurde weitergehend noch ein neuer Schriftsatzverkehr vor einem beauftragten Richter angeordnet, der über dessen Ergebnis anschließend erneut in einem „rapport" zu berichten hatte.[1699]

1693 So etwa *P. Hébraud*, L'élément écrit et l'élément oral dans la procédure civile, in: Recueil de l'Académie de législation, 5e série, Bd. 1 (1951), S. 39 ff. (44). Von *A. Feuerbach* ist gar das Zitat überliefert, daß der französischen Mündlichkeit „fast ebenso große Lastwägen unnütz beschriebenen Papiers voraus- und hintennach gefahren [seien], wie mancher deutschen Justiz", in: ders.: Betrachtungen über die Öffentlichkeit und Mündlichkeit, S. II.

1694 Wenn man von den Inzidentverfahren über Prozeßhindernisse absieht, die vor Beginn der Hauptverhandlung durzuführen waren, vgl. hierzu eingehend *E. Glasson*, Précis théorique et pratique, Bd. 1, S. 468 ff.

1695 Vgl. Art. 87.

1696 Art. 93 ff.

1697 Art. 116.

1698 Art. 93, 111. Den gleichsam verdeckt schriftlichen Charakter dieser Form der Verhandlung verstärkte noch das im Code normierte ausdrückliche Verbot für die Anwälte, auf den „rapport" mündlich zu erwidern, vgl. Art. 111. Ihnen war allein gestattet, schriftlich formulierte Einwände bei dem Vorsitzenden einzureichen. Vgl. zur „délibéré" eingehend *E. Glasson*, Précis théorique et pratique, Bd. 1, S. 348 ff.

1699 Art. 95. Näher hierzu ders.: a.a.O., S. 302 ff.

Auch das Beweisverfahren, Kernstück einer jeden Hauptverhandlung, war nach dem Code in erheblichem Umfang von Schriftlichkeit bestimmt. Dies hing mit der für den französischen Prozeß charakteristischen Beschränkung des Zeugenbeweises zusammen, dem der Code ablehnend gegenüberstand, und der deshalb nur die Bedeutung eines – allenfalls – sekundären Beweismittels trug, das hinter dem Urkundenbeweis rangierte.[1700] Zudem erfolgte die Zeugenvernehmung wie auch die Vernehmung der Parteien nicht unmittelbar in der mündlichen Hauptverhandlung, sondern im Rahmen eines sog. Inzidentverfahrens[1701] vor einem beauftragten Richter.[1702] Dem späteren Urteil konnte infolgedessen nicht der unmittelbar-mündliche Eindruck der Vernehmung zugrundegelegt werden, sondern nur der im Wege des hierüber aufgenommenen Protokolls vermittelte schriftlich-mittelbare.[1703]

Das Berufungsverfahren („appellation")[1704] war im wesentlichen dem Prozeß vor den Untergerichten nachgebildet. Nach einer – wenngleich kürzeren – schriftlichen Vorbereitung des Verfahrens zwischen den Parteien[1705] folgte die Erörterung der Streitsache in einer mündlichen Hauptverhandlung.[1706] Eine solche schrieb der Code im Grundsatz für jede Appellation einschließlich derjenigen gegen Urteile, die auf ein schriftliches Verfahren hin ergangen waren, ausdrücklich vor.[1707]

Wie schon vor der unteren Instanz gingen die Ergebnisse einer Beweisaufnahme in ihrer protokollierten Fassung in die Entscheidung ein.

Die Mündlichkeit blieb im französischen Prozeß somit im wesentlichen auf die tendenziell eher formale Gewährleistung einer mündlichen Verhandlung im Haupttermin beschränkt. Der historische Fortschritt gegenüber dem gemeinen Recht lag zwar zweifellos darin, daß dieser Verhandlung für die Entscheidungsfindung neben der Schrift eigenständige und unmittelbare Bedeutung zukam, auch ohne daß ihr Gegenstand zuvor schriftlich niedergelegt worden wäre. Kennzeichnend war jedoch zugleich, daß der mündlich vorgetragene Prozeßstoff in dem beschriebenen Umfang nicht die alleinige Urteilsgrundlage

---

1700 Eingehend hierzu unter γ) (1) (b). Vgl. auch *G. Dahlmanns*, a.a.O., S. 2547

1701 S. oben S. 325 FN 1693.

1702 Zur Zeugenvernehmung s. Art. 252 ff., v.a. 255; zur Parteivernehmung vgl. Art. 324 ff., v.a. 325.

1703 Zwar wurde dieses Protokoll in die Hauptverhandlung dann durch Verlesung eingeführt (vgl. etwa Art. 291) und damit auf einer formalen Ebene die Mündlichkeit gewahrt, doch war wegen der in der Sache gleichwohl verbleibenden Fixierung auf den schriftlich niedergelegten Prozeßstoff hiermit kein nennenswerter Vorteil verbunden.

1704 Der Prozeß vor der Cour de Cassation wurde nahezu ausschließlich schriftlich geführt, vgl. hierzu im einzelnen *E. Glasson*, Précis théorique et pratique, Bd. 2, S. 101 ff. (101: „[...] la procédure est [...] écrite; [...] les écritures, facultatives devant les tribunaux d'arrondissement et les cours d'appel, deviennent ici obligatoires").

1705 Art. 462.

1706 Ibid.

1707 Art. 461. Die Norm gewährte allerdings zugleich dem Richter die Ausnahmemöglichkeit eines schriftlichen Appellationsverfahrens in den „geeigneten" Fällen.

bilden mußte und insbesondere der Grundsatz der Unmittelbarkeit im Verfahren durch die Verwendung der Beweisprotokolle vielfach gelockert war.

(3) Mündlichkeit und Schriftlichkeit im englischen Prozeß

Das verstärkte Streben nach Mündlichkeit, Unmittelbarkeit und Öffentlichkeit in den modernen Prozeßordnungen im Zusammenhang mit dem Aufkommen der liberalen Bewegung im 19. Jahrhundert war überwiegend eine Erscheinung des kontinentaleuropäischen Rechts, das hiermit auf die Auswüchse des geheimen, schriftlich-mittelbaren Verfahrens gemeinrechtlicher Prozeßpraxis reagierte. In England hingegen, das in erheblich geringerem Umfang unter den Einfluß des römischen Rechts geraten war,[1708] war die mündliche Verhandlung vor dem öffentlich tagenden Gericht ein stetes Merkmal seines Verfahrensrechts gewesen.[1709]

Auch zu der hier relevanten Zeit des frühen 20. Jahrhunderts war es die mündliche Verhandlung im trial, welche die Struktur des Verfahrens bestimmte und aufgrund deren der Richter – ggf. zusammen mit den Geschworenen – das Urteil fällte. Das gesprochene Wort war dabei für die Hauptverhandlung von so zentraler Bedeutung, daß vereinzelt gar von der „absoluten“ Mündlichkeit des englischen Verfahrens gesprochen wurde.[1710]

1708 Näher hierzu *R. van Caenegem*, History of European Civil Procedure, in: International Encyclopedia of Comparative Law, Bd. 16, Chapt. 2, v.a. S. 43 ff., 105 ff. Zu den gleichwohl auch in der Entwicklung des englischen Verfahrensrechts feststellbaren Auswirkungen römischen Rechts – vermittelt maßgeblich über den kanonischen Prozeß – s. die unter S. 403 FN 2054 wiedergegebenen Literaturhinweise.

1709 *M. Cappelletti/B. Garth*, Trends and Ideas, S. 10. Dort wird auch darauf hingewiesen, daß das frühe Verfahren vor den Equity-Gerichten hinsichtlich seiner äußeren Form starke Ähnlichkeit mit dem Prozeß nach dem „ius commune“ aufwies. Gleichwohl war der beherrschende Eindruck, den das englische Verfahren im Vergleich mit dem kontinentaleuropäischen – zumal in den deutschen Territorien – vermittelte, der des mündlichen Prozesses vor den Geschworenen. Die Kontinuität der mündlichen und öffentlichen Verhandlung im englischen Rechtssystem hängt aller Wahrscheinlichkeit nach mit der historisch starken Stellung der „jury“ zusammen, die lange Zeit auch im Zivilverfahren vertreten war. Ihre Einbeziehung in den Prozeß legte die unmittelbare und mündliche Offenlegung des gesamten Prozeßmaterials vor ihren mit dem Rechtsstreit nicht weiter vertrauten Mitgliedern als die geeignetste Verhandlungsform nahe (vgl. dazu *H. Nagel*, Grundzüge, S. 59 m.w.N.). Der allmähliche Bedeutungsrückgang der „jury“ im englischen Zivilverfahren, der dort heute keine nennenswerte Rolle mehr zukommt, setzte erst gegen Mitte des 19. Jahrhunderts durch eine Reihe gesetzlicher Novellen ein (vgl. hierzu im einzelnen *E. Schuster*, Rechtspflege, S. 155 f.).

1710 So etwa schon *E.J. Cohn*, Gerichtstag, S. 37, 54, 57; s. auch dens., Die Lehre vom Schriftsatz nach englischem Recht, in: ZZP 73 (1960), S. 324 ff. (324): „(...) ist das englische Verfahren streng dem Mündlichkeitsprinzip unterworfen“; ähnlich jüngst *K. Schmidt*, Der Abschied von der Mündlichkeit, S. 28 ff. („Universalität der Mündlichkeit“). Dort (S. 458 ff.) auch zu den seit den neunziger Jahren des 20. Jahrhunderts zu beobachtenden Veränderungen in der Bedeutung der Mündlichkeit für den englischen Prozeß; s. zu der seither erfolgten zunehmenden Abschwächung der Mündlichkeit im englischen Prozeß die Angaben unter S. 363 FN 1888.

Da der Richter in aller Regel und die Geschworenen stets von dem Fall und den während der vorbereitenden pretrial-Phase ermittelten Umstände keine Kenntnis besaßen, mußten die Parteien den Prozeßstoff in seinem vollen Umfang in der mündlichen Verhandlung offenlegen. Hierbei durften sie sich nicht mit bloßen Verweisen auf den Inhalt früherer Schriftsätze begnügen, wie es etwa für die Entwicklung des deutschen Rechts im Anschluß an die ZPO von 1877 kennzeichnend wurde.[1711] Das gesamte trial verstand sich vielmehr von dem Eröffnungsvortrag der Parteianwälte über die Beweisaufnahme bis zu den Plädoyers als eine in sich geschlossene und aus sich heraus verständliche mündliche Aufbereitung des Streits in sachlicher wie rechtlicher Hinsicht, in der andere Schriftstücke als Beweisurkunden oder affidavits (dazu sogleich) grundsätzlich keine Rolle spielten.

Selbst das Protokoll enthielt keine näheren Angaben über den Verlauf der Verhandlung und das Ergebnis der Beweisaufnahmen.[1712] Vielmehr pflegte sich der Richter lediglich für seinen eigenen Gebrauch kurze Notizen zu machen, die ihm bei der Entscheidungsfindung behilflich sein konnten, die allerdings – soweit sie vorlagen[1713] – auch der höheren Instanz im Falle einer Berufung als Überprüfungsgrundlage dienten.[1714] Üblicherweise sorgten daher die Parteien in wichtigen Streitfällen selbst für die schriftliche Fixierung der Beweisergebnisse, zumal der Zeugen- und Sachverständigenaussagen, wobei sie in aller Regel auf die Stenographie zurückgriffen.[1715] Nicht zuletzt deshalb war diese in England in größerem Umfang verbreitet als zeitgleich in den anderen Ländern.[1716]

Zu der mündlichen Verhandlung zählte neben der Ermittlung des dem Streit zugrundeliegenden Sachverhalts auch die Erörterung der rechtlichen Fragen durch die Parteien, die zu diesem Zweck einschlägige Präzedenzfälle anführten, aus Abhandlungen zitierten oder auch Gesetzestexte vortrugen und den gesamten Tatsachen- und Rechtsstoff in ihren nicht selten Tage währenden Plädoyers detailliert würdigten.[1717]

Auch auf der Ebene des Beweisverfahrens zeigte sich die herausragende Bedeutung der Mündlichkeit im englischen Prozeß. Anders als im französischen Verfahren kam hier den mündlichen Beweismitteln in Gestalt der Zeu-

---

[1711] Dazu nachfolgend unter (5).

[1712] Bezeichnenderweise enthält die ausführliche Darstellung des englischen Gerichtsverfahrens im frühen 20. Jahrhundert bei *E. Jenks* (Hrsg.): Stephen's commentaries on the Laws of England, Bd. 3, S. 438 ff.) – soweit ersichtlich – keine näheren Ausführungen über Funktion und Inhalt gerichtlicher Verhandlungsprotokollierung.

[1713] Der Richter war zur Niederschrift derartiger Notizen nicht verpflichtet.

[1714] Vgl. *E. Schuster*, Rechtspflege, S. 198, 206.

[1715] *A. Curti*, Zivilprozeß, S. 107.

[1716] Vgl. hierzu die Feststellungen der schwedischen Prozeßkommission, PK I S. 147 ff.

[1717] *E.J. Cohn*, Gerichtstag, S. 48 ff., bietet eindrucksvolle Beispiele für die Ausführlichkeit der Parteiplädoyers im englischen Prozeß.

Zeugen- und Parteivernehmung[1718] gegenüber dem Urkundenbeweis die primäre Rolle zu.[1719] Letzterer rückte sogar dadurch in die Nähe zur mündlichen Beweisaufnahme, daß die nicht-öffentlichen Urkunden regelmäßig nicht ohne die Bekräftigung ihrer Authentizität im Wege der Zeugenbefragung vor Gericht eingeführt werden durften.[1720]

Trotz des überragenden Stellenwerts der Mündlichkeit waren allerdings auch dem englischen Verfahren schriftliche Elemente nicht fremd.

Es wurde bereits bei der Analyse des Vorverfahrens dargestellt, daß dieses in England überwiegend schriftlich in der Form der pleadings stattfand, deren Bedeutung wegen der mit ihnen verbundenen Funktion der verbindlichen Festlegung des Streitstoffes im Vergleich zu den Schriftsätzen im kontinentaleuropäischen Recht noch deutlich größer war.

Die zweite Einschränkung der Mündlichkeit, die hier zugleich als Beschänkung der Unmittelbarkeit wirkte, erfuhr der englische Prozeß durch die Zulassung beeideter schriftlicher Aussagen von Zeugen, Sachverständigen und auch den Parteien selbst als Beweismittel im Prozeß (sog. „affidavits“).

So konnten die Parteien übereinkommen, auf die Vernehmung der Zeugen und/oder Sachverständigen in der mündlichen Verhandlung zu verzichten und diese statt dessen außerhalb der Hauptverhandlung durchzuführen. Das Ergebnis wurde sodann in Form einer von dem Vernommenen vor einer autorisierten Person beeidigten schriftlichen Niederschrift bei Gericht durch Verlesen eingeführt.[1721] Allerdings war jede Partei verpflichtet, auf Verlangen der Gegenseite bzw. des Richters den Zeugen zur mündlichen Verhandlung zu laden, damit er sich dort einem Kreuzverhör unterziehen konnte. Unterließ sie die Ladung, durfte sie auf das affidavit nur mit besonderer richterlicher Genehmigung zurückgreifen.[1722]

In der Gerichtspraxis scheinen allerdings die Parteien von dieser Befugnis eines „trial on affidavit“ nur sehr selten Gebrauch gemacht zu haben, so daß es sich bei diesem Institut mehr um eine theoretische Durchbrechung der Mündlichkeit und Unmittelbarkeit im Prozeß ohne nennenswerte Relevanz gehandelt haben dürfte.[1723]

In ähnlicher Weise räumte der englische Prozeß den Parteien die Möglichkeit ein, im Vorfeld der mündlichen Verhandlung der jeweiligen Gegenseite mit Gestattung des Richters schriftlich vorformulierte, durch affidavit zu be-

---

[1718] Die in England als Unterfall der Zeugenvernehmung auftrat, s. unter γ) (2) (d).

[1719] *M. Cappelletti/B. Garth*, Trends and Ideas, S. 11.

[1720] Ibid.

[1721] Dazu näher *W. Odgers*, Odgers on the Common Law, Bd. 2, S. 585 f; *W. Peters*, Streitverfahren, S. 11 f.; *E. Schuster*, Rechtspflege, S. 125 f.

[1722] *W. Odgers*, Odgers on the Common Law, Bd. 2, S. 585.

[1723] So im Ergebnis auch *E.J. Cohn*, Gerichtstag, S. 57 f.; ähnlich *E. Schuster*, Rechtspflege, S. 126; anders hingegen *A. Curti*, Zivilprozeß, S. 126, der allerdings seine Behauptung, die Zeugenvernehmung durch affidavit sei in England „in weit größerem Umfange als in einem anderen Lande“ üblich, nicht weiter belegt.

antwortende Fragen in Bezug auf den Sachverhalt zu stellen (sog. „interrogatories").[1724] Ihr Zweck lag maßgeblich in der möglichst frühzeitigen Festlegung des Sachverhalts hinsichtlich einzelner rechtserheblicher Tatsachen.

Hinsichtlich der Rechtsmittelinstanzen sah der englische Prozeß mit Blick auf die Bedeutung der Mündlichkeit im Verfahren keine erheblichen Änderungen gegenüber dem Untergerichtsverfahren vor. Den Schwerpunkt der Verhandlung bildete vielmehr auch vor dem Court of Appeals bzw. dem House of Lords der mündliche Termin im Anschluß an seine schriftsätzliche Vorbereitung.[1725] Hinzuweisen ist allerdings darauf, daß die Ergebnisse der mündlichen Beweiserhebung in der unteren Instanz als Folge ihrer fehlenden gerichtlichen Protokollierung durch die Notizen des vorinstanzlichen Richters bzw. die stenographischen Berichte der Parteien nachgewiesen wurden.

Der englische Prozeß zeichnete sich somit zu Beginn des 20. Jahrhunderts durch die Gewährleistung eines sehr weitgehend mündlichen Verfahrens aus, in dem sich die schriftlichen Elemente – sieht man von dem charakteristischen Institut der affidavits einmal ab – auf die Vorbereitung des Haupttermins beschränkten und das damit das französische Verfahren an Mündlichkeit deutlich übertraf.

(4) Mündlichkeit und Schriftlichkeit im österreichischen Prozeß

In der *Klein*'schen Verfahrensordnung war der Prozeß grundsätzlich als mündliche Verhandlung gestaltet. Aus Gründen der Zweckmäßigkeit und Praktikabiliät wurde jedoch zugleich auf eine rigorose Durchführung des Mündlichkeitsgrundsatzes bewußt verzichtet.[1726] Schriftliche Elemente

---

[1724] Dazu im einzelnen *W. Odgers*, Odgers on the Common Law, Bd. 2, S. 577 ff.; *E. Jenks* (Hrsg.): Stephen's commentaries on the Laws of England, Bd. 3, S. 555 f.

[1725] S. näher *E. Jenks* (Hrsg.): a.a.O., S. 578 ff.; *E. Schuster*, Rechtspflege, S. 204 ff.

[1726] Vgl. hierzu aus den Erläuternden Bemerkungen zum Entwurf einer neuen Civilprozeßordnung, S. 187, in: Materialien, Bd. 1, S. 187 ff.: „Da ein neues Civilprozessrecht, wenn nicht allein, so doch hauptsächlich für die Rechtssuchenden geschaffen wird, dürfte auch die Gesetzgebung alle Ursache haben, von vornherein bei der Anlage des neuen Prozesses eben denselben Massstab anzuwenden, den die Parteien sofort an denselben anlegen werden: den der Zweckmässigkeit, der Praktikabilität (...). [Der Entwurf] geht von dem Gedanken aus, dass die Reformarbei um so mehr Erfolg verheißt, um so dauernder befriedigen wird, je ernster gegenüber allen einzelnen Einrichtungen und Instituten die Zweckmässigkeitsfrage aufgeworfen wird (...) und je mehr dabei Zweckmäßigkeit und Nützlichkeit namentlich vom Parteienstandpunkte beurteilt werden." Und spezifisch mit Blick auf die Frage der Mündlichkeit führt der Bericht aus (S. 186 f.): „Man hat (...) geraume Zeit die Bedeutung gewisser Prozessformen stark überschätzt. Man legte ihnen einen selbständigen Wert bei, den sie nicht besitzen, und ließ sich in diesem Glauben bei der Ordnung des Verfahrens in erster Linie von der Logik dieser Formen leiten. So erging es beispielsweise vor allem der Mündlichkeit (...). Nutzen gewährt die Mündlichkeit nicht an und für sich, sondern nur, wenn und soweit sie die Unmittelbarkeit des Verfahrens ermöglicht und verbürgt. Selbst in letzterer Funktion gibt es jedoch für den Nutzen der Mündlichkeit Grenzen (...)." Vgl. zu der Umsetzung der Mündlichkeit im österreichischen Prozeß auch *A. Wach*, Die

spielten daher im Verfahren sowohl vor den Untergerichten wie auch in der Rechtsmittelinstanz eine wichtige Rolle und führten zu einer nicht unerheblichen Lockerung des auch von der öZPO aufgestellten Prinzips, wonach die Streitentscheidung aufgrund des Inbegriffs der mündlichen Parteiverhandlung zu ergehen hat[1727] und das Ablesen schriftlicher Aufsätze anstelle des freien mündlichen Vortrags unzulässig ist.[1728]

So war nach dem österreichischen Recht die Bezugnahme auf schriftsätzlich Vorgetragenes in der Verhandlung grundsätzlich erlaubt[1729] und die Verlesung von in Bezug genommenen Schriftstücken nur insoweit für erforderlich erklärt, als ihr Inhalt dem Gericht bzw. dem Gegner noch nicht bekannt war oder es auf die Kenntnis des Wortlauts ankam.[1730]

Der Inhalt eines nicht vor dem erkennenden Gericht durchgeführten Verfahrens, wozu nach der Prozeßordnung vor allem das vorbereitende Verfahren und die kommissarische Beweisaufnahme vor einem beauftragten bzw. ersuchten Richter zu zählen waren, mußte von den Parteien nicht selbst vorgetragen werden. Vielmehr wurde er durch ein Mitglied des Senats mittels eines schriftlichen oder mündlichen Referats, ggf. auch durch Verlesung der entsprechenden Protokolle dem Spruchkörper mitgeteilt.[1731]

In weitem Umfang verzichtete das *Klein*'sche Modell zudem auf eine mündliche Verhandlung zugunsten einer einfachen, nach freiem richterlichen Ermessen auch schriftlich möglichen Einvernehmung der Parteien. Sie betraf die Fälle, in denen der mit dem Verzicht auf die Verhandlung verbundene Nachteil gegenüber dem Vorzug des rascheren und billigeren Verfahrens der Einvernehmung aus Sicht des Gesetzes nicht nennenswert ins Gewicht fiel.[1732]

Eine erhebliche Einschränkung der Mündlichkeit bewirkte die österreichische Prozeßordnung auch durch die Gestaltung des Verhandlungsprotokolls. Der den Regelungen zugrundeliegende Gedanke war der, daß das Protokoll mit in den Dienst an der Verfahrensbeschleunigung gestellt werden sollte, indem durch eine vergleichsweise weitreichende Fixierung des Ver-

---

Mündlichkeit im österreichischen Civilprocess-Entwurf, S. 4 ff. sowie *H. Sperl*, Lehrbuch der Bürgerlichen Rechtspflege, S. 348 ff.

1727 Vgl. § 176, 1.

1728 § 177 I 2.

1729 Arg. e § 177 II; vgl. auch die Hinweise von *F. Klein*/*F. Engel*, Zivilprozeß, S. 241 f, auf die im Laufe der Jahre immer stärker gewordene Neigung der Parteien, auf den mündlichen Vortrag zugunsten der Verweise auf die Schriftsätze zu verzichten.

1730 § 177 II. Dies vor dem Hintergrund des rigiden deutschen Verfahrens [unten (5)] lobend hervorhebend *A. Wach*, Die Mündlichkeit im österreichischen Civilprocess-Entwurf, S. 5.

1731 § 262.

1732 An Beispielen sind etwa zu nennen: die Entscheidung über die Stellung eines Armenvertreters für die unbemittelte Partei (§ 72 I); die Entscheidung über den Antrag, wegen unterbliebener Sicherheitsleistung für die Prozeßkosten die Klage für zurückgenommen zu erklären (§ 60 III 2), oder auch über den Antrag auf Aufnahme eines unterbrochenen Verfahrens (§ 165 II). Zu weiteren Fällen vgl. *F. Klein*, Die neuen österreichischen Civilprocess-Gesetzentwürfe, Zeitschrift für deutschen Zivilprozeß, Bd. 19 (1894), S. 1 ff. (27).

laufs der Verhandlung diese von unnötigen Wiederholungen im Fall ihrer Vertagung oder Unterbrechung befreit und die Anführungslast der Parteien – nicht zuletzt in der Rechtsmittelinstanz – gemindert werde.

Die öZPO sah daher vor, daß neben den üblichen Formalien der Benennung des Gerichts, der Parteien, ihrer Vertreter etc. auch weite Teile des Verhandlungsinhalts protokolliert werden sollten. Hierzu rechnete sie – noch weniger bemerkenswert – zum einen die in Ausübung der Parteidisposition über den Verfahrensgegenstand abgegebenen Erklärungen wie Anerkennung, Verzicht, Vergleich und Modifikation des Klagebegehrens sowie die von den Parteien gestellten, vom Gericht aber nicht stattgegebenen Anträge, die gefällten Entscheidungen wie auch die rechtsmittelfähigen Anordnungen und Verfügungen des Richters.[1733] Darüber hinaus jedoch – und darin zeigt sich das Charakteristikum des österreichischen Rechts – war in das Protokoll auch eine Darstellung des gesamten Inhalts des auf den Sachverhalt bezogenen Parteivorbringens einschließlich der Angabe der angebotenen Beweismittel aufzunehmen.[1734] Zwar schrieben die Bestimmungen für die Darstellung die gedrängte, zusammenfassende Form vor, relativierten dies jedoch zugleich durch die Befugnis des Gerichts, auf Antrag oder von Amts wegen das tatsächliche Vorbringen ausführlicher zu protokollieren, sowie durch die Verpflichtung zur eingehenden Niederlegung in all den Fällen, in denen die Verhandlung nicht an einem Tag würde zu Ende geführt werden können.[1735]

Für die Rechtsmittelinstanz war die Protokollierungspflicht hingegen wegen der geringeren Bedeutung der Verhandlungsniederschrift als Grundlage der Kontrolle des je vorangegangenen Verfahrens abgeschwächt.[1736]

Zur Verstärkung des mit der Protokollierung verfolgten Zwecks der Erleichterung der Anführungslast der Parteien normierte die öZPO überdies die Pflicht des Gerichts, von Amts wegen auf den Inhalt der Protokolle und ihrer Anlagen Rücksicht zu nehmen.[1737]

Auch auf der Ebene der Rechtsmittelinstanz zeigte sich das Streben des österreichischen Rechts nach Flexibilität im Umgang mit der Mündlichkeit.

So sah die Verfahrensordnung für die Berufung ein umfangreiches Vorprüfungsverfahren vor, in dem der Senat in nichtöffentlicher Sitzung ohne mündliche Verhandlung eine Reihe bedeutsamer Verfahrensfragen entschied. So konnte er im Rahmen dieser Vorprüfung u.a. die Berufung für unstatthaft, ver-

---

[1733] Im einzelnen vgl. § 208.

[1734] § 209 I, II.

[1735] § 209 III, IV. Die damit verbundene Belastung des Gerichts – ihrerseits eine Gefahr für das Streben nach Konzentration – suchte die Verfahrensordnung durch die Möglichkeit ersatzweiser Inbezugnahme des schriftsätzlich Vorgetragenen zu mindern, vgl. § 210.

[1736] Vgl. § 493: Der Inhalt des tatsächlichen Vorbringens in der Berufungsverhandlung war hiernach nur in dem Umfang festzuhalten, in dem er von den Prozeßakten der Erstinstanz abwich. In der Revision entfiel sogar die mündliche Verhandlung, dazu sogleich.

[1737] § 217 I.

spätet oder formwidrig erklären und verwerfen, sie wegen Unzuständigkeit des angerufenen Spruchkörpers an das zuständige Gericht verweisen oder auch über die Nichtigkeit des Urteils sowie über das Vorliegen von Säumnis bei der Berufung gegen ein Versäumnisurteil befinden.[1738] Schließlich gewährte die öZPO den Parteien gar die Möglichkeit, auf eine mündliche Verhandlung in der Berufung ganz zu verzichten.[1739]

Für die Revision war der Fortfall einer mündlichen Verhandlung sogar die Regel und wurde deren Durchführung nur gestattet, soweit sie dem Gericht erforderlich erschien.[1740]

Zusammengefaßt stellt sich daher der österreichische Prozeß zu Beginn des 20. Jahrhunderts als ein Verfahren dar, das zwar in Übereinstimmung mit der Zeitläufte dem Grundsatz der Maßgeblichkeit des mündlichen Parteivortrags für die richterliche Entscheidung folgte, das in erheblichem Umfang jedoch auch den schriftlichen Elementen Bedeutung beimaß und hierdurch zu einem im ganzen ausgewogenen Verhältnis von Mündlichkeit und Schriftlichkeit gefunden hatte.[1741]

(5) Mündlichkeit und Schriftlichkeit im deutschen Prozeß

Wie schon hinsichtlich der bisher untersuchten prozessualen Strukturlinien muß auch mit Blick auf das Verhältnis von Mündlichkeit und Schriftlichkeit im deutschen Recht am Vorabend der schwedischen Prozeßreform deutlich zwischen der ersten Fassung der ZPO von 1877 und ihren im Verlauf des frühen 20. Jahrhunderts zustandegekommenen Veränderungen unterschieden werden. Steht jene noch unverkennbar in der Tradition der liberalen Prozeßtheorie, zu deren Vollendung sie gleichsam führt, spiegeln diese als Folge ihrer Rezeption österreichischen Rechts deutlich den Einfluß des *Klein*'schen Sozialmodells.

(a) Die wechselhafte geschichtliche Entwicklung der Mündlichkeit in den deutschen Territorien während des 19. Jahrhunderts – modellhaft nachvollziehbar an der hannoverschen Prozeßordnung von 1847 als einer der letzten Verkörperungen des in Auflösung begriffenen gemeinen Prozesses, der auf

---

1738 Vgl. § 471 mit weiteren Fällen der Vorprüfung.

1739 § 492 I. Gem. Abs. 2 S. 2 besaß das Gericht allerdings die Befugnis, eine mündliche Verhandlung selbst anzuordnen, soweit es ihm erforderlich erschien.

1740 § 509 I.

1741 Daß zeitgenössische Stimmen dem österreichischen Prozeß mitunter den Charakter eines mündlichen Verfahrens schon im grundsätzlichen streitig machten (dazu *F. Klein/F. Engel*, Zivilprozeß, S. 237), ist vor dem Hintergrund der noch starken liberalen Bewegung, wie sie sich maßgeblich in der ersten Fassung der deutschen ZPO niedergeschlagen hatte (dazu sogleich im Text), nicht weiter verwunderlich. In der Gegenüberstellung mit dem überkommenen rein schriftlich-mittelbaren Verfahren nach der josephinischen Prozeßordnung hingegen – und allein diese muß als der maßgebende Bezugspunkt angesehen werden, nicht die ideologisch veranlaßte Radikalisierung der Mündlichkeit in der deutschen ZPO – läßt sich dieses Urteil nicht halten (vgl. auch *F. Klein*, Die praktische Anwendung der neuen Prozeßgesetze, in: ders.: Reden, Vorträge, Aufsätze, Briefe, S. 83 ff. [87], zu der Bedeutung der Mündlichkeit in dem österreichischen Verfahren).

sie folgenden Novelle von 1850 aus der Feder *Leonhardts*, dem Bundesstaaten-Entwurf von 1866 und schließlich dem die ZPO vorwegnehmenden Preußischen Justizministerial-Entwurf *Leonhardts* aus dem Jahr 1870/71 – bis hin zu ihrer dogmatischen Überspitzung in der Reichsprozeßordnung von 1877 ist hinlänglich bekannt.[1742] Die Darstellung kann sich daher auf einen Abriß der wesentlichen Entwicklungslinien beschränken.

Vor dem Hintergrund des Strebens nach einer Novellierung der gemeinrechtlichen Prozeßstrukturen erschien eine Stärkung der Verfahrensmündlichkeit zunächst noch als die naheliegende Konsequenz aus den nachteiligen Erfahrungen mit der schriftlich-geheimen Kabinettsjustiz.[1743] Von der liberalen Bewegung zum politischen Schlagwort erhoben, begann sich die Forderung nach Verfahrensmündlichkeit jedoch bald aus ihren pragmatisch-nüchternen Bezügen zu lösen, um unter dem Eindruck romantisierender Argumentation der Rechtshistoriker als „germanisches Erbgut"[1744] schließlich zum Inbegriff des nationalen Identitätsstrebens zu werden.[1745]

Im Glauben an die vermeintlichen Vorzüge einer „reinen" Mündlichkeit ideologisch geblendet, hatte die Prozeßordnung von 1877 die Maxime der Mündlichkeit zu ihrem fundamentalen Grundprinzip erhoben.[1746] Nach ihm hin richtete sich die Gestaltung des gesamten Prozesses aus, in dem die Mündlichkeit in einer im modernen europäischen Prozeßrecht bis dahin nicht gekannten radikalen Form durchgeführt wurde.[1747]

In strikter Abkehr von der gemeinrechtlichen Bedeutung des Verhandlungsprotokolls als maßgebender Grundlage des Gerichtsurteils erkannte die ZPO allein das mündlich Vorgetragene als entscheidungsrelevant an.[1748]

Das neue Verfahren erlaubte zwar eine schriftsätzliche Vorbereitung, die es für den kollegialgerichtlichen Prozeß sogar vorschrieb.[1749] Wegen der fehlenden Bindungswirkung der Schriftsätze verbanden sich allerdings mit ihrer

---

[1742] Vgl. hierzu nur *H.G. Kip*, Das sogenannte Mündlichkeitsprinzip, passim; *G. Dahlmanns*, Strukturwandel, passim; *K. Hellwig*, Geschichtlicher Rückblick über die Entstehung der deutschen CPO, in: AcP 61(1878), S. 78 ff.; *P. Arens*, Mündlichkeitsprinzip, S. 10 ff.

[1743] S. *G. Dahlmanns*, a.a.O., S. 27 ff. sowie S. 80; *H.G. Kip*, a.a.O., S. 65.

[1744] *G. Dahlmanns*, a.a.O., S. 87.

[1745] Höhepunkt dieser politisierenden Bewegung war das Revolutionsjahr 1848, in dem in einmütigem Zusammenklang von Reformkommissionen und öffentlicher Presse (dazu instruktiv *L. Salomon*, Geschichte des deutschen Zeitungswesens, Bd. 3, S. 362 ff.) die Mündlichkeit des Gerichtsverfahrens als verfassungskräftig abgesichertes Ziel in die Paulskirchenverfassung übernommen wurde [s. hierzu oben I. 1. b) aa)].

[1746] *E. Demelius*, Kritische Studien zu den Gesetzentwürfen aus dem Jahre 1893, Heft 2 (1895), S. 37, sprach gar von „Mündlichkeitsphilosophie".

[1747] Der „Schöpfer" der ZPO – der preußische Justizminister *A. Leonhardt* – sprach selbst in der abschließenden Debatte im Reichstag von einer politisch bedingten kompromißlosen Umsetzung der Mündlichkeit, vgl. *Hahn/Stegemann*, Materialien, S. 1292.

[1748] § 128 a.F.

[1749] § 124 a.F.

Unterlassung in der Sache keine verfahrenserheblichen Nachteile.[1750] Die Parteien durften vielmehr in der mündlichen Verhandlung von ihren schriftsätzlichen Ausführungen nach Belieben abweichen und gänzlich andere Angriffs- und Verteidigungsmittel anführen.[1751] Die Inbezugnahme der Schriftsätze war ebenso wie ihre Verlesung untersagt, einzig die Anträge wurden aus den Anlagen des Protokolls bzw. den Schriftsätzen vorgetragen.[1752] Auch fand eine Protokollierung der Verhandlung praktisch nicht statt, so daß, konnte die Streitsache nicht in einem Termin beendet werden, mit jedem neuen Termin nicht selten wieder von vorn begonnen wurde, da man sich nicht „auf das Gedächtnis der Richter verlassen" wollte.[1753]

Echte Ausnahmen von dem Grundsatz der Alleinbeachtlichkeit nur des mündlich Vorgetragenen kamen selten vor.[1754] Das Prinzip selbst blieb vielmehr durch die wenigen schriftlichen Elemente im Prozeß unangetastet.[1755]

(b) Diese Geringachtung alles Schriftlichen und insbesondere der weitestgehende Verzicht auf die Fixierung der Parteiverhandlung führte in Verbindung mit der praktisch fehlenden Vorbereitung der mündlichen Verhandlung[1756] zu einer Überforderung des gesprochenen Wortes und trug zur Ausbildung eines erneut langatmigen, sich über zahllose Termine erstreckenden Verfahrens bei.[1757]

Die Novellen von 1909, 1924 und 1933 versuchten daraufhin, diesen Mißstand durch eine deutliche Ausweitung der Schriftlichkeit zu beseitigen,

---

1750 Möglich waren allenfalls Kostennachteile, vgl. *H.G. Kip*, Das sogenannte Mündlichkeitsprinzip, S. 74. Bezeichnenderweise betrachtete man jedoch selbst diese unschädlichen Relikte der Schriftlichkeit mitunter als den „Tod der mündlichen Verhandlung", dazu *Hahn/Stegemann*, Materialien, S. 558 ff., 987 f.

1751 § 251 a.F.

1752 § 269 a.F.

1753 *H.G. Kip*, a.a.O., S. 54. Folge der Maßgeblichkeit des jeweils letzten Termins war in der Gestaltung des Säumnissystems die bezeichnende Regelung, daß bei dem Fernbleiben einer Partei von einem späteren Termin sein gesamtes vorheriges Vorbringen einschließlich etwaiger Beweisaufnahmen gegenstandslos wurde, dazu *G. Dahlmanns*, Strukturwandel, S. 79 f.

1754 Naheliegenderweise am ehesten im Beweisrecht: Urkundenbeweis (§ 385 a.F.), schriftliches Sachverständigengutachten (§ 376 a.F.), später auch die schriftliche Zeugenaussage über den Inhalt von Aufzeichnungen oder Büchern (§ 377 III).

1755 So mußten zwar etwa die Klageerhebung wie auch die Einlegung von Berufung, Revision und Einspruch schriftlich geschehen (vgl. §§ 230 a.F., 479 a.F., 515 a.F., 310 a.F.), jedoch erlangten sie Entscheidungsrelevanz erst nach mündlichem Vortrag.

1756 S. oben unter aa) α) (5).

1757 Instruktiv in dieser Beziehung die für die späteren Reformen der ZPO einflußreichen Ergebnisse einer Enquête des Reichsgerichtsrats *Otto Bähr*. Er hatte sich schon während der Reformdiskussion im Vorfeld der ZPO von 1877 dezidiert, wenngleich erfolglos gegen die „Mündlichkeitsscholastik" der geplanten Novelle ausgesprochen und war anschließend auf der Grundlage einer an Rechtspraktiker gerichteten Rundfrage zu dem Schluß gelangt, daß die Rigorosität der Mündlichkeit das ursprünglich mit ihr angestrebte Ziel der Beschleunigung und Vereinfachung des Gerichtsgangs völlig verfehlt habe; vgl. *O. Bähr*, Der deutsche Civilprozeß in praktischer Bethätigung, in: JJ 23, S. 239 ff.

konnten dabei allerdings an eine in der Gerichtspraxis allmählich ohnehin immer stärker gewordene Berücksichtigung des schriftsätzlichen Vortrags anknüpfen.[1758]

Am Beginn dieser Entwicklung standen die Einführung der Erlaubnis einer Bezugnahme auf Schriftstücke in der mündlichen Verhandlung[1759] sowie Bestimmungen über eine Verstärkung der richterlichen Verfahrensvorbereitung im Amtgerichtsprozeß in der Novelle von 1909,[1760] die 1924 um die Hervorhebung der Bedeutung schriftsätzlicher Vorbereitung ergänzt und auf das Kollegialverfahren ausgedehnt wurden.[1761] Ihnen zur Seite trat eine Reihe weiterer Bestimmungen, die jeweils prägnante Stufen in der schrittweisen Entwicklung des deutschen Prozesses zu einem zunehmend schriftlich geführten Verfahren markieren. Hierzu zählen die Ausdehnung der Protokollierungspflicht,[1762] die Möglichkeit des Verzichts auf die mündliche Schlußverhandlung mit Einverständnis der Anwälte bei einmal erfolgter mündlicher Verhandlung,[1763] die richterliche Befugnis, aufgrund Parteivereinbarung sogar ganz ohne mündliche Verhandlung allein auf Grund der Akten zu entscheiden,[1764] die Gestaltung der Bagatellprozesse nach freiem richterlichen Ermessen,[1765] die Einrichtung der „Entscheidung nach Lage der Akten" im Säumnisverfahren,[1766] die in gewissem Umfang erfolgte Legalisierung des Nachreichens von Schriftsätzen nach dem Schluß der mündlichen Verhandlung[1767] sowie die Möglichkeit der richterlichen Zurückweisung von Angriffs- und Verteidigungsmitteln bei fehlender schriftsätzlicher Ankündigung.[1768] Blieb auch der Grundsatz des mündlichen Vortrags als Urteilsgrundlage formal erhalten, so führte doch die verbreitete Übung der Anwälte, in dem Haupttermin statt freier Ausführungen umfänglich auf die Schrift-

[1758] Vgl. die eindrucksvolle Schilderung der schon bald auf die neu erlassene ZPO folgenden Rechtspraxis bei *H.G. Kip*, Das sogenannte Mündlichkeitsprinzip, S. 74 ff. *Kip* stellt die plausible Vermutung auf (S. 75), daß die eigentliche Einbruchstelle für die Erweiterung der Schriftlichkeit das in § 130 a.F. enthaltene richterliche Fragerecht gewesen sein dürfte, das die Richter zu Hinweisen an die Parteien auf in den Schriftsätzen enthaltene, mündlich allerdings nicht vorgetragene Tatsachen veranlaßte.

[1759] § 502 nach der Novelle von 1909; 1924 als § 137 III auch für den Kollegialprozeß eingeführt.

[1760] Eingefügt der ZPO als § 501 n.F.

[1761] § 272 b der novellierten Verfahrensordnung.

[1762] Durch die Novelle von 1898 für das Amtsgerichtsverfahren (§ 509) eingeführt.

[1763] § 23 der Novelle von 1915. Der Anwendungsbereich der Bestimmung wurde allerdings auf die Amts- und Landgerichte beschränkt, möglicherweise als Folge einer ohnehin schon üblichen Praxis vor diesen Gerichten.

[1764] Eingeführt durch die Novelle von 1923 als § 23a.

[1765] Durch dieselbe Novelle als § 23c in das Gesetz aufgenommen.

[1766] Eingestellt in die ZPO durch die Novelle von 1924 als §§ 227, 251a, 331a.

[1767] § 272 a nach der Novelle von 1924.

[1768] § 279 II nach der Novelle von 1933.

sätze zu verweisen, schließlich dazu, daß in der Mehrzahl der Prozesse im frühen 20. Jahrhundert faktisch kaum mehr mündlich plädiert wurde.[1769]

Zusammengefaßt zeigt sich mithin für den deutschen Prozeß am Vorabend der schwedischen Verfahrensreform in der Entwicklung des Verhältnisses von Mündlichkeit und Schriftlichkeit eine für die Geschichte des europäischen Verfahrens wohl einzigartige Polarität. Sie spiegelt sich in dem Spannungsverhältnis zwischen einem bis auf die Spitze getriebenen mündlichen Prozeß um die Jahrhundertwende und einem im frühen 20. Jahrhundert faktisch über die Schriftsätze geführten Verfahren, bei dem sich die mündlichen Elemente im wesentlichen nur noch auf die Beweisaufnahme beschränkten.

(6) Vergleich und Rezeption

Vergleicht man die Ergebnisse der rechtsvergleichenden Analyse der großen europäischen Verfahrensordnungen mit der Umsetzung der Mündlichkeit in der schwedischen Novelle, so ist zwischen der grundsätzlichen Bedeutung eines mündlichen Verfahrens für die Streitentscheidung einerseits und dem konkreten Verhältnis zwischen mündlichen und schriftlichen Elementen im Prozeß auf der anderen Seite zu trennen.

(a) Hinsichtlich der generellen Gewichtung der Verfahrensmündlichkeit ist festzustellen, daß alle untersuchten Prozeßordnungen in der Berücksichtigung mündlichen Parteivortrags als Urteilsgrundlage auch unabhängig von seiner schriftlichen Fixierung übereinstimmen. Sie alle lehnen mithin den gemeinrechtlichen Gedanken einer ausschließlichen Entscheidungserheblichkeit des Verhandlungsprotokolls gleichermaßen ab. Allen Prozeßgesetzen ist überdies das weitergehende Bestreben zu entnehmen, nur in das Urteil einfließen zu lassen, was zuvor in einer mündlich und öffentlich geführten Verhandlung unmittelbar vor dem erkennenden Spruchkörper erörtert wurde, und hierdurch die mündliche Verhandlung zum zentralen Bestandteil des Verfahrens werden zu lassen. Die im einzelnen zweifellos weitreichenden Unterschiede in der Intensität dieses Bestrebens und somit auch in der konkreten Ausgestaltung der Bedeutung schriftlicher Elemente im Prozeß lassen diese strukturelle Gleichheit unberührt.

In Anbetracht dieses Gleichklangs der einzelnen Verfahrensordnungen stellt sich die Frage nach einer Rezeption durch die schwedische Novelle von vornherein losgelöst von dem spezifischen Prozeßrecht der untersuchten

---

[1769] Nach den Angaben *H. G. Kips*, Mündlichkeitsprinzip, S. 84, traf dies schon 1909 auf 7/8 aller Verfahren zu. Der Abbau der Mündlichkeit machte sich auch auf der Rechtsmittelebene bemerkbar: Die Novelle von 1905 (§ 554a) räumte die Möglichkeit der Verwerfung einer ohne Begründung eingelegten Revision „a limine" ohne mündliche Verhandlung ein; die Novelle von 1924 (§ 519 b) weitete dies auf die Berufung aus. Der Plan, dem Senat das Recht einzuräumen, die Revision ohne Verhandlung bei Einstimmigkeit auch als unbegründet zurückzuweisen (vgl. dazu *K. Hellwig*, in: JW 1910, S. 307), konnte sich demgegenüber nicht durchsetzen.

Länder als Frage nach einer Rezeption einer gesamteuropäischen Rechtsentwicklung.[1770]

Für eine solche sprechen nach den Gesetzgebungsmaterialien gewichtige Anhaltspunkte.

Schon *Afzelius* hebt in seiner 1882 auf den offiziellen Auftrag der Nya Lagberedning hin erstellten Untersuchung der Grundzüge des ausländischen Prozeßrechts deren aus schwedischer Sicht „fremdartige Mündlichkeit" hervor.[1771] Als ihr Charakteristikum beschreibt er die Tendenz des kontinentaleuropäischen Prozesses zur unmittelbaren richterlichen Entscheidung auf der Grundlage einer mündlichen Verhandlung ohne dazwischengeschaltetes Protokoll.[1772] Dieser Mündlichkeitsbegriff, so betont *Afzelius*, sei mittlerweile von allen modernen Verfahrensordnungen im grundsätzlichen übernommen worden. Schweden prozessiere dagegen weiterhin nach einem System, das bei ihnen selbst zwar mündlich-protokollarisch genannt werde, tatsächlich jedoch wegen der überragenden Bedeutung des Protokolls für die Streitentscheidung ein schriftliches sei.[1773]

Ausgehend von einer detaillierten Beschreibung des Verfahrens im europäischen Ausland mit Schwerpunkt auf dem deutschen Prozeß von 1877 erörtert er in der Folge die mit der modernen Begrifflichkeit verbundenen Auswirkungen auf die Gestaltung des Prozesses im übrigen. Dabei weist er auf den engen Zusammenhang zwischen der Mündlichkeit und der Unmittelbarkeit im Verfahren hin und hebt die Möglichkeit einer erheblich reduzierten Protokollierungspflicht des Gerichts hervor. Zudem legt er die Vorzüge des mit einer effizienten Verstärkung der Mündlichkeit (aus seiner Sicht typischerweise) verbundenen Strebens nach Konzentration des Verfahrens dar. *Afzelius* schließt seine Darstellung der Mündlichkeit im europäischen Prozeß mit einem Hinweis auf die „große Überlegenheit"[1774] des mündlichen Verfahrens gegen-

---

[1770] Für die frühen Reformbemühungen Schwedens um mehr Mündlichkeit und Öffentlichkeit im Prozeß zu Beginn des 19. Jahrhunderts konnte noch mit hinreichender Verläßlichkeit das französische Recht als Einflußquelle ausgemacht werden (s. oben unter III. 1.), da das deutsche und österreichische Verfahren zu diesem Zeitpunkt noch unter der Vorherrschaft des schriftlich geführten gemeinen Prozesses standen und Anhaltspunkte für eine engere Beziehung Schwedens zum englischen Recht nicht vorlagen. Hingegen läßt sich eine derartige Schlußfolgerung für die Zeit des späten 19. und frühen 20. Jahrhunderts nicht mehr ziehen. Zu sehr hatte sich die auf eine Verstärkung von Mündlichkeit, Unmittelbarkeit und Öffentlichkeit im Verfahren zielende Reformbewegung zu diesem Zeitpunkt schon in Europa verbreitet, und zu vielseitig war der Austausch Schwedens mit dem europäischen Ausland (vgl. oben unter II. 1.-4.), als daß man auf eine einzelne Verfahrensordnung als Rezeptionsquelle schließen dürfte. Vgl. insoweit auch die Ausführungen zur methodischen Grundlegung der Untersuchung im 1. Teil unter B. II. 4. d).

[1771] *I. Afzelius*, Grunddragen, S. 119 f.

[1772] Ibid.

[1773] Ibid. unter Anführung eines inhaltsgleichen Zitats zweier Mitglieder des schwedischen Lagkommittés aus dem Jahre 1821.

[1774] *I. Afzelius*, a.a.O., S. 160.

über dem überkommenen schriftlichen Verfahren in Schweden, „wo nirgends die Mündlichkeit [zu finden sei], die die neuere Prozeßgesetzgebung anzuwenden beabsichtigt."[1775]

Wenn auch an keiner Stelle ausdrücklich die Übernahme des modernen europäischen Mündlichkeitssystems empfohlen wird, so ist seine Einführung in Schweden doch das klar erkennbare Anliegen des Autors und nach der ganzen Anlage der Schrift einschließlich ihrer Argumentation der dem Leser (sc. der Reformkommission) nahegelegte Schluß.

Es steht außer Frage, daß diese Schrift *Afzelius'*, eines der führenden schwedischen Prozessualisten der zweiten Hälfte des 19. Jahrhunderts, von nachhaltigem Einfluß auf die Behandlung der Reformfrage in den Kommissionen gewesen ist. Dafür spricht nicht nur der Umstand, daß die Abhandlung in Ausführung des Auftrags der Lagberedning ausgearbeitet und dem anschließend erstellten Reformvorschlag der Nya Lagberedning von 1884 als offizieller Bestandteil der Gesetzesmotive beigefügt wurde.

Bestätigt wird dies ferner auf der formalen wie auch der materiellen Ebene dadurch, daß die Motive des Reformvorschlags der Nya Lagberedning zum einen selbst zur näheren Begründung ihrer Ausführungen auf diese Schrift von Afzelius verweisen,[1776] zum anderen sich aber auch inhaltlich bei der Gestaltung des Vorschlags mit Blick auf die Mündlichkeit stark an seine Darstellung anlehnen.

So übernehmen sie in der Beschreibung der Vorteile der modernen Mündlichkeit die Argumente von Afzelius[1777] und schließen sich ihm auch im Ergebnis in der grundsätzlichen Bevorzugung des mündlichen Systems gegenüber dem schwedischen Protokollverfahren an.[1778] Wenn sie gleichwohl für eine Beibehaltung des protokollarischen Prozesses plädieren,[1779] so geschieht dies nicht aus Überzeugung von der besseren Eignung des überkommenen Modells, sondern maßgeblich wegen Fehlens entsprechender gerichtsorganisatorischer Voraussetzungen in Schweden.[1780] Dementsprechend sieht der Reformvorschlag die Beibehaltung des Protokolls als Urteilsgrundlage auch nur als vorübergehende Lösung an[1781] und nimmt im übrigen eine deutliche

---

1775 Ders.: a.a.O., S. 161.

1776 Vgl. NLB II – allmän motivering – S. 21.

1777 Ibid. S. 23 ff.

1778 Ibid. S. 25 f.

1779 Ibid. S. 27 f.

1780 Die Motive betonen insoweit einerseits die räumliche Größe der Gerichtssprengel, die den Parteien – zumal auf dem Land – bei Einführen einer allgemeinen Pflicht zur mündlichen Verhandlung unzumutbare Schwierigkeiten aufbürden würde, andererseits aber den noch ungenügenden Zugang der Parteien zu rechtskundigen Anwälten, ohne die an eine freie Erörterung des Rechtsstreits vor Gericht nicht zu denken sei (a.a.O., S. 27).

1781 Vgl. die Formulierung auf S. 27: „(...) kann ein Versuch zu seiner (sc. des modernen Mündlichkeitssystems, eig. Erkl.) Durchführung an den Untergerichten in unserem Land *gegenwärtig* (eig. Hervorh.) nicht angeordnet werden (...)".

Stärkung mündlicher Elemente im Prozeß unter Beschränkung der richterlichen Protokollierungspflicht vor.[1782]

Das Gutachten der Prozeßkommission von 1926 wie auch der schließlich in kaum abgeänderter Form Gesetz gewordene Vorschlag der Lagberedning von 1938, die beide das protokollarische System aufgeben und auf dem modernen Mündlichkeitsbegriff aufbauen, führen in dieser Frage keine weiteren Argumente ins Feld. Vielmehr knüpfen sie inhaltlich allem Anschein nach bewußt an die Ergebnisse der Nya Lagberedning und damit mittelbar an *Afzelius* an. Bestätigt wird dies nicht zuletzt durch die ausdrückliche Bezugnahme der 1931 auf das Gutachten der Prozeßkommission hin erstellten Regierungsvorlage auf *Afzelius*.[1783]

Einen weiteren bedeutsamen Hinweis in der Frage nach einer Rezeption des europäischen Mündlichkeitsverständnisses bietet die bereits erwähnte Schrift des Prozessualisten *A. Örbom*.[1784] Sie wurde ebenfalls aus Anlaß der Reformtätigkeit der Nya Lagberedning auf deren offiziellen Auftrag hin verfaßt und geht gleich *Afzelius*' Darstellung detailliert der Bedeutung der Mündlichkeit im europäischen Prozeß nach.[1785] Auch diese Studie wird von den Motiven des Reformvorschlags der Lagberedning ausdrücklich in Bezug genommen[1786] und ist daher insoweit als Bestandteil der Kommissionsmaterialien zu werten.

Die Abhandlung ist insofern von besonderem Interesse, als sie sich gegen Ende der Darstellung unter der Rubrik „Die allgemeine Tendenz einer künftigen Reform" gezielt mit der Frage der Übernahme eines fremden Verfahrensmodells durch Schweden auseinandersetzt.[1787]

[1782] § 2 des Vorschlags im 4. Kapitel betont: „Der Rechtsstreit soll vor dem Untergericht mündlich zwischen den Parteien verhandelt werden, soweit nicht die Verwendung von Schrift besonders zugestanden oder vorgesehen ist." Die nachfolgenden Vorschriften regeln differenziert das Ausmaß statthafter Schriftlichkeit in der erkennbaren Absicht, es nach Möglichkeit zu begrenzen. Die Bestimmungen über den Inhalt des Verhandlungsprotokolls (6. Kapitel) zielen ebenfalls auf eine Verknappung seiner Ausführungen, soweit dies im Rahmen eines Systems, das weiterhin in dem Protokoll die Urteilsgrundlage erblickt, überhaupt möglich ist. § 1 Abs. 3 des Entwurfs lautet etwa: „Mit dem übrigen mündlichen Vorbringen der Parteien, sei es hinsichtlich der Rechtsanwendung, der näheren Darstellung einer Rechtsfrage oder sonst einer Frage, soll das Protokoll nicht belastet werden.".

[1783] Prop 1931 Nr. 80, S. 90.

[1784] *A. Örbom*, Promemoria.

[1785] *A. Örbom* geht auf den Prozeß in Frankreich, England und Österreich ein, befaßt sich in besonderem Umfang allerdings mit dem deutschen Verfahren, wo – wie er seine Wahl des Schwerpunkts begründet – „der Kampf (sc. zwischen Mündlichkeit und Schriftlichkeit, eig. Erkl.) zuletzt mit wissenschaftlicher Gründlichkeit und Kritik ausgetragen wurde" und das neue Prozeßgesetz – die ZPO von 1877 – „den besten Ausgangspunkt für eine Beurteilung der gegenwärtigen Stellung des Problems" (gemeint ist die Frage der Mündlichkeit) bietet.

[1786] NLB II – allmän motivering – S. 21.

[1787] *A. Örbom*, a.a.O., S. 93 ff.

Örbom lehnt zwar – wenig verwunderlich – die „sklavische Nachbildung ausländischer Muster“[1788] strikt ab unter Hinweis auf die nationalen Eigentümlichkeiten rechtlicher und sozialer Art,[1789] denen eine jede Reform Rechnung zu tragen habe, wenn sie das Vertrauen des Volks gewinnen wolle. Dessen ungeachtet erkennt er jedoch, daß sich ein Land kaum dauerhaft dem Einfluß einer Rechtsentwicklung verschließen könne, die sich „in der übrigen zivilisierten Welt“ durchgesetzt habe. Das Unmittelbarkeitsprinzip – von *Örbom* im weiten Sinne als Mündlichkeit verstanden[1790] – sei aber mittlerweile Grundlage des anglo-amerikanischen, französischen und deutsch-österreichischen Verfahrensrechts und erzwinge daher eine gewissenhafte Prüfung der Möglichkeit seiner Einführung auch in Schweden.[1791] Wenn das Prinzip auch in Folge jener nationalen Eigentümlichkeiten unter Umständen nicht sogleich vollends umgesetzt werden könne, so habe doch die Gesetzgebung auf dieses Ziel hinzuarbeiten und „in der Zwischenzeit (...) [die ihm] in Gerichtsorganisation wie Verfahren (...) entgegenstehenden Hindernisse“ zu beseitigen.[1792]

Daß sich die Lagberedning bei der Gestaltung ihres Reformvorschlags diese Auffassung zu eigen gemacht und den Motiven zugrundegelegt hat, läßt sich ihrer oben dargelegten Stellungnahme zu der Frage entnehmen.

Ein letzter und entscheidender Hinweis ist schließlich jener bereits zitierten Äußerung der Prozeßkommission in ihrem Gutachten aus dem Jahr 1926 zu entnehmen, wonach

> „eine wesentliche Verbesserung des Gerichtsverfahrens nur dadurch gewonnen werden kann, daß man dieselben Wege einschlägt, denen die Reformarbeit in den übrigen Kulturländern auf diesem Gebiet gefolgt ist (...). Nach der Auffassung der Prozeßkommission sollte das Verfahren infolgedessen vor den Untergerichten wie auch den Hofgerichten in seinen Grundzügen mündlich und in Übereinstimmung mit dem Unmittelbarkeitsgrundsatz gestaltet werden.“[1793]

Wie in einer Frage von so grundsätzlicher Bedeutung wie dem angemessenen Verhältnis von Mündlichkeit und Schriftlichkeit im Verfahren nicht anders zu erwarten ist, stieß diese Auffassung der Prozeßkommission im Verlauf der Reformarbeit zwar nicht überall auf Zustimmung.[1794] Sie vermochte sich jedoch, wie gezeigt, im Ergebnis durchzusetzen.

1788 A.a.O.., S. 94.

1789 *A. Örbom* bleibt hier vage und erläutert seinen pauschalen Verweis auf derartige Eigenheiten nicht näher, spielt aber hiermit wahrscheinlich auf die allgemeine Neigung des schwedischen Rechts zur Bewahrung überkommener Formen und tradierter Institute [s. oben 1. c)] an.

1790 Das geht aus seinen Äußerungen a.a.O., S. 18 f. hervor: „(...) hat man als Bedingung des wirklich mündlichen Prozesses das Unmittelbarkeitsprinzip aufgestellt (...)“.

1791 Ders.: a.a.O., S. 95.

1792 A.a.O.., S. 95 f.

1793 PK I S. 28.

1794 Als erklärter Kritiker des neuen Mündlichkeitssystems und Verfechter des überkommenen protokollarischen Verfahrens erwies sich vor allem *E. Kallenberg*, der mit seinem enzyklopädischen Werk über das schwedische Zivilprozeßrecht aus dem frühen 20. Jahrhundert (s.o. S. 160 FN 756) wohl der bedeutendste Prozeßrechtswissenschaftler

Zusammenfassend erscheint somit auf der Grundlage dieser Ergebnisse der Schluß berechtigt, daß sich die schwedische Novelle in der grundsätzlichen Frage der Abschaffung des protokollarischen Systems zugunsten der modernen Mündlichkeit bewußt den großen europäischen Verfahrensordnungen angeschlossen und deren Modell rezipiert hat.
(b) Hinsichtlich der konkreten Ausgestaltung des Verhältnisses von Mündlichkeit und Schriftlichkeit in der schwedischen Novelle im einzelnen zeigt die rechtsvergleichende Analyse hingegen gewichtige Unterschiede zu der französischen, österreichischen und spätdeutschen Verfahrensordnung. Während letztere drei alle in erheblich größerem Umfang schriftliche Elemente im Prozeß berücksichtigten, führte die schwedische Reform die Mündlichkeit mit einer bis zur Rigidität reichenden Strenge durch.[1795] Sie weist am ehesten Ähnlichkeit mit dem englischen Modell des „day in court" bzw. der frühdeutschen Lösung von 1877 auf, die beide die Schriftlichkeit in ähnlich konsequenter Weise aus der mündlichen Verhandlung verbannt haben.

Mit seinem regelmäßig unvorbereiteten, weil mit der Streitsache noch nicht befaßten Richter, der inhaltlichen Bindung der Parteien an das schriftsätzlich Vorgetragene und der Durchbrechung der unmittelbaren Beweisaufnahme durch das Institut der affidavits prägen das englische Mündlichkeitsmodell jedoch eine Reihe spezifischer Eigentümlichkeiten, die der schwedischen Novelle fremd sind. Auch unterscheidet sich die schwedische Lösung von der englischen durch ihre Betonung der mündlichen Verfahrensvorbereitung, während im englischen Prozeß die Bedeutung der Parteizusammenkunft vor dem Master in der „hearing of the summons for directions" hinter die der Schriftsätze deutlich zurücktritt. Die Gesetzgebungsmaterialien lassen auch keinerlei Anhaltpunkte dafür erkennen, daß die Prozeßkommission eine Rezeption des englischen Modells erwogen hätte.

Ein vertieftes Interesse scheint man in Schweden insofern allein der im englischen Prozeß schon im frühen 20. Jahrhundert als Folge der spärlichen Protokollierung üblichen Stenographierung wichtiger Zeugen-, Sachverständigen- und Parteiaussagen im Rahmen der Beweisaufnahme entgegengebracht zu haben. Über sie äußert sich die Prozeßkommission in ihrem Gutachten positiv und schlägt die Aufnahme einer entsprechenden Bestimmung

---

Schwedens in dieser Zeit der Verfahrensreform war. Vgl. seine dezidiert ablehnenden Äußerungen zur Lösung der Novelle in: Om grunderna för en processreform – reflexioner i anledning av processkommissionens betänkande, SJT 1927, S. 172 ff.

[1795] Nicht nachvollziebar ist daher die Behauptung *L. Welamsons*, Österreichisches und schwedisches Zivilprozeßrecht, ZfRV 1968, S. 214 ff. (220), das Mündlichkeitsprinzip sei hinsichtlich der Hauptverhandlung im österreichischen und schwedischen Recht in wesentlich gleichem Umfang umgesetzt. Das österreichische Modell ist vielmehr von einer erheblich flexibleren Gestaltung der Verteilung von mündlichen und schriftlichen Elementen im Prozeß geprägt, die – wie beschrieben – nicht unerwartet der *Klein*'schen Lösung mitunter sogar den Ruf eines Schriftverfahrens eingetragen hat.

in die Novelle vor.[1796] Die bereits angesprochene Vorschrift über die stenographische Mitschrift im neuen schwedischen Prozeß[1797] dürfte somit unmittelbare Folge der Rezeption englischen Rechts sein.

Hinsichtlich der Beeinflussung der schwedischen Novelle durch das frühdeutsche Mündlichkeitsmodell in der ZPO von 1877 fällt die Beurteilung erheblich schwerer. Fest steht, daß beide Verfahrensordnungen in ihrer bis zum Verbot der Verlesung von Schriftsätzen bzw. dem generellen Gebot der Verlesung auch schriftlicher Urkunden reichenden Radikalität übereinstimmen. Die schwedische Lösung geht mit Blick auf die Einführung einer auch mündlichen Vorbereitungsverhandlung gegenüber der stärkeren Betonung der schriftsätzlichen Vorbereitung der ZPO von 1877 sogar noch über die deutsche Lösung hinaus. Fest steht auch, daß den schwedischen Reformkommissionen das deutsche Verfahrensrecht schon zu einem frühen Zeitpunkt durch die eingehende Beschäftigung zahlreicher Wissenschaftler und Praktiker mit dem deutschen Recht und nicht zuletzt auch als Folge der Forschungsreisen der an der Reform beteiligten Juristen gut vertraut war. Sowohl *Afzelius* als auch *Örbom* haben in ihren rechtsvergleichenden Darstellungen der Beschreibung des deutschen Rechts besonders großen Raum gewidmet.

Auf der anderen Seite war den schwedischen Reformgremien die deutsche Neigung zur begriffsjuristischen Prinzipienhörigkeit, wie sie gerade das *Leonhardtsche* Modell in der ZPO von 1877 mit seiner gesamten Ausrichtung auf eine formal verstandene Mündlichkeit kennzeichnete, fremd und unwillkommen. *Örbom* selbst übt in seiner Darstellung nachhaltig Kritik an der deutschen Lösung, Unmittelbarkeit und Mündlichkeit als Selbstziel zu setzen, statt sich bei ihrer Verwirklichung im Prozeß von den allein maßgebenden Gesichtspunkten der Praktikabilität und Zweckmäßigkeit leiten zu lassen.[1798] Zudem hatte das deutsche Recht, wie gezeigt, als Folge seiner Radikalität schon im frühen 20. Jahrhundert zunächst faktisch, über die Novellen seit 1909 dann zunehmend auf legislativem Weg zu einer erheblichen Stärkung der Schriftlichkeit gefunden. Und es war schließlich dieses Konzept, mit dem es sich der Prozeßkommission in der für die schwedische Reform entscheidenden Phase präsentierte. Naheliegend wäre mithin für eine Rezeption deutschen Rechts die Orientierung an der zeitgenössischen Fassung der ZPO gewesen, wie es denn auch hinsichtlich der Umsetzung der Konzentration in der Novelle der Fall war. Und nicht zuletzt sprach gegen das deutsche Modell von 1877, daß es sich, wie dargestellt, vom ersten Tag seines Inkrafttretens in Deutschland selbst ob seiner mangelnden Flexibiliät scharfer Kritik ausgesetzt sah, die schwedischen Reformgremien mithin auch nicht auf seine praktische Bewährung zählen konnten.

[1796] PK I S. 174 f.

[1797] 6:9 Abs. 1.

[1798] *Örbom*, Promemoria, S. 93 f.

Es scheint mithin die wahrscheinlichste Lösung zu sein, daß bei der Ausgestaltung des Verhältnisses von Mündlichkeit und Schriftlichkeit in einzelnen in der schwedischen Novelle keine Rezeption stattgefunden hat, vielmehr die Reform insoweit einen eigenen Weg eingeschlagen hat. Hierfür spricht auch die Überlegung, daß sich in Schweden die Mündlichkeit ohnehin nie vollends aus dem Verfahren vor den Untergerichten hat verdrängen lassen[1799] und die Reformlösung damit auch als Anknüpfung an überkommene Rechtstraditionen gedeutet werden kann.[1800] Tatsächlich wurde die Ausbreitung der Schriftlichkeit im Verfahren in Schweden zu keinem Zeitpunkt als Ausdruck eigener Rechtskultur empfunden, vielmehr stets als Folge des Einflusses fremden, vorzugsweise gemeinen deutschen Rechts verstanden. Noch der Regierungsvorlage des Justizministers an das Parlament im Anschluß an das Gutachten der Prozeßkommission läßt sich diese Einstellung der besonderen Verbundenheit der schwedischen Rechtsgemeinschaft mit der urtümlichen Form des mündlichen Gerichtsgangs entnehmen.[1801] Es ist daher anzunehmen, daß sich die Reformlösung der Novelle in ihrer konkreten, die Mündlichkeit in strikter Form umsetzenden Lösung auch ohne die vermittelnde Unterstützung durch den europäischen Prozeß in Schweden hat durchsetzen lassen.

Zweifellos verlangt aber die Radikalität des schwedischen Mündlichkeitsmodells nach einer Erklärung. Dies um so mehr, als die schwedischen Reformgremien vor dem Hintergrund der ihnen bekannten nachteiligen Erfahrung, die man in Deutschland mit einem ähnlichen Konzept gemacht hatte, kaum auf die erfolgreiche Bewährung ihrer Lösung hoffen durften. Tatsächlich betrachtete man in Schweden die bewußte Vernachlässigung schriftlicher Elemente im Verfahren gegen Ausgang des 20. Jahrhunderts als nachteilhaft und suchte im Zuge einer Reform in den achtziger Jahren das Verhältnis von Mündlichkeit und Schriftlichkeit flexibler zu gestalten.[1802]

Ausschlaggebend dürfte für die Entscheidung zugunsten des neuen Modells wohl die Furcht der schwedischen Reformbeteiligten vor einer Wiedereinführung der Schriftlichkeit gleichsam „durch die Hintertüre" gewesen sein, welche die Gremien hinter jeder Schrift zugleich die zu bekämpfende

---

1799 Dazu schon oben unter 2. Teil C. III. 3. a) bb).

1800 Dies war insbesondere auch das Argument des damaligen schwedischen Justizministers *N. Gärde*, der die erforderliche parlamentarische Mehrheit für die Reform erst durch die – in ihrer Zuspitzung zweifellos gewagte – Betonung der „althergebrachten Traditionen" in der Novelle gewinnen konnte (vgl. hierzu und zu der Rolle *N. Gärdes* näher *K.Å. Modéer*, Den stora reformen, in: SJT 1999, S. 400 ff. [414]).

1801 Prop 1931 Nr. 80, S. 87 f. Die Ausführungen des Justizministers *N. Gärde* zeichnen sich in ihrem Eintreten für das neue Mündlichkeitsmodell durch einen über die Darstellung der sachlichen Gründe hinausreichenden romantisierend-historischen Einschlag aus, der mit seiner Rückführung der Mündlichkeit auf den altertümlichen „ting"-Prozeß deutlich an das Argumentationsmuster der historischen Rechtsschule erinnert.

1802 Dazu eingehend unter C. I. 3. b).

Schriftlichkeit ahnen und im Ergebnis zu jener kompromißlosen Haltung gelangen ließ. Äußerungen, die auf die Vorzüge eines ausgewogenen Verhältnisses von schriftlichen und mündlichen Elementen im Verfahren eingehen und sich damit gleich weit von der unbedingten Verurteilung der einen wie der kritiklosen Wertschätzung der anderen Seite bewegen würden, sucht man jedenfalls in den Gesetzgebungsmaterialien vergebens.[1803]

(c) Rezeption und die Rückbesinnung auf die eigene Rechtstradition gehen somit in der schwedischen Novelle hinsichtlich des Verhältnisses von Mündlichkeit und Schriftlichkeit Hand in Hand. Während erstere unter dem Eindruck einer gesamteuropäischen Entwicklungstendenz im Prozeßrecht den Anstoß zur Beseitigung des protokollarischen Verfahrens gab, hat sich letztere in der weit darüber hinausgehenden Ausdehnung der Mündlichkeit zu einer verfahrensbestimmenden Grundmaxime niedergeschlagen.

β) Die Verteilung der Verantwortung für die Sachverhaltsermittlung

Von ausschlaggebender Bedeutung für den gesamten inneren Mechanismus des Gerichtsverfahrens ist die einer Verfahrensordnung zugrundeliegende Auffassung von der Funktion des Prozesses. Sie beeinflußt die Entscheidungen des Richters, dient den Parteien und ihren Prozeßvertretern als Maßstab bei der Vornahme ihrer Prozeßhandlungen und ist dem Verfahrensgesetz insbesondere die entscheidende Richtschnur für die Aufteilung der Verantwortung bei der Offenlegung des entscheidungserheblichen Sachverhalts.

Wird der Prozeßzweck auf der Grundlage eines formalen Verständnisses überwiegend in der verbindlichen Feststellung der Rechtsverhältnisse der Parteien gesehen und in der damit verbundenen Beendigung des Rechtsstreites,[1804] tritt die sittliche Idee eines gerechten, weil mit der materiellen Rechtslage übereinstimmenden Urteilsspruchs in den Hintergrund. Infolgedessen verliert auch das Streben nach einer Aufdeckung des wahren Sachverhalts für die richterliche Entscheidung leicht an Bedeutung, da der Hauptwert des sich auf diese Weise gleichsam selbst legitimierenden Verfahrens allein in dem durch den Prozeß herbeigeführten Rechtsfrieden liegt.

Ein Verfahrensgesetz, das dieser Betrachtungsweise verpflichtet ist, neigt in der Konsequenz stärker dazu, auf die Inpflichtnahme des Richters und/oder der Parteien zur Förderung der bestmöglichen Aufklärung des Sachverhalts zu verzichten und das Prozeßergebnis statt dessen von den eher zufällig verteilten Möglichkeiten weitgehend ungebunden gegeneinander streitender Parteien abhängig zu machen.

1803 Vgl. zu kritischen Stimmen aus den Reihen der Wissenschaft jedoch *E. Kallenberg*, a.a.O. (S. 341 FN 1793).

1804 In der schwedischen Doktrin nicht ganz zutreffend üblicherweise als die „konfliktlösende Funktion" des Verfahrens bezeichnet. Die Bezeichnung verkennt, daß weniger der materiell-streitlösende als der formal-streitbeendende Charakter für die Vertreter dieser Auffassung von Bedeutung ist.

In der Geschichte des europäischen Prozeßrechts verbindet sich diese Auffassung vom Prozeßzweck mit dem liberalen Verfahrensmodell des 19. Jahrhunderts.[1805]

Zielt das Verfahren hingegen in erster Linie auf eine gerechte, an der außerprozessualen Wirklichkeit orientierte Entscheidung, steht die möglichst vollständige Ermittlung des wahren Sachverhalts als unverzichtbare Vorbedingung eines richtigen Richterspruchs im Vordergrund des Prozesses. Die Konfliktlösung erscheint dann nur mehr als seine sekundäre Nebenfolge.[1806] In der Konsequenz neigt die Verfahrensordnung tendenziell eher einer Stärkung richterlicher Kompetenzen und/oder der Aufstellung von Parteipflichten zur Ermöglichung eines solchermaßen sachgerechten Urteils zu.[1807]

Weist die Entwicklung im (westeuropäischen) Prozeßrecht gegenwärtig allgemein in die letztgenannte Richtung,[1808] so war eine derartige Gestaltung des Verfahrens in der hier relevanten Zeit des späten 19. und frühen 20. Jahrhunderts noch nicht die Regel. Das *Klein*'sche Sozialmodell von 1895 wurde insoweit zum Wegbereiter dieser modernen Sichtweise.

1805 Hierzu schon oben unter I. 1. b) bb).

1806 Hier ließe sich in Entsprechung zu dem konfliktlösenden Verfahrenszweck von der ethischen Prozeßfunktion sprechen, soweit man dem materiellen, durch den Prozeß zur Durchsetzung verholfenen Recht eine zumindest gewisse Gerechtigkeitsimmanenz zuspricht; s. dazu auch *W. Henckel*, Vom Gerechtigkeitswert verfahrensrechtlicher Normen, S. 8 ff. sowie *Stein-Jonas-Schumann*, ZPO[20], Einl. I. C. Rdnr. 5. Nicht nachgegangen werden kann hier der im Rahmen einer solchen ethischen Betrachtungsweise möglichen weiteren Unterscheidung danach, in welchem Umfang die Bedeutung eines mit der wirklichen Sachlage übereinstimmenden und insoweit richtigen Urteils stärker in der Befriedigung des subjektiven Rechtsschutzverlangens des Klägers gesehen wird (individualethischer Ansatz) oder schwerpunktmäßig in der gemeinschaftsbezogenen Gewährleistung von Rechtssicherheit und Rechtsfrieden (sozialethischer Ansatz). Zweifellos sind beide Sichtweisen auf das engste miteinander verbunden (die mit einer gewissen Regelhaftigkeit auftretende Verweigerung des Rechtschutzverlangens gefährdet die Rechtssicherheit und untergräbt damit den Rechtsfrieden). Doch ist ihre Unterscheidung gleichwohl von erheblich praktischer Bedeutung, wie ein Rechtsvergleich der modernen Verfahrensordnungen aus der Familie des kontinentaleuropäischen Civil Law sowie des anglo-amerikanischen Common Law mit den alten Prozeßgesetzen der ehemals sozialistisch regierten Länder des Ostblocks zeigt. Stehen die erstgenannten eher in der Tradition des individualbezogenen Rechtsschutzes unter Betonung von Dispositions- und Verhandlungsmaxime als Grundstrukturen des Verfahrens, so überwog in der sozialistischen Doktrin deutlich die Neigung zur Betrachtung des Prozesses als Mittel zur Beförderung der allgemeinen Wohlfahrt. Dies hatte sich in den osteuropäischen Staaten in einer im allgemeinen erheblichen Schwächung der Parteikompetenzen zugunsten stark inquisitorischer Verfahrensleitung durch das Gericht niedergeschlagen (vgl. hierzu im einzelnen *E. Wengerek*, Socialist Countries, in: B. Kaplan et al. (Hrsg.): International Encyclopedia of Comparative Law, Bd. 16, Chapt. 6: Ordinary Proceedings in First Instance, S. 141 ff. (v.a. S. 166 ff. [167: „educational function of the court"]; *R. Stürner*, Die richterliche Aufklärung, S. 11 f. sowie speziell für das Zivilverfahren der ehemaligen DDR jüngst *B. Balkowski*, Zivilprozeß in der DDR, S. 150 ff.); s. aber auch die Analyse unter C. II. 4. b) zu dem charakteristischen Selbstverständnis schwedischer Justiz in der Nachkriegsepoche moderner Wohlfahrtsstaatlichkeit.

1807 S. auch schon oben unter I. 2.

1808 Vgl. näher unten C. I. 1.

Es ist folglich zu prüfen, wie die schwedische Novelle die Verantwortung für die Ermittlung des entscheidungsrelevanten Tatsachenstoffes verteilt und in welchem Umfang insoweit Rezeptionswirkungen festzustellen sind.

(1) Die Verantwortung für die Sachverhaltsermittlung in der schwedischen Novelle

Die Reformgremien sahen in der überkommenen Verfahrensstruktur eine zu geringe Gewähr für das Zustandekommen materiell richtiger Urteile. Diese in weitestmöglichem Umfang zu gewährleisten, war jedoch neben der Beschleunigung des Verfahrens ihr Hauptanliegen. Mit Nachdruck lehnten sie jede formale, den Prozeß von der materiellen Rechtsordnung abkoppelnde Bestimmung des Verfahrenszwecks ab und sprachen sich für eine derartige Gestaltung des künftigen Gerichtsgangs aus, die am ehesten zu einer Übereinstimmung von außerprozessualer Wirklichkeit und prozessualer Streitentscheidung führt. So legte die Prozeßkommission 1926 in ihrem Gutachten dar:

> „Man hat mitunter die Ansicht vertreten, daß der Zivilprozeß nicht in demselben Umfang wie die Rechtspflege in Strafsachen das Ziel verfolgen solle, die Wahrheit zu ermitteln und auf ihrer Grundlage das Urteil zu fällen; vielmehr solle man sich mit etwas begnügen, das als formelle Wahrheit im Gegensatz zur materiellen bezeichnet wird, die das Ziel des Strafprozesses sei. Eine solche Ansicht ist nicht gerechtfertigt. Es muß auch die Aufgabe des Zivilprozesses sein, eine zufriedenstellende Untersuchung des Streitgegenstandes zu erreichen und dadurch den Grund zu bereiten für seine richtige Prüfung. Auch der Zivilprozeß ist eine Funktion der Gesellschaft, und es kann nicht gleichgültig sein für die Allgemeinheit, ob das Verfahren so eingerichtet ist, daß es die Gerechtigkeit fördert oder aber ihr zuwiderläuft."[1809]

Auf der Grundlage dieser Auffassung von der Funktion des Zivilprozesses konnte es mit der Beseitigung des schriftlich-protokollarischen Systems als dem einen Mittel zur Förderung der materiellen Urteilsrichtigkeit und der Einführung des freien Beweisverfahrens als einem weiteren[1810] nicht sein Bewenden haben. Soweit noch mit dem – beizubehaltenden – Grundsatz der Parteiverhandlung und der Dispositionsbefugnis der Parteien über den Streitgegenstand vereinbar, mußte vielmehr das Streben nach materieller Wahrheit im Prozeß durch eine Normierung richterlicher Pflichten bei der Sachverhaltsaufklärung (a) wie auch der Verpflichtung der Parteien zu wechselseitigem Zusammenwirken in der Ermittlung der Urteilsgrundlagen (b) flankierend unterstützt werden. Ziel war – anders gewendet – die Neuordnung des Prozesses auf der Grundlage einer Auffassung, die Richter wie Parteien gleichermaßen in die Pflicht nimmt, um das Ziel des „richtigen" Urteils nicht als zufällige Folge eines geordneten „Prozeßkrieges" antagonistischer Parteien

[1809] PK III S. 5 f. Siehe auch PLB S. 23.
[1810] Dazu eingehend unten γ) 1) (a).

eintreten zu lassen, sondern als Konsequenz eines auf weitgehende Kooperation aller Verfahrensbeteiligter angelegten Gerichtsgangs.[1811]

(a) Der Umfang richterlicher Pflicht zur Mitwirkung an der Sachverhaltsaufklärung in der Novelle

Der in Schweden im 19. Jahrhundert bei den mannigfachen Ansätzen zur Reform des Prozeßrechts spürbare Einfluß liberaler Weltanschauung hatte sich auch in der Auffassung von der Funktion des Richters im Verfahren niedergeschlagen und seine Spuren in Literatur und Rechtspraxis wie auch in den frühen Reformvorschlägen der Kommissionen hinterlassen.

So wurde die für das liberale Modell typische Annahme der Alleinverantwortlichkeit der Parteien für die Sachverhaltsermittlung mit ihrer Forderung nach einer entsprechenden Beschränkung der richterlichen Kompetenzen von zahlreichen schwedischen Juristen in der ersten Hälfte des 19. Jahrhunderts aufgegriffen.[1812]

In den Verfahren vor den Untergerichten scheinen sich die Richter zeitgenössischen Aussagen zufolge in immer stärkerem Maß gegenüber den Parteien zurückgenommen und diese bei der Ermittlung des Tatsachenstoffes zunehmend sich selbst überlassen zu haben.[1813]

[1811] Zum Begriff der Kooperation als einem Grundgedanken der Novelle vgl. im einzelnen nachfolgend (a)-(c).

[1812] Beispielsweise nahm der Herausgeber der schwedischen Zeitschrift „Juridiskt Arkif“, *Carl Schmidt*, 1833 bewußt einen ins Schwedische übertragenen Beitrag aus dem Werk „Civilistische Abhandlungen zur Berichtigung einiger Punkte (…)“ von *J.F. Lotz* aus dem Jahr 1832 in seine Zeitschrift auf (Bd. 3 [1833/34], S. 321 ff.). Er wies ihm dabei den Titel „Om förhadlingsmaximens företräden framför rannsakningsmaximen“ („Über die Vorzüge der Verhandlungsmaxime gegenüber dem Untersuchungsgrundsatz“) zu. In dem Beitrag setzte sich der Verfasser mit Nachdruck für eine weitgehende Passivität des Richters in zivilrechtlichen Streitverfahren ein. Weitere Nachweise finden sich bei S. *Matz*, Processledning, S. 64 ff.

[1813] So klagte ein offensichtlich älterer Jurist in einem anonym veröffentlichten Aufsatz aus dem Jahr 1834 („Några upplysningar för yngre Domare vid handläggningen af tviste- och brottmål“, in: C. Schmidt (Hrsg.): Juridiskt Arkif, Bd. 4 [1834/35], S. 1 ff.) über die zunehmende Neigung zumal jüngerer Richter, der Auffassung zu huldigen, wonach es „dem Richter nicht erlaubt sei, geschweige denn geboten, im Zivilverfahren die Wahrheit zu erforschen“ (a.a.O., S. 1). Siehe auch *J. Hellner*, Domstolsorganisationen och rättegången i tvistemål i första instans, in: SJT 1916, S. 5 ff. (6 ff.). Auf eine allgemeine Tendenz zur Zurückhaltung des Richters im Prozeß weist zudem die Darstellung des Justizombudsmannes aus dem Jahr 1831 (J.O. Embets-Berättelse, S. 2 f.), nach der viele Rechtssuchende, obgleich materiell im Recht, vor den Untergerichten den Prozeß einzig deshalb verloren, weil sie etwa nicht die vorgeschriebene Ordnung wahrnahmen und erst auf der Grundlage entsprechend aufklärender Hinweise im Urteil in die Berufung gehen mußten, um dort unter Beachtung dieser Hinweise dann zu obsiegen. Tatsächlich findet sich eine Vielzahl von Berufungsfällen, in denen eine Fehlentscheidung als Folge fehlender bzw. schwacher Beteiligung des Untergerichts an der Sachverhaltsaufklärung konstatiert wurde; s. dazu S. *Matz*, Processledning, S. 105 m.w.N. aus der Gerichtspraxis des frühen 20. Jahrhunderts.

Bestärkt wurden sie hierin von dem mit der Abfassung eines Reformvorschlags für das Prozeßrecht befaßten Lagkommitté, das sich ebenfalls auf den Standpunkt stellte, daß der Richter sich darauf zu beschränken habe, „Gesetz und Recht anzuwenden", während die Parteien für die gesamte Offenlegung des Prozeßstoffes zuständig seien.[1814] In allen „zivilisierten Ländern, mit Ausnahme Preußens, wo man der Untersuchungsmethode folgt",[1815] sei man sich mittlerweile einig, „daß sich der Richter von jedem Eingreifen in die Verhandlungen der Parteien zurückhalten müsse und es von jeder Partei selbst abhänge, was sie zur (...) Bestärkung ihres Rechts vorzutragen am geeignetsten finde."[1816]

Trat somit die kontinentaleuropäische Entwicklung zu einer stärker passiven Richterrolle unter Betonung der von den Parteien selbst zu verantwortenden Führung des Rechtsstreits während des 19. Jahrhunderts auch in den schwedischen Reformentwürfen in Erscheinung, so sah das Bild bei Abschluß der Reform deutlich anders aus.

Die Novelle behält zwar die Verhandlungsmaxime als Grundlage für die Verteilung der Verantwortung bei der Sachverhaltsaufklärung bei und geht daher davon aus, daß es grundsätzlich den Parteien obliegt, die für ihre Anträge erforderlichen Rechtstatsachen zu behaupten und bei Bedarf den Beweis für die Behauptungen anzutreten.[1817] Sie untersagt dem Richter insoweit sogar ausdrücklich, seine Entscheidung auf andere Umstände zu gründen als diejenigen, welche von den Parteien als Grund für ihre Anträge behauptet („åberopat")[1818] wurden.[1819]

In erheblichem Umfang wird die Verhandlungsmaxime allerdings in der Reform zugunsten des Untersuchungsgrundsatzes eingeschränkt. Dies wirkt sich hinsichtlich der Parteibehauptungen in erster Linie in der Ausübung einer richterlichen Frage-, Hinweis- und Aufklärungspflicht aus (aa), tritt in Bezug auf die beweiskräftige Feststellung des Sachverhalts hingegen in der Form der amtswegigen Beweiserhebung in Erscheinung (bb).

1814 LagCommiteens Förslag till Allmän Criminallag – motiver – S. 99. Das Lagkommitté erörterte die Frage der Aufgabenverteilung zwischen Richter und Parteien unter dem Gesichtspunkt der zahlreichen Sondergerichte, gegen deren angestrebte Abschaffung von den Reformgegnern geltend gemacht wurde, daß den Parteien auf diese Weise das für die angemessene Klärung des Rechtsstreits erforderliche Spezialwissen der Experten-Richter verloren gehe. Ein solches zur Verfügung zu stellen, so das Lagkommitté in seiner Stellungnahme hierzu, sei jedoch Sache der Parteien, die sich zu diesem Zweck der Sachverständigen bedienen könnten. Ähnlich auch LagCommiteens Förslag till Allmän Civillag – motiver – S. 256.

1815 Gemeint ist die Allgemeine Preußische Gerichtsordnung von 1793.

1816 So das Lagkommitté, a.a.O., S. 99.

1817 *P.O. Ekelöf/R. Boman*, Rättegång IV, S. 34.

1818 Zu Terminus und Bedeutung des „åberopa" im schwedischen Prozeß vgl. die weiterführenden Nachweise unter S. 222 FN 1078.

1819 17:3 S. 2. Der Grundsatz bezieht sich allerdings in dieser Weite nur auf die in der schwedischen Gesetzesterminologie sog. dispositiven Verfahren. Zur Unterscheidung der dispositiven von den indispositiven Prozessen nach schwedischem Recht s. schon oben unter S. 278 FN 1426.

(aa) Als Kern der richterlichen Prozeßaufklärung normiert die Novelle die Pflicht des Richters, auf die erschöpfende Behandlung des Streits hinzuwirken und durch Fragen und Hinweise der Undeutlichkeit oder Unvollständigkeit in den Parteierklärungen abzuhelfen.[1820] Unter Berücksichtigung des Zwecks der Verhandlungsvorbereitung, den Streit so umfassend nach seiner tatsächlichen wie rechtlichen Seite aufzubereiten, daß günstigenfalls dem Haupttermin im wesentlichen nur noch die Beweisaufnahme mit den Plädoyers verbleibt, erlangt diese Pflicht maßgeblich im Stadium der Vorbereitung Bedeutung.[1821] Die von den Parteien in der Novelle für die Vorbereitung erwartete umfängliche Offenlegung ihres Begehrens, ihrer Einreden und Einwendungen sowie aller ihren Anträgen zugrundeliegenden tatsächlichen Umstände einschließlich der Benennung der hierfür in Betracht gezogenen Beweismittel[1822] ist von dem Richter durch Fragen und Hinweise zu unterstützen. Diese dürfen – selbstverständlich – nicht nach Art und Ausmaß dazu führen, die richterliche Unparteilichkeit in Frage zu stellen.[1823] Auf der anderen Seite haben sie jedoch zu verhindern, daß eine Partei gegen ihren Willen als Folge von Unwissen oder Ungeschicklichkeit einen Rechtsverlust erleidet. Daher steht der Umfang der richterlichen Unterstützung der Parteien nach der Novelle in Abhängigkeit von der Fähigkeit der Partei, den Rechtsstreit angemessen und verantwortlich zu führen. Von ausschlaggebender Bedeutung ist dabei der Umstand einer etwaigen anwaltlichen Vertretung einer Partei. Da diese allerdings – wie dargestellt – nach der Novelle weiterhin nicht obligatorisch ist und trotz ihrer zunehmenden Verbreitung zumal in der Stadt zur Zeit der Reform noch längst keine Selbstverständlichkeit darstellte,[1824] kommt dem Richter nach dem Willen der Novelle eine weitgehende Unterstützungspflicht zu.[1825]

[1820] 43:4 S. 2.

[1821] *N. Gärde*, NRB S. 614.

[1822] Näher hierzu oben unter aa) α) (1).

[1823] Vgl. dazu im einzelnen *N. Gärde*; NRB S. 614 ff.

[1824] Siehe zur statistischen Häufigkeit der anwaltlichen Vertretung die Angaben unter S. 211 FN 1028.

[1825] Vgl. auch die Feststellung *P. Westerbergs* im Rahmen seiner eingehenden Darstellung der materiellen Prozeßleitung im schwedischen Prozeß, in: Domstols officialprövning, S. 547: „Das Zustandekommen des neuen Rättegångsbalk und der darin enthaltenen Regeln zur gerichtlichen Prozeßleitung kann als eine offizielle Reaktion gesehen werden auf die unerwünschten Konsequenzen eines Zivilverfahrens, das von den grundlegenden und traditionsgebundenen Gedanken hinter dem kontradiktorischen Verfahren geprägt wurde." S. auch *K. Olivecrona*, Domstolar och tvistemål, S. 48: „Er (sc. der Richter; eig. Erkl.) kann und soll eine kräftige Prozeßleitung ausüben. Dieses Prinzip wird deutlich vom Rättegångsbalk herausgestellt (...)" sowie vor dem Hintergrund des 1973 erfolgten weiteren Ausbaus der richterlichen Prozeßleitung im Rahmen des Bagatellverfahrens [dazu eingehend unter C. I. 3. a)] *B. Demeulenacre*, Sweden's System to Resolve Consumer Disputes, S. 65: „Swedish regular court procedure (...) already (d.h. vor Inkrafttreten der Novelle von 1973, eig. Erkl.) attributes a comparatively active role to the judge."

Aus dem Gesagten wird deutlich, daß Art und Umfang der richterlichen Aufklärungspflicht von den Umständen des einzelnen Prozesses abhängen und sich einer näheren Bestimmung entziehen. Auch die Novelle bietet insoweit keine weiteren Anhaltspunkte. Sie enthält aber immerhin eine Reihe verdeutlichender Einzelbestimmungen, die den Richter u.a. anhalten, fehlender Vollständigkeit der Klageerwiderung durch Fragen an den Beklagten abzuhelfen,[1826] Widersprüchlichkeiten in der Darstellung der Parteien im Gespräch mit ihnen zu klären[1827] sowie im Falle schriftlicher Vorbereitung den Parteien Vorgaben über den Inhalt der Schriftsätze zu machen.[1828] In Verbindung mit der durch die Novelle stark ausgeweiteten Mündlichkeit des Verfahrens, die den Richter tendenziell ohnehin in stärkerem Maße zu einer aktiven Rolle zwingt als ein schriftlich geführtes Verfahren,[1829] gibt die Reform hierdurch zu erkennen, daß sie dem Richter für die Vollständigkeit der Sachverhaltsaufklärung insgesamt eine erhebliche Verantwortung zuweist.

Bestätigt wird dies auch durch die von der Novelle konzipierte erhebliche Weiterung der Parteipflicht, sich ungeachtet etwaiger anwaltlicher Vertretung persönlich bei Gericht einzufinden.[1830] Die Aufnahme dieser Bestimmung erfolgte – wie die Motive zu erkennen geben[1831] – bewußt zu dem Zweck, dem Gericht hierdurch die Möglichkeit einzuräumen, durch unmittelbare, formlose Befragung der Parteien zu den relevanten Sachumständen eine effektivere, umfassendere Aufklärung des Rechtsstreits zu erreichen. Die Novelle geht dabei davon aus, daß die Parteien üblicherweise selbst am besten über die Hintergründe des Falles informiert sind und der Richter sich dieses Wissen auch außerhalb des förmlichen Beweisverfahrens zur Klärung des Streits zunutze machen sollte.[1832]

[1826] 42:11.

[1827] 43:6 Abs. 2.

[1828] 42:15.

[1829] Dazu *M. Cappelletti*, La Testimonianza, Bd. 1, S. 322.

[1830] Vgl. 11:5. Die Pflicht zum persönlichen Erscheinen gilt im Rahmen des Untergerichtsverfahrens praktisch unbegrenzt sowohl für die Vorbereitung wie auch das Hauptverfahren (Die von der Norm vorgesehenen Ausnahmen in den Fällen, in denen die Vorbereitung durch die Anwesenheit der Partei nicht gefördert wird bzw. die Anwesenheit ohne Bedeutung für die Ermittlungen in der Hauptverhandlung ist, dürften in der Praxis von ausgesprochener Seltenheit sein, da eine formlose Befragung der Parteien meist von großem Vorteil für die rasche Abwicklung des Rechtsstreits ist.). Entsprechend umfassend ist die Erscheinungspflicht der Partei für die Hauptverhandlung im Berufungsverfahren ausgestaltet, während die Novelle sie vor dem Höchsten Gerichtshof nur im Ausnahmefall (11:5 Abs. 1: „falls erforderlich für die Sachermittlung") vorsieht. Als Sanktionsmittel zur Erfüllung der Erscheinungspflicht stellt die Novelle das Institut des Zwangsgeldes zur Verfügung (vgl. 9:7; *N. Gärde*, NRB S. 79 f.).

[1831] PLB S. 160 f.

[1832] Die formlose Parteibefragung ist im Zusammenhang mit dem Beweismittel der förmlichen Parteivernehmung zu sehen, die von dem Richter auch von Amts wegen angeordnet werden darf (dazu sogleich im Text) und ebenfalls dazu beitragen soll, den bestmöglichen Aufschluß über den streitigen Sachverhalt zu geben. Vgl. hierzu näher unten γ) (2)

(bb) Die Bedeutung richterlicher Beteiligung an der Aufklärung des Sachverhalts zeigt sich daneben an den Möglichkeiten amtswegiger Beweisaufnahme.

In indispositiven Verfahren und bei der Prüfung von Fragen dispositiver Prozesse, die nicht der Verfügungsgewalt der Parteien unterliegen (z.B. Prozeßhindernisse), hat das Gericht den wahren Sachverhalt von Amts wegen festzustellen. Infolgedessen besitzt es nach der Novelle eine uneingeschränkte Möglichkeit, zur Klärung der streitigen Fragen selbst Beweis zu erheben.[1833] In der Wahl der Beweismittel ist es dabei nicht festgelegt.

Für den hier relevanten gesetzlichen Regelfall des dispositiven Verfahrens hingegen obliegt die Beweiserhebung als Folge der Verhandlungsmaxime grundsätzlich den Parteien.[1834] Jedoch weist die Novelle dem Gericht bzgl. mehrerer Beweismittel die Kompetenz zu ihrer Anordnung ex officio auch unabhängig von einem entsprechenden Parteibegehren zu.

Dies betrifft in erster Linie den Augenscheinsbeweis, den Sachverständigenbeweis und die von der Novelle neu eingeführte Parteivernehmung unter Wahrheitsversicherung.[1835] Letztere ist dabei ähnlich der formlosen Befragung wegen der bei den Parteien zu erwartenden besten Kenntnis der entscheidungsrelevanten Sachumstände von besonderer Bedeutung.[1836] Nicht hingegen ist dem Gericht die Vernehmung von Zeugen gestattet, soweit sich nicht die Parteien selbst auf diese berufen haben.[1837] Ebensowenig darf grundsätzlich von Amts wegen der schriftliche Beweis erhoben werden.[1838] Hingegen kann das Gericht Urkunden und Äußerungen von Behörden anfordern[1839] sowie von den Parteien benannte Zeugen einvernehmen, letzteres auch bezüglich anderer Umstände als der von den Parteien als Grund für die Beweiserhebung angeführten.[1840]

(b). Dort auch zu der problematischen Frage der Abgrenzung der formlosen Parteibefragung von der Parteivernehmung in ihrem jeweiligen Anwendungsbereich.

1833 35:6. Für eine Reihe indispositiver Verfahren bestanden neben der Novelle noch spezialgesetzliche Regelungen über die Pflicht zur amtswegigen Sachverhaltserforschung, so etwa § 19 des Gesetzes vom 11. 6. 1920 über eheliche Kinder bzw. § 25 des Gesetzes vom 14. 6. 1917 betr. uneheliche Kinder oder auch § 6 des Gesetzes vom 14. 6. 1917 betr. die eheliche Geburt.

1834 So auch der eindeutige Wortlaut von 35:6 S. 1: „Es ist Sache der Parteien, für den Beweis zu sorgen".

1835 Arg. e 35:6. Näher zu dem Beweisverfahren s. unter γ).

1836 Vgl. PLB S. 407 ff. Die von der Novelle der Parteivernehmung beigemessene Bedeutung für die umfassende Aufklärung des Sachverhalts geht bereits aus der Einstufung der Vernehmung als primäres Beweismittel hervor [näher hierzu γ) (2) (b)].

1837 35:6 S. 3.

1838 Ibid. Dies gilt – im Gegensatz zum deutschen Recht (vgl. §§ 142 I, 423 ZPO) – auch für Urkunden, auf die sich eine Partei im Verlauf des Prozesses bereits berufen hat; vgl. *P. O. Ekelöf/R. Boman*, Rättegång IV, S. 217.

1839 Dies., a.a.O., S. 35.

1840 Ibid.

(cc) Faßt man die Bedeutung der Regelungen über die Kompetenzen des Richters zur Mitwirkung an der Sachverhaltsaufklärung zusammen, so muß man feststellen, daß die Novelle insgesamt von einem starken Bemühen getragen ist, das Gericht an der Ermittlung des entscheidungsrelevanten Prozeßstoffs weitgehend zu beteiligen. Dabei hält sie jedoch zugleich den Grundsatz überwiegender Parteiherrschaft über die Aufbereitung des Sachverhalts weiterhin aufrecht.

(b) Der Umfang der Parteipflichten bei der Sachverhaltsermittlung in der Novelle

Die von der Novelle im Interesse einer verbesserten Gewähr materiell richtiger Entscheidungen aufgestellten Parteipflichten[1841] zur Mitwirkung an der Sachverhaltsaufklärung lassen sich in drei Gruppen gestufter Pflichtigkeit einteilen. Diese umfassen die üblicherweise als Wahrheitspflicht bezeichnete Wahrhaftigkeitspflicht der Parteien (aa), eine maßgeblich auf Darstellungen der Gegenseite bezogene Pflicht zur Stellungnahme und ggf. Substantiierung eigener Angaben (bb) sowie eine darüber hinausgehende Verpflichtung zur Offenlegung dem Gegner nützlicher Beweismittel (cc).

(aa) Die Novelle verpflichtet die Parteien zur Wahrhaftigkeit während des ganzen Prozesses.[1842]

Damit ist zum einen das Verbot verbunden, wider besseres Wissen Behauptungen aufzustellen oder solche des Gegners zu bestreiten (sog. negative Wirkung der Pflicht).[1843] Eine derartige Parteipflicht war bereits in dem

---

1841 Es soll hier nicht näher der in der deutschen Prozessualistik gängigen Frage nach der zutreffenden Einordnung derartiger gesetzlicher Bestimmungen als echter prozessualer Pflichten oder lediglich Lasten der Parteien nachgegangen werden, da sie für das Verständnis des Inhalts der Novelle ohne Belang ist und im übrigen auch in der schwedischen Prozeßwissenschaft nicht die bei uns geläufige Aufmerksamkeit erfährt. So geht etwa das sechsbändige zivilprozessuale Standardwerk von *P.O. Ekelöf/R. Boman/L. Welamson* et al. – soweit ersichtlich – auf diese Problematik nicht ein. Wenn man jedoch das Wesensmerkmal der Pflicht in der rechtlichen Mißbilligung ihrer Verletzung sieht, den Verstoß gegen eine Last hingegen als rechtlich neutrales Verhalten auffaßt (vgl. *R. Stürner*, Aufklärungspflicht, S. 77; *F. Lent*, Lasten und Pflichten im Zivilprozeß, in: ZZP 67 [1954], S. 344 ff. [351]; *D. Leipold*, Prozeßförderungspflicht der Parteien und richterliche Verantwortung, in: ZZP 93 [1980], S. 237 ff. [240 f.]), so steht der Pflichtcharakter der schwedischen Bestimmungen auch unabhängig von ihrer entsprechenden Bezeichnung in den Gesetzesmotiven außer Frage. So sieht die Novelle gerade in der Aufstellung ihrer Regelungen über die Parteimitwirkung ein wesentliches Mittel zur Stärkung der Durchsetzung der materiellen Rechtsordnung – eine Sicht, die mit der Annahme der legislativen Gleichgültigkeit gegenüber Verstößen durch die Parteien unvereinbar ist.

1842 43:6 Abs. 1: „Die Partei hat wahrheitsgemäß die Umstände, auf die sie sich beruft, anzugeben und zu den vom Gegner behaupteten Umständen Stellung zu nehmen sowie gestellte Fragen zu beantworten.“ Es ist unstreitig, daß sich diese Pflicht trotz ihrer systematischen Verortung innerhalb der Regelungen über das Hauptverfahren auch auf die Vorbereitung bezieht, vgl. *N. Gärde*, NRB S. 617.

1843 Vgl. PLB S. 446; *N. Gärde*, NRB S. 617.

alten Prozeßgesetz des Sveriges Rikes Lag von 1734 enthalten[1844] und stand auch hinsichtlich ihrer erneuten Aufnahme in die Novelle bei den Beratungen der Reformgremien zu keinem Zeitpunkt in Frage. Im Gegensatz zu der alten Regelung, die für den Fall eines Verstoßes gegen das Verbot eine Bußzahlung an das Gericht vorsah, eröffnet die Reform allerdings dem Richter allein die Möglichkeit, die Lüge der Partei im Rahmen der freien Beweiswürdigung zu bedenken und aus ihr ggf. Schlüsse auf die mangelnde Glaubwürdigkeit der Parteischilderung im allgemeinen zu ziehen.

Die negative Parteipflicht zur Unterlassung bewußt wahrheitswidriger Mitteilungen verbindet sich in der Novelle mit dem gleichsam positiven Gebot der umfassenden und vollständigen Darstellung, gleich, ob diese aus eigenem Antrieb erfolgte oder auf Initiative des Gerichts bzw. des Gegners.[1845]
(bb) Ausweislich des Gesetzeswortlauts und der Motive[1846] trifft die Parteien überdies die Pflicht, insoweit aktiv an der Aufklärung des Sachverhalts mitzuwirken, als sie sich wahrheitsgemäß und vollständig über die von der Gegenseite angeführten Umstände zu äußern haben, deren Richtigkeit sie zugeben bzw. unter substantiierter Angabe der Gründe bestreiten müssen. Ergänzend tritt die Pflicht zur Beantwortung der vom Gericht gestellten Fragen hinzu, die insbesondere im Rahmen der oben dargestellten formlosen Parteibefragung relevant wird.[1847]

Zwar ist auch diese Pflicht nicht erzwingbar gestaltet. Jedoch hat der Richter erneut die Möglichkeit, das Parteiverhalten im Rahmen der Beweiswürdigung frei zu bewerten, und kann dabei je nach den Umständen der Aussageverweigerung etwa auch die Wirkung eines Tatsachengeständnisses zuerkennen.[1848]

Läßt sich die Wahrheitspflicht im Verbund mit dem Vollständigkeitsgebot noch als Ausdruck eines allgemein üblichen Arglistverbots im Prozeß sehen, das nur mittelbar dem Ziel der umfassenden Aufklärung des entscheidungserheblichen Sachverhalts dient, so geht das hier angesprochene Gebot aktiver Mitwirkung an der gegnerischen Prozeßführung deutlich weiter. In dem die gegnerische Position stärkenden Pflicht zur substantiierten Stellungnahme einer Partei zu den Ausführungen ihres Gegenübers spiegelt die Novelle eine deutlich andere Auffassung von dem wechselseitigen Verhältnis der Parteien untereinander wider, als sie dem alten Recht zu entnehmen war.

[1844] RB Kapitel 14 § 8.

[1845] Dies folgt aus PLB S. 447. Näher dazu aus zeitgenössischer Sicht *B. Lindell*, Civilprocessen, S. 267. In der prägnanten Diktion von *W. Bernhardt*, Die Aufklärung des Sachverhalts im Zivilprozeß, in: Festgabe für Leo Rosenberg (1949), S. 9 ff. (27), läßt sich hier auch von der Ergänzung des Lügenverbots durch das Lückenverbot sprechen.

[1846] PK III S. 61, 146; PLB S. 446 f.

[1847] Eine Beschränkung der Pflicht folgt aus einer analogen Anwendung der – sehr begrenzten – Zeugnisverweigerungsrechte, vgl. *N. Gärde*, NRB, S. 617.

[1848] 35:4.

Dieses verlangte von den Parteien keine aktive Tätigkeit zur Verfolgung und Ermittlung der Sache und erlegte ihnen grundsätzlich keine Verpflichtung auf, sich im Prozeß zu erklären.[1849] Nur wenn sich eine Partei in Verfolgung ihrer eigenen Interessen freiwillig dafür entschied, sich im Verfahren zu äußern, war sie zugleich gehalten, dabei die Wahrheit zu sagen. Ihre Pflicht bestand insoweit zudem nur dem Gericht gegenüber, nicht aber, wie es der Einstellung der Novelle entspricht,[1850] auch im Verhältnis zum Gegner.[1851] Die Annahme eines Gericht wie Parteien gleichermaßen umfassenden, dreiseitigen prozessualen Rechtsverhältnisses mit wechselseitigen Rechten und Pflichten war vielmehr dem alten Recht fremd, seine Aufnahme in die Novelle somit Ausdruck einer in der Zwischenzeit gewandelten Überzeugung von der prozessualen Beziehung der Parteien untereinander.[1852]

(cc) Erheblich weiter noch als die Verpflichtung einer Partei, sich zu dem gegnerischen Vorbringen zu äußern und bei Bedarf eigene Angaben zu substantiieren, reicht das Gebot, in der eigenen Hand befindliche Beweismittel im Interesse der Wahrheitsfindung dem Gegner auf dessen Verlangen zur Verfügung zu stellen und hierdurch aktiv zu dessen Beweisführung unter gleichzeitiger Schwächung der eigenen Position beizutragen.

1849 *A. Wrede*, Zivilprozeßrecht, S. 127 f.; *O. Granfelt*, Den materiella processledningen, S. 36 ff. (S. 38: „[...] gibt es folglich keine allgemeine Pflicht einer Partei zu positiven Mitteilungen; lediglich eine derartige, daß, soweit solche [sc. Mitteilungen; eig. Erkl.] gemacht werden, diese auch [...] wahrheitsgemäß sein müssen. Eine weitergehende Wahrheitspflicht gibt es im geltenden finnischen und schwedischen Recht nicht [...]" sowie a.a.O., S. 42: „Aus dem Angeführten scheint bereits hinreichend hervorzugehen, daß das geltende finnische und schwedische Zivilprozeßrecht keine Einlassungs- oder Erklärungspflicht kennt.") In dieselbe Richtung auch *I. Afzelius*, Grunddragen, S. 54. Letzterer weist darauf hin, daß selbst die Wahrheitspflicht im engeren Sinne nicht überall in das allgemeine Bewußtsein der Öffentlichkeit gedrungen sei, die Parteien und ihre Vertreter vielmehr vielerorts den Grundsatz „prima regula iuris est negare" hochgehalten hätten.

1850 Vgl. die deutlichen Ausführungen im Gutachten der Prozeßkommission (PK III S. 16 f.): „Eine Wahrheitspflicht in nun genannter Hinsicht (gemeint ist deren negative Komponente, eig. Anm.) ist längst nicht seit alters im Bewußtsein der Allgemeinheit anerkannt. Weiter Verbreitung dürfte sich die Ansicht erfreut haben, wonach eine Partei unbeanstandet die Angaben des Gegners wahrheitswidrig bestreiten konnte, bis sie denn bewiesen wurden. Es ist offenbar, daß eine derartige Auffassung unrichtig ist. Aus *Rücksicht sowohl auf das Gericht als auch den Gegner* (eig. Hervorh.) muß es der Partei obliegen, sich bei allen ihren Auskünften im Prozeß an die Wahrheit zu halten. Es kann ihr nicht die Freiheit zuerkannt werden, vermittels unwahrer Angaben *das Gericht in die Irre zu führen und sich auf diese Weise einen unrechtmäßigen Vorteil auf Kosten des Gegners zu verschaffen* (eig. Hervorh.). Ebenso bereits *I. Afzelius*, Grunddragen, S. 55. Aus gesamtnordischer Sicht vgl. auch die gleichlautenden Forderungen *F. Hagerups*, Rätt och kultur, S. 92.

1851 *A. Wrede*, a.a.O. Für diese Auffassung spricht insbesondere die Einrichtung der Bußgeldzahlung an das Gericht bei Verletzung der Wahrheitspflicht, die offensichtlich den Charaker einer Sanktion mangelnder Respektbezeugung gegenüber dem Richter trug [vgl. zum System der Bußgeldzahlungen nach dem alten Recht schon oben unter 2. Teil C. III. 3. a) aa)].

1852 Dazu eingehend oben unter II. 4. b) bb) β) (3) (c) (aa) mit einer detaillierten Untersuchung der Rezeption der *Bülowschen* Theorie des Prozeßrechtsverhältnisses durch die schwedische Doktrin im späten 19. Jahrhundert.

Relevant wird eine derartige Pflichtigkeit in einem Verfahren überwiegend hinsichtlich von Urkunden und Augenscheinsobjekten, zu denen der Beweisbelastete selbst keinen Zugang hat, die ihm jedoch bei der Verfolgung seines Rechts von Nutzen wären.

Eine solche Pflicht zur Vorlage bzw. Zurverfügungstellung der genannten Objekte (sog. Edition) kann sich bereits aus materiellrechtlichem Grund ergeben. Ihre Erfüllung im Rahmen eines Prozesses ist dann typischerweise kein Problem, da das Bestehen der prozeßrechtlichen Beziehung zwischen den Parteien am Bestand des materiellen Rechts nichts ändert.

Davon zu trennen ist allerdings die Frage, in welchem Umfang die Verfahrensordnung selbst den Parteien eine unmittelbare und damit prozessuale Pflicht zur Edition auferlegt, die unabhängig von der materiellen Rechtslage besteht.

Das alte schwedische Recht von 1734 enthielt lediglich die Bestimmung, daß eine Partei, die dem Gericht die Abschrift einer Urkunde eingereicht hatte, auf Verlangen des Gerichts oder der Gegenseite auch verpflichtet sei, das Original vorzulegen.[1853]

In der Literatur waren die Ansichten, ob und in welchem Maß den Parteien eine darüber hinausgehende Editionspflicht obliege, geteilt. Während sie von einigen Prozessualisten im Interesse bestmöglicher Aufklärung des Sachverhalts weit über ihren im Gesetz verankerten Umfang hinaus ausgedehnt wurde,[1854] hielten andere[1855] am Wortlaut der Norm fest und beschränkten die Edition im übrigen auf die Fälle privatrechtlicher Herausgabe- bzw. Einsichtsrechte.

Berücksichtigt man, daß dem alten Recht der Gedanke einer wechselseitigen Inpflichtnahme der Parteien zur aktiven Mitwirkung an der Aufklärung des Sachverhalts noch fremd war (s.o.), dürfte die Annahme einer allgemeinen prozessualen Editionspflicht der Parteien tatsächlich nicht mit dem geltenden Recht vor Inkrafttreten der Novelle in Einklang gestanden haben.

Die Novelle hingegen stellt eine im Grundsatz weitgehende Editionspflicht sowohl bezüglich Urkunden als auch Augenscheinsobjekten auf, die Parteien ebenso wie Dritten obliegt. Danach ist prinzipiell jeder gehalten, Urkunden und Augenscheinsobjekte zu Beweiszwecken vorzulegen, soweit zu vermuten steht, daß sie im Rahmen des Beweisverfahrens von Bedeutung sind.[1856]

Urkunden, die wie im Falle von Tagebuchaufzeichnungen ausschließlich für den privaten Gebrauch erstellt wurden und in besonderem Maß die Pri-

---

[1853] 14:4.

[1854] *F. Schrevelius*, Civilprocess, S. 326 f.; *E. Trygger*, Om skriftliga bevis, S. 169; *J. Lindblad*, Läran om bevisning, S. 177; in der Tendenz auch *I. Afzelius*, Grunddragen, S. 62.

[1855] V.a. *A. Wrede*, Zivilprozeß, S. 228.

[1856] 38:2 Abs. 1: „Hat jemand eine Urkunde inne, die voraussichtlich Bedeutung hat als Beweismittel, so sei er verpflichtet, sie vorzulegen." Eine entsprechende Formulierung findet sich für den Augenschein in 39:5 Abs. 1.

vatsphäre ihres Autors berühren,[1857] sind generell von der Vorlagepflicht ausgenommen. Allerdings kann das Gericht bemerkenswerterweise in Abwägung mit den für die Offenlegung streitenden Interessen ihre Edition beschließen.[1858]

Im übrigen hat die Novelle die Ausnahmen von der Vorlagepflicht bei Urkunden wie Augenscheinsgegenständen in weitgehender Parallelität zu den Vorschriften über die Zeugen- und Parteivernehmung gestaltet. Dies geschah aus der pragmatischen Überlegung heraus, Zeugnis- bzw. Aussageverweigerungsrechte nicht dadurch zu unterlaufen, daß der Beweis dann über Schriftstücke mit einem von diesen Rechten erfaßten Inhalt geführt werden dürfte.[1859] Infolgedessen fallen etwa Urkunden, die zwischen einer Partei und einer mit ihr verwandten Person erstellt wurden, ebenso aus der Editionspflicht heraus wie solche, durch deren Offenlegung sich der Inhaber der Begehung einer Straftat überführen würde, oder Urkunden, deren Inhalt einem privilegierten Berufsgeheimnis unterfällt.[1860]

Soweit der auf Edition in Anspruch Genommene bestreitet, Inhaber der Urkunde bzw. des Augenscheinsobjekts zu sein oder aber behauptet, nicht von der Vorlagepflicht erfaßt zu werden, wird die Frage Gegenstand einer gerichtlichen Prüfung mit Beweisaufnahme.[1861] Für diese kann eine gesonderte Hauptverhandlung[1862] anberaumt werden, soweit die Erörterung der Editionspflichten nicht schon, wie nach der Novelle wünschenswert, bereits während der Vorbereitung erfolgt ist.[1863]

Von besonderer praktischer Bedeutung für die Effektuierung des Strebens nach verbesserter Sachverhaltsaufklärung ist dabei zum einen, daß eine bestehende Editionspflicht mit dem spezifischen Sanktionsmittel der Strafzahlung bei Nichterfüllung (sog. „vite") durchgesetzt werden kann.[1864] Zum zweiten verdient hervorgehoben zu werden, daß ausweislich der Gesetzesmotive[1865] ein Editionsverhör mit der betreffenden Partei bzw. dem Dritten nicht nur zu dem Zweck geführt werden darf herauszufinden, inwieweit der Verhörte eine spezifische, von der Gegenseite vorher näher bezeichnete Urkunde innehat bzw. zu ihrer Vorlage verpflichtet ist. Vielmehr dürfte das

---

1857 Dazu *N. Gärde*, NRB S. 531 f. sowie aus Sicht der zeitgenössischen Dogmatik *P. Fitger*, Rättegångsbalken, Bd. 2, 38:2 S. 9 f.

1858 38:2 Abs. 3.

1859 PLB S. 412.

1860 Zu Einzelheiten vgl. *N. Gärde*, NRB, S. 529 ff.

1861 Insoweit kommen die Parteivernehmung sowie das Zeugenverhör in Betracht.

1862 Dazu schon oben S. 230 FN 1144.

1863 Die Beweiserhebung zum Zwecke der Prüfung der Editionspflichtigkeit umfaßt einen der seltenden Fälle, in denen nach der Novelle auch im Stadium der Vorbereitung die Durchführung eines Beweisverfahrens statthaft ist [s. dazu auch oben aa) α) (1)].

1864 38:5 S. 2. Zur Bedeutung des Instituts der Strafzahlung im schwedischen Prozeß s. näher *B. Lindell*, Civilprocessen, S. 248.

1865 PLB S. 415; ebenso *N. Gärde*, NRB, S. 533.

Verhör demnach auch auf die Ermittlung aller für das Verfahren relevanten Schriftstücke zielen. Diese im Gesetzeswortlaut selbst nicht zwingend zum Ausdruck gebrachte Möglichkeit würde typischerweise in all denjenigen Fällen relevant, in denen eine Partei berechtigten Anlaß hat anzunehmen, daß die Gegenseite im Besitze von zur Aufklärung geeigneten Schriftstücken ist, selbst aber wegen fehlender näherer Kenntnis von Art und Inhalt derselben keine konkreteren Angaben machen oder gar ihr Herausgabeverlangen auf eine spezifische Urkunde beschränken kann.[1866]

(c) Zusammenfassung

Die Novelle sucht ihr Ziel der verbesserten Gewähr materiell richtiger Entscheidungen auch durch die Inpflichtnahme von Richter wie Parteien zu erreichen. Beide Seiten bezieht sie dabei in ein Netz wechselseitiger Pflichten und Rechte bzw. Kompetenzen[1867] ein, für das von den Reformgremien schon früh der Begriff der Kooperation geprägt wurde.[1868]

Unter grundsätzlicher Aufrechterhaltung der Dispositions- und Verhandlungsmaxime als Strukturprinzipien auch des reformierten Verfahrens weist die Novelle Gericht und Parteien gleichermaßen die Aufgabe zu, das Ziel bestmöglicher Aufklärung sowohl im öffentlichen Interesse der Durchsetzung der materiellen Rechtsordnung wie auch im individuellen Interesse der Rechtsschutz begehrenden Parteien gemeinsam anzustreben.

Während dem Richter hierzu vorwiegend die Mittel der formlosen Parteibefragung und der amtswegigen Beweiserhebung zu Verfügung gestellt werden, treffen die Parteien im Verhältnis zueinander über das alte Recht weit hinausgehende Pflichten zur Stellungnahme zu gegnerischen Ausführungen und zur Offenlegung von für den Gegner günstigen Informationen.

[1866] Dazu wie auch zu den mit der Auslegung dieser Bestimmung aufgrund ihrer begrifflichen Unschärfe verbundenen Schwierigkeiten im einzelnen *L. Heuman*, Editionsföreläggande i civilprocesser och skiljetvister, Del. 1, in: JT 1989/90, S. 3 ff. (v.a. 6, 16 ff.) sowie ders.: Editionssökandens moment 22 och yrkeshemligheter, in: JT 1995/96, S. 449 ff.; zu Fällen aus der Praxis s. auch *H. Brun/C. Diesen/T. Olsson*, Bevispraxis, S. 510 ff. Bemerkenswerterweise scheinen die aus – zumindest dem Wortlaut – der Norm folgenden Möglichkeiten des umfassenden Editionsverhörs Wissenschaft wie Praxis in Schweden immer noch zum überwiegenden Teil kaum bekannt zu sein. So sind Judikatur und Literatur zu dieser Frage, soweit ersichtlich, nach wie vor nur spärlich vorhanden.

[1867] Im Verhältnis zwischen Gericht und Partei erscheint der Begriff der Kompetenz passender.

[1868] NLB II – allmän motivering – S. 7.

(2) Die Verantwortung für die Sachverhaltsermittlung im französischen Prozeß

(a) Der Umfang richterlicher Pflicht zur Mitwirkung an der Sachverhaltsaufklärung

Der Code de Procédure Civile war am Vorabend der schwedischen Prozeßreform noch stark dem liberalen Verfahrensmodell verhaftet. Zeugnis hiervon legt insbesondere die Art und Weise ab, wie das französische Recht die Verantwortung für die Feststellung des entscheidungsrelevanten Sachverhalts zwischen Gericht und Parteien verteilte.

In bewußter Aufrechterhaltung des die Verhandlungsmaxime verkörpernden alten Grundsatzes „da mihi factum, dabo tibi ius" war dem Gericht die aktive Mitwirkung an der Beschaffung des Tatsachenstoffes prinzipiell verwehrt. Vom Gesetz auf die Rolle eines „arbitre supérieur" verwiesen, hatte sich der Richter vielmehr im wesentlichen auf die rechtliche Würdigung des ihm von den Parteien und deren Anwälten vorgelegten Prozeßstoffes zu beschränken: „le juge assiste à la procédure, mais ne la dirige pas".[1869] Schon die Vorbereitung der Hauptverhandlung entsprach diesem Bild, wie die Analyse erbracht hat,[1870] indem sie die gesamte Instruktion des Prozesses in die Hände der Parteien bzw. ihrer „avouées" legte. Die weitgehende Passivität des Richters im Haupttermin war insoweit auch eine unmittelbare Folge seiner fehlenden vorherigen Befassung mit dem Gegenstand des Rechtsstreits.[1871]

1869 *E. Glasson*, Précis théorique et pratique, Bd. 1, S. 6; aus der Retrospektive deutlich auch *W. Habscheid*, Der neue französische Code de procédure civile und das deutsche Zivilprozeßrecht, in: Festschrift für G. Beitzke, S. 1051 ff. (1052): „Das klassische französische Zivilprozeßrecht wurde (...) vom Prinzip der Richterneutralität beherrscht" sowie S. 1055: „Frankreich war das klassische Land (...) des *principe contradictoire*." Vgl. demgegenüber die grundlegenden Änderungen im Nouveau Code de Procédure Civile von 1975, Art. 10: „Le juge a le pouvoir d'ordonner d'office toutes les mesures d'instruction légalement admissibles" sowie Art. 11 II: „Si une partie détient un élément de preuve, le juge peut, à la requête de l'autre partie, lui enjoindre de le produire, au besoin à peine d'astreinte. Il peut, à la requête de l'une des parties, demander ou ordonner, au besoin sous la même peine, la production de tous documents détenus par des tiers s'il n'existe pas d'empêchement légitime." In die gleiche Richtung schließlich auch Art. 7 II: „Parmi les éléments du débat, le juge peut prendre en considération même les faits que les parties n'auraient pas spécialement invoqués au soutien de leurs prétentions" sowie schließlich Art. 8: „Le juge peut inviter les parties à fournir les explications de fait qu'il estime nécessaires à la solution du litige." Bemerkenswert erscheint in diesem Zusammenhang auch die Stärkung der Rolle des Staatsanwalts im Zivilverfahren, die Art. 423 Nouveau Code bewirkte: „[Le ministère public] peut agir pour la défense de l'ordre public à l'occasion des faits qui portent atteinte à celui-ci."

1870 S. unter aa) α) (2).

1871 Daß den französischen Prozeß im frühen 20. Jahrhundert eine überaus schwache materielle Prozeßleitung kennzeichnete, entsprach auch der in Schweden zu dieser Zeit allgemein verbreiteten Auffassung; vgl. etwa die Darstellung *N. Bd.* 8, S. 55 ff.Bd. 8, S. 55 ff.*s*, Om den franska civilprocessen, S. 190: „Der Richter tritt nur hier und da nach Art eines 'deus ex machina' in Erscheinung, um Meinungsverschiedenheiten zwischen den Parteivertretern in Bezug auf Nebensächlichkeiten zu klären und um letztendlich den Streit zu entscheiden, wenn das Verfahren denn einmal so weit gediehen ist. Der Richter ist keine treibende Kraft in dem Pro-

Augenfällig wird die schwache Stellung des französischen Richters bei der Ausübung des Frage- und Hinweisrechts und der Parteibefragung zu Aufklärungs- und Beweiszwecken als den beiden zentralen Prozeßinstituten richterlicher Sachverhaltsermittlung.

Es ist bereits bezeichnend, daß der CPC dem Richter die Befugnis, durch Fragen oder Hinweise auf die Beseitigung von Widersprüchlichkeiten im Parteivorbringen oder die Substantiierung unzureichenden Sachvortrags hinzuwirken, nicht ausdrücklich einräumte, sie vielmehr mittelbar aus seiner Kompetenz zur Anordnung des persönlichen Erscheinens der Parteien hergeleitet werden mußte.[1872] Diese stand zwar nach dem Gesetz grundsätzlich im freien Ermessen des Gerichts, ihre Anwendung als Mittel zur hoheitlich veranlaßten Sachverhaltsaufklärung war dem französischen Prozeß nach seiner Konzeption jedoch fremd. Tatsächlich machte das Gericht von ihr nach verbreiteter Auffassung nur sehr selten Gebrauch.[1873] Dazu dürfte auch der Umstand beigetragen haben, daß das persönliche Erscheinen der Parteien erst umständlich durch ein eigenständiges Urteil angeordnet werden mußte[1874] und dem Gericht zudem keinerlei Zwangsmittel zu seiner Durchsetzung zu Gebote standen.[1875]

Auch das im Code normierte Institut der förmlichen Parteibefragung – der „interrogatoire sur faits et articles“[1876] –, das gerade als Mittel der beweiskräftigen Aufklärung über einzelne Fragen des Sachverhalts vorgesehen war, spiegelt die Zurückhaltung, mit der das französische Recht einer aktiven Beteiligung des Richters an dem Prozeß begegnete. So war es dem Gericht nicht gestattet, die förmliche Befragung von Amts wegen anzuordnen oder zumindest nach eigenem Gutdünken über seine Gestaltung zu befinden. Es oblag vielmehr allein den Parteien, die persönliche Vernehmung ihres Gegners auf der Grundlage vorher selbst vorformulierter Fragen zu beantragen. Das Gericht war insoweit auf die Prüfung der Relevanz der aufgestellten Fragen,

---

zeß, sondern im großen und ganzen ein passiver Funktionär, der nur prüft, was ihm zu Prüfung vorgelegt wird.“ S. auch dens., a.a.O., S. 6: „Der Vorsitzende und seine Beisitzer sitzen zum größten Teil nur stumm da und hören sich die Plädoyers an (...).“

[1872] Ex Art. 119 (sog. „comparution personnelle“); vgl. auch *A. Feuerbach*, Betrachtungen, S. 272.

[1873] *H. Schlink*, Kommentar, S. 238; *A. Feuerbach*, Betrachtungen, S. 272; *E. Zink*, Ermittlung des Sachverhalts, S. 542.

[1874] Art. 119.

[1875] Welch geringe Bedeutung der Sachaufklärung im Wege richterlicher Befragung der Parteien im französischen Recht beigemessen wurde, läßt sich im Umkehrschluß auch der großen Aufmerksamkeit entnehmen, welche die Reform vom 5. 12. 1975 diesem Institut widmete und die zu seiner ausgesprochen detaillierten Regelung in 15 Artikeln in der neuen Prozeßordnung geführt hat (Art. 184-198), vgl. hierzu *W. Habscheid*, Der neue französische Code de Procédure Civile und das deutsche Zivilprozeßrecht, in: Festschrift für Günther Beitzke zum 70. Geburtstag, S. 1051 ff.

[1876] Art. 324 ff.

die Anordnung der Durchführung der Befragung durch Urteil und deren Zuweisung an einen kommissarischen Richter beschränkt.[1877]

In der Ermächtigung zur amtswegigen Beweiserhebung ging der Code zwar im übrigen vergleichsweise weit, indem er dem Gericht nicht nur die Möglichkeit der Einholung eines Sachverständigengutachtens bzw. der Einnahme des Augenscheins je ex officio einräumte,[1878] sondern auch den Zeugenbeweis hinzunahm.[1879] Da die Zeugenbefragung allerdings aufgrund ihrer starken Begrenzung im französischen Prozeß in ihrer Bedeutung völlig hinter den Urkundenbeweis zurücktrat,[1880] dessen Erhebung von Amts wegen hingegen dem Gericht nicht gestattet war, und da schließlich auch die amtswegige Einnahme des Augenscheins nur subsidiär gegenüber dem Sachverständigengutachten in Betracht kam,[1881] muß man davon ausgehen, daß auch das französische Beweisverfahren sich durch keine nennenswerte richterliche Aktivität auszeichnete.[1882]

(b) Der Umfang der Parteipflichten bei der Sachverhaltsermittlung

Die liberale Vorstellung von der Eigenverantwortlichkeit einer jeden Partei für ihren Prozeßerfolg und das – vergleichsweise – Desinteresse des CPC an der Förderung materiell richtiger Entscheidungen prägte auch das Verhältnis der Parteien untereinander bei der Ermittlung des Sachverhalts.

Eine Wahrhaftigkeitspflicht bzw. eine Verpflichtung zur vollständigen, substantiierten Darstellung einschließlich der eingehenden Stellungnahme zu den Ausführungen des Gegners fanden sich in der Verfahrensordnung an keiner Stelle normiert. Ebensowenig enthielt der Code Vorschriften über eine Pflicht der Parteien zur Edition von Urkunden bzw. Vorlage von Augenscheinsgegenständen zur Unterstützung der Beweisführung der Gegenseite. In Verallgemeinerung der wenigen vereinzelten Bestimmungen außerhalb des Verfahrensgesetzes, die auf die Verpflichtung zur Offenlegung von Schriftstücken gerichtet waren,[1883] hatte die Wissenschaft lediglich auf die Pflicht einer Prozeßpartei geschlossen, sog. gemeinschaftliche Dokumente auf Verlangen der Gegenseite

[1877] Art. 325. Die Befragung konnte auch der Präsident des Prozeßgerichts selbst vornehmen.

[1878] Art. 302; 295. Vgl. hierzu *E. Paraquin*, Die französische Gesetzgebung, S. 88 f.

[1879] Art. 254.

[1880] Dazu schon oben unter α) (2); s. auch nachfolgend unter γ) (1) (b).

[1881] Art. 295.

[1882] Unterstützt wird dieser Schluß durch den erneuten Vergleich mit der Reform des französischen Prozesses von 1975, die gezielt die Erweiterung der richterlichen Befugnisse auf dem Gebiet der Beweisaufnahme anstrebte, vgl. hierzu näher *Y. Chartier*, Die neuere Entwicklung des Zivilprozeßrechts in Frankreich, in: ZZP 91 (1978), S. 286 ff. (297).

[1883] Art. 14 f. des Code de Commerce; Art. 842 sowie 1337 Code civil.

vorzulegen.[1884] Eine allgemeine prozessuale Editionspflicht der Parteien bestand hingegen nicht. Dritte wiederum waren, wenn sie nicht zugleich als Zeugen geladen waren, grundsätzlich überhaupt nicht zur Vorlage verpflichtet.[1885] Eine prozessuale Verpflichtung zur Offenlegung von Augenscheinsgegenständen schließlich kannte das französische Recht ebensowenig.[1886]

(c) Zusammenfassung

Zusammenfassend muß der Code de Procédure Civile in seiner am Vorabend der schwedischen Reform geltenden Fassung hinsichtlich der Sachverhaltsermittlung somit als ein Verfahren charakterisiert werden, bei dem die Verantwortung für die Feststellung der tatsächlichen Streitgrundlagen nahezu ausschließlich in den Händen der Parteien unter weitgehendem Ausschluß des Richters lag. Zugleich verzichtete der französische Prozeß aber auch darauf, den Parteien effektive Mittel zur möglichst vollständigen und wahrheitsgemäßen Aufklärung des Sachverhalts einzuräumen und erwies hierin seine enge Verwandtschaft mit dem liberalen Verfahrensmodell.

(3) Die Verantwortung für die Sachverhaltsermittlung im englischen Prozeß

Die von dem englischen Richter und Prozessualisten *E.J. Cohn* zur Rechtfertigung der vergleichsweise spärlichen Literatur über das englische Prozeßrecht gebotene Erklärung, es werde in England in Anbetracht einer fehlenden Prozeßtheorie durchweg „aus der Praxis für die Praxis" geschrieben,[1887] trifft in verstärktem Maße auf die wissenschaftliche Auseinandersetzung mit dem englischen Verfahrensrecht der hier in Frage stehenden Zeit des frühen 20. Jahrhunderts zu. Allgemeine Ausführungen prinzipieller Art über die Verteilung der Verantwortung zwischen Richter und Parteien bei der Ermittlung des ent-

---

[1884] *H. Schlink*, Kommentar, S. 282 ff., v.a. 284. Hier auch zu der Bestimmung des Begriffs „gemeinschaftlich", der im französischen Recht noch enger ausgelegt wurde als sein deutsches Pendant in § 810 BGB.

[1885] *H. Nagel*, Beweisrecht, S. 349 m.w.N.

[1886] Ders.: a.a.O., S. 369. Es ist im übrigen für die Einstellung des französischen Rechts zu der Verteilung der Verantwortung bei der Sachverhaltsermittlung bezeichnend, daß etwa das zweibändige Standardwerk von *E. Glasson* über den französischen Prozeß des frühen 20. Jahrhunderts („Précis théorique et pratique de procédure civile") auch an keiner Stelle – soweit ersichtlich – ausführlicher auf die Problematik wechselseitiger Parteipflichten bei der Sachaufklärung eingeht; vgl. demgegenüber für das österreichische Recht nachfolgend unter (4). Eine nennenswerte Änderung trat erst durch die Neufassung des Art. 11 Abs. 1 im Nouveau Code de Procédure Civile von 1975 ein: „Les parties sont tenues d'apporter leur concours aux mesures d'instruction sauf au juge à tirer toute conséquence d'une abstention ou d'un refus."

[1887] *E. Cohn*, Zur Wahrheitspflicht und Aufklärungspflicht der Parteien im deutschen und englischen Zivilprozeßrecht, in: Festschrift für Fritz von Hippel zu dessen 70. Geburtstag, S. 41 ff. (49).

scheidungserheblichen Sachverhalts sucht man daher vergebens.[1888] Gleichwohl läßt sich aus der Gesamtschau der dem englischen Prozeß eigenen Institute und unter Berücksichtigung der richterlichen Kompetenzen nach den Bestimmungen in den „rules" ein hinreichend deutliches Bild gewinnen von dem Verhältnis zwischen Richter und Parteien bei der prozessualen Sachaufklärung.454/20

(a) Der Umfang richterlicher Pflicht zur Mitwirkung an der Sachverhaltsaufklärung

Der englische Prozeß wies dem Richter bei der Tatsachenermittlung eine im wesentlichen nur beobachtende, rezeptive Tätigkeit zu und gestaltete demgegenüber die Herrschaft der Parteien über den Prozeß sowohl bei der Vorbereitung wie auch im besonderen während der mündlichen Verhandlung als eine nahezu absolute aus.[1889]

Ein richterliches Tätigwerden aus eigener Initiative war eine seltene Erscheinung im Prozeß und die aktive Förderung materieller Wahrheitsfindung nahezu ausschließlich Parteiangelegenheit.[1890] In aller Regel beschränkte sich der Richter darauf, über die Einhaltung der äußeren Form des Verfahrens zu wachen und im Falle von Parteianträgen deren Statthaftigkeit und Begründetheit zu prüfen.[1891]

Insbesondere im Beweisverfahren, dem Kernstück des „trial", trat seine Passivität zutage. Eine gerichtliche Beweisanordnung, wie sie auf dem Kontinent nahezu überall zu finden war, fehlte im englischen Verfahren regel-

---

1888 Vgl. demgegenüber aus jüngerer Zeit (1994) etwa das Werk von *N. Andrews*, Principles of Civil Procedure, der den Versuch unternimmt, das englische Verfahrensrecht in systematisch gegliederter Form auf leitende Grundsätze zurückzuführen (etwa S. 11 ff.: „The main principle of English civil procedure", S. 33 ff.: „The adversarial principle", S. 54 ff.: „The principle of procedural privity", S. 501 ff.: „The principle of finality").

1889 Prägnant *J. Jacob*, The Reform of Civil Procedure, S. 191: „The basic concept in England is that the court should stand aloof from the heat of the battle until it is called upon to pronounce the judgment (...)." *S.* auch zur Frage des Umfangs richterlicher Aktivität im (klassischen) englischen Prozeß die detaillierte Darstellung bei *K. Schmidt*, Der Abschied von der Mündlichkeit, S. 33 ff. sowie *T. Spohr*, Richterliche Aufklärungspflicht, insbes. S. 25. Zu den im Jahr 1999 durch die novellierten „Civil Procedure Rules" bewirkten nachhaltigen Veränderungen in der Rolle des Richters im englischen Verfahren s. den übersichtlichen und instruktiven Abriß bei *P. Sobich*, Die Civil Procedure Rules 1999 – Zivilprozeßrecht in England, in: JZ 1999, S. 775 ff.

1890 Deutlich *E. Cohn*, Die Lehre vom Schriftsatz nach englischem Recht, in: ZZP 73 (1960), S. 324 ff. (327): Streitentscheidung und nicht Wahrheitsfindung gilt dem englischen Richter als die wirkliche Aufgabe seiner Tätigkeit."

1891 Vgl. *W. Odgers*, Odgers on the Common Law, Bd. 2, S. 610: „(...) a Judge has nothing to do with the getting up of a case." Den Inbegriff der Prozeßverantwortung des englischen Richters prägnant zusammenfassend ders.: a.a.O., 619: „The Judge must exclude all evidence that is irrelevant and otherwise inadmissible; he will also take care that each relevant fact is proved in a legitimate way (...). The Judge will decide the validity of all objections to any proposed method of proving such relevant facts (...)".

mäßig.[1892] Gegenstand, Umfang und Mittel der Beweisführung bestimmten die Parteianwälte, die auch für die Erhebung der Beweise zuständig waren[1893] und über die dabei wahrzunehmende Abfolge der Beweismittel befanden. Überdies hatten die Parteien auch dafür zu sorgen, daß ihre Beweismittel rechtzeitig zu dem trial zur Verfügung standen. Sie mußten mithin die Zeugen etwa selbst laden.[1894] Der Richter beschränkte sich demgegenüber weitestgehend auf die abschließende Würdigung des ihm von den Parteien vorgelegten Prozeßstoffes. Er hatte zwar zweifellos das Recht, Beweisaufnahme und Plädoyers ergänzende Fragen zu stellen, machte davon allerdings im allgemeinen nur sehr selten Gebrauch.[1895]

(b) Der Umfang der Parteipflichten bei der Sachverhaltsermittlung

Die Parteien hingegen, die für die Aufklärung des Sachverhalts selbst verantwortlich waren, besaßen im englischen Prozeß sehr weitgehende Möglichkeiten, sich die für ihre Rechtsverfolgung erforderlichen tatsächlichen Informationen zu verschaffen. Von besonderer Bedeutung waren dabei die ihnen zu Gebote stehenden Mittel, schon im Verlauf des Vorverfahrens umfassenden Zugang zu den Kenntnissen des Gegners über die prozeßrelevanten Tatsachen zu erhalten.

Diese umfaßten im wesentlichen drei unterschiedliche Institute: das Recht auf Ergänzung der Schriftsätze (sog. „further and better particulars" [aa]), das Recht auf unter Eid zu beantwortende Fragen (sog. „interrogatories" [bb]) sowie das Recht auf Angabe, Offenlegung und Einsichtnahme von Urkunden (sog. „discovery of documents" [cc]).

Sämtliche dieser prozessualen Einrichtungen sind auch im geltenden englischen Prozeßrecht noch vertreten[1896] und in ihren Einzelheiten bereits häufig Gegenstand eingehender Untersuchungen gewesen. Die nachfolgenden

---

1892 *W. Peters*, Streitverfahren, S. 76; vgl. auch *W. Odgers*, Odgers on the Common Law, Bd. 2, S. 618 ff.

1893 Kennzeichnend ist insofern die für den kontinentaleuropäischen Prozeß untypische Befragung auch der Zeugen durch die Parteien (vgl. dazu die rechtsvergleichenden Ausführungen bei *H. Nagel*, Grundzüge, S. 260 ff. [Deutschland], 269 [Spanien], 269 ff. [Frankreich], 271 f. [Italien]).

1894 *A. Curti*, Zivilprozeß, S. 77.

1895 Mit Nachdruck hervorhebend *W. Peters*, Streitverfahren, S. 75.

1896 Vgl. hierzu jüngst *J. Jolowicz*, On civil procedure, S. 23 ff. (41 ff.) unter gleichzeitiger Skizzierung wesentlicher Entwicklungslinien dieser Institute im englischen wie amerikanischen Prozeßrecht des 20. Jahrhunderts sowie – unter besonderer Berücksichtigung der durch die neuen „Civil Procedure Rules" bedingten Änderungen – *C. Plant* (Hrsg.): Blackstone's Civil Practice 2000, S. 249 ff. (betr. die Institute der „interrogatories" sowie der „better particulars") sowie S. 506 ff. (betr. „discovery" bzw. das nunmehr sog. Verfahren der „disclosure"); s. auch S. *Sime*, Practical Approach, S. 153 ff. („interrogatories"/"better particulars") bzw. S. 271 ff. („disclosure").

Ausführungen können sich daher auf die Darstellung der Grundzüge beschränken.[1895a]

(aa) Die unbedingte Verpflichtung zur Wahrhaftigkeit und Vollständigkeit der Darstellung oblag den Parteien auch im englischen Prozeß. Relevant wurde sie in erster Linie bei den die Hauptverhandlung vorbereitenden „pleadings",[1897] in denen alle für den Ausgang des Prozesses wesentlichen Tatsachen in knapper, aber vollständiger und wahrheitsgemäßer Form wiedergegeben werden mußten.[1898] Soweit gleichwohl das Bedürfnis nach weiterer Aufklärung über die in den Schriftsätzen enthaltenen tatsächlichen Angaben bestand, konnte bei dem für das Vorverfahren zuständigen Master der Antrag gestellt werden, die Gegenpartei zur entsprechenden Ergänzung der zu allgemein bzw. unklar gehaltenen schriftsätzlichen Passagen anzuhalten (sog. „order for particulars").[1899]

(bb) Von den „particulars" zu unterscheiden ist die schriftliche Parteivernehmung in Gestalt der „interrogatories". Diese bezeichnen die von einer Partei der Gegenseite im Anschluß an die Klageerwiderung zur schriftlichen Beantwortung unter Eid vorgelegten Fragen über einzelne Aspekte des tatsächlichen Streitgeschehens. Im Gegensatz zu den particulars dienten sie nicht der bloßen Ergänzung der Schriftsätze. Vielmehr verfolgten sie die weitergehende Aufklärung über entscheidungserhebliche Fragen mit dem Ziel, schon vor dem trial den Sachverhalt soweit möglich abzuklären und die der Hauptverhandlung vorbehaltene Beweisaufnahme auf diesem Weg zu begrenzen.[1900]

Gleich den „particulars" mußten auch sie zuvor grundsätzlich vom Master zugelassen werden, wobei jedoch insoweit keine nennenswerten Zulässigkeitsvoraussetzungen bestanden.[1901]

[1895a] Ausführlich zu den Instituten der „particulars", „discovery" sowie „interrogatories" – auch unter Darstellung ihrer historischen Entwicklung im englischen Recht – *P. Schaaff*, Discovery und andere Mittel der Sachverhaltsaufklärung, S. 26 ff. („particulars"), S. 33 ff. („discovery"), S. 97 ff. („interrogatories"); zuvor schon in rechtsvergleichender Gegenüberstellung mit den Aufklärungspflichten der Parteien im deutschen Prozeß *R. Stürner*, Aufklärungspflicht, S. 17 ff.

[1897] S. oben aa) α) (3).

[1898] *W. Odgers*, Odgers on the Common Law, Bd. 2, S. 550 f.

[1899] Ders.: a.a.O., S. 551; *E. Jenks* (Hrsg.): Stephen's commentaries on the Laws of England, Bd. 3, S. 543 f: „The object of particulars is to narrow the issues of fact so as to save expense, or bind the party giving the particulars to definite details or incidents, or to explain vague or general allegations in the pleading which cannot be properly answered by the other side without more specific information".

[1900] RSC O. XXXI r. 1-11; dazu im einzelnen *W. Odgers*, Odgers on the Common Law, Bd. 2, S. 577 ff. sowie in prägnanter Darstellung *E. Jenks*, a.a.O., S. 555 f: „The object of interrogatories is to obtain information on material facts (...) which will save the expense of calling witnesses, or to ascertain with greater precision the case which the other side intends to set up".

[1901] Gem. RSC O. XXXI r. 1 iVm r. 6 erließ der Vorverfahrensrichter die beantragte Verfügung, wenn der Fall sich für die Anwendung von interrogatories eignete und die Fra-

(cc) Ergänzend und von praktisch großer Bedeutung trat zu dem Recht auf „interrogatories" die den Parteien eingeräumte Befugnis, in der Verfügungsgewalt der Gegenseite befindliche Urkunden einzusehen und sich ggf. Abschriften von ihnen zu machen („discovery of documents").

Dies betraf zum einen die von dem Gegner in seinen Schriftsätzen in Bezug genommenen Urkunden.[1902] Soweit eine Partei im Besitz der Gegenseite spezifische Schriftstücke vermutete, die diese nicht in ihren Schriftsätzen erwähnt hatte, konnte sie gleichermaßen auch deren Offenlegung verlangen (sog. „specific discovery").[1903] Regelmäßig weit bedeutsamer war allerdings die Möglichkeit, beim Master eine sog. „general order for discovery" zu beantragen. Durch sie wurde der Gegner aufgefordert, ein Verzeichnis aller in seinem Besitz befindlichen oder ehemals befindlichen verfahrensrelevanten Urkunden unter ihrer genauen Bezeichnung und unter Angabe der Gründe bei fehlender Bereitschaft zu ihrer Offenlegung zu erstellen.[1904] Hiermit vermochte sich die Partei einen umfassenden Überblick über die beim Gegner vorhandenen schriftlichen Informationen über den Rechtsstreit zu verschaffen, die sie sich in der anschließenden Beweisführung zunutze machen konnte.

Zum Schutz privater wie beruflicher Informationen sah das englische Recht eine Reihe von – überwiegend eng begrenzten – Gründen („privileges") vor, aus denen die auf Vorlage der Urkunden in Anspruch genommene Partei deren Offenlegung verweigern durfte.[1905]

Eine der weitgehenden Editionspflicht bei Urkunden entsprechende Prozeßpflicht der Parteien oder Dritter zur Vorlage von Augenscheinsgegenständen bestand nach englischem Recht hingegen nicht.[1906]

(c) Zusammenfassung

Faßt man die Regelungen des englischen Rechts bezüglich des Verhältnisses zwischen Richter und Parteien bei der Aufklärung des Sachverhalts zusammen, so wird deutlich, daß der englische Prozeß, so wie er sich im frühen 20. Jahrhundert darstellte, nachhaltig auf die umfassende Ermittlung des

---

gen für das Verfahren relevant, nicht weitschweifig, unangebracht oder schikanös waren noch die Gegenseite in die Gefahr der strafrechtlichen Verfolgung bei wahrheitsgemäßer Beantwortung brachten oder das Ziel verfolgten, lediglich einen Grund für eine neue Klage zu finden, die nicht in direktem Zusammenhang mit dem Klagegrund des Statement of Claim stand. Interrogatories durften im übrigen nicht auf die Ermittlung der Beweismittel des Gegners zielen, *E. Jenks*, a.a.O., S. 556 [vgl. auch oben bb) β) (3) (b)].

1902 RSC O. XXXI r. 15.

1903 RSC O. XXXI r. 19 A (3); dazu im einzelnen *W. Odgers*, Odgers on the Common Law, Bd. 2, S. 571 f.

1904 RSC O. XXXI r. 12; vgl. *W. Odgers*, a.a.O., S. 572; *E. Jenks* (Hrsg.): Stephen's commentaries on the Laws of England, Bd. 3, S. 552 f.

1905 Näher hierzu *W. Odgers*, a.a.O., S. 573 f; *E. Jenks*, a.a.O., S. 553.

1906 *H. Nagel*, Grundzüge, S. 371; vgl. aber auch *W. Odgers*, a.a.O., S. 582: „(...) the Master has power (...) to make order for the (...) inspection of any property or thing which is the subject of the action or as to which any question may arise therein."

dem Rechtsstreit zugrundeliegenden Sachverhalts bedacht war. Er verfolgte dieses Ziel allerdings nicht auf dem Weg der aktiven Einbeziehung und Inpflichtnahme des Richters, sondern übertrug die Verantwortung für die Aufklärung des Streits vollumfänglich den Parteien. Diesen oblagen im Interesse effektiver Sachverhaltsermittlung konsequenterweise erhebliche Informationspflichten zugunsten der jeweiligen Gegenseite. Hierdurch wurden im englischen Verfahren jene Nachteile vermieden, die sich für die liberale Prozeßdoktrin des kontinentaleuropäischen Verfahrensrechts aus dem typischen Verbund von richterlicher Passivität und weitgehender Freistellung der Parteien von wechselseitigen Pflichten im Verhältnis zueinander ergaben.

(4) Die Verantwortung für die Sachverhaltsermittlung im österreichischen Prozeß

Als *F. Klein* 1890/91 mit seinen sozialpolitischen Vorstellungen von einer Umgestaltung des Zivilverfahrens an die Öffentlichkeit trat,[1907] nannte er als reformbedürftige Problembereiche die richterliche Mitwirkung bei der Sachverhaltsfeststellung und das Verhältnis der Prozeßparteien zueinander an vorderster Stelle.[1908]

Hauptbedingung eines gerechten Urteils war für ihn die Gewinnung eines wahren, richtigen Bildes der Tatsachen, wie sie dem Rechtsstreit zugrundelagen.[1909] Ein solches sah er allerdings in einem dem liberalen Prozeßmodell verhafteten Verfahren nicht länger gewährleistet. Geblendet durch *Jherings* „[geistvolles] Aperçu vom Kampf ums Recht“[1910] habe man den Ausgang des Prozesses allein von den jeweiligen Verhältnissen und Mitteln der isoliert einander gegenübergestellten Parteien abhängig gemacht und die gesamte Justiz zu „Schlaffheit und Energielosigkeit“ gezwungen.[1911] Die Durchsetzung der Wahrheit im Prozeß sei infolgedessen zu einem Produkt des Zufalls geworden.

Als die entscheidenden Reformmittel zur Beseitigung der Mängel und Rückführung des Prozesses zu einem verstärkt um die Gewähr materiell richtiger Urteile bemühten Verfahren gab *Klein* die Ausweitung der richterlichen Kompetenzen in der Sachverhaltsermittlung und die gegenseitige Unterstützung der Parteien bei der Beschaffung des Prozeßstoffs an.[1912] An die Stelle des überkommenen Verfahrens mit einem passiven Gericht von „götzenhaft lebloser Ruhe und Gleichgültigkeit“[1913] und mit auf sich selbst gestellten Parteien setzte er seine Vorstellung von dem Charakter des Prozes-

---

[1907] In der Aufsatzreihe „Pro futuro“, s. S. 24 FN 80.
[1908] *F. Klein*, Pro futuro, a.a.O., S. 10 ff., 36 ff.
[1909] *F. Klein*, Zeit- und Geistesströmungen, S. 8.
[1910] Ders.: a.a.O., S. 27; ganz ähnlich auch *J. Goldschmidt*, Prozeß als Rechtslage, S. V.
[1911] Ders.: Pro futuro, S. 20.
[1912] Ders.: a.a.O., S. 10 ff., 36 ff.
[1913] *F. Klein*, Zeit- und Geistesströmungen, S. 18.

ses. Ihn verstand er als ein „auf einen bestimmten Effekt abgestelltes geistiges Zusammenwirken mehrerer Personen",[1914] in dem die Beteiligten „wie die Menschen im Leben, in gewöhnlichen Dingen sich erkundigen, forschen, die Wahrheit suchen (...)".[1915]

Es wäre allerdings verfehlt davon auszugehen, *Klein* habe sich in seinem Reformmodell von der tradierten Vorstellung gelöst, das Verfahren auf der Grundlage von Parteidisposition und Verhandlungsgrundsatz aufzubauen, und statt dessen nach der Einführung amtswegiger Prozeßführung gestrebt.[1916] Die österreichische Reform hielt vielmehr das Recht der Parteien, über den Streitgegenstand grundsätzlich frei verfügen zu können, wie auch ihre Pflicht, die primäre Verantwortung zu übernehmen für die Beibringung der tatsächlichen Grundlagen der Gerichtsentscheidung im Grundsatz aufrecht.[1917] Sie milderte jedoch deren in der liberalen Doktrin verfochtene rigorose Strenge nach der Seite des Gerichts wie auch der der Parteien hin und schuf so, was am treffendsten als eine durch richterliche Untersuchung und gegenseitige Parteipflichten modifizierte Verhandlungsmaxime bezeichnet werden kann.

(a) Der Umfang richterlicher Pflicht zur Mitwirkung an der Sachverhaltsaufklärung

Das österreichische Recht wies der aktiven Rolle des Richters bei der Aufklärung des Sachverhalts[1918] entscheidende Bedeutung zu.[1919] Der Reformentwurf zur *Klein*'schen Verfahrensordnung erkannte es als

---

[1914] *F. Klein/F. Engel*, Zivilprozeß, S. 198. An anderer Stelle („Die Beweiswürdigung in der Revisionsinstanz", in: GZ 1899, S. 79) sprach *Klein* von dem Prozeß als „Handeln oder Unterlassen im Zusammenwirken des Gerichts, der Parteien und der prozessualischen Nebenpersonen, das durch den Rechtsfindungszweck bestimmt und zusammengehalten wird."

[1915] Dies., a.a.O., S. 207.

[1916] In diese Richtung zielten zahlreiche Stellungnahmen zu der österreichischen Reform im deutschen rechtswissenschaftlichen Schrifttum des frühen 20. Jahrhunderts. Vgl. etwa *R. Schmidt*, Prozeßrecht und Staatsrecht, S. 60 ff.; *L. Seuffert*, Die Zivilprozeßordnung 1879 bis 1904 – Ein Rückblick, ein Ausblick, in: DJZ 1904, S. 898 ff. (904).

[1917] Vgl. *F. Klein/F. Engel*, Zivilprozeß, S. 325; anschaulich insoweit *H. Sperl*, Lehrbuch der Bürgerlichen Rechtspflege, Bd. 1, S. 376, der die Parteien als „tatsachenproduktiv" bezeichnet. Jede andere Entscheidung hätte sich auch mit der von *Klein* immer wieder betonten Ausrichtung der Reform nach den Leitlinien der Zweckmäßigkeit und Praktikabilität nicht vertragen. Daß die Aufrechterhaltung der Verhandlungsmaxime in ihrem Kerngedanken schon wegen des unmittelbaren Interesses der Parteien am Ausgang des Streitverfahrens und ihrer besseren Kenntnis seiner tatsächlichen Hintergründe ein pragmatisches Gebot der Zweckmäßigkeit ist, wurde von *Klein* zu keinem Zeitpunkt in Frage gestellt.

[1918] Wie bereits dargestellt wurde (I. 2.), verfolgte das *Klein*'sche Modell mit der Stärkung richterlicher Kompetenzen im Verfahren zugleich das Ziel deutlicher Prozeßbeschleunigung. Trotz ihrer engen Verbindung wegen der Ähnlichkeit der prozessualen Mittel zu ihrer Verwirklichung sind jedoch beide Ziele infolge ihrer tendenziellen Gegenläufigkeit (Schnelligkeit im Verfahren geht leicht auf Kosten der Richtigkeit der Entscheidung) zu trennen.

„Aufgabe der richterlichen Prozeßleitung (...), darauf hinzuwirken, dass alle für die Entscheidung erheblichen thatsächlichen Angaben gemacht, ungenügende Angaben über die zur Begründung oder Bekämpfung des Anspruchs vorgebrachten Umstände vervollständigt, die Beweismittel für diese Angaben bezeichnet oder die angebotenen Beweise ergänzt und überhaupt alle Aufschlüsse gegeben werden, welche zur wahrheitsmässigen Feststellung des Thatbestandes der von den Parteien behaupteten Rechte und Ansprüche nothwendig erscheinen. Zu solcher Aufgabe bedarf das Gericht auch entsprechender Mittel (...). Das Gericht muss alle sich aus dem Prozesse ergebenden Möglichkeiten ausnützen können, um den für das Urtheil belangreichen Sachverhalt oder einzelne wichtige Theile desselben klarzulegen (...)“.[1920]

Zur Erreichung dieses Ziels räumte das österreichische Verfahrensrecht dem Richter im wesentlichen zwei prozessuale Mittel ein: eine weitgehende Frage-, Hinweis- und Aufklärungpflicht sowie die Möglichkeit amtswegiger Beweiserhebung.

Die Aufklärungspflicht des Gerichts erscheint in der öZPO, wie ihre bevorzugte Stellung in dem die Prozeßleitung reglementierenden Abschnitt unterstreicht,[1921] als das wichtigste Mittel zur Unterstützung der wahrheitsgemäßen Feststellung des Sachverhalts. Sie zielte ausweislich des Gesetzeswortlauts nicht nur auf die Beseitigung von Widersprüchlickeiten und Zweideutigkeiten im Parteivortrag. Vielmehr verfolgte sie maßgeblich die Ergänzung und Vervollständigung der zur Klagebegründung bzw. Klageerwiderung geltend gemachten tatsächlichen Umstände sowie der für ihren Nachweis angebotenen Beweismittel.[1922] Sie traf das Gericht von Anbeginn des Streits mit der Klageerhebung und schlug sich bereits in der gesondert normierten Pflicht des Richters nieder, auf die Vervollständigung von Schriftsätzen mit unzureichendem Inhalt hinzuwirken.[1923]

Verbunden mit der Aufklärungspflicht des Gerichts war die Pflicht der Parteien, auf Verlangen des Richters persönlich zu erscheinen und seine Fragen zu beantworten.[1924]

1919 Bezeichnend hierfür ist auch die gesetzessystematische Zusammenstellung der richterlichen Kompetenzen in der öZPO unter einem eigenen Subtitel „Prozeßleitung“ (§§ 180 ff.).

1920 Zitiert aus den Erläuternden Bemerkungen zum Entwurf einer neuen Civilprozeßordnung, S. 240.

1921 Vgl. § 182.

1922 Ibid. Der Wortlaut der Norm deckt sich auf weite Strecken mit dem oben wiedergegebenen Auszug aus der Entwurfsbegründung. S. auch *M. Krencker*, Wahrheitspflicht der Parteien, S. 31: „(...) Mittel der richterlichen Prozeßleitung, die überall dort eingreifen soll, wo es dem Parteivorbringen etwa an Richtigkeit, Vollständigkeit oder Bestimmtheit mangelt.“ sowie ibid.: „Der Vorsitzende soll (...) danach trachten, daß die für die Entscheidung erheblichen tatsächlichen Angaben gemacht oder ungenügende Angaben vervollständigt (...) werden, kurzum, daß ihm als Richter alle Aufschlüsse gegeben werden, deren er zur wahrheitsgemäßen Feststellung des Tatbestandes der von den Parteien behaupteten Rechte und Ansprüche notwendig bedarf.“

1923 § 84.

1924 § 183 I Nr. 1. Daß hiermit wohl eine Rechtspflicht und nicht nur eine bloße Last gemeint war, läßt sich der rechtlichen Mißbilligung entnehmen, die sich nach der Konzep-

Freilich darf die dem Gericht in der österreichischen Novelle zugewiesene Rolle nicht in Verkennung der Reichweite des Verhandlungsgrundsatzes als oktroyierende, gegen den Parteiwillen Prozeßstoff neu zum Gegenstand der Verhandlung erhebende Tätigkeit mißverstanden werden. So hatte auch nach der öZPO der Richter nicht danach zu trachten, in Ausübung seiner Fragepflicht eigenmächtig neue Ansprüche und Einreden gegen den erkennbaren Willen der Parteien zu ermitteln.[1925] In dem Umfang jedoch, in dem die Parteien weniger in Umsetzung einer gezielten Prozeßtaktik denn als Folge ihrer Ungeschicklichkeit oder Unwissenheit die Sachverhaltsermittlung lax betrieben, traf ihn die Pflicht, die relevanten Tatsachen und die verfügbaren Beweismittel mit offenlegen zu helfen.[1926] Die richterliche Funktion ging somit über eine lediglich reaktive, erst auf Parteiantrag relevant werdende Beteiligung am Verfahren deutlich hinaus und näherte sich dem Bild einer gleichsinnigen Prozeßkooperation von Gericht wie Parteien.[1927]

---

tion der öZPO an die Nichtbefolgung der gerichtlichen Anordnung knüpfte, vgl. oben S. 352 FN 1840. Die Nichtbeantwortung der Fragen durch eine Partei konnte Nachteile bei der Würdigung des Ergebnisses der Verhandlung und der Beweisführung nach sich ziehen (vgl. § 272 II).

1925 Mißverständlich insoweit *M. Krencker*, a.a.O., S. 33, der es für zulässig erachtete, „auf die Parteien auch in der Richtung einzuwirken, daß sie solche Tatsachen vorbringen und solche Anträge stellen, auf die sie ihre Ausführungen an sich gar nicht erstrecken wollten.“ Zwar war die österreichische Rechtslage als Folge des schwer auflösbaren Spannungsverhältnisses von angestrebter Entscheidungsrichtigkeit und verbotener Inquisition nicht stets zweifelsfrei. Dies gilt auch für den sog. hoheitlichen Ausforschungsbeweis des Richters bzgl. Tatsachen, die von den Parteien nicht behauptet worden waren. Ganz überwiegend ist die Zulässigkeit der Ausforschung allerdings in der hier in Frage stehenden Epoche des frühen 20. Jahrhunderts verneint worden (vgl. nur *H. Sperl*, Lehrbuch der Bürgerlichen Rechtspflege, Bd. 1, S. 399 sowie *R. Pollak*, System des österreichischen Zivilprozeßrechtes, S. 483; s. demgegenüber in der jüngeren österreichischen Literatur unter Hinweis auf das Bemühen der öZPO um bestmögliche Urteilsrichtigkeit *H. Fasching*, Lehrbuch des österreichischen Zivilprozeßrechts, Rdnr. 659, 898 m.w.N. sowie ders.: Kommentar zu den Zivilprozeßgesetzen, Bd. 3, S. 231 f, der in die Richtung einer Erweiterung der Zulässigkeit zu neigen scheint).

1926 *H. Sperl*, Lehrbuch der Bürgerlichen Rechtspflege, Bd. 1, S. 376, spricht von „freier Wahrheitsforschung innerhalb des Umkreises des streitig gewordenen Sachverhalts“. Deutlicher noch *G. Neumann*, Kommentar zu den Zivilprozeßgesetzen, Bd. 1, S. 785 ff. (786): „Die Grenze des Rechts des Vorsitzenden, den Sachverhalt festzustellen: Es liegt in der Tendenz unseres Gesetzes, daß der Vorsitzende auch das Vorbringen von solchen Tatsachen und die Stellung solcher Anträge veranlasse, welche nach Ansicht desselben (...) den wahren Sachverhalt festzustellen und aufzuklären geeignet sind, selbst wenn die Parteien von diesen Tatsachen und Anträgen offenbar keinen Gebrauch machen wollen.“ Die Grenze zwischen noch statthafter richterlicher Ermittlungstätigkeit und unzulässiger Inquisition ist vor diesem Hintergrund für das *Klein*'sche Modell kaum mit befriedigender Schärfe zu ziehen. Erwartungsgemäß mehrdeutig bleiben denn auch die entsprechenden Ausführungen in der zeitgenössischen Literatur zu dieser Frage, vgl. nur *G. Neumann*, *H. Sperl*, je ibid. sowie *M. Krencker*, a.a.O., S. 31 ff.

1927 *H. Sperl*, Lehrbuch der Bürgerlichen Rechtspflege, Bd. 1, S. 361: „In der Streitverhandlung des österreichischen Rechts ist (...) eine Zusammenarbeit der Parteien und des Richters vorgeschrieben.“ Vgl. zu der insoweit auch heute kaum veränderten Rechtslage

Den Zweck der vollständigen und wahrheitsgemäßen Ermittlung der Urteilsgrundlagen ergänzend, waren dem Richter im *Klein*'schen Modell auch Möglichkeiten amtswegiger Beweiserhebung zugewiesen. Sie dienten der verbindlichen Feststellung des zuvor als streitig ermittelten entscheidungsrelevanten Tatsachenstoffs und insoweit ebenfalls dem Interesse an einer wahrheitsgemäßen Urteilsfindung.

Dem Richter kam dabei nach der öZPO insbesondere die Befugnis zu, die Vorlage der von den Parteien in Bezug genommenen und in ihrer Hand befindlichen Urkunden zu verlangen sowie die Vornahme eines Augenscheins oder die Begutachtung durch Sachverständige anzuordnen.[1928] Zudem konnte er Personen als Zeugen laden und unter gewissen Umständen[1929] auch vernehmen lassen, von denen nach dem Gang der Verhandlung Aufklärung über erhebliche Tatsachen zu erwarten war.[1930] Statthaft war schließlich auch die amtswegige Anordnung der von der öZPO anstelle des formalen Parteieides neu eingeführten Parteivernehmung.[1931] Ihr kam allerdings aufgrund ihrer (ursprünglichen) Subsidiarität gegenüber allen anderen Beweismitteln nach der Konzeption der Verfahrensordnung keine besonders herausragende Rolle zu.[1932]

Die amtswegige Beweiserhebung war dem Gericht im Interesse bestmöglicher Sachverhaltsaufklärung auch gegen den Willen der Parteien gestattet, lediglich bei Widerspruch beider Parteien durften der Urkunden- und Zeugenbeweis nicht von Amts wegen erhoben werden.[1933]

(b) Der Umfang der Parteipflichten bei der Sachverhaltsermittlung

Im Streben nach bestmöglicher Sachverhaltsermittlung normierte die öZPO auch eine Reihe von Parteipflichten. Sie oblagen den Parteien sowohl dem Gericht wie auch dem Prozeßgegner gegenüber und waren geprägt von dem

---

O. Ballon, Zivilprozeßrecht, S. 26. Unter Bezugnahme auf *Holzhammer* (Österreichisches Zivilprozeßrecht², S. 127) spricht *Ballon* von der Kooperations- und Sammelmaxime und bezeichnet das zwischen Gericht und Parteien herrschende Verhältnis als Arbeitsgemeinschaft.

1928 Ausdruck der vergleichsweise weiten richterlichen Mitwirkungskompetenzen war hinsichtlich des Sachverständigen auch die Freiheit des Gerichts, ohne Bindung an einen etwa übereinstimmenden Vorschlag der Parteien die Person desselben zu bestimmen, vgl. § 351.

1929 Soweit bereits eine Tagsatzung zur mündlichen Verhandlung abgehalten wurde, konnte der Richter den Zeugen durch einen ersuchten Richter unter Zuziehung der Parteien vernehmen lassen, vgl. § 183 I Nr. 4.

1930 Zu Einzelheiten vgl. die Aufzählung in § 183; näher hierzu *G. Neumann*, Kommentar zu den Zivilprozeßgesetzen, Bd. 1, S. 789 ff. (790 f.).

1931 § 371 I. Dazu im einzelnen unten γ) (2) (e).

1932 *O. Ballon*, Zivilprozeßrecht, S. 152, spricht noch aus der zeitgenössischen Perspektive – nach Beseitigung der Subsidiarität durch die sog. Zivilverfahrens-Novelle 1983 (BGBl. S. 135) – vom schwächsten Beweismittel.

1933 § 183 II.

Bestreben, den Verfahrensbeteiligten die frühzeitige und vollständige Erlangung aller der Aufklärung dienlichen Tatsachen und Beweismittel zu erleichtern.

Primärer Spiegel des auf die wahrheitsgemäße Feststellung des Sachverhalts zielenden Verfahrenszwecks war die vom *Klein*'schen Modell neu inkorporierte, ausdrückliche Normierung der Wahrheitspflicht.[1934] Sie gebot den Parteien, in allen Phasen des Verfahrens wahrheitsgemäße Angaben zu machen, und verpflichtete sie zudem zu der vollständigen und bestimmten Darstellung aller zur Begründung ihrer Anträge erforderlichen tatsächlichen Umstände.[1935]

Desweiteren waren die Parteien verpflichtet, zu den tatsächlichen Angaben des Gegners substantiiert Stellung zu nehmen und sich auch über die gegnerischen Ausführungen zum Ergebnis der Beweiserhebung zu äußern.[1936]

Jede Partei besaß überdies das Recht, zur Aufklärung des Sachverhalts und insbesondere zur Ermittlung prozeßrelevanter Urkunden und Augenscheinsgegenstände die Gegenseite durch das Gericht bzw. mit dessen Zustimmung unmittelbar zu befragen.[1937] Eine Verweigerung der Antwort auf eine zulässig gestellte Frage konnte innerhalb der Beweiswürdigung der betreffenden Partei nach Ermessen des Gerichts nachteilig zur Last gelegt werden.[1938]

Schließlich erlegte die öZPO den Parteien auf, eine für die Beweisführung des Gegners erhebliche Urkunde bzw. ein Augenscheinsobjekt, die sich in ihrem Besitz befanden, auf Verlangen der Gegenseite und entsprechenden Beschluß des Gerichts hin vorzulegen (sog. Editionspflicht).[1939] Der Antragsteller hatte allerdings zuvor die begehrte Urkunde bzw. das begehrte Augenscheinsobjekt so genau als irgend möglich zu bezeichnen und über-

---

[1934] § 178.

[1935] Vgl. im einzelnen *H. Sperl*, Lehrbuch der Bürgerlichen Rechtspflege, Bd. 1, S. 373 ff.; *M. Krencker*, Wahrheitspflicht der Parteien, S. 21 ff.

[1936] § 178 2. HS.

[1937] § 184 I. Vgl. zum überaus weiten Umfang dieses Fragerechts näher *H. Sperl*, Lehrbuch der Bürgerlichen Rechtspflege, Bd. 1, S. 371 f; *G. Neumann*, Kommentar zu den Zivilprozessgesetzen, Bd. 1, S. 793 f; *M. Krencker*, a.a.O., S. 33 ff. sowie – aus jüngerer Zeit – *H. Fasching*, Kommentar zu den Zivilprozeßgesetzen, Bd. 2, S. 881 ff. (882: „Irgendeine Einschränkung in bezug auf den Gegenstand der Frage macht das Gesetz nicht. Die erfragten Umstände können die Hauptsache und Nebenstreitigkeiten betreffen [...]").

[1938] § 272 II.

[1939] § 303 I (Urkunde); § 369 (Augenschein). Dritte, die im Besitz einer prozeßrelevanten Urkunde waren, traf die Editionspflicht nur, soweit sie nach dem materiellen Recht zur Herausgabe bzw. Vorlage verpflichtet waren oder die Urkunde sich nach ihrem Inhalt für den Beweisführer und den Dritten als eine sog. gemeinschaftliche iSv § 304 II darstellte, § 308 I. Vgl. insgesamt zu der Editionsproblematik nach dem österreichischen Recht die übersichtliche Darstellung bei *H. Sperl*, Lehrbuch der Bürgerlichen Rechtspflege, Bd. 1, S. 414 ff. (bzgl. Urkunden) sowie S. 452 f. (bzgl. Augenscheinsobjekten).

dies den gegnerischen Besitz an dem Objekt glaubhaft zu machen.[1940] Die der besitzenden Partei eingeräumten Verweigerungsgründe, aus denen sie sich der Urkundenvorlage widersetzen durfte, waren eng begrenzt. Regelmäßig betrafen sie Fälle, in denen das gegnerische Interesse an einer Edition wegen der mit der Vorlage verbundenen Berührung der Privatsphäre, der Gefahr strafrechtlicher Verfolgung, der Verletzung von Verschwiegenheitspflichten bzw. Berufsgeheimnissen oder infolge eines entsprechend gewichtigen Grundes hinter dem Eigeninteresse des Besitzers an Geheimhaltung des Urkundeninhalts zurückstehen mußte.[1941] Zur Effektuierung der Vorlagepflicht räumte die öZPO dem Gericht die Möglichkeit eidlicher Vernehmung der Partei über den Besitz oder Verbleib der Urkunde bzw. des Augenscheinsobjekts ein.[1942]

(c) Zusammenfassung

Das *Klein*'sche Prozeßgesetz zeichnete sich auch in Hinblick auf die Aufklärung des Sachverhalts durch eine bewußte Abkehr von der liberalen Prozeßdoktrin aus. Unter Betonung gerade auch des öffentlichen Interesses an der Gewährleistung wahrheitsgemäßer Entscheidungen strebte es im Rahmen des beibehaltenen Verhandlungsgrundsatzes nach weitestgehender Vollständigkeit in der Ermittlung des Tatsachenstoffes.

Bei der Verteilung der Verantwortung für die Sachverhaltsermittlung wurden Richter wie Parteien gleichermaßen in die Pflicht genommen und durch die Normierung einer umfangreichen Frage- und Hinweispflicht sowie das Mittel amtswegiger Beweiserhebung auf Seiten des Gerichts bzw. die Wahrheitspflicht und gegenseitige Auskunfts- und Editionspflichten auf der Seite der Parteien zur gegenseitigen Zusammenarbeit veranlaßt.[1943] Das liberale Bild eines geregelten Prozeßkampfes trat auf diese Weise zurück hinter das Ziel einer – gleichsam – Arbeitsgemeinschaft zwischen allen am Prozeßgeschehen Beteiligten.

1940 § 303 II; § 369 iVm § 303 II. Hierbei konnte die Befragung der Gegenpartei gem. § 184 I von Nutzen sein.

1941 Vgl. im einzelnen § 305.

1942 § 307; § 369 iVm § 307.

1943 *F. Klein*, Pro futuro, S. 44: „(...) der Prozeßzweck [fordert] vielmehr (...) Mitarbeiterschaft beider Parteien."

(5) Die Verantwortung für die Sachverhaltsermittlung im deutschen Prozeß

(a) Die Rechtslage nach der ersten Fassung der ZPO von 1877

(aa) Der Umfang richterlicher Pflicht zur Mitwirkung an der Sachverhaltsaufklärung

In ihrer ersten Fassung von 1877 war die ZPO ein Spiegelbild des liberalen Verfahrensmodells. Ausdruck dessen war auch ihre Regelung in der Frage der Verantwortung für die Sachverhaltsermittlung.

Nach der ursprünglichen Konzeption des Prozeßgesetzes oblag sie allein den Parteien. Der Richter war demgegenüber in der Rolle eines unbeteiligten Schiedsrichters auf die formale Leitung des Prozesses beschränkt, dessen ordnungsgemäße Abwicklung er lediglich zu überwachen hatte, um am Ende über das ihm von den Parteien autonom vorgelegte Tatsachenmaterial die Entscheidung zu fällen.[1944]

Daß die Ablehnung richterlicher Mitverantwortung für die Sachaufklärung rechtlich uninformierte oder anwaltlich schlecht vertretene Parteien benachteiligen mußte und die Durchsetzung der materiellen Wahrheit in einem solchen Prozeß damit von der bloß zufälligen Verteilung der Parteigeschicklichkeiten abhängig machte, wurde im Interesse der Systemstimmigkeit[1945] bewußt hingenommen.

[1944] *Nikolaus T. von Gönner*, dem die Schöpfung der Lehre von der Verhandlungs- bzw. Untersuchungsmaxime zugeschrieben wird (dazu näher *K. Schönfeld*, Zur Verhandlungsmaxime im Zivilprozeß, S. 5 und 42 ff. sowie ausführlich *F. Bomsdorf*, Prozeßmaximen und Rechtswirklichkeit, S. 98 ff.), beschrieb im frühen 19. Jahrhundert die Rolle des Richters folgendermaßen: „Er ist im ganzen Laufe des Prozesses nur tätig, wo ihn das Vorbringen der Parteien in Bewegung setzt; und er ist im Ganzen, wo es nicht der Subsumption unter das Gesetz allein gilt, sondern wo es auf Tatsachen ankommt, eingeschränkt auf das Vorbringen der streitenden Teile.“ (Handbuch des deutschen gemeinen Prozesses, Bd. 1/2, S. 182). Daß sich diese kompromißlose Sichtweise durchsetzen konnte, war im wesentlichen das Ergebnis zweier sich gegenseitig in der Wirkung begünstigender Umstände, eines historisch-empirischen und eines politisch-ideologischen.

Historisch-empirisch wurde die unbedingte Huldigung der Verhandlungsmaxime durch die als vormundschaftlich erlebte Erfahrung mit der preußischen Gerichtsordnung von 1793 begünstigt, die unter Abschaffung der Advokatur und Ausschaltung der Parteiherrschaft die Aufklärung und Feststellung des entscheidungserheblichen Sachverhalts in die Hände des Richters gelegt hatte (s. S. 201 FN 968). Vor diesem Hintergrund erschien der Verhandlungsgrundsatz auch als wirksamer Schutz gegen richterliche Willkür und Kabinettsjustiz (In diese Richtung argumentierte etwa *L.v. Almendingen*, Metaphisik des Civilprozesses, S. 12 ff.).

Politisch und ideologisch entsprach die Absage an jede Form richterlicher Sachverhaltsaufklärung dem zeitgemäßen Postulat des liberalen Individualismus, der in Gestalt der Verhandlungsmaxime als das prozessuale Pendant zu der Privatautonomie des materiellen Rechts auf den Prozeß übertragen wurde. Da dieser nach der liberalen Doktrin einzig dem Schutz des privaten Rechtsverkehrs zu dienen hatte, mußte eine Beteiligung des Richters an der Tatsachenermittlung als störende Einmischung des Staates in die privaten Angelegenheiten der Bürger empfunden werden.

[1945] Kennzeichnend für diese Haltung der nach den Regeln strenger Begriffsjurisprudenz ausgerichteten deutschen Rechtswissenschaft des späten 19. Jahrhunderts war die Erläute-

So erschien es auch nur folgerichtig, nicht in der Gewährleistung bestmöglicher Voraussetzungen für das materiell richtige, das „wahre“ Urteil das Ziel des Prozesses zu sehen, sondern sich mit dem unter Beachtung formal-äußerer Spielregeln im Behauptungs- und Beweisverfahren ermittelten Prozeßstoff als Ergebnis einer „formellen Wahrheit“ zufriedenzugeben: „Die Festellung der Wahrheit ist (...) nicht das Ziel des Civilprozesses und kann es nicht sein. Sie ist sein zufälliges Resultat,“ kommentierte *A. Wach* in seinen Vorträgen über die neue Reichsprozeßordnung[1946] deren Grundhaltung zu der Frage nach der Funktion des bürgerlichen Gerichtsverfahrens.

Infolgedessen wurde das Fragerecht, das die ZPO schon in ihrer ersten Fassung dem Richter einräumte,[1947] als bloßes Informationsmittel verstanden, das dem Richter in erster Linie dazu dienen sollte, unklares oder widersprüchliches Parteivorbringen klarzustellen. Nicht aber hatte es den Zweck, das Gericht im Interesse materiell richtiger Entscheidungsfindung auf die wahrheitsgemäße Vervollständigung bereits hinreichend deutlicher Angaben hinwirken zu lassen.[1948] Auch las man es nicht selten lediglich als ein Recht, nicht aber als eine Pflicht des Richters[1949] und lehnte zudem die Annahme einer Parteipflicht zur Beantwortung der Fragen ab.[1950]

In ähnlicher Weise wurde die ebenfalls schon in der ersten Fassung der ZPO vorgesehene Möglichkeit, das persönliche Erscheinen der Parteien an-

---

rung der neuen Prozeßordnung durch *A. Wach*, Vorträge, S. 2, der den Prozeß nach der ZPO als „Seine Verstandesschöpfung, eine ausgeklügelte, nach strengen Gesetzen der Logik konstruirte Maschinerie (...)“ charakterisierte.

[1946] *A. Wach*, Vorträge, S. 149.

[1947] Vgl. §§ 130; 464; 465 II. Daß eine völlige Passivität des Richters praktisch nicht durchführbar sei, vielmehr dem Gericht zumindest ein Fragerecht zukommen müsse, war nicht erst eine der ZPO zugrundegelegte Erkenntnis. Schon *A. Heffter*, System des römischen und deutschen Civil-Prozeßrechts, S. 466, Ziffer 381, wies darauf hin, daß der Richter etwa beim Zeugenverhör die ihm von den Parteien eingereichten Fragen zu ihrer besseren Verständlichkeit umformulieren dürfe.

[1948] Dezidiert gegen jede Möglichkeit einer anderen Deutung *A. Wach*, Vorträge, S. 54. Bezeichnend für die restriktive Haltung zum richterlichen Fragerecht war auch die Neigung, schon in der bloßen Existenz eines solchen die Gefahr seines Mißbrauchs und des Umschlagens in ein Mittel richterlicher Inquisition zu befürchten, dazu ders.: a.a.O., S. 55 f. Insbesondere im Bereich des Beweisverfahrens wurde für eine sehr weitgehende Zurückhaltung des Richters bei der Anwendung des Fragerechts plädiert: „(...) ist für den Beweis der einzelnen Thatsache nicht die erschöpfende Darlegung alles für sie wesentlichen Beweismaterials erforderlich. Der Richter fragt nicht danach, ob außer den vorgebrachten (...) Beweismitteln noch andere vorhanden sind, die vielleicht das Gegenteil ergeben. Er fragt nur, was die beigebrachten besagen (...)“, ders.: a.a.O., S. 158.

[1949] S. etwa *A. Wach*, a.a.O.; aA. demgegenüber *R. Schmidt*, Lehrbuch des Deutschen Zivilprozesses, S. 347 („vulgär sog. Fragepflicht“); *J. Weismann*, Lehrbuch des deutschen Zivilprozeßrechtes, Bd. 1, S. 377 („Befugnis und Verpflichtung“) oder auch *J. Planck*, Lehrbuch des Deutschen Civilprozeßrechts, Bd. 2, S. 101 („nicht nur Recht [...], sondern auch Pflicht“).

[1950] *A. Wach*, a.a.O., S. 55.

zuordnen,[1951] ebensowenig als wirksames Mittel zur Aufklärung des Sachverhalts verstanden, wie man eine Erscheinungspflicht der Parteien annahm. Vielmehr deutete man sie als eine letztlich diesen gewährte Hilfestellung, von der sie je nach Gutdünken Gebrauch machen konnten, auf die sie aber auch ohne Rechtsnachteile verzichten durften.[1952]

Dem entsprach auch der bewußte Verzicht der ZPO auf die Erschließung des Parteiwissens in Gestalt der Parteivernehmung im Rahmen des Beweisverfahrens, in der man überwiegend einen unerwünschten Machtzuwachs des Richters und die Gefahr richterlicher Beeinflussung des Beweisverfahrens sah.[1953] Dieses sollte jedoch als Kern der Verhandlungsmaxime der unumschränkten Parteiherrschaft unterliegen.

Abgesehen von der Auferlegung des richterlichen Eids,[1954] beschränkten sich daher die Möglichkeiten richterlich veranlaßter Beweiserhebung auf die als „Notrecht"[1955] verstandene Anordnung der Augenscheinseinnahme und Sachverständigenbegutachtung.[1956] Hinzu trat die amtswegige Verfügung der Vorlage von Urkunden, soweit sich die Parteien auf diese bereits bezogen hatten.[1957] Und selbst die einer großzügigeren Handhabung von ihrem Wortlaut her immerhin offenstehenden Normen wurden vielfach so restriktiv wie möglich interpretiert.[1958]

Ausdruck der weitestgehenden Zurücknahme des Gerichts im Beweisverfahren war auch die richterliche Bindung an die von den Parteien übereinstimmend vorgeschlagene Person des Sachverständigen,[1959] bei der wegen ihrer Funktion als gleichsam verlängerter „Kopf" des Richters am ehesten dem Gericht eine Ermessensentscheidung zuzubilligen gewesen wäre.

[1951] § 132.

[1952] *A. Wach*, a.a.O., S. 56, dessen Darstellung erkennen läßt, wie gering er die Bedeutung dieses Instituts für den Prozeß veranschlagte.

[1953] *R. Schmidt*, Lehrbuch des deutschen Zivilprozeßrechts, S. 542 ff. Deutlich sind auch die Worte *O. Bährs* (Jher. Jahrb., Bd. 23, S. 409) über die von Teilen der Reichsjustizkommission geforderte Einführung der zeugeneidlichen Parteivernehmung: „Mit einer solchen unter das Zwangsmittel eines zuvor geleisteten Eides gestellten Inquisition würde man ein Stückchen Folter in den Zivilprozeß eingeführt haben."

[1954] § 437.

[1955] *G. Wetzell*, System des ordentlichen Zivilprozesses, S. 524 f.

[1956] § 135.

[1957] § 133.

[1958] In diesem Sinne ist wohl auch die Aussage *J. Damraus*, Der Einfluß der Ideen Franz Kleins auf den Deutschen Zivilprozeß, in: Forschungsband Franz Klein, S. 157 ff. (163), zu verstehen, wonach in dem deutschen Verfahren „von Amts wegen (...) kein Beweismittel verwertet werden" durfte. Aufschlußreich insoweit erneut *A. Wach*, Vorträge, S. 56 f, der die Augenscheinseinnahme auf die von den Parteien bereits in den Prozeß eingebrachten Objekte beschränkt, die Möglichkeit etwa einer amtswegig angeordneten Weinprobe bei einem Streit über die „Probemässigkeit einer Weinlieferung" hingegen als Fall unzulässiger Beweiserhebung ex officio strikt ablehnt.

[1959] § 369 IV.

Als Folge des Strebens der ZPO nach Begrenzung richterlicher Einflußnahme auf den Verfahrensablauf wurde schließlich auch die Beseitigung des vom gemeinen Recht her vertrauten Beweisinterlokuts[1960] verstanden. Es sei, ließ man zur Rechtfertigung dieses Reformschritts verlauten, nicht Aufgabe des Richters, „den Parteien die Anweisung zu ertheilen, welche Thatsachen als wesentliche und bestrittene des Beweises bedürfen und wem dieser obliegt."[1961]

(bb) Der Umfang der Parteipflichten bei der Sachverhaltsermittlung

In Entsprechung zu der auf diese Weise auf die Rolle eines weitgehend passiven Prozeßbeobachters festgelegten Rolle des Richters setzte die ZPO die liberale Vorstellung von dem Prozeß als einem „geregelten Kriegszustand"[1962] auch auf der Ebene der Parteien um. Deren Verhältnis zueinander entsprach nach der ideologisch überformten Vorstellung der ZPO weit eher dem zwischen autarken, überwiegend ungebundenen, prozessual „gleichstarken" Widersachern als dem Bild zu gegenseitiger Rücksichtnahme und prozessualer Kooperation verpflichteter Verfahrenspartner.

Zwar waren die Parteien nach der ursprünglichen Fassung der ZPO gehalten, sich über die vom Gegner behaupteten Tatsachen zu äußern;[1963] eine Verpflichtung zu wahrheitsgemäßem Vortrag war hiermit nach dem Wortlaut des Gesetzes allerdings nicht verbunden.[1964] Mit Nachdruck wurde von seiten der Wissenschaft vielfach sogar ausdrücklich das Recht der Parteien, im Prozeß die Unwahrheit zu sagen, hervorgehoben[1965] oder der Wahrheits-

---

1960 Zu diesem und seiner Bedeutung für den gemeinen Reichsprozeß eingehend *G. Wetzell*, System des ordentlichen Civilprozesses, S. 975 ff.

1961 *A. Wach*, Vorträge, S. 158.

1962 *A. Heffter*, System des römischen und deutschen Civil-Prozeßrechts, S. 4, Ziff. 3.

1963 § 129.

1964 Es ist aufschlußreich, daß die Frage der Wahrheitspflicht – soweit ersichtlich – weder in der Begründung des Regierungsentwurfs (*Hahn/Stegemann*, Materialien, S. 215 f.) noch offenbar während der beiden Lesungen im Parlament (vgl. *Hahn/Stegemann*, Materialien, S. 566, 953) angesprochen wurde. In dem Entwurf der Novelle von 1909 war dann zwar zunächst die Formulierung „vollständig und wahr" enthalten, jedoch nahm man den Zusatz „und wahr" später wieder heraus. Kritisch gegenüber einer Indienstnahme des liberalen Entstehungshintergrunds der ZPO von 1877 zur Begründung des Fehlens einer gesetzlichen Verankerung der Wahrheitspflicht allerdings *D. Olzen*, Die Wahrheitspflicht der Parteien im Zivilprozeß, in: ZZP 98 (1985), S. 403 ff. (413). *Olzen* vermag jedoch für den auch von ihm für erklärungsbedürftig gehaltenen Umstand, daß die deutsche Verfahrensordnung wie auch ihre Motive mit keinem Wort auf eine derartige Parteipflicht eingehen, keine eigene plausible Lösung zu bieten, sondern muß sich mit der Feststellung begnügen, „der Mangel an jeglicher Aussage [erstaune]".

1965 Vgl. dazu die Ausführungen der Reichsjustizkommission, in: *Hahn/Stegemann*, Materialien, S. 1161. In die gleiche Richtung zielte auch der historische Rückblick in der Entwurfsbegründung der ZPO von 1931 (S. 286), wo es heißt: „Steht ein Gesetz, wie die alte deutsche ZPO auf dem Standpunkt des laissez faire (...), so muß es der Partei überlassen bleiben, ob sie sich dem Gericht gegenüber ehrlich und rückhaltlos erklärt oder durch unwahre und lückenhafte Angaben Vorteile zu gewinnen trachtet." Näher hierzu unter Hin-

pflicht als einer nur sittlich relevanten Pflicht jedenfalls die Bedeutung einer Rechtspflicht abgesprochen.[1966]

Des weiteren bestand, abgesehen von der Vorlagepflicht bei Urkunden, auf die sich eine Partei im Prozeß zur Beweisführung bereits bezogen hatte,[1967] keine eigenständige prozessuale Editionspflicht der Parteien hinsichtlich von Urkunden.[1968] Die Vorlagepflichtigkeit erstreckte sich vielmehr auf die Fälle bestehender materiell-rechtlicher Herausgabe- oder Vorlegungspflichten.[1969] Bezüglich Augenscheinsobjekten fehlte eine Regelung der Editionsfrage sogar völlig.

Sowohl hinsichtlich richterlicher Beteiligung an der Sachaufklärung als auch mit Blick auf das Verhältnis der Parteien untereinander trug die ZPO mithin in ihrer ursprünglichen Fassung der liberalen Idee von dem Prozeß als Selbstegulierungsmechanismus, in dem sich bei freier Entfesselung der Parteikräfte automatisch der bestmögliche Zustand einstelle, umfänglich Rechnung.

(b) Die Rechtslage nach den Reformen von 1909 bis 1933

Die praktische Bewährung des österreichischen Modells weckte in Deutschland ab dem frühen 20. Jahrhundert nachhaltige Kritik an der eigenen Prozeßdoktrin und führte unter den Wissenschaftlern ebenso wie bei den Rechtspraktikern zu einer stetig wachsenden Reformbereitschaft. Diese zielte auf eine Begrenzung der Verhandlungsmaxime durch den Ausbau richterlicher Kompetenzen zur Beteiligung an der Ermittlung des Prozeßstoffs und auf die Anerkennung weitergehender Parteipflichten. Verhalten zunächst noch und nahezu ausschließlich auf die wissenschaftliche Diskussion be-

---

weis auf die heftige Auseinandersetzung zwischen *K. Hellwig* und *H. Neumann* um die Zulässigkeit der Prozeßlüge *D. Damrau*, Der Zivilprozeß als Gegenstand der Rechtspolitik, S. 264.

[1966] Deutlich *A. Wach*, Grundfragen und Reform des Zivilprozesses, S. 28 ff. (31): „Solche (sc. die Wahrheitspflicht, eig. Erkl.) wird behauptet. Aber es besteht dem Richter gegenüber wie keine Erscheinungs-, so keine Aussage- noch Wahrheitspflicht; dem Gegner gegenüber zwar Erklärungs-, aber nicht Wahrheitspflicht." sowie S. 32: „Die Wahrheitspflicht der Partei ist eine freie Erfindung ideologischer oder phraseologischer Theorie." S. auch dens., Defensionspflicht und Klagerecht, in: GrünZ, Bd. 6 (1879), S. 515 ff. (547) sowie *R. Schmidt*, Die Lüge im Prozeß, in: DJZ, 1909, S. 39 ff. Den damaligen Stand der Meinung in gedrängter Form zusammenfassend *F. v. Hippel*, Wahrheitspflicht und Aufklärungspflicht, S. 23 f. sowie *H. Welzel*, Die Wahrheitspflicht im Zivilprozeß, S. 6 m.w.N. aus der Literatur. Es muß aber hervorgehoben werden, daß sich auch Stimmen fanden, die für die Einführung bzw. sogar die Existenz einer bereits ungeschrieben bestehenden Wahrheitspflicht eintraten. So etwa *K. Hellwig*, Lehrbuch des Deutschen Civilprozeßrechts, Bd. 2, S. 40.

[1967] § 388 a.F.; vgl. auch § 133 I a.F.

[1968] Sieht man von dem Fall der Vorlagepflicht bei „gemeinschaftlichen Urkunden" iSd § 387 Nr. 2 a.F. ab.

[1969] § 387 Nr. 1 a.F.

schränkt,[1970] wurde die Erörterung der Nachteile liberaler Prozeßkonzeption dann zunehmend auch auf der legislativen Ebene geführt, wo sie schließlich in die Novellen von 1909, 1924 und 1933 mündete.[1971]

Am Ende der Entwicklung stand mit der Novelle von 1933 eine Prozeßordnung, die sich zwar weiterhin zu der Verhandlungsmaxime als Grundlage der Beibringung des Tatsachenstoffs bekannte. Hinsichtlich der Auffassung von der Funktion des zivilgerichtlichen Verfahrens hatte sie jedoch eine deutliche Wendung von dem strikt liberalen Modell formeller Wahrheitsermittlung hin zum *Klein*'schen Sozialmodell verstärkten Strebens nach objektiver Entscheidungsrichtigkeit vollzogen.[1972]

[1970] Für eine Stärkung richterlicher Aufklärungsrechte traten insbesondere *K. Schneider*, Über die richterliche Ermittlung, S. 102 ff. (s. auch die zusammenfassende Stellungnahme auf S. 190); *J. Chr. Schwartz*, Vierhundert Jahre deutsche Zivilprozeß-Gesetzgebung, S. 739 f; ders.: in: Die Novelle vom 17./20. Mai 1898 und die künftige Zivilprozeßreform, S. 152 ff.; *F. Stein*, Zur Reform des Zivilprozeßrechts, in: DJZ 1907, S. 1283 ff. (1287) wie auch *J. Kohler*, Zur Prozeßreform, in: RheinZ, Bd. 3 (1911), S. 1 ff. (2 ff.) ein.

Gegen diesen „schneidenden Gegensatz zu der Verhandlungsmaxime als einer der leitenden Grundsätze der deutschen Zivilprozeßordnung" (*W. Peters*, Inwiefern empfiehlt es sich, den deutschen Zivilprozeß nach dem Muster des österreichischen umzubilden?, in: Gruchot, Bd. 51 [1907], S. 48 ff. [55]) sprachen sich dezidiert ders.: a.a.O.; *L. v. Seuffert* (Deutsche Literaturzeitung, Bd. 12, S. 1351) und *R. Schmidt* (Prozeßrecht und Staatsrecht, S. 64 f.) aus.

[1971] Man darf davon ausgehen, daß die Tendenz zu einer stärkeren Einschränkung der Verhandlungsmaxime in Deutschland auch durch die Einrichtung zahlreicher Sondergerichte während des ersten Weltkriegs begünstigt wurde, deren Verfahren nach den Forschungsergebnissen von *J. Damrau*, Entwicklung, S. 298 ff. überwiegend von dem Untersuchungsgrundsatz geprägt wurde.

[1972] In dem Entwurf einer neuen ZPO von 1931, S. 255, heißt es dazu: „Wenn man auch nach wie vor anerkennen muß, daß es sich im Zivilprozeß um Privatrechte der Parteien handelt, über die diese frei verfügen können, (...) so hat man doch andererseits weit mehr als früher den Gedanken in den Vordergrund gestellt, daß der Zivilprozeß als staatliche Rechtsschutzeinrichtung dem öffentlichen Rechte angehört (...). Auf allen Gebieten unseres öffentlichen Lebens hat man inzwischen den Grundsatz des laissez faire, laissez aller längst verlassen und erkannt, daß der Staat berechtigt und verpflichtet ist, soweit das allgemeine Wohl dies erfordert, der *freien Betätigung des Einzelegoismus Schranken zu setzen* (eig. Hervorh.)."

Und in der Einleitung der Novelle von 1933 heißt es: „Keiner Partei kann gestattet werden, das Gericht durch Unwahrheiten irrezuführen (...). Dem Rechtsschutz, auf den jeder ein Anrecht hat, entspricht die Pflicht, durch redliche und sorgfältige Prozeßführung dem Richter die Findung des Rechts zu erleichtern (...). Nur so gelangt man zu einem (...) Verfahren, das dem *Richter eine sichere Findung der Wahrheit ermöglicht* (eig. Hervorh.) (...)."

(aa) Der Umfang richterlicher Pflicht zur Mitwirkung an der Sachverhaltsaufklärung

In der konkreten Ausgestaltung des Verhältnisses zwischen Richter und Parteien hinsichtlich der Ermittlung des Prozeßstoffs blieb die ZPO zwar im Ergebnis trotz bewußter Anlehnung an das österreichische Recht[1973] hinter diesem zurück. Die Novellen führten aber in Verbindung mit einer geänderten Einstellung in Wissenschaft und Praxis[1974] insgesamt doch zu einer merklichen Erweiterung der richterlichen Mitwirkung an der Feststellung des prozeßrelevanten Streitstoffs.

Das Fragerecht wurde neu gefaßt[1975] und nunmehr als Pflicht des Gerichts verstanden, zusammen mit den Parteien in einer umfassenden Erörterung des Rechtsstreits nach der tatsächlichen wie rechtlichen Seite hin auf die Vervollständigung des Streitstoffes, die Stellung der sachdienlichen Anträge und die Benennung der Beweismittel hinzuwirken.[1976]

Wenn auch in der Grenzziehung zu der Seite unzulässiger Verkürzung der Verhandlungsmaxime überaus streitig, mußte auf der Grundlage der Einleitung zu der Novelle von 1933[1977] die Norm nunmehr doch als Ausdruck der richterlichen Verpflichtung gedeutet werden, nach Kräften auf eine sachlich richtige Entscheidung hinzuwirken.[1978] Dazu sollte nach dem Entwurf zu einer ZPO von 1931[1979] der Richter von der Möglichkeit der Anordnung des persönlichen Erscheinens der Parteien[1980] als dem entscheidenden Mittel der Sachaufklärung in erheblich stärkerem Umfang Gebrauch machen. Zur Effektuierung der nunmehr auch einhellig als Rechtspflicht angesehenen Erscheinungspflicht der Partei wurde diese mit der Sanktion der Ordnungsstrafe für den Fall ihres Ausbleibens beschwert.[1981]

1973 Vgl. hierzu *J. Damrau*, Der Einfluß der Ideen Franz Kleins auf den Deutschen Zivilprozeß, in: Forschungsband Franz Klein, S. 157 ff. (163 ff.).

1974 Nachweise bei *J. Damrau*, a.a.O., S. 166 sowie *dems.*, Entwicklung, S. 392 f; dort die Zeit von 1877 bis 1933 zusammenfassend.

1975 § 139 n.F.

1976 *L. Rosenberg*, Lehrbuch des Deutschen Zivilprozeßrechts[4], S. 264. Es ist für die geänderte Einstellung der ZPO zu der Frage richterlicher Mitwirkungspflicht kennzeichnend, wenn schon *A. Baumbach*, ZPO[8] (erste Neuauflage nach der Novelle von 1933), § 139 als das „Kernstück der richterlichen Pflichten im Prozeß" und die „Magna Charta des Zivilprozesses" charakterisierte.

1977 S. oben S. 369 FN 1919.

1978 Vgl. nur *A. Baumbach*, ZPO[8], § 139 1). Zu Inhalt und Grenzen der richterlichen Frage- und Hinweispflicht aus Sicht der modernen Doktrin *R. Stürner*, Die richterliche Aufklärung, S. 43 ff. (insbes. S. 52 f. sowie S. 56 f.) sowie schon ders.: Die Aufklärungspflicht der Parteien, S. 64 ff.

1979 Entwurf S. 286.

1980 § 141 n.F.

1981 § 141 III 1 n.F.

Auf der Ebene der Beweiserhebung wurden die Befugnisse des Gerichts durch die Novellen nicht nennenswert erweitert.[1982] Die schon nach dem Wortlaut der ersten Fassung der ZPO bestehenden, aber kaum genutzten Möglichkeiten der Beweiserhebung ex officio deutete man allerdings verstärkt als Rechtspflichten im Interesse besserer Überzeugungsgewinnung des Richters.[1983] Von Bedeutung war im übrigen die Einführung der Parteivernehmung, die gerade im Interesse einer verbesserten Gewähr materiell richtiger Entscheidungen 1933 an die Stelle des überkommenen Parteieides trat.[1984] Ihre amtswegige Anordnung und Durchführung wurde dem Richter gezielt eingeräumt – wenn auch als subsidiäres Beweismittel.[1985]

(bb) Der Umfang der Parteipflichten bei der Sachverhaltsermittlung

Im Verhältnis der Parteien zueinander ist die entscheidende Neuerung in der ebenfalls 1933 dem Verfahrensgesetz inkorporierten Wahrheits- und Vollständigkeitspflicht der Parteien[1986] zu sehen, die von der Novelle als Rechtspflicht[1987] gegenüber dem Gericht wie auch dem Prozeßgegner ausgestaltet und auf alle Stadien des Verfahrens bezogen wurde. Ihre Normierung war eine unmittelbare Folge der geänderten Einstellung der ZPO zu der Funktion des Verfahrens (s.o.).

Im übrigen ließen die Novellen die alte Fassung der ZPO in dieser Frage unverändert. Damit blieb insbesondere die starke Einschränkung der Editionsrechte bzgl. Urkunden und Augenscheinsgegenständen bestehen.

(c) Zusammenfassung

Faßt man die Ergebnisse in der Frage der Verteilung der Verantwortung für die Sachverhaltsaufklärung im deutschen Recht am Vorabend der schwedischen Novelle zusammen, so ist als der wohl wesentlichste Gesichtspunkt der Strukturwandel der ZPO hervorzuheben. Er führte in Anlehnung an das österreichische Verfahrensmodell den deutschen Prozeß von einem strikt liberalen Verfahren, das von weitgehender Richterpassivität und schwach ausgeprägten wechselseitigen Parteipflichten gekennzeichnet war, hin zu einem verstärkten Streben nach der Gewährleistung objektiver Entscheidungsrichtigkeit.

1982 Erhalten blieben insoweit die Beschränkungen der Möglichkeiten amtswegiger Beweiserhebung hinsichtlich des Urkundenbeweises (nur nach Bezugnahme durch die Parteien, § 142 I n.F.) und des Zeugenbeweises (nur wiederholte und nachträgliche Vernehmung statthaft, § 398 n.F.). Beibehalten wurde auch die Bindung des Gerichts an den übereinstimmenden Parteivorschlag zur Person des Sachverständigen (§ 404 IV n.F.).

1983 Vgl. etwa *L. Rosenberg*, Lehrbuch des Deutschen Zivilprozeßrechts[4], S. 265.

1984 Eingehend dazu unten γ) (2) (f).

1985 § 448 n.F.

1986 § 138.

1987 Vgl. *L. Rosenberg*, Lehrbuch des Deutschen Zivilprozeßrechts[3], – Nachtrag – S. 9; *A. Baumbach*, ZPO[10], § 138 1) A.

Dieses Streben hat sich auf der Ebene des Gerichts in einer Ausweitung der richterlichen Frage- und Hinweispflicht niedergeschlagen, verbunden mit der durch Sanktion abgesicherten Anordnung des persönlichen Erscheinens der Parteien und der Einführung amtswegig erhebbarer Parteivernehmung.

Im Verhältnis der Parteien untereinander kam der Wandel dagegen vor allem in der Normierung der Wahrheits- und Vollständigkeitspflicht zum Ausdruck, während im übrigen die Fassung von 1877 mit dem Verzicht auf weitergehende Aufklärungsrechte bestehen blieb.

(6) Vergleich und Rezeption

(a) Der Vergleich der Verfahrensmodelle des ausgehenden 19. und frühen 20. Jahrhunderts zeigt, daß sie sich in der Frage der Verteilung der Verantwortung für die Ermittlung des Prozeßstoffs trotz individueller Regelungsverschiedenheiten im wesentlichen in zwei Hauptgruppen gliedern lassen.

(aa) Deren eine umfaßt diejenigen Prozeßordnungen, die in Umsetzung liberaler Verfahrensvorstellung von dem privaten Charakter des Rechtsstreits den Verhandlungsgrundsatz vergleichsweise strikt durchführen. Sie lassen die Sammlung des entscheidungsrelevanten Tatsachenstoffs einschließlich der Beweismittel unter Zurückdrängung richterlicher Mitwirkung im wesentlichen allein von der Aktivität der Parteien abhängen.

Hierzu zählen der französische und frühe deutsche Prozeß ebenso wie das englische Verfahren. Alle drei zeichneten sich am Vorabend der schwedischen Novelle durch ihre dezidiert skeptische Grundhaltung gegenüber einer Beteiligung des Richters an der Beibringung der tatsächlichen Urteilsgrundlagen aus. Sie verwiesen ihn statt dessen auf die Funktion eines passiven Schiedsrichters, dessen Funktion in erster Linie in der Gewährleistung des äußeren Rahmens für einen geordneten und ungestörten Verfahrensablauf gesehen wurde. Die Gewinnung materiell richtiger Entscheidungen war ihnen ohne Zweifel ein wünschenswertes Ziel; seine bewußte Beförderung von hoheitlicher Seite durch einen aktiv mit der wahrheitsmäßigen Feststellung des Tatbestandes, seiner Ergänzung, Berichtigung und bestmöglichen Sicherung im Beweisverfahren befaßten Richter lehnten sie jedoch ab. Der Prozeßerfolg wurde vielmehr zum ganz überwiegenden Teil an das Geschick der Parteien geknüpft.

Während das englische Verfahren insoweit allerdings die Strenge des Verhandlungsprinzips im Wege der Anerkennung sehr weitgehender Aufklärungspflichten der Parteien untereinander milderte und die Vollständigkeit des Prozeßstoffs durch die Möglichkeiten insbes. des „discovery"-Verfahrens gewährleistete, war dem französischen und frühen deutschen Verfahren eine solche Inpflichtnahme der Parteien weitgehend fremd. Die Analyse zeigt, daß beide Prozeßordnungen nicht einmal eine Wahrhaftigkeitspflicht der Parteien bei ihrem Vortrag normiert hatten. Sie zeigt auch, daß dies nicht etwa als Folge des Verzichts auf die ausdrückliche Regelung einer ohnehin anerkannten Selbstverständlichkeit zu deuten war. Vielmehr hat – mit besonders prägnanter Zuspitzung in Deutschland – das liberale Bild vom „Prozeßkrieg ohne rotes Kreuz“[1988] auch der Vorstellung von einem Recht auf Lüge und der Qualifikation der Warhaftigkeitspflicht als einer bloß sittlichen Obliegenheit Vorschub geleistet.

(bb) Zu der zweiten Hauptgruppe sind die schwedische Novelle, das österreichische Modell *F. Kleins* und die im frühen 20. Jahrhundert reformierte deutsche Prozeßordnung zu rechnen. Sie betonen die neben dem privaten Streitcharakter zu berücksichtigende öffentliche Funktion des Verfahrens. Als eines vom Staat zur Durchsetzung der materiellen Rechtsordnung zur Verfügung gestellten Instruments dürfe es als Folge seiner Bedeutung für die Gewährleistung von Rechtssicherheit in der Gesellschaft in seiner Anwendung nicht allein von dem Gutdünken der Parteien abhängen. Die Vorstellung von einem Mißbrauch der öffentlichen Einrichtung „Prozeß“ durch einen zu laxen Umgang mit der Wahrheit und der Gedanke der hoheitlichen Verantwortung für die effektive Verwirklichung des Rechtsschutzverlangens der Parteien treten bei diesen Prozeßordnungen in den Vordergrund. Beide führen in der Konsequenz zu der Forderung nach verstärkter richterlicher Anteilnahme an der Ermittlung der tatsächlichen Entscheidungsgrundlagen.

Alle drei Verfahrensgesetze dieser zweiten Gruppe heben die Bedeutung einer möglichst wahrheitsgemäßen, mit der außerprozessualen Wirklichkeit übereinstimmenden Entscheidung für die öffentliche Rechtspflege hervor, sehen daneben aber auch das individuelle Interesse der einzelnen Partei an einer Unterstützung bei ihrer Prozeßführung. Sie versuchen insoweit nicht, das Ziel einer verbesserten Gewähr materieller Richtigkeit einseitig durch eine Unterordnung der Parteien unter einen mit der völligen amtswegigen Aufklärung des Sachverhalts betrauten Inquisitionsrichter nach dem Vorbild der preußischen Allgemeinen Gerichtsordnung zu erreichen. Ebensowenig sehen sie die Lösung in der Anerkennung weitreichender inquisitorischer Befugnisse der Parteien als Ausgleich zu einem passiven Richter. Vielmehr streben sie allesamt in deutlicher Übereinstimmung nach einer in die Richtung einer Kooperation weisenden Rollenverteilung zwischen Gericht, Kläger und Beklagtem. Innerhalb dieses Rahmens liegt in Aufrechterhaltung des Verhandlungsgrundsatzes die überwiegende Verantwortung für die Tatsachenermittlung zwar bei den Parteien. Der Richter sieht sich jedoch zu einer erheblich größeren Aktivität aufgefordert als im zeitgenössischen englischen, französischen und dem frühen deutschen Recht.

[1988] So *F. Klein*, in: Pro futuro, S. 39, unter Hinweis auf *E. Zink*, Ermittlung des Sachverhalts, S. 119 f.

(α) Unter dem Blickwinkel richterlicher Beteiligung an der Sachverhaltsermittlung zeigt der Strukturvergleich die grundsätzliche Übereinstimmung der schwedischen Reform mit dem österreichischen und reformierten deutschen Verfahren auch in den hierfür dem Gericht zur Verfügung gestellten prozessualen Mitteln der Frage-/ Hinweispflicht einerseits und der amtswegigen Beweiserhebung auf der anderen Seite.

So verpflichten alle drei Verfahrensordnungen den Richter, durch Fragen und Hinweise mit Nachdruck nicht nur die Beseitigung von Widersprüchlichkeiten und die Ergänzung unsubstantiierter Vorträge zu erreichen, sondern auch auf die vollständige und wahre Aufdeckung des Tatsachenstoffs hinzuwirken. Freilich – auch darin gleichen sich die genannten Gesetze – erlauben sie dem Richter nicht, gegen den Willen der Parteien Tatsachenstoff neu in den Prozeß einzubringen,[1989] sondern zielen in erster Linie auf eine unterstützende, den Willen der Parteien wirkungsvoller zur Geltung bringende Tätigkeit des Richters. Infolgedessen verzichten die genannten Prozeßgesetze allesamt darauf, dem Gericht Zwangsmittel für die Beantwortung seiner Fragen und Beachtung seiner Hinweise einzuräumen. Sie verweisen vielmehr insoweit auf die Möglichkeiten der freien Beweiswürdigung.

Die schwedische Novelle stimmt mit dem österreichischen und reformierten deutschen Verfahren überdies in der Betonung der herausragenden Bedeutung sowohl der formlosen Parteibefragung als auch der förmlichen Parteivernehmung für die möglichst vollständige Feststellung des Sachverhalts überein. Auch hat sie – wie die Analyse erweist – gleich jenen Prozeßordnungen die Pflicht der Parteien, persönlich vor Gericht zum Zwecke der Befragung zu erscheinen, deutlich ausgeweitet. Im Gegensatz zum österreichischen, aber in Übereinstimmung mit dem deutschen Verfahren hat die schwedische Reform zur Effektuierung dieser Pflicht zugleich das Zwangsmittel der Strafzahlung eingeführt. Und in Entsprechung sowohl zu dem österreichischen als auch dem deutschen Prozeß schuf sie zur verbesserten Gewähr auch der prozessualen Wahrheitspflicht schließlich das Institut der Strafbewehrung der förmlichen Parteivernehmung mit Hilfe einer besonderen Wahrheitsversicherung.[1990]

Auch hinsichtlich der dem Richter eingeräumten Möglichkeiten amtswegiger Beweisaufnahme finden sich deutliche Ähnlichkeiten zwischen den drei Prozeßgesetzen. So heben sie alle die Aufgabe des Richters hervor, an der Seite seines Frage- und Hinweisrechts auch mittels des Beweisverfahrens Einfluß auf die Sachverhaltsaufklärung zu nehmen. Dazu weisen sie

---

[1989] Zur Problematik der Zulässigkeit des sog. Ausforschungsbeweises im österreichischen Recht vgl. S. 369 FN 1924.

[1990] Diese ersetzt den im österreichischen und deutschen Verfahren gebräuchlichen Eid [näher dazu γ) (2) (e; f.)], hat jedoch die eidesgleiche Funktion der Sanktionierung einer Falschaussage und muß daher in dem Vergleich der Prozeßordnungen dem Eid gleich geachtet werden.

ihm – neben der Einforderung von Auskünften und Informationen von Behörden – gleichermaßen die Beweismittel des Augenscheins, der Begutachtung durch Sachverständige und der Parteivernehmung zu. Der Urkunden- und Zeugenbeweis wird hiervon jedoch aus Zweckmäßigkeitsgründen grundsätzlich ausgenommen und die richterliche Kompetenz insoweit auf die erneute Befragung eines auf Parteibegehren bereits gehörten Zeugen bzw. die Veranlassung der Vorlage von der Partei selbst in Bezug genommener eigener Urkunden begrenzt. Allein das österreichische Recht geht insoweit etwas weiter durch die unter gewissen Umständen statthafte Möglichkeit auch der Zeugenladung und ggf. -vernehmung bei fehlendem beiderseitigen Parteiwiderspruch.

(β) Schließlich legt der Vergleich auch bezüglich des Verhältnisses der Parteien untereinander bei der Sachverhaltsermittlung deutliche Parallelen zwischen der schwedischen Novelle und dem österreichischen bzw. reformierten deutschen Verfahren offen.

Alle drei Prozeßordnungen normieren ausdrücklich eine unbedingte Wahrhaftigkeitspflicht der Parteien. Übereinstimmend verstehen sie diese nicht nur als negatives Verbot der bewußten Unwahrheit bei den Vorträgen. Vielmehr begreifen sie sie weitergehend als die Verpflichtung zur vollständigen, unter Umständen auch die eigene Prozeßstellung schwächenden Darstellung verbunden mit der Pflicht zur eingehenden, substantiierten Stellungnahme einer jeden Partei zu dem Vortrag der Gegenseite. Das österreichische Recht geht dabei durch die Einräumung eines ausdrücklichen Rechts der Parteien, sich gegenseitig zur besseren Aufklärung des Sachverhalts Fragen zu stellen, noch über die Regelungen in der schwedischen Novelle und der deutschen ZPO hinaus.

Zwangsmittel zur Durchsetzung dieser Pflichten sind in keinem der Verfahrensgesetze enthalten, die auch insoweit die freie Beweiswürdigung des Parteiverhaltens durch den Richter für ausreichend erachten.

Größere Unterschiede zwischen den drei Prozeßordnungen finden sich allerdings hinsichtlich der Regelungen zu den Editionspflichten der Parteien im Beweisverfahren. Hier zeigt das deutsche Recht in Fortführung der Bestimmungen von 1877 die restriktivste Lösung, die ein Editionsrecht bzgl. Urkunden nur in Abhängigkeit von der außerprozessualen materiellen Rechtsordnung vorsieht und bezüglich der Augenscheinsgegenstände keine Regelung getroffen hat.

Das österreichische Recht geht demgegenüber von einer eigenständigen, prozessualen Editionspflicht der Partei sowohl bezüglich Urkunden als auch hinsichtlich von Augenscheinsgegenständen aus, die lediglich durch überwiegende Interessen privat-familiärer bzw. beruflicher Art begrenzt wird. Allerdings knüpft es die Vorlagepflicht Dritter im Falle von Urkunden ähnlich dem deutschen Recht an die Existenz materiellrechtlicher Vorlage- bzw. Herausgabepflichten, alternativ an die „Gemeinschaftlichkeit“ der Urkunde.

Die schwedische Regelung sieht hingegen für die Parteien wie für Dritte eine grundsätzlich gleichlaufende, in Anknüpfung an die Zeugenregelung geschaffene prozessuale Editionspflicht vor, die Urkunden wie Augenscheinsobjekte umfaßt und – hierin ähnlich dem österreichischen Recht – nur in Ausnahmefällen zum Schutz vor allem der Privatsphäre und geschäftlicher Geheimnisse durchbrochen ist. Ihre besondere Effektivität erlangt sie, wie dargestellt, vor allem durch die den Parteien eingeräumte Möglichkeit eines allgemeinen Verhörs über die Existenz prozessrelevanter Urkunden.[1991] Auch hierin erweist sich die Novelle dem österreichischen Modell mit dessen Institut der wechselseitigen Parteibefragung zur Sachverhaltsaufklärung als artverwandt. Im Unterschied zum österreichischen Recht jedoch, das für den Fall einer Pflichtverletzung durch die vorlagepflichtige Partei nur die Möglichkeit einer ihr nachteilhaften Bewertung ihres Verhaltens im Rahmen der Beweiswürdiung kennt, gewährt die schwedische Novelle weitergehend das Sanktionsmittel der Strafzahlung („vite“) zur Erzwingung der Pflichterfüllung.

(cc) Zusammengefaßt legt der Vergleich mithin in der Verteilung der Verantwortung für die Sachverhaltsermittlung erhebliche Übereinstimmungen der schwedischen Novelle mit dem *Klein*'schen Modell und der reformierten Fassung der ZPO offen. Diese betreffen zum einen die grundsätzliche Entscheidung zu einer Stärkung der richterlichen Mitwirkung unter gleichzeitiger Inpflichtnahme der Parteien. Sie treffen aber auch auf weite Strecken auf die Einrichtung der hierfür vorgesehenen konkreten prozessualen Institute zu. Dies hat die vergleichende Analyse am Beispiel der richterlichen Frage- und Hinweispflicht, der Anordnung des persönlichen Erscheinens und der amtswegigen Beweiserhebung einerseits sowie der Parteipflichten zur Wahrhaftigkeit, Vollständigkeit und substantiierten Stellungnahme zum gegnerischen Vortrag einschließlich – mit der genannten Einschränkung – der Editionspflichten andererseits belegen können.

(b) Vor dem Hintergrund dieses Ergebnisses liegt die Vermutung einer Rezeption durch die schwedische Novelle nahe. Angesichts der starken Beeinflussung der ZPO von 1877 durch das österreichische Recht, die sich – wie dargestellt – gerade in dem hier in Rede stehenden Bereich des verstärkten legislativen Strebens nach wahrheitsgemäßen Urteilen niedergeschlagen hat, stellt sich die Frage nach der Rezeption letztlich als Frage nach der Übernahme des *Klein*'schen Modells. Diese könnte direkt oder über die unterstützende Vermittlung durch das reformierte deutsche Recht erfolgt sein.

1991 Dessen Voraussetzungen und Umfang sind allerdings, wie geschildert, im einzelnen höchst strittig [s. oben unter (1) (b) (cc)].

Von herausragender Bedeutung bei der Beurteilung der Rezeptionsfrage ist der von der Nya Lagberedning ausgearbeitete Entwurf einer neuen Prozeßordnung, der mitsamt den Motiven 1884 in den Druck gegeben wurde und damit eine geraume Zeit vor der Veröffentlichung der *Klein*'schen Gedanken über eine Reform des österreichischen Prozesses in den Juristischen Blättern der Jahre 1890/91.[1992] Es ist nun zwar bekannt, daß *Klein* in seinem Modell keine für Österreich grundlegend neuen Gedanken vertrat, vielmehr in weitem Umfang vor allem an das 1873 unter Justizminister *Julius Glaser* verabschiedete Gesetz über das Bagatellverfahren[1993] anknüpfte. Daß dieses in Schweden bei der Arbeit der Reformkommissionen nennenswerte Beachtung gefunden hätte, ist allerdings nicht ersichtlich.[1994] Zudem fand – wie dargestellt[1995] – eine vertiefte Auseinandersetzung der schwedischen Reformgremien mit dem europäischen Prozeßrecht auf der Grundlage mehrerer Auslandsaufenthalte der Kommissionsmitglieder in den betreffenden Ländern im wesentlichen erst seit Beginn des 20. Jahrhunderts statt. Man darf daher wohl davon ausgehen, daß der Reformvorschlag der Nya Lagberedning sich weitestgehend außerhalb des Einflußbereichs österreichischer Sozialprozeßgesetzgebung entwickelt hat.

(aa) Dieser Entwurf zeichnet sich allerdings hinsichtlich der Problematik des Verhältnisses zwischen Gericht und Parteien bei der Sachverhaltsermittlung durch eine im Grundansatz bereits deutliche Übereinstimmung mit der späteren Novelle aus und liest sich in der Begründung auf weite Strecken wie eine Vorwegnahme der *Klein*'schen Gedanken.

Die für die Novelle kennzeichnende Auffassung von dem öffentlichen Charakter des Prozesses als einer staatlichen Einrichtung zur Pflege nicht allein privater Interessen, sondern auch der Gemeinschaftswerte Rechtssicherheit und Bewährung der Rechtsordnung wie auch die hieraus abgeleitete dienende Funktion des Prozeßrechts als Mittel zur Durchsetzung des materiellen Rechts waren schon für die Nya Lagberedning Programm. Ihre Ausführungen zur Aufgabe des Zivilprozesses und dem daraus entwickelten Verhältnis von Gericht und Partei als dem eines auf Kooperation angelegten gleichsinnigen Zusammenwirkens ähneln auf verblüffende Weise den Jahre

[1992] S. S. 121 FN 581.

[1993] RG vom 27.4.1873, RGBl. S. 66. Zur inhaltlichen Gestaltung dieses Gesetzes näher *R. v. Canstein*, Lehrbuch des Österreichischen Civilprozeßrechtes, Bd. 2, S. 455 ff.

[1994] In dem Gutachten *A. Örboms* – Promemoria – findet sich auf S. 7 ein knapper Hinweis auf das Gesetz im Zusammenhang mit der Erwähnung kleinerer partieller Prozeßreformen in Österreich. *Örbom* mißt ihm allerdings ersichtlich keine weitere Bedeutung bei, wie überhaupt das österreichische Recht im Gegensatz zum deutschen, französischen und englischen in seiner rechtsvergleichend angelegten Darstellung nur am Rand gestreift wird. Zu erklären ist dies wahrscheinlich mit dem vom Autor selbst a.a.O. hervorgehobenen Umstand, daß die österreichischen Reformarbeiten zu diesem Zeitpunkt noch nicht abgeschlossen waren und eine nähere Beschäftigung mit ihnen daher nicht lohnend schien.

[1995] II. 4. a) aa) β).

später von *Klein* geäußerten Gedanken. So legt die Lagberedning in ihrem Entwurf hinsichtlich der Prozeßfunktion dar:[1996]

„Aber obgleich es folglich den Parteien zugestanden werden muß, frei über den Gegenstand des Rechtsstreits zu verfügen, indem sie einen gewissen Anspruch erheben oder nicht erheben, anerkennen oder nicht anerkennen, liegt es doch in der Natur der Sache, daß der tatsächliche Grund für den Anspruch, das Sachverhältnis selbst, nicht nach Gutdünken einer Partei verändert werden kann. Was einmal in der Wirklichkeit eingetroffen ist, kann nicht ungeschehen gemacht, und was wahr ist, nicht unwahr werden. Sollte sich das Gerichtsurteil, das *Ausdruck der gesellschaftlichen Rechtsauffassung* in dem betreffenden Fall ist, auf einer absichtlichen oder versehentlichen Kränkung der Wahrheit gründen, wäre die *Gesellschaft unbewußt an der Verletzung des Rechts eines Unschuldigen beteiligt*. Die Gerechtigkeit, die die Gesellschaft verwirklichen möchte, würde in Ungerechtigkeit umschlagen, die um so empörender wäre, als sie im Namen des Gesetzes und unter dem Mantel des Rechts geschah.

Nach der Auffassung in unserem Land ist die *Übermacht des formellen Rechts stets fremd* und unwillkommen gewesen. Es herrscht folglich kein Zweifel darüber, daß unser Prozeßsystem als *Hauptziel die Behauptung des materiellen Rechts* aufstellen muß und als das notwendige Mittel hierfür die *Durchsetzung der materiellen Wahrheit*. So offenbar, wie es ist, daß diese nicht immer und vollständig erreicht werden kann, so gewiß ist andererseits, daß sie niemals bei der Anordnung der Prozeßinstitutionen aus den Augen verloren werden darf, wie auch immer diese gestaltet werden mögen. Wohl kann nicht ganz vermieden werden, daß als Folge menschlicher Unvollkommenheit in Auffassung und Urteil mitunter Fälle vorkommen, in denen die Wahrheit nicht bestimmt genug herausgeschält werden kann oder wo die Rechtsanwendung sich mit dem Schein anstelle der Wirklichkeit begnügen muß; aber die stete Aufgabe des Gesetzgebers muß es sein, zumindest die Zahl dergleichen Fälle auf das geringstmögliche Maß zurückzubringen."[1997]

Für das Verhältnis zwischen Gericht und Parteien bei der Ermittlung des relevanten Prozeßstoffs folgert die Lagberedning hieraus:[1998]

„(...) dürfte ohne weitere Begründung als Grundsatz für die beabsichtigte neue Verfahrensordnung in dieser Hinsicht (sc. betreffend das Verhältnis Gericht – Parteien, eig.

[1996] NLB II – allmän motivering – S. 5 f. Nachfolgend soll die Lagberedning in größerem Umfang selbst zu Wort kommen, da die zitierten Passagen für die Beurteilung der Rezeptionsfrage von entscheidender Bedeutung sind, ihre Zusammenfassung hingegen den für den Nachvollzug der Beurteilung erforderlichen Eindruck der Authentizität nehmen würde. Die Hervorhebungen im Text sind nachträglich vorgenommen worden.

[1997] Man vergleiche diese Aussage der Nya Lagberedning mit *F. Kleins* Schilderung der Ziele des österreichischen Prozesses in *F. Klein/F. Engel*, Zivilprozeß, S. 186 ff. Die Übereinstimmung in der Kernaussage (abgesehen von den von *Klein*, a.a.O., ebenfalls betonten ökonomischen Implikationen eines Prozesses) ist evident.

[1998] A.a.O.., S. 7 f; Hervorhebungen durch die NLB.

Erkl.) aufgestellt werden: *daß das Verfahren als eine unter die Leitung des Gerichts gestellte Verhandlung zwischen den Parteien angeordnet wird bezüglich des erhobenen Prozeßanspruchs und des ihm zugrundliegenden Sachverhältnisses; eine Verhandlung, bei welcher Gericht und Parteien unablässig zusammenzuwirken haben, um das allgemeine Ziel gerichtlicher Rechtsanwendung* (sc. Durchsetzung der materiellen Rechtsordnung, s.o.; eig. Erg.) *zu verwirklichen.*

Aus dem damit aufgestellten Grundsatz einer Kooperation der Verfahrensbeteiligten schließt die Lagberedning auf die den Parteien aufzuerlegenden Pflichten zur Wahrhaftigkeit und zur eingehenden Stellungnahme zu den Vorträgen des Gegners wie auch auf die Aufgabe des Gerichts zu einer durch den Verhandlungsgrundsatz eingeschränkten Wahrheitserforschung:[1999]

„Da der Prozeß mithin nicht nach einem Prinzip einseitiger Verhandlung oder Untersuchung angeordnet wird, sondern in Übereinstimmung mit dem soeben in Kürze angedeuteten *Prinzip einer Kooperation* von Parteien und Gericht, müssen offenkundig, um eine solche Kooperation bewerkstelligen zu können, den *Beteiligten gewisse Pflichten* auferlegt werden. Da, wie zuvor angegeben, die ideale *Aufgabe des Prozesses darin besteht, die materielle Wahrheit* an den Tag zu bringen, ist es auch dieser Kernpunkt, um den herum sich eben diese Pflichten vorzugsweise zu konzentrieren haben. Was die Parteien betrifft, erscheint diese Pflicht als *Wahrheitspflicht*; was das Gericht angeht, als eine durch die Natur der Verhältnisse und das Selbstbestimmungsrecht der Parteien eingeschränkte *Wahrheitserforschung* (...).

Es fordert (...) kein langes Nachdenken um einzusehen, daß die erwähnte Schuldigkeit (sc. die Wahrheitspflicht, eig. Erkl.) der Partei obliegen muß, wenn sie *die öffentliche Gerichtsinstitution* in Anspruch nimmt (...). Der Staat unterhält nicht Gerichte, um Unredlichkeit und Täuschung Vorschub zu leisten; es ist um des Aufrichtigen Schutzes willen gegenüber derartigen Gefahren, daß es Gerichte gibt. Wer Fakten erfindet, verstellt oder verschweigt in der Absicht, das Gericht in die Irre zu führen, läßt die Öffentlichkeit an dieser Täuschung teilhaben (...).

Aufgrund dieser Gesichtspunkte wird als der praktisch wichtigste allgemeine Ausgangspunkt der Prozeßordnung die Forderung erhoben, *daß der, der seine Sache der Entscheidung durch die Gemeinschaft anvertraut, die Pflicht haben soll, ohne Rücksicht auf eigenen Nachteil oder Vorteil wahrheitsgemäß die tatsächlichen Umstände anzugeben, auf die seine Klage sich gründet, sowie gleichfalls wahrheitsgemäß sich über die vom Gegner angeführten Umstände zu erklären und die Fragen zu beantworten, die das Gericht ihm zu stellen für notwendig erachtet, um die Wahrheit zu ermitteln.“*

(bb) Auf der Grundlage dieser Zielsetzung hatte die Nya Lagberedning in ihrem Reformentwurf hinsichtlich der Parteipflichten eine unbedingte Pflicht zur Wahrhaftigkeit einschließlich der Pflicht zur Stellungnahme zu den gegnerischen Vorträgen und zur Beantwortung der vom Gericht vorgelegten Fragen normiert.[2000] Diese Regelung deckt sich sinngemäß völlig und ansatzweise sogar im Wortlaut mit der später in die Novelle aufgenommenen Bestimmung,[2001] wohingegen die entsprechenden Formulierungen des öster-

---

[1999] A.a.O.., S. 9 ff.; Hervorhebungen sind eigene.

[2000] NLB IV:1.

[2001] 43:6 Abs. 1.

reichischen[2002] und reformierten deutschen Rechts[2003] von der schwedischen Fassung stärker abweichen.[2004]

(α) Es erscheint daher insoweit die Schlußfolgerung berechtigt, daß die von der schwedischen Novelle aufgestellten grundlegenden Parteipflichten zur Wahrhaftigkeit und zur Stellungnahme zu den Vorträgen des Gegners nicht durch Rezeption österreichischen bzw. österreichisch-deutschen Rechts veranlaßt sind, sondern als Folge der eigenständig entfalteten Auffassung von der öffentlichen Funktion des Gerichtsverfahrens angesehen werden müssen.

(β) Hinsichtlich der Parteipflichten zur Edition von Urkunden und Augenscheinsgegenständen in der schwedischen Novelle erzwingt der Vergleich der Verfahrensordnungen in der Frage der Rezeption eine Trennung zwischen dem französischen und deutschen Recht auf der einen und dem österreichischen und englischen auf der anderen Seite.

Der Code de Procédure Civile, dem eine Regelung der Editionsproblematik völlig fehlte, muß von vornherein als mögliche Rezeptionsquelle ausscheiden. Aber auch das deutsche Recht weicht sowohl in seiner frühen Fassung von 1877 als auch in der über die Verfahrensnovellen von 1909, 1924 und 1933 geschaffenen Rechtslage durch den Verzicht auf eine eigenständige prozessuale Editionspflicht der Parteien bzw. eine Vorlagepflicht bei Augenscheinsgegenständen deutlich von der schwedischen Regelung ab. Eine Rezeption kann hier ausgeschlossen werden.[2005]

Das österreichische und englische Verfahren gehen demgegenüber in der Normierung der Parteipflichten weiter und ähneln insoweit stärker dem schwedischen Recht.

Andererseits hat der Vergleich der Verfahrensordnungen jedoch in dieser Frage auch systematisch wie inhaltlich erhebliche Unterschiede zu der Regelung in der Novelle offengelegt [oben (a)].

Letztlich ausschlaggebend in der Beurteilung der Rezeption ist erneut eine Betrachtung der Genese der Editionsregelung im Verlauf der schwedi-

---

[2002] § 178.

[2003] § 138 I, II.

[2004] So weist die österreichische Regelung noch auf die Pflicht zur Vollständigkeit und Bestimmtheit hin sowie zur Angabe der Beweise einschließlich der Pflicht, die Ergebnisse der Beweisführung darzulegen. Eine Pflicht zur Beantwortung gerichtlicherseits gestellter Fragen weist die Norm hingegen nicht aus.

Die deutsche Bestimmung enthält ebenfalls – sogar an erster Stelle, vor der Erwähnung der Wahrhaftigkeitspflicht – die Pflicht zur Vollständigkeit in den Vorträgen und verzichtet gleich der österreichischen Regelung auf die Einbeziehung der vom Gericht gestellten Fragen.

[2005] So kritisiert die Prozeßkommission in ihrem Gutachten von 1926 denn auch die deutsche Lösung als für das Ziel der effektiven Wahrheitsermittlung noch zu unbefriedigend (PK III S. 157 ff.). Daran ändert aus ihrer Sicht auch die Möglichkeit nichts, den für die Annahme eines materiellrechtlichen Vorlageanspruchs einer Partei zentralen Begriff des „gemeinsamen Interesses“ an dem Inhalt der Urkunde im deutschen Recht extensiv auszulegen (a.a.O., S. 159).

schen Reformdiskussion des 19. Jahrhunderts. Sie spricht gegen die Wahrscheinlichkeit einer Übernahme des österreichischen bzw. englischen Lösungsmodells.

War unter der Geltung des alten Rechts die Existenz einer solchen Parteipflicht nach Grund und Umfang noch umstritten gewesen,[2006] so wies bereits der Vorschlag der Äldre Lagberedning aus dem Jahr 1849 eine allgemeine, die Parteien wie Dritte gleichermaßen umfassende Editionspflicht bezüglich Urkunden aus.[2007] Die Pflicht war zwar nur als eine subsidiäre ausgestaltet in dem Sinne, daß der Richter dem Inhaber des Schriftstücks dessen Vorlegung nur dann auferlegen sollte, wenn die Partei nicht auf andere Weise an den Urkundeninhalt gelangen konnte.[2008] Auch fehlten Bestimmungen über die analoge Problematik der Offenlegung von Augenscheinsgegenständen in dem Entwurf gänzlich. Ihrer Grundstruktur nach waren die späteren Regelungen der Novelle allerdings schon in diesem lange vor der österreichischen Reform verfaßten Entwurf angelegt. Dies betrifft sowohl die Normierung der Edition als einer von dem materiellen Recht unabhängigen prozessualen Partei- bzw. Drittpflicht als auch ihre Rückführung auf den Gedanken des anzustrebenden Gleichklangs der Aussagepflichten von Partei/Drittem und Zeugen mit der Lösung der Editionsfrage.[2009] Hiervon ausgehend zieht sich das schwedische Editionsmodell in teilweise modifizierter Form durch die nachfolgenden Reformentwürfe[2010] bis zu der Novelle von 1942.

2006 S. oben (1) (b). Vgl. auch speziell zur Exhibition von Augenscheinsobjekten *T. Engströmer*, Om skyldigheten att i rättegång förete föremål för syn eller besiktning, S. 15: „Versucht man, sich ein Bild davon zu machen, wie sich das geltende (d.h. im Jahr 1933; eig. Erkl.) schwedische Recht zu dem in Frage stehenden Problem stellt, so findet man, daß hierfür kaum eine sichere Beurteilungsgrundlage existiert."

2007 ÄLB 22:20 f.

2008 Inwieweit dabei auch die Möglichkeit des Verhörs über den Inhalt der Urkunde Bedeutung besitzen sollte, ist weder dem Entwurf noch seiner Begründung zu entnehmen.

2009 Zu diesem Motiv hinter der schwedischen Regelung s. oben (1) (b). Gleich der späteren Reformlösung sah auch schon der Entwurf von 1849 die Möglichkeit einer Sanktionierung eines Verstoßes gegen die Vorlagepflicht durch Strafzahlung („vite") vor (vgl. ÄLB 38:5).

2010 *I. Afzelius*, Grunddragen, S. 61 f, spricht sich für eine umfassende Editionspflicht von Partei und Dritten aus, begrenzt allein durch die Einschränkungen, denen auch die Aussagepflicht unterworfen war. Die Vorlagepflicht sieht er dabei als notwendige Ableitung aus der prozessualen Wahrhaftigkeitspflicht der Parteien im Dienste verbesserter Wahrheitsermittlung an.

Dem entspricht weitgehend der Vorschlag der Nya Lagberedning von 1884, der in 17: 2 ff. unter Differenzierung zwischen materiellrechtlicher und prozessualer Edition der Partei wie Dritten gleichermaßen die Vorlage zur Pflicht macht. Während die prozessuale Edition durch die Partei subsidiär ausgestaltet ist und damit von der fehlenden Möglichkeit abhängt, sich anderweitig Kenntnis von dem Inhalt der Urkunde zu verschaffen (17:4), stimmt der Umfang der Pflicht des Dritten zur Edition mit den Regeln der Zeugnisbeschränkung überein (17:5). Verstöße der Partei gegen ihre Pflicht sollten nach dem Vorschlag im Rahmen der Beweiswürdigung ihr nachteilig zur Last gelegt (17: 6 Abs. 1) bzw. mit dem Sanktionsmittel der sog. vite geahndet werden (17:6 Abs. 2). Vorschriften hin-

Daher muß davon ausgegangen werden, daß auch die Bestimmungen der Novelle zu den Parteipflichten im Rahmen der Edition von Urkunden in eigenständiger Fortentwicklung des schwedischen Rechts aus dem Gedanken der verbesserten Wahrheitsermittlung im Prozeß entstanden sind. Eine Rezeption österreichischen bzw. englischen Rechts dürfte insoweit auszuschließen sein.

Gleiches wird in Hinblick auf die Parallelregelung der Offenlegung von Augenscheinsobjekten zu gelten haben. Enthielt auch der Reformentwurf der Nya Lagberedning insoweit noch keine Bestimmung, so dürfte die von der Novelle letztlich gewählte Angleichung an die Editionslösung dennoch weit eher Ausdruck der eigenständigen Fortentwicklung der Editionsregelungen sein als Folge einer Rezeption österreichischen oder englischen Rechts. Sowohl die österreichische Lösung als auch das englische Modell zeigten denn auch, wie gesehen, markante Abweichungen von der schwedischen Novelle in der Ausgestaltung der Objektexhibition.

(cc) Hinsichtlich der Bestimmungen der Novelle über die richterliche Beteiligung an der Ermittlung des Sachverhalts, unter denen die Frage- und Hinweispflicht und die amtswegige Beweiserhebung als die zentralen Institute untersucht wurden, kommt nach dem Strukturvergleich eine Rezeption am ehesten des österreichischen bzw. späten deutschen Verfahrens in Betracht. Das englische und französische wie auch das frühe deutsche Recht wiesen dem Richter jeweils eine zu untergeordnete Position passiver Verfahrensüberwachung zu, als daß ihre Regelungen als Quelle der schwedischen Reform hätten dienen können.

(α) Die Ausgestaltung der richterlichen Frage- und Hinweispflicht im Dienste der vollständigen Aufdeckung des entscheidungserheblichen Sachverhalts in der schwedischen Novelle gleicht zwar weitgehend der österreichischen und der dieser nachempfundenen spätdeutschen Lösung. Für die Frage der Rezeption ausschlaggebend muß allerdings auch hier der Vergleich der Reform mit den vor dem *Klein*'schen Modell konzipierten schwedischen Reformentwürfen sein. Dabei festzustellende Parallelitäten lassen eine Rezeption des österreichischen Rechts als unwahrscheinlich erscheinen und stützen demgegenüber die Vermutung autochthoner schwedischer Prozeßentwicklung.

---

sichtlich der Offenlegung von Augenscheinsobjekten enthielt der Entwurf der Nya Lagberedning ebenfalls noch nicht.

Das Gutachten der Prozeßkommission von 1926 beseitigte die subsidiäre Funktion der Edition durch die Partei (PK III S. 159), knüpfte aber seinerseits die Vorlagepflicht des Dritten an das Vorliegen eines wesentlichen Interesses der Partei an der Edition der Urkunde (ibid.). Die Frage der Offenlegung von Augenscheinsgegenständen löste die Kommission in Analogie zu den Bestimmungen über die Urkundenedition (a.a.O., S. 182).

Die Prozeßlagberedning verzichtete in ihrem Entwurf schließlich auf die von der Kommission vorgeschlagene Einschränkung der Vorlagepflicht des Dritten (PLB 38:2) und schuf damit die in dieser Form in die Novelle aufgenommene Schlußfassung der Regelung.

Der Vorschlag der Äldre Lagberedning von 1849 enthielt noch keine nähere Regelung eines richterlichen Frage- und Hinweisrechts. Er beschränkte sich vielmehr darauf, dem Richter die Aufgabe zuzuweisen, im Fall einer Klagehäufung darauf zu sehen, daß „nichts übergangen" werde.[2011]

In Umsetzung ihrer oben wiedergegebenen Einstellung zu den Aufgaben des Richters hat die Nya Lagberedning hingegen ihrem Reformvorschlag ein umfangreiches Kapitel über die Prozeßleitung inkorporiert,[2012] in dem sie dem Richter unter anderem die Pflicht auferlegt, durch Fragen und Hinweise auf die Beseitigung von Undeutlichkeiten, Unvollständigkeiten oder Widersprüchen in den Vorträgen ebenso hinzuwirken wie auf die erschöpfende Ermittlung der tatsächlichen Gründe der Parteiansprüche.[2013]

Die endgültige Fassung der Novelle[2014] erscheint gegenüber der Regelung der Nya Lagberedning zwar deutlich gekürzt, deckt sich aber in einzelnen Formulierungen mit den entsprechenden Passagen des alten Reformvorschlags bis in den Wortlaut.[2015]

Die Bestimmungen in der öZPO[2016] sowie der reformierten deutschen Verfahrensordnung[2017] weichen demgegenüber von der Regelung der Novelle durch ihre erheblich umfangreichere Fassung (so in der öZPO) bzw. abweichende Formulierung (so in der dZPO) erkennbar ab.

Somit dürfte fremder Einfluß auch bei der Aufnahme der richterlichen Frage- und Hinweispflicht in die Novelle auszuschließen sein.

Unterstützt wird dieses Ergebnis durch den Umstand, daß, wie dargestellt, die auf die Durchsetzung des materiellen Rechts zielende Prozeßleitung jedenfalls zum Zwecke der Unterstützung der anwaltlich zumeist nicht oder schlecht vertretenen Parteien in Schweden seit alters anerkannt war.[2018] Ihre Regelung in der Novelle stellt mithin keinen Bruch mit der Rechtstradition

---

2011 ÄLB 14:1 Satz 3.

2012 Kapitel V, das siebzehn, großenteils sehr ausführlich gehaltene Paragraphen enthält.

2013 A.a.O.., § 3.

2014 43:4 S. 2.

2015 Das betrifft die Formulierungen: „erinringar och frågor" („Erinnerungen und Fragen") als Mittel des Richters, „uttömmande" („erschöpfend") als Ziel der Ermittlung wie auch die Begriffe „otydlighet" („Undeutlichkeit") und „ofullständighet" („Unvollständigkeit") als durch die Fragen und Hinweise zu beseitigende Mängel im Parteivortrag.

2016 § 182.

2017 § 139.

2018 Vgl. insofern auch den Hinweis von *Örbom*, Promemoria, S. 74: „Man hat oft – zumal vor den Untergerichten auf dem Land – ein Verfahren praktiziert, welches hinsichtlich der Stellung des Richters zu der Instruktion des Prozesses deutlich von Ansichten ausging, die ganz und gar mit der Untersuchungsmethode übereinstimmten. Die allgemeine Vorstellung in unserem Land bei den Richtern wie auch in den Augen der Öffentlichkeit dürfte wohl auch sein, daß als Folge des Mangels an rechtsgelehrten Sachwaltern (...) das materielle Recht in Gefahr geraten würde, wenn nicht der Richter den Standpunkt strenger Verhandlungsmaxime aufgäbe und den Parteien wirksam bei der Aufklärung des Sachverhaltes beiträte."

dar, der – wie etwa die Einführung des Vorverfahrens – die Wahrscheinlichkeit einer Rezeption verstärken würde.

(β) Hinsichtlich der Möglichkeiten amtswegiger Beweiserhebung stellt sich die Situation im Rahmen der Rezeptionsfrage ganz ähnlich dar. Bereits der Vorschlag der Nya Lagberedning wies dem Richter ausdrücklich innerhalb des der Prozeßleitung gewidmeten Kapitels die Augenscheinseinnahme und Sachverständigenbefragung sowie die nochmalige Befragung eines bereits vernommenen Zeugen von Amts wegen zu und enthielt damit die gleiche Regelung wie die Novelle von 1942. Eine bedeutende Änderung der Novelle gegenüber dem Entwurf der Nya Lagberedning liegt insoweit allein in der Ergänzung der vom Richter auch im Amtsweg zu erhebenden Beweismittel um das neu eingeführte Institut der Parteivernehmung. Dieses betrifft allerdings weniger den Bereich richterlicher Mitwirkung an der Feststellung des Sachverhalts als das Beweisverfahren, so daß die Frage nach einer bei seiner Aufnahme in die Novelle wirksamen Rezeption in der Analyse des Beweisrechts zu beantworten ist.[2019]

Auch die Regelung der amtswegigen Beweiserhebung in der Novelle dürfte sich folglich außerhalb des Einflußbereichs österreichisch-deutschen Verfahrensrechts herausgebildet haben. Tatsächlich sucht man in den Gesetzgebungsmaterialien Hinweise auf Rezeptionswirkungen in diesem Bereich vergeblich.[2020]

(7) Würdigung

Die Indienstnahme des Richters wie auch der Parteien in der schwedischen Reform erscheint somit insgesamt eher als die konsequente Fortentwicklung einer im schwedischen Recht schon vor der österreichischen Prozeßnovelle *F. Kleins* angelegten Entwicklungstendenz zu verstärkter materieller Wahrheitsermittlung denn als Folge einer Rezeption fremden Verfahrensrechts.

Es kann sicherlich nicht ausgeschlossen werden, daß die Gestaltung der Novelle in der Frage der Verteilung der Verantwortung für die Ermittlung des Sachverhalts nicht zumindest durch das Bewußtsein der Kommissionen unterstützt wurde, daß gleiche bzw. ähnliche Bestimmungen auch in den zeitgenössischen Verfahrensordnungen der europäischen Nachbarländer enthalten waren. Tatsächlich ist eine derartige unterstützende Wirkung des ausländischen Rechts, das den Reformbeteiligten, wie gesehen, gut vertraut war, wahrscheinlich. Der entscheidende Impuls für die Ausgestaltung der Novelle im Bereich des Verhältnisses von Richtermacht und Parteiherrschaft bei der Sachverhaltsfeststellung scheint allerdings aus dem schwedischen

---

2019 Hierzu unten unter γ) (2).

2020 Das Gutachten der Prozeßkommission etwa enthält zu diesem Aspekt der richterlichen Beteiligung an der Beweiserhebung interessanterweise keinerlei vergleichende Ausführungen zu der Rechtslage in den europäischen Verfahrensordnungen (PK III S. 150 f.).

Recht selbst hervorgegangen zu sein. Entscheidende Ursachen dürften dabei, wie gezeigt, sowohl die in Schweden bis in das 20. Jahrhundert hinein unzureichende anwaltliche Parteivertretung wie auch die ausgeprägte Skepsis der Schweden gegenüber einer lediglich formellen Wahrheitsermittlung im Verfahren gewesen sein.

γ) Grundzüge des Beweisrechts

Daß eine auf die effektive Stärkung der Gewähr materiell richtiger Entscheidungen gerichtete Verfahrensreform nicht umhin könne, auch wesentliche Bereiche des Beweisrechts nach diesem Ziel hin umzugestalten, war den schwedischen Reformkommissionen von Anbeginn klar. Ausschlaggebende Bedeutung für den Erfolg der geplanten Novellierung maß man dabei der Beseitigung der noch aus der frühen Neuzeit stammenden legalen Beweistheorie bei, auf deren Boden nach wie vor das geltende Beweisrecht stand.[2021] Damit verbunden war eine zum Teil weitreichende Veränderung auch der Strukur der einzelnen Beweismittel, deren Regelung nach dem alten Recht der Einführung des freien Beweisverfahrens angepaßt werden mußte. Das prägnanteste Beispiel hierfür findet sich in der Aufhebung der überkommenen Zeugenausschlußgründe in der Novelle, die unter der Herrschaft der Legaltheorie zu einer erheblichen Einschränkung des Zeugenbeweises geführt hatten.[2022]

Bei dem unter dem alten Beweissystem zentralen Institut des Parteieides zwang die Beseitigung der Legaltheorie weitergehend noch, dessen Legitimität als Beweismittel im grundsätzlichen in Frage zu stellen. Der in dem Eid zusätzlich zu seiner den Richter bindenden Wirkung verkörperte Ausschluß jeder anderen Form der Nutzung des Parteiwissens als Beweismittel für die bestmögliche Aufklärung des Sachverhalts mußte als inkonsequenter Bruch mit dem Ziel eines freien Beweisverfahrens erscheinen. Die Novelle hatte infolgedessen die Ablösung des Parteieides zugunsten modernerer Formen der Verwertung des Parteiwissens anzustreben.

Die nachfolgende Darstellung widmet sich zunächst der Bedeutung des Grundsatzes des freien Beweisverfahrens in der schwedischen Novelle und untersucht dabei zugleich die Wahrscheinlichkeit von Rezeptionswirkungen durch das europäische Recht bei der Aufnahme dieses Grundsatzes in die Prozeßreform (1.).

Hinsichtlich der Ausgestaltung der einzelnen Beweismittel in der Novelle beschränkt sich die Analyse auf die Betrachtung der Bedeutung der Partei-

---

2021 Zu gewissen Lockerungen des Grundsatzes gesetzlich vorgegebener Beweiswürdigung s. S. 84 FN 360.

2022 S. dazu oben unter 2. Teil III. 3. a) cc) β) (2). Vgl. dagegen den durch die Reform in 36:1 Abs. 1 S. 1 verankerten Grundsatz: „Jeder, der nicht Partei im Verfahren ist, kann als Zeuge gehört werden."

aussagen in ihrer Funktion als Beweismittel (2.), da die wesentlichen Änderungen auf dem Gebiet der übrigen Beweismittel – soweit im Rahmen dieser Untersuchung relevant – bereits an anderer Stelle abgehandelt wurden.[2023] Hinsichtlich der Bedeutung der Grundsätze der Mündlichkeit, Unmittelbarkeit und Öffentlichkeit, die ihre prozessuale Funktion in der schwedischen Novelle nicht zuletzt auch als grundlegende Maximen des Beweisverfahrens erweisen, wird nach oben [1. b) bzw. α) (1)] verwiesen.

(1) Der Grundsatz des freien Beweisverfahrens

(a) Entwicklung und Umsetzung des Grundsatzes des freien Beweisverfahrens im schwedischen Prozeß

Das novellierte schwedische Beweisrecht ist das Ergebnis einer konsequenten Beseitigung der legalen Beweistheorie zugunsten des sog. freien Beweisverfahrens. Dieses meint die weitgehende Loslösung sowohl der Beweisführung als auch der Beweiswürdigung von bindenden gesetzlichen Regeln durch die Freigabe von unter der Herrschaft der Legaltheorie von vornherein ausgeschlossenen Beweismitteln und die Überantwortung der Feststellung ihres konkreten Beweiswertes an die richterliche Überzeugung.[2024]

Das zuvor im schwedischen Recht maßgebliche legale Beweisverfahren hatte sich im Verlauf vor allem des 17. Jahrhunderts unter dem Einfluß des kanonischen und deutschen gemeinrechtlichen Prozesses herausgebildet[2025] und seinen Niederschlag schließlich in der Verfahrensordnung von 1734 gefunden.

[2023] Dies betrifft insbesondere den Urkunden- und Augenscheinsbeweis, deren erheblicher Bedeutungszuwachs hinsichtlich der Pflichten zur Edition von Schriftstücken bzw. Exhibition von Augenscheinsgegenständen unter β) (1) (b) eingehend analysiert wurde.

Die Regelung des Zeugenbeweises hat ihre entscheidende Modifikation durch die erwähnte Beseitigung der Ausschlußgründe und deren Ersetzung durch Zeugnisverweigerungrechte erfahren. Die Untersuchung bezieht dies in die Analyse des freien Beweisverfahrens [nachfolgend (1) (a)] mit ein. Eine darüber hinausreichende Untersuchung scheint nicht geboten.

Ebenfalls keine nähere Betrachtung legt die Ausgestaltung des Sachverständigenbeweises in der Novelle nahe. Unter dem hier in Frage stehenden Gesichtspunkt der Auswirkung des Grundsatzes des freien Beweisverfahrens auf die Regelung der Beweismittel läßt die Novelle bei diesem Institut keine erwähnenswerten Neuerungen erkennen.

[2024] Nicht verwechselt werden darf hiermit der gerade in der deutschen Doktrin gängige Begriff des gesetzlich nicht geregelten Freibeweises (dazu *Rosenberg/Schwab/Gottwald*, Zivilprozeßrecht[15], § 112 II. 3.). Er bezieht sich allein auf die Unabhängigkeit der Beweisführung von den gesetzlich bestimmten Beweismitteln und hat mit der freien richterlichen Beweiswürdigung, die v.a. Bestandteil der freien Beweistheorie ist, unmittelbar nichts zu tun. Der wohl auch deshalb in der deutschen Terminologie zur Abgrenzung von dem Begriff der legalen Beweistheorie gebräuchlichen Bezeichnung der freien Beweiswürdigung (siehe nur *Rosenberg/Schwab/Gottwald*, Zivilprozeßrecht[15], § 115) kann hier allerdings nicht gefolgt werden, da sie der mit der Abschaffung der Legaltheorie ebenfalls verbundenen Ausweitung der Beweismittel nicht hinlänglich Rechnung trägt.

[2025] 2. Teil III. 3. a) cc) α).

Diese schloß ganze Gruppen von Personen aufgrund ihrer interessemäßigen Verflechtung mit dem Gegenstand des Rechtsstreits von der Tauglichkeit vor allem als Zeugen aus und stellte überdies detaillierte Regeln über den Wert der zugelassenen Beweismittel auf.[2026]

Kennzeichnend für die Entwicklung des schwedischen Beweisrechts ist jedoch, daß die legale Theorie im schwedischen Recht zu keinem Zeitpunkt mit der für den deutschen mittelalterlichen Prozeß typischen formalistischen Rigidität durchgeführt wurde. Vielmehr hielt das Verfahrensgesetz von 1734 in mehrfacher Hinsicht an der freien Beweiswürdigung fest. Dies galt bemerkenswerterweise gerade bei dem Urkundenbeweis und damit demjenigen Beweismittel, das selbst die der freien Beweistheorie verpflichteten modernen Prozeßordnungen noch am ehesten gesetzlichen Beweisregeln unterstellen. So oblag es nach altem Recht dem Gericht, die Beweiskraft von Urkunden im Prozeß nach eigener Überzeugung zu bestimmen.[2027] Ähnlich frei in der Würdigung war das Gericht auch bei der Bewertung des Sachverständigengutachtens.[2028]

Die Nachteile der legalen Theorie für ein jedes auf Entscheidungsrichtigkeit zielende Verfahren, dem durch die enge Begrenzung des Kreises statthafter Beweismittel typischerweise gerade die besten Erkenntnisquellen entzogen bleiben (Parteiwissen und Zeugnis der dem Rechtsstreit nahestehenden Personen), wurden auch den Schweden bald bewußt. Auch sah man einen engen Zusammenhang zwischen dem Reformwunsch nach einem konzentrierten, mündlichen Verfahren und der freien Beweistheorie. Gedanklich konnte letztere zwar von ersterem getrennt werden, praktisch jedoch versprach die Einführung der freien Beweistheorie nur in der Verknüpfung mit den Grundsätzen der Mündlichkeit und Beschleunigung Aussicht auf Erfolg.[2029]

Ausgehend vom Strafprozeß, in dem die aus der Legaltheorie folgende geringe Beweiswirkung von Indizien nachteilhaft spürbar wurde, begann sich die Rechtsprechung bereits im Verlauf des 19. Jahrhunderts stellenweise

---

2026 Im einzelnen hierzu 2. Teil III. 3. a) cc) β) (2).

2027 17:1. Ausgenommen hiervon und gesetzlichen Bestimmungen unterworfen waren allein die Handelsbücher, dazu auch *A. Wrede*, Zivilprozeßrecht, S. 223.

2028 *A. Wrede*, Zivilprozeßrecht, S. 248 f.

2029 So mußte die mit dem freien Beweisverfahren angestrebte bessere Aufklärung des Sachverhalts in dem Maße ihr Ziel verfehlen, in dem durch die Aufrechterhaltung des überkommenen Schriftlichkeitssystems dem Richter die Möglichkeit des unmittelbaren Verkehrs mit den Parteien und Zeugen genommen wurde und seine Erinnerungskraft überdies infolge übergroßer Länge der Verfahren zu versagen drohte. Auf den engen Zusammenhang zwischen freiem Beweisverfahren und den Reformzielen der Konzentration und Mündlichkeit verweisen auch *P.O. Ekelöf*/*R. Boman*, Rättegång IV, S. 21.

von den festen Beweisregeln zu lösen, um schließlich am Gesetz vorbei Indizien unter gewissen Voraussetzungen vollen Beweiswert beizulegen.[2030]

Der vom Lagkommitté 1832 vorgelegte Entwurf eines neuen Strafgesetzes stellte sich ebenfalls auf den Boden der freien Beweistheorie, wenngleich er sie nicht mit aller Konsequenz durchführte.[2031]

Im Zivilverfahren machte sich hingegen diese Entwicklung nur ansatzweise bemerkbar. Zwar erklärte das Lagkommitté in der Begründung zu seinem 1826 veröffentlichten Entwurf eines allgemeinen Zivilgesetzes:[2032]

> „Die Wirkung eines Beweises zu prüfen, heißt die Glaubwürdigkeit des Beweises und seinen Einfluß auf die Sache zu beurteilen. Es gibt für diese Beurteilung eigentlich keinen anderen Maßstab als die auf Verstand und Gewissen gegründete Überzeugung des Urteilenden. Der juristische Beweis läßt sich nicht mit derselben absoluten Gewißheit führen wie der mathematische: er beruht auf äußerer Anschauung oder Erfahrung und ist stärker oder schwächer, je nachdem jene Anschauung oder Erfahrung mehr oder weniger unmittelbar ist, je nachdem er dem in Frage stehenden Faktum näher oder ferner steht. Was die Partei nicht selbst vor Gericht gesteht, was der Richter nicht selbst sieht oder erfährt, ist für ihn nichts anderes als ein Bündel aus Wahrscheinlichkeiten, aus denen er zur Gewinnung einer Überzeugung Schlußfolgerungen ableitet (...) und selbstverständlich ist der Beweis mittels Zeugen um keine Spur sicherer als der, der sich aus anderen Gründen und Umständen herleitet (...). Die arithmetische Berechnung des Beweises in ganzen, halben usw. Beweisen leitet sich zweifelsohne aus einem Fehlverständnis der richtigen Bedeutung juristischer Beweisführung ab“ (eig. Hervorh.).

Gleichwohl widersetzte sich das Lagkommitté einer umfänglichen Beseitigung der Legaltheorie:[2033]

> „Für den Gesetzgeber ist es stets unmöglich, unbedingte Regeln für die Prüfung eines jeden Beweismittels aufzustellen. Er kann nicht umhin, insoweit auf die Urteilsfähigkeit und Rechtschaffenheit des Richters zu vertrauen. Aber so wie es Vorschriften geben muß über den Erwerb von Eigentum und die Entstehung oder Aufhebung anderer ziviler Rechte, verlangt auch die allgemeine Sicherheit, daß im Zivilverfahren gewisse Beweise als vollgültige angesehen werden müssen, so daß derjenige, der sich sein Recht verschaffen oder sich von einem Anspruch befreien möchte, sich mit Gewißheit (...) auf den Beweis verlassen kann, den er bei Entstehung eines Streits dann zu führen hat.“

2030 1871 erfolgte in Schweden gar eine Verurteilung wegen Mordes einzig auf der Basis von Indizienbeweisen, s. *C. Naumann* (Hrsg.): Tidskrift för lagstiftning, lagskipning och förvaltning, 1871, S. 636 ff. Vgl. hierzu auch *G. Inger*, Högsta Domstolen och den fria bevisprövningen, in: R. Nygren (Hrsg.): Högsta Domstolen 200 år, S. 214 ff. sowie dens., Erkännandet, S. 250.

2031 Das Komitee führte in seinen Motiven zu dem Entwurf aus: „Der vorliegende Vorschlag baut auf dem Prinzip auf, wonach kein Beweismittel oder vorherbestimmtes Beweismaß dem Richter die Freiheit nehmen darf, mit Rücksicht auf alle im Prozeß aufgekommenen Umstände zu prüfen, ob der Beweis voll überzeugend ist oder nicht. Er ist folglich nicht gezwungen, jemanden auf dessen Geständnis hin zu verurteilen (...) noch durch die Aussage zweier Zeugen gebunden.“ (LagCommiteens Förslag till Allmän Criminallag – motiver – S. 123).

2032 Förslag till Allmän Civillag – motiver – S. 307 f.

2033 Ibid.

Infolgedessen stellte der Entwurf die Regelung der vollen Beweisverbindlichkeit zweier übereinstimmender Zeugenaussagen erneut auf und behielt auch den überwiegenden Teil der Zeugnisausschlußgründe bei.[2034] Auch an der weitgehenden Beschränkung einer Nutzung des Parteiwissens als Erkenntnisquelle zugunsten des Parteieids hielt der Entwurf fest.[2035] Weggefallen waren demgegenüber lediglich die alten Bestimmungen, nach denen ein Zeuge nur halber Beweis sei und auf bloße Indizien hin nicht geurteilt werden dürfe.

Der 1849 von der Äldre Lagberedning vorgelegte Reformentwurf baute insoweit auf dem Vorschlag des Komitees auf und brachte daher ebenfalls keine grundlegenden Änderungen in der Geltung der Legaltheorie.

Diese erfolgten vielmehr erst in dem 1884 veröffentlichten Vorschlag der Nya Lagberedning, der durch die Einführung der freien Beweiswürdigung und die starke Beschränkung der Zeugenausschlußgründe umfänglich mit dem gesetzlichen Beweisverfahren brach.[2036] Der Entwurf beseitigte zudem die überkommenen Formen des strengen normierten Parteieides und führte mit dem Zweck der verstärkten Nutzbarmachung des Parteiwissens für die Aufklärung des Sachverhalts an seiner Statt eine freie eidliche Vernehmung ein.[2037]

Bei Wiederaufnahme der Reformdiskussion nach dem Scheitern aller vorangegangenen Reformbemühungen zu Beginn des 20. Jahrhunderts stand die Fortsetzung auf dem von der Nya Lagberedning eingeschlagenen Weg zum freien Beweisverfahren außerhalb jeder ernsthaften Zweifel. Kaum eine Frage war im Verlauf der Arbeit der Prozeßkommission, der Lagberedning

---

2034 LagCommiteens Förslag till Allmän Civillag, Kap. 21 § 6; Kap. 23 § 4.

2035 A.a.O.., Kap. 24.

2036 NLB 13:2: „Die in der Prozeßordnung vorkommenden Regeln darüber, was den vollen oder halben Beweis ausmache, sowie über dessen rechtliche Wirkungen verlieren ihre Geltungskraft. Der Richter soll, solange nicht andere Sonderbestimmungen eine Ausnahme vorsehen, bei der Würdigung der vorgelegten Beweise volle Freiheit besitzen, nach bestem Wissen und Gewissen die Beweiskraft auf der Grundlage seiner eigenen Überzeugung festzustellen.

Die Freiheit der Beweisprüfung bedeutet nicht, daß richterliches Gutdünken an die Stelle von Gründen und Beweis treten darf."

15:2: „Mit den nachfolgenden Ausnahmen sollen alle im Verfahrensgesetz aufgestellten Zeugnisausschlußgründe zu gelten aufhören. Es soll dem Richter überlassen sein, unter Berücksichtigung aller Umstände, die auf das Vermögen und den Willen des Zeugen, die Wahrheit zu erkennen und mitzuteilen, einwirken, die Bedeutung der Zeugenaussage als Beweismittel zu würdigen."

Die im Entwurf im Anschluß an diese Bestimmung aufgeführten Ausnahmebestimmungen von dem neuen Grundsatz der Zeugentauglichkeit prinzipiell jeder Person (15:4, 5, 6) zeichneten sich im übrigen dadurch aus, daß sie keine unbedingt bindende Kraft besaßen, vielmehr bei Einverständnis des Zeugen und beider Parteien überwunden werden konnten (15:7).

2037 NLB Kap. 18. Dem im wesentlichen zustimmend auch die sog. Förstärkta Lagberedning, in: FLB S. 96 ff. (101). Näher dazu unten (2)(b).

wie auch der übrigen mit der Novellierung des Verfahrens befaßten Gremien so wenig umstritten wie die nach der Beseitigung der legalen Beweistheorie. So begnügte sich die Prozeßkommission in ihrem abschließenden Gutachten mit der Feststellung:[2038]

„Eine ernste Schwäche unserer Verfahrensordnung beruht darauf, daß sie immer noch in wesentlichem Umfang auf dem Boden der legalen Beweistheorie steht. Diese hat zwar in der Praxis allmählich bedeutende Abschwächungen erfahren, aber das mündlich-protokollarische System an den Untergerichten und in noch höherem Maße das schriftliche Verfahren an den Obergerichten erschweren gleichwohl die vollständige Loslösung von der Legaltheorie. In vieler Hinsicht wird sie auch immer noch vollständig aufrechterhalten. Die besonders weitgehenden Regeln über den Zeugenausschluß führen eine erhebliche Begrenzung des Beweismaterials mit sich, das der Überzeugung des Gerichts dienen könnte (...). Es steht außer Zweifel, daß zumal im Zivilverfahren den Parteien nicht selten durch die Zeugenausschlußgründe die Möglichkeit genommen wird, vor Gericht ihr Recht zu erhalten. In dieselbe Richtung wirken (...) auch die in vieler Hinsicht unangebrachten Regeln über die Nutzung der eigenen Aussage der Parteien für die Ermittlung der Wahrheit (...).

Ganz sicher sind diese Schwächen der Verfahrensordnung nicht selten die Ursache der zuweilen gegen unsere Rechtsprechung gerichteten Kritik, daß sie zu Urteilen führe, die formalistisch seien und nicht dem materiellen Recht entsprächen. Die Versuchung, sich diese Schwächen zunutze zu machen, muß nämlich oft für weniger skrupulöse Parteien sehr groß sein. Das Bewußtsein, daß eine Partei mit statthaften Beweismitteln eine faktische Behauptung nicht bestärken kann, für die sie die Beweislast trägt, kann die Gegenseite leicht veranlassen, selbst wider besseres Wissen diese Behauptung zu bestreiten."

Die Novelle greift daher auf den Entwurf der Nya Lagberedning zurück und stellt den Grundsatz auf:

„Das Gericht hat nach gewissenhafter Prüfung des gesamten Inhalts der Verhandlung zu entscheiden, was in dem Verfahren bewiesen ist."[2039]

Die bereits für das alte Recht kennzeichnenden Bestimmungen über die freie Würdigung des Beweiswerts von Urkunden behält die Novelle bei.[2040] Beseitigt wurden die in dem Entwurf noch enthaltenen Reste der Zeugenausschlußgründe;[2041] an ihre Stelle traten Zeugnisverweigerungsrechte.[2042]

2038 PK I S. 25.

2039 35:1 Abs. 1.

2040 Vgl. *B. Lindell*, Civilprocessen, 10. 8. 9, S. 452. Dies schließt nicht aus, daß sich in der Praxis gleichwohl gewisse Vermutungsregeln bezüglich der Echtheit und materiellen Richtigkeit bestimmter Urkunden herausbilden, dazu *P.O. Ekelöf/R. Boman*, Rättegång IV, S. 214.

2041 Eine Ausnahme bilden lediglich die Schutzbestimmungen zugunsten privater, beruflicher oder staatlicher Geheimnisse, die allerdings sämtlich durch den von ihnen begünstigten Geheimnisträger außer Kraft gesetzt werden können (vgl. 35:5).

2042 Diese stehen in deutlichem Gegensatz zu den Ausschlußgründen. Dies weniger ihrer unterschiedlichen Wirkweise wegen – die Ausschlußgründe der Legaltheorie galten in aller Regel absolut, während bei den Verweigerungsrechten der von ihnen Begünstigte auf ihre Geltendmachung verzichten kann – als infolge des mit ihnen verfolgten verschiedenen Normziels: Sollte durch den Ausschluß bestimmter Personen in der Legaltheorie, die aufgrund ihrer persönlichen oder sachlichen Nähe zu dem Gegenstand des Rechtsstreits an

Desweiteren baute die Novelle die Möglichkeit der Nutzung des Parteiwissens für die Sachverhaltsermittlung durch die Einführung des Instituts der beiderseitigen Parteivernehmung mit Wahrheitsversicherung weiter aus.[2043]

Die Entwicklung des Grundsatzes des freien Beweisverfahrens zusammenfassend, läßt sich festhalten, daß trotz gewisser Abschwächungen in der Anwendung der legalen Theorie durch die Praxis zumal der Strafprozesse im Verlauf des 19. Jahrhunderts und in den zivilprozessualen Entwürfen der Reformkommissionen der entscheidende Durchbruch erst gegen Ende des 19. Jahrhunderts mit dem Gesetzesvorschlag der Nya Lagberedning erfolgte. Die Bestimmungen der Novelle erscheinen insoweit als die konsequente Umsetzung und Fortführung seiner Konzeption.

(b) Der Grundsatz des freien Beweisverfahrens im französischen Prozeß

Der Code de Procédure Civile war von allen modernen kontinentaleuropäischen Verfahrensordnungen die erste, die der freien Beweistheorie zum Durchbruch verhalf. Allerdings setzte sie diese nicht unter völliger Aufgabe des Legalverfahrens durch, sondern wies dem freien Beweisverfahren eine im ganzen eher untergeordnete Funktion zu.

Am stärksten niedergeschlagen hatte sich der neue Grundsatz in der Behandlung des Zeugenbeweises. Hier war der Richter in der Würdigung der Zeugenaussage völlig frei und durfte seine Überzeugung von ihrem Beweiswert allein auf seine „conviction intime" gründen.[2044] Dabei scheint er nicht einmal verpflichtet gewesen zu sein, die Gründe darzulegen, aus denen er zu einer bestimmten Auffassung gelangt war.[2045]

Auch in der Bewertung der Sachverständigengutachten war der französische Richter an keine gesetzlichen Regeln gebunden, sondern konnte jene nach eigener Überzeugung annehmen oder verwerfen,[2046] hatte in letzterem Fall jedoch im Unterschied zum Zeugenbeweis die Abweichung von dem Gutachten zu begründen.[2047]

---

dem Ausgang des Verfahrens ein eigenes Interesse besaßen, der Prozeß von potentiell parteiischen Aussagen freigehalten werden, so verfolgen die Zeugenprivilegien des modernen Rechts typischerweise den Schutz von außerhalb des eigentlichen Prozeßgegenstandes liegenden Werten, wie etwa denen der Gewährleistung der Privatsphäre oder des Schutzes beruflicher Geheimnisse. Instruktiv hierzu auch *M. Cappelletti/B. Garth*, Policies, Trends and Ideas in Civil Procedure, in: International Encyclopedia of Comparative Law, Bd. 16, Chapt. 1, S. 37 f.

2043 Hierzu näher unter (2) (b).

2044 *R. Morel*, Traité élémentaire de procédure civile, S. 503 f; *E. Glasson*, Précis théorique et pratique, Bd. 1, S. 569: „(...) le législateur laisse aux juges pleine liberté pour leur (sc. der Zeugenaussagen, eig. Erkl.) appréciation (...); tout dépend de la conviction du juge."

2045 So jedenfalls *R. Perrot*, Art.: Preuve, in: Dalloz, Répertoire de procédure civile et commerciale, Bd. 2, Nr. 941.

2046 Art. 323.

2047 *H. Nagel*, Grundzüge, S. 73 m.w.N.

In den übrigen Fällen behielt der CPC hingegen die Legaltheorie bei. Dies betraf den Urkundenbeweis, für dessen Würdigung hinsichtlich Echtheit und inhaltlicher Richtigkeit das französische Recht eine Fülle von Bestimmungen vorsah,[2048] ebenso wie die Würdigung des von den Parteien zugeschobenen Parteieides.[2049] Der Code kannte überdies eine ganze Reihe teils absoluter,[2050] zumeist hingegen relativer, von der Entscheidung der Parteien abhängiger Verwerfungsgründe („reproches") bei Zeugen, die aufgrund ihrer persönlichen oder sachlichen Nähe zu dem Streitgegenstand von vornherein der Parteilichkeit verdächtig waren.[2051] Auch war eine Vernehmung der Parteien außerhalb des stark formalisierten und allmählich aus der Übung gekommenen Verfahrens des „interrogatoire sur faits et articles"[2052] nicht vorgesehen.

Da schließlich der Urkundenbeweis infolge der starken Einschränkung des Zeugenbeweises überdies das primäre Beweismittel im französischen Prozeß darstellte,[2053] blieb der freien Beweiswürdigung de facto ein vergleichsweise enges Anwendungsfeld. Gleichwohl muß sie zu den bestimmenden Grundzügen des französischen Verfahrens am Vorabend der schwedischen Reform gezählt werden und kann gerade wegen ihrer innerhalb des kontinentaleuropäischen Prozesses frühen Anerkennung Einfluß auf die Gestaltung der schwedischen Novelle genommen haben.

(c) Der Grundsatz des freien Beweisverfahrens im englischen Prozeß

Verantwortlich für viele der gegenüber dem kontinentaleuropäischen Civil Law charakteristischen Eigenarten des Common Law, unter denen die bereits beschriebene historische Kontinuität der mündlichen Verhandlung vielleicht am deutlichsten hervortritt, hat das englische Institut der Geschworenen auch auf die Prägung des Beweisverfahrens maßgeblichen Einfluß ausgeübt.

Auf dem Kontinent hatten die Sorge um ein Ausarten richterlicher Entscheidungswillkür und der Wunsch nach einer Übernahme des aristotelisch-thomistischen Zeitgeistes mittelalterlicher Denkweise in alle Bereiche des

---

2048 Code Civil Art. 1317 ff.

2049 Code Civil Art. 1361. Diese Eidesform war die häufigere gegenüber dem im Code noch vorgesehenen richterlich auferlegten Eid (vgl. Art. 1357, 1366 ff.). Letzterer konnte wiederum frei gewürdigt werden, vgl. *H. Nagel*, Grundzüge, S. 73.

2050 Art. 268; hierzu *E. Glasson*, Précis théorique et pratique, Bd. 1, S. 593 ff.

2051 Vgl. Art. 283; eingehend dazu ders.: a.a.O. sowie *E. Paraquin*, Die französische Gesetzgebung, S. 34 f. Wissenschaft und Rechtsprechung hatten überdies den Kreis der Verwerfungsgründe über den gesetzlichen Rahmen hinaus deutlich ausgeweitet, vgl. hierzu auch *M. Cappelletti/B. Garth*, a.a.O., S. 37 m.w.N.

2052 Näher dazu unter (2) (c).

2053 Daran änderte auch der Umstand nichts, daß die Führung des Zeugenbeweises durch die Praxis mit Hilfe der Ausweitung des Instituts des „commencement de preuve par écrit" [hierzu näher (2) (c)] erleichtert wurde.

gelehrten Lebens über das kanonische Recht zur Ausbildung der legalen Beweistheorie geführt.[2054] Demgegenüber bildete die Existenz der zwölf, zumeist leseunkundigen und nicht näher gebildeten Geschworenen in England als solche bereits einen Schutzschild gegen das Eindringen dieses verwickelten und ausgeklügelten Systems scholastischer Beweisführung.[2055] Auch könnte gerade dieser volkstümliche Wesenszug des englischen Prozesses, wie ihn die anfänglich stark herausgehobene Rolle der Laienrichter in dem Verfahren vor den Common Law-Gerichten verkörpert, mit dazu beigetragen haben, daß das kontinentaleuropäische Streben nach einer Beschränkung hoheitlich-willkürlicher Amtsgewalt in England auf keinen fruchtbaren Nährboden fiel.[2056]

Welches auch letztlich der Grund für die Entwicklung des englischen Beweisrechts gewesen sein mag, so steht doch fest, daß im Kern jedenfalls die freie Beweiswürdigung schon früh sein typisches Kennzeichen war. Zwar lassen sich über die Lehre von der sog. „corroboration", die in einzelnen Fällen zur Bestärkung der Aussage eines Zeugen oder einer Partei durch andere Beweisumstände zwingt, ehe ihr ausreichender Beweiswert beigelegt werden kann, Anzeichen einer Beschränkung der freien Beweiswürdigung noch bis in das geltende Recht verfolgen.[2057] Auch spielten gesetzliche bzw. von der Praxis entwickelte Beweisregeln bei der Würdigung des Urkundenbeweises eine gewisse Rolle.[2058] Und schließlich hat es historisch unter der Herrschaft der Equity-Gerichtsbarkeit des Lord Chancellor sogar ein System schriftlicher Beweisführung mit vorgegebener Beweiswürdigung gege-

---

2054 Eingehend m.w.N. oben unter 2. Teil C. III. 3. a) cc) α).

2055 S. näher *J. Wigmore*, Textbook on the Law of Evidence, S. 4 f. Allerdings hat das kanonische Recht auch in England deutliche Spuren hinterlassen und dort über das „Equity"-Verfahren nicht zuletzt das Verfahrensrecht beeinflußt; im einzelnen hierzu *A. Kiralfy*, Introduction to English Law and its Institutions, S. 210 ff. Angesichts der Neigung englischer Kanonisten wie Legisten, für rechtliche Argumentation schon ab dem ausgehenden 13. Jahrhundert auf den Fundus an generellen Rechtsregeln (sog. „regulae iuris") der kanonischen Kodifikation „Liber Sextus" (1298) von *Bonifaz VIII.* zurückzugreifen, konnte Englands Rechtshistoriker *F. Maitland* bereits 1898 schreiben: „When in any century from the thirteenth to the nineteenth an English lawyer indulges in a latin maxim, he is generally, though of this he may be profoundly ignorant, quoting from the Sext", zit. aus: *F. Pollock/F. Maitland*, History of English Law, Bd. 1, S. 218. Vgl. auch *dies.*, a.a.O., S. 131 ff. (zusammenfassend S. 134: „[...] the English law of civil procedure was rationalized under the influence of the canon law.").

2056 Vgl. hierzu, Treatise, Bd. 7, S. 250 ff.; eingehend zu der historischen Entwicklung der englischen Geschworenen unter rechtsvergleichenden Aspekten *J. Dawson*, History of lay judges, S. 116 ff. Ganz zu befriedigen vermögen diese Vermutungen über die Gründe für die historische Immunität des englischen Beweisverfahrens vor den Common Law-Gerichten gegenüber nachhaltigen Fremdeinflüssen allerdings nicht. So bleibt etwa gerade mit Blick auf das schwedische Verfahren offen, warum sich hier trotz ähnlich gewichtiger Bedeutung des Laienrichtertums in Gestalt der „nämnd" die Legaltheorie im Gegensatz zu England so weitreichend durchzusetzen vermochte.

2057 Dazu *M. Cappelletti/B. Garth*, a.a.O., S. 35 f.

2058 Näher *W. Odgers*, Odgers on the Common Law, Bd. 2, S. 634 ff.

ben.[2059] Wesensbestimmend für das englische Recht, zumal am Vorabend der schwedischen Reform, waren diese Ausnahmen hingegen nicht.

Lag in der grundsätzlich freien Beweiswürdigung das eine prägende Kennzeichen des englischen Beweisverfahrens, so bildeten seine ursprünglich zahlreichen Bestimmungen über den Ausschluß bestimmter Beweismittel und Beweisführungsarten zur Vermeidung unerwünschter Beeinflussung der Geschworenen sein anderes Charakteristikum. In deutlicher Parallele zu der kontinentaleuropäischen Entwicklung waren ursprünglich ganze Personengruppen von der Zeugenfähigkeit aufgrund ihrer engen Verflechtung mit dem Gegenstand des Rechtsstreits von vornherein ausgenommen.[2060]

Erst die nachhaltige Kritik vor allem *J. Benthams*[2061] an diesem System der „exclusionary rules" im Verlauf des 19. Jahrhunderts führte zu einem allmählichen Rückgang der Reglementierung. In der für die schwedische Reform maßgebenden Zeit des ausgehenden 19. und frühen 20. Jahrhunderts schließlich kam grundsätzlich jeder als kompetenter Zeuge nach englischem Recht in Frage.[2062] Beschränkungen in der Beweisführung bestanden im wesentlichen noch aufgrund der Beweisregel des „best evidence", etwa hinsichtlich der Zulässigkeit mittelbarer schriftlicher Beweisführung (sog. „secondary evidence"),[2063] und der Bestimmung der „hearsay rule."[2064]

Ein weiteres Wesensmerkmal, das den englischen Prozeß im Gegensatz zu dem kontinentaleuropäischen auszeichnete, war sein Verzicht auf den Parteieid als formales Beweismittel.[2065] Statt seiner bestand schon seit der Mitte des 19. Jahrhunderts die Möglichkeit, die Parteien als Zeugen zu vernehmen und in dieser Funktion auch zu einer Aussage zu zwingen.[2066]

Die Stellung des englischen Rechts zu dem Grundsatz des freien Beweisverfahrens im späten 19. und frühen 20. Jahrhundert zusammenfassend, läßt sich mithin feststellen, daß der englische Prozeß, von gewissen Ausnahmen

---

2059 Hierzu näher *J. Wigmore*, Treatise on the Anglo-American system of Evidence, Bd. 2, S. 321 ff. (348 ff.).

2060 *M. Howard* et al., Phipson on Evidence, S. 147 ff. (148 ff.).

2061 *J. Bentham*, A Treatise on judicial evidence, S. 226 ff. (228: „Thus, the general result is, that the principle of exclusion is bad by its effects or by its tendency; it encourages every hurtful disposition, because it increases the probability of being successfully unjust."

2062 *W. Odgers*, Odgers on the Common Law, Bd. 2, S. 628 ff.; *E. Schuster*, Rechtspflege, S. 164; vgl. auch zu dem Gang der Reformen *M. Cappelletti/B. Garth*, a.a.O., S. 39 f.

2063 Dazu näher *W. Odgers*, a.a.O., S. 638 f. Zu einer nennenswerten Flexibilisierung der „best evidence rule" kam es erst durch den Evidence Act von 1938.

2064 Deren erhebliche Beschränkung im Zivilverfahren erfolgte durch Part I des Civil Evidence Act von 1968 und den Evidence Act aus dem Jahr 1972, dazu *M. Cappelletti/B. Garth*, ibid.

2065 Dazu *M. Cappelletti*, La Testimonianza, Bd. 2, S. 431 ff.

2066 Wegweisend wurde hierfür der Evidence Act von 1851 (14 & 15 Vict. C. 99). Demgegenüber konnte etwa noch im 17. Jahrhundert kein Beweis über Parteiaussagen geführt werden, vgl. *H. Nagel*, Grundzüge, S. 212. Mit für die allmähliche Erschließung des Parteiwissens als Beweisquelle dürfte die Praxis der Equity-Gerichte gewesen sein, vgl. dazu *M. Cappelletti*, La Testimonianza, Bd. 2, S. 427 ff. Näher hierzu unten (2) (d).

abgesehen, sowohl in der Beweisführung wie auch bei der Würdigung der Beweisergebnisse deutlich auf dem Boden der freien Theorie stand.

(d) Der Grundsatz des freien Beweisverfahrens im deutschen Prozeß

Das deutsche Recht übernahm schon in der ersten Fassung der ZPO von 1877 aus dem französischen Recht neben den Grundsätzen der Mündlichkeit und Öffentlichkeit des Verfahrens auch den der freien Beweiswürdigung. Vermutlich unter dem Eindruck der dem deutschen Recht fremden Bevorzugung des Urkundenbeweises gegenüber dem Zeugenbeweis weitete sie ihn allerdings über den der „conviction intime" vorbehaltenen engen Anwendungsbereich aus und erhob ihn zu einer Maxime des gesamten Beweisrechts:

> „Das Gericht hat unter Berücksichtigung des gesamten Inhalts der Verhandlungen und des Ergebnisses einer etwaigen Beweisaufnahme nach freier Überzeugung zu entscheiden, ob eine thatsächliche Behauptung für wahr oder für nicht wahr zu erachten sei."[2067]

Gleichwohl galt der Grundsatz nicht einschränkungslos. Legalregelungen hinsichtlich der Beweiskraft stellte die ZPO vor allem im Bereich des Urkundenbeweises auf. Bei ihm blieb die Beurteilung der inhaltlichen Richtigkeit der beurkundeten Erklärung (sog. materielle Beweiskraft) zwar regelmäßig Gegenstand der freien richterlichen Würdigung, der Nachweis der Abgabe der Erklärung (sog. formelle Beweiskraft) hingegen wurde bei einer Reihe von Urkunden allein von der Erfüllung gewisser äußerer Umstände abhängig gemacht.[2068]

Auch bei der Beweisführung kannte die ZPO in ihrer ursprünglichen Fassung noch Reste der alten Legaltheorie. Zwar sah sie im Gegensatz zum französischen Recht keine Untauglichkeitsgründe für Zeugen mehr vor.[2069] Sie behielt hingegen das gemeinrechtliche Institut des Parteieides in seinen beiden Formen des zugeschobenen und des richterlich auferlegten Eides bei.[2070]

Erst im Zuge der Novellierung des Verfahrensrechts unter dem Eindruck des österreichischen Modells gab die ZPO 1933 den Parteieid auf, führte zugleich das Institut der Parteivernehmung ein[2071] und gelangte damit zu einer umfänglichen Ankerkennung der freien Beweistheorie auch auf der Ebene der Beweisführung.

2067 § 259 a.F.

2068 Vgl. §§ 415 ff.; im einzelnen hierzu *L. Rosenberg*, Lehrbuch[4], § 120 III.

2069 Zu dem Unterschied zwischen den Zeugnisausschlußgründen der legalen Theorie und den Zeugnisverweigerungsrechten modernen Verfahrensrechts, die auch die ZPO in ihrer Fassung von 1877 kannte (vgl. §§ 348 ff.), siehe schon S. 400 FN 2041.

2070 Vgl. §§ 410 ff. a.F. (zugeschobener Eid) sowie §§ 437 ff. a.F. (richterlich auferlegter Eid).

2071 §§ 445 ff. n.F. Dazu im einzelnen unter (2) (f).

In Deutschland hatte sich somit zum Zeitpunkt der schwedischen Reform dasfreie Beweisverfahren ebenfalls in weitem Umfang durchgesetzt.

(e) Der Grundsatz des freien Beweisverfahrens im österreichischen Prozeß

Das *Klein*'sche Modell schloß sich dem Grundsatz der freien Beweiswürdigung unter dem Eindruck seiner Umsetzung sowohl im deutschen Recht als auch in dem 1873 eingeführten österreichischen Bagatellverfahren[2072] an.[2073]

Gleich dem deutschen Modell sah es allerdings vor allem beim Urkundenbeweis erhebliche Einschränkungen in der Würdigung der Beweiskraft der Urkunden vor, bei denen das Gesetz teils widerlegbare, teils unwiderlegbare Vermutungen über die tatsächliche Abgabe der beurkundeten Erklärung durch den Aussteller aufstellte.[2074]

In der Freiheit der Beweisführung ging die öZPO noch über die frühe Fassung des deutschen Rechts hinaus. So kannte sie nicht nur wie dieses keine Zeugnisausschlußgründe mehr.[2075] Vielmehr beseitigte sie auch den überkommenen Parteieid als mit einem freien Beweisverfahren unvereinbares Relikt der Legaltheorie und führte an seiner Statt von allen kontinentaleuropäischen Verfahrensordnungen als erste das Institut der Parteivernehmung ein.[2076]

Damit stand auch das österreichische Recht zu der hier fraglichen Zeit des ausgehenden 19. und frühen 20. Jahrhunderts auf dem Boden der freien Beweistheorie.

(f) Vergleich und Rezeption

Der Vergleich der schwedischen Novelle mit dem europäischen Verfahrensrecht zeigt ihre Übereinstimmung mit allen untersuchten Prozeßordnungen in der grundsätzlichen Anerkennung der freien richterlichen Beweiswürdigung als entscheidungsleitender Grundmaxime des Beweisverfahrens. Während die Verfahrensordnungen bei der Ausgestaltung der einzelnen Beweismittel – zumal hinsichtlich der Nutzung der Parteiaussage – zu ganz unterschiedlichen Lösungen gekommen sind, muß in der freien Beweiswürdigung

---

[2072] § 33 des Gesetzes vom 27. 4. 1873.

[2073] § 272 I: „Das Gericht hat, sofern in diesem Gesetze nicht etwas anderes bestimmt ist, unter sorgfältiger Berücksichtigung der Ergebnisse der gesamten Verhandlung und Beweisführung nach freier Überzeugung zu beurteilen, ob eine tatsächliche Angabe für wahr zu halten sei oder nicht."

[2074] Vgl. §§ 292 ff.

[2075] Der Ausschluß von der Zeugnisfähigkeit bei Personen, die zur Mitteilung ihrer Wahrnehmung außerstande waren bzw. zu der Zeit, auf die sich ihre Aussage beziehen sollte, zur Wahrnehmung der zu beweisenden Tatsache unfähig waren (vgl. § 320), war ein pragmatisches Gebot der Selbstverständlichkeit und hatte mit den Ausschlußgründen der Legaltheorie nichts zu tun.

[2076] §§ 371 ff. Eingehend unter (2) (e). Dort auch zu der Übernahme dieses Beweismittels aus dem österreichischen Bagatellverfahren von 1873.

eine Verfahrensstruktur gesehen werden, deren Aufnahme in die schwedische Novelle die Folge der Rezeption europäischen Rechts sein könnte.

Wie dargestellt, war der Entwurf der Nya Lagberedning der erste, welcher den Grundsatz der freien Beweiswürdigung konsequent der Konzeption des Beweisverfahrens zugrundegelegt hat. Betrachtet man die Ausführungen der Kommission hierzu in den Motiven des Vorschlags, hat es den Anschein, als hätte sich dieser Grundsatz im schwedischen Recht schon seit geraumer Zeit gleichsam originär herauszubilden begonnen und wäre zum Zeitpunkt der Aufnahme der Reformtätigkeit durch die Lagberedning gegen Ausgang des 19. Jahrhunderts bereits fester Bestandteil des geltenden Rechts gewesen. Die Lagberedning hätte demnach im wesentlichen nur schriftlich festgehalten, was im öffentlichen Rechtsbewußtsein ohnehin schon allgemein anerkannt war. So heißt es in den Motiven:[2077]

> „Zweifel daran, daß der genannte Grundsatz (sc. die freie Beweiswürdigung, eig. Erkl.) in die neue Verfahrensordnung übernommen werden und dort Ausdruck erhalten sollte, dürften nicht zu erwarten sein. Allmählich ist er bereits in die Praxis überall eingedrungen, wo es nur möglich war, und die Beseitigung gewisser im gesetzten Recht noch zurückgebliebener Reste einer ausgelebten legalen Beweistheorie stellt keine gewaltsame Veränderung dar, sondern eher die Bestätigung eines ohnehin schon eingetretenen Umstandes."

Zutreffend an dieser Aussage ist, daß sich die Praxis, wie dargestellt, gerade im Strafverfahren über die Anerkennung von Indizien als eine unter gewissen Umständen für eine Verurteilung hinreichende Beweisgrundlage teilweise von den Regeln der Legaltheorie zu lösen begonnen hatte. Deren Geltung war zur Zeit der Reformdiskussion der Lagberedning mithin nicht mehr unangefochten.

Es wird jedoch der historischen Sachlage nicht gerecht, wenn von der Kommission hieraus der Schluß auf einen de facto bereits erfolgten Umschwung von dem gesetzlichen hin zum freien Beweisverfahren gezogen wird, den es lediglich deklaratorisch im Gesetz zu verankern gegolten habe. Noch die Entwürfe des Lagkommittés (1826) wie auch der Äldre Lagberedning (1849) standen, wie gezeigt, im wesentlichen unverändert auf dem Boden der überkommenen Legaltheorie, deren Ausnahmen (Indizienbeweis, ein Zeuge als unter Umständen ausreichender Beweis) an der grundsätzlichen Fortgeltung der gesetzlichen Beweisregeln (zwei Zeugen als zwingend voller Beweis, Zeugenausschlußgründe, Parteieid) nichts zu ändern vermochten. Von einer allgemein „ausgelebten Legaltheorie" kann mithin keine Rede sein. Der entscheidende Wandel trat vielmehr entgegen der so dezidiert bekundeten Ansicht der Nya Lagberedning erst mit ihrem eigenen Vorschlag ein.[2078]

[2077] NLB – allmän motivering – S. 19 f.

[2078] Aus welchen Gründen die Nya Lagberedning, die ganz ohne Zweifel die Entwürfe ihrer Vorgängerkommissionen eingehend studiert hatte und infolgedessen auch deren Fest-

Warum dieser Wechsel erfolgte – ob als Ausdruck einer im wesentlichen nur pragmatischen Einsicht der Lagberedning in die Nachteile des legalen Beweisverfahrens (insbesondere in die Gefahr materiell falscher Urteile wegen ungenügender Ausschöpfung vorhandener Beweismöglichkeiten) oder als Folge der Rezeption einer im europäischen Ausland bereits weitgehend gefestigten Rechtsauffassung – ist nicht leicht zu beurteilen.

Es sprechen jedoch eine Reihe von Anzeichen dafür, daß bei der Entwicklung des schwedischen Prozesses hin zu der freien Beweiswürdigung eine Rezeption des europäischen Rechts zumindest unterstützend mitgewirkt hat.

So ist zum einen auffallend, daß der entscheidende Wechsel hin zur freien Theorie zu einem Zeitpunkt erfolgte, zu dem Schweden, wie gezeigt, auf rechts- und nicht zuletzt prozeßrechtswissenschaftlichem Gebiet einen intensiven Austausch mit dem europäischen Ausland – vor allem Deutschland – pflegte und, soweit ersichtlich, auch erstmals in größerem Umfang Mitglieder der Prozeßkommissionen in offiziellem Auftrag zu Forschungsreisen in das Ausland entsandte, um das dort praktizierte Verfahrensrecht kennenzulernen.

Bedacht werden muß in diesem Zusammenhang auch, daß, obgleich Frankreich in dem Code de Procédure Civile bereits 1806 mit der „conviction intime" den Weg zu der freien Beweiswürdigung gebahnt hatte und England ihr ohnehin über das Geschworenensystem verpflichtet war, das Interesse Schwedens an seiner Einbeziehung in die Reform in der ersten Hälfte des 19. Jahrhunderts noch recht gering war. Nachhaltig trat es erst zu einem Zeitpunkt hervor, zu dem kurz zuvor auch Deutschland – in der ZPO von 1877 – diesen Grundsatz neu in sein Verfahren aufgenommen hatte. Deutschland war aber, wie gezeigt, das Land, zu dem Schweden politisch, kulturell und rechts- bzw. prozeßrechtswissenschaftlich während des 19. Jahrhunderts die stärksten Bezüge besaß.

Von Bedeutung ist weiterhin, daß sowohl *Afzelius* als auch *Örbom* in ihren im Auftrag der Nya Lagberedning hin erstellten rechtsvergleichenden Gutachten über den europäischen Prozeß die Übernahme der freien Beweiswürdigung in die schwedische Reform teils weniger, teils stärker verhüllt empfahlen.

---

halten an der Legaltheorie gekannt haben muß, die Bedeutung ihres eigenen Entwurfs so auffällig herunterspielt, ist ungewiß und kann nur vermutet werden. M.E. ist die wahrscheinlichste Lösung die, daß eine größere Änderung des überkommenen Rechts, wie sie die Abschaffung der Legaltheorie zweifellos darstellte, aus Sicht der Lagberedning sich wohl nur schwer mit dem bereits beschriebenen Wunsch der Reformkommissionen zur weitestgehenden Beibehaltung im Volk verwurzelter schwedischer Rechtstraditionen vereinbaren ließ. Unter dieser Annahme wäre es nur konsequent, den konstitutiven Entwurf als bloß deklaratorische Bekräftigung eines bereits verwirklichten Rechtswandels erscheinen zu lassen.

So legte *Afzelius* in seiner Darstellung ausführlich die Nachteile eines mit der Legaltheorie verknüpften Beweisverfahrens dar,[2079] um anschließend unter ausdrücklichem Hinweis auf die „gesunden Beweisregeln“[2080] des englischen Rechts und die Verankerung des Grundsatzes der freien Beweiswürdigung im französischen und deutschen Verfahren sowie im zeitgenössischen österreichischen Entwurf von 1876[2081] lobend hervorzuheben:[2082]

> „Das neuere Recht hat allgemein und vollständig mit dieser Theorie (sc. die Legaltheorie, eig. Erkl.) gebrochen und dem Beweis wieder seine richtige Bedeutung zurückgegeben. Man hat eingesehen, daß eine derartige Regelung, wie sie die legale Theorie durchzuführen sucht, gegen die Natur der Sache streitet (...).“

Afzelius schien insoweit besonders der deutschen Regelung zuzuneigen, deren Norm (§ 259 a.F.) er als einzige zitiert, nachdem er unmittelbar zuvor – recht unvermittelt – erklärt hatte:[2083]

> „Es ist von großem Interesse, den Gang der Entwicklung (sc. der Einführung der freien Beweiswürdigung, eig. Erkl.) in den Verhandlungen der deutschen Juristentreffen zu verfolgen. Als die freie Beweisprüfung auf dem ersten Deutschen Juristentag erstmals zur Diskussion gestellt wurde, zählte sie kaum einen erklärten Anhänger; auf den beiden folgenden gewann sie immer mehr, und auf dem vierten nahm man sie mit überwältigender Mehrheit an. Und in der Reichstagskommission, die den Vorschlag der Prozeßordnung zu beurteilen hatte, richtete sich nicht eine einzige Stimme gegen sie.“

An anderer Stelle betonte er die Vorzüge der freien Beweiswürdigung im Rahmen der Problematik der Ermittlung des Schadensausmaßes bei feststehender Ersatzpflichtigkeit des Schuldners. Diese hatte im schwedischen Recht infolge der allzu starren Beweisregeln nicht befriedigend gelöst werden können und zwang den Gläubiger vielfach wegen seiner Beweisschwierigkeiten zur Annahme unbillig niedriger Ersatzsummen.[2084] Erneut hob *Afzelius* dabei die Lösungen des englischen, französischen, deutschen und – im Reformvorschlag von 1876 – österreichischen Rechts hervor.[2085]

Örbom wiederum empfahl ausdrücklich unter Hinweis darauf, daß sich Schweden langfristig nicht dem Einfluß der „übrigen zivilisierten“ Welt verschließen könne, die Möglichkeit zu prüfen, das Unmittelbarkeitsprinzip in die geplante Reform zu übernehmen. Es habe „nach gründlichen theoretischen Untersuchungen und langer praktischer Bewährung allseits Anerkennung gefunden“ und diene nunmehr „als hauptsächlicher Grund für das englisch-amerikanische, französische und deutsch-österreichische Verfahren“. Das Unmittelbarkeitsprinzip sah *Örbom* jedoch – in etwas eigenwilligem

---

[2079] *I. Afzelius*, Grunddragen, S. 75 ff.
[2080] A.a.O.., S. 79.
[2081] A.a.O.., S. 81 f; zum Hinweis auf das österreichische Recht siehe FN 2 auf S. 81f.
[2082] A.a.O.., S. 80.
[2083] A.a.O.., S. 81, FN 1.
[2084] A.a.O.., S. 87.
[2085] A.a.O.., S. 86.

Begriffsverständnis – untrennbar mit dem Grundsatz der freien Beweiswürdigung verknüpft:[2086]

„In der Natur der Sache liegt, daß, während eine legale Beweistheorie wohl nicht notwendig Voraussetzung eines schriftlichen Verfahrens ist, aber doch im allgemeinen sich wohl dafür eignet, eine solche Theorie demgegenüber unvereinbar ist mit dem Ziel des Unmittelbarkeitsprinzips."

Dementsprechend kann auch *Örboms* Gutachten nicht anders verstanden werden denn als nachdrückliches Eintreten für die Übernahme der freien Beweiswürdigung aus dem europäischen Recht in die schwedische Reform.

Berücksichtigt man die besondere Wertschätzung, die die Nya Lagberedning beiden Gutachten entgegengebracht hat – wie erwähnt, wurden sie als offizieller Bestandteil dem Entwurf der Lagberedning beigefügt –, liegt der Schluß nahe, daß der Reformvorschlag von 1884 maßgeblich unter dem Einfluß der Empfehlungen von *Afzelius* und *Örbom* zustandekam und die Übernahme des Prinzips der freien Beweiswürdigung demgemäß eine unmittelbare Folge der Rezeption europäischen Rechts war.

Ein letzter, diese Vermutung stützender Hinweis läßt sich der bereits zitierten Passage aus dem Gutachten der Prozeßkommission von 1926 entnehmen, wo es heißt:[2087]

„Eine wesentliche Verbesserung des Prozeßwesens kann nur dadurch gewonnen werden, daß man die Wege einschlägt, denen die Reformarbeit in den übrigen Kulturländern gefolgt ist (...). Nach der Auffassung der Prozeßkommission soll daher (...) der Grundsatz der freien Beweisprüfung festgestellt werden (...)."

Diese Textstelle läßt erkennen, daß die Übernahme der freien Beweiswürdigung in das schwedische Recht von den Reformbeteiligten des frühen 20. Jahrhunderts selbst allgemein als Folge der Rezeption ausländischen Rechts angesehen wurde.

Freilich sollte nicht die Bedeutung des Umstandes unterschätzt werden, daß die Geltung der Legaltheorie sowohl in der Praxis wie auch beim Gesetzgeber längst nicht mehr in ungebrochenem Ansehen stand. Auch war, berücksichtigt man die freie Würdigung der Beweiskraft von Urkunden, die Legaltheorie, wie geschildert, nie in völliger Rigidität im schwedischen Recht umgesetzt worden. Die historischen Bedingungen für eine Ablösung der gesetzlichen Beweisregeln durch das freie Verfahren waren mithin günstig.

Gleichwohl dürfte man aus den beschriebenen Gründen den entscheidenden Auslöser für die Inkorporierung des Prinzips der freien Beweiswürdigung in der Rezeption des europäischen Rechts zu sehen haben, die in Schweden wegen der sich abzeichnenden Neigung zur Lösung von der Legaltheorie dabei leichter hat Fuß fassen können.

[2086] *A. Örbom*, Promemoria, S. 47.

[2087] PK I S. 28.

Inwieweit insofern der maßgebende Impuls eher von dem deutschen bzw. dem diesem darin nachgebildeten österreichischen Recht ausgegangen ist als von dem französischen oder englischen Verfahren, wie es der Zeitpunkt der verstärkten Hinwendung Schwedens zu dem neuen Beweisgrundsatz wie auch das besondere Interesse am deutschen Recht vermuten lassen, kann kaum ermittelt werden. Tatsache ist allein, daß die Ausgestaltung des übergeordneten Grundsatzes des freien Beweis*verfahrens* im schwedischen Recht nach der oben durchgeführten Analyse deutlich engeren Bezug zu den deutsch-österreichischen Verfahrensbestimmungen aufweist als zum französischen Recht, das den alten Regeln des Legalverfahrens noch stärker verpflichtet war. Hinsichtlich des spezifischen Grundsatzes der freien Beweis*würdigung* läßt sich jedoch hieraus noch nicht mit hinreichender Verläßlichkeit ein Schluß ziehen auf die überwiegende Rezeptionswirkung gerade der deutschen Verfahrensordnung.[2088] Es erscheint daher angebracht, von der Rezeption einer allgemeineuropäischen Verfahrensstruktur auszugehen.

(2) Die Nutzung des Parteiwissens als Beweismittel

Die Einführung des Grundsatzes des freien Beweisverfahrens in das schwedische Recht steht im Zusammenhang mit einer erheblichen Veränderung auch der Ausformung der einzelnen Beweismittel in der Reformnovelle. Erwähnt wurde bereits die Abschaffung der für das alte Recht charakteristischen Zeugenausschließungsgründe.[2089] Von besonderer Bedeutung war jedoch der Wandel in der Einstellung des schwedischen Prozesses zur Nutzung des Parteiwissens im Verfahren durch die Beseitigung des Parteieides zugunsten des Instituts der Parteivernehmung. Hierauf ist deshalb im folgenden näher einzugehen. Zugleich soll auf der Grundlage der rechtsvergleichenden Analyse untersucht werden, inwieweit bei diesem Strukturwandel in der Beweisführung erneut Rezeptionswirkungen des europäischen Rechts festgestellt werden können.

(a) Historischer Abriß über die Entwicklung der Parteiaussage als Beweismittel im europäischen Prozeß

In Umsetzung des römischrechtlichen Grundsatzes „Nullus idoneus testis in re sua intellegitur“[2090] galt über Jahrhunderte in ganz Europa für den Prozeß das Gebot der Unvereinbarkeit der Parteistellung mit derjenigen des Zeugen. Dies hatte zur Konsequenz, daß das eigene Wissen der Parteien um die tatsächlichen Grundlagen des Rechtsstreits zu Beweiszwecken grundsätzlich

---

[2088] Wegen der Übernahme dieser Verfahrenstruktur durch die ZPO aus dem französischen Prozeß wäre eine solche Schlußfolgerung überdies von zweifelhaftem Aussagewert. Vgl. insoweit auch die Ausführungen zu der methodischen Grundlegung der Arbeit unter 1. Teil B. II. 4. d).

[2089] (1) (a).

[2090] Dig. 22, 5, 10.

nicht verwandt werden konnte und damit als Erkenntnisquelle bei der Aufklärung des Sachverhalts dem Verfahren entzogen blieb.

Beweischarakter erhielten die Aussagen der Parteien allein über das Institut des Parteieides, das in seinen unterschiedlichen Formen – v.a. als zugeschobener Eid und als richterlich auferlegter Ergänzungseid[2091] – die Wahrheit des beschworenen Rechts bzw. der beschworenen Tatsache für den Richter verbindlich festlegte und den Streit insoweit entschied. Eine Gewinnung weiterer tatsächlicher Erkenntnisse über den Rechtsstreit war mit dem Eid daher nicht verbunden.

Die erste entscheidende Wende erfolgte gegen Mitte des 19. Jahrhunderts in England, als dort den Parteien das Recht eingeräumt wurde, sich gleich Zeugen über ihre Kenntnisse von dem streitigen Sachverhalt vernehmen zu lassen.[2092] Ihre Stellung entsprach dabei in grundsätzlich jeder Beziehung der eines Zeugen, so daß in dieser Fortbildung des Verfahrensrechts noch weniger der Beginn zu der Ausgestaltung eines neuen, eigenständigen Beweismittels gesehen werden kann als eher die Ausweitung des Kreises statthafter Zeugen.[2093] Diese Form der Nutzung des Parteiwissens für die Ermittlung des Sachverhalts ist noch heute Kennzeichen des englischen Prozesses.

Kontinentaleuropäisch machte sich wenig später eine andere Entwicklungstendenz bemerkbar. Unter der Führung des österreichischen Rechts[2094] trat die Bedeutung des formalen Parteieides der Legaltheorie immer stärker in den Hintergrund, um im Gegenzug der Herausbildung eines neuen Beweismittels in der Gestalt der frei zu würdigenden Parteivernehmung Platz zu machen. Zwar verlief insoweit die Entwicklung der verschiedenen europäischen Prozeßrechte auf dem Kontinent längst nicht einheitlich und kennen selbst heute noch die Verfahrensordnungen der romanischen Prozeßfamilie das Institut des mittelalterlichen Parteieides mit seiner den Richter bindenden legalen Beweiskraft.[2095] Gleichwohl muß in der in den meisten europäischen Prozeßsystemen allmählich verstärkten Berücksichtigung frei zu würdigender Parteiäußerungen im Rahmen des Beweisverfahrens eine

[2091] S. 2. Teil C. III. 3. a) cc) β) (4).

[2092] Diese Entwickung wurde eingeleitet durch den Evidence Further Amendment Act von 1869 (32 & 33 Vict. C. 68), eingehend hierzu die grundlegende Darstellung bei *M. Cappelletti*, La Testimonianza, Bd. 2, S. 421 ff.

[2093] Näher dazu nachfolgend unter (d).

[2094] Erstmals für Verfahren in Bagatellsachen durch Gesetz vom 24. 7. 1873, dessen Regelung von *F. Klein* dann in die Reform von 1895 übernommen wurde; vgl. *P. Oberhammer*, Parteiaussage, Parteivernehmung und freie Beweiswürdigung am Ende des 20. Jahrhunderts, in: ZZP 113 (2000), S. 295 ff. (298 ff.).

[2095] Vgl. zum französischen Recht *H. Nagel*, Grundzüge, S. 312 ff.; zum italienischen Modell ders.: a.a.O., S. 318 f; zum spanischen Verfahren ders.: a.a.O., S. 319 ff. sowie in übersichtlicher Zusammenstellung *D. Coester-Waltjen*, Parteiaussage und Parteivernehmung am Ende des 20. Jahrhunderts, in: ZZP 113 (2000), S. 269 ff. (274 ff.).

allgemeineuropäische Tendenz zur Überwindung der mittelalterlichen Legaltheorie gesehen werden.[2096]

(b) Die Entwicklung des Instituts der Parteivernehmung im schwedischen Prozeß

Auch in Schweden besaß der Parteieid als formales Beweismittel eine lange Tradition, die erst mit der Novelle endgültig aufgegegeben wurde. Wenn er auch seit der Neuzeit ein subsidiäres Beweismittel darstellte,[2097] das im Laufe der Jahrhunderte allmählich an Bedeutung verlor, so ließen doch die vielfältigen Regeln des alten Verfahrensgesetzes von 1734 über die unterschiedlichen Formen der Eide und ihre mannigfaltigen Anwendungsvoraussetzungen[2098] erkennen, daß das schwedische Beweisrecht noch zum Zeitpunkt der Novellierung zu guten Teilen Eidrecht war.

Der Eid kam nach schwedischem Recht sowohl in der Form des vom Gericht einer Partei auferlegten wie auch in derjenigen des von einer Partei dem Gegner zugeschobenen Eides vor. Je nachdem, ob er der beweispflichtigen Partei auferlegt wurde oder ihrem Gegner, unterschied man beim richterlich oktroyierten Eid zwischen dem Ergänzungseid[2099] und dem Reinigungseid.[2100] Letzterer war bis zum Inkrafttreten der Reform die geläufigste Form.[2101] Demgegenüber spielte der von einer Partei dem Gegner zugeschobene Eid in der Praxis keine nennenswerte Rolle.[2102] Die Wirkung des Eides war in allen Fällen gemäß der Lehre der Legaltheorie eine rein formale, den Richter unbedingt bindende Entscheidung der betreffenden Beweisfrage.

2096 Diese dauert stellenweise bis in die Gegenwart an; vgl. etwa zu den Reformen in den Niederlanden *D. Coester-Waltjen*, ibid.

2097 Vgl. etwa den Rättegångsbalk von 1734 in 17:30, 14:9; dazu näher 2. Teil C. III. 3. a) cc) β) (4).

2098 Vgl. nur den Reinigungseid („värjemålsed") (17:29 f.), den zugeschobenen Eid („bjudna ed") (17:34), den Lauterkeitseid („vrångoed") (14:9), den Schätzungseid („värderingsed") (etwa 17:35). Zu weiteren Formen s. die Auflistung der Nya Lagberedning, in: NLB – speciell motivering – S. 316.

2099 Der Ergänzungseid („fyllnadsed") bestand in der durch die Eidesleistung vom Beweispflichtigen auf die richterliche Eidesauferlegung hin erbrachten bindenden Feststellung der Wahrheit einer von ihm behaupteten Tatsache, seltener eines Rechts, s. 2. Teil C. III. 3. a) cc) β) (4) (b).

2100 Der Reinigungseid („värjemålsed") war auf richterliche Aufforderung von der nicht beweispflichtigen Partei zu leisten und verfolgte den Zweck, die Wirkung eines vom Gegner bereits erbrachten unvollständigen Beweises (in der Regel ein „halber" Beweis) zu beseitigen. Für den Fall der Eidesverweigerung erstarkte der unvollständige Beweis des Beweispflichtigen zum Vollbeweis, während es bei Leistung des Eides beim vorherigen Rechtszustand – kein Beweis der fraglichen Tatsache wegen fehlenden Vollbeweises – blieb; näher dazu 2. Teil C. III. 3. a) cc) β) (4) (a).

2101 Ibid. Vgl. auch NLB – speciell motivering – S. 316.

2102 Vgl. 2. Teil C. III. 3. a) cc) β) (4) (c). Hier auch näher zu den Voraussetzungen dieser Eidesform, die unabhängig von der Verteilung der Beweislast ähnlich einem Vergleich zwischen den Parteien eingesetzt werden konnte.

Die Reformentwürfe des Lagkommittés aus dem Jahr 1826 bzw. der Äldre Lagberedning von 1849 hielten beide noch an dem Parteieid fest. Nähere Überlegungen über seine Abschaffung zugunsten anderer Formen der Nutzung der Parteiaussage als Beweismittel hat es, soweit ersichtlich, zu diesem frühen Zeitpunkt der Reformdiskussion auch im übrigen noch nicht gegeben.

Mit der Überführung des Grundsatzes der freien Beweiswürdigung in den Vorschlag der Nya Lagberedning (1884) und der weitgehenden Beschränkung der Zeugenausschlußgründe stellte sich der Kommission hingegen auch die Frage nach der Sinnfälligkeit der Aufrechterhaltung dieses letzten Bollwerks legalen Beweisverfahrens. So erklärte die Nya Lagberedning in ihrem Gutachten hinsichtlich des von ihr exemplarisch herausgegriffenen Reinigungseides:[2103]

> „Was den Reinigungseid betrifft, sind seine Nachteile nicht selten gerade in jüngster Zeit bemerkt und aufgezeigt worden. Man hat insoweit angemerkt, daß der Gegenstand des Eides zu einem scharf umrissenen Eidesthema zugespitzt werden müsse, dessen Punkte die Partei bekräftigen oder verneinen soll, ohne an der Frage Änderungen vornehmen oder Ergänzungen hinzufügen zu können. Zweifellos liegt darin eine Gefahr von Irrtum oder Mißdeutung. Wenn das Eidesthema zu eng gefaßt wird, erlegt man der Partei unbilligen Zwang auf; formuliert man es zu weit, läßt man ihr zu großen Freiraum. Es ist nur zu gut möglich, daß die Partei das Eidesthema mißversteht und daher ihrer Äußerung eine andere Bedeutung beimißt als der Richter. Kann die Partei (...) das Eidesthema zu ihrem Vorteil verwenden oder deuten, eröffnet sich ihr ein Ausweg, den Eid, wenn sie weniger skrupulös ist, abzulegen, ohne dafür vor sich selbst als Eidesbrecher darzustehen. Die Möglichkeit einer abweichenden Deutung des Eidesthemas zwingt demgegenüber auf der anderen Seite den Gewissenhafteren, sich ganz der Eidesleistung zu enthalten, um sich nicht dem Verdacht des Meineids auszusetzen (...).
>
> Auch in anderer, überaus wichtiger Hinsicht führt der Reinigungseid prozessuale Nachteile mit sich, die nicht zusammen mit den Grundsätzen der freien Beweisprüfung und der entsprechenden Anordnung der Rechtsmittel bestehen können. So wird der Ausgang der Sache unter anderem im Vorfeld und unwiderruflich durch den Beschluß über den Eidgang festgelegt. Es ist (zudem, eig. Erg.) die Partei, die das Urteil fällt, nicht der Richter. Obwohl der Beschluß über den Eidgang seiner Natur nach nur ein vorbereitender Beweisbeschluß ist, erzwingt (überdies, eig. Erg.) seine bindende Kraft, die Möglichkeit seiner Überprüfung in der höheren Instanz einzuräumen. Dadurch entstehen doppelte Prozesse in derselben Sache mit all der hieraus folgenden Verwirrung und Verzögerung (...)."

Im Gegensatz hierzu erkannte die Lagberedning in der mittlerweile in England eingeführten Möglichkeit der Zeugenvernehmung der Partei wie auch in dem in Österreich für das Bagatellverfahren[2104] erstmals geschaffe-

---

[2103] NLB – speciell motivering – S. 316 ff.

[2104] Gesetz vom 27. 4. 1873. Es ist dies einer der ganz wenigen Fälle, in denen das österreichische Bagatellverfahren überhaupt von den Reformbeteiligten in Schweden erwähnt wird. Es scheint im übrigen, wie dargelegt (vgl. S. 387 FN 1993), den Kommissionsmitgliedern trotz seines für die *Klein*'sche Reform bereits wegweisenden Charakters nicht näher bekannt gewesen zu sein.

nen Institut der Parteivernehmung[2105] einen grundsätzlich guten Ausweg aus den mit dem Parteieid verbundenen Schwierigkeiten:[2106]

> „Wie bekannt, ist anstelle der Formen des Parteieides, die in unserem Lande gelten, eine andere Form nach englischem Muster als geeigneter angesehen worden, nämlich die Einvernahme der Partei als Zeuge in der Sache. Diese jüngste Form, die, soweit bekannt, außerhalb des englischen Rechts noch an keinem anderen Ort von der Gesetzgebung übernommen wurde als in dem österreichischen Staatsgebiet, (...) bietet zweifellos eine Möglichkeit, zahlreiche der mit dem schwedischen Eidsystem verknüpften Unannehmlichkeiten zu vermeiden (...).“

Gleichwohl konnte sich die Lagberedning nicht zur völligen Aufgabe des Parteieides entschließen, den sie als zu stark im allgemeinen Rechtsbewußtsein verwurzelt ansah, als daß sie ihn übergangslos glaubte beseitigen zu können:[2107]

> „Die Beredning hat dennoch aus mehreren Gründen gezögert, in ihrem Vorschlag die vollständige Abschaffung des Parteieides zu empfehlen. Die diesbezügliche Frage ist im wesentlichen neu und sicherlich fremd für große Teile der Öffentlichkeit. Ohne Zweifel besitzt zumindest der Reinigungseid so tiefe Wurzeln in der Rechtsentwicklung, daß die Aufhebung des Institutes Bedenken bei denen hervorrufen könnte, die sich noch nicht vertraut gemacht haben mit und Vertrauen gewonnen haben zu der durch die Einführung einer freieren Beweisprüfung wesentlich veränderten Anschauung. In dieser Situation dürfte selbst demjenigen, der nicht selbst Bedenken der angedeuteten Art trägt (sc. gegen die Abschaffung des Parteieides, eig. Erkl.) die Frage möglicherweise als zu früh gestellt erscheinen. In der Annahme, daß die endgültige Abschaffung des Parteieides nur mehr eine Zeitfrage ist, scheint es daher der sicherste Weg zu sein, bis auf weiteres den erwähnten Eid (sc. den Reinigungseid, eig. Erkl.) zumindest in einer modifizierten Form bestehen zu lassen, ihn aber zugleich, soweit möglich, von den bedenktlichsten Nachteilen und Schwierigkeiten zu befreien, mit denen er zur Zeit behaftet ist.“

Die Nya Lagberedning entwickelte hiervon ausgehend ein eigenständiges neues Institut einer Parteivernehmung, das Eigenarten des Reinigungseids mit denen der Einvernehmung der Partei als Zeuge verband und von ihr als „Wahrheitseid“ („sanningsed“) bezeichnet wurde.[2108]

Ausgestaltet als freies Verhör ohne Bindung an ein zuvor wie beim normierten Eid festgelegtes enges Thema, sollte der Wahrheitseid als subsidiäres Beweismittel in den Fällen zum Zuge kommen, in denen eine bestimmte tatsächliche Behauptung bereits als wahrscheinlich, wenngleich noch nicht hinreichend sicher zu gelten hatte. Das Verhör sollte grundsätzlich mit dem nicht Beweispflichtigen geführt werden[2109] in Entsprechung zu dem überkommenen Grundsatz: „Mit Eid kann man sich verteidigen, nicht aber an-

---

2105 Das die Lagberedning – Zeichen ihrer ungenügenden Vertrautheit mit dem Bagatellverfahren – noch als direkte Übernahme des englischen Modells deutete, vgl. insofern aber unten (e).

2106 NLB – speciell motivering – S. 318.

2107 NLB – speciell motivering – S. 315.

2108 NLB 18:1 ff. Dem im wesentlichen zustimmend auch die sog. Förstärkta Lagberedning, in: FLB S. 101.

2109 NLB 18:4 Nr. 2.

greifen".[2110] Zu vernehmen war damit zugleich nur eine Partei,[2111] wodurch die Lagberedning das andernfalls zu befürchtende Ergebnis einander widersprechender Eide beider Parteien zu vermeiden suchte, das in ihren Augen die Bedeutung des Eides als einer religiösen Institution herabgewürdigt hätte. Anberaumt werden konnte das Verhör allein auf Verlangen der Parteien,[2112] die Möglichkeit amtswegiger Erhebung des Wahrheitseides bestand nicht. Das Ergebnis dieses von der Partei mit ihrem Eid einzuleitenden[2113] Verhörs war anschließend dem Richter zur freien Beweiswürdigung überlassen.[2114]

Lehnte sich die Beschränkung des eidlichen Verhörs auf grundsätzlich nur eine Partei und insoweit typischerweise den nicht Beweisbelasteten noch an die alte Form des Reinigungseides an, so trägt seine Gestaltung als freies Verhör mit frei zu würdigendem Ergebnis doch insgesamt deutlich Züge der modernen Form der Parteivernehmung.

Im übrigen sah der Vorschlag der Lagberedning neben dem Wahrheitseid als dem primären Eides- bzw. Verhörsinstitut einen von ihr sog. Schätzeid („uppskattningsed")[2115] vor. Er sollte an die Stelle des alten „värderingsed" treten und wiederum in Form eines freien Verhörs einer Ersatzleistung begehrenden Partei die Höhe des ersatzfähigen Schadens ermitteln helfen. Gleich dem Wahrheitseid hing der Ausgang des Verhörs von dessen freier Würdigung durch den Richter ab.

Den entscheidenden Bruch mit dem Institut des Parteieides vollzog dann die Prozeßkommission in ihrem Entwurf von 1926. Sie empfahl die Schaffung eines freien Verhörs, das auf Antrag der Parteien ebenso wie von Amts wegen mit einer Partei oder beiden geführt werden sollte, der freien Beweiswürdigung des Richters unterstand und anstelle der Sanktionierung durch Eid zur Vermeidung von Falschaussagen mit einer ebenfalls strafbewehrten speziellen Wahrheitsversicherung verbunden war. Auf diese Weise suchte die Kommission einerseits das Ziel der grundsätzlich beidseitigen Vernehmung der Parteien zur besseren Ausschöpfung aller Erkenntnisquellen im Prozeß zu erreichen, ohne die Gefahr einander widersprechender Eidesleistungen gewärtigen zu müssen. Andererseits aber konnte sie mit diesem Modell eine besondere Sanktion für den Fall der Falschaussage zur Verfügung stellen, um hierdurch die Wahrheitspflicht der Parteien zu sichern und das Verhör effektiver zu gestalten.[2116] In Anlehnung an den Entwurf der

---

2110 Vgl. SRL 17:34: „Med ed kan man svara, och ej kära" (wörtlich: Mit Eid kann man erwidern [sc. die Klage bzw. behauptete Tatsache] und nicht klagen.); dazu S. 94 FN 424.

2111 NLB 18:4 Nr. 1.

2112 NLB 18:3.

2113 NLB 18:12 Nr. 1.

2114 NLB 18:13 Abs. 2.

2115 NLB 18:17.

2116 PK III S. 193 ff.

Nya Lagberedning sollte dieses nun eindeutig auch als Parteivernehmung bezeichnete Institut[2117] allerdings weiterhin nur als subsidiäres Beweismittel zur Anwendung gelangen, da ein gewisses Mißtrauen gegenüber der Beweiskraft von Aussagen in eigener Sache aus der Sicht der Prozeßkommission nicht auszuräumen war.[2118]

Die Novelle schließlich übernahm im Ergebnis den Vorschlag der Kommission im wesentlichen, vollzog jedoch eine bedeutsame Änderung. Sie nahm dem neugeschaffenen Institut den empfohlenen Charakter der Subsidiarität und erhob es statt dessen in den Rang eines primären Beweismittels, dem sie für die wahrheitsgemäße und vollständige Ermittlung des Sachverhalts ausschlaggebende Bedeutung beimaß:[2119]

> „In einem Prozeßsystem, das auf dem Grundsatz der freien Beweisprüfung fußt, muß den Aussagen der Parteien in Hinblick auf den Beweis große Bedeutung beigelegt werden. Die Vernehmung der Parteien, die in der Regel die beste Kenntnis der in Frage stehenden Verhältnisse besitzen, ist oft sowohl im Zivilprozeß wie im Strafverfahren das wirksamste Mittel zur Ermittlung der Wahrheit."

Danach stellt sich die Parteivernehmung nach der Novelle insgesamt wie folgt dar:

Um den Parteien den Anreiz zu nehmen, sich in ihren Aussagen von den Darstellungen der Zeugen leiten zu lassen, findet ihre Einvernehmung grundsätzlich vor dem Zeugenverhör statt.[2120] Sie kann jedoch nach Bedarf auch zu einem anderen Zeitpunkt während des Prozesses vorgenommen werden.[2121] Die Parteien trifft insoweit eine gerichtlicherseits mittels Strafzahlung („vite") erzwingbare Pflicht, zum Verhör zu erscheinen.[2122] Die Anordnung der Vernehmung erfolgt von Amts wegen[2123] oder auf Antrag einer Partei, die dabei auch die eigene Vernehmung beantragen kann.[2124] Die Einvernahme beider Parteien ist möglich und üblich.[2125] Der Gegenstand der

---

2117 So auch die Terminologie des Gutachtens der Prozeßkommission: „förhör med part" („Parteiverhör").

2118 PK III S. 193 f.

2119 PLB S. 407. Bis zur Gesetzesänderung 1987 [Gesetz 1987:747; NJA II 1987 S. 172 ff.; eingehend dazu C. I. 3. b)], die die Möglichkeit der Parteivernehmung ohne Wahrheitsversicherung in die Novelle einführte, dürfte laut Schätzungen die Parteivernehmung mit Wahrheitsversicherung in etwa der Hälfte aller Zivilverfahren mit gewöhnlicher Hauptverhandlung (also ohne vereinfachtes Verfahren) vorgekommen sein, vgl. *P.O. Ekelöf/R. Boman*, Rättegång IV, S. 202.

2120 43:8 Abs. 2.

2121 *N. Gärde*, NRB 37:1.

2122 11:5 iVm 42:21.

2123 *P.O. Ekelöf/R. Boman*, a.a.O., S. 197, weisen darauf hin, daß in der Praxis die amtswegige Anordnung der Parteivernehmung selten geschieht, da die Parteien zumeist schon von sich aus ihre prozessuale Stellung durch ihren Antrag auf Einvernehmung zu stärken suchen.

2124 37:1 Abs. 2.

2125 Nach *P.O. Ekelöf/R. Boman*, a.a.O., S. 196 f, werden in ungefähr 75% aller Verfahren mit Parteivernehmung beide Seiten verhört.

Vernehmung braucht nicht auf bestimmte eng umgrenzte Tatsachen beschränkt zu werden, sondern kann das gesamte für das Verfahren bedeutsame Sachgeschehen umfassen.[2126] Im übrigen gestaltet die Novelle den inneren, inhaltlichen Rahmen des Verhörs ebenso wie seine äußere Form analog den Vorschriften über das Zeugenverhör.[2127] Die Zeugnisverweigerungsrechte gelten somit auch für die Parteien. Auch kann die Vernehmung – gleich dem Zeugenverhör – wahlweise von dem Richter oder der Partei durchgeführt werden, wobei nach der ursprünglichen Konzeption wegen der noch zu erwartenden seltenen anwaltlichen Vertretung als Regelfall das richterlicherseits geleitete Verhör vorgesehen war.[2128] Im Falle der Vernehmung durch den Richter bleibt der nicht verhörten Partei die Möglichkeit, ergänzende Fragen unmittelbar an den Gegner zu richten.[2129]

Im Unterschied zum Zeugenverhör – dem einzig nennenswerten[2130] – besteht bei der Parteivernehmung jedoch keine Möglichkeit der Erzwingung der Parteiaussage. Eine praktisch wirksame Sanktion liegt allerdings in der dem Richter über die freie Beweiswürdigung eingeräumten Befugnis, die Aussageverweigerung zu Lasten des Vernommenen zu deuten.[2131]

Die Novelle sah ursprünglich nur die Parteivernehmung unter Wahrheitsversicherung vor. Die Motive ließen dabei offen, inwieweit die grundsätzlich neben der Parteivernehmung fortbestehende Möglichkeit der informatorischen Befragung einer Partei zur näheren Aufklärung des Sachverhalts[2132] auch als Beweismittel sollte eingesetzt und damit gewissermaßen in eine Parteivernehmung ohne Wahrheitsversicherung umfunktioniert werden dürfen.[2133] Eine Gesetzesänderung von 1987[2134] verankerte dann ausdrücklich

---

2126 *N. Gärde*, NRB 37:1.

2127 37:5.

2128 36:17. Im Zuge einer 1987 durchgeführten Reform (oben S. 417 FN 2118) änderte man infolge der in der Zwischenzeit eingetretenen Gepflogenheit anwaltlichen Beistandes der Parteien das Regel-Ausnahme-Verhältnis und wies die Zeugen- und Parteivernehmung den Parteien selbst zu. *P. Samuelson*, Att förhöra ett vittne, S. 18, führt in seinem historischen Abriß der Entwicklung der Zeugenvernehmung diese Änderung auf die Vorbildfunktion des anglo-amerikanischen Modells zurück.

2129 37:5 iVm 36:17 Abs. 2.

2130 Sieht man von dem Austausch der Zeugenvereidigung gegen das Institut der Wahrheitsversicherung bei der Parteivernehmung ab, das jedoch gleich jener für den Fall der Falschaussage eine Strafsanktion vorsieht und daher dem Eid unter funktionellem Gesichtspunkt gleich zu erachten ist.

2131 *N. Gärde*, NRB 37:5.

2132 Vgl. hierzu schon oben unter β) (1) (a).

2133 *P.O. Ekelöf*, Rättegång IV (1. A. [1963]), S. 155, sprach sich für ein solches Verfahren aus, da der Novelle aus seiner Sicht keine stichhaltigen Gründe gegen die Möglichkeit einer Parteivernehmung ohne Wahrheitsversicherung zu entnehmen waren. In der Praxis war dieses Vorgehen im übrigen auch anerkannt, vgl. *H. Nagel*, Grundzüge, S. 308 f.

2134 Gesetz (1987:747); NJA II 1987 S. 172 ff.

im Nya Rättegångsbalk die Möglichkeit des Parteiverhörs ohne Wahrheitsversicherung.[2135]

Erhalten geblieben ist die schon nach altem Recht jedenfalls grundsätzlich statthafte Befragung einer Partei zu informatorischen Zwecken wie etwa der Festlegung des Streitgegenstandes oder dem Ausräumen von Widersprüchlichkeiten und Lücken im Sachvortrag. Ihre Abgrenzung von dem Beweismittel der Parteivernehmung ist nach der Novelle nicht einfach. Dies vor allem deshalb, weil die Reform darauf verzichtet hat, das Parteiverhör formal im Wege eines Beweisbeschlusses anordnen zu lassen, andererseits aber auch der Inhalt einer informatorischen Befragung im Rahmen der freien Beweiswürdigung vom Richter mitzuberücksichtigen ist und die Befragung daher mit dem Beweisverfahren in engem Zusammenhang steht. Auch die der einfachen Befragung fehlende strafbewehrte Sanktion der Wahrheitsversicherung kann jedenfalls in dem Maße nicht mehr zur Unterscheidung herangezogen werden, in dem sich in der Praxis zunehmend die Form des Parteiverhörs ohne Wahrheitsversicherung durchsetzt. Formal bleibt allerdings ein Unterscheidungskriterium darin bestehen, daß die Parteivernehmung stets mit der Partei selbst bzw. ihrem Stellvertreter stattzufinden hat, während die informatorische Befragung sich in erster Linie an den Anwalt wendet. Freilich ist auch letzteres nicht zwingend und in den Fällen fehlenden anwaltlichen Beistandes nicht einmal möglich. Zudem ist auch die materielle Grenze zwischen dem Zweck informatorischer Befragung und dem einer Vernehmung zu Beweiszwecken vielfach fließend.[2136] Dies gilt umso mehr, je stärker das Institut der Parteibefragung nach der Konzeption der Novelle auch zur – behutsamen – Sachverhaltsaufklärung durch den Richter eingesetzt wird.[2137] Es fragt sich allerdings, inwieweit eine präzise Grenzziehung jedenfalls im schwedischen Recht mit seiner auch weitgehend fehlenden formalen Abgrenzungsmöglichkeit in Anbetracht der ohnehin notwendigen Berücksichtigung des Ergebnisses der informatorischen Befragung im Rahmen der Beweiswürdigung überhaupt notwendig ist.

(c) Die Bedeutung der Parteiaussage als Beweismittel im französischen Prozeß

Im französischen Recht traten zur Zeit der schwedischen Reform Parteiaussagen im Rahmen des Beweisverfahrens in dreifacher Form auf. Dazu zählten der Parteieid, die formale Parteibefragung „nach Tatsachen und Artikel“ sowie eine formfreie Befragung.

[2135] Vgl. 37:2 Abs. 1 n.F.

[2136] Dazu *P.O. Ekelöf/R. Boman*, Rättegång IV, S. 194 f. Näher kann hier auf die Problematik nicht eingegangen werden; aus der – partiell – vergleichbaren Sicht des deutschen Rechts s. *K. Polyzogopoulos*, Parteianhörung, S. 118 ff. sowie *W. Brehm*, Bindung des Richters, S. 234 ff.

[2137] Hierzu eingehend oben unter β) (1) (a).

Der aus dem mittelalterlichen Recht überkommene formale Parteieid existierte seinerseits in zweierlei Gattungen: als von einer Partei der anderen zugeschobener, von dieser dann unter Umständen wieder zurückgeschobener Eid („serment décisoire“)[2138] sowie als vom Gericht einer Partei auferlegter Eid („serment déféré d'office“),[2139] der sich seinerseits in den Ergänzungseid („serment suppletif“)[2140] und den Schätzeid („serment éstimatif“)[2141] aufspaltete.

Der zugeschobene Eid besaß infolge fortbestehender Reste der Legaltheorie im französischen Recht eine den Richter bindende, rein formale Wirkung und entschied den Streit über eine Tatsache einzig als Folge seiner Leistung bzw. Ablehnung.[2142]

Der gerichtlicherseits auferlegte Eid wiederum fand in den Fällen Anwendung, in denen das Gericht nach der vorangegangenen Beweisaufnahme von der Wahrheit der streitigen Tatsachen noch nicht hinreichend überzeugt war. Anders als der zugeschobene Eid wurde er in Konsequenz einer von der Rechtsprechung eingeleiteten Entwicklung in seiner praktisch relevanteren Form des Ergänzungseides als subsidiäres Beweismittel der freien Würdigung durch den Richter unterstellt.[2143] Die hierin zu erblickende Ausdehnung der Lehre von der „conviction intime“ auf das Institut des Parteieides stellt den Beginn der allmählichen Loslösung auch des französischen Rechts von den Grundsätzen der Legaltheorie auf dem Gebiet der Beweismittel dar.[2144]

Eine eigentliche Parteivernehmung zu Beweiszwecken sah der französische Prozeß hingegen nur in dem Institut der förmlichen „Befragung nach Tatsachen und Artikeln“ („interrogatoire sur faits et articles“)[2145] vor. Dieses hatte allerdings mit der modernen Form der Parteivernehmung kaum etwas gemein, sondern war überwiegend Ausdruck eines stark formalisierten Beweisverfahrens. So mußten die während des Verhörs zu stellenden Fragen von der die Befragung beantragenden Partei bereits im Vorfeld präzise festgelegt und im Anschluß an ihre Billigung durch den Richter dem Gegner mindestens 24 Stunden vor dem Verhör zugestellt werden, damit dieser sich

---

2138 Code Civil Art. 1358 ff.

2139 Code Civil Art. 1366 ff.

2140 A.a.O.., Art. 1367.

2141 A.a.O.., Art. 1369.

2142 Näher zum „serment décisoire“ *P. Cuche*, Précis de procédure, Nr. 465 sowie *L. Grémieu*, Précis théorique et pratique, S. 265 f.

2143 Vgl. *Dalloz*, Encyclopédie Juridique, Bd. 1, Art.: Serment, Nr. 11 und 27; *L. Grémieu*, a.a.O., S. 266.

2144 Vgl. zur Entwicklung der französischen Regelung der Parteiaussage im Prozeß näher die skizzenhafte, aber übersichtliche Darstellung bei *D. Coester-Waltjen*, Parteiaussage und Parteivernehmung am Ende des 20. Jahrhunderts, in: ZZP 113 (2000), S. 269 ff. (286 f.).

2145 Art. 324 ff.

auf die Befragung einstellen konnte.[2146] Die Befragung selbst fand vor einem kommissarischen Richter in Abwesenheit der Gegenpartei und unter Ausschluß der Öffentlichkeit statt. Es lag nahe und entsprach denn auch der Gepflogenheit, daß der Vernommene, wenn er auch ausweislich der Verfahrensordnung[2147] ohne Beistand durch seinen Anwalt und ohne Verlesen schriftlich vorformulierter Antworten frei zu den Fragen Stellung zu nehmen hatte, sich gleichwohl im Vorfeld des Verhörs mit Hilfe seines Anwalts auf eine ihm günstige Strategie bei der Beantwortung festlegte.[2148] Der Erfolg der Vernehmung als Mittel zur Aufklärung des Sachverhalts wurde auf dieses Weise von vornherein in Frage gestellt,[2149] was zusammen mit der starken Formgebundenheit des Verhörs mit dafür verantwortlich war, daß dieses allmählich außer Gebrauch kam.[2150]

An seine Stelle begann das bereits untersuchte[2151] Institut der formfreien Befragung der erschienenen Partei durch das Gericht (sog. „comparution personnelle") zu treten, das ursprünglich allein die Funktion besaß, Unstimmigkeiten und Lücken im Sachvortrag der Parteien zu beseitigen, nicht aber als Beweismittel im engeren Sinn zu dienen bestimmt war.[2152] In dem Versuch, die Erklärungen der Parteien anläßlich ihres persönlichen Erscheinens als den Beginn eines schriftlichen Beweises („commencement de la preuve par écrit") zu würdigen, der die Voraussetzung war für die Ergänzung des vielfach nur statthaften Schriftbeweises[2153] um mündliche Beweiserhebung, weitete die Praxis dieses Institut allmählich in eine Art Parteivernehmung aus.[2154]

Am Vorabend der schwedischen Reform befand sich diese Entwicklung allerdings erst in ihren Anfängen und war der französische Prozeß hinsichtlich der Nutzung des Parteiwissens als Beweismittel mit den Instituten des

---

2146 Art. 325, 329. Hierzu im einzelnen *C. Cézar-Bru*, Précis élémentaire, Nr. 332.

2147 Art. 333.

2148 So auch die einhellige Kritik vieler Kenner des französischen Systems. Vgl. etwa *P. Bellot*, Exposé des motifs, S. 109; *A. Feuerbach*, Betrachtungen, S. 273; zu weiteren Nachweisen s. *H. Schlink*, Kommentar, S. 245.

2149 *A. Feuerbach*, a.a.O., S. 272, greift gar zu einer scharfen Polemik: „(...) ein Verfahren, welches (...) gar nicht anders eingerichtet sein könnte, als es ist, wenn der Gesetzgeber absichtlich darauf studiert hätte, den Zweck des Mittels durch das Mittel selbst zu vereiteln."

2150 Formal abgeschafft wurde der „interrogatoire" in Frankreich jedoch erst durch Gesetz vom 23. 5. 1942. Mehrere, ursprünglich mit Frankreich verbundene Länder wie Belgien oder die damalige Republik Genf hatten hingegen bei der Novellierung ihres von Frankreich übernommenen Verfahrensrechts das Institut der „interrogatoire sur faits et articles" erwartungsgemäß früh beseitigt und an seiner Statt ein freies Verhör mit den Parteien vorgesehen, vgl. hierzu *H. Schlink*, Kommentar, S. 245.

2151 S. unter β) (2) (a).

2152 Der Code de Procédure Civile regelte diese formfreie Befragung auch nur mittelbar, indem er in Art. 119 die Anordnung des persönlichen Erscheinens der Parteien durch ein Urteil gestattete; im einzelnen hierzu oben unter β) (2) (a).

2153 S. (1) (b).

2154 Dazu eingehend *M. Cappelletti*, La Testimonianza, Bd. 2, S. 783 ff.

Parteieides und der förmlichen Parteibefragung überwiegend noch Spiegel des mittelalterlich-formalen Beweisrechts.

(d) Die Bedeutung der Parteiaussage als Beweismittel im englischen Prozeß

Hatte das englische Beweisverfahren im Mittelalter in der Anerkennung der Beweismittel des Reinigungseides, der Eideshelfer und der Gottesurteile zunächst die kontinentaleuropäische Entwicklung geteilt,[2155] so schlug es mit der Ausbreitung der Geschworeneninstitution unter *Henry II.* im 12. Jahrhundert eine fortan eigene Richtung ein. Die Einbeziehung von Laienrichtern in das Verfahren vor den Common Law-Gerichten führte zu der Ausgestaltung typischer Strukturen des englischen Beweisverfahrens.[2156]

Während sich in den Courts of Equity unter dem Vorsitz der sich vielfach aus den Reihen der Bischöfe rekrutierenden Lordkanzler in gewissem Umfang kanonische Leitbilder ausbreiten konnten und als Folge ihres Interesses an verstärkter Sachaufklärung eine besondere Art schriftlicher Parteibefragung in Form von „interrogatories“ aufkam,[2157] stand der Prozeß „at law“ der Nutzung von Parteiaussagen als Beweismitteln von Anfang an kritisch gegenüber. Die Furcht vor einer unangemessenen Beeinflussung des Urteilsvermögens der „jury“ durch die Aussagen parteiischer Personen, die Anlaß zur Entwicklung einer Reihe zentraler Beweisregeln im englischen Verfahren gab,[2158] führte zu einem generellen Ausschluß nicht nur der Parteien als Beweismittel im Prozeß, sondern auch aller an seinem Ausgang interessierten Zeugen.[2159]

Die auf diese Weise verursachte Spaltung des Beweisverfahrens durch die unterschiedliche Praxis an den Geschworenengerichten einerseits und den Verfahren „in equity“ auf der anderen Seite rief in England unter der Führung *J. Benthams* im 19. Jahrhundert scharfe Kritik an dem eigenen System hervor.[2160] Die Forderung wurde laut nach einer Vereinigung der jeweiligen Vorzüge beider Verfahrensarten in einem einheitlichen Grundsätzen folgenden Beweisrecht.

2155 *O.W. Holmes*, The Common Law, S. 255 sowie *R. Cross*, Evidence, S. 166.

2156 Vgl. *J. Wigmore*, Textbook on the Law of Evidence, S. 4: „The contrasting features of the English system are due chiefly to use of the jury in all cases (...).“

2157 *R. Cross*, Evidence, S. 144.

2158 Unter ihnen die „hearsay-rule“; näher hierzu die kritische Darstellung bei *G. Nokes*, Introduction to evidence[3], S. 267 ff. (278 ff.).

2159 Die Skepsis auch gegenüber Zeugenaussagen führte teilweise sogar im 15. Jahrhundert zu Strafandrohungen für diejenigen, die sich freiwillig als Zeuge zur Verfügung stellten, vgl. *G. Nokes*, a.a.O., S. 19 m.w.N. Zur Bedeutung der jury-Institution für die Ausprägung charakteristischer Beweisführungsbe-schränkungen im englischen Recht s. auch *R. Millar*, Civil procedure of the trial court, S. 21 ff. (S. 22: „It was the existence of the jury [...] that originated our distinctive system of evidence.“).

2160 *J. Bentham*, Treatise on judicial evidence, S. 226 ff. (vgl. S. 404 FN 2060).

So kritisierte man an dem Prozeß „at law“ den Ausschluß der Parteiaussagen als Beweismittel sowie denjenigen weiter Personenkreise von der Zeugnisfähigkeit und pries im Gegenzug das sich verstärkt auf beide Beweismittel stützende Verfahren vor den Equity-Gerichten. Demgegenüber erblickte man auf der anderen Seite in dessen Formenstrenge und schriftlichem Charakter einen Nachteil im Vergleich zu dem mündlichen Verfahren vor den Geschworenen mit seiner Möglichkeit des Kreuzverhörs.

Das Ergebnis der Reformdiskussion stellt der Evidence Act aus dem Jahr 1851 dar,[2161] der in großem Umfang die Vernehmung der Parteien als Zeugen zuließ. Anfänglich noch bestehende Ausnahmen[2162] wurden im Laufe weiterer Reformen zunehmend abgebaut.[2163]

Die Gleichstellung der Parteien mit den Zeugen betraf dabei zum einen die äußere Form der Vernehmung in Gestalt des von den Anwälten durchzuführenden typischen Wechselspiels von Hauptverhör („examination in chief“) und Kreuzverhör („cross-examination“) einschließlich der Möglichkeiten zur Erzwingung des Erscheinens sowie der Aussage durch das Institut der „sub poena“. Zum anderen fand sie ihren Niederschlag in der Anwendung der Zeugnisverweigerungsrechte auf das Parteiverhör.[2164]

Damit hatte der englische Prozeß zu einer im Vergleich zu der kontinentaleuropäischen Entwicklung frühen Zeit schon zu einer ebenso eigenständigen wie effektiven Form der Nutzung des Parteiwissens als Erkenntnisquelle für die Aufklärung des Sachverhalts gefunden, die sich deutlich von dem französischen Verfahren der Parteieide und der formgebundenen Parteibefragung abhob.

(e) Die Bedeutung der Parteiaussage als Beweismittel im österreichischen Prozeß

Österreich entschloß sich erstmals 1873 – in dem Gesetz über Verfahren in geringfügigen Rechtssachen – zur Einführung des Beweises durch Vernehmung der Parteien.[2165] Dabei verband es den Parteieid der Legaltheorie mit der seit alters im österreichischen Recht geltenden Möglichkeit der formlosen informatorischen Befragung zu dem neuen Beweismittel des eidlichen Parteiverhörs. In welchem Umfang dabei auch die wenige Jahre zuvor in England erfolgte Normierung der zeugeneidlichen Parteivernehmung eine

---

[2161] 14 & 15 Vict. C. 99 („Lord Brougham's Act“).

[2162] Etwa hinsichtlich von Eheprozessen gem. Evidence Amendment Act von 1853 (16 & 17 Vict. C. 83).

[2163] Vgl. hierzu *R. Cross*, Evidence, S. 144; *G. Nokes*, An introduction to evidence[4], S. 382 ff.; ausführlich zu der geschichtlichen Entwicklung der zeugeneidlichen Vernehmung der Parteien in England *J. Wigmore*, Treatise on the Anglo-American system of Evidence, Bd. 2, S. 799 ff. sowie *M. Cappelletti*, La Testimonianza, Bd. 2, S. 421 ff.

[2164] Näher dazu *W. Odgers*, Odgers on the Common Law, Bd. 2, S. 628 ff.

[2165] §§ 19 ff. und 53 ff. des Gesetzes vom 27.4.1873.

Rolle spielte, ist schwer zu ermitteln.[2166] *Klein* konnte jedenfalls bei der Ausgestaltung der Novelle von 1895 auf die Regelung des Bagatellverfahrens zurückgreifen, die sich zu diesem Zeitpunkt nach allgemeiner Ansicht bewährt hatte.[2167]

Neben der Parteivernehmung mußte der Parteieid als mit dem Grundsatz der freien Beweiswürdigung unvereinbarer Ausfluß der Legaltheorie im wesentlichen fortfallen,[2168] während das überkommene Institut der formfreien Befragung bestehen blieb.[2169]

Die Regelung der Parteivernehmung sah nach der öZPO im einzelnen wie folgt aus:

Die Anordnung der Vernehmung erfolgte entweder von Amts wegen oder auf Antrag einer Partei, war jedoch als subsidiäres Institut davon abhängig, daß weder die Ausschöpfung der von den Parteien angebotenen Beweismittel noch die gerichtlicherseits durchgeführte Beweisaufnahme zuvor den erforderlichen Beweis der Tatsache hatten erbringen können.[2170] Sie erging in der Form eines Beweisbeschlusses,[2171] der die Vernehmung von der formfreien Befragung formal schied.

Die Durchführung der Vernehmung selbst blieb in Analogie zu den Vorschriften über die Zeugenbefragung dem Richter überlassen, allerdings besaß die Gegenpartei die Möglichkeit, mit dessen Gestattung Fragen an den Vernommenen zu richten.[2172]

[2166] *M. Cappelletti*, La Testimonianza, Bd. 2, S. 485, führt die Regelung der Parteivernehmung in der österreichischen ZPO von 1895 auf die Übernahme des englischen Beispiels zurück [„(...) su modello inglese (...)"]; ähnlich betonen *H. Glücklich*, Parteivernehmung, S. 37, *P. Oberhammer*, Richtermacht, Wahrheitspflicht und Parteienvertretung, in: W. Rechberger/W. Kralik (Hrsg.): Konfliktvermeidung und Konfliktregelung, S. 31 ff. (72), wie auch *K. Polyzogopoulos*, Parteianhörung und Parteivernehmung, S. 24, die Vorbildfunktion der englischen Lösung für das österreichische Modell. *P. v. Harrasowsky*, Parteienvernehmung, kommt demgegenüber in seiner Analyse der historischen Herausbildung der österreichischen Parteivernehmung auf das englische Recht als mögliche Rezeptionsquelle für Österreich nicht einmal zu sprechen, vgl. a.a.O., S. 287 ff. (308 ff.).

[2167] So *F. Klein* selbst, in: F. Klein/F. Engel, Zivilprozeß, S. 364. Auch er geht dabei in seinen erläuternden Ausführungen auf die englische Lösung nicht ein.

[2168] Der Parteieid blieb in der öZPO nur noch in Gestalt des sog. Paupertätseides beim Begehren von Sicherheitsleistung für die Prozeßkosten (§ 60 II) und des sog. vereinbarten Eides beim gerichtlichen Vergleich (§ 205) erhalten.

[2169] § 182. Dazu schon oben β) (4) (a).

[2170] Vgl. § 371; die Subsidiarität als eines der wesentlichen Kennzeichen des (alten) österreichischen Prozesses im Unterschied zum englischen Recht hervorhebend *M. Cappelletti*, a.a.O., S. 491 f: „La più importante caratteristica differenziatrice (...) dell' istituto austriaco (...) de quello anglosassone, consiste nella sussidiarietà (...)." Wie bereits erwähnt, wurde 1983 die Subsidiarität der Parteivernehmung im österreichischen Recht beseitigt (Gesetz vom 2. 2. 1983, BGBl. S. 135).

[2171] § 375.

[2172] § 375 iVm § 341 I iVm § 289.

Die Parteien waren zunächst ohne Vereidigung und grundsätzlich beide zu verhören.[2173] Nur wenn das Ergebnis der Befragung nicht ausreichte, sollte das Gericht die eidliche Vernehmung anordnen.[2174] Diese konnte allerdings im Gegensatz zu der uneidlichen Einvernahme nur mit einer Partei erfolgen,[2175] wodurch der Gefahr andernfalls drohender widersprüchlicher Eidesleistungen begegnet wurde. Welche Partei dies sei, überließ die öZPO dem Gericht zur eigenen Entscheidung.[2176]

Aussageverweigerungsrechte standen den Parteien in überwiegend gleichem Umfang wie den Zeugen zu.[2177] Im Unterschied zu der Zeugenvernehmung konnten allerdings weder das Erscheinen der Parteien noch ihre Äußerung bzw. die Ablegung des Eides erzwungen werden. Insoweit war das Gericht einzig auf die Möglichkeiten der freien Beweiswürdigung verwiesen.[2178]

Der österreichische Prozeß hatte sich somit am Vorabend der schwedischen Reform ebenfalls von dem formalen Parteieid getrennt und sich gleich dem englischen Recht durch die freie Befragung der Parteien zu Beweiszwecken deren Wissen um die tasächlichen Grundlagen des Rechtsstreits zunutze gemacht. Hierbei hatte er ein eigenständiges, neues Beweismittel in Gestalt der (je nach Bedarf beeideten) Parteivernehmung geschaffen, das sich von der englischen Lösung des Zeugenmodells abhob.

(f) Die Bedeutung der Parteiaussage als Beweismittel im deutschen Prozeß

Die ZPO hatte in ihrer ersten Fassung von 1877 zwar den Grundsatz der freien Beweiswürdigung eingeführt,[2179] konnte sich aber demgegenüber nicht dazu entschließen, den überkommenen Parteieid in seiner zweifachen Form des zugeschobenen bzw. richterlich auferlegten Eides zu beseitigen. Zwar war man sich überwiegend der darin liegenden Inkonsequenz bewußt.[2180] Allein, das Institut des Parteieides besaß in Deutschland eine zu

---

2173 § 376 I.
2174 § 377 I.
2175 § 377 II.
2176 § 378.
2177 § 380 iVm § 321.
2178 § 381.
2179 Vgl. oben (1) (d).
2180 Vgl. *A. Heusler*, Die Grundlagen des Beweisrechts, in: AcP 62 (1879), 209 ff. (236, 299); *L. v. Bar*, Recht und Beweis, S. 245; *G. Kleinfeller*, Ist die Eideszuschiebung im Civilprozesse durch die Vernehmung der Parteien als Zeugen zu ersetzten?, in: Verhandlungen des 22. Deutschen Juristentages, 1892, S. 67 ff. Schon vor Erlaß der ZPO war der Parteieid bei weitem nicht unumstritten, vgl. etwa *P. v. Bar*, Ist unter Voraussetzung freier richterlicher Beweiswürdigung die eidliche Vernehmung der Parteien als Zeugen in eigener Sache in den deutschen Civilprozeß einzuführen?, in: Verhandlungen des 8. Deutschen Juristentages (1869), Bd. 1, S. 12 ff.; *W. Endemann*, Der Eid bei freier Beweisführung, in: AcP 43 (1860), S. 349 ff., übte ebenfalls nachhaltige Kritik an der Gestaltung des Parteieides im gemeinen Recht, wollte auf den Eid als solchen allerdings nicht verzichten.

lange Tradition[2181] und noch zu entschiedene Fürsprecher,[2182] als daß man es schon mit der grundlegenden Novellierung des Verfahrens am Ende des 19. Jahrhunderts hätte aufgeben wollen. Selbst in der Würdigung des vom Richter einer Partei auferlegten Eides, den in Frankreich, wie beschrieben, die Rechtsprechung der „conviction intime" unterstellt hatte, blieb die alte Legaltheorie bestehen.[2183]

Freilich bestand auch nach deutschem Recht die Möglichkeit der jederzeitigen Vorladung der Parteien und ihrer Befragung durch den Richter.[2184] Doch diente diese nur informatorischen Zwecken und konnte daher die Funktion eines eigenständigen Beweismittels nicht übernehmen, auch wenn ihr Ergebnis vom Gericht bei der Würdigung des „gesamten Inhalts der Verhandlungen" mitzuberücksichtigen war.[2185] Im übrigen hat eine der französischen Entwicklung parallele Bemühung der deutschen Judikatur um den Ausbau des Instituts der formfreien Anhörung zu einer Art Parteivernehmung, soweit ersichtlich, nicht stattgefunden.

Der Durchbruch auf dem Weg zur Nutzung des Parteiwissens als Beweismittel erfolgte erst im 20. Jahrhundert durch die Novelle von 1933. Sie übernahm das Institut der Parteivernehmung nach österreichischem Vorbild,[2186] wandelte dieses aber inhaltlich in einem Punkt nicht unerheblich ab.

Wie in der öZPO erfolgte die Vernehmung der Parteien auch nach der novellierten Fassung der ZPO entweder auf Parteiantrag hin[2187] oder von Amts wegen[2188] und stellte lediglich ein subsidiäres Beweismittel dar.[2189] Ihre An-

---

[2181] Bei den parlamentarischen Beratungen zur ZPO wurde die Einführung der zeugenmündlichen Vernehmung der Partei mit dem Argument abgelehnt, sie laufe infolge ihres inquisitorischen Charakters dem deutschen Prozeß zuwider (*Hahn/Stegemann*, Materialien, S. 330).

[2182] Insbesondere der einflußreiche *A. Wach* setzte sich nachhaltig für die Beibehaltung des Parteieides ein, vgl. dens., in: Vorträge, S. 162 ff.

[2183] Näher zur Ausgestaltung des Parteieides nach der ZPO wie auch zu seiner geschichtlichen Entwicklung im deutschen Recht *A. Münks*, Vom Parteieid zur Parteivernehmung, S. 130 ff. et passim.

[2184] § 132 a.F. iVm § 141.

[2185] Arg. e § 286.

[2186] Vgl. *A. Münks*, Vom Parteieid zur Parteivernehmung, S. 175.

[2187] § § 445 und 447.

[2188] § 448.

[2189] Bzgl. der Parteivernehmung auf Antrag normierte der bis heute unverändert gebliebene § 445, daß die Einvernahme nur statthaft sei, wenn keine anderen Beweismittel vorgebracht sind oder die vorgebrachten und erhobenen Beweise nicht ausreichen, um die erforderliche richterliche Überzeugung herbeizuführen. Hinsichtlich der Parteivernehmung von Amts wegen galt eine Einschränkung des Beweismittels jedenfalls insoweit, als gem. § 448 eine Vernehmung erst im Anschluß an eine Erhebung der übrigen angebotenen Beweise in Betracht kam und überdies ein gewisser Grad an Wahrscheinlichkeit für die zu beweisende Tatsache vorliegen mußte, andernfalls die Anordnung der Einvernahme nicht statthaft war. Ob darüberhinaus die amtswegige Vernehmung einem allgemeinen Grundsatz der Subsidiarität unterstand, war umstritten, wurde aber überwiegend befürwortet (vgl. näher *A. Münks*, Vom Parteieid zur Parteivernehmung, S. 190 f. m.w.N.; zur Problematik der

ordnung erging in Gestalt eines Beweisbeschlusses,[2190] die Durchführung oblag dem Richter.[2191] Auch in der Regelung des Verhältnisses von uneidlicher Vernehmung und bei Bedarf erfolgender nachträglicher Abnahme des Eides schloß sich die ZPO der *Klein*'schen Lösung an.[2192]

Ein erheblicher Unterschied zum österreichischen Recht lag jedoch darin, daß infolge eines bewußten Anknüpfens der ZPO an die gemeinrechtliche Gestaltung des Parteieides[2193] nach deutschem Recht nicht nur die beeidete Vernehmung, sondern auch die vorangehende unbeeidete im Falle der Vernehmung auf Parteiantrag nur mit einer Partei, dem Gegner des Beweislastträgers, erfolgen durfte.[2194] Eine Ausnahme hiervon sah die Verfahrensordnung nur für den Fall vor, daß eine Partei die Vernehmung der beweispflichtigen Seite beantragt und der Gegner dem zugestimmt hatte.[2195] Damit wurde der aufgrund des subsidiären Charakters dieses Beweismittels ohnehin schon schmale Anwendungsbereich der Vernehmung noch enger gestaltet und die Effektivität der neuen Erkenntnisquelle deutlich geschmälert.[2196]

Einen Zwang zur Durchsetzung der Parteiaussagen kannte auch die deutsche Regelung nicht, sondern verwies gleich der öZPO insoweit auf die freie Beweiswürdigung.[2197] Wie diese hatte sie auch das Institut der formfreien informatorischen Befragung beibehalten,[2198] dessen Regelung sich von der

---

Subsidiarität aus der heutigen Sicht vgl. *Rosenberg/Schwab/Gottwald*, Zivilprozeßrecht[15], § 124 II. 1.; Thomas/Putzo-*Thomas*, ZPO[22], Vorbem. § 445 Rdnr. 1; Zöller-*Greger*, ZPO[22], vor § 445, Rdnr. 5; MüKo[2]-*Schreiber*, Bd. 2, § 448 Rdnr. 2; Musielak-*Huber*, ZPO[2], § 445, Rdnr. 1, 8 sowie § 448 Rnr. 2 [je unter deutlicher Betonung der Subsidiarität]; in der Tendenz eher ablehnend gegenüber der Annahme eines allgemeinen Grundsatzes der Subsidiarität und für eine freiere Handhabung des § 448 dagegen *O. Jauernig*, Zivilprozeßrecht[26], S. 220; Stein/Jonas-*Leipold*, ZPO[21], § 448 Rdnr. 16 ff. unter Hinweis auf das Gebot verfassungskonformer Auslegung; *A. Münks*, a.a.O., S. 191 f, *K. Polyzogopoulos*, Parteianhörung und Parteivernehmung, S. 60 ff. (66 f.) sowie jüngst *P. Oberhammer*, Parteiaussage, Parteivernehmung und freie Beweiswürdigung am Ende des 20. Jhdts., in: ZZP 113 [2000], S. 295 ff. [311 ff.].

2190 § 450.

2191 § 451 iVm e contrario § 397.

2192 Vgl. § 452.

2193 Zu der trotz Anerkennung des neuen Instituts der Parteivernehmung bis in die Gegenwart hinein fortbestehenden starken Verbindung mit dem gemeinrechtlichen Parteieid s. näher *P. Oberhammer*, a.a.O., S. 303.

2194 § 445 I.

2195 § 447.

2196 Darin kommt das nach wie vor bestehende Mißtrauen der Verfahrensordnung gegenüber der grundsätzlichen Eignung per se parteiischer Aussagen als Beweismittel zum Ausdruck. Noch in der 23. Auflage des ZPO-Kommentars von *Baumbach/Lauterbach* aus dem Jahr 1954 [Übersicht § 445 2) D.] findet man die Aufforderung, die Parteivernehmung „*mit großer Vorsicht zu betrachten*", da die „vollkommen redlichen Parteien trotz Wahrheitszwanges schwerlich in der Mehrheit" seien. Vgl. demgegenüber *Rosenberg/Schwab/Gottwald*, Zivilprozeßrecht[15], § 124 I. 1.: „Sie (sc. die Parteivernehmung, eig. Erkl.) ist auch ein gutes Beweismittel (…)".

2197 § 446.

2198 § 141.

im österreichischen Verfahrensgesetz allerdings insoweit abhob, als die Parteipflicht zum persönlichen Erscheinen nach der ZPO durch Ordnungsstrafe sanktioniert war.[2199]

Das deutsche Recht hatte somit erst später zu der Parteivernehmung als eigenständigem Beweismittel gefunden und zeigte durch seine Anknüpfung an die überkommene Regelung des Parteieides in seiner gesetzlichen Ausgestaltung auch weiterhin eine starke Verbundenheit mit der gemeinrechtlichen Rechtslage.

(g) Vergleich und Rezeption

(aa) Der Vergleich der schwedischen Lösung mit dem europäischen Verfahrensrecht hinsichtlich der Indienstnahme der Parteiaussagen als Beweismittel legt Parallelen sowohl zum englischen Zeugenmodell als auch zu dem österreichisch-deutschen System offen. Demgegenüber trug das französische Recht am Vorabend der schwedischen Reform durch seine noch weitgehend ungebrochene Anknüpfung an die mittelalterlichen Beweisformen des Parteieides und des formgebundenen Verhörs zu eigene Züge, als daß eine Rezeption durch die schwedische Novelle in Betracht käme.

Die Übereinstimmung mit dem englischen Prozeß betrifft zum einen die Bedeutung der Parteivernehmung im Gesamtgefüge des Beweisverfahrens. Während sowohl das österreichische als auch das deutsche Verfahren der Vernehmung infolge des Mißtrauens gegenüber dem Beweiswert parteiischer Aussagen nur den Charakter eines subsidiären Beweismittels eingeräumt haben,[2200] spielen die Parteiaussagen im englischen und schwedischen Recht eine außerordentlich wichtige Rolle.[2201] Die ausdrückliche Betonung des Instituts der Parteivernehmung als eines primären Beweismittels im schwedischen Prozeß durch die Lagberedning in ihren Motiven 1938 wurde bereits erwähnt.[2202] Hinzugefügt werden kann, daß sich auch der 1987 durchgeführten schwedischen Reform der Bestimmungen über die Parteivernehmung, die zur Verankerung der Möglichkeit des unbeeideten Verhörs

---

2199 Die Möglichkeit der Ordnungsstrafe sah die ZPO jedoch ausdrücklich (§ 141 I: „[...] zur Aufklärung des Sachverhalts [...]") nur für die informatorische Befragung vor, nicht hingegen im Rahmen des Beweismittels der Parteivernehmung. Zu den insoweit jedoch bestehenden Schwierigkeiten einer trennscharfen Abgrenzung beider Institute siehe oben S. 419 FN 2135.

2200 *E. Cohn*, Gerichtstag, S. 44, spricht gar von einem „ultimum refugium". Zu der mittlerweile geänderten Rechtslage in Österreich s. oben S. 424 FN 2169.

2201 Zur Bedeutung der Parteivernehmung im englischen Prozeß vgl. die eingehende Darstellung bei *E. Cohn*, Gerichtstag, S. 44 ff., mit instruktiven Beispielen aus der Gerichtspraxis. Hinsichtlich des schwedischen Rechts sei auf die unter S. 417 FN 2118 angegebenen statistischen Häufigkeitswerte der Parteivernehmung im schwedischen Prozeß verwiesen. An der herausragenden Rolle der Parteivernehmung im schwedischen Gerichtsverfahren hat sich bis heute nichts geändert; vgl. *P.O. Ekelöf/R. Boman*, Rättegången IV, S. 196 f.

2202 Vgl. S. 417 FN 2118.

im Normtext geführt hat,[2203] das besondere gesetzgeberische Interesse an diesem Beweismittel entnehmen läßt.

Dem entspricht die weitere Parallele zwischen dem englischen und dem schwedischen Recht hinsichtlich des personalen Umfangs des Verhörs. Erlaubt die österreichische Lösung nur die eidliche Vernehmung einer Partei und schränkt das deutsche Recht weitergehend bei der Einvernehmung auf Parteiantrag sogar die unbeeidete Vernehmung auf grundsätzlich eine Partei ein, ist nach dem englischen Recht und der schwedischen Novelle die eidliche (England) bzw. unter Wahrheitsversicherung (Schweden) erfolgende Einvernahme beider Parteien statthaft und üblich. Die in der Praxis hieraus resultierende Gefahr einander widersprechender, strafrechtlich sanktionierter Aussagen wird von beiden Systemen als unvermeidbarer Nachteil hingenommen.

Übereinstimmend haben zudem sowohl der englische Prozeß als auch die Novelle die Erscheinungspflicht der Parteien zum Verhör erzwingbar gestellt und – dies allerdings weniger ein Spezifikum der Parteivernehmung als des gesamten Beweisrechts – auf den der Beweiserhebung vorausgehenden Akt eines formalen Beweisbeschlusses verzichtet.

Demgegenüber liegen die Parallelen zu dem österreichisch-deutschen Modell zum einen in dem Verzicht der Novelle auf die Gleichstellung des Parteiverhörs mit der Zeugenvernehmung. Er hat formal zu der Ausgestaltung eines eigenständigen Beweismittels – der Parteivernehmung – in der Systematik des Rättegångsbalk geführt, inhaltlich aber seinen entscheidenden Niederschlag in der fehlenden Erzwingbarkeit der Parteiaussagen einschließlich der Leistung des Eides bzw. der Wahrheitsversicherung gefunden. Statt dessen verweisen alle drei Verfahrensordnungen auf die Möglichkeiten der freien Beweiswürdigung und stimmen hierbei auch darin überein, daß sie dem Richter für die Ausübung seines Ermessens keinerlei Beschränkungen oder Vorgaben (etwa in Gestalt von Legislativvermutungen zu Lasten des Aussageunwilligen) auferlegen.

Zum anderen sehen sowohl die schwedische Verfahrensordnung als auch die österreichische und die deutsche Lösung die Möglichkeit der amtswegigen Anordnung der Einvernahme vor, wohingegen dem englischen Recht eine solche fremd ist.

Gleich ist auch den drei Verfahrensordnungen das grundsätzliche Bemühen um die Vermeidung widersprüchlicher Eidesleistungen. Während dies in Österreich und Deutschland jedoch zu der Beschränkung der eidlichen Vernehmung auf eine Partei geführt hat, ging die Novelle mit der Abschaffung der Eidesleistung und ihrer Ersetzung durch das Institut der Wahrheitsversicherung einen eigenen Weg. Der Unterschied zwischen dem Eid und der Wahrheitsversicherung ist zwar zugegebenermaßen gering, da die eigentli-

2203 Ibid.

che Funktion beider Institute – die strafrechtliche Sanktionierung der Falschaussage als Druckmittel zur Effektuierung der Wahrheitspflicht – dieselbe ist. Immerhin rechtfertigt sich jedoch die schwedische Trennung von eidlicher Zeugenvernehmung und Parteiaussage unter Wahrheitsversicherung über den milderen Strafrahmen, den das Recht für den Verstoß gegen die Wahrheitsversicherung im Gegensatz zum Meineid aufstellt.[2204] Er sucht der typischerweise schwereren Interessenkollision der Parteien bei der Erfüllung ihrer Wahrheitspflicht Rechnung zu tragen.

(bb) Damit stellt sich die Frage, inwieweit das schwedische Modell das Ergebnis einer Rezeption sowohl englischen als auch österreichisch-deutschen Rechts ist oder eher die Folge einer weitgehend eigenständigen Entwicklung des schwedischen Beweisrechts darstellt.

Die Analyse der historischen Entwicklung des Instituts der Parteivernehmung im schwedischen Recht hat gezeigt, daß die Novelle auf dem Wahrheits- und Schätzeid der Nya Lagberedning aufbaut, die beide nicht nur in ihrer offiziellen Bezeichnung noch deutliche Ähnlichkeit mit den Parteieiden der Legaltheorie aufwiesen. Das spräche für eine autochthone Herausbildung des neuen Beweismittels.

Andererseits darf jedoch nicht übersehen werden, daß bereits der Vorschlag der Nya Lagberedning in Auseinandersetzung mit dem zur damaligen Zeit bereits eingeführten englischen Modell des Parteizeugen wie auch der im österreichischen Bagatellverfahren inkorporierten Lösung der Parteivernehmung entwickelt wurde. Die Analyse hat erbracht, daß die Lagberedning in beiden Neuerungen des europäischen Verfahrensrechts eine grundsätzlich gute Möglichkeit erblickte, die mit dem Parteieid verbundenen Schwierigkeiten zu überwinden. Wenn sie sich gleichwohl im Ergebnis für eine eigenständige Lösung in Gestalt einer Verbindung von Parteieid und Zeugenverhör entschied, so geschah dies nicht, weil sie einer Rezeption grundsätzlich abgeneigt gewesen wäre. Vielmehr sah die Lagberedning – wie dargestellt – die Zeit für eine völlige Aufgabe des alttradierten Instituts des Parteieids als noch nicht gekommen an und suchte einen radikalen Bruch mit dem noch im allgemeinen Rechtsbewußtsein verankerten überkommenen Beweissystem zu vermeiden.

Aus dem hieraus folgenden Charakter des Entwurfs der Nya Lagberedning als eines bloßen Provisoriums kann mithin kein überzeugendes Argument gegen eine Rezeption abgeleitet werden. Im Gegenteil lassen die Ausführungen der Lagberedning in ihrer begründenden Stellungnahme zu dem Vorschlag durchaus die Bereitschaft erkennen, sich bei der endgültigen Re-

---

[2204] Vgl. Brottsbalken 15:2. Danach ist eine vorsätzliche Falschaussage unter Wahrheitsversicherung im Prozeß mit Gefängnisstrafe bis zu zwei Jahren sanktioniert, während der Meineid gem. 15:1 mit bis zu vier Jahren Gefängnis geahndet werden kann.

form des Beweisrechts an der englischen und österreichischen Lösung zu orientieren:[2205]

> „(...) dieses Systems (sc. des englisch-österreichischen; eig. Erkl.), welches zudem (...) für den Rechtsbrauch und die Rechtsauffassung des schwedischen Volkes völlig fremd und unpassend ist. Die Überzeugung zwingt daher die Beredning, von der Verordnung dieses Systems abzusehen. Allerdings leistet es *in vielfacher Hinsicht eine wertvolle Hilfe* (eig. Hervorh.) für eine Reform des Eidesinstituts (...)."

Demgegenüber kritisierte die Lagberedning den im deutschen Recht zu dieser Zeit noch vorherrschenden Eidgang mit Nachdruck und schloß eine Anlehnung an dieses Modell dezidiert aus:[2206]

> „Das deutsche System mit seinen zugeschobenen und zurückgeschobenen Eiden soll zwar gewisse praktische Vorzüge haben, obgleich auch anerkannt ist, daß es Raum für Mißbrauch und Schikane bietet. Für die schwedische Auffassung ist dieses System allerdings so wenig ansprechend und bietet so wenig Anregung für die Reform unseres eigenen Systems, daß man es dabei dürfte völlig unberücksichtigt lassen können."

Auch sprach sich *Afzelius* in seinem für die Reform bedeutsamen Gutachten wie auch schon zuvor in seiner allgemein als bahnbrechend eingestuften Abhandlung über den Parteieid[2207] deutlich für eine Übernahme des österreichischen Modells aus, das er seinerseits als das Ergebnis einer Rezeption englischen Rechts charakterisierte:[2208]

> „Der österreichische Vorschlag hat demgegenüber den normierten Eid ganz und gar aufgegeben und an seiner Stelle, nach englischem Vorbild, die eidliche Vernehmung der Partei zugelassen, als Zeugen in der Sache. Hierdurch sind nun alle mit der Anwendung des normierten Eides verbundenen Schwierigkeiten beseitigt. Die Partei wird wie jede andere Person gehört, die etwas über die Sache mitzuteilen hat, und berichtet vollständig und ohne Einschränkung durch ein Eidesthema alles, was sie weiß. Versucht sie Umstände zu verbergen oder zu verstellen, führt der Richter sie durch Fragen wieder auf den richtigen Weg, und sobald sie mitgeteilt hat, was sie weiß, entscheidet der Richter frei, was er glauben soll (...).
>
> Von dem Standpunkt der Legaltheorie stellt sich ein solches Vorgehen zwar als Unmöglichkeit dar; von dem der freien Beweisprüfung hingegen ist es das einzig natürliche. Hat man alle Beschränkungen des richterlichen Prüfungsrechts aufgegeben, darf man folgerichtig ihm auch keine Auskunftsmittel entziehen aus Furcht, er könne in die Irre geleitet werden."

Im Anschluß an eine hierauf folgende eingehende Analyse der Vorzüge der Parteivernahme und der Nachteile des alten Eidsystems gelangt *Afzelius* zu dem Ergebnis, daß eine Einrichtung des neu zu schaffenden Instituts der Parteivernehmung in wesentlicher Übereinstimmung mit dem österreichischen Modell die beste Lösung für eine schwedische Reform des Beweisrechts darstelle.[2209] Er unterstreicht seine Empfehlung mit dem Hinweis auf

---

2205 NLB – speciell motivering – S. 318.

2206 Ibid.

2207 S. S. 137 FN 666.

2208 *I. Afzelius*, Grunddragen, S. 101 f.

2209 Um dem Leser einen besseren Eindruck davon zu vermitteln, wie eine gesetzliche Regelung der Parteivernehmung im einzelnen aussehen könne, zitiert *Afzelius* sogar den

die praktische Bewährung des Parteiverhörs im englischen Prozeß und im österreichischen Bagatellverfahren.[2210]

Die Prozeßkommission stellte sich in ihrem Gutachten 1926 auf einen ähnlichen Standpunkt, indem sie das französische und deutsche Recht ob ihres Festhaltens an dem Parteieid rügte, die englische und österreichische Lösung hingegen im Grundsatz befürwortete:[2211]

> „Besser gestalten sich die Verhältnisse unter der im englischen und österreichischen Recht angewandten Ordnung, gemäß deren die Partei in einem freien Verhör auf die gleiche Weise vernommen wird wie die Zeugen. Die Partei ist dabei nicht an ein bestimmtes vorformuliertes Thema gebunden, welches sie zu bekräftigen hat, sondern darf erzählen, was sie in Bezug auf den in Frage stehenden Sachverhalt weiß (...). Der Richter wird in den Stand gesetzt, durch Fragen die Auskünfte der Partei zu kontrollieren, woraus eine größere Garantie folgt für die Vollständigkeit und Zuverlässigkeit der Angaben. Es wird die Möglichkeit eröffnet, die freie Beweisprüfung auch hinsichtlich dieses Beweismittels anzuwenden (...)."

Allerdings erhob die Kommission auch Einwände gegen beide Systeme. So kritisierte sie an dem englischen Verfahren den übermäßigen Gebrauch der Beeidigung, der aus ihrer Sicht zu einer Herabwürdigung des religiösen Instituts führte.[2212] Die von dem österreichischen Modell hieraus abgeleitete Folgerung der Vereidigung von nur mehr einer Partei sah sie dagegen als unbillige Bevorzugung dieser Partei gegenüber der Gegenseite an.[2213]

Als Ausweg, der die Vorzüge beider Systeme miteinander vereinigte, ohne zugleich auch deren Schwächen mit sich zu bringen, empfahl die Prozeßkommission im Ergebnis die eigenständige Lösung der Abschaffung der Vereidigung und ihrer Ersetzung durch die Wahrheitsversicherung der Parteien, während ihr Vorschlag im übrigen die beschriebene Mischung englischer und österreichischer Charakteristika aufwies.

Damit ist hinsichtlich der Rezeptionsfrage abschließend festzuhalten, daß die überwiegenden Gründe dafür sprechen, das von der schwedischen Novelle inkorporierte Modell der Parteivernehmung unter Wahrheitsversicherung als ein in seinen wesentlichen Zügen durch die selektive Rezeption gleichermaßen englischen wie österreichischen Rechts geprägtes Beweisinstitut zu sehen, das in der Verknüpfung mit der Wahrheitsversicherung allerdings auch originären Charakter trägt.

Wortlaut der entsprechenden Bestimmungen des österreichischen Vorschlags von 1876 (§§ 414 ff.), vgl. dens., Grunddragen, S. 105 f. unter FN 1.

[2210] Ders.: a.a.O., S. 106 f.

[2211] PK III S. 191 f.

[2212] Ibid.

[2213] Ibid.

3. Gesamtwürdigung der Ergebnisse der Detailanalyse zum Nya Rättegångsbalk

Der Nya Rättegångsbalk von 1942 im Spannungsfeld von liberalem und sozialem Prozeß und das Verhältnis von Rezeption, Kontinuität und autochthoner Fortentwicklung in der Reform

Wie ist vor dem Hintergrund der Ergebnisse der vergleichenden Strukturanalyse die dem modernen schwedischen Zivilprozeß zugrundeliegende große Reform von 1942 zusammenfassend zu bewerten? Wie läßt sie sich insbesondere in das Spannungsverhältnis kontinentaleuropäischer Prozeßentwicklung des 19. und frühen 20. Jahrhunderts einordnen mit deren beiden Grundtypen des sog. liberalen französischen und frühdeutschen Verfahrens auf der einen und des sog. sozialen Modells des österreichischen und reformierten deutschen Prozesses auf der anderen Seite? Und welche Rolle spielte schließlich die Rezeption fremder Verfahrensstrukturen für die inhaltliche Gestaltung der schwedischen Novelle?

a) Auf der Grundlage der unter 2. Teil B. I. vorgenommenen Charakterisierung des liberalen und des sozialen Prozeßtypus nach ihrem Grundverständnis von der Funktion des Verfahrens sowie den entscheidenden prozessualen Mitteln zu dessen praktischer Umsetzung dürfte über die zutreffende Einordnung der schwedischen Reform wohl kaum ein Zweifel bestehen können. Sowohl in der ihr zugrundeliegenden Auffassung von dem Zweck des Verfahrens als auch hinsichtlich der hieraus für die Ausformung der wesentlichen Prozeßstrukturen im einzelnen gezogenen Konsequenzen erweist sich die Novelle als deutlicher Anhänger des sog. *Klein*'schen Sozialmodells.

So betonen die schwedischen Gesetzesmaterialien, wie gesehen, gleich dem österreichischen und dem reformierten deutschen Verfahren den öffentlichen Charakter des Prozesses, der durch die verfahrensbedingte Inanspruchnahme staatlicher Rechtspflegeinstitutionen sowie den Prozeßzweck der auch im Allgemeininteresse liegenden Durchsetzung des materiellen Rechts über die Grenzen eines nur privaten Rechtsstreits hinausgehe. Strikt verwehren sie sich gegen die für das liberale Verfahrensideal kennzeichnende Vorstellung von der selbstregulierenden Kraft eines Prozesses, nach der sich das Verfahren sowohl in formeller, den Prozeßbetrieb betreffender Hinsicht als auch materiell mit Blick auf die Offenlegung des relevanten Streitsachverhalts möglichst ohne hoheitliche Steuerung durch den Richter allein zwischen den Parteien abwickeln solle:

> „Der Prozeß ist, auf der anderen Seite, ein Verfahren vor einem Organ des Staates. Wenn die Parteien die Prüfung des zwischen ihnen bestehenden Streites einem solchen Organ überantworten, entsteht ein öffentliches Interesse daran darauf zu sehen, daß die

Entscheidung die bestmögliche wird. Es kann daher nicht in Betracht kommen, die Parteien ganz über das Verfahren disponieren zu lassen (...)".[2214]

In deutlicher Übereinstimmung mit dem sozialen Modell erscheint dabei auch in der Novelle die gezielte Indienstnahme von gleichermaßen Richter wie Parteien als die aus diesem Verständnis heraus entwickelte Strukturgrundlage der Reform. Mit ihrer Hilfe strebt der moderne schwedische Prozeß nach einem ebenso auf Konzentration bedachten wie um die verbesserte Gewähr materiell richtiger Entscheidungen bemühten Verfahren.

Wie im *Klein*'schen Modell tritt dabei auch in der schwedischen Reform an die Stelle des liberalen Bildes eines „Prozeßkriegs ohne rotes Kreuz"[2215] zwischen vorgestellt gleichen, auf Unterstützung seitens des Gerichts oder des Gegners nicht angewiesenen Parteien das Ziel einer Kooperation zwischen Richter, Kläger und Beklagtem. Die Konstruktion eines mehrseitigen, dem Prozeß immanenten Rechtsverhältnisses mit konkreten Rechten und Pflichten insbesondere auch für die Parteien untereinander ersetzt so die liberale Idee einer allein über die äußere Verbindung im Verfahren gewährleisteten Beziehung zwischen prinzipiell ungebundenen Parteien:

„Daher (...) dürfte ohne weitere Begründung als Grundsatz für die beabsichtigte neue Verfahrensordnung in dieser Hinsicht (sc. betreffend das Verhältnis Gericht – Parteien, eig. Erkl.) gefordert werden: *daß das Verfahren als eine unter die Leitung des Gerichts gestellte Verhandlung zwischen den Parteien angeordnet wird bezüglich des erhobenen Prozeßanspruchs und des ihm zugrundeliegenden Sachverhaltes; eine Verhandlung, bei welcher Gericht und Parteien unablässig zusammenzuwirken haben, um das allgemeine Ziel gerichtlicher Rechtsanwendung (sc. Durchsetzung der materiellen Rechtsordnung, s.o.; eig. Erkl.) zu verwirklichen.*[2216]

b) Als konkrete Folgen dieser theoretischen Konstruktion hebt die Novelle in Übereinstimmung mit dem sozialen Modell zweierlei Ziele hervor: das nachdrückliche Streben aller Beteiligten nach materiell richtigen Urteilen unter gleichzeitiger Ablehnung des liberalen Postulats einer nur formellen Wahrheitssuche sowie die Inpflichtnahme von Gericht wie Parteien zur Effektuierung der Konzentration.

aa) Ersteres Ziel hat die Novelle auf der Seite der Parteien im einzelnen durch die ausdrückliche Normierung einer Wahrheitspflicht, die Einräumung prozessualer Editionspflichten sowie die gezielte Verwertung des Parteiwissens zu Beweiszwecken durch die Beseitigung des Parteieides und seine Ersetzung durch das neu geschaffene Institut der Parteivernehmung zu erreichen versucht. Auf der Seite des Richters hingegen korrellieren damit die Betonung des Mittels der formlosen Parteibefragung[2217] einerseits sowie die

---

[2214] PK III S. 4.

[2215] *F. Klein*, Pro futuro, S. 39.

[2216] NLB II – allmän motivering – S. 7 f. (Hervorhebung im Original).

[2217] Die, wie dargelegt, in der schwedischen Reform an eine mit dem Sanktionsmittel der Strafzahlung („vite") verbundene Erscheinungspflicht der Parteien gekoppelt ist.

Möglichkeiten der amtswegigen Beweiserhebung einschließlich der Parteivernehmung auf der anderen Seite. Auch darin fand die Novelle zu mit dem *Klein*'schen Modell jeweils übereinstimmenden Strukturlösungen.

bb) Hinsichtlich des Ziels der verbesserten Verfahrenskonzentration hingegen erweist die Strukturanalyse die deutliche Übereinstimmung der Novelle mit dem sozialen Prozeßtypus vor allem in der Unterordnung der Verfahrensvorbereitung unter die enge Leitung des Gerichts in Gestalt eines frühen ersten Termins vor einem Einzelrichter. Doch auch in der Ausgestaltung vieler der übrigen, von der Reform vorgesehen Prozeßmittel zur Gewährleistung eines beschleunigten Verfahrens hat die Untersuchung weitreichende Gemeinsamkeiten mit dem *Klein*'schen Prozeß offengelegt. So hat sich gezeigt, daß die Beseitigung der Reste des noch bestehenden Parteibetriebs bei den Zustellungen, die Einführung der Präklusion für verspätetes Parteivorbringen, die Einschränkung des Novenrechts in der Rechtsmittelinstanz, die Normierung einer umfassenden Hinweispflicht des Richters zur frühzeitigen Behebung von Verfahrenshemnissen wie auch der Einsatz der Prozeßkostenentscheidung als gezieltes Sanktionsmittel für schuldhaft herbeigeführte Prozeßverzögerungen allesamt auch als Kennzeichen des *Klein*'schen Sozialmodells zu gelten haben.

In mehrfacher Hinsicht hat die Strukturanalyse eine stellenweise sogar noch über das österreichische bzw. spätdeutsche Recht hinausreichende, konsequentere Lösung in der schwedischen Reform erbracht. So stellen etwa die Regelung der Verfahrensvorbereitung als ein obligater und einheitlicher Termin mit der Möglichkeit eines sog. vereinfachten Hauptverfahrens oder auch die Gewichtung der Parteivernehmung als primäres Beweismittel Lösungen dar, wie sie dem jeweils zeitgenössischen österreichischen und reformierten deutschen Verfahren nicht oder nur eingeschränkt zur Verfügung standen.

Lediglich bei einer der untersuchten Verfahrensstrukturen – dem Verhältnis von Mündlichkeit und Schriftlichkeit im Prozeß – konnte in dem bis zur Rigidität reichenden Gebot größtmöglicher Mündlichkeit eine starke Ähnlichkeit der schwedischen Novelle mit dem liberalen frühdeutschen Verfahren von 1877 aufgezeigt werden. Sie vermag allerdings die bei abschließender Gesamtbetrachtung weit überwiegende Ähnlichkeit der schwedischen Reform mit dem *Klein*'schen Sozialmodell nicht in Frage zu stellen.

c) In der durch diese weitreichenden Strukturähnlichkeiten aufgeworfenen Frage nach einer von dem österreichischen bzw. dem reformierten deutschen Verfahren auf Schweden ausgestrahlten Rezeptionswirkung hat die vergleichende Strukturanalyse ein bemerkenswertes Ergebnis erbracht.

aa) So muß auf der Grundlage der Untersuchung des historischen Werdegangs der Reform von 1942 davon ausgegangen werden, daß die für das soziale Prozeßmodell typische Grundauffassung von der öffentlichen Funktion des Gerichtsverfahrens mit der hieraus abgeleiteten Forderung nach einer Inpflichtnahme von Richter wie Parteien zur Stärkung der Konzentration und verbesserten Gewähr materiell richtiger Entscheidungen in Schweden schon vor der österreichischen Reform von 1895 aufgekommen ist. Entsprechende Gedanken lassen sich bereits in den Reformentwürfen der Nya Lagberedning von 1884 und dem für die Entwürfe bedeutsamen Gutachten des Prozessualisten *Ivar Afzelius* aus dem Jahr 1882 nachweisen. Sie waren damit in Schweden bereits seit mindestens sechs bzw. acht Jahren Gegenstand der Reformdiskussion, als in Österreich *Franz Klein* 1890 mit seinen Gedanken über eine grundlegende Umgestaltung des überkommenen liberalen Verfahrens in der programmatischen Schrift „Pro futuro" an die Öffentlichkeit trat.

Freilich hat auch *Klein* mit seinen Vorstellungen bekanntermaßen keineswegs revolutionäre Neuerungen postuliert, vielmehr in wesentlichen Teilen an Grundgedanken vor allem des auf *Julius Glaser* zurückgehenden österreichischen Bagatellverfahrens aus dem Jahre 1873 angeknüpft. Auch hatte die Idee einer nachhaltigen Stärkung der Richtermacht im Interesse von Wahrheitsfindung wie Verfahrenskonzentration in dem mit Schweden kulturell, politisch und wissenschaftlich eng verbundenen Deutschland etwa schon im 18. Jahrhundert einen – wenngleich kurzlebigen – Niederschlag in den preußischen Prozeßreformen der Aufklärungszeit gefunden.[2218]

Eine von diesen frühen Verkörperungen wohlfahrtsstaatlicher Prozeßgestaltung auf die schwedische Reform ausgestrahlte Rezeptionswirkung hat sich in der Untersuchung jedoch nicht in nennenswertem Umfang feststellen lassen. Vielmehr scheint in Schweden die Ursache für die frühe Hinneigung seines Prozeßrechts zur Idee des prozessualen Kooperationsverhältnisses eher in der lange nur sehr schwach ausgeprägten und überwiegend auf den großstädtischen Siedlungsraum beschränkten anwaltlichen Parteivertretung zu liegen und der damit zusammenhängenden Abschwächung des Verhandlungsgrundsatzes im Prozeß.

bb) Wenn somit auch in Hinblick auf diese Grundkonzeption der schwedischen Reform im Grundsatz[2219] von einer autochthonen Rechtsentwicklung auszugehen ist, so hat die Strukturanalyse auf der anderen Seite jedoch in der konkreten Ausformung der Novelle auch eine Reihe von Rezeptionswirkungen offenzulegen vermocht. Sie sind in der Reform in teilweise stärkerer,

---

[2218] Vgl. zu der Allgemeinen Gerichtsordnung für die Preußischen Staaten von 1793 bzw. dem ihr zugrundeliegenden Corpus Juris Friedericianum aus dem Jahr 1781 oben S. 201 FN 968.

[2219] Zur wahrscheinlichen Mitwirkung einer unterstützenden Rezeption österreichisch-spätdeutschen Rechts s. 2. b) bb) β) (7).

teilweise auch schwächerer Weise mit eigenständigen Lösungen bzw. einer bewußten Fortführung altüberkommener Prozeßformen verbunden worden.

α) So konnte die für die gesamte Reform unter dem Gesichtspunkt der Konzentration maßgebende Einführung einer mündlichen Vorbereitung der Hauptverhandlung vor einem Einzelrichter als das Ergebnis einer mehrseitigen originären Rezeption österreichisch-spätdeutschen Rechts erwiesen werden. Ihre oben bereits angesprochene Gestaltung als ein obligater, einheitlicher und von der Hauptverhandlung mit Blick auf den in ihrem Rahmen ermittelten Prozeßstoff strikt geschiedener Termin muß demgegenüber ebenso als eine eigenständige Lösung des schwedischen Rechts gelten wie die Möglichkeit einer sog. vereinfachten Hauptverhandlung.

β) Auf der Ebene des Versäumnisverfahrens wurde für den Fall früher Parteisäumnis bis zur Eröffnung der Hauptverhandlung eine originäre und mehrseitige Rezeption deutschen und österreichischen Rechts ermittelt in der Einführung des Versäumnisurteils in Form einer lediglich summarischen Prüfung des Klagebegehrens auf Zulässigkeit und Schlüssigkeit bei der Beklagtensäumnis und der regelmäßigen Klageabweisung in der Sache bei Säumnis des Klägers. Hinsichtlich des konsequenten Einsatzes der Versäumnisentscheidung durch die schwedische Novelle auch für den Fall einer späteren Säumnis während der Hauptverhandlung konnte die Rezeption deutschen Rechts ausgemacht werden. In der Einführung eines kontradiktorischen Sachurteils gegen den Anwesenden für die (seltenen) Fälle einer offenkundigen Klagebegründetheit bei Klägersäumnis sowie einer offenkundigen Unbegründetheit bei Beklagtensäumnis ist hingegen von einer autochthon schwedischen Lösung auszugehen.

γ) Die Strukturuntersuchung des Umfangs richterlicher Aktivität zum Zwekke der Verfahrenskonzentration hat eine dem schwedischen Recht des ausgehenden 19. Jahrhunderts bereits immanente und insoweit autochthone Neigung zu einer verstärkten Indienstnahme des Richters offenlegen können. Rezeptionswirkungen konnten in Form einer mehrseitigen originären Rezeption allerdings für deren konkrete Ausgestaltung ermittelt werden. Hierzu zählen die oben bereits angesprochenen Reformänderungen hinsichtlich des Amtsbetriebs, der Präklusion verspäteten Vorbringens, des Novenrechts im Rechtsmittelverfahren, der richterlichen Hinweispflicht und der Nutzung der Prozeßkostenentscheidung als Konzentrationsmittel.

δ) Die mit der Abschaffung des alten protokollarischen Systems verbundene rigide Durchführung der Mündlichkeit in der Novelle kann nach den Ergebnissen der Untersuchung nicht als Folge einer Rezeption etwa frühdeutschen Verfahrens von 1877 gelten. Sie ist vielmehr eher als das – überzogene – Resultat einer sich auf die eigene historische Erfahrung gründenden Furcht vor einem überwiegend schriftlich geführten Prozeß zu bewerten.

ε) In der Verteilung der Verantwortung zwischen Gericht und Parteien für die Sachverhaltsermittlung im Verfahren fußt die Novelle mit der Normierung richterlicher Mitwirkungs- und parteilicher Aufklärungspflichten ebenfalls weitgehend auf eigenständig entwickelten Ideen. Eine originäre Rezeption österreichisch-spätdeutschen oder auch englischen Rechts darf als ausgeschlossen gelten.

ζ) Demgegenüber stellt sich die Einführung des freien Beweisverfahrens durch die Reform als das Ergebnis einer Rezeption gemeineuropäischen Rechts dar. Auch die Beseitigung des überkommenen Parteieides zugunsten des Instituts der Parteivernehmung dürfte mit hoher Wahrscheinlichkeit das Ergebnis einer Rezeption fremden Rechts sein. So sprechen die Ergebnisse der Strukturanalyse für eine selektiv-originäre Rezeption österreichisch-englischen Verfahrensrechts, der in der an die Stelle des Eides gesetzten sog. Wahrheitsversicherung jedoch erneut auch eine eigenständige Rechtsfortbildung an die Seite getreten ist.

η) Neben rezeptionsbedingten Neuerungen und Fällen autochthoner Fortentwicklung hat die Untersuchung allerdings auch strukturelle Kontinuitäten in der Novelle aufzeigen können.

(1) So blieb die aus dem Mittelalter stammende Organisation der Untergerichte mit ihrer Zweiteilung in eine städtische („råhusrätter") und eine ländliche („häradsrätter") Gerichtsbarkeit noch bis in die siebziger Jahre bestehen. Daneben existierten zwar, wie die Analyse erbracht hat, durchaus auch Reformvorschläge, die auf eine grundlegende Umstrukturierung der Gerichtsverfassung zielten. Wie für den diesbezüglichen Entwurf des an den Reformarbeiten maßgeblich beteiligten Justizrats a.D. *J. Hellner* nachgewiesen werden konnte mit seiner bewußten Orientierung an dem deutschen und österreichischen sowie teilweise auch dem englischen Modell, kamen auch diese Reformpläne vielfach unter dem Einfluß des ausländischen Rechts zustande. Bemerkenswerterweise vermochten sie sich jedoch trotz der offenbar großen Anziehungskraft zumal des österreichischen und des reformierten deutschen Prozesses in Schweden nicht durchzusetzen. Auch die 1971 erfolgte Organisationsreform, die an die Stelle jener Stadt-Land-Dichotomie einheitliche „tingsrätter" setzte, entschied sich für eine eigenständige Lösung und knüpfte dabei durch die Wahl der begrifflichen Bezeichnung überdies bewußt an alte schwedische Rechtstradition an.

(2) Ein eindrucksvolles Beispiel für den partiell konservativen Charakter der Novelle findet sich auch in der Ausgestaltung der Parteivertretung. Auf der Grundlage der von der Prozeßkommission durchgeführten statistischen Erhebung war zwar mit einer wachsenden Hinzuziehung von Anwälten in der Praxis zu rechnen und ließ die zu erwartende Zunahme an sachlicher wie rechtlicher Komplexität der Streitfälle eine solche im Interesse der Parteien

auch wünschenswert erscheinen. Gleichwohl verzichtete die Reform für alle Instanzen auf die Normierung sowohl eines Anwaltszwangs als auch nur eines Anwaltsmonopols bei der gerichtlichen Vertretung. Ersteres begründete sie, wie die Analyse zeigt, ausdrücklich mit dem Hinweis darauf, daß das Recht einer Partei, ihre Klage selbst zu führen, im schwedischen Rechtsbewußtsein zu stark verwurzelt sei, als daß man an seine Aufhebung denken könne. Letzteres war zwar auch die pragmatische Folge einer für ein ausschließliches Vertretungsrecht insgesamt noch zu geringen Verbreitung des Anwaltstandes im Land. Der Umstand, daß sich an dem Verzicht auf die Einräumung eines Monopols trotz mittlerweile gängiger Verbreitung anwaltlicher Vertretung auch bis auf den heutigen Tag nichts geändert hat, offenbart jedoch, daß auch diese Regelung eher als Ausdruck altschwedischen Herkommens aufzufassen ist. Lediglich in der Umwandlung der von den Anwälten selbst gegen Ende des 19. Jahrhunderts gegründeten privaten Vereinigung des „advokatsamfund" in eine öffentlich-rechtliche Berufskörperschaft mit näherer Reglementierung der Mitgliedschaftsbedingungen beschritt die Novelle neue Wege. Die Untersuchung hat zeigen können, daß sich die Kommission insoweit an die im europäischen Ausland allgemein üblichen Bestimmungen anlehnte.

(3) Schließlich konnte die Strukturanalyse auch auf der formalen Ebene hinsichtlich von Sprache und Systematik der Novelle deutlich konservative Züge feststellen.

So wurde die Neigung der Reform zu einem überwiegend schlichten, von Fachtermini weitgehend befreiten Stil mit regelmäßig syntaktischem Satzbau und einer stellenweise antiquiert wirkenden Wortwahl als Spiegel ihres auch formalen Bemühens um Rechtskontinuität gewertet.

In Hinblick auf die Systematik der Reform hat sich dieses Streben im wesentlichen in der Einordnung der Novelle in die noch fortgeltende Kodifikation des Sveriges Rikes Lag von 1734 sowie in der Fortführung der Zusammenfassung von Straf- und Zivilprozeß in einem Gesetz niedergeschlagen.

Allerdings konnten insoweit auch Neuerungen festgestellt werden, die sich auf eine Rezeption deutsch-österreichischer Systematik zurückführen ließen. So wurde in Hinblick auf die gleichsam äußere Gesetzessystematik eine stärkere Neigung der Novelle zur Anwendung des gesetzestechnischen Prinzips des „Vor-die-Klammer-Ziehens" offengelegt, als sie noch ihrem Vorgänger zu eigen war. Mit Blick auf die innere Systematik hingegen stellte sich die strikte Trennung in der Behandlung von formellen Sachurteilsvoraussetzungen und materiellen Sacheinwendungen als die legislative Konsequenz einer von der Wissenschaft getragenen Rezeption überwiegend deutscher Prozessualistik dar. Daß eine solche Übernahme von Fragestellungen, Termini, Konzeptionen wie auch Argumentationstopoi deutscher Prozeßrechtswissenschaft in Schweden vor allem in der für die Prozeßreform bedeutsamen Phase gegen Ende des 19. und zu Beginn des 20. Jahrhunderts in großem Umfang stattgefunden hat, konnte im Rahmen einer eingehenden quantitativen wie qualitativen Analyse nachgewiesen werden.

C. Die Entwicklung des schwedischen Prozeßrechts nach 1948

I. Die Reform der Reform: Veränderungen des Prozeßrechts seit 1948: Ziviljustiz als Spiegel moderner Wohlfahrtsstaatlichkeit

1. Die Entwicklung des Zivilverfahrensrechts seit dem Zweiten Weltkrieg in den westlichen Industriestaaten: Prozeßrechtsgestaltung im Dienste des modernen Wohlfahrtsstaates

Unter dem Eindruck der gesellschaftlichen Entwicklung von einer vergleichsweise einfach strukturierten, überschaubaren Sozialordnung noch in der ersten Hälfte des 19. Jahrhunderts zu den komplexen Wirkungsmechanismen der modernen Industrie- und Dienstleistungsgesellschaft des 20. Jahrhunderts mit ihren vielfältigen Abhängigkeitsverhältnissen und wirtschaftlichen Ungleichgewichten zwischen den Marktteilnehmern veränderte sich auch das politische System.

Die Funktion des Staates und seiner Institutionen wurde nicht länger in der bloßen Gewährleistung eines formalen äußeren Rahmens gesehen, innerhalb dessen sich das gesellschaftliche, wirtschaftliche und rechtliche Leben getreu den liberalen Postulaten des „laissez faire" nach seinen eigenen Gesetzmäßigkeiten entfalten sollte. Vielmehr entwickelte sich die Bewältigung der drükkenden ökonomischen und sozialen Lasten der Kriegsfolgen zu einer der vordringlichsten Aufgaben des Staates.[2220] Die Freiheit des Bürgers verstand sich in der Folge nicht mehr als formal-abstrakte Freiheit von hoheitlicher Intervention in die Handlungssphäre des Individuums, sondern erschien in zunehmendem Maße als das Ergebnis eines umfassenden Konzeptes sozialer Gleichheit und Gerechtigkeit. An die Stelle des liberalen Nachtwächterstaates begann so das neue Leitbild eines aktiv um den Ausgleich gesellschaftlichen Ungleichgewichts bemühten Wohlfahrtsstaates zu treten.[2221]

[2220] Vgl. für die USA etwa *G. Raeithel*, Geschichte der nordamerikanischen Kultur, Bd. 3, S. 5 ff., mit einer eingehenden Beschreibung von Zielsetzung und Umfang des „New Deal"-Programms Präsident *F.D. Roosevelts* sowie *G. Ambrosius/W. Hubbard*, Sozial- und Wirtschaftsgeschichte Europas, S. 250 ff. zu der vergleichbaren Situation in den europäischen Ländern (S. 250: „Epoche des Interventionsstaates").

[2221] *T. Nipperdey*, Deutsche Geschichte, Bd. 1, S. 367: „Der Sozialstaat fing als Sozialstaat von oben an." Eingehend zu der Entwicklung der mit Blick auf den Umfang staatlicher Interventionspolitik durchaus unterschiedlichen Systeme sozialer Sicherheit in Europa *G. Ritter*, Sozialstaat, S. 103 ff.

Dieser allgemeine politisch-gesellschaftliche Paradigmenwechsel hatte entscheidende Auswirkungen auch auf die Gestaltung des Zivilverfahrens, so wie die rechtlichen Strukturen einer Sozialgemeinschaft im ganzen ein regelmäßig mehr oder weniger getreues Abbild der zugrundeliegenden Gesellschaftsverhältnisse darstellen.

Stand die Entwicklung des kontinentaleuropäischen Verfahrensrechts im 19. Jahrhundert noch unter dem starken Einfluß des liberalen Konzeptes des französischen Code de Procédure Civile und der deutschen ZPO von 1877, so wurde der Wechsel zu einem auch hier verstärkt „sozialen" Modell richterlicher Prozeßgestaltung und materieller Wahrheitsfindung gegen Ende des Jahrhunderts durch die *Klein*'sche Verfahrensreform eingeleitet (s. oben B.).

Die Strukturanalyse der schwedischen Novelle von 1942 hat gezeigt, daß Schweden dieser Entwicklung nicht unbeteiligt gegenüberstand, daß sich seine Verfahrensreform vielmehr in ihrem langen Verwirklichungszeitraum von 130 Jahren in ständiger Auseinandersetzung mit und in Rezeption von Instituten und Strukturen der großen europäischen Prozeßsysteme herausgebildet hat. Es konnte nachgewiesen werden, daß die Strömungen des Liberalismus, der historischen Rechtsschule und des frühen sozialen Wohlfahrtsgedankens deutliche Spuren in dem Werdegang der Prozeßnovelle hinterlassen haben. Die Reform selbst wurde in ihren Zielen und den zu deren Verwirklichung eingesetzten prozessualen Mitteln als Spiegel eines bereits deutlich sozialen Prozeßmodells charakterisiert.

Seinen eigentlichen Ausbau erfuhr der Wohlfahrtsgedanke im Verfahrensrecht allerdings erst nach dem zweiten Weltkrieg. Angefangen mit frühen Reformen auf dem Gebiet der Rechtshilfe („legal aid") für die sozial und finanziell schlechter gestellten Parteien in England[2222] begann sich der Gedanke staatlicher Verantwortung für die Gewährleistung effektiven Rechtsschutzes ab Mitte der sechziger Jahre auszubreiten und zu einem bevorzugten Objekt rechtssoziologischer Forschung wie auch legislativer Verfahrensreformen zu werden. Die Forschung hatte erkannt, daß die finanziell schlechter Gestellten aus Furcht vor teuren, langwierigen Prozessen, in denen die Anwaltsgebühren den Wert des Streitgegenstandes schon lange vor Ende des Verfahrens aufgezehrt haben, zumeist davor zurückschreckten, ihre Rechte vor Gericht zu erstreiten.[2223] Der raschen, kostengünstigen und doch zugleich sachlich be-

---

[2222] Legal Aid und Advice Act von 1949, 12 & 13 Geo. 6, c. 51; näher hierzu *M. Cappelletti/ J. Gordley/E. Johnson*, Toward equal justice, S. 53 ff. sowie übersichtlich *J. Jolowicz*, Fundamental guarantees in civil litigation: England, in: M. Cappelletti/D. Tallon (Hrsg.): Fundamental guarantees, S. 121 ff. (153 ff.).

[2223] Näher hierzu aus der internationalen Perspektive *V. Denti*, Accessibility of Legal Procedures for the Underprivileged – Legal aid and advice, in: M. Storme/H. Casman (Hrsg.): Towards a justice with a human face, S. 167 ff. (insb. 173 f. m.w.N. aus der soziologischen Forschung) sowie aus deutscher Sicht *G. Baumgärtel*, Gleicher Zugang zum Recht für alle, S. 1 ff. m.w.N.; *S. Franke*, Zur Reform des Armenrechts, S. 37 ff. (v.a. 67 ff.).

friedigenden Erledigung von Bagatellverfahren trug das stark formalisierte, zumeist auf die anwaltliche Prozeßführung ausgerichtete Verfahren herkömmlicherweise nur beschränkt Rechnung. Die Durchsetzung des Rechts („enforcement of law“) drohte so immer stärker zu einem faktischen Privileg der Wohlhabenden zu werden.

Das Problem war aber längst nicht nur auf die ärmeren Bevölkerungsgruppen beschränkt. Eine wachsende Zahl von Verbrauchern scheute in den Fällen alltäglicher Produkt- und Dienstleistungsstreitigkeiten mangels erheblicher individueller Betroffenheit ebenfalls immer häufiger den Rechtsweg. Daß in Anbetracht der zumeist großen Anzahl der Betroffenen das im jeweiligen Einzelfall eventuell nur vernachlässigenswert erscheinende Rechtsdefizit zumindest in seiner Summenwirkung ein gesamtgesellschaftlich bedeutendes Problem darstellte, blieb verfahrensrechtlich regelmäßig ohne Folgen. Eine sachwalterische Wahrnehmung kollektiver Gruppeninteressen war in dem klassischen Zwei-Parteien-Modell des überkommenen Prozeßrechts vielfach nicht vorgesehen.

Die in der 2. Hälfte des 20. Jahrhunderts verstärkt aufkommende Diskussion um eine Anpassung des Verfahrens an die gewandelten Sozialbedingungen und um die Überwindung dieser Rechtsschutzlücke ging maßgeblich von den USA aus. Hier schlug sich die Forderung nach umfassendem rechtlichen Schutz des Bürgers in seinen mannigfachen sozialen Lebenssituationen als Verbraucher, Empfänger von Dienstleitungen, Patient sowie allgemein als ein ggf. Schwächerer im Verhältnis zum Stärkeren schon früh in einer Vielzahl judikativer Entscheidungen nieder.[2224]

Von dort griff die Bewegung auf Kontinentaleuropa über und führte hier in den vergangenen Jahrzehnten unter dem Schlagwort „access to justice“ zu einer lebhaften und bis heute andauernden Diskussion gerade auf dem Gebiet des Verfahrensrechts.[2225] In vielen Staaten mündete sie nach dem Vor-

---

2224 Freilich war der Gedanke des Schutzes des Schwächeren im Recht als solcher nicht neu. Neuartig waren jedoch der Primatanspruch und die Breitenwirkung, die ihm in der Zeit aufkommender Sozialstaatlichkeit nach dem zweiten Weltkrieg beigelegt wurden; vgl. zur Entwicklung der „consumerism“-Bewegung in den USA *R. Mayer*, The Consumer Movement, S. 10 ff.; *R. Herrmann*, The Consumer Movement in Historical Perspective, in: D. Aaker/G. Day (Hrsg.): Consumerism, S. 39 ff. sowie *L. Feldman*, Consumer Protection, S. 1 ff., dort (S. 73 ff.) auch zu der breit gefächerten Zielrichtung des Verbraucherschutzgedankens. Zu der Vorreiterrolle der USA auch bei dem Ausbau eines am Wohlfahrtsgedanken orientierten Prozeßmodells s. *M. Cappelletti/B. Garth*, Policies, Trends and Ideas, in: International Encyclopedia of Comparative Law, Bd. 16, Chapt. 1, S. 65 ff. (v.a. 67 ff.) sowie *W. Wiegand*, Die Rezeption amerikanischen Rechts in: *G. Jenny/W. Kälin* (Hrsg.): Die schweizerische Rechtsordnung in ihren internationalen Bezügen, in: Festgabe zum schweizerischen Juristentag 1988, S. 229 ff. (249 ff.). Grundlegende und plausible Gedanken zu allgemeinen Strukturen eines bereits im Entstehen begriffenen, allerdings weiter ausbaubedürftigen „Verbraucherprozeßrechts“ aus deutscher Sicht *H. Koch*, Verbraucherprozeßrecht, S. 20 ff. et passim.

2225 Rechtsvergleichend hierzu die detaillierte Analyse *M. Cappellettis*, The judicial process in comparative perspective, S. 215 ff.; kritisch zu der Entwicklung verstärkter Flexibilisierung im Prozeß schon früh *F. Baur*, Richtermacht und Formalismus im Verfahrensrecht, in: ders.: Beiträge zur Gerichtsverfassung, S. 115 ff.

bild der USA in eine Reihe grundlegender Prozeßreformen mit dem Ziel, eine Effektuierung des Rechtsschutzes durch den Ausbau staatlicher Rechtshilfe, die Institutionalisierung vereinfachter Verfahrensmodelle für Bagatellstreitigkeiten und die Ermöglichung der prozessualen Wahrnehmung kollektiver Gruppeninteressen wie auch insgesamt durch eine stärkere Flexibilisierung des Verfahrens zu erreichen.

Diese Entwicklung vollzog sich vielfach in drei Stufen,[2226] von denen die ersten beiden das Ziel der Verbesserung der gerichtlichen Durchsetzung der Parteirechte stärker unter Ausnutzung der überkommenen Verfahrensstruktur und Gerichtsorganisation zu erreichen suchten. Die dritte zielte demgegenüber auf eine Veränderung des Verfahrens und der gerichtlichen Institutionen selbst und zog insbesondere auch Alternativen zu dem Modell gerichtlicher Streiterledigung in Erwägung.

Die erste dieser drei Stufen umfaßte dabei Reformen des unter dem Terminus der „legal aid“ allgemein weit zu verstehenden Bereichs staatlicherseits gewährter Rechtshilfe. Die englische Reform von 1949[2227] markiert insoweit mit der Übernahme der Kosten für die Inanspruchnahme anwaltlicher Vertretung vor Gericht im Falle sozialer Bedürftigkeit einer Partei den Anfang der Entwicklung. Ihr Vorbild führte vielerorts zum Ausbau der bis dahin in den Verfahrensordnungen regelmäßig nur ansatzweise vorhandenen Regelungen des sog. Armenrechts hin zu einem System weitreichender Unterstützung durch Kostenerstattung und Rechtsberatung innerhalb wie außerhalb eines Prozesses.[2228] Auch die USA waren in diesem „war on poverty“ durch die Einrichtung neuartiger Institutionen wie den „neighborhood law firms“ oder auch der „social advocacy“ im Grundansatz ein prägendes Leitbild für viele der europäischen Reformen.[2229]

Die zweite Stufe dieser Hinwendung zu einer verstärkten Integration des Wohlfahrtsgedankens im Prozeß bündelte die Bemühungen um eine bessere bzw. vielfach überhaupt erst mögliche gerichtliche Durchsetzung kollektiver Gruppeninteresssen („representation of group“, „collective and diffuse inter-

---

2226 Üblich ist in der rechtsvergleichenden Literatur auch die Bezeichung als „Reformwellen“, vgl. etwa *M. Cappelletti/B. Garth*, a.a.O., S. 76 („waves of reform“) sowie aus schwedischer Sicht *P.H. Lindblom*, Grupptalan, S. 10: „vågmetafor“ („Wellenmetapher“).

2227 S. oben S. 440 FN 2221.

2228 In den *Vereinigten Staaten* begann die Reform 1965 mit dem Legal Services Program of the Office of Economic Opportunity, Title I des Economic Opportunity Act von 1964; 42 U.S.C. §§ 2701-981; *Frankreich* modernisierte sein Recht 1972 durch Gesetz vom 3.1.1972 no. 72-11, Journal Officiel de la République Française (1972) S. 167; im gleichen Jahr erließ die kanadische Provinz *Quebec* ihren Legal Aid Act, 21 Eliz. 2, c. 14; *Deutschland* reformierte sein zuvor sog. Armenrecht grundlegend 1980 durch Gesetz über die Prozeßkostenhilfe vom 13.6.1980 (BGBl. I S. 677); zu weiteren Reformen in Europa vgl. *M. Cappelletti/B. Garth*, Access to Justice, Bd. 1/1, S. 23 f. sowie *M. Cappelletti/J. Gordley/E. Johnson*, Toward Equal Justice, S. 243 ff. et passim.

2229 Näher hierzu *M. Cappelletti/B. Garth*, a.a.O., S. 69 m.w.N.

ests“), vorzugsweise auf den Gebieten des Verbraucher- und des Umweltschutzes. Hier ging von dem anglo-amerikanischen Modelltyp der „class action“ ab der Mitte der sechziger Jahre eine enorme Rezeptionswirkung aus, die die Reformdiskussion in nahezu allen europäischen und außereuropäischen Ländern nachhaltig beeinflußte und stellenweise zur Implementierung gleicher oder ähnlicher Formtypen von Gruppenklagen in den nationalen Verfahrensordnungen führte.[2230]

Die dritte Stufe schließlich unterzog das überkommene Verfahren selbst einschließlich der mit ihm verbundenen Gerichtsorganisation einer in ihrer Intensität von Land zu Land variierenden, im Ansatz gleichwohl überall wahrnehmbaren Revision. Sie schlug sich nieder in der Einführung spezifischer Verfahren und Gerichte für Bagatellstreitigkeiten, der Einrichtung unterschiedlicher Verwaltungsbehörden für die Behandlung vor allem von Verbraucherschutzbelangen oder auch in der Übertragung bestimmter Rechtsbereiche aus dem Zuständigkeitsbereich der ordentlichen Gerichten auf neue Spezialgerichte. Zu nennen sind des weiteren die verstärkte Aufmerksamkeit, die Formen alternativer Ziviljustiz wie Streitschlichtung, Mediation und Schiedsverfahren einschließlich der Rolle des Richters als Vergleichsvermittler geschenkt wurde, sowie ein verbreitetes Streben nach dem Abbau gewisser Formrigiditäten im herkömmlichen Verfahrensrecht zugunsten einer größeren Flexibilität und richterlichen Freiheit.[2231]

Daß diese länderübergreifende Entwicklung im Verfahrensrecht auch Schweden nicht unberührt ließ, erscheint nach dem bisher Dargestellten fast als eine Selbstverständlichkeit. In welchem Umfang die schwedischen Reformen im Prozeßrecht in der Zeit nach Inkrafttreten der großen Novelle 1948 dabei unter den Einfluß dieses allgemeinen Strebens nach einem wohlfahrtsstaatlichen Prozeßmodell gerieten, soll im folgenden untersucht werden.

Um den Rahmen der Arbeit nicht zu sprengen, muß dabei exemplarisch verfahren werden. Die Untersuchung soll sich daher auf drei der wohl markantesten Reformen bzw. Reformdiskussionen in dem in Frage stehenden Zeitraum konzentrieren (unten 3.), im übrigen jedoch die jüngere und jüngste Entwicklung des Verfahrensrechts und der Gerichtsorganisation nur skizzenartig erfassen (nachfolgend 2.).

Einer vertieften Betrachtung sollen insoweit die Einrichtung des Bagatellverfahrens aus dem Jahr 1973 [3. a)], die Umgestaltung des Verfahrens des Nya Rättegångsbalk unter dem Blickwinkel der Flexibilisierung im Jahr 1978 [3. b)] sowie die Reformpläne um die Einführung der „class action“ in den achtziger und neunziger Jahren [3. c)] unterzogen werden.

[2230] Hierzu näher bei *P.H. Lindblom*, Grupptalan, S. 368 ff.
[2231] Im einzelnen *M. Cappelletti/B. Garth*, a.a.O., S. 71 f.

2. Überblick über die wesentlichen Reformen des schwedischen Prozeßrechts und der Gerichtsorganisation seit 1948

Auch die schwedischen Reformen des Prozeßrechts und der Gerichtsorganisation nach dem Zweiten Weltkrieg spiegeln die Indienstnahme des Verfahrensrechts durch den Staat beim Aufbau eines modernen Wohlfahrtsstaates. Sie fallen überwiegend in die Zeit der siebziger und achtziger Jahre und sind großenteils Ausdruck des Bemühens um die Inkorporation des Gedankens der sozialen Fürsorge des Staates in das Prozeßrecht.

So führten die Novellierungen auf dem Gebiet der Gerichtsorganisation, die im Anschluß an die bereits erwähnte[2232] Umstrukturierung der Eingangsinstanzen in der Reform von 1971 durch Schaffung einheitlicher Untergerichte („tingsrätter") ergingen, vor allem zu einer merklichen Ausweitung der Zahl der Spezialgerichte und der Institutionalisierung gerichtsähnlicher Verwaltungsbehörden. Dies geschah überwiegend mit dem Ziel, dem Gedanken des Verbraucherschutzes durch die hierdurch erreichte Spezialisierung besser Rechnung tragen zu können.

1970 wurde das Marktgericht („marknadsdomstolen") errichtet,[2233] das unter anderem Streitigkeiten auf dem Gebiet des unlauteren Wettberwerbs zu klären hat und hierdurch die Interessen sowohl der Gewerbetreibenden als auch der Verbraucher schützen soll.[2234] Von besonderem Interesse ist in diesem Zusammenhang die gleichzeitig erfolgte Einrichtung des Instituts eines Verbraucherombudsmannes, dessen verbraucherschützende Funktion in der Überwachung und Aufdeckung ungesetzlicher Marktpraktiken durch die Gewerbetreibenden liegt und der zu diesem Zweck mit eigenen Klagebefugnissen ausgestattet wurde.[2235]

Ebenfalls zur Wahrung der Interessen der Verbraucher wurde 1968 eine Öffentliche Beschwerdebehörde („Allmänna Reklamationsnämnden") errichtet, deren weitgesteckter Wirkungskreis für die Entwicklung des schwedischen Verbraucherschutzes von außerordentlicher Bedeutung ist.[2236] Ausgerichtet auf die Prüfung von Streitigkeiten zwischen Verbrauchern und Gewerbetreibenden betreffend Waren und Diensten aller Art,[2237] stellt diese Behörde keine

---

[2232] S. S. 205 FN 992.

[2233] SFS 1970:417.

[2234] Näher hierzu *B. Lindell*, Civilprocessen, S. 120 f. Zum Verfahren vor dem Marktgericht s. die eingehende Darstellung bei S. *Johansson*, Rättegången i marknadsdomstolen, S. 79 ff.

[2235] *B. Lindell*, ibid.

[2236] Eingehend zu Funktion, Organisation und Verfahrensweise der Behörde *Eisenstein*, The Swedish Public Complaints Board: Its vital role in a system of consumer protection in: *M. Cappelletti/B. Garth*, Access to Justice, Bd. 2/2, S. 492 ff.; *B. Demeulenacre*, Sweden's System to Resolve Consumer Disputes, S. 16 ff. (dort [S. 55 f.] auch zum Vergleich zwischen der „Allmänna Reklamationsnämnd" und dem schwedischen Bagatellprozeß) sowie S. *Holstad/S. Larsson*, Allmänhetens rättsskydd, S. 38 ff.

[2237] Vgl. die Aufzählung bei *L. Heuman*, Process- och Straffrätt, 1. 16.

gerichtliche Institution im engeren Sinne dar, da ihre Entscheidungen nur den Charakter von Empfehlungen besitzen. Gleichwohl pflegen diese in der weitaus meisten Zahl der Fälle befolgt zu werden,[2238] wohl nicht zuletzt auch deshalb, weil die Unternehmen andernfalls mit der Veröffentlichung ihrer Firma in einer öffentlich zugänglichen „schwarzen Liste" rechnen müssen.

Die Behörde umfaßt eine Reihe von Unterabteilungen mit je einer gleichen Anzahl von Interessenvertretern von seiten der Verbraucher wie der Gewerbetreibenden unter Vorsitz eines Berufsrichters. Das Verfahren wird allein auf die Beschwerde eines Verbrauchers eingeleitet und ist rein schriftlich. Streitigkeiten, deren Klärung die Durchführung eines mündlichen Verhörs erfordern, können daher nicht vor die „nämnd" gebracht werden. Kosten fallen dem Verbraucher so gut wie keine zur Last.[2239]

Erwähnenswert ist zudem die 1969 erfolgte Einrichtung gerichtsähnlicher Miet- und Pachtbehörden („hyres- och arrendenämnder"), die in der Besetzung mit grundsätzlich einem Berufsrichter und je einem Interessenvertreter von der Vermieter-/Verpächter bzw. der Mieter-/Pächterseite in erster Linie den Streit zu schlichten haben. Bei Scheitern der Schlichtungsbemühungen können sie allerdings in einem vergleichsweise raschen, einfachen und billigen Verfahren auch ein streitiges Urteil fällen.[2240]

Reformen gegen Mitte der neunziger Jahre führten wieder zu einer gewissen Beschränkung der Zahl der Spezialgerichte und zu einer Rückverlagerung ihres Tätigkeitsfeldes auf die ordentliche Gerichtsbarkeit. So wurde das Wohnungsgericht („bostadsdomstolen") 1994 ebenso abgeschafft wie das Versicherungsobergericht („försäkringsöverdomstolen") im Jahr darauf.[2241]

Auf der Ebene des Gerichtsverfahrens sind seit Inkrafttreten des Nya Rättegångsbalk im wesentlichen vier bedeutendere Reformen zu verzeichnen, von denen drei wiederum das unmittelbare Ziel der verstärkten Ausrichtung des Verfahrens auf die Idee des Wohlfahrtsstaates verfolgten.

Dazu ist zum einen die umfängliche Novellierung der Rechtshilfe („rättshjälp") im Jahr 1972 zu zählen,[2242] die eine Reihe staatlicher Unterstützungsmaßnahmen vorsah, unter anderem den kostengünstigen Zugang zu außerprozessualer Rechtsberatung durch einen privaten oder öffentlich an-

---

[2238] *P. Carlson/M. Persson*, Processrättens grunder, S. 23, geben die Zahl mit 85% an. Ebenso *L. Heuman*, a.a.O.

[2239] Im einzelnen *L. Heuman*, a.a.O.

[2240] Näher *B. Lindell*, Civilprocessen, S. 125 f. Näher *Domstolsverket* (Jönköping), Handbok – hyresnämnd, arrendenämnd, bostadsdomstolen (1993); speziell zu der „hyresnämnd" *Å. Victorin/A. Victorin*, Hyresrätten, S. 212 ff.

[2241] Ders.: a.a.O., S. 117 f.

[2242] Durch Gesetz (SFS 1972:429), mit dem gleichzeitig das bis dahin gültige Armenrecht („Lag om fri rättegång" [1919:367]) aus dem Jahre 1919 außer Kraft gesetzt wurde. Zur alten Rechtslage vgl. *Å. Hassler*, Svensk Civilprocessrätt, S. 206 ff.; zur Reform und ihrem Inhalt eingehend *U. Arrfelt*, Rättshjälp: Den nya lagstiftningen, passim.

gestellten[2243] Rechtsanwalt sowie die Gewährung finanzieller Hilfe für die Inanspruchnahme anwaltlicher Vertretung vor Gericht. Bemerkenswert ist insofern insbesondere die im internationalen Vergleich hoch angesetzte Einkommensschwelle für den Ausschluß von der Rechtshilfe, die noch weite Teile der Mittelklasse in den Genuß der Unterstützung kommen läßt.[2244] Durch die Kombination mit einer Rechtsschutzversicherung, welche schon damals etwa 85% der schwedischen Bevölkerung besaßen[2245] und die im Gegensatz zur Rechtshilfe insbesondere auch die gegnerischen Prozeßkosten im Falle des Unterliegens des Versicherten abdeckt, hatte Schweden schon zu diesem frühen Zeitpunkt einen im internationalen Vergleich ungewöhnlich hohen Sozialstandard erreicht.[2246]

Von ausschlaggebender Bedeutung gerade für die Gestaltung des Verfahrens war aber die 1974 erfolgte Einführung eines Bagatellverfahrens für Streitigkeiten mit vergleichsweise geringem Wert.[2247] Es sah ein im Vergleich zum Prozeß nach dem Rättegångsbalk wesentlich vereinfachtes und flexibler gestaltetes Verfahren unter Stärkung der Schriftlichkeit und der richterlichen Prozeßleitung vor. Seine Bedeutung zog das Bagatellverfahren nicht zuletzt aus seiner Funktion als Versuchsmodell für eine geplante allgemeine Umgestaltung des Prozesses im Rättegångsbalk. Im einzelnen wird hierauf noch zurückzukommen sein [unten 3. a)].

Diese umfangreichere Umgestaltung des Verfahrens nach der Novelle erfolgte dann 1987 als Reaktion auf die Bewährung des Bagatellverfahrens in der Praxis. Mit einer Übertragung von dessen Grundsätzen auf den Prozeß im allgemeinen führte sie zu einer merklichen Flexibilisierung gewisser als zu rigide empfundener Strukturen [näher dazu 3. b)]. Das Bagatellverfahren selbst konnte nach seiner gleichzeitig erfolgten Inkorporation in den Rättegångsbalk aufgehoben werden.

In ihrer Zielrichtung außerhalb dieser auf eine Effektuierung des „access to justice" gerichteten Verfahrensreformen steht eine bereits 1971[2248] erfolgte Modifikation des Rechtsmittelprozesses vor dem Höchsten Gerichtshof,

---

[2243] Zusammen mit der Reform führte Schweden zugleich öffentliche Anwaltsbüros („allmänna advokatbyråer") ein, die in freiem Wettbewerb mit den privaten Kanzleien ihren Unterhalt aus den ihnen vom Staat für die Wahrnehmung ihrer Klienteninteressen gezahlten Geldern zu bestreiten haben; dazu näher *L. Reuterwall*, Allmänna advokatbyråer, in: TSA 39 (1973), S. 33 ff.

[2244] Näher S. *Strömholm*, Introduction, S. 127 ff.; *M. Cappelletti/B. Garth*, Access to Justice, Bd. 1/1, S. 30 ff.

[2245] Vgl. *M. Cappelletti/B. Garth*, a.a.O., S. 32 f.

[2246] Hierzu auch *dies.*, a.a.O., S. 33 sowie *M. Cappelletti/J. Gordley/E. Johnson*, Toward Equal Justice, S. 561 ff.

[2247] SFS 1974:8.

[2248] SFS 1971:218. Dazu näher *I. Bråténius*; Prövningstillstånd i Högsta Domstolen, S. 21 ff. (24) et passim.

die zu einer erheblichen Beschränkung des Zugangs zu dem Gericht und zu seiner faktischen Umwandlung in eine Revisionsinstanz führte.[2249]

3. Prozeßreformen im Dienste der Wohlfahrtsstaatlichkeit

a) Das schwedische Bagatellverfahren

aa) Die Ziele der Reform

Wirksamer Rechtsschutz setzt die Einrichtung eines Verfahrens voraus, das auf die möglichst rasche, billige und zugleich richtige Entscheidung einer Streitigkeit gerichtet ist. So selbstverständlich und universal, wie diese Erkenntnis ist, so unterschiedlich sind die Folgerungen, die die nationalen Verfahrensordnungen aus ihr bei der Gestaltung des Prozesses im einzelnen gezogen haben. Die rechtsvergleichende Strukturanalyse im Hauptteil vermag hiervon ein deutliches Bild zu vermitteln.

Auch Schweden hatte sich in der Novelle von 1942 für ein Verfahren entschieden, das den Zielen der Konzentration und der materiellen Urteilsrichtigkeit gleichermaßen Rechnung zu tragen versuchte. Durch seine Aufteilung des Prozesses in ein Stadium der Vorbereitung und das der Hauptverhandlung, die Stärkung der formellen Prozeßleitung durch den Richter, die erhebliche Ausweitung des Versäumnisurteils wie auch die Regelung einzelner Präklusionsmöglichkeiten bot es zweifellos eine gute Handhabe für eine gegenüber dem alten Recht deutliche Beschleunigung. Auch war es mit der straffen Gewährleistung der Mündlichkeit und Unmittelbarkeit, der Abschaffung der legalen Beweistheorie, der Einführung der Wahrheitspflicht und der Ausweitung der materiellen Prozeßleitung um eine effektive Verbesserung der Gewähr materiell richtiger Entscheidungen bemüht.

Sein Nachteil lag allerdings darin, daß die Novelle grundsätzlich keinen Unterschied machte zwischen Bagatellstreitigkeiten und Prozessen mit höherem Streitwert. Das Verfahren war vielmehr unabhängig von dem Streitwert der einzelnen Rechtssache unterschiedslos in allen Fällen anzuwenden, in denen die Parteien über den Streitgegenstand frei verfügen konnten (sog. dispositive Verfahren). Diese fehlende Flexibilität brachte es mit sich, daß, was in den frühen Bewährungsjahren der Novelle nach ihrem Inkrafttreten noch für die Großzahl der Prozeßfälle als passendes Verfahrensmodell erschien,[2250] infolge des enormen Anstiegs von Verbraucherstreitigkeiten von

---

[2249] So darf eine Überprüfung der Berufungsurteile eines Hofgerichts nur mehr erfolgen, soweit diese für die Rechtsanwendung von Bedeutung ist oder besondere Gründe wie schwere Verfahrensfehler auf Seiten des Hofgerichts vorliegen (vgl. 54:10 n.F.); hierzu näher *B. Lindell*, Civilprocessen, S. 382 ff. (384 f.).

[2250] Aufschlußreich sind die Ausführungen der Lagberedning in ihren Motiven (1938) zu der Novelle, in denen sie sich auch mit der Frage nach der Erforderlichkeit eines speziellen Bagatellverfahrens auseinandersetzte (PLB S. 37 f.). Danach sah sie keine Veranlassung, „hinsichtlich der Behandlung in der ersten Instanz eine allgemeine Aufteilung der Verfah-

zumeist geringem Wert im Zuge des wirtschaftlichen Aufschwungs nach dem Krieg für viele keinen wirksamen Rechtsschutz mehr bot. Gemessen an der Höhe des Streitwerts erwies sich das Verfahren der Novelle in diesen Fällen von Bagatellstreitigkeiten als zu lang und zu teuer. Die rigide Durchführung des Grundsatzes der Mündlichkeit verhinderte die nach den Umständen des Einzelfalls angemessene, weil zeitsparende Berücksichtigung eines schriftlichen procedere. Die ähnlich strenge Gestaltung der Unmittelbarkeit im Beweisverfahren ließ der Beweisaufnahme außerhalb des erkennenden Gerichts kaum Raum, und die Regelgliederung des Verfahrens in ein Stadium der Vorbereitung und eines der Hauptverhandlung in Verbindung mit dem grundsätzlich unbeschränkten Zugang zu der Berufungsinstanz erzwangen eine Prozeßdauer, die zu der Bedeutung der Bagatellsache in keinem vernünftigen Verhältnis stand.

Freilich, die Novelle sah für einfach gelagerte Streitsachen – wie beschrieben[2251] – die Möglichkeit des sog. vereinfachten Verfahrens vor, bei dem die Hauptverhandlung in unmittelbarem Anschluß an die Vorbereitung stattfand. Doch konnte auch dies an der Notwendigkeit eines regelmäßig zweifachen Erscheinens der Parteien nichts ändern.[2252] Zudem war das vereinfachte Verfahren von der Novelle ersichtlich als Ausnahmeinstitution gedacht, nicht aber als generelle Verfahrensalternative für eine ganze Kategorie von Rechtsstreitigkeiten.[2253] Eine Bewältigung der Bagatellsachen allein mit seiner Hilfe schied somit aus.[2254]

Der entscheidende Nachteil des Verfahrens der Novelle mit Blick auf die Behandlung von Rechtsstreitigkeiten geringen Werts hing jedoch mit seinen hohen Anwaltskosten zusammen. Da der im Prozeß Unterlegene grundsätzlich sämtliche Kosten des Obsiegenden zu tragen hatte,[2255] von denen die auf die Inanspruchnahme anwaltlicher Vertretung entfallenden den weitaus größten Teil ausmachten, mit der zunehmenden Komplexität rechtlicher Regelungen die gerichtliche Unterstützung durch einen Anwalt für die Parteien

---

ren vorzunehmen“, da sie die damit verbundenen Gefahren materiell ungenügender Prüfung eines Bagatellstreits als zu hoch einschätzte. Daß durch die mit dem gewöhnlichen Verfahren verbundenen Prozeßkosten unter Umständen Bagatellsachen erst gar nicht vor das Gericht gebracht würden und damit eine noch ernstere Gefährdung des Rechtsschutzes auftreten könnte, zog hingegen die Lagberedning überhaupt nicht in Betracht.

[2251] Vgl. B. IV. 2. b) aa) α) (1).

[2252] Vgl. hierzu die „promemoria“ des Justizministeriums (Ds Ju 1971:9) – nachfolgend prom – S. 8.

[2253] Vgl. etwa die Zurückhaltung in der Kommentierung der entsprechenden Bestimmung bei *N. Gärde*, NRB 42: 20 wie auch die oben (S. 448 FN 2249) angeführte Stellungnahme der Lagberedning zur Frage von Bagatellstreitigkeiten.

[2254] Diese Lösung wurde, soweit ersichtlich, auch zu keinem Zeitpunkt der Reformdiskussion näher in Betracht gezogen, vgl. prop 1973:87 – nachfolgend prop –, S. 40 ff.

[2255] Gem. der Grundregel in NRB 18:1.

aber auch in Bagatellsachen immer üblicher wurde,[2256] mußte eine jede Seite für den Fall ihres Unterliegens mit Kosten rechnen, die den Streitwert bei weitem überstiegen. Eine Kalkulation der wirtschaftlichen Vor- bzw. Nachteile einer Prozeßführung in Bagatellsachen mußte es einer Partei bei Zweifeln über den Ausgang des Verfahrens somit ratsam erscheinen lassen, von einer Klage von vornherein abzusehen.[2257]

Tatsächlich legte eine von Regierungsseite für die Jahre 1969/70 durchgeführte eingehende statistische Erhebung über Zahl und Streitwert der an den ordentlichen Gerichten erhobenen dispositiven Klagen im Vergleich zu den Verhältnissen bei der Öffentlichen Beschwerdebehörde und den Miet-/Pachtbehörden[2258] den Schluß nahe, daß eine offensichtlich große Zahl faktisch vorhandener Bagatellstreitigkeiten – zumal auf der Ebene von Verbraucherstreitigkeiten[2259] – gar nicht erst vor die Gerichte gebracht wurde.[2260]

Das hierin liegende Rechtsschutzdefizit sollte daher durch die Einrichtung eines auf die besonderen Bedürfnisse der Parteien in Bagatellsachen zugeschnittenen speziellen Verfahrens ausgeglichen werden. Dieses mußte eine flexiblere Handhabung der Prozeßgrundsätze nach der Novelle zum Ziel haben und insbesondere die Kosten anwaltlicher Vertretung weitestgehend beschränken.[2261] Das Gesetz trat auf der Grundlage eines Regierungsentwurfs als „Gesetz über das Verfahren in Streitigkeiten mit geringem Wert“[2262] 1974 in Kraft.

[2256] Prom S. 8.; s. im Gegensatz dazu die Verhältnisse in der Zeit des frühen 20. Jahrhunderts entsprechend der statistischen Angaben oben S. 211 FN 1028.

[2257] Keine Verbesserung bedeutete insofern das amerikanische System der Kostenverteilung, das im Prinzip jede Partei für die eigenen Kosten aufkommen ließ, da hier eine Partei sogar in den für sie eindeutig günstig gelagerten Bagatellverfahren wegen der den Streitwert vielfach übersteigenden Anwaltskosten keinerlei ökonomischen Anreiz mehr in einem Prozeß erblicken konnte. Das mit Bagatellstreitigkeiten verknüpfte Kostenproblem stellt sich insofern weniger als ein Problem der allgemeinen Verteilung der Prozeßkosten dar denn als Problem der unter ökonomischem Blickwinkel ungünstigen Beteiligung von Anwälten an dieser Art von Verfahren. Eine befriedigende Lösung des Kostenproblems war aus Sicht der Regierung auch nicht in der den meisten Schweden (ca. 85%, vgl. oben) zukommenden Rechtsschutzversicherung zu erblicken, da diese üblicherweise einen nicht unbedeutenden Eigenanteil des Versicherungsnehmers vorsah, vgl. prop S. 44.

[2258] Prom S. 1 ff.

[2259] Darunter sind in der schwedischen Rechtsterminologie Rechtsstreitigkeiten zwischen Gewerbetreibendem und Konsument aus Anlaß der von ersterem verkauften Waren bzw. durchgeführten Dienste zu verstehen, vgl. prom S. 6 f.

[2260] So auch die Schlußfolgerung der Regierung in der Begründung ihres Entwurfs eines Gesetzes für Bagatellverfahren, prop S. 42 f.

[2261] Vgl. prop S. 1.

[2262] „Lag om rättegången i tvistemål om mindre värden“ (SFS 1974:8), vielfach auch nur kurz „småmålslagen“ („Gesetz über Bagatellsachen“) genannt.

bb) Grundzüge des Verfahrens in Bagatellsachen

α) Charakteristische Unterschiede des Verfahrens in erster Instanz zu dem nach dem Rättegångsbalk

Das Gesetz über den Prozeß in Bagatellsachen verzichtet auf die von dem Nya Rättegångsbalk vorgesehene Zweiteilung des Verfahrens in Vorbereitung und Hauptverhandlung als im Rahmen des Anwendungsbereichs des Gesetzes typischerweise unnötige und aus Kostengründen daher zu meidende Lösung.[2263]

Für die an seine Stelle tretende einheitliche Verhandlung vor einem Einzelrichter[2264] sieht es zudem eine weitgehende Lockerung der in der Novelle aufgestellten Formgrundsätze der Mündlichkeit und Unmittelbarkeit vor und gewährt dem Richter erheblich mehr Entscheidungsspielraum in der Bestimmung der im Einzelfall anzuwendenden Verfahrensform. So soll zwar die Verhandlung nach Möglichkeit in Gestalt eines mündlichen Termins in Anwesenheit der Parteien geführt werden,[2265] da sich die Reform von einer auf der Grundlage eines mündlichen Termins zustandegekommenen Entscheidung eine regelmäßig größere Wahrscheinlichkeit der Urteilsrichtigkeit verspricht.[2266] Soweit jedoch das Schriftverfahren der Beschaffenheit des Streitgegenstandes angemessener erscheint, ist seine Wahl dem Richter freigestellt.[2267]

Für den Inhalt der Klageerhebung gelten im wesentlichen die gleichen Grundsätze wie nach dem Rättegångsbalk. Anzuführen hat der Kläger daher neben dem Klagegrund und den ihn tragenden Sachumständen insbesondere seine Beweismittel; schriftliche Beweise sind der Klageschrift beizulegen.[2268]

In der auf die nach Wahl des Gerichts schriftliche oder mündliche Klageerwiderung folgenden Verhandlung hat der Richter in erster Linie einen Parteivergleich zu erstreben.[2269] Stand noch die Novelle von 1942 dem Vergleich wegen der mit ihm verbundenen Gefahr der Umgehung streitiger Rechtsfragen zurückhaltend gegenüber,[2270] so ist diese Haltung für das Bagatellverfahren aufgegeben.[2271] Die Bedeutung einer den Parteiinteressen dienende rasche Beendigung des Streits schätzt die Reform höher ein als das auf umfassende Klärung relevanter Rechtsfragen gerichtete Allgemeininteresse.

Für den Ablauf der Verhandlung im Fall des Scheiterns der Vergleichsbemühungen geht die Reform davon aus, daß die Parteien den Prozeß ohne

---

[2263] Vgl. prop S. 76.
[2264] § 12.
[2265] § 15 st. 1. Dazu auch *N. Lihné*, Rättegången i tvistemål om mindre värden, S. 19, 21.
[2266] Prop a.a.O.
[2267] § 5 iVm § 15 st. 1.
[2268] § 13; *N. Lihné*, a.a.O., S. 17.
[2269] § 6 st. 2.
[2270] S. die Angaben unter S. 258 FN 1308.
[2271] Prop S. 83: „Die neue Ordnung soll in deutlich höherem Grad auf die Erzielung eines Vergleichs ausgerichtet sein." Dazu auch *B. Demeulenacre*, Sweden's System to Resolve Consumer Disputes, S. 53 ff. (69 ff.).

anwaltlichen Beistand führen. Da ein solcher die Prozeßkosten erheblich steigen lassen würde und hierdurch ein wesentlicher Zweck der Reform vereitelt würde, hat sich die Reform im Grundsatz gegen die Vertretung der Parteien entschieden. Dies folgt aus der Regelung der Kostenverteilung,[2272] die für die obsiegende Partei keinen Anspruch auf Erstattung etwaiger Anwaltskosten durch die Gegenseite vorsieht.[2273] Es ist freilich jeder Partei unbenommen, gleichwohl einen Anwalt mit der Vertretung ihrer Interessen zu beauftragen. Allein, sie hat für sein Honorar dann selbst aufzukommen.

Als Ausgleich für die hierdurch den Parteien erwartungsgemäß entstehenden Schwierigkeiten und Unsicherheiten bei der Einleitung und Durchführung des Prozesses weist die Reform dem Richter eine noch größere Verantwortung für die vollständige Ermittlung des entscheidungserheblichen Sachverhalts zu als nach dem Rättegångsbalk. Dazu heißt es in der entsprechenden Norm:[2274]

> „Das Gericht soll die Parteien bei der Durchführung des Prozesses ('talans utförande') leiten ('vägleda') und darauf schauen, daß die Streitpunkte klargelegt und der Streitstoff ermittelt ('målet utrett') werden, wie es seine Beschaffenheit verlangt."

Der Unterschied in dem Umfang statthafter Prozeßleitung des Richters ergibt sich zwar nicht zwingend aus einem bloßen Wortlautvergleich dieser Bestimmung mit der entsprechenden des Rättegångsbalk.[2275] Er folgt aber unmittelbar aus dem Umstand, daß die Parteien nach der Konzeption der Reform grundsätzlich keinen anwaltlichen Beistand an ihrer Seite haben sollen, ihnen allerdings hierdurch keinerlei Einbuße an Rechtsschutz entstehen darf. In der amtlichen Begründung des Gesetzentwurfs heißt es hierzu:[2276]

> „Es ist zuvor gesagt worden, die Zielsetzung sei, ein vereinfachtes Verfahren zu erreichen, in dem die Parteien den Prozeß ohne juristischen Beistand führen können. Die Anforderungen, die an die Parteien gegenwärtig (sc. nach dem Verfahren des Rättegångsbalk, eig. Erkl.) hinsichtlich der Art und Weise der Sachdarlegung gestellt werden, müssen aufgrund dieser Zielsetzung erleichtert werden. Damit das Gericht gleichwohl eine zufriedenstellende Grundlage für eine rasche und sichere Entscheidung erlangen kann, muß es in bedeutend höherem Maß als bislang den Parteien auf unterschiedliche Weise beistehen. Die Erforderlichkeit gerichtlicher Hilfe kann bereits bei der Klageerhebung relevant werden, aber auch später ist es möglich, daß die Parteien während der Verhandlung der Unterstützung bedürfen."

Hinsichtlich des zulässigen Maßes richterlicher Unterstützung weisen die Motive darauf hin, daß der richterliche Beistand zunächst in einer mehr formellen, den äußeren Rahmen des Verfahrens betreffenden Zielrichtung v.a. auf Hilfsmaßnahmen bei der Formulierung der Klage bzw. Klageerwiderung

---

2272 § 8.

2273 Es besteht insoweit nur ein Recht auf Erstattung der – geringfügigen – Kosten für eine Rechtsberatung nach dem Gesetz über Rechtshilfe pro Instanz, vgl. § 8 Nr. 1.

2274 § 6 st. 1.

2275 43:4 S. 2.

2276 Prop S. 79 f.

gerichtet sei sowie auf allgemeine Hinweise über die Zulässigkeit und Erforderlichkeit von Beweisen.

In welchem Maße der Richter darüber hinaus auch auf die inhaltliche Gestaltung des Verfahrens Einfluß ausüben darf oder gar muß, läßt sich – auch nach den Ausführungen der Motive – schwer ermessen. Klarheit herrschte im Laufe der Reformdiskussionen im wesentlichen nur darüber, daß dem Richter unter dem Geltungsbereich des Bagatellverfahrens jedenfalls eine aktivere Rolle zukommen solle, als sie bislang an vielen Gerichten ausgeübt wurde.[2277]

Leichter fällt hingegen die negative Abgrenzung zu der Seite unzulässiger Kompetenzüberschreitung. So hat die richterliche Unterstütung stets schon den Schein der Parteilichkeit zu meiden und unter Berücksichtigung des auch für das Bagatellverfahren geltenden Grundsatzes der Verhandlungsmaxime der Entscheidung nur diejenigen Umstände zugrundezulegen, die von den Parteien zu diesem Zweck angeführt wurden.[2278] Insgesamt, so die Entwurfsbegründung, solle die Tätigkeit des Richters nicht den Charakter umfassender Rechtsberatung annehmen. Soweit eine Partei über die Wahl der für sie günstigsten Entscheidung unschlüssig sei, habe der Richter sie auf die Möglichkeit der anwaltlichen Rechthilfe aufmerksam zu machen,[2279] deren Kosten – wie gezeigt – in gewissem Rahmen erstattungsfähig sind.

Danach läßt sich als Grundsatz für den zulässigen Umfang richterlicher Prozeßleitung in Bagatellsachen wohl am ehesten die Feststellung treffen, daß der Richter den Parteien keine nach der Verfahrensordnung ihnen zugewiesene prozessuale Entscheidung abnehmen darf, andererseits jedoch darauf zu achten hat, daß ihnen die unterschiedlichen Entscheidungsmöglichkeiten einschließlich ihrer rechtlichen Bedeutung im Prozeß bewußt sind.[2280] Insoweit

---

[2277] Vgl. näher *B. Demeulenacre*, Sweden's System to Resolve Consumer Disputes, S. 53 ff. (66 ff.); *N. Lihné*, Rättegången, S. 14 f. Aufschlußreich in diesem Zusammenhang ist die Reaktion des Justizausschusses bei den parlamentarischen Beratungen der Reform auf die Befürchtung vieler Richter, daß eine erheblich aktivere Beteiligung des Richters am Prozeß das Vertrauen der Öffentlichkeit in ihre Unparteilichkeit erschüttern könnte, deren Schutz aber wichtiger sei als die materielle Richtigkeit jedes einzelnen Urteils. Einhellig sprach sich der Ausschuß gegen diese Auffassung als zu einseitig aus und betonte nachhaltig die große Bedeutung materiell richtiger Entscheidungen sowohl für die Parteien als auch für die Überzeugung der Allgemeinheit von der Funktionsfähigkeit der Rechtsordnung (vgl. SOU 1982:26, S. 104).

[2278] Vgl. prop S. 81 f.

[2279] Prop S. 80.

[2280] Freilich darf nicht übersehen werden, daß der Unterschied zwischen statthafter Prozeßleitung und unzulässiger Kompetenzüberschreitung danach unter Umständen eher einer in der Form als in der Sache sein dürfte, da eine Aufklärung der Parteien etwa über die Bedeutung der Einrede der Verjährung für das Verfahren vielfach schon die Entscheidung des Einredebegünstigten nahelegt. Tatsächlich muß sich die Grenzziehung am Rande eines prozessualen Dilemmas bewegen, da im Ergebnis weder allgemeine Grundsätze hinlängliche Sicherheit bieten noch von der Judikatur insoweit eine nennenswerte Hilfestellung zu erwarten ist. Letzteres gilt umso mehr, als sich der von einem Richter im Prozeß ausgeübte

hat er nach der Entwurfsbegründung etwa durch Fragen zu versuchen herauszufinden, inwieweit über den Parteivortrag hinaus noch tatsächliche Umstände bestehen, die für den Ausgang des Verfahrens von Bedeutung sind, und in welchem Umfang sich die Parteien auch auf diese noch berufen wollen.[2281] Zudem hat er auf die Vollständigkeit der Beweisführung zu achten und die Parteien gegebenenfalls auf ihre rechtlichen Möglichkeiten, die Vorlage von Beweisstücken durch den Gegner zu erzwingen,[2282] aufmerksam zu machen.[2283]

Großen Wert legt die Reform daneben auf die Konzentration des Verfahrens. Dieses soll nach Möglichkeit in einem bis zwei Terminen durchgeführt werden.[2284] Die Möglichkeiten der Entscheidung durch Versäumnisurteil sind – zumal im Rahmen einer kleineren Reform des Bagatellverfahrens 1977[2285] – gegenüber denen des Rättegångsbalk ausgeweitet. So kann ein Versäumnisurteil auch bei Säumnis des Beklagten bei der schriftlichen Klageerwiderung ergehen[2286] und ist insoweit nicht an einen dementsprechenden Antrag des Klägers gebunden.[2287]

Schließlich mildert das Bagatellverfahren die dem Rättegångsbalk zugrundeliegenden strengen Regeln der Beweisunmittelbarkeit. Dies zeigt sich zum einen in der Gestattung der Beweisaufnahme an einem anderen Gericht als dem erkennenden, „soweit dies angebracht erscheint."[2288] Zum anderen aber tritt die Lockerung hervor in der Beschränkung der Verpflichtung zur Wiederholung einer Beweisaufnahme nach Ersetzung des Richters bei dessen Verhinderung zwischen Beweisaufnahme und Entscheidung auf den Fall, wo sie „für das Verfahren von Bedeutung erscheint und keine Hindernisse dem entgegenstehen."[2289]

β) Unterschiede in der Gestaltung des Rechtsmittelprozesses in Bagatellsachen im Vergleich zum Rättegångsbalk

In Entsprechung zu der grundlegenden Zielsetzung der Reform, das Bagatellverfahren möglichst kostensparend und rasch zu gestalten, ist der Zugang zur Rechtsmittelinstanz erheblich eingeschränkt worden. Dies betrifft in erster Li-

---

Umfang materieller Prozeßleitung als Bündel von Einzelmaßnahmen einer Kontrolle in der Rechtsmittelinstanz vielfach entzieht.

[2281] Prop S. 82. Die Motive bezeichnen die Tätigkeit des Richters dabei als „efterforskning" – „Nachforschung". Ähnlich die Stellungnahme des Justizministers a.a.O., S. 147 ff.

[2282] Hierzu oben unter B. IV. 2. b) bb) β) (1) (b).

[2283] Prop S. 82 f.

[2284] § 18 st. 1.

[2285] SFS 1977:1144.

[2286] Vgl. § 14

[2287] § 15 st. 3.

[2288] § 17 st. 1.

[2289] § 18 st. 1. Vgl. demgegenüber NRB 17:2 st. 1.

nie das Verfahren vor dem Hofgericht, da die Überprüfung der hofgerichtlichen Berufungsentscheidung durch den Höchsten Gerichtshof wie beschrieben bereits 1971 deutlich begrenzt worden war und eine darüber hinausgehende Restriktion für den Bagatellprozeß nicht notwendig erschien.[2290]

Während die Berufung gegen eine Entscheidung des „tingsrätt" nach den Bestimmungen des Rättegångsbalk im Prinzip keinen Begrenzungen unterlag, knüpft sie das Bagatellverfahren für den Regelfall[2291] an eine Zulassung („prövningstillstånd") durch das Hofgericht, die nur bei Vorliegen eines der wenigen, enumerativ im Gesetz aufgeführten Dispensgründe erteilt werden darf.[2292] Diese betreffen vorzugsweise die Fälle falscher Rechtsanwendung und fehlerhafter Prozeßführung durch die Unterinstanz,[2293] die Präjudikatbedeutung einer Entscheidung[2294] und das Nachschieben neuer Umstände und Beweismittel, deren Berücksichtigung in der Vorinstanz wahrscheinlich zu einem anderen Urteil geführt hätte.[2295]

Das Verfahren selbst entspricht mit einem, allerdings wesentlichen Unterschied dem nach dem Rättegångsbalk. Im Gegensatz zu diesem ist es grundsätzlich schriftlich zu führen, soweit nicht besondere Gründe eine mündliche Verhandlung ratsam erscheinen lassen.[2296] Diese Bestimmung ist nach den Motiven erneut durch das Bemühen um Kostenersparnis veranlaßt.[2297]

γ) Zusammenfassung

In der Zusammenschau erscheint das Bagatellverfahren somit als eine nach Art und Umfang erhebliche Modifikation wesentlicher Strukturbestimmungen des Prozesses nach dem Rättegångsbalk. Motiviert durch das Streben nach Kostenreduktion und Verfahrensvereinfachung hat sich diese in der Ausweitung der Schriftlichkeit in der Eingangs- wie der Berufungsinstanz, der Aufweichung des Grundsatzes der Beweisunmittelbarkeit, dem Verzicht auf das gesonderte Verfahrensstadium der Vorbereitung, der Stärkung richterlicher Prozeßleitung und der erheblichen Begrenzung des Zugangs zum Berufungsgericht niedergeschlagen.

Es stellt damit einen bedeutenden Reformschritt in der Entwicklung des schwedischen Prozeßrechts nach dem Krieg dar und muß als Ausgangs- und Bezugspunkt auch der noch zu behandelnden Reform des Rättegångsbalk selbst im Jahr 1987 angesehen werden [näher dazu unten b)].

[2290] Prop S. 118. Eine gewisse Verschärfung gegenüber dem Rättegångsbalk liegt allerdings in dem Ausschluß eines Rechtsmittels gegen die Entscheidung des Hofgerichts über die Zulassung der Berufung, vgl. § 28.

[2291] Hinsichtlich der Ausnahmen s. § 21 st. 2.

[2292] § 22; dazu *N. Lihné*, Rättegången, S. 24 f.

[2293] Ibid. Nr. 3, 5.

[2294] Ibid. Nr. 1.

[2295] Ibid. Nr. 2.

[2296] § 27.

[2297] Prop S. 115.

cc) Der Einfluß ausländischen Rechts auf die Gestaltung des Bagatellverfahrens

Die Einrichtung eines eigenen Verfahrens für Bagatellstreitigkeiten markiert eine prozessuale Neuerung, die es im schwedischen Recht zuvor nicht gegeben hat. Zudem hatte man in Schweden nicht etwa eine entsprechende Reform schon frühzeitig geplant, um sie dann – ähnlich wie im Falle der Entwicklung des Rättegångsbalk – erst geraume Zeit später verwirklichen zu können. Vielmehr hatten sich die Reformkommissionen, wie gezeigt, bei der Aufstellung des Entwurfs der Novelle von 1942 bewußt gegen die prozessuale Sonderbehandlung von Streitigkeiten mit geringem Wert entschieden, da sie hierfür keinerlei Bedürfnis erkannten.[2298] Berücksichtigt man desweiteren, daß der Frage der adäquaten Behandlung von Bagatellstreitigkeiten seit den sechziger Jahren im Zuge der oben beschriebenen „access to justice"-Bewegung im westlichen Kulturkreis allgemeines Interesse entgegengebracht wurde, so liegt die Vermutung nahe, daß man sich im Vorfeld der schwedischen Reform auch mit den Lösungen anderer Verfahrensordnungen auseinandergesetzt hat.

Tatsächlich bieten die Gesetzgebungsmaterialien[2299] in dieser Frage aufschlußreiche Hinweise.

Sie lassen erkennen, daß von den unterschiedlichen Modellen des Auslands im wesentlichen vier näher begutachtet wurden. Es waren dies vor allem die Lösungen des amerikanischen Rechts, der Reformentwurf der englischen Verbraucherschutzbehörde („Consumer Council") aus dem Jahr 1970[2300] und die Modelle der skandinavischen Nachbarn Norwegen und Dänemark. Erwähnt wird von den Materialien zwar auch die deutsche Regelung des Schiedsverfahrens,[2301] allerdings scheint man sich mit ihr nicht weiter auseinandergesetzt zu haben.[2302]

α) Die Behandlung von Bagatellstreitigkeiten im norwegischen Recht

Norwegen hatte zum Zeitpunkt der schwedischen Reform die Behandlung von Bagatellstreitigkciten in das Verfahren vor speziellen Vergleichsanstalten („forliksråden") inkorporiert.[2303] Unter der Leitung von jeweils drei Mittlern

---

2298 S. S. 448 FN 2249.

2299 Von Bedeutung sind die „promemoria" des Justizmisteriums (Ds Ju 1971:9) und die auf ihr aufbauende amtliche Begründung des Gesetzesentwurfs in der proposition 1973:87.

2300 The Consumer Council, Justice out of reach: a case for small claims courts.

2301 Damals in § 510 c der ZPO geregelt. Das dort verankerte sog. obligatorische Schiedsurteilsverfahren wurde interessanterweise durch die sog. Beschleunigungsnovelle von 1976 mit Wirkung zum 1.7.1977 außer Kraft gesetzt, um durch das sog. Rechtspflege-Vereinfachungsgesetz vom 17.12.1990 in der Gestalt des heutigen § 495 a in inhaltlich ähnlicher Form wieder eingeführt zu werden. Zu den Hintergründen der Abschaffung des § 510 c s. die eingehende Analyse bei *C. Wollschläger*, Bagatelljustiz?, in: E. Blankenburg/D. Leipold et al. (Hrsg.): Neue Methoden im Zivilverfahren, S. 13 ff. (28 ff.).

2302 Die proposition geht etwa auf das deutsche Recht gar nicht mehr ein, vgl. prop S. 32 ff.

2303 Domstolslov § 1 Nr. 5; § 27.

(„forliksmen"), die auf kommunaler Ebene gewählt wurden und keinerlei juristische Ausbildung zu haben brauchten, galt es, sich im Vorfeld nahezu aller Prozesse um die Herbeiführung einer gütlichen Einigung der Parteien zu bemühen.[2304]

Schlug diese fehl, konnten die Mittler auf Begehren teils einer Partei, teils beider in einer Reihe von vermögens- und sachenrechtlichen Prozessen mit geringem Streitwert anschließend ein streitiges Verfahren durchführen.[2305]

In dem Prozeß selbst waren die Möglichkeiten der Vergleichsanstalt bei der Aufklärung des Sachverhalts überaus begrenzt. Zeugen waren etwa zum Erscheinen nur insoweit verpflichtet, als sie sich innerhalb des Bezirks der Vergleichsanstalt aufhielten.[2306] Darüber hinaus waren die Anstalten überwiegend auf die freiwillige Mitwirkung von Zeugen, Sachverständigen oder auch den Parteien selbst angewiesen.[2307]

Das Verfahren war mündlich und öffentlich gestaltet,[2308] Anwälte als Prozeßvertreter nicht zugelassen.[2309] Versäumnisurteile konnten in gewissen Fällen erlassen werden.[2310]

β) Die Behandlung von Bagatellstreitigkeiten im dänischen Recht

In Dänemark bestanden gleich der deutschen Gerichtsorganisation zwei Arten von Untergerichten, das kollegial organisierte „landsret" und das mit je einem Berufsrichter besetzte „underret", von denen letzteres den deutschen Amtsgerichten entsprach und unter anderem auch für Bagatellstreitigkeiten zuständig war.[2311] Ein Spezialverfahren ausschließlich für Bagatellsachen existierte hingegen im dänischen Recht nicht.[2312]

Unabhängig davon, vor welchem Gericht ein Streit erstinstanzlich anhängig gemacht wurde, hatte der Richter zunächst zu versuchen, die Parteien zu einem Vergleich zu bewegen.[2313]

2304 § 272 Tvistemaalslov. Zu Ausnahmen vgl. §§ 273 f. (u.a. gewisse Ehestreitigkeiten). Dazu näher *A. Bratholm/J. Hov*, Sivil Rettegang, S. 70 f.

2305 §§ 288 ff. Tvistemaalslov. Hierzu *dies.*, a.a.O., S. 57 ff.

2306 Vgl. § 292 I 1 Tvistemaalslov; *dies.*, a.a.O., S. 75.

2307 Vgl. etwa § 292 I 2 Tvistemaalslov: „Im übrigen können Erklärungen von Zeugen, Parteien und Sachverständigen nur bei Freiwilligkeit entgegengenommen werden."

2308 § 291 I 1 (Mündlichkeit) und § 288 II 2 Tvistemaalslov (Öffentlichkeit).

2309 § 288 III Tvistemaalslov.

2310 Vgl. dazu § 289 II Tvistemaalslov. Eingehend hierzu *A. Bratholm/J. Hov*, a.a.O., S. 75 f.

2311 S. hinsichtlich der Zuständigkeitsverteilung zwischen den Untergerichten §§ 13 f. Retsplejelov; vgl. hierzu auch *H. Munch-Petersen*, Zivilprozeß, S. 12 ff. Vgl. auch a.a.O., S. 125 zur Kritik *Munch-Petersens* an der aus seiner Sicht zu hohen Kompetenzgrenze des „underret", das durch sein weniger formgebundenes und verstärkt auf eine rasche Entscheidung zielendes Verfahren nur für Streitigkeiten geringen Werts geeignet sei.

2312 Ein Vorschlag des Sachverständigengremiums „Retsplejeråd" (Betaenkning Nr. 886 / 1979) zur Einführung spezifischer Regeln für Bagatellstreitigkeiten vermochte sich nicht durchzusetzen.

2313 § 268 I Retsplejelov; dazu *B. Gomard*, Civilprocessen, S. 312.

Hinsichtlich des Verfahrens vor dem „underret" galt, daß die für das „landsret" charakteristische Aufteilung der Verhandlung in die zumeist schriftsätzliche Vorbereitung mit Replik und Duplik[2314] und die anschließende Hauptverhandlung fortfiel und statt dessen im Anschluß an die Eingabe der Klageschrift sogleich die mündliche Verhandlung stattfand.[2315] Die Schriftlichkeit war im Prozeß vor dem „underret" im ganzen auf ein Minimum begrenzt und bestand – von schriftlichen Beweisstücken abgesehen – nur aus der Klageschrift.[2316]

Für die Verhandlung galt zwar grundsätzlich kein Anwaltszwang,[2317] ein Verbot anwaltlicher Vertretung existierte hingegen auch nicht.[2318] Die Regelung der Verteilung der Prozeßkosten, die dem Unterlegenen im Grundsatz die Tragung sämtlicher Kosten auferlegte,[2319] sah insoweit nicht einmal einen ökonomischen Anreiz für den Verzicht auf eine Prozeßvertretung vor.

Soweit die Parteien keinen Rechtsbeistand an ihrer Seite hatten, war der Richter verpflichtet, ihnen in weitem Umfang bei der Aufklärung der Sache und Wahrnehmung ihrer Interessen zu helfen (sog. „vejledningspligt").[2320]

Eine Berufung an das „landsret" war in weitem Umfang zulässig[2321] und gestattete den Parteien grundsätzlich auch das Vorbringen neuer Umstände und Beweismittel.[2322] Das Berufungsverfahren gliederte sich gleich dem Verfahren vor dem „landsret" in erster Instanz in eine schriftsätzliche Vorbereitung und eine mündliche Hauptverhandlung.[2323]

γ) Die Behandlung von Bagatellstreitigkeiten im amerikanischen Recht

In Anbetracht der zum Teil großen Unterschiede und nicht selten gar gegensätzlichen Bestimmungen zwischen den Verfahrensordnungen der einzelnen Bundesstaaten hinsichtlich der Regelung von Bagatellstreitigkeiten kann hier nur auf einige allgemeine Erscheinungen hingewiesen werden.[2324] Da

---

2314 Vgl. §§ 343 f. Retsplejelov.

2315 § 429 I Retsplejelov; s. *H. Munch-Petersen*, a.a.O., S. 123 f. Gem. § 351 S. 3 war auch die mündliche Klageerwiderung im ersten Termin möglich.

2316 Vgl. §§ 429 ff. Retsplejelov. S. auch dens., a.a.O., S. 123.

2317 Vgl. § 259 I Retsplejelov. Gem. § 259 II konnte das Gericht jedoch einer Partei auch die Hinzuziehung eines Anwalts auferlegen, wenn anders eine hinreichende Wahrnehmung ihrer Interessen nicht gesichert schien.

2318 Dazu ders.: a.a.O., S. 122.

2319 § 312 I retsplejeloven; dazu ders.: a.a.O., S. 135.

2320 Vgl. § 429 II Retsplejelov. Hierzu näher ders.: a.a.O., sowie *B. Gomard*, Civilprocessen, S. 83.

2321 § 435 Retsplejelov.

2322 Vgl. § 440 I (neue Beweise) und III (neues Sachvorbringen). Dazu näher *H. Munch-Petersen*, a.a.O., S. 147 f.

2323 Ders.: a.a.O., S. 149.

2324 Vgl. die Äußerung *C. Whelans* (edit.), Small Claims Courts, S. 2: „A study of the United States with its fifty states (sc. hinsichtlich der small claims, eig. Erkl.) is, of course, a comparative venture in itself." Eine detaillierte Aufschlüsselung der einzelstaatlichen Besonderheiten in der Behandlung der „small claims" in den USA findet sich bei *J. Ruhnka/S. Weller*, Small Claims Courts, Appendix A, S. 201 ff. Zu einer übersichtlichen Darstellung

nicht ersichtlich ist, daß die schwedische Reform einzelnen Prozeßordnungen bestimmter amerikanischer Teilstaaten besondere Aufmerksamkeit gewidmet hat, erübrigt sich allerdings eine detailliertere Untersuchung auch aus diesem Grund.

Im Zuge ihres bereits zu Beginn des 20. Jahrhunderts verstärkt einsetzenden Strebens nach einer Anpassung des Justizverfahrens an die Bedürfnisse der „ordinary day-to-day grievances“[2325] hatten die USA schon früh das Fehlen spezifischer Regeln für die Behandlung von Streitigkeiten geringen Werts als eine ernstzunehmende Gefahr für den allgemeinen Rechtsschutz erkannt.[2326] Deren Ausmaß rührte nicht zuletzt von der amerikanischen Regelung der Prozeßkostenverteilung her, die mit dem Grundsatz der Verpflichtung einer jeden Partei zur Tragung der eigenen Kosten potentielle Kläger von vornherein von der Erhebung einer Bagatellklage abhielt.[2327]

Die daraufhin durchgeführten Reformen[2328] sahen bei allen, zum Teil weitreichenden Unterschieden im einzelnen jedenfalls im Ansatz überein-

---

der geschichtlichen Entwickung der amerikanischen „small claims courts“ s. *E. Steele*, The historical context of small claims courts, S. 302 ff.

2325 *E. Steele*, a.a.O., S. 296.

2326 Die mit der Kostspieligkeit von Gerichtsverfahren verbundenen allgemeinen Gefahren für den Rechtsschutz der Bürger waren den USA allerdings schon deutlich früher bewußt geworden. So hob etwa bereits 1846 ein Delegierter des Verfassungskonvents im Staat New York in einer Debatte über die Qualität des amerikanischen Justizsystems hervor: „Now the two great capital evils in the judiciary system, of which the people everywhere complain, and ask to have remedied, are – first, 'the great delay', and 2ndly, 'the great expense“(Report of the Debates and Proceedings of the Convention for the Revision of the Constitution of the State of New York [1846], zit. nach *E. Steele*, The historical context, S. 320. In die gleiche Richtung zielte dann später die bekannte Rede *R. Pounds* aus dem Jahr 1906 über die Gründe der weit verbreiteten Unzufriedenheit in der Bevölkerung über die Justiz („The Causes of Popular Dissatisfaction with the Administration of Justice“, in: American Bar Association Reports, Bd. 29, S. 395 ff.), die von vielen seiner Zeitgenossen als einer der zentralen Auslöser für die small claims-Reformbewegung zu Beginn des 20. Jahrhunderts angesehen wurde; vgl. etwa *J. Wigmore*, Roscoe Pound's St. Paul Address of 1906: The Spark That Kindled the White Flame of Progress, zit. nach *E. Steele*, The historical context, S. 320 f: „For many ensuing years the St. Paul speech was the catechism for all progressive-minded lawyers and judges. Slowly the doctrines spread. Many other forces – most notably the American Judicature Society – organized their efforts. And so the white flame of Progress was kindled.“

2327 *J. Ruhnka/S. Weller*, a.a.O., S. 1: „(...) makes it virtually impossible for wage earners and small businessmen to use the court system to collect wages or accounts which they were owed.“ Ebenso *W. Krueger*, The small claims court in the state of Washington, in: Gonzaga University Washington (Hrsg.): The Developing Law of Consumer Protection, S. 683 ff. (684 f.).

2328 Die small claims-Reformbewegung verlief im wesentlichen in zwei Phasen (anders *E. Steele*, The historical context, S. 368 ff. [368], der sich für eine Dreiteilung unter Einbeziehung des 19. Jahrhunderts ausspricht). Von ihnen lag der Schwerpunkt der ersten Phase im ersten Drittel des 20. Jahrhunderts, schlug sich in der Gründung einer Reihe spezieller small claims-Gerichte nieder (beginnend in Cleveland 1913) und stieß gegen Ende der dreißiger Jahre in weiten Kreisen der amerikanischen Justiz auf eine überwiegende Zufriedenheit mit dem neuen Konzept; vgl. etwa das Fazit des Richters am Supreme Court *Justice Roberts*, der 1936 von einer „amazing story of progress toward the goal of equal justice for rich and poor“ sprach sowie die

stimmend die Einrichtung eines speziellen Verfahrens für Streitigkeiten von geringem Wert vor, dessen überwiegend formlose Gestaltung den Parteien eine Prozeßführung ohne anwaltlichen Beistand ermöglichen sollte.[2329] Nur in ganz wenigen Bundesstaten fehlte es zur Zeit der schwedischen Reform an spezifischen Gesetzesbestimmungen für eine sich von dem herkömmlichen Verfahren abhebende Regelung von Bagatellstreitigkeiten.[2330]

Die überwiegende Mehrzahl der Teilstaaten hatte auf die Errichtung spezieller Spruchkörper für die „small claims" verzichtet und deren Erledigung einer Abteilung eines bereits bestehenden Gerichts zugewiesen.[2331]

Einige Staaten hatten überdies Vergleichsanstalten eingerichtet, die die Parteien eines Bagatellstreits zwangen, sich im Vorfeld der streitigen Ver-

---

rückblickende Beurteilung durch das Institute of Judicial Administration im Jahre 1953: „The small claims courts have been able to handle their load of cases swiftly and without complaint (...). The original purpose of small claims courts has been fulfilled." (beide Zitate entnommen *E. Steele*, The historical context, S. 347). Richteten sich die small claims courts nach dem ihrer Einrichtung zugrundeliegenden Konzept ursprünglich an den „kleinen Mann", dessen „neigbourhood grievances" sie schnell und kostengünstig lösen helfen sollten, so wurden sie in den Jahren nach dem zweiten Weltkrieg hingegen zunehmend von Inkassounternehmen, Kreditanstalten und Firmen zur Eintreibung ihrer Außenstände genutzt. Demgegenüber sahen sich die sozial Benachteiligten nur mehr in die Beklagtenrolle gedrängt, brachten selbst jedoch immer seltener ihre „small claims" vor Gericht; vgl. etwa die Feststellung des Washingtoner Richters *T. Murphy* 1967: „The Court is not the court of the neighborhood litigant suing over small loans, minor property damage, or working men seeking wages. Quite the contrary, it is primarily the court of the skilled lawyer representing large debt collection companies, credit stores, corporate defendants and insurance companies" (entnommen *E. Steele*, a.a.O., S. 350; in die gleiche Richtung auch *M. Eisenstein*, Consumer Protection, S. 18 sowie *J. Ruhnka/S. Weller*, a.a.O., S. 41 ff.). Im Zuge der übergreifenden „war on poverty"-Bewegung der amerikanischen Justizpolitik wandte sich das Interesse im Verlauf der sechziger und zu Beginn der siebziger Jahre daher erneut der small claims-Problematik zu und mündete in eine Reihe kleinerer Reformen mit dem Ziel einer Stärkung der Attraktivität der Gerichte gerade auch für den „kleinen Mann"; vgl. näher *E. Steele*, a.a.O., S. 347 ff. Ihr Konzept war allerdings im wesentlichen das gleiche wie zu Beginn des Jahrhunderts, so daß im Rahmen dieser Darstellung auf eine Trennung zwischen beiden Reformphasen verzichtet werden kann (vgl. auch das Urteil *E. Steeles*, a.a.O., S. 355: „The reforms made in the courts were typically incremental changes of questionable staying power. The more lasting change seems to have occurred in public awareness and assertiveness rather than in the nature of the courts themselves").

[2329] Vgl. S. *Weller* et al., American Small Claims Courts, in: C. Whelans (edit.), Small Claims Courts, S. 5 ff. (5): „(...) trial procedure was largely left up to the discretion of the trial judges, and formal rules of evidence were eliminated. (...) judges and court clerks were expected to assist litigants both in trial preparation and at trial so that representation by attorneys would be largely unnecessary." Vgl. näher hierzu auch *E. Steele*, The historical context, S. 331 f.

[2330] Vgl. die Auflistung bei *J. Ruhnka/S. Weller*, a.a.O., Appendix A, S. 201 ff.

[2331] Dies., a.a.O., S. 1: „Small claims court is not a building or a courtroom but a special procedure (...). In Betracht kamen als zuständige Spruchkörper der „Justice of the peace court", der „county court" bzw. „district court" sowie der „municipal court".

handlung zunächst einem obligatorischen Versuch zur gütlichen Einigung zu unterwerfen.[2332]

Deutlich wichen die amerikanischen Bundesstaaten voneinander auch in der Bestimmung der für die Qualifikation eines Prozesses als Bagatellverfahren maßgebenden Streitwertgrenze ab.[2333]

Hinsichtlich des Verfahrens bestand eine erhebliche Vereinfachung darin, daß die meisten Staaten dem Kläger die Möglichkeit einräumten, für die Klageerhebung vorgefertigte und von den Gerichten zur Verfügung gestellte Formulare zu verwenden oder aber die Klage mündlich zur Niederschrift bei Gericht zu erheben.[2334] Dem Beklagten war es vielfach anheimgestellt, auf die Klage schriftlich zu erwidern oder aber bei Erscheinen zur Verhandlung mündlich Stellung zu nehmen.[2335]

Besondere Verfahrensregeln enthielten die „small claims"-Gesetze der einzelnen Staaten meist nur in geringem Umfang; für gewöhnlich war vorgeschrieben, daß die Verhandlung weitgehend ohne Bindung an Formregeln mit dem Ziel einer vor allem raschen Klärung des Rechtsstreits geführt werden solle.[2336]

Die Verhandlung selbst fand nicht selten in der Abendzeit statt, um den durch den Prozeß entstehenden Verlust an Arbeitszeit für die Parteien auf ein Minimum zu begrenzen.[2337]

2332 Die Neigung hierzu nahm allerdings bereits im Verlauf der siebziger Jahre ab, s. *dies.*, a.a.O., S. 4. Zur Geschichte der amerikanischen Vergleichsanstalten, deren Wurzeln in der ersten Hälfte des 19. Jahrhunderts liegen und damit deutlich älter sind als die eigentliche small claims-Reformbewegung s. *E. Steele*, The historical context, S. 305 ff. m.w.N. aus der Literatur. Auch soweit es an derartigen Vergleichsinstitutionen fehlte, erlegten einige Staaten dem Richter auf, die Parteien zunächst zu einer gütlichen Einigung zu bewegen; vgl. *The Consumer Council*, Justice out of reach, S. 25 sowie *E. Steele*, a.a.O., S. 334 ff. Zu der vielerorts als prototypisch empfundenen Gestaltung des Verfahrens in dem New Yorker Harlem small claims court, bei dem der streitige Prozeß einem Berufsrichter, das Schiedsverfahren sowie die Mediation hingegen einem ortsansässigen Anwalt übertragen waren, s. *M. Eisenstein*, Consumer Protection in the United States, S. 54 ff.

2333 Die Grenze verlief zwischen 50 und 500 Dollar (1970), lag im Durchschnitt aber bei zwischen 100 und 300 Dollar; s. *The Consumer Council*, a.a.O., S. 23.

2334 Formlose Hilfestellung beim Ausfüllen derartiger Formulare, die bis hin zu Ratschlägen reichte, welche Beweismittel tunlicherweise zur Verhandlung mitzubringen seien, durch eigens zu diesem Zweck abgestellte Gerichtsbedienstete war allgemein üblich; vgl. *J. Ruhnka/S. Weller*, a.a.O., S. 4: „Another important development in the small claims process is using small claims court clerks to assist litigants in filing (such as filing out the complaint form) and provide advice on what types of proof will be needed (...)." Hierzu näher auch *dies.*, a.a.O., S. 101 ff.

2335 A.a.O.., S. 24 sowie *E. Steele*, The historical context, S. 330; *J. Ruhnka/S. Weller*, a.a.O., S. 2.

2336 *J. Ruhnka/S. Weller*, a.a.O., S. 2: „The crux of the small claims procedure is informality and simplicity." *D. Gould*, On the small claims courts, S. 133: „Part of the very essence of a small claims court procedure is that the adjudicator is not bound by the Rules of Evidence." Vgl. auch *E. Steele*, a.a.O., S. 333 f. (333: „[...] small court judges were given a great deal of latitude in determining the courts' operating procedures.").

2337 *The Consumer Council*, a.a.O., S. 25 m.w.N. zu den Gerichten in Philadelphia und Washington; *J. Ruhnka/S. Weller*, a.a.O., S. 5 für Kalifornien (s. auch S. 124 und S. 127)

Hinsichtlich der anwaltlichen Vertretung der Parteien stellten eine Reihe von Staaten ein Verbot der Inanspruchnahme prozessualen Rechtsbeistandes auf,[2338] während andere die Vertretung generell zuließen[2339] und in einigen Staaten der Richter von Fall zu Fall über deren Zulässigkeit entschied.[2340] Auch soweit die anwaltliche Vertretung statthaft war, wurde von ihr von seiten natürlicher Personen im allgemeinen kein Gebrauch gemacht.[2341] In dem Maße, in dem Anwälte von der Verhandlung ausgeschlossen waren, trafen den Richter zum Ausgleich gesteigerte Fürsorgepflichten gegenüber den Parteien.[2342]

Der Zugang zu den Rechtsmittelinstanzen war in den meisten Staaten in der einen oder anderen Weise begrenzt, teils durch Ausschluß des Klägers von der Berufungsmöglichkeit, teils durch ein beide Parteien treffendes Rechtsmittelverbot, stellenweise auch durch eine Einschränkung des Prüfungsumfangs auf Rechtsfragen von besonderer Bedeutung.[2343]

Prozeßkosten bestanden überwiegend nur in einer geringfügigen Gerichtsgebühr, die die siegreiche Partei von der unterlegenen zurückerstattet verlangen konnte.[2344]

δ) Die Behandlung von Bagatellstreitigkeiten im englischen Recht

England hatte zwar schon gegen Mitte des 19. Jahrhunderts mit den County Courts Spezialgerichte auf lokaler Ebene eingerichtet hatte, die gerade dem schon länger empfundenen Mißstand unzureichender Behandlung von Bagatellverfahren abhelfen sollten.[2345] Es fehlte der Reform jedoch an dauerhafter Wirkkraft, da das in hohem Grade formalisierte Verfahren des High Court all-

---

sowie *H. Fasching*, Small Claims Courts, in: M. Storme/H. Casman (Hrsg.): Towards a justice with a human face, S. 343 ff. (361 f.) zum Verfahren im Staat New York.

2338 Näher *J. Ruhnka/S. Weller*, a.a.O., S. 15 (FN 6) sowie S. 24 ff.

2339 Dies., a.a.O., S. 201 ff. sowie für die lokale Ebene S. 10 ff.

2340 Dazu *dies.*, a.a.O., S. 15 (FN 6): „This is rarely granted and is generally limited to incompetent or aged litigants, or to cases where a corporation officer is an attorney."

2341 Vgl. *The Consumer Council*, a.a.O., S. 24: „(...) in the majority of cases, individuals are not legally representated."

2342 *The Consumer Council*, ibid.: „(...) the judge elicits the facts of the case by questioning the parties and any witnesses himself." Vgl. dazu auch *M. Eisenstein*, Consumer Protection, S. 17. Zu den Ergebnissen einer Umfrage unter amerikanischen „small claims"-Richtern hinsichtlich ihrer Neigung zu einer aktiven Rolle im Prozeß s. *J. Ruhnka/S. Weller*, a.a.O., S. 18 ff. Die Erhebung zeigt eine erhebliche Variationsbreite in dem Verhalten der Befragten, erweist jedoch eine gegenüber dem herkömmlichen Verfahren im ganzen deutlich gesteigerte Beteiligung der Richter am Bagatellprozeß.

2343 Eingehend *J. Ruhnka/S. Weller*, a.a.O., S. 15 (FN 7), S. 155 ff. sowie S. 201 ff.

2344 *The Consumer Council*, a.a.O., S. 24; vgl. auch *J. Ruhnka/S. Weller*, a.a.O., S. 81: „Our data show that on the wohle small claims courts are relatively inexpensive for litigants to use. A majority of both plaintiffs and defendants (...) spent less than $ 25 on their small claims cases."

2345 Näher hierzu *G. Applebey*, Small claims in England and Wales in: *M. Cappelletti/B. Garth*, Access to Justice, Bd. 2/2, S. 683 ff. (692 m.w.N.). Zur historischen Entwicklung der „small claims"-Verfahren in England auch *C. Whelan*, Small Claims Courts: Heritage and Adjustment, in: ders. (edit.), Small Claims Courts, S. 207 ff. (208 ff.).

mählich auch auf die County Courts überging. Der damit verbundene faktische Zwang zur Inanspruchnahme anwaltlichen Beistandes durch die Parteien stand einem kostengünstigen und raschen Verfahren im Weg und führte so auch in England vor allem nach dem Zweiten Weltkrieg zu den oben beschriebenen und allenthalben zu beobachtenden Lücken im Rechtsschutz.[2346]

Es dauerte bis gegen Anfang der siebziger Jahre, ehe unter dem Einfluß der amerikanischen Entwicklung umfangreiche Reformen[2347] das Verfahren an den County Courts an die besonderen Anforderungen von Bagatellverfahren anpaßten. Die Reformen stützten sich dabei auf ein Gutachten der Verbraucherbehörde („The Consumer Council"), die auf der Grundlage einer eingehenden Untersuchung des englischen Rechtssystems zu dem Ergebnis gekommen war, daß dieses in der Behandlung von Konsumentenstreitigkeiten gravierende Schwächen aufwies, die ohne eine weitreichende Änderung der gesamten Verfahrensstruktur nicht zu beseitigen seien.[2348] Da während der schwedischen Reformarbeit an dem Bagatellverfahren im wesentlichen nur dieses Gutachten vorlag, das als mögliche Rezeptionsquelle in Betracht kam, soll sich die nachfolgende Darstellung auf die Skizzierung seiner Grundlinien beschränken.[2349]

Ziel der Reformvorstellung der Verbraucherbehörde war die gebündelte Übertragung der Bagatellverfahren auf den „registrar", einen Gerichtsbeamten der County Courts, zur formlosen und raschen Erledigung des Streits.[2350]

In den Genuß dieses vereinfachten Verfahrens sollten in erster Linie natürliche Personen kommen, bei denen vor allem an Verbraucher gedacht war, juristische Personen hingegen grundsätzlich nicht.[2351]

2346 Anschaulich *C. Whelan*, Small Claims in England and Wales – Redifining Justice, in: ders.: a.a.O., S. 99 ff. (102) unter Verweis auf *W. Holdsworth* (A History of English Law [1903], S. 188): „(...) the court system had become excessively centralized, making the recovery of small debts and demands beyond the reach of poor people. The effect was that justice had been almost denied to the poor man because the recovery of small debt was 'a piece of extravagance which only the very rich or the very litigious could think of incurring'."

2347 Beginnend im März 1972 mit der Einführung der „pre-trial review", einer Art mündlicher Vorbereitung vor dem „registrar" des County Court, und der gleichzeitigen Änderung der Prozeßkostenregelungen. Dazu und zu den weiteren Reformen einschließlich ihres Inhalts s. *G. Applebey*, a.a.O., S. 683 ff.

2348 *The Consumer Council*, Justice out of reach: a case for small claims, v.a. S. 30 ff. Dieses Gutachten als den entscheidenden Auslöser für die „small claims"-Bewegung sehend *J. Baldwin*, Small Claims in the County Courts, S. 5: „Publication in 1970 of the report (...) is (...) acknowledged as providing the initial impetus."

2349 Zur späteren Entwicklung des Bagatellprozesses in England s. *C. Whelan*, Small Claims in England and Wales, in: ders.: a.a.O., S. 99 ff. (101 f.) sowie *J. Baldwin*, a.a.O., S. 7 ff.

2350 *The Consumer Council*, Justice out of reach, S. 30: „(...) that the registrar of each county court should be charged with running an informal court for small claims, as a branch of the county court (...)." Vgl. auch *C. Whelan*, a.a.O., S. 100: „The pre-trial review was designed to give the court greater powers to consider the merits of cases at an early stage and to give directions to secure the 'just, expeditious and economic' disposal of the action."

Dem Kläger war das Recht eingeräumt, die Klage mündlich zur Niederschrift eines Gerichtsbeamten zu erheben, der ihm bei der Gelegenheit auch mitzuteilen hatte, welche Beweismittel der Kläger angebrachterweise zur Verhandlung mitzubringen habe.[2352]

Diese hatte nach Möglichkeit gleich der amerikanischen Lösung zur späteren Tageszeit stattzufinden[2353] und sollte an keine nennenswerten Formvorschriften gebunden sein.[2354]

In erster Linie war der Richter verpflichtet, sich um eine gütliche Einigung der Parteien zu bemühen.[2355] Soweit dies mißlang, war das Verfahren streitig weiterzuführen, wobei dem Richter große Freiheit eingeräumt war, über die Art und Weise seiner näheren Gestaltung zu befinden.[2356] Da anwaltliche Vertretung nach dem Gutachten in den Bagatellverfahren aus Kostengründen ausgeschlossen werden sollte,[2357] hatte sich der Richter unter Aufgabe seiner für den englischen Prozeß charkteristischen Passivität[2358] zur Unterstützung der Parteien selbst an der Sachaufklärung zu beteiligen, Beweise zu erheben und sich die aus seiner Sicht für die Urteilsfällung noch erforderlichen Informationen zu verschaffen.[2359]

Grundlage der Entscheidung sollte regelmäßig eine mündliche Verhandlung sein. Soweit ihre Durchführung allerdings für eine Partei mit nachhaltigen

---

2351 *The Consumer Council*, a.a.O., S. 30: „It should be a genuine people's court. Therefore (...) companies, partnerships, associations and assingnees of debts should not be allowed to sue.“

2352 *The Consumer Council*, a.a.O., S. 32.

2353 Ibid.

2354 Ibid.: „The hearing should not be governed by any rules of procedure or evidence: the registrar's job would be to try to find out as many relevant facts as possible (...).“

2355 *The Consumer Council*, a.a.O., S. 32: „His first aim should be to achieve an amicable settlement.“

2356 *J. Baldwin*, a.a.O., 7: „The judges have been given very considerable latitude in the way they conduct small claims hearings and have been able to adopt whatever methods they think will best achieve a just and expeditious outcome.“ So auch *C. Whelan*, a.a.O., S. 100: „(...) attempt to give the court an element of control over the proceedings to ensure the speedy disposal of cases.“

2357 *The Consumer Council*, a.a.O., S. 30: „(...) designed for individuals to have their claims adjudicated without legal representation.“

2358 S. dazu näher oben unter B. IV. 2. b) aa) β) (2) (c); bb) β) (3) (a) sowie bb) γ) (2) (d).

2359 Vgl. dazu *The Consumer Council*, a.a.O., S. 31: „If the court is to be usable and used by every section of the population, it must have some investigatory functions. That is, it must be able to call for certain evidence, or make certain inquiries itself, where it considers that it does not know enough about the facts of a case to make a just decision.“ S. auch a.a.O., S. 32 f: „Where the registrar was not satisfied that he knew enough to make a fair judgment he would postpone making a decision until sufficient information was available. How this information would be collected should be a matter for the registrar's discretion: he might ask one of the parties to obtain further information; he might inspect the subject-matter of the dispute himself or send a court officer to do so; he might talk to a witness who had not been at the hearing; or he might consult an expert on some point on which he was not quite clear (...).“ In die gleiche Richtung *J. Baldwin*, a.a.O., S. 7: „(...) encouraging (...) judges to play an interventionist role (...).“

Schwierigkeiten verbunden war, etwa weil sie nicht am Gerichtsort ansässig war, konnte das Verfahren gegebenenfalls auch schriftlich geführt werden.[2360]

Um das Ziel der Reform nicht durch langwierige Rechtsmittelverfahren zu unterminieren, war die Möglichkeit der Berufung stark eingeschränkt.[2361]

Die Prozeßkosten schließlich sollten auf eine niedrige Gerichtsgebühr begrenzt werden, die die unterlegene Partei der siegreichen zu ersetzen hatte.[2362] Die Kosten für die gerichtlicherseits angeordneten Untersuchungsmaßnahmen fielen hingegen grundsätzlich dem Staat anheim.[2363]

ε) Vergleich und Rezeption

(1) Vergleicht man die norwegische Lösung mit dem schwedischen Modell, so treten sowohl in organisatorischer wie verfahrensrechtlicher Hinsicht überwiegend Unterschiede hervor. Die schwedische Reform kennt keine Vergleichsbehörden mit Laienmittlern bzw. -richtern, vielmehr wird das Bagatellverfahren vor den ordentlichen Gerichten und ohne Laienbeteiligung durchgeführt. Auch findet es unabhängig von dem Willen der Parteien obligatorisch in Abhängigkeit allein von der Erreichung des vorgegebenen Streitwerts statt, während nach norwegischem Recht das Verfahren ohne Zustimmung zumindest einer Partei nicht denkbar ist. Auch in der Gestaltung des Beweisverfahrens trägt die norwegische Lösung durch die Beschränkung in der Nutzung der Beweismittel deutlich andere Züge als die schwedische Reform und ähnelt insgesamt eher einer Fortsetzung der zuvor durchgeführten Vergleichsverhandlung als einem effektiven Streitverfahren.

Aus diesem Grund hat sich der schwedische Regierungsentwurf bewußt gegen das norwegische Modell entschieden, das er bei aller Wertschätzung der Bedeutung von Vergleichsbemühungen im Bagatellverfahren als letztlich zu ineffektiv bezeichet.[2364] Eine Rezeption norwegischen Rechts durch die schwedische Reform kann somit ausgeschlossen werden.

(2) Im Vergleich der dänischen Behandlung der Bagatellsachen mit der schwedischen Lösung überwiegen ebenfalls die Unterschiede zwischen den beiden Modellen.

Dem dänischen Recht fehlte ein eigenes Bagatellverfahren, der Prozeß vor dem „underret" gestaltete sich nahezu ausschließlich und das Verfahren in der Berufungsinstanz immer noch weitgehend mündlich. Es war dem Gesetz kein nennenswertes Bemühen um Vermeidung anwaltlicher Vertretung zu entnehmen und die richterliche Prozeßleitung infolgedessen nicht schon per se ge-

---

[2360] *The Consumer Council*, a.a.O., S. 33.

[2361] *The Consumer Council*, a.a.O., S. 30 f.

[2362] *The Consumer Council*, a.a.O., S. 33.

[2363] Ibid. Dort auch zu der Ausnahme einer nach dem freien Ermessen des Richters anzusetzenden Kostenverteilung für Untersuchungsmaßnahmen, soweit sie von einer Partei in nicht zu vertretender Weise verursacht sein sollten.

[2364] Prom S. 52 f.

genüber dem Verfahren vor dem „landsret" deutlich größer. Und schließlich bestand hinsichtlich der Berufung keine dem schwedischen Recht ähnlich weitgehende Zugangsbeschränkung.

Daher muß auch hinsichtlich des dänischen Rechts davon ausgegangen werden, daß es trotz seiner Berücksichtigung im Verlauf der schwedischen Reformtätigkeit zu keiner Rezeption gekommen ist. Bestätigt wird dieser Schluß durch den Umstand, daß der der schwedischen Reform zugrundeliegende „promemoria"-Entwurf des Justizministeriums[2365] noch keinerlei Hinweise auf das dänische Recht enthält, auf dieses vielmehr erst die Parlamentsvorlage[2366] eingeht. Zu diesem Zeitpunkt standen allerdings die wesentlichen Strukturen des Bagatellverfahrens bereits fest, so daß es nicht verwundert, daß auch die Parlamentsvorlage bei der Erörterung des schwedischen Gesetzesentwurfs im einzelnen – soweit ersichtlich – an keiner Stelle das dänische Recht in die Betrachtung miteinbezieht.

(3/4) Demgegenüber weisen das englische und – soweit man von den durch das föderale System der USA bedingten Rechtsunterschieden zwischen den Gliedstaaten absieht und die oben dargestellten Grundstrukturen berücksichtigt – auch das amerikanische Modell mit der schwedischen Reform große Ähnlichkeit auf.

Alle drei sehen die Einrichtung eines speziellen und obligatorischen Bagatellverfahrens vor, das sich im Gegensatz zum herkömmlichen Prozeß vor den ordentlichen Gerichten durch einen gezielten Abbau zwingender Formregeln zugunsten einer weitgehenden Überantwortung der Gestaltung des Verfahrens an das richterliche Ermessen auszeichnet.

Alle drei sehen in der effektiven Kosteneindämmung neben der Beschleunigung das entscheidende Ziel der Reform und in der nachhaltigen Begrenzung der anwaltlichen Vertretung der Parteien das primäre prozessuale Mittel hierfür. Der in dem grundsätzlichen Verbot des Rechtsbeistandes in manchen amerikanischen Staaten und nach dem Entwurf der englischen Verbraucherbehörde liegende Unterschied zu der nur mittelbar wirkenden schwedischen Lösung über die entsprechende Begrenzung des Kostenerstattungsanspruchs des Obsiegenden ist demgegenüber nur ein unbedeutender Unterschied in der Form, weniger einer in der Sache.

Alle drei betonen des weiteren die große Bedeutung richterlicher Vergleichsbemühungen im Vorfeld der streitigen Verhandlung und begrenzen schließlich – wenn auch in unterschiedlicher Intensität – den Zugang zu den Rechtsmittelinstanzen.

(5) Die Grundstrukturen des Bagatellverfahrens sind somit im amerikanischen, englischen und schwedischen Recht identisch, so daß die Vermutung einer Rezeption durch die schwedische Reform naheliegt.

2365 S. oben S. 456 FN 2298.

2366 Prop S. 34 ff.

Gegen eine solche läßt sich nicht ins Feld führen, daß die beschriebenen Strukturen gleichsam durch die „Natur des Bagatellverfahrens" vorgegeben seien und die Übereinstimmung daher eher eine pragmatisch bedingte Parallele sei als das Ergebnis gezielter Rezeption. Bereits die skandinavischen Modelle Norwegens und Dänemarks belegen, wie stark die Auffassungen über die geeigneten prozessualen Mittel zur Erreichung desselben Ziels differieren können.

Für eine Rezeption spricht auf der anderen Seite jedoch zunächst der Umstand, daß Schweden, wie die Gesetzgebungsmaterialien zeigen, die amerikanische und englische Lösung gut vertraut war, es die eigene Reform somit zumindest in Kenntnis jener ausländischen Verfahrensmodelle entwickelt hat.

Als letztlich ausschlaggebend für den Schluß auf eine Rezeption müssen jedoch eine Reihe von Textstellen in der promemoria bzw. der proposition gewertet werden, in denen recht wenig verhüllt die Übernahme sogar spezifischer Einzelregelungen aus dem englischen bzw. amerikanischen Recht empfohlen wird.

So unterstreichen beide Materialien die Vorzüge der amerikanischen Lösung, zur Erleichterung des Klägers bei der Klageerhebung vorgefertigte Formulare zu verwenden und schlagen die Einführung einer entsprechenden Bestimmung im schwedischen Recht vor.[2367]

Von gleichem Vorteil erachten sie die ursprünglich dem amerikanischen Modell entstammende und von dort in den Reformentwurf der englischen Verbraucherbehörde übernommene Regelung, die Bagatellverfahren nach Möglichkeit in den Abendstunden abzuhalten, um auf diese Weise den kostenintensiven Ausfall an Arbeitszeit für die Parteien gering zu halten.[2368] Eine gleiche Lösung sei für die schwedische Reform „wünschenswert".[2369]

Überdies berufen sich die Materialien bei der Empfehlung einer nachhaltigen Begrenzung der Rechtsmittel gegen die Entscheidung im Bagatellverfahren ebenfalls ausdrücklich auf die entsprechende Regelung in zahlreichen amerikanischen Staaten und dem englischen Reformentwurf.[2370]

Berücksichtigt man schließlich, daß die Einrichtung eines Bagatellverfahrens schon als solche für das schwedische Recht eine Neuerung darstellte, von der die an der Reform des Rättegångsbalk beteiligten Kommissionen noch ausdrücklich abgesehen hatten, und daß auch die inhaltliche Gestaltung der

---

2367 Prom S. 25; prop S. 80. Freilich weisen beide Textstellen auch darauf hin, daß eine ähnliche Ordnung bereits an der Allgemeinen Beschwerdebehörde („Allmänna Reklamationsnämnd") bestehe.

2368 Prom S. 33 f; prop S. 97 f.

2369 Ibid.

2370 Prom S. 38; prop S. 113: „Es kann angeführt werden, daß die Möglichkeit zur Einlegung eines Rechtsmittels begrenzt oder ausgeschlossen ist an gewissen amerikanischen Bagatellgerichten. Weiter ist von Interesse, daß die englische Verbraucherbehörde in ihrem Gutachten bezüglich solcher Gerichte ausgeführt hat, daß die Möglichkeit zu Rechtsmitteln stark begrenzt sein müsse, wenn sie überhaupt bestehen solle."

Reform selbst eine bemerkenswert weitgehende Modifikation des Verfahrens nach dem Rättegångsbalk bedeutete, so erscheint im Ergebnis der Schluß auf eine Rezeption amerikanischen bzw. englischen Rechts berechtigt. Das schwedische Bagatellverfahren muß somit in seinen wesentlichen Strukturen als das Ergebnis einer Übernahme des amerikanisch-englischen Modells gewertet werden.

b) Die Reform des Rättegångsbalk von 1987

aa) Die Ziele der Reform

Als 1948 die Novelle des Nya Rättegångsbalk in Kraft trat, bedeutete diese Reform bei allem Bemühen um Bewahrung gewisser überkommener Strukturen[2371] einen insgesamt gleichwohl radikalen Bruch mit dem alten System des sog. mündlich-protokollarischen Verfahrens auf der Grundlage legaler Beweisregeln. Wie die Analyse zeigt, fußte die neue Prozeßordnung auf einer strikten Durchführung der Grundsätze der Mündlichkeit, Unmittelbarkeit und Konzentration und hatte das gesamte Beweisrecht nach dem Ziel des freien Beweisverfahrens umgestaltet.

Das Streben nach einer effektiven Überwindung der mit dem alten Recht verbundenen Mißstände hatte es allerdings mit sich gebracht, daß die neuen Prozeßbestimmungen von einer gewissen Rigidität geprägt waren, die der Möglichkeit einer Anpassung des Verfahrens an die Anforderungen des Einzelfalls nur begrenzt Raum bot. Besonders markant hatte sich die Formenstrenge des Nya Rättegångsbalk dabei – wie gezeigt – auf der Ebene der Mündlichkeit niedergeschlagen, wo eine Bezugnahme auf Schriftsätze ebenso untersagt wie die umständliche Verlesung schriftlicher Beweisstücke geboten war. Aber auch den wenig formgebundenen Möglichkeiten gütlicher Streitbeilegung stand die Novelle, wie ihre Reserviertheit hinsichtlich richterlicher Vergleichsbemühungen belegt,[2372] tendenziell ablehnend gegenüber.

Die darin zum Ausdruck kommende geringe Flexibilität des Rättegångsbalk mußte sich in dem Maße nachteilhaft bemerkbar machen, in dem im Zuge des wirtschaftlichen Aufschwungs nach dem Zweiten Weltkrieg die Zahl der Verbraucherstreitigkeiten drastisch anstieg, für die das Verfahren nach der Novelle noch zu umständlich und kostenintensiv war. Die Folge waren eine Reihe von Reformen in gerichtsorganisatorischer und verfahrensrechtlicher Hinsicht, die – wie beschrieben – allerdings nahezu sämtlich als Spezialgesetze außerhalb des Rättegångsbalk zustandekamen. Die Einrichtung der Allgemeinen Beschwerdebehörde und des Bagatellverfahrens sind insoweit als die bedeutsameren Maßnahmen zu nennen. Sie vermochten allerdings die umfassende Revision eines Verfahrensgesetzes, das auf der Grundlage

---

2371 Dazu eingehend unter B. IV. 1. c).

2372 S. die Angaben unter S. 258 FN 1308.

von Reformüberlegungen des ausgehenden 19. und frühen 20. Jahrhunderts zustandegekommen war und den gewandelten gesellschaftlichen und wirtschaftlichen Verhältnissen der Rechtsgemeinschaft nicht mehr genügend Rechnung trug, nicht zu ersetzen.

Als das Verfahren für Rechtsstreitigkeiten von geringem Wert 1973 eingeführt wurde, hatte es nicht nur die Funktion, ein Defizit in der staatlichen Gewährleistung effektiven Rechtsschutzes auf einem begrenzten, wenn auch praktisch sehr bedeutsamen Gebiet des Zivilverfahrens zu beseitigen. Vielmehr stand von vornherein fest, daß die Erfahrungen mit der Bewährung des Bagatellprozesses in der Praxis zum Ausgangspunkt für eine allgemeine Revision des Rättegångsbalk genommen werden sollten. So legte Justizminister *L. Geijer* 1973 in seiner Stellungnahme zum Gesetzesentwurf des neuen Bagatellverfahrens dar:[2373]

> „Das Gesagte hindert nicht, daß die Frage der Bagatellverfahren erneut aufgegriffen werden soll im Zusammenhang mit einer allgemeinen Überprüfung des Zivilprozesses. Eine derartige Überprüfung ist meines Erachtens aus mehreren Gründen geboten, und ich werde die Frage einer näheren Untersuchung auf diesem Gebiet binnen kurzem aufgreifen. Dabei sollen die Lösungen, die nun vorgeschlagen werden, begutachtet und eventuell vor dem Hintergrund der gewonnenen Erfahrungen modifiziert werden. Eine Reform betreffend Bagatellprozesse kann (...) in gewisser Hinsicht als Versuch gesehen werden, der aufmerksam verfolgt und ausgewertet werden muß. Soweit angebracht, kann dies im Zusammenhang mit einer allgemeinen Reform des Gerichtsverfahrens geschehen."

In Durchführung des Vorhabens einer derartigen Revision des Rättegångsbalk wurde 1977 ein Sonderkomitee eingesetzt, das gemäß den Regierungsdirektiven die Möglichkeiten einer flexibleren Gestaltung des Zivilverfahrens mit dem Ziel einer insgesamt schnelleren und kostensparenderen Prozeßabwicklung ausloten sollte.[2374] Gegenstand der Untersuchung sollte dabei in erster Linie das Verfahren vor den Untergerichten sein.[2375]

Die grundlegenden Strukuren des Rättegångsbalks und damit seine Errichtung auf den Prinzipien der Mündlichkeit, Unmittelbarkeit, Konzentration und freien Beweistheorie sollten als solche nicht in Frage gestellt werden. Vielmehr galt es, deren Ausgestaltung im einzelnen auf mögliche Verbesserungen zu untersuchen.[2376]

Das Komitee legte 1982 ein umfassendes Gutachten vor,[2377] das auf die Änderung von etwa 250 Einzelbestimmungen des Rättegångsbalk zielte und in seinen wesentlichen Vorschlägen unverändert einem Gesetzentwurf zur

---

2373 Prop 1973:87, S. 135.
2374 Vgl. dir 1977:10.
2375 Ibid.
2376 Prop 1986/87:89 – nachfolgend prop –, S. 64.
2377 Översyn av RättegångsbalkI – Processen i tingsrätt; Teile A (Reformvorschlag) und B (Motive); SOU 1982: 25-26.

Reform der Verfahrensordnung zugrundegelegt wurde.[2378] Der Entwurf wurde vom Parlament angenommen und trat am 1.1.1988 in Kraft.[2379]

bb) Der Inhalt der Reform

Die Reform sah im wesentlichen unter Übernahme der für das Bagatellverfahren charakteristischen Grundzüge eine größere Flexibilität in der Anwendung der Grundsätze der Mündlichkeit und Unmittelbarkeit vor, die Verbesserung der Sanktionsmittel zur Erreichung effektiver Prozeßkonzentration und die weitere Ausdehnung richterlichen Einflusses auf die Ermittlung des Prozeßmaterials. Die nachfolgende Darstellung hat sich daran zu orientieren.

α) Veränderungen des Nya Rättegångsbalk mit dem Ziel der größeren Flexibilität des Verfahrens

Nach der ursprünglichen Konzeption des Rättegångsbalk hatte das Verfahren nach der Eingabe der Klageschrift sowohl während der Vorbereitung als auch im Haupttermin grundsätzlich mündlich stattzufinden. Die hiervon für die Vorbereitung zugelassenen Ausnahmen[2380] waren als selten anzuwendende und nur aufgrund besonderer Umstände gerechtfertigte Abweichungen von diesem Grundsatz zu verstehen.

Die Reform stellt die Form der Vorbereitung hingegen in das freie Ermessen des Richters und gestattet insbesondere, je nach den Anforderungen des Einzelfalls auch zwischen Mündlichkeit und Schriftlichkeit zu wechseln.[2381] Einzig für die Klageerwiderung macht sie mit der Regelwahl der Schriftlichkeit und der generellen Verpflichtung zu ihrer Abgabe im Vorfeld einer mündlichen Vorbereitungsverhandlung eine Formvorgabe. Selbst von ihr kann der Richter allerdings abweichen, wenn es ihm mit Rücksicht auf den Einzelfall ratsam erscheint.[2382]

Hintergrund dieser Regelungen sind die guten Erfahrungen, die man mit der Ausweitung der Schriftlichkeit im Bagatellverfahren gemacht hatte. Die Regelform der schriftlichen Klageerwiderung, die ebenfalls im Gegensatz zu der alten Bestimmung im Rättegångsbalk steht, erklärt sich aus der Erwartung, daß eine mündliche Vorbereitungsverhandlung bei Vorabkenntnis über die Einwendungen des Beklagten effektiver gestaltet werden könne.[2383]

Die Reform erlaubt zudem, die Vorbereitung auch telefonisch durchzuführen, soweit dies im Einzelfall angemessen erscheint.[2384] Ausschlaggebend für die Entscheidung sollen dabei vor allem Kostengesichtspunkte sein.

2378 Vgl. prop S. 3 ff.

2379 SFS 1987:747.

2380 Dazu oben unter B. IV. 2. b) aa) α) (1).

2381 42:9 st. 1.

2382 42:9 st. 2.

2383 Prop S. 81.

2384 42:10.

Hinsichtlich der Hauptverhandlung galt nach dem Rättegångsbalk, daß eine Entscheidung ohne mündliche Verhandlung nur in den naheliegenden Ausnahmefällen eines Anerkenntnisses bzw. Klageverzichts sowie bei Vergleich oder im Falle offenkundiger Unbegründetheit der Klage ergehen durfte. Die Reform mildert auch hier die frühere Formstrenge, indem sie die Möglichkeit eines Urteils auf Aktenbasis in all denjenigen Fällen gestattet, in denen eine mündliche Verhandlung entbehrlich erscheint und keine Partei eine solche beantragt.[2385]

Das strenge Verbot der Einreichung oder Inbezugnahme von anderen Schriftstücken außer Beweismitteln ist nach der Reform abgemildert für den Fall, daß das Gericht die verstärkte Nutzung der Schrift für das Verfahren von Vorteil erachtet.[2386] Für die schriftlichen Beweismittel schreibt die Reform vor, daß das Gericht mit Zustimmung der Parteien auf ihre bislang gebotene Verlesung verzichten darf, soweit es nur von ihrem Inhalt Kenntnis genommen hat.[2387]

Schließlich werden auch die der Gewährleistung der Verfahrensunmittelbarkeit dienenden Vorschriften über die Voraussetzungen einer Beweiserhebung außerhalb der Hauptverhandlung in gewissem Umfang abgemildert, indem die Reform den Gedanken der Prozeßökonomie stärker in den einzelnen Bestimmungen hervorhebt.[2388]

Von Bedeutung ist in diesem Zusammenhang auch, daß die Anwendung des Telefons über die Vorbereitung hinaus auch für die Beweisaufnahme zur Vereinfachung und Verbilligung des Verfahrens gestattet ist.[2389]

Die genannten Veränderungen des Rättegångsbalk zeigen, daß die Grundsätze der Mündlichkeit und Unmittelbarkeit des Verfahrens zwar weiterhin bestimmende Strukturen des schwedischen Prozesses geblieben sind, der Umfang ihrer Anwendung jedoch in deutlich stärkerem Maße als bislang zur Disposition des Gerichts gestellt ist. Der Einfluß des Bagatellverfahrens auf die Reform ist dabei unverkennbar.

[2385] 42:18 st. 1 Nr. 5. Gedacht war insbesondere an Verfahren, in denen die Parteien sich über die sachlichen Streithintergründe einig sind (etwa Unterhaltsprozesse) oder sich das Beweisverfahren auf die Präsentation schriftlicher Beweise beschränkt, vgl. prop S. 82.

[2386] 43:5.

[2387] 43:8 st. 3.

[2388] Vgl. etwa 36:19 (Zeugen); 38:6 (Urkunden); 39:2 (Augenschein); 40:11 iVm 36:19 (Sachverständige).

[2389] 43:8 st. 4. Nach den Motiven kommt eine Anwendung dieser Möglichkeit insbesondere für die Vernehmung von Zeugen und Sachverständigen in Betracht, deren Erscheinen vor Gericht mit Schwierigkeiten oder Umständen verbunden ist, die zu der Bedeutung ihrer Aussage in keinem vernünftigen Verhältnis stehen, vgl. prop S. 249 f.

β) Veränderungen des Nya Rättegångsbalk mit dem Ziel einer Verstärkung der Konzentration der Verhandlung

Statistische Erhebungen des Komitees im Rahmen seiner Reformtätigkeit hatten ergeben, daß trotz des Strebens der Novelle von 1942 nach Verfahrenskonzentration eine Prozeßdauer von zwei bis drei Jahren ab Anhängigkeit der Klage an den schwedischen Untergerichten zu Beginn der achtziger Jahre keine Seltenheit war.[2390] Die Reform zielte daher auch auf eine Effektuierung der Verfahrenskonzentration.

Die dafür eingesetzten Mittel greifen in erster Linie die Saumseligkeit der Parteien in der Prozeßführung auf und suchen ihr durch eine Ausweitung des Versäumnisurteils und eine Verschärfung der Präklusionsregeln zu begegnen.

So räumt die Reform die Möglichkeit des Versäumnisurteils auch für den Fall der Säumnis des Beklagten mit der schriftlichen Klageerwiderung ein[2391] und schließt die Parteien von der Geltendmachung neuer Umstände oder Beweise in der Hauptverhandlung in Verschärfung der alten Regelung[2392] schon dann aus, wenn die Verspätung auf grober Fahrlässigkeit beruht.[2393]

Bereits 1984[2394] hatte das Gericht im übrigen die Befugnis erhalten, zur Unterbindung saumseliger Prozeßführung durch die Parteien diese bei Gefahr der Präklusion zur endgültigen Angabe aller tatsächlichen Umstände und Beweismittel aufzufordern.

Zudem verschärft die Reform die Bestimmungen über die Anwendung und Höhe des Sanktionsmittels der Strafzahlung („vite“), mit dessen Hilfe schon das alte Recht das persönliche Erscheinen der Parteien und Zeugen durchzusetzen versucht hatte.[2395]

Die Pflicht des Richters zur Mitwirkung an der Beschleunigung des Prozesses – bereits in der Novelle von 1942 verankert[2396] – wird für die Vorbereitung der Hauptverhandlung schließlich noch einmal ausdrücklich von der Reform hervorgehoben.[2397]

γ) Veränderungen des Nya Rättegångsbalk mit dem Ziel der Verstärkung des richterlichen Einflusses auf die Ermittlung des Prozeßmaterials

In welchem Umfang die Reform des Rättegångsbalk auch eine Ausweitung der richterlichen Kompetenzen zur Unterstützung der Parteien bei der Er-

---

2390 Vgl. die instruktiven Ergebnisse der Erhebungen in SOU 1982:26 S. 654 ff.

2391 42:11.

2392 Dazu unter B. IV. 2. b) aa) β) (2) (a).

2393 43:10.

2394 SFS 1984:131. Die Bestimmung wurde damals als 42:8a in den Rättegångsbalk aufgenommen, aus redaktionellen Gründen 1987 dann im Rahmen der oben dargestellten Reform in 42:15 übernommen.

2395 Näher zu den Veränderungen im einzelnen prop S. 123 ff.

2396 S. die Analyse oben unter B. IV. 2. b) aa) β) (2) (a).

2397 42:6 st. 3.

mittlung des entscheidungsrelevanten Materials beinhalten solle, erwies sich als eine der am kontroversesten erörterten Fragen während der gesamten Reformdiskussion.

Die große Bedeutung, die man ungeachtet aller Meinungsunterschiede im einzelnen dieser Frage für die künftige Entwicklung des Gerichtsverfahrens beilegte, spiegelt sich in der umfangreichen Detailuntersuchung, die das Komitee zu diesem Problemkomplex in seinem Gutachten vorgenommen hat.[2398]

Das Komitee wählte dabei als Ausgangspunkt für seine Untersuchung den Umstand, daß die Entwicklung der Praxis seit Inkrafttreten des Nya Rättegångsbalk – seinerseits schon Ausdruck eines aktiven Richterbildes[2399] – kontinuierlich in die Richtung einer zunehmenden Stärkung des richterlichen Einflusses wies.[2400] Es lasse sich jedoch feststellen, daß nicht zuletzt als Folge der wenigen Anhaltspunkte, die das Gesetz in dieser Frage an die Hand gibt, unter den Richtern zum Teil weitreichende Meinungsverschiedenheiten über Art und Umfang der von ihnen während des Verfahrens auszuübenden Prozeßleitung bestünden. Zwar habe die Anwendung des Bagatellverfahrens mit seiner sehr weitgehenden Inpflichtnahme des Richters zur Verbreitung einer aktiveren Rolle des Richters auch außerhalb der Bagatellprozesse spürbar beigetragen.[2401] Auch sei gerade diese von dem Gesetz vorausgesetzte größere Aktivität nach anfänglichen Zweifeln durchweg auf positive Resonanz gestoßen.[2402] Die nach wie vor fehlende Einheitlichkeit in der Praxis lasse jedoch eine legislative Steuerung in dieser Frage notwendig erscheinen.[2403]

Wegen der Schwierigkeiten, die sich mit jedem Bemühen um eine auch nur näherungsweise präzise Erfassung des statthaften Umfangs richterlicher Prozeßleitung im Gesetzestext verbinden,[2404] verzichtet die Reform auf

---

2398 SOU 1982:26 S. 101-137.

2399 S. oben unter B. IV. 2. b) bb) β) (1) (a). Das Komitee äußert in diesem Zusammenhang die Vermutung, daß die Tendenz zu einer stärkeren Richteraktivität, wie sie sich in den schwedischen Reformdiskussionen des frühen 20. Jahrhunderts niedergeschlagen hat, auf den Einfluß des Auslandes zurückzuführen sei (SOU 1982:26 S. 102). Diese Vermutung konnte oben unter B. IV. 2. b) aa) β) (2) (f) bzw. b) bb) β) (6) im Rahmen der vergleichenden Strukturanalyse in wesentlichen Punkten bestätigt werden.

2400 SOU 1982:26 S. 101 ff.

2401 Das Komitee stützte seine Schlußfolgerungen auf ein eingehendes Studium der auf Richterseminaren gehaltenen Referate wie auch auf eigens durchgeführte Anhörungen, vgl. SOU 1982:26 S. 106 f. Die Beobachtung, daß das Bagatellverfahren in dieser Frage Wirkung auch über seinen Anwendungsbereich hinaus hat entfalten können, führte das Komitee darauf zurück, daß sich viele Richter durch die große Zahl an Bagatellprozessen an ihre aktivere Rolle gewöhnt hätten, es ihnen aber zugleich wenig sinnvoll erschienen sei, den Umfang ihrer Einflußnahme einzig nach dem Streitwert des Verfahrens auszurichten (SOU 1982:26 S. 47).

2402 SOU 1982:26 S. 46 ff.; 107.

2403 A.a.O.., S. 108 f.

2404 Die Parlamentsvorlage des Regierungsentwurfs (prop 1986/87:89) weist insbesondere auf die mit einer zu detaillierten Regelung verbundene Gefahr hin, daß es zu einer zu

Empfehlung des Komitees allerdings auf eine entsprechende Änderung der Normen des Rättegångsbalk. Sie verweist statt dessen auf die ihr zugrundeliegenden Motiväußerungen.[2405] Diesen lassen sich in der Frage im wesentlichen folgende Grundsätze entnehmen:

Die Reform behält die Dispositions- und Verhandlungsmaxime als wichtige Leitlinien für den Richter bei der Ausübung seiner prozeßleitenden Tätigkeit bei. Soweit den Parteien die Verfügungsgewalt über den Streitgegenstand zusteht, darf das Gericht daher ebensowenig über den Klägerantrag hinausgehen, wie es den Umfang eines etwaigen Anerkenntnisses unterschreiten darf, und hat seine Entscheidung im übrigen allein auf die von den Parteien vorgetragenen Tatsachen zu stützen.[2406] Die prozeßleitende Tätigkeit des Richters muß sich somit auch nach der Reform auf unterstützende, den Willen der Parteien klarstellende und zu seiner Verwirklichung beitragende Maßnahmen beschränken.[2407]

Darüber hinaus hat der Richter bei jedem Eingreifen in den Gang des Prozesses zur Unterstützung einer Partei deren Interesse an möglichst weitgehender Hilfestellung gegen das Gebot der Unparteilichkeit abzuwägen und sich von einseitiger Parteinahme fernzuhalten.[2408]

Andererseits soll jedoch der Umfang richterlicher Prozeßleitung nach der Reform unter Aufgreifen der Entwicklung der Praxis deutlich erweitert werden und sich dabei dem nach dem Bagatellverfahren statthaften Maß annähern.[2409] Der für dieses noch maßgebende Gesichtspunkt des Streitwerts fällt allerdings nach einhelliger Überzeugung der Reformbeteiligten als sinnvolles Kriterium bei der Suche nach einem angemessen Grad richterlicher Aktivität fort.[2410] Allein maßgebend soll auch nicht der bloße Umstand vorhandener oder fehlender anwaltlicher Vertretung sein, wenngleich er als Beurteilungsfaktor in die Entscheidung des Richters miteinzubeziehen ist.[2411]

An weiteren entscheidungsleitenden Gesichtspunkten nennen die Reformmotive die Komplexität des Rechtsstreits in sachlicher oder rechtlicher Hinsicht und die Bedeutung zwingender Rechtsvorschriften – insbesondere auf

---

starren, unflexiblen Ausübung der Prozeßleitung kommen könnte, die den Anforderungen des Einzelfalls nicht gerecht würde (a.a.O., S. 105).

2405 Siehe prop S. 104. Die wenigen Änderungen, die an 43:4 vorgenommen wurden, sind mehr redaktioneller Natur und dienen durch die Aufteilung der Bestimmungen über die formelle bzw. materielle Prozeßleitung auf zwei Absätze der Verbesserung der Übersichtlichkeit. Auch die 1971 in enger Anlehnung an 43:4 in die Bestimmungen über das Vorverfahren eingeführte Regelung der materiellen Prozeßleitung (42:8 st. 2) sah ausweislich der Motive (vgl. prop 1971:45, S. 102) keine Änderung in der Sache vor.

2406 17:3. Die Bestimmung blieb unverändert.

2407 Prop S. 106.

2408 Ibid.

2409 Prop S. 107.

2410 Vgl. hierzu die Kritik an dem Bagatellverfahren in SOU 1982:26 S. 47.

2411 Prop S. 106 f.

dem Gebiet des Verbraucherschutzes – für den Prozeß.[2412] Je eher somit aus der Sicht des Gerichts zu erwarten ist, daß die prozessualen Entscheidungen der Parteien wegen der Komplexität des Streits nicht von ihrem wirklichen Willen getragen sind, und je intensiver materielle Schutzvorschriften zugunsten einer Partei in das Verfahren hineinspielen, desto eher und zugleich stärker hat der Richter daher nach der Zielvorstellung der Reform aktiv in den Prozeß einzugreifen.[2413]

Eine darüber hinausgehende Konkretisierung betrachten die Reformmotive als unnötig, weil sie dem Ziel einer flexiblen Anpaßbarkeit der Prozeßleitung an die Umstände des Einzelfalls abträglich sei.[2414]

δ) Die Stellung der Reform zu der Frage richterlicher Vergleichsbemühungen

Nachhaltige Aufmerksamkeit wurde im Rahmen der Reformüberlegungen hinsichtlich des richterlichen Einflusses auf den Prozeß auch der Frage gewidmet, in welchem Umfang der Richter auf eine gütliche Beendigung des Streits im Wege des Parteivergleichs hinwirken solle.[2415]

Während der Rättegångsbalk richterlichen Vergleichsbemühungen eher ablehnend gegenüber stand, hatte das Gesetz über das Verfahren in Bagatellsachen, wie dargestellt, auch insoweit zu einer Schwerpunktverlagerung geführt und den Richter verpflichtet, eine einvernehmliche Einigung der Parteien zu fördern. Die Reform hatte sich daher zwischen diesen beiden Alternativen zu entscheiden.[2416]

Das Komitee neigte in seinem Gutachten noch zu einer von größerer Reserviertheit geprägten Haltung, indem es den Richter im Grundsatz darauf

---

2412 Vgl. prop S. 106 ff.

2413 Vgl. speziell zu der Bedeutung materieller Schutzvorschriften im Prozeß für den Umfang der Prozeßleitung das Sondervotum *P.H. Lindbloms*, SOU 1982:26 S. 616 ff.

2414 Vgl. das Fazit in SOU 1982:26 S. 107: „Der nähere Umfang der Aktivität der Gerichte in diesen Fragen muß aber – wie bisher – im praktischen Rechtsleben gelöst werden." Als im Gesetzestext sichtbarer Ausdruck dieser naheliegenden Schlußfolgerung wurde in 43:4 das Maß richterlicher Prozeßleitung „an die Beschaffenheit des Verfahrens" [„vad (målets) beskaffenhet kräver"] geknüpft.

2415 Vgl. SOU 1982:26 S. 137-162.

2416 Einen Reformbedarf sah das Komitee aus drei Gründen als gegeben an (SOU 1982:26 S. 139 f.): Zum einen sei es wünschenswert, die durch das Bagatellverfahren bewirkte Verfahrensspaltung mit unterschiedlichen Regelungen je nach der Höhe des Streitwerts soweit möglich zu überwinden und einheitliche Bestimmungen für alle dispositiven Rechtsstreite zu schaffen. Zum zweiten würden Untersuchungen auf eine hohe Variationsbreite in dem Ausmaß richterlicher Vergleichsbemühungen an den schwedischen Gerichten hindeuten, die eher auf die unterschiedliche persönliche Wertschätzung des Vergleichs als solchem seitens der Richter zurückzuführen seien als auf eine Orientierung am Streitgegenstand. Die Frage nach der grundsätzlichen Einstellung der Verfahrensordnung zum Prozeßvergleich dürfe jedoch nicht Gegenstand des richterlichen Ermessens sein. Drittens schließlich fordere die Regierungsdirektive selbst das Komitee auf, die Möglichkeiten einer Effektuierung des Vergleichs zu untersuchen.

verpflichten wollte, nur Vergleiche zu fördern, die in Übereinstimmung mit dem materiellen Recht stehen. Ausnahmen hiervon müßten auf besondere Umstände beschränkt bleiben, da andernfalls die Aufgabe der Rechtsprechung untergraben werde, nicht nur Parteistreitigkeiten zu entscheiden, sondern auch zur Durchsetzung der Rechtsordnung beizutragen.[2417] Das bringe es mit sich, daß Vergleichsversuche erst relativ spät unternommen werden dürften, wenn der Richter bereits eine hinreichend deutliche Vorstellung von den Streitfragen und ihrer rechtlichen Bedeutung habe gewinnen können.[2418]

Diese strenge Haltung hat sich in den weiteren Beratungen nicht durchsetzen können,[2419] vielmehr macht sich die Reform die flexiblere Einstellung des Gesetzes über Bagatellverfahren zu eigen, indem sie den Vergleich in jedem Stadium des Prozesses[2420] als erstrebenswerte Möglichkeit einer raschen und kostensparenden Streiterledigung auffaßt.[2421] Der Gesichtspunkt der möglicherweise fehlenden Übereinstimmung mit dem geltenden Recht habe demgegenüber zurückzutreten, da es Parteien in dispositiven Verfahren ohnehin offenstehe, sich nach Belieben außerhalb des Verfahrens zu vergleichen.[2422] Zudem habe der Richter typischerweise keine hinlänglich klare Vorstellung von dem Inhalt eines eventuellen Urteils, auch wenn die Frage eines Vergleichs erst recht spät relevant werde.[2423]

Als wichtige Gesichtspunkte, die den Richter allerdings bei seiner Entscheidung für einen Vergleichsversuch zu bestimmen hätten, führen die Motive die anwaltliche Vertretung der Parteien, die rechliche bzw. sachliche Komplexität des Streits, das Interesse der Parteien an einer Aufrechterhaltung guten Einvernehmens über den Prozeß hinaus wie im besonderen die Höhe der zu erwartenden Prozeßkosten und ihr Verhältnis zum Streitwert an.[2424]

Ähnlich wie im Falle der richterlichen Prozeßleitung im allgemeinen verzichtet die Reform jedoch auf eine eingehende Verankerung ihrer Vorstellungen im Rättegångsbalk, dessen alte Bestimmung über den Prozeßvergleich[2425] nahezu unverändert bleibt.[2426] Die geänderte Einstellung des Ge-

---

[2417] Die Ansicht des Komitees zusammenfassend SOU 1982:26 S. 151.

[2418] A.a.O.., S. 151 f.

[2419] Vgl. prop S. 111 ff.

[2420] Vgl. *T. Brolin/Å. Rehnström/M. Widebeck*, Tvistemålsprocessen I, S. 124 f.

[2421] Ibid.

[2422] Die Motive stellen sich an diesem Punkt nicht ganz widerspruchsfrei dar, wenn sie den Gesichtspunkt der materiellen Verfügungsmacht der Parteien über den Streitgegenstand als Argument für einen vom Richter geförderten Prozeßvergleich ins Feld führen, andererseits aber indispositive Verfahren nicht etwa von dem Umfang richterlicher Vergleichsbemühungen ausnehmen (vgl. prop S. 193).

[2423] Ibid.

[2424] Prop S. 113. Dazu auch *B. Lindell*, Civilprocessen, S. 276 ff.

[2425] 42:17 st. 1.

[2426] Gleich der Ergänzung in 43:4 st. 2 (Prozeßleitung entsprechend der „Beschaffenheit des Streits") fügt die Reform diesen Einschub auch in 42:17 st. 1 ein. Demgegenüber läßt sich die Anführung der Vergleichsmöglichkeit als Gegenstand der Ermittlungen während

setzgebers zur Bedeutung des Vergleichs und des Umfangs seiner richterlichen Förderung ist daher nur den Reformmotiven zu entnehmen.[2427]

cc) Das Schicksal des Gesetzes über das Verfahren in Bagatellsachen

Mit der Einarbeitung der wesentlichen Grundsätze des Gesetzes über das Verfahren in Streitigkeiten geringen Werts in den Rättegångsbalk entfiel das Bedürfnis für ein Fortbestehen des Bagatellverfahrens. Dies galt umso mehr, als die von der Reform vollzogene Loslösung der aus dem Bagatellprozeß übernommenen Bestimmungen von einem bestimmten Streitwert bewußt erfolgt war in der Überzeugung, daß der bloße Streitwert ein schlechter Gradmesser sei, um über die Anwendung eines formlosen, flexibleren Verfahrens zu entscheiden.

So legte das Komitee in seinem Gutachten zur Frage des Schicksals des Bagatellprozesses dar:[2428]

> „Soweit das Verhältnis zwischen dem Gesetz für Bagatellsachen und dem Rättegångsbalk betroffen ist, ist schon in der Direktive (sc. der in der Regierungsanweisung an das Komitee enthaltene Arbeitsauftrag, eig. Erkl.) die Frage aufgeworfen worden nach einer Einbeziehung des Gesetzes in den Rättegångsbalk. Eine solche Übernahme kann natürlich rein technisch geschehen, ohne daß man irgendeine sachliche Änderung für einen bestimmten Verfahrenstyp zu erreichen versucht. Wir halten allerdings dafür, daß man in vielen Punkten für alle Verfahren Nutzen ziehen kann aus den Erfahrungen, die man durch die Anwendung der Bestimmungen des Bagatellverfahrens gewonnen hat, welche in mehrfacher Hinsicht Ausdruck bedeutend modernerer Auffassungen sind als diejenigen, die den Rättegångsbalk prägen. In vielen prozessuellen Fragen sind wir daher der Meinung, daß die Regelungen des Gesetzes für Bagatellsachen als Leitlinien genommen werden können für eine alle Streitigkeiten betreffende Gestaltung. Dies ist auch naheliegend in Hinblick darauf, daß der Wert eines Streitverfahrens einen schlechten Beurteilungsmaßstab abgibt für den Schwierigkeitsgrad eines Prozesses und als solcher auch keinen Hinweis bietet, in welchem Umfang eher ein formloses oder eher ein formgebundenes Verfahren von Vorteil ist."

Daher wurde mit der Reform des Rättegångsbalk zugleich das Gesetz für Bagatellsachen aufgehoben.[2429] Einzelne Bestimmungen, von deren fortbe-

---

der Vorbereitung in 42:6 st. 2 Nr. 5 als Ausdruck der geänderten Einstellung der Reform zur Bedeutung des Vergleichs im Prozeß deuten. Vgl. zu der Entwicklung der Bedeutung des Prozeßvergleichs auch *B. Lindell*, Civilprocessen, S. 275 f.

2427 Die hierin liegende Problematik mangelnder Verkörperung des legislativen Willens im Gesetzestext ist – soweit ersichtlich – im Verlauf der Reformdiskussionen nicht angesprochen worden. Inwieweit die in Schweden generell große Bedeutung, die von der Praxis den Gesetzesmaterialien bei der Deutung von Normbestimmungen beigelegt wird [dazu näher unten II. 4. a) sowie im Anhang I der Arbeit], dieses rechtsstaatlich nicht unbedenkliche Defizit an Normtransparenz auszugleichen vermag, erscheint mir sehr zweifelhaft. Dies umso mehr, als die Bestimmungen über die Prozeßleitung wie auch den Vergleich durch die Reform nicht etwa neu eingeführt wurden, so daß ein mit der Reform nicht vertrauter Rechtsanwender bzw. Rechtsunterworfener die mit ihr verbundenen „stillen" Bedeutungsverschiebungen der alten Regelungen kaum wahrgenommen haben dürfte. Andererseits ist zuzugeben, daß sich die oben beschriebenen Änderungen in erster Linie an die Richter wenden, diesen jedoch schon aufgrund ihrer Einbeziehung in die umfangreichen Reformarbeiten des Komitees die Novelle in ihren wesentlichen Zügen vertraut war.

2428 SOU 1982:25 S. 96 f.

stehendem Nutzen für Verfahren mit geringem Streitwert die Reform ausging, wurden hingegen unter dieser Einschränkung ihres Anwendungsbereichs in den Rättegångsbalk übernommen.[2430]

dd) Die Bedeutung ausländischen Rechts für die Reform des Rättegångsbalk

In welchem Maße sich die Reform unmittelbar an konkreten Lösungen ausländischer Verfahrensordnungen orientiert hat, läßt sich zwar – soweit ersichtlich – anhand schriftlicher Quellen nicht bestimmen. Die Gesetzesmaterialien einschließlich des umfangreichen Gutachtens des Komitees enthalten in dieser Frage keine nennenswerten Hinweise. Hervorgehoben werden kann in diesem Zusammenhang allein, daß im Vorfeld der Reformtätigkeit des Komitees drei seiner Mitglieder 1978 eine Forschungsreise in die USA unternahmen, um in erster Linie die dortige prozessuale Handhabung von Bagatellstreitigkeiten zu untersuchen, während ein anderes Mitglied mit dem gleichen Ziel nach Kanada reiste.[2431]

Wenn man jedoch berücksichtigt, daß die Reform zum ganz überwiegenden Teil in der – teils mehr, teils weniger modifizierten – Übernahme der Bestimmungen des Bagatellverfahrens in den Rättegångsbalk bestand, dieses allerdings wie gezeigt auf eine Rezeption anglo-amerikanischen Rechts zurückzuführen ist, so läßt sich zumindest der Schluß auf eine mittelbare Beeinflussung der Reform durch den amerikanischen und englischen Prozeß ziehen.

Auch die Reform des Rättegångsbalk von 1987 kann insofern als das durch Rezeptionswirkungen zumindest mitbedingte Ergebnis des Einflusses fremden Rechts bezeichnet werden.

c) Die Reformpläne zur Einführung des Instituts der Gruppenklage

aa) Die internationale Bedeutung der Gruppenklage in der „access to justice"-Bewegung

Kaum ein prozessuales Institut hat im Verlauf der eingangs skizzierten Debatte um die Problematik des „access to justice" international so viel Aufmerksamkeit erfahren wie die Gruppenklage.

Ursprünglich im 17. Jahrhundert aus dem Equity-Recht in England hervorgegangen,[2432] bildete sich die Gruppenklage zu einem gängigen Institut des mo-

---

2429 Prop S. 274.

2430 Diese Regelungen betreffen etwa die Besetzung des Spruchkörpers (1:3 d: stets nur ein Richter), den Gerichtsstand (10:8a: in Verbraucherstreitigkeiten mit Bagatellcharakter kann der Verbraucher an seinem eigenen Wohnsitz Klage erheben) oder auch die Verteilung der Prozeßkosten (18:8a: grundsätzlich kein Ersatz der Anwaltskosten in Bagatellverfahren).

2431 Vgl. SOU 1982:26 S. 17.

2432 Als erster Fall einer Gruppenklage wird herkömmlicherweise der Rechtsstreit *Brown v. Vermuden* [(1676) 1 Cas in Ch 272; 22 ER 796] aus dem Jahr 1672 angesehen. Vgl. zur Entwicklung der Gruppenklage *A. Homburger*, Private suits in the public interest in the

dernen Prozesses vor allem in den USA aus, von wo sie in Gestalt der „class action" nach Rule 23 der Federal Rules of Civil Procedure auf die Prozeßrechtslehre, politische Reformvorhaben und novellierte Verfahrensordnungen in aller Welt ausstrahlte.

Unter Zugrundelegung eines weiten Begriffsverständnisses[2433] meint sie einen Prozeßtyp, bei dem ein Kläger zugunsten einer hinlänglich abgegrenzten Gruppe von Personen ohne deren Auftrag Klage führt, die Mitglieder dieser Gruppe trotz fehlender Parteistellung in dem Verfahren jedoch gleichwohl von den Wirkungen eines rechtskräftigen Urteils erfaßt werden.

Als zwar auch in den USA keineswegs unumstrittenes,[2434] gleichwohl in der Praxis hinlänglich bewährtes Institut eroberte sich die Gruppenklage rasch einen festen Platz in der Diskussion um eine Anpassung des überkommenen Prozeßsystems an die gewandelten Anschauungen des neuen Wohlfahrtsstaates. Gedacht als grundsätzlich geeignetes Modell für die Verbesserung des prozessualen Schutzes kollektiver Gruppeninteressen wurde sie seit den späten siebziger Jahren vermehrt Gegenstand von Reformplänen vor allem in Australien,[2435] Kanada,[2436] Israel,[2437] Schottland[2438] wie auch Japan.[2439] Stellenweise fand

---

United States of America, in: A. Homburger/H. Kötz, Klagen Privater im öffentlichen Interesse, S. 9 ff. (12 ff.) sowie *J. Cound/J. Friedenthal* et al., Civil Procedure, S. 703 ff.

2433 Es fehlt nach wie vor an einer einheitlichen Begrifflichkeit in der internationalen Literatur. Will man über die amerikanische class action hinaus unterschiedliche Formen von Gruppenklagen erfassen (dazu sogleich im Text), so empfiehlt sich der oben in Anlehnung an *P.H. Lindblom*, a.a.O., S. 19 gewählte weite Begriff. Von ihm geht auch die nachfolgende Darstellung aus.

2434 Hierzu jüngst *J. Norton*, Comparative Perspektive: The United States' Experience with Class Action Suits and the Need for Curative Legislation in: JT 1997/98, S. 11 ff.; vgl. auch *P.H. Lindblom*, a.a.O., S. 164 ff. sowie vor allem 335 ff.

2435 Vgl. den Bericht der Australian Law Reform Commission, Access to the Courts II. Class Actions, Sydney 1979. Gruppenklagen in Gestalt der class actions kamen in Australien zwar schon zu Beginn des 20. Jahrhunderts vor, verschwanden allerdings danach nahezu völlig aus der Gerichtspraxis, um erst mit dem gen. Bericht wieder auf vermehrte Aufmerksamkeit zu stoßen, vgl. näher *P.H. Lindblom*, a.a.O., S. 386 ff.

2436 Bericht der Ontario Law Reform Commission, Report on Class Actions, Toronto 1982. Auch in Kanada war die Gruppenklage jedenfalls seit ihrer Verankerung in Rule 75 c i der Supreme Court of Ontario Rules of Practice von 1881 als solche grundsätzlich bekannt, spielte aber wie in Australien bis in die siebziger Jahre unseres Jahrhunderts nur eine zu vernachlässigende Rolle, vgl. *P.H. Lindblom*, a.a.O., S. 407 ff.

2437 Vgl. *Goldstein*, National Report on Israel (unveröffentlicht) für den zweiten Internationalen Kongreß für Zivilverfahrensrecht, Würzburg 11.-16. September 1983 zum Thema: The protection of diffuse, fragmented and collective interests in civil litigation.

2438 Vgl. Scottish Consumer Council, Class Actions in the Scottish Courts – A new way for consumers to obain redress, Edingburgh 1982.

2439 S. *Kojima*, Protection of diffuse, fragmented and collective interests in civil litigation in: XVII – 1 Comp. Law Rev. 1983 S. 1 ff. Zu der Diskussion um die Gruppenklage in Deutschland vgl. *H. Koch*, Kollektiver Rechtsschutz im Zivilrecht, v.a. S. 92 ff.; *A. Homburger/H. Kötz*, Klagen Privater im öffentlichen Interesse, v.a. S. 69 ff. und S. 103 ff.; *Basedow/Hopt* et al., Die Bündelung gleichgerichteter Interessen im Prozeß, S. 30 ff. et passim sowie

sie dort auch schon Eingang in Verfahrensnovellen,[2440] wo ihre Ausgestaltung unter Anpassung an die nationalen Besonderheiten der je eigenen Rechtskultur allerdings nicht selten ganz unterschiedlich erfolgt ist.[2441]

bb) Das Interesse Schwedens an der Gruppenklage im Rahmen der Reformpläne um eine Verbesserung des prozessualen Rechtsschutzes benachteiligter Sozialgruppen

Als die internationale Diskussion um eine Gewährleistung effektiven Rechtsschutzes für die vom herkömmlichen Prozeß strukturell benachteiligten Personen etwa in den achtziger Jahren auch Schweden erreichte, zog das Institut der Gruppenklage auch hier die Aufmerksamkeit auf sich.

Bereits 1978 schlug eine Untersuchungskommission, die sich mit den Rechtsschutzdefiziten auf dem Gebiet des Verbraucherschutzes beschäftigte, in ihrem abschließenden Gutachten vor, dem Verbraucherombudsmann ein Klagerecht zugunsten einzelner Verbraucher in Streitigkeiten mit Präzedenzcharakter einzuräumen.[2442] Die Idee erhielt von mehreren Seiten nachhaltige Unterstützung.[2443]

Die allgemeine Verbraucherbehörde („Allmänna Reklamationsnämnd“) startete 1991 ein Pilotprojekt, indem sie die Gruppenklage versuchsweise in ihrem eigenen Wirkungsfeld einführte.[2444]

Weiterhin wurde der Vorschlag zur Einführung der Gruppenklage von einer Reihe weiterer Reformgremien und Untersuchungskommissionen auf dem

---

jüngst *R. Greger*, Verbandsklage und Prozeßrechtsdogmatik- Neue Entwicklungen in einer schwierigen Beziehung, in: ZZP 113 (2000), S. 399 ff.

2440 So etwa in dem in seinem Rechtssystem kontinentaleuropäisch geprägten Quebec durch Reform 1979 (Buch IX des Code of Civil Procedure); in Ontario durch den 1993 in Kraft getretenen Class Proceedings Act; in Australien auf Bundesebene in dem Federal Court of Australia Amendment Act von 1991, auf der Ebene der Teilstaaten ebenfalls in einzelnen Reformnovellen (vgl. hierzu näher SOU 1994:151 Teil A S. 289).

2441 Näher dazu *P.H. Lindblom*, a.a.O., S. 44 ff. unter rechtsvergleichender Analyse des englischen, amerikanischen, australischen und kanadischen Rechts. Zu aktuellen Reformtendenzen innerhalb der europäischen Länder s. im einzelnen *H. Koch*, Die Verbandsklage in Europa – Rechtsvergleichende, europa- und kollisionsrechtliche Grundlagen, in: ZZP 113 (2000), S. 413 ff. (417 ff.).

2442 Reklamationsutredningens betänkande: Tvistlösning på konsumentområdet, SOU 1978:40, S. 103 ff. (181 ff.).

2443 So stellte sich etwa das Verbraucherpolitische Komitee („Konsumentpolitiska kommité“) in seinem Gutachten „Konsumentpolitik i en ny tid“ – SOU 1994:14 – hinter die Forderung, und auch der Verbraucherombudsmann selbst schloß sich ihr in mehreren Schreiben an das Justiz- und Zivilministerium 1990 an (vgl. SOU 1994:151 Teil A S. 22).

2444 SOU 1994:151 Teil A S. 22; näher dazu a.a.O., S. 190. Dieses Projekt läuft gegenwärtig noch immer und hat sich nach Auskunft des Sachverständigen *P.H. Lindblom* in der Praxis auch bewährt. In jedem der bisher entschiedenen zehn Fälle einer vom Verbraucherombudsmann erhobenen Gruppenklage wurde zugunsten der Verbraucher entschieden.

Gebiet des Umweltschutzes[2445] und des Wettbewerbsrechts[2446] sowie zur besseren Bekämpfung von Ausländerfeindlichkeit[2447] und geschlechterbedingter Lohndiskriminierung[2448] unterbreitet.

Auch der schwedische Reichstag hatte sich vereinzelt schon in den frühen achtziger Jahren im Zusammenhang mit Reformvorschlägen im Umweltschutz und der Geschlechtergleichstellung mit Fragen der Gruppenklage auseinandergesetzt.[2449]

Schließlich veranstaltete auch der für Fragen der Zusammenarbeit der skandinavischen Staaten zuständige Nordische Ministerrat („Nordiska ministerrådet")[2450] 1989 ein Seminar über die Gruppenklage in Verbraucherstreitigkeiten.[2451] Er beschloß jedoch später, vor der näheren Erörterung der Möglichkeiten einer skandinavischen Gemeinschaftsregelung der Gruppenklage im Verbraucherrecht die Ergebnisse eines zu diesem Zeitpunkt gerade angelaufenen großen Reformprojekts in Schweden abzuwarten.[2452]

Dort war im Juli 1991 vom Justizministerium eine Expertenkommission[2453] eingesetzt worden mit dem Auftrag zu untersuchen, in welchem Umfang Bedarf bestehe für eine allgemeine gesetzliche Verbesserung des Rechtsschutzes bei Gruppenansprüchen und inwieweit eine solche durch die Einführung der Gruppenklage in Schweden zu erreichen sei.[2454] Dabei ließ die Direktive erkennen, daß die Untersuchung in erster Linie auf die Auslotung der Möglichkeiten einer gezielten Rezeption der im Ausland praktizierten Modelle der Guppenklage gerichtet sein sollte.[2455]

2445 So das Umweltschutzkomitee („Miljöskyddskommitté") in seinem Gutachten „Miljöbalk", SOU 1993:27, Del 1, S. 603 ff.

2446 Marknadsföringsutredningen, Ny marknadsföringslag, SOU 1993:59, S. 457 ff.

2447 Kommission gegen Rassismus und Ausländerfeindlichkeit („Kommissionen mot rasism och främlingsfientlighet") im Gutachten „Mångfald mot enfald" Teil 2, SOU 1989:14, S. 94 ff. (97 f.).

2448 Kommission zur Untersuchung der Lohnunterschiede („Löneskillnadsutredningen") in ihrem Bericht „Löneskillnader och lönediskriminering", SOU 1993:7, S. 275 ff.

2449 Vgl. etwa die Diskussion über die Einführung der Verbandsklage im Umweltrecht in 1980/81: JoU 21 und 1982/83 JoU 30 sowie die Erörterung der Gruppenklage als Mittel zur Stärkung des Diskriminierungsverbotes nach dem Gleichstellungsgesetz („jämställdshetslagen") in prop 1993/94:147 und 1993/94: AU 17.

2450 Zu Funktion und Bedeutung des Ministerrates im Rahmen der intraskandinavischen Zusammenarbeit s. schon oben S. 129 FN 624.

2451 Dazu eingehend *P.H. Lindblom* (Hrsg.): Grupptalan i konsumentmål – Rapport från ett nordiskt seminarium sowie ders.: Grupptalan i konsumentmål – en överblick, in: ibid. S. 15 ff.

2452 Vgl. Nordiska ministerrådets verksamhetsberättelse 1991, S. 72.

2453 Sie stand unter der Leitung des Uppsaler Prozessualisten *P.H. Lindblom*, der seinerseits in den achtziger Jahren mit seiner rechtsvergleichenden Pionieruntersuchung über die Gruppenklage (*P. H. Lindblom*, Grupptalan – Det anglo-amerikanska class actioninstiutet ur svenskt perspektiv [1989]) zu der wissenschaftlichen Diskussion über dieses Institut in Schweden einen maßgeblichen Beitrag geleistet hatte.

2454 SOU 1994:151 Teil A – nachfolgend SOU A – S. 17.

2455 Dir 1991:59, S. 15 f, wo darauf hingewiesen wird, daß es der Kommission auch (sic!) freistehe, Vorschläge zu präsentieren, die von den ausländischen Vorbildern der Gruppen-

Die Kommission kam auf der Grundlage einer eingehenden Analyse der Rechtsschutzmöglichkeiten im Umweltrecht, Wirtschafts- und Wettbewerbsrecht, Verbraucherrecht und Arbeitsrecht zu dem Ergebnis, daß ein Bedarf an einer Verbesserung des Rechtsschutzes bei Gruppenansprüchen bestehe.[2456] Die überkommenen prozessualen Mittel des schwedischen Rechts – insbesondere die Kumulation von Verfahren und die Möglichkeit exemplarischer Musterprozesse – seien jedoch zur adäquaten Erfassung kollektiver, diffuser und fragmentarischer Interessen[2457] in der Gesellschaft nicht ausreichend.[2458]

Infolge der überwiegend positiven Erfahrungen, die man in zahlreichen ausländischen Staaten mit der Gruppenklage bei der Bewältigung dieser

---

klage abwichen. In erster Linie sollten jedoch „im Licht der internationalen Erfahrungen" die Möglichkeiten einer Übernahme der Gruppenklage erwogen werden. Die Direktive nahm auch direkt Bezug auf die Regelungen der Gruppenklage in England und den USA und verwies überdies auf die Inkorporierung ähnlicher Bestimmungen in Australien, Brasilien, Kanada, Indien, Israel und China (dir, a.a.O., S. 11 f.).

2456 In dem Abschlußbericht heißt es dazu (SOU A S. 297 f.): „Die Untersuchung hat zu der Schlußfolgerung geführt, daß es mit großer Wahrscheinlichkeit eine bedeutende Anzahl rechtlich begründeter Ansprüche gibt, die weder vor Gericht noch anderswo geltend gemacht werden. Nicht zuletzt ist dies der Fall mit Blick auf Gruppenansprüche von individuell geringem ökonomischen Wert (sog. fragmentarische Ansprüche). Die Vorstellung von dem individualistischen Zwei-Parteien-Streit, die Ausgangspunkt ist für im Prinzip sämtliche Sanktionsmechanismen innerhalb des Zivilrechts, paßt schlecht für die Formen von 'Massenverletzungen' ('masskränknigar'), die die Folge von Massenproduktion, Massenverteilung, Masseninformation und Massenkonsum in der modernen Gesellschaft sind. Auch wo Rechtsverletzungen viele in Mitleidenschaft ziehen, ohne Anlaß zu individuellen privatrechtlichen Ansprüchen zu geben, und in Fällen, wo es schwer ist, die Betroffenen zu identifizieren (sog. kollektive und diffuse Ansprüche), vermag das traditionell ausgeformte Sanktionssystem nur schlecht die Rechtsstreitigkeiten zu bewältigen (...). Blickt man in die Zukunft, gibt es nicht viel, das dafür spricht, daß die Lücken im Rechtsschutz in ihrem Ausmaß kleiner werden, ohne daß besondere Maßnahmen getroffen werden. Im Gegenteil läßt sich mit guten Gründen ein gesteigerter Bedarf an Zugang zu effektiven Mechanismen voraussehen, um den besonderen Sanktionsproblemen zu begegnen, die aus der Massenbehandlung und Internationalisierung des Handels mit Waren, Diensten und anderen Nützlichkeiten (...) hervorgehen.

Die Schlußfolgerung unserer Untersuchung ist daher die, daß ein handgreiflicher Bedarf vorliegt an Maßnahmen, um den prozessuellen Rechtsschutz für Gruppenansprüche zu stärken."

2457 Die Kommission legte ihrer Untersuchung die in der internationalen Diskussion um die Problematik des access to justice gebräuchliche Begriffsgebung („collective, diffuse and fragmented interests"; vgl. hierzu statt aller *M. Cappelletti*, Welfare State, S. 11 ff.) zugrunde (s. SOU A S. 20 ff.). Unter kollektiven Interessen sind dabei solche zu verstehen, die eher einer Gruppe von Personen zukommen als Individuen (etwa das Interesse der Marktteilnehmer an redlichem Wettbewerb), während der Begriff der diffusen Interessen sich auf die Situation der Ungewißheit über die Identität und vielfach auch Zahl der Ersatzberechtigten bei feststehender Ersatzverpflichtung eines Schädigers bezieht (etwa im Falle von Umweltschäden). Demgegenüber meint der Begriff des fragmentarischen Interesses kollektive Ersatzansprüche, die nur einen vergleichsweise geringen Betrag in der Person jedes Ersatzberechtigten ausmachen und diesen daher typischerweise wegen zu erwartender höherer Verfahrenskosten von einer Klage abhalten (wie etwa beim Verkauf fehlerhafter Massenprodukte kleineren Zuschnitts) (vgl. auch oben S. 482 FN 2456).

2458 SOU 1994:151 Teil B – nachfolgend SOU B – S. 11 ff.; SOU A S. 169 ff., speziell zur Kumulation und zu den Musterprozessen a.a.O., S. 232 ff., zusammenfassend a.a.O., S. 17 ff.

Schwierigkeiten gemacht hatte und aufgrund des Eindrucks, den die Kommission selbst bei mehreren Forschungsreisen in die USA sowie nach Australien und Kanada gewonnen hatte,[2459] empfahl sie im Ergebnis daher die Rezeption dieses Instituts für das schwedische Recht. Sie führte insofern aus:[2460]

„Zusammenfassend meinen wir, daß die Gruppenklage eine im Vergleich zu Alternativen überlegene Methode darstellt, um in einer übergreifenden und generellen Weise die Mängel des prozessualen Rechtsschutzes von Gruppenansprüchen zu beseitigen. Die Nachteile, die bei einem solchen Verfahren auftreten können, wiegen erheblich leichter als alle Vorteile, die damit gewonnen würden. Durch die Gruppenklage erreicht man eine andere Flexibilität, als sie durch eine Reform des Verfahrens mit Musterprozessen möglich ist (...).
Unsere Einschätzung (...) wird erheblich gestützt durch die Erfahrungen und Auffassungen, auf die der Kommissionsleiter und der Sekretär bei ihren Forschungsbesuchen in Australien, Kanada und den USA gestoßen sind. Dort trafen sie mit Richtern, Anwälten, Parlamentariern und Wissenschaftlern zusammen, die ausnahmslos eine positive Sicht vermittelten hinsichtlich der Erforderlichkeit der Gruppenklage, um die praktischen Handhabungsschwierigkeiten im Zusammenhang mit Massenansprüchen zu überwinden. Diese Grundeinstellung wurde auch von Anwälten geteilt, die häufig Mandanten vertreten, welche die Prozeßgegner einer Gruppe sind. Besonders interessant ist, daß man sowohl in Australien als auch in Ontario, Kanada, die Meinung vertritt, daß die (...) gegen die amerikanischen class actions vorgebrachte Kritik im wesentlichen mit den speziellen Schadensersatzregeln und Bestimmungen über die Anwaltskosten in den USA zusammenhängt, welche jedoch in Australien und Kanada wie auch in Schweden fehlen."

d) Grundzüge des Reformentwurfs der Expertenkommission zur Einführung der Gruppenklage[2461]

Der Entwurf bestimmt die Gruppenklage („grupptalan") als ein Verfahren, das „jemand als Kläger oder Beklagter für mehrere Personen mit Rechtswirkung für sie führt, ohne daß sie Parteien im Prozeß sind."[2462]

2459 Der Leiter der Kommission, *P. H. Lindblom*, besuchte zusammen mit dem Kommissionssekretär vom 1.-10. Januar 1993 Australien und vom 10.-22. Oktober d.J. Kanada, wo er mit Regierungsmitgliedern, Richtern, Anwälten, Professoren und anderen Experten in Fragen der Gruppenklage zusammentraf. Im Zusammenhang mit der Reise nach Kanada hielten sie sich auch in New York auf, wo sie eine Reihe von Anwälten und den Experten *Owen M. Fiss* von der Yale University aufsuchten (vgl. SOU A S. 141). Zudem nahm der Kommissionssekretär 1994 an einer von der EG-Kommission veranstalteten Anhörung zum Thema Verbraucherrechtsschutz teil. Dies ist insoweit von Bedeutung, als die EG-Kommission ihrerseits in mehreren Programmen und Reformentwürfen die Gruppenklage als grundsätzlich geeignetes Mittel zur Stärkung des Verbrauerschutzes dargestellt hatte (vgl. das Grünbuch „Access of consumers to justice and the settlement of consumer disputes in the Single Market, vom 16.11.1993; wiedergegeben in deutscher Sprache im Internet unter: http://europa.eu.int/scadplus/leg/de/lvb/132023.htm). Auch bezeichnete der in ihrem Auftrag aufgestellte Entwurf einer einheitlichen Prozeßordnung für die EG-Mitgliedsländer die Gruppenklage als „in all Member States (...) a particularly valuable instrument", vgl. *M. Storme* (Hrsg.): Approximation of Judiciary Law in the European Union, S. 52.

2460 SOU B S. 17 f.

2461 Der Inhalt des Reformentwurfs kann hier nur in seinen wesentlichen Leitlinien wiedergegeben werden. Er umfaßt zusammen mit den Motiven insgesamt näherungsweise 1500 Seiten.

2462 So die Legaldefinition in § 1 st. 1 S. 1 des Entwurfs. Nachfolgende §§-Angaben ohne Sonderkenn-zeichnung beziehen sich auf den Entwurf (abgedruckt in SOU A S. 105 ff.).

Er untscheidet innerhalb der Gruppenklage in Anlehnung an die gängige Systematik zwischen der privaten und der öffentlichen Klageform je nach der Qualifikation des Gruppenrepräsentanten als einem privaten Rechtssubjekt oder einem staatlichen bzw. kommunalen Rechtsträger.[2463] Zu den Fällen der privaten Gruppenklage zählt der Entwurf die „Einzelgruppenklage" („enskild grupptalan"), bei der eine Privatperson die Gruppe vertritt, sowie die von einer privaten Organisation mit bzw. ggf. auch ohne Rechtsfähigkeit geführte oder gegen sie gerichtete Verbandsklage („organisationstalan").[2464] Alle drei Arten der Gruppenklage läßt der Entwurf zu.

Gruppenklagen sind dabei sowohl an den ordentlichen Gerichten als auch an einzelnen Spezialgerichten vorgesehen.[2465]

Sie sind grundsätzlich subsidiär in dem Sinne, daß sie vom Gericht nur zugelassen werden dürfen, soweit das mit ihnen verfolgte Ziel nicht auch ebenso gut im Wege der Verfahrenskumulation oder des Musterprozesses erreicht werden kann.[2466]

Zudem nennt der Entwurf an besonderen Sachurteilsvoraussetzungen die mit Rücksicht auf die Umstände des Prozesses zu beurteilende hinreichende Bestimmtheit der Gruppe[2467] sowie die Gleichheit oder Gleichartigkeit der tatsächlichen Voraussetzungen der Ansprüche der Gruppenmitglieder.[2468] Überdies muß der Gruppenprozeß auf eine „effektive und zielorientierte Weise" geführt werden können und darf auch im übrigen nicht inadäquat erscheinen.[2469] Entsprechend den allgemeinen Verfahrensgrundsätzen, die in Ermangelung abweichender Sonderregelungen auch im Fall der Gruppenklage anwendbar bleiben,[2470] hat über das Vorliegen dieser formellen Klagevoraussetzungen der Richter von Amts wegen zu entscheiden.[2471]

Ein besonderes, auf die Zulassung eines Prozesses als Gruppenklage gerichtetes Zertifikationsverfahren, wie es im amerikanischen Recht sowie in

---

2463 Vgl. SOU B S. 26 ff.

2464 § 1 st. 1 S. 2.

2465 Zu den Spezialgerichten zählen in dem Entwurf das Grundstücksgericht („fastighetsdomstol") in Fragen des Ersatzes für Umweltschäden nach dem Umweltschutzgesetz und dem Gesetz über Umweltschäden sowie das Arbeitsgericht („arbetsdomstol") nach Maßgabe des Gleichstellungsgesetzes in Fragen der geschlechterbedingten Diskriminierung, vgl. § 2 st. 2; dazu näher SOU B S. 483 ff.

2466 § 10 st. 1 Nr. 3.

2467 A.a.O., Nr. 1. Vgl. hierzu näher SOU B S. 46 ff. Der Entwurf geht von dem sog. „opt-out"-Modell aus, das die Zugehörigkeit zu der Gruppe nicht von einer vorherigen Anmeldung der Mitglieder abhängig macht, sondern ihre automatische Einbeziehung in den Prozeß vorsieht. Im Gegenzug erhalten die Gruppenmitglieder die – zeitlich begrenzte – Möglichkeit des Austritts aus der Gruppe (vgl. hierzu näher SOU B S. 156 ff.).

2468 A.a.O., Nr. 2. Vgl. SOU B S. 59 ff.

2469 A.a.O., Nr. 4, 5.

2470 § 3 st. 1.

2471 SOU B S. 143 ff.

den kanadischen Provinzen Ontario und Quebec vorgesehen ist,[2472] lehnt die Kommission ab. Sie schließt sich statt dessen der australischen Lösung[2473] an, die Voraussetzungen der Gruppenklage gleich den Sachurteilsvoraussetzungen einer ordentlichen Klage zu behandeln.[2474]

In Übernahme der in den ausländischen Verfahrensordnungen gebräuchlichen Bestimmungen setzt auch der Kommissionsentwurf für die Person des Klägers voraus, daß sie zu dem Kreis der Gruppe gehört und folglich mit der Klage zugleich auch ihren eigenen Anspruch verfolgt.[2475]

Strenge Voraussetzungen stellt der Entwurf mit Blick auf die Person des Gruppenrepräsentanten auf, von dem das Gericht bei der Wahl unter Berücksichtigung seines Interesses an der Streitsache, seiner Persönlichkeit und seiner wirtschaftlichen Verhältnisse eine angemessene und redliche Prozeßführung muß erwarten dürfen.[2476] Soweit sich im Verlauf des Verfahrens seine mangelnde Eignung herausstellen sollte, hat ihn das Gericht auszutauschen.[2477]

Hinsichtlich der anwaltlichen Vertretung auf der Seite der Gruppe sieht der Entwurf grundsätzlich Anwaltszwang vor.[2478] Die Motive berufen sich insoweit auf die Üblichkeit einer entsprechenden Regelung oder zumindest Praxis „in den anderen Staaten“.[2479]

Das Verfahren entspricht in seinen wesentlichen Zügen im übrigen demjenigen nach dem (reformierten) Nya Rättegångsbalk und zerfällt daher in das Stadium einer nach Wahl des Gerichts mündlichen oder schriftlichen Vorbereitung und das der Hauptverhandlung.

Der Entwurf betont insbesondere die besondere Bedeutung einer aktiven Einflußnahme des Richters sowohl auf den äußeren Verlauf des Verfahrens als auch auf die Ermittlung des entscheidungsrelevanten Prozeßstoffs. Da der Gruppenvertreter als Sachwalter einer ganzen Reihe weiterer, „passiver“ Beteiligter agiere, trügen seine Handlungen ein erheblich höheres Gewicht als im Falle eine ordentlichen Prozesses. Das Gericht sei infolgedessen regelmäßig besonders in die Pflicht genommen, eine den Interessen der Gruppe zuwiderlaufende Prozeßführung zu verhindern.[2480]

2472 Vgl. für das amerikanische Bundesrecht die FRCP rule 23 (c); für Ontario den Class Protection Act, no. 5 ff.; für Quebec den zweiten Titel im neunten Buch des Code of Civil Procedure, no. 1002 ff.

2473 S. den Amendment Act (1991), Part IV A. Division 2, no. 33 C, D.

2474 SOU B S 140.

2475 § 5 st. 1. Vgl. SOU B S. 105 ff.

2476 Vgl. § 17 st. 1 S. 2; näher zu der Bedeutung der bewußt allgemein gehaltenen Vorschrift SOU B S. 118 ff.

2477 § 33 st. 1.

2478 § 19. Die Verpflichtung gilt für die Gruppenklage auf der Beklagtenseite uneingeschränkt und für die Einzelgruppenklage und Verbandsklage auf der Klägerseite.

2479 SOU B S. 126.

2480 SOU B S. 250 ff. (insbes. 254 ff.).

Hinsichtlich gerichtlicher Vergleichsbemühungen gilt für die Gruppenklage das zur Reform des Rättegångsbalk Ausgeführte.[2481] Eine aktive Unterstützung der gütlichen Einigung der Parteien seitens des Gerichts setzt daher auch der Entwurf voraus.[2482]

Die Gruppenmitglieder sind vom Gericht auf Kosten des Staates über den schwebenden Prozeß soweit möglich zu informieren.[2483] Der Entwurf lehnt in dieser Hinsicht ausdrücklich die amerikanische Regelung ab, nach der die Informations- und Kostentragungspflicht dem Kläger obliegt, den damit jedenfalls vorläufig eine so erhebliche finanzielle Belastung treffen kann, daß er unter Umständen geneigt ist, von der Klage abzusehen.[2484] Auch die Regelungen in Quebec, Ontario und Australien, die die Entscheidung über die Person des Informationspflichtigen in das Ermessen des Gerichts stellen,[2485] weist die Kommission im Ergebnis zurück.[2486] Sie erachtet den Grundsatz des Amtsbetriebs nach dem Rättegångsbalk als passender.[2487]

In Anlehnung an die Regelungen in Australien und Ontario geht der Enwurf hinsichtlich der Form der Benachrichtigung davon aus, daß in vielen Fällen eine Information der Gruppenmitglieder durch einfache Bekanntmachung („kungörelse") auf geeignetemWege erfolgen könne.[2488]

Die Gruppenmitglieder sollen das Recht erhalten, innerhalb einer vom Gericht zu bestimmenden Frist aus der Gruppe und damit auch dem Wirkungsfeld eines rechtskräftigen Urteils auszuscheiden.[2489]

Jedes Gruppenmitglied hat nach dem Entwurf überdies das Recht, gegen die Entscheidung in dem Rechtsstreit Rechtsmittel einzulegen, soweit seine

---

2481 S. oben unter b) bb) δ).

2482 Vgl. a.a.O., S. 257 ff. unter Hinweis auf die Motive der Reform von 1987 wegen der zu vage gehaltenen Formulierung im Gesetz (zu der damit verbundenen rechtsstaatlichen Problematik zweifelhafter Normtransparenz s. oben S. 476 FN 2425).

2483 § 23 st. 1. Die Benachrichtigung hat gem. Abs. 2 vor allem zu umfassen den wesentlichen Inhalt der Klageschrift, die Form des Verfahrens als Gruppenklage, die rechtlichen Möglichkeiten der Gruppenmitglieder, sich selbst an dem Prozeß zu beteiligen, die Wirkung der Rechtskraft eines Urteils, die Verteilung der Verfahrenskosten, die erforderlichen Angaben über die Person des Gruppenvertreters sowie des Anwalts und die Bezeichnung der Frist zur Ausübung des Rechts, aus der Gruppe auszuscheiden, bzw. zur Geltendmachung prozessualer Einreden gegen die Zuständigkeit des Gerichts.

2484 So geschah es etwa in dem Fall *Eisen v. Carlisle & Jacquelin*, 417 U.S. 156 (1974), in dem der Kläger nach der Entscheidung des amerikanischen Supreme Court die für die Benachrichtigung von etwa 2 Millionen Gruppenmitgliedern berechneten 315 000 Dollar übernehmen mußte. Der Kläger sah sich daraufhin wegen fehlender finanzieller Mittel gezwungen, die in der Sache aussichtsreiche Klage zurückzunehmen.

2485 Für Quebec s. den zweiten Titel im neunten Buch des Code of Civil Procedure, no. 1005 (c); für Ontario s. den Class Protection Act, nr. 17 (2) – (5); für Australien s. den Amendment Act (1991), Part IV A. Division 3, no. 33 Y (3).

2486 SOU B S. 438 f.

2487 A.a.O., S. 439.

2488 SOU B S. 438.

2489 § 21.

eigene Rechtsposition betroffen ist,[2490] andernfalls subsidiär, soweit der Gruppenrepräsentant das Urteil nicht für die Gruppe anficht.[2491]

Hinsichtlich der Prozeßkosten behält der Entwurf den Grundsatz des Nya Rättegångsbalk bei, nach dem der Unterliegende sämtliche Kosten zu tragen hat.[2492] Daraus wird für den Gruppenvertreter auf der Klägerseite die Konsequenz gezogen, daß nur er im Falle seiner Niederlage der Gegenseite ersatzpflichtig ist, nicht aber die an dem Verfahren als Parteien nicht beteiligten Gruppenmitglieder.[2493]

Erwähnenswert scheint in diesem Zusammenhang noch die von dem Entwurf vorgesehene Regelung der Höhe der Anwaltsgebühren zu sein. Sie sieht in deutlichem Abweichen von den für den ordentlichen Prozeß geltenden Grundsätzen eine sog. Risikovereinbarung vor, die der Gruppenvertreter mit dem Anwalt unter dem Vorbehalt der Billigung durch das Gericht bzw. die Rechtshilfebehörde zu schließen hat.[2494] Diese Absprache gewährt für den Fall der Niederlage regelmäßig keine oder nur eine geringe Entlohnung, spricht dem Anwalt hingegen bei Obsiegen ein deutlich höheres Entgelt zu, als er üblicherweise zu erwarten hätte.

Diese Regelungsform übernahm die Kommission aus dem amerikanischen Recht, das ihr für die Gruppenklage in dieser Hinsicht passender erschien.[2495] Der Entwurf modifiziert jedoch das amerikanische Modell insoweit, als eine Vereinbarung auf der Basis einer prozentualen Beteiligung an dem Gewinn ausgeschlossen ist und statt dessen die Höhe des Entgelts in Beziehung zu dem üblicherweise zu erwartenden Betrag gesetzt werden muß.[2496]

[2490] § 81.

[2491] § 80.

[2492] Vgl. SOU B S. 384 ff. (v.a. 389).

[2493] SOU B S. 391 f. Die Motive betonen insoweit, daß das Ziel, daß ein Gruppenmitglied eine Prüfung seines Anspruchs ohne eigene wirtschaftliche Aufwendungen erreichen solle, ein zu wesentliches Kennzeichen der Gruppenklage sei, als daß seine Schmälerung hingenommen werden könnte. Soweit die Gruppe hingegen auf der Beklagtenseite im Prozeß steht, haften die Gruppenmitglieder im Falle der Niederlage, als wären sie Parteien, vgl. § 61. Anders sieht es im Falle des Sieges des Gruppenvertreters aus, wenn der Gegner nicht für die Kosten aufkommen kann. Für diesen Fall normiert der Entwurf eine solidarische Haftung der Gruppenmitglieder, die allerdings nicht über den ihnen durch den Prozeßsieg jeweils zugute kommenden Betrag hinausgehen darf (vgl. § 60).

[2494] § 64.

[2495] SOU B S. 400 ff. (v.a. 401 ff.). Die Kommission weist darauf hin, daß die Risikovereinbarung auch in Ontario und Quebec im Rahmen der Gruppenklage angewandt werde und daß auch Australien ihre Einführung erwäge.

[2496] § 64 st. 1 S. 2. Der Anwalt kann etwa daher nicht 20% des Gewinns verlangen, sondern nur z.B. 120% der im Falle eines ordentlichen Verfahrens zu erwartenden Gebühr. Die mit dem amerikanischen System der „contingent fees“ verknüpften und von ihr grundsätzlich geteilten berufsethischen Bedenken sah die Kommission mit dieser Lösung ausgeräumt (SOU B S. 405 f.).

dd) Zur Frage der Rezeption bei der geplanten Einführung der Gruppenklage

Aus der Darstellung sowohl der grundsätzlichen Zielsetzung der Kommissionstätigkeit, wie sie in der Regierungsdirektive zum Ausdruck kommt, als auch der konkreten Bestimmungen des Entwurfs wird deutlich, daß die schwedischen Reformpläne eindeutig das Ergebnis einer Rezeption ausländischen Rechts sind. Die dem schwedischen Prozeß eigenen Formen der Behandlung kollektiver, diffuser bzw. fragmentarischer Interessen – insbes. die Möglichkeit der Kumulation von Verfahren und das Institut des Musterprozesses – unterscheiden sich in den sie prägenden Verfahrensstrukturen von der Gruppenklage zu deutlich, als daß man letztere lediglich als Fortentwicklung jener beiden angestammten Prozeßinstitute des schwedischen Rechts betrachten könnte. So trennen die Motive des Reformentwurfs denn auch scharf zwischen diesen prinzipiell verschiedenen Wegen zur Stärkung des Rechtsschutzes prozessual benachteiligter Sozialgruppen.[2497]

Ob man die Rezeption des Instituts der Gruppenklage dabei eher als eine Übernahme aus dem englischen Recht betrachtet, weil jene sich ursprünglich dort entwickelt hatte,[2498] oder als eine Anlehnung an das amerikanische Recht, ohne dessen Ausgestaltung und stete Anwendung des Instituts im praktischen Rechtsleben die Gruppenklage wohl kaum auf weltweit derartiges Interesse gestoßen wäre, ist von allenfalls zweitrangiger Bedeutung. Tatsächlich ist diese Frage, wie schon im Zusammenhang mit den methodischen Grundlagen der Untersuchung erörtert,[2499] bereits im Ansatz illegitim gestellt. Sie verkürzt durch ihre Konzentration auf einen Kausalaspekt unter Ausblendung aller anderen rechtlichen und sozialen Faktoren den Blick und wird der Rezeption als einem regelmäßig vielschichtigen Vorgang kaum gerecht. So muß auch hier davon ausgegangen werden, daß der Umstand, daß die Gruppenklage zum Zeitpunkt der schwedischen Reformpläne auch in vielen anderen europäischen und außereuropäischen Staaten im Mittelpunkt prozessualer Reformüberlegungen stand, die Rezeption in jedem Fall mitbeeinflußt hat. Auch belegen die Motive des Entwurfs, daß sich die Kommission nicht nur für das englische oder amerikanische Modell der Gruppenklage interessiert hat, sondern auch die Lösungen des australischen und kanadischen Verfahrensrechts in ihre Erwägungen miteinbezog. Will man den Gegenstand der Rezeption näher bestimmen, würde es der Sache daher eher gerecht, bei der Übernahme des Instituts der Gruppenklage als solchem von einer mehrseitigen Rezeption anglo-amerikanischen, kanadischen und australischen Rechts zu sprechen. Eine nähere Aufgliederung nach einer „Schwerpunkt-Verfahrensordnung" muß daher ausscheiden.

[2497] Vgl. SOU A S. 232 ff.

[2498] S. S. 478 FN 2431.

[2499] S. unter 1. Teil B. II. 4. d).

Hinsichtlich der inhaltlichen Ausgestaltung der Gruppenklage in dem Kommissionsentwurf hingegen stellt sich das Rezeptionsbild etwas anders dar. Hier hat die Kommission zwischen einer Vielfalt an Einzellösungen der von ihr untersuchten ausländischen Prozeßordnungen wählen können. Wie die – notwendigerweise auf Grundstrukturen begrenzte – Analyse des Entwurfs zeigt, hat sie sich insoweit keinem Modell im ganzen angeschlossen. Sie ist vielmehr selektiv verfahren und hat die Lösungen nach Gutdünken teils einer Verfahrensordnung entlehnt (so etwa den Verzicht auf ein Zertifikationsverfahren in Anlehnung an das australische Recht), teils allen dreien (so z.B. die Entscheidung zugunsten des opt-in-Modells, die Stellung des Klägers als Mitglied der Gruppe oder auch der Anwaltszwang auf Seiten der Gruppe). Nicht selten hat sie auch eine Lösung im Ansatz aufgegriffen, sie aber in Anlehnung an die eigene Verfahrensordnung abgewandelt (so beispielsweise hinsichtlich des Verfahrens bei der Benachrichtigung der Gruppenmitglieder oder dem Gebührenmodell bei den Anwaltskosten). Stärker generalisierende Aussagen lassen sich insoweit nicht treffen.

Zwei Tendenzen vermag man allerdings in der Anlage des Entwurfs unter Berücksichtigung der Motive gleichwohl zu erkennen. Soweit das angloamerikanische, australische und kanadische Recht als die von der Kommission bevorzugt betrachteten Verfahrensordnungen zu derselben Lösung in einer Frage gefunden hatten, neigte ihr auch die Kommission im Ergebnis regelmäßig zu.[2500] Die oben angegebenen Beispiele zum opt-in-Modell, der vorgeschriebenen Mitgliedschaft des Klägers in der Gruppe sowie der anwaltlichen Vertretung des Gruppenrepräsentanten belegen dies.

Im Rahmen der von den ausländischen Modellen gebotenen Formenvielfalt hat sich die Kommission hingegen bemüht, die überkommenen Grundsätze des eigenen Verfahrens im Nya Rättegångsbalk nach Möglichkeit zu wahren und insoweit zu einer eigenständigen Lösung zu finden. Die Regelung der Information der Gruppenmitglieder wie auch die des Anwaltshonorars können hierfür als Beispiele zitiert werden.

So stellt sich abschließend der Entwurf unter dem Blickwinkel des Einflusses fremden Rechts als das Ergebnis einer selektiven Rezeption unter gleichzeitiger Anpassung an das eigene Verfahrensrecht dar.[2501]

[2500] Dies erscheint auch verständlich vor dem Hintergrund der Überlegung, daß eine Lösung, die sich in Staaten unterschiedlicher rechtlicher und sozialer Kultur (Quebec ist, wie erwähnt, zum kontinentaleuropäischen Rechtskreis zu zählen) bewährt hat, den „Anscheinsbeweis" ihrer Eignung auch für das schwedische Verfahren für sich hat.

[2501] Der Reformentwurf steht – nach anfänglichem Zögern der schwedischen Regierung infolge einer Reihe dezidiert kritischer Stellungnahmen zu dem Reformvorhaben von seiten führender schwedischer Industrie- und Finanzunternehmen (vgl. dazu die instruktive Darstellung bei *P.H. Lindblom*, Grupptryck mot grupptalan – kommentar till ett remissutfall och en uppsats in: SJT 1996, S. 85 ff., wonach aus Wirtschaftskreisen eine der führenden schwedischen Anwaltskanzleien damit beauftragt wurde, ein Gegengutachten zu dem Reformentwurf auszuarbeiten und überdies eine Lobbyfirma für eine Kampagne gegen den Entwurf einzuschalten; s. auch schon dens., Grupprättegång – ett lagförslag under debatt in: SJT 1995, S. 269 ff., zu ei-

II. Der schwedische Zivilprozeß an der Schnittstelle von Gegenwart und Zukunft: Der Einfluß des europäischen Integrationsprozesses auf das schwedische Prozeßrecht

1. Die Bedeutung internationalen und supranationalen Rechts für den nationalen Prozeß

Jede auf die Offenlegung markanter „Bruchstellen" in der Entwicklung nationalen Prozeßrechts ausgerichtete Darstellung wäre unvollständig, wollte sie die internationale und supranationale Ebene völlig ausblenden. Die traditionelle Grenzziehung zwischen nationalem und internationalem Verfahrensrecht als eigenständigen Rechtsdisziplinen[2502] kann sich heute wohl nur mehr aus Gründen pädagogischer Zweckmäßigkeit legitimieren. In der Sache selbst haben der europäische Integrationsprozeß mit seiner steten Zunahme grenzüberschreitender Rechtsverhältnisse sowie die wachsende Globalisierung des Personen- und Güterverkehrs auch das Verfahren vor den nationalen Gerichten erfaßt. Schon ein flüchtiger Blick in deren Entscheidungssammlungen offenbart eine sich etwa seit den achtziger Jahren vollziehende deutliche Wesensänderung des Gerichtsverfahrens in den westlichen Staaten unter dem Eindruck steigender Bedeutung international- und supranationalrechtlicher Fragestellungen im Prozeß.[2503] Völkerrechtliche Verträge wie das EuGVÜ[2504] und das Parallelabkommen von Lu-

ner umfänglichen Prüfung der Argumente der Reformgegner auf ihre Stichhaltigkeit) – zur Zeit (Stand: 2. April 2002) kurz vor seiner parlamentarischen Verabschiedung, nachdem der Gesetzgebungsvorschlag in Form einer sog. proposition (s. Anhang I) Anfang März 2002 in den Reichstag eingebracht worden ist. Schwedens gegenwärtiger Justizminister, *Thomas Bodström*, hat sich allerdings gegen das „opt-out"-Modell des Entwurfs ausgesprochen und für eine „opt-in"-Lösung plädiert. Nach Auskunft des Sachverständigen *P.H. Lindblom* erscheint eine Modifikation des Entwurfs in dieser Hinsicht gegenwärtig als die wahrscheinlichste Lösung.

2502 Auch und gerade innerhalb der universitären Juristenausbildung der meisten europäischen Länder. Dies trifft auch auf Schweden zu, wo das internationale Prozeßrecht zusammen mit dem internationalen Privatrecht und losgelöst von dem nationalen Verfahrensrecht studiert wird.

2503 Vgl. aus schwedischer Sicht etwa die regelmäßige Zusammenstellung zentraler Entscheidungen schwedischer wie europäischer Gerichte aus dem Bereich des internationalen Prozeßrechts durch *L. Pålsson* in der SJT (SJT 1982, S. 214 ff.; 1987, S. 331 ff.; 1992, S. 475 ff.; 1996, S. 593 ff.; 1997, S. 109 ff.; 1998, S. 552 ff.; 1999, S. 987 ff. sowie 2000, S. 709 ff.). Sie weist einen signifikanten Anstieg der Zahl von Verfahren mit internationalprozeßrechtlichem Bezug ab den achtziger Jahren aus, der maßgeblich durch die wachsende Anwendung des EugVÜ sowie – ab 1988 – des LugÜ bedingt ist. S. auch *T. Hellners*, Några ord om internationaliseringen av domstolsprocessen, in: 35 års utredande – en vänbok till Erland Aspelin, S. 147 ff. (148): „Es gehört nunmehr zum Alltag, daß Parteien mit Bezug zum Ausland vor einem schwedischen Gericht auftreten."

2504 EWG-Übereinkommen vom 27.9.1968 über die gerichtliche Zuständigkeit und die Vollstreckung gerichtlicher Entscheidungen in Zivil- und Handelssachen (EG-ABl. 1972 L 299, S. 32). Zu seiner – nicht völlig unumstrittenen – Rechtsnatur als völkerrechtlicher Vertrag s. *J. Kropholler*, Europäisches Zivilprozeßrecht, S. 23. Mit Wirkung vom 1. März 2002 ist das EuGVÜ durch die EG-Gerichtsstands- und Vollstreckungsverordnung (EuGVO) Nr. 44/2001

gano (LugÜ)[2505] mit ihren Bestimmungen über die gerichtliche Zuständigkeit und die Anerkennung und Vollstreckung ausländischer Urteile, die Haager Übereinkommen über die Zustellung von Schriftstücken und die Beweisaufnahme im Ausland[2506] oder auch die europäische Menschenrechtskonvention (EMRK)[2507] mit ihren verfahrensrechtlichen Garantien in Art. 6 kommen in immer größerem Umfang vor den nationalen Gerichten zur Anwendung und führen zu einer deutlichen Überlagerung des heimischen Verfahrensrechts.[2508] Und auch auf der Ebene des europäischen Gemeinschaftsrechts zeugen die Bemühungen um ein einheitliches supranationales Prozeßrecht,[2509] die durch den Amsterdamer Vertrag bedingten Weiterungen gemeinschaftsweiter autonomer Rechtsetzungskompetenz im Verfahrensrecht[2510] sowie die zunehmend auch das nationale Prozeßrecht einer Überprüfung zuführende Spruchpraxis des Europäischen Gerichtshofs[2511] von spürbaren Ansätzen zu einer Modifikation oder gar Verdrängung nationalen Prozeßrechts.

Die Analyse des Werdegangs des schwedischen Zivilprozeßrechts hat daher zumindest die Grundzüge jener rezeptionsbedingten Veränderungen offenzule-

---

ersetzt worden. Zu den Plänen der Haager Konferenz für internationales Privatrecht zu einem „weltweiten" Gerichtsstands- und Vollstreckungsübereinkommen s. *H. Schack*, Entscheidungszuständigkeiten in einem weltweiten Gerichtsstands- und Vollstreckungsübereinkommen, in: ZEuP 1998, S. 931 ff.

2505 Übereinkommen über die gerichtliche Zuständigkeit und die Vollstreckung gerichtlicher Entscheidungen in Zivil- und Handelssachen vom 16.9.1988 (EG-ABl. 1988 L 319, S. 9).

2506 Haager Konvention über die Zustellung gerichtlicher und außergerichtlicher Schriftstücke in Zivil- oder Handelssachen vom 15.11.1965 (BGBl. II [1977] S. 1452); Haager Konvention über die Beweisaufnahme im Ausland in Zivil- oder Handelssachen vom 18.3.1970 (BGBl. II [1977] S. 1452, 1472). Vgl. auch das Haager Übereinkommen vom 7.6.1968 betreffend Auskünfte über ausländisches Recht (BGBl. II [1974] S. 938). Zu aus deutscher Sicht wichtigen weiteren bi- wie multilateralen Abkommen internationalprozeßrechtlicher Art s. *E. Jayme/R. Hausmann*, Internationales Privat- und Verfahrensrecht, Nr. 140 ff.

2507 Konvention zum Schutze der Menschenrechte und Grundfreiheiten vom 4.11.1950 (BGBl. II [1952] S. 685).

2508 Die zunehmende Einschlägigkeit völkerrechtlicher Konventionen in Verfahren mit internationalem Bezug läßt zwar die Geltung des bislang als Grundpfeiler des internationalen Verfahrensrechts gerühmten Prinzips „forum regit processum" formal unangetastet. Sachlich droht der Grundsatz jedoch durch die Spaltung zwischen autonomem Prozeßrecht und Konventionsbestimmungen ausgehöhlt zu werden, so daß seine fortgesetzte Verwendung (s. aus schwedischer Sicht etwa *M. Bogdan*, Svensk internationell privat- och processrätt, S. 31 f.) diskussionswürdig scheint. Zur Problematik um den Begriff der lex fori s. im übrigen *H. Schack*, Internationales Zivilverfahrensrecht, S. 14.

2509 Vgl. den von *M. Storme* 1994 vorgestellten Bericht „Rapprochement du Droit Judiciaire de l'Union europeénne – Approximation of Judiciary Law in the European Union".

2510 Vgl. den durch den Amsterdamer Vertrag umstrukturierten Titel IV des EGV mit dem neuen Art. 65 zu den zulässigen Gemeinschaftsmaßnahmen im Bereich der justiziellen Zusammenarbeit in Zivilsachen; hierzu auch *Grabitz/Hilf-Röben*, Das Recht der Europäischen Union, Art. 65 Rdnr. 2 ff. Zu den damit verbundenen vielfältigen Interpretationsschwierigkeiten hinsichtlich des Umfangs künftig statthafter verbindlicher Prozeßrechtssetzung durch die Gemeinschaften s. *P.H. Lindblom*, Integrera mera? in: ders.: Progressiv Process, S. 493 ff.

2511 Dazu im einzelnen nachfolgend unter 4. a).

gen, die den schwedischen Prozeß unter dem Einfluß des internationalen wie supranationalen Verfahrensrechts geprägt haben oder aller Voraussicht nach noch prägen werden.[2512]

Für den Bereich des internationalen Prozeßrechts sollen dabei exemplarisch die Auswirkungen der Verfahrensgarantien des Art. 6 der Europäischen Menschenrechtskonvention untersucht werden (nachfolgend 3.). Dem geht eine chronologische Skizzierung der wichtigsten für die Entwicklung des schwedischen internationalen Prozeßrechts bedeutsamen Beitrittsakte Schwedens zu internationalen Konventionen voraus (2.).

Hinsichtlich der Bedeutung des supranationalen Rechts für den schwedischen Prozeß (4.) ist zu bedenken, daß die nicht zuletzt von dem EuGH selbst in zahlreichen Entscheidungen immer wieder hervorgehobene Rechtsautonomie der Mitgliedstaaten auf dem Gebiet des Verfahrensrechts, die sich aus dem Fehlen einer gemeinschaftsweit gültigen Prozeßordnung ergebe,[2513] bislang im wesentlichen noch die aktuelle Rechtslage darstellt.[2514] Infolgedessen hat die Frage nach etwaigen sich aus der Mitgliedschaft Schwedens in der EU ergebenden Veränderungen seines Kernverfahrensrechts nach dem Nya Rättegångsbalk nur einen untergeordneten Stellenwert für die Analyse [dazu unter 4. a)]. Wesentlich vielversprechender ist dagegen eine Untersuchung des Selbstverständnisses schwedischer Justiz im ganzen innerhalb des Spannungsverhältnisses zwischen nationalem Traditionalismus und europäischer Integration [4. b)]. Insoweit soll versucht werden, das Ausmaß einer beginnenden Bedeutungsverlagerung offenzulegen, wie sie sich für die Stellung und die Funk-

---

2512 Man könnte gegen die Berechtigung einer Verwendung des Rezeptionsbegriffes im Zusammenhang mit der Ratifikation völkerrechtlicher Verträge bzw. den sich aus dem Beitritt eines Staates zu einer Staatengemeinschaft mit eigener Rechtssetzungskompetenz wie der EU ergebenden Veränderungen im Binnenrecht Zweifel erheben. Tatsächlich wird – soweit ersichtlich – in diesem Zusammenhang im allgemeinen nicht von einem Rezeptionsvorgang gesprochen. Unter Verwendung des dieser Untersuchung zugrundeliegenden (s. 1. Teil B. II. 1.) weiten Begriffsverständnisses des Terminus Rezeption kann allerdings auch in dem hier relevanten Kontext von einem Rezeptionsvorgang gesprochen werden. So vollziehen sich Rechtssetzung und -fortbildung auf der Ebene der EU in ihren Organen – einschließlich des EuGH – zu nicht unerheblichem Teil aus der Sicht eines kleineren Landes wie Schweden großenteils autonom und mit nur begrenzten Einflußmöglichkeiten dieses Staates. (Das gilt in besonderem Maße für die zum Zeitpunkt des Beitritts bereits in Kraft getretenen Rechtsakte.) Dies rechtfertigt es, das Gemeinschaftsrecht und die Spruchpraxis des EuGH jedenfalls aus schwedischer Sicht als eine von außen aufgenommene fremde Rechtsquelle anzusehen. Entsprechendes muß für völkerrechtliche Verträge wie die EMRK oder das EuGVÜ jedenfalls in dem Umfang gelten, in dem ein Land von der Möglichkeit eines späteren Beitritts zu einer ohne seinen Einfluß ausgehandelten Konvention Gebrauch macht.

2513 S. etwa die Fälle *Rewe* (16.12.1976; ECR, S. 1989 ff. Ziff. 5); *Comet* (16.12.1976; ECR, S. 2043 ff. Ziff. 13); *San Giorgio* (9.11.1983; ECR, S. 3595 ff. Ziff. 12); *Butterfahrten* (7.7.1981; ECR, S. 1805 ff. Ziff. 42).

2514 Vgl. aber beispielsweise auch die Richtlinien 92/13/EEC sowie 93/7/EEC, die gewisse verfahrensrechtliche Bestimmungen enthalten. Zu der darüber hinaus zunehmenden Neigung des EuGH, auch das Verfahrensrecht der Mitgliedstaaten an den von ihm entwikkelten Rechtsgrundsätzen zu überprüfen, s. unten 4. a).

tion der schwedischen Gerichte aus der gemeinschaftsrechtlichen Primärmaxime des effektiven Rechtsschutzes zu entwickeln scheint.

Der Prozeß verstärkter Judizialisierung des öffentlichen Lebens als eine Folgewirkung jenes übergeordneten gemeinschaftsrechtlichen Prinzips, das die Verantwortung für die Durchsetzung der Gemeinschaftsrechte und -pflichten der Unionsbürger den einzelstaatlichen Gerichten zuweist, mag in einem Staat wie der Bundesrepublik Deutschland noch auf vergleichsweise geringes Interesse stoßen. Hier hat das Grundgesetz selbst schon der Judikativen durch die Rechtsschutzgarantie in Art. 19 IV GG und die Konstituierung eines die verfassungskonforme Ausübung der gesamten öffentlichen Gewalt kontrollierenden Verfassungsgerichts eine sichtlich herausgehobene Stellung gegenüber der Legislativen wie Exekutiven eingeräumt.

Deutlich anders hingegen stellt sich die Situation in einem Staat wie Schweden dar, dessen Rechtskultur traditionell in einem Primat der Politik gegenüber der Justiz wurzelt, wie er im Fehlen einer unbedingten Verfassungskontrolle der Legislativen bzw. einer umfassenden Legalitätskontrolle der Exekutiven durch die Gerichte zum Ausdruck kommt.[2515] Hier stellt sich die Frage, welche Folgen sich aus der von den Mitgliedstaaten zu gewährleistenden effektiven Durchsetzung des Gemeinschaftsrechts für die Funktion der Gerichte im schwedischen Gemeinwesen ergeben und damit zugleich für das überkommene Verhältnis der drei Staatsgewalten untereinander.

Eine hiermit eng zusammenhängende Rezeptionsproblematik, die sich bei einer derartigen Weiterung des Blickfeldes ebenfalls an die Frage nach den Einflüssen des Gemeinschaftsrechts knüpft, betrifft die Methodik der Rechtsanwendung durch die Gerichte. Jede Rechtskultur entwickelt im Laufe der Zeit eine spezifische Rechtsquellenlehre, in deren Rahmen sie zentrale Probleme wie Art, Rangstufe und Auslegung der ihr eigenen Rechtsquellen in für sie typischer Weise löst. Sollte sich diese wesentlich von derjenigen des Gemeinschaftsrechts abheben,[2516] treten beim Aufeinandertreffen beider Rechtsordnungen Friktionen auf. Sie können auf längere Sicht durchaus zu einer Strukturänderung in der jeweiligen nationalen Rechtsquellen-

---

[2515] Hierzu eingehend unter 4. b). Aus gesamteuropäischer Sicht s. auch die rechtsvergleichende Darstellung bei *J. da Costa*, Die Verfassungsrechtsprechung im Rahmen der staatlichen Funktionen, in: EuGRZ 1988, S. 236 ff. (238 f.); die eingehende Analyse bei *H. Faller*, Zur Entwicklung der nationalen Verfassungsgerichte in Europa, in: EuGRZ 1986, S. 42 ff. sowie unter schwerpunktmäßiger Betrachtung speziell des verfassungsrechtlichen Instituts des „judicial review“ *M. Cappelletti/T. Ritterspach*, Die gerichtliche Kontrolle der Verfassungsmäßigkeit der Gesetze in rechtsvergleichender Betrachtung, in: Jahrb.ö.R., Bd. 20 (1971), S. 65 ff. Grundlegend im übrigen noch immer die detaillierte Studie „Verfassungsgerichtsbarkeit und Gegenwart – Länderberichte und Rechtsvergleichung“ (hrsg. von *H. Mosler*) des Heidelberger Max-Planck-Instituts für ausländisches öffentliches Recht und Völkerrecht aus dem Jahr 1962.

[2516] Dies betrifft vor allem die durch den EuGH für die Auslegung und Anwendung der gemeinschaftsrechtlichen Bestimmungen entwickelten Grundsätze; s. unter 4. b).

lehre führen, von der auch das Verfahrensrecht in dem entsprechenden Mitgliedstaat nicht unberührt bliebe. Daher sind in die Betrachtung der Auswirkungen des Gemeinschaftsrechts auf den schwedischen Prozeß auch Wesenszüge judikativer Rechtsanwendungspraxis miteinzubeziehen.

Zu bedenken ist allerdings, daß der auf diese Weise festgelegte Untersuchungsgegenstand dazu zwingt, eine Entwicklung zu beurteilen, die sich zur Zeit in vollem Gange befindet und deren weiterer Verlauf – zumal auf der Ebene des Gemeinschaftsrechts – gegenwärtig noch nicht abzusehen ist. Dies gilt in besonderem Maße für ein Land wie Schweden, das der EU erst im Zuge der letzten Erweiterung des Kreises ihrer Mitgliedstaaten zum 1.1.1995 beigetreten ist und für das infolgedessen nur eine zu vernachlässigende Zahl von Gerichtsentscheidungen durch den EuGH vorliegt. Das bringt es mit sich, daß bei dem Bemühen um verbindliche Aussagen Zurückhaltung geboten ist und eher Tendenzen aufgezeigt und Vermutungen geäußert werden sollen als objektive Gewißheiten.

2. Bedeutsame Stufen in der Entwicklung des schwedischen internationalen Prozeßrechts[2517]

Schweden ratifizierte 1953 die Europäische Menschenrechtskonvention, konnte sich aber zu diesem Zeitpunkt noch nicht dazu entschließen, deren Bestimmungen zugleich durch legislativen Akt in das eigene nationale Recht zu inkorporieren, so daß die Konvention für Schweden vorerst nur völkerrechtliche Geltung besaß.[2518]

Mit Wirkung zum 1.1.1993 trat Schweden dann dem Lugano-Abkommen über die gerichtliche Zuständigkeit und die Anerkennung und Vollstreckung gerichtlicher Entscheidungen in Zivil- und Handelssachen bei,[2519] das als Parallelkonvention zum EuGVÜ zwischen den Mitgliedsländern der EFTA[2520] und denen der EG 1988 unterzeichnet worden war.

[2517] Eine übersichtliche Zusammenstellung weiterer, im folgenden nicht erwähnter Bestimmungen des schwedischen internationalen Zivilprozeßrechts findet sich bei *L. Pålsson*, Författningssamling i internationell privaträtt, S. 116 ff.

[2518] Dies war die Folge des in Schweden geltenden dualistischen Systems, das in Ermangelung einer allgemeinen Transformationsbestimmung in der Verfassung, die völkerrechtliche Verträge mit ihrer Ratifikation ipso iure auch im Verhältnis zum Binnenrecht in Kraft treten läßt, für die Inkorporation ein gesondertes Umsetzungsgesetz verlangt (vgl. für Deutschland Art. 59 II GG). Näher zu dem sich im Laufe der Zeit gleichwohl entwickelnden Prozeß verstärkter Berücksichtigung der EMRK durch Schwedens Höchstes Gericht, den Högsta Domstolen, s. *H. Danelius*, Mänskliga rättigheter, S. 78 ff. m.w.N. aus der Spruchpraxis.

[2519] Mit Gesetz (SFS 1992:794) – ebenfalls in Kraft seit 1.1.1993 – in das schwedische Recht inkorporiert. Zu den Gesetzesarbeiten s. prop 1991/92:128.

[2520] Zusammen mit seinen skandinavischen Nachbarn Dänemark und Norwegen sowie an der Seite von Großbritannien, Portugal und der Schweiz bildete Schweden 1960 die Europäische Freihandelszone (EFTA), der sich 1986 noch Finnland anschloß.

Der bereits 1990 von der schwedischen Regierung verlautbarte Wunsch nach einem Beitritt zur EU wurde im Anschluß an ein Referendum[2521] zum 1.1.1995 und parallel zum gleichzeitigen Ausscheiden Schwedens aus der EFTA vollzogen.[2522]

Ebenfalls mit Wirkung vom 1.1.1995 führte Schweden als eines der letzten westeuropäischen Ländern die Europäische Menschenrechtskonvention in das eigene Recht über[2523] und eröffnete damit seinen Einwohnern die Möglichkeit der unmittelbaren Berufung auf deren Bestimmungen.[2524]

In Erfüllung der sich aus seiner Mitgliedschaft in der EU ergebenden Verpflichtung schloß sich Schweden schließlich an der Seite von Österreich und Finnland durch Beitrittsabkommen vom 29.11.1996 dem EuGVÜ an, das im Anschluß an seine Ratifikation nunmehr seit 1.1.1999 innerhalb Schwedens Gültigkeit besitzt.[2525]

3. Der Einfluß der Europäischen Menschenrechtskonvention auf das schwedische Prozeßrecht

a) Die Relevanz der EMRK für den schwedischen Prozeß

Wie für die Mehrzahl der an die EMRK gebundenen und der Rechtsprechung des Europäischen Gerichtshofs für Menschenrechte (EGMR) unterworfenen Konventionsstaaten stellte das Abkommen auch für Schweden bis etwa zu Beginn der achtziger Jahre keine Rechtsquelle von nennenswerter Bedeutung dar.[2526] Sowohl die in ihm festgeschriebenen wesentlichen Rechtsgarantien als auch das mit der Konvention verbundene spezifische Rechsschutzsystem[2527]

[2521] Durchgeführt am 13.11.1994. 52,3% der schwedischen Wähler stimmten dabei für den Beitritt, gegen ihn sprachen sich 46,8% aus (0,9% gaben leere Stimmzettel ab). Die Wahlbeteiligung betrug 83,3%.

[2522] Eingehend zum Weg Schwedens in die EU *D. Viklund*, Att förstå EU – Sverige och Europa, S. 262 ff. sowie *J. Gustavsson*; Väständ och autonomi: ett historiskt dilemma, in: *K. M. Johansson* (Hrsg.): Sverige i EU, S. 22 ff. (23 ff.).

[2523] Die zugehörigen Komiteeberichte und Gesetzesarbeiten finden sich SOU 1993:40 Teil B sowie prop 1993/94:117.

[2524] S. dazu eingehend *U. Bernitz*, Europakonventionens införlivande med svensk rätt – en halvmesyr, in: JT 1994/95, S. 259 ff. Dort (S. 266 ff.) auch zu der nicht unproblematischen Frage nach dem Verhältnis der Konvention zum übrigen Binnenrecht.

[2525] SFS (1998:358) iVm (1998:1689). Zum Verhältnis des EuGVÜ zum LugÜ s. *L. Pålsson*, Bryssel- och Luganokonventionerna, S. 50 f. sowie *J. Kropholler*, Europäisches Zivilprozeßrecht, S. 42 f.

[2526] Zu der Berücksichtigung der Konventionsbestimmungen durch den Högsta Domstolen trotz fehlender Inkorporation in das schwedische Recht s. oben S. 494 FN 2517. Der Jurisdiktion des EGMR war Schweden seit 1966 unterstellt.

[2527] Dies bestand bis zum 1.11.1998 aus der Kommission und dem EGMR und ist ab diesem Zeitpunkt durch einen neuen Gerichtshof gleicher Bezeichnung ersetzt worden. Dazu näher *V. Schlette*, Europäischer Menschenrechtsschutz nach der Reform der EMRK, in: JZ 1999 S. 219 ff.; *J. Meyer-Ladewig/H. Petzold*, Der neue ständige Europäische Gerichtshof für Menschenrechte, in: NJW 1999, S. 1165 f.

waren zuvor vergleichsweise unbekannt und die Zahl der von dem Gerichtshof entschiedenen Fälle dementsprechend gering. Bezeichnenderweise konzentriert sich der weit überwiegende Anteil der bislang etwa 1000 Urteile des Gerichtshofs auf den Zeitraum der vergangenen 15 Jahre. Überdies ging man wie in vielen Staaten, so auch in Schweden allgemein davon aus, daß mit der Ratifikation der Konvention keine nennenswerten Verpflichtungen zur Modifikation des nationalen Rechtsschutzsystems verbunden seien. Dieses wähnte man in bereits hinreichender Übereinstimmung mit den Vorgaben der EMRK.[2528]

Mittlerweile hat sich jedoch die Klagemöglichkeit vor dem EGMR in zahlreichen der seiner Jurisdiktion unterworfenen Länder zu einem gängigen Rechtsbehelf entwickelt. Dies hat die Konventionsstaaten mit dazu veranlaßt, ihre eigenen legislativen, exekutiven wie judikativen Akte öffentlicher Gewaltausübung in wachsendem Umfang mit den Konventionsbestimmungen und der Spruchpraxis aus Straßburg in Einklang zu bringen.

Etwa 40 der bislang ergangenen Entscheidungen des EGMR betreffen Schweden, und gut die Hälfte von ihnen stellen eine Konventionsverletzung fest. Unter diesen behandelt eine Reihe von Urteilen prozeßrechtliche Problemstellungen, in deren Mittelpunkt regelmäßig die sich aus Art. 6 EMRK für die Gestaltung des nationalen Prozeßsystems ergebenden Folgerungen stehen.

Nach dieser Bestimmung hat ein jeder – an der Seite von weiteren Garantien – inbesondere einen Anspruch auf ein ordnungsgemäßes und öffentliches Verfahren vor einem unabhängigen und unparteiischen Gericht zur Prüfung seiner zivilen Rechte und Verpflichtungen.[2529] Aus der Fülle an Einzelaspekten, die von dem Gerichtshof in einer mittlerweile umfangreichen Judikatur zu Fragen der Auslegung und Anwendung dieser Norm erörtert wurden, lassen sich in Hinblick auf den schwedischen Prozeß im wesentlichen drei zentrale Problempunkte herausschälen.

Es sind dies die Deutung des Begriffs der „zivilen Rechte und Pflichten" („civila rättigheter och skyldigheter"), der Umfang des aus dem schwedischen Wortlaut der Norm nicht unmittelbar herauslesbaren Anspruchs auf eine mündliche Verhandlung[2530] sowie die Auslegung des Begriffs des „unparteilichlichen Gerichts" („opartisk domstol"). Andere aus Art. 6 EMRK folgende

---

2528 Vgl. etwa mit Blick auf das Prozeßrecht die Stellungnahme der schwedischen Regierung anläßlich des Beitritts zur EMRK in: prop 1951:165 (Anslutning till Europakonventionen) S. 12: „Den Bestimmungen in Art. 6 über die Prozeßgarantien wird in vollem Umfang vom Rättegångsbalk Rechnung getragen."

2529 Die in Schweden maßgebliche Formulierung des Art. 6 Nr. 1 S. 1 EMRK lautet: „Envar skall, när det gäller att pröva hans civila rättigheter och skyldigheter eller anklagelse mot honom för brott, vara berättigad till rättvis och offentlig rättegång inom skälig tid och inför oavhängig och opartisk domstol, som upprättats enligt lag." (Formulierung entnommen *H. Danelius*, Mänskliga rättigheter, S. 282).

2530 Vgl. demgegenüber die englische und französische Fassung der Bestimmung, die mit der Formulierung „entitled to a (...) hearing" bzw. „droit à ce que sa cause soit entendue" einen deutlicheren Bezug zur Mündlichkeit des Verfahrens herstellen.

und stellenweise überaus diffizile Probleme wie die Konkretisierung des Anspruchs auf ein „zügiges" Verfahren („skälig tid") sowie das Beweisrecht betreffende Gesichtspunkte der Waffengleichheit und des kontradiktorischen Verfahrenscharakters sollen dagegen hier nicht näher betrachtet werden.[2531] Sie wurden entweder bislang noch nicht Gegenstand einer das schwedische Verfahren betreffenden Entscheidung seitens des EGMR bzw. eines schwedischen Gerichts oder aber entfalten ihre Bedeutung in erster Linie im Rahmen des Strafprozesses.

b) Die Deutung des Begriffs der „zivilen Rechte und Pflichten" in Art. 6 Abs. 1 EMRK und ihre Folgen für die Gestaltung des schwedischen Rechtswegs

Längere Zeit entsprach es – nicht zuletzt in Schweden – verbreiteter Auffassung, daß sich der Anspruch auf eine gerichtliche Prüfung gem. Art. 6 Nr. 1 EMRK allein auf solche Fragen beziehe, die nach dem nationalen Recht der Konventionsstaaten als zivilrechtliche zu qualifizieren sind.[2532] Damit war den Konventionsstaaten die Möglichkeit eröffnet zu einer willkürlichen Einengung der EMRK durch eine ihnen genehme Qualifikation der Rechtsnatur einer Streitigkeit. Der sich hieraus ergebenden Gefahr der Rechtszersplitterung und des uneinheitlichen Geltungsumfangs dieser Konventionsbestimmung in den verschiedenen Mitgliedstaaten wurde jedoch seitens des EGMR gegengesteuert. In mittlerweile gefestigter Rechtsprechung vertritt der Gerichtshof hinsichtlich der Auslegung dieses Begriffs wie auch der übrigen Vertragsbestimmungen das Postulat der autonomen Interpretation, die sich in von den einzelstaatlichen Rechtsordnungen losgelöster Weise allein am Sinn und Zweck der Konvention orientiert.[2533]

[2531] Dazu im einzelnen *H. Danelius*, Mänskliga rättigheter, S. 168 ff. (zum Anspruch auf ein zügiges Verfahren), S. 162 ff. (zum Aspekt der Waffengleichheit) sowie S. 164 ff. (zu den Konsequenzen aus dem kontradiktorischen Wesen des Verfahrens).

[2532] *H. Danelius*, a.a.O., S. 142.

[2533] Vgl. etwa den Fall *Ringeisen* (Österreich) vom 16.7.1971 (Publications of the European Court of Human Rights – Series A: Judgments and Decisions, Fall Nr. 13 Ziff. 94 (Zitierweise für die bis Ende 1995 veröffentlichten Urteile: Staat – Jahr der Entscheidung – ECHR – Fallnummer; für die ab 1996 erschienenen Entscheidungen, die in der Reihe „European Court of Human Rights – Reports of Judgments and Decisions" unter Angabe der Seiten im jeweiligen Jahrgang veröffentlicht werden, wird hingegen folgende Zitierweise gewählt: Staat – Jahrgang – ECHR – Seite). S. auch den Fall *Sramek* vom 26.10.1984 (Österreich;1984 ECHR, Nr. 84 Ziff. 36). Vgl. zum Begriff der autonomen Interpretation der EMRK sowie zur der Deutung der „zivilen Rechte und Pflichten" in der Rechtsprechung des EGMR auch die eingehende Darstellung *F. Sundbergs*, Något om rätten till domstolsprövning enligt Europakonventionens artikel 6 (1) vid myndighetsbeslut i marknadsregleringssammanhang, in: Institutet för Immaterialrätt och Marknadsrätt vid Stockholms universitet (Hrsg.): Ulf, 50 – uppsatser tillägnade Ulf Bernitz, S. 151 ff. (153 ff.) sowie *J. Frowein/W. Peukert*, Europäische MenschenRechts-Konvention, Art. 6 Rdnr. 5.

Danach ist für die Einordnung einer Streitigkeit als zivilrechtlich iSd Art. 6 EMRK in erster Linie der materielle Inhalt des Streits maßgebend. Soweit der Verfahrensausgang von unmittelbarer Bedeutung ist für die „privaten Rechte" einer Partei, ist der Anwendungsbereich der Bestimmung aus der Sicht des Gerichtshofs regelmäßig eröffnet.[2534] Keine Rolle spielen daher die Stellung der Parteien (Privatperson, juristische Person, Behörde etc.), der Charakter der zuständigen Entscheidungsinstanz (Zivilgericht, Arbeitsgericht, Verwaltungsgericht) wie auch insbesondere die Rechtsnatur der für die Entscheidung einschlägigen Rechtsvorschriften nach nationalem Recht (Privatrecht, Arbeitsrecht, öffentliches Recht).[2535]

Unter Zugrundelegung dieser extensiven, staatsbürgerfreundlichen Norminterpretation ist Art. 6 EMRK vom EGMR in mehreren Verfahren auch auf Streitigkeiten angewandt worden, die in einer Reihe von Staaten – darunter Schweden – traditionell dem Verwaltungsrecht zugewiesen werden.[2536]

Für Schweden wurde die Spruchpraxis des Gerichtshofs zu diesem Aspekt des Art. 6 EMRK insofern von grundlegender Bedeutung, als sein Prozeßrecht für eine große Zahl derartiger Streitigkeiten eine gerichtliche Überprüfung der Behördenentscheidung von vornherein nur in eingeschränktem Umfang vorsah. Nicht selten war vielmehr die Regierung die zuständige Kontrollinstanz.[2537]

[2534] Der EGMR verweist für diese Auslegung auch auf die französische und englische Fassung der Konvention, in der von „contestations sur (des) droits et obligations de caractère civil" bzw. „the determination of (...) civil rights and obligations" die Rede ist; Formulierungen, die das vom Gerichtshof gewählte weite Begriffsverständnis durchaus zu decken vermögen. Zugleich lehnt es der EGMR jedoch ab, den Inhalt des immer noch wenig konturenscharfen Begriffs der „privaten Rechte" abstrakt weiter zu bestimmen, und läßt die Anwendbarkeit der Norm von den Umständen des Einzelfalls abhängen (*J. Frowein/W. Peukert*, a.a.O., Rdnr. 15: „[Der EGMR] versucht (...), dem Auslegungsproblem in evolutiver Weise zu begegnen"; dort [Rdrn. 51 f.] auch eine zusammenfassende Übersicht zu der bisherigen Spruchpraxis bzgl. der Anwendbarkeit von Art. 6 EMRK). Zum Erfordernis der autonomen Auslegung der Konventionsbestimmungen s. im übrigen *H. Danelius*, Mänskliga rättigheter i europeisk praxis, S. 58 f; *J. Frowein/W. Peukert*, Europäische MenschenRechts-Konvention, S. 5 Rdnr. 7 ff. (8).

[2535] *J. Frowein/W. Peukert*, a.a.O., S. 163 Rz. 16.

[2536] Hierzu sind etwa Streitigkeiten um behördliche Genehmigungen im Zusammenhang mit dem Erwerb oder der Bebauung von Grundeigentum zu zählen (vgl. die Fälle *Ringeisen* [Österreich; 1971 ECHR, Nr. 13]; *Sramek* [Österreich; 1984 ECHR, Nr. 84] oder auch *Håkansson och Sturesson* [Schweden; 1990 ECHR, Nr. 171]; *Allan Jacobsson* [Schweden; 1989 ECHR, Nr.163]; *Mats Jacobsson* [Schweden; 1990 ECHR, Nr. 180-A] oder auch *Skärby* [Schweden; 1990 ECHR, Nr. 180-B]); Fragen der Enteignung privaten Eigentums (s. die Fälle *Sporrong-Lönnroth* [Schweden; 1982 ECHR, Nr. 52] sowie *Bodén* [Schweden; 1987 ECHR, Nr. 125-B]); Streitigkeiten über die behördliche Genehmigung wirtschaftlicher Betätigung und privater Berufsausübung (etwa die Fälle *Albert & Le Compte* [Belgien; 1983 ECHR, Nr. 58]; *Benthem* [Niederlande; 1985 ECHR, Nr. 97] oder auch *Tre Traktörer Aktiebolag* [Schweden; 1989 ECHR, Nr. 159]) oder wegen Schadensersatzansprüchen gegen den Staat (dazu die Fälle *Baraona* [Portugal; 1987 ECHR, Nr. 122]; *Editions Périscope* [Frankreich; 1992 ECHR, 234-B]).

[2537] Dazu *H. Danelius*, a.a.O., S. 145; *C. Ehrenkrona*, Europakonventionens betydelse för den svenska rättegångsordningen, in: SJT 1999, S. 486 ff. (487 f.).

Nachdem dies in Straßburg Anlaß gegeben hatte zu einer Reihe von Verurteilungen Schwedens wegen Verstoßes gegen Art. 6 Nr. 1 EMRK, an deren Anfang der berühmt gewordene Fall *Sporrong-Lönnroth* aus dem Jahr 1982 stand,[2538] änderte Schweden seine Rechtsordnung und führte 1988 für diese Fallgestaltungen den gerichtlichen Rechtsbehelf der „Rechtsprüfung" („rättsprövning") ein.[2539] Die mit ihm verbundene deutliche Aufwertung der Gerichte spiegelt den Beginn eines sich in Schweden daraufhin unter dem Eindruck seiner internationalen Verpflichtungen allmählich vollziehenden Prozesses zunehmender Stärkung der judikativen Gewalt im Verhältnis zur exekutiven. Auf ihn wird später noch näher einzugehen sein.[2540]

c) Der Umfang des Anspruchs auf eine mündliche Verhandlung nach Art. 6 Abs. 1 EMRK und seine Bedeutung für den schwedischen Prozeß

Die Frage, in welchem Umfang Art. 6 Abs. 1 Nr. 1 EMRK einen Anspruch auf eine mündliche Verhandlung gewährt, hat zu einer nur schwer aufschlüsselbaren, komplexen Kasuistik des EGMR geführt. Ihr wird in Schweden seit einigen Jahren nicht nur seitens der Gerichte,[2541] sondern in wachsendem Umfang auch auf der Regierungsebene vermehrt Aufmerksamkeit gezollt. Dies hängt

---

2538 Urteil vom 23.9.1982; ECHR, Nr. 52. Der Fall betraf Fragen der Enteignung von Stockholmer Grundstücken, deren Prüfung den Gerichten nach der damaligen Rechtslage entzogen war. Der Fall *Sporrong-Lönnroth* war zugleich der erste, der die EMRK in Schweden erstmals tiefer in das Bewußtsein der Öffentlichkeit gelangen ließ. Eingehend zu ihm die Darstellung bei *T. Opsahl/E. Fribergh*, Sverige fällt av Europadomstolen, in: SJT 1983, S. 401 ff.

2539 SFS 1988:205.

2540 Dazu unter 4. b). Der Rechtsbehelf der „Rechtsprüfung" ist zwar nach der schwedischen Gerichtsorganisation bei den Verwaltungsgerichten anhängig zu machen und fällt damit eigentlich aus dem unmittelbaren Rahmen des hier im Vordergrund stehenden schwedischen Zivilprozesses. Jedoch dürfte die sich in seiner Einführung spiegelnde und über die bloße Schaffung eines neuartigen Rechtsbehelfs hinausweisende Strukturänderung in der Frage der Gewaltenverteilung im Staat seine Erwähnung rechtfertigen.

Daß mit der Einführung der gerichtlichen „Rechtsprüfung" bestimmter Verwaltungsentscheidungen die sich aus Art. 6 EMRK für den Zugang zu nationalen Gerichten ergebenden Vorgaben in Schweden noch nicht befriedigend gelöst sind, vielmehr infolge fortbestehender Unsicherheiten über die Anwendbarkeit der Bestimmung im nationalen Recht noch gefährliche Rechtsschutzlücken drohen, zeigt der Fall *Stallknecht* (NJA I 1994 S. 657 ff. sowie RÅ 1995 Ref. 58). In ihm wurde die auf die Zahlung eines staatlichen Beitrags nach Maßgabe gewisser Landwirtschaftsverordnungen gerichtete Klage *B. Stallknechts* von dem zuständigen „tingsrätt" unter Hinweis auf die Letztverbindlichkeit der abschlägigen Entscheidung der Landwirtschaftsbehörde („Jordbruksverket") abgewiesen. Der Högsta Domstolen hob das Urteil wegen Verstoßes gegen Art. 6 EMRK auf, erklärte jedoch zugleich die allgemeinen Gerichte für unzuständig und verwies auf den Verwaltungsrechtsweg. Dessen höchstes Gericht, das Regeringsrätten, war jedoch der Auffassung, daß Art. 6 EMRK nicht einschlägig sei und wies die Klage erneut ab. Überdies vertrat eine Minderheit der Richter die Auffassung, daß die allgemeinen Gerichte für die Streitigkeit zuständig seien.

2541 Vgl. etwa die Entscheidungen des Högsta Domstolen in NJA I 1991 I S. 188 ff. (192 ff.); NJA I 1992 S. 363 ff. (366 ff.) und 513 ff. (514 ff.) sowie NJA I 1993 S. 109 ff. (110 f.) und S. 111 ff. (112 ff.).

mit den bereits dargestellten[2542] Entwicklungstendenzen in Richtung einer stetigen Verstärkung der Schriftlichkeit im Prozeß zusammen, die in Schweden – wie nahezu überall in Europa – die jüngeren und jüngsten Verfahrensreformen und Reformpläne bestimmen.[2543] Hier stellt sich die Frage, inwieweit die bislang geltendenen nationalen Prozeßrechtsbestimmungen den Vorgaben der EMRK hinsichtlich der Mündlichkeit hinlänglich Rechnung tragen bzw. in welchem Umfang aktuellen Reformvorhaben durch die EMRK eine Grenze gezogen wird.[2544]

Versucht man, der Judikatur des EGMR zum Mündlichkeitserfordernis allgemeinere Grundsätze zu entnehmen, die über die Besonderheiten des von ihm entschiedenen Einzelfalls hinausweisen, so lassen sich im wesentlichen folgende Gesichtpunkte ermitteln:

Soweit die nationale Prozeßordnung die Möglichkeit zu einer mündlichen Verhandlung bietet, eine solche allerdings nicht ausdrücklich von den Parteien

---

[2542] S. unter I. b) bb) α).

[2543] Zum gegenwärtigen Zeitpunkt (August 2001) untersuchen etwa Prozeßkommissionen in Dänemark, Norwegen und Finnland unter dem sich zunehmend zum Modewort innerhalb der Prozeßrechtspolitik entwickelnden Schlagwort der „Verfahrensflexibilität" unter anderem die Möglichkeiten eines weiteren Abbaus der Mündlichkeit; s. zu den Reformplänen eingehend *P.H. Lindblom*, Civilprocessens grundprinciper de lege ferenda, in: ders.: Progressiv processrätt, S. 237 ff. (241 ff.).

Auch in Schweden arbeitet augenblicklich ein von der Regierung eingesetztes Sachverständigengremium an der Konzeption von Reformplänen, die auf eine verstärkte Anwendung des schriftlichen Verfahrens zielen und das bislang noch unbeschränkte Recht auf eine mündliche Hauptverhandlung bei nicht offenkundig fehlender Klagebegründetheit (s. NRB 42:18 Abs. 1 Nr. 5; 42:5 Abs. 1) in Frage stellen (vgl. im einzelnen die Regierungsrichtlinien für die Arbeit des Reformgremiums in dir 1999:62; dazu *P.H. Lindblom*, a.a.O., S. 246 ff.).

Ganz ähnlich betonen auch die Motive der in Österreich kürzlich vom Justizministerium vorgestellten Prozeßnovelle 2001 das Ziel einer fortgesetzten Stärkung der Schriftlichkeit („Im Sinne einer Vereinfachung, Beschleunigung und Effizienzsteigerung des zivilprozessualen Erkenntnisverfahrens soll die Streiteinlassung im Gerichtshofverfahren nunmehr schriftlich [durch Klagebeantwortung, Einspruch oder Einwendungen] erfolgen; zugleich werden auch die Möglichkeiten schriftlicher Einlassung vor dem Bezirksgericht ausgeweitet", aus: Vorblatt der Erläuterungen zum Gesetzentwurf, im Internet abrufbar unter: http://www.bmj.gv.at/gesetzes/zponovelle.html).

Sogar in England, dem prozessualen „Hort der Mündlichkeit" (*E. Cohn*, Der englische Gerichtstag, S. 54 et passim, sprach vor etwa fünfzig Jahren gar von der „absoluten Mündlichkeit" des englischen Verfahrens), ist ein immer deutlicherer Trend zur Verstärkung der schriftlichen Elemente im Prozeß zu beobachten (hierzu *N. Andrews*, Principles of civil procedure, S. 22: „[...] the modern trend is to reduce orality. The age of comprehensive orality is over"; in dieselbe Richtung auch *C. Glasser*, Civil Procedure and the Lawyers – The Adversary System and the Decline of the Orality Principle, in: 56 MLRev [1993], S. 307 ff. sowie die detailreiche Analyse bei *K. Schmidt*, Der Abschied von der Mündlichkeit, S. 458 ff.).

[2544] In den Arbeitsrichtlinien (dir 1999:62) für die schwedische Reformkommission wird ausdrücklich auf die Notwendigkeit einer Abstimmung der Reformpläne mit den verpflichtenden Vorgaben der EMRK hingewiesen (dir 1999, S. 410 unter Hinweis auf Art. 6 EMRK). Die Problematik eines de lege ferenda-Überlegungen in Schweden begrenzenden Einflusses des Art. 6 EMRK spricht auch *P. Fitger*, Något om en reformering av rättegångsbalken, in: SJT 1999, S. 514 ff. (515), an.

begehrt wird, kann dieses Verhalten nach dem EGMR regelmäßig als ein stillschweigender Verzicht auf die Durchführung der Verhandlung gedeutet werden, ohne daß hierin ein Verstoß gegen Art. 6 EMRK zu sehen wäre.[2545]

Im übrigen dürfte man die Spruchpraxis dahingehend auslegen können, daß den Parteien im Rahmen der von Art. 6 EMRK umfaßten „zivilen Streitigkeiten“ grundsätzlich die Möglichkeit zu einer mündlichen Verhandlung zumindest in einer Instanz offenstehen muß.[2546] Eine Ausnahme hiervon mag lediglich für den – eher seltenen – Fall gelten, daß der Sachverhalt völlig unstreitig ist und die Rechtslage zudem zweifelsfrei.[2547]

Dies hat für das schwedische Prozeßrecht die Konsequenz, daß im erstinstanzlichen Verfahren vor dem „tingsrätt“ auf eine mündliche Verhandlung im Prinzip nicht ohne das Einverständnis beider Parteien verzichtet werden kann. Die konventionsrechtlich gezogenen Grenzen dürften mit der Ausweitung der Schriftlichkeit im Untergerichtsprozeß in der Reform des Rättegångsbalk von 1987,[2548] die die Anordnung eines reinen Schriftverfahrens bei ausbleibendem Parteiwiderspruch in das Ermessen des Richters stellt,[2549] folglich erreicht sein.

Hinsichtlich des Verfahrens im Rechtsmittelprozeß ist auf der Grundlage der Judikatur des EGMR davon auszugehen, daß in dem Maße, in dem die nachfolgenden Instanzen die untergerichtliche Entscheidung einer umfassenden Prüfung in sowohl tatsächlicher wie rechtlicher Hinsicht unterziehen, auch Art. 6 EMRK auf den Prozeß Anwendung finden muß.[2550] Soweit hingegen die Sachlage unstreitig ist und das Gericht lediglich zu Rechtsfragen Stellung zu nehmen hat, deren Klärung insbesondere keine erneute Beweisaufnahme voraussetzt, erscheint eine mündliche Verhandlung aus der Sicht des Straßburger Gerichtshofs typischerweise als verzichtbar.[2551]

2545 Vgl. aus schwedischer Sicht den Fall *Håkansson & Sturesson* vom 21.2.1990 (Schweden; ECHR, Nr. 171); dazu auch *H. Danelius*, Europakonventionens artikel 6 och dess betydelse för det svenska rättegångsförfarandet, in: Festskrift till B. Bengtsson, S. 89 ff. (93) sowie *C. Ehrenkrona*, Europakonventionens betydelse för den svenska rättegångsordningen, in: SJT 1999, S. 486 ff. (491).

2546 So auch *C. Ehrenkrona*, ibid. sowie *J. Frowein/W. Peukert*, Europäische MenschRechtsKonvention, Art. 6 Rdnr. 117 ff.

2547 In diese Richtung die Entscheidung *Allan Jacobsson II* vom 19.2.1998 (ECHR 1998, S. 154 ff.).

2548 Dazu oben unter I. b) bb) α).

2549 Zum schriftlichen Vorverfahren s. NRB 42:9 Abs. 1 S. 1: „Die Vorbereitung geschieht durch Zusammenkunft oder Schriftwechsel (...)“; zur verzichtbaren Hauptverhandlung vgl. 42:18 Abs. 1 Nr. 5: „[Ohne eine Hauptverhandlung darf das Gericht] auch in einem anderen Fall entscheiden, wenn eine Hauptverhandlung mit Rücksicht auf den Streitstand (‘utredning av målet’) nicht benötigt wird und keine Partei eine solche verlangt.“

2550 S. dazu die Fälle *Ekbatani* (Schweden; 1988 ECHR, Nr. 134); *Helmers* (Schweden; 1991 ECHR, Nr. 212-A) und *Weber* (Schweiz; 1990 ECHR, Nr. 177).

2551 Vgl. die Entscheidungen *Axen* (Deutschland; 1983 ECHR, Nr. 72); *Sutter* (Schweiz; 1984 ECHR, Nr. 74) sowie *Bulut* (Österreich; 1996 ECHR, S. 346 ff.).

Infolgedessen bleiben Revisionsverfahren vor dem Höchsten Gericht eines Konventionsstaates regelmäßig von dem Anwendungsbereich des Art. 6 ausgenommen.[2552] Aber auch Berufungsprozesse, in denen lediglich die rechtliche Relevanz gewisser vom zugrundeliegenden Sachverhalt her unstreitiger Einwendungen zu prüfen ist, brauchen nicht mündlich geführt zu werden.[2553]

Für den schwedischen Prozeß ist diese Judikatur insofern von besonderer Bedeutung, als er im Gegensatz zu zahlreichen Ländern kein bloßes Revisionsverfahren im engen, d.h. technischen Sinne des Begriffs kennt, vielmehr – zumindest im Prinzip[2554] – auch das Verfahren vor dem Högsta Domstolen eine Überprüfung der tatsächlichen Grundlagen des Rechtsstreits beinhaltet.

Dementsprechend hatte Schwedens Höchster Gerichtshof für den Fall der grundsätzlich schriftlich zu führenden Rechtsmittelverfahren bei Beschlüssen unter Hinweis auf die Judikatur des EGMR entschieden, daß die zugehörigen Prozeßbestimmungen[2555] so auszulegen seien, daß den Parteien auf ihren Wunsch eine mündliche Verhandlung eingeräumt wird.[2556]

Für das Berufungsverfahren erklärte der Högsta Domstolen 1994 die Anwendung einer zu diesem Zeitpunkt noch gültigen Verfahrensnorm[2557] für konventionswidrig, die dem Hofgericht die Möglichkeit einräumte, auf eine mündliche Verhandlung zu verzichten, soweit der Wert des Streitgegenstands nicht eine bestimmte Mindesthöhe erreichte und nicht beide (!) Parteien eine mündliche Verhandlung begehrten.[2558] Diese Bestimmung wurde daraufhin bewußt zur Vermeidung von Friktionen mit Art. 6 EMRK im Jahr 1999 beseitigt.[2559] Die nunmehr für den Hofgerichtsprozeß gültigen Regeln[2560] dürften im

---

2552 Vgl. hierzu auch *J. Frowein/W. Peukert*, a.a.O., Rdnr. 118. Eine ausnahmslos Gültigkeit beanspruchende Regel dürfte man hieraus allerdings nicht ableiten können, vielmehr wird etwa das Vorliegen schwieriger und komplexer Rechtsfragen, zu denen die Parteien in den Unterinstanzen im einzelnen noch nicht umfassend Stellung nehmen konnten, tendenziell eher für die Notwendigkeit einer mündlichen Verhandlung auch in den Rechtsmittelinstanzen sprechen (in diese Richtung auch *H. Danelius*, Mänskliga rättigheter i europeisk praxis, S. 134; ähnlich *J. Frowein/W. Peukert*, a.a.O., Rdnr. 68: „Gesamtheit des Verfahrens zu berücksichtigen").

2553 Hierzu aus schwedischer Sicht die Fälle *Jan-Åke Andersson* (Schweden; 1991 ECHR, Nr. 212-B) und *Fejde* (Schweden; 1991 ECHR, Nr. 212-C).

2554 Dazu näher B. IV. 2. a) dd) β).

2555 NRB 52:10 a.F. (52:11 n.F.) sowie 56:12 a.F. (56:11 n.F.).

2556 NJA I 1991 S. 188 ff. (192 ff.). Vgl. auch NJA I 1992 S. 363 ff. (366 ff.) und 513 ff. (514 ff.) sowie NJA I 1993 S. 109 ff. (110 f.) und 111 ff. (112 ff.).

2557 NRB 50:13 Abs. 1 Nr. 4.

2558 NJA I 1994 S. 290 ff. (292).

2559 SFS (1999:84). Dazu die Materialien in prop 1998/99 Nr. 37 (v.a. S. 24 f.). Vgl. auch SOU 1995:124 S. 247 ff. (255), wo auf die Möglichkeit eines Konventionsbruches bei Anwendung von NRB 50:13 Abs. 1 Nr. 4 hingewiesen wird.

2560 Vgl. insbes. die Formulierung in NRB 50:13 Abs. 3: „Ein Urteil darf stets ohne Hauptverhandlung ergehen, wenn offenkundig ist, daß eine solche nicht erforderlich ist." *P. Fitger*, Rättegångsbalk, Bd. 4, 50:13 S. 75 f, weist darauf hin, daß Abs. 3 in der Praxis nahezu nie angewandt wird, wenn die Parteien den Wunsch nach einer Hauptverhandlung äußern.

ganzen den Vorgaben des Art. 6 EMRK im Hinblick auf die Mündlichkeit entsprechen, soweit der Richter in der Ausübung des ihm eingeräumten Ermessens dem Interesse der Parteien an einer mündlichen Verhandlung Rechnung trägt.[2561] Entsprechendes gilt für den Prozeß vor dem Högsta Domstolen, für den im wesentlichen die gleichen Grundsätze gelten wie für das Hofgerichtsverfahren.[2562]

d) Das Erfordernis eines unparteiischen Richters nach Art. 6 Abs. 1 EMRK und seine Auswirkungen auf den schwedischen Prozeß

Art. 6 Abs. 1 Nr. 1 EMRK gewährt zugleich ein Recht auf eine Entscheidung durch ein unabhängiges und unparteiisches Gericht. Aus der Vielzahl der von dem EGMR zu dieser Garantie im einzelnen entwickelten Grundsätzen, die sich mit Fragen des Begriffs „Gericht" iSd Bestimmung, den Voraussetzungen der Unabhängigkeit und Unparteilichkeit wie auch dem wechselseitigen Verhältnis beider Merkmale zueinander befassen,[2563] ist für den schwedischen Zivilprozeß vor allem ein Problembereich von herausgehobener Bedeutung. Er betrifft die mit der Teilnahme von sog. Interessenvertretern („intresseledamöter") als Laienrichter an Verfahren verbundenen Probleme.

Wie bereits ausgeführt, zeichnet sich die schwedische Gerichtsverfassung dadurch aus, daß an einer Vielzahl von Spezialverfahren[2564] Laienrichter betei-

---

Die Bestimmung in 50:13 Abs. 4 („Für eine Prüfung, die nicht die Sache selbst betrifft, braucht eine Hauptverhandlung nicht durchgeführt zu werden") dürfte unter Berücksichtigung von dem oben in S. 501 FN 2551 Gesagten in dem Moment Probleme aufwerfen, wo einem Parteibegehren auf mündliche Verhandlung etwa trotz Vorliegens komplexer Zulässigkeitsfragen, zu denen die Partei noch nicht eingehend hat Stellung nehmen können, unter Hinweis auf den Wortlaut der Norm nicht stattgegeben wird.

[2561] Auch der Högsta Domstolen betont in NJA I 1997 S. 121 ff. (124 f.) die Notwendigkeit einer Berücksichtigung des Art. 6 EMRK bei der Anwendung von NRB 50:13 Abs. 3. Des weiteren verpflichtete Schwedens Höchstes Gericht in NJA I 1996 S. 343 ff. zur restriktiven Anwendung einer Bestimmung des Rättegångsbalken, die es dem Hofgericht erlaubt, bei offenkundiger Unbegründetheit des Rechtsmittels das Urteil ohne Zustellung der Berufungsschrift an den Berufungsbeklagten zu fällen (vgl. NRB 50:8 Abs. 2).

[2562] NRB 55:11 Abs. 2 iVm 50:13.

[2563] Dazu im einzelnen *H. Danelius*, Mänskliga rättigheter i europeisk praxis, S. 151 ff.; *Forwein/Peukert*, Europäische MenschenRechtsKonvention, S. 348 ff. Rz. 122 ff.

[2564] Unter ihnen Verfahren vor dem Arbeitsgericht („arbetsdomstolen"), dem Wassergericht („vattendomstolen" [ab 1.1.1999 werden die wassergerichtlichen Verfahren vor den Umweltgerichten [„miljörätter"] geführt, die den „tingsrätter" organisatorisch integriert sind]), dem Marktgericht („marknadsdomstolen"), dem Patentbeschwerdegericht („patentbesvärsrätten"), dem Grundstücksgericht („fastighetsdomstolen") oder auch dem Pressegericht („tryckfrihet- och yttrandemål"). Zu erwähnen sind des weiteren die an der Seite der Gerichte stehenden behördlichen „nämnder" mit gerichtsähnlicher Funktion wie etwa die Allgemeine Reklamationsbehörde („allmänna reklamationsnämnd"), die Überwachungsbehörde („övervakningsnämnd"), die Konzessionsbehörde für Umweltschutz („koncessionsnämnd för miljöskydd"), die Miet- und Pachtbehörden („hyresnämnd" bzw. „arrendenämnd") oder auch die Überwachungsbehörde im Gesundheitswesen („hälso- och sjukvårdsnämndens ansvarsnämnd").

ligt sind. Sie stellen entweder als Experten in dem jeweiligen Sachgebiet dem Berufsrichter ihre Kenntnisse zur Verfügung oder aber lassen als Mitglied berufsständischer Organisationen oder Interessenverbände die verbandsinternen Auffassungen und Gepflogenheiten in das Verfahren einfließen.[2565] In beiden Fällen üben die Laienrichter schöffengleiche Funktion aus und haben daher sowohl die Rechts- wie Tatsachenseite der Streitigkeit mitzuentscheiden.

Laienrichter können in Schweden auf eine lange und ungebrochene Tradition zurückblicken, die – wie gesehen – in Gestalt der sog. „nämnd" für Zivil- wie Strafverfahren schon in den Landschaftsgesetzen des 13. Jahrhunderts zum Ausdruck kommt.[2566] Art und Umfang ihrer Beteiligung am Prozeß bildeten zwar im Laufe der Zeit immer wieder den Gegenstand kritischer Reformüberlegungen.[2567] Ihre grundsätzliche Mitwirkung am Gerichtsverfahren wurde jedoch unter Hinweis auf den mit ihnen verbundenen „demokratischen Einschlag im Prozeß"[2568] – die Kontrolle der Judikativen durch die Öffentlichkeit und die dadurch bedingte Stärkung des Vertrauens der Allgemeinheit in die Qualität der Rechtsprechung – nie ernsthaft in Zweifel gezogen.[2569]

Das Aufkommen speziell der Interessenvertreter innerhalb der schwedischen Gerichtsverfassung sowie ihre aus deutscher Sicht ungewöhnlich starke Stellung in der schwedischen Rechtspflege verbindet sich mit der Konzeption des schwedischen Modells eines Wohlfahrtsstaates, in dem kollektive Gemeininteressen in der Politik lange Zeit bewußt über das individuelle Einzelwohl gesetzt wurden.[2570]

2565 Ein auch aus deutscher Prozeßperspektive bekanntes Beispiel derartiger Interessenvertreter sind etwa die Vertreter der Gewerkschaften bzw. der Arbeitgeberverbände in arbeitsgerichtlichen Verfahren.

2566 Jene Laienrichter, die in Strafprozessen und bei gewissen Familiensachen die sog. „nämnd" konstituieren, brauchen jedoch über keine besondere Sachkunde oder Verbindung zu Interessengemeinschaften zu verfügen und sind daher von den hier in Rede stehenden Experten und Interessenvertretern zu trennen.

2567 Dazu aus jüngerer Zeit SOU 1994:99 („Domaren i Sverige inför framtiden"), Del. A S. 173 ff. und 301 ff.

2568 Speziell hierzu – aus deutscher, aber jedenfalls hinsichtlich des politischen Einschlags in der Wahl von Laienrichtern auch auf die schwedischen Verhältnisse übertragbarer Sicht – dezidiert kritisch *F. Baur*, Laienrichter – Heute?, in: ders.: Beiträge, S. 14 ff. (15 ff.); gegen *Baur* wiederum unter Betonung der Vorzüge einer „koexistentiellen Nachbarschafts- und Laienjustiz" gegenüber der traditionellen Berufsjustiz *M. Cappelletti*, Laienrichter – heute?, in: Festschrift für F. Baur, S. 313 ff. (322 ff.).

2569 Vgl. etwa die Ergebnisse der Untersuchungskommission zur Stellung der Richter in Schweden in SOU 1994:99, Del. A. S. 302: „Es ist wichtig, die volkstümliche Verankerung der Rechtsprechung beizubehalten, die Schweden aus Tradition besitzt. Ausgangspunkt unserer Überlegungen ist, daß die Teilnahme von Laien an der rechtsprechenden Tätigkeit (...) fortbestehen soll."

2570 S. nur die Feststellung der schwedischen Regierung selbst in DS-Ju 1993:34 („Specialdomstolarna i framtiden") S. 21 ff. (23 f.). Näher zu diesem Problembereich unter dem Gesichtspunkt der Auswirkungen des europäischen Integrationsprozesses auf die Stellung des Einzelnen innerhalb des schwedischen Rechtsschutzsystems und der damit verbundenen Stärkung der Judikativen im Verhältnis zur Exekutiven s. nachfolgend unter 4. b).

Schien die Einbeziehung derartiger Interessenvertreter in den Prozeß in Schweden bis vor kurzem noch keine nennenswerten Probleme darzustellen, wirft eine Entscheidung des EGMR zur Zusammensetzung des (ehem.) schwedischen Wohnungsgerichts jedoch ein neues Licht auf diese Praxis.[2571] In diesem Fall, der die Gültigkeit einer Mietvertragsklausel betraf, nach der die Höhe des jeweiligen Mietzinses in Verhandlungen zwischen dem Vermieterbund und der Mietervereinigung festgelegt werden sollte, entschied der Straßburger Gerichtshof, daß die aus den Reihen der beiden Verbände stammenden Interessenvertreter im Gericht aufgrund ihres zumindest mittelbaren Interesses am Ausgang des Verfahrens nicht als unparteiisch im Sinne von Art. 6 EMRK anzusehen seien.

Das Urteil stellte zwar keine generelle Absage an die Beteiligung von Interessenvertretern an der Rechtsprechung dar.[2572] Es führte in Schweden jedoch zu einer lebhaften Grundsatzdiskussion über die das Institut der Laienrechtspflege.[2573] Sie mündete in eine Reihe von Gesetzesänderungen, die für Fälle vergleichbarer Art in mehreren Spezialgerichten die Einbeziehung von Interessenvertretern untersagten und an deren statt eine Zusammensetzung des Spruchkörpers nur aus Berufsrichtern vorsahen.[2574]

[2571] Es handelt sich um den Fall *Langborger* (Schweden; 1989 ECHR, Nr. 155). Es verdient hervorgehoben zu werden, daß der Högsta Domstolen in einem ähnlich gelagerten Fall diese Praxis selbst zuvor nicht glaubte beanstanden zu müssen (s. NJA I 1982 S. 564 ff.).

[2572] Dazu auch *H. Danelius*, Mänskliga rättigheter i europeisk praxis, S. 161. Zu erwähnen ist auch, daß die Menschenrechtskommission, die bis 1998 als Überwachungsorgan mit in das Rechtsschutzsystem der EMRK eingebunden war, gegen die Teilnahme von Interessenvertretern an arbeitsgerichtlichen Verfahren in den ihr vorgelegten Fällen nichts einzuwenden hatte (s. etwa aus schwedischer Sicht den Fall *Stallarholmens Plåtslageri* (Schweden, Fall Nr. 12733/87; European Commission of Human Rights – Decisions and Reports, Bd. 66, S. 111 ff.).

[2573] Vgl. nur DS-Ju 1993:34 („Specialdomstolar i framtiden") S. 21 ff. et passim.

[2574] S. dazu prop 1990/91:98 (v.a. S. 7 ff.) für das Wohnungsgericht („bostadsdomstol") sowie die Mietbehörden („hyresnämnder") sowie prop 1992/93:56 zum Marktgericht („marknadsdomstol"). S. auch das Fazit der Regierung in DS-Ju 1993:34 S. 8: „Es wird des weiteren festgestellt, daß es im Prinzip nicht angebracht ist, an dem Entscheidungsprozeß eines Gerichts Mitglieder teilnehmen zu lassen, die als Repräsentanten für gewisse Sonderinteressen aufgefaßt werden können, und daß der Ausgangspunkt sein muß, daß Interessenvertreter nicht an der rechtsprechenden Tätigkeit zu beteiligen sind." Das Wohnungsgericht wurde schließlich zum 1.7.1994 gänzlich abgeschafft und seine Funktion statt dessen vom Svea Hofgericht übernommen (SFS 1994:835 und 1994:831).

In einem zweiten Urteil des EGMR – Fall *Holm* (Schweden; 1994 ECHR, Nr. 279-A) – nahm der Gerichtshof Stellung zu der Frage der Unparteilichkeit von Laienrichtern, die auf parteipolitischer Basis bestimmt werden, in Verfahren mit parteipolitischer Anknüpfung. Der Fall betraf die Zusammensetzung der schwedischen Jury, eines Gremiums, das speziell für die Presse- und Meinungsfreiheit berührende Verfahren zuständig ist und sich aus Geschworenen zusammensetzt, die wie die „nämndemän" kommunalpolitisch gewählt werden und typischerweise Parteimitglieder sind (näher dazu die übersichtliche Darstellung bei S. *Strömholm*, Introduction, S. 118 ff.). Der Kläger – *Holm* – begehrte Schadensersatz wegen einer ihn mit dem Rechtsextremismus in Verbindung bringenden Darstellung in einer

Diese unmittelbar durch die in der EMRK verankerten Rechtsgarantien bedingten Veränderungen in der schwedischen Gerichtsverfassung mögen auf den ersten Blick als eher unscheinbare Modifikationen in der Zusammensetzung schwedischer Spezialgerichte erscheinen. Sie dürfen allerdings nicht isoliert innerhalb des von ihnen direkt betroffenen Bereichs der Justizorganisation betrachtet werden. Zusammen mit der dargestellten Ausweitung des – gerichtlichen – Rechtsweges bei Behördenentscheidungen bilden sie vielmehr nur einen Ausschnitt aus einem übergreifenden Prozeß allmählicher Zurückdrängung von Spezialgerichten und gerichtsähnlichen Verwaltungsbehörden zugunsten der allgemeinen Gerichtsbarkeit.[2575] Dieser Prozeß ist Ausdruck eines in Schweden seit etwa Mitte der neunziger Jahre zu beobachtenden tiefgreifenden Strukturwandels im Justizwesen, der zu einer zunehmenden Aufwertung der Gerichtsbarkeit im Verhältnis zur Verwaltung führt. Er ist seinerseits im Kontext zu sehen mit der sich etwa zeitgleich vollziehenden verstärkten politischen wie rechtlichen Integration Schwedens in Europa, die eine seiner maßgebenden Ursachen darstellt. Auf sie und ihren Einfluß auf die schwedische Rechtspflege soll daher im folgenden näher eingegangen werden.

4. Der Einfluß der schwedischen EU-Mitgliedschaft auf den schwedischen Prozeß

Schweden ist seit dem 1.1.1995 Mitglied der EU. Die damit verbundene Verpflichtung zur Anwendung und effektiven Durchsetzung des Gemeinschaftsrechts wie auch zur Ratifikation verschiedener europäischer Konventionen, unter denen aus prozeßrechtlicher Sicht vor allem das EuGVÜ hervorzuheben ist,[2576] zieht nachhaltige Veränderungen für das schwedische Rechtswesen nach sich.[2577]

Publikation, deren Autor wie auch der Verlag, der das Buch herausgebracht hatte, erklärte Anhänger der schwedischen Sozialdemokratie waren. Die Jury, die aus fünf Sozialdemokraten und vier Mitgliedern anderer Parteien bestand, verwarf *Holms* Klage. Der EGMR befand, daß unter diesen Umständen der Verdacht der Parteilichkeit nicht ausgeschlossen werden könne und Art. 6 EMRK folglich verletzt sei. Diese Entscheidung nahm das mit Reformvorschlägen für die schwedische Gerichtsverfassung befaßte Gremium „domarutredningen" zum Anlaß, gewisse Veränderungen in dem Wahlverfahren der Jury- wie „nämnd"-Mitglieder vorzuschlagen, die dem Eindruck der parteipolitischen Überformung des Laienrichterauftrags entgegenwirken sollen (vgl. SOU 1994:99 S. 301 ff. [302 ff.]).

2575 Es wurde bereits erwähnt, daß das Wohnungsgericht 1994 abgeschafft wurde; gleiches trifft auf das Versicherungsobergericht („försäkringsöverdomstolen") zu (1995). Die Aufhebung des Patentbeschwerdegerichts und des Marktgerichts empfiehlt DS-Ju 1993:34 S. 8 f. (Zusammenfassung). Des weiteren wurden bereits eine Reihe von „nämnder" abgeschafft (so etwa die „utskrivningsnämnd" wie auch die „psychiatriska nämnd" [je 1992]) oder aber Pläne zu ihrer Aufhebung vorgelegt (so etwa bzgl. der „övervakningsnämnd" sowie der „hyres-" und „arrendenämnder" [s. prop 1993/94:200, S. 46 ff.].

2576 In Kraft im Verhältnis zu Schweden seit 1.1.1999 in der Fassung des 4. Beitrittsübk. vom 29.11.1996.

2577 Sie waren schon im Vorfeld des Beitritts Gegenstand eingehender Untersuchungen durch hierzu seitens der schwedischen Regierung eingesetzte Fachgremien. Vgl. SOU

Diese liegen teilweise in der Natur des Anschlusses an eine supranationale Rechtsgemeinschaft mit eigenen Legislativ- und Judikativkompetenzen und gelten für Schweden in gleichem Umfang wie für die übrigen 14 Mitgliedsstaaten. In Hinblick auf das Verfahrensrecht sind insofern vor allem die mit dem sog. Vorabentscheidungsverfahren vor dem EuGH gem. Art. 234 EGV verbundenen Implikationen zu nennen. Sie zwingen iVm Art. 10 EGV die mitgliedstaatlichen Gerichte zur Prüfung der Vereinbarkeit des nationalen Rechts mit den europarechtlichen Vorgaben und verpflichten insoweit ggf. zur Einholung der verbindlichen Ansicht des EuGH in Fragen der Auslegung des Gemeinschaftsrechts. Diese Problematik ist vom deutschen Recht her hinlänglich bekannt[2578] und soll hier nicht weiter behandelt werden.

Stellenweise ergeben sich diese Veränderungen aber auch aus Besonderheiten des schwedischen Rechtssystems, die sich – obgleich eine schon gefestigte Tradition – unter dem faktischen Harmonisierungsdruck, der von einer Mitgliedschaft in der EU ausgeht, auf längere Sicht voraussichtlich nicht werden halten können. Auf der Ebene des Prozeßrechts ist dabei in erster Linie an einen allmählichen Funktionswandel schwedischer Rechtspflege durch die Gerichte zu denken, die sich von einer den politischen Gewalten Legislative und Exekutive untergeordneten Institution bloßer Rechtsdurchsetzung zunehmend zu einem ihnen gleich-, ja übergeordneten Organ der Rechtskontrolle und Rechtsgestaltung entwickeln. Dieser gegenwärtig in Schweden zu beobachtende Prozeß, der längst nicht nur für das Verfahrensrecht bedeutsam ist, sondern wegen der ihm zugrundeliegenden allgemeinen Problematik der staatlichen Gewaltenteilung und der Stellung der Gerichte innerhalb einer Rechtsgemeinschaft etwa auch den Verfassungsrechtler und den Rechtssoziologen betrifft,[2579] soll im folgenden [b)] näher betrachtet werden.

Untrennbar verbunden sind mit der im Wandel begriffenen Rolle der Gerichte innerhalb des schwedischen Rechtswesens auch Veränderungen auf der Ebene der Rechtsquellenlehre und Rechtsmethodik. So wird im Rahmen der Untersuchung des Funktionswandels der Gerichtsbarkeit die Frage zu stellen

---

1993:14 (EG och våra grundlagar) sowie die durch die geplante EU-Mitgliedschaft auch mitveranlaßte Begutachtung des Gerichtswesens in SOU 1991:106 (Domstolsutredning: Domstolarna inför 2000-talet), SOU 1994:99 (Domarutredning: Domaren i Sverige inför framtiden) und SOU 1993:40 (Fri- och rättighetsfrågor).

2578 Vgl. nur *M. Dauses*, Vorabentscheidungsverfahren, S. 53 ff.

2579 Zumal vor dem Hintergrund der immer wieder hervorgehobenen „Prozeßunlust" der Schweden (vgl. nur *P.H. Lindblom*, Procedure, in: S. Strömholm (Hrsg.): Introduction, S. 105 ff. [115 ff.]; ders.: Allmän domstol som alternativt tvistelösningsorgan, in: ders.: Studier i processrätt, S. 83 ff. [92: „traditionell geringe Bedeutung der Gerichte"]; ders.: Processens funktioner – en resa gränslandet, in: ders.: Progressiv processrätt, S. 41 ff. [46 ff. et passim] sowie ders.: Finprocesser, barfotaprocesser och grupptalan, in: ibid. S. 19 ff. [35] wirft der Vorgang zunehmender Stärkung der judikativen Gewalt innerhalb einer Sozialgemeinschaft die interessante Frage auf nach der Wahrscheinlichkeit eines allmählichen Bewußtseinswandels im Volk und einer hieraus resultierenden wachsenden Bereitschaft der Schweden zur Inanspruchnahme der staatlichen Gerichte zum Zwecke der Durchsetzung der eigenen Rechte.

sein, welche Folgen sich aus der Auslegungslehre des EuGH für die traditionell starke Stellung ergeben, die die legislativen Vorabeiten in Gestalt von Kommissionsberichten, Expertengutachten und Gesetzesmotiven[2580] in der Rechtsanwendung durch die schwedischen Gerichte einnehmen.

Hinsichtlich der Gestaltung des Verfahrens selbst ist vorab zu prüfen, ob erwähnenswerte Veränderungen des Rättegångsbalk zum Zwecke der Verfahrensanpassung an die Spruchpraxis des EuGH stattgefunden haben bzw. inwieweit derartige Reformvorhaben geplant sind [a)].

a) Veränderungen des nationalen schwedischen Zivilverfahrens im Rättegångsbalk als Folge der EU-Mitgliedschaft?

Das Verfahrensrecht wird üblicherweise nicht an erster Stelle erwähnt, soweit Veränderungen des nationalen Rechts der EU-Mitgliedstaaten als Folge eines Einflusses der supranationalen Rechtsordnung in Frage stehen. Dies hängt zweifellos damit zusammen, daß trotz intensiver Bemühungen um eine Harmonisierung der nationalen Prozeßrechte auf Gemeinschaftsebene[2581] der Grundsatz der prozessualen Autonomie, der die verfahrensrechtliche Durchsetzung materiellen EG-Rechts in die Hände der Mitgliedstaaten legt, noch immer – wenn auch eingeschränkt – Geltung beansprucht.[2582] In ständiger Rechtsprechung hat denn auch der EuGH betont, daß es grundsätzlich die nationalen Verfahrensordnungen seien, welche über die Gestaltung des Prozesses befänden.[2583]

Daß gleichwohl ein unmittelbarer Zusammenhang zwischen dem gemeinschaftsweit normierten materiellen Recht einerseits und dem nationalen Verfahrensrecht andererseits besteht, da Art und Umfang der gerichtlichen Durchsetzung des EG-Rechts auf diese Weise einzig von der Ausgestaltung der mitgliedstaatlichen Verfahrensordnung abhängen,[2584] war jedoch von

2580 S. hierzu auch Anhang I der Arbeit mit einem Abriß der Grundzüge des schwedischen Gesetzgebungsverfahrens.

2581 Dazu oben unter S. 482 FN 2458.

2582 Unter stärkerer Hervorhebung einer gewissen Fortentwicklung in der Spruchpraxis des EuGH in dieser Frage (dazu sogleich im Text) dagegen *Craig/de Búrca*, EU Law, S. 233: „(…) the general approach of the Court has certainly moved on from the basic principle of national procedural autonomy."

2583 Vgl. nur die Entscheidungen *Comet* (1976; ECR, S. 2043 Rz. 13); *Rewe* (1976; ECR, S. 1989 Rz. 5); *Express Dairy Foods* (1980; ECR, S. 1887 Rz. 12) oder auch *Butterfahrten* (1981; ECR, S. 1805 Rz. 42).

2584 Dazu eindrücklich *W. van Gerven*, Bridging the Gap between Community and National Laws: Towards a Principle of Homogeneity in the field of Legal remedies?, in: 32 CMLRev (1995), S. 679 ff. (690): „Indeed, the need for harmonized legal *remedies* when it comes to protecting the individuals' basic and *therefore uniform* Community rights is, it would seem, inherent in the concept of uniformity: in the absence of (sufficiently) harmonized legal remedies, uniform rights cannot be adequately secured throughout the Community" sowie eindrücklich unter dem bezeichnenden Subtitel „The hurdle of national procedural rules" *D. Curtin*, Directives: The Effectiveness of Judicial Protection of Individual

Anbeginn klar. Vergleichsweis früh stellte der Gerichtshof daher die doppelte Forderung auf, daß die nationalen Verfahrensregeln nicht dergestalt beschaffen sein und angewandt werden dürften, daß EG-rechtlich begründete Ansprüche in verfahrensrechtlicher Hinsicht gegenüber nationalem Recht diskriminiert bzw. ihre Durchsetzung unmöglich gemacht oder auch nur unverhältnismäßig erschwert werde.[2585]

Erst im Jahr 1983 befand der EuGH allerdings zum – soweit ersichtlich – ersten Mal, daß nationale Verfahrensregeln den gemeinschaftsrechtlichen Vorgaben nicht gerecht würden, da sie die effektive Durchsetzbarkeit des EG-Rechts ungebührlich erschwerten.[2586] Dieser Fall dürfte als der Durchbruch zu einer Gemeinschaftsrechtsprechung gedeutet werden, die seitdem in zunehmendem Maße auch das mitgliedstaatliche Verfahrensrecht einer Kontrolle unterzieht und dabei eine steigende Bereitschaft zur Verwerfung einzelner nationaler Bestimmungen erkennen läßt. Die Entscheidungen betreffen im wesentlichen die auf den Rechtsgedanken des Art. 6 I Nr. 1 EMRK gestützte Gewährleistung gerichtlicher Überprüfbarkeit behördlicher Beschlüsse,[2587] die Zulässigkeit von Fristbestimmungen,[2588] den Umfang der Möglichkeit einer amtswegigen Berücksichtigung relevanten, von den Parteien jedoch nicht in Bezug

---

Rights, in: 27 CMLRev (1990), S. 709 ff. (726): „Whereas this (sc. die Abhängigkeit der Durchsetzung materiellen EG-Rechts von der mitgliedstaatlichen Judikative; eig. Erkl.) presupposes that national law must provide procedures for the protection of rights arising from Community rules, it at the same time subjects directly effective rights to the vicissitudes of national procedural and remedial law, a reality which can only jeopardize the attainment of the objective of the uniform application of Community law."

2585 Vgl. die Fälle *Express Dairy Foods* (1980; ECR, S. 1887 ff. Rz. 11); *MIRECO* (1980; ECR, S. 2559 ff. Rz. 13); *Ariete* (1980; ECR, S. 2545 ff. Rz. 12); *Hans Just* (1980; ECR, S. 501 ff. Rz. 25); *Barra* (1988; ECR, S. 355 ff. Rz. 18) oder auch *Emmot* (1991; ECR I, S. 4269 ff. Rz. 16). Zu diesen beiden prozeduralen Grundforderungen des Gemeinschaftsrechts näher *K. Lennarts/D. Arts/R. Bray*, Procedural Law of the European Union, S. 57 ff. Der EuGH machte insoweit eine Entwicklung durch, indem er die Bedingung einer Diskriminierung bzw. Vereitelung des EG-Rechts als Voraussetzung für einen Vertragsbruch auf das Maß einer unverhältnismäßigen Erschwerung absenkte, vgl. hierzu *Craig/de Búrca*, EU Law, S. 223 ff. (226).

2586 Es handelt sich um den Fall *San Giorgio* (1983; ECR, S. 3595 ff.), in dem ein italienisches Gesetz für die gemeinschaftsrechtlich gebotene Rückzahlung rechtswidrig erhobener Gebühren zur Bedingung machte, daß der Schaden nicht weitergeleitet worden sei, was solange zu vermuten sei, wie nicht schriftlich der Gegenbeweis geführt werde. Der Gerichtshof befand, daß für den Anspruchsberechtigten ein derartiges Erfordernis einer negativen Beweislast in Kombination mit der Beschränkung der Beweismittel eine unverhältnismäßige Erschwerung der Durchsetzbarkeit des EG-Rechts bedeute.

2587 Vgl. vor allem die Fälle *Johnston* (1986; ECR, S. 1651 ff.); *Heylens* (1987; ECR, S. 4097 ff.) und *Borelli* (1992; ECR I, S. 6313 ff.).

2588 S. insbes. die Fälle *Emmot* (1991; ECR I, S. 4269 ff.) und *Barra* [1988; ECR, S. 355 ff.]. Vgl. dagegen die Entscheidungen *Johnson II* [1994; ECR I, S. 5483 ff.] und *Steenhorst-Neerings* [1993; ECR I, S. 5475 ff.], in denen ein Verstoß gegen EG-Recht nicht angenommen wurde; dazu im einzelnen *T. Andersson*, Rättsskyddsprincipen, S. 123 ff. Hinzuweisen ist darauf, daß die genannten Fälle Verjährungsbe-stimmungen betreffen und die Problematik daher aus deutscher Sicht dem materiellen Recht zugeordnet würde.

genommenen EG-Rechts[2589] sowie die Rechtmäßigkeit gewisser Beweislast- und Beweismittelregelungen.[2590]

Keines dieser Urteile bezieht sich allerdings auf den schwedischen Prozeß. Zudem betreffen die Entscheidungen im wesentlichen entweder Verfahrensbestimmungen, die sich in dieser Form nicht im schwedischen Recht finden[2591] oder aber gelten prozeßrechtlichen Annex-Bestimmungen in spezifischen Gesetzen außerhalb der nationalen Verfahrensordnung, die aufgrund ihres beschränkten Anwendungsbereichs hier nicht weiter von Interesse sind.[2592]

Einzig die mit dem gemeinschaftsrechtlichen Anspruch auf gerichtlichen Rechtsschutz verbundene Problematik dürfte gegenwärtig für den schwedischen Prozeß bedeutsam sein. Sie deckt sich jedoch im wesentlichen mit den aus Art. 6 EMRK folgenden Implikationen, so daß insoweit nach oben verwiesen werden kann.[2593] Darüber hinausgehende Gesichtspunkte scheinen – jedenfalls zur Zeit[2594] – nicht in Sicht zu sein.

Ebensowenig erwägt man in Schweden derzeit Reformen des Rättegångsbalk, die von dem Bestreben geleitet wären, konkrete Vorgaben des EuGH in den bislang zu Fragen der Gemeinschaftskonformität nationalen Verfahrensrechts ergangenen Entscheidungen für das schwedische Recht umzusetzen. Die Arbeitsrichtlinien der gegenwärtig an einer Reform des

---

2589 S. die Fälle *van Wetten-van Uden* (1991; ECR I, S. 3757 ff.); *Peterbroek* (1995; CMLR, S. 793 ff.); *van Schijndel* (1995; CMLR, S. 801 ff.).

2590 S. den bereits erwähnten Fall *San Giorgio* (oben S. 492 FN 2512) wie auch den ähnlich gelagerten Fall *Bianco & Girard* (1988; ECR, S. 1099 ff.).

2591 So dürfte sich etwa die den Entscheidungen zur Berücksichtigung relevanten EG-Rechts ex officio zugrundeliegende Problematik für den schwedischen Prozeß nicht stellen, da dieser dem Gericht die Möglichkeit amtswegiger Berücksichtigung von nicht durch die Parteien in Bezug genommenen Rechtsregeln eröffnet; vgl. *T. Andersson*, Rättsskyddsprincipen, S. 129, 133; s. hierzu auch *dens.* in: Dispositionsprincipen och EG:s konkurrensregler, S. 428 ff. Zur längst nicht zweifelsfreien Abgrenzung zwischen amtswegiger Berücksichtigung von Rechtsregeln und parteilicherseits anzuführenden Sachumständen vgl. aber auch *B. Lindell*, Civilprocessen, S. 57 ff. (60 ff.).

2592 So etwa die den Urteilen zu Beweislast- und Beweismittelregelungen zugrundliegenden Entscheidungen *San Giorgio* und *Bianco & Girard* (oben S. 492 FN 2512 und S. 510 FN 2589), in denen die Rückgewähr gemeinschaftswidrig erhobener Abgaben von dem negativen Beweis ihrer unterbliebenen „Weiterführung" und damit verbundenen Schadensabwälzung auf andere Personen abhängig gemacht wurde.

2593 S. unter 3. b). Vgl. aber auch unter dem Gesichtspunkt des allgemeinen Funktionswandels schwedischer Justiz im Spannungsverhältnis zur Legislativen und Exekutiven nachfolgend unter b).

2594 Von Interesse könnte in der Zukunft die Frage sein, in welchem Umfang das vom EuGH unter Berufung auf Art. 6 EMRK als auch gemeinschaftsrechlicher Grundsatz anerkannte Prinzip gerichtlichen Rechtsschutzes in seinem Schutzumfang über den Anspruch auf Gerichtsprüfung nach der EMRK hinausgeht. Diese Frage scheint in Schweden bislang noch auf praktisch keine Aufmerksamkeit gestoßen zu sein (vgl. immerhin *A. Berger/C. Jender*, EG-rättens krav, S. 25 f, die allerdings auf die Problematik nicht weiter eingehen). Angesichts der beschriebenen Tendenz des EGMR zur extensiven Auslegung des Begriffs der „zivilen Rechte und Pflichten" in Art. 6 EMRK könnte die Frage allerdings eher von theoretischem denn von praktischem Nutzwert sein.

Prozeßrechts arbeitenden Kommission lassen auch nichts dergleichen verlauten, sieht man von der pauschal gehaltenen Forderung einer „bürgernahen“, flexiblen Verfahrensgestaltung ab.[2595]

Auch nur annähernd verläßliche Aussagen darüber, in welchem Umfang sich das im Rättegångsbalk niedergelegte schwedische Kernverfahrensrecht unter dem Einfluß der Spruchpraxis des EuGH in Zukunft verändern wird, lassen sich daher zur Zeit nicht treffen. Die weitere Entwicklung wird jedenfalls zum erheblichen Teil auch davon abhängen, inwieweit der Gerichtshof die Tendenz zur Anlegung eines restriktiveren Maßstabs bei der Beurteilung der gemeinschaftsrechtlichen Konformität nationaler Prozeßrechtsbestimmungen künftig beibehält.[2596] In Anbetracht der verstärkten Bemühungen des schwedischen Justizministeriums um „Flexibilisierung“ des Verfahrens im Sinne einer verbesserten Anpaßbarkeit an den je einzelnen Streitfall steht allerdings zu erwarten, daß man künftigen Vorgaben des EuGH schon durch eine entsprechende Handhabung der Bestimmungen im Rättegångsbalk wird Rechnung tragen können.

[2595] Dir 1999:62 (s. schon S. 500 FN 2542, im einzelnen S. 525 FN 2662). Die Richtlinien geben lediglich eine sehr allgemeine Richtung vor, indem sie die Kommission dazu auffordern zu untersuchen, in welchem Umfang dem Gedanken des „bürgernahen“ und dem je einzelnen Streitfall Rechnung tragenden Prozesses entsprochen werden könne. Ziel sei eine Verfahrensordnung, die es Kläger wie Beklagtem gestatte, in weitestmöglichem Umfang den Prozeß ohne Vertreter zu führen. Zur Erreichung dieses Ziels sei vor allem an eine über die bisherigen Reformen hinausreichende „Flexibilisierung“ der Verfahrensnormen zu denken, die in einer weiteren Minderung der Anforderungen an ein mündliches, unmittelbares und konzentriertes Verfahrens liegen könne. Die Richtlinien verpflichten desweiteren zu einer Abstimmung der Vorschläge mit den Anforderungen der Europäischen Menschenrechtskonvention, deren Garantie eines Rechts auf mündliche Verhandlung [s. oben unter 3. c)] zu beachten sei. Über etwaige gemeinschaftsrechtliche Vorgaben äußern sich die Richtlininen demgegenüber nicht.

[2596] S. hierzu etwa *M. Hoskins*, Tilting the Balance: Supremacy and National Procedural Rules, in: 21 ELRev (1996), S. 365 ff. (372), der im Hinblick auf die Entscheidungen *Steenhorst-Neerings* sowie *Johnson II* (s. oben S. 509 FN 2587) von einem Wiederaufleben der mitgliedstaatlichen Regelungsautonomie spricht; ähnlich *Craig/de Búrca*, EU Law, S. 229, die mit Blick auf *Steenhorst-Neerings* von einer „brake on the progressive strengthening of the 'effective national remedy' requirement“ sprechen und feststellen: „In the light of more recent developments, however, it seems that Facortame I, Emmot (...) represented a high point – perhaps the most interventionist stage – in the Court's elaboration of the obligation on national courts to give adequate effect to community rights despite the existence of conflicting national rules.“ Insgesamt glauben *Craig/de Búrca* eine gewisse Dialektik in der Entwicklung der Spruchpraxis des EuGH entdecken zu können (S. 235): „The Court's emphasis appears to have shifted gradually over the course of its case law on national remedies for the enforcement of Community rights from an early position in which the primacy of the national legal system in the absence of Community harmonization was uppermost, to a subsequent and strong position in which its focus was principally on the effectiveness of Community law. More recently an intermediate balancing approach has emerged, which appears to concede that there are limits to the possible uniformity of Community remedies, given the existence of distinct national systems, and which leaves the task of balancing the importance of the Community right as against the scope and purpose of the restrictive national rule primarily to the national courts and authorities.“

b) Das Selbstverständnis schwedischer Justiz im Spannungsverhältnis zwischen nationalem Traditionalismus und europäischer Integration

aa) Der Ausgangspunkt der Problematik

> „Man staunt! Fragt man einen Kontinentaleuropäer, was sich hinter dem Ausdruck ‚die dritte Staatsgewalt' verbirgt, bekommt man unmittelbar zur Antwort ‚die Gerichte'. Stellt man hingegen dieselbe Frage einem schwedischen Bürger, lautet die Erwiderung in aller Regel ‚die Massenmedien'."[2597]

Diese Beobachtung mußte noch vor wenigen Jahren (1997) einer der führenden schwedischen Prozessualisten machen, als er ermitteln wollte, welche Rolle den Gerichten in seinem Heimatland nach Auffassung seiner Mitbürger zukommt. Interessanterweise traf die Aussage auch auf die überwiegende Zahl der von ihm befragten Jura-Studenten zu, die sich allesamt am Ende ihrer Ausbildung befanden.[2598]

Dieselbe Frage vor wenigen Wochen noch einmal einer Reihe von Jura-Studenten verschiedener Semester gestellt, ergab nunmehr jedoch in etwa der Hälfte aller Fälle die Antwort: „die Gerichte".[2599]

Ist die jenem Zitat zugrundeliegende Beobachtung *Lindbloms* wirklich so erstaunlich, wie es ihre Formulierung auf den ersten Blick glauben macht?[2600] Und wie ist es zu der in der Zwischenzeit offenbar gewandelten Auffassung gekommen? Dies soll im folgenden näher betrachtet werden.

bb) Stellung, Funktion und Rechtsanwendungsmethodik der schwedischen Gerichte vor dem Beitritt Schwedens zur EU

Die Rezeption der *Montesquieu*'schen Lehre von der Gewaltenteilung,[2601] die für die Gerichte eine von der Verwaltung getrennte, eigenständige Position im Staat einforderte, und ihre Weiterentwicklung durch die amerikanische Verfassung und die Spruchpraxis des U.S. Supreme Court[2602] führten im 19. und 20.

[2597] *P.H. Lindblom*, Processens funktioner – en resa i gränslandet, in: Progressiv processrätt, S. 41 ff. (41).

[2598] Ders.: a.a.O., FN 1.

[2599] Die Stichprobe wurde vom Autor im Rahmen eines Forschungsaufenthaltes in Schweden unter Studenten der Universität in Uppsala durchgeführt. Von den 50 Befragten gaben 24 die Judikative an, während 10 erneut auf die Medien verwiesen und der Rest sich unter der Frage nichts vorzustellen vermochte.

[2600] Vgl. aber auch die Überlegungen *Lindbloms* zu den Gründen seiner Beobachtung a.a.O., S. 46 f.

[2601] Ausgeführt in seinem 1748 erschienenen Werk „De l'esprit des lois".

[2602] Wegweisend das berühmte Urteil *Marbury v. Madison* 1 Cranch 137 (U.S. 1803), mit dem Chief Justice *John Marshall* dem Supreme Court mit künftig fortbestehender Wirkung das Recht auf Kontrolle der Verfassungsmäßigkeit der Gesetze (sog. „judicial review") zusprach. Zur geschichtlichen Entwicklung dieses Instituts des „judicial review" und zu seiner Bedeutung für die Idee des modernen Wohlfahrtsstaates vgl. die rechtsvergleichende Darstellung *M. Cappellettis*, The judicial process in comparative perspective, S. 117 ff. (120 ff.) mit zahlreichen weiteren Literaturnachweisen.

Jahrhundert vielerorts in Europa zum Aufbau einer starken Gerichtsbarkeit. Diese trat innerhalb der verfassungsmäßigen Organisation der Staatsgewalt typischerweise selbständig neben sowohl die Exekutive als auch die Legislative. Nicht selten war sie gar beiden durch die Einrichtung spezifischer Verfassungsgerichte oder jedenfalls die Einräumung eines gerichtlichen Rechts auf „judicial review" parlamentarischer Akte hierarchisch übergeordnet.[2603]

In Schweden hingegen nahm die Entwicklung unter dem Eindruck einer nahezu das gesamte 20. Jahrhundert von den Sozialdemokraten dominierten Regierungspolitik und des von ihnen konzipierten schwedischen Modells eines Wohlfahrtsstaates einen deutlich anderen Weg.

Zwar vermochte sich die liberale Bewegung des frühen 19. Jahrhunderts auch in Schweden Gehör zu verschaffen und konnte dort, wie bereits dargestellt,[2604] nicht zuletzt auf die Gestaltung der Reformpläne des Prozeßrechts Einfluß nehmen. Deutliche Spuren hinterließ *Montesquieu* zweifellos auch in der schwedischen Verfassung („regeringsform") von 1809, die etwa dem König im kurz zuvor eingerichteten Högsta Domstolen nur zwei Stimmen einräumte, während er in dem für die Exekutive zuständigen Staatsrat das alleinige Beschlußrecht besaß.[2605] Überdies hatte sich der Verfassungsausschuß im Vorfeld der auf dem Ständereichstag 1809 angenommenen Konstitution mit Nachdruck für eine klare Trennung der Gewalten ausgesprochen[2606] und mit der Unabsetzbarkeit der Richter im Högsta Domstolen zugleich eine wesentliche Voraussetzung für die Unabhängigkeit der Rechtsprechung erreichen können. Und schließlich wies die konstitutionelle Praxis, die sich im Verlauf des 19. Jahrhunderts in Schweden ausbildete, den Gerichten allmählich auch

---

2603 S. zur Organisation der Verfassungsgerichtsbarkeit in den europäischen Ländern im einzelnen die oben unter S. 492 FN 2514 angegebene rechtsvergleichende Literatur; vgl. auch *W. Weber*, Die Teilung der Gewalten als Gegenwartsproblem, in: Festschrift für C. Schmitt, S. 253 ff. (258 ff.) mit einer übersichtlichen Darstellung der Entwicklung des „judicial review" und seiner Bedeutung für die Erstarkung der Judikativen. Dort auch zu der Herausbildung des richterlichen Prüfrechts parlamentarischer Akte speziell durch das deutsche Reichsgericht seit der bahnbrechenden Entscheidung in RGZ 111, S. 320 ff.

2604 S. oben unter B. III. 1.

2605 Von seinem Stimmrecht machte der König überdies nur höchst selten Gebrauch, vgl. näher *B. Wedberg*, Konungens Högsta Domstolen, Bd. 1, S. 181 ff. sowie Bd. 2, S. 58 ff.

2606 So heißt es etwa in der von *Hans Järta* verfaßten Beilage zum Verfassungsvorschlag des Ausschusses (Konstitutionsutskottet 1809/10:1 S. 6 f.): „Der Ausschuß hat versucht, eine *leitende Macht* zu schaffen, wirksam innerhalb bestimmter Formen, einheitlich in den Beschlüssen und mit machtvoller Kraft in den Mitteln zu ihrer Verwirklichung; eine *gesetzgebende Macht*, die zwar langsam in ihrem Wirken, aber doch fest und stark im Widerstand ist; eine *urteilende Macht*, selbständig unter den Gesetzen, aber nicht selbstherrschend über ihnen. Er hat des weiteren versucht, diese Gewalten auf die wechselseitige Überwachung und ihre gegenseitige Zähmung hin auszurichten, ohne sie zusammenzuführen und ohne der zähmenden Gewalt einen Teil der Wirkkraft der gezähmten zu überlassen. Auf diesen Hauptgründen der besonderen Bestimmungen der Staatsgewalten und ihres wechselseitigen Gegengewichts soll die Staatsverfassung ruhen, die der Ausschuß vorgeschlagen hat."

ein Recht zur Überprüfung der Verfassungsgemäßheit der von ihnen anzuwendenden Normen zu, einschließlich der vom Parlament erlassenen.[2607]

Doch waren es bezeichnenderweise die Gerichte selbst, die sich ein solches Recht zusprachen. Überdies behandelte die Verfassung von 1809 in ihrem ersten Abschnitt den König formell weiterhin als Oberhaupt sowohl der Regierung als auch der Rechtsprechung,[2608] wies ihm zudem nicht unerhebliche legislative Funktionen zu,[2609] und war der Justizminister schließlich auch Mitglied im Spruchkollegium des Högsta Domstolen. Von einem nachhaltigen Bruch mit der überkommenen schwedischen Tradition, die ursprünglich dem „ting" und mit der Etablierung einer starken Königsgewalt im Mittelalter dann dem Staatsoberhaupt zentrale Kompetenzen in allen drei Bereichen der Legislativen, Exekutiven und Judikativen einräumte, konnte mithin keine Rede sein.[2610]

Erheblich deutlicher noch trat jedoch im Verlauf des 20. Jahrhunderts die Abneigung der schwedischen Staatsmacht gegenüber der Etablierung einer von der Regierung und Verwaltung weitestgehend isolierten Gerichtsbarkeit in Erscheinung. In den Jahren 1932 bis 1976 errichteten die Sozialdemokraten mit dem sog. Volksheim („folkhemmet") – dem nach eigenem Verständnis „Archetyp einer modernen demokratischen Gesellschaft"[2611] – das schwedische Modell eines Wohlfahrtsstaates. Es ruhte auf dem Gedanken einer nachhaltigen staatlichen Steuerung und Kontrolle des gesamten öffentlichen Lebens mit den politischen Mitteln der legislativen Reglementierung, die als die einzig entscheidende Verkörperung des souveränen Volkswillens empfunden wurde.[2612]

2607 Dazu näher *J. Westerståhl*, Frågan om domstolarnas judiciella lagprövningsrätt i Sverige, in: SOU 1941:20; Bilaga 3, S. 114 ff. sowie *G. Petrén*, Domstolarnas ställning enligt 1974 års regeringsform, in: SJT 1975, S. 1 ff. (3 f.).

2608 Der Högsta Domstolen war in Fortführung der alten schwedischen Tradition, die in dem Staatsoberhaupt zugleich den Ursprung aller Gerichtsgewalt erblickte [dazu oben 2. Teil C. III. 2. c)], ein Königsgericht. Darauf deuten nicht nur das (ursprünglich) doppelte Stimmrecht des Königs hin, sondern auch der Umstand, daß gem. § 23 der Verfassung alle Entscheidungen des Gerichts in seinem Namen und mit seiner oder seines Vertreters Unterschrift zu ergehen hatten.

2609 Die gesetzgebende Gewalt war nach der Verfassung zwischen König und Reichstag aufgeteilt, beide besaßen ein Initiativrecht sowie ein absolutes Vetorecht; s. näher *G. Inger*, Svensk rättshistoria, S. 181 ff. (183).

2610 S. dazu näher *H. Strömberg*, Några historiska och folkrättsliga aspekter på statsbegreppet, in: L.-G. Malmberg (Hrsg.): Statsbegreppet i omvandling, S. 36 ff. (37) sowie jüngst *J. Nordquist*, Domstolar i det svenska politiska systemet, S. 15.

2611 *K.A. Modéer*, Den svenska domarkulturen, S. 46. Zu den Grundlinien sozialdemokratischer „Volksheimpolitik" in Schweden s. näher *G. Grenholm* (Hrsg.): Den svenska historien, Bd. 10, S. 97 ff. sowie S. *Carlsson*/*J. Rosén*, Svensk Historia, Bd. 2, S. 553 ff. mit eingehenden Nachweisen aus der Literatur.

2612 Instruktiv und detailliert zu den Eigentümlichkeiten der schwedischen Konzeption moderner Wohlfahrtsstaatlichkeit und ihren Auswirkungen auf Poliktik und Gesellschaft des Landes *B. Henningsen*, Wohlfahrtsstaat Schweden, S. 227 ff.

Für ihr Ziel der aktiven Reformierung der Gesellschaft nahm die schwedische Sozialdemokratie Zuflucht auch zu einer politischen Indienstnahme der Justiz. Sie distanzierte sich insoweit strikt von einer kulturkonservativen Betrachtungsweise, die rechtliche Veränderungen stärker aus einer gesellschaftsorganischen Perspektive betrachtet und nachhaltigen legislativen Eingriffen in das Rechtswesen mit Zurückhaltung begegnet. So entwickelte sich das Justizministerium, das bis gegen Ende der zwanziger Jahre des 20. Jahrhunderts noch eine aus dem politischen Tagesgeschehen weitgehend herausgehobene Institution darstellte, die nicht selten unter der Leitung eines ranghohen Richters stand, zu einem maßgebenden Leitinstrument bei der Gestaltung des „starken Staates".[2613] Es entspann sich ein Prozeß immer stärkerer Politisierung des Rechtswesens, der sich der Grundauffassung verschrieb, daß das Recht weniger den Schutz der individuellen Rechtssphäre des einzelnen verfolgen, als vielmehr in den Dienst des Staates treten müsse.[2614] Der für das in Westeuropa zeitgleich vordringende sozialliberale Gesellschaftsverständnis ausschlaggebende Anknüpfungspunkt des rechtlichen Einzelschicksals schob sich in diesem Verlauf in dem schwedischen Modell ab den dreißiger Jahren des 20. Jahrhunderts immer stärker in den Hintergrund.[2615]

Wenig überraschend spielten denn auch in dieser Epoche, die in der staatswissenschaftlichen Forschung üblicherweise als die Periode des korporativen Staates bezeichnet wird,[2616] berufsständische und gesellschaftliche Interessen-

---

[2613] Von 1936 an existierten innerhalb des Ministeriums bereits drei sog. Gesetzesbüros („lagbyråer"), die für den Entwurf neuer Legislativakte zuständig waren; 1970 war die Zahl der mit Gesetzesreformen befaßten Abteilungen auf sechs angewachsen; s. hierzu *K.Å. Modéer*, Historiska rättskällor, S. 220 ff.

[2614] Diese Sicht entsprach auch dem ausländischen Verständnis von der schwedischen Sozialdemokratie, vgl. etwa *R. Huntford*, The new Totalitarians (1975) (zit. nach *K.Å. Modéer*, Den svenska domarkulturen, S. 57): „There is a widespread feeling in Sweden that the judiciary is politically directed, and that it hands down politically coloured judgements. This may not be entirely justified; the important thing is that it is believed. In other words, the law is considered to be not the protector of the citizen, but the agent of the State."

[2615] *G. Lysén*, Om svensk domstols lagprövning m.m., in: SJT 1989, S. 115 ff. (115 f.), spricht mit Blick auf die Reformprogramme der schwedischen Sozialdemokratie von einem „System der 'kollektivistischen Zwangslösung' und verweist darauf, daß es schwer fallen dürfe, in Schweden „eine einzige sogenannte 'soziale Reform' nach dem Krieg zu finden, die nicht durch dieses Lösungsmodell geprägt ist (...). Ganz folgerichtig haben wir eine schwache Verfassung, soweit es den Schutz für das Individuum angeht sowohl gegenüber dem Staat und anderen öffentlichen Subjekten als auch gegenüber organisierten Gruppen von Individuen." Deutlich auch *G. Petrén* in: *Rättsfonden* (Hrsg.): Domstolarna och rättsutvecklingen, S. 105 m.w.N. aus der Judikatur: „Der einzelne soll sich dem Kollektiv auf der öffentlichen Seite unterordnen." Ein anschauliches Bild von den ideologischen Gegensätzen zwischen den schwedischen Sozialdemokraten und ihren sozialliberalen Gegnern vermitteln die zahlreichen Debatten zwischen dem schwedischen Ministerpräsidenten *T. Erlander* und *B. Ohlin* in den fünfziger Jahren; vgl. etwa *T. Erlander*, 1955-1960, S. 102 ff. m.w.N.

[2616] *K.Å. Modéer*, ibid. In dieser Zeit hatte die schwedische Sozialdemokratie entweder allein oder in Koalition mit anderen Parteien die Regierungsmacht inne und konnte so während vierundvierzig Jahren kontinuierlich die Richtlinien der schwedischen Politik bestim-

verbände – Gewerkschaften, politische und ideelle Vereinigungen – die entscheidende Rolle bei der Konzeption des neuen Wohlfahrtsideals.[2617] Sie konnten dabei an die großen schwedischen „Volksbewegungen“ („folkrörelser“) des ausgehenden 19. und beginnenden 20. Jahrhunderts[2618] anknüpfen.

Eine von der Verwaltung strikt getrennte und dem Gesetzgeber gleichgeordnete Gerichtsbarkeit, die den als notwendig empfundenen legislativen Reformen mit Hilfe des Instruments eines „judicial review“ unter Umständen gar entgegenwirken konnte, mußte in einem solchen Staat- und Gesellschaftsverständnis nur als unwillkommenes Bollwerk konservativer Rechtskultur angesehen werden.[2619]

Im Vorfeld der neuen Verfassung von 1974, die jene aus dem Jahr 1809 ablöste,[2620] trat denn auch die Auffassung der schwedischen Sozialdemokratie von der Funktion der Gerichte innerhalb der Gesellschaft klar zutage. Die Richter, so hieß es, seien Diener des Volkes.[2621] Ihre Rolle könne nicht län-

---

men – ein Faktor von ausschlaggebender Bedeutung für die Entwicklung des öffentlichen Lebens im Schweden des 20. Jahrhunderts.

2617 „Der Aufbau des modernen Wohlfahrtsstaates geschah in hohem Grad mit Hilfe der Volksbewegungen als den 'nationalen, bürgerlichen Identitätsschaffenden'. Das neue 'Volksheim' ruhte in hohem Maße auf dem 'institutionalisierten, um nicht zu sagen staatstragenden Vereinigungswesen' unseres Landes.“ (*K.Å. Modéer*, a.a.O., unter Hinweis auf *T. Jansson*, En historisk uppgörelse, in: HT 1990 S. 348 ff. [348]). Vgl. auch *P.H. Lindblom/G. Bramstång* et al. (Hrsg.): Europagemenskap och rättsvetenskap, S. 40: „Schweden ist in vielerlei Hinsicht davon geprägt, daß eine verfassungsmäßige Steuerung ersetzt wurde durch Übereinkommen zwischen Interessengruppen, Branchen und diffusen Vertretern für Staat und Kommune (...).“ Zu Entwicklung und Bedeutung des Organisationswesens in Schweden s. auch die eingehende Darstellung bei *G. Grenholm* (Hrsg.): Den svenska historien, Bd. 10, S. 221 ff. Zum Einfluß des Kollektivismus in Schweden und des korporativen Charakters seines öffentlichen Lebens auf die Mentalität der Schweden vgl. die instruktiven Ausführungen bei *Å. Daun*, Svensk mentalitet, S. 121 ff. (125 ff.); anschaulich und mit auf Deutschland bezogenem vergleichenden Ansatz auch die Darstellung *W. Rutz'*, Om tysk och svensk mentalitet, in: D. Müller (Hrsg.): Tyskland i Sverige & Sverige i Tyskland, S. 123 ff. Nur als Arabeske am Rand sei bemerkt, daß das von der Universität Uppsala gewählte eigene Wissenschaftsmotto interessanterweise wie folgt lautet: „Frei zu denken ist groß – richtig zu denken aber größer“ („Att tänka fritt är stort – att tänka rätt är större“).

2618 Zu nennen sind insbesondere die Arbeiterbewegung, die Freikirchenbewegung und die Anti-Alkohol-Bewegung („nykterhetsrörelsen“), die ab der zweiten Hälfte des 19. Jahrhunderts unter der schwedischen Bevölkerung wachsenden Zulauf erhielten. Zu ihnen und ihrer zentralen Rolle beim Aufbau des schwedischen Sozialstaates s. im einzelnen *G. Grenholm* (Hrsg.): Den svenska historien, Bd. 9, S. 84 ff. (Freikirchenbewegung), S. 158 ff. (Arbeiterbewegung), S. 165 ff. (Anti-Alkohl-Bewegung) sowie S. *Carlsson/J. Rosén*, Svensk Historia, Bd. 2, S. 390 ff.

2619 In der zugespitzten Diktion *G. Lysens*, Om svensk domstols lagprövning m.m., in: SJT 1989, S. 115 ff. (116), mußte es der schwedischen Regierung gar als „logische Unmöglichkeit [erscheinen], durch die Verfassung und verfassungsrechtliche Kontrollmechanismen wie die Normprüfung der Durchführung des Parteiprogramms allzu beschwerliche Hindernisse in den Weg zu legen.“

2620 Näher zu der Entstehung der Verfassung von 1974 *E. Holmberg/N. Stiernquist*, Vår författning, S. 29 ff.

2621 S. *Strömholm*, Juristroll och samhällsutveckling, in: SJT 1982, S. 1 ff. (11).

ger die sein, als unabhängige Beamte mit Hilfe des Gesetzes lediglich individuelle Einzelinteressen zu schützen. Vielmehr seien sie als „Gesellschaftsingenieure" („samhällsingenjörer") zu betrachten, die aktiv zur Verwirklichung der Interessen des Staates mitbeizutragen hätten.[2622] Das Recht dürfe nicht länger mit unterwürfigem Respekt betrachtet werden; es sei ein Arbeitswerkzeug, das gezielt dazu eingesetzt werden müsse, politische Zielvorgaben zu verwirklichen.[2623] Ihre überwiegend wertkonservative Einstellung hindere die Richter jedoch daran, diesen ihren Beitrag zur Umgestaltung der Gesellschaft nach den Maßstäben sozialdemokratischer Wohlfahrtsstaatlichkeit zu erbringen:

> „Es dürfte nicht von der Hand zu weisen sein, daß die allgemeinen Wertvorstellungen, die innerhalb einer solchermaßen geschlossenen Berufsgruppe herrschen, nicht in allen Punkten mit den allgemeinen Wertvorstellungen draußen in der Gesellschaft übereinstimmen (…). Meine Schlußfolgerung ist, daß es von großem Wert für die Kontinuität in einer demokratischen Gesellschaftsordnung ist, daß die Richterschaft loyal gegenüber dem geltenden Recht eingestellt ist."[2624]

Die Regierung betonte mit Nachdruck, daß Rechtssicherheit für die Bürger in erster Linie durch das Parlament und die Regierung gewährleistet würden, nicht aber „durch irgendein mystisches Gerede über Gerichte als außerparlamentarisches Kontrollorgan". Hinter solchen Äußerungen verberge sich vielmehr eine „antidemokratische Kritik gegenüber einer parlamentarischen Regierungsweise." Es sei dies daher eine „gefährliche Redensart",[2625] da der

---

2622 S. *Nordin*, Från byråkrat till samhällsingenjör, in: O. Löfgren (Hrsg.): Hej, det är från försäkringskassan, S. 41 ff. In der Bundesrepublik Deutschland wurden im Verlauf der sechziger und siebziger Jahre des 20. Jahrhunderts unter dem Einfluß einer stark soziologischen Zeitströmung vorübergehend Forderungen nach einem umfassenden „Sozialmanagment" durch den Richter erhoben und in diesem Rahmen ganz ähnliche Vorstellungen und Begrifflichkeiten in die Diskussion um eine aktive Rechtsgestaltung als Aufgabe der Judikativen eingeführt; vgl. hierzu im ganzen *R. Wassermann*, Der soziale Zivilprozeß, S. 129 ff. („Die Gerichtsverhandlung als soziale Institution"), insbes. S. 144 ff.; *R. Stürner/A. Stadler*, Aktive Rolle des Richters, in: P. Gilles (Hrsg.): Anwaltsberuf und Richterberuf, S. 173 ff. (179). In der Sache zielten allerdings die dabei erhobenen Forderungen nach einem von dem Zwang zur Orientierung an parlamentarischen Vorgaben befreiten „politischen" Richter deutlich weiter als das schwedische Modell. In der Konsequenz wären für das deutsche System der Gewaltenteilung im Gegensatz zu Schweden gerade eine nachhaltige Stärkung der Gerichtsbarkeit und ihre deutliche Vormachtstellung gegenüber der Legislativen und Exekutiven zu erwarten gewesen, die mit der verfassungsrechtlichen Bindung des Richters an das Gesetz gem. Art. 20 III GG in Konflikt geraten wären.

2623 *C. Lidblom*, Pappersindustriarbetareförbundets kongresshandlingar, S. 187 (zit. nach *K.Å. Modéer*, Den svenska domarkulturen, S. 63). Wesentliche Unterstützung erfuhr die funktionalistisch-nüchterne Sicht der Sozialdemokraten auf das Recht als Mittel zur Veränderung der Gesellschaft nicht zuletzt von rechtstheoretischer Seite, wo mit der sog. Uppsalaschule im frühen 20. Jahrhundert ein konsequenter Wertenihilismus in die Rechtswissenschaft getragen wurde (vgl. dazu die Angaben unter S. 155 FN 739).

2624 So der damalige Justizminister *Lennart Geijer*, der selbst nicht der Richterschaft entstammte, in einer Rede in Lund am 22.2.1973; zit. nach *K.Å. Modéer*, a.a.O., S. 58.

2625 Zitate jeweils der Rede *L. Geijers* (a.a.O.) entnommen.

Richter keinerlei Macht auszuüben habe, sondern sich einzig als der „verlängerte Arm“[2626] des Gesetzgebers betrachten dürfe.[2627]

Diese kritische Haltung der politischen Architekten des „Volksheims“ gegenüber einer allzu selbständigen Richterschaft kam auf allen politischen Ebenen zum Ausdruck und schlug sich in einer Reihe von gesetz- und verfassungsmäßigen Veränderungen nieder, die allesamt auf die Schwächung der Gerichtsbarkeit zielten.

So wandelte man 1971 die traditionell obligatorische Vorabprüfung bedeutender Gesetzentwürfe durch den sog. Gesetzesrat („lagrådet“) in eine fakultative um.[2628] Die beabsichtigten Reformen, so das damit verfolgte Ziel, sollten künftig rasch und ungehindert den Gesetzgebungsweg passieren können.

Die Frage gar nach der Errichtung einer Verfassungsgerichtsbarkeit traf auf Seiten der Regierung verständlicherweise auf kein Interesse und fand denn auch keine nennenswerte Erörterung.[2629] Es könne der gewünschten aktiven Reformpolitik nur abträglich sein, „die Gesetzesklugen sich des Kindes annehmen zu lassen, ehe es überhaupt in der Lage ist, selbst zu gehen.“[2630] Mit allem Nachdruck hatte schon der schwedische Ministerpräsident *T. Erlander* in den fünfziger Jahren hervogehoben, daß er „absolut dagegen sei, daß die Gerichte die Beschlüsse der politischen Behörden, der Regierung und des Reichstags, sollten überprüfen dürfen. Wir [wollen] in Schweden keine Ordnung einführen, die gleich dem amerikanischen Modell eine Politisierung des Gerichtswesens beinhaltet.“[2631]

So vermochte sich die bürgerliche Opposition im Reichstag bei den Beratungen der Verfassungsnovelle 1974 mit dem Versuch, ein Normprüfungsrecht der Gerichte in der Verfassung zu verankern, gegen die sozialdemokra-

---

[2626] *K.Å. Modéer*, Den svenska domarkulturen, S. 63.

[2627] *G. Petrén*, einer der nachdrücklichsten Kritiker des schwedischen Modells einer schwachen Judikative nach dem 2. Weltkrieg, sprach von einer „Richterethik“, die darauf abziele, „daß die Gerichte bis in das letzte Detail die Ziele und den Willen des Gesetzgebers verwirklichen“, in: ders.: Medborgaren och rättstaten, S. 175 f.

[2628] SFS (1971:28). Dazu eingehend *K.-G. Algotsson*, Lagrådet, rättsstaten och demokratin under 1900-talet, S. 50 ff. Der Gesetzesrat hatte in seiner Zusammensetzung aus Richtern des Högsta Domstolen sowie des höchsten Verwaltungsgerichts („Regeringsrätten“) im Vorfeld größerer Legislativreformen deren Vereinbarkeit mit dem bestehenden Recht und der Verfassung zu überprüfen und ggf. Änderungen vorzuschlagen, sog. „laggranskning“ („judicial preview“); hierzu sowie zu der Bedeutung des „lagrådet“ innerhalb des schwedischen Legislativverfahrens s. die Angaben unter S. 109 FN 530 wie auch im Anhang I der Arbeit.

[2629] Vgl. dazu auch prop 1975/76:209, S. 91.

[2630] So schon *Gustav Möller* – Sozialminister im Kabinett *Per Albin Hanssons* (1932-1946) und *Tage Erlanders* (1946-1969); zit. nach *T. Erlander*, 1949-1954, S. 227.

[2631] *T. Erlander* auf den Vorschlag eines mit ihm befreundeten Mitglieds der bürgerlichen Partei (*J. Braconier*), den subjektiven Rechtsschutz des Bürgers durch eine Ausweitung seines Anspruchs auf gerichtliche Prüfung seiner Rechtsinteressen zu stärken; ders.: 1949-1954, S. 228. *Erlanders* Aussage liegt ohne Zweifel ein höchst eigenwilliges Verständnis vom Begriff der Politisierung der Gerichtsbarkeit zugrunde; vgl. hierzu auch oben S. 515 FN 2613.

tische Mehrheit nicht durchzusetzen. Deren Furcht, daß „ökonomisch durchgreifende Gesetze“[2632] von einer allzu selbstbewußten Richterschaft mit Hilfe eines derartigen judikativen Kontrollinstruments verhindert werden könnten, ließ sie zu der Idee nachdrücklich auf Distanz gehen. Statt dessen verwiesen sie darauf, daß sich eine gewisse gerichtliche Normprüfung ja bereits in der Praxis durchgesetzt habe, wobei das Justizministerium keinen Zweifel daran ließ, daß es auch für die Zukunft mit dessen völlig unbedeutender Rolle sein Bewenden haben solle.[2633]

Erst der 1976 erfolgte Regierungswechsel gab den vorübergehend an die Macht gekommenen bürgerlichen Parteien die Möglichkeit, einige Jahre später in die Verfassung ein „judicial review“ zu inkorporieren.[2634] Bezeichnenderweise blieb es allerdings für Legislativakte wie auch behördliche Verordnungen von seiten der Regierung auf die Fälle „offenkundiger“ Unvereinbarkeit mit der Verfassung bzw. dem einfachem Recht begrenzt.[2635] In Verbindung mit der nach wie vor von tiefem Respekt vor dem gesetzten Recht geprägten Einstellung der Gerichte[2636] führte dies dazu, daß die Anzahl an Normüberprüfungsverfahren in Schweden auch nach der Verfassungsnovellierung vernachlässigenswert klein blieb.[2637]

2632 So *B. Bengtsson*, Om domstolarnas lagprövning, in: SJT 1987, S. 229 ff. (230) unter Hinweis auf die von den schwedischen Sozialdemokraten zusammen mit den Kommunisten vor allem ins Auge gefaßten Maßnahmen der Sozialisierung des Privateigentums.

2633 Vgl. prop 1973:90, S. 197 ff. Vgl. zu der Stellung der Gerichtsbarkeit in der Verfassungsnovelle von 1974 auch *G. Petrén*, Domstolarna och rättsutvecklingen, in: Rättsfonden (Hrsg.): Domstolarna och rättsutvecklingen, S. 23 ff. (23): „Deutlich ist, daß die Verfassung von 1974 den Gerichten keine besondere Rolle in dem schwedischen konstitutionellen System einräumt (...). Eine große Mehrheit im Reichstag und der dort vertretenen Parteien war sich darin einig, die Bedeutung der Rechtsprechung weitestmöglich zu begrenzen.“

2634 Kapitel 11 § 14 Regeringsform; eingeführt durch SFS (1978/79:195).

2635 Eingehend dazu *G. Petrén/H. Ragnemalm*, Sveriges grundlagar, S. 311 f.

2636 *N. Jääskinen*, EG-rättens inverkan på lagstiftningsmetodik och rättstillämpning i norden, in: Forhandlingerne ved det 33. nordiske Juristmöde, S. 563 ff. (581), spricht von der „Gesetzlichkeitsideologie“ („laglighetsideologi“) der Richter. Weitergehend noch nahm *G. Petrén* die unbedeutende Bereitschaft zu einer Gerichtskontrolle der öffentlichen Hand zum Anlaß, an der Rechtsstaatlichkeit Schwedens zu zweifeln; vgl. dens., Är Sverige en rättsstat?, in: ders.: Medborgaren och rättsstaten, S. 167 ff.

2637 *H. Strömberg*, Normprövning i nyare rättspraxis, in: FörvT 1988, S. 121 ff., gelangt in seiner Analyse von Häufigkeit und Ergebnis einer Normprüfung auf ihre Vereinbarkeit mit höherrangigem Recht durch schwedische Gerichte in dem Zeitraum 1974 bis 1988 zu einem bezeichnenden Ergebnis: In den ganzen fünfzehn Jahren wurden nur zwei Parlamentsgesetze verworfen und keine einzige der bemerkenswerterweise ohnehin nur fünf zur Prüfung gelangten Regierungsverordnungen. Von den gerichtlich kontrollierten Rechtsverordnungen einfacher Verwaltungsbehörden, die durch Delegation seitens der Regierung gem. Kap. 8 §§ 11, 13 Regeringsform zur Rechtsetzung befugt sind, verwarf das Regeringsrätten nur vier, der Högsta Domstolen dagegen keine einzige, obgleich das „Offenkundigkeitserfordernis“ nach Kap. 11 § 14 Regeringsform (s. oben im Text) für diese Rechtsnormen nicht einmal gilt. Und selbst von den kommunalen Vorschriften (ebenfalls keine offenkundige Rechtswidrigkeit für Verwerfung erforderlich) erklärte das Regeringsrätten lediglich drei für rechtswidrig. (Das Ergebnis wirft im übrigen auch ein interessantes Licht auf das Verhältnis von

Weitergehend noch breitete sich in der schwedischen Rechtspflege eine eigenwillige Methodenpraxis aus. Sie zielte darauf, den Richter bei der Auslegung und Anwendung des neu gesetzten Rechts mit Hilfe überaus detaillierter sog. Gesetzesvorarbeiten („förarbeten"; d.h. Kommissionsentwürfen und Sachverständigengutachten)[2638] und Motiväußerungen der Legislativorgane (Ausschußberichten, Plenumsdebatten) so weit wie möglich an den gesetzgeberischen Willen zu binden und hierdurch zugleich seinen Auslegungsspielraum auf ein Minimum zu begrenzen.[2639] Die Berichte der im Vorfeld größerer parlamentarischer Reformvorhaben von der Regierung eingesetzten Expertengremien, die auf der Grundlage einer Arbeitsdirektive einen Gesetzentwurf ausarbeiten und dessen Bestimmungen regelmäßig mit minutiöser Gründlichkeit kommentieren,[2640] erhielten in Schweden in der Folge den Rang einer bedeutsamen Rechtsquelle.[2641] In vielen Fällen traten sie an die Stelle der im

---

Högsta Domstolen und Regeringsrätten in Hinblick auf die Bereitschaft zur Normverwerfung, bedenkt man, daß erstgenannter in dem fraglichen Zeitraum keine einzige Norm zu beanstanden hatte.) Vgl. zur Bedeutung der Normprüfung in Schweden auch *D. Reuterswärd*, EG-rättens processuella verkan, S. 82.

2638 S. dazu näher die Übersicht über das schwedische Gesetzgebungsverfahren im Anhang I der Arbeit.

2639 Vgl. insoweit die frühe Äußerung *T. Erlanders* (a.a.O., S. 228): Wenn die Gerichte durch ihre Tätigkeit den gesetzgeberischen Willen „verfälschen" sollten, habe sogleich eine „Korrektur zu erfolgen durch Änderung oder Komplettierung des Gesetzes." Ein eindrucksvolles Beispiel für die Umsetzung dieser Einstellung bot die Reaktion von Regierung und Parlament auf eine Entscheidung des Regeringsrätten im Jahr 1972 (RÅ 1972 ref. 37), in der Schwedens höchstes Verwaltungsgericht die Erhebung von Mehrwertsteuer auf gewisse Dienste für rechtswidrig erklärte. Nachdem das Urteil am 21. September verkündet worden war, beschloß schon am 6. Oktober das Kabinett eine vom Reichstag anschließend gebilligte Gesetzesänderung, die jene in Frage stehenden Dienste rückwirkend (!) der Steuerpflicht unterstellte.

2640 Veröffentlicht in der Reihe „Statens Offentliga Utredningar" (SOU).

2641 Vgl. *E. Conradi*, Skapande dömande, in: Festskrift till B. Bengtsson, S. 73 ff. (79): „Man darf wohl behaupten, daß die schwedischen Gerichte insofern (sc. hinsichtlich der Bedeutung der legislativen Vorarbeiten für die Auslegung; eig. Erkl.) eine Sonderstellung in der ganzen Welt einnehmen." Ebenso *U. Bernitz*, Inför europeiseringen av svensk rätt, in: JT 1991/92, S. 29 ff. (36): „Charakteristisch für die schwedische Rechtsquellenlehre ist aus einer komparativen Perspektive das große Gewicht, das gegenwärtig den Äußerungen in den Vorarbeiten beigemessen wird. Sie haben ein Volumen und ein Bearbeitungsniveau, die keine Entsprechung in einem anderen Land haben dürften (...). Nicht selten trifft man auf schwedische Juristen, die sich mit einzelnen Formulierungen in einer Vorarbeitsäußerung deutend abmühen, als wäre es ein Gesetzestext." Vgl. auch *P. Bratt/H. Tiberg*, Domare och lagmotiv, in: SJT 1989, S. 407 ff. (408): „(...) dürfte es klar sein, daß schwedische Gerichte in einer internationalen Perspektive eine sehr starke Bindung an Motive zeigen" sowie a.a.O., S. 423: „(...) ein System wie unser schwedisches, wo das Gesetz gerade im Hinblick auf seine Komplettierung durch Motive geschrieben wird (...)."

Die ungewöhnlich weitreichende, gleichsam gesetzesvertretende Bedeutung der Vorarbeiten und Motive betont auch das Parlament selbst. Vgl. etwa die Äußerung des Justizausschusses (Justitieutskottet 1976/77:15): „(...) hält es der Ausschuß für angebracht, (...) hervorzuheben, daß es für die Rechtsanwendung von außerordentlichem Gewicht ist, daß eine Änderung des geltenden Rechts von seiten des Gesetzgebers durch Vorschriften im Gesetz

Hinblick auf die umfänglichen Ausführungen in diesen Gutachten bewußt überaus begrenzten Kommentarliteratur.[2642] Rückte im kontinentaleuropäischen wie auch in dem angelsächsischen Rechtsraum stärker eine sich vom Entstehungshintergrund des Gesetzes lösende, objektiv-teleologische Norminterpretation in den Vordergrund,[2643] so wurde in der schwedischen Rechtspraxis bis hinauf zum Högsta Domstolen und dem Regeringsrätten auf diese Weise eine subjektiv-historische Methode vorherrschend.[2644]

Gesetz geschieht *oder durch in den Motiven wiedergegebene Aussagen im Anschluß an die Annahme eines neuen oder geänderten Gesetzestextes* (...)" (eig. Hervorh.).

S. eingehend zu der Problematik der Vorarbeiten und Motive in der Funktion als Rechtsquelle im schwedischen Recht im übrigen S. *Strömholm*, Rätt, rättskälla och rättstillämpning, S. 358 ff.; *M. Leijonhufvud*, Förarbeten, in: U. Bernitz et al.; Finna rätt, S. 97 ff.; *A. Peczenik*, Juridikens metodproblem, S. 117 sowie *J. Lind*, Förarbetena som rättskälla, in: Festskrift till B. Bengtsson, S. 301 ff. (302 f.) mit Ausführungen zur Entwicklung der Vorarbeiten als Rechtsquelle. *K.Å. Modéer*, Rättskultur i förändring, in: ders.; Rätt och kultur i fokus, S. 52 ff. (53), weist gar daraufhin, daß es Fälle gegeben habe, in denen schwedische Richter in gleichsam vorauseilendem Legislativ-Gehorsam kriminalpolitische Äußerungen des Justizministers *L. Geijer* in der Presse und im Fernsehen ihren Urteilen zugrundegelegt hätten.

2642 Vgl. *A. Peczenik*, Svenska lagmotiv i Europeisk Union, in: JT 1994/95, S. 306 ff. (309).

2643 Näher dazu *N. MacCormick/R. Summers*, Interpreting Statutes, mit einer rechtskomparativen Darstellung der Auslegungsmethoden verschiedener Länder (vgl. etwa zur Bedeutung des historischen Ansatzes S. 85 ff. für Deutschland; S. 380 für England und S. 185 ff. für Frankreich, wo noch am ehesten die Gesetzesmotive jedenfalls in der Praxis eine nennenswerte Rolle zu spielen scheinen).

2644 Vgl. nur *J. Hellner*, Rättsteori, S. 81: „(...) oft notwendig, zu den Vorarbeiten zu greifen (...), um überhaupt zu verstehen, was der Gesetzestext in den einfachen Fällen beinhaltet. Aber auch bei den schweren Fragen, wo die Meinungen geteilt sein können, werden in Schweden die Motive als das wohl wichtigste Hilfsmittel für die Auslegung herangezogen." S. auch *B. Lindell*, Civilprocessen, S. 105 ff. (106): „Die Vorarbeiten werden mitunter mit einer gewissen Skepsis als Rechtsquelle betrachtet. Aber, und das verdient hervorgehoben zu werden, soll man eine Prognose abgeben, wie das Gericht eine bestimmte Frage beurteilen wird, so hat man sehr großes Gewicht auf eben die Gesetzesmotive zu legen. Schwedische Gerichte, einschließlich des Högsta Domstolen, führen oft die Motive wortwörtlich in den Urteilsgründen an, was deren große praktische Bedeutung unterstreicht." *Lindell* bietet überdies ein Beispiel dafür, daß sich der Högsta Domstolen an den Motiven selbst im Falle ihrer Widersprüchlichkeit zu dem Gesetzeswortlaut zu orientieren scheint, vgl. a.a.O., S. 602 ff. (mit Kommentar zu der Entscheidung auf S. 607 f.). Ähnlich auch *L. Heuman/P. Westberg*, Argumentationsformer inom processrätten, S. 100: „Es kommt jedoch mitunter vor, daß klare Motiväußerungen zu spezifischen Rechtsanwendungsfragen den Urteilen des Högsta Domstolen zugrundegelegt werden, obgleich das Gesetz nahezu eine andere Lösung angibt (a.a.O. allerdings auch zu einem Beispiel, in dem sich der Gerichtshof von den Gesetzesmotiven abgewandt hat). Kritisch dagegen zu der Frage nach der vorherrschenden Auslegungsmethode im schwedischen Recht auf der Grundlage einer höchstrichterlichen Entscheidung *P. H. Lindblom*, Lagtolkning eller rättstillämpning – Kommentar till ett rättsfall (NJA 1980 S. 743), in: ders.: Studier i processrätt, S. 243 ff. S. auch jüngst *A. Peczenik*, Svenska lagmotiv i Europeisk Union, in: JT 1994/95, S. 306 ff. (306).

Zu bedenken ist zweifellos, daß schwedische Richter indirekt nicht selten dadurch an der Gesetzgebung selbst beteiligt sind, daß sie von der Regierung zur Teilnahme an Sachverständigengremien abgeordnet werden, die ihrerseits regelmäßig im Vorfeld von Legislativreformen zur Ausarbeitung eines Gesetzentwurfs eingesetzt werden (s. dazu Anhang I). Es ist jedoch höchst fraglich, inwieweit ihre starke Bindung an den Legislativwillen vor

Parallel zu der bewußten Schwächung der Gerichtsbarkeit erfuhr die Stellung der Laienrichter demgegenüber in Schweden etwa zeitgleich eine nachhaltige Stärkung. So wies man auch den unteren Verwaltungsgerichten („länsrätter") Laienrichter zu[2645] und wandelte zugleich deren bislang kollektiv auszuübendes Stimmrecht in ein individuelles um.[2646] Dies gab ihnen die Möglichkeit zur Überstimmung des Richters trotz fehlender Einstimmigkeit. 1977 wurden Laienrichter auch an den Hofgerichten und den verwaltungsgerichtlichen Berufungsgerichten („kammarrätter") eingeführt.[2647] Und an neu errichteten Spezialgerichten wie dem Marktgericht, dem Wohnungsgericht, dem Grundstücksgericht oder auch dem Wassergericht[2648] erhielten Laienrichter eine beherrschende Position.[2649]

Überdies schuf man eine Reihe von Behörden mit gerichtsähnlichem Charakter wie die Allgemeine Reklamationsbehörde, die Überwachungsbehörde oder auch die Miet- und Pachtbehörden,[2650] die streitentscheidende oder -schlichtende Funktion besaßen. Auf diese Weise wurde die Stellung der Gerichtsbarkeit weiter geschwächt und die Grenze zwischen rechtsprechender Gewalt und Verwaltung praktisch aufgehoben.

Deutlich tritt dieses für das schwedische Modell charakteristische Verständnis von Gewaltenteilung auch in der novellierten Verfassung von 1974 zutage. Die Frage, in welchem Umfang es das Prinzip der Volkssouveränität zulasse oder gar gebiete, den Gerichten im Verhältnis zur Legislative und Exekutive eine kontrollierende Funktion einzuräumen, wurde von dem mit der Ausarbeitung des Verfassungstextes beauftragten Sachverständigengremium

---

diesem Hintergrund tatsächlich an Gewicht verliert oder nicht vielmehr die hierin zum Ausdruck gelangende enge personelle Verflechtung von Justizpolitik und Rechtsprechung die Bedenken gegen das schwedische System eher noch zu schüren geeignet ist. Vgl. zu dieser Problematik aus schwedischer Sicht auch *B. Broomé*, Domaren som tjänsteman hos politiker, in: Departementets utredningsavdelning i Malmö (Hrsg.): 35 års utredande – en vänbok till Erland Aspelin, S. 65 ff. (v.a. 67 ff.).

Die schwedische Rechtswissenschaft machte sich demgegenüber unter dem Einfluß *P.O. Ekelöfs* und der von ihm postulierten teleologischen Methode [vgl. hierzu oben unter B. II. 4. b) aa) γ)] eine nüchternere Haltung gegenüber den Gesetzesvorarbeiten und Motiven zu eigen; s. *B. Lindell*, Civilprocessen, S. 106: „Aus dem rechtswissenschaftlichen Blickwinkel betrachtet, haben die Gesetzesmotive geringere Bedeutung." S. aber auch dens., a.a.O., S. 101, zu Kritik an *Ekelöfs* radikaler Ablehnung einer Bindung an die Gesetzesvorabeiten).

2645 SFS 1971:52.

2646 Dazu prop 1971:14. Der Gesetzesrat, der „die Zeichen der Zeit" sehr wohl erkannt hatte, konnte sich mit seiner Kritik an der Stimmrechtsänderung (prop a.a.O., S. 100) nicht durchsetzen.

2647 SFS 1976:560; hierzu prop 1975/76:153, v.a. S. 22 ff.

2648 Dazu im ganzen oben unter I. 2.

2649 Vgl. dazu im einzelnen DS-Ju 1993:34 (Specialdomstolarna i framtiden) mit Analysen u.a. zum Wohnungsgericht (S. 27 ff. [28 ff.]), dem Marktgericht (S. 57 ff. [59 f.]) und dem Arbeitsgericht (S. 75 ff. [76 f.]).

2650 Dazu ebenfalls oben unter I. 2. Zur Zusammensetzung der Miet- und Pachtbehörden s. auch DS-Ju 1993:34 S. 81 ff. (91 f.).

(„grundlagberedningen") nicht einmal angesprochen.[2651] Die daraufhin von seiten zahlreicher Richter des Högsta Domstolen und des Regeringsrätten zur Diskussion gestellte Möglichkeit einer derartigen verfassungsrechtlichen Stärkung der Gerichtsbarkeit[2652] wurde mit Entschiedenheit zurückgewiesen. Aus dem Justizministerium verlautete, daß die Gerichte die Beschlüsse des Reichstags und der Regierung lediglich auszuführen hätten. Eine Sonderrolle innerhalb der Staatsorganisation sei ihnen nicht zugedacht, vielmehr habe man Rechtsprechung und Verwaltung als unmittelbar artverwandte Staatsfunktionen zu begreifen.[2653]

Konsequenterweise faßte die Verfassung die Regeln über die Judikative mit denen zur Exekutiven auf weite Strecken systematisch zusammen.[2654] Zudem bestimmte sie, daß die auf die Entscheidung von Rechtsstreitigkeiten zwischen Privatleuten zielende staatliche Rechtspflege – herkömmlicherweise ein wesentlicher Teil der Aufgaben der Rechtsprechung – kraft Parlamentsbeschlusses auch einer anderen Behörde als den Gerichten (sc. den Verwaltungsbehörden) überantwortet werden dürfe.[2655] Und schließlich ver-

---

2651 *G. Petrén*, Domstolarnas ställning enligt 1974 års regeringsform, in: SJT 1975, S. 1 ff. (7).

2652 Vgl. prop 1973:90 Bilaga 3, S. 235 ff. sowie 166 f.

2653 Prop 1973:90, S. 233.

2654 Kapitel 11 der Regeringsform.

2655 Kapitel 11 § 3 Regeringsform. Desgleichen kann nach der Verfassung auch die Überprüfung hoheitlicher Beschlüsse über die Freiheitsberaubung einer Person einer auf bestimmte Weise zusammengesetzten „nämnd" übertragen werden, wenngleich als Regel ihre Kontrolle durch ein Gericht vorgesehen ist.

Zweifellos heißt es für die Verwaltungsbehörden, daß sie der Regierung unterstellt seien (Kapitel 11 § 6 Abs. 1 Regeringsform), während eine gleichlautende Regelung für die Gerichtsbarkeit fehlt. Hieraus jedoch einen Schluß auf eine von der Verfassung intendierte Sonderstellung der Gerichte gegenüber der Verwaltung zu ziehen, greift zu kurz, da die Verfassung keine nennenswerte Hindernisse aufstellt, die Gerichte nach dem Willen der Regierung in ihren Machtbereich einzubeziehen. Tatsächlich weisen die Motive zur Verfassung (prop 1973:90, S. 387 f.) etwa ausdrücklich darauf hin, daß für eine Regelung der „administrativen" Seite der Gerichtsbarkeit kein förmliches Gesetz erforderlich sei; eine solche dürfe vielmehr auch auf dem Verordnungswege erfolgen. Hinzugefügt werden kann, daß infolge der Delegationsbefugnis der Regierung derartige Verordnungen auch von untergeordneten Verwaltungsbehörden erlassen werden dürften, ohne daß hierin ein Verfassungsbruch zu erblicken wäre. Damit könnten die beiden höchsten schwedischen Gerichte – Högsta Domstolen und Regeringsrätten – administrativ einer beliebigen Verwaltungsbehörde unterstellt werden; vgl. dazu näher *G. Petrén*, Domstolarnas ställning, a.a.O., S. 8 f.

Tatsächlich wurde die Administration der Gerichte, die zuvor bei ihnen selbst lag, 1975 kraft Parlamentsbeschlusses einer reichsweit zuständigen zentralen Verwaltungseinheit – dem Domstolsverket – übertragen, eine Entscheidung, die zumal auf Seiten der Hofgerichte wegen der Schwierigkeit einer Trennung von administrativen und judikativen Fragen die Besorgnis eines Eingriffs in die Rechtsprechung weckte; vgl. *K.Å. Modéer*, Den svenska domarkulturen, S. 66 m.w.N. Zur Errichtung und zum Tätigkeitsfeld des Domstolsverket s. *B. Lindell*; Civilprocessen, S. 149 f. sowie SOU 1971:41 (Ny domstolsadministration) S. 29 ff.

In die gleiche Zeit wie die Einrichtung der zentralen Gerichtsverwaltung fällt auch die Konzeption des sog. Rechtszentrumsmodells, nach dem die Gerichte zusammen mit den anderen örtlichen Behörden – insbesondere der Polizei, der Staatsanwaltschaft, dem Fi-

zichtete sie darauf, dem Begriff der rechtsprechenden Gewalt neben der fast schon tautologisch anmutenden Bestimmung, daß die Gerichte für die Rechtsprechung, Verwaltungsbehörden dagegen für die öffentliche Verwaltung zuständig seien,[2656] einen auch materiellen Inhalt zugeben. Letztlich blieb – und bleibt es – insofern dem Parlament überlassen, im Einzelfall zu bestimmen, welche Gebiete den Gerichten und welche der Verwaltung vorbehalten sein sollen.[2657]

cc) Stellung, Funktion und Rechtsanwendungsmethodik der schwedischen Gerichte im Gefolge der europäischen Integration Schwedens

Unter dem Eindruck des seit Beginn der neunziger Jahre deutlich beschleunigten Prozesses der europäischen Integration Schwedens und der verstärkten Internationalisierung seines Rechts beginnt sich jedoch dieses Bild allmählich zu ändern. Den von Schweden ratifizierten und in sein Binnenrecht inkorporierten völkerrechtlichen Abkommen ist – wie am Beispiel der Europäischen Menschenrechtskonvention gesehen – der korporativ-kollektivistische Ansatz in der Frage effektiven Rechtsschutzes in einer Sozialgemeinschaft fremd. Sie gehen im Gegenteil entsprechend der westeuropäischen politischen und kulturellen Tradition von der individuellen Perspektive des einzelnen Rechtssubjekts als Träger vorstaatlicher Rechte und Pflichten aus und betonen die Schutzwürdigkeit seiner Rechtssphäre im Verhältnis zur staatlichen Gewalt. Diese erscheint typischerweise in der Verkörperung der Legislativen wie auch der Exekutiven als zu einer Kränkung der individuellen Rechte fähig und hat infolgedessen durch eine starke und von den übrigen Gewalten gesonderte und unabhängige Gerichtsbarkeit kontrolliert zu werden.[2658] Welche Auswirkun-

---

nanzamt und dem Gerichtsvollzieher – in demselben Gebäude untergebracht sein sollten. Diese Maßnahme – umgesetzt u.a. in Luleå, Sundsvall und Enköping – wurde vordergründig mit einem Hinweis auf ihren rationellen Charakter gerechtfertigt. In Wirklichkeit dürfte sie jedoch als politische Manifestation der erstrebten Gleichstufung der Gerichtsbarkeit mit der Verwaltung zu verstehen sein.

2656 Kapitel 1 § 7 Regeringsform; dazu die Stellungnahme des Justizministers in: prop 1973:90, S. 232 f. Man mag hiergegen ins Feld führen, daß Art. 92 GG seinem Wortlaut nach ebenfalls offenläßt, wie der Begriff der rechtsprechenden Gewalt verstanden werden muß (vgl. hierzu insbes. *A. Bettermann*, Verwaltungsakt und Richterspruch, in: Gedächtnisschrift für W. Jellinek, S. 361 ff.; *D. Brüggemann*, Judex statutor und judex investigator, S. 139 ff.); außerhalb jeder Zweifel steht allerdings die Grundintention unserer Verfassung, der Judikativen einen deutlich von der Exekutiven wie auch der Legislativen abgehobenen Funktionsbereich zuzuweisen (im einzelnen v. Mangoldt/Klein/Starck-*Classen*, Bonner Grundgesetz, Bd. 3, Art. 92 Rdnr. 5 ff. sowie Sachs-*Detterbeck*, Grundgesetz, Art. 92 Rdnr. 4 ff. mit jeweils eingehenden Nachweisen zum Meinungsstand in der Literatur).

2657 Ausgenommen sind von diesem Bestimmungsrecht der Legislativen allerdings Anklagen gegen Minister und Richter des Högsta Domstolen bzw. des Regeringsrätten, die gem. Kap. 12 §§ 3, 8 Regeringsform von dem Högsta Domstolen zu prüfen sind.

2658 Vor diesem Hintergrund erklärt sich etwa auch das in Art. 25 EMRK vorgesehene Recht der Individualbeschwerde; vgl. dazu im einzelnen *J. Frowein/W. Peukert*, Europäische MenschenRechts-Konvention, S. 523 ff. (525 ff.). Vgl. demgegenüber zur vergleichs-

gen allein der Art. 6 Abs. 1 Nr. 1 EMRK in Schweden für die Bedeutung der nationalen Gerichtsbarkeit hatte durch die Schaffung eines völlig neuen Rechtsbehelfs, ja die Öffnung des gerichtlichen Rechtswegs überhaupt in einer Vielzahl von Behördenentscheidungen, konnte bereits gezeigt werden.

Deutlicher noch scheinen jedoch die Friktionen der bisher traditionell untergeordneten Rolle der schwedischen Gerichte mit dem Gemeinschaftsrecht zu sein. Dies gilt zum einen auf einer allgemeineren Ebene in Hinblick auf die generelle Gewährleistung gerichtlichen Rechtsschutzes für die Bürger. Hier kommt der vom EuGH in ständiger Rechtsprechung[2659] betonten Verantwortung der nationalen Gerichte der Mitgliedstaaten für die effektive Durchsetzung gemeinschaftsrechtlicher Rechte und Pflichten der Unionsbürger ein ganz anderer Stellenwert zu als bislang den Gerichten in Schweden. Das Gemeinschaftsrecht betont in deutlich anderer Schwerpunktsetzung als das schwedische Recht den Gedanken der durch die Judikative vermittelten individuellen Rechtssicherheit des einzelnen Unionsbürgers.[2660] Soweit es subjektive Rechte gewährt, basiert es zum großen Teil gerade darauf, daß die nationale Gerichtsbarkeit dem einzelnen darin beisteht, seine Position gegenüber gemeinschaftswidrigen Akten nicht zuletzt der mitgliedstaatlichen Legislative und Exekutive durchzusetzen.[2661]

Die Mitgliedschaft Schwedens in der EU hat insofern – darin ist man sich einig – bereits jetzt den Gedanken des gerichtlicherseits gewährleisteten Individualrechtsschutzes in Schweden nachhaltig fördern können und zu einer Stärkung der konstitutionellen Stellung der schwedischen Justiz gegenüber der Legislativen und Exekutiven geführt.[2662] In zunehmendem Maße löst da-

---

weise späten Entwicklung sogar eines verfassungsrechtlich verankerten materiellen Grundrechtsschutzes in Schweden die Darstellung bei *Tiberg/Sterzel/Cronhult* (Hrsg.): Swedish law, S. 62 ff.

2659 Bahnbrechend hinsichtlich des Anspruchs der Unionsbürger auf subjektiven gerichtlichen Rechtsschutz der Fall *van Gend & Loos* (1963 ECR, S. 1 ff. [13]: „individual rights which the national courts must protect."). Vgl. etwa auch den Fall *Salgoil* (1968 CMLR, S. 453 ff. [462 f.]) sowie die Entscheidung *Butterfahrten* (1981 ECR, S. 1805 ff. Rz. 42).

2660 So auch die allgemeine Auffassung der schwedischen Regierung (vgl. etwa DS-Ju 1993:34 S. 23: „[...] durch die Jahre hindurch eine Neigung des Gesetzgebers, den Interessen von Organisationen auf Kosten des einzelnen Rechnung zu tragen"]) und der Rechtswissenschaft (statt aller *P.H. Lindblom/G. Bramstång* et al. (Hrsg.): Europagemenskap och Rättsvetenskap, S. 129: „deutlicher Wesenszug im EG-Recht, verglichen mit dem gegenwärtigen schwedischen System auf vielen wichtigen Rechtsgebieten, ist, daß man stärker als bei uns die Rechtssicherheit der einzelnen natürlichen und juristischen Person betont, vor allem, was die Prüfung der eigenen Sache durch ein Gericht betrifft; das schwedische Recht stellt sich in dieser Hinsicht in einer europäischen Perspektive als stellenweise reichlich unterentwickelt dar [...]").

2661 Vgl. näher *T. Andersson*, Rättsskyddsprincipen, S. 66 ff. m.w.N. aus der Literatur und der Spruchpraxis des EuGH.

2662 Vgl. den Bericht *T. Anderssons* über eine 1998 veranstaltete Tagung schwedischer Rechtswissenschaftler zum Thema „nationales Prozeßrecht in der EU", in: JT 1998/99, S. 807 ff. (812): „(...) so daß man mit Fug und Recht erklären kann, daß das EG-Recht es

bei eine bürgerorientierte Sichtweise den überkommenen kollektivistisch-korporativen Ansatz auch innerhalb des Gerichtswesens ab.

So ist ein zur Zeit mit der Ausarbeitung von Reformen des Prozeßrechts befaßtes Sachverständigengremium ausweislich der ihm von Regierungsseite vorgegebenen Arbeitsrichtlinien ausdrücklich gehalten, Novellierungsmöglichkeiten vor dem Hintergrund einer stärker „bürgerorientierten“ Perspektive auszuloten.[2663]

Zugleich kann als Folge des vom EuGH postulierten Prinzips des effektiven Rechtsschutzes (effèt utile) die Funktion der schwedischen Gerichte nicht länger auf die Rolle eines lediglich „verlängerten Arms des Gesetzgebers“[2664] beschränkt sein. Hinter der durch bloße Rechtsanwendung vermittelten konfliktlösenden Funktion des Gerichtsverfahrens tritt vielmehr als Folge der Vorran-

---

mit sich gebracht hat, daß die schwedischen Gerichte eine verfassungsrechtlich stärkere Stellung erhalten haben, sowohl gegenüber der vollziehenden Gewalt (...) als auch im Verhältnis zur gesetzgebenden (...).“ In die gleiche Richtung zielen die Darstellungen *J. Carricks*, Domstolsväsendet i vårt land, in: TSDF 3/2000, S. 21 ff. (21) sowie *P.H. Lindbloms*, Civil and criminal procedure, in: M. Bogdan (Hrsg.): Swedish law in the new millennium, S. 201 ff. (202). Allgemein zum Prozeß der Stärkung der mitgliedstaatlichen Judikativen innerhalb der EU *O. Wiklund*, EG-domstolens tolkningsutrymme, S. 396 ff. Eingehend zur historischen Entwicklung der schwedischen Gerichtsbarkeit im Spannungsverhältnis zum politischen System und zu der für die Zukunft zu erwartenden weiteren Stärkung der schwedischen Judikativen jüngst *J. Nordquist*, Domstolar i det svenska politiska systemet, passim (zur künftigen Enwicklung s. insbes. S. 164 ff. und 228 f.).

S. aus früherer Sicht auch schon das Ergebnis des Sachverständigengutachtens über die zukünftige Rolle der schwedischen Richter in SOU 1994:99 S. 48 ff. (49): „Es herrscht kein Zweifel darüber, daß die Bedeutung der Gerichte in Schweden als Folge der Entwicklung in Europa steigen wird (...).“ Entsprechend die Feststellung des 1995 von der schwedischen Regierung eingesetzten Gerichtskomitees in SOU 1998:88 S. 36: „In der Zukunftsperspektive wird sich die Rolle der Gerichte in Schweden verstärken.“ Ebenso die Erwartung der schwedischen Regierung, wie sie etwa in dir 1995:102 – in: SOU 1998:88, S. 185 ff. (189) – zum Ausdruck kommt: „Die Bedeutung des Gerichtswesens wird in der Zukunft wachsen.“

[2663] Vgl. dir 1999:62 in: dir 1999, S. 406: „Die Regeln über das Verfahren sollen ausgehend von einer Bürgerperspektive ausgestaltet werden.“ Vgl. auch die Feststellung *P. Fitgers*, Något om en reformering av rättegångsbalken, in: SJT 1999, S. 514 ff. (514): „Das Anlegen einer Bürgerperspektive stellt einen neuen Einfallswinkel in der Problematik des Prozeßrechts dar (...)“ sowie die Äußerung der früheren schwedischen Justizministerin *L. Freivalds* in SJT 1999, S. 398 f. (398): „Heute existiert ein größeres Verständnis für die Tatsache, daß das Rechtswesen den Mitbürgern dienen soll und nicht umgekehrt.“ Instruktiv zum Gesichtspunkt des stärker bürgerorientierten Prozesses auch die Darstellung *P.H. Lindbloms*, Civilprocessens grundprinciper de lege ferenda, in: ders.: Progressiv Processrätt, S. 237 ff. mit rechtsvergleichenden, die aktuellen Prozeßreformvorhaben in den skandinavischen Ländern analysierenden Ausführungen (zu Schweden s. v.a. S. 236-240 sowie 246-249).

Vgl. demgegenüber mit Blick auf die Bedeutung des Bürgergedankens im politischen System Schwedens vor Anschluß an die EU den pointierten Kommentar *G. Petréns* anläßlich der Präsentation eines neuen Parteiprogramms der Sozialdemokraten im Jahre 1989: „Bürgerrecht ist (sc. laut dem Parteiprogramm; eig. Erkl.) alles das, was eine Mehrheit der gewählten Vertreter für ihre Mitbürger beschließt.“, in: ders.: Medborgaren och rättsstaten, S. 32 ff. (32).

[2664] So die Bezeichnung *K.Å. Modéers*, Rättskultur i förändring, in: ders.: Rätt och kultur i fokus, S. 52 ff. (53).

gigkeit des Gemeinschaftsrechts gegenüber entgegenstehendem nationalen Recht maßgeblich auch eine rechtskontrollierende und rechtsgestaltende oder gar -schöpfende Funktion des Gerichtswesens hervor. Bei ihnen handelt es sich um Funktionen des Prozesses, die – wie gesehen – bislang im schwedischen Rechtsverständnis nur eine überaus schwache Rolle spielten.[2665]

So sind die schwedischen Gerichte seit dem 1.1.1995 verpflichtet, in allen vom Gemeinschaftsrecht erfaßten Sachverhalten die einschlägigen nationalen Rechtsvorschriften ungeachtet ihres Rangs innerhalb der Rechtsordnung auf ihre Vereinbarkeit mit dem EG-Recht zu überprüfen und, so das Ergebnis negativ ausfällt, auf ihre Anwendung zu verzichten. In der Ausübung dieser gemeinschaftsrechtlich begründeten Rechtmäßigkeitskontrolle sind die Gerichte dabei an keinerlei verfassungsrechtliche Einschränkung gebunden nach Maßgabe etwa des Offenkundigkeitserfordernisses in Kap. 11 § 14 Regeringsform. Infolgedessen ist davon auszugehen, daß die gerichtliche Kontrolle der Rechtmäßigkeit nationaler Rechtsakte erheblich an Bedeutung gewinnen wird.[2666] Tatsächlich lassen sich hierfür bereits jetzt in der

---

[2665] S. auch *T. Andersson*, Rättsskyddsprincipen, S. 231: „Offenbar kann der Zivilprozeß auch dazu angewandt werden, das Recht weiterzuentwickeln, indem die Praxis Lücken im Rechtssystem füllt und die Gerichte Regeln schaffen, wo es keine gibt, aber welche 'benötigt' werden. Dieser Aspekt der Funktion des Zivilprozesses ist in der schwedischen Prozeßdoktrin praktisch vernachlässigt worden." Vgl. auch S. 231 f: „(...) nicht berührt worden ist der Rechtsprüfungs- oder Kontrollzweck des Zivilprozesses. Die Rechtsprüfung zielt darauf ab, daß die Gerichte im Rahmen des einzelnen Verfahrens die Übereinstimmung relevanter Regeln mit dem Grundgesetz oder anderen übergeordneten Regeln prüfen. (...) Rechtsprüfung ist in Schweden bislang nicht als eine wichtige Gesellschaftaufgabe der Gerichte angesehen worden."

[2666] So auch die übereinstimmende Ansicht in Schweden innerhalb Politik, Rechtswissenschaft wie auch Praxis. Vgl. nur das Ergebnis des von der Regierung im Vorfeld des schwedischen EU-Anschlusses eingesetzten Expertengremiums zu den Fragen der Auswirkungen des EG-Rechts auf das schwedische Recht in: *P.H. Lindblom/G. Bramstång* et al. (Hrsg.): Europagemenskap och Rättsvetenskap, S. 130: „Der Druck auf Schweden, einen hinreichenden prozessualen Rechtsschutz auf der ganzen Linie zu bieten, wird folglich wachsen (...). Es ist weiter mit größeren Möglichkeiten zur Überprüfung der Rechtmäßigkeit von Verwaltungsbeschlüssen nicht nur an den schwedischen Verwaltungsgerichten, sondern auch an den ordentlichen Gerichten zu rechnen (...). Ein EG-Anschluß wird aller Voraussicht nach (...) zu einer erweiterten Rechtsprüfung an den allgemeinen Gerichten führen." S. auch aus den Reihen der Politik den Vortrag *O. Abrahamssons*, EU-medlemskapets influenser på dömandet, in: SJT 1999, S. 833 ff. (837): „(...) der Einfluß des EG-Rechts hat die Stellung der Gerichte gestärkt und sie selbständiger werden lassen und auch stärker respektiert als früher" sowie S. 843: „(...) folgte (...) der Effekt, daß den Gerichten eine freiere Haltung gegeben wurde, als sie sie früher im Verhältnis zum Gesetzgeber besessen haben. Hierdurch ist die Bedeutung der Gerichte auf Kosten der Legislativen in einem höheren Maße gestiegen, als sich die politischen Kräfte vermutlich dachten, als diese Fragen das erste Mal relevant wurden.").

Gleichwohl sprach sich das mit der Inkorporation der EMRK in das schwedische Recht und der Überprüfung des schwedischen Grundfreiheitsschutzes befaßte Sachverständigengremium noch 1993 gegen eine verfassungsrechtliche Erweiterung des judikativen Normprüfungsrechts und für eine Beibehaltung des „Offenkundigkeitserfordernisses" aus (vgl. SOU 1993:40 Del A S. 217 ff. [225, 229]).

Spruchpraxis der schwedischen Gerichte eine ganze Reihe von Belegen finden. Sie offenbaren nicht etwa nur die Bereitschaft der Judikativen zur bloßen Überprüfung der Rechtmäßigkeit des nationalen Rechts. Vielmehr erweisen sie überdies deren Neigung, in wachsendem Umfang schwedische Bestimmungen selbst der Legislativen zu verwerfen.[2667]

Neben diese gleichsam negative, auf die Nichtberücksichtigung heimischen Rechts zielende Kontrollfunktion der Gerichte tritt ergänzend eine gewisse rechtsschöpfende Tätigkeit. Auch sie hängt mit dem Prinzip des gemeinschaftsrechtlichen effèt utile zusammen und erklärt sich aus der durch die vorrangige Stellung des EG-Rechts bedingten Verpflichtung der schwedischen Gerichte zur Gewährung von Rechtsschutz auch in den Fällen, in denen das nationale Recht einen solchen nicht vorsieht. Dies betrifft sowohl die materielle Seite als auch die rein formal-prozessuale.

So sind in materieller Hinsicht etwa die nationalen Gerichte infolge der Rechtsprechung des EuGH seit dem *Francovich*-Urteil[2668] ungeachtet des nationalen Rechts unter bestimmten Voraussetzungen[2669] zur Anerkennung von Schadensersatzansprüchen der Unionsbürger verpflichtet für den Fall einer nicht ordnungsgemäß von dem jeweiligen Mitgliedstaat in Binnenrecht umgesetzten Richtlinie.

Prozessual schlägt sich hingegen die rechtsschöpfende Funktion der Gerichte maßgeblich in der Anerkennung neuer Rechtsbehelfe nieder, die das heimische Recht eigentlich nicht vorsieht.[2670] Auch in dieser Hinsicht läßt

---

2667 Vgl. nur RÅ 1996 Ref. 50 und 1997 Ref. 65 (sog. *Lassagårdsfall*). Dazu wie zu der gegenwärtigen Entwicklung innerhalb der schwedischen Gerichtsbarkeit im allgemeinen jüngst *O. Abrahamsson*, a.a.O., S. 837: „Die Gerichte entsprechen jetzt mehr der Rolle eines Gegengewichts zu der gesetzgebenden und der regierenden oder verwaltenden Gewalt, wie sie den Gerichten in den meisten anderen westlichen Ländern zukommt." S. auch S. 840: „Geht man die in den Rechtsfallsammlungen publizierten schwedischen Fälle durch, so wird die Annahme bestärkt, daß die schwedischen Gerichte sich nicht im geringsten gescheut haben, die schwedischen Rechtsregeln in Frage zu stellen, unabhängig davon, ob sie von dem Reichstag, von der Regierung oder auf der Behördenebene erlassen wurden. Die Gerichte haben nicht einmal gezögert, unter Hinweis auf das EG-Recht eine solche Regelung in Zweifel zu ziehen, die der Gesetzesrat nicht beanstandet hat. In einer Reihe von Fällen scheinen unsere Gerichte in letzter Instanz – vor allem das Regeringsrätten und das Arbeitsgericht – sogar so eifrig in der Verwerfung der schwedischen Bestimmungen gewesen zu sein, daß sie nicht einmal zuvor die Meinung des EuGH eingeholt haben (...)." Zu demselben Ergebnis gelangen *D. Eliasson/O. Abrahamsson* et al., Community Directives: Effects, Efficiency and Justiciability in Sweden, in: SJT 1998, S. 212 ff. (219): „Verschiedene Fälle sowohl von den ordentlichen Gerichten als auch den Verwaltungsgerichten erster Instanz zeigen, daß schwedische Richter nicht zögern, nationale Gesetzgebung und Entscheidungen nationaler Behörden zugunsten von Gemeinschaftsrichtlinien zu verwerfen." In die gleiche Richtung auch *T. Andersson*, EG-rätten och den svenska processrätten, in: JT 1998/99, S. 807 ff. (812).

2668 1991 ECR I, S. 5357 ff.

2669 Dazu im einzelnen *Francovich*, a.a.O., Rdz. 39 f; *Brasserie du pêcheur* (1996 ECR I, S. 1029 ff. Rdz. 51); *Dillenkofer* (1996 ECR I, S. 4845 ff. Rdz. 21).

2670 Vgl. insbes. den Fall *Factortame I* (1990 ECR I, S. 2433 ff.), in dem der EuGH die Verpflichtung zur Gewährleistung einstweiligen Rechtsschutzes zum Zwecke der effektiven Durchsetzung des Gemeinschaftsrechts auch bei zuwiderlaufendem nationalen Recht aussprach.

die schwedische Judikatur bereits ein Umdenken erkennen, das ihre allmähliche Abkehr von der traditionell passiven Rolle einer gleichsam „Verwaltungsbehörde sui generis" dokumentiert.[2671]

Auf das engste verbunden mit der Stärkung der schwedischen Gerichtsbarkeit sind auch erste Anzeichen für eine veränderte Einstellung vor allem auf der politischen und der rechtswissenschaftlichen Ebene zu der dominierenden Rolle, die die Gesetzesvorabeiten und Legislativmotive bislang in der Rechtsanwendung gespielt haben. War ihre starke Bedeutung („Vorarbeitsfixierung")[2672] bei der Auslegung von Rechtsnormen die rechtsmethodisch zu erwartende und politisch intendierte Konsequenz des absoluten Primats des gesetzgeberischen Willens, so steht mit dem Funktionswandel der Gerichte schon aus diesem Grund eine künftig freiere Haltung der Judikativen gegenüber den Gesetzesmotiven zu erwarten. Statt dessen dürften stärker objektiv-teleologische, den Gesetzestext als von den Motiven getrennten eigenständigen Bedeutungsträger in den Vordergrund rückende Auslegungsgesichtspunkte an Bedeutung gewinnen.[2673]

Auswirkung hätte eine derartige Schwerpunktverlagerung dann ihrerseits ohne Zweifel auch auf die schwedische Rechtssetzungstechnik. Sie wird in den legislativen Vorabeiten und Motiven wahrscheinlich in der Folge Äußerungen zur konkreten Normanwendung im Einzelfall hinter generelle Ausführungen zum Regelungszweck stärker zurücktreten lassen. Vermutlich wird man weitergehend noch Vorarbeiten wie Motiven künftig in Schweden im ganzen deutlich geringere Bedeutung beimessen und stärker die Gestaltung des Gesetzes-

---

[2671] So insbes. der Fall *Lassagård* (s. oben S. 527 FN 2666), in dem das Regeringsrätten unter Hinweis auf allgemeine EG-Rechtsprinzipien ein in der einschlägigen schwedischen Landwirtschaftverordnung enthaltenes ausdrückliches Rechtsmittelverbot aufhob und dem Kläger das Recht zur Einlegung eines Rechtsmittels zusprach. Das Bemerkenswerte dieses Falles ist darin zu sehen, daß sich Schwedens höchstes Verwaltungsgericht nicht damit begnügte, das Rechtsmittelverbot für gemeinschaftswidrig zu erklären und den Kläger wegen Fehlens einer dem Gemeinschaftsrecht entsprechenden Gesetzesnorm etwa auf die Möglichkeit von Ersatzansprüchen gegen den Staat zu verweisen. Es setzte sich vielmehr durch die Einräumung der Berufungsmöglichkeit und die Bestimmung deren näherer Modalitäten durch die Anwendung einer für diesen Fall nicht gedachten gesetzlichen Regelung der Verordnung an die Stelle des Gesetzgebers.

[2672] Derart pointiert *U. Bernitz*, Inför europeiseringen av svensk rätt, in: JT 1991/92, S. 29 ff. (37).

[2673] Freilich spielt der gesetzgeberische Wille auch innerhalb der sog. teleologischen Auslegungsmethode eine Rolle, insoweit er für die Bestimmung des Regelungszwecks mit heranzuziehen ist (vgl. nur *K. Larenz/C.-W. Canaris*, Methodenlehre der Rechtswissenschaft, S. 133 ff. [139 ff.]). Er bleibt dabei allerdings typischerweise auf einer sehr allgemeinen Ebene bedeutsam, die nicht an die für die historische Ebene charakteristische enge Anlehnung an Äußerungen des Gesetzgebers zur Anwendung der einzelnen Norm heranreicht. Denkbar sind unter Umständen sogar Überschneidungsfälle von abstraktem Regelungszweck und konkreten Motiväußerungen (s. *dies.*, a.a.O., S. 157), in denen dann die objektive Norminterpretation die konkreten gesetzgeberischen Äußerungen außer acht zu lassen hätte (vgl. demgegenüber oben S. 517 FN 2625 zu einem Fall der Befolgung widersprüchlicher Gesetzesmotive durch den Högsta Domstolen).

textes selbst in den Vordergrund rücken. Für ersteres lassen sich bereits erste Beispiele innerhalb der schwedischen Gesetzgebung finden,[2674] für letzteres ist der Zeitpunkt für eine Beurteilung noch zu früh. Politik wie Rechtswissenschaft hegen entsprechende Erwartungen allerdings bereits jetzt.[2675]

Unterstützend dürfte in diesem Prozeß jedenfalls aller Voraussicht nach auch die Auslegungstechnik des EuGH selbst wirken. Sie hat nicht zuletzt infolge fehlender oder allenfalls sehr kapp abgefaßter Motiväußerungen auf der Gemeinschaftsebene nachdrücklich Abstand genommen von jeder Form subjektiver Auslegung und ist mittlerweile zu einer auf allgemeinen Rechtsregeln bauenden eigenen Form teleologischer Norminterpretation gelangt.[2676]

2674 Dazu *O. Abrahamsson*, EU-medlemskapets influenser på dömandet, in: SJT 1999, S. 833 ff. (843 m.w.N.).

2675 Vgl. *P.H. Lindblom/G. Bramstång* et al. (Hrsg.): Europagemenskap och Rättsvetenskap, S. 68 f. („Langfristig kann die EG-Mitgliedschaft zu einer Trendwende in der schwedischen Rechtsquellenlehre führen mit Wirkungen weit außerhalb des EG-rechtlichen Umfeldes. Die aus einer internationalen Perspektive einzigartige Abhängigkeit der Rechtsanwendung von den in sich hoch qualifizierten Gesetzesvorarbeiten wird sich vermutlich sukzessive abschwächen."). Vgl. auch das Sachverständigengutachten SOU 1994:99 über die zukünftige Rolle der schwedischen Richter (etwa S. 197: „Die [...] Rolle der Gerichte – geprägt von einer geringeren Bindung an die Vorarbeiten und einer stärker rechtsschöpfenden Funktion – wird von großer Bedeutung für unsere zukünftige Gesellschaftsentwicklung sein."). S. auch *U. Bernitz*, Inför europeiseringen av svensk rätt, in: JT 1991/92, S. 29 ff. (37): „Die Europäisierung zieht mit aller Wahrscheinlichkeit langfristig tiefgreifende Veränderungen in der schwedischen Rechtsquellenlehre in die Richtung nach sich, daß sie sich dem annähert, was in Europa normal erscheint. Das bedeutet vor allem eine starke Herabzonung von Umfang und Gewicht der Vorabeiten und eine wichtigere Rolle für die Doktrin." Für die gleichgerichtete Erwartung des Justizministerium s. nur prop 1994/95:19 (Sveriges medlemskap i Europeiska Unionen), S. 528 f.

2676 *J. Anweiler*, Auslegungsmethoden des Gerichtshofs, S. 141 ff. (insbes. S. 198 ff.); S. *Grundmann*, Auslegung des Gemeinschaftsrechts, S. 192 ff. (341 ff.). Aus schwedischer Sicht vgl. hierzu *P.H. Lindblom/G. Bramstång* et al. (Hrsg.): Europagemenskap och rättsvetenskap, S. 60 ff. (65 ff.); S. *Pålsson/C. Quitzow*, EG-rätten – ny rättskälla i Sverige, S. 118 f. sowie auch SOU 1993:14 S. 68 ff. Vgl. zudem die Darstellung des ehem. Präsidenten des EuHG – *O. Due* – zur Auslegungsmethodik des Gerichtshofs in: JT 1991/92, S. 407 ff. („EF-domstolens retspraksis som integrationsfremmende faktor", insbes. a.a.O., S. 412, wo *Due* die Methodik als „relativ frei, stark zweckorientiert und dynamisch" beschreibt). *A. Peczenik*, Svenska lagmotiv i Europeisk Union, in: JT 1994/95, S. 306 ff. (310 f.), welcher der Annahme einer Beeinflussung der schwedischen Auslegungsdoktrin und Rechtsquellenlehre durch das EG-Recht und die Spruchpraxis des EuGH ablehnend gegenübersteht, ist zuzugeben, daß es zur Zeit noch zu früh ist, in dieser Frage verbindliche Gewißheiten zu äußern. Daß die bisherige schwedische Praxis jedoch völlig unbeeinflußt von der hiervon prinzipiell verschiedenen Rechtssetzungs- und -auslegungstechnik auf der EG-Ebene sollte bestehen bleiben können, so daß die schwedischen Gerichte je nach Einschlägigkeit schwedischen oder EG-Rechts eine unterschiedliche Rechtstechnik anzuwenden hätten, erscheint als überaus fraglich. Gänzlich unrealistisch muß jedoch die von *Peczenik* (a.a.O., S. 311) beschworene Möglichkeit einer Rezeption der schwedischen Auslegungsmethodik durch den EuGH wirken. Wesentlich plausibler demgegenüber *P.H. Lindblom/G. Bramstång* a.a.O., S. 64: „Entsprechende Auslegungsmethoden (sc. wie diejenigen des EuGH, eig. Erkl.) werden längerfristig große Bedeutung auch außerhalb der Domänen des EG-Rechts erlangen."

Ergebnisse der Untersuchung

Die Entwicklung des schwedischen Zivilprozeßrechts im Spannungsfeld von Rezeption, Kontinuität und autochthoner Fortentwicklung

I. Ziel der vorliegenden Untersuchung war es zu ermitteln, in welchem Umfang sich das schwedische Zivilprozeßrecht unter dem Einfluß ausländischer Rechts- und Verfahrensordnungen herausgebildet hat.

Die Arbeit vollzieht hierfür den Werdegang des schwedischen Prozeßrechts über etwa siebenhundert Jahre seiner Entwicklungsgeschichte nach – beginnend bei den ersten Rechtsaufzeichnungen in den sog. Landschaftsgesetzen des ausgehenden 13. und frühen 14. Jahrhunderts bis hin zu den jüngsten Reformen und Reformvorhaben im Gefolge der europäischen Integration Schwedens in der EU.

Den Schwierigkeiten, die sich für die Untersuchung aus dem Fehlen einer hinlänglich gesicherten, als allgemein verbindlich anerkannten Methodik und Terminologie innerhalb der Rezeptionsforschung ergeben, begegnet die Arbeit in der Konzeption einer auf ihren Gegenstand zugeschnittenen eigenen Analysemethodik.

Diese fußt auf der Grundannahme, daß die soziologisch gebotene Betrachtung der Entfaltung der Rechtsordnung eines Landes als bloßer Ausschnitt aus dessen übergreifender kulturgeschichtlichen Entwicklung nicht ohne Auswirkungen auch auf die Methodik einer rechtsrezeptionshistorischen Untersuchung sein kann. Sie geht vielmehr davon aus, daß die bis heute nicht befriedigend gelösten und nicht selten nicht einmal mehr näher erörterten Methodenprobleme eines Kausalnachweises von Rezeptionsvorgängen im Recht nur mit Hilfe eines weiten, auch die Kultur- und Wissenschaftsgeschichte eines Landes berücksichtigenden Rezeptionsverständnisses zu bändigen sind.

Dies zwingt zu einem Verzicht auf einen lediglich rechtsimmanenten Vergleich der Rechtsinstitute verschiedener Verfahrensordnungen, der strukturelle Gemeinsamkeiten zwischen den beteiligten Rechtssystemen vorschnell als das Ergebnis kausaler Wirkweise zu begreifen neigt. Statt dessen untersucht die Arbeit auch die äußeren Bezüge der schwedischen Prozeßrechtsentwicklung durch eine Analyse der jeweiligen politischen, wirtschaftlichen, kulturellen und rechts- und prozeßrechtswissenschaftlichen Beziehungen Schwedens zu in Betracht kommenden Ursprungsländern. Zumal der letztgenannte

Bezug wird wegen der vielfältigen Wechselbeziehungen zwischen legislativer und wissenschaftlicher Rechtsfortbildung eingehend untersucht. Steht auch die Betrachtung des legislativ verankerten schwedischen Verfahrensrechts im Vordergrund der Arbeit, so enthält diese doch aus diesem Grund zugleich eine vergleichsweise detaillierte Analyse der Entwicklung der modernen schwedischen Prozessualistik unter dem Einfluß des Auslands.

Die Arbeit behandelt in zwei eigenständigen Untersuchungsteilen den historischen und den modernen Prozeß (2. bzw. 3. Teil), setzt ihren Schwerpunkt jedoch in der Analyse der Entwicklung des modernen Prozeßrechts.

II. Das historische Prozeßrecht zerfällt in der Untersuchung seinerseits in die Darstellung des mittelalterlichen Rechtsgangs (2. Teil B.) und die des neuzeitlichen (2. Teil C.). Erstere läßt die Arbeit von dem Auftreten der ersten schriftlichen Rechtsaufzeichnungen im 13. Jahrhundert bis zum Erstarken der zentralen Königsherrschaft unter dem *Wasa*-Geschlecht im 16. Jahrhundert reichen. Letztere endet nach der Konzeption der Analyse mit der Konstituierung eines zur grundlegenden Novellierung des überkommenen Verfahrens eingesetzten Fachgremiums im Jahre 1810.

1. Im Mittelpunkt der Schilderung des mittelalterlichen Prozeßrechts steht eine Betrachtung des schwedischen Verfahrens und der Organisation der Gerichtsbarkeit, wie sie sich nach den Bestimmungen in den ältesten schwedischen Rechtsaufzeichnungen – den sog. Landschaftsgesetzen – und deren Fortführung in dem reichsweit geltenden Land- und Stadtrecht des 14. bzw. 15. Jahrhunderts darstellen.

Die Arbeit zeichnet hier die Wesenszüge eines stark formalisierten, volkstümlichen Gerichtsgangs nach, wie er in einer Zeit vergleichsweise einfacher gesellschaftlicher Verhältnisse mit einer weitgehend egalitären Sozialstruktur entstand.

Der formale Charakter des Prozesses wird am Beispiel der Gestaltung des mittelalterlichen Beweisverfahrens als seiner wohl eigentümlichsten Erscheinung verdeutlicht. Dessen Ziel, so zeigt sich, lag nicht in der Herbeiführung der richterlichen Überzeugung von der Wahrheit der behaupteten Umstände, sondern allein in der formalen Erfüllung bestimmter objektiver, den Parteien je nach Prozeßart vom Gesetz zwingend vorgegebener Handlungen. Der Beweis selbst wird als ein regelmäßig einseitiger, dem Beklagten obliegender und gegen die Begründetheit der gesamten klägerischen Rechtsbehauptung gerichteter Negativbeweis charakterisiert. Von den statthaften Beweismitteln behandelt die Untersuchung in erster Linie den – ggf. mit Eidhelfern unterstützten – Reinigungseid und die für den schwedischen Prozeß spezifische und im Verlauf des Mittelalters an Bedeutung gewinnende Institution der nämnd. In deren außergewöhnlicher Funktion eines unmittelbar auf die Ermittlung der Wahrheit gerichteten und in diesem Sinne materiellen Beweismittels erweist sich die nämnd als ein zentraler Bedeutungsträger für den allmählichen

Wandel des formalen Charakters des mittelalterlichen Verfahrens und seines Übergangs in den neuzeitlichen Prozeß.

Die überaus problematische Frage nach dem ursprünglichen, gewissermaßen „germanischrechtlichen" Charakter der schwedischen Landschaftsgesetze bzw. dem Umfang ihrer rezeptionsbedingten Beeinflussung durch ausländisches Recht wirft die Arbeit auf, läßt sie jedoch bewußt unbeantwortet. Die sich für eine derartige Untersuchung aus dem Mangel an Rechtsquellen aus der Zeit vor Erlaß der Landschaftsgesetze ergebenden methodischen Schwierigkeiten sind zu groß, als daß ihnen die vorliegende Analyse mit ihrem Schwerpunkt auf der Entwicklung des modernen Prozeßrechts gerecht werden könnte. Festgestellt wird jedoch, daß die Landschaftsgesetze keinesfalls als das originäre Zeugnis eines unverfälschten germanischen Urrechts gelten können, wie stellenweise im 19. Jahrhundert in Schweden und Deutschland vertreten wurde. Daß insbesondere von dem römisch-kanonischen Recht seit der Etablierung der katholischen Kirche in Schweden im Verlauf des 12. Jahrhunderts nachhaltige Einflüsse auf die schwedische Rechtsentwicklung ausgegangen sind, ist heute unbestritten. Auch läßt sich nachweisen, daß einzelne Mitglieder der an der Konzeption der jüngeren Landschaftsgesetze beteiligten Gremien römisches und kanonisches Recht an den damals führenden Universitäten in Bologna und Paris studiert hatten. Überdies standen diese Studien mit den Kodifikationsvorhaben in der Heimat, wie dargelegt wird, in einem engen zeitlichen Zusammenhang, so daß die Vermutung ihrer gezielten Durchführung mit Blick auf die bevorstehende Abfassung einzelner Landschaftsgesetze naheliegt. Verläßliche Aussagen über den Umfang der Rezeption römisch-kanonischer Rechtsbestimmungen in den Landschaftsgesetzen im einzelnen zu gewinnen, erweist sich gleichwohl aus den genannten Gründen als kaum möglich und wird von der Arbeit nicht versucht.

2. Anders stellt sich das Bild hingegen für die neuzeitliche Epoche vom Beginn des 16. bis gegen Ende des 18. Jahrhunderts dar. Sie sah in Schweden die allmähliche Etablierung eines zentral durch den König gelenkten Beamtenstaats mit einer ausgeprägten sozialen Schichtung des Gemeinwesens in Bauern, Bürger, Adel und Klerus. Wie die Untersuchung des geistes- und kulturgeschichtlichen Umfeldes der neuzeitlichen schwedischen Rechtsentwicklung (C. II.) zeigt, zeichneten sich die hiermit für alle Gebiete des religiösen, politischen, wirtschaftlichen und wissenschaftlichen Lebens verbundenen Umbrüche durch ein sie untereinander einendes Kennzeichen aus: die Aufgabe der vergleichsweise selbstbezüglichen, nach innen gerichteten Haltung des mittelalterlichen Schwedens und seine verstärkte Hinwendung zu seinen europäischen Nachbarn. Die Vielfältigkeit der sich hieraus ergebenden Fremdeinflüsse europäischer Kultur, Wirtschaft und Politik auf Schweden legt die Untersuchung an zentralen Beispielen offen. Herausgegriffen werden insoweit der Durchbruch der Reformation in Schweden, der Umfang

der wirtschaftlichen Verknüpfung Schwedens mit seinen kontinentalen Nachbarn, die Prägung schwedischer Reichs- und Finanzverwaltung durch deutsche Vorbilder wie auch die mit dem dreißigjährigen Krieg für Schweden verbundene Gewinnung nachhaltigen politischen Einflusses auf kontinentaleuropäischem Territorium.

Daß der intensive Kontakt des nordischen Landes mit dem europäischen Ausland in dieser Epoche einen nachhaltigen Niederschlag auch auf dem Gebiet der Rechtsentwicklung und hier nicht zuletzt dem des Prozeßrechts fand, zeigt die anschließende Analyse (C. II. 2. und III.).

Wissenschaftliche Lehre und Rechtspraxis standen im neuzeitlichen Schweden unter der starken Wirkmacht zunächst des kanonischen, später dann des justinianisch-römischen und des gemeinen deutschen Rechts. Bedingt war der ausländische Rechtseinfluß seinerseits zum einen durch die langjährige Tätigkeit insbesondere deutscher Rechtsgelehrter an den schwedischen Universitäten vor allem in Uppsala und Lund, an die die rechtswissenschaftlichen Lehrstühle infolge des Mangels an qualifizierten eigenen Lehrkräften anfänglich bevorzugt vergeben wurden. In Verbindung mit den Bestimmungen der universitären Kurrikularstatuten, die der Unterweisung im zunächst kanonischen, dann (justinianischen) römischen Recht einen primären Stellenwert einräumten, führte ihre Lehrpraxis zu einem Aufschwung des römischen Rechts, der für den Charakter der akademischen Lehre des 16. und 17. Jahrhunderts in Schweden bestimmend wurde. Von entscheidender Bedeutung für die Rezeption war jedoch zum anderen auch die Gestaltung des universitären wie politischen cursus honorum in Schweden selbst, der die an einer höheren Laufbahn in der Wissenschaft wie im Staatsdienst interessierten Studenten zwang, einen Teil ihrer universitären Ausbildung einschließlich einer eventuell gewünschten Promotion im Ausland durchzuführen. Wie die Untersuchung zeigt, zählten die reformierten Universitäten in Deutschland neben Holland zu den insoweit bevorzugten Ausbildungsstätten.

Für die Entwicklung des Prozeßrechts zog der Einfluß des römisch-kanonischen Rechts im Verbund mit Schwedens starker Orientierung am deutschen Rechtsraum während der Neuzeit durchgreifende Veränderungen sowohl der Gerichtsverfassung als auch des Verfahrens selbst nach sich (III. 2.-3.).

So erfolgte die Reformierung des gerichtlichen Instanzenzugs unter *Gustav II. Adolf* und die hiermit verbundene Einrichtung königlicher Hofgerichte als judikative Oberinstanzen nachweislich nach deutschem Vorbild. Die dabei durch den König zugleich gepflegte Praxis, die Hofrichter nicht selten aus den Reihen der in Deutschland oder auch Holland ausgebildeten und promovierten Juristen zu ernennen, führte zu einer allmählichen, aber deutlich nachweisbaren Durchprägung der hofgerichtlichen Spruchpraxis mit dem den Richtern von ihrer Ausbildung her vertrauten justinianisch-römischen bzw. gemeinen deutschen Recht. Gegenständlich umfaßte die Rezeption das ausländische Recht dabei sowohl in formaler, Terminologie und Systematik betreffender Weise als auch materiell hinsichtlich allgemeiner Rechtsgrundsätze und -prinzipien sowie konkreter Bestimmungen und Inhalte.

Wie die Untersuchung zeigt, wandelte sich unter dem Druck des über die Wissenschaft und die hofrichterliche Spruchpraxis vermittelten römisch-kanonischen und gemeinen deutschen Rechts auch das schwedische Gerichtsverfahren.

In einem langsamen, aber stetigen Prozeß, der erst in der Kodifikation des schwedischen Reichsrechts von 1734 zu seiner Vollendung fand, begann der überkommene mittelalterliche Rechtsgang mit seinen kennzeichnenden Merkmalen eines mündlich und öffentlich geführten Verfahrens und seinen spezifischen Beweismitteln der nämnd und der Eidhelfer seinen Charakter zu ändern. Am Ende war der traditionelle Eidhelferprozeß verschwunden und hatte in Rezeption kanonischen und gemeinen deutschen Rechts mit der Übernahme der Legaltheorie einem in seinem Wesen völlig veränderten Beweisverfahren Platz gemacht.

So hatte sich der Beweis zunehmend von einem Rechtsbeweis in Richtung des modernen Tatsachenbeweises entwickelt und die Beweislast zeitgleich vom Beklagten auf den Kläger verlagert. Der Parteieid hatte seine das Beweisverfahren beherrschende Rolle eingebüßt und war in die Funktion eines subsidiären Beweismittels abgesunken. Zeugen und Urkunden stellten nunmehr die wichtigsten Beweismittel dar. Die nämnd – ehedem ein Beweismittel der Parteien und infolgedessen organisatorisch außerhalb des Gerichts stehend – war als Spruchkörper mit Schöffenfunktion dem Richter zur Seite getreten. Zeitgleich wurden Beweisführung wie -würdigung in zunehmend detaillierteren Bestimmungen über Statthaftigkeit und Wert des Beweises erfaßt, bis sich die Legaltheorie in der Kodifikation von 1734 erstmals in vollem Umfang gesetzlich niedergelegt fand.

Mündlichkeit und Öffentlichkeit des mittelalterlichen Verfahrens schließlich waren vor den Obergerichten unter dem Einfluß des gemeinen deutschen Rechts durch ein weitgehend schriftliches und geheimes Verfahren ersetzt worden. Und auch an den städtischen Untergerichten hatte die Schriftlichkeit als Folge der von den Hofgerichten ausgehenden Leitfunktion in wachsendem Umfang Einzug gehalten. Einzig der Prozeß vor den ländlichen Untergerichten hatte als Folge seiner stärkeren Prägung durch die konservative Grundhaltung der bäuerlichen Landbevölkerung seinen aus dem Mittelalter überkommenen Verfahrenscharakter noch in stärkerem Maß zu bewahren vermocht.

All diese Veränderungen waren im Verlauf der Neuzeit kontinuierlich geschehen und nicht etwa im Wege einer revolutionären Reform dem überkommenen Verfahren oktroyiert worden. Wie die Untersuchung betont, trifft dies auch und gerade auf die im Zentrum der legislativen Maßnahmen jener Epoche stehende Kodifikation des Schwedischen Reichsrechts von 1734 zu, die in ihrem neunten Buch den Prozeß regelte. Sie war auf weite Strecken weniger eine konstitutive Neuordnung alter Verfahrensformen als vielmehr eine um Vereinheitlichung, Ergänzung und schriftliche Niederlegung bemühte Fixierung der durch vorausgegangene Vorschriften und die Gerichtspraxis bereits entwickelten Verfahrensgrundsätze. Hierin, so zeigt die Analyse, unterscheidet sich der historische Prozeß in nicht unbedeutendem Maße von dem modernen Verfahren, das in der Reformnovelle von 1942 in mehrfacher Hinsicht mit den überkommenen Prozeßformen brach.

III. Die Untersuchung von Entstehung, inhaltlicher Gestaltung und Fortentwicklung dieser Novelle, die die legislative Grundlage des modernen schwedischen Verfahrensrechts darstellt, steht im Mittelpunkt der Arbeit (3. Teil).

1. In Anwendung des eigenen Methodenkonzepts wird dabei versucht, die rezeptionshistorischen Grundlagen dieses bedeutenden Reformgesetzes mit Hilfe einer Kombination aus der Untersuchung von Schwedens kultur- und wissenschaftsgeschichtlicher Entwicklung im 19. und frühen 20. Jahrhundert (B. II.) sowie einer rechtsvergleichenden Strukturanalyse der Prozeßnovelle von 1942 (B. III.-IV.) offenzulegen.

Die hierzu gewählten Strukturen umfassen unter den beiden übergeordneten Reformzielen der Prozeßkonzentration einerseits und der Gewähr materieller Entscheidungsrichtigkeit andererseits die Vorbereitung der Hauptverhandlung, Maßnahmen richterlicher Prozeßleitung zur Beschleunigung des Verfahrens und die Gestaltung des Versäumnisverfahrens auf der einen Seite sowie das Verhältnis von Mündlichkeit und Schriftlichkeit im Prozeß, die Verteilung der Verantwortung für die Sachverhaltsermittlung zwischen Richter und Parteien sowie Grundzüge des Beweisrechts auf der anderen Seite. Für den Rechtsvergleich als denkbare Rezeptionsquelle herangezogen werden aufgrund ihrer maßstabsetzenden Bedeutung für den europäischen Zivilprozeß des 19. und 20. Jahrhunderts das französische, englische, deutsche und österreichische Verfahrensrecht.

2. Im Rahmen dieses Hauptteils erweist die Analyse des kultur- und wissenschaftsgeschichtlichen Reformumfeldes, daß Schweden in der nahezu eineinhalb Jahrhunderte währenden Bemühung um eine Modernisierung seines neuzeitlichen Rechtsgangs mit seinen europäischen Nachbarn weiterhin politisch, kulturell und rechts- bzw. prozeßrechtswissenschaftlich in einem überaus engen Austauschverhältnis stand.

Insoweit konnte gezeigt werden, daß die noch bis in das 19. Jahrhundert hinein anhaltende starke politische und kulturelle Orientierung Schwedens an Frankreich ab der zweiten Jahrhunderthälfte einer deutlich spürbaren Wirkungsmacht vor allem von Seiten Deutschlands zu weichen begann. Sie führte in ihrem Verlauf um die Jahrhundertwende zu einem alle Gebiete der schwedischen Politik, Kultur, Sprache und nicht zuletzt auch Schwedens Rechts- wie Prozeßrechtswissenschaft dominierenden Einfluß durch die deutschen Nachbardisziplinen. Am Vorabend des 1911 mit der Etablierung einer Sachverständigenkommission erneut begonnenen und 1942 mit dem Nya Rättegångsbalk schließlich abgeschlossenen letzten Reformversuchs um eine Novellierung des Prozeßrechts fand sich Schweden mithin dem deutschen Kultur- und Wissenschaftsraum eng verwandt.

Wie weit der deutsche Einfluß reichte, vermag insbesondere die in quantitativer wie qualitativer Hinsicht durchgeführte Analyse des rechts- und prozeßrechtswissenschaftlichen Austauschs Schwedens mit dem europäischen Ausland im 19. und zu Beginn des 20. Jahrhunderts zu belegen (B. II. 4.).

Für die quantitative Untersuchung wurden zum einen Ziel und Dauer schwedischer Studien- und Forschungsreisen in das Ausland am Vorabend der Prozeßreform untersucht und dabei insbesondere die Reisen der an der Rechtsnovellierung unmittelbar beteiligten Juristen berücksichtigt.

Zum zweiten wurde auf der Grundlage einer Auswertung angesehener juristischer Periodika und Monographien ermittelt, welche quantitative Bedeutung ausländischem Prozeßrecht in der schwedischen rechtswissenschaftlichen Literatur in dem fraglichen Zeitraum zukam.

Sowohl in der zahlenmäßigen Verteilung der im Rahmen der schwedischen Publikationen herangezogenen ausländischen Rechtsordnungen wie auch hinsichtlich Häufigkeit und Dauer der jeweiligen Auslandsaufenthalte hat sich dabei eine deutliche Bevorzugung des deutschsprachigen Raumes (Deutschland und Österreich) gegenüber Frankreich und England gezeigt.

Bekräftigt wurde dieses Ergebnis durch die qualitative Untersuchung von Bedeutung und Umfang ausländischen Einflusses auf die Entwicklung der schwedischen Zivilprozessualistik. Sie vermochte anhand der Detailanalyse von vier ausgewählten Abhandlungen der schwedischen Rechtswissenschaftler *Fredrik Schrevelius*, *Ivar Afzelius*, *Ernst Kallenberg* und *Ernst Trygger* den Nachweis dafür zu erbringen, daß der Wesenswandel schwedischer Prozessualistik von einer am praktischen Nutzwert interessierten, empirisch-deskriptiv arbeitenden Verfahrenskunde zu einer systematisch-konstruktiven Prozeßwissenschaft, wie er sich gegen Ende des 19. Jahrhunderts vollzog, maßgeblich auf die Rezeption deutscher Verfahrensdoktrin zurückzuführen ist.

Schrevelius, so zeigt die Untersuchung, stand insoweit trotz gewisser Systematisierungsbestrebungen und rezipierter deutscher Begrifflichkeiten noch überwiegend in der überkommenen Tradition der Verfahrenskunde, die den Prozeß mehr als praktisch ausgerichtete Lehr- und Handbuchdisziplin begriff denn als Gegenstand wissenschaftlicher Durchdringung.

Afzelius hingegen behandelte prozeßrechtliche Fragestellungen bereits unter dem nachweislichen Methodeneinfluß der deutschen historischen Rechtsschule in historisch-analytischer Weise und unter Anlegen eines rechtsvergleichenden, nicht zuletzt das römische Recht berücksichtigenden Ansatzes.

Kallenberg und *Trygger* schließlich übernahmen in eingehender Auseinandersetzung mit den Arbeiten der deutschen konstruktivistischen Schule unter *Bülow*, *Wach*, *Hellwig*, *Degenkolb*, *Schmidt* und anderen deren Versuch, mit Hilfe der Rechtsfiguren des Prozeßrechtsverhältnisses bzw. des Rechtsschutzanspruchs das Prozeßrecht als ein in sich geschlossenes, gleichwertig neben dem materiellen Zivilrecht stehendes Rechtssystem zu konstruieren. In Methodik, Terminologie, Wahl der Fragestellungen und Gestaltung der inhaltlichen Argumentation stark von ihren deutschen Kollegen bestimmt, wurden dabei sowohl *Kallenberg* als auch *Trygger* zu Verfechtern einer auf begriffliche Analyse und logische Interpretation zielenden Behandlung des Prozeßrechts in Schweden. Sie erreichten hierdurch zugleich dessen endgültige Sonderung von dem Zivilrecht und seine wissenschaftliche Anerkennung als eigenständige Rechtsdisziplin.

Die Untersuchung zeigt jedoch auch, daß die methodisch extreme Zuspitzung der deutschen Begriffsjurisprudenz mit ihrem Postulat einer produktiven, rechtsschöpfenden Funktion deduktiver Begriffspyramiden, soweit ersichtlich, in der schwedischen Rechtswissenschaft nicht heimisch wurde [4. b) aa) γ)].

Die Analyse führt dies zum einen auf eine grundsätzliche Abneigung der Schweden gegenüber allzu rigider Formenstrenge zurück, die sich mit der nüchtern-pragmatischen Mentalität einer bis in das 20. Jahrhundert hinein überwiegend agrarwirtschaftlich geprägten Gesellschaft schlecht vertragen hätte. Entscheidendes Gewicht dürfte allerdings hierfür auch der Rezeption der schon zur Zeit der schwedischen konstruktiven Schule unter *Trygger* und *Kallenberg* in Deutschland selbst aufkommenden Gegenbewegung zu dem Methodenrigorismus der Begriffsjurisprudenz beizumessen sein. So konnte – jedenfalls im Ansatz – gezeigt werden, daß die deutsche Hinwendung zu einem Rechtsrealismus sozial-empirischer Grundlegung, der die Bedingtheit des Rechts durch die zuvor als „außerrechtlich" diskreditierte Sozialrealität anerkannte und das Recht als das Ergebnis einer legislativen Dezision zugunsten bestimmter gesellschaftlicher, wirtschaftlicher oder auch politischer Interessen betrachtete, auch in Schweden nachvollzogen wurde [4. b) aa) γ)].

3. Vor dem Hintergrund einer Zusammenschau der Ergebnisse zu der Untersuchung des politischen, kulturellen und wissenschaftlichen Austauschs Schwedens mit dem europäischen Ausland in der Zeit der Prozeßreformdiskussion wurde für die anschließende Detailuntersuchung von Entwicklung und Inhalt der schwedischen Reform eine Arbeitshypothese aufgestellt (II. 5). Sie ging davon aus, daß Schwedens starke politische, kulturelle und wissenschaftliche Orientierung am deutschen Kulturraum in der für die Reformnovelle maßgebenden Zeit sich sowohl in dem Gang der schwedischen Reformdiskussion im Verlauf des 19. Jahrhunderts hat niederschlagen können als auch in der Struktur des schließlich novellierten Verfahrensgesetzes von 1942.

So wurde hinsichtlich des Gangs der Reformdiskussion im 19. Jahrhundert die Vermutung geäußert, Einflüsse sowohl des politischen Liberalismus als auch der deutschen historischen Rechtsschule wiederzufinden.

Für die schwedische Novelle von 1942 jedoch stand in Anbetracht des zu diesem Zeitpunkt in Deutschland wirkmächtigen Einflusses des sog. sozialen österreichischen Verfahrensmodells *Franz Kleins* und unter Berücksichtigung des in der quantitativen Wissenschaftsanaylse nachgewiesenen Interesses Schwedens gerade auch am österreichischen Prozeßrecht insoweit zu erwarten, daß auch das schwedische Verfahrensgesetz am ehesten Züge dieses deutsch-österreichischen Prozeßtyps aufwies.

Beide Vermutungen haben sich bestätigt.

a) Für die im Verlauf der ersten Hälfte des 19. Jahrhunderts von den schwedischen Reformkommissionen vorgestellten Konzepte eines reformierten Prozeßrechts konnte eine deutliche Orientierung an dem sog. liberalen Verfahrensmodell festgestellt werden (III. 1.).

Sie spiegelt sich in den auf eine Umgestaltung der Gerichtsverfassung unter Abschaffung aller Sondergerichte und Aufhebung der judikativen Tätigkeit der Verwaltungsbehörden gerichteten Wünsche, in der mit Nachdruck erhobenen Forderung nach Stärkung von Mündlichkeit und Öffentlichkeit im Prozeß wie auch in der Tendenz zu einer Beschränkung der legalen Beweistheorie und dem Bestreben nach einer Festlegung der richterlichen Rolle auf die eines lediglich passiv-reaktiven Schiedsrichters.

Daß den immer wieder aufs neue unternommenen Novellierungsversuchen im Prozeßrecht trotz eines in Schweden zu Beginn des 19. Jahrhunderts allgemein herrschenden starken Reformeifers gleichwohl regelmäßig der Erfolg versagt blieb, ließ sich dagegen auf eine Rezeption der Gedanken der deutschen historischen Rechtsschule zurückführen (III. 2.).

Deren Abneigung gegenüber neuartigen, mit dem überkommenen Rechtsverständnis brechenden Legislativreformen aus der Vorstellung einer organischen Rechtsentwicklung heraus führte in Schweden vor allem über ihre Verfechter an den Universitäten zu einer machtvollen Oppositionsbewegung. Sie stand, wie die Analyse zeigt, den Reformvorhaben dezidiert ablehnend gegenüber und trat für eine weitgehend unveränderte Beibehaltung des Rechtszustandes von 1734 ein. *Savignys* Ideen konnten dabei in einzelnen Vorträgen und Schriften schwedischer Rechtswissenschaftler schon ab den frühen zwanziger Jahren des 19. Jahrhunderts nachgewiesen werden – stellenweise sogar unter ausdrücklicher Berufung auf ihn und das Konzept der historischen Schule.

b) Überwogen in den Reformvorschlägen des frühen 19. Jahrhunderts noch die liberalen Züge, so hat die rechtsvergleichend angelegte Strukturanalyse des Nya Rättegångsbalk von 1942 hingegen dessen starke Ähnlichkeit mit dem sog. sozialen Verfahrenstyp erbracht, wie er seine Ausprägung in der österreichischen Novelle von 1895 und dem reformierten deutschen Verfahren des frühen 20. Jahrhunderts gefunden hat. Sowohl hinsichtlich ihres Grundverständnisses von der Funktion des Prozesses als auch in den entscheidenden prozessualen Mitteln zu deren praktischer Umsetzung erwies sich das Reformgesetz als deutlicher Anhänger des *Kleinschen* Verfahrensmodells (IV).

aa) So hoben die Gesetzesmaterialien in Übereinstimmung mit dem österreichischen und dem reformierten deutschen Prozeß mit Nachdruck den öffentlichen Charakter des Verfahrens hervor. Durch die Inanspruchnahme staatlicher Rechtspflegeinstitutionen, durch die volkswirtschaftlich nachteilige Bindung von Arbeit und Kapital sowie durch den Prozeßzweck der zumindest auch im Allgemeininteresse liegenden effektiven Durchsetzung des materiellen Rechts gehe auch der zivile Rechtsstreit deutlich über die Grenzen einer nur privaten Angelegenheit hinaus. Mit stellenweise bis in den Wortlaut hinein an *Kleins* Ausführungen über den Prozeß als öffentliche Wohlfahrtseinrichtung erinnernden Formulierungen verwehrten sich die Reformgremien gegen die Vorstellung des liberalen Verfahrensideals von der selbstregulierenden Kraft des Prozesses, der grundsätzlich ohne hoheitliche Steuerung durch den Richter alleine zwischen den Parteien abzuwickeln sei.

bb) Gleich dem sozialen Modell erscheint dabei auch in der schwedischen Novelle die gezielte Indienstnahme von gleichermaßen Richter wie Parteien als die aus diesem Grundverständnis abgeleitete allgemeine Grundstruktur eines sowohl um Konzentration als auch um weitestgehende Entscheidungsrichtigkeit bemühten Verfahrens. Das liberale Bild eines Prozeßkampfes zwischen vorgestellt gleichen, auf Unterstützung seitens des Gerichts oder des Gegners prinzipiell nicht angewiesenen Parteien ersetzt das schwedische Reformgesetz durch das Ziel einer Kooperation zwischen Richter, Kläger und Beklagtem. Die Konstruktion eines mehrseitigen, dem Prozeß immanenten Rechtsverhältnisses mit konkreten Rechten und Pflichten für alle Verfahrensbeteiligte tritt wie im *Kleinschen* Konzept an die Stelle der liberalen Idee einer allein über die äußere Verbindung im Verfahren gewährleisteten Beziehung zwischen prinzipiell ungebundenen Parteien.

Zweierlei Ziele zieht die schwedische Novelle als die praktische Konsequenz aus dieser theoretischen Konstruktion: das gemeinsame Streben aller Beteiligten nach materiell richtigen Urteilen unter gleichzeitiger Ablehnung des liberalen Postulats einer nur formellen Wahrheitssuche sowie die Inpflichtnahme von Gericht und Parteien zur Effektuierung der Verfahrenskonzentration.

Ersteres Ziel hat das Reformgesetz im einzelnen auf der Seite der Parteien durch die ausdrückliche Normierung einer Wahrheitspflicht, die Einräumung prozessualer Editionspflichten sowie die gezielte Verwertung des Parteiwissens zu Beweiszwecken im Wege der Beseitigung des Parteieides und seiner Ersetzung durch das neu eingeführte Institut der Parteivernehmung zu erreichen gesucht. Auf der Seite des Richters dagegen, so zeigt die Analyse, entsprechen dem die nachdrückliche Betonung des Instituts der formlosen Parteibefragung einerseits sowie die Möglichkeiten der amtswegigen Beweiserhebung einschließlich der Parteivernehmung andererseits. Auch hierin fand die schwedische Novelle zu mit dem *Kleinschen* Modell jeweils übereinstimmenden Strukturlösungen.

In der Umsetzung des Ziels einer verbesserten Prozeßkonzentration hingegen belegt die Strukturanalyse eine Übereinstimmung der Novelle mit dem sozialen Verfahrenstypus vor allem in der Unterordnung der Hauptverhandlungsvorbereitung unter die enge Leitung des Gerichts in Gestalt eines frühen ersten Termins vor einem Einzelrichter. Weitere Gemeinsamkeiten konnten in der Ausgestaltung vieler der übrigen, von der Reform vorgegebenen Prozeßmittel zur Beschleunigung des Verfahrens offengelegt werden. Hierzu sind die Beseitigung der Reste des noch bestehenden Parteibetriebs bei den Zustellungen zu zählen, die Einführung der Präklusion für verspätetes Parteivorbringen, die Einschränkung des Novenrechts in der Rechtsmittelinstanz, die Normierung einer umfassenden Hinweispflicht des Richters zur frühzeitigen Behebung von Verfahrenshemmnissen sowie der gezielte Einsatz der Prozeßkostenentscheidung als Sanktionsmittel für schuldhaft herbeigeführte Prozeßverzögerungen.

In der konkreten Umsetzung dieser Strukturen hat die Analyse allerdigs auch gewisse über das österreichische bzw. spätdeutsche Recht noch hinausreichende, konsequenter scheinende Lösungen in der schwedischen Reform erbracht.

Die Gestaltung der Verfahrensvorbereitung als eines obligaten und einheitlichen Termins mit der Möglichkeit eines sog. vereinfachten Hauptverfahrens, der Einsatz des Versäumnisurteils auch nach Beginn der streitigen Verhandlung oder auch die Ausgestaltung der Parteivernehmung als ein primäres Beweismittel stellen insoweit Konzeptionen dar, wie sie dem je zeitgenössischen österreichischen und/oder reformierten deutschen Verfahren nicht oder nur eingeschränkt zu Gebote standen.

Nur bei einer der untersuchten Prozeßstrukturen – dem Verhältnis von Mündlichkeit und Schriftlichkeit im Verfahren – konnte in dem bis zur Rigidität reichenden Gebot größtmöglicher Mündlichkeit eine deutliche Abweichung von dem *Kleinschen* Sozialmodell und eine starke Ähnlichkeit der schwedischen Novelle mit dem liberalen frühdeutschen Verfahren von 1877 aufgezeigt werden.

Die sich an die Strukturanalyse anschließende Gesamtbetrachtung hat sich wegen der überwiegenden Gemeinsamkeiten gleichwohl für eine Einordnung des Nya Rättegångsbalk als Anhänger des sog. sozialen Verfahrenstyps entschieden (IV. 3.).

cc) Die durch die weitreichende Übereinstimmung der schwedischen Novelle mit dem österreichischen bzw. reformierten deutschen Verfahrensrecht aufgeworfene Frage nach einer Rezeption wesentlicher Strukturbestimmungen des sozialen Modells durch Schweden hat zu einer differenzierten Lösung geführt.

So legt die Untersuchung des historischen Werdegangs des Nya Rättegångsbalk die Annahme nahe, daß die seiner Konzeption zugrundeliegende Auffassung von der öffentlichen Funktion des Gerichtsverfahrens wie auch die hieraus gefolgerte Forderung einer Inpflichtnahme aller Verfahrensbeteiligter zu Kooperation bei der Verfolgung der Verfahrensziele nicht das Ergebnis einer originären Rezeption österreichisch-spätdeutschen Rechts ist, sondern im wesentlichen die Folge einer autochthon schwedischen Rechtsentwicklung.[2677]

Bei dieser Wertung hat die Analyse auch dem Umstand Rechnung getragen, daß *Kleins* Reform von 1895 ihrerseits keineswegs revolutionäre Neuerungen präsentierte, vielmehr in wesentlichen Teilen an Grundgedanken des auf *Julius Glaser* zurückgehenden österreichischen Bagatellverfahrens von 1873 anknüpfen konnte. Auch wurde berücksichtigt, daß sich gerade die Idee einer nachhaltigen Stärkung der Richtermacht zur Verbesserung von Wahrheitsfindung und Verfahrenskonzentration etwa schon in den preußischen Prozeßreformen der Aufklärungszeit im Deutschland des 18. Jahrhunderts wiederfinden läßt.

Eine von diesen frühen Beispielen wohlfahrtsstaatlicher Verfahrensgestaltung auf den schwedischen Reformprozeß ausstrahlende Rezeptionswirkung hat sich jedoch nicht auffinden lassen. Die Untersuchung geht vielmehr davon aus, daß die Ursache für Schwedens frühe Hinneigung zur Idee des prozessualen Kooperationsverhältnisses eher in der lange Zeit nur schwach ausgeprägten anwaltlichen Parteivertretung zu suchen ist und der hierdurch bedingten Abschwächung des Verhandlungsgrundsatzes im Prozeß.

Hingegen hat die Analyse eine Reihe von Rezeptionswirkungen bei der Umsetzung dieser Grundkonzeption in der konkreten Ausgestaltung der untersuchten einzelnen Verfahrensstrukturen offenlegen können. Dies schließt die formale Ebene der äußeren wie inneren Systematik des Nya Rättegångsbalk ein.

In erwartungsgemäßer Entsprechung zu der engen Orientierung Schwedens an dem deutschen Kultur- und Wissenschaftsraum am Vorabend der Reform konnte insoweit zumeist das österreichisch-spätdeutsche Verfahren als Rezeptionsquelle ausgemacht werden. Zumal in der Gestaltung der Parteivernehmung scheinen jedoch auch vom englischen Recht Rezeptionswirkungen ausgegangen zu sein. Stellenweise, wie im Falle der Einführung der freien Beweiswürdigung unter Beseitigung der Legaltheorie, war von einer Rezeption überwiegend gemeineuropäischen Rechts auszugehen.

[2677] Zur Frage der Möglichkeit und Wahrscheinlichkeit einer sog. unterstützenden Rezeption mit der Wirkung der Förderung einer im rezipierenden Recht bereits angelegten eigenen Entwicklungstendenz s. allgemein 1. Teil B. II. 4. d) und e) sowie für den Nya Rättegångsbalk 3. Teil B. IV. 2) b) bb) β) (7).

Die wenigsten Rezeptionsvorgänge haben sich, wie die Analyse im einzelnen zeigt, in der schwedischen Reform in Reinform niedergeschlagen. Zumeist finden sie sich in der Novelle in teils deutlicher, teils weniger ausgeprägter Form mit eigenständigen schwedischen Lösungen verbunden. Für eine nähere Zusammenstellung der Ergebnisse sei insoweit auf die abschließende Würdigung der Strukturanalyse unter IV. 3. verwiesen.

dd) Neben rezeptionsbedingten Neuerungen und Beispielen autochthoner Fortentwicklung in der Novelle hat die Analyse allerdings auch strukturelle Kontinuitäten aufzeigen können [IV. 1. c)].

So existierte die noch aus dem Mittelalter überkommene Organisation der Untergerichte mit ihrer Zweiteilung in eine städtische und eine ländliche Gerichtsbarkeit noch bis in die siebziger Jahre. Zwar gab es, wie die Untersuchung zeigt, durchaus auch Reformvorschläge, die auf eine grundlegende Umstrukturierung der Gerichtsverfassung zielten und sich dabei stellenweise auch an dem deutschen, österreichischen wie auch mitunter dem englischen Modell orientierten. Interessanterweise vermochten sie sich jedoch der Anziehungskraft zumal des österreichischen und des reformierten deutschen Prozesses zum Trotz nicht durchzusetzen. Auch die zu Beginn der siebziger Jahre dann durchgeführte Organisationsreform entschied sich mit der Konzeption der einheitlichen „tingsrätter" für eine eigenständige Lösung, mit deren terminologischer Begrifflichkeit sie zudem bewußt an mittelalterliche schwedische Rechtstradition anknüpfte.

Daneben hat sich der partiell konservative Charakter des Reformgesetzes, wie die Untersuchung zeigt, auch in der Gestaltung der Parteivertretung niedergeschlagen. Trotz der zu erwartenden Zunahme sachlicher wie rechtlicher Komplexität der Streitfälle hat die Novelle bewußt unter Hinweis auf alttradierte Rechtsübung für alle Instanzen auf die Festschreibung eines Anwaltszwangs oder auch nur eines anwaltlichen Vertretungsmonopols verzichtet.

Konservative Züge ließen sich schließlich auch auf der formalen Strukturebene hinsichtlich von Sprache und äußerer Systematik der Novelle erkennen.

Sprachlich spiegelt sich das Streben der Reform nach Formenkontinuität in der deutlichen Neigung des Nya Rättegångsbalk zu einem knappen, konzentrierten und überwiegend schlichten Stil mit typischerweise syntaktischem Satzbau und seiner Bemühung um weitgehende Vermeidung von Fachtermini zugunsten einer mitunter antiquiert wirkenden Wortwahl.

Auf der Ebene der Systematik hat sich der Konservatismus hingegen zum einen in der äußeren Einordnung der Novelle als Abschnitt („balk") in die bis auf den heutigen Tag formal fortgeltende Kodifikation des Schwedischen Reichsrechts von 1734 niedergeschlagen sowie zum anderen in der Beibehaltung der überkommenen Zusammenfassung von Straf- und Zivilprozeß in demselben Gesetz.

IV. Welchen Wandlungen das moderne schwedische Verfahrensrecht seit Inkrafttreten des Nya Rättegångsbalk im Jahr 1948 unterworfen war und in welchem Umfang auch sie auf ausländischen Rechtseinfluß zurückgeführt werden können, war Gegenstand des letzten Abschnitts des Hauptteils (3. Teil C.). Verfahrensrechtsänderungen, die im wesentlichen durch die nationale Wirtschafts- und Sozialentwicklung Schwedens im Gefolge des zweiten Weltkriegs bedingt waren, wurden insoweit von solchen als Folge international- wie supranationalrechtlichen Einflusses getrennt untersucht (C. I. und II.).

1. Hinsichtlich ersterer diente ein Abriß über charakteristische Grundzüge der allgemeinen Entwicklung des Zivilverfahrensrechts außerhalb Skandinaviens seit dem Zweiten Weltkrieg (I. 1.) als Ausgangspunkt der Analyse, vor dessen Hintergrund die Frage nach möglichen Rezeptionsquellen für Schweden nach Gegenstand und Herkunft näher konkretisiert werden konnte. So galt es zu prüfen, inwieweit die in der zweiten Hälfte des 20. Jahrhunderts unter dem Gesichtspunkt des „access to justice" geführte internationale Diskussion um eine Anpassung des Verfahrensrechts an die sich rapide wandelnden nationalen Wirtschafts- und Sozialbedingungen ihren Niederschlag auch in Schweden gefunden hat. Im Mittelpunkt des Interesses mußte dabei die maßgeblich von den USA gesteuerte Bemühung um eine Effektuierung des Rechtsschutzes stehen durch den Ausbau staatlicher Rechtshilfe, die Institutionalisierung vereinfachter Verfahrensmodelle für Bagatellstreitigkeiten, die Ermöglichung der prozessualen Wahrnehmung kollektiver Gruppeninteressen wie auch insgesamt durch eine stärkere Flexibilisierung des nationalen Verfahrensrechts.

Exemplarisch für die Untersuchung herausgegriffen wurden die Einführung des schwedischen Bagatellprozesses 1974, die Reform des Nya Rättegångsbalk 1987 sowie die gegenwärtig in Schweden noch parlamentarisch diskutierten Pläne zur Einführung der Gruppenklage.

a) Unter Auswertung der schwedischen Gesetzgebungsmaterialien und auf der Grundlage einer rechtsvergleichenden Analyse bestimmender Strukturen des schwedischen Bagatellverfahrens mit denen des je zeitgenössischen norwegischen, dänischen,[2678] englischen wie amerikanischen Rechts konnte dabei das amerikanisch-englische Modell als das Vorbild der schwedischen Reform ermittelt werden.

b) Für die 1987 vollzogene Reform des Nya Rättegångsbalk hingegen, die unter dem übergeordneten Ziel einer Milderung gewisser als zu rigide empfundener Bestimmungen v.a. der Mündlichkeit und Beweisunmittelbarkeit

2678 Zu den Gründen, aus denen die rechtsvergleichende Strukturanalyse des Nya Rättegångsbalk im Hauptteil (3. Teil B.) nicht schon das Recht der skandinavischen Nachbarstaaten Schwedens in die Untersuchung miteinbezogen hat, s. oben unter 1. Teil B. II. 1 [s. demgegenüber 3. Teil C. I. 3. a) cc) für die Gründe der Berücksichtigung des norwegischen und dänischen Rechts im Rahmen des Bagatellverfahrens].

stand, fiel die Beurteilung der Rezeptionsfrage wesentlich schwerer. Die durch die Gesetzesnovelle bedingten Rechtsänderungen waren überwiegend zu unspezifisch, als daß die Abgrenzung zwischen rezeptionsbedingten Verfahrensmodifikationen und solchen autochthon schwedischer Herkunft mit hinlänglicher Verläßlichkeit möglich gewesen wäre. Auch enthielten die Gesetzesmaterialien einschließlich des umfangreichen Gutachtens der im Vorfeld der Reform eingesetzten Sachverständigenkommission insoweit keine weiterführenden Hinweise.

Unter Berücksichtigung des Umstandes jedoch, daß die Reform von 1987 zu weiten Teilen auch durch die Inkorporierung des Bagatellprozesses in den Rättegångsbalk bedingt war, jener jedoch in seiner Ausgestaltung auf eine Rezeption anglo-amerikanischen Rechts zurückgeführt werden konnte, ließ sich zumindest ein Schluß auf eine mittelbare Beeinflussung der schwedischen Reform durch das amerikanische und englische Recht ziehen.

c) Abgeschlossen wird jener erste Teilabschnitt der Analyse der Weiterentwicklung des modernen schwedischen Verfahrensrechts durch die Untersuchung des gegenwärtig im schwedischen Parlament beratenen Sachverständigengutachtens über die Einführung des prozessualen Instituts der Gruppenklage in Schweden.

Wie die Untersuchung der Leitlinien des in dem Gutachten enthaltenen Musterentwurfs eines Gesetzes zur Einführung der Gruppenklage zeigt, sind die schwedischen Reformpläne eindeutig Ausdruck einer geplanten Rezeption ausländischen Rechts. Die dem schwedischen Prozeß eigenen Formen der Behandlung sog. kollektiver, diffuser oder auch fragmentarischer Interessen heben sich in den sie bestimmenden Verfahrensstrukturen von der Gruppenklage zu stark ab, als daß man letztere als lediglich Fortentwicklung angestammter Prozeßinstitute des schwedischen Rechts betrachten könnte.

Die Frage nach der Rezeptionsquelle der schwedischen Reformpläne wird differenziert beantwortet.

Hinsichtlich des Vorhabens der Einführung der Gruppenklage als solcher verzichtet die Analyse auf der Grundlage der allgemeinen Ausführungen im Methodenteil der Untersuchung [1. Teil B. II. 4. d)] auf eine nähere Festlegung auf eine Rechtsordnung. Schon der Umstand, daß das schwedische Gutachten selbst für die Einführung der Gruppenklage deren zunehmende Verbreitung in zahlreichen anderen europäischen wie außereuropäischen Staaten unterstützend ins Feld führt, läßt die Suche nach einer gleichsam „Schwerpunkt-Verfahrensordnung“ als Rezeptionsquelle als im Ansatz illegitim erscheinen. Verworfen werden damit insbesondere auch die Annahme einer originären Rezeption englischen Rechts, in dem sich die Gruppenklage ursprünglich entwickelt hatte, oder auch des amerikanischen Rechts, ohne dessen Ausgestaltung und stete Anwendung des Instituts im praktischen Rechtsleben die Gruppenklage wohl kaum auf weltweit derartiges Interesse gestoßen wäre.

Für den Verzicht auf eine Festlegung der Rezeptionsquelle spricht im übrigen, daß auch die Sachverständigenkommission auf eine einseitige Betrachtung des anglo-amerikanischen Rechts in ihrem Gutachten verzichtet und die Lösungen auch des australischen und kanadischen Verfahrensrechts in ihre Überlegungen miteinbezogen hat.

In der inhaltlichen Ausgestaltung des Instituts in den Bestimmungen des Kommissionsentwurfs stellte sich die Rezeptionsfrage hingegen anders dar. Hier konnte die Kommission unter einer Vielfalt an Regelungsmodellen der von ihr näher betrachteten ausländischen Prozeßordnungen wählen. Wie die Analyse des Entwurfs belegt, sind die Sachverständigen denn auch selektiv verfahren und haben die von ihnen letztlich zur Übernahme in das schwedische Recht empfohlenen Einzellösungen teils einer Verfahrensordnung entlehnt, teils mehreren, stellenweise jedoch auch eine ausländische Konzeption im Ansatz aufgegriffen, sie dann jedoch an die Vorgaben des Rättegångsbalk angepaßt.[2679]

2. Die Untersuchung der Entwicklung des modernen schwedischen Prozeßrechts schließt mit einer Analyse der Auswirkungen des internationalen und supranationalen Rechts auf den nationalen schwedischen Prozeß (C. II.). Die Arbeit verfährt auch hier exemplarisch und greift auf der Ebene des Konventionsrechts die Europäische Menschenrechtskonvention heraus, deren Einfluß über die Verfahrensgarantien in Art. 6 I EMRK auf die Gestaltung des schwedischen Verfahrens sie näher herausarbeitet.

a) Drei Aspekte erweisen sich dabei als bedeutsam. Sie betreffen den Umfang des nach der EMRK gewährleisteten Anspruchs auf eine mündliche Verhandlung, die Anforderungen an die Unparteilichkeit des Richters sowie die sich aus der Deutung des Begriffs der zivilen Rechte und Pflichten iSd Art. 6 I EMRK ergebenden Folgen für die Gestaltung des nationalen Rechtswegs.

aa) Mit Blick auf den Umfang der Mündlichkeitsgarantie zeichnet die Untersuchung die sich insoweit aus der Spruchpraxis des EuGHMR ergebenden Anforderungen an das nationalstaatliche Verfahren nach und setzt diese in Beziehung zu den Bestimmungen des schwedischen Verfahrensrechts [3. c)].

Dabei werden zum einen die wichtigsten höchstrichterlichen Entscheidungen skizziert, in denen der Högsta Domstol unter Berufung auf Art. 6 I EMRK verbindliche Vorgaben für eine konventionsgemäße Auslegung der Vorschriften des Nya Rättegångsbalk gegeben hat.

Zum anderen bewertet die Untersuchung die seit Inkrafttreten des Rättegångsbalk im Jahr 1948 vollzogenen Verfahrensreformen vor dem Hintergrund von Art. 6 I EMRK. Sie kommt dabei zu dem Ergebnis, daß die mit den Reformen verbundene zunehmende Ausweitung der Schriftlichkeit in

[2679] Für Einzelheiten vgl. oben unter C. I. 3. c) cc)-dd).

der derzeit geltenden Fassung des schwedischen Verfahrensgesetzes die Grenzen des konventionsrechtlich Zulässigen erreicht haben dürfte. Die zur Zeit unter der Leitvorstellung weitestgehender Flexibilisierung des Prozesses geführten Reformdiskussionen in Schweden dürften insoweit den Prozeß stetigen Abbaus der Verfahrensmündlichkeit für die Zukunft nicht mehr fortschreiben können.

bb) Die sich aus Art. 6 I EMRK ergebenden Anforderungen an die Unparteilichkeit des Richters behandelt die Analyse unter der Perspektive der Teilnahme berufsständischer Interessenvertreter als Laienrichter im schwedischen Prozeß [3. d)].

Die aus deutscher Sicht ungewöhnlich starke Stellung des Laienrichtertums in der schwedischen Justiz kann, wie die Untersuchung in der Darstellung des historischen Prozesses zeigt [2. Teil B. III. 2. b) cc) bzw. C. III. 2. a)], auf eine lange Tradition zurückblicken. Bildeten auch Art und Umfang seiner Beteiligung am Prozeß im Laufe der Zeit immer wieder den Gegenstand kritischer Reformüberlegungen, so wurde die Mitwirkung von Laienrichtern am Gerichtsverfahren im grundsätzlichen in Schweden doch nie ernsthaft in Zweifel gezogen.

Unter dem Einfluß der Spruchpraxis des EuGHMR sieht sich Schweden jedoch seit dem Ausgang der achtziger Jahre gezwungen, die Einbeziehung berufsständischer Interessenvertreter als Laienrichter in den Prozeß wegen der Gefahr ihrer mangelnden Unparteilichkeit nachhaltig zu beschränken. Die Untersuchung zeigt die insoweit relevanten Gesetzesänderungen auf. Skizziert werden daneben jüngere Reformüberlegungen, die ebenfalls unter dem Gesichtspunkt der Unparteilichkeitsklausel und vor dem Hintergrund einer erneuten Verurteilung Schwedens durch den EuGHMR gegen Mitte der neunziger Jahre das parteipolitische Wahlverfahren für die Laienrichter ins Blickfeld nehmen.

cc) Auch die mit Art. 6 I EMRK verbundene Rechtsweggarantie in Verfahren um „zivile Rechte und Pflichten“ iSd Konvention ist, wie die Analyse belegt, für die Gestaltung des schwedischen Verfahrensrechts nicht ohne Konsequenzen geblieben. Die Untersuchung weist insoweit auf die konventionsbedingten Weiterungen gerichtlichen Rechtsschutzes gegenüber einer Reihe von behördlichen Entscheidungen hin, die in vielen Fällen zuvor nur der schwedischen Regierung zur letztinstanzlichen Überprüfung vorgelegt werden konnten. Sie werden im übrigen jedoch in Beziehung zu dem allgemeinen Strukturwandel schwedischer Justiz gesetzt, der sich unter dem Einfluß der fortschreitenden europäischen Integration Schwedens in dem Land seit etwa Mitte der neunziger Jahre vollzieht.

b) Ihm widmet sich die Arbeit näher in ihrem letzten Teilabschnitt unter der übergeordneten Fragestellung nach Art und Ausmaß des Einflusses der schwedischen EU-Mitgliedschaft auf den Prozeß (C. II. 4.).

Nachdem nennenswerte Veränderungen des schwedischen Kernverfahrensrechts nach dem Nya Rättegångsbalk als Folge des Gemeinschaftsrechts zum gegenwärtigen Zeitpunkt noch nicht festgestellt werden konnten [C. II. 4. a)], nähert sich die Analyse ihrem Untersuchungsgegenstand unter einem geweiteten, stärker rechtskulturell ausgerichteten Blickwinkel. Sie behandelt die Problematik gemeinschaftsrechtlich bedingter Prozeßänderungen unter dem allgemeineren Aspekt der für Schweden spezifischen Verteilung öffentlicher Gewalt zwischen der Einflußsphäre der Judikativen auf der einen und derjenigen der politischen Instanzen der Legislative und Exekutive auf der anderen Seite [C. II. 4. b)].

Hier legt die Untersuchung gegenwärtig zu beobachtende erste Ansätze einer gemeinschaftsrechtlich bedingten Strukturänderung innerhalb der schwedischen Gerichtsbarkeit offen, die für Stellung, Funktion und Rechtsanwendungsmethodik der schwedischen Gerichte von außerordentlichem Gewicht sein dürfte. Dem charakteristischen Selbstverständnis schwedischer Justiz im 20. Jahrhundert [C. II. 4. b) bb)] wird dabei ein sich aus dem Spannungsverhältnis zwischen nationalem Traditionalismus und europäischer Integration ergebender allmählicher Funktions- und Methodenwandel in der schwedischen Rechtspflege kontrastierend gegenübergestellt [C. II. 4. b) cc)].

Dieser Vergleich veranschaulicht, wie sich die schwedischen Gerichte von einer den staatlichen Gewalten der Legislative und Exekutive bislang untergeordneten Institution bloßer Rechtsdurchsetzung allmählich zu einem ihnen gleich-, ja übergeordneten Organ autonomer Rechtskontrolle und Rechtsgestaltung entwickeln. Es wird deutlich, wie das die politische Landschaft des 20. Jahrhunderts in Schweden prägende Konzept schwedischer Sozialdemokratie mit seinem eigenwilligen Verständnis von staatlicher Gewaltenteilung die Richter zunehmend als „Gesellschaftsingenieure“ zum Zwecke der Verwirklichung politischer Regierungsinteressen in die Pflicht nahm. Sie sahen sich, wie die Analyse zeigt, infolge der dezidiert kritischen Haltung der politischen Architekten der schwedischen Sozialordnung nach dem Zweiten Weltkrieg gegenüber einer allzu selbständigen Richterschaft immer mehr auf die Rolle einer gleichsam „Verwaltungsbehörde sui generis“ verwiesen. Zugleich wurde der Gedanke eines judikativ vermittelten Individualrechtsschutzes, wie er für das sozialliberale Gesellschaftsverständnis in Westeuropa prägend wurde, im schwedischen „Volksheim“-Modell des korporativen Staates zunehmend von kollektivistischen Gemeininteressen überlagert.

Die Untersuchung zeigt wesentliche der hiermit verbundenen konkreten Konsequenzen auf, wie sie in der Nachkriegsepoche Stellung und Funktion der schwedischen Gerichtsbarkeit im Spannungsspiel staatlicher Gewaltverteilung lange Zeit kennzeichneten. Dargestellt werden insoweit insbesondere Art und Umfang der Handhabung des judikativen Normprüfungsrechts (judicial review) durch die schwedischen Gerichte, die zunehmende Verzahnung von Judikative und Exekutive durch die Einrichtung staatlicher Behörden mit streitentscheidender bzw. –schlichtender Funktion, die starke und im Verlauf des 20. Jahrhunderts weiter gestärkte Stellung des schwedischen Laienrichtertums wie auch die eigenwillige schwedische Rechtsanwendungsmethodik mit ihrer Bevorzugung der subjektiv-historischen Normauslegung.

Dieses überkommene Selbstverständnis der schwedischen Justiz ist, so zeigt die Analyse, unter dem Eindruck der seit 1.1.1995 bestehenden Mitgliedschaft Schwedens in der Europäischen Union ins Wanken geraten. Die Untersuchung stellt die Friktionen dar, die sich aus dem gemeinschaftsrechtlichen Prinzip des effektiven Rechtsschutzes und der dadurch vermittelten Bedeutung gerade des gerichtlichen Rechtsschutzes mit dem schwedischen Modell ergeben [4. b) cc)]. Welche Folgen hieraus im einzelnen für Stellung und Funktion judikativer Rechtspflege im schwedischen Gemeinwesen zu erwarten sind, läßt sich zwar derzeit noch nicht mit abschließender Sicherheit feststellen. Gewisse Entwicklungstendenzen sind gleichwohl bereits nachweisbar. Die Analyse verweist auf eine allmähliche Besinnung schwedischer Gerichte auf auch rechtskontrollierende und rechtsgestaltende bzw. -schöpfende Funktionen. Die wesentlich großzügigere Handhabung des judikativen Normprüfungsrechts, die sich in der Spruchpraxis der schwedischen Obergerichte beobachten läßt, wie auch die wachsende Bereitschaft zur Gewährleistung subjektiven Rechtsschutzes durch die Judikative werden hierfür als Belege angeführt. Für die methodische Ebene der Normauslegung äußert die Untersuchung schließlich die Vermutung, daß die zunehmende Autonomie der schwedischen Gerichtsbarkeit im Verhältnis zur Legislativen und Exekutiven zu einer rückläufigen Anwendung der subjektiv-historischen Methode führen wird und zu einer verstärkten Berücksichtigung objektiv-teleologischer Auslegungskriterien.

V. „Blott barbariet var en gång fosterländskt.“[2680] – „Nur die Barbarei ist ein wahrhaft ursprüngliches Erbe.“ Die Stichhaltigkeit dieser Äußerung des schwedischen Skalden *Esaias Tegnér* aus dem 19. Jahrhundert über die Evolution menschlicher Kultur- und Zivilisationsgeschichte für die Entwicklung speziell des schwedischen Zivilprozeßrechts zu erweisen, war das Ziel der Arbeit. Sowohl für den historischen Prozeß als auch für die Herausbildung und Fortentwicklung des modernen Verfahrens bestätigt die Untersuchung die grundsätzliche Richtigkeit jener Behauptung. Sie ist damit zugleich ein Beleg für die Unhaltbarkeit der zumal in Deutschland noch verbreiteten Auffassung, die das schwedische Recht als eine überwiegend autochthone Rechtsordnung begreift, die sich jenseits der großen kontinentaleuropäischen Rechtsströmungen herausgebildet habe. Die Analyse zeigt, in welch nachhaltigem Maße das römisch-kanonische und deutsche gemeine Recht

[2680] S. oben S. 1 FN 2.

Schwedens historischen Prozeß geprägt haben. Sie zeigt zudem, in welch bedeutendem Umfang trotz fortbestehender konservativer Züge Schwedens modernes Verfahren von 1942 in seiner Entwicklung auf Strukturen zunächst des sog. liberalen Prozeßmodells, später dann des sog. sozialen österreichischen Konzepts *Franz Kleins* und des reformierten deutschen Prozeßrechts des frühen 20. Jahrhunderts zurückgeführt werden kann. Und sie veranschaulicht in dem Nachweis der schwedischen Beteiligung an charakteristischen Reformbestrebungen der „access to justice"-Bewegung, daß Schweden auch während der Konzeption seines spezifisch eigenen „Volksheim"-Modells moderner Wohlfahrtsstaatlichkeit in der Zeit nach dem Zweiten Weltkrieg den Kontakt zu bedeutenden europäischen und außereuropäischen Strukturänderungen im Prozeßrecht nicht verloren hat.

Der gegenwärtig zu beobachtende und zugleich ergebnisoffene Prozeß eines beginnenden Funktionswandels schwedischer Gerichte unter dem Einfluß der europäischen Integration erweist schließlich, daß Schwedens Interesse an den konzeptionellen Lösungen seiner europäischen Nachbarn auch an der Schnittstelle von Gegenwart und Zukunft fortbesteht.

Anhang

Übersicht über den Gang schwedischer Gesetzgebung

Das schwedische Gesetzgebungsverfahren weist gegenüber dem deutschen eine Reihe von Besonderheiten auf, die es nahelegen, zur Erleichterung des Verständnisses der vorstehenden Ausführungen eine skizzenhafte Darstellung seines Ablaufs zu bieten.[2681]

Zumal bei bedeutenderen Gesetzgebungsvorhaben nimmt der Legislativprozeß in Schweden regelmäßig damit seinen Anfang, daß das jeweilige Fachministerium ein Sondergremium („kommitté")[2682] mit der Ausarbeitung eines Gesetzesentwurfs betraut. In dieses Gremium gehen neben Abgeordnete in erster Linie Sachverständige ein, die für das in Frage stehende Regelungsgebiet als ausgewiesene Experten gelten. Die Fachkommission orientiert sich bei ihrer Tätigkeit an Arbeitsrichtlinien des Ministers (sog. direktiver), die nähere Zielvorgaben über Art und Inhalt des erwogenen Gesetzgebungsvorhabens enthalten.[2683]

2681 Zu Einzelheiten s. die eingehende Darstellung bei *H. Eek*/*K. Grönfors* et al., Juridikens källmaterial, S. 84 ff. sowie in englischer Sprache S. *Strömholm*, Introduction, S. 35 ff. Eine übersichtliche, wenngleich knappe Darstellung des schwedischen Gesetzgebungsverfahrens findet sich auch auf den Internetseiten der schwedischen Regierung unter http://www.regeringen.se/propositioner/index.htm.

2682 Das Gremium wird auch als „beredning" oder „utredning" bezeichnet. Nach der Häufigkeit seiner Inanspruchnahme durch die Regierung im Vorfeld von Legislativvorhaben wie auch der herausragenden Bedeutung seiner Beratungsergebnisse für die Auslegung und Anwendung des späteren Reformgesetzes [dazu oben unter 3. Teil C. II. 4. b) bb)-cc)] stellt das Komiteewesen einen der bemerkenswertesten Wesenszüge schwedischer Gesetzgebungspolitik dar; vgl. schon die Feststellung des ehem. schwedischen Ministerpräsidenten *T. Erlander* im Jahre 1964: „Das öffentliche Untersuchungs- und Remisswesen besitzt in unserem Land einen Umfang und eine Bedeutung wie in kaum einem anderen Land." (Zitat entnommen *G. Claesson*, Statens ostyriga utredande, S. 10). Ausführlich zum schwedischen Komiteewesen *K. Stålberg*, Kommittéväsendet i den statliga beslutsprocessens, v.a. S. 12 ff. (dort – S. 64 ff. – auch zu der Zusammen-setzung der Gremien), *H. Meijer*, Kommittépolitik och kommittéarbete, passim (s. etwa S. 8: „eine für unsere parlamentarisch-demokratische Regierungsweise besonders charakteristische Arbeitsmethode"; ibid. [S. 8 ff.] auch zur historischen Entwicklung des schwedischen Komiteewesens im 20. Jahrhundert) sowie *G. Claesson*, Statens ostyriga utredande, passim. Vgl. auch SOU 1976:49 S. 17 ff. mit dem Gutachten eines von der Regierung eingesetzten Komitees zur Untersuchung der Effektiviät gerade des Komiteewesens. Zu möglichen Folgen der Integration Schwedens innerhalb der EU auf das Komiteewesen s. oben unter 3. Teil C. II. 4. b) cc).

2683 Veröffentlicht unter fortlaufender Nummer jahrgangsweise in der Reihe „Kommittédirektiv" (dir) der Regierung (etwa: dir 1999:26).

Das Ergebnis der Beratungen des Expertengremiums wird in einem Gutachten („betänkande") festgehalten,[2684] daß neben einem konkreten Gesetzesentwurf auch detaillierte Motiväußerungen zu den vorgeschlagenen Einzelbestimmungen enthält. Sie fallen typischerweise überaus umfangreich aus,[2685] was sich vor dem Hintergrund ihrer zentralen Bedeutung als Auslegungsquelle bei der Rechtsanwendung erklärt.[2686]

Das Gutachten wird anschließend im sog. „remiss"-Verfahren auf Betreiben des Ministeriums einer Vielzahl von Behörden, berufsständischen Organisationen, Interessenverbänden und anderen Vereinigungen öffentlicher oder privater Art, deren Tätigkeitsfeld von dem Legislativvorhaben berührt wird, zur Stellungnahme zugeleitet und nicht selten auch die Meinung der juristischen Fakultäten der Universitäten eingeholt.[2687]

Auf der Grundlage des Gutachtens und unter Berücksichtigung der zu dem Entwurf eingegangenen Meinungsäußerungen von öffentlicher wie privater Seite fertigt das Ministerium anschließend einen eigenen Gesetzesentwurf aus. Er faßt den Vorschlag des Sachverständigengremiums sowie die „remiss"-Äußerungen in ihren wesentlichen Punkten zusammen und enthält daneben die Stellungnahme des Fachministers zu dem Vorhaben. Als sog. proposition wird er in dieser gebündelten Form sodann dem Parlament zur Beratung und Beschlußfassung in den jeweiligen Ausschüssen und dem Plenum zugeleitet.[2688]

Möglich und bei Vorhaben von rechtlich besonderer Tragweite auch allgemein üblich ist jedoch zuvor die Einholung einer Stellungnahme des sog. Gesetzesrates („lagrådet").[2689] Er setzt sich aus Richtern des höchsten or-

---

2684 Veröffentlicht regelmäßig in der Reihe „Statens offentliga utredningar" („öffentliche Untersuchungen des Staates" – SOU) nach Jahrgang und Projektnummer (etwa SOU 1926:31).

2685 Das unter 3. Teil C. I. 3. c) cc) näher betrachtete Gutachten der Kommission, die mit der Einführung der Gruppenklage in Schweden befaßt war (SOU 1994:151), umfaßt etwa an die 1500 Seiten.

2686 Hierzu wie auch zu den zu erwartenden Veränderungen im Gefolge der weiteren europäischen Integration Schwedens s. näher unter 3. Teil C. II. 4. b) cc).

2687 Eine Auflistung einer Reihe von „remiss"-Instanzen, die typischerweise in den schwedischen Gesetzgebungsprozeß eingeschaltet sind, findet sich bei *H. Eek*/*K. Grönfors* et al., Juridikens källmaterial, S. 94 f. Es liegt nahe, daß mit dem „remiss"-Verfahren eine immense Arbeitsbelastung verbunden ist. Die regelmäßig um ihre Stellungnahme angegangenen größeren Verbände beschäftigen infolgedessen nicht selten eine bedeutende Zahl von Angestellten, die sich auf die Kommentierung derartiger Gesetzesvorhaben spezialisieren; vgl. näher S. *Strömholm*, Introduction, S. 35 ff. (37).

2688 Die Propositionen wie auch die Entscheidungen der Ausschüsse werden in Schweden ebenfalls nach Jahrgang und unter fortlaufender Nummer veröffentlicht (etwa prop 1931:31 bzw. justitieutskottet [Justizausschuß – JuU] 1976/77:15). Inhaltlich lehnt sich der ministerielle Gesetzesentwurf in der proposition häufig stark an den Vorschlag des Sachverständigengremiums an; vgl. insoweit *T. Gregow*, Lagstiftningsarbete förr och nu, in: Rättsvetenskapliga studier till minnet av Tore Almén, S. 115 ff. (121).

2689 S. dazu und zu der Abschaffung der obligatorischen Entwurfsprüfung durch den Gesetzesrat im Jahr 1971 auch schon die Angaben unter 3. Teil C. II. 4. b) cc). Zur geschichtlichen Entwicklung des „lagråd" vgl. auch *K.G. Algotsson*, Lagrådet, rättstaten och demo-

dentlichen Gerichts („Högsta Domstolen") und des obersten Verwaltungsgerichts („Regeringsrätten") zusammen und befaßt sich in seiner Auseinandersetzung mit dem Gesetzesentwurf mit gesetzestechnischen Fragen der Systematik und Begrifflichkeit des Entwurfs sowie nicht zuletzt mit seiner Vereinbarkeit mit anderem, insbesondere höherrangigem Recht.

Die vom Parlament verabschiedeten Gesetze werden schließlich in der Reihe „Svensk Författningssamling" („Schwedische Gesetzessammlung")[2690] öffentlich bekanntgemacht.

---

kratin under 1900-talet, S. 32 ff. Die Stellungnahmen des Gesetzesrates werden in dem sog. lagrådsprotokollet festgehalten.

2690 Üblicherweise als SFS zitiert und gegliedert nach Jahrgang und Gesetzesnummer (für den Nya Rättegångsbalk etwa SFS [1942:740]). Die gesamten Gesetzesmaterialien finden sich in gedrängter Form noch einmal unter einer eigenen Nummer zusammengefaßt in der zweiten Abteilung der in Jahresbänden erscheinenden Reihe „Nytt Juridiskt Arkiv" (NJA II, für den Nya Rättegångsbalk etwa NJA II 1943 Nr. 1)

Verzeichnis der verwendeten Quellen und Literatur

A. Quellen

I. Zum schwedischen Recht[2691]

1. ungedruckte Archivalien

Uppsaler Universitetsbibliotek
a) *Jacob E. Boethius*' samling: Prima Lineae Jurisprudentiae Suecanae Offentliga föreläsningar 1823, privat Ht. 1831, B 176 b
b) *Knut Olivecronas* samling: Föreläsningar över den Svenska Civil-Rätten, 2^{dra} Huvudavdelningen – FörmögenhetsRätten 1. SakRätten – Höstterminen 1855, Vårterminen 1856/1865, B 187 m 9 nr. 3
– Föreläsningar i civilrätt 1850-52, B 187 m 14 nr. 2

2. gedruckte Quellen

a) Gesetze und Verordnungen

aa) 13. bis 15. Jahrhundert

Holmbäck, Åke / Wessén, Elias: Svenska Landskapslagar Bde. I-V, Uppsala 1979, Bd. I: Östgötalagen, Upplandslagen, Bd. II: Dalalagen, Västmannalagen, Bd. III: Södermannalagen, Hälsingelagen, Bd. IV: Skånelagen, Gutalagen, Bd. V: Äldre Västgötalagen, Yngre Västgötalagen, Smålandslagen, Kyrkobalk, Bjärkörätten
– Magnus Erikssons landslag i nusvensk tolkning (einschließlich der durch das Landrecht König *Kristoffers* von 1442 bedingten Reformänderungen), Stockholm 1962
– Magnus Erikssons stadslag i nusvensk tolkning, Stockholm 1966

bb) 16. bis 18. Jahrhundert

Schmedemann, Johann: Kongl. Stadgar / Förordningar / Bref och Resolutioner, Ifrån Åhr 1528 in til 1701. Angående Justitiae och Executions-

---

[2691] Zitate aus schwedischen wie allgemein skandinavischen Rechtsquellen werden in der Untersuchung regelmäßig in deutscher Übersetzung präsentiert. Bei der Übertragung ins Deutsche wurde versucht, größtmögliche Nähe zum Original zu wahren und einem freieren Maßstab nur dort zu folgen, wo es zur Vermeidung von Verständnisschwierigkeiten notwendig schien. Einzelnormen schwedischer Gesetze werden in Anlehnung an schwedische Gepflogenheiten unter Angabe des jeweiligen Kapitels/Abschnitts des Gesetzes und ohne Paragraphenzeichen zitiert (Muster: Rättegångsbalk 42:6, d.h. Rättegångsbalk, Kapitel 42, § 6).

Ährender / Med en Förteckning på Stadgarne främst / och ett fulkommeligt Orda-Register efterst wid Wercket öfwer thes innhåld, Stockholm 1706

Wahlberg, Caspar Johan: Åtgärder för lagförbättring 1633-1665, urkunder samlade, Uppsala 1878

Sjögren, Wilhelm: Förarbetena till Sveriges Rikes Lag 1686-1736, Bde. I – VIII, Uppsala 1900-1909

Sveriges Rikes Lag: – gillad och antagen på riksdagen åhr 1734, Faksimiledition efter 1736 års originalupplaga, hrsg. von John Kroon, Malmö 1941

cc) 19. bis 21. Jahrhundert

Sveriges Rikes Lag: – gillad och antagen på riksdagen 1734, 122. Auflage, hrsg. von *Olle Höglund*, Stockholm 2001

Lindblom, Per Henrik / Nordback, Kenneth (Hrsg.): Svensk Lag 2001, Uppsala 2001

Svensk Författningssamling (SFS)[2692], 1919 Nr. 367, Lag om fri rättegång

- SFS 1942 Nr. 740, Rättegångsbalk
- SFS 1949 Nr. 381, Föräldrabalken
- SFS 1969 Nr. 244, Lag om ändring i rättegångsbalken
- SFS 1970 Nr. 417, Lag om marknadsråd m.m.
- SFS 1971 Nr. 28: Kungl. Maj:ts kungörelse om beslutad ändring i regeringsformen
- SFS 1971 Nr. 52: Lag om skatterätt och länsrätt
- SFS 1972 Nr. 429: Rättshjälpslag
- SFS 1974 Nr. 8: Lag om rättegången i tvistemål om mindre värden
- SFS 1976 Nr. 560: Lag om ändring i rättegångsbalken
- SFS 1977 Nr. 1144: Lag om ändring i lagen (1974:8) om rättegången i tvistemål om mindre värden
- SFS 1981 Nr. 774: Utsökningsbalk
- SFS 1984 Nr. 131: Lag om ändring i rättegångsbalken
- SFS 1987 Nr. 747: Lag om ändring i rättegångsbalken
- SFS 1987 Nr. 230: Äktenskapsbalk
- SFS 1988 Nr. 205: Lag om rättsprövning av vissa förvaltningsbeslut
- SFS 1990 Nr. 746: Lag om betalningsföreläggande och handräckning
- SFS 1992 Nr. 794: Lag med anledning av Sveriges tillträde till Luganokonventionen
- SFS 1994 Nr. 831: Lag om rättegången i vissa hyresmål i Svea Hovrätt
- SFS 1994 Nr. 835: Lag om upphävande av lagen (1974:1082) om bostadsdomsstol
- SFS 1994 Nr. 1034: Lag om ändring i rättegångsbalken
- SFS 1996 Nr. 116: Lag om skiljeförfarande
- SFS 1996 Nr. 1619: Rättshjälpslag

[2692] Zu Begriff und Bedeutung der „SFS" s. Anhang I.

- SFS 1998 Nr. 358: Lag om domstols internationella behörighet och om verkställighet av utländska domar enligt Brysselkonventionen
- SFS 1999 Nr. 84: Lag om ändring i rättegångsbalken

b) Gesetzesmotive, Gesetzentwürfe, Kommissionsberichte und andere im Zusammenhang mit dem Gesetzgebungsverfahren relevante offizielle Stellungnahmen und Äußerungen

LagCommiteen, Förslag till Allmän Civillag, Stockholm 1826
LagCommiteen, Förslag till Allmän Criminallag, Stockholm 1832
Högste Domstolens Protocoll, vid Granskningen af Förslaget till Allmän Civil-Lag, Stockholm 1836
Lagberedningen (Äldre), Förslag till Rättegångsbalk, Stockholm 1849
Lagberedningen (Nya), Betänkande angående rättegångsväsendets ombildning, Bde. I – IV, Stockholm 1884
Förstärkta lagberedningens betänkande angående huvudgrunderna för en ny rättegångsordning, Stockholm 1887

Propositioner (prop)[2693], 1931 Nr. 80: Angående huvudgrunderna för en rättegångsreform
- 1942 Nr. 5: Med förslag till rättegångsbalk
- 1951 Nr. 165: Anslutning till Europakonventionen
- 1969 Nr. 44: Med förslag till lag om ändring i rättegångsbalken, m.m.
- 1971 Nr. 45: Med förslag till lag om ändring i rättegångsbalken, m.m.
- 1973 Nr. 87: Med förslag till lag om rättegången i tvistemåls om mindre värden, m.m.
- 1973 Nr. 90: Med förslag till regeringsformen
- 1975/76 Nr. 153: Med förslag till lag om ändring i Rättegångsbalkm.m.
- 1975/76 Nr. 209: Om ändring i regeringsformen
- 1978/79 Nr. 195: Förstärkt skydd för fri- och rättigheter m.m.
- 1986/87 Nr. 89: Om ett reformerat tingsrättsförfarande
- 1990/91 Nr. 98: Om bostadsdomstolens och hyresnämndernas sammansättning i vissa fall m.m.
- 1991/92 Nr. 128: Om Sveriges tillträde till Luganokonventionen
- 1993/94 Nr. 117: Inkorporering av Europakonventionen och andra fri- och rättighetsfrågor
- 1993/94 Nr. 147: Jämställdhetspolitiken: Delad makt – delat ansvar
- 1993/94 Nr. 200: Upphörande av bostadsdomstolen m.m.
- 1994/95 Nr. 19: Del 1: Sveriges medlemskap i Europeiska Unionen
- 1995/96 Nr. 133: Några frågor om rättsprövning m.m.
- 1997/98 Nr. 102: Sveriges tillträde till Brysselkonventionen

---

[2693] Zu Begriff und Bedeutung der „proposition“ im schwedischen Gesetzgebungsverfahren s. Anhang I.

- 1998/99 Nr. 37: Ändringar i Rättegångsbalk- hovrättsfrågor m.m.
- 1999/2000 Nr. 26: Effektivisering av förfarandet i allmän domstol

Nytt Juridiskt Arkiv – Avdelning II (NJA II)[2694], 1900/01 (Riksdag 1900) Nr. 11 Ziff. 24: Om åtgärder för åstadkommande af en förbättrad lagskipning
- 1912/13 (Riksdag 1912) Nr. 8 Ziff. 52: Om ändrad lydelse af 12 kap. 3 § rättegångsbalken
- 1914/15 (Riksdag 1914) Nr. 12 Ziff. 38: Lag om ändrad lydelse af 12 kap. 3 § rättegångsbalken
- 1943 Nr. 1: Den nya rättegångsbalken
- 1973 Nr. 7: Ändringar i Rättegångsbalkm.m.
- 1987 Nr. 7: Reformerat tingsrättsförfarande
- Statens offentliga utredningar (SOU)[2695]
- 1926 Nr. 31: Processkommissionens betänkande angående rättegångsväsendets ombildning, Bd. I: Domstolsförfattningen
- 1926 Nr. 32: Processkommissionens betänkande angående rättegångsväsendets ombildning, Bd. II: Rättegången i brottmål
- 1926 Nr. 32: Processkommissionens betänkande angående rättegångsväsendets ombildning, Bd. III: Rättegången i tvistemål
- 1938 Nr. 43: Processlagberedningens förslag till rättegångsbalk, Bd. I: lagtext
- 1938 Nr. 44: Processlagberedningens förslag till rättegångsbalk Bd. II: motiv m.m.
- 1971 Nr. 41: Ny domstolsadministration
- 1976 Nr. 49: Offentlig utredningsväsende
- 1978 Nr. 40: Tvistelösning på konsumentområdet
- 1982 Nr. 25: Översyn av Rättegångsbalk- I: Processen i tingsrätt, Del A (lagtext och sammanfattning)
- 1982 Nr. 26: Översyn av Rättegångsbalk- I: Processen i tingsrätt, Del B (motiv m.m.)
- 1987 Nr. 6: Folkstyrelsens villkor
- 1989 Nr. 14: Mångfald mot enfald, Del. 2: lagstiftning och rättsfrågor
- 1991 Nr. 106: Domstolarna inför 2000-talet – arbetsuppgifter och förfaranderegler, Del A, Del B (lagtext, specialmotivering och bilagor)
- 1993 Nr. 7: Löneskillnader och lönediskriminering
- 1993 Nr. 14: EG och våra grundlagar
- 1993 Nr. 27: Miljöbalk, Del 1: lagförslag, sammanfattning och allmän motivering, Del 2: specialmotivering
- 1993 Nr. 40: Fri- och rättighetsfrågor, Del A (Regeringsformen), Del B (Inkorporering av Europakonventionen)
- 1993 Nr. 59: Ny marknadsföringslag

[2694] Zu Begriff und Bedeutung der „NJA II“ s. Anhang I.
[2695] Zu Begriff und Bedeutung der „SOU“ s. Anhang I.

– 1994 Nr. 14: Konsumentpolitik i en ny tid
– 1994 Nr. 99: Domaren i Sverige inför framtiden – utgångspunkter för fortsatt utredningsarbete, Del A, Del B (Bilagor)
– 1994 Nr. 151: Grupprättegång, Del A (sammanfattning, lagtext och behovsanalys), Del B (Specialmotivering), Del C (Bilagor)
– 1995 Nr. 124: Ett reformerat hovrättsförfarande
– 1998 Nr. 88: Domaren och Beredningsorganisationen

Departementsserien Justitiedepartementet (DS – Ju)[2696], 1971 Nr. 9: Promemoria angående förenklat rättegångsförfarande i konsumenttvister m.m.
– 1972 Nr. 6: Promemoria angående rättegången i mindre tvistemål
– 1972 Nr. 15: Promemoria angående nordisk samverkan i rättegång m.m.
– 1976 Nr. 8: Översyn av rättegångsförfarandet vid allmän domstol
– 1977 Nr. 10: Lagrådets ställning och uppgifter
– 1993 Nr. 34: Specialdomstolarna i framtiden

II. Zum römischen und kanonischen Recht

Corpus Iuris Civilis – editio sexta, volumen primum – INSTITUTIONES, recognovit *P. Krueger*; DIGESTA, recognovit *T. Mommsen*, Berlin 1954
Corpus Iuris Canonici / post Aemilii Ludouici Richteri curas ad librorum manu sriptorum et ed. romanae fidem recogn. Et adnotatione critica instruxit *Aemilius Friedberg*, Bd. 2 (Decretalium collectiones), 2. Auflage, Lipsiae, Tauchnitz, 1881
Libri de iudiciorum ordine, Pillius de Medicina – Tancredus Bononiensis – Gratia Aretinus, hrsg. von *F.C. Bergmann*, Göttingen 1842, Neudruck Aalen 1965
Speculum iudiciale, *Gulielmus Durantis*, Lyon 1547
Summa aurea, *Azo*, Lyon 1557, Neudruck Frankfurt/M. 1968
Commentaria in Codicem, *Baldus de Ubaldis*, Lyon 1585

III. Zum norwegischen Recht

Lov om domstolene (v. 13. August 1915; Nr. 5)
Lov om rettergangsmaaten for tvistemaal (v. 13. August 1915; Nr. 6) (der Untersuchung jeweils zugrundegelegt in der 1973 gültigen Fassung, entnommen der amtlichen Gesetzessammlung „Norges Lover [1685-1973]“, utgitt av Det Juridiske Fakultet, bearb. von *H. Bahr / C.J. Arnholm*, Oslo 1974)

IV. Zum dänischen Recht

Lov om rettens pleje (Retsplejelov) (v. 11. April 1916; Nr. 90) (zugrundegelegt in der 1972 gültigen Fassung, entnommen: „Karnovs Lovsamling“, Bd. 2 [1972], med kommentarer under redaktion af *S. Hurwitz & W. von Eyben*)

[2696] Zu Begriff und Bedeutung der „DS-Ju“ s. Anhang I.

V. Zum deutschen Recht

Corpus Iuris Fridericianum, Erstes Buch: Von der Proceßordnung, Berlin 1781

Allgemeine Gerichts-Ordnung für die Preußischen Staaten, Theil 1-3, Berlin 1795-96

Allgemeine bürgerliche Proceßordnung für das Königreich Hannover vom 8. November 1850 (in: *A. Leonhardt*, Die Justizgesetzgebung des Königreichs Hannover, Bd. 2, 3. Auflage, Hannover 1861)

Proceßordnung in bürgerlichen Rechtsstreitigkeiten für das Königreich Bayern vom 1. Februar 1869 (Amtliche Ausgabe), München 1869

Civilproceß-Ordnung für das Königreich Württemberg vom 3. April 1868 (Regierungsblatt 1868, S. 191)

Zivilprozeßordnung vom 30. Januar 1877 (RGBl. S. 83)

Gesetz betreffend Änderungen der ZPO vom 17. Mai 1898 (RGBl. S. 256)

Gesetz betreffend Änderungen der ZPO vom 5. Juni 1905 (RGBl. S. 536)

Gesetz betreffend Änderungen des Gerichtsverfassungsgesetzes, der ZPO und der Gebührenordnung für Rechtsanwälte vom 1. Juni 1909 (RGBl. S. 475)

Verordnung zur Entlastung der Gerichte vom 9. September 1915 (RGBl. S. 562)

Verordnung zur Beschleunigung des Verfahrens in bürgerlichen Rechtsstreitigkeiten vom 22. Dezember 1923 (RGBl. I S. 1239)

Verordnung über das Verfahren in bürgerlichen Rechtsstreitigkeiten vom 13. Februar 1924 (RGBl. I S. 135)

Entwurf einer Zivilprozeßordnung – veröffentlicht durch das Reichsjustizministerium, Berlin 1931

Gesetz zur Änderung des Verfahrens in bürgerlichen Rechtsstreitigkeiten vom 27. Oktober 1933 (RGBl. I S. 780)

Gesetz über die Prozeßkostenhilfe vom 13. Juni 1980 (BGBl. I S. 677)

Die gesammten Materialien zur Civilprozeßordnung und dem Einführungsgesetz zu derselben vom 30. Januar 1877, hrsg. von *C. Hahn*, 2. Auflage hrsg. von *E. Stegemann*, Berlin 1881

VI. Zum österreichischen Recht

Allgemeine Gerichtsordnung für Böheim, Mähren, Schlesien, Österreich: ob, und unter der Ennß, Steyermark, Kärnten, Krain, Görz, Gradiska, Triest, Tyrol, und die Vorlanden, gedruckt bey *Johann Thomas Edlen* von Trattnern, Wien 1781

Zivilprozeßordnung vom 1. August 1895 (RGBl. S. 113)

Handausgabe österreichischer Gesetze und Verordnungen, Heft 217: Zivilprozeßgesetze – Teil II: Zivilprozeßordnung samt dem Einführungsgesetz und den sonstigen einschlägigen Vorschriften, mit Anmerkungen nebst Sach- und Quellenverzeichnis von *E. Dubowy*, Wien 1924

Gesetz über das Verfahren in geringfügigen Rechtssachen (Bagatellverfahren) vom 27. April 1873 (RGBl. S. 66)

Materialien zu den neuen österreichischen Civilprozeßgesetzen, herausgegeben vom k.k. Justizministerium, Bde. 1-2, Wien 1897

VII. Zum französischen Recht

Ordonnance civile touchant la réformation de justice (v. April 1667), in: Athanase J.L. Jourdan et al. (Hrsg.): Recueil général des anciennes lois françaises depuis l'an 420 jusqu'à la révolution de 1789: contenant la notice des principaux monumens des Mérovingiens, des Carlovingiens et des Capétiens ... ; avec notes de concordance, table chronologique et table générale analytique et alphabétique des matières; Bd. 18, Paris 1829, S. 103 ff.
Code de Procédure Civile – Annoté d'après la doctrine et la jurisprudence, Petit Collection Dalloz, 28. Auflage, Paris 1931, benutzt auch in der 34. Auflage, Paris 1937
Nouveau Code de Procédure Civile – Annoté d'après la doctrine et la jurisprudence, Petit Collection Dalloz, 61. Auflage, Paris 1977
Code Civil – Annoté d'après la doctrine et la jurisprudence, Petit Collection Dalloz, 31. Auflage, Paris 1931

VIII. Zum englischen Recht

The Rules of the Supreme Court 1883-1932, being a reprint of the Rules of the Supreme Court, 1883 (...) as amended since 1883 and still in force on the 1st August 1932, The Lord Chancellor's Department, London 1932
Evidence Act of 1851 (14 & 15 Vict. C. 99)
Evidence Amendment Act of 1853 (16 & 17 Vict. C. 68)
Evidence Further Amendment Act of 1869 (32 & 33 Vict. C. 68)
Supreme Court of Judicature (Consolidation) Act of 1925 (15 Geo. 5, c. 49)
Evidence Act of 1938 (1 & 2 Geo. 6, c. 28)
Legal Aid and Advice Act of 1949 (12 & 13 Geo. 6, c. 51)
Civil Evidence Act of 1968 (c.64)
Civil Evidence Act of 1972 (c. 30)
The Annual Practice 1933 – being a collection of the statutes, orders and rules relating to the general practise, procedure and jurisdiction of the Supreme Court, hrsg. von *Ball, W.V. / Watmough, F.C.* et al., London 1933; verwendet auch in der Ausgabe von 1927
The Yearly Supreme Court Practice 1933 – being the Judicature Acts and Rules and other statutes and orders relating to the Practice of the Supreme Court, hrsg. von *Sinner, P.R. / Hinton, H.* et al., London 1933

IX. Zum schweizerischen Recht

Loi sur la procédure civile (v. 29. 9. 1819), in: Recueil authentique des Lois et Actes du Gouvernement de la République et Canton de Genève, Bd. 5 (1819), Genf 1819

Bellot, Pierre F., Loi sur la procédure civile du Canton de Genéve, avec l'exposé des motifs par P.F. Bellot, Genf 1821

X. Zum amerikanischen Recht

Rule 23 of the Federal Rules of Civil Procedure – as amended Febr. 28, 1966; March 2, 1987

XI. Zum australischen Recht

Federal Court of Australia Amendment Act (No. 181 of 1991)

XII. Zum kanadischen Recht

1. Ontario

Act respecting Class Proceedings (1992, S.O., c. 6)

2. Quebec

Act respecting the Class Action (S.Q. 1978, c. 8); hier verwendet auf der Grundlage der Einarbeitung des Gesetzes in das neunte Buch des Code of Civil Procedure

Legal Aid Act of 1972 (21 Eliz. 2, c. 14)

B. Literatur[2697]

I. Lexika und Nachschlagewerke

Handwörterbuch zur deutschen Rechtsgeschichte, hrsg. von A. Erler / E. Kaufmann, Bde. 1-5, Berlin 1971-1998

Historisches Wörterbuch der Philosophie, hrsg. von J. Ritter / K. Gründer, Bde. 1-10, Darmstadt 1971-1998

Lexikon des Mittelalters: Bde. 1-9, Stuttgart / Weimar 1999

Nordisk Familjebok: Encyklopedi och konversationslexikon, 2. Auflage, Bde. 1-38, Stockholm 1904-1926, 4. Auflage, Bde. 1-22, Malmö 1951-1955, zit. als NFB unter Angabe der verwendeten Auflage

Svenskt Biografiskt Lexikon: Bde. 1-30, Stockholm 1918-2000, zit. als SBL

Svenska Män och Kvinnor, Bde. 1-8, Stockholm 1942-1955, zit. als SMK

[2697] Zitate aus schwedischer wie allgemein skandinavischer Literatur werden in der Untersuchung regelmäßig in deutscher Übersetzung präsentiert. Bei der Übertragung ins Deutsche wurde versucht, größtmögliche Nähe zum Original zu wahren und einem freieren Maßstab nur dort zu folgen, wo es zur Vermeidung von Verständnisschwierigkeiten notwendig schien.

II. Abhandlungen

Åberg, Alf: Vår svenska historia, Falköping 1994
Afzelius, Ivar: Grunddragen af rättegångsförfarandet i tvistemål – jemförande framställning af utländsk och svensk lagstiftning, Stockholm 1882
– Om parts ed såsom processuelt institut, Uppsala 1879
Algotsson, Karl-Göran: Lagrådet, rättsstaten och demokratin under 1900-talet, Stockholm 1993
Almendingen, Ludwig Harscher von: Metaphisik des Civilprozesses, Gießen/ Wetzlar 1808
Almquist, Jan Eric: Domareregler från den yngre landslagens tid – med inledning och kommentar, 2. Auflage, Uppsala 1951
– Svensk Juridisk Litteratur historia, Stockholm 1946
– Svensk Rättshistoria, Bd. 1: Processrättens historia, 3. rev. Auflage (unveränd. Nachdruck), Stockholm 1977
Ambrosius, Gerold / Hubbard, William H.: Sozial- und Wirtschaftsgeschichte Europas im 20. Jahrhundert, München 1986
Andersson, Torbjörn: Dispositionsprincipen och EG:s konkurrensregler – en studie i snittet av svensk civilprocess och EG-rätten, Uppsala 1999
– Rättsskyddsprincipen – EG-rätt och nationell sanktions- och processrätt ur ett svenskt civilprocessuellt perspektiv, Uppsala 1997
Andolf, Göran: Sverige och utlandet 1930-1975 – indikatorer för mätning av Sveriges kulturella beroende, Lund 1976
Andrews, Neil: Principles of Civil Procedure, London 1994
Anners, Erik: Den europäiska rättens historia, Bd. 1, Stockholm 1975, Bd. 2, Stockholm 1980
Annerstedt, Claes: Uppsala universitets historia, Bde. 1-3 (Bd. 3 in zwei Teilbänden), Uppsala 1872-1914
Anweiler, Jochen: Die Auslegungsmethoden des Gerichtshofs der Europäischen Gemeinschaften, Frankfurt/M. / Berlin 1997
Arens, Peter: Mündlichkeitsprinzip und Prozeßbeschleunigung im Zivilprozeß, Berlin 1971
Arminjon, Pierre / Nolde, Boris / Wolff, Martin: Traité de Droit comparé, Bde. 1-3, Paris 1950-51
Arrfelt, Ulf: Rättshjälp – Den nya lagstiftningen med kommentar, Stockholm 1973.
Baldwin, John: Small Claims in the County Courts in England and Wales – The Bargain Basement of Civil Justice? Oxford 1997
Balkowski, Ben: Der Zivilprozeß in der DDR von 1945-1975 zwischen bürgerlicher Rechtstradition und Sozialismus, Hamburg 2000
Ballon, Oskar: Einführung in das österreichische Zivilprozeßrecht – Streitiges Verfahren, 4. Auflage, Leykam 1993
Bar, Carl Ludwig von: Recht und Beweis im Civilprozesse – ein Beitrag zur Kritik und Reform des deutschen Civilprozesses, Leipzig 1867

– Recht und Beweis im Civilprocess, ein Beitrag zur Kritik und Reform des deutschen Civilprocesses, Leipzig 1867

Basedow, Jürgen / Hopt, Klaus J. / Kötz, Hein / Baetge, Dietmar (Hrsg.): Die Bündelung gleichgerichteter Interessen im Prozeß – Verbandsklage und Gruppenklage, Tübingen 1999

Bathe, Heinrich Theodor: Verhandlungsmaxime und Verfahrensbeschleunigung bei der Vorbereitung der mündlichen Verhandlung, Berlin/New York 1977

Baumbach, Adolf: Kommentar zur Zivilprozeßordnung, 8. Auflage, München/Berlin 1934, verwendet auch in der 10. Auflage, München/Berlin 1935

Baumgärtel, Gottfried: Gleicher Zugang zum Recht für alle, Köln/Berlin 1976

Baur, Fritz: Beiträge zur Gerichtsverfassung und zum Zivilprozeßrecht, hrsg. von Grunsky, Wolfgang/Stürner, Rolf/Walter, Gerhard/Wolf, Manfred, Tübingen 1983

– Wege zu einer Konzentration der mündlichen Verhandlung im Prozeß, Berlin 1966

Bentham, Jeremy: A treatise on judicial evidence – extracted from the manuscripts by M. Dumont, London 1825

Berger, Alexander / Jender, Caroline: EG-rättens krav på nationell process- och skadeståndsrätt, Stockholm 1998

Bergholtz, Gunnar: Ratio et Auctoritas – ett komparativrättsligt bidrag till frågan om domsmotiveringens betydelse främst i tvistemål, Lund 1987

Bernitz, Ulf / Heuman, Lars / Leijonhufvud, Madeleine et al.: Finna rätt – juristens källmaterial och arbetsmetoder, 5. Auflage, Stockholm 1998

Bethmann-Hollweg, Moritz August von: Der römische Civilprozeß, Bde. 1-3, Bonn 1864-1866

– Familien-Nachricht, 1. Teil, Bonn 1876

Björne, Lars: Brytningstiden – Den nordiska rättsvetenskapens historia, Del II (1815-1870), Lund 1998

– Deutsche Rechtssysteme im 18. und 19. Jahrhundert, Ebelsbach/M. 1984

– Nordische Rechtssysteme, Ebelsbach/M. 1987

– Patrioter och Institutionalister – Den nordiska rättsvetenskapens historia, Del I (Tiden före år 1815), Lund 1995

Bogdan, Michael (Hrsg.): Swedish law in the new millennium, Stockholm 2000

– Svensk internationell privat- och processrätt, 5. Auflage, Stockholm 1999

Bolding, Per Olof: Går det att bevisa – perspetiv på domstolsprocessen, Stockholm 1989

Boman, Robert: Om Åberopande och åberopsbörda i dispositive tvistemål, Stockholm 1964

Bomsdorf, Falk: Prozeßmaximen und Rechtswirklichkeit – Verhandlungs- und Untersuchungsmaxime im deutschen Zivilprozeß – vom gemeinen Recht bis zur ZPO, Berlin 1971

Boor, Hans Otto de: Die Auflockerung des Zivilprozesses, Tübingen 1939

– Die Entscheidung nach Lage der Akten – ein Beitrag zur Lehre von der Schriftlichkeit im neuen Zivilprozeß, Mannheim 1924

– Zur Lehre vom Parteiwechsel und vom Parteibegriff, Leipzig 1941

Bråténius, Ingvar: Prövningstillstånd i Högsta Domstolen, Stockholm 1984

Bratholm, Anders / Hov, Jo: Sivil Rettegang, Oslo 1981

Bratt, Ingar: Engelskundervisningens framväxt i Sverige – tiden före 1850, Årsböcker i svensk undervisningshistoria, Bd. 139, Stockholm 1977

– Engelskundervisningens villkor i Sverige 1850-1905, Årsböcker i svensk undervisningshistoria, Bd. 156, Stockholm/Uppsala 1984

Brehm, Wolfgang: Bindung des Richters an den Parteivortrag und Grenzen freier Verhandlungswürdigung, Tübingen 1982

Briegleb, Hans Karl: Einleitung in die Theorie der summarischen Processe, Leipzig 1859

Bring, Ebbe Samuel: Grunderna till Swenska Civil-Lagfarenheten uti Systematisk Ordning, Bd. 1, Lund 1817

Brodie-Innes, John W.: Comparative Principles of the Laws of England and Scotland, London 1903

Brolin, Thore/Rehnström, Åke / Widebeck, Magnus: Tvistemålsprocessen, Bd. I: En handledning för förberedelsen, 2. Auflage, Stockholm 1997, Bd. II: En handledning för huvudförhandling, Stockholm 1996

Brüggemann, Dieter: Judex statutor und judex investigator – Untersuchugen zur Abgrenzung zwischen Richtermacht und Parteienfreiheit im gegenwärtigen deutschen Zivilprozeß, Bielefeld 1968

Brun, Hans / Diesen, Christian / Olsson, Thomas: Bevispraxis – Bevis, Bd. 5 – Svensk bevispraxis 1948-1999, Stockholm 2000

Bülow, Oskar: Die Lehre von den Prozeßeinreden und den Prozeßvoraussetzungen, Gießen 1868

Bunge, Jürgen: Das englische Zivilprozeßrecht, Berlin 1974

Buschmann, Arno: Ursprung und Grundlagen der geschichtlichen Rechtswissenschaft – Untersuchungen und Interpretationen zur Rechtslehre Gustav Hugos, Köln 1963

Bydlinski, Franz: Juristische Methodenlehre und Rechtsbegriff, 2. Auflage, Wien / New York 1991

Caenegem, Raoul C. van: Legal history: a European perspective, London 1991

Canstein, Raban von: Lehrbuch des Österreichischen Civilprozeßrechtes, Bd. 2, Berlin 1893

Cappelletti, Mauro: Access to justice and the welfare state, Alphen aan den Rijn 1981

– La Testimonianza della parte nel sistema dell' oralità – contributo alla teoria della utilizzazione probatoria del sapere delle parti nel processo civile, Bde. I-II, Mailand 1962
– Procédure órale et procédure écrite, Milano 1971
– The judicial process in comparative perspective, Oxford 1989
Cappelletti, Mauro / Garth, Bryant (Hrsg.): Access to justice – a world survey, Bde. 1-4, Alphen aan den Rijn 1978/79
Cappelletti, Mauro / Gordley, James / Johnson, Earl jr.: Toward Equal Justice: A comparative study of legal aid in modern societies, Milano 1975
Cappelletti, Mauro / Jolowicz, John Anthony: Public interest parties and the active role of the judge in civil litigation, Milano 1975
Cappelletti, Mauro / Tallon, Denis (Hrsg.): Fundamental guarantees of the parties in civil litigation – Studies in National, International and Comparative Law, prepared at the request of UNESCO, Milano 1973
Carlson, Per / Persson, Mikael: Processrättens grunder, 5. Auflage, Uppsala 1999
Carlsson, Sten: Bonden i svensk historia, Bd. 3 (Fortführung der Bände 1 und 2 des gleichnamigen Werks von E. Ingers), Stockholm 1956
Carlsson, Sten / Rosén, Jerker: Svensk Historia, Bd. 1 (Tiden före 1718), 4. Auflage, Lund 1978, Bd. 2 (Tiden efter 1718), 4. Auflage, Lund 1980
Cars, Thorsten: Om resning i rättegångsmål, Stockholm 1959
Cézar-Bru, Charles : Précis élémentaire de procédure civile, Paris 1927
Chauveau, Adolphe / Glandaz, Antoine: Formulaire général et complet de procédure civile, commerciale et administrative, Bde. 1-2, Paris 1924
Claesson, Göran : Statens ostyriaga utredande, Stockholm 1972
Cohn, Ernst J.: Der englische Gerichtstag, Köln/Obladen 1956
Coing, Helmut: Die Rezeption des römischen Rechts in Frankfurt am Main, Frankfurt/M. 1950
– Handbuch der Quellen und Literatur der neueren europäischen Privatrechtsgeschichte, 2. Band: Neuere Zeit (1500-1800), 2. Teilband (Gesetzgebung und Rechtsprechung), München 1976-3. Band: Das 19. Jahrhundert, 2. Teilband (Gesetzgebung zum allgemeinen Privatrecht und zum Verfahrensrecht), München 1982-3. Band: Das 19. Jahrhundert, 4. Teilband (Die nordischen Länder), München 1987
Cornell, Henrik: Den svenska konstens historia, Bd. 1: Från vikingatiden till 1700-talets slut, Bd. 2: Från nyantiken till Konstnärsförbundet, je 3. Auflage, Stockholm 1968
Cornell, Jan (Hrsg.): Den svenska historien, Bde. 1-10, Stockholm 1966-1968
Cound, John J. / Friedenthal, Jack H. et al.: Civil Procedure – Cases and Materials, 6. Auflage, St. Paul/Minn. 1993
Crémieu, Louis: Précis théorique et pratique de procédure civile, Paris 1924
Cross, Rupert: Evidence, 2. Auflage, London 1963
Cuche, Paul: Précis de procédure civile et commerciale, 5. Auflage, Paris 1931

Curti, Arthur: Englands Zivilprozeß, Berlin 1928
Dahlmanns, Gerhard: Der Strukturwandel des deutschen Zivilprozesses im 19. Jahrhundert – Untersuchungen zur Entwicklungsgeschichte der ZPO an Hand ausgewählter Gesetzgebungsarbeiten, Aalen 1971
Dalloz, in: von Griolet, Gaston / Vergé, Charles (Hrsg.): Répertoire pratique de législation, de doctrine et de jurisprudence, Bde. 1-12, Paris 1910-1926
Damrau, Jürgen: Die Entwicklung einzelner Prozeßmaximen seit der Reichszivilprozeßordnung von 1877, Paderborn 1975
Danelius, Hans: Mänskliga rättigheter i europeisk praxis, Stockholm 1997
– Mänskliga rättigheter, 5. Auflage, Stockholm 1993
Dannreuther, Dieter: Der Zivilprozeß als Gegenstand der Rechtspolitik im Deutschen Reich 1871-1945, Frankfurt/Berlin 1987
Daun, Åke: Svensk mentalitet, 3. Auflage, Stockholm 1998
Dauses, Manfred A.: Das Vorabentscheidungsverfahren nach Art. 177 EG-Vertrag, 2. Auflage, München 1995
Dawson, John P.: A History of lay judges, Cambridge/MS., 1960
Degenkolb, Heinrich: Einlassungszwang und Urteilsnorm, Leipzig 1877
Demelius, Ernst: Kritische Studien zu den Gesetzesentwürfen aus dem Jahre 1893, Heft 2, Wien 1895
Demeulenacre, Bernadette: Sweden's System to Resolve Consumer Disputes – especially the Public Complaint's Board and the Small Claims Procedure, Stockholm 1983
Dereborg, Anders: Från legal bevisteori till fri bevisprövning i svensk straffprocess, Stockholm 1990
Döhring, Erich: Geschichte der deutschen Rechtspflege seit 1500, Berlin 1953
Eck, Ernst: Die neue deutsche Civilprozeßordnung, Berlin 1873
Edelmann, Johann: Die Entwicklung der Interessenjurisprudenz, Bad Homburg/Berlin/Zürich 1967
Edelstam, Henrik: Sakkunnigbeviset – en studie rörande användningen av experter inom rättsväsendet, Uppsala 1991
Edén, Nils: Om centralregeringens organisation under den äldre Vasatiden (1523-1594), Uppsala 1899
Eek, Hilding/ Grönfors, Kurt et al.: Juridikens källmaterial, 9. Auflage, Stockholm 1979
Eisenstein, Martin I.: Consumer Protection in the United States, Stockholm 1982
Ekelöf, Per Olof: Kompendium över processlagberedningens förslag till rättegångsbalk, Teile 1 und 2, Uppsala 1939
– Processuella grundbegrepp och allmänna processprinciper, Stockholm 1956
Ekelöf, Per Olof / Boman, Robert et al.: Rättegång, Bd. 1, 7. Auflage, Stockholm 1990 – Bd. 2, 8. Auflage, 1996 – Bd. 3, 6. Auflage, 1994 – Bd. 4, 6. Auflage, 1992 – Bd. 5, 7. Auflage, 1998 (zu Bd. 6 siehe Welamsom, Lars)

Endemann, Wilhelm: Die Entwicklung des Beweisverfahrens im Deutschen Civilprozeß seit 1495, Bonn 1895
Endres, Peter: Die französische Prozeßrechtslehre vom Code de Procédure Civile (1806) bis zum beginnenden 20. Jahrhundert, Tübingen 1985
Engelmann, Arthur: Der Civilprozeß – Geschichte und System, Bd. 2: Geschichte des Civilprozesses, Hefte 1-3, Breslau 1890-1895
Engelmann, Arthur / Millar, Robert Wyness: A history of continental civil procedure, Boston 1927
Engströmer, Thore: Civilprocessrätt – Anteckningar efter föreläsningar, Uppsala 1933
– Några aktuella frågor vid rättegångsreformens behandling i riksdagen, Uppsala 1942
– Om skyldigheten att i rättegång förete föremål för syn eller besiktning, Teil 1, Uppsala 1933
Erlander, Tage: 1949-1954, Stockholm 1974
– 1955-1960, Stockholm 1976
Fahlcrantz, Gustaf Edvard: Vår nämnd och vårt rättsväsende förr och nu – en historisk översigt, Stockholm 1898
Fasching, Hans Walter: Kommentar zu den Zivilprozeßgesetzen, Bde. I-III, Wien 1959-1966
– Lehrbuch des österreichischen Zivilprozeßrechts, 2. Auflage, Wien 1990
Fehrman, Carl / Westling, Håkan: Lärdomens Lund – universitets historia under 325 år, Lund 1993
Feldman, Laurence P.: Consumer Protection: Problems and Prospects, St. Paul/New York 1980
Ferid, Murad / Sonnenberger, Hans Jürgen: Das Französische Zivilrecht, Bd. 1/1 (Allgemeine Lehren des Französischen Zivilrechts: Einführung und Allgemeiner Teil des Zivilrechts), 2. Auflage, Heidelberg 1994
Feuerbach, Anselm: Betrachtungen über die Öffentlichkeit und Mündlichkeit der Gerechtigkeitspflege, Siegen 1821
Fikentscher, Wolfgang: Methoden des Rechts in vergleichender Darstellung, Bd. 3 (Mitteleuropäischer Rechtskreis), Tübingen 1976
Fitger, Peter: Rättegångsbalken, Bde. 1-4, Loseblattausgabe, Stockholm 1984-1997 (Stand: August 2000)
Franke, Stefan: Zur Reform des Armenrechts, Berlin 1980
Frowein, Jochen / Peukert, Wolfgang: Europäische MenschenRechtsKonvention – EMRK-Kommentar, 2. Auflage, Kehl/Straßburg 1996
Gagnér, Sten: Studien zur Ideengeschichte der Gesetzgebung, Uppsala 1960
Gärde, Natanael / Engströmer, Thore / Strandberg, Tore / Söderlund, Erik: Nya Rättegångsbalken, Stockholm 1949 (Faksimilupplaga 1994) – zitiert: N. Gärde, NRB
Garsonnet, Eugène / Cézar-Bru, Charles: Traité théorique et pratique de procédure civile et commerciale, 3. Auflage, Bde. I-IX, Paris 1912-1925

Geijer, Erik Gustaf: Nytt ett och annat i anledning af frågan om akademiska jurisdictionen, Uppsala 1823
– Samlade Skrifter, hrsg. von J. Landquist, ny ökad upplaga, Bd. 2 (1817-1819), Stockholm 1924
Gerhardt, Martin / Hubatsch, Walther: Deutschland und Skandinavien im Wandel der Jahrhunderte, 2. Auflage, Darmstadt 1977
Gerland, Heinrich: Englische Rechtsprobleme und die deutsche Zivilprozeßreform, Berlin 1930
Gierow, Krister: Lunds Universitets historia, Bd. III (1790-1867), Lund 1971
Glasson, Ernest: Précis théorique et pratique de procédure civile, Bd. 1-2, Paris 1902
Glasson, Ernest / Morel, René / Tissier, Albert: Traité théorique et pratique d'organisation judiciaire, de compétence et de procédure civile, Bde. 1-5, 3. Auflage, Paris 1925-1936
Glücklich, Heinz-Werner: Die Parteivernehmung nach deutschem Zivilprozeßrecht, Berlin 1938
Gmür, Rudolf: Savigny und die Entwicklung der Rechtswissenschaft, Münster 1962, in: Schriften der Gesellschaft zur Förderung der Westfälischen Wilhelms-Universität zu Münster (Hrsg.): Hefte 46-50, Münster 1961/62
Godard, René: Des jugements par défaut – Étude critique, Paris 1911
Goldschmidt, James: Der Prozeß als Rechtslage – eine Kritik des prozessualen Denkens, Berlin 1925
– Die neue ZPO vom 13. Mai 1924, Berlin 1924
Gomard, Bernhard: Civilprocessen, 2. Auflage, København 1984
Gönner, Nikolaus Taddäus von: Handbuch des deutschen gemeinen Prozesses, Bd. 1/2, 2. Auflage, Erlangen 1804
Gottwald, Peter: Revision des EuGVÜ – Neues Schiedsverfahrensrecht – Ein Forschungsbericht, Bielefeld 2000
Gould, David S.: Staff Report on the small claims courts – submitted to the National Institute for Consumer Justice, unbek. Erscheinungsort 1972
Granfelt, Otto Hjalmar: Den materiella processledningen vid underdomstol i vanliga tvistemål enligt gällande finsk och svensk rätt, 2. Auflage, Helsingfors 1910
Grundmann, Stephan M.: Die Auslegung des Gemeinschaftsrechts durch den Europäischen Gerichtshof – Zugleich eine rechtsvergleichende Studie zur Auslegung im Völkerrecht und im Gemeinschaftsrecht, Konstanz 1997
Guldener, Max: Über die Herkunft des schweizerischen Zivilprozeßrechts, Berlin 1966
Gullberg, Erik: Tyskland i Svensk opinion 1856-1871, Lund 1952
Haeger, Walther: Der französische Zivilprozeß und die deutsche Zivilprozeßreform, Berlin 1908
Haering, Stephan: Rezeption weltlichen Rechts im kanonischen Recht, St. Ottilien 1998

Hafström, Gerhard: De svenska rättskällornas historia, 9. Auflage, Lund 1976
Hagerup, Francis: Rätt och kultur i nittonde århundradet, Stockholm 1919
Hallencreutz, Carl / Lindberg, Sven-Ola (Hrsg.): Olaus Petri – den mångsidige svenske reformatorn – nio föredrag om Olaus Petri, Uppsala 1994
Harrasowsky, Philipp Harass von: Die Parteienvernehmung und der Parteieneid nach dem gegenwärtigen Stande der Civilprocessgesetzgebung, Wien 1876
Hasselberg, Gösta (Hrsg.): Jurdiska fakulteten vid Uppsala universitet, Uppsala 1976
Hasselberg, Gösta / Inger, Göran: Kompendium i svensk rättshistoria, Bd. 2: Inger, Göran, Rättsutvecklingen i Sverige från medeltid till nutid, Lund 1978
Hassler, Åke: Svensk civilprocessrätt, Lund 1963
Häthén, Christian: Rättsvetenskap och kriminalpolitik – De europeiska straffteorierna och deras betydelse för svensk strafflagstiftning 1906-1931, Lund 1990
Heffter, August Wilhelm: System des römischen und deutschen Civil-Prozeßrechts, Bonn1843
Hellner, Jan: Rättsteori, 2. Auflage, Stockholm 1994
Hellwig, Konrad: Klagrecht und Klagmöglichkeit, Leipzig 1905
– Lehrbuch des Deutschen Civilprozeßrechts, Bd. II, Leipzig 1907
– System des Deutschen Zivilprozeßrechts, 1. Teil (ordentliches Verfahren, ausschließlich besondere Prozeßarten und Zwangsvollstreckung), Leipzig 1912
Henckel, Wolfram: Vom Gerechtigkeitswert verfahrensrechtlicher Normen, Göttingen 1966
Henningsen, Bernd: Der Wohlfahrtsstaat Schweden, Baden-Baden 1986
Heuman, Lars: Process- och Straffrätt, 18. Auflage, Stockholm 1997
Heuman, Lars / Westberg, Peter: Argumentationsformer inom processrätten, 2. Auflage, Stockholm 1995
Heuser, Robert: Das chinesische Recht: Geschichte und Gegenwart, Tokyo 1981
Hippel, Fritz von: Wahrheitspflicht und Aufklärungspflicht der Parteien im Zivilprozeß, Frankfurt/M. 1939
Hirsch, Erns: Rezeption als sozialer Prozeß, Berlin 1981
Hjärne, Harald: Om den fornsvenska nämnden enligt götalagarne, Uppsala 1872
Holmberg, Erik / Stiernquist, Nils: Vår författning, 12. Auflage, Göteborg 2000
Holmes, Oliver Wendell: The Common Law, 45th Printing, Boston 1923
Holstad, Sigvard / Larsson, Sven: Allmänhetens rättsskydd, Stockholm 1974
Holthöfer, Ernst: Ein deutscher Weg zu moderner und rechtsstaatlicher Gerichtsverfassung – Das Beispiel Württemberg, Stuttgart 1997
Holzhammer, Richard: Österreichisches Zivilprozeßrecht, 2. Auflage, Wien 1976
Homburger, Adolf / Kötz, Hein: Klagen Privater im öffentlichen Interesse – Länderbericht zum Recht der Vereinigten Staaten von Amerika zusammen mit

einem das deutsche Recht einbeziehenden Generalreferat und einem Bericht über die Diskussion, Frankfurt/M. 1975
Hörner, Hans: Anton Menger – Recht und Sozialismus, Frankfurt/M. 1977
Horten, Heinrich: Österreichische Zivilprozessordnung, Bd. 1, Wien 1908
Howard, Michael Newman / Crane, Peter et al.: Phipson on Evidence, 15. Auflage, London 2000
Huber, Ernst Rudolf (Hrsg.): Dokumente zur Deutschen Verfassungsgeschichte, Bd. 1 (Deutsche Verfassungsdokumente 1803-1850), 3. Auflage, Stuttgart 1978
Inger, Göran (Hrsg.): Den svenska juridikens uppblomstring i 1600-talets politiska, kulturella och religiösa stormaktssamhälle, Göteborg 1984
– Das Geständnis in der schwedischen Prozeßrechtsgeschichte, I: Bis zur Gründung des Svea Hofgerichts 1614, Lund 1976
– Erkännandet i svensk processrättshistoria, II: 1614-1948, Lund 1994
– Svensk rättshistoria, 4. Auflage, Malmö 1997
Ingers, Enoch: Bonden i svensk historia, Bd. 1, Stockholm 1949, Bd. 2, Stockholm 1948 (zu Bd. 3 s. S. *Carlsson*)
Jacob, Jack I.H. The Reform of Civil Procedural Law and other Essays in Civil Procedure, London 1982
Jägerskiöld, Stig: Handelsbalkens utländska källor, Lund 1967
– Studier rörande receptionen av främmande rätt i Sverige under den yngre landslagens tid, Lund 1963
– Utländsk juridisk litteratur i svenska juristbibliotek från tiden före år 1734, Lund 1965
Jänterä-Jareborg, Maarit: Svensk domstol och utländsk rätt – en internationellt privat- och processrättslig studie, Uppsala 1997
Jayme, Eric / Hausmann, Rainer: Internationales Privat- und Verfahrensrecht, 10. Auflage, München 2000
Jenks, Edward (Hrsg.): Stephen's commentaries on the laws of England, Bd. 3 (obligations and civil procedure), 18. Auflage, London 1925
Jhering, Rudolf von: Der Geist des römischen Rechts auf den verschiedenen Stufen seiner Entwicklung, Teil 3, Bd. 1, 9. Auflage, Leipzig 1906, Neudruck Aalen 1968
– Scherz und Ernst in der Jurisprudenz: eine Weihnachtsgabe für das juristische Publikum, 13. Auflage, Leipzig 1924
Johannesson, Gösta: Lunds universitets historia, Bd. 3 (1710-1789), Lund 1982
Johansson, Karl Magnus (Hrsg.): Sverige i EU, Stockholm 1999
Johansson, Sören: Rättegången i marknadsdomstolen, Uppsala 1986
Jolowicz, John Anthony: On Civil Procedure, Cambridge 2000
Kadel, Horst: Zur Geschichte und Dogmengeschichte der Feststellungsklage nach § 256 der Zivilprozeßordnung, Köln / Berlin 1967
Kallenberg, Ernst: Svensk Civilprocessrätt, Bd. 1, Abt. 1-5, Lund 1917-26, Bd. 2, Abt. 1-7, Lund 1927-39

Kaser, Max: Das römische Zivilprozeßrecht, 2. Auflage, neu bearbeitet von Karl Hackl, München 1996

Kästner, Karl-Herman: Anton Menger (1841-1906) – Leben und Werk, Tübingen 1974

Kern, Eduard: Geschichte des Gerichtsverfassungsrechts, München 1954

Kip, Hans Gerhard: Das sogenannte Mündlichkeitsprinzip – Geschichte einer Episode des deutschen Zivilprozesses, Köln/Berlin 1952

Kiralfy, Albert Kenneth: Potter's Historical Introduction to English Law and its Institutions, 4. Auflage, London 1958

Kitagawa, Zentaro: Rezeption und Fortbildung des europäischen Zivilrechts in Japan, Frankfurt/M. 1970

Klein, Franz: Pro futuro – Betrachtungen über Probleme der Civilprozeßreform in Österreich, Leipzig / Wien 1891

– Reden, Vorträge, Aufsätze, Briefe, 1. Band, hrsg. von J. Friedlaender und O. Friedlaender, Wien 1927

– Vorlesungen über die Praxis des Civilprozesses, Wien 1900, Faksimileausgabe Goldbach 1995

– Zeit- und Geistesströmungen im Prozeß, Dresden 1901, Nachdruck Frankfurt/M. 1943

Klein, Franz / Engel, Friedrich: Der Zivilprozeß Österreichs, Mannheim 1927, unveränderter Nachdruck Aalen 1970

Kleinheyer, Gerd / Schröder, Jan (Hrsg.): Deutsche und Europäische Juristen aus neun Jahrhunderten – eine biographische Einführung in die Geschichte der Rechtswissenschaft, 4. Auflage, Heidelberg 1996

Koch, Harald: Kollektiver Rechtsschutz im Zivilprozeß – Die class action des amerikanischen Rechts und deutsche Reformprobleme, Frankfurt/M. 1976

– Verbraucherprozeßrecht – Verfahrensrechtliche Gewährleistung des Verbraucherschutzes, Heidelberg 1990

Kohler, Josef: Der Prozeß als Rechtsverhältnis – Prolegomena zu einem System des Zivilprozesses, Mannheim 1888, Nachdruck Aalen 1969

Koschaker, Paul: Europa und das römische Recht, München/Berlin 1947

Krencker, Martin: Die Wahrheitspflicht der Parteien im deutschen und österreichischen Zivilprozeßrecht, Leipzig 1935

Kroeschell, Karl: Deutsche Rechtsgeschichte, Bd. 1, 11. Auflage, Opladen/Wiesbaden 1999

Kropholler, Jan: Europäisches Zivilprozeßrecht, 4. Auflage, Heidelberg 1993

Kumlien, Kjell: Sverige och hanseaterna – studier i svensk politik och utrikeshandel, Lund 1953

Laband, Paul: Das Staatsrecht des deutschen Reiches, Bd. III, Tübingen/ Freiburg 1880

Laborde-Lacoste, Marcel: Précis élémentaire de procédure civile, 10. Auflage, Paris 1939

Lange, Hermann: Zum Problem der Rezeption im Recht, Teilband I in den Abhandlungen der Geistes- und Sozialwissenschaftlichen Klasse, Jahrgang 1986 Nr. 7 („Zum Problem der Rezeption in den Geisteswissenschaften"), Mainz 1987

Langewiesche, Dieter (Hrsg.): Liberalismus im 19. Jahrhundert – Deutschland im europäischen Vergleich, Göttingen 1988

Larenz, Karl / Canaris, Claus-Wilhelm: Methodenlehre der Rechtswissenschaft, 3. Auflage, Berlin/Heidelberg 1995

Larsson, Sven: Studier rörande partshandlingar, Uppsala 1970

Lautmann, Rüdiger: Freie Rechtsfindung und Methodik der Rechtsanwendung, München 1967

Lehmann, Kerstin: Die Berufung gegen das technisch zweite Versäumnisurteil, Köln 1989

Lehrberg, Elisabeth: Processgemenskap i dispositiva tvistemål där saken är sådan att endast en dom kan ges, 2. Auflage, Stockholm 2000

Lennarts, Koen / Arts, Dirk / Bray, Robert: Procedural Law of the European Union, London 1999

Leske, Franz / Loewenfeld, William (Hrsg.): Die Rechtsverfolgung im internationalen Verkehr, Bd. 1, Berlin 1895

Levin, Louis: Richterliche Prozeßleitung und Sitzungspolizei in Theorie und Praxis, Berlin 1913

Lihné, Nils Börje: Rättegången i tvistemål om mindre värden, Lund 1977

Lindberg, Bo: Naturrätten i Uppsala 1655-1720, Uppsala 1976

Lindberg, Folke: Den svenska utrikes politikens historia, Bd. 3, 4 (1872-1914), Stockholm 1958

Lindblad, Johan Christofer: Läran om bevisning inför rätta enligt Sveriges lag med fästad uppmärksamhet ej mindre på Sveriges gamla lagar och nya lagförslaget, än ock på främmande lagstiftningar och lagförslag, Uppsala 1842

Lindblom, Per Henrik (Hrsg.): Grupptalan i konsumentmål – Rapport från ett nordiskt seminarium, Göteborg 1990

– Grupptalan – det anglo-amerikanska class actioninstitutet ur svenkst perspektiv, Stockholm 1989

– Processhinder – Om skillnaden mellan formell och materiell rätt i civilprocessen, särskilt vid bristande talerätt, Stockholm 1974

– Progressiv Process – Spridda uppsatser om domstolsprocessen och samhällsutvecklingen, Uppsala 2000

Lindblom, Per Henrik / Bramstång, Gunnar et al. (Hrsg.): Europagemenskap och rättsvetenskap, Uppsala 1992

Linde, Justinus Timotheus B. von: Lehrbuch des deutschen gemeinen Zivilprozesses, Bonn 1831

Lindell, Bengt: Civilprocessen, Uppsala 1998

– Partsautonomins gränser – i dispositiva tvistemål och med särskild inriktning på rättsanvändningen, Uppsala 1988
– Processuell Preklusion av nya omständigheter eller bevis rörande saken, Uppsala 1993
– Sakfrågor och rättsfrågor – En studie av gränser, skillnader och förhållanden mellan faktum och rätt, Uppsala 1987

Lingenthal, Zachariä von: Handbuch des Französischen Civilrechts, bearb. von C. Crome, 8. Auflage, Bd. 4, Freiburg 1895

Löfgren, Orvar (Hrsg.): Hej, det är från försäkringskassan – Informaliseringen av Sverige, Uddevalla 1988

Lundstedt, Vilhelm: Die Unwissenschaftlichkeit der Rechtswissenschaft, Bd. 1: Die falschen Vorstellungen von objektivem Recht und subjektiven Rechten, Uppsala 1932, Bd. 2: Strafrecht, Vertragsrecht, deliktische Haftung, Uppsala 1935

MacCormick, Neil / Summers, Robert S. (Hrsg.): Interpreting Statutes – A Comparative Study, Brookfield/Hong Kong et. al., 1991

Malmberg, Lars-Göran (Hrsg.): Statsbegreppet i omvandling, Stockholm 1997

Malmström, Åke: Juridiska Fakuleten i Uppsala – Studier till fakultetens historia, Bd. I: Den medeltida fakulteten och dess historiska bakgrund, Uppsala 1976, Bd. II: Den juridiska fakulteten under 1600-talet och början av 1700-talet, Uppsala 1985

Matz, Siegfried: Om underdomarens materiella processledning i svensk ordinär civilprocess, Stockholm 1919

Mayer, Robert N.: The Consumer Movement – Guardians of the Marketplace, Boston 1989

Meijer, Hans: Kommittépolitik och kommittéarbete – det statliga kommittéväsendets utvecklingslinjer 1905-1954 samt nuvarande funktion och arbetsformer, Lund 1956

Menger, Anton: Das bürgerliche Recht und die besitzlosen Volksmassen, 4. Auflage, Tübingen 1908

Meurling, Anna Christina: Svensk domstolsförfattning i Livland, Lund 1967

Millar, Robert Wyness: Civil procedure of the trial court in historical perspective, New York 1952

Mittermaier, Karl Joseph Anton: Der gemeine deutsche bürgerliche Prozeß in Vergleichung mit dem preußischen und französischen Civilverfahren und mit den neuesten Fortschritten der Proceßgesetzgebung, Bonn 1820

Modéer, Kjell Åke (Hrsg.): 1667 års sjölag i ett 300-årigt perspektiv – ett rättshistoriskt symposium i Göteborg den 16-18 mars 1981, Rättshistoriska Studier, Bd. 8, Lund 1984
– (Hrsg.): Den historiska skolan och Lund, Rättshistoriskt symposium i Lund 6-7 maj 1980, Lund 1982
– (Hrsg.): Johan Olofsson Stiernhöök – biografi och studier (1596-1996), Rättshistoriska Studier, Bd. 20, Lund 1996

– (Hrsg.): Samuel von Pufendorf 1632-1982, Lund 1986
– Gerichtsbarkeiten der schwedischen Krone im deutschen Reichsterritorium, I. Voraussetzungen und Aufbau 1630-1657, Lund 1975
– Hovrätten över Skåne och Blekinge, Stockholm 1971
– Hugo Grotius and Lund, Lund 1987
– Land skall med lag byggas, Bd. 1, Lund 1980, Bd. 2, Lund 1984
– Några gestalter i den juridiska fakultetens historia, Lund 1980
– Rätt och kultur i fokus – trettiofyra brännpunktsartiklar 1992-1996, Lund 1997
– Skånska advokater – Från prokuratorer till samfundsadvokater, Lund 1992
Mohnhaupt, Heinz (Hrsg.): Rechtsgeschichte in den beiden deutschen Staaten – Beispiele, Parallelen, Positionen, Frankfurt/M. 1991
– (Hrsg.): Revolution, Reform, Restauration – Formen der Veränderung von Recht und Gesellschaft, Frankfurt/M. 1988
Müller, Dieter (Hrsg.): Tyskland i Sverige & Sverige i Tyskland, Umeå 1998
Müller, Eckhart, Anton Mengers Rechts- und Gesellschaftssystem – Ein Beitrag zur Geschichte des sozialen Gedankens im Recht, Berlin 1975
Münchener Kommentar zur Zivilprozeßordnung: 2. Auflage, München 2000 (zit.: MüKo-Bearbeiter)
Munch-Petersen, Hans: Der Zivilprozeß Dänemarks, Mannheim/Berlin/Leipzig 1932
Münks, Andrea: Vom Parteieid zur Parteivernehmung in der Geschichte des Zivilprozesses, Köln 1992
Munktell, Henrik: Det svenska rättsarvet, Stockholm 1944
– Mose lag och svensk rättsutveckling – några huvuddrag, Lund 1936.
Nagel, Heinrich: Grundzüge des Beweisrechts im europäischen Zivilprozeß, Baden-Baden 1967
Nakamura, Hideo / Huber, Barbara: Die japanische ZPO in deutscher Sprache, Köln 1978
Nehrmann-Ehrenstråle: *Daid*, Inledning Til Then Swenska Processum civilem – Efter Sweriges Rikes Lag och Stadgar, Stockholm / Uppsala 1751
– Inledning Til Then Swenska Iurisprudentiam Civilem – Af Naturens Lagh och Sweriges Rikes äldre och nyare Stadgar uthdragen och upsatt, Lund 1729, Neudruck Teckomatorp 1979
Nettelbladt, Daniel: Abhandlung von der practischen Rechtsgelahrtheit überhaupt, deren Theilen, Quellen und Hülfsmitteln wie auch der Art und Weise, dieselbe zu lehren und zu lernen, Halle1764
Neumann, Georg: Kommentar zu den Zivilprozeßgesetzen, Bde. I-II, 4. Auflage, Wien 1927-28
Nielsen, Thøger: Studier over aeldre dansk Formueretspraksis, Kopenhagen 1951
Nikisch, Arthur: Zivilprozeßrecht, 2. Auflage, Tübingen 1952

Nipperdey, Thomas: Deutsche Geschichte, 1866-1918, Bd. 1, 3. Auflage, München 1993
Nokes, Gerhard Dacre: An Introduction to Evidence, 3. Auflage, London 1962, verwendet auch in der 4. Auflage 1967
Nordquist, Jonas: Domstolar i det svenska politiska systemet – om demokrati, juridik och politik under 1900-talet, Stockholm 2001
Nordström, Johan Jacob: Bidrag till den svenska samhällsförfattningens historia, Bd. II, Helsingfors 1840
Nörr, Knut Wolgang: Naturrecht und Zivilprozeß, Tübingen 1976
Nygren, Rolf (Hrsg.): Högsta Domstolen 200 år, Del I, Lund 1990
– (Hrsg.): Rättshistoriska Studier, Bd. 14, Lund 1988
Nyström, Per (Hrsg.): Historieskrivningens dilemma och andra studier av Per Nyström, Stockholm 1974
Obermann, Karl (Hrsg.): Flugblätter der Revolution 1848/49, München 1972
Odgers, Walter Blake / Odgers, William Blake: Odgers on the Common Law of England, Bd. 1-2, 3. Auflage (besorgt von Burrows, Roland), London 1927
Olivecrona, Karl: Bevisskyldigheten och den materiella rätten, Uppsala 1930
– Domstolar och tvistemål, Lund 1965
– Grundtankar hos Hägerström och Lundstedt, Lund 1970
– Rätt och dom, Lund 1960
Olivecrona, Knut: Om den juridiska undervisningen vid Universitetet i Uppsala och om den Juridiksa Fakultetens förflyttande till Stockholm, 2. Auflage, Uppsala 1859
Orfield, Lester Bernhardt: The Growth of Scandinavian Law, Philadelphia 1953
Palme, Sven Ulric / Hildebrand, Karl-Gustav et al.: „Då ärat ditt namn ...“ – Om Sverige som stormakt i Europa, Uddevalla 1966
Pålsson, Lennart: Bryssel- och Luganokonventionerna, Stockholm 1995
– Författningssamling i internationell privaträtt, 8. Auflage, Lund 1998
Pålsson, Lennart / Quitzow, Carl Michael: EG-rätten – ny rättskälla i Sverige, Stockholm 1993
Papachristos, Athanase: La Réception des droits privés étrangers comme phénomène de sociologie juridique, Paris 1975
Paraquin, Ernst: Die französische Gesetzgebung, München 1861
Peczenik, Aleksander: Juridikens metodproblem: rättskälleläre och lagtolkning, 3. Auflage, Stockholm 1980
– Vad är rätt? Om demokrati, rättssäkerhet, ethik och juridisk argumentation, Stockholm 1995
Peters, Wilibald: Das englische bürgerliche Streitverfahren und die deutsche Zivilprozeßreform, Berlin 1908
Peterson, Claes (Hrsg.): History and European Private Law – Development of Common Methods and Principles, Rättshistoriska Studier, Bd. 21, Lund 1997
– Peter the Great's Administrative and Judicial Reforms: Swedish Antecedents and the Process of Reception, Lund 1979

Petrén, Gustaf / Ragnemalm, Hans: Sveriges grundlagar, 12. Auflage, Stockholm 1980
Petrén, Gustaf: Medborgaren och rättstaten – artiklar och uppsatser i urval av Paul-Anders Paulson, Stockholm 1991
Petschek, Georg / Stagel, Friedrich: Der österreichische Zivilprozeß, Wien 1963
Piekenbrock, Andreas: Der italienische Zivilprozeß im europäischen Umfeld, Berlin 1998
Pigeau, Eustache-Nicolas: La procédure civile des tribunaux de France démontrée par principes et mise en action par des formulés, Bd. 1, Paris 1835
Planck, Julius Wilhelm: Das Deutsche Gerichtsverfahren im Mittelalter, nach dem Sachsenspiegel und den verwandten Rechtsquellen, Bde. 1-2, Braunschweig 1879
– Die Lehre vom Beweisurtheil, Göttingen 1848
– Lehrbuch des Deutschen Civilprozeßrechts, Bde. 1-2, Nördlingen/München 1887-1896
– Über die historische Methode auf dem Gebiete des deutschen Civilprozeßrechts, München 1889
Plant, Charles (Hrsg.): Blackstone's Civil Practice – 2000, London 2000
Plósz, Sandor: Über das Klagerecht, Leipzig 1876
Pollak, Rudolf: System des österreichischen Zivilprozeßrechts, 2. Auflage, Wien 1932
Pollock, Frederick / Maitland, Frederic William: The History of English Law, 2. Auflage, Bd. I, Cambridge 1968
Polyzogopoulos, Konstantin: Parteianhörung und Parteivernehmung in ihrem gegenseitigen Verhältnis, Berlin 1976
Puchta, Georg Friedrich: Cursus der Institutionen, Bd. I, 2. Auflage, Leipzig 1845-1847
Raeithel, Gert: Geschichte der nordamerikanischen Kultur, Bd. 3 (Vom New Deal bis zur Gegenwart – 1930-1988), Weinheim/Berlin 1989
Rålamb, Claes: Observationes Juris Practicae – Thet är Åthskillige Påminnelser uthi Rättegångs Saker, Stockholm 1674
Rättsfonden (Hrsg.): Domstolarna och rättsutvecklingen, Stockholm 1989
Regner, Nils: Svensk Juridisk Litteratur (1865-1956), Stockholm 1957
Rehbinder, Manfred: Die Begründung der Rechtssoziologie durch Eugen Ehrlich, 2. Auflage, Berlin 1986
– Einführung in die Rechtswissenschaft, 8. Auflage, Berlin 1995
René, David et al. (Hrsg.): International Encyclopedia of Comparative Law, Bd. 16: Cappelletti, Mauro (Hrsg.): Civil Procedure, Chapt. 1: Cappelletti, Mauro / Garth, Bryant G., Introduction – Policies, Trends and Ideas in Civil Procedure, Tübingen 1987 – Chapt. 2: Caenegem, Roul Charles van, History of European Civil Procedure, Tübingen 1973 – Chapt. 6: Kaplan, Benjamin et al., Ordinary Proceedings in First Instance, Tübingen 1984

Reuterswärd, Dan, EG-rättens processuella verkan, Lund 1996
Rheinstein, Max: Einführung in die Rechtsvergleichung, 2. Auflage, bearbeitet und herausgegeben von Reimer von Borries, München 1987
Richert, Johan Gabriel: Ett och annat om Corporationer, Privilegier, nämnd i Domstolar etc. i anledning af Consistorii Academici i Upsala Betänkande, om den Academiska Jurisdictionen, Stockholm 1822
Riebschläger, Klaus: Die Freirechtsbewgung, Berlin 1968
Rimmelspacher, Bruno: Zur Prüfung von Amts wegen im Zivilprozeß, Göttingen 1966
Ring, Gerhard / Olsen-Ring: Line, Einführung in das skandinavische Recht, München 1999
Ritter, Gerhard: Der Sozialstaat – Entstehung und Entwicklung im internationalen Vergleich, 2. Auflage, München 1991
Rosén, Jerker: Lunds universitets historia, Bd. 1 (1668-1709), Lund 1968
Rosenberg, Leo: Lehrbuch des deutschen Zivilprozeßrechts, 1. Auflage, München/Berlin 1927, benutzt auch in der 3. Auflage – Nachtrag nach dem Stand vom 1. Januar 1934 – München 1934 sowie in der 4. Auflage, München 1949
Rotteck, Carl von / Welcker, Theodor: Das Staatslexikon, Bd. 10, 3. Auflage, Leipzig 1864
Ruhnka, John C. / Weller, Steven: Small Claims Courts – A national examination, Williamsburg 1978
Sachs, Michael (Hrsg.): Kommentar zum Grundgesetz, 2. Auflage, München 1999
Sällström, Åke: Bologna och norden intill Avignonpåvedömets tid, Lund 1957
Salomon, Ludwig: Geschichte des deutschen Zeitungswesens von den ersten Anfängen bis zur Wiederaufrichtung des deutschen Reiches, Bd. 3, Oldenburg 1906
Salvenius, Ivan: Georg Norman – en biografisk studie, Lund 1937
Samuelson, Per: Att förhöra ett vittne, Stockholm 1997
Sandström, Marie: Die Herrschaft der Rechtswissenschaft, Lund 1984
Satta, Salvatore / Punzi, Carmine: Diritto Processuale Civile, 11. Auflage, Milano 1993
Sauer, Wilhelm: Allgemeine Prozeßrechtslehre, Berlin/Detmold 1951
Savigny, Friedrich Carl von: System des heutigen römischen Rechts, Bd. I, Berlin 1840
– Vom Beruf unserer Zeit für Gesetzgebung und Rechtswissenschaft, 1814, Neufaufl. des Werks von J. Stern, Thibaut und Savigny – ihre programmatischen Schriften, München 1973
Schaaff, Petra: Discovery und andere Mittel der Sachverhaltsaufklärung im englischen Pre-Trial-Verfahren im Vergleich zum deutschen Zivilprozeß, Berlin 1983
Schack, Haimo: Internationales Zivilverfahrensrecht, 2. Auflage, München 1996

Schima, Hans: Die Versäumnis im Zivilprozeß, Wien 1928
Schlink, Heinrich: Kommentar über die französische Civil-Prozeß-Ordnung, mit Vorausschickung einer Abhandlung über die Organisation, Competenz und Disziplin der Gerichte, so wie der dazu gehörigen Nebenpersonen, Bd. II, Koblenz 1843
Schlosser, Peter: Gestaltungsklagen und Gestaltungsurteile, Bielefeld 1966
Schlyter, Carl Johan: Juridiska avhandlingar, Bd. 1, 2. Auflage, Uppsala 1891
– Om laghistoriens studium och dess förhållande till rättsvetenskapens övriga delar, Stockholm1835
Schmidt, Gerhard: Die Richterregeln des Olavus Petri – Ihre Bedeutung im allgemeinen und für die Entwicklung des schwedischen Strafprozeßrechts vom 14. bis 16. Jahrhundert, Göttingen 1966
Schmidt, Kathrin: Der Abschied von der Mündlichkeit, der Parteiherrschaft und dem Überraschungsprinzip – Die Reform des Zivilprozesses im High Court of Justice (Queen's Bench Division) in den neunziger Jahren, Frankfurt/M. 1997
Schmidt, Richard: Lehrbuch des deutschen Civilprozeßrechts, Leipzig 1898 – benutzt auch in der 2. Auflage, Leipzig 1906
– Prozeßrecht und Staatsrecht, Freiburg 1903 (in: Freiburger Abhandlungen aus dem Gebiet des öffentlichen Rechts, Bd. 2 – Programm zur Feier des Geburtstages seiner Königlichen Hoheit des Großherzogs Friedrich des Durchlauchtigsten Rector Magnificentissimus der Albert-Ludwigs-Universität zu Freiburg i. Br.)
Schneider, Konrad: Über die richterliche Ermittlung und Feststellung des Sachverhalts im Civilprozesse – eine Studie zur Reichscivilprozeßordnung, Leipzig 1888
Scholl, Thilo: Die Rezeption des kontinental-europäischen Privatrechts in Lateinamerika am Beispiel der allgemeinen Vertragslehre in Costa Rica, Berlin 1999
Scholler, Heinrich (Hrsg.): Die Einwirkung der Rezeption westlichen Rechts auf die sozialen Verhältnisse in der fernöstlichen Rechtskultur, Baden-Baden 1993
Schönfeld, Klaus Eckard: Zur Verhandlungsmaxime im Zivilprozeß und in den übrigen Verfahrensarten – Die Modifikation des Prozeßrechts durch das Sozialstaatspostulat, Frankfurt/M. 1981
Schönke, Adolf: Das Rechtsschutzbedürfnis – Studien zu einem zivilprozessualen Grundbegriff, Detmold 1950
Schrevelius, Fredrik: Lärobok i Sveriges allmänna nu gällande civil process, Lund 1853
Schubert, Werner: Die deutsche Gerichtsverfassung (1869-1877) – Entstehung und Quellen, Frankfurt/M. 1981
– Französisches Recht in Deutschland zu Beginn des 19. Jahrhunderts, Köln/Wien 1977

Schüler, Georg: Der Urteilsanspruch – ein Beitrag zur Rechtsschutzlehre und zum materiellen Justizrecht, Tübingen 1921
Schulze, Rainer (Hrsg.): Französisches Zivilrecht in Europa während des 19. Jahrhunderts, Berlin 1994
Schuster, Ernst: Die bürgerliche Rechtspflege in England, Berlin 1887
Schwartz, Johann Christoph: Die Novelle vom 17./20. Mai 1898 und die künftige Zivilprozeßreform, Berlin 1902
– Vierhundert Jahre deutsche Civilprozeß-Gesetzgebung, Berlin 1898
Schwarz, Andreas B.: Rechtsgeschichte und Gegenwart – Gesammelte Schriften zur Neueren Privatrechtsgeschichte und Rechtsvergleichung, Karlsruhe 1960
Sime, Stuart: A Practical Approach to Civil Procedure, 4. Auflage, London 2000
Simonds, Viscount (Hrsg.): The Laws of England being a complete statement of the whole Law of England, 3. Auflage, Bd. 15, London 1956
Simshäuser, Wilhelm: Zur Entwicklung des Verhältnisses von materiellem Recht und Prozeßrecht seit Savigny, Bielefeld 1965
Sjögren, Vilhelm: Den svenska processrättens historia, Bd. 1-2, Uppsala 1919
Sjöholm, Elsa: Gesetze als Quellen mittelalterlicher Geschichte des Nordens, Stockholm 1976
– Sveriges medeltidslagar – europeisk rättstradition i politisk omvandling, Lund 1988
Sjösten, Nils: Om den franska civilprocessen och dess brister, Örebro 1923
Solus, Henry / Perrot, Roger: Droit judiciaire privé, Bd. 3, Paris 1991
Sommerfeld, Max: Grundzüge des reichsdeutschen und österreichischen Versäumnisverfahrens, Leipzig 1933
Sonnen, Theodor: Das neue Zivilprozeßrecht, Berlin 1924
Sperl, Hans: Lehrbuch der bürgerlichen Rechtspflege, Bd. 1, Wien 1930
Spohr, Tilman: Richterliche Aufklärungspflicht (§ 139 ZPO) im Zivilprozeß, Göttingen 1969
Stålberg, Krister: Kommittéväsendet i den statliga beslutsprocessen, Åbo 1976
Starck, Christian (Hrsg.): von Mangoldt/Klein, Bonner Grundgesetz, Bd. 3, 4. Auflage, München 2001
Steckzén, Birger: Svenskt och Brittiskt – sex essayer, Stockholm 1959
Steele, Eric H.: The historical context of small claims courts, Chicago 1981
Stein, Friedrich: Grundriß des Zivilprozeßrechts und des Konkursrechts, 3. Auflage, Tübingen 1928
– Urkunden- und Wechselprozeß, Leipzig 1887
Stein, Friedrich / Jonas, Martin: Kommentar zur Zivilprozeßordnung, 21. Auflage, bearbeitet von C. Berger / R. Bok et al., Tübingen 1993-1999
Steinwenter, Artur: Studien zum römischen Versäumnisverfahren, München 1914
Stening, Anders: Bevisvärde, Uppsala 1975

Steuerwald, Hans: Das Versäumnisverfahren im Zivilprozeß der wichtigsten außerdeutschen Kulturstaaten Europas, Berlin 1938
Stintzing, Roderich / Landsberg, Ernst: Geschichte der deutschen Rechtswissenschaft, Bd. 3 – Teilband 1, München/Leipzig 1898, Bd. 3 – Teilband 2, München/Berlin 1910
Stoll, Heinrich: Begriff und Konstruktion in der Lehre der Interessenjurisprudenz, Sonderdruck, Darmstadt 1974
Stölzel, Adolf: Die Entwicklung der gelehrten Rechtsprechung untersucht auf Grund der Akten des Brandenburger Schöppenstuhls, Berlin 1910
Storme, Marcel (Hrsg.): Rapprochement du Droit Judiciaire de l'Union européenne – Approximation of Judiciary Law in the European Union, Dordrecht/Boston/London 1994
Stridsbeck, Ulf: Andreas Cervin – Jurist och människa, Lund 1981
Strömholm, Stig (Hrsg.): An Introduction to Swedish Law, 2. Auflage, Stockholm, 1988
– Rätt, rättskällor och rättstillämpning, 5. Auflage, Stockholm 1996
– (Hrsg.): Uppsalaskolan – och efteråt, Rättsfilosofiskt symposium, Uppsala 23-26 maj 1977, Uppsala 1978
Stürner, Rolf: Die Aufklärungspflicht der Parteien des Zivilprozesses, Tübingen 1976
– Die richterliche Aufklärung im Zivilprozeß, Tübingen 1982
Sundberg, Jacob W.F.: Från Eddan till Ekelöf, 2. unv. Auflage, Stockholm 1990
Sundell, Jan-Olof: Karl Schlyter – en biografi, Stockholm 1998
– Tysk påverkan på svensk civilrättsdoktrin 1870-1914, Stockholm 1987
Svenska Institutet (Hrsg.): Schweden und Deutschland: Begegnungen und Impulse – Tyskland och Sverige: möten och impulser, Stockholm 1999
The Consumer Council: Justice out of reach: a case for small claims courts, Her Majesty's Stationery Office, London 1970
Tiberg, Hugo / Sterzel, Fredrik / Cronhult, Pär (Hrsg.): Swedish law – a survey, Stockholm 1994
Trepte, Peter: Umfang und Grenzen eines sozialen Zivilprozesses, Frankfurt/M./Berlin/Bern 1994
Trojan, Ernst Jürgen: Über Justus Möser, Johann Gottfried Herder und Gustav Hugo zur Grundlegung der historischen Rechtsschule, Bonn 1971
Troller, Alois: Von den Grundlagen des zivilprozessualen Formalismus, Basel 1945
Trusen, Winfred: Anfänge des gelehrten Rechts in Deutschland, Wiesbaden 1962
Trygger, Ernst: Kommentar till lag om ändring i vissa delar af rättegångsbalken, Uppsala 1901
– Om skriftliga bevis såsom civilprocessuellt bevis, 2. Auflage, Stockholm 1921

Uppström, Wilhelm, Öfversigt af den svenska processens historia – efter uppdrag af nya Lagberedningen, Stockholm 1884
Victorin, Åke / Victorin, Anders: Hyresrätten, Uddevalla 1979
Viklund, Daniel: Att förstå EU – Sverige och Europa, 4. Auflage, Stockholm 1997
Vinogradoff, Paul: Roman law in medieval Europe, 3. Auflage, Oxford 1961
Vizioz, Henry: Etudes de Procédure, Bordeaux 1956
Vogel, Hans-Heinrich: Der skandinavische Rechtsrealismus, Frankfurt/M. 1972
Wach, Adolf: Der Feststellungsanspruch, Festgabe der Leipziger Juristenfakultät für B. Windscheid, Leipzig 1888
– Die Mündlichkeit im österreichischen Civilprocess-Entwurf, Wien 1895
– Grundfragen und Reform des Zivilprozesses, Berlin 1914
– Handbuch des deutschen Zivilprozeßrechts, Leipzig 1885
– Vorträge über die Reichs-Civilprozeßordnung, Bonn 1879
Wagner, Wolfgang (Hrsg.): Das schwedische Reichsgesetzbuch von 1734 – Beiträge zur Entstehungs- und Entwicklungsgeschichte einer vollständigen Kodifikation, Frankfurt/M. 1986
Warburg, Karl: Johan Gabriel Richert. Hans lefnad och uttalanden, Stockholm 1905
Wassermann, Rudolf: Der soziale Zivilprozeß – Zur Theorie und Praxis des Zivilprozesses im sozialen Rechtsstaat, Neuwied 1978
Watson, Alan: Legal Transplants, 2. Auflage, Athen 1993
Wedberg, Birger: Konungens Högsta Domstolen, Bd. 1 (1798-1809), Stockholm 1922, Bd. 2 (1809-1844), Stockholm 1940
Weibull, Jörgen: Lunds universitets historia, Bd. 4 (1868-1968), Lund 1968
– Schwedische Geschichte, Stockholm 1993
– Sveriges Historia, Trelleborg 1997
Weibull, Jörgen / Tegnér, Elof: Lunds universitets historia, Bd. II (1668-1868), Lund 1868
Weisman, Jakob: Lehrbuch des deutschen Zivilprozeßrechtes, Bd. 1, Stuttgart 1903
Weißler, Adolf: Geschichte der Rechtsanwaltschaft, Leipzig 1905
Welamson, Lars: Rättegång, Bd. VI, 3. umgearb. Auflage, Stockholm 1994 (zu Bd. I-V siehe Ekelöf/Boman et al.)
Wendeling, Nicolaus: Anton Menger als Rechtstheoretiker und Rechtspolitiker, Marburg 1949
Westberg, Peter: Domstols officialprövning, Lund 1988
Westman, Karl Gustav: De svenska rättskällornas historia, Uppsala 1953
– Den svenska nämnden – dess uppkomst och utveckling, Uppsala 1912
– Häradsnämnd och Häradsrätt under 1600-talet och början av 1700-talet, Uppsala 1927
Wetzell, Georg Wilhelm: System des ordentlichen Civilprozesses, 3. Auflage, Leipzig 1878

Whelan, Christopher J. (Hrsg.): Small Claims Courts – A Comparative Study, Oxford 1990

Wieacker, Franz: Privatrechtsgeschichte der Neuzeit, 2. Auflage, Göttingen 1967, 2. unver. Nachdruck, Göttingen 1996

– Rudolf von Jhering, 2. Auflage, Stuttgart 1968

Wieacker, Franz / Wollschläger, Christian (Hrsg.): Jherings Erbe – Göttinger Symposion zur 150. Wiederkehr des Geburtstages von R. v. Jhering, Göttingen 1969

Wigmore, John Henry: A Student's Textbook on the Law of Evidence, Chicago 1935

– Evidence in Trials of Common Law, revised by J.H. Chadbourn, Bd. II, Boston 1979

Wiklund, Ola: EG-domstolens tolkningsutrymme – om förhållandet mellan normstruktur, kompetensfördelning och tolkningsutrymme i EG-rätten, Stockholm 1997

Wilshere, Alured Myddleton: The outlines of procedure in an action in the King's Bench Division, 3. Auflage, London 1923

Windscheid, Bernhard, Gesammelte Reden und Abhandlungen, hrsg. von Paul Oertmann, Leipzig 1904

Winroth, Alfred Ossian: Svensk civilrätt, Bd. 4, Stockholm 1903

Wisén, Theodor: Minnesteckning över Carl Johan Schlyter, Stockholm 1980

Wolter, Udo: Ius canonicum in iure civili: Studien zur Rechtsquellenlehre in der neueren Privatrechtsgeschichte, Köln 1975

Wrede, Rabbe Axel: Das Zivilprozeßrecht Schwedens und Finnlands, Mannheim/Berlin/ Leipzig 1924

– Matthias Calonius – en biografi, Helsingfors 1817

Zink, Erich: Über die Ermittlung des Sachverhaltes im französischen Civilprozesse – Ein Beitrag vergleichender Studien und beleuchtender Rechtsfälle zur Umbildung des gerichtlichen Verfahrens in deutschen Landen, Bde. 1-2, München 1860

Zweigert, Konrad / Kötz, Hein: Einführung in die Rechtsvergleichung, 3. Auflage, Tübingen 1996

III. Aufsatzliteratur

Abrahamsson, O.: EU-medlemskapets influenser på dömandet, in: SJT 1999, S. 833 ff.

Alexandersson, N.: Ernst Trygger 80 år, in: SJT 37, 569 ff.

Alliot, M.: Über die Arten des „Rechts-Transfers", in: Fikentscher, W. / Franke, H. et al., Entstehung und Wandel rechtlicher Traditionen, Freiburg/München 1980, S. 161 ff.

Almquist, J.E.: Johan Stiernhöök, vår förste rättshistoriker, in: IRF (Hrsg.): Rättshistoriska Studier, Bd. 2, S. 162 ff.

– Våra äldsta häradstingsprotokoll, in: SJT 1946, S. 114 ff.

Andersson, T.: EG-rätten och den svenska processrätten, in: JT 1998/99, S. 807 ff.

Ayiter, F.: Das Rezeptionsproblem im Zeichen der kulturhistorischen Perspektive „Europa und das Römische Recht" und unter besonderer Berücksichtigung der Rezeption westeuropäischer Gesetzesbücher in der modernen Türkei, Studi in memoria di Paulo Koschaker, Bd. 2, S. 130 ff.

Bähr, O.: Der deutsche Civilprozeß in praktischer Bethätigung, in: JJ 23 (1885), S. 339 ff.

Bar, P. von: Ist unter Voraussetzung freier richterlicher Beweiswürdigung die eidliche Vernehmung der Parteien als Zeugen in eigener Sache in den deutschen Civilprozeß einzuführen?, in: Verhandlungen des 8. Deutschen Juristentages (1869), Bd. 1, S. 12 ff.

Bendz, G.: Om hovrätterna från deras uppkomst till 1734 års lag, in: Minnesskrift tillägnad 1734 års lag, Bd. 2, S. 138 ff.

Bengtsson, B.: Om domstolarnas lagprövning, in: SJT 1987, S. 229 ff.

Bernhardt, W.: Die Aufklärung des Sachverhalts im Zivilprozeß, in: ders. (Hrsg.): Festgabe für Leo Rosenberg, 1949 S. 9 ff.

Bernitz, U.: Europakonventionens införlivande med svensk rätt – en halvmesyr, in: JT 1994/95, S. 259 ff.

– Inför europeiseringen av svensk rätt, in: JT 1991/92, S. 29 ff.

Bettermann, K.A.: Verwaltungsakt und Richterspruch, in: Forschungen und Berichte aus dem Öffentlichen Recht – Gedächtnisschrift für Walter Jellinek, hrsg. von O. Bachof, München 1955

Blomeyer, A.: Der Rechtsschutzanspruch im Zivilprozeß, in: K. Bettermann / A. Zeuner (Hrsg.): Festschrift für E. Bötticher zum 70. Geburtstag, S. 61 ff.

Bomgren, G.: Processreformen utan lagändring, in: SJT 1937, S. 666 ff.

Boor, H.O. de: Der Begriff der actio im deutschen und italienischen Prozeßrecht, in: Festschrift für G. Boehmer zum siebzigsten Geburtstag, Bonn 1954, S. 99 ff.

Bratt, P. / Tiberg, H.: Domare och lagmotiv, in: SJT 1989, S. 407 ff.

Broomé, B.: Domaren som tjänsteman hos politiker, in: Departementets utredningsavdelning i Malmö (Hrsg.): 35 års utredande – en vänbok till Erland Aspelin, S. 65 ff.

Cappelletti, M.: Laienrichter – heute? Einige aktuelle Gründe für eine verstärkte Beteiligung von Laienrichtern an der zivilgerichtlichen Rechtsprechung, in: W. Grunsky et al. (Hrsg.): Festschrift für F. Baur zum siebzigsten Geburtstag, Tübingen 1981, S. 313 ff.

Cappelletti, M. / Ritterspach, T.: Die gerichtliche Kontrolle der Verfassungsmäßigkeit der Gesetze in rechtsvergleichender Betrachtung, in: JahrböR. Bd. 20 (1971), S. 65 ff.

Carlsson, L.: ‚Handsken är kastad' – tvekamp och rättssymbolik, in: IRF (Hrsg.): Rättshistoriska Studier, Bd. 2, S. 151 ff.

Carricks, J.: Domstolsväsendet i vårt land, in: TSDF 3/2000, S. 21 ff.

Carsten, G.: Europäische Integration und nordische Zusammenarbeit auf dem Gebiet des Zivilrechts, in: ZEuP 1993, S. 335 ff.
Chartier, Y.: Die neuere Entwicklung des Zivilprozeßrechts in Frankreich, in: ZZP 91 (1978), S. 286 ff.
Choi, C.: On the Reception of Western Law in Korea, in: Korean Journal of Comparative Law 9 (1981), S. 141 ff.
Coester-Waltjen, D.: Parteiaussage und Parteivernehmung am Ende des 20. Jahrhunderts, in: ZZP 113 (1999) S. 269 ff.
Cohn, E.: Die Lehre vom Schriftsatz nach englischem Recht, in: ZZP 73 (1960), S. 324 ff.
– Die materielle Rechtskraft im englischen Recht, in: Festschrift für H.K. Nipperdey zum 70. Geburtstag, Bd. 1, S. 875 ff.
– Zur Wahrheitspflicht und Aufklärungspflicht der Parteien im deutschen und englischen Zivilprozeßrecht, in: Festschrift für Fritz von Hippel zu dessen 70. Geburtstag, S. 41 ff.
Conradi, E.: Skapande dömande, in: Festskrift till Bertil Bengtsson, S. 73 ff.
Curtin, D.: Directives: The Effectiveness of Judicial Protection of Individual Rights, in: 27 CMLRev (1990), S. 709 ff.
Da Costa, J.: Die Verfassungsrechtsprechung im Rahmen der staatlichen Funktionen, in: EuGRZ 1988, S. 236 ff.
Damrau, J.: Der Einfluß der Ideen Franz Kleins auf den Deutschen Zivilprozeß, in: H. Hofmeister (Hrsg.): Forschungsband Franz Klein – Leben und Wirken, S. 157 ff.
Danelius, H.: Europakonventionens artikel 6 och dess betydelse för det svenska rättegångsförfarandet, in: A. Agell et al. (Hrsg.): Festskrift till B. Bengtsson, S. 89 ff.
Denti, V.: Accessibility of Legal Procedures for the Underprivileged – Legal aid and advice, in: Storme, Marcel / Casman, Hélène (Hrsg.): Towards a justice with a human face – The first international congress on the law of civil procedure, Antwerpen 1978, S. 167 ff.
Due, O.: EF-domstolens retspraksis som integrationsfremmende faktor, in: JT 1991/92, S. 407 ff.
Edling, N.: Sakfrågan och rättsfrågan vid 1600-talets rättsskipning på upplandsbygden, in: SJT 1928, S. 162 ff.
Ehrenkrona, C.: Europakonventionens betydelse för den svenska rättegångsordningen, in: SJT 1999, S. 486 ff.
Eliasson, D. / Abrahamsson, O. et al.: Community Directives: Effects, Efficiency and Justiciability in Sweden, in: SJT 1998, S. 212 ff.
Endemann, Wilhelm: Der Eid bei freier Beweisführung, in: AcP 43 (1860), S. 349 ff.
Engelmann, A.: Civilprozeßverfahren nach der kanonistischen Lehre, in: AcP 15 (1891), S. 177 ff.
Engströmer, T.: En episod i rättegångsreformens historia, in: SJT 1941, 142 ff.

– Karl Schlyter 70 år, in: SJT (Hrsg.): Festskrift tillägnad f.d. presidenten, föutvarande statsrådet juris doktor Karl Schlyter, S. 7 ff.
– Muntlighet och fri bevisprövning i rättegången, in: SJT 1928, 19 ff.
– Några anmärkningar om processen enligt 1734 års lag, in: Festskrift tillägnad M. von Würtemberg (1931), S. 156 ff.

Faller, H.: Zur Entwicklung der nationalen Verfassungsgerichte in Europa, in: EuGRZ 1986, S. 42 ff.

Farkas, J.: Bemerkungen zur Lehre vom Rechtspflegeanspruch, in: W. Lindacher (Hrsg.): Festschrift für W.H. Habscheid zum 65. Geburtstag, S. 83 ff.

Fasching, Hans: Small Claims Courts, in: Storme, Marcel /Casman, Hélène (Hrsg.): Towards a justice with a human face – The first international congress on the law of civil procedure, Antwerpen 1978, S. 343 ff.

Fitger, P.: Något om en reformering av rättegångsbalken, in: SJT 1999, S. 514 ff.

Fucik, R.: Die Rolle des Richters in der ZPO – Eine ökonomische Analyse, in: Lewisch, Peter / Rechberger, Walter (Hrsg.): 100 Jahre ZPO – Ökonomische Analyse des Zivilprozesses, Wien 1998, S. 191 ff.

Gärde, N.: Thore Engströmer 70 år, in: SJT 1948, S. 161 ff.

Gaul, H.F.: Zur Frage nach dem Zweck des Zivilprozesses, in: AcP 168 (1968), S. 29 ff.

Genzmer, E.: Einleitung, in: Ius Romanum Medii Aevii, Bd. 1/1 a-d, Mailand 1961, S. 111 ff.

Gerven, W. van: Bridging the Gap between Community and National Laws: Towards a Principle of Homogeneity in the field of Legal remedies?, in: 32 CMLRev (1995), S. 679 ff.

Giesen, D.: Rezeption fremder Rechte, in: HRG, Bd. 4 (1990), Spalten 995 ff.

Glasser, C.: Civil Procedure and the Lawyers – The Adversary System and the Decline of the Orality Principle, in: 56 MLRev (1993), S. 307 ff.

Glasson, E.: Les sources de la procédure civile française, in: Nouvelle revue historique de droit française et étranger, Bd. 5 (1881), S. 437 ff.

Greger, R.: Verbandsklage und Prozeßrechtsdogmatik- Neue Entwicklungen in einer schwierigen Beziehung, in: ZZP 113 (2000),S. 399 ff.

Gregow, T.: Lagstiftningsarbete förr och nu, in: T. Håstad/A. Knutsson/S. Unger (Hrsg.): Rättsvetenskapliga studier till minnet av Tore Almén, S. 115 ff.

Habscheid, W.: Der neue französische Code de Procédure Civile und das deutsche Zivilprozeßrecht, in: Festschrift für Günther Beitzke zum 70. Geburtstag, S. 1051 ff.
– Der neue französische Code de procédure civile und das deutsche Zivilprozeßrecht, in: O. Sandrock (Hrsg.): Festschrift für G. Beitzke zum siebzigsten Geburtstag, Berlin 1979, S. 1051 ff.

Hamson, C.J.: The Instambul Conference of 1955, in: I.C.L.Q., Bd. 5-1. Teil (1955), S. 26 ff.

Hassler, Å.: Några ord om rättegångsbalkens systematik och terminologi, in: SJT 1940, S. 151ff

Hébraud, P.: L'élément écrit et l'élément oral dans la procédure civile, in: Recueil de l'Académie de législation, 5e série, Bd. 1 (1951), S. 39 ff.

Hedberg, G.: Bårprövningen i Sverige, in: G. Hafström/K. Å. Modéer (Hrsg.): Rättshistoriska Studier, Bd. 3, S. 158 ff.

Hellner, J.: Domstolsorganisationen och rättegången i tvistemål i första instans – några grundlinier för en reform, in: SJT 1916, 5 ff.

– Några ord om internationaliseringen av domstolsprocessen, in: Departementets utredningsavdelning i Malmö (Hrsg.): 35 års utredande – en vänbok till Erland Aspelin, S. 147 ff.

Hellwig, K.: Geschichtlicher Rückblick über die Entstehung der deutschen CPO, in: AcP 61 (1878), S. 78 ff.

Hemming-Sjöberg, A.: Vortrag: Advocatens sanningsplikt, in: Advokatsamfundets förhandlingar 1922, S. 21 ff.

Herrmann, R.: The Consumer Movement in Historical Perspective, in: Aaker, D.A. / Day, G.S. (Hrsg.): Consumerism – Search for the Consumer Interest, 3. Auflage, New York 1978

Heuman, L.: Editionsföreläggande i civilprocesser och skiljetvister, Del. 1, in: JT 1989/90, S. 3 ff.

– Editionssökandens moment 22 och yrkeshemligheter, in: JT 1995/96, S. 449 ff.

Heusler, A.: Die Grundlagen des Beweisrechts, in: AcP 62 (1879), 209 ff.

Hirsch, E.: Die Einflüsse und Einwirkungen ausländischen Rechts auf das heutige türkische Recht, in: ZGH 116 (1953/54), S. 201 ff.

– Die Rezeption fremden Rechts als sozialer Prozeß, in: O. Stammer et al. (Hrsg.): Festgabe für F. Bülow zum siebzigsten Geburtstag, S. 121 ff.

Holmbäck, Å.: Våra domarregler, in: Juridiska föreningen (Hrsg.): Festskrift tillägnad A. Hägerström (1928), S. 265 ff.

Hoskins, M.: Tilting the Balance: Supremacy and National Procedural Rules, in: 21 ELRev (1996), S. 365 ff.

Inger, G.: Upplandslagen 700 år, in: Å. Frändberg / U. Göranson / T. Håstad (Hrsg.): Festskrift till Stig Strömholm Bd. 1 [1997], S. 423 ff.

Jääskinen, N.: EG-rättens inverkan på lagstiftningsmetodik och rättstillämpning i norden, in: Forhandlingerne ved det 33. nordiske Juristmöde, S. 563 ff.

Jacob, J.: Accelerating the process of law, in: Storme, Marcel / Casman, Hélène (Hrsg.): Towards a justice with a human face – The first international congress on the law of civil procedure, Antwerpen 1978, S. 303 ff.

Jacobi, E.: Der Prozeß im Decretum Gratiani und bei den ältesten Dekretisten, in: SavZ/Kanon 1913, S. 223 ff.

Jacobsson, U.: nämndemannens domarroll, in: L. Heumann (Hrsg.): Festskrift till P.O. Bolding, S. 235 ff.

Jägerskiöld, S.: Johan Stiernhöök och den romerska rätten, in: G. Hafström/K. Å. Modéer (Hrsg.): Rättshistoriska studier, Bd. 4, S. 117 ff.
– Kring tillkomsten av 1734 års lag, in: SJT 1984, S. 681 ff.
– Om culpa-ansvaret under 1600- och 1700-talen – några anteckningar om svensk rättspraxis och doktrin, in: K.Å. Modéer (Hrsg.): Rättshistoriska studier tillägnade G. Hasselberg, S. 145 ff.
– Roman influence on Swedish case law in the 17 th century, in: ScandStL 1967, S. 177 ff.
Jansson, T.: En historisk uppgörelse, in: HT 1990, S. 348 ff.
Jelinek, W.: Einflüsse des österreichischen Zivilprozeßrechts auf andere Rechtsordnungen, in: W. Habscheid (Hrsg.): Das deutsche Zivilprozeßrecht und seine Ausstrahlung, S. 41 ff.
Johanek, P.: Art. Rechtsbücher, in: LMA, Bd. 7, Spalten 519 ff.
Kallenberg, E.: Om grunderna för en processreform, in: SJT 1927, 172 ff.
– Processlagberedningens förslag till rättegångsbalk, SJT 1940, S. 1 ff.
Kawai, T.: Probleme der Rezeption des deutschen Zivilrechts in Japan, in: H. Scholler (Hrsg.): Die Einwirkung der Rezeption westlichen Rechts auf die sozialen Verhältnisse in der fernöstlichen Rechtskultur, S. 63 ff.
Kiefner, Harald: Der Einfluß Kants auf Theorie und Praxis des Zivilrechts im 19. Jahrhundert, in: Blühdorn, Jürgen / Ritter, Joachim (Hrsg.): Philosophie und Rechtswissenschaft – Zum Problem ihrer Beziehung im 19. Jahrhundert, Frankfurt/M. 1969, S. 3 ff.
Kleinfeller, G.: Ist die Eideszuschiebung im Civilprozesse durch die Vernehmung der Parteien als Zeugen zu ersetzten?, in: Verhandlungen des 20. Deutschen Juristentages, 1892, S. 67 ff.
Koch, H.: Die Verbandsklage in Europa – Rechtsvergleichende, europa- und kollisionsrechtliche Grundlagen, in: ZZP 113 (2000), S. 413 ff.
Kohler, J.: Der sogenannte Rechtsanspruch, in: ZZP 33 (1904), S. 211 ff.
– Zur Prozeßreform, in: RheinZ, Bd. 3 (1911), S. 1 ff.
König, B.: Die österreichische Zivilprozeßordnung und das Königreich Italien, in: JBl 1981, S. 585 ff.
Kralik, R.: Verspätete Klagebeantwortungen, in: ÖJZ 1950, S. 129 f.
Kräwel, R. von: Erfahrungen im jetzigen deutschen Civilprozesse, in: ZZP 3 (1881), S. 445 ff.
Krueger, W.: The small claims court in the state of Washington, in: Gonzaga University Washington (Hrsg.): The Developing Law of Consumer Protection, Washington 1975, S. 683 ff.
Kumlien, K.: Stadslag, statsmakt och tyskar i senmedeltidens Stockholm – några problem, in: R. Nygren (Hrsg.): Rättshistoriska Studier, Bd. 14, S. 1 ff.
Leipold, D.: Prozeßförderungspflicht der Parteien und richterliche Verantwortung, in: ZZP 93 (1980), S. 237 ff.
Lind, J.: Förarbetena som rättskälla, in: A. Agell et al. (Hrsg.): Festskrift till Bertil Bengtsson, S. 301 ff.

Lindblom, P.H.: Grupprättegång – ett lagförslag under debatt in: SJT 1995, S. 269 ff.

– Grupptryck mot grupptalan – kommentar till ett remissutfall och en uppsats in: SJT 1996, S. 85 ff.

– Per Olof Ekelöf in memoriam, SJT 1990, S. 668 ff.

– Processens funktioner – en resa i gränslandet, in: Å. Frändberg / U. Göranson / T. Håstad (Hrsg.): Festskrift till S. Strömholm (1997), S. 593 ff.

Lindroth, S.: Svensk lärdom – och europeisk, in: S.U. Palme (u.a.), „Då ärat ditt namn ...“ – Om Sverige som stormakt i Europa, S. 95 ff.

Lundkvist, S.: Furstens personliga regemente – Gustav Vasa, Konrad von Pyhy och den svenska riksstyrelse 1538-1543, in: Svenskt Biografiskt Lexikon (Hrsg.): Individ och historia – studier tillägnade H. Gillingstam, S. 209 ff.

Lysén, G.: Om svensk domstols lagprövning m.m., in: SJT 1989, S. 115 ff.

Malmström, Å.: The System of Legal Systems, in: ScanStL 13, S. 127 ff.

– Ur den juridiska fakultetens historia, in: G. Hasselberg (Hrsg.): Juridiska fakulteten vid Uppsala universitet, S. 13 ff.

Meyer-Ladewig, J. / Petzold, H.: Der neue ständige Europäische Gerichtshof für Menschenrechte, in: NJW 1999, S. 1165 f.

Mitteis, H.: Studien zur Geschichte des Versäumnisurteils, besonders im französischen Recht, in: SavZ/Germ 42 (1921), S. 137 ff.

Modéer, K.Å.: „Käre Francis!“ – „Kjære Ivar!“ – Några ord om brevväxlingen mellan Ivar Afzelius och Francis Hagerup, in: Y. Blomstedt/K. Å. Modéer et al. (Hrsg.): Rättsvetenskap och lagstiftning i Norden – Festskrift tillägnad Erich Anners, S. 127 ff.

– Den stora reformen, in: SJT 1999, S. 400 ff.

Munch-Petersen, H.: Einfluß der österreichischen Zivilprozeßordnung auf die skandinavischen Gesetzgebungen, in: Festgabe für Franz Klein zu seinem 60. Geburtstage, S. 251 ff.

Munktell, H.: Domarreglerna i praxis före 1734 års lag, in: SJT 1939, S. 516 ff.

Németh, J.: Das deutsche Zivilprozeßrecht und seine Ausstrahlung auf die Rechtsordnungen der osteuropäischen Länder, in: W. Habscheid (Hrsg.): Das deutsche Zivilprozeßrecht und seine Ausstrahlung, S. 254 ff.

Neukamp, E.: Wie ist den hauptsächlichsten Klagen des Volkes über den Zivilprozeß abzuhelfen? in: DJZ 1913, Sp. 1004 ff.

Norton, J.: Comparative Perspektive: The United States' Experience with Class Action Suits and the Need for Curative Legislation in: JT 1997/98, S. 11 ff.

Nyström, P.: Landskapslagarna, in: T. Forser (Hrsg.): Historieskrivningens dilemma, S. 62 ff.

Oberhammer, P.: Parteiaussage, Parteivernehmung und freie Beweiswürdigung am Ende des 20. Jahrhunderts, in: ZZP 113 (1999), S. 295 ff.

– Richtermacht, Wahrheitspflicht und Parteienvertretung, in: Rechberger, Walter / Kralik, Winfried (Hrsg.): Konfliktvermeidung und Konfliktregelung, Wien 1993, S. 31 ff.

Olivecrona, K.: Vilhelm Lundstedt 70 år, in: SJT 1952, S. 497 ff.

Olzen, D.: Die Wahrheitspflicht der Parteien im Zivilprozeß, in: ZZP 98 (1985), S. 403 ff.

Opsahl, T. / Fribergh, E.: Sverige fällt av Europadomstolen, in: SJT 1983, S. 401 ff.

Peczenik, A.: Svenska lagmotiv i Europeisk Union, in: JT 1994/95, S. 306 ff.

Peters, W.: Inwiefern empfiehlt es sich, den deutschen Zivilprozeß nach dem Muster des österreichischen umzugestalten?, in: Gruchot, Bd. 51 (1907), S. 48 ff.

Petrén, G.: Domstolarnas ställning enligt 1974 års regeringsform, in: SJT 1975, S. 1 ff.

Pound, P.: The Causes of Popular Dissatisfaction with the Administration of Justice, in: American Bar Association Reports Bd. 29, S. 395 ff.

Pringsheim, F.: Réception, in: RIDA, Bd. 8 (1961), S. 243 ff.

Rechberger, W.: Das Unschlüssigkeitsurteil im Versäumnisfall, in: JBl 1974, S. 562 ff.,

Rehbinder, M.: Die Rezeption fremden Rechts in soziologischer Sicht, in: Rechtstheorie, Bd. 14 (1983), S. 305 ff.

Reuterwall, L.: Allmänna advokatbyråer, in: TSA 39 (1973), S. 33 ff.

Rheinstein, M.: Types of Reception, in: AFDI, Bd. 5 (1956), S. 31 ff.

Ritter, U.: Die Bestimmung der objektiven Rechtskraftgrenzen in rechtsvergleichender Sicht, in: ZZP 87 (1974), S. 138 ff.

Satter, K.: Das Werk Franz Kleins und sein Einfluß auf die neueren Prozeßgesetze, in: ZZP 60, S. 271 ff.

Schack, H.: Entscheidungszuständigkeiten in einem weltweiten Gerichtsstands- und Vollstreckungsübereinkommen, in: ZEuP 1998, S. 931 ff.

Schanbacher, D.: Rezeption, juristische, in: HWP, Bd. 8, Spalten 1004 ff.

Scherer, M.: Die Verschiedenheiten des deutschen und französischen Prozesses, in: Juristische Zeitschrift für das Reichsland Elsaß-Lothringen, Bd. 4 (1879), S. 414 ff.

Schlette, V.: Europäischer Menschenrechtsschutz nach der Reform der EMRK, in: JZ 1999, S. 219 ff.

Schlyter, K.: Askims domsagas tingsordning, in: SJT 1925, S. 27 ff.

– Friedrich von Engel, in: SJT 1942, S. 187

– Johannes Hellner 80 år, in: SJT 1946, S. 287 f.

– Processreformen – historik / domstolsorganisation, in: SJT 1927, S. 1 ff.

Schmidt, A.: Die neue Zivilprozeßordnung für Ungarn, in: ZZP 41 (1911), S. 539 ff.

Schmidt, R.: Die Lüge im Prozeß, in: DJZ 1909, S. 39 ff.

Schwarz, A.: Zur Entstehung des modernen Pandektensystems, in: SZ/Rom 42 (1921), S. 578 ff.

Selvig, E.: Begrenset rederansvar – studie i kildene til den svenske sjöloven av 1667, in: K.Å. Modéer (Hrsg.): 1667 års sjölag i ett 300-årigt perspektiv, S. 186 ff.
Seuffert, L.: Die Zivilprozeßordnung 1879 bis 1904 – Ein Rückblick, ein Ausblick, in: DJZ 1904, S. 898 ff.
Simantiras, J.: Franz Klein und die Zivilprozeßreform in Griechenland, in: Festschrift für Franz Klein, S. 261 ff.
Sjöberg, S.: Studier kring Magnus Erikssons Landslag, in: G. Hafström/K. Å. Modéer (Hrsg.): Rättshistoriska Studier, Bd. 4, S. 13 ff.
Sjögren, W.: Domaremakt och rättsutveckling, in: TfR 1916, S. 325 ff.
Sobich, P.: Die Civil Procedure Rules 1999 – Zivilprozeßrecht in England, in: JZ 1999, S. 775 ff.
Sperl, H.: Ist die Vorschrift des § 296 der Civilproceßordnung für das Deutsche Reich, kraft welcher der Richter bei der Schöpfung des Versäumnisurtheils wider eine vom letzten Termin weggebliebene Partei alles das ignorieren muß, was sie in früheren Terminen vorgebracht hat, oder die Bestimmung des § 399 der österreichischen Civilproceßordnung, welche in diesem Falle Vollversäumnis nicht anerkennt, gerechtfertigt? – Gutachten zum Deutschen Juristentag, in: DJT, Bd. 24/1 (1897), S. 188 ff.
Sprung, R.: Die Ausgangspositionen österreichischer Zivilprozessualistik und ihr Einfluß auf das deutsche Recht, in: ZZP 92 (1979), S. 4 ff.
Stampfer, M.: Die Zivilprozeßordnung von 1898 vor dem Hintergrund zeitgenössischer sozialer Rechtsgestaltung, in: Lewisch, Peter / Rechberger, Walter (Hrsg.): 100 Jahre ZPO – Ökonomische Analyse des Zivilprozesses, Wien 1998, S. 69 ff.
Stein, F.: Zur Reform des Zivilprozeßrechts, in: DJZ 1907, S. 1283 ff.
Strömberg, H.: Normprövning i nyare rättspraxis, in: FörvT 1988, S. 121 ff.
Strömholm, S.: Juristroll och samhällsutveckling, in: SJT 1982, S. 1 ff.
Stürner, R.: Das deutsche Zivilprozeßrecht und seine Ausstrahlung auf andere Rechtsordnungen – von Deutschland aus gesehen, in: W. Habscheid (Hrsg.): Das deutsche Zivilprozeßrecht und seine Ausstrahlung, S. 3 ff.
– Die Rezeption U.S.-amerikanischen Rechts in der Bundesrepublik Deutschland, in: H. Eyrich et al. (Hrsg.): Festschrift für K. Rebmann zum 65. Geburtstag, S. 839 ff.
Stürner, R. / Stadler, A.: Aktive Rolle des Richters – Judicial activism substantive and procedural, in: P. Gilles (Hrsg.): Anwaltsberuf und Richterberuf in der heutigen Gesellschaft – Role and Organisation of Judges and Lawyers in Contemporary Societies, Deutsche Landesberichte zur IX. Weltkonferenz für Prozeßrecht (Coimbra/Lissabon 1991), Baden-Baden 1991, S. 173 ff.
Sundberg, J. W.: Civil Law, Common Law and the Scandinavians, in: ScanStL 13 (1969), S. 180 ff.
Sundberg, F.: Något om rätten till domstolsprövning enligt Europakonventionens artikel 6 (1) vid myndighetsbeslut i marknadsregleringssamman-

hang, in: Institutet för Immaterialrätt och Marknadsrätt vid Stockholms universitet (Hrsg.): Ulf, 50 – uppsatser tillägnade Ulf Bernitz, S. 151 ff.
Süss, T.: Ist die Klageerhebung eine Prozeßvoraussetzung? in: ZZP 54 (1929), S. 12 ff.
Thieme, H.: Statutarrecht und Rezeption: Ein Basler Fakultätsgutachten für Breslau, in: Festschrift G. Kisch, S. 69 ff.
Trocker, N.: Der Einfluß des deutschen Zivilprozeßrechts auf die italienische Verfahrenskodifikation, in: W. Habscheid (Hrsg.): Das deutsche Zivilprozeßrecht und seine Ausstrahlung, S. 139 ff.
Wach, A.: Defensionspflicht und Klagerecht, in: GrünZ., Bd. 6 (1879), S. 515 ff. (547)
Weber, W.: Die Teilung der Gewalten als Gegenwartsproblem, in: H. Barion et al. (Hrsg.): Festschrift für Carl Schmitt zum siebzigsten Geburtstag, Berlin 1959, S. 253 ff.
Wedberg, B.: Gustav Cronhielm och domarreglerna, in: SJT 1942, S. 632 ff.
Welamson, L.: Österreichisches und schwedisches Zivilprozeßrecht, in: ZfRV, Bd. 9 (1968), S. 214 ff.
Wieacker, F.: Zum heutigen Stand der Rezeptionsforschung, in: E. Fries (Hrsg.): Festschrift für J. Klein zum siebzigsten Geburtstag, S. 181 ff.
Wildte, S.: Förhandlingsformens utveckling i hovrätterna, in: Minnesskrift tillägnad 1734 års lag, Bd. 2, S. 1141 ff.
Wollschläger, C.: Bagatelljustiz? Eine rechtshistorische, rechtsvergleichende und empirische Untersuchung zur Einführung des vereinfachten Verfahrens am Amtsgericht, in: E. Blankenburg/D. Leipold et al. (Hrsg.): Neue Methoden im Zivilverfahren, Köln 1991, S. 13 ff.
Zajtay, I.: Die Rezeption fremder Rechte und die Rechtsvergleichung, in: AcP 156 (1957), S. 361 ff.

Sachregister

access to justice 445
Allmänna Reklamationsnämnd 448, 483
Anerkenntnis
- im mittelalterlichen Prozeß *s. dort unter* Beweisverfahren
- im neuzeitlichen Prozeß *s. dort*

Bagatellstreitigkeit *s. auch* moderner Prozeß, *s.* Bagatellverfahren
betänkande 555
Beweisverfahren
- im mittelalterlichen Prozeß *s. dort*
- im neuzeitlichen Prozeß *s. dort*
- im Nya Rättegångsbalk *s. dort unter* Beweisrecht
bostadsdomstol 449

class action *s.* moderner Prozeß
Codex rationum *s.* neuzeitlicher Prozeß
collective and diffuse interests 447

EFTA 498
Eid *s.* Parteieid
enforcement of law 445
EuGVÜ 493, 498
Europäische Menschenrechtskonvention *s.* moderner Prozeß, *dort unter* Einfluß der Europäischen Menschenrechtskonvention

folkhem 517
folkrörelser 519
förarbeten 523
försäkringsöverdomstol 449
Frankenspiegel *s.* mittelalterlicher Prozeß
freies Beweisverfahren *s.* Nya Rättegångsbalk

Gerichtsorganisation
- im mittelalterlichen Prozeß *s. dort*
- im neuzeitlichen Prozeß *s. dort*
- im Nya Rättegångsbalk *s. dort unter* Gerichtsverfassung
Geständnis
- im mittelalterlichen Prozeß *s. dort unter* Beweisverfahren
- im neuzeitlichen Prozeß *s. dort*
Götagesetze *s.* mittelalterlicher Prozeß
Gruppenklage *s.* moderner Prozeß, *s. auch* access to justice
grupptalan *s.* Gruppenklage

Hansestädte *s.* mittelalterlicher Prozeß
historische Rechtsschule *s. auch* moderner Prozeß
- Bedeutung der deutschen Pandektistik für die Heranbildung der schwedischen Rechtswissenschaft 144
- Einfluß der historischen Rechtsschule auf die Reformvorhaben 198
hyres- och arrendenämnd 449

judicial review 516, 522

kollektive Gruppeninteressen *s.* collective and diffuse interests
Konstruktivismus
- in Deutschland *s.* Prozessualistik, *dort unter* Entwicklung der deutschen Prozessualistik
- in Schweden *s.* Prozessualistik, *dort unter* Rezeption deutscher

Prozessrechtsdoktrin durch die schwedische Zivilprozessualistik

lagfarenhet *s.* moderner Prozeß, *dort unter* schwedische Rechtswissenschaft im 19. Jahrhundert
lagmän 33, 35
lagråd 555
lagsaga 33
Landrecht *s.* mittelalterlicher Prozeß
Landschaftsgesetze *s.* mittelalterlicher Prozeß
Landschaftsgesetze (landskapslagar) 32
landskapslagar *s.* mittelalterlicher Prozeß
legal aid 444
Legaltheorie *s.* neuzeitlicher Prozeß
Liberalismus *s. auch* moderner Prozeß
- Charakteristika des Beweisverfahrens 121
- Code de Procédure Civile 117
- Einfluß des Liberalismus auf den Prozeß 117
- liberales Prozeßmodell 117
- Mündlichkeit 119
- Nya Rättegångsbalk von 1942 im Spannungsfeld von liberalem und sozialem Prozeß 436
- Öffentlichkeit 119
- Organisation der Gerichtsverfassung 122
- Parteiherrschaft 120
- richterliche Verfahrensgestaltung 120
- Weg der schwedischen Prozeßreform unter dem Einfluß von Liberalismus 194
LugÜ 494, 498

mittelalterlicher Prozeß
- Beweisverfahren 46
- Bjärkörecht 40
- Conseil à un ami 34
- Coutumes de Beauvaisis 34
- domsbrev 43
- dulsmåled *s.* Beweisverfahren
- edgärdmän *s.* Beweisverfahren
- Eidhelfer *s.* edgärdmän
- Frankenspiegel 34
- Gerichtsorganisation 38
- Gerichtsverfahren 43
- Götagesetze 35
- Götagesetzen 35
- Hansestädte 40
- häradsrätter 38
- hundare 39
- kämnärsrätt 41
- kirchliche Gerichtsbarkeit 42
- Klageerhebung 45
- königliche Gerichtsbarkeit 41
- lagmän *s. dort*
- lagmansrätter 38
- ländliche Gerichtsbarkeit 38
- Landrecht 37
- Landschaftsgesetze (landskapslagar) 35
- Livre de Jostice et de Plet: 34
- Mündlichkeit 43
- nämnd 47, 49
- Öffentlichkeit 43, 49
- Parteieid *s.* Beweisverfahren 43
- Parteisäumnis 45
- råd 38, 40
- Rechtskraft 52
- Rechtsmittel 52
- Reinigungseid *s.* Beweisverfahren 52
- Skånske Lov 34
- städtische Gerichtsbarkeit 40
- Stadtrecht 37
- stämning 45
- Sveagesetze 35
- Ting *s. dort* 37
- Upplandslagen 35

- Urteil 52
- vad *s.* Rechtsmittel
- värjemålsed *s.* Beweisverfahren
- Visbyer Stadtrecht 40
- Zeugen *s.* Beweisverfahren

moderner Prozeß *s. auch* Nya Rättegångsbalk
- Bagatellverfahren 450, 451
- class action 447, 482
- deutsche Prozessualistik 164
- Einfluß der Europäischen Menschenrechtskonvention 498
- Einfluß der historischen Rechtsschule auf die Reformvorhaben 198
- Einfluß der schwedischen EU-Mitgliedschaft 509
- Einfluß des europäischen Integrationsprozesses 493
- Einfluß des Liberalismus auf die schwedischen Reformvorhaben im 19. Jahrhundert 194
- Entwicklung des schwedischen internationalen Prozeßrechts 497
- Gruppenklage 481
- liberales Prozeßmodell 117
- Nya Rättegångsbalk 203
- Pandektistik 497
- Prozeßrechtsgestaltung im Dienste des modernen Wohlfahrtsstaates 443
- Rechtsrealismus *s.* Uppsaler Schule
- Reform des Rättegångsbalk von 1987 471
- Rezeption deutscher Prozeßrechtsdoktrin durch die schwedische Zivilprozessualistik 170
- schwedische Rechtswissenschaft im 19. Jahrhundert 443
- schwedische Zivilprozessualistik 160
- soziales Prozeßmodell 443
- Stellung der Jurisprudenz als ordentliches Lehrfach an den schwedischen Universitäten 142
- Veränderungen des Prozeßrechts seit 1948 443

Mündlichkeit
- im mittelalterlichen Prozeß 25
- im neuzeitlichen Prozeß 25
- im Nya Rättegångsbalk 25

neighborhood law firm 446

neuzeitlicher Prozeß
- Advokat *s.* Prozeßvertretung
- Anerkenntnis 88
- återbrytande av dom *s.* Wiederaufnahme des Verfahrens
- återställande av försutten tid *s.* Wiedereinsetzung in den vorigen Stand
- Beschwerde (besvär) 108
- Beweismittel 88
- Beweisverfahren 84
- Codex rationum 105
- domvilla *s. auch* Beschwerde 109
- Ergänzungseid (fyllnadsed), *s.* Parteieid
- häradsrätt, *s.* Gerichtsbarkeit auf dem Land
- Gemeines Recht *s.* Rechtswissenschaft *unter* Einfluß auf die schwedische Rechtswissenschaft des 16. bis 18. Jahrhunderts
- Gerichtsbarkeit auf dem Land 73
- Gerichtsbarkeit in den Städten 75
- Gerichtsorganisation 73
- Geständnis 88
- häsadsrätt *s.* Gerichtsbarkeit auf dem Land
- Hanse 56
- Hofgericht 76
- Högsta Domstolen 78
- justinianisch-römisches Recht *s.* Rechtswissenschaft unter Einfluß

auf die schwedische Rechtswissenschaft des 16. bis 18. Jahrhunderts
- justitieråd 78
- justitierevision 77
- Kalmarer Union 55
- Kalumnieneid (vrångoed) *s.* Parteieid
- kanonisches Recht *s.* Rechtswissenschaft, *dort unter* Einfluß auf die schwedische Rechtswissenschaft des 16. bis 18. Jahrhunderts
- Klageerhebung 78
- königliche Gerichtsbarkeit 76
- Königseid 62, 68
- lagmansrätt *s.* Gerichtsbarkeit auf dem Land
- Legaltheorie 84
- mos gallicus 62
- mos italicus 62
- Mündlichkeit 79
- nämnd 73
- Naturrecht 60, 63
- Parteieid 92
- Prokurator *s.* Prozeßvertretung
- Prozeßvertretung 79
- Rättegångsförordning 72
- Rättegångsordinantia 72
- Rättegångsprocess 72
- Rechtsmittel 100
- Rechtswissenschaft, schwedische *s. dort unter* Einfluß auf die schwedische Rechtswissenschaft des 16. und 18. Jahrhunderts
- reformatio in peius 104
- Reformation 55
- regementsråd 76
- Reinigungseid (värjemålsed) *s.* Parteieid
- Revision 106
- Richterregeln 59, 85
- Säumnis 78
- Schriftlichkeit 79, 103
- stämning 78
- Svea Hovrätt 66, 76
- Sveriges Rikes Lag 71, 72
- Urkundenbeweis 91
- vad 100
- Verfahren 78
- Verfahren in der Rechtsmittelinstanz 99
- Verfahren vor den Untergerichten 78
- Wiederaufnahme des Verfahrens 110
- Wiedereinsetzung in den vorigen Stand 110
- Zeugenbeweis 89
- zugeschobener Eid (bjudna ed) *s.* Parteieid

Nya Rättegångsbalk
- Ablauf des Verfahrens 224
- advokatsamfund *s.* Parteivertretung
- Beweisrecht 398
- Clementina Saepe 256
- detaillierte Strukturanalyse *s. auch* Strukturanalyse 232
- freies Beweisverfahren 399
- Gerichtsverfassung 208
- Gewähr materiell richtiger Entscheidungen 205
- Inhalt der Reform 224
- Konzentration *s. auch* Verfahrensbeschleunigung
- Mündlichkeit 319
- Nutzung des Parteiwissens 414
- Parteivertretung 211
- Reform des Rättegångsbalk von 1987 471
- richterliche Prozeßleitung 256
- Sachverhaltsermittlung 348
- Schriftlichkeit 319
- Sprache 214, 221
- Systematik der Novelle 215
- Verfahrensbeschleunigung *s. auch* Konzentration 204
- Versäumnisverfahren 277

– Vorbereitung der Hauptverhandlung 232
– Wahrung der Kontinuität 207
– Ziele der Reform 203

Pandektistik *s.* moderner Prozeß
Parteiaussage *s.* Nya Rättegångsbalk, *dort unter* Nutzung des Parteiwissens
Parteieid
– Ergänzungseid *s.* neuzeitlicher Prozeß
– im mittelalterlichen Prozeß *s. dort unter* Beweisverfahren
– im neuzeitlichen Prozeß *s. dort*
– Kalumnieneid *s.* neuzeitlicher Prozeß
– Reinigungseid 38
– zugeschobener Eid *s.* neuzeitlicher Prozeß
Parteisäumnis
– im neuzeitlichen Prozeß *s. dort unter* Säumnis
– im mittelalterlichen Prozeß *s. dort*
– im neuzeitlichen Prozeß *s. dort*
– im Nya Rättegångsbalk *s. dort unter* Versäumnisverfahren
Parteivernehmung *s.* Nya Rättegångsbalk, *dort unter* Nutzung des Parteiwissens
Parteivertretung
– im neuzeitlichen Prozeß *s. dort unter* anwaltl. Prozeßvertretung
– im Nya Rättegångsbalk
proposition 555
Prozeßmodell Österreichs 122
Prozessualistik
– im Nya Rättegångsbalk *s. dort*
– Bedeutung der deutschen Prozessualistik für die Entwicklung der schwedischen Verfahrensrechtswissenschaft 164
– Bedeutung und Umfang schwedischer Studien- und Forschungsreisen in das europäische Ausland 133
– Entwicklung der deutschen Prozessualistik 165
– Entwicklung der schwedischen Zivilprozessualistik 160
– Quantitative Bedeutung des ausländischen (Prozeß-)Rechts in schwedischen Periodika und Monographien 138
– Rezeption deutscher Prozeßrechtsdoktrin durch die schwedische Zivilprozessualistik 170

rättshjälp 449
Rechtsrealismus *s.* moderner Prozeß
Rechtsschutzanspruch
– Konstruktion des Rechtsschutzanspruchs in der deutschen und schwedischen Verfahrenswissenschaft *s.* Konstruktivismus in Schweden
Rechtsverhältnis
– Konstruktion des Prozesses als Rechtsverhältnis im deutschen und schwedischen Prozeß *s.* Konstruktivismus in Schweden
Rechtswissenschaft
– Bedeutung der deutschen Pandektistik für die Heranbildung der schwedischen Rechtswissenschaft 144
– Einfluß auf die schwedische Rechtswissenschaft des 16. bis 18. Jahrhunderts 58
– Einfluß des deutschen Methodenwandels in der Rechtswissenschaft zu Beginn des 20. Jahrhunderts 154
– schwedische Rechtswissenschaft im 19. Jahrhundert 142

- Stellung der Jurisprudenz als ordentliches Lehrfach an den schwedischen Universitäten 142
remiss 555
representation of group *s.* collective and diffuse interests
Rezeption
- Arten 25
- Begriff 11
- Gegenstand 13, 26
- Nachweis 17
- Rezeptionsanalyse, Methodik und Struktur 13
- Rezeptionsforschung 9
- Träger 25
- Tragweite 26
- Ursachen 27
- Ursprung 26
- Wirkung 27
richterliche Prozeßleitung *s.* Nya Rättegångsbalk, *dort unter* Sachverhaltsermittlung
Sachsenspiegel *s.* mittelalterlicher Prozeß
Sachverhaltsermittlung *s.* Nya Rättegångsbalk
Schriftlichkeit
- im neuzeitlichen Prozeß *s. dort*
- im Nya Rättegångsbalk *s. dort*
small claim, *s. auch* Bagatellverfahren 463
social advocacy 446
sozialer Prozeß
- Charakteristika des Beweisverfahrens 128
- der sog. soziale Prozeß Franz Kleins 125
- Mündlichkeit 127
- Öffentlichkeit 127
- Parteiherrschaft 127
- Prozeßmodell Österreich 122
- richterliche Gestaltungsmacht 127
- soziale Frage im Prozeß 122
Stadtrecht *s.* mittelalterlicher Prozeß
Strukturanalyse, Begriff 23
Sveagesetze *s.* mittelalterlicher Prozeß
Sveriges Rikes Lag 33

ting 33, 39

Upplandslagen *s.* mittelalterlicher Prozeß
Uppsaler Schule *s.* moderner Prozeß

Verbraucherstreitigkeit *s.* Bagatellverfahren
Verfahrensbeschleunigung *s.* Nya Rättegångsbalk
Vorbereitung der Hauptverhandlung *s.* Nya Rättegångsbalk

war on poverty 446
Wohlfahrtsstaat 443

Zwei-Parteien-Modell 445